U0810029

普陀教育志

PU TUO JIAO YU ZHI

舟山市普陀区教育局　编

方志出版社
Publishing House of Local Records

《普陀教育志》编纂委员会

顾　问　张谦豪　唐栽林　周红迅　郑守德　庄国平　邢仁招

主　任　唐汉成

委　员　刘优珍　张赛娜　王志刚　王　斌　王岳军　宋　跃　周剑挺　龚晓华　张最平
徐　波　钱小海　李满成　李贤军　沃信科

《普陀教育志》编辑部

主　编　沃信科

编　辑　沃信科　汤晓耕　郑加安　刘勤飞

主　审　龚晓华

校　核　编辑人员

主要供稿人

洪玲鹉　钱银星　郭修杰　马丽雅　徐　波　李诗芳　钱小海　李宜莹　李满成　郑豪威
李贤军　赵赴东　夏　风　周丹春　张最平　蒲斌军　李　军　王宇娜　张丽萍　汤晶晶
林志龙　叶松杰　叶仕波　李维军　史学军　宋　燃　孙洪达　夏全忠　刘兆平　严伶俐
柳　飞　余昌明　范安平　胡海年　徐海红　胡加红　郭忠跃　丁凯凯　徐建霞　李大鸿
余海舟　刘明波　邬学仕　唐　风　孙海盛　陈　波　求大忠　陆康平　虞冬群　刘雪君
刘华杰　林幼燕　徐梦媛　庄　璐　沈维池　刘军杰　王文治　金芳芳　柴玲玲　刘圣章

▲ 2000 年，时任全国人大委员长李鹏（前第二排左四）、国务院副总理吴邦国（左五）视察普陀山时与普陀厦林旅游职业中学部分学生及工作人员留影

▲ 1991 年 10 月，联合国儿童基金会驻中国代表阿哈曼德先生（后排左二）和戴维先生（后排左三）与沈家门小学学生在一起

▲ 2007 年 6 月，浙江省副省长盛昌黎（中）视察沈家门小学（沈家门小学供稿）

▲ 2012 年 10 月，民盟中央副主席索丽生（左三）视察普陀区职业教育（区职教中心供稿）

▲ 2007 年 4 月，教育部基础教育司巡视员郑增仪（左二）一行调研普陀区“和谐校园”创建工作。图为调研普陀第二中学（普陀第二中学供稿）

▲ 2013 年 7 月，副省长、舟山市委书记孙景淼(左二)视察区职教中心

▲ 2013 年 3 月，浙江省教育厅厅长刘希平(中)视察沈家门小学

▶ 2004 年 11 月 25 日，世界卫生组织官员卡门为沈家门职业中学题词

译文：祝贺您参与“健康促进学校工程”以及至今取得的成就。祝愿您不断成功！卡门——

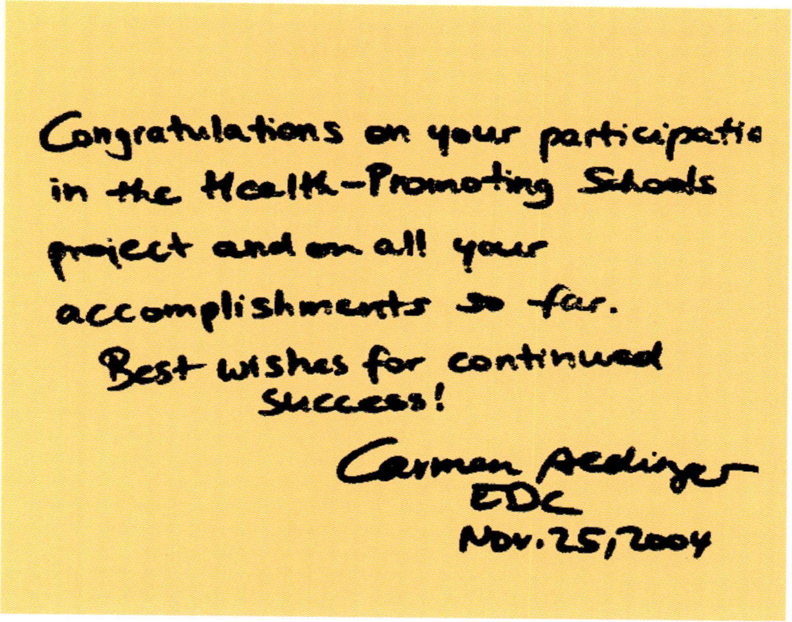
Congratulations on your participation in the Health-Promoting Schools project and on all your accomplishments so far.
Best wishes for continued success!
Carmen Aeldinger
EDC
Nov. 25, 2004

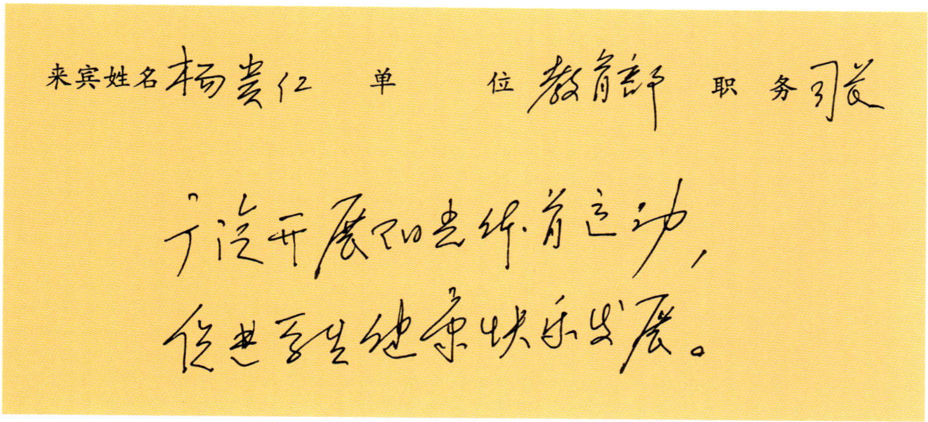
来宾姓名 杨贵仁 单 位 教育部 职 务 司长

广泛开展阳光体育运动，
促进学生健康快乐发展。

◀ 2007 年 10 月，教育部体艺卫司司长杨贵仁视察普陀第二中学

▶ 1991 年 4 月 2 日，国家教委顾问闻友行为普陀第二中学题词

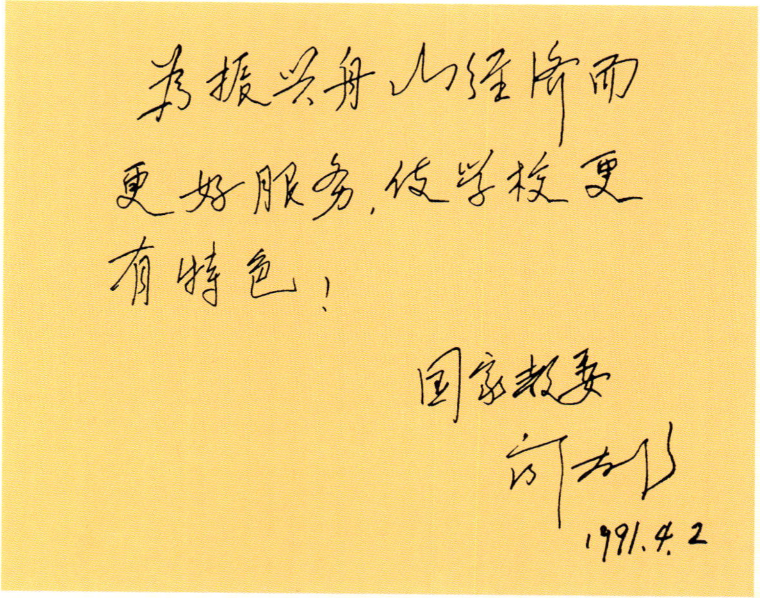
为振兴舟山经济而更好服务，使学校更有特色！
国家教委
闻友行
1991.4.2

◀“功资蒙养”匾［引自《展茅镇志》，匾存展茅文化礼堂。清光绪三十二年（1906），定海厅授予展茅孙相源捐资办学“功资蒙养”匾额］

▶光绪“进士”匾［匾存展茅干施岙中横路29号李氏宗祠。清光绪三十一（1905）年，李廉获取第24名进士功名］

▲“彰信敦义”鎏金横匾［匾存南岙村“垂裕堂”正堂。由清乾隆十四年（1749）宁波府海防总捕清军驿传分府兼摄宁海县事苏某为国学生张振槐立。引自《南岙村志》］

▲道光“亚魁”匾（匾存展茅翁氏祠堂）

▲普陀山佛学院正门（普陀山福泉禅林）

▲中国佛学院普陀山学院（朱家尖）

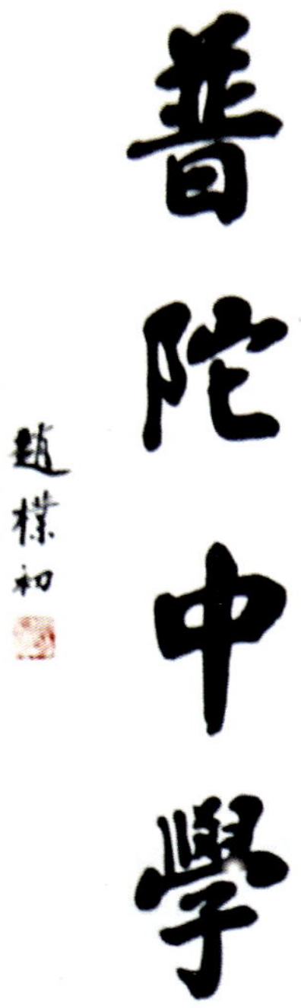

▲ 1998 年普陀第三中学学校徽标

◀ 1994 年，普陀中学 45 周年校庆，赵朴初为普陀中学题写校名

▲ 2004 年 9 月，沈家门第一小学启用该校徽，沿用至 2010 年三校合并

▶ 1998 年，普陀区佛渡乡中心小学建校纪念碑

◀ 1956 年普陀县人民委员会文教科印鉴

▶ 1952 年定海县展茅乡中心国民学校印鉴（1950 年 5 月舟山群岛解放，普陀辖区当时隶属定海县）

◀ 1953 年 12 月普陀县桃花区蚂蚁小学印鉴（1953 年 4 月，普陀辖区从定海县析出，成立普陀县）

▲“启后小学”原址［张晓耕创办于民国二十二年(1933),现展茅张家区域］

▲“克昌小学”旧址［原沈家门第三小学前身,创办于民国三十年(1941),原为天主教堂］

▲普陀中学原校舍（由顾生谋捐赠难童收养所创办。1982 年拆建教师宿舍。此素描为朱仁民所作）

◀浙江省水产学院旧址（现普陀第三中学校址）

▲沈家门第一初级中学原址（1979 年建造）

▲沈家门第一小学原址［创建于民国十七年（1928）。摄于 1997 年］

▲台门镇初级中学原校舍（建于 1991 年）

▲虾峙中心小学原校舍（建于 1986 年）

▲蚂蚁岛中心学校（建于 1979 年）

历任教育系统负责人、教育局(教委)局长(主任)

文　可
(普陀县人民委员会文教科副科长,主持工作,1953.8—1956.6 在任)

张　杰
(普陀县人民委员会文教科科长,
1956.6—1958.4 在任)

王现龙
(普陀县文教局局长,
1958.5—1958.12 在任)

张谦豪
(普陀县人民委员会文卫办公室
副主任,主管教育,
1962.6—1966.10 在任;
普陀县文化教育局副局长,
主持工作,1973.9—1978.6 在任)

李志云
(普陀县文卫办公室临时
生产领导小组组长,主持工作,
1966.10—1970.3 在任)

朱仲民
(普陀县军事管制委员会生产委员会
文教办公室组长,主持工作,
1970.3—1972.5 在任)

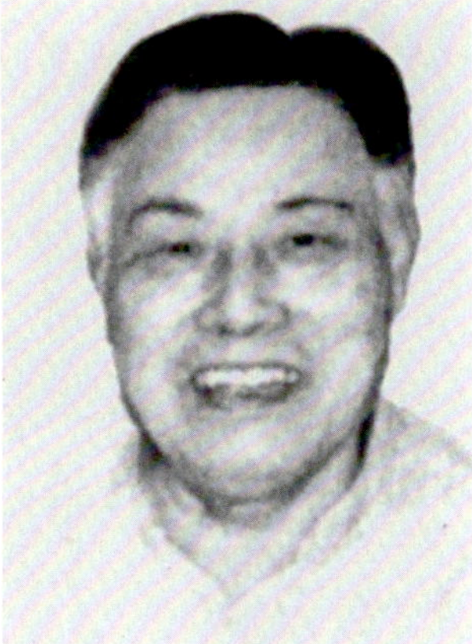

张其越
(普陀县军事管制委员会政工组
文化教育革命办公室主任,
主持工作,1972.5—1973.8 在任)

郑守德
（普陀县革命委员会文教局副局长，
主持工作，1978.6—1981.5 在任）

李信芳
（普陀县文化教育局局长，1981.5—1982.2 在任；
普陀县教育局局长 1982.2—1984.3 在任）

陈建国
（普陀县教育局局长，
1984.3—1987.4 在任；
普陀区教育局局长，
1987.4—1995.7 在任）

唐栽林
（普陀区教育局局长，1995.7—1996.1 在任；
普陀区教育委员会主任，1996.1—2001.9 在任；
普陀区教育局局长，2001.9—2002.8 在任）

周红迅
（普陀区教育局局长，
2002.8—2006.11 在任）

周国岭
（普陀区教育局局长，
2006.11—2010.1 在任）

唐汉成
（普陀区教育局局长，
2010.1 至今在任）

部分学校创始人或首任校长

张晓耕

［原洛驼乡沈家门岙锐进小学

（沈家门第一小学）创始人，

1915 年—？在任］

毛善才

（普陀中学首任校长，

1949.8—1950.3 在任）

李国星

（六横中学首任校长，

1956.9—1958.8 在任）

张全保

（区实验幼儿园首任园长，

1956—1980 在任）

王琛德

（芦花中学首任校长，

1958—1966 在任）

李哲诚（又名李拙子）

（勾山延武小学创始人，

1921—1944 在任）

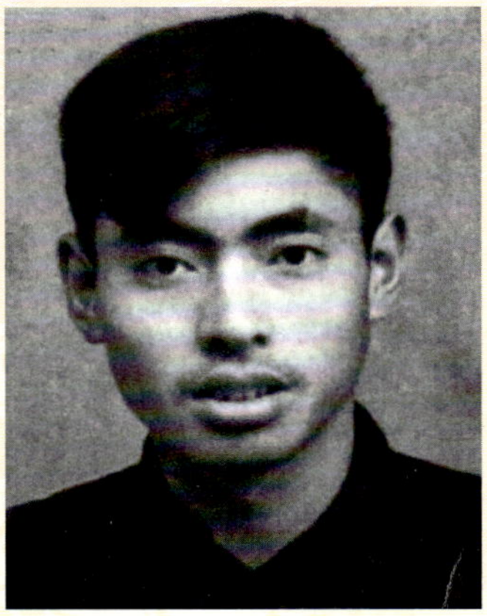

毛国荣

（沈家门小学首任校长，

1965.1—1972.7，

1978.8—1980.7 在任）

朱迎堤

（普陀技工学校首任党支部书

记主持学校工作，

1979.9—1984.8 在任）

邢仁招

（沈家门职业中学首任副校长

主持学校工作，

1984.9—1986.8 在任）

◀ 1951 年 7 月，沈家门中心小学高级班毕业生留影

▶ 1951 年 7 月，私立克昌小学（原沈家门第三小学前身）初级班毕业生留影

◀ 50 年代中期，沈家门第一小学毕业生留影

◀ 1958 年，普陀中学（舟山二中）首届高中毕业生留影

▶ 1959 年 7 月，沈家门镇第五小学毕业生留影

◀ 1965 年 7 月，沈家门初级中学第七届毕业生留影

▶ 1965 年，芦花初级中学第五届毕业生留影

◀ 1972 年 7 月，朱家尖东方红中学第三届毕业生留影

▶ 1977 年 7 月，桃花中学第四届高中毕业生留影

◀ 1982 年，沈家门第三初级中学首届毕业生留影

▶ 1985 年 7 月，普陀县中心幼儿园首届小朋友毕业留影

◀ 1991 年，登步乡中心学校六（1）班毕业留影

▶ 1997 年，峧头中学学生毕业留影

◀ 2001 年，东港小学六（1）班学生毕业留影

▶ 2003 年，六横中学高三（4）班学生毕业留影

◀ 2009 年，沈家门小学六（1）班学生毕业留影

▶ 普陀第二中学 2011 届（10）班学生毕业留影

◀ 2014 年，普陀第三中学高三（5）班学生毕业留影

▲ 1994 年 6 月，全国第三届学校班集体建设科学理论研讨会在沈家门小学举行

◀ 1998 年，全国现代教育技术实验学校授牌大会在沈家门小学举行

▶ 2001 年 5 月，普陀区教育局承办的省心理健康教育区域推进研讨会暨现场会在沈家门小学举行

▼ 2014 年 4 月，朱家尖小学承办全国第十二届班级读书会暨全国重点课题“作文教学研究”开题论证会

◀ 2003 年 1 月，举行“八大教育”经验交流研讨会

▶ 2002 年 11 月，市基础教育课程改革动员大会在沈家门小学举行

◀ 2011 年 6 月，普陀区教育系统召开首次现代海洋教育校长研讨会

◀ 2002 年，普陀中学、普陀第二中学部分学生在法国乐利克斯中学进行文化交流

► 2004 年 6 月，新加坡与沈家门小学开展文化交流活动

▲ 2012 年，区职教中心 2012 级中德合作班开班仪式

▲ 2012 年 7 月，普陀教育系统友好交流团访问韩国

▲ 2012 年，欧·舟青少年文化交流夏令营活动在沈家门第一小学举行开营仪式

◀ 2013 年 6 月，东港中学与美国西巷中学结为姊妹学校，开展文化交流活动

▶ 2015 年，普陀二中与澳大利亚杰尔顿文法学校开展文化交流

◀ 2015 年 3 月，普陀中学学生在新西兰友好学校文化交流

▲ 1988 年，虾峙中心学校建立未来渔民学校

▲ 1994 年 4 月，虾峙中心学校学生自制船模试航

◀ 2005 年 7 月，普陀区桃花少年军校举办第十五期集训班

▶ 2006 年 11 月，全区中小学生沙雕现场比赛

▲区职教中心承办浙江省军区与普陀军地两用人才培训。2007 年 8 月，省军区厨师培训留影

▼2009 年 5 月，来自全国少工委、共青团浙江省委的领导和全国十多个省市的校长、少先队辅导员出席沈家门小学举行的“雏鹰争章”颁章典礼

▲2011 年 9 月，普陀区第二十七个教师节庆祝表彰大会暨潘秀兰老师先进事迹报告会。首届“十佳人民满意教师”受奖

▲2012 年 8 月，“东海风·2012 普陀教学文化节”

▲ 2013 年 5 月，区中小学生“五小星”比赛

▶ 2012 年 11 月，区中小学科技运动会（右图为航模类比赛）

◀ 2013 年 11 月，普陀区中小学生孝心大考场电视大赛

▶ 2014 年 3 月，区教育系统“教育梦·教师梦”诗歌朗诵比赛

◀ 2014 年，在普陀佛学院举行的中小学生艺术夏令营

▲浙江省普陀中学

▲舟山市普陀区六横中学

▲舟山市普陀区职业技术教育中心

▲舟山市普陀第二中学

▲舟山市普陀区沈家门第一初级中学

▲舟山市普陀区东港中学

▲舟山市普陀区朱家尖初级中学

▲舟山市普陀区六横镇峧头初级中学

▲舟山市普陀区虾峙学校

▲舟山市普陀区展茅中心学校

▲舟山市普陀区桃花中心学校

▲舟山市普陀区育才学校

▲舟山市普陀区沈家门小学

▲舟山市普陀区沈家门第一小学

▲舟山市普陀区朱家尖小学

▲舟山市普陀区六横镇中心小学

▲舟山市普陀小学

▲舟山市普陀区实验幼儿园

▲舟山市普陀区沈家门幼儿园

▲舟山市普陀区六横实验幼儿园

▲舟山市普陀区展茅街道中心幼儿园

▲舟山市普陀区朱家尖中心幼儿园

▲ 1985 年 2 月，六横中学获南京军区赠“拥军育才富国强兵”锦旗。[1978—2005 年，南京军区招收六横中学 10 名在校生为飞行员（周永万、詹志军、杨东海、夏四海、曹海球、邬明刚、邬洪川、孙章汉、张海平、刘梦华）]

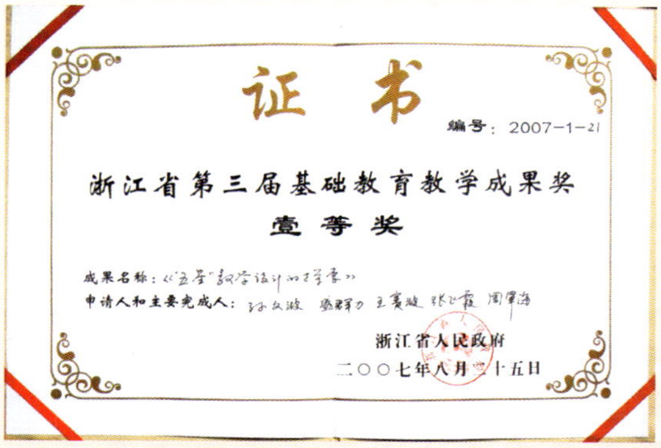

▲ 2007 年 8 月，沈家门第一小学《五星教学设计的探索》获浙江省第三届基础教学成果一等奖

▲ 1997 年，普陀技工学校获中华人民共和国劳动部颁发的“国家职业技能鉴定所”匾额

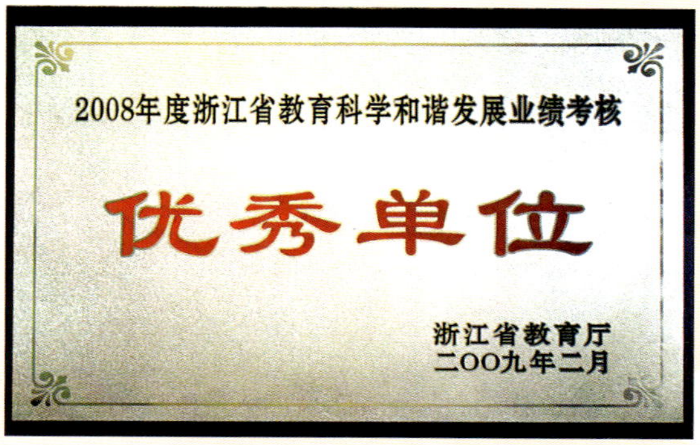

▲ 2009 年，区教育局获省教育厅颁发的“教育科学和谐发展业绩考核优秀单位”匾额

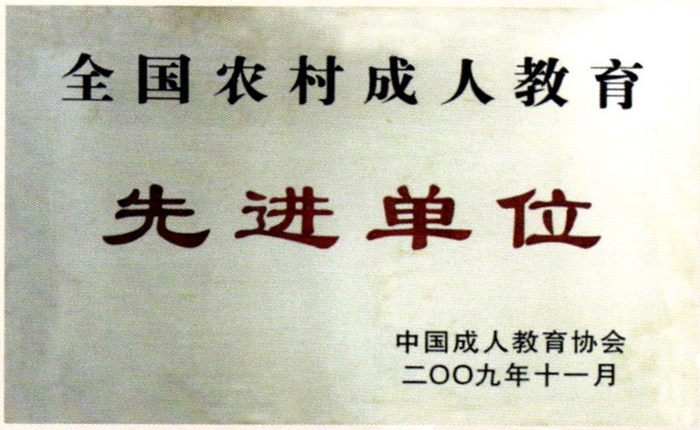

▲ 2009 年 11 月，区成人教育中心获中国成人教育协会颁发的“全国农村成人教育先进单位”匾牌

▲ 2012 年 6 月，沈家门小学获国家海洋局宣传教育中心颁发的“全国海洋意识教育基地”匾额

▲ 2012 年 6 月，区教研室获省教研工作先进集体（2009—2011）匾额

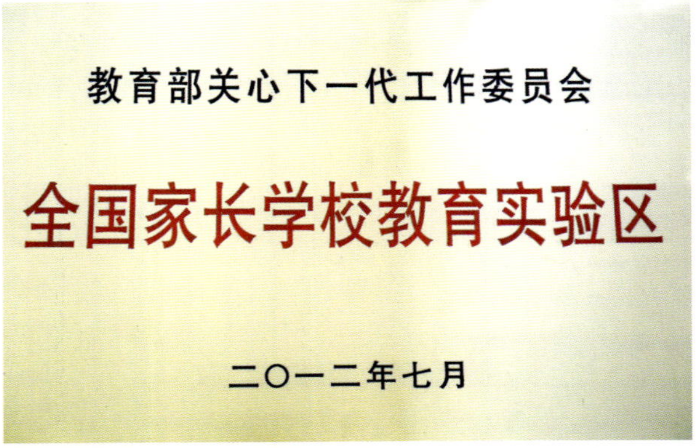

▲ 2012 年 7 月，获教育部关心下一代工作委员会颁发的“全国家长学校教育实验区”匾额

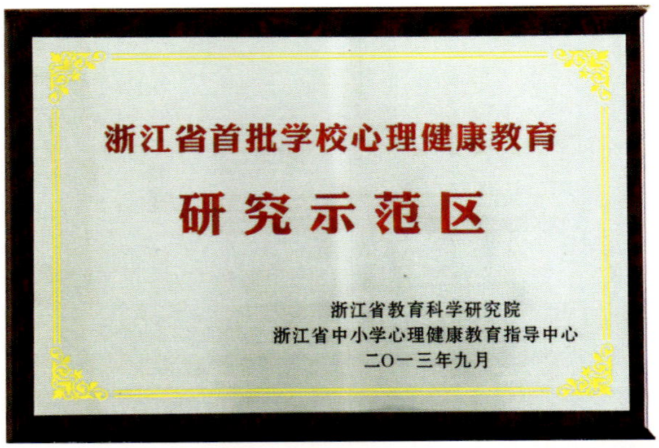

▲ 2013 年 9 月，获浙江省首批学校心理健康教育研究示范区匾额

▲ 2013 年 12 月，获国务院教育督导委员会颁发的“全国义务教育发展基本均衡区”匾额

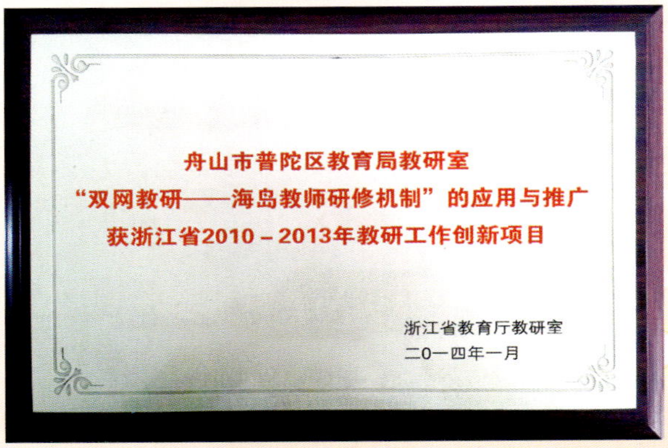

▲ 2014 年 1 月，区教研室“双网教研—海岛教师研修机制的应用于推广”获省 2010—2013 年教研工作创新项目

▲ 2014 年，区教育局获省教育厅颁发的“教育科学和谐发展业绩考核优秀单位”匾额

▲ 2014 年 9 月，沈家门成校获中华全国总工会颁发的“全国职工教育培训示范点”匾牌

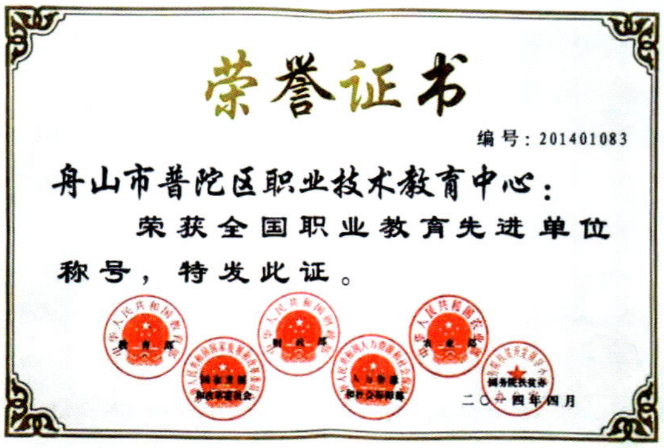

▲ 2014 年 6 月，区职教中心获国家六部委颁发的“全国职业教育先进集体”匾牌

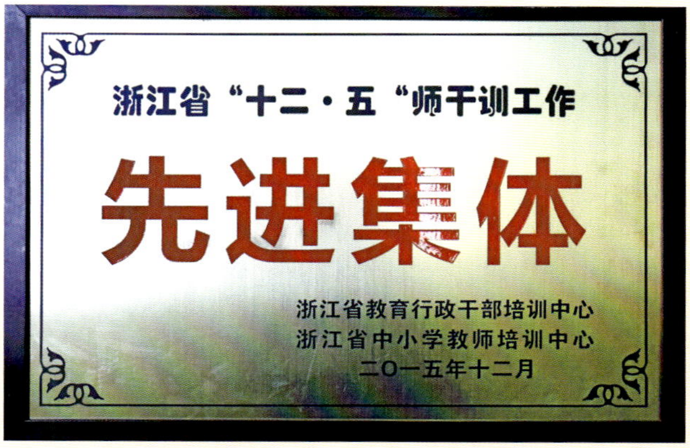

▲ 2015 年 12 月，区教师进修学校获“浙江省‘十二五’师干训工作先进集体”匾牌

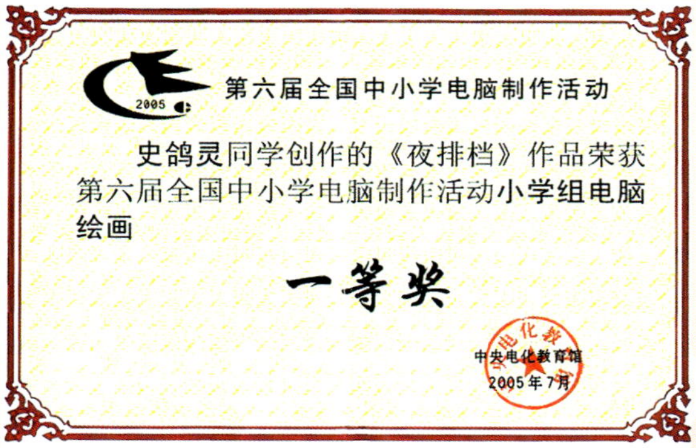

▲ 2005 年 7 月，沈家门小学学生史鸽灵创作的《夜排档》获第六届全国中小学电脑制作活动小学组电脑绘画一等奖

▲ 2012 年 4 月，岐头中学徐丹妮《地热传送器》获二十六届省青少年科技创新大赛少年儿童科幻画一等奖

▲沈家门第一小学早期校友顾生岳作品《织网》。选自《中国人物画名家精品·顾生岳工笔人物画》

◀八闽小学(原沈家门第二小学前身)学生陈乃秋作品《十字街头》获全国电影宣传画展一等奖，并被中国美术馆收藏

▲六横中心小学学生唐于清《晒鱿鱼》获 2013 年全国艺术展绘画一等奖

▲ 2014 年，东港中学教师王舟其油画《台轮码头》在浙江海岛绘画写生大赛中获最高奖

▲沈家门第一小学早期校友金德年书法作品。其创作的“德年体”行楷被北大方正收入汉字排版系统库

▲《鉴真悟禅图》（作者：朱仁民　引自《普陀县志》）

序

《普陀教育志》编纂工作自2014年暖冬开始，至今年桃花盛开时节，历经三个春天，即将付梓问世。这将是普陀历史上第一部比较系统、翔实地记述普陀教育发展的地方教育志。可贺可喜！

普陀，东南形胜，地灵人杰。地处沿海深水航道要冲，人类繁衍生息历史悠久。连东海而通三江，有舟楫之便，享渔盐之利。

秦汉以来，对外经济活动频繁；海天佛国，佛教文化辉映邻邦。南宋定都临安，群岛县学书院影响了千年学统；明清岛民内迁，域内田园荒芜而文脉不绝。

近代以来，西学东渐；更有成功商贾感念故土，回报桑梓，首选捐资办学。

因诸多因素，诚如苏本《志》中所言，普陀教育史迹显现出古薄今厚、遐疏迩密特点。可考教育信史，从元末明初丁鹤年的《海巢集》走来，从乾隆、道光、光绪年间域内私塾学馆走来，从光绪三十一年（1905）胡庆和的“协和第一小学”、李拙子的“延武小学”走来，一路书声琅琅，透出正气浩浩。

新中国成立以后，20世纪50年代学校公有化，60年代大扫盲，70年代普及小学、兴办初中，八九十年代大力普及学前教育、推进“两基”“两高”，21世纪初期实施学前教育普惠化、普及高中教育、致力教育现代化，利国利民教育行动高潮迭起；普通学校教育、职业教育、成人教育等各类教育多角度全方位覆盖普陀，并向外辐射。至于近期，则教育门类较为齐备，以提升学生发展核心素养为出发点的素质教育成果明显；本《志》中所列盛事多有可圈可点之处。

此等成绩的取得，全靠党和国家、各级人民政府的发力，社会各界、广大群众的支持，也有赖各位同仁一贯以来发扬创新、敬业精神和无私的付出。普陀人有大海一样的胸怀，崇文尚义，教育为重，诚信为先；普陀教育透射出浓烈的海洋气息和时代气息。相信在各位同仁坚持不懈的努力下，普陀区教育现代化的步伐将不断与时俱进。

史之所以为史，盖在于存史、资政、教化之功能。通读全文，感慨系之，是为序。

2017年3月

凡　例

一、《普陀教育志》以马列主义、毛泽东思想、邓小平理论、“三个代表”重要思想和科学发展观为指导，深入贯彻习近平总书记系列重要讲话精神和治国理政新理念、新思想、新战略。坚持辩证唯物主义和历史唯物主义治史观，实事求是，客观记述普陀区域教育事业发展历史，反映地方特色、海岛特色、时代特色。

二、本志采用章节体，正文按篇、章、节、目四层铺排。全志横排门类，纵述史实，以专志为主，述、志、记、传、图、表、录兼用，综合表述。大事记以编年体为主，记事本末体为辅。叙事立足当代，详今略古，详特略同，述而不论。卷首置彩图，正文内图表应需插入。采用语体文、记述法、说明法、顺叙法，但引文和附录文献悉照原文。

三、本志时间断限，上溯普陀区域各类教育发端，下迄2014年年底，个别事例应需酌情延至定稿出版时。本志所涉及地理范围，以2014年年底普陀区所辖区域为基本界限，应需略有伸缩。

四、纪年：中华民国以前时期，采用朝代年号（汉字），括注公元纪年（阿拉伯数字）；中华民国时期采用民国纪年（阿拉伯数字），括注公元纪年；中华人民共和国成立后，采用公元纪年。“解放前”“解放后”，以1950年5月17日普陀区域解放为界。

五、数字：执行国家语言文字工作委员会等7部门公布的《关于出版物上数字用法的试行规定》。文字、标点符号使用规范简化汉字、标准标点符号。计量单位采用国家统计局公布的《中华人民共和国法定计量单位使用方法》，历史资料保持原貌，不作换算。

六、人物记述遵循生不立传原则。入传人物须是在普陀区域教育系统做出重大贡献者。人物名录记录曾就读于普陀区域内学校（私塾），部分职级在副处级（含）以上的行政（党务）工作者、有博士及以上学位的科研工作者。普陀区域教育系统内省市区党代会代表、人代会代表、政协会议委员，省特级教师、正高（正教授）级教育教学科研人员，中学高级教师，各校历任校长、书记，县（区）级（市局级）以上（含）综合先进以及重要单项先进人物以表格形式列入。名称、人名除引文外，均直书其名，不加褒贬之词，必要时加职务、职称。

七、入志材料源自档案、文史资料、地方志书、文件、报刊、文物、各基层单位采编资料、统计部门提供的数据，以及当事人、知情人回忆录等，一般不注出处。

八、行文中简称的省、市、区，均指浙江省、舟山市、普陀区。

目　录

第三篇　中小学教育实践与探索

第四篇　教育管理

附录

概　述

一

普陀区，因其境内佛教名山普陀山而得名。新石器时期，区域内已有人类繁衍生息。唐开元二十六（738）年后，历属翁山县、昌国县（州）、定海县（直隶厅）。1953年从定海县析出建县，隶属舟山专区，1958年12月并入舟山县，直属浙江省，1962年6月复置普陀县，隶属舟山专区。1987年撤县建区，隶属舟山市。地处浙江省东部，浙江舟山群岛新区东南部，长江、钱塘江、甬江入海处南缘海域。位于东经121°55′49″～123°13′12″，北纬29°32′24″～30°15′01″。区境东接公海，南至东、西磨盘礁以南与宁波市象山县海域相连，西南至汀子山岛以西与宁波市北仑区海域交接，西缘小干岛、黄杨尖山脊、牛头山岛一线与定海区为邻，西北至小板门、北至中街山列岛以北与岱山县海域相邻。区域总面积6728平方千米，其中陆地面积458.6平方千米（含潮间带69.77平方千米），海域面积6269.4平方千米。海岸线总长824.4千米。东西最大距离123.8千米，南北最大距离78.4千米。

舟山以群岛建市，为国内唯一。2011年6月30日，国务院函〔2011〕77号批复设立浙江舟山群岛新区，发展前景光明。普陀区地处浙江舟山群岛新区境内，属北亚热带季风海洋性气候区，四季景色宜人，风物灵秀。位列长江三角洲经济区沿海要冲，东接东海，背靠宁波、杭州、上海等大中城市，战略意义深远。北有中街山列岛，南有梅散列岛。北、西、南面，拥黄大洋、崎头洋、磨盘洋三大海区，水道深邃开阔，深水良港众多，临港企业兴盛，水陆空交通便利，海运枢纽功能显著。舟山渔场居全国四大渔场之首，沈家门港称祖国渔都。境内海岛岸线曲折优美，优质滩涂遍布群岛沿岸。地方特产丰富多彩，渔盐之利数百年不衰。海洋战略意义重大，海洋文化氛围浓厚。普陀山为全国佛教四大名山之一，号称“海天佛国”，素有“东海明珠”美誉。

据普陀区海洋海岛保护和开发研究中心《普陀海岛》（2013年6月印刷）载，普陀区全境由舟山本岛东部及普陀山、六横、朱家尖、桃花、虾峙等444个岛组成，占全市海岛总数31.9%。其中有居住民海岛45个，无居住民海岛399个。

区域内居民以汉族为主，有少数回族、苗族、蒙古族、壮族、朝鲜族、满族、藏族、畲族居民。1986年，有5区3镇29乡，户籍人口31.29万人，县治在沈家门镇。1997年，有10镇8乡，人口32.56万，区治在沈家门镇。2006年年底，有7镇4乡，街道办事处3个，户籍人口31.86万，区治在沈家门街道。2011年，有5镇3乡，街道办事处5个，城市社区、居委会31个，农村社区53个，户籍人口32.21万，区治在沈家门街道。2014年，全区有六横、桃花、虾峙、东极、普陀山5个镇，东港、沈家门、朱家尖、展茅4个街道办事处，辖农村社区管委会52个，行政村108个，居委会（属农村社区）6个，城市社区居委会26个。实际管辖（除去普陀山镇和勾山管理处部分）农村社区管委会47个，行政村101个，建制镇居委会5个，城市社区居委会24个，区治在东港街道。

二

舟山群岛很早就因海侵而与大陆分离。据考

证，距今5000年前就有先民生活的遗迹。有史记载以来，群岛风云变幻无常，文脉命运多舛。

历史悠久，荣辱多变。公元前221年，秦一统中国，郡县天下。设鄮县，舟山属之。汉承秦制，舟山与大陆始终有贸易往来。唐开元二十六年（738），在舟山设翁山县，下辖富都、安期、蓬莱三乡，今普陀本岛区域属富都，今之六横、桃花、虾峙等海岛属安期。唐宝应二年（763），朝廷因"袁晁作乱""鄮县久不克"，废翁山县。唐、宋、元，中华国势大盛，舟山时为南北、中外海上贸易必经之路，是重要的中继、中转站。北宋熙宁六年（1073），宋神宗准王安石所奏，重置舟山县治并赐名"昌国"。《鄞县通志·食货志》载：北宋咸平二年（999），朝廷设市舶司于明州（今宁波），引领各国使团和朝贡贸易船队自舟山入明州。元至正十五年（1278），朝廷升昌国县为州。南宋迁都临安，促进江南地区政治、经济、文化、教育高度繁荣。

战乱频仍，兵燹连绵。唐宝应元年（762）八月二十五日，袁晁、袁瑛率领农民起义，建年号"宝胜"。直至翌年四月，兵败于唐将张伯义。南宋建炎三年（1129），金兵南下逐宋。宋高宗赵构自杭州出逃，经宁波入舟山，往台州临海，兵锋不离左右。南宋德祐二年（1276），元军破杭州，张世杰率部抵抗不敌。十月，元军克舟山，尽毁城池屋宇。元至正十五年（1375），方国珍攻占昌国（今舟山）。

禁海迁民，命脉屡断。明朝多次海禁。洪武十九年（1386），明初开国大将汤和迫降方国珍，旋以昌国"悬居海岛，易生寇盗"为由奏请朝廷将昌国46岛3万岛民均迁徙内陆，壮丁充入宁波卫。翌年废昌国县，只留县城旧址，留驻中中、中左两个千户所。清朝亦多次海禁。明末清初，东南沿海举旗反清，势成据点。清廷数次颁布"迁海令"。清顺治十四年（1657）正月，清军再度占领舟山后，闽浙总督李率泰奏请迁岛民入内地。据《海上见闻录》载：顺治十八年（1661），清廷再颁"迁海令"，勒令东南沿海各省钉桩立界，居民内迁30～50里，不准片板入海。当其时，舟山群岛唯有兵戎不见民众者持续30余年。

海定波宁，文脉复苏。先时，南宋迁临安，县学和多座乡贤士绅兴办的书院奠定了舟山千年学统。舟山最为有名的县学与书院有翁山县学、翁洲书院、岱山书院、虹桥书院等。史载"兹邑南宋盛时，人才辈出，夺魁鼎，为名臣者，项背向望"。自南宋绍熙四年（1193）至咸淳四年（1268）间，舟山产生34位进士。后因战乱、兵燹、禁海迁民等原因，文脉停滞。清康熙二十五年（1686），皇帝诏改舟山为"定海山"，舟山正式展海复垦。各行各业百废俱兴。一批名将贤令和文化学者，为舟山的民生和文化复苏做出不朽的努力。时至近代，西学东渐。清末民初，风云变幻，政治、经济与文化交织演绎，舟山历史舞台异彩纷呈。商帮兴起，名流辈出。成功的舟山籍商人致富不忘乡里，或捐资办学，或兴修水利，或创办医院，以种种方式感恩故土、回报桑梓，为近代舟山教育事业的发展做出了卓越的贡献。普陀教育亦当在其列。由于独特的群岛地理环境，普陀的教育散发出显著的海岛特色，透出浓郁的海洋文明气息。

上述原因，或致古代普陀文化（教育）历史局部断层，文物毁损，相关文史资料因而散佚不觅；从资料查找和分析来看，区域内各类教育也呈现出古薄今厚，愈近弥盛的发展态势。

1

明初以前，普陀教育乏信史可考。

明朝永乐年间，沈家门已有私塾出现。据马瀛、张康甫、张晓耕等于民国12年（1923）编纂的《定海县志》载，元末明初，武昌人丁鹤年（1335—1424），字永庚，于元亡后隐居沈家门鹤龄泉，建石屋名曰海巢，以课童度生计。明末清初，普陀域内亦有私塾，以后时断时续，无有专门管理机构。道光年间，桃花、展茅、沈家门教场、蒲湾、六横本岛皆有私塾。咸丰二年（1852），各主要大岛兴办义学，私学发展较快。光绪二十八年（1902），清政府通令全国各地兴办新式学堂。光绪三十一年（1905），一些义学、部分私塾相继改为新式学堂。同年12月，桃花岛胡家塘秀才胡庆和创办"定海县第七区区立协和乡第一小学"，是为普陀域内第一所"学校"。宣统元年（1909），（定海）县颁简章，改良私塾。

民国年间，办学之风日盛，办学主体各异，如政府创办、乡民集资、乡绅出资、外来商贾筹办等。所选校址多为寺庙、教堂、会所、祠堂等处所；学校类别除常规之外，又有女子小学，盐务小学，僧侣小学等各类学校。民国元年（1912），学堂改称学校，限制私塾。民国14年（1925），取缔私塾，因岛屿分散，公、私立小学寥寥，故私塾禁而不止。民国21年（1932），以改良私塾补充正规教育。民国28年（1939），有乡间私塾68家，后渐改为私立小学或自行消亡，僻地私塾延至解放前后废除。民国24年（1935），成立县义务教育委员会，推行五年制义务教育，在渔农村兴办短期小学，小学校渐增。

民国28年（1939）6月，日军侵占舟山主要城镇，部分小学停办。除日军占领的几个主要城镇外，各乡镇设（改称）中心国民学校，各保设国民学校（中国共产党地下组织成立教育推进会，领导部分小学）。民国34年（1945），抗日战争胜利，停办的学校相继复校。民国36年（1947）10月，定海县指定沈家门等地7所学校为示范中心国民学校。

1950年5月17日，普陀解放，隶属定海县。中国人民解放军舟山群岛军事管制委员会接管各个学校，教育从此面向工农群众。1952年，普陀区域内所有小学逐步转为公办，私立学校全部消失。同年10月，沈家门职工业余学校开学，设速成识字法师资训练班。

1953年4月，析建普陀县，8月，设县人民委员会文教科。同年，对学校进行全面整顿，学校建设开始纳入国家计划建设轨道，至1957年，教育稳定发展。翌年4月，县文教科改称文教局。

1958—1965年，教育在探索中曲折前进。1961年，贯彻“调整、巩固、充实、提高”方针，压缩中小学规模，停办渔农业中学，保留普通中学。

1960年5月，撤销舟山专署，建立舟山县。1962年5月，重设舟山专署，6月，原普陀县文教局撤销，建立普陀县文卫办公室（主管文化、卫生、教育）。1963年，在渔农村新办全日班、半日班、隔日班、巡回小学等多种形式的简易小学，便于小岛和渔农村儿童入学。

1964年，推行“两种教育制度”，部分公办中学和民办中学改为半耕（渔）半读中学，并新建部分半耕（渔、盐）半读中学。

1966年，“文化大革命”开始，“工宣队”“贫宣队”进驻学校，教育受到严重冲击，高考制度废除，部分学校停课搞“大串联”或停止招生。是年7月，成立县委党校。1970年后，中心小学体制被撤销。根据“把学校办在贫下中农家门口”的要求，出现“队队（村）办小学，社社（乡）办初中，区区（大岛设区）办完中的情况”，学校数激增，三分之一学校实行“二部制”教学模式，部分公办小学管理权下放到生产大队，教学秩序混乱。“文化大革命”末期，“五·七”中学蜂起。

1976年后，“文化大革命”结束。普通教育开始调整学校布局，各公社建立中心学校，领导管理全公社中小学校，将部分有办学条件的小学附设初中部改建为独立初级中学。此后，省、地、县确定重点中学和小学。1977年冬，中断11年的高考制度恢复，“中考复习班”“高考复习班”鹊起，普陀教育进入新一轮发展时期。

1979年，贯彻“调整、改革、整顿、提高”八字方针，“摘帽脱靴”，以压缩高中为重点，调整中小学布局、规模，改革中等教育结构，整顿教育秩序，改善办学条件。1980年，逐步将部分条件差、设点不合理的完全中学改为初级中学，撤并部分渔农业中学和“五·七”中学，中小学布局渐趋合理。

1983年，全面改革中等教育结构，恢复中心小学体制，私立幼儿园在城乡各地兴起。1984年，经省、地两级验收合格，普陀成为基本普及初等教育和基本扫除青壮年文盲县。

1985年始，普通高中恢复三年学制。同年9月，国家设立“教师节”。域内成立省中等刊授政治专业学校普陀辅导站，招收政工专业学员300名。此期，实行“分级办学，分级管理”，撤销区中心小学，成立区教育办公室（简称“教办”），管理所属学校，各类学校进入稳定发展时期。1986年，根据《中华人民共和国义务教育法》要求，部分乡镇率先实施九年制义务教育。10月，撤地、县重点小学，确定每县一所实验小学。是年，有幼儿园180所，入园儿童 8870 名；小学 141 所，学生 27986 名；学龄儿童入学率 98.9%；普通中学 32 所，学生 11598 名。

1987 年，普陀改县设区。开始评审中小学教师专业技术职务。此期，深化教育改革，加大教育投入，九年制义务教育为重点的教育事业得到全面发展。1992 年始撤“教办”，其管理职能归属教育局。1993 年，《中华人民共和国教师法》出台，教师地位和待遇得到提高。中共中央、国务院《中国教育改革和发展纲要》颁布，“两基”（基本普及九年制义务教育，基本扫除青少年文盲）工作全面开展，1995 年，青壮年非文盲率 97.2%。17 周岁受完九年义务教育人口占同龄人口 86%。

1995 年，高中段 9 门学科毕业会考合格率、优秀率超过全省平均水平，高中毕业生考入大中专院校 710 名，较 1987 年的 381 名增加 86.35%，其中重点大学 48 名，为史上最多的年份。是年，校舍总面积 230000 平方米，比 1987 年的 181300 平方米增加 26.86%。各类学校全部危房被拆建，仪器电化教学设备得到改善，图书藏书量大大增加，学校课程设置和学校管理逐步正规化、规范化。

2003—2014 年，贯彻“均衡、优质、和谐”方针，基础教育不断加强，是普陀教育全面快速发展时期。“以县为主”教育管理体制得到较好落实，建立乡镇发展义务教育的专项资金投入机制，实行区政府对乡镇（街道）教育目标责任制考核，区级政府承担义务教育的主要财政责任，渔农村九年制义务教育全部减免学杂费。在高标准普及九年制义务教育的基础上，高质量普及十五年教育。巩固提高“普高”升学率，进一步强化“职高”教育，培养高素质技术型的新型劳动者。构建终身教育网络，以区成人教育中心为核心建立成人教育体系，大力发展继续教育尤其是社区教育，加快发展远程教育，建立渔农民培训基地，开展渔农村实用技术培训，形成多层次、开放式的终身教育网络。

2003 年始，评估省教育强镇。2004 年 2 月，根据国家、省、市加快基础教育改革与发展的有关精神，出台《舟山市普陀区人民政府关于加快基础教育改革与发展的决定》等 4 个文件，促进义务教育公平均衡发展，推进高标准普及包括学前教育、高中教育的十五年教育。2005 年，通过省教育强区复评。

2005 年，开始实施“浙江省农村中小学远程教育工程”。2003—2006 年，教育经费投入总计 8.67 亿元。翌年，根据义务教育经费保障机制改革“明确各级责任、中央地方共担、加大财政投入、分步组织实施”基本原则，印发《舟山市普陀区义务教育经费保障机制改革实施方案》，公办高中和公办幼儿园实行“收支两条线”政策。2007—2011 年，教育经费总投入达 22.33 亿元，年均增长率 12.5%；实施学校基本建设项目 42 个（不包括小额投资项目），总投资约 84663 万元；完成城区学校布局调整，基本完成中小学校舍安全工程。

按照教育经费“三个增长、两个提高”要求，2012—2013 年，普陀区教育经费总投入达 14.52 亿元；2014 年，总投入达 8.35 亿元，比上年增长 10.31%，至年底，普陀区中小学教育装备总量达到 8253.18 万元；获评首批省教育技术规范管理示范区。

2011 年 7 月，国务院下达关于同意设立浙江省舟山群岛新区的批复。是年，根据群岛新区建设需要，区教育系统全面开展现代海洋教育。2013 年 1 月，国务院批准《浙江省舟山群岛新区发展规划》，舟山群岛成为中国首个以海洋经济为主题的国家级新区。

2012 年，域内 25 所完全小学和初中（不包括新居民子弟学校）达到省定义务教育阶段学校基本办学要求，达标率 100%；8 月，通过全国义务教育发展基本均衡区省级验评。2014 年，普陀区被国务院教育督导委员会授予“2013 年全国义务教育发展基本均衡县（市、区）”称号；被教育部认定为全国义务教育发展基本均衡区。是年，义务教育入学率、巩固率均为 100%；3 ~ 5 周岁幼儿入园率 99.65%；学前一年教育普及率 100%；小学、初中入学率和巩固率保持 100%；17 周岁初级中等教育完成率 100%，初中毕业生升高中率 99.54%；7 ~ 15 周岁三残儿童入学率 100%、6 ~ 14 周岁外来务工者子女入学率均 100%；15 年基础教育普及率 99.82%。学前教育、义务教育、高中教育进入全面优质普及新阶段。19 周岁人口高等教育毛入学率提高到86.53%，实现高等教育从大众化向普及化跨越。

2012—2013年，区教育局先后获得“全国农村成人教育保障先进单位”“第二届全国教育改革创新优秀奖”“浙江省义务教育课程改革第一批先进集体”“省教研工作先进集体”“省成人双证制教育培训工作先进集体”等荣誉；两年均被评为省教育科学和谐发展业绩考核优秀单位。普陀区获全省首家全国家长学校实验区、省首批学校心理健康教育研究示范区、省中小学生课外文体活动工程示范区等称号；教师专业发展培训绩效考核获全省县（区）级第一名。

2014年1月，高分数通过省人民政府教育督导室对普陀区省教育基本现代化区的实地评估，并报省人民政府核准。同年，区教育局获评全国全民终身学习活动周成功组织奖、浙江省教育系统关心下一代工作先进集体、浙江省教育科学和谐发展业绩考核优秀单位等荣誉。

2

学前教育是指对学龄前儿童进行的教育。

新中国成立前，普陀域内无学前教育机构。1951年10月，政务院颁布《关于学制改革的决定》，学前教育遂成为社会主义国民教育的最初阶段。

1956年春，县妇联牵头创办托儿组382个，农忙托儿所2个。10月，创办县机关托儿所。1958年，社社队队开办幼儿园。翌年，有幼儿园339所（班），入园幼儿17495名。1961年，农村幼儿园相继停办。

1977年起，城乡幼儿教育事业发展较快。1986年，区域内有幼儿园180所，324个班级，入园幼儿8870名，幼儿入园率由1979年的7.1%增至57.2%。1987年，部分幼儿园内开办学前班，区域内有194所幼儿园，共324个班级，其中有学前班31班。入园幼儿10717名，其中入学前班幼儿1483名。1995年，实施“大岛建，小岛迁”规划，农村幼儿园相继撤、扩、并。

1997年始，严格办园审批制度，规范社会力量办园并执行学年度考核和年检制度。1999年，区教育局从区妇联接收对城区个体幼儿园的管理权。2000年，原区中心幼儿园、区实验幼儿园转制为“国有民办”体制。2003年，区域内幼儿教育划归教育行政部门主管，幼儿教育以公办幼儿园为骨干，建立起公、民办结合的服务网络。

2004年2月，出台《舟山市普陀区幼儿教育事业发展规划（2003—2010）》，推进学前教育管理体制改革，加大幼儿教育扶持力度。

2007年，区教育局出台《舟山市普陀区幼儿园发展共同体建设实施方案》，2008年，区政府制定出台《关于进一步加快幼儿教育改革与发展的若干意见》，推进学前教育体制改革和布局调整，解决学前教育发展中“有责办园”“有钱办园”“有房办园”和“有人办园”等实质性问题。2009年，投资1150万元，通过购买、反租、中止承办合同等方式，改革六横镇、朱家尖镇及虾峙镇中心幼儿园办园体制。自此始，区域内万人以上乡镇都建有一所及以上公办幼儿园。

2011年，区中心幼儿园、区实验幼儿园由“国有民办”体制再转为公办幼儿园。自此始，公办幼儿园教育资源迅速优化。2011年年底，六横、桃花、勾山、展茅4个乡镇建成全市学前教育示范乡镇。

2012—2013年，新增等级幼儿园5所，省三级及以上幼儿园在园幼儿覆盖率90.46%，优质学前教育资源进一步扩大。2013年年底，《舟山市普陀区学前教育发展三年行动计划（2011—2013年）》有效实施，区域内8所乡镇中心幼儿园正式列入独立法人事业编制单位。2014年年底，区域内3～5周岁幼儿园入园率99.65%，学前一年教育普及率100%。是年，制订实施《舟山市普陀区学前教育普惠化三年行动计划（2014—2016）》。

3

初等教育是指小学程度的教育，是指对儿童、少年实施全面的基础教育和对成人实施的相当于小学程度的教育。

光绪三十年（1904），清政府颁行《癸卯学制》。翌年，废除科举制度，创办新式学堂，中国近代新教育发端。同年2月，桃花岛阔浦岙（现称客浦村）胡家塘秀才胡庆和创办“定海县第七区区立协和乡第一小学堂”（《普陀县志》记为“小学校”），是为普陀区域内最早近代意义“小学”教育。

民国元年（1912）1月，民国教育部颁布《普通教育暂行办法》，“学堂”改称“学校”。9月，公布《学校系统令》，初步确立新的教育体制。民国11年（1922）11月，实行“壬午学制”，其中小学6年（初小4年，高小2年）。民国13年（1924），实施“义务教育”。至民国14年（1925），域内有县立小学10所，区立小学19所，乡镇立小学4所，私立小学9所，学生1336名；短期小学、改良私塾13所，学生2745名。民国28年（1939）6月后，日寇来犯，学校多停办；35年（1946），始得逐渐恢复。

解放前夕，有乡（镇）中心学校14所，国民保校42所，学生3349名；沈家门镇另有“八闽小学”等私立小学4所，学生770名。

解放后，人民政府接管公立和私立小学校，并逐步转为公办。

1951年10月，政务院颁发《关于学制改革的决定》。1952年3月，教育部颁发《小学教学计划》，实施五年一贯制小学教育。1952—1953年，全县小学增至137所，学生13066名，335个班级；小学教员460多名，学历合格者寥寥；渔农村学生入学年龄参差悬殊，留级率时常在50%左右。

1954年春，贯彻教育部颁发的小学四二制教学计划。1955年，执行新的《小学教学计划》。

1958年，小学办学规模发展迅速。是年4月，全县有小学408班，学生17856名。学龄儿童入学率普遍提高。

1959年，农村小学由人民公社接办；全县小学执行省教育厅颁布的《1959—1960年全日制小学教学计划》。1960年秋，因经济困难，削减招生计划。1963年，贯彻中共中央颁发的《全日制小学暂行工作条例（试行草案）》（简称《小学四十条》），舟山地委发文提出全日制小学必须以教学为主，保证全年有9个月半的教学时间。全县小学开始恢复以教学为中心的教学秩序。1963年，舟山海洋渔业公司职工子弟学校创建。

1964—1965年，执行省教育厅颁发的《农村简易小学教学计划（草案）》，采用全日制小学教材，适当增加渔农村应用文和珠算的教学内容。全县有各类简易小学81所（班），耕读班300个（处），学生7386名，占学龄儿童16.7%。基本做到小村有初小，大村有完小，乡乡有中心，小学学龄儿童入学率达到72.2%。

1966年，受“文化大革命”影响，多数小学停课1年。1967年下半年，解放军、工人、贫下中农宣传队进驻、管理学校，教育秩序、学制混乱。1971年后，普遍开展学工、学农、学军社会实践活动。1974年，小学恢复秋季入学。1975年，学龄儿童入学率达到98%。1976年，重新执行教育部颁布的《全日制小学暂行工作条例》和《小学生守则》，小学教育秩序逐渐稳定。1978年9月，小学开始使用部编新教材。1981年以后，全县小学执行教育部颁布的《全日制五年制小学教学计划（修正草案）》，致力普及初等教育，抓巩固、提高“四率（普及率、入学率、巩固率、毕业率）”。1983年秋季始，实施浙江省《全日制六年制小学教学计划（试行草案）》，采用江浙沪联合编写的小学六年制教科书。

1985年，省人民政府公布普陀县为“基本无盲县”和“基本普及初等教育县”。是年，全县有小学149所，班级762班，学生27500名，教职工1440名，专任教师1272名。

根据1985年5月《中共中央关于教育体制改革的决定》文件精神，1985年6月，《浙江省实行九年制义务教育条例》出台，1985年7月，普陀县制定实施《普陀县九年制义务教育规划》。1986年，《中华人民共和国义务教育法》颁布。是年，域内沈家门镇率先实施九年制义务教育。翌年，蚂蚁岛乡、六横镇实施九年制义务教育。1987年11月，区教育局就进一步贯彻《普陀县实施九年制义务教育规划》提出实施意见。1988年，小学新生入学进入高峰期，招生5549名，比上年增加23.39%。

1989年，修订《普陀区实施九年制义务教育规划》，确定在1992年基本实现九年制义务教育。1992年，实行“浙江省实施义务教育证书制”。1994年，区域内有101所小学，九年义务教育覆盖率100%。翌年底，区域内有小学97所，班级730班，学生30918名；有教职工1481（其中专任教师

1311名)名。

1995年,普陀区通过省“两基”验收。1996年1月,国家教委公布普陀区为全国第二批实现“两基”县(市、区)。8月,区教委提出全面实施“两高”(高标准普及九年制义务教育,高标准扫除青少年文盲)规划,至2000年年底,域内17个乡镇均通过“两高”评估。

1997年,普陀区获评省素质教育实验县(区)。翌年,沈家门小学获评首批“全国现代教育技术实验学校”。

2001年,制定《普陀区“十五”期间学校布局调整方案》,是年,沈家门小学改制为“国有民办”。

2002年2月,普陀区获评“浙江省教育强区”。8月,获评“省级基础教育课程改革实验区”。

2003年,制定《普陀区2003—2007学校布局调整方案》,普陀中学、城北初中筹建。9月,区域内小学三年级开设英语课程。2004年起,小学开展新课程中的“综合实践活动”“校本课程”“地方课程”研究。

至2007年7月,区域内有小学22所,其中民办2所(普陀山学校划归市属,未统计),班级345班,学生14521名,教职工1055名,专任教师939(其中大专以上毕业762名)名。

2009年,区域内学校以教育“均衡、优质、和谐”发展为目标,深化改革。2011年,区委、区政府印发《关于贯彻落实国家和浙江省中长期教育改革和发展规划纲要的实施意见》《普陀区教育事业发展“十二五”规划》,提出“到2015年,普陀在全省率先实现教育现代化”。是年,沈家门小学由“国有民办”转回公办体制。

2013年,普陀区加大创建“教育现代化县(区)”力度,推进义务教育均衡发展,优化学校布局。翌年2月,获评“全国义务教育发展基本均衡县区”。同年,自行编撰的《现代海洋教育读本》由上海科学技术出版社正式出版并下发到各中小学,海洋教育成为普陀素质教育一大品牌。

2014年8月,勾山中心小学划归临城管委会。此期区域内有小学16所,其中民办1所,班级371班,学生14198名,教职工1127名,专任教师1002(其中大专以上学历969名)名。

4

中等教育包括普通中等教育和中等职业教育两类。普通中等教育分为两个阶段。初级中学是指前一阶段的中等教育学校,简称初中,高级中学为第二阶段,简称高中。

民国初期,普陀域内尚无初级中学教育。民国31年(1942),沈家门中心小学(现沈家门第一小学)始设初级中学班,是为普陀域内初级中学教育之发端。此后,施家岙小学、沈家门八闽小学、六横台门西厂曾短暂附设(开办)初级中学班。1949年8月,毛善才牵头募建定海县立中学沈家门分部,1950年改为私立沈家门初级中学,1956年转为公办,定名为普陀县第一初级中学(普陀中学前身)。

1951年后,贯彻“调整与适当发展”方针,普陀区域内扩增初级中学班。1953年起,初级中学教育事业纳入计划建设轨道。1956年,在六横创办县第二初级中学(六横中学前身)。1957年蚂蚁岛、虾峙岛分别开办初级中学,12月,沈家门民办文化补习学校改名为沈家门渔光中学。1958年8月,创办县第三初级中学(芦花中学前身)。普陀区域内初级中学教育迅速发展,尤其是民办初中学校发展较快。是年,全县有初级中学29所,有初级中学教学班44班(其中普通中学12班,农业中学26班,渔业中学2班,水产中学4班,普陀中学设渔技、卫生、机械五班)。有初中学生1663名,教职工63名,专任教师36名。此期,学校贯彻教育与生产劳动相结合方针,有学校办工厂1509个,小农场81个,种植面积135067平方米,另有其他畜牧饲养科目。

1962年,撤销部分民办初级中学;保存普陀中学(含初中部),普陀县第二初级中学,县第三初级中学,沈家门渔光中学,蚂蚁岛初级中学。

1964年,推行两种教育制度(全日制与半工半读制)。1966年,有初级中学7所(其中一所附有高中部),翌年,无初级中学毕业生。1967—1969年,部分普通初中、高中学校停止招生。

1970年起，迅速发展初级中学。1972年，公社办中心小学和部分完全小学附设初级中学，初级中学增至65所。1977年，朱家尖、桃花、虾峙等3所区属初级中学增设高级中学教学班。是年，区域内共有109所小学，附设初中教学班399个。1978年，全面整顿初级中学教育。1979年起，逐步停办小学附设初级中学班。同年，初级中学学制由二年改为三年。1980年，朱家尖、桃花、虾峙3所区属初级中学停招高级中学学生。

1987年，根据《中共中央关于教育体制改革的决定》精神，普陀区修订《普陀区义务教育规划》。是年，区域内有初级中学26所，班级203班，在校初中学生9584名，专任教师592名。1994年，全面实施九年制义务教育，受教育人口覆盖率100%。1998年5月，普陀中学初、高中部分离。经区政府批准，在原址成立"普陀第二中学"，原初中部学生就读该校。2001年，根据《普陀区十五期间学校布局调整方案》，撤并8所初级中学。翌年底，区域内有初中学校17所(其中包括九年一贯制的普陀山学校)，班级260班，学生13004名。2002年，筹建普陀区城北学校，2005年，正式立项奠基。2007年，普陀山学校划归市局管理。翌年，舟渔子弟学校由市局划归普陀区管理，改称舟渔学校。

2010年，城区义务教育学校布局大调整，普陀第二中学搬迁至城北新校区(原普陀区城北学校并入，翌年注销)；区职教中心迁入朱家尖新校区；沈家门第一初级中学搬至原沈家门中学校址；沈家门第三初级中学搬至原普陀中学，更名为东港中学。

2003年以来，义务教育工作重点是促进公平，均衡发展，深化基础教育课程改革，促进素质教育内涵发展；开展省示范性学校和省标准化学校创建工作。2012年，全面贯彻《普陀区教育事业发展十二五规划行动纲领》，推进教育现代化建设。翌年，全面建成全国义务教育基本均衡区。

2014年，区域内有初级中学9所，班级169班，在校初中学生6147名，教职工762名，专任教师635名，其中中学高级教师185名，大专及以上学历100%，本科以上学历93.86%。初中升高中率99.54%，15年基础教育普及率达99.82%。

5

高级中学是指我国实施的后一阶段中等教育的学校，简称高中。

普陀区域内普通高级中学教育源自初级中学的延伸和转型提高，较同类县区为迟。1958年秋，浙江省普陀中学始设高中部，成为普陀区域第一所完全中学，高级中学教育由此起步。1970年，普陀县六横中学、普陀县芦花中学始设普通高中班，成为完全中学。1973年，普陀县沈家门中学始设普通高中班，成为完全中学。

"文化大革命"期间，各校均受其影响。停课、复学，悉由形势决定，高级中学、初级中学招生全无规律。1972年春，全面恢复招收普通高中学生，实施"推荐与考试相结合"招生制度，学制由三年改为二年制。此期，各校多有附设各类职业技术班；各公社(镇、乡)掀起创办"五·七"高中热潮。1977年前，形成"一区(镇、乡)一高中，分片招生办学"的完全中学教育格局。

1978年，普陀中学被原舟山地区确定为重点中学，1981年，被浙江省教育厅列为80所重点中学之一。1995年，沈家门中学成为省首批(10所)示范性综合高中。1997年，普陀中学获评省二级重点中学。1998年，沈家门中学位列省100所示范性中学行列。2002年，普陀中学获评省一级重点中学，2004—2005年，普陀第三中学、六横中学先后获评省三级重点中学。2006年9月，普陀第三中学获评省普通高中新课程实验30所样本学校之一。2013年，普陀第三中学被确定为"省技术技能类选修课程建设试点学校"。

1981年始，改革中学教育结构，整顿高级中学教育，保留4所完全中学，划定高中学校招生区域，停止公社(镇、乡)办"五·七"高中班，控制普通高级中学招生数。此后，普通高中教育稳步、有序发展。

1997年始，普陀区实施"十五年教育"战略，1998年5月，原普陀中学初、高中分离，高中部迁到东港灵秀街新校区。同年秋，普陀第三中学新校区建成使用，按规划接收原芦花中学高中部高二、高三学生共5个班级；芦花中学高中部停办。1999年始，省高校招生计划增加，区域内高中毕业生报考高校数大增，报考高中中专学生数锐减。

2000年，域内初中毕业生升高中段学校率为85.01%，在全市率先普及高中段教育。至2013年，高中教育普及率99.8%，高质量高标准普及高中教育。

2000年，高校招生实行"3+综合"模式，普陀区考入高校学生数大幅增加，高校录取万人比为43.9%。2003年，普陀区有1562名考生报名参加高考，其中应届毕业生1482名，19周岁人口高校毛入学率33%，比上年提高9个百分点，领先省平均8个百分点。

2004—2005年，域内普通高中教育办学规模、招生数、在校生数等各类指标达到巅峰。2006年起，由于人口政策效应显现，高中教育规模渐次稳定回落。2007年8月，区职教中心（原沈家门中学普通高中班）停止招收普通高中学生。

2007年，普陀第三中学作为省新课程改革样本学校接受省新课程改革专家调研，在实施新课程改革过程中先行先试。区域内普通高中学校依据《浙江省普通高中新课程实验第一阶段工作方案》精神，制定实施"课改实施""学分认定""走班制""选课制""综合素质评定"等系列方案及制度。2008年4月，省政府出台《浙江省新课改高考方案》。2009年，高中新课改高考方案首次实施，在全科会考基础上，实施"分类测试、分批选拔、综合评价、全面考核、择优录取"选拔模式；高中学生综合评价全部记入学生档案。同年，高中段学校全部安装省教育收费电子实时监督系统。

2011年始，六横镇政府、六横中学与普陀中学合作办学。

2011年后，《浙江省普通高中特色示范学校建设标准（试行）》（浙教基〔2011〕157号）、《浙江省教育厅关于深化普通高中课程改革的通知》（浙教基〔2012〕81号）等省厅文件相继颁发。区教育局出台《普陀区深化普通高中课程改革实施方案》《区教育局关于深化普通高中课程改革任务分解的通知》《关于做好2012级起全区普通高中学生成长记录与综合素质评价工作的通知》等系列文件，成立工作领导小组、专家指导小组、工作协调小组等组织。2013年，根据"减总量、调结构、优方法、改评价、创条件"总体思路，从组织、制度、专项经费、设施设备等方面为普通高中学校课改铺平道路。各高中学校从工作机制、基础保障、课程安排、教师培训、推进教学改革、改进评价制度入手，全面深化课改工作。

2013年6月，中小学教师系统首次审评正高级职称，域内评定12名教师为享受正高级待遇中学高级教师，分布在普通高中、职业中学、初中、小学和教研室（其中普通高中教师4名）。同年11月，区域内有普通高中学校3所，班级79班，教职员工376名，专任教师301名，其中高级教师136名，具有研究生学历者26名。

2014年，《浙江省教育厅关于适当调整〈浙江省普通高中学科教学指导意见〉的通知》（浙教基〔2014〕109号）、《舟山市教育局关于进一步深化普通高中课程改革的通知》（舟教基〔2014〕60号）下发，区域内全面实施普通高中新课程改革，各校制订三年发展计划和具体方案，积极应对浙江省新高考方案的实施；试行"分层走班制""选课制"等新教学模式，加强与新高考接轨的学科建设。校本选修课程具有鲜明舟山海洋教育文化办学特色；在校学生生涯规划教育被提上教育教学日程。

2014年2月，普陀中学率先入选省首批一级特色示范学校，4月，普陀第三中学获评省首批二级特色示范学校。是年，优质普通高中阶段教育布局基本定型。同年9月，浙江省人民政府制定《浙江省深化高校考试招生制度综合改革试点方案》，全面深化统一高考招生改革。是年起，高考成绩只许考生本人查询。

6

职业教育是指为学生或在职人员学习、掌握某种生产或工作所需知识、技能等而实施的教育。普陀区域提供职业教育的主要是中等职业技校、技工学校、职业高中、农（渔）业中学。

解放前，较为正规的职业教育无信史可考。1953年，县总工会、沈家门镇分别成立职工业余学校，开展扫盲和职业技术培训。1954年2—6月，各基层工会相继开展职业培训，先后开办一批单位职工业余学校。

1956年9月，舟山工业学校在沈家门镇建立，中等专业教育与技工教育逐步发展。较为正规的乡镇职业教育，起始于1957年8月创建的舟山第一所渔业中学——蚂蚁乡渔业中学。

受"大跃进"和"文化大革命"影响，区域内职业教育、渔农业中学等各级各类学校历经崛起、迅猛发展、急剧回落的过程。

1978年，农业、供销、农业银行、商业、粮食、盐业、公安等系统相继建立干部学校，教育系统各县建立教师进修学校，厂矿企业和劳动管理部门开办技工学校，地区和各县工会系统建立职工学校，部分基层企业建立职工业余学校，渔农村建立渔农民业余中等技术学校。1979年6月，开办县职工业余学校。

1983年，职业技术教育进入大发展时期。普陀县农业技术学校、普陀县六横区五星农技学校、舟山市普陀区沈家门职业中学相继创办。

至1986年，普陀区有渔、农职业学校5所，1987年，有各类职业学校、技工学校7所。20世纪90年代中后期，高职院校扩大招生，就业教育和升学教育同步推进。

1997年，经省劳动厅批准，普陀县技工学校获授"国家职业技能鉴定所"。此后，年招生人数稳定在120～160名，年培训率650～850人次。

21世纪初，职业学校明确以市场就业需求为导向的办学方向，加强校企合作。

2001年12月，原沈家门中学和沈家门职业中学、普陀区技工学校合并，组成新的沈家门中学。2002年，沈家门中学获评省一级重点综合高中（全省三所）。2003年，成立普陀区机械技术培训中心（沈家门中学勾山机械分校）。此期，普陀厦林旅游职业中学获评省二级重点职业高中，2005年3月，更名为普陀旅游职业技术学校；普陀水产技校由普陀区海洋渔业局管理，开设航海轮机、驾驶专业，主要开展渔业四小证、远洋渔业证书考证培训。

2005年11月，根据《舟山市普陀区人民政府关于大力推进职业教育改革与发展的意见》，再度整合优化职业教育资源，由沈家门中学、普陀旅游职业技术学校合并，成立舟山市普陀区职业技术教育中心（简称区职教中心），使之成为舟山市办学规模最大的综合性中等职业技术学校。

2006年3月，区政府与浙江海洋学院签署"关于浙江海洋学院普陀科学技术学院项目引进协议书"。同年7月，浙江海洋学院根据合作办学协议组建成立普陀科技学院（翌年7月始，招收首届学生），9月，区委区政府成立普陀科技学院筹备委员会，并规划启动朱家尖校区建设项目。2009年，普陀科技学院搬入朱家尖新校区。

2007年，普陀水产技校并入区职教中心，区域内职业教育资源整合工作基本完成，原沈家门中学中等职业教育与普通高中教育顺利分离。是年秋，区职教中心有教职工241名，招收新生1070名，学生总数2810名，为史上新高。

2008年，区职教中心全面落实省"六项行动计划"，确定文化与旅游、机电制造、船舶修造三个大类17个专业方向，实施"以就业为导向、以能力为本位"的课程改革。

2010年2月，区职教中心获评国家级重点中等职业学校。3月，获评2008—2009年度省优秀农村预备劳动力培训基地。同月，该部动迁至朱家尖新校区，与先期到位的普陀科技学院实施中、高职合作办学，资源共享。

2011年，区职教中心开设"文化与旅游""船舶修造"和"机电制造"三大类专业群，设置6个"3+2"专业、245个招生名额，推进中高职人才一体化培养。时有70个班级，2561名学生，244名在职教职工，164名专任教师。毕业生就业率在98%以上。是年，普陀科技学院与德国柏林职业教育集团正式签订合作办学协议。此期，中高职一体化办学力度进一步加大，与省内相应高等院校合作，举办"五年一贯制大专班"和"3+2"大专班，推进中德合作项目和"省中等职业教育改革发展示范"学校建设的步伐加快。

2014年9月，区职教中心有学生1700余名，在职教职工210名，专任教师169名。其中有“五年一贯制”和“3+2”大专班9个，招生345名，占总招生数617名的56%，为史上最多。

区职教中心是国家级重点中等职业学校、省中等职业教育副秘书长单位、省一级中等职业学校、省首批改革发展示范学校、“全国职业教育先进单位”。

2014年，省政府正式批复(浙政函〔2014〕36号)同意在朱家尖原区职教中心、普陀科技学院校区筹建浙江“舟山群岛新区旅游与健康职业学院”。区职教中心勾山校区所在区块划归临城管委会，该校教师归属舟山技师学院。同年，普陀科技学院停办。

7

特殊教育是指以盲人、聋哑人、智障人为施教对象的教育，简称特教。

1951年，政务院《关于学制改革的决定》，将特殊教育列为新中国国民教育的重要组成部分；1989年，国务院办公厅下发《关于发展特殊教育的若干意见》，“国家保障残疾人受教育的权利”等条文屡见于法律法规。普陀区域内在实施普及初等教育和义务教育前无特殊教育。

1993年3月，国家教委颁布《普及九年义务教育评估办法》，区政府制定相应普及规划。时有按《残疾儿童教育规划》要求配置的培训教师16名；对全区6～12周岁弱智儿童测试甄别，视实际情况开展义务教育。是年，视残、语残、智残儿童的入学率分别为78.6%、73.0%、78.9%；在桃花、虾峙、朱家尖、台门4所中心小学设立特殊教育点，招收残疾儿童19名。

1995年，区域内有残疾儿童347名，入学314名，入学率90.6%。2000年，“三残”儿童入学率97.9%。

2004年，区教育局加强对弱智少年儿童随班就读工作的指导和管理，并向幼儿教育至高中教育延伸。对不能到校学习的20余位重度残疾的儿童少年，实行“送教上门”“送教到床”，并帮助开展康复训练。是年，区域内7～15周岁残疾儿童少年入学率98.1%，残疾学生初升高率由上年的260.0%提高到55.5%。2006年，三残适龄儿童入学率为98.6%。2009年，三残适龄儿童少年入学率为100%。

2010年，区教育局遵循“盲教育以省为主、聋教育以市为主、培智教育以县为主”原则，配合省盲校和市聋哑学校做好招生工作，落实区域内普通学校智障儿童随班就读、上门辅导工作。

2011年，区政府下发《关于实施学前教育特殊儿童入园资助工作的通知》，对学前教育特殊儿童入园实施资助。2012年，由区教育局发文将沈家门第四小学“特殊教育点”更名为“普陀区特殊教育点”，招生范围扩大到整个普陀区域。2013年，出台《舟山市普陀区教育局关于加强轻度残障少年儿童随班就读工作的实施意见》(舟普教发〔2013〕40号)，区域内特殊儿童随班就读走向规范化。普陀区特殊教育点配备专职教师。完善重度残疾学生送教上门，中度学生到特殊教育点就读，轻度学生随班就读模式；新设立特殊教育专项经费，确保区域内7～15周岁特殊儿童少年入学率100%。

2014年，区域内有3名专职特殊教育教师，4个特殊教育点，7所中小学承担义务教育阶段13名重度残疾儿童送教上门任务，安排特殊教育对象公用经费补助40余万元。

8

2003年，区政府首次出台针对中小学生“扶困助学”政策。2005年秋季学期，根据省政府办公室《关于全省农村中小学“四项工程”实施办法的通知》精神，开展农村中小学家庭经济困难学生资助扩面、爱心营养餐、食宿改造、教师素质提升四项工程，加快推进渔农村教育发展。区政府修订“扶困助学”政策，实施义务教育爱心营养餐办法，将高中段家庭经济困难学生助学纳入政府资助体系。2007年下半年，再次完善中小学生政府扶困助学政策，实施义务教育离岛就读困难补助政策和惠及所有职业中学高一、高二学生的国家助学金政策。

2010年起,区人民教育基金会开展“阳光助学”活动,对低保家庭(含低保边缘户)学生接受高等教育进行经济资助。2010年秋,国家助学金受助对象调整为职业高中高一、高二全部学生。2011年4月,普陀区印发《关于完善义务教育离岛就读补助政策的通知》,扩大离岛就读资助面,提高资助标准。8月,印发《关于完善中小学学生资助政策的通知》,将普通高中占在校生13%家庭经济困难学生纳入国家助学金资助范围。年底,印发《关于实施学前教育特殊儿童入园资助工作的通知》,在省内率先出台学前教育低保家庭子女等入园资助政策,进一步促进教育公平。

三

可考文史资料中,未有普陀区域内书院、学府之类教育机构之明确记载。清朝至民国前后,域内教育由私塾演化成学堂、学校、保国民学校,所选校址多为祠堂、寺庙等公众场所,地域结构设置无谓布局。

解放后,人民政府专设教育管理机构,促使教育稳定发展。1958—1965年,教育在探索中曲折前进。“文化大革命”前期,教育受到严重冲击。1970年,出现村村办小学、社社办初中,区区(几个较大岛屿)设区公所办完中局面。1980年后,中小学布局渐趋合理。

2003年,出台《普陀区2003—2007学校布局调整方案》,按照“高中学校向县城集中,初中向中心镇集中,中心小学向乡镇所在地集中,新增教育资源向城镇集中”要求,实施“浙江省中小学万校标准化建设工程”,开展新一轮中小学校布局结构调整。义务教育阶段学校由2002学年的58所调整到2006年的38所,校均规模由525名学生提高到625名。2006年年底,提前三年完成省政府确定的基本普及十五年教育的目标。是年,全区教育城市化率66.87%。

根据普陀区“十一五”(2006—2010)学校布局调整规划,2007年,撤螺门中学为展茅中学教学点,撤塘头小学并入东港小学,撤红旗小学为勾山中心教学点,撤蚂蚁乡中心学校并入东港小学,撤登步中心乡学校并入沈家门第三小学。2007年,普陀山学校划归市局管理。2008年,桃花中心小学与桃花中学合并成九年一贯制学校,舟山海洋渔业公司职工子弟学校由市教育局划归普陀区教育局管理。2009年,撤平阳小学并入沈家门第四小学。

2010年,区职教中心、普陀中学、普陀第二中学迁建三大工程完工,城区义务教育学校布局进行重大调整。普陀第二中学、沈家门第一初级中学迁至现址,沈家门第三初级中学迁至现东港中学校址并更名为东港中学。沈家门第一小学、第二小学、第五小学三校合并,成立新的沈家门第一小学,并迁至原普陀第二中学校址。此期,“农村中小学食宿改造”“一校一项目”等工程有序实施,城区学校“腾笼换鸟”式布局调整全面完成。

根据普陀区“十二五”(2011—2015)学校布局调整规划,2011年,撤东港小学并入改制后的沈家门小学。是年,全区有义务教育学校28所,其中初级中学12所,小学16所。2012年4月,“舟山海洋渔业公司职工子弟学校”划归普陀区管理,更名为“舟山市普陀舟渔学校”。5月,普陀小学建设工程前期项目相继完成。2013年1月,展茅初级中学和展茅中心小学合并为九年一贯制展茅中心学校;5月,普陀小学建设工程主体结构结顶;6月,城北小学、城北幼儿园和鲁家峙小学建设工程完成前期项目;7月,虾峙初级中学和虾峙中心小学合并为九年一贯制虾峙学校;鲁家峙小学并入沈家门第一小学;台门初级中学和台门小学合并为九年一贯制台门学校;东港幼儿园建设工程主体结构结顶。9月,舟山市普陀区舟渔学校初中部并入沈家门第一初级中学,小学部更名为舟山市普陀舟渔学校。

2014年7月,浙江省舟山群岛新区行政区域局部调整,勾山小学、勾山幼儿园、区职教中心勾山校区(机械分校)划归舟山市直属,102名教职员工转归市教育局管理。同月,虾峙中心小学和桃花中心小学初中部分别划归沈家门第一初级中学和东港中学管理,虾峙、桃花设立初中教学点。

2014年9月,域内有义务教育学校21所,其中初级中学9所(包括展茅中心学校、芦花中学、台门学校、育才学校6所九年一贯制学校),小学12所。

四

普陀区教师队伍建设整体起步较晚而后发展迅速。

有史可鉴者,自清乾隆年间起至民国时期,区域内较大海岛上有富商乡绅、开明人士先后开办私塾,延聘(兼)名儒学者、书生士子充任塾师授课,无统一管理机制,断续无序。民国年间,为师者多为乡儒、卸甲官宦、开明士绅、外来塾师等;至解放前,教师队伍中新旧知识分子教育思想不一,教育教学质量标准多样。

解放后,人民政府改造旧式学校教育,原在校任教的中小学教师全部留用。1952年秋起,公办教师队伍发展迅速,邻省和省内各县均有教师支援海岛教育事业。师资队伍整体素质有较大幅度提升。

新教育的大发展和政治形势的影响,使代课教师、民办教师成为一支成分芜杂、素质参差,特殊而庞大的师资队伍。1995年,区域内最后一批符合条件的民办教师被录用为公办教师。

域内教师队伍专业水平和素质提升历程复杂,力度较大。1958年8月,县文教局下发《关于培养技术队伍的初步意见》。1975年,为提高中学教师的业务水平,普陀中学受教育局委托,开办了语文、数学两科教师培训班。1978年5月,普陀县教师进修学校成立,其基本职责定位为培养、提高小学和初级中学阶段教师业务水平。1980年9月,高师函授开始。1986年春季,高师教学班第一年招生。自此,通过教坛新秀评比、中小学教师教材教法考试、推荐具有合格学历的中小学代课教师到全日制师范院校进修、"3350工程"初中骨干教师培养计划、中小学学科教学带头人评选、"新课程标准与中小学教师主题培训"、农村中小学教师素质提升工程实施、《普陀区开展城乡教师支教、轮岗,学校帮扶结对活动实施意见》实施、"普陀名师预备队"建设、"领雁工程"实施、《"潮涌普陀"学科高端研修三年规划》实施等师资队伍建设活动积极有序开展。2010年起实施"名师培养工程",成立普陀区名师工作站。2001年起,开始实施省"十二五"中小学教师专业发展培训。2011年至今,每年8月中下旬举办"东海风·普陀教学文化节"。

新教师的补充体现社会对教育的新要求。1978年,停止招收民办教师,教师来源主要由师范院校毕业生分配充实。1998年始,凡是中专毕业生入职都要经过一年试聘期。2002年始,不再录用中专毕业生。2003—2014年,高校毕业生到教育系统任教需通过事业单位招聘考试。2005年不再录用大专毕业生。

普陀区教育工作者善学肯干,敢为人先,富有创新精神。1981—2013年,有8人先后获评省特级教师。1979—2008年,24人次教师获得国家级优秀教师荣誉;1960—2014年,50人次教师获得省级优秀教师荣誉;1989—2014年,57人次教师获评省"春蚕奖";1996—2014年,75人次教师获得省级其他荣誉;1991—2013年,267人次教师获评各级各类教坛新秀、名师、学科带头人。2013年6月,区域内有在职特级教师2名,享受舟山市级正高级教授待遇教师12名,市名师工作室导师14名。

2014年年底,小学、初级中学、高级中学专任教师学历合格率均为100%,小学、初级中学教师的高学历率分别达96.7%和95.0%。是年,教师培训工作考核为全省县区唯一满分获得者。

五

素质教育是指以提高人的素质为根本宗旨的教育。在教育的各个环节中,全面实施德育、智育、体育、美育,着重培养学生的创新精神和实践能力。

1

1995年和1998年,普陀区先后通过省"两基"和市"两高"验收。1996年,区教育局出台《关于全面推进"轻负优质"教育的实施意见》。域内普通中小学强化实施素质教育，成就较为显著。

1997年，普陀区被省教育厅确定为首批素质教育实验县（区）。同年，区教育委员会（教育局）出台《普陀区素质教育实验方案》，制定和出台推进区域性素质教育的相关文件与政策。此后若干年，在创建中小学素质教育示范学校、初中毕业生综合素质评价、减轻学生课业负担、推进生命教育、全面推进现代海洋教育、中小学生艺术素养监测评价改革等方面进行大胆而卓有成效的尝试。2002年，总结并提炼为"八大教育（主体性教育、创新教育、海洋教育、环境教育、心理健康教育、现代信息技术教育、国际理解教育、生活和劳动教育）"，素质教育全面推进。

素质教育极大地推动了其他各项工作。自1997年实施素质教育以来至2014年，域内各校学生获评国际级荣誉136项，省级以上德、智、体、美、劳各类荣誉近3000项。此后，教育教学教研成果呈现出作品内容丰富，获奖面广，成果品位高，多角度、多方位、多样化生态特点。

2

多样性、多层次、网格化的立体教育体系彰显出巨大的素质教育发展空间，为普陀在省内率先实现教育现代化县区提供充分的条件。

1996年，双塘中学被省政府授予"德育先进"称号。1997年，虾峙中心小学被全国少工委授予"全国雏鹰红旗大队"称号。1998年，厦林旅游职业中学与朱家尖成人学校合并。

2000年，厦林职业中学获评教育部第五届"中华扫盲奖"。2002年，沈家门中学荣获国家教育部门颁发的"贯彻学校体育工作条例优秀学校"称号，沈家门小学少先大队被全国少工会授予"全国红旗大队"称号，普陀区实验幼儿园被省教委确认为省示范性幼儿园，沈家门小学获评全国中小学现代教育技术实验学校，另有4所中小学获评省级现代教育技术实验学校，4所农村中小学成为省农村示范中小学。

2001年，获评区域性推进素质教育先进（县）区。2002年获评省第二批"教育强县（区）"称号。是年9月，普陀区获评第一批省基础教育课程改革实验区。

2004、2005年度，社会培训获得省"千万农村劳动力素质培训工程"考核一等奖，2006年，获评省"千万农村劳动力培训工程"先进单位。六横成校被省教育厅、省财政厅评为2006年度浙江省优秀农村预备劳动力培训基地，沈家门街道成校被省教育厅、省中小企业局评为2006年度浙江省优秀职工教育培训基地。2004年，普陀教育科研网获评2004年度全省最佳教育网站。普陀第二中学被中国教育教学研究会评为2005年度教育科研先进单位。2006年，沈家门小学获评省教育科研先进集体。沈家门第一小学《"五星"教学设计的探索》获评第三届政府基础教育教学成果一等奖。2007年，获评省义务教育课程改革第一批先进集体。普陀第二初级中学被推荐为全省唯一的初中"素质教育实验学校"。是年，沈家门第一初级中学和区实验幼儿园被评为第三批省校本教研示范学校。

2005—2006年度、2007—2008年度、2009—2010年度，区教育局连续三次获评省重视教科研先进单位。

2009年，《家庭"微型实验室"的建立和有效使用的研究》等2项教研课题成果获省教研课题成果一等奖。沈家门小学、沈家门第一小学、普陀第二中学获评省（2004—2009年）教育科研"百强学校"。

2010年，启动《"潮涌普陀"学科高端研修三年规划》，推进教研活动主题化、系列化、课题化。该项工作被省教研室评为年度"二十大教研亮点"之一。是年，《中小学生实验工具包》获全国《全民科学素质纲要》优秀案例表彰，并在全区部分年级免费推广。

2007—2011年，区教育局先后获评"浙江省义务教育课程改革第一批先进集体""全国农村成人教育先进单位""第二届全国教育改革创新优秀奖"；在2008年、2009年、2011年度均被评为浙江省教育科学和谐发展业绩考核优秀单位。

2011年，《双网教研：体现海岛特色的教师研修新机制》课题获省第四届基础教育成果一等奖。

同年起，区域内创建国家级绿色学校1所、中国陶行知研究会实验学校2所、省级绿色学校5所、省陶研会实验学校2所。沈家门第一小学“五星教学”设计等19项课题分获省教育行政部门成果评比一、二、三等奖，其中《“五星教学”设计》《双网教研：体现海岛特色的教师研修新机制》分别获第三、四届浙江省政府基础教育教学成果一等奖。是年，区教育局获全国教育改革创新优秀奖。

2011年5月，区委、区政府《关于贯彻落实国家和浙江省中长期教育改革和发展规划纲要的实施意见》和《普陀区教育事业发展“十二五”规划》提出：“到2015年，普陀在全省率先实现教育现代化。到2020年，教育现代化水平进一步提高，教育综合指标走在全省前列，基本建成学习型社会”目标。

2012年起，普陀教育围绕“创教育现代化区，办人民满意教育”工作目标，全面推进基本实现教育现代化区的创建工作。2014年，顺利通过省基本教育现代化区的实地评估，并成为“全国义务教育发展基本均衡县区”。

3

学校德育教育主要是指政治思想教育、道德教育和心理品质教育等，是中小学素质教育的重要组成部分。

普陀中小学德育工作虽在某些历史阶段历经曲折，但其基调与主线一直坚定，不断得到提高与升华。

20世纪50年代，根据《中国人民政治协商会议共同纲领》相关规定，中小学以“五爱”教育为主要内容。1954年4月，政务院《关于改进和发展中学教育的指示》明确学校政治思想工作的任务是树立社会主义政治方向，培养辩证唯物论世界观和共产主义道德。8月，省教育厅要求学校必须加强政治思想工作，并以爱国主义教育、劳动教育和自觉纪律教育为主要内容。

“文化大革命”期间，学校德育工作受到严重扭曲。

1988年9月，《中共中央关于改革和加强中小学德育工作的通知》提出中小学德育工作的基本任务和总任务。随之，中小学思想政治工作改称学校德育教育。

1995年8月，贯彻省教委《关于在全省中小学开展行为规范达标活动的意见》精神。1998年，国家教委《中小学德育规程》规定中小学德育工作的基本任务。

2004年2月，中发〔2004〕8号文件，提出加强和改进未成年人思想道德建设的指导思想、基本原则和主要任务。

2013年，党的十八大提出，把“立德树人”作为德育教育工作的根本任务。是年起，践行社会主义核心价值观成为中小学日常德育教育工作的主要内容。

20世纪末21世纪初始，普陀各个学校不断构建、完善社会化德育网络。随着普陀“八大教育”理念的提炼成熟与践行，学校德育教育呈现有效性、多样化海岛文化特色。革命优良传统教育、国旗下讲话、日常行为规范养成教育、班集体建设、心理健康教育、学生成长导师制、孝心大考场、在校学生职业生涯指导、万名师生进社区活动、法制教育、聘请法制副校长、国防教育、军事训练、综合社会实践活动、春游秋赏、夏令营、绿色（环境、环保）教育、蓝色（海洋文化）教育、家长学校等体现特色社会主义核心价值观的各类德育活动有序、有效开展。

4

普陀区教育科研工作起步于20世纪80年代中后期，具体工作分别由教育行政股和教研室兼管。

1995年秋，区教育局下设教育科学研究室（简称教科室），教育科研工作有序高效发展。区域内各校先后建立相应的教科室，负责学校教育科研项目的研究、指导和管理。此后，教师的教育科研水平得到大幅提升，教育研究课题数量逐年增加，质量不断提升。

自1995年始，普陀教育以教育科研为先导，推动深化教育教学改革，逐步实施主体性教育、创新教育、绿色(环境、环保)教育、心理健康教育、现代信息技术教育、蓝色(海洋文化)教育、国际理解教育、劳动技术教育为主要内容的促进学生可持续发展的教育模式,形成面向世界、面向未来、面向现代化的素质教育构架。这些理念和举措被逐渐提炼为“八大教育”。

至2014年年底,教育科研成果有国家级立项1项,省重点立项课题9项,省级规划课题150项,市级规划立项课题382项。获得省基础教育教学成果奖8项,省基础教育科研成果奖44项,市教育科学研究成果奖129项

5

国民海洋意识教育从低年段抓起。海洋教育是普陀区域传统教育项目。21世纪前后,现代海洋教育成为普陀素质教育的品牌。舟山群岛新区的设立,极大地助推普陀中小学现代海洋教育重点发展。中小学生的海洋国防战略意识,海洋生态环境保护意识,海洋资源开发利用意识,海洋文化与旅游意识等不断提高。2011年起,区教育局制定《区域推进中小学现代海洋教育实践研究》方案,出台《关于全面推进现代海洋教育的指导意见》,2012—2013年编写出版《现代海洋教育读本》《现代海洋教育教学指导纲要》,统一海洋教育读本,全面开展现代海洋教育;初步建构以海洋德育、海洋课程、海洋艺术等以“现代海洋教育”为切入口的素质教育模式并形成鲜明特色。同期,《区域推进现代海洋教育实践研究》等34项课题分获省、市教育行政部门成果评比一、二、三等奖。普陀第二中学被教育部中国教育基金会评为“全国特色学校”和省教科研先进集体(2011—2012年度)。沈家门小学被国家海洋局宣传教育中心评为“全国海洋意识教育基地”,获第二届“长三角地区”教科研优秀团队。沈家门第四小学、六横中心小学被确定为“全国重视校本建设实验基地单位”。

2014年,《现代海洋教育读本》地方教材获批并由上海科技出版社出版发行,区教育局出台《现代海洋教育教学管理办法》,使《现代海洋教育读本》进入课堂教学新常态。建立全国首个以“现代海洋教育”为主题的网站。海洋教育课题《区域推进现代海洋教育的探索与实践》经全国教育科学规划组评审,全国教育科学规划领导小组审批,被列为国家社会科学基金“十二五”规划2014年度教育学国家一般课题第113项(全国基础教育类仅4项)。

6

普陀区强化国内国际教育交流始于20世纪90年代中后期。

国内考察交流内容主要有素质教育、课程改革实验、校长竞聘制实施、生命教育、科技教育、特色学校与品牌学校建设、有效课堂构建策略、海洋教育、“观名校、访名师”主题培训、名校高效课堂教学模式现场观摩、生本教育理论与实践。考察地点多为国内教育先进城市、长三角教育共同体城市的教学改革名校。考察主体主要有局领导、教育教学业务主管科室负责人、教研员、各校校长和相关学科骨干教师。

20世纪末,普陀教育系统通过聘请外籍教师到普陀任教,跨出国门考察教育等形式,与国外相应学校开展国际教育交流互访活动,建立友好合作关系,开阔教育视野。1998年9月,时任教委主任唐栽林参加由德国和荷兰邀请“自然之友”组织的中国教师环境教育考察团,对上述两国环境教育进行考察,自此开始国际教育互动。被访问的国家、城市、学校,主要有法国坎贝尔市乐利克斯学校,新加坡圣婴小学,澳大利亚悉尼大学等知名大学和几所贵族学校及公立小学,韩国全罗南道谷城郡和韩国首尔等几所知名大学,德国柏林职业教育集团等。来访的主要来自挪威奥斯陆大学、美国西雅图、韩国谷城郡的相关学校等。2000年11月,普陀区与谷城郡在韩国谷城郡签署《中华人民共和国浙江省舟山市普陀区与大韩民国全罗南道谷城郡建立友好交流关系协议书》。此后,普陀区和谷城郡每年组织教育交流团互访。2013年5月,美国德州原督学长Crockett博士一行考察普陀教育。6月,美国印第安纳州西巷中学王林达·劳

伦斯校长一行8人访问普陀教育，并与东港中学结对；澳大利亚格里菲斯大学教授到朱家尖小学参观访问，双方为以后的交流学习确定方案。

“东海风·普陀教学文化节”活动启动至2014年，时有美国学者应邀前来讲学。

六

成人教育是指通过职工学校、夜大学、广播电视大学、函授学校等多种教育形式和教育手段对成年人进行的教育。普陀区域内的成人教育呈现起步较晚、进步较快、形式多样、后期教育手段先进、教育网络完备等特点。

1

明清前，域内成人教育无信史可查。成人教育，民国时期称“社会教育”“平民教育”“民众教育”。其教育机关大致可分为学校式社会教育机关和社会式社会教育机关两类。新中国成立后，成人教育曾称作社会教育、工农教育、业余教育，80年代始统一称成人教育。其基本任务主要是提高工人、农民、干部的政治、文化、技术、业务素质和为科技人员更新知识提供继续教育。

民国14年（1925），沈家门私立惠群小学（沈家门八闽小学）校内开办平民夜校，普陀境内开启成人教育。民国16年（1927），改称民众学校。

民国18年（1929），教育部颁发《民众学校办法大纲》。民国20年（1931），省教育厅颁布《县民众教育馆规程》。沈家门民众教育馆成立，兼成人教育职能。民国23年（1934），普陀境内有民众业余学校7所。

根据省政府《关于1950年农村冬学实施办法》，1951年12月，定海县人民政府成立冬学会，开展扫除文盲运动（在城乡兴办冬学，翌年部分冬学转为业余初等学校），普陀各地开办常年民众学校（简称民校）、“冬学”，继之推广“速成识字法”，掀起扫盲热潮。

1954年，成立县扫除文盲办公室。1955年，农业、手工业、资本主义工商业的社会主义改造高潮，推动工农教育大发展。1957年，蚂蚁岛乡渔民基本脱盲，受国务院嘉奖。1958年，“大跃进”运动期间，大办业余教育，各级各类工农学校高速发展，旋因国民经济暂时困难趋向低潮。

1962年12月，县业余教育委员会成立。1963年，工农教育逐步回升。

“文化大革命”期间，各类成人学校停办，民校改成政治夜校。1976年，成人教育迅速恢复。1978年始，成人教育形成多元化、专业化体系。1979年8月，成立县工农教育委员会以加强扫盲规模和力度。1981年，中共中央、国务院发布《关于职工教育工作的决定》后，成立县职工教育管理委员会，开展初、高中文化补习和技术补习。

1985年，普陀县获省颁“基本无盲县”证书。此后，主要培训城镇需求就业劳动力和下岗失业职工。1986年，渔农村开始建立正规化成人文化技术学校。1987年起，渔农村职业技术教育由村办校（班）为主转向区、乡（镇）成人教育中心或职工业余学校为主。20世纪80年代后期，在为渔农民、居民进行扫盲和职业技术培训的同时，侧重以实用技术为主的各类培训。

1996年，普陀区撤销区职工教育办公室，设立区成人教育中心（简称成教中心），为副科级单位。成教中心既具行政功能，又是办学实体，统管全区成人教育工作（包括普陀电大、电视中专普陀分校），下辖8所成校（社区教育学院），承担起对社会民众文化、技能培训职责。是年，全面实施“科教兴区”战略。此后，培训工作从过去以扫盲教育、文化补习为主转向以岗位、实用技术培训为主，主要形式是通过“农函大”“农科教”“渔科教”相结合的办法，针对群众需求，探索跨乡镇区域办学形式，体现办学优势互补新理念。

1997年，开展高标准扫除青壮年文盲运动。是年，主要开展失业职工转业转岗培训。2000年，朱家尖镇成校获评教育部“中华扫盲奖”。2004年后，根据形势需要，强化农村劳动力转移培训。

2

普陀社区教育学院的创建促进了成人教育转型升级。1999年6月，省内第一家乡镇社区学院——朱家尖社区教育学院建立。2003年10月，省教育厅、省文明办和省民政厅联合下发《关于大力开展社区教育的意见》。

2004年9月，普陀区成立社区教育委员会，由区委主要领导任主任，区属22个部门主要负责人为成员，区域内13个乡镇（街道）和64个社区分别成立相应的领导小组。普陀区社区教育委员会的成立，是区域内社区教育走在同类县区前列的有力制度保障。建立以普陀区社区教育学院为龙头，乡镇（街道）成人文化技术学校（成校）为骨干，社区学校为基础，覆盖全境的三级社区教育网络，其教育目标定位为创建海岛学习型渔都，构建海岛终身学习体系。仅2003—2006年，举办各类市民教育培训360期，受训48700人次。

2004年11月，普陀区被认定为省首批社区教育实验区。2004年、2005年度，普陀区连续获评省“千万农村劳动力培训工程”考核一等奖，2006年，获评省“千万农村与劳动力培训工程”先进单位。2007年11月，获评全国社区教育实验区。

普陀区成人素质培训秉承以服务海岛渔农民为导向，重点开展海运考证、船舶工业、休闲旅游、实用技术等渔农村劳动力就业培训。2007—2011年，累计培训57706人次，经培训后上岗或转移就业的16451人次。

2007年始，在区域内开展文化学历教育与职业培训有机结合的成人“双证制”教育培训试点工作。翌年，区成教中心制定《普陀区关于成人学历教育培训学分制施行办法》和有关实施细则，开省内探索成人教育学分制模式先河。2009年，全面推行以渔农民为重点的成人“双证制”教育。同年，区教育局获评全国农村成人教育先进单位。2013年1月，普陀区成教中心（普陀区社区教育学院）获评省级首批社区教育示范学校（全省6家）。2014年1月，中国成人教育协会授予普陀区“2013年全民终身学习活动周—成功组织奖”。年底，区域内8所成校中有7所获评省级标准化成校。

2014年，区域内有区级社区教育学院1所，乡镇（街道）社区教育学校8所，社区学校74所，成校教师56名，兼职社区教育工作者117名。是年，各乡镇、街道全年累计举办“市民大课堂”237期，受众23528人次。

3

广播电视教育是普陀成人教育补充的重要载体。

1980年5月，普陀县建立浙江省广播电视大学普陀工作站（简称普陀电大）。1981年4月，建立中央农业广播学校普陀教育点，分沈家门、六横、朱家尖3个教学点。学员以自学为主，收听中央人民广播电台播讲课程，教师下点（岛）巡回或集中辅导。

1980—1984年9月，普陀电大共招收电子、机械、工业会计、商业企业、商业会计、财政、财会、土建、金融、法律档案、汉语言文学等17个专业近40个班级；有450多名学生毕业。

1987年4月，省电大采取扩大招生4项措施：招收高中毕业生、单科生（单科结业科数达到要求者，可换发毕业证书）、自学视听生、开办中专。

1988年1月，省电大设中专部。5月，普陀分校成立。秋，开设建筑施工与管理专业，为全日制4年学制。大专部招收汉语言文学、档案、法律、师范英语、外贸英语、旅游英语、机械船舶、金融、对外经济贸易等9专业。截至1989年9月，电大工作站先后设立24个专业，毕业生1400多名。是年，省电大设立电大全科自学视听制度。

1990年，规定成人高校统一招生考试，录取后转电大学生，方可取得学历。

从1991起，开展非学历职业培训。

90年代，先后增设新专业有：1990、1991年招两届旅游英语专业班；1992、1998年招两届英语专业班；1993年招一届工业企业管理班、一届文秘专业班；1994、1997年招两届工商企业管理班；1997、1998年招两届小学教育班，毕业生达460多名。

1996—2002年，普陀电大招生820名，毕业266名。1996—2002年，普陀电大共有266名专科毕业生输向全区各行各业。

2001年，经省电大批准，普陀区远程教育起步。2003年，普陀电大与浙江大学远程教育学院合作办学，成立普陀学习中心，开设工商企业管理、市场行销、学前教育、人力资源管理和建筑工程管理等专、本科专业。

2006年，普陀电大开设本科专业。2007年，普陀电大面向全区小学教师开设小学教育本科专业，招收学员109名。2008年起，普陀电大工作站远程教育增设建筑工程管理、工商企业管理、市场行销和学前教育4门专科专业。同年，招收农村行政管理专业"一村一"乡镇干部36名。12月，浙江广播电视大学普陀工作站升格为普陀分校。

2012年开始，普陀区成教中心依托"浙江广播电视大学普陀分校""浙江大学继续教育学院普陀学习中心"2个平台，开展成人学历教育，当年共招收专、本科学员488名，其中电大开放教育272名，浙大远程教育165名。截至2014年12月，电大开放教育在册学生625名，浙大远程教育在册学生642名，总计1267名。

4

1984年，普陀县设立与省教育厅、市教育局有关职能机构相对应的高等教育自学考试工作站，后改称"普陀区高等教育自学考试办公室"，简称"自考办"。为照顾较低学历者，1988年起，普陀设立中专学历自学考试。1995年4月，全区各乡镇设立自考联络站，自学考试向农村延伸，覆盖全区。

1984年12月，普陀区高等自学考试首次开考，设汉语言文学、数学、英语、党政干部基础科、商业企业管理、统计学等6个专业，属大专层次。报考人员195名，获单科合格证书171张。1988年，开考中专学历层次，设公安中专项目1个。1989年，增设统计中专、物资中专项目。1990年，本科学历层次开考，1990—1995年，5名考生毕业。截至1995年，有3个学历层次共32个专业，其中本科6个，大专25个，中专1个；开考累计23次；报考人数、报考科目、实考课数、实考率、合格率逐年提高，累计报考人数3742名。

2001年起，普陀设有全国计算机等级考试和全国英语等级考试。参加全国计算机自学考试人数一直居全市领先地位。2007年以来，随着高校招生制度改革和各种远程教育开放，自学考试制度受到较大冲击，考试规模越来越小。2007—2011年，区域内有6307名考生参加自学考试报名，212名考生毕业，其中本科108名，专科104名。

普陀区自学考试自1984年实施至2014年，历时30年，门类渐趋齐全，开考层次由单一的大专拓展至本科，包括中专；专业由6个扩展到131个，其中本科66个（高中起点本科4个），专科65个，覆盖文、理、工、医、法、农、经、外语、师范等学科；全区共有53154人次参加考试，1450名获得自考毕业文凭，其中本科263名，专科1157名，中专30名。

成人高考属国民教育系列，列入国家招生计划，国家承认学历，参加全国招生统一考试，各省、自治区、直辖市统一组织录取。1984年，普陀区开始组织成人高校招生考试至2014年，成人中专考试至2000年停止招生。

七

教育是指按一定要求培养人的工作，主要是指学校培养人的工作。但广义的教育概念外延却要宽泛些。普陀区域内的其他教育诸如社会培训学校、师范教育、教师进修与培训、学校医务人员教育与培训、宗教教育、党校教育、军人培训教育、老年大学教育等不一而足，各有特色。

1

1955年5月，区域内建县委干部学校，选址原沈家门镇荷外真武宫。1958年2月随县撤销。1966年7月，成立县委党校。1973年8月，迁址同济路。1987年，改称区委党校。1995—2014年，址东港海莲路205弄26号。

20世纪50年代，县委党校以轮训形式配合渔农业合作化建设，学习中共中央《关于农业合作化问题的决议》和党的基础知识等。1972年6月，以举办"毛泽东思想读书班"为主要任务。

1979—1981年，县委党校举办党员干部轮训班，主要学习党的十一届三中全会精神和实践是检验真理的唯一标准等文件。

1983年9月,县委党校举办高中文化进修班,学员29名。

1984年、1986年举办干部中专班。1985年9月,成立浙江省中等刊授政治专业学校普陀辅导站,招收政工专业学员。

1987—1995年,区委党校以岗位培训、短期轮训为主,举办各级各类干部培训班65期。

1996年9月、1997年9月、1998年9月,区委党校分别招收浙江省党校经济管理专业函授大专班学员,学制一年。1998年9月与浙江大学土木工程系联合举办市政管理大专证书班,学制一年半,通过考试招收在职学员50名。1999年9月始,招收省委党校大专班学员,学制三年。招收中央党校经济管理专业本科班学员,学制二年半。

2002年年底,在校学员数800名,教学规模和在册学员数均创新高。2002年年底,区域内有基层党校25家,分校74家。

2003年9月,区委党校在全市党校系统内率先建成中央党校远程教育C级站,拓宽干部培训新途径。

2003—2006年,区委党校招收中央党校、省委党校函授本科、大专学员655名;举办各类主体班次47期,培训基层党员干部4213人次;教师深入乡镇街道、局办和社区宣讲十六大精神等各种专题500多场次,受众2.3万人次。2005年,与嘉兴学院联合办学,开设旅游餐饮、经济管理等4个专业函授大专、本科班,经全国成人高考,招收学员123名。

2007年,区委党校获评省党校系统首届优秀科研工作组织奖。是年,停招中央党校、省委党校函授本科、大专学员。

2007—2011年,举办各类主体班次37期,受训基层党员干部6000余人次;承办全区渔船编组长老大、公务员更新知识等计划内部门培训班72期,培训6300余人次;开设远程教育课程80余场,受训干部12000余人次。

2009年,启动数字图书馆,是为全省县(区)级党校启用数字图书馆之首创。2011年,开展全区区情库建设。

2

普陀位于东海前哨,因战略位置十分重要而长期驻军。军民共建是解放以来传统项目,也是政治任务。下述两例军人培训教育,专指部队与地方教育部门合作,对部分现役军人进行的短期文化水平提高培训和军地两用人才培训。

“普陀驻军高中文化速成班”属短期高中文化培训。1984年初,域内驻军普陀守备区(师级单位,驻地在桃花岛)与县教育局决定开办普陀驻军高中文化速成班,旨在提高普陀驻军的文化水平。

“军地两用人才培训”是军民共建项目之一。1995年7月,受舟山警备司令部委托,普陀教育局下属普陀技工学校与舟山警备司令部后勤部门对接,自此开始军地两用人才培训项目。2008年,区职教中心被浙江省军区授予“浙江省军区厨师培训基地”。

20世纪90年代中期始至2014年,根据上级要求,各高中学校高一新生在新学期开学前必须参加为期一周的军训。参训教官由当地驻军安排承担。

3

近代以来,佛教缘普陀山而添彩,普陀山因佛教而扬名。

清宣统元年(1909),普陀山僧教育会创办普陀山化雨僧学校,舟山始有僧侣教育。1988年,“普陀山佛学院”成立,采用方丈(院长)领导下的教务长负责制,妙善大和尚出任首任院长,圆真法师兼任教务长,礼请中国佛教协会赵朴初会长题款院名,报请省教育委员会批准备案。院址设在“福泉禅林”。是年,面向符合条件全国青年僧众招生,录取男众预科班学僧45名。2011年,普陀山佛学院转型升级,新址在朱家尖落成,更名为“中国佛学院普陀山学院”,由中国佛教协会主办,中国佛学院、浙江省佛教协会、普陀山佛教协会共同承办,普陀山佛教协会主要承办,是汉语系高级佛教院校。学僧男众随院迁至新址,女众仍在普陀山小西天梅福庵修读。

2012年，中国佛学院普陀山学院与华东师范大学开放教育学院合作按双轨制模式办学，正式挂牌面向全国符合条件青年僧众招生。课程设必修和选修两大类，教材以通用类为主，学制为预科二年，本科四年，研究生三年，学业合格学僧发给华东师范大学开放教育学院大专文凭和中国佛学院普陀山学院文凭。毕业学僧或留普陀山，或回原寺院，或继续深造。2013年，有3个班级，学僧246名，全职专业教师36名，客座教师中有全国著名学者。

4

随着改革开放不断深入和普陀经济迅速发展，外籍人员到普陀创业就职者队伍不断壮大；新居民子弟数量日益增多。另有安徽籍人员如李方明、臧德周、王新忠等经区政府同意和区教育局审批，于20世纪90年代起来域内自行投资创建育才学校、希望小学、向阳小学。

区政府采取区内公办学校吸纳和扶持民办学校两条腿走路办法，解决新居民子弟就学难问题，政府扶持民办学校发展，进一步改善办学条件。2007年，新居民子弟入学3444名。其中，公办学校接纳1925名，其余就读育才、希望民办学校。2008年，开办向阳小学。是年，新居民子弟入学4920名，其中公办学校接纳2998名，其余就读育才、希望、向阳民办学校。2012年，新居民子弟入学4939名。其中，公办学校接纳4261名，其余就读育才学校、希望小学、向阳小学民办学校。2014年，希望小学、向阳小学并入育才学校，原校园作为育才学校的教学点。是年，新居民子弟入学5237名，其中，公办学校接纳4462名，余者就读育才学校。

2008年起，区教育局、区财政局联合下发《普陀区义务教育民办学校扶持专项资金使用管理暂行办法》，下达公用经费补助资金，引导民办学校依法办学、规范管理，促进民办教育健康发展与社会和谐稳定。

5

老年大学作为成人教育的终端教育阶段，通过实践“老有所学，老有所乐，老有所为”人文精神，促进艺术、知识、经验传承，促进社会和谐发展。

普陀老年大学创办于1993年9月，是普陀区委老干部局下属的全额拨款事业单位。始时，招生对象为国家事业、机关干部，随之扩大为广大民众符合条件者。办学宗旨定位为“增长知识，丰富生活，陶冶情操，促进健康，服务社会”；贯彻落实“学、乐、为”三结合教学方针。配备现代化教学、办公设施设备。2014年，普陀老年大学是市内办学规模最大的区级老年大学。校区占地面积2000平方米，建筑面积1200平方米；开设有文史、语言、声乐、戏曲、器乐、舞蹈、电脑、烹饪、书画、体育健身、摄影、健康养生、手工制作等22个专业课程；开设41个班级，1000多名学员，26名外聘教师。

学校多次获省老干部局好评。2004年，学校被省级“规范化管理进步学校”，2011年，被评为“省规范化建设示范学校”，翌年，被评为“浙江省老年大学教学管理先进单位”。

大事记

明

永乐年间（1403—1424）

元末明初，武昌人丁鹤年（1335—1424），字永庚，于元亡后隐居沈家门鹤龄泉，

建石屋名曰海巢，以课童为业。

清

乾隆年间（1735—1796）

勾山、大展、芦花、桃花、六横等地先后开办私塾。

道光年间（1821—1850）

域内较有代表性的有沈家门街道（街道、镇、乡均为现名，下同）校（教）场郑家、蒲湾张家，勾山蒲岙李家，芦花南岙张家，展茅街道张家，朱家尖街道大洞岙徐家，桃花镇客浦岙（又名哭浦岙、阔浦岙）胡家，六横镇台门田岙王家，六横镇田岙任仁梓家，六横镇平峧李家，六横镇小湖杜庄刘家等私塾。

咸丰二年（1852）

各主要大岛兴办义学，私学发展较快。

光绪五年（1879）

六横镇平峧青山岙魏锡章创办私塾，专收已受启蒙教育学童，声名较著，时定海、宁波等地也有学童前来求学。

光绪十六年（1891）

外平峧人刘九韶在家乡开办私塾。

光绪二十二年（1896）

六横镇田岙任梓生、里平峧刘笙来开办家塾。

光绪二十四年（1898）

芦花南岙张文治始设私塾于三房地方。

光绪二十八年（1902）

清政府通令全国各地兴办新式学堂。

光绪三十一年（1905）

清政府废科举，改学制。

一些书院、义学、部分私塾相继改为新式学堂。十二月，胡庆和创办定海县第七区区立协和乡第一小学（桃花中心小学前身），是为普陀境内第一所“学校”。

光绪三十二年（1906）

展茅街道孙相源设“发蒙学堂”，经厅同知申详立案，颁“功资蒙养”匾。

是年，展茅有私塾 8 所。

光绪三十三年(1907)

六横镇峧头义火祠设东靖义塾。

时域内有私塾80余家,其中沈家门街道蓝家书房,勾山李乾三学馆,六横镇平峧魏锡章塾馆,六横镇峧头东靖义塾及展茅街道张松年、朱家尖街道徐松林、桃花镇对峙李本初等老儒所设私塾较著。

宣统元年(1909)

县颁简章,改良私塾。

普陀山僧教育会创办普陀山花雨初等僧小学堂,舟山始有僧侣教育。

中华民国

民国元年(1912)

民国元年,学堂改称学校,大力兴办学校,限制私塾,然禁而不止。民国前期,沈家门街道缪家塘蓝家书房仍较兴旺,方井潭、碶门头、东横塘、东兴桥、荷叶湾、新街等地陆续开办私塾近10家;六横镇田岙、礁潭、平峧、青山岙、双塘青港、双塘王家、峧头邵家、龙山沙浦等地先后开办私塾10余家。

是年,许济川创办定海县第七区区立登步乡勖志小学校(原登步中心学校前身)。

民国2年(1913)

1月,虾峙镇定海县第六区灵和乡东明小学校(虾峙学校前身)、定海县第六区区立灵和乡东成小学校(原栅棚中心小学前身)创办。

2月,由六横镇旧东靖义塾改建的峧头义火祠义塾改办定海县第六区区立东靖乡第一小学(六横镇中心小学前身),是为六横新制学校之始。桃花区立协和乡第二小学开办。

8月,登步乡励志小学校开办。

民国4年(1915)

5月,展茅籍张孝根(晓耕)在沈家门街道存仁局内创办洛舵乡(沈家门时属该乡,称洛舵乡沈家门岙)锐进小学。后迁址童子(同济)路,并入定海县公立沈家门初级小学。

9月,东靖乡区立第二小学校(六横清港小学前身)始创。

民国7年(1918)

4月,定海县登步乡成志小学校(原蚂蚁岛乡中心学校前身)始创。

8月,芦蒲乡竞明小学校(原芦东小学)始创。

9月,在沈家门街道泗湾马鸣隍庙、荷叶湾开办洛舵乡鸣新、任重两小学。

民国8年(1919)

2月,朱家尖街道定海县第二区区立洛舵乡第三小学校(朱家尖小学前身)始创。史玉林创办定海县第二区区立展茅乡孟晋小学(螺门小学前身)。正新小学校(六横龙山大沙浦小学前身)、三近小学校(六横杜庄小学前身)先后创办。

3月,东靖乡区立第四小学校(六横台门中央岙小学前身)始创。

同月,洛舵乡集成小学校(原舵岙刘家湾小学)创办。

4月,刘廉心集资创办定海县东靖乡第三小学(原六横平峧小学前身)。

民国9年(1920)

2月,在沈家门街道墩头邱蓝庙内开办私立洛舵乡文行小学校(沈家门第四小学前身)。正新小学校(六横龙山大沙浦小学前身)、三近小学校(六横杜庄小学前身)先后创办。

3月,东靖乡区立第四小学校(六横台门中央岙小学前身)始创。

民国10年(1921)

李拙子创办私立延武小学(勾山中心小学前身)。

民国11年(1922)

福建籍陈友三在八闽会馆(现滨江路)创建闽侨私立惠群小学(原沈家门镇第二小学前身),当年招收闽籍子弟1个班20余名男生。民国14年(1925),始招女生,兼招非闽籍学生。学生增至2个班40余名,教师皆聘自福建。

民国13年(1924)

沈家门商会会长张晓耕(原名孝根)在家乡展茅张家祠堂创办张氏启后小学。

4月,六横镇私立嵩阳初级小学(原五星小学前身)创立。

民国14年(1925)

民国14年(1925),政府取缔私塾。因岛屿分散,公、私立小学寥寥,故私塾禁而不止;民国21年(1932),以改良私塾补充正规教育。

沈家门八闽小学始设平民夜校,利用业余时间,招收失学(文盲或半文盲)民众,授以文化与生活知识;民国16年(1927),改称民众学校。

民国17年(1928)

在童子路"同善社"内(今沈家门同济路19号)创办定海县公立沈家门初级小学(沈家门第一小学前身)。

民国21年(1932)

闽侨私立惠群小学迁至宫墩存仁局(现公安局址)。时有3个班级200余名学生。教师除闽籍外,同时聘任杭州、定海籍教师。经费由闽籍渔商郭姓帮负担。

是年,在八闽会馆又创办惠英小学,时有2个班近100名学生。经费由闽籍渔商陈姓、刘姓等杂姓帮负担。

民国22年(1933)

定海县立人柱小学(六横镇双塘小学前身)创办,同年,缪介兹创办定海县立芦西初级小学(原芦花小学前身)。

是年,惠群、惠英两校合并,定名私立惠群小学。原惠英小学为初级部,惠群小学为高级部,计有4个班级100余名学生,教职员工10余名。

民国24年(1935)

成立县义务教育委员会,推行五年制义务教育,在渔农村兴办短期小学,小学校数渐增。

民国25年(1936)

9月,芦花南岙张文璩、张明恒发起创办私立南众小学,选址老屋椒衍堂。

民国26年(1937)

鲁家峙短期小学(原鲁家峙小学前身)创办。

7月,全面抗战爆发。此后,中国共产党地下组织派员在诸如私立惠群小学等学校任教,组织宣传抗日救国。

民国28年(1939)

6月,日军侵占舟山主要城镇,沈家门沦陷。私立惠群小学等部分小学停办。

私塾永和乡礁潭小学(六横镇台门学校前身)创办。

是年,域内尚有乡间私塾68家,后渐改为私立小学或自行消亡,僻地私塾延至解放前后废除。

民国29年(1940)

日伪政府在定海城内创办昌国初级中学,推行奴化教育。域内日占区部分学校由伪自治会复办。

除日军占领的几个主要城镇外，各乡镇设（改称）中心国民学校，各保设保国民学校（中国共产党地下组织成立教育推进会，实际领导部分小学）。

是年，贺宝连发起创办六横上庄乡佛渡保国民学校（原佛渡小学前身）。

民国 30 年（1941）

洪永川创办沈家门私立克昌小学（原沈家门第三小学前身）。

民国 31 年（1942）

沈家门中心小学（现沈家门第一小学）开设初中班。

民国 32 年（1943）

郑学水牵头创办东靖乡第七保小湖小学。

民国 33 年（1944）

定海县第二十四保保校（原塘头小学前身）创立。

民国 34 年（1945）

抗日战争胜利，因日军入侵而停办的学校相继复校开学。

私立惠群小学仍由闽籍人士接办，改名为私立八闽小学（原沈家门第二小学前身）。规模增至 6 个班，学生近 200 名，职工 10 余名。是年，招收初中生一届（1 个班）。

民国 36 年（1947）

蒲湾小学（沈家门第四小学前身）与台州同乡会的私立台州小学（原沈家门第五小学前身）始创。10 月，定海县指定沈家门中心小学（现沈家门第一小学）等 7 所学校为示范中心国民学校。

是年，施家岙小学（原芦花小学）、私立八闽小学附设初中补习班因师资不足等原因，学生大部分外转定海、宁波等地而停办。

民国 37 年（1948）

春，方家仲创办顺咸涂渔民小学（原顺母小学前身）。

朱家尖乡第十一村村校（原西岙小学前身）、朱家尖乡第十四保保校（原白沙小学前身）创建。

沈家门教场、朱家尖糯米潭、六横台门中央岙、六横悬山马跳头等地设塾招生。政府勒令取缔私塾。解放前夕，台门私塾犹存。

是年，六横籍滚龙岙人叶宗轼等 4 人在六横台门开设初中补习班。

中华人民共和国

1949 年

周仲南创办普陀乡小学（普陀山学校前身）。

8 月，毛善才等募建定海县立中学沈家门分部于陈家塘（普陀中学前身）。

1950 年

春，上庄乡第二中心小学（龙山小学前身）创办。

5 月，普陀解放，隶属定海县。中国人民解放军舟山群岛军事管制委员会接管舟山各个学校，教育自此面向工农群众。定海县立中学沈家门分部更名为私立沈家门初级中学。

9 月，舵岙乡六、七村村校（原平阳小学前身）、六横区虾峙乡湖泥小学（原湖泥小学前身）创办。由凉湖村民在民国 14 年前后自发集资创办的凉湖村校更名为虾峙乡第五村村校（原黄石小学前身）。芦花南岙私立南众小学改制并更名为公办南岙小学。

1951年

朱家尖乡第三、六村村校(原葫芦小学前身)创办。

下半年,展茅走马楼北缘平房尚设有私塾。

12月,定海县人民政府成立冬学会,开展扫除文盲运动(在城乡兴办冬学,翌年部分冬学转为业余初等学校)。

1952年

3月,马跳头小学(原悬山小学前身)创办。

秋,小学教育蓬勃发展,舟山境内102所新办的民办小学及27所私立小学逐步转为公办,学童归入小学就读,普陀区域内私立学校(私塾)告终。

10月,沈家门职工业余学校开学,设速成识字法师资训练班。

1953年

1月,舟山专区出台整顿小学修正方案,调整小学布局;规定班级设置(取消五复式,最多四复式);核定班级学生人数;核定师资配备。

2月,创办桃花乡第七村村校(原对峙小学前身)。

4月,析建普陀县。

8月,建立舟山专署普陀县人民委员会文教科。时有员工100名以上的7个基层工会开办职工业余学校。

是年,全面整顿学校,学校建设开始纳入国家计划建设轨道。

1954年

1月,贯彻学校内劳动生产教育及动员组织高小和初小毕业生参加生产劳动等问题的决定。

4月,沈家门镇职工业余学校建立职工扫盲班7个班级,业余高小2个班级。

5月,县文教科通知全县小学语文补充教材的供用及高小毕业班增设政治常识课的规定。

6月,由于师资与教材等条件准备不足,1954年下半年起停止小学"五年一贯制"学制,继续按照"四·二制"教学计划教学制度。

7月,创办东极区中心小学(原东极小学前身)、东极区青浜小学(原青浜小学前身)、东极区东福小学(原东福山小学前身)。

1955年

5月,建立县委干部学校(简称"县学",1958年随县撤销)。同月,县文教科提交请求本县沈家门私立中学改为公立中学报告。

11月,首次提出普陀县教育事业规划(1956—1957)。制定普陀县开展渔民业余文化教育规划(草案)。制定普陀县关于扫除全县农(渔)村青壮年文盲的规划。

是年,推行普及小学义务教育,至1958年,全县普及小学义务教育。

1956年

3月,首次制定普陀县教育工作规划(草案)。

8月,实施小学语文教学大纲。

9月,舟山工业学校在沈家门镇建立,中等专业教育与技工教育逐步发展。沈家门中学创办。

是年,由县文教科创办普陀县机关幼儿园(普陀区实验幼儿园前身),在沈家门镇荷叶湾羊府殿开设民办(初中)文化补习学校,委托六横区中心小学创建普陀县第二初级中学(六横中学前身)。

1957年

3月,县文教科印发关于自1957年度第一学期起停止在普通中学、师范学校中试行班主任及超课时津贴办法的通知;印发《关于重点试行小学教职员工考勤考绩办法的通知。

4月,舟山专署普陀县文教科改为文教局。

5月,成立毕业生思想指导委员会。10月,县文教局下发有关毕业生思想指导工作的通知。

8月,舟山第一所渔业中学在普陀蚂蚁岛创建。

9月，县文教局印发关于试行《普陀县小学生操行评定和奖励处分暂行办法(草案)》的通知。

11月，贯彻执行《省委、省人委关于中小学毕业生升学和就业问题的联合指示》。

12月，荷外羊府殿沈家门文化补习学校改名为沈家门渔光中学(原沈家门中学前身)，迁址西横塘德顺坊。

是年，蚂蚁岛、虾峙岛开设民办初中。

1958年

2月，出台普陀县渔区扫盲五年规划。

8月，县文教局下发《关于培养技术队伍的初步意见》。创办东极区黄兴小学。创建普陀县第三初级中学(芦花中学前身)。受“大跃进”运动影响，展茅农业中学等一批渔农业中学兴起。

9月，普陀中学始招高中学生。

1959年

1月，贯彻省教育厅关于试行小学五年一贯制计划。

1960年

5月，撤销舟山专署，建立舟山县。普陀县文教局相应撤销。

1961年

贯彻“调整、巩固、充实、提高”方针，压缩中小学规模，停办渔农业中学，保留普通中学。渐行公办小学转民办。

下半年，舟山水产学院从定海城关迁至平阳浦，1975年改名浙江水产学院。

1962年

5月，重设舟山专区，恢复普陀县。

6月，设立普陀县人民委员会文卫办公室(主管文化、卫生、教育和体育事业)。

1963年

推行“两条腿走路”办学方针，在渔农村新办全日班、半日班、隔日班、巡回小学等多种形式的简易小学，便于小岛和渔农村儿童入学。

是年，舟山海洋渔业公司职工子弟学校创建。

同年，广泛开展“向雷锋同志学习”活动。

1964年

沈家门镇中心小学新校舍落成，翌年开学，1980年易名沈家门小学。

是年，推行“两种教育制度”。部分公办中学和民办中学改为半耕(渔)半读中学，新建部分半耕(渔、盐)半读中学。

1965年

创建沈家门教工幼儿园(普陀区中心幼儿园前身)。

1966年

“文化大革命”开始。“贫宣队”“工宣队”相继进驻学校，教育秩序受到严重冲击。高考制度废除。部分学校停课或停止招生，个别师生参与大串联。渔农民教育停滞。

7月，成立县委党校。

是年，创建六横镇峧头初级中学、舟渔幼儿园。

1968年

在朱家尖大洞岙原庙宇“法喜堂”创建普陀县东方红中学(朱家尖中学前身)。

1970年

废止中心小学体制。根据“把学校办在贫下中农家门口”要求，出现“队队(村)办小学，社社(乡)办初中，区区(当时大岛设区)办完中的情况”。

学校数激增，三分之一左右学校实行“二部制”教学模式，部分公办小学下放到生产大队，教学秩序混乱。

9月，六横中学、芦花中学始招高中学生。

1971年

县军事管制委员会生产委员会文卫办公室印发关于增拨民办（农村生产大队集体）教育补助经费的通知。

1972年

5月，召开普陀县首届中小学田径运动会。县军事管制委员会政工组文化教育革命办公室（简称文教办公室）下发《关于1962年精简下放人员转为公办教师的通知》。

7月，县文教办公室转发地区《关于必须重视和加强对文字规范的通知》。转发普陀县革命委员会生产指挥组财政经融局《关于向中小学收杂费的通知》。

10月，《农民文化课本》征订并发放。组织首次中小学乒乓球基层友谊赛。

11月，组织首次本岛地区中学生篮球友谊赛。

是年，曾在1961年停办又在1964年重建的展茅农业中学改名为展茅中学，增设高中部。

1973年

大力发展“五·七”高中，开办“五·七”大学，政治夜校替代渔农民教育。

2月，县文教办公室转发全国《体育锻炼标准》试行条例。

3月，县文教办公室组织低段教师培训班，98名教师参加。

4月，组织首次全县小学生篮球赛。

6月，推行第5套儿童广播操。

9月，县军事管制委员会政工组文化教育革命办公室改称普陀县革命委员会文化教育局（简称县文教局）。沈家门中学始招高中学生。

1974年

省域内中小学改为秋季招生。

9月，县文教局下发关于《1972年毕业分配的师范生工资待遇进行调整的通知》。

1975年

10月，县文教局下发关于《普遍进行一次普及小学5年教育大检查的通知》。

1976年

“文化大革命”结束，教育系统开始拨乱反正。

4月，召开“五·七”学校工作座谈会。

9月，展茅中学新校舍建成，址横街。芦花南岙小学附设初中部，至1979年7月，初中部停办。

1977年

4月，转发教育部《关于在教育战线开展学习雷锋活动的通知》，召开学雷锋誓师大会。

8月，县文教局对1975年分配的工农兵中专毕业生进行定级。

9月，县文教局转发省《关于继续参照执行1973年浙江省中小学教学计划（试行草案）的通知》。

冬，中断11年的国家高考制度恢复。全县学生、青年考入大专院校60名，被中专学校录取143名。

是年，普陀县成立招生委员会，下设“普陀县高等教育招生考试办公室”，简称“招生办”，址在县文教局。“中考复习班”“高考复习班”蜂起，普陀教育进入新一轮发展时期。普通教育开始调整学校布局。各公社建立中心学校，领导管理全公社中小学校。部分有办学条件的小学附设初中部改建为独立初级中学。

1978年

1月，县文教局下发聘用民办教师通知。

3月，县文教局转发《浙江省全日制九年制中小学教学计划试行草案》。

5月，县教师进修学校成立。

6月，县文教局下发筹建文教系统工会组织通知。

10月，县文教局下发民办代课教师文化考核通知。转发《浙江省中小学学生教育管理工作的暂行规定》的通知。

11月，县文教局下发关于重建教研室聘请教研员的通知。转发省教育局《关于优秀民办教师吸收为公办教师的通知》。

12月，县文教局吸收12位民办教师为公办正式教师。转发省教育局《关于检查普及农村小学五年教育的通知》。

是年，成人教育形成多元化、专业化网络。农业、供销、金融(农业银行)、商业、粮食、盐业、公安等系统相继建立干部学校，厂矿企业和劳动管理部门开班技工学校，地区和各县工会系统建立职工学校，部分基层企业建立职工业余学校，渔农村建立渔农民业余中等技术学校。

1979年

5月，“浙江广播电视大学普陀站(以下简称普陀电大)”始招全科生(至1982年，首届毕业36名)。县文教局下发1979年全日制中小学招生工作意见。转发由浙江省教育局转发的浙江省劳动局关于下达教育系统全民招工计划的通知。沈家门镇中心小学获评全国体育卫生先进集体。

6月，创办县职工业余学校，首期开设教学班，学员56名。

是年，贯彻“调整、改革、整顿、提高”八字方针，“摘帽脱靴”，以压缩高中为重点，调整中小学布局、规模，改革中等教育结构，整顿教育秩序，改善办学条件。撤销一批附设高中班。

1980年

2月，《浙江乡土地理》和《小学四、五年级语文补充教材》开始供应使用。

3月，县文教局批复同意普陀中学、六横区中心学校、沈家门镇中心小学、沈家门第二小学、鲁家峙小学开设校办厂。

5月，县文教局下发《堵住小学流生，巩固初中学额的意见》。

9月，高师函授开始招生。高考恢复后的首届师范类大中专毕业生分配到各校工作。10月，县文教局转发《关于未建奖的行政事业单位人员实行增收节支奖的通知》。

11月，高中布局开始调整。县文教局下达发放普通中小学教师班主任津贴的通知。

转发《关于建立海岛津贴的通知》。

是年，创建沈家门第一初级中学。“浙江广播电视大学普陀站”正式成立。逐步将部分条件差、设点不合理的完全中学改为初级中学，撤并部分渔农业中学和“五·七”中学，中小学布局渐趋合理。

1981年

5月，县文教局转发县人事局转发的国务院关于国家机关工作人员病假期间生活待遇的通知。成立县文教局教育学会。

9月，县文教局向县政府提交《要求发动社队支援修建农村危房校舍的报告》。

11月，会计干部技术职称评定工作开始。

是年，创建沈家门第三初级中学。

1982年

2月，县文教局改称县教育局，独立设置，原属文化、体育等事业管理职能析出。

4月，县教育局党组向县政府提交关于整顿中小学民办教师队伍的报告。5月，报告批转，同意整顿。

5月，沈家门小学开始建造教工宿舍。

9月，县教育局递交关于落实复查“文化大革命”中干部政策情况的报告获准。县政府批复并同意县教育局建造县示范性幼儿园的报告。

10月，沈家门镇各小学改为五年制学制教学。县教育局出台初中、小学“教材过关”试行办法。

1983 年

3 月，区域内渔、农民教育工作大检查。

5 月，县政府下发〔1983〕83 号文件，调整、充实工农教育委员会及其办公室。

召开县电大工作会议，确定开办 6 个经济类专业教学班，建立第一个知青教学班。教育局、体委组成“达标”检查组，对 30 所中小学校进行“达标”复测检查。

6 月，超额完成应届高中毕业生招飞任务，完成率 133%（六横中学 4 名、普陀中学 1 名）。

10 月，地区教育局在双塘乡召开成人教育现场会，推广双塘乡“二站一网”工作经验。

是年，全面改革中等教育结构，发展职业技术教育，兴办与普陀社会经济发展相适应的正规职业中学和中等技术学校。恢复中心小学体制，私立幼儿园在城乡各地兴起。

1984 年

5 月，舟山高等教育自学考试办公室成立，普陀县设立高等教育自学考试工作站，后改称“普陀县高等教育自学考试办公室”，简称“自考办”。普陀县开始开设高等教育自学考试。

9 月，县教育局下发《关于重申全日制普通中学不得举办历届毕业生的复习班的通知》（普教〔1984〕120 号）。制定《普陀县中小学档案管理制度》。县中心幼儿园在沈家门菜市路开学。

12 月，省教育厅、地区教育局对普陀普及初等教育、基本实现无盲县情况进行检查验收。经省、地两级验收合格，普陀成为基本普及初等教育和基本无文盲县。

是年，国家机构改革，多名学校领导、教师被选拔到党政领导岗位。

1984—1986 年，举办干部中专班，学员 76 名。

1985 年

1 月，六横区成立六横区教育办公室。

2 月，六横中学获赠南京军区“拥军育才富国强兵”锦旗（1978—2005 年，南京军区共招收六横中学 10 名在校生为飞行员：周永万、詹志军、杨东海、夏四海、曹海球、邬明刚、邬洪川、孙章汉、张海平、刘梦华）。

4 月，县教育局完成对 20 个乡、镇“无盲乡、镇”验收。

7 月，县教育局制订《实施九年制义务教育规则》草案。

8 月，创建展茅中心幼儿园。县教育局承办全国少年潜泳赛。

9 月，县委、县人大、县政府于教师节前日（9 月 9 日）在沈家门剧场召开全县庆祝首届教师节大会。沈家门地区各级各类教师和海岛渔农村教师代表 880 名参加大会。成立浙江省中等刊授政治专业学校普陀辅导站，招收政工专业学员 300 名。

是年，各类学校进入稳定发展时期。实行“分级办学，分级管理”。撤销区中心小学，成立教育办公室，管理所属学校。高中恢复三年制。

1986 年

1 月，域内首次发放教师教龄津贴。春季高师教学班首届招生。舟山师专招收政治专业学生 40 名，本县报考 148 名，录取 15 名。

4 月，域内普及初等教育情况检查验收、汇报。

5 月，县政府工作会议决定沈家门职业中学新校舍停建，校区及建筑物划归二轻局；在沈家门泗湾路新建县教师进修学校，沈家门职业中学迁至原县教师进修学校。

6 月，在湖泥乡召开成人教育中心成立大会。

9 月，县教育局《实行九年制义务教育规划》提交县人大一次会议讨论、通过。随之开始区域内义务制教育对象登记。

10 月，给 1960 年以前参加教育工作的人员发放增补工资。撤地、县重点小学，确定每县一所实验小学。渔农村乡镇开始建立正规化成人文化技术学校。

11月，县教育局组织中小学教师教材教法考试。中学教师实考138名，及格129名，小学教师实考130名，及格84名。

12月，县教育局组织考查1966年年底工作的在编民办教师和1971年前工作的在编一类民办教师的表现和业务水平，初步确定转正名单。

是年起，根据《中华人民共和国义务教育法》要求，沈家门镇等部分乡镇率先实施九年制义务教育。

1987年

2月，区教育局组织区域内二类民办教师文化考核。组织9个民师业务考核小组分别对各乡镇114名民师进行现场执教水平考核。

4月，经考核合格以上的58名民办教师转为公办教师。

5月，普陀承办市首次体育周活动。举行区级教坛新秀评比活动，评出小学教坛新秀10名。召开学校政治思想工作会议，提出学校政治工作要坚持社会主义方向，加强对青少年学生思想政治教育的要求。

6月，区教育局与虾峙乡政府签订新建虾峙乡中心小学合同。配合市聋哑学校招生。

8月，承办省家庭教育骨干培训班。在沈家门承办省体育传统项目学校小学生游泳赛。

9月，经区职称改革领导小组批复，成立区中、小学职称评审委员会。蚂蚁岛乡获评省级基础教育先进乡。中央电视台、浙江电视台与朱家尖区联合举办“朱家尖区海滩运动会”。区电大首次从应届高中毕业生中招收全日制大专班。区电大土木建筑专业首届学员毕业。

10月，首次举行区域内教工歌咏大奖赛。与双塘乡政府签订建造双塘中学教学楼合同。区电大地面卫星接收站正式使用，电大学员可及时收看电视课程。

11月，浙江教育报社批文同意建立“浙江教育报普陀区通讯站”。

是年，普陀改县设区。蚂蚁岛、峧头等乡镇实施九年制义务教育。开始评审中小学教师专业技术职务。最后一批符合条件的民办教师被招收为公办教师。台门镇中心幼儿园（六横中心幼儿园前身）创建。

1988年

2月，普陀山佛学院成立，面向全国招生，妙善大和尚出任首任院长，圆真法师兼任教务长，院址设在“福泉禅林”。区教育局与双塘乡政府就双塘中学拆建工程签订合同。区少体校游泳队代表市队参加浙江省少年儿童“迎春杯”游泳赛，甲组、乙组均获得团体总分第一名，获个人第一名的7人次。按市教委意见，执行中小学杂费收取新标准。

3月，沈家门中学新建校址奠基。召开第一次劳技教育座谈会。组织自1986年以来第三次中小学教师教材教法考试，此后教材教法学习告一段落。

5月，成立省电大电视中专普陀分校。中小学生代表队参加市首届小学生运动会暨中学生田径赛，小学生代表队获团体总分第二名，中学生代表队获田径甲组团体总分第一名，乙组团体总分第一名，丙组团体总分第二名。

6月，获中小学教师职称的1879名人员受到各级各类学校聘任。其中中学高级教师23名，中学一级教师155名，中学二级教师432名，中学三级教师85名；小学高级教师198名，小学一级公办教师605名，民办教师29名；小学二、三级公办教师177名，民办教师165名。

8月，1035名中小学教师低工资调整。第二次二类民办教师文化考核。组织第一次复式教材集体备课活动。

9月，签订沈家门小西湖教工宿舍建造合同，面积2300平方米，投资47万元。市人大、市教委组织检查《中华人民共和国义务教育法》执行情况。

10月，中小学音乐教研会成立。

是年，成立高中会考办公室。

1989 年

4 月,《普陀区实施九年制义务教育规划》第五次修改,定于 1992 年基本实施九年制义务教育。普陀区人民教育基金会成立。

5 月,召开评选全国先进教师推荐工作会议,推荐 5 位教师参加全国先进教师联评。

6 月,高一历史,高二数学、化学、生物、地理等学科证书会考。

9 月,“注音识字,提前读写”实验班举行第一次教研活动,着重探讨拼音教学。

10 月,区教育工会举办首届教工体育运动会,175 名教工运动员参加。区教育局教研室、区教师进修学校搬迁至泗湾路新校区。

1990 年

4 月,确定六横双塘、龙山乡为省实施“燎原计划”联系点。

5 月,沈家门职业中学获评浙江省示范性职业中学。

6 月,全省第十一届珠算技术比赛,沈家门职业中学余本雪老师获评全国能手一级。

9 月,北京亚运会火炬——“亚运之光”传递到普陀沈家门,域内 5500 余名中小学生在滨江路参加仪式。

9—10 月,全面开展中小学教师任职考核。

12 月,国务院扫盲工作检查组一行 16 人到普陀检查扫盲工作情况。

1991 年

4 月,确定“注音识字,提前读写”教学班扩大到 56 个班级。6 名学生参加全国小学奥林匹克数学竞赛决赛,1 名获一等奖,5 名获三等奖。

9 月,区教育局党委会成立,陈建国任党委书记,蒋央彬、唐栽林、刘全国、彭志军任党委委员。撤销局党组。

1992 年

4 月,舟山市普陀区职业技术教育领导小组成立。

6 月,区教育局与朱家尖开发有限公司联合承办旅游职业中学,签订办学合同书,成立董事会,合同期 5 年;经市政府批准普陀区农业技校更名为朱家尖厦林旅游职业中学。

7 月,举办异步教学讲习班,特邀异步教学创始人黎世法教授到普陀讲学。

8 月,继乡镇撤、扩、并后,始撤教育办公室,其管理职能归属区教育局,教育管理体制相应改变。六横、虾峙、桃花、朱家尖、东极 5 个区教办撤销,保留沈家门镇教办。

9 月,新建台门初级中学校舍交付使用,标志中小学校舍建设走向标准化、规范化。

11 月,区政府实施乡镇“撤、扩、并”规划后,区域内有关乡镇学校更改名称,27 所中、小学更换印章。市教委在虾峙镇搞渔科教“三教”沟通联系点工作。

12 月,沈家门职业中学汽车培训楼及新机械工场投入使用。

1993 年

2 月,普陀电大获评 1992 年度“省电大先进工作站”。召开中小学“推普”(推广普通话)工作会议,成立“推普”工作领导小组,下发校园“推普”实施文件。沈家门小学获评“浙江省先进全日制中、小学校”。

4 月,与区财税局商议贯彻〔1992〕349 号文件,制订农村教育事业费附加征收计划。

5 月,为时 3 个月首期小学校长岗位培训结束。34 名学员取得小学校长岗位培训结业资格。经市劳动局、公安局、粮食局核准,41 名具有中级专业技术职务的教师家属(共 48 名,其中配偶 41 名,子女 7 名)办理“农转非”手续。

7 月,区委、区政府召开教育工作会议,区委出台《关于加快普陀教育改革和发展的若干规定》,

区政府出台《关于进一步增加教育投入和改善教师待遇的若干规定》。会议期间,举行兴建沈家门第六小学捐资大会,举行奠基仪式。

8月,首次从河南引进的3名教师分配在台门初级中学和峧头初级中学。

9月,朱家尖厦林旅游职业中学实行校长负责制、课时结构工资制,同时试行教师聘任制。区老年大学创办。区教育局团工委成立。

11月,区教育局出台关于取消和停止中小学自行设立收费项目八条规定。

12月,双塘、蚂蚁岛两乡通过区政府"两基"评估验收。从湖南引进的5名教师分配在桃花初级中学等4所初级中学。

是年,《中华人民共和国教师法》出台,教师地位和待遇得到法律保障。中共中央、国务院《中国教育改革和发展纲要》颁布,"两基"(基本普及九年制义务教育,基本扫除青壮年文盲)工作全面开展。

1994年

3月,省教委主任陈文韶一行到沈家门职业中学、朱家尖厦林旅游职业中学视察职业教育工作。

4月,推荐51名具有合格学历的中小学代课教师到全日制师范院校进修。承办省海岛少先队劳动实践现场会议。区政府在普陀中学举办各乡镇分管教育领导参加的"两基"评估验收培训班。

6月,承办全国第三届班集体建设科学理论研讨会,代表到会180名。

7月,全国普通高校、高中中专文化统一考试。

8月,区政府发文同意成立东极镇、佛渡乡成人文化技术学校。从河南商丘师专引进25名应届师专毕业生,分配到芦花中学等8所学校任教。向省教委上报扫盲有关数据:15周岁至新中国成立后出生的总人数为176702名,其中文半盲为6429名,非盲率为96.36%。

9月,开始工资改革套改工作。区政府发文同意成立螺门乡成人文化技术学校。

10月,区委统战部与区教育局联合聘请5名民主党派、无党派人士为首批特约教育督导员。区教育局办公楼拆建,办公地点暂移至区政府内原人大办公楼。

11月,区委、区政府召开捐资兴建灵秀街东港中学(暂名)动员大会。在普陀的部、省、市属单位及区属各单位当场认捐190余万元。

1995年

3月,区工商行政管理局批准成立"普陀区校办企业服务中心"。该企业为具有独立法人资格的集体企业,注册资金50万元。原校办企业经营部同时撤销。区计经委、财税局、城建局、教育局等部门负责人在沈家门镇政府召开现场办公会议,商定:沈家门镇区城建大配套费收取总额的20%作为教育事业专项基金,1995年起由区教育局将其中三分之一经费划拨给沈家门镇政府,用于镇属学校的建设;鲁家峙初级中学1995学年起隶属区教育局领导和管理。

4月,区政府批准成立沈家门镇成人文化技术学校。

5月,国家督学何永培一行3人到普陀先期抽查"两基"验收情况,并深入蚂蚁岛、双塘两乡作重点抽查。经市、区有关部门批准,全区最后一批87名民办教师录用为公办教师。高校入学外语模拟听力测试在普陀中学进行。

上半年,历时3年,涉及域内17个乡镇的"两基"工作先后通过市政府、省政府评估验收。

7月,接区人大常委会舟普人常〔1995〕10号文件,唐裁林任区教育局局长。国家教委电教司副司长带领调查考察组到普陀电大考察工作。

8月,在朱家尖淡风林承办省、地、市教委主任会议。国家督学、省教委督导室副主任何永培到普陀了解"两基"工作。

9月,教育局机关迁至泗湾路新办公楼。局教研室和区教师进修学校合并,实行一套班子两块牌子体制,同时承担教学研究指导和小学教师进修培训双重职责。

10月,省"两基"评估验收组一行8人由省教委督学、宁波市政府教育督导室副主任夏明华组长带领，评估验收“两基”工作情况；同时参加验收的还有国家教委干训中心副主任文新华带领的全国督导培训干部一行8人。重点抽查蚂蚁岛、展茅两乡镇，面上抽查虾峙镇、普陀山镇、沈家门镇、朱家尖镇，峧头乡、台门乡、双塘乡。区域内“两基”验收合格，报省政府审核。承办中国外语学习常务理事会。沈家门中学获评省示范综合高中。

11月，经区机构编制委员会批准，成立区教育局教育科学研究室，隶属教育局直接领导，办公地点设在教研室、区教师进修学校楼内。举行中学校外法制辅导员聘任仪式。沈家门城镇及各乡、镇中学聘请政法部门38位骨干为校外法制辅导员。区教育学会成立。

12月，区校企服务中心在浦西工业开发区开办普陀区弘扬压铸厂。省教委报请省政府批准，同意普陀区“两基”评估验收合格。省政府授予“两基”称号，并表彰奖励（浙教督〔1995〕498号文）。教科室会同教育学会、教研室举办的定期刊物《普陀教育科研报》创刊号出版。

1996年

1月，根据区委〔1996〕3号文件精神，舟山市普陀区教育局改称舟山市普陀区教育委员会（简称区教委）。撤销区干部职工教育办公室。设立区成人教育中心，为区教委管理的副科级事业单位，区教委成教股职能划归其行使，区电大工作站、电视中专普陀分校划归其管理。区体委单独设置。国家教委公布全国第二批实现“两基”县（市、区）名单，普陀名列其中。成立“关心下一代工作委员会”，刘全国副局长任主任。

4月，与区职教办联合召开农村自考网点工作会议，确定东极、朱家尖，台门、峧头、桃花，虾峙6个镇为农村自考网点。区中小学体育教育学会成立。

5月，区教委修订《中小学教师任职情况考核办法》。从1995—1996学年起，实施新的考核办法。

6月，根据新人薪〔1996〕21号文件精神，从1995年10月1日起，系统内2359名在职教职工正常晋升工资一级，17名教师因未参加考核或考核不合格未晋升，426名离退休（职）人员每月增加生活费15～30元。教师资格认定过渡，区域内中小学、幼儿园，符合过渡期条件的2299名教师申请幼儿园、小学、初中、高中教师资格。

7月，区教委承办全国第十一届异步教学研讨会。

8月，普陀区第二幼儿园更名为普陀区实验幼儿园。召开中小学校长会议，提出下半年工作重点为全面推进素质教育；全面实施“两高”（高标准普及九年制义务教育，高标准扫除青壮年文盲）；全面推行“三制（岗位责任制、教师聘任制、结构工资制）”改革。

9月，成立区中青年数学骨干教师研究会。

11月，经区机构编制委员会审核，区政府批准，确定区教委职能配置、内设机构和人员编制方案。区教委设办公室、人事监察科、教育行政科、财务基建科、勤工俭学科，教委行政编制23名（含离退休干部工作和后勤服务人员），领导职数为主任1名、副主任3名、股级领导6名。

12月，区教育学会中学思想政治课教学研究会成立。召开中小学内部管理体制改革动员大会。设立区教委内部审计机构，明确内审机构组织和人员，内审的审计事项及工作权限。

是年，高校招生采取“3+2”考试模式。

1997年

3月，通过“两基”复评，普陀区获评省首批素质教育实验县（区）。界定区域内校办企业，本系统内11家企业被省教委审定为校办企业。

4月，完成对2799名教职工的职务岗位津贴调整及495名离退休（职）人员的生活费增发工作。印发《关于全区教育系统开展行风建设评议活动的实施意见》，行风建设评议活动在教育系统开展。

5月，印发《普陀区小学生学习成绩鼓励性评价试行办法》，从1997学年第一学期起，小学停止使用分数等级制，试行小学生学习成绩鼓励性评价方法。召开全区推进素质教育暨教育系统行风建设动员大会。

6月，区心理健康教育指导中心开设的中小学生心理咨询热线电话（设在沈家门第一初级中学）在沈家门城区开通。

7月，市教育旅行社普陀分社成立。普陀中学灵秀街新校区一期工程落成，新高一、高二学生迁读东港街道灵秀街新校区。

8月，区教委获评1995—1996年省重视教育科研先进集体。

9月，普陀区东港小学落成。

10月，区预算外资金管理体制改革正式启动，区域内各学校（单位）按新体制运作。

11月，普陀区陶行知研究会、中学数学教学研究会成立，庄国平副书记兼任陶研会会长。省“普及实验教学县（区）”验收组一行17人在省教委教学设备处陈金水处长带领下，验收普陀“普实”工作，合格率100%。

12月，省教委对沈家门中学进行省综合高中复评。

是年，制定并实施《普陀区素质教育实验方案》，逐渐形成具有普陀地域特色的“八大教育”。

1998年

1月，普陀区获评“浙江省中小学实验教学普及县区”称号。

2月，区校企服务中心迁址沈家门西大商城二号楼二楼，增设办公室和财会科。

3月，在沈家门小学承办市中小学素质教育经验交流会，沈家门小学代表普陀作素质教育改革实践专题介绍。

4月，成立区心理健康教育研究会。

5月，普陀中学获评“浙江省二级重点中学”。经区政府批准，普陀中学原初中部定名为普陀第二中学，址原普陀中学。8月，普陀中学高中部与初中部完全分离，高中部整体搬迁至东港街道灵秀街新校区，沿用“浙江省普陀中学”校名。成立区青少年科技协会。

6月，在朱家尖承办中国教育学会教育实验研究会教育实验方法研讨会。来自全国各地30名学者、专家参加会议，实地考察该区域内中小学教科研实验；在依心图书楼举行学术报告会，华中师范大学教科院雷实、中央教科院田慧生、北京师范大学教科所所长裴娣娜分别作专题报告。

7月，区校企服务中心成立舟山市普陀山海水产有限公司。成立区教科网建设领导小组，唐栽林任组长，领导小组下设教科网中心。

8月，区教委在沈家门承办省学校心理辅导研究会成立大会。

9月，普陀第三中学落成办学。

10月，承办全国首届维果茨基研究会。教科网站试运行。

11月，举办首届教职工文艺会演。区校企服务中心下属普陀教育印刷厂、普陀弘扬装饰有限公司、普陀东海服装厂三家企业被市教委命名为1998年度市骨干校办企业。

12月，举行沈家门小学“全国现代教育技术实验学校”授牌仪式。

1999年

1月，举行朱家尖中心小学“中国中小学绿色教育行动项目实验学校”授牌仪式。

普陀教科网IP地址（210.35.50）联上国际互联网，3月，普陀教科网域名PTEC.edu.cn正式注册。普陀东海服装厂由原责任承包转为区校企中心直接经营。

2月，撤销中共普陀区中心幼儿园支部委员会和中共普陀区实验幼儿园支部委员会，合并建立中共普陀区教委直属幼儿园支部委员会。

3月，区政府与舟山二渔公司签订原浙江水产学院土地及地面建筑物转让协议。转让地块134707.8平方米、地面建筑物35476平方米，转让价2800万元。原浙水院校址用于普陀第三中学办学。

4月，区中学自然科学教学研究会成立。在虾峙中心学校召开中小学蓝色(海洋)教育成果推广会议,建立区域内蓝色教育网络学校。印发新的《普陀区中小学领导学年度考核办法》,自1998—1999学年度开始施行。

5月,中小学校分批实施校务公开制度。在沈家门小学召开绿色教育推广会,绿色教育网络学校建立。

6月,区教科网二期光缆工程完成,沈家门城区20个学校(单位)与区教科网联网成功。建立全省第一家乡镇社区学院——朱家尖社区教育学院。市教委在沈家门小学召开《主体学习,辩证指导》推广会。

7月,中小学教职工聘用(任)制度改革工作开始。

8月,从秋季新学期起,区域内少数民族小学生免收杂费。

9月,省民政厅批复普陀区人民教育基金会登记注册。

11月,《主体学习,辩证指导》《学习思维品质培养》《海洋教育课程》《心理健康教育》四大课题,均获省首届基础教育教学成果二等奖。区首届中小学艺术节开幕。区教育学会现代教育信息技术研究分会成立。

12月,实施《普陀区教育系统党风廉政建设责任制执行情况考核办法(试行)》。

是年始,浙江省高校招生计划增加,高中毕业生报考高中中专人数大减。

2000年

1月,区家庭教育研究分会成立。普陀区教委获评省先进县(市、区)教委。普陀教科网"教育论坛"开通。

2月,报经区机构编制委员会批准,成立普陀区教委中小学教职工管理中心,唐栽林兼任主任。

3月,规定持有区委、区政府颁发的"优待证"的城乡贫困户,减免其在中小学就读子女的学杂费。实施"3350工程"初中骨干教师培养计划。

4月,区教委退休教职工工作领导小组成立。出台《高、中级专业技术职务教师的职务履行情况考核办法(试行)》,为教师职务评聘分离作准备。

5月,成立区幼儿教育研究分会。

6月,区校企服务中心普陀海生威水产公司成立。出台《普陀区教职工先进评选奖励暂行办法》《普陀区中小学学科教学带头人评选管理办法》《普陀区中小学校长、书记年度奖励方案(试行)》《普陀区乡镇成人文化技术学校校长年度奖励方案(试行)》,规范学校领导、教职工奖励办法。

7月,成立区中学后勤服务改革领导小组。在区政府主导下,与市二轻工业(集团)总公司签订《省二轻疗养院土地、地面建筑物转让协议》。该地块总面积31066.8平方米,转让价1525万元,用于建造沈家门小学。

7—8月,教职工实施"双向聘任、竞争上岗",共流动165名,其中农村调沈家门城区54名,沈家门城区内学校教师流动38名,乡镇间流动35名,城区中学流向农村4名,小学分流到中学后勤岗位34名。

8月,沈家门第一初级中学和沈家门第六小学合署办公,实施一套班子、两块牌子运作模式。出台《关于普通高中青年骨干教师队伍建设的若干意见》,为稳定高中骨干教师创造条件。聘任公安系统17位干警为沈家门城区中小学法制副校长。

10月,区教科室主编的《绿色意识与行动》一书由浙江教育电子出版社正式出版。

11月,普陀技工学校并入沈家门职业中学。

12月,区成人教育协会成立。区域内14个乡镇街道全部通过"两高"验收;其中7个乡镇街道被授予省教育强镇(街道)称号。

是年,高校招生实行"3+综合"模式,普陀区考入高校的学生大幅增加,高校录取万人比为43.9。普陀中学与法国乐利克斯学校结为友好学校。

2001年

2月,出台《普陀教科网安全管理规定》《普陀教科网使用管理暂行规定》。

4月,法国乐利克斯学校师生来访。普陀教育学会中学语文研究分会成立。

5月,实施《普陀区中小学校信息技术教育实验方案》《普陀区小学英语教学实施方案》。

6月,普陀区获评省区域性推进素质教育先进县(区)。

7月,沈家门镇教办撤销,原沈家门镇教办所属学校划归区教委直管。教育部基教司德育处王处长和中国教育报记者调研素质教育开展情况。

8月,沈家门小学实行国有民办体制;是年始,与新加坡圣婴小学进行双边教育合作。

9月,接区委普委〔2001〕16号文件,舟山市普陀区教育委员会更名为舟山市普陀区教育局。区教育局直属学校教师工资开始统发,财务实行"四统一"。区教育局机构改革开始。普陀东海服装厂被省教育厅认定为校服定点厂。

10月,域内校办企业体制改革,8家校办企业转制为个私企业。

11月,编辑出版《托起明天——普陀区域性推进素质教育经验选编》。制定《普陀区"十五"期间校长、教师队伍建设规划》。

12月,省教育厅张绪培副厅长带领省政府教育督查组到普陀区评估验收区"创教育强区"工作。

同月,沈家门职业中学、普陀技工学校(区劳动人事部门主办)、六横职业中学并入沈家门中学,经省教育厅批准,成立舟山市普陀区沈家门综合高级中学。沈家门职业中学、普陀技工学校在原沈家门中学合署办公,撤销其独立建制,保留其牌子。沈家门第四小学迁入沈家门职业中学原校址。

2002年

1月,区直属学校财务进入区会计核算中心统一管理。区教育局在东港小学举行"八大教育"教科研成果推广研讨会。

2月,普陀区被省委、省政府授予"浙江省教育强县(区)"。

3月,教师资格认定、教师技术职务"评聘分离"工作开始。

4月,朱家尖中心学校获评首批省级绿色学校。

5月,区校本课程研究分会成立。

8月,普陀区获评省级基础教育课程改革实验区。

11月,编辑出版新课程学习资料《与新课程同行——基础教育课程改革通识培训参考资料选编》。成立区基础教育课程改革领导小组和指导小组。下发《关于进一步深化教职工聘任(用)制和分配制度改革的若干规定(试行)》,教育人事分配制度全面深化。

12月,浙江省农村税费改革,取消农村教育集资,停止向农民个人征收教育费附加。普陀中学获评省一级重点普通中学。沈家门小学新校舍落成。普陀电大工作站开始实行春、秋两季常规招生。

2003年

1月,出台《关于加强对在职教师有偿家教管理的意见》,进一步规范有偿家教。

2月,原沈家门小学地块(教场路)使用权转让。舟山市融信置业有限公司普陀分公司以每平方5050元、总价2413.87万元摘牌。

3月,区机械技术培训中心(原勾山中学校址)动工建造。根据《社会力量办学条例》,同意普陀区博凯文化学校开办。

7月,同意普陀区育才小学(外来民工子弟学校)开办。

8月,2004届初中毕业生升学游泳选项考试,参考学生4266名。

9月,2003—2004学年第一学期起,初中、小学的起始年级实施新课程计划。

10月,区教育学会综合实践活动专业委员会成立。

是年,制定出台《普陀区2003—2007学校布局调整方案》,按照"高中学校向县城集中,初中向中心镇集中,中心小学向乡镇所在地集中,新增教育资源向城镇集中"要求,实施"浙江省中小学万校标准化建设工程",开展新一轮中小学布局结构调整。

取消大学毕业生分配制度。出台区域内中小学生政府“扶困助学”政策。区域内托儿教育划归教育行政部门主管。成立普陀区机械技术培训中心(沈家门中学勾山机械分校)。普陀电大工作站与浙江大学继续教育学院合作办学,成立浙大远程校外学习中心。

自此年始,高考时间调整为每年6月7—9日。

4—6月,“非典”(非典型性肺炎)肆虐。区教育局获评防控“非典”先进集体。

2004年

1月,普陀电大500余名原浙江电大远程教育试点学生归并到中央电大开放教育试点范围。

2月,区教育系统内开展“办人民满意的教育”活动。

4月,普陀区成立普陀教育艺术团(春晖合唱团)。

5月,区政府协调完成托儿所的主管部门由区妇联划归区教育局的衔接、移交工作。7月,普陀区获评首批省级社区教育实验区。

8月,普陀教育考察团一行13人,在区政协陶开明副主席、教育局王旭光副局长带领下赴澳大利亚进行教育考察,开展国际教育交流。拜访新南威尔士州华裔议员黄肇强和中国驻悉尼领事杨先生,与州教育官员举行会谈,考察悉尼大学、纽省大学、埃尔法贝特学院和悉尼市的几所女子贵族学校、男子贵族学校、公立学校等。根据上级有关文件精神,义务教育阶段学校推行“一费制”收费办法。

9月,成立区教育局创建“平安校园”活动领导小组,周红迅任组长。成立普陀区社区教育委员会。

11月,成立区教育局社区教育领导小组。

12月,普陀电大网站获评全省“三星级”网站。区早期教育中心区中心幼儿园分站授牌。

是年,制定《普陀区开展城乡教师支教、轮岗,学校帮扶结对活动实施意见》。制订《生命教育课程标准》,全面实施生命教育。

2005年

3月,厦林旅游职业中学更名为普陀旅游职业技术学校,普陀水产技校由普陀区海洋渔业局管理,开设航海轮机、驾驶专业,主要开展渔业“四小证”、远洋渔业证书考证培训。沈家门小学、沈家门第一小学、普陀中学获2004年度市教科研优秀级基地学校;勾山中心、沈家门第一学小获评市陶研优秀级基地学校。普陀区家长学校总校成立,设址于区成人教育中心。

4月,区政府成立舟山市普陀区社区教育学院,办公地点设在区成人教育中心。普陀区通过“省教育强区”复评。4月30日—5月7日,中小学放春假。

7月,浙江海洋学院根据与普陀区合作办学协议组建成立普陀科技学院。开展“万名师生进社区”活动。沈家门街道成校、勾山街道成校被省教育厅、省中小企业局确定为首批中小企业职工培训示范基地。

10月,区生命教育专业委员会成立;第二期生命教育骨干教师培训班开班。

11月,成立舟山市普陀区职业技术教育中心(简称区职教中心),下属成员单位有沈家门中学、普陀旅游职业技术学校、普陀水产技校、沈家门中学勾山机械分校,

是年起,停止收取农村教育事业附加费;秋季学期,将高中段家庭经济困难学生纳入政府资助体系。

2006年

1月,区政府颁布《舟山市普陀区骨干教师教育专项奖励资金管理办法(试行)》,为教育人才队伍建设提供资金保障。制定《中小学(幼儿园)五支队伍建设行动计划(2007—2011年)》。

3月,区政府与浙江海洋学院签署“关于浙江海洋学院普陀科学技术学院项目引进协议书”。

4月,沈家门小学被市政府教育督导室认定为

五星级小学(当时为全市唯一)。

7月,承办市社区教育服务新农村新社区建设经验交流会。

9月,普陀第三中学被省教育厅确定为省普通高中新课程实验30所样本学校之一。区教育局与区物价局、财政局联合下发《关于贯彻落实浙江省义务教育中小学生免除学杂费的实施意见,进一步规范教育收费的通知》,从新学期起,区域内23430名义务教育段学生全部享受免缴杂费政策。出台《普陀区中小学艺术教育工作评估标准》。

11月,省、市课程改革评估组对课改实验工作进行验收性评估。

是年始,采用公开招聘、统一考试、择优录用办法,从全日制高校毕业生中补充教师。普陀电大工作站始招本科生。区职教中心下属沈家门校区(原沈家门中学)停止招收普通高中学生。

2007年

3月,东港小学被中国陶行知研究会批准为"陶行知教育思想实验学校",为舟山市第一所国家级陶行知教育思想实验学校。沈家门第一小学孙文波主持的《"五星"教学设计的探索》获评第三届省政府基础教育教学成果一等奖。

4月,"浙江大学高技能人才培训舟山基地"在区职教中心挂牌成立,承担起培养中、高级技能人才的任务。

6月,东港幼儿教育共同体举行签字仪式。东港区域形成区中心幼儿园、颐景幼儿园、和润幼儿园、新城幼儿园相互协作的幼儿教育共同体。由沈家门小学承办的"品牌特色创新"浙沪名校长教育论坛暨"魅力少先队,阳光海精灵"雏鹰奖章颁章典礼开幕。市重点教育科研项目"优质教研组创建与强势学科打造"项目群现场研讨会在普陀第二中学举行。

8月,撤"自考办""招生办""会考办",合并成立区教育局考试中心,统一管理域内招生考试和自考工作。组织省农村中小学教师素质提升工程考试工作,合格率100%,素质提升工程结束。初、高中学校4000名学生参加第五届中国沈家门渔港民间民俗大会开幕式的"万鱼大巡游"活动,被录入世界吉尼斯纪录。

11月,区职教中心与普陀科技学院新校区正式立项在朱家尖大洞岙开建。

12月,区教育局第三次获评省(2005—2006年度)重视教科研先进单位。

是年,普陀山学校划归市教育局管理。普陀水产技校并入区职教中心,原沈家门中学职高部与普通高中部顺利分离。根据区"十一五"布局调整规划,撤螺门中学为展茅中学教学点,撤塘头小学并入东港小学,撤红旗小学为勾山中心教学点,撤蚂蚁岛乡中心学校并入东港小学,撤登步中心乡学校并入沈家门第三小学。实施义务教育离岛就读困难补助政策;秋季学期起,对职业高中免学费贫困生之外的其他高一高二学生实施国家助学金政策。区教育局出台《舟山市普陀区幼儿园发展共同体建设实施方案》,"结对式、联盟式、网络式"幼儿园共同体构建帮扶体系逐步建立。出台《普陀区未成年人科学素质行动实施方案》。

执行国家课程计划,开展综合实践、地方课程和校本课程建设,完善国家、地方、学校三级课程管理体系。高中段学校依据《浙江省普通高中新课程实验第一阶段工作方案》精神,制定"课改实施""学分认定""走班制""选课制""综合素质评定"等系列方案及制度,按规定开设课程、安排课时,开好通用技术、研究性学习、综合实践活动和校本课程等新增课程,实行学分管理。

同年,普陀科技学院开始招生。

2008年

4月,省人民政府出台《浙江省新课改高考方案》,区域内开始英语听力、通用技术、信息技术高考,每年安排两次。

5月,浙江海洋学院普陀科学技术学院顺利动工。区教育局组织编写《生命至上——5·12汶川大地震生命教育读本》。"普陀名师预备队"开班仪式在杭州举行。

6月,根据浙江省中小学和幼儿园学生电子学籍系统管理办法(试行),中小学、幼儿园学生全面实行电子学籍管理。实施义务教育免费提供教科书政策。

8月,舟渔子弟学校划归普陀区教育局管理。

11月,省委教育工委书记、省教育厅厅长刘希平带领省教育厅调研组到普陀教育调研。

12月,普陀电大站升格为浙江省广播电视大学普陀分校。

是年,桃花中心小学与桃花中学合并成九年一贯制学校,舟山海洋渔业公司职工子弟学校由市教育局划归普陀区教育局管理。新增民办义务教育学校—向阳小学。区政府制定出台《关于进一步加快幼儿教育改革与发展的若干意见》,实施《舟山市普陀区学生接送专用车辆安全管理细则》。同年始,贯彻落实《中华人民共和国劳动合同法》,规范各校临时用工,依法保护在校劳动者合法权益。普陀第二中学获授"北京2008奥林匹克教育示范学校"称号。

同年,四川汶川地区发生"5·12"大地震。区职教中心在受灾地区招收100名学生,该类学生享受区政府专项资助政策。

2009年

2月,普通高中、职业中学收费进入"浙江省教育收费电子实时监督系统"。经市人事劳动社会保障局批准,"普陀区职业技能鉴定所"在区职教中心挂牌成立。

4月,区重点岗位廉政风险排查防范工作现场推进会在区教育局召开,区纪委组织区人民法院、区人民检察院等14家单位参加此次会议,区教育局专题介绍经验。

5月,区政府专门拨款对域内学生接送车辆的外观统一刷新,在每辆接送车上安装GPS卫星定位仪、摄像头等设备。启动实施中小学校舍安全工程。承办省2009年度基础教育课程改革工作联席会议暨区域推进"轻负担高质量"联系县第三次会议;区教育局作"成就每一个生命幸福成长"主题经验介绍。

7月,区教育局获评省2007—2008年度重视教育科研先进单位。

8月,区教育系统内为台湾地震受灾同胞捐款169716元。

9月,《舟山市普陀区人民政府办公室转发区人劳社保局、区财政局、区教育局关于舟山市普陀区义务教育学校绩效工资实施办法的通知》(舟普政办〔2009〕184号)文件下发,标志义务教育学校全面实施绩效工资制度。

10月,第二批四川地震重灾区37名新生入读区职教中心。编制、上报《普陀区中小学校舍安全工程规划》和分年度实施计划。

11月,区职教中心舟山锣鼓、舟山船拳和普陀渔工号子,沈家门第一小学普陀跳蚤舞和舟山锣鼓,普陀第二中学跳蚤舞,沈家门小学海岛传统儿童游戏和沈家门第四小学普陀渔民画被区文化广电新闻出版局命名为第一批区非物质文化遗产传承项目,上述学校被命名为相应的"非遗传承基地"。沈家门第一小学、展茅中心学校、东港小学师生共20名赴中国台湾参加2009年国际小学生电脑创意写作比赛颁奖典礼。

是年,区政府常委会讨论通过《舟山市普陀区人民政府浙江海洋学院关于浙江海洋学院普陀科技学院建设与管理方案》,7月,普陀科技学院搬入朱家尖新校区办学。区政府启动"资助灾区中职学生培训就业"项目,区职教中心在四川汶川地震灾区招收的3个班137名学生享受该项目政策。区职教中心餐旅服务实训基地被确定为省级综合性公共实训基地。

同年,高中新课程新高考开始;在全科会考基础上,实施"分类测试、分批选拔、综合评价、全面考核、择优录取"选拔模式;高中学生综合评价全部记入学生档案。

撤平阳小学并入沈家门第四小学。

2010年

2月,区教育局获评全国农村成人教育先进单位；区职教中心获评教育部确认的国家级重点中等职业学校。

3月，区职教中心获评2008—2009年度省优秀农村预备劳动力培训基地。

4月，区职教中心搬迁至朱家尖新校区，与先期到位的普陀科技学院在同一校区办学，实行“两块牌子”“一校式”管理模式。“潮涌普陀”学科高端研修启动仪式暨第二届名师预备队开班仪式在普陀第二中学举行。所有学校安装与公安联网视频监控探头和报警装置，招聘并培训校园专兼职保安111名，城区主要中小学、幼儿园实行特警执勤制度。

5月，普陀区学校红十字工作委员会成立。省督学、杭州市教育督导处处长姜鸿勤一行5人，代表省政府教育督导室到普陀专项督查学前教育工作。

6月，区教研室《中小学生实验工具包的研发、应用与推广》获全国《全民科学素质纲要》优秀案例受到表彰，成为全国教育系统二家获奖单位之一。区教育基金会首次推出“希望奖”和“绿色助学行动”，鼓励和资助域内学生更好地学习。

8月，鑫亚小学捐赠冠名仪式隆重举行。舟山鑫亚船舶修造有限公司向台门小学捐赠1000万元，专项用于学校建设，台门小学冠名为鑫亚小学。普陀区慈善总会教育分会成立。

10月，出台《普陀区青年教师（三年内）培养计划》。

11月，由区教育局、区科技局、区科学技术协会联合主办的2010年普陀区中小学生科技运动会在东港中学举行。实施“名师培养工程”，成立普陀区名师工作站，建成各学科名师工作室6个。

是年，区职教中心、普陀中学、普陀第二中学迁建三大工程完工，城区义务教育学校布局进行重大调整，普陀第二中学迁至城北新校区（同时撤城北初中并入普陀第二中学），沈家门第一初级中学迁至原沈家门中学校址，沈家门第三初级中学迁至灵秀街原普陀中学校址并更名为东港中学，沈家门第二小学、沈家门第五小学撤并入沈家门第一小学并迁至原普陀第二中学校址。启动《“潮涌普陀”学科高端研修三年规划》，推进教研活动主题化、系列化、课题化。出台《普陀区“体育、艺术2+1项目”技能标准（试行）》。区教育局被授予“2006—2009年度浙江省群众体育先进单位”。

同年春季学期起，区域内义务教育学段免收住宿费，实现义务教育零收费；区人民教育基金会开展“阳光助学”活动，低保家庭（含低保边缘户）学生在接受高等教育时可享受相应资助。制定出台《舟山市普陀区科普示范学校标准（试行）》《普陀区“体育、艺术2+1项目”技能标准（试行）》。

2011年

2月，教研室“双网教研”获评省2010年度市县教研工作20大亮点。

3月，普陀中学与六横镇政府、六横中学签订合作办学协议。六横中学增挂“普陀中学六横分校”牌子，采取“区教育局直管、六横镇政府扶持、普陀中学协同管理、学校自主办学、教师上挂下派”办学模式。

4月，沈家门小学由国有民办体制转回到公办体制。

5月，沈家门小学、区中心幼儿园、区实验幼儿园财务纳入区会计核算中心。启动区“十佳人民满意教师”评选活动。

7月，组织首次中小学科技夏令营。

8月，举办“东海风·普陀教学文化节”，是为普陀教育史上规模最大、规格最高的教师研修活动。该项教师培训项目一直持续至2014年。

9月，教育系统召开潘秀兰老师事迹报告会，邀请朱仁民作专题报告。举行普陀科技学院（区职教中心）与德国柏林职业教育集团合作培训开班仪式。海洋教育实践经验在青岛举办的2011年海洋教育国际研讨会上交流。

11月，教研室创编首期《普陀教学改革》专题通讯。

12月，六横成校、虾峙成校获评舟山市首批四星级成校。省初中科学新课程新教材“疑难问题解决”专题研训会议在东港中学召开。首次招聘

2012年学前教育全日制应届本科毕业生。

是年，普陀山佛学院新校区在朱家尖落成，更名为“中国佛学院普陀山学院”，由中国佛教协会主办，中国佛学院、浙江省佛教协会、普陀山佛教协会共同承办，普陀山佛教协会主要承办，是汉语系高级佛教院校。

撤东港小学并入改制后的沈家门小学。此期，区域内有义务教育学校28所，其中初中12所（包括舟渔学校、芦花中学、桃花中心学校、育才学校4所九年一贯制学校），小学16所，在校学生20490名，教职工1954名，其中专任教师1668名。

同年，开始实施省“十二五”中小学教师专业发展培训，2369名教师在省培训管理平台注册。通过省中小学生课外文体互动工程示范区验收。出台《普陀区深化普通高中课程改革实施方案》《区教育局关于深化普通高中课程改革任务分解的通知》《关于做好2012级起全区普通高中学生成长记录与综合素质评价工作的通知》。实施《关于全面推进现代海洋教育的指导意见》《区域推进中小学现代海洋教育实践研究方案》《关于全面推进现代海洋教育的指导意见》。贯彻《普陀区青少年竞技体育奖励办法》《普陀区青少年竞技体育奖励办法》。成立普陀区青少年科技教育协会和普陀青少年海洋科考队。印发《关于实施学前教育特殊儿童入园资助工作的通知》，在省内率先出台学前教育低保家庭子女等入园资助政策。

是年始，每年对事业单位岗位设置工作进行动态管理。

2012年

1月，区教育局再次获评省教育科学和谐发展业绩考核优秀单位。

2月，首次招聘特殊教育教师。

3月，省“春泥护花”行动项目组向区域内育才学校等3所新居民子弟学校捐赠电脑100台。

4月，根据普陀区“十二五”布局调整规划，“舟山海洋渔业公司职工子弟学校”更名为“舟山市普陀区舟渔学校”。区教育局获评全国区域推进优秀班集体建设突出贡献奖。

5月，普陀区人民教育基金会下的阳光助学基金向全区12000余名小学生每人免费发放一套校服（包括3所新居民学校1300多名学生），价值金额150余万元。月底，完成国家教育考试标准化考点建设工作，建成局考试中心、普陀中学、普陀第三中学3个监控平台。此平台于翌年6月高考时首次使用。

6月，普陀科技学院管委会与德国柏林职业教育集团正式签订合作办班协议。

7月，普陀区被国家教育部关心下一代工作委员会确定为全国家长学校教育实验区。

9月，《普陀海洋英语读本》由《光明日报》出版社正式出版，在八年级地方课程中启用。区职教中心入选“浙江省首批中等职业教育改革发展示范学校建设”项目。

10月，民盟中央副主席索丽生在市政府副市长徐燕峰、区政府副区长邱一虹陪同下视察区职教中心。

11月，世界卫生组织专家朱明若教授到沈家门小学指导学校健康促进工作。区委教育党工委成立机关第二党支部，教育服务管理中心、考试中心、教科室党组织并入；撤销原教育服务管理中心支部委员会。省教育厅批复舟山市普陀区教师进修学校合格备案。

12月，印发《普陀区民办学前教育扶持专项资金管理办法》，开始评选首届民办学校骨干教师。举行教育系统全员读书工程活动启动仪式。

是年，出台《舟山市普陀区义务教育中小学生营养改善计划》（舟普政〔2012〕94号）、《普陀区民办幼儿园扶持专项资金使用管理暂行办法》《舟山市普陀区普惠性民办幼儿园管理办法（试行）》《3～6岁儿童学习与发展指南》。全面开展现代海洋教育，编写《现代海洋教育读本》。

2013年

1月，国务院批准《浙江省舟山群岛新区发展规划》，舟山群岛成为中国首个以海洋经济为主题的国家级新区；区成人教育中心（区社区教育学院）获评省级社区教育示范学校；六横成校获评省级企业职工培训示范基地。

2月，区教育局获评2012年度浙江省教育科学和谐发展业绩考核优秀单位。

5月，沈家门幼儿园开园。

6月，域内12名中学高级教师获享市级正高级教授待遇。

7月，在朱家尖承办教育部全国家长学校教育实验区研讨会。

8月，东港中学、展茅中心学校等5所学校启动“五四”制教学实验。新建台门学校交付使用。

9月，普陀区被浙江省教科院确定为首批“浙江省学校心理健康教育研究示范区”。

10月，经区行政区域改革撤扩并后，勾山成校并入东港成校，蚂蚁岛成校和登步成校并入沈家门成校，白沙成校并入朱家尖成校，区域内原有12所成校整编为8所成校。

江莲华等14名教师受聘为市首届名师工作室挂牌名师。2013年省课改联盟初中英语研讨活动在东港中学举行。

是年，展茅初级中学和展茅中心小学合并为九年一贯制展茅中心学校，校址在原展茅中心小学。虾峙初级中学和虾峙中心小学合并为九年一贯制虾峙学校，校址在原虾峙中心小学；鲁家峙小学并入沈家门第一小学，原鲁家峙小学作为沈家门第一小学鲁家峙分部；台门初级中学和台门小学合并为九年一贯制台门学校，校址不变。舟渔学校初中部撤并入沈家门第一初级中学。

同年，《舟山市普陀区学前教育发展三年行动计划（2011—2013年）》有效实施，域内区8所乡镇中心幼儿园正式列入独立法人事业编制单位。中小学、幼儿园食堂粮油、面粉实行统一招标，集中采购，统一配送。制订实施《舟山市普陀区学前教育普惠化三年行动计划（2014—2016）》。《现代海洋教育读本》付梓。6月起，普通高中会考改为普通高中学生学业水平考试。浙江省普通高中会考制度废止。

2014年

1月，区教育局获评2013年度省教育科学和谐发展业绩考核优秀单位。自省教育厅开展该项考核工作以来，区教育局第5次获此奖项。

原由区会计核算中心集中核算的区直属学校（单位）账务全部返回，并由区教育会计服务中心核算（代理记账）。《普陀区“双网教研——海岛教师研修机制”的应用与推广》获评省2010—2013年教研工作创新项目（全省共20项，舟山2项）。

2月，展茅街道成校、东港街道成校获评省标准化成校，虾峙镇成校获评省新型农民素质培训示范基地。至此，区域内8所成校中有6所成功创建为省标准化成校，创建率达75%。教研室“双网教研—海岛教师研修机制的应用与推广”成功入选省2010—2013年教研工作创新项目。普陀区获得2013年全国义务教育发展基本均衡县（市、区）称号。

3月，《现代海洋教育读本》由上海科学技术出版社正式出版，并下发到各中小学及区职教中心应用。

4月，区职教中心被授予“全国职业教育先进单位”称号，为史上最高荣誉；省政府正式批复（浙政函〔2014〕36号）同意筹建浙江“舟山群岛新区旅游与健康职业学院”。普陀科技学院于本学年后停办。在区职教中心和普陀科技学院原址兴办浙江舟山群岛新区旅游与健康职业学院。位于东港内湖商业圈西北侧的普陀新青少年活动中心正式奠基。

4月，在朱家尖小学承办全国第十二届班级读书会暨“作文教学法研究”开题论证会，来自海峡两岸专家及400多名教师参加活动。

5月，教育系统正式启动中小学教师资格首次注册工作。

6月，建立普陀区教师教育质量监控中心，同时下发《舟山市普陀区教育局关于成立普陀区教师教育质量监控中心的通知》，实施《普陀区2014年下半年教师教育质量监控实施计划》。

7月，舟山群岛新区行政区域局部调整，勾山小学、勾山幼儿园、区职教中心勾山校区（机械分校）划转市教育局直属有关工作顺利完成；102名教职员工转归市教育局管理。

制定《关于调整虾峙和桃花镇中心学校初中部管理权限的实施意见》，虾峙、桃花两校初中部分别划归沈家门第一初级中学和东港中学管理，虾峙、桃花设立教学点。

10月，省教育科学研究院副院长朱永祥及省心理健康教育指导中心部分专家到沈家门幼儿园、东港中学等校了解并指导域内心理健康教育研究示范区创建工作。由省教研室主办的省小学综合实践活动教学指导评比在朱家尖小学举行。

12月，普陀区教师培训工作考核获全省各县区考核唯一满分。

是年，沿用在全科会考基础上实施“分类测试、分批选拔、综合评价、全面考核、择优录取”的选拔模式，考生自主选择报名和参加考试的相应类别，分批填报志愿，分批录取；区域内全面实施普通高中新课程改革，各校制订三年发展计划和具体方案，应对省新高考方案的实施；高中学业水平考试实行“全科考试”，每年寒假、暑假前各开考一次；自此年始，高考成绩只许考生本人查询。

出台《关于义务教育学校教师校长交流工作的实施意见》，推动人事体制、机制改革；通过公开招聘、统一考试，从全日制高校毕业生中择优招聘教师89名，从非公办事业编制的幼儿园教师中择优招聘6名人员为公办事业编制的幼儿园教师。

普陀区被教育部认定为全国义务教育发展基本均衡区。

年底，成立教育志编纂领导小组，开始筹备《普陀教育志》编纂工作。

第一篇　旧制教育

县学设在县治所在地。现普陀所辖区域在中华人民共和国成立之前，未有过县级建制，史上也未出现过书院之类教育机构之记述，而多有开办私塾者。

第一章　旧制教育概况

第一节　明朝时期教育诗迹

明朝初永乐年间，沈家门已有私塾出现。元末明初武昌人丁鹤年（1335—1424年），字永庚，于元亡后隐居沈家门鹤岭泉，建石屋名曰海巢，以课童为生计。限于史料，私塾如何运作，已无可考，只留《渔村书隐》一诗可作印证。

第二节　清朝时期教育概况

清乾隆年间，勾山、大展、芦花、桃花、六横等地先后开办私塾。私塾有“蒙馆”（小书房）“家塾”“村塾”（族塾）“义塾”“走塾”五种。塾师多来自镇海、宁波、象山、福建等地，也有本地秀才、童生充任。没有统一管理机制，断续无序。此后，沈家门、朱家尖等地相继开办私塾。各地私塾以家塾和村塾为多。道光年间，较有代表性的有沈家门教场郑家、蒲湾张家、勾山蒲岙李家、芦花南岙张家、展茅张家、朱家尖大洞岙徐家、桃花客浦岙胡家、台门田岙王家、田岙任仁梓家、平岐李家、小湖杜庄刘家等。

咸丰二年（1852），各主要大岛兴办义学，私学发展较快。

光绪五年（1879），平峧青山岙魏锡章创办私塾，专收已受启蒙教育学童，声名较著，定海、宁波等地也有学童前来求学。光绪十六年（1891），外平峧人刘九韶在家乡开办私塾。光绪二十二年（1897），田岙任梓生、里平峧刘笙来开办家塾。光绪二十四年（1899），芦花南岙张文治设私塾于三房地方。光绪二十八年（1902），清政府通令全国各地兴办新式学堂。光绪三十三年（1907），峧头义火祠设东靖义塾。至光绪三十三年（1907），有私塾80余家。沈家门镇蓝家书房，勾山乡李乾三学馆，平峧乡魏锡章塾馆，峧头镇东靖义塾及展茅乡张松年、朱家尖乡徐松林、对峙乡李本初等老儒所设私塾较著。

宣统元年（1909），县颁简章，改良私塾。民国初大力兴办学校，限制私塾，然禁而不止。民国前期，田岙、礁潭、平峧、青山岙，双塘青港、王家，峧头邵家，龙山沙浦等地先后开办私塾10余家。

第三节 民国时期教育概况

民国初年，沈家门缪家塘蓝家书房仍较兴旺，由蓝姓先生任教，经费由学童家庭分摊，只教识字、写字、珠算、尺牍；后陆续在方井潭、碶门头、东横塘、东兴桥、荷叶湾、新街等地开办私塾近10家。

民国21年（1932），以改良私塾补充正规教育。民国28年（1939），乡间私塾68家，后渐闭，或改办私立小学。民国37年（1948），沈家门教场、朱家尖糯米潭、台门中央岙、悬山马跳头等地设塾招生，政府勒令取缔。解放前夕，台门私塾犹存，在塾学童曾组队与当地小学生同场参与运动会竞技。

直至1951年下半年，展茅走马楼北缘平房还设有私塾，至1952年秋，小学教育蓬勃发展，学童归入小学就读。至此，普陀域内私塾才告消失。

第二章 私塾教育教学形式与管理

第一节 私塾教育设置

私塾的设置，大致分为四类：塾师在家或租借寺庙、祠堂、民宅设立学塾，称“门馆”，俗称“小书房”，在私塾中占最多数；富裕家庭专聘名师宿儒来家设塾，称“请馆”；塾师资历较深，主人尊称其为“西席”或“西宾”，此类私塾教学质量较高；一个村子和一个家族联合设立的学塾，称“村塾”或“族塾”，学童多为同村或同族。筹办此类学塾，常有几人牵头，策划塾址、经费，聘请塾师；个别饱学之士退养在家，有意传道授业而设馆授学，称“经馆”，如平峧青山岙魏锡章所设私塾馆。

私塾学童年龄参差不齐，一般为5～15岁，个别有17～18岁的。不分年级、不分班级，学无年限，以读书识字多寡定高下。学童就读动机多种多样，多数着眼仕途、前程，也有求得就业、经商、生活方便，甚至仅为识字而已（俗称“开眼”）。

第二节 私塾教育教学形式

私塾教育教学形式大都为个别面授。初进蒙馆学童以识字写字为主，教读简短押韵的句段及描红习字，继而教读浅易诗文，兼习对课作诗。日常教学方法是，塾师指名学童到塾师案前，先考查背诵及检查书写作业，然后讲解一定数量的新课后，学童回座位熟读熟记熟背，循环往复。师规严酷，体罚普遍。师生不苟言笑，动辄罚站、罚跪、打手心等。

私塾学馆教材极不统一，多数由学童自备，常见的有“上大人孔乙己”一类由单字凑集的识字本；有《百家姓》《三字经》《千字文》《神童诗》等；有《大学》《中庸》《论语》《孟子》（四书）和《诗经》《尚书》《礼记》《周易》《春秋》（五经）等（个别塾师对个别程度较高的学童也会讲授其中的一些篇章）；此外尚有《幼学琼林》《古文观止》《千家诗》

《唐诗三百首》尺牍、家训等;部分所谓为了“开眼”的学童,只备《杂字》一册,要求塾师教会其中词语即可。私塾后期,尤其在民国小学开办后,也有采用部分民国小学教材的。

第三节　旧时部分“功名”获得者

明清时期,经塾馆授业之学童经本行省巡回考官考试取入州、县学就读的,称作生员,习惯上也称秀才。生员员额有规定,一般为10名,故称生员。生员常年受学政监督考核,成绩一等者每月享受廪膳补助,是为廪膳生员,简称廪生。余为普通生员。清末,也有额定生员以外再增加生员的,是为增广生员,简称增生;若再增生员,是为附学生员,简称附生。生员的考核分月考、季考、岁考和科考等多种。科考多有行省学官巡回主考,在乡试前举行,取一、二等为科举生员,准予参加行省举行的乡试。正科乡试在子、卯、午、酉年八月举行,因称秋试,每届相隔3年,考中者为举人,取得功名。举人可于翌年春天赴京参加礼部主持的会试,考中者为贡士,旋即参加皇帝亲自主持的殿试,录取榜分一、二、三甲,一甲三名,依次为状元、榜眼、探花,赐进士及第(明清前凡考取进士者均谓进士及第);二甲赐进士出身;三甲赐同进士出身。二、三甲名额不固定。

普陀域内经受塾馆教育的学童,学后,绝大部分分散到各行各业谋生计,也有部分学童到定海县学及外地县(厅)、州、府学或书院继续受业,其中不乏学有所成者。据《展茅镇志》记载,清康熙至光绪年间,展茅有贡生5名,其中有秀才衔的3名;秀才7名;武举人2名(其中1名为武魁);展茅走马楼主柴日照之子柴思韶为乾隆年间展茅的最早监生;展茅翁家岙人翁元圻获乾隆甲午科(1774年)浙江乡试第一名,官至兵部侍郎兼都察院右副御史,现“翁氏宗祠”后进中堂,仍挂有“解元”匾。清同治九年(1870年),胡祖芳得中武举人。后曾指挥护洋船击退来犯之闽广海盗。清光绪年间,桃花岛胡家塘人胡维信得中举人。清光绪三十一年(1905),李廉获第二十四名进士功名,钦点户部主事,御赐“进士”匾(《舟山晚报》2014年9月28日第10版《展茅李氏宗祠》)。据《六横志》记载,清朝年间,六横有庠生16名,贡生6名。

附表1-1:

展茅清代学士名表

村　名	姓名	字、号	学士名称	年代
张　家	张尚文	—	国学生	嘉庆
	张康甫	字锡蕃,康侯号狎鸥老人	秀才	光绪
	张明经	—	秀才(贡生)	光绪
	张玉藻	字桂生	秀才	(不详)
	张绍铭	—	秀才(贡生)	光绪
	张笏卿	—	秀才(贡生)	光绪
	张孝锡	—	秀才	光绪
横　街	史鸿达	—	国学生	嘉庆
	翁余庆	—	秀才	(不详)
柴　家	柴日就	—	拔贡	康熙三十七年
	柴懋三	—	武举人	道光二十年

续表 1-1

村　名	姓名	字、号	学士名称	年代
路下徐	徐新铭	字子盘	秀才	道光二十三年
	徐新椿	字炳均	秀才	道光二十六年
	徐继祯	字墨香	秀才	光绪十九年
翁家岙	翁庆三	—	武魁	道光十二年

附表 1-2：

六横清代秀才以上“功名”名表

姓名（字、号）	生卒年	居住地	“功名”名称
俞复崑（字俞载）	1785—1833	双塘乡青港村	庠生
王廷鳌	（不详）	龙山乡沙浦村	贡生
俞存炳（号半农）	1815—1880	双塘乡青港村	贡生
俞存性（字葆初）	1834—1902	双塘乡青港村	贡生
俞思齐	1838—1885	双塘乡青港村	庠生
王黼清（太绥）	（不详）	龙山乡沙浦村	庠生
刘超凡	1842—1910	小湖乡杜庄村	庠生
俞思芳（字桂生）	1851—1914	双塘乡青港村	庠生
魏锡章（号病鸥）	1855—1932	平峧乡青山岙村	贡生
王燕楞（字安伯）	1856—1910	台门镇高峰村	庠生
俞镛	（不详）	双塘乡青港村	贡生
周序宾	（不详）	五星乡小教场村	庠生
黄亦荪	1861—1942	峧头镇坦岙村	庠生
俞思谌（字济生）	1862—1930	双塘乡青港村	庠生
邵乃逢（字志章）	1863—?	龙山乡	庠生
俞兆熊（字渭生）	1964—1930	双塘乡青港村	贡生
王燕槱（字再桃）	1875—1926	台门镇高峰村	庠生
王燕褚（字再桃）	1875—1945	台门镇高峰村	庠生
刘奉璋（字笙来）	1877—1922	平峧乡里平峧村	庠生
刘沛林（字贵生）	1878—1934	五星乡积峙村	庠生
贺孝利	1886—1931	小湖乡杜庄村	庠生
魏高华（字闻天）	1889—1942	平峧乡青山岙村	庠生
邵立熊	1876—1949	六横峧头邵家村	举人

第二篇　各类教育

第一章　学前教育

学前教育是国民教育的最初阶段。区域内学前教育包括:托儿所、幼儿园和学前班,其中幼儿园为主体。按办学性质分,幼儿园可分为公办幼儿园和民办幼儿园。幼儿园一般为独立设置,也有个别小学附设幼儿园。幼儿园按幼儿年龄大小编成小班、中班、大班。2001年前还存在小学举办的学前班。

1956年春,县妇联牵头办托儿组和农忙托儿所。同年10月,创办县机关托儿所,有在所幼儿50名。1957年年底,幼儿园增至98所,入园幼儿1798名。

1961年起,农村幼儿园相继停办,城镇仅有县机关、新街"三八"、舟山水产食品厂3所幼儿园。1964年,入园幼儿减至134名。至1979年,全区幼儿入园3065名,入园率7.1%。

改革开放以后,幼儿教育有较大发展。1986年入园率达到57.2%。1995年入园率上升至73.3%。

2014年,全区有幼儿园37所,其中公办幼儿园10所,民办幼儿园27所,在园幼儿8203名,幼儿入园率99.65%。教职工977名(其中公办幼儿园在编257名),基本普及幼儿教育。

1999年以前,民办幼儿园的管理以区妇联为主,区教育局负责业务指导。1999年起,全区所有幼儿园归属区教育局管理。

第一节　发展概况

新中国成立前,区域内无幼儿教育机构。

1951年10月,政务院颁布《关于学制改革的决定》,将幼儿教育列入学制,规定幼儿园是实施幼儿教育的机构。幼儿教育成为社会主义国民教育的最初阶段。招收对象为3～6周岁的幼儿,旨在使其身心在入小学前获得健全发展。

1956年春,县妇联牵头办托儿组382个,农忙托儿所2个。同年10月,创办县机关托儿所(1958年更改为普陀县机关幼儿园,现普陀区实验幼儿园前身)。

1957年3月8日,沈家门镇新街居民顾芸美自办"三八幼儿园",招收幼儿16名。同年10月,开办县教工幼儿园(现普陀区中心幼儿园前身),入园30名。舟山船厂幼儿园和舟山柴油机厂幼儿园在同时期相继开办。农村以亲邻相帮,个别寄托等形式开设幼儿班。至1957年年底,全县有幼儿园98所,入园幼儿1798名。

1958年,社社队队办幼儿园。翌年,发展至339所,在园幼儿17495名。

1961年,农村幼儿班相继停办。翌年,仅存县机关、新街“三八”、舟山水产食品厂幼儿园3所。“文化大革命”期间，全区除机关幼儿园外，均一度停课。

此前，幼儿园没有统一教材和教学计划，幼儿教育中“小学化、成人化”现象严重。

1977年起，域内城乡幼儿事业发展较快，是年，全县有幼儿园21所，34个班级，幼儿1133名，幼儿教师76名。

1980年起，建立县幼儿教育办公室，各公社、村级幼儿园纷纷开办，幼儿教育纳入规范管理并发展壮大，城乡幼儿园按年龄分设大、中、小班。翌年，沈家门镇教工幼儿园定为县幼儿教育示范点。1984年，在沈家门建县中心幼儿园。勾山、顺母、湖泥、蛟头、悬山、清浜等乡建幼儿园。1986年，全区幼儿园增至180所、班级324个、入园幼儿8870名，幼儿入园率由1979年7.1%增至57.2%。

1987年，学校开始兴办学前班，全区194所幼儿园，324个班级(其中学前班31班)。有幼儿10717名，其中学前班幼儿1483名。

1992年秋，原区机关幼儿园从区中心幼儿园分离独立，命名为普陀区第二幼儿园，1995年6月，择地新建，1996年秋季招生并改名为普陀区实验幼儿园。

1995年起，随着小岛居民逐步迁入城镇，农村幼儿园陆续撤并。至年底，全区幼儿园102所，班级213个(其中学前班30个)，在园幼儿6516名(其中学前班1246名)，占全区幼儿总数的73.3%。教职工421名。

1997年始，严格办园制度，规范社会力量办园并实行年度考核和年检。

2000年秋，区教育局投资760万元新建区中心幼儿园，占地6532平方米，建筑面积4866平方米，绿化面积2124.5平方米，于2002年10月建成使用。是年，区中心幼儿园和区实验幼儿园的办园体制由公办转为国有民办。

2003年，开办第一所小区配套幼儿园颐景园幼儿园，此后至2006年相继开办新城、和润、蓝盾等小区配套幼儿园。

2003年，取缔无证幼儿园13所，停办有严重安全隐患的幼儿园6所。

2004年2月，制定出台《舟山市普陀区幼儿教育事业发展规划(2003—2010)》，推进学前教育管理体制改革，加大对学前教育扶持力度。

2006年，全区22所乡镇幼儿园中，有乡镇集体办11所，民办公助2所、学校办2所、民办7所。

2007年起，新建六横镇实验幼儿园、六横镇中心幼儿园、勾山街道中心幼儿园，扩建区实验幼儿园。区中心幼儿园和区实验幼儿园分别承办碧海连缘小区和鲁家峙海景茗苑小区配套幼儿园。2008年，投资1000万元的区实验幼儿园扩建工程完成并交付使用，本部占地面积扩大到5336平方米，建筑面积扩大到5440平方米。

2009年，投资1150万元，通过购买、反租、中止承办合同等方式，改革六横镇、朱家尖镇及虾峙镇中心幼儿园办园体制，全区万人以上乡镇都建有1所及以上公办中心幼儿园。

2013年5月，投资1800万元的沈家门幼儿园建成并招生。全区公办幼儿教育资源不断扩大。

至2014年年底，全区3～5周岁幼儿入园率达99.65%，学前1年教育的普及率100%。

1956—2014年普陀区幼儿教育发展情况表

表2-1

年份	园所数					班级数		在园幼儿数		教职工数(名)
	总计	区教育部门办	民办	部门办	集体办	总计	其中学前班	总计	其中学前班	
1956	1	—	—	—	—	—	—	50	—	15
1957	98	—	—	—	—	—	—	1798	—	—
1958	128	—	—	—	—	—	—	6798	—	617
1959	339	—	—	—	—	—	—	17495	—	1225
1960	66	—	—	—	—	—	—	不详	—	379

续表 2-1-1

年份	园所数					班级数		在园幼儿数		教职工数(名)
	总计	区教育部门办	民办	部门办	集体办	总计	其中学前班	总计	其中学前班	
1961	3	—	—	—	—	—	—	不详	—	21
1962	3	—	—	—	—	—	—	258	—	27
1963	3	—	—	—	—	—	—	不详	—	27
1964	3	—	—	—	—	5	—	134	—	25
1965	5	—	—	—	—	—	—	285	—	40
1966	3	—	—	—	—	—	—	不详	—	29
1967	3	—	—	—	—	—	—	不详	—	29
1968	3	—	—	—	—	—	—	不详	—	22
1969	3	—	—	—	—	—	—	不详	—	22
1970	3	—	—	—	—	—	—	不详	—	24
1971	3	—	—	—	—	—	—	不详	—	24
1972	3	—	—	—	—	—	—	不详	—	28
1973	5	—	—	—	—	—	—	389	—	30
1974	5	—	—	—	—	—	—	442	—	37
1975	5	—	—	—	—	—	—	402	—	35
1976	6	—	—	—	—	—	—	504	—	39
1977	21	—	—	—	—	—	—	1133	—	76
1978	9	—	—	—	—	—	—	976	—	65
1979	30	—	—	—	—	—	—	1897	—	111
1980	64	—	—	—	—	—	—	3065	—	170
1981	69	—	—	—	—	—	—	2665	—	177
1982	80	—	—	—	—	—	—	3965	—	192
1983	97	—	—	—	—	—	—	4403	—	265
1984	147	—	—	—	—	—	—	6022	—	283
1985	130	—	—	—	—	231	—	7524	1358	358
1986	180	—	—	—	—	324	—	8870	—	398
1987	194	1	—	26	167	324	31	10717	1483	633
1988	200	1	—	26	173	328	36	10756	1847	538
1989	195	1	—	24	170	351	61	10625	2646	522
1990	170	1	—	24	148	338	64	10187	2797	512
1991	196	1	—	25	170	359	52	10352	1946	652
1992	126	2	—	21	103	258	60	10369	2729	579
1993	141	2	—	22	117	273	35	8538	825	528
1994	135	2	—	14	119	292	50	7908	2103	552
1995	102	2	—	9	91	213	30	6516	1246	421
1996	97	—	—	—	—	253	—	7485	—	469
1997	128	2	108	7	11	348	101	6082	3045	617
1998	102	2	79	9	12	301	39	8518	1278	544
1999	112	2	68	9	33	296	—	8036	384	551
2000	92	2	56	7	27	263	17	6937	379	586
2001	64	2	—	—	—	239	0	6842	0	510
2002	43	2	—	—	—	217	0	6448	0	498
2003	45	2	34	—	9	234	0	6692	0	594

续表 2-1-2

年份	园所数					班级数		在园幼儿数		教职工数(名)
	总计	区教育部门办	民办	部门办	集体办	总计	其中学前班	总计	其中学前班	
2004	49	2	42	5	—	234	0	6982	0	654
2005	50	6	31	2	11	232	0	7225	0	653
2006	50	6	33	1	10	237	0	7392	0	696
2007	46	4	32	1	9	238	0	7423	0	713
2008	38	4	22	1	11	233	0	7360	0	750
2009	37	4	21	1	11	235	0	7851	0	791
2010	36	5	21	1	9	241	0	8243	0	862
2011	35	2	21	1	11	246	0	8315	0	908
2012	37	2	23	1	11	264	0	8865	0	984
2013	38	3	23	1	11	273	0	8902	0	1039
2014	37	3	23	1	10	259	0	8203	0	977

第二节　办园体制

1956—1957 年，全县有公办幼儿园 1 所、企业集体幼儿园 2 所、民办幼儿园 1 所。1958 年“大跃进”中，为解放妇女劳动力，渔农村和城镇居委普遍开办季节性简易幼儿园。1961 年，随着国民经济调整，渔农村和居委幼儿园相继停办。

1979 年 11 月，召开省托幼工作会议，贯彻全国托幼工作会议精神，提出发挥各部门积极性，坚持公办民办“两条腿走路”方针，全区集体办幼儿园逐年增加。

1983 年，逐步扩大公办幼儿园规模、改善办学条件，同时鼓励社会力量(机关部门、企事业和个人)投资举办幼儿教育；全区出现公办、民办、企事业办、部门办及学校附属学前班，乡镇街道、居委会、村委会纷纷开办幼儿园。办学形式采用学制三年(小班、中班、大班)、学制一年的学前班或学制一年至三年的混合班等多种形式。

普陀区中心幼儿园、普陀区实验幼儿园和沈家门幼儿园为教育局直属的公办幼儿园。其中，普陀区实验幼儿园在 1985 年前为政府办全托制县机关幼儿园，主要招收政府机关工作人员的子女，1985 年隶属区教育局管理，改名为普陀县中心幼儿园分园，并由全托制改为日托制，1992 年与区中心幼儿园分离，命名为普陀区第二幼儿园，至 1996 年择地新建后，又改名为普陀区实验幼儿园，当时规模为 6 个班级。

90 年代后期，集体企业转型和事业单位改革步伐加快，一些企事业集体办的幼儿园相继转制。1997 年，原区物资局办的“物资幼儿园”转为民办幼儿园，2001 年 10 月，原舟山水产联合公司集体办“舟水联幼儿园”转为职工承包的民办幼儿园，2003 年，区妇联办的区中心托儿所、原城建局举办的城建幼儿园和公安局举办的蓝盾幼儿园，由事业单位集体幼儿园转为股份制民办幼儿园，所有保教人员全部从事业编制转出。

2000 年，办园体制进行改革，普陀区实验幼儿园和普陀区中心幼儿园分别由公办幼儿园转为国有民办幼儿园，园长竞聘上岗，教师双向聘任，园长与教育局签订承包协议，实行园长承包制。经费自收自支，自负盈亏。2003 年，在第一轮承包的基础上，经过全面考核调研，进一步完善承包协议，实施第二轮承包。至 2011 年，两所幼儿园又转为财政全额拨款的公办幼儿园。

2009 年，朱家尖中心幼儿园、六横实验幼儿园分别由民办幼儿园转为公办幼儿园。

2013 年秋季，规模 15 个班的沈家门幼儿园竣工并开园。投资 3500 万元的东港幼儿园将于

2015年秋季投入使用。

2013年，六横中心幼儿园、六横实验幼儿园、桃花中心幼儿园、展茅中心幼儿园、螺门幼儿园、虾峙中心幼儿园、朱家尖中心幼儿园、勾山中心幼儿园等8所乡镇中心幼儿园，由原来的乡镇集体办幼儿园，转为独立事业法人登记的事业单位幼儿园。

至2014年7月，全区共有幼儿园37所，其中民办幼儿园23所，区教育局直属幼儿园3所，事业单位性质的乡镇中心幼儿园8所。

2014年下半年，原勾山街道中心幼儿园划归舟山市新城管委会管理。鲁家峙小区配套幼儿园和碧海莲缘幼儿园分别为区实验幼儿园和区中心幼儿园的分园。

第三节　幼儿园管理

【行政管理】 直属公办幼儿园由区教育局管理，乡镇(街道)公办幼儿园实行由区教育局和乡镇(街道)政府双重管理体制，民办幼儿园由教育行政部门管理。

1956年起，全区各种类型的托儿所、幼儿园和学前班先后建立。幼儿园按主办单位分“党政机关办、教育部门办、企事业单位办、城镇集体办、乡镇集体办、队(村)办，个人办幼儿园”，由各职能部门分工管理。主办单位负责幼儿园的人事、经费、房屋设备和日常行政管理事宜，其他有关事项由县(区)教育局、卫生局、工会、妇联协办或指导。

1980年，普陀县成立托幼教育办公室，设址在县妇联。县教育局派遣1名幼儿教育教研员至县妇联负责业务指导。1984年11月，县教育局配专职幼儿教育教研员，教研工作归县教育局教研室管理。

1984年10月，落实幼儿园、托儿所按部门切块领导管理的办法，确定各部门职责。县妇联做好托幼园所巩固发展工作，加强托幼园所管理，努力提高入园入托率，改善落实园所条件，提高民办、村办幼儿园保教人员报酬。县教育部门配好幼教干部、教研员(从妇联撤回)，办好示范性幼儿园，加强各类幼儿园教育、教学管理，加强幼儿教师的培训、辅导，开展教研活动和幼儿教育的科学研究活动。县工会协助企业发展幼托园所，解决职工子女入托入园，督促企业逐步改善现有园所的房舍、教学条件。县卫生部门负责托幼机构的卫生保健指导，培训保教、医务、炊事等人员的幼儿卫生知识，提高卫生保健及营养知识的水平，提高幼儿健康水平，加强对幼儿保健科研工作的领导等。

1987年2月起，县教育局增设专职幼教行政管理人员1名，与幼教教研员共同负责幼教工作。

2007年，区教育局出台《舟山市普陀区幼儿园发展共同体建设实施方案》，幼儿教育共同体建设正式启动，至2008年年初，共有东港片、六横片、沈家门城中、沈家门城西、本岛片5个幼教共同体，形成“结对式、联盟式、网络式”幼儿园共同体构建帮扶体系。

2008年，区人民政府制定出台《关于进一步加快幼儿教育改革与发展的若干意见》，进一步理顺幼儿教育管理办法，即：城区幼儿园实行以教育部门管理为主，乡镇幼儿园实行“教育部门统筹，以镇为主，分级管理”的管理模式，区教育、发改(物价)、财政、人事劳动保障(编办)、建设(规划)、卫生、民政、妇联等有关部门要各负其责、各司其职，科学制定发展规划和相关政策，优化资源配置，安排人员编制，确保经费投入，促进区幼儿教育事业的均衡、优质、可持续发展。同时，区政府出台《普陀区幼儿园布局调整实施办法》《普陀区集约建设居住小区配套幼儿园实施办法》《普陀区民办幼儿园教育发展专项资金管理和使用实施办法》《普陀区在非事业性质幼儿园教师中公开招聘事业性质教师实施办法》等4个配套文件，从学前教育规划布局、资金投入、队伍建设等方面入手，推进全区学前教育体制改革和布局调整，使幼儿教育得到迅速发展。

2009年，根据《舟山市人民政府办公室关于开展学前教育达标县(区)乡镇和示范县(区)乡镇创建活动的通知》精神，开展学前教育达标乡镇和示范乡镇创建活动，各乡镇对幼儿园投入力度进一步增大。

2011年，国家、省、市相继出台学前教育相关政策，普陀区制定《舟山市普陀区学前教育发展三年行动计划》，部署2011—2013年学前教育标准化园所建设，队伍素质提升、学前教育管理等工作。

2014年，根据《浙江省发展学前教育第二轮行动计划（2014—2016）》和《舟山市学前教育普惠化三年行动计划（2014—2016）》等文件，出台《舟山市普陀区学前教育普惠化三年行动计划（2014—2016）》，进一步明确全面贯彻党的教育方针，坚持公益性和普惠性原则，以"政府主导、社会参与、公民办并举"的普陀区学前教育发展方向，并为进一步扩大学前教育资源提供了政策性保障。

【附录】：

舟山市普陀区人民政府关于进一步加快幼儿教育改革与发展的若干意见

各乡镇人民政府、街道办事处，区属各单位：

近年来，我区幼儿教育事业取得了长足发展，幼儿教育质量得到显著提高。但是，目前我区幼儿教育总体水平还不高，区域之间、城乡之间发展还不平衡，与经济、社会的发展及人民群众日益增长的需求还不相适应。为进一步加快我区幼儿教育的改革与发展，根据《中华人民共和国教育法》《中华人民共和国民办教育促进法》《幼儿园管理条例》和《国务院办公厅转发教育部等部门（单位）关于幼儿教育改革与发展指导意见的通知》（国办发〔2003〕13号）、《中共浙江省委关于全面改善民生促进社会和谐的决定》（浙委〔2008〕38号）等文件精神，特提出以下意见：

一、明确目标任务，确保幼儿教育事业健康快速发展

（一）充分认识加快幼儿教育改革与发展的重要性和必要性。幼儿教育是基础教育的重要组成部分，是一项社会公益事业。发展幼儿教育对促进幼儿身心健康发展，高标准普及基础教育，提高国民整体素质，实现全面建设小康社会的奋斗目标具有重要意义。各部门各乡镇要从落实科学发展观、实施"科教兴国"战略的高度，充分认识幼儿教育发展水平存在的差距，以及发展幼儿教育在现代化建设中的重要地位和作用，进一步增强责任感和紧迫感，采取有力举措，全面加快我区幼儿教育改革与发展步伐。

（二）完善"以政府主导、社会各界参与"的多元化幼儿教育发展格局。全面改革和创新幼儿教育办学体制，科学规划与合理配置幼儿教育资源，努力改善各幼儿园的办学条件，使我区幼儿教育在目前"以公办为骨干，民办为主体"的基础上，稳步增加公共财政投入，逐步扩大公办幼儿园比例，积极扶持优质民办幼儿园发展，完善"以政府主导、社会各界参与"的多元化幼儿教育发展格局，为以后过渡到"以公办为主体，民办为补充"的格局奠定基础。

（三）大力建设符合规划要求的"规模化、规范化"幼儿园。合理制订全区幼儿教育发展布局调整规划，稳步扩大办学规模，积极发挥规模集聚效应，做大做强做优幼儿教育事业。重视抓好"规模化、规范化"幼儿园建设，争取到"十二五"末，使全区各类幼儿园园舍建设都达到浙江省准办幼儿园及以上标准，其中有50%以上幼儿园达到省二级幼儿园标准。

（四）不断创新幼儿教育的管理机制。创新财政投入机制，城区公办幼儿园建立部门预算管理制度，经费实行"收支两条线"管理。乡镇（含未建成的街道，下同）公办幼儿园按现行的区和乡镇财政管理机制进行经费安排。创新人事管理制度，公办幼儿园园长实行聘用制，由区教育部门统一聘用。区教育部门协同劳动人事部门可通过公开招考等途径，从大专院校毕业生和非在编幼儿教师中择优招聘一部分事业编制教师，逐步为公办幼儿园按标准配备事业编制教师。创新收入分配机制，逐步提高公办幼儿园非事业在编幼儿教师待遇。

（五）有效整合和拓展幼儿教育资源。切实利用幼儿教育共同体建设、名园连锁办园、集团化运作等有效载体，发挥优质幼儿园的示范作用，拓展优质资源。积极探索建立居住小区"公建配套"幼儿园集约建设和管理办法。合理配置教育结构调整中调剂出来的校舍、教师，促进教育资源的集约有效利用。

（六）积极扶持优质民办幼儿园发展。出台相关优惠扶持政策，鼓励社会各界按照我区幼儿教育发展布局调整规划的要求投资兴办"规模化、规范化"的幼儿园，探索"名园带民园"等先进管理模式，设立和有效使用民办幼儿教

育发展资金，促进民办幼儿园强管理、上档次、提品位，保障民办幼儿园教师合法权益，进一步提升我区幼儿教育的整体水平。

二、改革办学体制，构建完善的幼儿教育办学体系

（七）明确和落实幼儿教育管理职责。认真贯彻落实国办发〔2003〕13 号文件确定的“政府负责、分级管理、部门分工负责”的幼儿教育管理体制，城区幼儿园实行以教育部门管理为主，乡镇幼儿园实行“教育部门统筹，以镇为主，分级管理”的管理模式，区教育、发改（物价）、财政、人事劳动保障（编办）、建设（规划）、卫生、民政、妇联等有关部门要各负其责、各司其职，科学制定发展规划和相关政策，优化资源配置，安排人员编制，确保经费投入，共同促进我区幼儿教育事业的均衡、优质、可持续发展。

（八）完善幼儿教育办学体系。城区要在做大做强做优现有公办幼儿园的基础上，不断增加新建公办幼儿园的数量，以此带动全区所有幼儿园上等级、创示范。各有关乡镇要切实承担起加快辖区内幼儿教育发展的主要责任，加大投入，规范管理，办好幼儿园。鼓励乡镇政府通过新建、回购（购买园所）、转型（体制转变）等途径，创办公办中心幼儿园，严格禁止公办幼儿园的改制、出售和变相出售。同时，区有关部门和乡镇要积极扶持优质民办幼儿园发展，完善“以政府主导、社会各界参与”的多元化幼儿教育发展格局。

三、合理调整布局，提高幼儿园的标准化程度

（九）科学制订幼儿教育布局调整规划。在全区教育总体规划指导下，坚持教育适度优先发展、公办为主体等原则，科学制定幼儿教育发展布局调整规划，通过新建、改建、扩建、撤并等措施，逐渐淘汰一批规模小、条件差、师资弱的幼儿园，促使我区幼儿教育向“规模化、规范化”方向发展。通过 3 年左右时间，在沈家门城区中西部区域新建 1 至 2 所优质公办幼儿园；再通过 4 年左右时间，在东港新区二期、城北开发区和鲁家峙岛区域新建 3 至 4 所优质公办幼儿园。同时，在 2009 年前，确保每个人口在万人以上的乡镇至少建立起一所公办中心幼儿园，从而使我区幼儿教育的办学体制和布局更趋合理。

（十）集约建设“公建配套”幼儿园。研究制定住宅小区配套幼儿园集约建设和管理办法，整合“公建配套”幼儿园资源，扩大办园规模，发挥规模效应。“公建配套”幼儿园的布局规划由区教育、建设（规划）和财政等部门共同参与确定。配套幼儿园园舍建设由区建设（规划）部门牵头，教育部门参与，将配套幼儿园列入小区规划，配套幼儿园和小区住房要做到同步规划、同步建设、同步交付使用。对规划已明确需建设配套幼儿园的地块，在土地出让时，区建设（规划）部门和国土管理部门应在出让合同中明确幼儿园建设规模、产权归属等问题，对明确归国有的幼儿园资产由教育部门管理，并纳入公共教育资源的管理范畴，所在小区住户和非本小区居民均可共同享受。

四、健全投入机制，保障幼儿教育发展的经费需求

（十一）加大对公办幼儿教育基本建设的投入。为从根本上改变我区幼儿教育存在的结构不合理现象，提高园舍的标准化程度，发改部门要根据全区幼儿教育发展布局调整规划要求，确定幼儿园新建或扩建项目，并纳入全区政府性公共建设投资计划。区财政要将幼儿园建设经费纳入年度建设性预算统筹安排。公办乡镇幼儿园的新建、改建、回购等经费，要按财政管理体制确定的分担机制由区、乡镇两级财政共同负担，并纳入区和乡镇两级财政预算。

（十二）加强对公办幼儿教育办学经费的保障。区和乡镇两级财政要在财政正常性教育经费预算中安排幼儿教育经费，并根据幼儿教育事业的发展逐年递增。城区公办幼儿园可参照高中段学校的经费管理模式，建立部门预算制度，并根据确定的办园经费预算，实行“收支两条线”的财务管理。区财政要制定预算定额，足额安排公办乡镇幼儿园的办学经费，纳入乡镇财政支出基数，并按乡镇义务教育经费增长情况确定年递增幅度。同时，区财政每年安排一定的经费用于幼儿教育共同体建设。

五、加强师资队伍建设，提高幼儿教育师资的整体素质

（十三）按等级标准进行教职工人员配备。各幼儿园可结合自身实际，按省幼儿园相应等级标准，分别配备专任教师、保健教师、保育员等教职工人员。要依据《中华人民共和国教师资格条例》《幼儿园管理条例》等有关规定，严格实行幼儿园园长、专任教师、保健教师的资格准入制度，对有关教职工人员进行上岗前培训，实行持证上岗。

（十四）逐步增加事业在编教师比例。区教育和人事劳动保障（编办）部门要总体把握、统筹兼顾，逐年增加公办幼儿园事业在编教师数量。到“十二五”末，努力做到公办幼儿园园长和专任教师均由事业在编教师担任。对短期内由事业在编教师担任专任教师有困难的乡镇公办幼儿园，可先每班配备 1 名事业在编教师。有关部门要不断创新用人机制，每年通过聘用大专院校毕业生、招考非在编幼儿

教师、调配中小学教师任教等渠道，择优选拔一批符合条件的事业在编幼儿教师。幼儿园的保育员、工勤人员一般采用合同制形式进行聘用。

（十五）强化对幼儿园教职工的管理。公办幼儿园要加快人事分配制度改革，积极推行园长负责制、教师聘任制、结构工资制、岗位轮换制等科学合理的用人机制，强化对教职工的管理。要按照教育部《中小学教师继续教育规定》的要求，将幼儿教师的培训纳入当地教师继续教育规划，启动幼儿园园长、骨干教师培训工程，不断提升园长的管理水平和骨干教师的业务水平。鼓励教师进行学历进修，努力使全区幼儿园专任教师具有专科以上学历。

（十六）提高公办幼儿园教师的待遇。认真贯彻落实《中华人民共和国教师法》，使公办幼儿园园长、教师分别享受与中小学校长、教师同等的政治经济待遇。依法保障公办幼儿园在编教师和合同制教职工的合法权益，督促落实各项社会保障，逐步提高工资收入，并确保有教师资格的公办幼儿教师工资不低于我区城镇居民上年人均可支配收入水平。

六、加大扶持力度，促进民办幼儿教育健康发展

（十七）鼓励社会力量投资兴办民办幼儿园。按照《中华人民共和国民办教育促进法》的要求，加大对民办幼儿园的扶持力度，鼓励社会各界根据我区幼儿教育发展布局调整规划的要求投资兴办“规模化、规范化”的幼儿园。对符合规定要求新建设的民办幼儿园（不含“公建配套”幼儿园），可在项目申报立项、建设用地提供、基础设施费减免等方面享受与公办学校同等待遇，并可视其办园规模、投入情况等给予“一园一策”的扶持政策。对租用他人房产并符合规划要求的“规模化、规范化”民办幼儿园，区财政给予一定补助。

（十八）扶持民办幼儿教育上规模上档次。区教育、财政部门要制订相关扶持政策，建立扶持民办幼儿教育发展的相关制度，设立专项发展资金，促进民办教育健康发展。民办幼儿教育的发展资金主要用于民办幼儿园的办园规模提高、办园等级提升、年度考核、教师培训与素质提升、教师社会保障、重大教育成果获得、大型设施设备添置等方面的奖励和补助。全日制学校专科以上毕业并取得教师资格证书的和被评为区级骨干教师的民办幼儿园教师，由公共财政支付其养老保险等五项社会保障费用。

（十九）依法保障民办幼儿园教师合法权益。区教育、人事劳动保障（编办）、财政等部门要依法加强对民办幼儿园教师的监督和管理，努力确保其在进修培训、先进评选、专业技术职称评聘等方面能享受与公办幼儿园教师同等的待遇。督促相关民办幼儿园为其教职工人员提供各项社会保障。

七、进一步规范管理，提高幼儿教育教学质量

（二十）规范办学行为，严格执行行政许可制度。要加强对幼儿园的准入管理，严格执行幼儿园准入审批和年检制度。区教育部门负责各类幼儿园的行政许可，颁发办学许可证。区民政部门负责民办幼儿园的登记，并组织年检。在未取得办学许可证和未办理登记手续前，任何单位和个人都不得私自兴办幼儿园。对办园条件差、办园行为不规范的幼儿园要限期整改，对拒绝整改或整治不力的幼儿园，必须依法予以取缔。

（二十一）强化督导考核，有效落实监管责任。建立幼儿教育专项督导制度，将幼儿教育列入乡镇政府教育实绩考核内容，定期对涉及幼儿事业发展的目标规划、经费投入、教职工待遇保障等内容的实施情况进行专项督查。区教育部门要加强对幼儿园的日常监管和督导评估，建立健全幼儿园督导与考核结果通报制度，强化对民办幼儿园财务规范化的考核和督查。进一步抓好区域性幼儿教育共同体建设，通过先进帮扶、整体联动，扩大优质教育资源的辐射效应，实现共同体内各幼儿园的相互促进和共同发展。区公安（交警）、教育、交通、安监等部门要不断加强幼儿园接送车辆的管理工作。区卫生、教育等部门要严格执行《中华人民共和国食品卫生法》等有关规定，做好卫生保健和疾病预防工作，确保幼儿园食品卫生安全。

（二十二）规范收费行为，切实推行入园助学制度。按照《中华人民共和国民办教育促进法》、《浙江省定价目录》等规定，进一步改革和规范幼儿园的收费制度。公办幼儿园实行等级收费制度，依据幼儿园生均保育和教育成本以及当地经济发展、社会承受能力确定收费标准。民办幼儿园依据生均保育和教育成本确定收费标准，报区教育和物价部门备案，并依法对教育收费实行社会公示。任何部门不得向幼儿园收取各种费用，幼儿园不得向家长收取与幼儿入园挂钩的赞助费。区教育和财政部门要推行教育资助券制度，免除本区户籍的城乡低保家庭子女、烈士子女、社会福利机构监护的幼儿、“五保”对象供养的幼儿等入读公办幼儿园的保育费。

（二十三）深化课程改革，全面推进素质教育。各级各

类幼儿园要认真贯彻教育部《幼儿园工作规程》和《幼儿园教育指导纲要》，进一步转变教育理念，做到以人为本、全面发展。要积极开展幼儿教育教学改革，严禁举办各种违背幼儿成长规律的实验班、兴趣班等活动，克服幼儿教育“小学化”的倾向，全面提高教育质量和办园水平。

二○○八年十二月四日

【评估与年检】 1986年，县中心幼儿园被市教育委员会评为一级幼儿园。此后，该幼儿园作为示范性幼儿园，在规范化办园，教育改革和教学研究，带动其他幼儿园提高办园质量等起到示范作用。

1988年8月，市教育委员会为提高幼儿园教育质量，加强幼儿园管理，对全市各类幼儿园进行考核定级。根据办园条件和办园质量，将各类幼儿园评定为四个等级。其中三级、四级幼儿园由县（区）教育局考核批准，一级、二级幼儿园由县（区）教育局考核评定后报市教育委员会核查批准。1989年，区中心幼儿园和舟山海洋渔业公司幼儿园被评定为舟山市一级幼儿园。

1992年起，区教育局进一步加强对幼儿园的管理，落实注册登记、年检、整顿和等级评估等措施，使城乡幼儿园办学行为逐步规范，办学设施获得改善。

1995年12月，经市教育委员会评估核准，勾山幼儿园和螺门幼儿园为乡镇一级幼儿园。

1998年，省教育厅出台浙江省示范性幼儿园标准（浙教基〔1998〕393号文件）。年底，区实验幼儿园被评为首批省示范性幼儿园。

至2002年年底，全区有幼儿园43所，其中省示范幼儿园1所，市一级幼儿园11所，二级幼儿园9所。

2004年，普陀区政府制定出台《舟山市普陀区幼儿教育事业发展规划（2003—2010）》，推进学前教育管理体制改革，加大对学前教育的扶持力度。依据《中华人民共和国民办教育促进法》，严格办园审批制度，加强幼儿园的安全工作检查和监督，打击各种不合格车辆违规接送幼儿行为，强调年度考核和年检工作，整治无证办园行为，取缔无证办园13家，停办有严重安全隐患的幼儿园6所。2006年，全区有注册幼儿园50所，其中省示范幼儿园2所，市一级幼儿园9所。

2008年，浙江省建设厅发布《浙江省幼儿园等级评定标准（试行）》，全区幼儿园按照该标准要求开展达标创建工作，区中心幼儿园和区实验幼儿园从省示范性幼儿园转评为省一级幼儿园，14所幼儿园通过了省二级评审。翌年，六横中心幼儿园、六横实验幼儿园、螺门幼儿园通过省二级验评。

2009年，开展舟山市学前教育达标乡镇和示范乡镇创建活动，至2011年年底，全区6个乡镇（含勾山、展茅、朱家尖3个街道）中已有六横、桃花、勾山、展茅4个乡镇（街道）成为全市学前教育示范乡镇。

至2014年年底，区域内注册的37所幼儿园，31所成为省等级幼儿园，其中省一级幼儿园3所，省二级幼儿园12所，省三级幼儿园16所。

2014年普陀区等级幼儿园情况表

表2-2

幼儿园名称	建园时间	现园址	幼儿园性质	幼儿数（名）	省一级	省二级	省三级
					评定时间		
区中心幼儿园（原沈家门教工幼儿园）	1957.10	东港街道海华路41号	教育部门办	579	2009.9	—	—
区实验幼儿园（前身为县机关托儿所）	1956.10	沈家门东海中路667号	教育部门办	685	2009.9	—	—
沈家门幼儿园	2013.5	沈家门食品厂路101弄25号	教育部门办	399	—	2013.12	—
六横中心幼儿园	1987.3	六横镇台门台兴路176号	集体办	401	2014.11	—	—
六横实验幼儿园（原峧头镇中心幼儿园）	1978.9（1982.7改称）	六横镇峧头村	集体办	546	—	2009.12	—

续表 2-2

幼儿园名称	建园时间	现园址	幼儿园性质	幼儿数（名）	省一级	省二级	省三级
					评定时间		
展茅街道中心幼儿园	1985.8	普陀区展茅镇	集体办	232	—	2009.8	—
桃花中心幼儿园	1998.8	桃花镇宫前村	集体办	133	—	2008.10	—
展茅街道螺门幼儿园	1984.8	展茅镇螺门村	集体办	171	—	2009.12	—
虾峙中心幼儿园	1995.9	虾峙镇大岙街道	集体办	75	—	—	2008.12
勾山中心幼儿园	1982.9	勾山曙光路 11 号	集体办	159	—	—	2008.12
六横双塘幼儿园	1988.9	六横双塘村	集体办	93	—	—	2008.10
朱家尖中心幼儿园	1995.8	朱家尖大洞岙村	集体办	306	—	—	2008.10
城建幼儿园	1987.10	沈家门同济路广济弄	民办（2003 年集体转民办）	343	—	2008.10	—
和润幼儿园	2006.8	东港和润花园小区内	民办	313	—	2008.10	—
蓝盾幼儿园	1993.9	东港海莲路 501 号山水人家物业楼（租）	民办（2003 年集体转民办）	285	—	2008.10	—
颐景幼儿园	2003.3	东港中昌街颐景园小区（北）	民办	373	—	2008.10	—
向日葵幼儿园	2007.8	沈家门金鹰海景小区内	民办	164	—	2007.10	—
北安幼儿园	1992.1	沈家门泗湾路 47 号	民办（2003 年集体转民办）	218	—	—	2012.6
朱家尖三八幼儿园	2001.9	朱家尖大洞岙村	民办	292	—	—	2009.9
新城幼儿园	2003.9	东港新城花园内	民办	248	—	—	2008.10
物资幼儿园	1992 创建	沈家门德顺坊弄 46 号	民办（1997 年集体转民办）	119	—	—	2008.10
新苗幼儿园	2003.7	平阳卢西村	民办	176	—	—	2009.9
小天地幼儿园	1999.8	沈家门街道　平阳村	民办	238	—	—	2013.9
小精灵幼儿园	1999.6	沈家门西蒲湾路 19 号	民办	92	—	—	2013.11
动动王国托幼中心	2006.12	东港锦江花园小区	民办	180	—	—	2013.11
小白兔幼儿园	1989.3	沈家门街道荷外荷里路 12 号	民办	107	—	—	2015.9
小灵通幼儿园（原普陀渔业集团机关幼儿园）	1999.6	沈家门新开路 3 号楼二层西楼	民办（2009 年 10 月集体改民办）	113	—	—	2015.9
三盛幼儿园	2014.10	东港海景颐园小区	民办	102	—	2016.2	—
舟水联幼儿园	1998.7	沈家门街道荷外中心路	民办（2001.10 集体转民办）	115	—	—	2008.10
小幸福幼儿园	1993.9	沈家门蒲湾一区 24 号楼 1 ~ 3 室	民办	98	—	—	—
海仔幼儿园	1997.4	沈家门小蒲湾路 18 号	民办	79	—	—	—
六一幼儿园	1992.4	沈家门蒲湾二区 639 幢 102 ~ 103 室	民办	83	—	—	—
米奇妙幼儿园	1996.7	沈家门里墩头路 62 号	民办	77	—	—	—
芦西幼儿园	1982.4 1997.8	沈家门平渔路 149 号	民办	105	—	—	—
舟山海洋渔业公司幼儿园	1965.8	平阳浦舟渔公司	部门办	470	—	1992.9	—
鲁家峙小学附属幼儿园	1998.7	鲁家峙红山路 30 号	部门办	67	—	—	2008.10
龙山幼儿园	1999.8	六横龙山中心村小沙浦黄家路 67 号	部门办	93	—	—	2008.10
普济幼儿园	1982	普陀山梅岑路 97 弄 1 号	集体办	150	—	1992.9	—

幼儿园历任园长、书记情况表

表 2-3

幼儿园名称	职　务	姓　名	任职时间
区中心幼儿园	园长	邱凤英	1984.8—1992.7
	副园长主持工作	陈亚虹	1992.8—1993.7
	园长	郑素娣	1993.8—1997.7
	园长	徐亚飞	1997.8—2010.6
	园长	叶卓娜	2010.7 至今
	党支部书记	叶宝娣	1985—1992.3
	党支部书记	杜忠法	1992.4—1997.7
	党支部书记	郑素娣	1997.8—1999.1
	党支部书记	周信北	1999.2—2001.7
	党支部书记	王海伟	2001.8—2005.11
	党总支书记	汪增范	2005.12—2007.7
	第三支部书记	叶卓娜	
	党支部书记	赵战江	2007.8 至今
区实验幼儿园	园长	张全保	1956—1980
	园长	叶宝娣	1980—1988
	园长	周信北	1989—1992.7
	园长	马丽雅	1992.8—2012.7
	园长	胡迎红	2012.8—2015.3
	党支部书记	周信北	1992.8—2001.7
	党支部书记	王海伟(兼)	2001.8—2005.11
		王海伟	2005.12 至今
区沈家门幼儿园	园长	顾维红	2013.5 至今
	党支部书记	余静君	2013.5 至今
六横中心幼儿园	园长	严红飞	1995.9 至今
	党支部书记	严红飞	2007.8 至今
六横实验幼儿园	园长	刘燕儿	1978.9—1985.2
	园长	范世仙	1985.2—2003.12
	园长	严红飞(兼)	2004.1—2008.7
	园长	付碧红	2008.8—2009.7
	园长	严红飞(兼)	2009.8—2010.7
	园长	胡迎红	2010.8—2011.8
	园长	李　琼	2012.7 至今
	党支部书记	严红飞	2007.8—2013.6
	党支部书记	李　琼	2013.6 至今
展茅街道中心幼儿园	园长	李福女	1985.8—1988.8
	园长	张爱君	1988.8—1990.8
	园长	张舟意	1990.8—1995.8
	园长	王思波	1995.8—2000.9
	园长	吕芳芳	2000.9—2002.2
	园长	贝春芳	2002.2 至今
	党支部书记	张满菊	2004.9—2006.9

续表 2-3-1

幼儿园名称	职　务	姓　名	任职时间
桃花中心幼儿园	园长	胡羚红	1998.8—2015.7
	书记	胡羚红	2013.3 至今
展茅街道螺门幼儿园	园长	李满菊	1984.8—2001.7
	负责人	张满菊	2001.8—2002.2
	园长	吕芳芳	2002.2—2004.7
	园长	忻　怡	2004.8 至今
	党支部书记	张满菊	2004.9—2006.9
虾峙中心幼儿园	园长	周纪全	1995.9—2000.1
	园长	张　红	2000.8—2010.7
	园长	翁静静	2010.9—2012.7
	园长	李　瑛	2012.9—2014.7
	园长	孙苏平	2014.9 至今
勾山中心幼儿园	园长	袁　瑛	1982.9—1988.7
	园长	张素亚	1988.8—1993.7
	园长	苗培红	1993.8—1994.7
	园长	戴优芬	1994.8—2003.7
	园长	沈　艳	2003.8 至今
六横双塘幼儿园	园长	郑　瑛	1988.9—1999.8
	园长	杨雪慧	1999.9—2002.7
	园长	郑　瑛	2002.8 至今
朱家尖中心幼儿园	园长	毛寒雁	1995.8 至今
	党支部书记	毛寒雁	2012.9 至今
朱家尖三八幼儿园	园长	余秀芬	2001.9 至今
城建幼儿园	园长	谢素英	1987.10—1989.12
	园长	陈飞飞	1990.1—2009.2
	园长	翁芝娜	2009.3 至今
	党支部书记	陈飞飞	2010.7 至今
和润幼儿园	园长	张素珠(兼)	2006.8—2011.7
	园长	冯　燕	2011.8 至今
蓝盾幼儿园	园长	张素珠	1993.7—2010.7
	园长	邬红叶	2010.7 至今
颐景幼儿园	园长	金梅君	2003.3 至今
向日葵幼儿园	园长	张彬斌	2007.8 至今
北安幼儿园(原中心托儿所)	园长	汪华贤	1992.1—1995.7
	园长	林善忠	1995.8—2002.5
	园长	陈　铁	2002.6—2002.12
	园长	戴燕红	2003.1—2004.3
	园长	魏宇芳	2004.3 至今
新城幼儿园	园长	杨霄笑	2003.9 至今
物资幼儿园	园长	庄志芬	1992.7—1996.12
	园长	杨良女	1996.12 至今
新苗幼儿园	园长	黄雅飞	2003.7—2006.8
	园长	徐　蓉	2006.8—2011.7
	园长	郑　静	2011.8 至今

续表 2-3-2

幼儿园名称	职　务	姓　名	任职时间
小天地幼儿园	园长	张盈艳	1999.8 至今
小精灵幼儿园	园长	杨鲁珊	1999.6 至今
动动王国托幼中心	园长	范　志	2006.12 至今
小白兔幼儿园	园长	王雅莉	1989.3 至今
小灵通幼儿园	园长	张翠娟	1979.10—2005.8
	园长	孙满翠	2005.9—2009.10
	园长	洪小凤	2009.10 至今
三盛幼儿园	园长	洪幼娜	2014.10 至今
舟水联幼儿园	园长	周飞娜	1998.7 至今
小幸福幼儿园	园长	郭杏雪	1993.9 至今
海仔幼儿园	园长	邹雪君	1997.4 至今
六一幼儿园	园长	张　怡	1992.4 至今
米奇妙幼儿园	园长	周　英	1996.7 至今
芦西幼儿园	园长	袁亚娟	1997.8 至今
舟山海洋渔业公司幼儿园	园长	乐欣尔	1965.8—1984.7
	园长	吴　飞	1984.8—1999.7
	园长	邱红萍	1999.8—2004.7
	园长	张　剑	2004.7—2014.8
	园长	朱海燕	2014.9 至今
鲁家峙小学附属幼儿园	负责人	王亚君	1998.7—2003.7
	负责人	戴永飞	2003.7 至今
六横龙山小学附属幼儿园	园长	邵存意	1999.8—2005.7
	园长	俞海凤	2005.8 至今
普济幼儿园	园长	周冬梅	1987.1—1999.12
	园长	沃灵燕	1999.12 至今

【附录】：

浙江省幼儿园等级评定标准一级幼儿园标准

一、园舍空间与设施

1. 园舍独立，产权明晰、合法。园舍设置在安全和环保符合要求的区域内，建筑质量符合国家相关建筑规范标准要求。设计符合幼儿教育的需要，园舍场地布局合理，日照充足，道路平整，排水通畅，清洁整齐。

2. 户外活动场地生均面积不少于 4 平方米（建筑物二楼及二楼以上平台面积按二分之一计算）。有相对分割的软、硬地面，有 30 米跑道、运动场、沙池、戏水池、种植园 / 饲养角等户外活动区域。绿化面积生均不少于 1 平方米（垂直绿化面积按二分之一计算）。活动场地能考虑到不同年龄组、不同性质的活动需要。有一定面积的室内体育活动空间，能够满足每班幼儿在恶劣天气至少有 1 小时以上的体育活动时间。

3. 户外活动场地配备符合幼儿年龄特征的大、中、小型体育活动设施和各类器械，能够促进幼儿多种动作技能的发展，数量能够满足全园二分之一以上幼儿同时活动的需求。体育设施布局合理，符合安全要求。

4. 有 120 平方米以上的多功能活动室，专用活动室数量按每 3 个班一间的比例设置，每间使用面积 30 平方米以上。卫生室或保健室、行政办公室、会议室（可兼作其他用途）、家长接待室（可兼作其他用途）、值班室等各类辅助用房齐备。有独立设置、规模适宜的食堂。寄宿制幼儿园（班）必须有疾病隔离室、浴室、洗衣房等。

5. 配有橡胶警棍、钢盔、防刺服、防割手套、约束绳、防护钢叉等防护器械。在幼儿园出入口及主要通道、公共走廊、食堂餐厅等重要部位和要害部位，安装紧急报警装置、视频安防监控系统等。在紧急疏散通道、安全出口处等位置，设置明显的指示标志。在临近幼儿园出入口的机动车通行道路上，设立人行横道线或减速带、幼儿疏散区等交通安全设施。

6. 有现代化办公设备（如，配备计算机和网络）。有资料室，各类教学资料、图书资料、电子音像资料、教学用具等较为丰富。有教师阅览室，幼教专业杂志达 5 种以上，师均书籍 20 册以上。有方便教职工使用的成人厕所。

二、班级空间与设施

7. 若活动室与午睡室合用，两者使用面积之和生均 3 平方米以上；若活动室与午睡室分设，则活动室使用面积生均 1.8 平方米以上。有各自独立且空间充足的集体教学区域、区角活动空间。有良好的采光、照明、通风、温度控制设施，隔音、吸音设施效果良好。装修环保、温馨、富有童趣。空间与设施维护与保洁状况良好。

8. 每个班级有专用的卫生间，使用面积 12 平方米以上，厕所有直接的自然通风或通风换气设施。大、小便器各 4 个以上或便槽 2.5 米以上，设施具有一定的选择性，符合幼儿使用尺寸，安全清洁。有 6 个以上、高度适宜的流水洗手龙头，肥皂 / 洗手液、擦手毛巾（生均 2 套轮换使用）等物资供应充足。卫生间装修适宜，环境温馨，注意保护幼儿的隐私（如，装有隔板或门）。班级内有适宜的饮水设备和安全卫生的饮用水。

9. 午睡空间面积充足，每位幼儿有自己单独的铺位和卧具。所有床铺或铺位之间有适宜的间隔，床铺干净卫生，按时清洁消毒。寄宿制幼儿园（班）必须有每人一床的专用寝室和配套的卫生间。

10. 班级的桌椅、玩具柜等家具设备适合幼儿的身高尺寸，数量充足、形式可变，能满足不同类型活动的需要。教学设施设备按《浙江省幼儿园装备规范（试行）》一级标准配备。

11. 班级有 5 个以上明确划分的活动区角，并有方便使用的家具设备。区角空间规划合理，位置适宜，干扰少。区角活动材料丰富（每个区角有 4 ~ 5 种材料，每种 4 ~ 5 个以上），定期更新，有一定比例的自制玩具与半成品材料（占总数的 20%以上）。区角空间和材料能够满足班级全部幼儿同时进行区角活动的需要。区角适合幼儿阅读的图书有 5 种以上主题类型，生均 3 册以上，每学期轮换更新 20%以上。

三、人员配备与待遇

12. 全日制幼儿园每个班级配备 2 名教师，0.5 ~ 1 名保育员（小班 2 名教师 1 名保育员，20 名幼儿以下的小型班可配备 2 名教师或 1 名教师 1 名保育员），寄宿制幼儿园每班至少配备 4 名保教人员。全日制幼儿园以 150 名儿童配 1 名专职卫生保健人员为基数，每增加 100 名幼儿增配 1 名卫生保健人员（增配的可以由园内工作人员兼职）。收托 150 名以下儿童的，应当配备专职或者兼职卫生保健人员，寄宿制幼儿园应配 2 名以上卫生保健人员（其中至少 1 名专业医务人员），夜间保证值班卫生保健人员 1 名以上，寄宿幼儿超过 300 名的保健人员酌情增加。按照办园规模配备足够数量的专兼职保卫人员（至少有 1 名持证专职人员）。

13.6 个班以下的幼儿园设园长 1 名，6 ~ 10 个班增设副园长 1 名，10 个班及以上可增设 2 名副园长。园长应具有大专及以上学历，5 年以上教育工作经验，持有适用的教师资格证，中级及以上职称，取得省或设区市教育行政部门核发的“幼儿园园长岗位培训合格证书”，具有较强的业务能力和管理能力。

14. 专任教师均持有适用的教师资格证，85%以上专任教师具有大专以上学历，其中学前教育专业的 60%以上。20%以上的专任教师具有中级及以上职称。

15. 专业医务人员取得卫生行政部门颁发的“医师执业证书”或“护士执业证书”。保健人员具有高中以上文化程度，经过卫生保健专业培训，并取得上岗证。保育员具有初中以上文化程度、55 周岁以下、受过保育专业知识培训，并取得上岗证。财会人员具有高中以上文化程度并获得会计人员从业资格证书。食堂主要炊事员受过烹饪专业技术培训，并有相应的等级证书。安保人员应在 55 周岁以下、初中以上文化程度。

16. 幼儿园所有工作人员须持有效的健康证，无慢性传染病和精神疾病，无抽烟酗酒等不良嗜好，并每年进行体检。

17. 幼儿园依法与在职非在编教职工签订劳动合同，并按规定为其办理医疗、养老、失业等社会保险或事业保险。非在编合格专任教师的工资达到当地在编教师工资标准 80%以上，其他人员平均工资不低于本地区的最低工资标准的 1.2 倍。

四、园务管理与教师队伍建设

18. 一个园区幼儿数不超过 500 名。平均每班幼儿 30 人左右，小班可适当减少，大班不超过 35 人。

19. 园长重视班级日常保育教育工作。正、副园长承担教育教学任务每月不少于 2 个半日活动或累计 6 小时以上。园长每学期进班观察与指导累计不少于 10 个完整的半日活动。业务副园长或园长助理每学期进班观察与指导不少于 25 个完整的半日活动。

20. 办园经费来源合法稳定，收费符合国家和地方的有关法规，在正常教育时间内没有以"兴趣班""实验班""特色班"等名义另行收费。制定财务管理制度，财务财产管理有序，账目清楚，没有非法挪用经费和经费流失现象，年度审计达标。经费使用合理，有园舍维修、设施设备、教玩具、图书更新的预算计划和实施成效。

21. 师幼伙食账目分开，幼儿伙食费专款专用，除开支食堂必需的水电气外，没有开支工作人员工资和食堂设备的现象，每学期盈亏比例不超过 4%。定期向家长公示伙食费（一般每月 1 次）和代管费（每学期 1 次）的收支情况。近 3 年生均公用经费均达到 500 元 / 年（农村为 400 元 / 年）以上。

22. 有完善的教师培训、研修和教科研制度。定期开展园本研修活动，研修有计划，有主题，有时间保证。有切实可行的教师专业发展规划并付诸实施，教师培训经费落实。每位教师平均每 5 年参加专业发展培训不少于 360 学时。每位教师的专业成长档案资料齐全。

23. 有市级以上特级教师、优秀教师、教坛新秀、学科带头人等 1 人以上；幼儿园近 3 年有市级教育部门或省级教育学会及以上课题，或在市级及以上层面的研讨会、交流会作过专题报告。

24. 教师仪表着装得体，符合幼儿园教育工作的要求。近 3 年内没有任何经举报查实的师德不良或违法事件（如，体罚和变相体罚、恐吓、辱骂儿童；索要收受家长红包礼物等）。

五、安全与卫生保健

25. 建立并执行严格的园舍、场地、设施、设备、消防、交通、幼儿接送和食品、药品、卫生等安全管理制度。层层落实安全管理责任制，分工明确，管理到位，责任到人。室内、户外各类空间、场地、设施和器械均安全防护措施良好，定期进行安全检查和维修并记录。保教人员熟悉紧急事故处理程序，可以获得处理紧急事故的必需用品。近 3 年内没有发生安全责任事故。

26. 在各类活动中，教师根据幼儿年龄和能力的不同，采取适当的安全监护策略；户外和体育活动前，教师注意对幼儿解释相应的安全规则及其理由，教导幼儿自我保护的方法，活动中幼儿基本能自觉遵守安全规则。每学期，各班级有计划地对幼儿进行安全教育；每学期至少进行一次适合幼儿年龄特点的防灾演练。

27. 卫生室或保健室常用设备、器械、药品较为齐全。卫生保健人员接受定期的儿童保健专业培训。班级的卫生保健和消毒设备安全、卫生、齐备，按规定使用。

28. 建立并严格执行健康检查、卫生消毒及卫生保健登记统计等各项卫生保健制度。幼儿每年体检一次，受检率 100%，预防接种率达 100%。晨检、全日健康观察及病儿隔离等工作规范有序，近 2 年内无传染病蔓延事故。幼儿健康档案，各类账册、资料、档案齐全、规范。取得当地卫生行政部门核发的"托幼机构卫生保健合格证书"。

29. 建立并严格执行营养管理制度，根据时令及幼儿特点制订定量食谱，为幼儿提供均衡合理的膳食。注意为特殊儿童（如有过敏反应、民族、宗教特别的饮食习俗）提供替代性食物，重视体弱儿、肥胖儿的矫治和管理，全园幼儿生长发育各项指标正常。

30. 食堂严格执行"食品安全法"和食品验收制度。做好饮食卫生管理，严格执行幼儿食品留样 48 小时的规定。食堂开展食品安全监督量化分级管理并达到 B 级以上。近 3 年没有发生食品安全事故。

六、班级保育和教育

31. 如厕、洗手、饮水的时间安排和组织方式合理，有效避免幼儿的拥挤和消极等待。幼儿可以因需如厕，并注意做到保护幼儿的自尊和隐私。在需要洗手的环节，保教人员和幼儿自觉洗手。幼儿基本养成适时适量饮水的良好习惯。

32. 进餐时间和护理方式能够照顾到幼儿的个体差异和需要，餐点前后的活动和过渡环节安排合理。餐具适合幼儿使用，符合卫生保温要求。教师通过积极的方式引导幼儿养成良好饮食习惯和文明进餐方式，注意鼓励和培养幼儿独立进餐和参与服务的能力；幼儿形成与年龄相适应的良好用餐习惯和自理能力。

33. 午睡时间安排合理，具有一定的弹性，对幼儿的个别化需求有妥善安排。午睡环境温馨，有利于幼儿睡眠。幼儿午睡期间有足够的成人监护，护理方式适宜。幼儿表现出与年龄相适应的良好的自理能力。

34. 一日活动类型多样，内容涉及多个课程领域，结构均衡。一日活动中，幼儿有充分的选择性和自主性。生活环节的组织灵活而富有弹性，活动间转换过渡自然流畅，幼儿没有消极等待。

35. 一日活动的主要环节至少两位教师同时在场，通过分组教学、分区域指导等方式，为幼儿提供更充分的教育、指导、安全监护与个别化互动。

36. 班级环境温馨美观，展示作品内容丰富，涉及幼儿学习的多个领域。展示内容与高度适宜，与班级幼儿以及近期的课程主题和活动相关，班级每位幼儿作品均被展示，有较多幼儿自主创作和个性化表现的作品。

37. 一天中幼儿有充足的时间进行自由游戏活动。至少有一次机会可以连续进行 45 分钟以上的自由游戏，同时提供多种选择（至少 5 种以上）。教师通过多种适宜的方式指导幼儿的自由游戏活动，与幼儿有较多个别化的积极互动；注重在游戏中观察、研究和评价幼儿，并作为改进教育教学的依据。

38. 如果天气条件允许，一天中有多次、累计 120 分钟以上的户外活动，其中体育活动不少于 60 分钟。恶劣天气，幼儿有累计 60 分钟以上的室内体育活动。户外自由活动时，同时有多种活动、设施与器械（至少 3 种）可供幼儿选择。教师通过适当的方式增强户外活动和体育活动的趣味性和挑战性；每位幼儿均可获得充分的活动和锻炼机会，运动量适宜。

39. 所使用的教师教学指导用书经省教材审定委员会审定通过。集体教学目标具有适度的发展性和层次性，以适应不同需求和不同发展水平的幼儿。教学主题与内容源于幼儿的生活或与幼儿已有经验紧密关联，能激发幼儿的学习兴趣与探究欲望。教学方法多样而适宜，有利于幼儿对学习任务的理解与掌握，能够有效地支持幼儿思维和技能的发展。教学过程精心设计，符合幼儿身心发展和认知活动的规律；教学组织方式灵活（融入个别的、小组的活动），提供充分的选择性，有效地支持不同幼儿个别化、创造性地学习。

40. 教师语言规范，表达清晰，生动形象。教师有意识地通过多种方法丰富幼儿的语言，提升幼儿的语言理解和表达能力。教师以适宜的提问方式鼓励幼儿作出连贯、清楚、生动的回答。教师加入适当的信息来扩充幼儿所表达的想法，促进幼儿思维发展、大胆完整表达想法和感受，注意对幼儿的语言表达进行记录与分享；教师通过各种有效策略，帮助不同语言发展水平的幼儿；每位幼儿可以获得很多沟通与表达的机会。

41. 教师尊重、接纳、公平对待每位幼儿，经常征求幼儿的意见，各类活动过程中提供较多的选择机会，幼儿能够获得充分的小组学习、个别操作、探索思考。教师通过多种方法与途径，有效地促进幼儿思维或能力的发展，师幼之间有许多积极双向的、个别化的互动，为幼儿的学习提供个别化的、具体而有意义的反馈和评价，有效地推动和支持其学习。

42. 为每位幼儿建立成长档案，记录幼儿的表现，对幼儿的发展进行动态评估，作为重要的课程调整和教育改进的依据。

七、家长工作和社会服务

43. 家长可以方便及时地获取幼儿园管理、课程以及孩子在园情况等信息。幼儿园及班级定期向家长开放，家长可通过多种方式参与幼儿园或班级的活动。定期或不定期进行家访，并有记录。通过宣传栏、家长会或家长学校等多种形式向家长普及科学的幼儿教育理念和方法，指导家庭教育。充分发挥家长和家长委员会在幼儿园管理及教育中的作用，家长满意率较高。

44. 能充分利用社区资源，为幼儿提供丰富的活动场所、材料及其他教育资源和条件。为社区内的儿童提供健康有益的活动场所，积极开展社区内 0 ~ 3 岁散居婴幼儿早期教育及其家庭教育指导和咨询工作，积极向社区及全社会传播科学的幼儿教育理念，努力为幼儿成长创造良好的社会环境。

45. 承担本区域幼儿教育师资培养和培训工作，成为本地区幼儿园教师职前培养的见实习基地和职后培训基地，每年至少举办 1 次县区级以上以教师专业发展为主旨的教研或培训活动。

46. 通过各种途径和形式，开展针对薄弱园的帮扶活动，帮扶工作有成效。城区幼儿园有具体的辅导片区，乡镇中心幼儿园有具体的辅导网络，建立辅导制度，有专人负责片区内其他幼儿园的业务指导工作，有计划、能落实。

47.（加分项目）支持弱势群体子女入学，不断提高针对特殊需求儿童的教育服务水平。凡接收特殊儿童达本园幼儿总人数的5%以上、接收贫困儿童或流动儿童达总人数的10%以上，并力所能及地提供针对性的教育服务，酌情加分。

［二、三级幼儿园标准（略）］

第四节　教育活动

【学制情况】 20世纪50年代以来，全县（区）幼儿园实行日托制管理，学制三年，入园年龄3–6周岁，分设小、中、大班。其中1956年开办的县机关幼儿园实行全托制，1985年，改为日托制。80年代至2001年间所办的学前班学制一年。

【教材课程】 1952年3月，教育部颁发《幼儿教育暂行管理规定》，指出幼儿园的任务："根据新民主主义教育方针教养幼儿，使他们身心在入小学前得到健全地发展；同时，减轻母亲对幼儿的负担，以便母亲有时间参加政治生活、文化教育活动等。"1953年，普陀县幼儿园参照苏联的《幼儿教育工作指南》，选设语言、计算、音乐、美术、体游等课程，但没有统一教材。1956年，统一开设语言与认识环境、计算、音乐、图画、体育、泥工、纸工等课程，没有统一教材。1960年，城镇和部分农村幼儿园开展汉语拼音教学，推广普通话。

"文化大革命"期间，幼儿教育秩序混乱。各园没有统一课程和统一教材。不少幼儿园进行识字、学小学算术；也有从外地出版的各种教材中选编自己的教材；较普遍的是用《毛主席语录》和《老三篇》（毛泽东的《为人民服务》《纪念白求恩》《愚公移山》）作教材，有的编写儿歌作教材。1970年前后，推广辽宁黑山北关小学经验，开展识字教育，要求在学龄前识300个汉字，学习拼音。

1977年后，幼儿教育逐步走上正常轨道。农村幼儿园存在的"哄、吓、罚"等不良教育方法逐渐得到克服和改正。1979年，县机关幼儿园等联系翻印《上海幼儿园教材》，供部分幼儿园使用。

1981年，教育部颁发《幼儿园教育纲要（试行草案）》，明确幼儿教育的目标与任务。"幼儿园的教育任务应是向幼儿进行体、智、德、美全面发展的教育，使其身心健康活泼地成长，为入小学打好基础，为造就一代新人打好基础。"从八个方面具体规定幼儿教育的内容与要求。

（一）生活卫生习惯

教给幼儿生活方面一些简单卫生常识，培养他们良好的卫生习惯和日常生活的能力，培养他们机智、勇敢、遵守纪律的优良品德。

（二）体育活动

锻炼幼儿的身体，促进其正常发育，提高他们对自然环境的适应能力，增强其体质。发展幼儿的基本动作，使他们动作灵敏、协调、姿势正确。

（三）思想品德

向幼儿进行初步的"五爱"教育（爱祖国、爱人民、爱劳动、爱科学、爱护公共财物），培养幼儿具有优良的品德，文明的行为，活泼开朗的性格。

（四）语言

培养幼儿发音清楚、正确，学习说普通话，丰富幼儿词汇，发展幼儿思维和口头语言表达能力，初步培养幼儿对文学作品的兴趣。

（五）常识

丰富幼儿关于社会和自然方面粗浅的知识，扩大他们的眼界，培养他们对社会和自然的兴趣和求知欲望，逐步形成对待人们和周围事物的正确态度，发展幼儿的注意力、记忆力、想象力、思维力和语言表达的能力。

（六）计算

教幼儿掌握10以内数的概念和加减运算，学习一些有关几何形状、时间、空间等粗浅的知识，培养面对计算的兴趣，发展幼儿初步逻辑思维的能力，培养幼儿思维的准确性、灵活性、敏捷性。

（七）音乐

教给幼儿唱歌、舞蹈粗浅的知识技能。初步培养幼儿对音乐舞蹈的兴趣和节奏感，发展幼儿对音乐的感受力、记忆力、想象力和表现力等，陶冶幼儿的性情和品德。

（八）美术

在幼儿观察物象的形状、颜色、结构等的基础上，培养他们用绘画和手工（泥工、纸工、自制玩具等）充分表现自己对周围生活的认识和情感。

1982年开始，使用教育部统一编写的《幼儿园教材》。开设“体育、语言、游戏、计算、社会、音乐、美术、常识”等课程。1989年贯彻国家教委《幼儿园工作规程（试行）》，幼儿园开设语言、常识、计算、音乐、美术、体育等课程。1994年，统一使用浙江省《幼儿园系列教材》，课程为体育、智力游戏、语言、常识、计算、美术。1996年以后按教育部修订的《幼儿园工作规程》实施。2000年以后，幼儿园课程根据教育部新颁发的《幼儿园教育指导纲要》，按健康、语言、科学、艺术、社会五大领域设置，一日活动中更注重“区角”活动创设，强调保教结合，注重幼儿游戏活动开展，幼儿一日活动中集体教学时间比原来减少，游戏活动时间增多。

2008年以后，幼儿培养目标有了提升，更注重幼儿多方面能力发展及良好个性的培养；教学途径上从注重注入式到注重幼儿体验、探索的自主学习，教师的角色也从教育者转为幼儿学习、游戏活动的支持者、合作者和引导者。一日活动中更加注重幼儿区域游戏活动开展，强调幼儿自主学习、自主游戏时间的保证。

2009—2013年，各幼儿园开始使用地方教材，舟山市教育教学研究中心编制出台《舟山市幼儿园地方课程专题教材》。

2012年起，各幼儿园创新自编园本特色教材，如六横中心幼儿园编制的《大脚丫小脚丫》。同时开设园本特色课程，如区中心幼儿园开设亲近海洋主题教育活动课程，并于2014年获评舟山市幼儿园精品园本课程。

【附表】：

（一）1984年普陀县中心幼儿园每周课程安排表

表2-4

节数 类别 / 课程	小 班		中 班		大 班	
	上学期	下学期	上学期	下学期	上学期	下学期
体育	1	1	1	1	1	2
语言	1	1	1	2	2	2
常识	1	1	1	1	1	2
计算	1	1	1	2	2	2
社会	1	1	1	1	1	1
音乐	1	1	1	1	2	2
美术	1	1	1	1	2	2
游戏	5	5	5	5	5	5

（二）2014年普陀区中心幼儿园每周课程安排表

表2-5

节数 类别 / 课程	小 班		中 班		大 班	
	上学期	下学期	上学期	下学期	上学期	下学期
健康	1	1	1	1	1	1
语言	1	1	1	1	2	2
科学	1	1	2	2	2	2
社会	1	1	1	1	2	2
艺术	1	2	2	2	2	2
区域活动	5	5	5	5	5	5

（三）2014 年普陀区中心幼儿园一日活动安排表

表 2-6

时　间	活　动　内　容		
7:30 ~ 7:50	中大班户外晨间锻炼	7:50 ~ 9:20	中大班早餐、区域活动、谈话活动
7:30 ~ 8:55	小班户外晨间锻炼	8:55 ~ 9:20	小班早点、谈话活动
9:20 ~ 10:00	早操、户外自主活动		
10:00 ~ 10:50	生活活动、集体教学活动、室内自主游戏		
10:50 ~ 12:00	餐前活动、午餐、餐后活动（室内或室外散步）		
12:00 ~ 14:30	午睡		
14:0 ~ 15:10	生活活动：起床、盥洗、午点		
15:10 ~ 16:10	主题活动、区域活动、室内外自主活动（各班自主安排）		
16:10 ~ 16:30	水果、离园活动		

（四）六横实验幼儿园一日活动作息安排（小班）表

表 2-7

时　　间	项　　　目
7:15 ~ 8:00	入园、晨间接待（观察、劳动）、自由活动
8:00 ~ 9:00	区域活动（自主生活活动）点名
9:00 ~ 10:20	户外自主游戏、早操（9:55）、生活活动（如厕、盥洗、擦汗）
10:20 ~ 10:40	主题活动
10:40 ~ 11:00	餐前准备、户外自由活动
11:00 ~ 11:40	进餐
11:40 ~ 12:00	餐后自由活动
12:00 ~ 14:15	午睡
14:15 ~ 14:45	起床（自主生活活动）
14:45 ~ 15:15	室内自主游戏
15:15 ~ 15:50	户外体育活动
15:50 ~ 16:00	离园自主活动

（五）六横实验幼儿园一日活动作息安排（中、大班）表

表 2-8

时　　间	项　　　目
7:15 ~ 8:00	入园、晨间接待（观察、劳动）、自由活动
8:00 ~ 9:00	户外活动（中班：户外自主性游戏、自主生活活动，大班：体育活动、自主生活活动）
9:00 ~ 9:30	主题活动
9:30 ~ 10:00	早操、生活活动（如厕、盥洗、吃水果）
10:00 ~ 10:45	区域活动
10:45 ~ 11:00	餐前准备、户外自由活动
11:00 ~ 11:40	进餐
11:40 ~ 12:00	餐后自由活动
12:00 ~ 14:15	午睡
14:15 ~ 14:45	起床（自主生活活动）
14:45 ~ 15:30（大班 15:40）	户外活动（中班：体育活动、自主生活活动，大班：户外自主性游戏、自主生活活动）
中班 15:30 ~ 16:00	室内自主游戏
大班 15:40 ~ 16:10	
中班 16:00 大班 16:10	离园、整理

【教学教研】 1982年后，城乡幼儿园普遍实施教育部颁发的《幼儿园教育纲要（试行草案）》。1985年后，幼儿教育方法和手段进一步改革，重视游戏活动。1987年后，区中心幼儿园作为示范性幼儿园，在规范化办园，教育改革和幼教研究，带动其他幼儿园提高办园方面起核心作用。1989年9月，国家教委公布《幼儿园管理条例》，明确规定："幼儿园的保育和教育工作应当促进幼儿在体、智、德、美诸方面和谐发展。"各幼儿园按此精神改进教学工作。

1997年，区教育局协同消防、民政、卫生、城建、妇联等部门按照《幼儿园工作规程》对城区所有民办或非民办幼儿园进行检查并提出整改意见。

2000年8月，举办全区幼儿教师《幼儿园教育指导纲要》解读培训班，进一步明确教养工作方向。制订《普陀区幼儿园园长、业务园长职责》，整顿保教人员队伍，明确保教人员职责。在大胆尝试课程改革教育活动中努力探索"合作教育课程""尝试性主题活动""主体性教育课程模式"等，使现有课程贯穿"终身教育""开放教育""发展性教育""合作教育""生活教育"等先进教育理念。幼儿教育过程不再是单纯传授知识、训练技能，而是教师引导幼儿主动参与活动，师生互动过程，使幼儿园素质教育真正落到实处。

2001年起，更强调以游戏为幼儿园教学活动基本手段。同时从分科教育活动转向主题教育活动，从注重集体教学活动转向关注幼儿游戏、学习、生活、运动的整合，保证幼儿每天的自主游戏活动和户外活动时间。同时注重家庭、社区、幼儿园三位一体的教育模式，拓展幼儿活动的空间，丰富活动内容、营造良好环境，形成教育合力。在日常教学活动中重视让幼儿亲近自然，开辟幼儿种植园地，饲养小动物，布置自然角。加强对幼儿进行健康教育和安全教育，培养幼儿良好的卫生习惯和生活习惯，培养幼儿对社会、对集体、对别人、对自己的正确态度，激发幼儿学习兴趣和创造愿望，发展幼儿观察力、思考力和语言表达能力，陶冶幼儿情操，促进幼儿健康发展。

2003年3月，印发《舟山市普陀区教育局实施教育部关于〈幼儿教育指导纲要〉（试行）的方案》，明确教养工作方向。制定全区幼儿教育师资培养和培训规划，把幼儿教育师资培训纳入中小学教师继续教育规划，所需经费由区财政保障。此后，提倡"生活即教育"，在游戏中学习的教学思想，重视主题式教学、探究式学习，培养幼儿动手操作能力，养成幼儿良好学习生活习惯，激发幼儿求知欲。注重发挥示范性幼儿园在思想、教育管理、队伍建设等方面的示范引领作用，成为课程改革、教育研究、师资培养的基地，发挥对薄弱园所的指导作用，推进区域内学前教育质量的整体提高。针对各幼儿园重上课轻游戏等现象，开展教育教学研讨活动，组织幼儿园"一日活动规范""园本课程建设"等问题研讨。各早期教育亲子活动站依托社区发展学前教育，关注未入园儿童，为0～3岁学前儿童及家长提供早期教育服务指导。

2005年，全省民办学前教育研讨会和全市农村学前教育管理现场会分别在普陀召开。是年，为充分发挥省示范幼儿园、一级幼儿园的示范辅导作用，建立沈家门城中、城东、城西、平阳及六横、沈家门本岛、桃花等7个辅导片。

2007年，各幼儿园贯彻《幼儿园教育指导纲要》精神，以课题研究为依托，开展多种园本教研活动和教育教学改革。尤其关注幼儿一日生活，把一日活动各个环节都当作课程对待，全方位整合各种教育因素，为幼儿提供健康、丰富的生活和活动环境，满足其多方面发展要求。同年9月，普陀区实施幼儿园发展共同体建设，从原来单纯教育教学业务辅导网络提升到幼儿园行政管理、教师培训、安全工作等全方位的、紧密型帮扶形式的区域性幼儿园共同体，出台《舟山市普陀区幼儿园发展共同体建设实施方案》。以城带乡、资源共享、整体推动学前教育协调发展。同时，开设10个早期教育亲子活动中心，把幼儿教育拓展到园外的2～3周岁的孩子。全区范围内多次在区实验幼儿园、颐景幼儿园等幼儿园召开早教展示活动，起到了推广、研讨和学习作用，取得较好的教学效果和社会影响。

2009年起，全区开展规范幼儿园拼音教学整治活动，规范学前教育机构办学行为，整治无证办园和学前教育小学化倾向。

2012—2013年，做好《3～6岁儿童学习与发展指南》的宣传、培训、实验等工作，加强幼儿园教师队伍建设，促进幼儿园教师素质的全面提高和专业化发展。健全园本教研制度，各幼儿园通过组织专题研讨，交流体会，分享经验，反思实践，提升教师的专业水平和实践能力。同时抓具体实践，实现教学的有效性。

2012年开始，深挖办学特色，深化办园内涵。区中心幼儿园抓实“现代海洋教育”特色品牌创建，《亲近海洋园本化课程实践研究》被中国学前教育研究会立项为“十二五”期间研究课题，是市学前教育唯一的一个国家级课题。是年，承办市名师工作室组织的全市学前教育“关于主题课程组织与实施的交流展示活动”。区实验幼儿园以培养“生活小能人”为目标，挖掘陶行知教育思想在学前教育中的现代价值，制订“生活自理小能人”“阳光健康小能人”“蓝色环保小能人”的具体培养目标，从幼儿身心发展规律出发，培养生存能力，成为真正生活“小能人”。和润幼儿园在幼儿近视防治、民间游戏活动开展形成特色。六横中心幼儿园打造海岛渔民画特色教学有成效。桃花中心幼儿园构建海岛文化园本特色。蓝盾幼儿园阅读教学等都已初步形成办园特色。

第五节　保育与卫生保健

【保育人员】 20世纪50—60年代创办的幼儿园多数为1个班，由1位教师担任保育工作。对少数规模较大的幼儿园，由1名工作人员担任几个班的保育工作。除县机关公办幼儿园配备1名园医务人员外，其他幼儿园均无医务人员。“文化大革命”期间，幼儿教育正常秩序被破坏，各幼儿园未配备保育员。

至80年代，县政府成立幼儿教育办公室，由县妇联、县教育局一起管理幼儿教育，随之保健卫生工作也逐渐被重视，直属幼儿园每班配备1名保洁员，其他公办幼儿园多为2个班级配备1名保洁员，民办幼儿园基本以班主任或清洁人员为主兼任保育工作。90年代后，全区各乡（镇）幼儿园和个体幼儿园基本达到2个班级配备1名保育员的要求。

1996年，区实验幼儿园迁入新园址，设立医护室、隔离室等，配备由卫生学校毕业的专职幼儿园医务人员。

2000年起，居住小区配套民办幼儿园逐渐增多，大规模乡镇中心幼儿园不断创建、扩建，省二级幼儿园的保育员都按照“1班1保”标准配备，省三级幼儿园按“2班1保”标准配备，卫生保健工作有专人负责。

2013年6月，沈家门成人文化技术学校率先举办保育员专业培训，对象为社会人员。首期培训48名，结业后分批被城区各幼儿园聘任录用。下半年组织在职幼儿园保育员培训班。2014年暑假继续培训100名在职保育员，至年底合计培训保育员205名。

2013年7月，沈家门成人文化技术学校首次组织高级育婴师考证培训，首期培训对象为全区幼儿园园长、副园长，61名园长、副园长取得“高级育婴师证书”。2013年9月和2014年暑假继续组织2次考证培训，至2014年年底，有201名幼儿园园长、教师取得高级育婴师证书。全区幼儿园将高级育婴师证书培训与省教育厅要求的“教师90学时培训”结合起来。

【保育与卫生保健】 20世纪50年代，卫生保健意识淡薄，设施设备缺少，饮食条件较差，保育与卫生保健工作不被重视。

“文化大革命”期间，幼儿教育正常秩序被破坏，保育工作陷入瘫痪状态。1977年以后，幼儿教育重新发展，保育工作得以重视。

1980年，托幼办公室多次举办幼教人员培训班，保育员水平有较大提高，幼儿保育工作得到加强。1984年起,区卫生防疫站对幼儿进行卡介苗、流脑、乙脑、百日咳、白喉、破伤风、小儿麻痹症等疫苗预防注射。幼儿园重视幼儿饮食、营养卫生,做到饭菜多样、主副食合理搭配。

1987年,幼儿园保健卫生工作逐渐被重视,日常卫生工作、消毒工作纳入正规,由专人或兼职负责。

1996年起,公办幼儿园配备由卫生学校毕业的专职医务人员,并建立晨检、体检、消毒、隔离、清理卫生等系列制度,制订科学的食谱,保证幼儿营养需要,重视幼儿安全,预防可能发生的事故。

1996年起,随着国家教委《幼儿园工作规程》和《幼儿园管理条例》正式实施,全区幼儿园重视齐全保育制度,区教育局直属幼儿园率先制定《保育员岗位职责》《保健员岗位职责》《食堂工作人员岗位职责》《卫生保健制度》。

1998年起,除小部分幼儿园外,基本实行"二餐一点",即幼儿的早餐、午餐和下午一次点心。大多数幼儿园的活动室和寝室分设,每个幼儿有一张小床或一个床位午睡,由保育员和老师值班负责,保证幼儿安全、健康。

2002年,区实验幼儿园被评为市"卫生保健示范园",区域内起到示范、指导与辐射作用,各幼儿园保育意识,保育质量逐年提高,并实行保育与教育相结合的原则,对幼儿实施德、智、体、美全面发展教育,促进幼儿身心和谐发展。

2012年5月,中华人民共和国卫生部教育部印发《托儿所幼儿园卫生保健管理办法》,卫生部印发《托儿所幼儿园卫生保健工作规范》,指出"托幼机构卫生保健工作的主要任务是贯彻预防为主、保教结合的工作方针,为集体儿童创造良好的生活环境,预防控制传染病,降低常见病的发病率,培养健康的生活习惯,保障儿童的身心健康。"全区各幼儿园贯彻落实《卫生保健工作规范》,加强对一日生活安排、儿童膳食管理、体格锻炼、健康检查、卫生与消毒、传染病预防与控制、常见病预防与管理、伤害预防、健康教育、卫生评价等方面管理,制定了一系列的卫生保健制度。如《晨间检查制度》《工作人员健康检查制度》《幼儿健康检查制度》《卫生消毒及隔离制度》《幼儿生理、心理卫生保健制度》《幼儿卫生保健登记统计制度》《幼儿体格锻炼制度》《幼儿健康教育制度》《体弱儿童管理制度》《特殊儿童管理制度》《幼儿预防接种管理制度(入园验证)》《预防接种证查验制度》《幼儿常见疾病管理制度》《幼儿传染病管理制度》《幼儿服药登记制度》《幼儿营养膳食管理制度》《班级饮食卫生管理制度》《幼儿因病缺勤、病因追踪记录制度》《定期通风制度》《环境卫生管理制度》《食堂安全制度》等。卫生保健工作质量得到提升。

2013年起,部分幼儿园实行体弱儿管理制度,对贫血儿童、体重超标儿童、近视儿童进行管理、追踪和监控工作。

2014年,海景颐园小区的三盛幼儿园最早建立"阳光食堂",在厨房和餐厅安装监控,接受家长和社会的监督。之后,各幼儿园逐渐普及。

【附录】:

(一)区中心幼儿园《保育员岗位职责》

1. 热爱本职工作,树立正确的教育观念,落实《幼儿园工作规程》,搞好本职工作,努力提高保教质量。

2. 负责本班的清洁卫生消毒工作,在医务人员和本班老师指导下,严格执行幼儿园安全、卫生保健制度,贯彻落实一日生活常规,执行幼儿一日生活作息制度,注意幼儿活动室和睡室的通风换气,保持室内外清洁、整齐,做到每天一小扫,每周一大扫,为幼儿提供一个舒适、干净的环境进行活动。

3. 坚持正面教育,严禁体罚或变相体罚幼儿,耐心细致主动地与家长做好有关生活方面的联系工作。

4. 配合教师全面管理幼儿生活,不随便离开工作岗位。根据天气随时提醒或帮助幼儿增减衣服。做好开饭工作,午睡起床后协助教师帮助幼儿穿衣、穿鞋、叠被子,帮助个别幼儿大小便和在身衣物的清洗等。

5. 负责班内幼儿餐具、毛巾的清洗工作,根据季节及时为幼儿换洗被褥,夏天做好防暑降温、消灭蚊蝇、蟑螂工作,冬季做好防寒保暖工作,掌握一般常见病和传染病的症状。发现病情及时与保健医生联系,培养幼儿良好的卫生习惯。锻炼提高幼儿的自我服务能力,确保幼儿健康发育。

6. 主动认真配合教师组织幼儿的游戏和各项教育教学活动。努力学习幼儿教育理论和技能技巧，总结经验教训，不断提高业务水平。

（二）区中心幼儿园食堂工作人员岗位职责

1. 服从园部管理，负责安排食堂各方面的工作，保证食堂正常运行、师生饭菜的供应，贯彻执行食堂各项规章制度，负责本食堂炊事员的具体分工。

2. 计划安排调剂每周的主副食，掌握成本核算，填好食物的消耗账，统计每月盈亏情况。

3. 参加招标食品验收要把好卫生关、质量关，不购腐烂变质的食品，出货过秤，建立每日收支账，每月盘点。

4. 负责整个食堂卫生工作和包干区卫生工作。

5. 负责食堂设施的管理。

6. 虚心听取就餐人员的意见和要求，不断改进工作。

7. 处理食堂的偶发事件。

（三）区中心幼儿园《卫生保健制度》

1. 新进园职工要进行体检，合格者方可就职，全体教职工每年进行一次全面体检。教职工要养成良好的卫生素质，仪表端庄。

2. 新生入园要凭体检证明，合格者方可入园，离园三个月以上者需要重新办入园手续，每年进行一次体检，每学期测量二次身高、体重，做好记录与分析报表，定期向家长汇报。

3. 保健员每日进行晨检，做到一模、二看、三问、四查，发现问题及时处理，保教人员注意观察幼儿一般状况，发现可疑及时报告医生。

4. 坚持预防为主方针，做好预防、服药、消毒工作，发现传染病及时报告、隔离、消毒。

5. 充分利用户外场地，安排幼儿开展体育活动，室内每日开窗通风，保持空气新鲜，定时进行消毒，促进幼儿身心健康。

6. 幼儿伙食由专人负责，每周规定食谱，根据季节定期计算营养量，保证幼儿营养素的需要，不买不做腐烂变质食物，严格要求食品卫生，做到菜先洗后切，生熟分开，严防食物中毒，餐具每餐洗刷干净后消毒。

7. 搞室内外清洁卫生，做到室内每周消毒一次，每周一大扫，床上用品定期洗、晒，玩具一月一次清洗，每学期二次消毒，做到地面清洁，玻璃明亮，用品、玩具等干净和摆放整齐，并保持厕所走道和公共区清洁，做到每月一次检查卫生。

8. 搞好幼儿个人卫生，一人一杯二巾，每日消毒，餐前便后洗手，餐后洗脸，开餐具前桌面进行消毒。

9. 食堂工作人员工作服必须保持清洁，无长指甲、黑指甲，手要经常洗刷，操作前及便后洗手，如厕前脱工作服，工作时不吸烟。

第六节　学前班与托儿所

【学前班】“文化大革命”后，普陀县第一所学校附属幼儿园学前班出现在沈家门小学，主要招收对象为沈家门城区教师子女。

20 世纪 80 年代初，随着经济体制改革和教育体制改革的逐步展开，城乡幼儿教育都有不同程度的发展，特别是广大农村学前班发展很快，使幼儿在入小学前受到良好教育。区域内部分小学举办学前班，主要训练幼儿学习习惯、行为习惯，提高幼儿适应小学学习能力。

80 年代中期，扩大到招收机关干部子女，从 2 个班级扩大到 4 个班级。之后，全区各所小学，也相继举办学前班。1985 年，全区学前班幼儿人数达 1358 名，占全区在园幼儿数的 18%。1997 年，全区学前班幼儿人数增加到 3045 名，占全区在园幼儿人数的 31%。而后，学前班逐渐被幼儿班替代。2000 年，学前班有幼儿人数 379 名。

1986 年，教育部提出《关于进一步办好幼儿学前班的意见》，明确幼儿教育方向。同年 6 月，国家教育委员会为了加强幼儿园的科学管理，提高保育和教育质量，制定颁发《幼儿园工作规程》（试行草案）（1996 年 6 月正式施行）（以下简称《规程》）。《规程》总结幼儿园教育已有成果，明确规定幼儿园的保教目标、任务，用专门的章节对幼儿园教育从原则到活动的组织、教育的形式、方法等作了规定。《规程》体现正确的教育观、儿童观，重视幼儿的身心发展规律和特点以及幼儿园教育工作的规律。

1989 年 8 月，经国务院批准，国家教育委员会颁布《幼儿园管理条例》。这是新中国成立以来，经国务院批准颁发的第一个幼儿教育法规。该条例用法规形式规定幼儿园的任务、管理以及保育教育工作，明确各级地方政府在幼儿园的发展、管理等方面的责任，使幼儿教育管理从此跨入法制化轨道。2001 年 7 月，教育部颁发《幼儿园教育指导纲要（试行）》，就《规程》中有关“幼儿园的教育”内容做出更为具体的规定。

为规范学前教育，促进学前教育健康发展，抑制学前教育“小学化”现象，2001 年，区教育局对区域内所有附属小学的学前班作全面调研，并就小学究竟是否要办学前班作专题研讨。至 2001 年 7 月，区域内所有学校的学前班并入幼儿园，幼儿园接受 3 ~ 5 岁的学前 3 年教育。此举进一步推动普陀区学前教育科学化、规范化进程。

【托儿所】 1956 年春，县妇联牵头办托儿组 382 个。1992 年 2 月，舟山市普陀区中心托儿所建立，招收对象为 18 个月至 3 周岁幼儿，以教养保育为主要任务，解决家长的后顾之忧。园内配 2 教 1 保教育管理人员，采用幼儿园作息时间（上午 7:30—下午 5:00），使用由上海市地区托儿协会编制、中国少儿出版社出版的《新编托儿所教材》。

2006 年后，东港个体投资开办“动动王国”托儿教育机构。2000 年 9 月，区实验幼儿园开办幼托班。2006 年 11 月起，为方便群众，区中心幼儿园利用多余园所开办幼托班。每届 2 班，招收 50 名幼儿。

2010 年后，经工商部门审批核准，在沈家门、东港城区相继开办个体托儿中心和早教中心。

2013 年 7 月，区中心幼儿园、实验幼儿园不再举办幼托班。至 2014 年，部分民办幼儿园继续开办幼托班。

2006 年普陀区幼儿园日托保育费、代管费标准表

表 2-9　　单位：元 / 月·人

幼儿园级别	保育费			代管费（每生每学期）
	城区		农村乡镇	
	计划内	计划外		
省示范幼儿园	280	460	—	100
一级幼儿园	250	400	200	100
二级幼儿园	220	—	160	100
三级幼儿园	180	—	120	100
未定级幼儿园	140	—	80	100

舟山市普陀区日托保教费收费标准表

表 2-10　　（2014 学年起实施）

幼儿园等级	保教费收费标准(元 / 月·生)		
	城区公办幼儿园	非城区公办幼儿园	普惠性民办幼儿园
省一级	600	500	650
省二级	500	400	550
省三级	450	350	500
准　办	280	250	—

注：非城区公办幼儿园指乡镇（包括展茅、朱家尖街道）公办幼儿园

第七节　幼儿园选介

【普陀区中心幼儿园】 现址东港中昌街海华路 41 号。创建于 1957 年 10 月，原名沈家门教工幼儿园，位于沈家门同济路。1967 年迁至沈家门西大街德仁坊弄。1982 年兴建园舍，1984 年 9 月竣工使用（园址

在沈家门镇菜市路19号),同时更名为普陀区中心幼儿园(因园舍外墙有熊猫图案,俗称熊猫幼儿园)。

2000年7月,区中心幼儿园体制转为"国有民办"。2011年,由"国有民办"办园体制复转为公办。2002年10月,幼儿园迁至东港海华路。现幼儿园占地面积6660平方米,园舍建筑面积3160平方米,户外活动面积3276平方米,绿化面积2845平方米。2008年5月,开办东港碧海莲缘小区幼儿园。现幼儿园(含分园)有18个班级,在园幼儿580名,教职员工81名,专任教师大专学历100%,本科学历91.6%,拥有一批市区A、B级教师、学科带头人和教坛新秀。

区中心幼儿园立足海岛实际,以"海纳百川、务实创新、锐意进取"为精神,以"育人为本、服务为先、特色创新、快乐成长"为理念,以"弘扬海洋文化,构建蓝色家园",培育"阳光、灵动、博学的海之娇娃"为目标。《"亲近海洋"园本化课程》于2011年被立为中国学前教育研究会"十二五"研究课题,并获该研究会课题成果二等奖,2014年被评为舟山市幼儿园精品课程。

区中心幼儿园先后荣获"省示范性幼儿园""省一级幼儿园""省卫生先进单位""省绿色学校""省青年文明号""省示范性家长学校"等荣誉称号。

现任园长叶卓娜,中共党支部书记赵战江。

【普陀区实验幼儿园】 现址沈家门街道东海中路695号。创建于1956年10月,前身为"普陀县机关托儿所",园址在沈家门宫墩。1958年改名为"普陀县中心幼儿园",1962年园址迁至泗湾路。1985年并入普陀县中心幼儿园,改名为"普陀县中心幼儿园分园"。1992年与中心幼儿园分离,更名为"普陀区第二幼儿园"。1996年10月迁到现址,并定为现名。2000年7月,幼儿园体制转为"国有民办"。2011年由"国有民办"办园体制复转为公办。

2008年,完成幼儿园第二期扩建工程,本部占地面积为5336平方米,建筑面积5440平方米。2010年3月,在鲁家峙开设分园,分园占地2468平方米,建筑面积1716平方米。

2014年,有23个班级,幼儿686名,教职员工102名,专任教师48名。幼儿园以"创健康生活之摇篮,育幸福快乐之童年"为办园目标,"用爱和智慧铺垫每一个孩子的幸福人生"为办园理念,打造生活教育特色品牌,构建"生活小能人课程"。《幼儿园生活小能人培养的实践与研究》立为浙江省学前教育研究会"十二五"研究课题,同时成为省陶行知教育思想研究会立项课题,2014年4月被省陶行知教育思想研究会确定为"陶行知教育思想研究实验学校"。

幼儿园先后获市"示范幼儿园""省一级幼儿园""省园本教研示范幼儿园""省陶研学校""省健康促进金牌学校""省绿色学校""省家长示范学校""省食品安全示范园""市首批饮食用药安全科普宣传站""市巾帼文明岗""市先进幼教共同体""市文明单位"等荣誉称号。

现任园长刘权永,中共党支部书记王海伟。

【六横中心幼儿园】 现址台门台兴路176号。创建于1987年3月,原名"台门镇中心幼儿园",1995年改名为"六横新欣幼儿园",2008年更名为"六横中心幼儿园",园所原址台门村撩箬湾122号。园舍占地面积1140平方米,建筑面积500平方米。2009年投资2000万元在六横台门台兴路新建幼儿园,2011年2月正式迁入。现占地面积5328平方米,建筑面积4546平方米;园舍内设施齐全,拥有一整套多媒体教育设施、广播系统及功能较为齐全的安保装置;设有幼儿阅览室、科学探索室、美工制作室、亲子活动室等各类专用室;每班配有电脑、钢琴、多媒体、数码相机等现代化教学设备;设置有幼儿戏水池、玩沙池、塑胶场地、种植园,配有相应的大型户外活动器具及小型器械等。

幼儿园现开设12个班级,入园幼儿370名,有教职工52名,专任教师25名。其中大专以上学历教师25名,正式编制7名,幼教高级教师2名,幼教一级教师16名。

幼儿园秉着"以幼儿发展为本"理念,注重培养幼儿良好的行为习惯和动手、动脑能力。其中《以"舟山渔民画"为特色的美术园本课程的构建与实施》获得省教研课题三等奖、市课题成果一等奖，并成为幼儿园美术特色园本课程。2009年，通过省二级幼儿园验收，2010年，通过平安幼儿园验收，2014年年底，通过省一级幼儿园验收。

现任园长、中共支部委员会书记严红飞。

【朱家尖中心幼儿园】 现址朱家尖大洞岙国花路118号，为"公助民办"性质幼儿园。创建于1995年8月，占地面积4224平方米，建筑总面积1500平方米，园内绿树成荫、环境整洁、设施齐全。2009年9月，由民办的个体幼儿园转制为街道集体公办幼儿园。

幼儿园现有9个班级，在园幼儿308名，有教职员工40名，专任教师22名，其中公办教师9名，大学本科学历16名，专科5名；幼教高级教师3名，幼教一级教师16名。

幼儿园遵循"一切为了孩子的终身发展"办园宗旨，在保教工作中求真、务实、团结、创新；以幼儿为主体，以游戏为形式，将省编教材与园本课程进行有机结合，制订合理的教学计划，科学施教。2011年，幼儿园依托朱家尖沙滩资源优势，进行海岛幼儿园沙雕特色课程研究实践，并取得舟山市教科研成果二等奖。

幼儿园先后获得省三级幼儿园、市乡镇幼儿园卫生保健示范单位、市全园培训优秀单位、区巾帼文明岗、区平安校园等荣誉。

现任园长、中共支部委员会书记毛寒雁。

【城建幼儿园】 现址沈家门同济路广济弄2号。创办于1987年10月，原名"普陀区建工幼儿园"，是普陀区建设局下属的集体幼儿园。1995年3月，迁入现园址，同时改名为"普陀区城建幼儿园"，园舍占地面积1276平方米，规模6个班。2003年，从事业单位改制转为股份制民办幼儿园。

现有9个班级，幼儿335名，有教职员工35名，专任教师19名。其中大学本科学历教师17名，专科学历1名；幼教高级教师9名，幼教一级教师11名。

幼儿园始终坚持"一切为了孩子"办园宗旨，以"用爱养育，用心教育"为办园理念，以"源于规律，基于常态，善于传承，勇于创新"为发展思路，积极开展教育教学研究，2014年已初步形成"心灵手巧"为主导的园本课程。2003年加入省民办幼儿教育协会，其教育成果多次在省协会获奖和展示，其中"大风车"案例分析和"以绘画为载体开展美术教学活动的实践"论文均获省一等奖。

2005年，被评为"省巾帼文明岗""浙江省优秀民办幼儿园"；2008年，被评审为"省二级幼儿园"；2009年，获"全国优秀民办幼儿园"荣誉称号。

现任园长翁芝娜，中共支部委员会书记陈飞飞。

【颐景幼儿园】 创办于2003年3月，坐落于普陀东港颐景园小区内，是普陀区第一所小区配套民办幼儿园，占地面积1500平方米。现有9个班，幼儿315名，有教职员工38名，专任教师18名。其中本科学历教师16名，专科学历教师2名；幼教高级教师2名，幼教一级教师11名。

幼儿园遵循陶行知先生教育思想，形成以科教兴园为目标，以生活教育为内容，以培养"五小"（即"小帮手""小伙伴""小卫士""小主人""小标兵"）为载体的办园特色，以陶行知"生活即教育"理念为指导，让孩子们"做中学、做中玩、做中思"。

2009年，通过省二级幼儿园考核，2011年，被浙江省陶行知研究会命名为"浙江省陶行知教育思想实验幼儿园""市首届优秀早教中心""市家长示范学校""平安幼儿园"等，2014年，通过"中国陶行知研究会实验学校"审定。

现任园长金梅君。

【小精灵幼儿园】 现址沈家门西蒲湾路，创办于1999年6月，是普陀区民政局和业务主管部门普陀区教育局批准的，由个体自筹资金开办的一所日托制民办幼儿园。

幼儿园占地面积234平方米，园舍独立。园内设计新颖美观，有基本配套的学习、活动、生活等设备。

幼儿园招收3～6周岁入托幼儿（大部分是外来务工子女）。开设班级3班，其中大班1班、中班1班、小班1班。现有幼儿92名，教职员工10名(其中大专学历3名)。

幼儿园以“幼儿发展为本”，以“一切为了孩子，为了孩子的一切”为服务宗旨。根据幼儿身心发展，为幼儿提供轻松健康的学习活动生活环境，让幼儿在玩中学、学中玩。2013年，被评为省三级幼儿园。

现任园长杨鲁珊。

第二章　小学教育

第一节　发展概况

【民国时期】 清光绪三十年(1904)之前，普陀域内未见有近代意义的小学校记载。光绪三十一年(1905)，在桃花岛阔浦岙(现称客浦村)胡家塘，由当地望族后裔秀才胡庆和创办“定海县第七区区立协和乡第一小学堂”(《普陀县志》记载校名为“小学校”)，时设4个年级，学生20名，教员1名，是为域内办学史上最早称为“小学”的近代意义的学校。

据《普陀县志》记载，明末清初，普陀所属本岛部分地区和大岛屿的初等教育，仅有私塾为学童开蒙。晚清时期，在沈家门、勾山、大展、芦花各地及桃花岛、六横岛、虾峙岛等岛屿，开办一些私塾。清道光年间，办过私塾的有沈家门教场郑家、蒲湾张家，勾山蒲岙李家，芦花南岙张家，展茅张家，朱家尖大洞岙徐家，桃花岛客浦岙胡家，六横岛田岙王家、平峧刘家、小湖杜庄刘家等。

沈家门的“蓝家书房”，勾山李乾三的学馆，六横平峧魏锡章塾馆，峧头的东靖义塾，及展茅张松年、朱家尖徐松林、桃花对峙李本初等老儒所设私塾较有名气。私塾有家塾、族塾、村塾、学馆和义塾之分。家塾是殷实人家在家自聘塾师，村塾、族塾为同村或同族人所办，义塾为私人捐资或官方拨款办的免费学塾，学馆是塾师在自己家里开馆招收学生课读。塾师除少量由当地儒生充任外，大多外聘，有宁波、镇海、象山和福建等地有秀才、童生名衔的人担任。私塾中因学生年龄、学识程度差异大，实行个别教育。教学先识字，后读文、习作，注重习字、背诵，常用的有《百家姓》《千字文》《三字经》等作启蒙教材，程度高的学《大学》《中庸》《论语》《孟子》之类。私塾教规甚严，学童若有违纪，罚站、罚跪或打手心等体罚屡见不鲜。1904年，清政府颁行《癸卯学制》，废除科举制度、创办新式学堂(当时还没有“学校”称谓)。光绪三十二年(1906)，孙相源在大展开办私立发蒙学堂。

光绪三十三年(1907)，芦蒲、舵岙、大展和登步岛，各设公立小学堂一所；六横岛峧头设义学一所。此期，域内有私塾80余家。

宣统元年(1909)，普陀山“僧教育会”创办“化雨僧学校”一所。新学实行班级授课制，把教学活动安排在单位时间的“课时”内进行，开设自然科学实用科学和艺术体操等“西学”课程。

中华民国初期，将清朝的学部更名为教育部，普陀所属小学校基本上执行民国教育部所颁学制和规程等法令办学。

民国元年(1912)，民国教育部颁布《普通教育暂行办法》，首次提出“五育并举”民国教育方针，“学堂”改称为学校；旧教科书一律禁用，提倡教育平等，小学可以男女同校等。是年9月，教育部公布《学校系统令》，初步确立一套新的教育体制。因新学制经“壬子”“癸丑”两年综合而成，故称之“壬子癸丑学制”。新学制小学教育分初等、高等两级，规定初等小学四年，属义务教育，毕业后可进入高等小学校或乙种实业学校；高等小学为二年，毕业后可进入中学校或师范学校、甲种实业学校。

民国4年(1915)5月，沈家门士绅张晓耕等人发起创办洛舵乡锐进小学校(当时沈家门属洛舵乡，称洛舵乡沈家门岙)。后在沈家门有福建籍族群相继办的惠群小学、惠英小学，其他族群办的增德小学、陶群小学、培英小学、任重小学、鸣新小学及文心小学等。民国8年(1919)2月，由史玉林在螺门创办的"私立孟晋初级小学"；原顺母岛馒头岐村由方家仲创办的"顺母涂渔民小学"等。民国10年(1921)1月，原勾山乡黄雉村李家塘乡绅李拙子(位于今勾山曙光村)捐资创办私立"延武小学"；还有宗教团体办的，除"普陀山僧学会"外，沈家门耶稣堂也办过"基督教浸礼会小学"。

至民国10年(1921)初，普陀域内有小学校24所，学生764名，教员28名，职员6名。同年7月，经过整顿、小学发展到34所，学生1500余名，教职员70余名。

民国10年(1921)年初，普陀域内小学校名表

表2-11

校　名	年级数	学生数	教员数	职员数	创办时间及地址(地名为现名)
洛舵乡锐进小学校	4	73	2	1	民国4年5月，沈家门存仁局(原宫墩，区人民医院内)
洛舵乡鸣新小学校	4	31	2	—	民国7年9月，沈家门泗湾马鸣隍庙
洛舵乡任重小学校	4	43	1	—	民国7年9月，沈家门荷外租屋开办
洛舵乡文行小学校	4	32	1	1	民国9年2月，沈家门墩头邱蓝庙
洛舵乡化雨小学校	4	35	1	—	清宣统元年，始为"化雨僧学校"，民国2年改设，普陀山岛龙湾
洛舵乡集成小学校	3	43	1	—	民国8年2月，舵岙(大岭下)刘家湾
洛舵乡区立第二小学校	4	28	1	1	清宣统二年，始为僧学，民国2年改设，朱家尖岛月岙香和庙
洛舵乡区立第三小学校	4	25	1	—	民国8年3月，朱家尖岛大洞岙，借用天主堂余屋开办
芦蒲乡竞明小学校	3	14	1	—	民国7年8月，芦花塔岭下孟嘉庙
芦蒲乡延武小学校	5	60	2	—	民国10年1月，勾山蒲岙金家桥
展茅孟晋小学校	4	65	2	1	民国8年2月，螺门龙门庙
东靖乡区立第一小学校	4	25	1	—	民国2年2月，六横岛岐头义火祠，东靖私塾改设
东靖乡区立第二小学校	4	30	1	—	民国4年9月，六横岛双塘青山庙
东靖乡区立第三小学校	4	25	1	—	民国8年4月，六横岛平岐林府庙
东靖乡区立第四小学校	3	20	1	—	民国9年3月，六横岛台门中胜村借用民房
东靖乡正新小学校	3	18	1	2	民国9年2月，六横岛龙山大浦村借用民房
东靖乡三近小学校	4	33	1	—	民国9年2月，六横岛小湖杜庄村庄公庙
灵和乡东明小学校	4	33	1	—	民国2年1月，虾峙岛南岙借用民房
灵和乡东成小学校	4	39	1	—	民国2年1月，虾峙岛栅棚玄坛庙
登步乡勖志小学校	4	13	1	—	民国元年7月，登步乡大地爿借用民房
登步乡励志小学校	4	26	1	—	民国2年8月，登步岛鸡冠村财神殿
登步乡成志小学校	3	20	1	—	民国7年4月，蚂蚁岛长沙塘租用民房
协和乡区立第一小学校	4	20	1	—	清光绪三十一年二月，桃花岛客浦村
协和乡区立第二小学校	3	23	1	—	民国2年2月，桃花岛千步沙白雀寺

民国11年(1922)11月，全国开始实行"壬午学制"，采用美国的"六三三"分段，其中小学六年(初小四年，高小二年)。

民国13年(1924)，实施"义务教育"，进一步发展各类初级小学，至民国25年(1936)，有县立小学10所，区立小学19所，乡镇立小学4所，私立小学9所，学生1336名；还有短期小学、改良私塾13所，学生2745名。

民国28年(1939)6月后，日寇占领舟山，硝烟四起，饿殍遍地，民不聊生，不少学校停办。

民国29年(1940)，国民政府在农村推行教育普及计划，公立学校统称国民学校，每乡设中心国民学校，保(或几个保联合)设保国民学校，一些短期小学也改为国民学校。

民国35年(1946)，乡镇中心国民学校校长均由县政府任命，保校校长由乡镇聘任，报县教育科备案公布；私立学校校长由校董事会确定人选后报县教育科核实公布。民国36年(1947)，县政府试行示范中心国民学校制，委任其校长为教育指导员。舟山解放前夕，有乡(镇)中心学校14所，保校42所,学生3349;沈家门镇另有“八闽小学”(福建同乡会办)、克昌小学(华侨庐玉成创办)、台州小学(台州同乡会创办)鄞湖小学(址荷外羊殿府,鄞县同乡会创办)等私立学校4所,学生770名。1950年后,定海县人民政府设立文教科,公、私立小学由县统一领导,中心小学校长由县人民政府委派。1951年秋后,区域内建立区、乡两级辅导体制,划分九个以行政区为范围的辅导区,每个区设区中心小学一所,每个乡设乡中心小学一所,辅导全区(乡)学校。

民国时期,大多小学校办学条件简陋,上学读书的学生稀少,实行“多复式教学”。民国时期颁发过“义务教育”之类的政令,实施效果不佳。域内广大以渔、农为生的学龄子女(特别是女童),因家境不济无力入学,直至舟山解放前夕,适龄儿童小学入学率仅约14%。

【中华人民共和国建立初期(1950—1965年)】 1950年,舟山解放后,人民政府接管公立和私立小学校,并逐步转为公办。原“沈家门镇第一中心国民小学”改名“沈家门区第一中心小学”,原“八闽小学”改名为“沈家门镇第二小学”,原“克昌小学”改名为“沈家门镇第三小学”,原“朱蒲区中心小学”改名“沈家门镇第四小学”,原“台州同乡会小学”改名为“沈家门镇第五小学”。各小学仍沿袭“四二”分段学制,初级小学为四年,高级小学二年。在课程设置上废除“公民”科目和童子军活动等,增设政治科目,各科改用新编教科书,由新华书店统一发行。

1951年10月,政务院颁发《关于学制改革的决定》,规定小学实行五年一贯制,取消初、高两级分段制,入学年龄为7周岁。

1952年,小学教育快速发展。据统计,1952—1953年,域内小学增加至137所,282个班级,11615名学生。其中单式班188班。当时,有较高学历的教员极其稀缺,460多名小学教员中,小学毕业及以下学历180多名,初中没毕业的100名,占教师总数一半以上。

1953年9月,设置普陀县,域内小学统一更改旧校名。“沈家门区第一中心国民小学”改名“沈家门镇第一中心小学”,沈家门镇内其他小学分别改为“沈家门镇第二小学”“沈家门镇第三小学”“沈家门镇第四小学”;另有“鲁家峙小学”“马峙小学”等;展茅乡以地名、村名命名的有“展茅乡大使岙小学”,六横区有“六横区虾峙乡栅棚小学”等。

1953—1954年,贯彻“整顿巩固,重点发展,提高质量、稳步前进”方针,对全县一镇(沈家门)八区(朱蒲区、展茅区、普陀区、六横区、下庄区、桃花区、虾峙区、东极区)小学进行整顿。1953年秋,小学合并为117所,328个班级,单式班增至212个,五复式班和六复式班消失。

1954年春,根据省教育厅通知,“由于师资、教材准备不足”等原因,停止“五年一贯制”试验,全县统一实施小学“四二”学段六年学制,贯彻教育部颁发的小学“四二”学制教学计划。

1955年,提出“以提高质量为重点,贯彻全面发展教育方针”,重点加强劳动教育、国防教育和社会主义思想教育等,贯彻《学生守则》。同年,域内出现二部制小学和班级。在鲁家峙小学和沈家门第五小学,扩充二部制班级2班。

1952—1955年普陀县小学发展情况表

表2-12

年份(年)	学校数(所)			班级数(班)	学生数(名)		
	初小	完小	合计		初级	高级	合计
1952	114	23	137	282	10575	1040	11615
1953	86	31	117	328	10264	1673	11937
1954	80	32	112	327	11725	1996	13721
1955	62	37	99	313	12098	2922	15020

1956年,中共中央《1956—1967年农业发展纲要》提出,为在7～12年普及小学义务教育,要将乡村小学转由“合作社”办。普陀城乡小学制定1955—1958年普及小学教育规划。因为公办小学的数量和规模适应不了实现学区内完成普及小学义务教育任务,民办小学和民办班进一步发展。

1956年,全县民办学校开设77个班级,学生3661名,民办教师88名。

1955—1957年普陀县二部制教育情况表

表2-13

	1955年			1956年			1957年		
	学校数(所)	班级数(班)	学生数(名)	学校数(所)	班级数(班)	学生数(名)	学校数(所)	班级数(班)	学生数(名)
公立学校	1	3	151	11	34	1700	8	63	3647
民办学校	—	—	—	—	10	531	5	15	913
合计	1	3	151	11	44	2231	13	78	4560

1957年,小学贯彻"使受教育者在德育、智育、体育几方面都得到发展,成为有社会主义觉悟的有文化的劳动者"的教育方针。是年,结合贯彻《小学生守则》,全县部分小学试行《小学生操行评定和奖励处分办法》。

1958年,小学办学规模发展迅速。是年4月,全县有小学408班,学生17856名,其中有民办班68班,学生3121名。后民办班发展到259班,学生12116名。学龄儿童入学率大幅度提高。

1958年度普陀县普及小学情况表

表2-14

学区	各区乡	学校数(所)			班级数(班)			学生数(名)			学龄儿童入学率		
		公立	民办	总数	公立	民办	总数	公立	民办	总数	学龄儿童	入学儿童	入学率(%)
沈家门	含普陀乡	9	12	21	70	44	114	3653	2567	6223	6845	6223	90
蛟头	含上庄	16	1	17	51	32	83	2335	1236	3571	3928	3571	91
礁潭	含下庄	8	4	12	30	22	52	1374	807	2181	2377	2181	87
宫前	桃花全区	12	1	13	27	26	53	1306	1184	2490	2490	2113	93
庙跟	(包括朱家尖、普陀山和葫芦等岛的行政区)	12	5	17	27	20	47	1319	1024	2343	2507	2343	95
虾峙	虾峙全区	7	—	7	25	19	44	1197	770	1967	2065	1967	95
庙子湖	东极全区	4	—	4	9	4	13	350	571	921	939	921	98
芦花	含勾山	8	1	9	30	25	55	1526	1020	2546	2800	2546	91
展茅	含螺门、塘头	5	5	10	21	35	56	1016	1878	2894	3183	2894	91
总　计		81	29	110	290	227	517	14079	11057	25133	27457	25133	92

5月,县政府同意蚂蚁岛小学转为民办,改名为"普陀县蚂蚁乡民办蚂蚁小学",经费完全由岛内渔业社、农业社和手工业社分担。贯彻"教育为无产阶级的政治服务,教育与生产劳动相结合"的教育方针;组织编写渔业知识乡土教材和语文课乡土补充教材;强调"向工农开门",贯彻"勤工俭学"办学方针,全区工农家庭成分的子弟在校生比例明显上升。各小学普遍重视劳动教育,增加生产劳动的教学时间。

1958年9月,全县进行"五年一贯制"的教学试验。

试行五年一贯制学校情况表

表2-15

学　区	一年级班级数	二年级班级数	三年级班级数
沈家门	5	3	5
蛟头	3	2	1
下庄	5	3	2
芦花	3	2	2
展茅	2	2	0

续表 2-15

学　区	一年级班级数	二年级班级数	三年级班级数
普陀(普陀山和朱家尖)	4	1	1
桃花	2	1	2
虾峙	7	2	2
东极	3	0	0
合计	34	16	15

1959 年,农村小学由人民公社接办。是年,全县小学执行省教育厅颁布的《1959—1960 年全日制小学教学计划》,对六年制小学教学计划进行调整,全学年学习时间调整为:农村小学 40 周,城市小学 41 周。上课时间为:农村小学 36 周,城市小学 37 周,每年放假为 9 周,渔农村小学 9 岁以上儿童放农(渔)忙假 2 周(每学期 1 周)。增设政治科目,增加农(渔)业常识科目,把生产劳动正式列入教学计划。课外活动内容主要为班队活动、文娱体育、游戏活动、课外阅读等。

1960 年后,因经济困难,小学生流失增多。根据中共中央提出的"适当缩短年限,适当提高程度,适当控制学时,适当增加劳动"的改革设想,舟山县文教局指定沈家门镇第一小学等校进行五年一贯制的教学试验。

1961 年,贯彻中共中央提出的"调整、巩固、充实、提高"八字方针,削减招生数,动员 14 周岁以上学生回队劳动。是年秋,学校缩减至 117 所。

1963 年,贯彻中共中央《全日制小学暂行工作条例(试行草案)》(简称《小学四十条》),在渔农村,贯彻"两条腿走路"办学方针,多种形式民办小学再度兴起,渔农村办简易小学,后改为耕读小学。是年,国家推出第一套眼保健操,普陀各小学一般在上午两节课后、第 3 节课前安排 5 分钟眼保健操时间,以后一直列为课程表内容。

1964—1965 年,执行省教育厅颁发的《农村简易小学教学计划(草案)》,规定简易小学学制为四年,采用全日制小学教材,适当增加渔农村应用文和珠算教学内容。全县有各类简易小学 81 所(班),耕读班 300 个(处),学生 7386 名,占学龄儿童 16.7%。基本做到小村有初级小学,大村有完全小学,乡乡有中心小学,小学学龄儿童入学率达到 72.2%。大多数学校的设施设备相当简陋。

1950—1965 年普陀县小学教育情况表

表 2-16

年份	学校数(所)	班级数(班)	招生数(名)	应届毕业生数(名)	在校学生数(名)	教职工数(名)			学龄儿童入学率(%)
						合计	公办	民办	
1950	37	192	1605	153	6841	224	7	217	22.80
1951	54	235	2715	194	8031	306	7	299	26.40
1952	137	331	2979	237	13285	361	361	—	43.00
1953	117	328	1640	465	10067	470	470	—	32.90
1954	117	327	4110	571	10850	474	470	4	34.40
1955	135	331	3969	706	15000	498	482	16	45.50
1956	101	398	5323	951	18697	553	494	59	54.80
1957	99	424	4176	1261	18255	592	364	228	50.70
1958	139	491	5286	1341	26535	621	364	257	68.20
1959	100	597	5265	1304	27979	759	473	286	70.00
1960	118	603	5194	1800	28619	819	513	306	70.20
1961	117	508	5007	1975	20782	671	513	158	50.10
1962	117	505	5535	1468	19614	675	513	162	48.50
1963	137	569	5676	1357	21166	731	539	192	50.40
1964	182	729	9016	1424	27549	850	582	268	62.60
1965	174	737	8578	1658	32237	908	607	301	73.20

【“文化大革命”时期(1966—1976年)】 1966年，“文化大革命”开始，多数小学停课1年。1967年下半年，解放军、工人、贫下中农宣传队进驻学校，渔农村实行贫下中农管理学校。

“文化大革命”初期，小学学制为五年制和六年制并存；因中学停止招生，小学出现延长1～2年毕业的“过渡班”。

1971年后，贯彻“五·七指示”，普遍开展学工、学农、学军活动，并遵循学校教学计划。

1972年，部分中心小学、完小开始附设初中班。

1973年，根据“学制要缩短”指示，全县实行小学五年、初中二年学制。全县小学学制先后改为五年制，采用浙江省自编的五年制教材。

1974年，全区小学恢复秋季入学。1975年，学龄儿童入学率达到98%。

1976年，重新执行教育部颁布的《全日制小学暂行工作条例》和《小学生守则》，小学教育秩序逐渐得到稳定。

【普及初等教育和九年义务教育时期(1977—1995年)】 1977年4月，县文教局转发省教育局文件，全县小学继续参照执行1973年的浙江省教学计划。

1978年9月，小学开始使用部编新教材。各校学习执行教育部推行的《全日制小学暂行工作条例》(试行草案)、《浙江省全日制九年制中小学教学计划试行草案》。是年，成立县学科教研大组，推动教学研究活动。舟山水产食品厂子弟学校和舟山船厂、柴油机厂子弟小学二所国营企业办学校移交县教育局。1955年起出现的二部制教学班级和学校，逐步恢复为全日制。

1979年，二部制学校或班级为全日制(沈家门第四小学、鲁家峙小学，原沈家门第六小学，东极小学，全部改为全日制)。同时，教育系统提出要让学龄儿童进得来、留得住、学得好的口号。是年7月，“舟山水产公司学校”移交给县革委会文教局管理。

1980年，中共中央、国务院颁发《关于普及小学教育若干问题的决定》，落实普及初等教育任务再次提上议事日程。是年秋，原沈家门第六小学(址泗湾，原普陀中学现沈家门第一小学体育馆前后一片)停办，改办沈家门第二初级中学。同年，各小学试行国家教育部、卫生部制定的《中小学卫生工作暂行规定》。

1966—1980年普陀县小学教育情况表

表2-17

年份	学校数(所)	班级数(班)	招生数(名)	应届毕业生数(名)	在校学生数(名)	教职工数(名)			学龄儿童入学率(%)
						合计	公办	民办	
1966	192	815	3486	2470	33237	948	643	305	72.20
1967	226	898	4984	3151	35070	1008	643	365	77.00
1968	252	914	4820	4427	35460	1020	643	377	78.20
1969	286	974	6093	5478	36075	1034	689	345	80.30
1970	221	998	6249	4558	36455	1186	694	492	82.60
1971	234	1072	6829	3599	39685	1309	699	610	88.30
1972	261	1160	10780	5366	44185	1539	784	755	92.23
1973	263	1249	10339	4812	48491	1523	761	762	94.30
1974	262	1247	7313	6626	48257	1533	759	774	97.20
1975	257	1226	7285	10036	44435	1449	740	709	98.30
1976	259	1190	7781	9562	42531	1435	778	657	98.60
1977	256	1130	7755	9228	40038	1340	559	781	98.60
1978	218	1065	7380	8978	36255	1342	525	817	98.10
1979	204	993	5895	6615	34787	1401	567	834	98.20
1980	203	945	5416	6074	33296	1399	584	815	98.67

1981年起，全县小学执行教育部颁布的《全日制五年制小学教学计划(修正草案)》。同年，全县致力普及初等教育，计划5年内实现普及初等教育。改善办学条件，调整初中布局，附设在小学的

初中班逐步“脱帽”。抓“流生”工作，提高教育质量。根据中央要“正确处理普及与提高的关系”精神，调整全县重点小学，设置沈家门小学为全县唯一一所重点小学。

1981年，全县有小学195所，班级906班，学生31485名。有教职工1383名，专任教师1297名。

1982年，全县有小学185所，其中复式班小学19所，单班小学10所，2个班小学16所，学生10名以下小学1所（佛渡乡鸡爪小学），有学生11～17名小学7所。全县有教学班849班，在校学生29173名，教职工1458名（其中专任教师1359名），学生与教职工之比为1:20。

1983年秋季开始，各小学的学制从新招一年级开始，改为六年制，施行浙江省《全日制六年制小学教学计划（试行草案）》，规定全年教学时间为40周，其中上课时间为34周，复习考试4周，机动2周。学生每天在校时间，低年级不得超过5小时半，中、高年级不得超过6小时，每节课的教学时间为40分钟。教材采用江浙沪联合编写的小学六年制教科书。

1984年12月，经浙江省政府和舟山地区组织检查组验收，全县有25个乡镇基本普及初等教育，占乡镇数的80%。

1985年，省政府公布普陀县为“基本无盲县”和“基本普及初等教育县”。其中入学率为98.48%，巩固率为99%，毕业率为96.34%，普及率93.75%，非盲率98.48%。是年，全县有小学149所，762个级班，27500名学生，教职工1440名，专任教师1272名。7月，制定《普陀县实行九年制义务教育规划》。

1986年，全县有小学141所，学生27986名，学龄儿童入学率为98.9%。4月，颁布《中华人民共和国义务教育法》。是年，沈家门镇实施九年制义务教育，小学毕业生免试就近进入初中学习。

1987年，舟山地区撤地设市，原普陀县改称普陀区，修订且全面实施《普陀区九年义务教育规划》。除葫芦、黄兴2乡，其余29个乡镇（不含普陀山）均实现普及初等教育，初等教育普及率达到90.3%。同年，蚂蚁岛乡被评为省级先进。是年起，小学一至五年级增设卫生课，并在高年级思想品德课中增加法律常识内容。

1988年，小学新生入学进入高峰期，招生5549名，比1987年增23.39%。全区有小学128所，750个级班，28502名学生。

1989年，进一步修订《普陀区实施九年义务教育规划》，确定1992年基本实现九年制义务教育。全区10个乡镇实施九年制义务教育，人口覆盖率达47.7%。区政府于3月下发《关于迅速制止中小学生流生紧急通知》，及时制止流生势头。当年，7～12周岁小学入学率达99.1%。是年，执行国家教委新的小学教学计划。小学低年级语文《注音识字，提前读写》实验班扩大至10个班。

1990年，蚂蚁岛乡、双塘乡、峧头镇被评为市“基础教育达纲创优”优秀乡镇。基础教育实施分级办学，分级管理，由乡镇管理为主。沈家门镇对小学管理体制做出调整，将有实验小学性质的沈家门小学划归区直管，其他小学由沈家门镇政府管理，具体由镇教育办公室主管。是年，田岙、杜庄、贺家、张家塘、鸡冠等村获评为第三批市义务教育先进村。沈家门小学、舟渔子弟学校等启动区立项教改课题《异步教育》《注音识字、提前读写》。试验班级数扩展为18班（三年级2班、二年级10班、一年级6班）。

是年，全区有小学122所，班级763班，学生30393名。有教职工1291名（其中代课教师173名），专任教师1155名。

1981—1990年普陀区小学教育情况表

表2-18

年份	学校数（所）	班级数（班）	学生数（名）	教职工数（名）	专任教师数（名）
1981	195	906	31485	1383	1297
1982	185	849	29173	1458	1359
1983	171	808	27860	1428	1318

续表 2-18

年份	学校数(所)	班级数(班)	学生数(名)	教职工数(名)	专任教师数(名)
1984	167	806	27524	1493	不详
1985	149	762	27500	1440	1272
1986	134	775	27986	1438	1267
1987	135	741	27484	1347	1196
1988	128	750	28502	1387	1235
1989	128	761	29435	1390	1250
1990	122	763	30393	1291	1155

1991 年,启动全区"班集体建设"工作,承办第三届全国班集体建设会议,沈家门小学班集体建设的经验向全国代表展示。"班(队)集体建设"从此成为推动为全区中、小学德育工作以至素质教育的重要抓手。

1992 年,全区有小学 113 所(含普陀山 3 所学校);朱家尖镇实施九年义务教育。是年,实行"浙江省实施义务教育证书制",4000 余名中小学生领到证书。1987—1992 年,蚂蚁岛乡、峧头镇、双塘乡、龙山乡、螺门乡、顺母乡、登步乡、桃花镇、虾峙镇、展茅镇、台门镇、平峧乡先后实施九年义务教育,全区人口覆盖率达到 85.2%。

1993 年,调整小学入学年龄,沈家门镇一年级新生入学提前到 6 周岁零 8 个月。全区 6 周岁儿童入学率 45.5%,招收新生 4975 名,超计划 369 名。葫芦乡、白沙乡、小湖乡、悬山乡,对峙乡,黄石乡等实施九年制义务教育,人口覆盖率达到 95%以上。是年 3 月,国家教委颁布《普及九年义务教育评估办法》,区政府在蚂蚁岛和双塘乡试点。是年 11 月,区政府决定对各乡镇政府进行"基本普及九年制义务教育、基本扫除青壮年文盲"(以下简称"两基")督导评估验收。12 月,区政府"两基"评估验收组,对双塘、蚂蚁两乡进行"两基"验收试点。

1994 年,新的沈家门第六小学在小蒲湾建成,并在秋季招生开学。是年 5 月,区"基本普及九年制义务教育、基本扫除青壮年文盲"验收组对沈家门镇进行"两基"评估验收。11 月,评估组分别对峧头镇、台门镇、展茅镇、朱家尖镇、螺门乡进行"两基"评估验收。

1995 年 3 月,区"两基"评估验收组分别对勾山镇、虾峙镇、桃花镇、东极镇、湖泥乡、登步乡、佛渡乡、白沙乡、葫芦乡 9 个镇乡进行"两基"评估验收,逐步完成全区 17 个镇乡的"两基"评估验收工作。全区青壮年非盲率、脱盲人员巩固率分别为 97.75%和 97.0%。残疾儿童 347 名,入学 314 名,入学率 90.57%。是年 10 月,省"两基"评估验收组对普陀区进行"两基"评估验收,12 月,省教委报请省政府批准,同意普陀区"两基"评估验收合格(浙教督〔1995〕498 号文)。

是年,全区有小学 97 所,班级 730 班,学生 30918 名。有教职工 1481 名,其中专任教师 1311 名。

【创建"两高"和"省教育强区""教育现代化县"时期(1996—2014 年)】 1996 年 1 月,国家教委公布普陀区为全国第二批实现"两基"县(市、区)。4 月,沈家门镇、双塘乡、虾峙镇、蚂蚁岛乡、朱家尖镇被市政府评为"两基"工作先进集体。是年,省教育厅印发《浙江省高标准普及九年义务教育要求及实施办法(试行)》("高标准普及九年义务教育"和"高标准扫除青壮年文盲"简称"两高")。8 月,区教委提出全面实施"两高"计划要求,2000 年年底,16 个乡镇均通过"两高"评估。是年,市政府提出"创舟山市教育示范乡、镇"。

1997 年,普陀区被确定为省素质教育实验县(区)。普陀制订《素质教育实验方案》,出台《中小学年度工作评估方案》《中小学教师教学常规》《中小学教学管理与研究考核评定细则》《小学学科课堂教学常规》和《小学生成绩鼓励性评定实施办法》等措施,各小学重视教学质量管理,编写乡土教材,《"主体学习,辩证指导"课堂模式研究》和《思维品质培养》等省重点教科研课题已取得成果。小学校长 100%持证上岗。区教育局出台《普陀区中小学行为规范达标学校评估验收方案》,有 80% 学校通过市区两级验收。

是年 4 月,市政府代表省政府对普陀区进行“两基”复查合格,7 ~ 15 周岁人口入学率 99%,15 周岁人口初等教育完成率 99.5%,其他指标均符合要求。11 月,“普及实验教育”验收组来普陀区评估验收,合格率 100%。

1998 年 2 月,区政府对沈家门镇政府进行“两高”验收评估,作全区推行“两高”试点。8 月,沈家门镇、双塘乡、蚂蚁岛乡通过评估验收,成为第一批全市教育示范乡镇。同年,沈家门小学成为教育部确定的首批“全国现代教育技术实验学校”;虾峙中心小学等 3 校成为省农村示范小学。区教育局出台《中小学创建素质教育示范学校工作若干意见》,制定 1998—2000 年学校布局调整规划,撤并茅洋渔业、棕榈湾、磨盘、里岙等 6 所小学。

1999 年,全区贯彻实施《面向 21 世纪教育振兴行动计划》,稳步推进“两高”和教育现代化。沈家门镇、朱家尖镇、台门镇通过“省教育强镇”评估验收。同年 6 月,中共中央国务院颁布《关于深化教育改革全面推进素质教育的决定》,区教育局出台《乡镇素质教育工作评估方案》,全区小学通过第一轮基础教育专项督导评估。普陀区制定《1998—2010 年中小学布局调整规划》,撤销 4 所村小;沈家门职业中学校园与沈家门第四小学置换调整。

2000 年,巩固和发展“两基”成果,义务教育各项指标稳步提高:小学入学率达 99.99%,年巩固率达 100%,15 周岁人口初等教育完成率达到 99.84%,“三残”儿童入学率达 97.92%,全区小学无流生。市教委出台《舟山市教育现代化标准(试行)》,深化教育教学改革,加快教育设施设备建设,大力推进教育现代化,努力争创省素质教育示范区和省教育强区。至年底,17 个乡镇全部通过“两高”评估验收。其中沈家门、双塘、蚂蚁岛、朱家尖、台门、桃花、勾山、展茅等 8 个乡镇通过市教育示范乡镇的评估验收,占全区乡镇的 47%,人口覆盖率为 70%;沈家门、双塘 2 个乡镇通过省教育强镇的评估验收。

是年,经修订的《浙江省义务教育试行教学计划》颁发,切实落实教育部、省教委关于减轻中小学生过重课业负担的各项规定。

同年,中小学布局得到进一步调整,沈家门第六小学(位于外河口址)和沈家门第一初级中学合署办公,撤并了东极第三小学(东福山)、东极第四小学(黄兴)、蛏子港小学、苍洞小学、大鱼厂小学、桃花第二小学、鹁鸪门小学、乌石子小学等 8 所小学。全区有小学 57 所,班级 551 班,学生 22672 名。有教职工 1334 名,专任教师 1110 名,其中大专以上毕业的 172 名。

1991—2000 年普陀区小学教育情况表

表 2-19

年份	学校数(所)	班级数(班)	学生数(名)	教职工数(名)	专任教师数(名)
1991	118	772	31033	1345	1253
1992	113	774	31251	1428	1231
1993	111	762	31464	1452	1269
1994	101	740	31253	1450	1276
1995	97	730	30918	1481	1311
1996	90	704	29713	1580	1334
1997	85	677	28444	1555	1343
1998	79	645	26991	1633	1287
1999	69	610	25076	1474	1251
2000	57	551	22672	1334	1110

2001 年 10 月,朱家尖、蚂蚁岛、勾山、台门 4 乡镇(街道)成为省教育强镇,随着六横岛各乡镇合并为六横镇,六横镇通过评估验收。

是年,落实《普陀区“十五”期间学校布局调整方案》，撤并勾山联办小学等 12 所小学，小学校均学生数大幅提高（校均 430 名）。沈家门小学迁建方案付诸实施，同时，改制为“国有民办”。同年 12 月，省政府教育督查组对普陀区“创教育强区”工作进行评估验收。

2002 年 2 月，普陀区获评“浙江省教育强区”。同年 8 月，省教育厅批准普陀区为“省级基础教育课程改革实验区”。全区小学贯彻新课程计划，必修课开设率达到 100%。全区小学三年级以上均开设英语课程，99%以上的中、小学生接受信息技术教育；严格按省级实验区义务教育阶段课程设置及课时安排。主体性教育、创新教育等“八大”教育科研成果结合新课程，在全区各校得到深化和推广。

是年，落实《普陀区学校布局调整“十五”规划》，撤并了沈家门第六小学、韭菜小学、后沙头小学、小山头小学、港里小学、清浜小学、双屿小学。全区小学入学率达到 99.9%，年巩固率达到 100%，三类残疾儿童入学率达到 95.21%。

2003 年 9 月，以课改实施方案为指导，全区小学起始年级及三年级有关学科实施新课程计划。是年，按《普陀区 2003—2007 学校布局调整方案》，撤田岙小学、小湖小学、礁潭小学和平岙小学并入台门小学，撤河泥漕小学、黄石小学和凉湖小学并入虾峙中心小学，撤新塘小学和芦花小学并入芦花中学，撤白沙小学并入朱家尖中心小学，撤葫芦小学并入沈家门第三小学，撤石柱头小学和佛渡小学并入六横中心小学。

2004 年 6 月，登步乡通过省教育强镇评估验收。至此，全区教育强镇比例达到 72.73%，人口覆盖率为 96.2%。同时，朱家尖中心小学、台门小学被评为省示范小学。是年 7 月，撤茅洋小学并入展茅中心小学。8 月，撤芦东小学并入芦花中学。

2005 年 4 月，通过省政府对普陀区“教育强区”复查评估。沈家门小学等 13 所省标准化学校创立并获省第三批现代教育技术实验学校的检查评估。

是年，虾峙中心小学完成《海洋教育》校本教材三至五年级的编印。撤东极小学并入东港小学，撤顺母小学并入朱家尖小学，撤沙岙小学并入虾峙中心小学。

是年，全区有小学 28 所，其中民办 2 所，班级 383 班，学生 15623 名。有教职工 1083 名，专任教师 955 名，其中大专以上毕业的 707 名。

2006 年，新课程“综合实践活动”、“地方课程”和“校本课程”探索工作推进。勾山中心小学等被评为省示范小学。蚂蚁岛中心学校等 3 所学校通过省标准化学校评估。

同年 7 月，撤登步中心小学并入沈家门第三小学，撤蚂蚁岛学校、塘头小学并入东港小学。小学校均规模从 627 人提高到 726 人。是年，区教育督导室完成对全区申报一至三星级学校的 27 所中、小学的认定性评估。

2008 年，东极镇通过省教育强镇验评，至此，普陀全区所有乡镇均通过省教育强镇的验评。全区十五年基础教育普及率达到 99.79%，省标准化学校比例达 85.7%。六横中心小学等被核准为省示范学校，农村义务教育阶段省示范学校比例达 88.2%。

2009 年，区教育局提出以教育“均衡、优质、和谐”为发展目标。

2010 年，沈家门城区学校布局进行调整，普陀第二中学迁到城北，沈家门第一小学、沈家门第二小学、沈家门第五小学三校合并后，建立新的沈家门第一小学，选址原普陀第二中学。城区小学布局调整，较大地改善了城区中、小学办学条件。

是年，全区有小学 21 所，其中民办 3 所，班级 359 班，学生 14658 名。教职工 1136 名，专任教师 1000 名，其中大专以上毕业的 835 名。

2011 年，区委、区政府印发《关于贯彻落实国家和浙江省中长期教育改革和发展规划纲要的实施意见》和《普陀区教育事业发展“十二五”规划》，提出“到 2015 年，普陀在全省率先实现教育现代化”。

是年，沈家门小学由“国有民办”体制转回公办体制。7 月，东港小学并入沈家门小学。

2012 年，全区学校以《关于贯彻落实国家和浙江省中长期教育改革和发展规划纲要的实施意见》和《普陀区教育事业发展“十二五”规划》为行动纲领，朝着“均衡、优质、和谐”方向，推进教育现代化建设。普陀区被授予“浙江省中小学生课外文体活动工程示范区”。

是年，域内现代海洋教育继续挖掘内涵与拓展外延，编写完成从小学到高中的《普陀海洋英语读本》，提升学生海洋素养和英语口语能力。

2013 年，对照《浙江省教育现代化县（市、区）评估操作标准》，加大创建“教育现代化县”力度，推进义务教育均衡发展，优化学校布局。撤鲁家峙小学并入沈家门第一小学。展茅中学和小学合并，称为展茅中心学校，选址展茅小学；虾峙中学和小学合并，称为虾峙学校，选址原虾峙小学；台门中学和小学合并，原校舍统筹，称为台门学校；3 所学校设置为九年一贯制学校。在部分学校开展“五四”学制试点工作。

2014 年 2 月，国务院教育督导委员会授予普陀区“全国义务教育发展基本均衡县（区）”称号。出台《关于规范实施现代海洋教育地方课程的指导意见》，统一了海洋教育读本，区教育局自主编写的《现代海洋教育读本》由上海科学技术出版社正式出版并下发到各中小学。《读本》分小学三四年级、小学五六年级、初中、高中共四册。8 月，勾山中心小学划归新城管委会。

是年，全区有小学 16 所，其中民办 1 所，班级 371 班，学生 14198 名，教职工 1127 名，专任教师 1002 名，其中大专以上学历 969 名。

至 2014 年年底，全区 19 所中、小学被认定为省义务教育标准化学校。

2001—2014 年普陀区小学情况表

表 2-20

年份	学校数（所）	班级数（班）	学生数（名）	教职工数（名）	专任教师数（名）
2001	52	485	20208	1229	1064
2002	44	435	17455	1138	995
2003	29	379	15987	1079	946
2004	29	369	15404	1050	942
2005	28	383	15623	1083	955
2006	27	367	15040	1075	961
2007	22	345	14521	1055	939
2008	24	373	15124	1125	1001
2009	23	367	14660	1117	1000
2010	21	359	14658	1136	1000
2011	20	350	13888	1117	991
2012	20	360	13967	1135	993
2013	17	377	14304	1130	1001
2014	16	371	14198	1127	1002

2014 年普陀区小学（包括九年一贯制学校的小学部分）情况表

表 2-21

校　名	校　址	学生人数（名）	班级数（班）	教职工数（名）	备　注（2014 年前被并入的学校）
沈家门小学	东港晨晖街 35 号，东校区东港海印路	3209	76	218	东港小学【东沙小学（路下沙小学、陈家后小学）、塘头中心小学（茶壶甩小学）、东极中心小学（青浜小学、黄兴小学、东福山小学）、蚂蚁岛中心学校】
沈家门第一小学	沈家门东海东路 20 号	2281	55	180	沈家门第二小学、沈家门第五小学、鲁家峙小学
沈家门第三小学	沈家门荷里路 12 号	546	15	49	登步中心小学（大岙小学、竹山学校、蛏子港小学、东湾小学）、葫芦乡中心学校
沈家门第四小学	沈家门街道中洲路 29 号	1262	31	100	沈家门第六小学、平阳中心学校（大山小学、东岙小学、芦西小学）、马峙小学

续表 2-21-1

校名	校址	学生人数(名)	班级数(班)	教职工数(名)	备注 (2014 年前被并入的学校)
舟渔学校	沈家门街道平阳浦	740	21	69	舟山海洋渔业公司职工子弟学校
朱家尖中心小学	朱家尖街道大洞岙	925	24	81	月岙小学、寺岙小学(乌石塘小学、东沙小学)、香莲小学、漳州小学、牛角湾小学、白山小学、五眼小学、东升小学、盐厂小学、朱家尖西岙中心(猫跳小学、小岙小学、箭箕湾小学、黄沙小学、里岙小学、梓岙小学、彭安小学、西峰小学)、朱家尖顺母中心小学(庙跟小学、泽山小学、俞龙小学、庙龙小学、朝阳小学、泗苏小学、红旗小学)、白沙中心学校(港里小学、大沙头小学、小沙头小学)
六横镇中心小学	六横镇峧头街	1136	30	89	石柱头小学(邵家小学)、荷花小学、东升小学、范家小学、大岙小学、坦岙小学、外岙小学、五星中心小学【双屿小学(大支小学、小岙小学、上长涂小学、下长涂小学)、五星小学、涨起港小学、积峙小学、山西小学、嵩山小学(半塘小学、小教场小学、向阳小学)】、佛渡中心小学(捕南小学、石门小学、永胜小学、东岙小学、鸡爪小学、沙岙小学)
台门学校小学部(与台门初中合并的九年一贯制学校)	六横镇台门台兴路202 号	553	17	55	田岙小学【小沙头小学、卫东小学(龙头跳小学)】、礁潭小学【大岙小学、西厂小学(外湾小学)】、下泽山小学、中央岙小学、大夹屯小学、高峰小学、平峧小学【里平峧小学(仰天岗小学)、梅峙岙小学、青山岙小学】、悬山中心小学【凉潭小学、大鱼厂小学(大箭箕小学、新厂跟小学、对面山小学、铜锣甩小学)、杨柳坑小学】、小湖中心小学【小苍洞小学、小岙小学、横安小学、苍洞小学(草鞋盘小学、三坑小学)、杜庄小学(新贺家小学)】
双塘小学	双塘社区张家塘街道 159 号	157	6	20	清联小学(清港小学、王家小学、夏家小学)、孙家小学、长山嘴小学、秃湾峧小学、青山小学(沙头小学、陈家小学)、岑山小学(滚龙岙小学、联办小学)、应家小学
龙山小学	六横镇小沙浦村口	187	6	17	棕榈湾小学、大脉坑小学、西浪嘴小学、大沙浦小学、小沙浦小学、蟑螂山小学、沙浦小学、浦西小学、五七小学(龙浦小学)
虾峙中心学校(与虾峙初中合并的九年一贯制学校)	虾峙镇大岙	142	6	26	岙口小学(石子岙小学)、庙湾小学、走马塘小学、大岙小学、庞公小学、栅棚中心小学(栅棚小学、枫树岙小学、礁岙小学、大双小学、小双小学、沙峧小学)、黄石小学(炼石小学、黄沙小学、长坑小学、对岸小学)、河泥漕小学、湖泥中心小学(东白莲小学、西白莲小学)
桃花中心学校(与桃花初中合并九年一贯制学校)	桃花镇公前村文卫路36 号	219	8	32	龙头(潭)坑小学、东海小学、庵跟小学、久菜小学(连治山小学、大石头小学)、后沙头小学(茅草屋小学、悬鹁鸪小学、鹁鸪门小学)、小山头学校【沙岙小学(上长坑小学)、客浦小学(茶山岙小学)、茅山小学、稻蓬小学】、对峙乡中心学校(龙洞小学、米鱼洋小学、磨盘小学、乌石子小学、水坑小学)
螺门小学	展茅镇螺门村龙山路	531	14	20	梁横小学、茅洋渔业小学、晓辉小学
展茅中心学校(与展茅初中合并的九年一贯制学校)	展茅街道文化路 98 号	407	12	38	田公岙小学、大使岙小学、翁家岙小学、干施岙小学、上潘孙小学小学、柴家小学、茅洋小学(松山小学、吴林小学)、横街小学

续表 2-21-2

校　名	校　址	学生人数(名)	班级数(班)	教职工数(名)	备　注 (2014 年前被并入的学校)
芦花中学小学部(九年一贯制学校)	东港街道芦花街	1245	32	29	施家岙小学、芦花小学、小蒲岙小学、大岭下小学、塔岭下小学、新塘小学(刘家湾小学)、观碶头小学、芦东小学(里山小学、南岙小学、赵家岙小学)、大蒲岙小学、红旗小学(吴家岙小学、徐家小学)
育才学校(民办)(民工子弟学校九年一贯制学校。另含向阳学校和希望学校)	沈家门街道大干村大干路 127 号 向阳学校分部址展茅镇螺门 希望学校分部址朱家尖街道顺母涂	658	18	104	育才学校、希望小学、向阳学校作三校合并统计

注:备注[ ]、( )中的学校均属并入学校。

【附录】:

普陀县(区)小学历史沿革情况表

表 2-22

<table>
<tr><th>乡镇街道区域</th><th>学校名称</th><th>校　　址</th><th>创办时间</th><th>撤并(或改名)时间</th><th>并入学校(或现校名)</th></tr>
<tr><td rowspan="10">沈家门街道</td><td>洛舵乡锐进小学校</td><td>沈家门存仁局内</td><td>民国 4 年(1915)5 月</td><td>—</td><td>—</td></tr>
<tr><td>鸣新小学校</td><td>沈家门马鸣隍庙</td><td>民国 7 年(1918)9 月</td><td>—</td><td>—</td></tr>
<tr><td>任重小学校</td><td>沈家门荷叶湾</td><td>民国 7 年(1918)9 月</td><td>—</td><td>—</td></tr>
<tr><td>文行小学校</td><td>墩头邱蓝庙内</td><td>民国 9 年(1918)2 月</td><td>—</td><td>—</td></tr>
<tr><td rowspan="2">沈家门小学</td><td>原址:沈家门镇东海中路 27 号
现址:东港街道晨晖街 35 号</td><td>1965 年 1 月</td><td>1980 年 7 月</td><td>沈家门小学</td></tr>
<tr><td colspan="4">历史沿革:创建于 1965 年 1 月,初名“沈家门镇中心小学”。1971 年,附设初中班,改名“沈家门镇中心学校”。1980 年,初中班停办,确定为县重点小学,改名“普陀区沈家门小学”。1986 年,重点小学撤销,确定为舟山地区实验小学。2001 年,体制改革转为国有民办小学,2002 年,学校迁至现址。2011 年 7 月,复转为公办小学</td></tr>
<tr><td rowspan="2">沈家门第一小学</td><td>原址:沈家门镇同济路 156 号
现址:沈家门镇东海东路 20 号</td><td>民国 17 年(1928)</td><td>2001 年 7 月</td><td>沈家门第一小学</td></tr>
<tr><td colspan="4">历史沿革:创建于民国 17 年(1928),初名“定海县公立沈家门初级小学”。民国 24 年(1935),改名“定海县立沈家门中心小学”。民国 30 年(1941),附设初中班,改名“沈家门初级中学”。民国 32 年(1943),初中停办,民国 34 年(1945),改名“沈家门镇中心国民学校”。民国 36 年(1947)10 月,改名“沈家门镇示范中心国民学校”。1950 年改名“沈家门区中心中心小学”。1953 年,改名沈家门镇第一中心小学。1962 年,抽调一部分师生在同济路德仁坊设立“沈家门第七小学”。1965 年,第七小学并入。1985 年,改名“沈家门镇第一小学”。2001 年 7 月,改名“沈家门第一小学”。2010 年 7 月,原沈家门第一小学、沈家门第二小学、沈家门第五小学三校合并,称“普陀区沈家门第一小学”</td></tr>
<tr><td rowspan="2">沈家门第二小学</td><td>沈家门镇新开路日新弄 56 号</td><td>民国 11 年(1922)</td><td>2010 年 7 月</td><td>并入沈家门第一小学</td></tr>
<tr><td colspan="4">历史沿革:创建于民国 11 年(1922),初名“闽侨私立惠群小学”,福建人陈友三等创办。民国 21 年(1932),八闽会馆又创办一所“惠英小学”。民国 22 年(1933),惠群、惠英两校合并,改名“私立惠群小学”。惠英小学为初级部,惠群小学为高级部。民国 34 年(1945),改名“私立八闽小学”。1953 年,改名“沈家门第二小学”。1970 年,学校迁至沈家门第六小学(原普陀中学体育馆址),实行“二部制”教学。1971 年,附设初中班。1977 年,迁入东河校址。1980 年,初中班并入第二初级中学。1985 年,改名“沈家门镇第二小学”。2001 年 7 月,改名“沈家门第二小学”。2010 年 7 月,并入沈家门第一小学</td></tr>
</table>

续表 2-22-1

<table>
<tr><th>乡镇街道区域</th><th>学校名称</th><th>校　　址</th><th>创办时间</th><th>撤并(或改名)时间</th><th>并入学校(或现校名)</th></tr>
<tr><td rowspan="14">沈家门街道</td><td rowspan="2">沈家门第三小学</td><td>原址:沈家门天主堂
现址:沈家门荷外黄沙湾岭下</td><td>民国 30 年(1941)</td><td>2015 年 7 月</td><td>并入沈家门小学</td></tr>
<tr><td colspan="4">历史沿革:创建于民国 30 年(1941),初名“沈家门私立克昌小学”,由天主教徒洪永川等人捐资办学。1953 年,改名“沈家门镇第三小学”。1956 年,荷外民办小学(原名沈家门镇第四小学,1952 年建于荷外羊府殿内)并入。60 年代中期,舟山水产公司职工子弟在公司办学,另在马家祠堂设立分部办班。1972 年,附设初中班。1973 年 8 月,因学校规模过大、校舍分散,原马家祠堂民办班和舟山水产公司子弟学校合并另办“沈家门荷外小学”。1979 年,附设初中班并入沈家门第二初级中学。1984 年,搬入现址与荷外小学合并,称“沈家门第三小学”,1985 年,改名“沈家门镇第三小学”,2001 年 7 月,改名“沈家门第三小学”,2015 年 7 月,并入沈家门小学</td></tr>
<tr><td rowspan="2">沈家门第四小学</td><td>原址:墩头邱蓝庙
现址:沈家门街道中洲路 29 号</td><td>民国 9 年(1920)2 月</td><td>2001 年 7 月</td><td>沈家门第四小学</td></tr>
<tr><td colspan="4">历史沿革:创建于民国 9 年(1920)2 月,初名“私立洛舵乡文行小学校”。民国 18 年(1929),改名“定海县第二区立文行初级小学”。民国 34 年(1945)下半年,改名“鸵岙乡中心国民学校”。1950 年,改名“洛舵乡中心小学”。1951 年,改名“朱蒲区中心小学”。1956 年,学校划入沈家门镇,改名为“沈家门镇第四小学”,1977 年,学校附设初中班,1980 年,初中停办,学生进入沈家门第一初级中学,2001 年 7 月,改名沈家门第四小学</td></tr>
<tr><td>马峙小学</td><td>马峙岛</td><td>抗日战争前</td><td>1990 年 9 月</td><td>并入沈家门第四小学</td></tr>
<tr><td rowspan="2">沈家门第五小学</td><td>原址:北安路大井潭旁
现址:沈家门镇泗湾路 47 号</td><td>民国 36 年(1947)</td><td>2010 年 7 月</td><td>并入沈家门第一小学</td></tr>
<tr><td colspan="4">历史沿革:创建于民国 36 年(1947),初名“私立台州小学”,由台州同乡会主办。1953 年,人民政府接管,泗湾、陈家塘 2 所村校并入,同时改名“沈家门镇第五小学”。1957 年,并入“沈家门第一小学”。1960 年,借第一小学分部重建“沈家门镇第五小学”。1961 年,迁入现校址。1970 年,附设初中班。1972 年,初中班并入“普陀第二初级中学”。2001 年 7 月,改名“沈家门第五小学”,2010 年 7 月,并入“沈家门第一小学”</td></tr>
<tr><td rowspan="2">鲁家峙小学</td><td>鲁家峙红山路 35 号</td><td>民国 26 年(1937)</td><td>2013 年 7 月</td><td>并入沈家门第一小学</td></tr>
<tr><td colspan="4">历史沿革:创建于民国 26 年(1937),初名“鲁家峙短期小学”,校址设在鲁家峙大庙内。民国 35(1946)年,改名为“鲁家峙保国民学校”。1950 年,改名“鲁家峙小学”。1967 年,庙宇旁新建校所,另设校外渔业队民办班 2 班,农业队和居委会办班各 1 班。1972 年,附设初中班,1974 年,鲁家峙初级中学并入。1980 年,在外民办班全部迁入。1982 年,中小学分设,校园中小学合用。1985 年,改名“沈家门镇鲁家峙小学”。2001 年 7 月,改名“鲁家峙小学”。2013 年 7 月,并入沈家门第一小学,原校舍为沈家门第一小学分部</td></tr>
<tr><td>沈家门第六小学(1)</td><td>沈家门陈家塘
(现沈家门一小体育馆址)</td><td>1963 年 9 月</td><td>1980 年 7 月</td><td>学校撤销,校址归普陀第二中学</td></tr>
<tr><td>沈家门第六小学(2)</td><td>沈家门东海中路 365 号</td><td>1994 年 8 月</td><td>2002 年 8 月</td><td>并入沈家门第四小学</td></tr>
<tr><td rowspan="2">平阳中心学校</td><td>普陀区大干路 127 号</td><td>1950 年 9 月</td><td>2009 年 8 月</td><td>并入沈家门第四小学</td></tr>
<tr><td colspan="4">历史沿革:创建于 1950 年 9 月,初名“鸵岙乡六、七村村校”,1953 年,改名为“大干小学”。1961 年,成为完全小学,另在平阳大队、中沙潭自然村设分部。1968 年,撤销分部。1975 年附设初中班。1978 年,水产食品厂房子赠予学校。1985 年,附设初中班停办,初中并入勾山中心学校初中部,学校改名为“沈家门镇平阳中心小学”。2006 年 8 月,并入沈家门第四小学。1—3 年级留在原校,学校为沈家门第四小学分部,2009 年全部并入沈家门第四小学</td></tr>
<tr><td>东岙小学</td><td>东岙村</td><td>20 世纪 60 年代中期</td><td>1996 年</td><td>并入平阳中心学校</td></tr>
</table>

续表 2-22-2

<table>
<tr><th>乡镇街道区域</th><th>学校名称</th><th>校　址</th><th>创办时间</th><th>撤并(或改名)时间</th><th>并入学校(或现校名)</th></tr>
<tr><td rowspan="4">沈家门街道</td><td>大山(小干)小学</td><td>大山村</td><td>50 年代末期</td><td>2001 年</td><td>并入平阳中心学校</td></tr>
<tr><td>芦西小学</td><td>芦西村</td><td>20 世纪 60 年代</td><td>1992 年</td><td>并入平阳中心学校</td></tr>
<tr><td rowspan="2">舟渔学校</td><td>沈家门平阳浦平渔路 200 号</td><td>1963 年</td><td>2008 年 7 月</td><td>舟渔学校</td></tr>
<tr><td colspan="4">历史沿革:创建于 1963 年,始与普陀县勾山公社中弄小学合办。1972 年,与中弄小学分设,改名“舟渔公司五七学校”,设高中班、初中班和小学班。1977 年,借用浙江水产学院和公司职工医院房子作教室,教学点相应分散。1978 年,高中停办。1979 年改为“舟山渔业公司职工子弟学校”。1983 年,舟渔学校小学部与初中部分设。1989 年,迁入现校址。2002 年 1 月,划归市教育局管理。2008 年 7 月,划归普陀区教育局管理,同时改名为“舟山市普陀区舟渔学校”。2013 年 9 月,复改名为“舟山市普陀舟渔学校”。2014 年 8 月,初中部撤并入沈家门第一初级中学</td></tr>
<tr><td rowspan="21">东港街道</td><td rowspan="2">东港小学</td><td>东港街道海印路 266 弄 35 号</td><td>1997 年 8 月</td><td>2011 年 7 月</td><td>并入沈家门小学</td></tr>
<tr><td colspan="4">历史沿革:创建于 1997 年 8 月,创建时原东沙小学并入。2011 年 7 月撤并入沈家门小学,校舍归属沈家门小学东校区</td></tr>
<tr><td>陈家后小学</td><td>陈家后村</td><td>1951 年 2 月</td><td>1996 年 8 月</td><td>并入东沙小学</td></tr>
<tr><td>路下沙小学</td><td>路下沙村</td><td>1962 年 8 月</td><td>1992 年 8 月</td><td>并入东沙小学</td></tr>
<tr><td>东沙小学(原黄沙湾小学)</td><td>永兴村</td><td>1950 年</td><td>1997 年 7 月</td><td>并入东港小学</td></tr>
<tr><td rowspan="2">塘头小学</td><td>塘头社区杨柳坑</td><td>民国 33 年(1944)</td><td>2007 年 7 月</td><td>并入东港小学</td></tr>
<tr><td colspan="4">历史沿革:创建于民国 33 年(1944),初称“定海县第二十四保保校”,校址设在塘头庙。民国 38(1949)年,学校停办半年。1950 年下半年复校,改名“朱蒲区展茅乡第十四村村校”。1953 年 11 月改名“展茅区塘头小学”,并转为公办。1954 年与茶壶甩村校合并,迁至塘头庙更名为“塘头乡塘头小学”。1958 年,改名“展茅公社塘头小学”。1961 年,改名“塘头公社塘头小学”。1965 年,附设渔业初中班。1971 年,改附设初中班。1972 年,改名“塘头公社中心学校”。1976 年,附设五七高中班。1978 年,高中班停办。1984 年 9 月,改名“沈家门镇塘头小学”。1985 年,改名“沈家门镇塘头中心学校”。2004 年,初中停止招生,学校改名为“塘头小学”。2007 年 7 月,并入东港小学</td></tr>
<tr><td rowspan="2">葫芦小学</td><td>葫芦乡葫芦村北端</td><td>1951 年</td><td>2003 年 7 月</td><td>并入沈家门第三小学</td></tr>
<tr><td colspan="4">历史沿革:创建于 1951 年,初称“朱家尖乡第三、六村村校”。1953 年,改名“普陀区葫芦小学”。1963 年,改名“葫芦公社中心小学”。1972 年,附设初中班。1984 年,改名“葫芦乡中心学校”。2001 年,初中班停办,学校改名为“葫芦小学”。2003 年 7 月,并入沈家门第三小学</td></tr>
<tr><td rowspan="2">芦花小学</td><td>施家岙村</td><td>民国 22 年(1933)3 月</td><td>2003 年 8 月</td><td>并入芦花中学</td></tr>
<tr><td colspan="4">历史沿革:创建于民国 22 年(1933)3 月,由施家岙缪介兹先生发起创办,校址设在施家岙小庙内,初名“定海县立芦西初级小学”。民国 33 年(1944),改名“芦花乡中心国民学校”。民国 34 年(1945)5 月,附设初中班。1950 年,改名“芦花乡中心小学”。1953 年 11 月,改称“朱蒲区施家岙小学”。1958 年 9 月,改名“芦花公社中心小学”。1982 年,初中班撤销。1983 年,新建校所,学校改名“芦花乡中心小学”。1992 年,改名“勾山镇第二小学”。2001 年,改名为“勾山街道芦花小学”。2003 年 8 月,并入芦花中学</td></tr>
<tr><td>施家岙小学</td><td>施家岙村</td><td>1953 年</td><td>1958 年</td><td>改名芦花中心小学</td></tr>
<tr><td>芦花小学</td><td>芦花沙塘村</td><td>1946 年 8 月</td><td>1983 年</td><td>并入芦花中心小学</td></tr>
<tr><td>小蒲岙小学</td><td>现城北蒲岙</td><td>1953 年</td><td>1981 年</td><td>并入芦花中心小学和新塘小学</td></tr>
<tr><td>塔岭下小学</td><td>南岙村</td><td>1953 年</td><td>1955 年 8 月</td><td>与南岙小学合并</td></tr>
<tr><td>大岭下小学</td><td>红旗村大岭下路</td><td>1945 年</td><td>1994 年</td><td>并入芦东小学</td></tr>
<tr><td>里山小学</td><td>里山村</td><td>1953 年</td><td>1992 年</td><td>并入芦东小学</td></tr>
<tr><td>南岙小学</td><td>现城北南岙村</td><td>民国 25 年(1936)</td><td>1991 年 7 月</td><td>并入芦东小学</td></tr>
<tr><td>赵家岙小学</td><td>赵家岙村</td><td>1968 年 8 月</td><td>1981 年 8 月</td><td>并入芦东小学</td></tr>
<tr><td>刘家湾小学</td><td>现城北刘家湾</td><td>民国 8 年(1919)</td><td>1956 年</td><td>改为新塘小学分部</td></tr>
</table>

续表 2-22-3

乡镇街道区域	学校名称	校　　址	创办时间	撤并(或改名)时间	并入学校(或现校名)
东港街道	吴家岙小学	现城北吴家岙	1948 年	1994 年	并入红旗小学
	观碶头小学	观碶头村	民国 32 年(1943)	1984 年	并入芦花中心小学
	芦东小学	南岙塔岭下	民国 7 年(1918)	2004 年 8 月	并入芦花中学小学部
	红旗小学	红旗村舵岙路	20 世纪 40 年代	2011 年 8 月	为勾山中心小学教学点
	新塘小学	勾山新塘	1953 年	2003 年 8 月	与红旗小学合并
	徐家小学	红旗村徐家路	1969 年	1978 年	并入红旗小学
朱家尖街道	朱家尖中心学校	朱家尖大洞岙	民国 8 年(1919)3 月	2008 年 8 年	朱家尖小学
		历史沿革:创建于民国 8 年(1919)3 月,借用大洞岙天主堂余屋开办,初名“定海县第二区区立洛驼乡第三小学”。民国 21 年(1932),学校迁至太古塘,改名“太古一小”。民国 23 年(1934),学校迁回原址,改名“启明小学”。民国 33 年(1944),迁至法喜堂。民国 35 年(1946)春,改名“朱家尖乡中心国民学校”。1950 年 5 月,改名“朱蒲区朱尖乡中心小学”。1953 年,改名“普陀区中心小学”。1956 年,改名“庙跟乡中心小学”。1958 年,附设农中班。1959 年 10 月,改名为“朱家尖公社中心小学”。1961 年,改名“朱家尖区中心小学”。1967 年,又改名为“朱家尖公社中心小学”。1968 年,改名“工农兵小学”。1974 年,大洞岙小学建造,工农兵小学最后一班学生并入大洞岙小学。1978 年秋,大洞岙小学改名“朱家尖公社中心学校”,并附设初中班。1979 年,迁入现校址,并改名“朱家尖区中心学校”。1981 年,初中班停办,小学从原大洞岙迁入。1985 年,改名“朱家尖乡中心学校”。1987 年,改名为“朱家尖乡中心小学”,1992 年 7 月,改名“朱家尖镇中心小学”。2008 年,改名为“朱家尖小学”			
	洛驼乡区立第二小学	香和庙内	民国 2 年(1913)2 月	20 世纪 40 年代初	改名月岙小学
	月岙小学	月岙村	20 世纪 40 年代初	2000 年 8 月	并入朱家尖中心小学
	寺岙小学(东风小学)	寺岙村	抗日战争末期	1999 年 8 月	并入朱家尖中心小学
	东沙小学	东沙村	1963 年	1989 年 7 月	并入寺岙小学
	乌石塘小学	乌石塘村	1959 年 9 月	1999 年 7 月	并入寺岙小学
	香莲小学	香莲村	1952 年	1994 年 9 月	并入朱家尖小学
	樟州小学	樟州村	1952 年	1994 年 9 月	并入朱家尖小学
	牛角湾小学	牛角湾村	1961 年 9 月	1971 年	并入向民小学
	白山小学(红山小学)	白山村	民国 33 年(1944)9 月	1994 年 8 月	并入朱家尖小学
	五眼小学	五眼村	1957 年	1997 年 9 月	并入朱家尖中心小学
	东升小学	东升村	1963 年 9 月	1979 年 2 月	并入月岙小学
	盐厂小学	盐厂村	1970 年 2 月	1979 年 9 月	并入香莲小学
	西岙乡中心小学	高涂岙	民国 37 年(1948)	2003 年 8 月	并入朱家尖中心小学
		历史沿革:创建于民国 37 年(1948),初名“朱家尖乡第十一保保校”。1953 年 11 月,改名为“普陀区黄沙小学”。1961 年,改名为“西岙公社中心小学”,里岙小学并入,校舍从黄沙迁至梓岙庵堂。1963 年,笥箕湾小学改为“西岙公社中心小学”,原中心小学改为“西岙小学”。1970 年,附设初中班。1971 年,附设初中和牛角湾小学以及黄沙小学的梓岙大队学生并入,中学部称“为民中学”,小学部称“向农小学”,总称“向民学校”。1975 年,学校规模扩大,将梓岙大队学生分出新建梓岙大队小学。1978 年,重建牛角湾小学,原向民学校中学部为“西岙公社中心学校”。1983 年,牛角湾小学为中心学校分部。1984 年,初中部迁至新校舍,为中心学校分部,牛角湾分部并入中心学校内,改名“西岙乡中心学校”。1985 年,初中部撤销,学生并入朱家尖中学,学校改名为“西岙乡中心学校”。1992 年,改名为“西岙乡中心小学”。1993 年,改名“朱家尖第三小学”。2003 年 8 月,并入朱家尖镇中心小学			
	小岙小学	小岙村	1953 年	1990 年 9 月	西岙中心小学
	猫跳小学	猫跳村	1964 年	1988 年	并入西岙乡中心小学

续表 2-22-4

<table>
<tr><th>乡镇街道区域</th><th>学校名称</th><th>校　　址</th><th>创办时间</th><th>撤并(或改名)时间</th><th>并入学校(或现校名)</th></tr>
<tr><td rowspan="20">朱家尖街道</td><td>筲箕湾小学</td><td>筲箕湾村</td><td>1952 年春</td><td>1998 年</td><td>并入朱家尖中心小学</td></tr>
<tr><td>黄沙小学</td><td>黄沙村</td><td>民国 37 年(1948)</td><td>1999 年</td><td>并入朱家尖镇第三小学</td></tr>
<tr><td>里岙小学</td><td>里岙村</td><td>1956 年</td><td>1996 年</td><td>并入朱家尖镇第三小学</td></tr>
<tr><td>梓岙小学</td><td>梓岙村</td><td>1975 年</td><td>1983 年</td><td>并入西岙中心学校</td></tr>
<tr><td>彭安小学</td><td>彭安村</td><td>1966 年春</td><td>1989 年</td><td>并入西岙中心小学</td></tr>
<tr><td>西峰小学</td><td>西峰岙</td><td>1946 年</td><td>1987 年秋</td><td>并入西岙中心小学</td></tr>
<tr><td rowspan="2">顺母乡中心小学</td><td>顺母乡馒头岐村</td><td>民国 37 年(1948)</td><td>2005 年 8 月</td><td>朱家尖小学</td></tr>
<tr><td colspan="4">历史沿革:民国37年(1948)春,方家仲创办,初名“顺咸涂渔民小学”。1950年6月,迁至龙兴村余府庙,改名“朱家尖乡第十六、十七村村校”。1953 年,改名“普陀区顺母涂小学”。1961 年,改名“顺母公社中心小学”。1982年,迁至新建校所。1984年,改名“顺母乡中心小学”。1992年,改名“朱家尖第二小学”。2005 年 8 月,并入朱家尖小学</td></tr>
<tr><td>庙跟小学(红卫小学)</td><td>庙跟村</td><td>民国 30 年(1941)</td><td>1999 年 8 月</td><td>并入朱家尖镇中心小学</td></tr>
<tr><td>泽山小学(红峰小学)</td><td>下泽山村</td><td>新中国成立初期</td><td>1992 年 9 月</td><td>并入庙跟小学</td></tr>
<tr><td>俞龙小学(卫东小学)</td><td>俞龙村</td><td>20 世纪 60 年代中期</td><td>1992 年 7 月</td><td>并入朱家尖镇第二小学</td></tr>
<tr><td>庙龙小学(前进小学)</td><td>庙龙村</td><td>1960 年 9 月</td><td>1982 年</td><td>并入顺母中心小学</td></tr>
<tr><td>朝阳小学</td><td>龙兴村</td><td>1968 年 9 月</td><td>1978 年</td><td>并入红旗小学</td></tr>
<tr><td>泗苏小学</td><td>泗苏村</td><td>新中国成立初期</td><td>1994 年</td><td>并入朱家尖镇第二小学</td></tr>
<tr><td>红旗小学</td><td>馒头岐村</td><td>1972 年</td><td>1979 年</td><td>并入顺母公社中心小学</td></tr>
<tr><td rowspan="2">白沙乡中心小学</td><td>白沙村后沙头</td><td>民国 37 年(1948)</td><td>2003 年 8 月</td><td>并入朱家尖小学</td></tr>
<tr><td colspan="4">历史沿革:民国 37 年(1948)创建,初称“朱家尖乡第十四保保校”。1950 年 6 月,改名为“朱家尖乡第十四村村校”。1953 年 11 月,改名为“普陀区大沙头小学”,校址设在大沙头天后宫。1962 年 12 月,改名“白沙公社中心小学”。1964 年,学校从天后宫迁至民房。1968 年新建。1970 年,附设初中班。1976 年,借用部队营房办学。1977 年,附设五七高中,1979 年,迁入现址新建校所。1985 年,附设初中班撤销,学生并入朱家尖中学,学校改名“白沙乡中心小学”。2003 年 8 月,并入朱家尖镇中心小学</td></tr>
<tr><td>港里小学</td><td>白沙港里村</td><td>1956 年 9 月</td><td>2001 年 7 月</td><td>并入白沙乡中心小学</td></tr>
<tr><td>大沙头小学</td><td>大沙头村</td><td>1948 年</td><td>1962 年</td><td>改名白沙公社中心小学</td></tr>
<tr><td>小沙头小学</td><td>小沙头村</td><td>1964 年 8 月</td><td>1968 年</td><td>并入白沙公社中心小学</td></tr>
<tr><td rowspan="7">展茅街道</td><td rowspan="2">展茅中心小学</td><td>展茅街道文化路 98 号</td><td>民国 22 年(1933)</td><td>2013 年 1 月</td><td>展茅中心学校</td></tr>
<tr><td colspan="4">历史沿革:民国 22 年(1933),由张孝根创办,初名“私立启后小学”,校址在张家祠堂南侧。民国 33 年(1944),改名“展茅镇中心国民学校”。民国 37 年(1948),张家祠堂重建,学校迁至大展都官庙。1950 年 3 月,迁回原址,8 月,改名为“朱蒲区展茅乡中心小学”。1953 年 11 月,改名“展茅区中心小学”。1959 年 7 月,改名“展茅公社中心小学”。1970 年,中心小学改名“张家大队小学”。1978 年,与展茅中学合并迁至横街大队,改名为“展茅公社中心学校”。1982 年,中小学分设,小学迁回张家祠堂。1984 年 9 月,迁入新校舍。1988 年,改名“展茅镇中心小学”。1997 年,学校迁址横街村文化路 3 号,是年,撤柴家、横街、干施岙、翁家岙、上潘孙、田公岙、大使岙等村小,并入展茅中心小学。2004 年 7 月,茅洋小学并入展茅中心小学。2013 年 1 月,展茅中心小学与展茅初级中学合并,成为九年一贯制学校</td></tr>
<tr><td>田公岙小学</td><td>田公岙村</td><td>1935 年</td><td>1997 年 7 月</td><td>并入展茅中心小学</td></tr>
<tr><td>大使岙小学</td><td>大使岙村</td><td>1949 年</td><td>1997 年 7 月</td><td>并入展茅中心小学</td></tr>
<tr><td>茅洋小学</td><td>庙后村</td><td>1938 年</td><td>2004 年 7 月</td><td>并入展茅中心小学</td></tr>
<tr><td>翁家岙小学</td><td>翁家岙村</td><td>1949 年</td><td>1994 年 7 月</td><td>并入展茅中心小学</td></tr>
<tr><td>干施岙小学</td><td>干使岙村</td><td>1949 年</td><td>1994 年 7 月</td><td>并入展茅中心小学</td></tr>
</table>

续表 2-22-5

<table>
<tr><th>乡镇街道区域</th><th>学校名称</th><th>校　　址</th><th>创办时间</th><th>撤并(或改名)时间</th><th>并入学校(或现校名)</th></tr>
<tr><td rowspan="10">展茅街道</td><td>上潘孙小学</td><td>上潘孙村</td><td>1953 年</td><td>1997 年 7 月</td><td>并入展茅中心小学</td></tr>
<tr><td>柴家小学</td><td>柴　家</td><td>1938 年</td><td>1984 年</td><td>并入展茅中心小学</td></tr>
<tr><td>松山小学</td><td>松山村</td><td>1959 年</td><td>1986 年</td><td>并入茅洋小学</td></tr>
<tr><td>林吴小学</td><td>林吴村</td><td>1963 年 2 月</td><td>1985 年</td><td>并入茅洋小学</td></tr>
<tr><td>横街小学</td><td>横街村</td><td>1970 年</td><td>1984 年</td><td>并入展茅中心小学</td></tr>
<tr><td rowspan="2">螺门小学</td><td>原址:展茅乡螺头龙门庙
现址:螺门社区龙门路 106 号</td><td>民国 8 年(1919)2 月</td><td>2001 年 8 月</td><td>展茅街道螺门小学</td></tr>
<tr><td colspan="4">历史沿革:创建于民国 8 年(1919 年)2 月,由史玉林创办,初名为“定海县第二区区立展茅乡孟晋小学”。民国 18 年(1929),称“私立孟晋初级小学”。民国 33 年(1944),改名“螺门保国民学校”。1950 年 9 月,改名“展茅乡第四、五村村校”。1953 年 11 月,改名为“螺门小学”。1961 年,更名为“螺门公社中心小学”。1966 年,学校附设初中班。1968 年,学校迁至现址。1983 年中小学分设。1987 年,改名为“螺门乡中心小学”;2001 年,撤乡并镇后改称“展茅街道螺门小学”</td></tr>
<tr><td>梁横小学</td><td>梁横村</td><td>1953 年</td><td>1988 年 2 月</td><td>并入螺门乡中心小学</td></tr>
<tr><td>茅洋渔业小学</td><td>茅洋渔业村</td><td>1974 年 8 月</td><td>2000 年 7 月</td><td>并入螺门乡中心小学</td></tr>
<tr><td>晓辉小学</td><td>晓辉村</td><td>1974 年 8 月</td><td>1994 年 7 月</td><td>并入螺门乡中心小学</td></tr>
<tr><td rowspan="11">勾山街道</td><td rowspan="2">勾山中心小学</td><td>勾山街道曙光路 109 号</td><td>民国 10 年(1921)1 月</td><td>2014 年 9 月</td><td>改名“舟山市勾山小学”</td></tr>
<tr><td colspan="4">历史沿革:民国 10 年(1921)1 月,由勾山乡李家塘乡绅李掘子捐建创办,初名“私立延武小学校”。民国 18 年(1929),改称“私立延武初级小学”。民国 28 年(1939),日军侵占舟山,学校被迫停办,直至民国 33 年(1944)复校。民国 35 年(1946),由李泉成在民国 25 年(1936)创办的“勾山上和庙小学”与延武小学合并,定名“蒲岙乡中心国民学校”,延武小学为分部。1950 年,人民政府接管,改名为“朱蒲区蒲岙中心小学”。1953 年 11 月,改名“朱蒲区勾山小学”。1957 年,分部(延武小学)撤销。1961 年 5 月,改名“勾山公社中心小学”。1969 年,公社中心小学撤销,低段学生办到大队,高段仍在原中心小学校所,称“联办小学”。1973 年,联办小学撤销,校舍归勾山中学。1978 年 8 月,曙光大队小学与勾山中学合并,复建“勾山公社中心学校”。1983 年 9 月,中小学分设。1984 年学校改名为“勾山乡中心小学”。1992 年,改名“勾山镇中心小学”。2005 年 8 月,改名为“勾山中心小学”。2014 年 8 月,划归市属管理</td></tr>
<tr><td>芦蒲乡竞明小学</td><td>芦蒲乡塔岭下孟嘉庙内</td><td>民国 7 年 8 月</td><td>1950 年</td><td>改称芦东小学</td></tr>
<tr><td>泉水岙小学</td><td>泉水岙村</td><td>1969 年</td><td>1980 年</td><td>勾山公社中心学校</td></tr>
<tr><td>黄雉小学</td><td>黄雉村</td><td>1969 年</td><td>1983 年</td><td>勾山公社中心学校</td></tr>
<tr><td>蒲东小学</td><td>蒲东村</td><td>1969 年</td><td>1983 年</td><td>勾山公社中心学校</td></tr>
<tr><td>新花小学</td><td>新花村</td><td>1969 年</td><td>1984 年</td><td>勾山公社中心学校</td></tr>
<tr><td>外勾山小学</td><td>外勾山村</td><td>1969 年</td><td>1983 年</td><td>勾山公社中心学校</td></tr>
<tr><td>联办小学</td><td>蒲岙村</td><td>1979 年</td><td>2001 年 8 月</td><td>勾山中心小学</td></tr>
<tr><td>大蒲岙小学</td><td>大蒲岙</td><td>1956 年</td><td>1971 年</td><td>勾山公社中心学校</td></tr>
<tr><td>山潭小学</td><td>山潭村</td><td>20 世纪 40 年代</td><td>1960 年</td><td>改称“红旗小学”</td></tr>
<tr><td rowspan="3">六横镇</td><td rowspan="2">六横镇中心小学</td><td>原址:峧头义火祠
现址:六横镇峧头东海路 128 号</td><td>民国 2 年(1913)2 月</td><td>2001 年 7 月改称</td><td>峧头镇中心小学</td></tr>
<tr><td colspan="4">历史沿革:创建于民国 2 年(1913)2 月,初名“定海县第六区区立东靖乡第一小学校”。民国 18 年(1929),改名为“东靖第一初级小学”。民国 36 年(1947),改称“上庄乡第一中心国民小学”。1951 年 3 月,改名“六横区中心小学”。1967 年 2 月,改名“峧头公社中心小学”。1979 年 8 月,改名“六横中心学校”。1985 年 1 月,改名“峧头乡中心小学”。1986 年 8 月,改名“峧头镇中心小学”。2001 年 7 月,改名为“六横镇中心小学”</td></tr>
<tr><td>石柱头小学</td><td>石柱头村</td><td>20 世纪 60 年代初</td><td>2003 年 7 月</td><td>并入峧头镇中心小学</td></tr>
</table>

续表 2-22-6

乡镇街道区域	学校名称	校　　址	创办时间	撤并（或改名）时间	并入学校（或现校名）
六横镇	荷花小学	荷花村	20 世纪 60 年代初	1978 年 8 月	并入峧头公社中心小学
	邵家小学	邵家村	1953 年	1978 年 8 月	并入石柱头小学
	东升小学	东升村	新中国成立初期	1978 年 8 月	并入峧头公社中心小学
	范家小学	范家村	20 世纪 60 年代初	1978 年 8 月	并入峧头公社中心小学
	大岙小学	大岙村	新中国成立初期	20 世纪 80 年代末	并入峧头镇中心小学
	坦岙小学	坦岙村	20 世纪 60 年代初	1978 年 8 月	并入峧头公社中心小学
	外岙小学	外岙村	20 世纪 60 年代初	1978 年 8 月	并入峧头公社中心小学
	佛渡乡中心小学	佛渡乡川江村	民国 29 年（1940）	2003 年 8 月	并入六横镇中心小学
		历史沿革：创建于民国 29 年（1940），初名“上庄乡佛渡保国民学校”。1950 年，改名为“六横区佛渡乡第十八村村校”。1953 年，改名为“六横区佛渡小学”。1961 年，改名“佛渡公社中心小学”。1967 年，附设初中班，1971 年，改名“佛渡公社中学”。1975 年附设五七高中班。1977 年，高中停办，改名“佛渡公社中心学校”。1987 年，初中班撤并到六横中学，学校改名“佛渡乡中心小学”。2003 年 8 月，并入六横镇中心小学			
	捕南小学	捕厂湾村	1950 年	1995 年 8 月	并入佛渡乡中心小学
	石门小学	石门村	1945 年	1995 年 8 月	并入佛渡乡中心小学
	永胜小学	永胜村	20 世纪 60 年代末	1982 年 8 月	并入佛渡乡石门小学
	东岙小学	东岙村	20 世纪 60 年代	1982 年 8 月	并入佛渡乡中心小学
	鸡爪小学	鸡爪村	1965 年	1984 年 8 月	并入佛渡乡中心小学
	沙岙小学	沙岙村	20 世纪 60 年代	1984 年 8 月	并入佛渡乡中心小学
	五星中心小学	五星社区嵩山村半塘	民国 13 年（1924）4 月	2008 年 2 月	并入六横镇中心小学
		历史沿革：创建于民国 13 年（1924）4 月，初名“私立嵩阳初级小学”。民国 21 年（1932），改名“横皮塘小学”。民国 29 年（1940），改名“上庄乡第二中心小学”。民国 32—34 年（1943—1945），改名“西安乡中心小学”和“积峙乡中心小学”。民国 36 年（1947），改名“上庄乡第二中心国民小学”。1950 年，改名“横皮塘小学”。1952 年，改名“嵩山小学”。1961 年，改名“五星公社中心小学”。1975 年，附设初中班。1983 年，附设初中班撤销。1984 年，改名“五星乡中心小学”。1986 年 8 月，改名“五星小学”。1992 年改名为“峧头镇第三小学”。2001 年改名“六横镇五星小学”。2008 年 1 月，并入六横镇中心小学			
	五星小学	六横横皮塘村	1982	1994	并入峧头镇第三小学
	双屿小学	协丰村	1994 年 8 月	2002 年 7 月	并入五星中心小学
	涨起港小学	涨起港村	新中国成立初期	2001 年 7 月	并入五星中心小学
	积峙小学	积峙村	1938 年	1986 年 8 月	并入五星中心小学
	山西小学	山西村	新中国成立初期	1986 年 8 月	并入五星中心小学
	嵩山小学	嵩山村	1950 年	1986 年 8	并入五星中心小学
	半塘小学	半塘村	新中国成立初期	70 年代末	并入嵩山小学
	小教场小学	小教场村	新中国成立初期	70 年代末	并入嵩山小学
	向阳小学	万金村	新中国成立初期	1986 年	并入五星中心小学
	大支小学	大支村	1942 年	1979 年	与小岙小学合并
	小岙小学（协丰小学）	小岙村（协丰村）	新中国成立初期	1994 年 8 月	改名双屿小学
	上长涂小学	上长涂村	20 世纪 60 年代初	70 年代末	并入小岙小学
	台门小学	台门台兴路 202 号	民国 28 年（1939）	2013 年 8 月	六横镇台门学校
		历史沿革：创建于民国 28 年（1939），初名“永和乡礁潭小学”。民国 30 年（1941），改名“永和乡中心小学”。民国 32 年（1943），改名“礁潭小学”。1953 年，改名“下庄区辅导中心小学”。1961 年，改名“礁潭公社中心学校”。1984 年，中小学分设，小学改名“礁潭乡中心小学”。1986 年 5 月，迁入台门镇燕子窝，改名“台门镇中心小学”。2001 年，改名“六横镇台门小学”。2013 年，与原台门初级中学合并改为“六横镇台门学校”			

续表 2-22-7

乡镇街道区域	学校名称	校　址	创办时间	撤并(或改名)时间	并入学校(或现校名)
六横镇	东靖乡区立第四小学校	中央岙村	民国 9 年 3 月	—	—
	田岙小学	田岙村	1949 年	2003 年 8 月	并入台门镇中心小学
	礁潭小学	礁潭村	1967 年	2003 年 8 月	并入台门镇中心小学
	西厂小学	里外湾村	1967 年	1992 年 8 月	并入台门镇礁潭小学
	外湾小学	外湾村	1967 年	1974 年 8 月	并入西厂小学
	下宅山小学	下宅山村	1967 年	1974 年 8 月	并入高峰小学
	中胜小学	中胜村	1920 年	1984 年 8 月	并入台门镇中心小学
	大夹苍小学	大夹苍村	1964 年	1984 年 8 月	并入台门镇中心小学
	高峰小学	大岙村	1967 年	1992 年 8 月	并入台门镇中心小学
	小沙头小学	小沙头村	20 世纪 50 年代末	1970 年 8 月	并入田岙小学
	龙头跳小学	龙头跳村	1968 年	1982 年 7 月	并入卫东小学
	卫东小学	卫东村	1974 年	1985 年 7 月	并入田岙小学
	平峧小学	平峧乡外平峧村	民国 8 年(1919)4 月	2003 年 8 月	并入六横镇台门小学
		历史沿革:创建于民国 8 年(1919)4 月,初名“定海县东靖乡区立第三小学”,校址设在平峧林府庙内,民国 19 年(1930)停办。民国 24 年(1935),重建小学改名“平峧小学”。1961 年,改名“平峧公社中心小学”。1970 年,附设初中班,改名“平峧公社中心学校”。1975 年,附设五七高中班。1984 年,附设初中班撤销,改名“平峧中心小学”。1986 年,改名“平峧小学”。1992 年,改名为“台门镇第三小学”。2001 年,改名为“六横镇平峧小学”。2003 年 8 月,并入六横镇台门小学			
	里平峧小学	平峧乡里平峧村	民国 8 年(1919)	1984 年 8 月	并入平峧中心小学
	梅峙岙小学	平峧乡梅峙岙村	民国 25 年(1936)	1982 年 8 月	并入平峧中心小学
	仰天岗小学	平峧乡仰天岗村	1967 年	1973 年 8 月	并入里平峧小学
	青山岙小学	平峧乡青山岙村	1964 年	1982 年 8 月	并入平峧中心小学
	悬山小学	悬山乡马跳头村	1952 年 3 月	2000 年 8 月	并入台门镇中心小学
		历史沿革:创建于 1952 年 3 月,初名“马跳头小学”。1961 年,改名“悬山公社中心小学”。1971 年,附设初中班。1984 年,改名“悬山乡中心学校”。1991 年,改名“马跳头小学”,1992 年,改名为“台门镇第四小学”。2000 年 8 月,并入台门镇中心小学			
	大箬箕小学	大箬箕村	1950 年	1974 年 8 月	并入大鱼厂小学
	凉潭小学	凉潭村	民国 28 年(1939)	1998 年 8 月	并入台门镇中心小学
	新厂跟小学	新厂跟村	1951 年	1985 年 8 月	并入大鱼厂小学
	大鱼厂小学	大鱼厂村	1963 年	2000 年 8 月	并入台门镇中心小学
	对面山小学	对面山村	1950 年	1992 年 8 月	并入大鱼厂小学
	杨柳坑小学	杨柳坑村	1964 年	1989 年 8 月	并入悬山中心学校
	铜锣甩小学	铜锣甩	1964 年	1984 年 8 月	并入大鱼厂小学
	小湖乡中心学校	小湖乡小湖村	民国 32 年(1943)	2003 年 8 月	并入六横镇台门小学
		历史沿革:创建于民国 32 年(1943),初名“东靖乡第七保小湖小学”。1950 年 2 月,改名“杜庄乡小湖小学”。1961 年,改名为“小湖公社中心学校”。1984 年,改名“小湖乡中心学校”。1992 年,改名“台门第二小学”。2001 年,改名“六横镇小湖小学”。2003 年,8 月并入六横镇台门小学			
	小苍洞小学	小苍洞村	1952 年	1978 年 7 月	并入小湖乡中心学校
	小岙小学	小岙村	1967 年	1978 年 7 月	并入小湖乡中心学校
	横安小学	横安村	1967 年	1978 年 7 月	并入小湖乡中心学校
	草鞋盘小学	草鞋盘村	1952 年	1978 年 7 月	并入苍洞小学
	苍洞小学	小苍洞村	民国 36 年(1948)	2000 年 8 月	并入台门镇中心小学
	三坑小学	三坑村	1973 年	1978 年 7 月	并入苍洞小学

续表 2-22-8

乡镇街道区域	学校名称	校　　址	创办时间	撤并（或改名）时间	并入学校（或现校名）
六横镇	杜庄小学前身“三近小学校”	杜庄村	民国 9 年（1920）2 月	2001 年 8 月	并入台门镇中心小学
	新贺家小学	小湖贺家村	1967 年	1978 年 7 月	并入杜庄小学
	龙山小学	小沙浦村口	1950 年 2 月	2005 年 8 月	六横镇龙山小学
		历史沿革：创建 1950 年 2 月，初名“上庄乡第二中心小学”。1953 年 11 月，改名“六横区龙山小学”。1961 年，改名“龙山公社中心小学”，附设农业中学班，1977 年，初中部迁出。1980 年，附设初中班。1984 年，改名“龙山乡中心学校”。1989 年，中小学分设，小学名为“龙山乡中心小学”。1992 年，改名为“峧头镇第二小学”。1997 年 2 月，中小学合并，改名“龙山初级中学”，2005 年 8 月，初中部并入峧头初级中学，小学改名为“六横镇龙山小学”			
	正新小学校	龙山大浦村	民国 9 年（1920）2 月	1964 年	称大沙浦小学
	棕榈湾小学	棕榈湾村	1950 年	1998 年 8 月	并入龙山初级中学
	大脉坑小学	大脉坑村	1964 年	1986 年 8 月	并入龙山乡中心学校
	西浪咀小学	西浪咀村	1964 年	1986 年 8 月	并入龙山乡中心学校
	大沙浦小学	大沙浦村	1964 年	1982 年 8 月	并入龙山公社沙浦小学
	小沙浦小学	小沙浦村	1964 年	1988 年 8 月	并入龙山乡中心学校
	蟑螂山小学	蟑螂山村	1966 年	1982 年 8 月	并入龙山公社中心小学
	沙浦小学	沙浦村	1966 年	1988 年 8 月	并入龙山乡中心学校
	浦西小学	浦西村	1963 年	1988 年 8 月	并入龙山乡中心学校
	五七小学（龙浦小学）	龙浦村	1966 年	1988 年 8 月	并入龙山乡中心学校
	龙山小学	龙山村	1978 年	1988 年	龙山乡中心学校
	双塘乡中心学校	双塘张家塘	民国 22 年（1933）	2004 年 8 月	改名六横镇“双塘中心学校”
		历史沿革：创建于民国 22 年（1933），初名“定海县立人柱小学”，校址设在双塘庙内。1951 年，学校迁到张家塘顺和车，改名“张家塘小学”。1953 年，改名“六横区双塘中心小学”。1961 年，改名“双塘公社中心小学”。1963 年，改称“双塘公社联办小学”。1964 年，附设双塘公社农业中学。1983 年，中小学分设，改名“双塘乡中心小学”。2001 年 8 月，改名“六横镇双塘小学”。2004 年 8 月，改名“六横镇双塘中心学校”			
	东靖乡区立第二小学校	清港青山庙内	民国 4 年　（1915）9 月	1953 年	改名清港小学
	清港小学	清港村	1953 年	1979 年	与联群小学合并改名清联小学
	清联小学	清港村	1979 年	1997 年 8 月	并入双塘乡中心小学
	长山嘴小学	长山嘴村	1958 年	1979 年	并入双塘公社中心小学
	秃湾峧小学	秃湾峧村	1958 年	1961 年	并入双塘公社中心小学
	青山小学	仰天村	1955 年	2001 年 9 月	并入双塘乡中心小学
	岑山小学	岑山村	1955 年	2002 年 9 月	并入双塘乡中心小学
	孙家小学	孙家村	1958 年	1980 年	并入双塘公社中心小学
	沙头小学	大沙头村	1968 年	1980 年	并入青山小学
	红心小学（滚龙岙小学）	滚龙岙	1955 年	1981 年	并入岑山小学
	干岩小学	干岩村	1968 年	1979 年	与夏家小学合并成联办小学
	应家小学	应家塘村	1968 年	1979 年	并入双塘公社中心小学
	王家小学	王家村	1968 年	20 世纪 70 年代初	改名联群小学
	夏家小学	夏家村	1968 年	1979 年	与干岩小学合并成联办小学
	陈家小学	陈家村	1968 年	1971 年	并入青山小学
	联办小学	干岩村	1979 年	1983 年	分别并入岑山与青山小学

续表 2-22-9

<table>
<tr><th>乡镇街道区域</th><th>学校名称</th><th>校　　址</th><th>创办时间</th><th>撤并（或改名）时间</th><th>并入学校（或现校名）</th></tr>
<tr><td rowspan="24">虾峙镇</td><td rowspan="2">虾峙镇中心小学</td><td>原址：虾峙南岙
现址：虾峙南岙四区 18 号</td><td>民国 2 年（1913）1 月</td><td>2013 年 7 月</td><td>改名“普陀区虾峙学校”</td></tr>
<tr><td colspan="4">历史沿革：创建于民国 2 年（1913）1 月，借用南岙民房开办，初名“定海县第六区灵和乡东明小学校”。民国 19 年（1930）2 月，迁至大岙沙头圣塘庙内，改名为“灵和乡东昌小学”。民国 31（1942）年 2 月，改名为“虾峙灵和乡中心国民学校”。1950 年，人民政府接管学校，改名为“定海县六横区虾峙乡中心小学”。1957 年秋，附设渔业初中班。半年后渔业初中班迁至三官殿单独办学，并改名为“虾峙水产中学”。1958 年 10 月，改名为“虾峙公社第一中心小学”。1961 年 7 月，改名为“虾峙区中心小学”。1968 年，中心小学撤销，改名为“南岙小学”。1970 年春，附设初中班。1976 年，附设五七高中 1 班。1978 年，恢复“虾峙公社中心学校”名称。翌年，五七高中并入虾峙中学。1980 年，学校改名为“虾峙区中心学校”。1982 年 6 月，附设初中班并入虾峙中学。1985 年 9 月，撤销区中心学校，成立区教育办公室，学校改名为“虾峙乡中心小学”。1988 年 9 月，改名“普陀区虾峙镇中心小学”。2013 年 7 月，与虾峙中学合并改名为“普陀区虾峙学校”。2014 年，初中部归沈家门第一初级中学管理</td></tr>
<tr><td>岙口小学</td><td>岙口村</td><td>1947 年</td><td>2001 年 8 月</td><td>并入虾峙镇中心小学</td></tr>
<tr><td>石子岙小学</td><td>石子岙村</td><td>1964 年</td><td>1987 年</td><td>并入岙口小学</td></tr>
<tr><td>庙湾小学</td><td>庙湾村</td><td>1964 年</td><td>1985 年</td><td>并入虾峙镇中心小学</td></tr>
<tr><td>走马塘小学</td><td>走马塘村</td><td>1940 年</td><td>1989 年</td><td>并入虾峙镇中心小学</td></tr>
<tr><td>大岙小学</td><td>大岙村</td><td>1958 年</td><td>1982 年</td><td>并入虾峙镇中心小学</td></tr>
<tr><td>庞公小学</td><td>庞公村</td><td>1940 年</td><td>1982 年</td><td>并入虾峙镇中心小学</td></tr>
<tr><td rowspan="2">栅棚乡中心小学</td><td>栅棚乡沙峧村</td><td>民国 2 年（1913）</td><td>2004 年 8 月</td><td>并入“虾峙镇中心小学”</td></tr>
<tr><td colspan="4">历史沿革：创办于民国 2 年（1913），初名“定海县第六区区立灵和乡东成小学校”，校址设在栅棚玄坛庙内。民国 18 年（1929），改称“灵和乡第三初级小学”。民国 21 年（1932），成立校董会。民国 25 年（1936），更名为“区立栅棚初级小学”，校址迁至村乐家堂屋，翌年迁回玄坛庙。民国 27—28 年（1938—1939）间，因战乱停办。民国 32 年（1943）复课，改名“灵和乡第三保国民学校”。1950 年，改名为“六横区虾峙乡第十三村村校”。1953 年 11 月，改名为“虾峙区栅棚小学”。1958 年，学校迁至沙峧村，与沙峧小学合并。1961 年，改名“栅棚公社中心小学”。1972 年，附设初中班。1983 年，中小学分设。1984 年，改名为“栅棚乡中心小学”。1987 年，栅棚、枫树岙小学三年级以上学生并入。1992 年改名为“虾峙镇第二小学”，2001 年改名为“虾峙镇沙峧小学”。2005 年 8 月，并入“虾峙镇中心小学”</td></tr>
<tr><td>栅棚小学</td><td>栅棚村</td><td>1954 年</td><td>1994 年</td><td>并入栅棚中心小学</td></tr>
<tr><td>枫树岙小学</td><td>枫树岙村</td><td>1953 年</td><td>1992 年</td><td>并入栅棚中心小学</td></tr>
<tr><td>礁岙小学</td><td>礁岙村</td><td>新中国成立初期</td><td>1995 年</td><td>并入栅棚中心小学</td></tr>
<tr><td>大双小学</td><td>大双村</td><td>1945 年</td><td>2001 年 8 月</td><td>并入栅棚中心小学</td></tr>
<tr><td>小双小学</td><td>小双村</td><td>1951 年</td><td>1985 年</td><td>并入栅棚中心小学</td></tr>
<tr><td>沙峧小学</td><td>沙峧村</td><td>1951 年</td><td>2005 年 7 月</td><td>并入栅棚中心小学</td></tr>
<tr><td rowspan="2">凉湖小学（黄石乡中心小学）</td><td>凉湖村</td><td>民国 14 年（1925）</td><td>2003 年 8 月</td><td>并入“虾峙镇中心小学”</td></tr>
<tr><td colspan="4">历史沿革：民国 14 年（1925），由凉湖村村民自发集资借用民房创办。翌年，迁至财神殿。抗日战争胜利后，学校定名“虾峙乡第四、五保国民学校”。1950 年，改名“虾峙乡第五村村校”。1953 年 11 月，改名“虾峙区凉湖小学”。1958 年，迁至凉湖大队张家塘村，并与对岸、长坑、河泥漕小学合并称“虾峙公社长河小学”。1961 年，改名“黄石公社中心小学”。1966 年，附设渔业初中班。1982 年，中小学分设。1984 年，学校改名“黄石乡中心小学”。1992 年改名为“虾峙镇第三小学”。2001 年改名为“虾峙镇凉湖小学”。2003 年 8 月，撤并至虾峙镇中心小学</td></tr>
<tr><td>黄石（炼石）小学</td><td>黄石村</td><td>1953 年</td><td>2003 年 8 月</td><td>虾峙镇中心小学</td></tr>
</table>

续表 2-22-10

乡镇街道区域	学校名称	校　址	创办时间	撤并(或改名)时间	并入学校(或现校名)
虾峙镇	黄沙小学	黄沙村	20 世纪 60 年初	20 世纪 60 年代后期	黄石小学
	长坑小学	长坑村	1948 年	1996 年	黄石中心小学
	河泥漕小学	河泥漕村	1951 年	2003 年 8 月	并入虾峙镇中心小学
	对岸小学	对岸村	1946 年	1996 年	并入黄石中心小学
	湖泥乡中心学校	湖泥村半路亭	1950 年	2001 年 8 月	并入虾峙镇中心小学
		历历史沿革:创建于 1950 年,利用老厂与旧庙宇开办,初名“六横区湖泥乡小学”。1961 年,改名为“湖泥公社中心小学”。1966 年秋,附设初中班。1971 年,迁至(现)新建校所。1984 年,改名“湖泥乡中心学校”。1986 年,附设初中班停办,学生并入虾峙中学。2001 年 8 月,并入虾峙镇中心小学			
	东白莲小学	东白莲村	1953 年	1994 年	并入湖泥中心小学
	西白莲小学	西白莲村	1953 年	1994 年	并入湖泥中心小学
桃花镇	桃花镇中心小学	桃花镇公前街	清光绪 31 年(1905)	2008 年 8 月	桃花镇中心学校
		历史沿革:创建于清光绪三十一年(1905),原名“定海县第七区区立协和乡第一小学校”,校址设在客浦村胡家塘。民国 18 年(1929),更名“定海县第七区区立协和乡第一初级小学”。民国 24 年(1935),更名“定海县立桃花初级小学”。民国 27 年(1938),更名“定海县立桃花小学”。抗日战争时期,一度停办。民国 35 年(1946),复校迁至庙跟村青修庵,更名为“桃花乡中心国民学校”。民国 36 年(1947),迁址公前村蚂蟥坑。1950 年 10 月,人民政府接管学校,改名“六横区桃花乡中心小学”,校址设在茅山庙。1952 年,迁至庵跟新白雀寺。1953 年 11 月,更名“桃花区中心小学”。1958 年,更名“桃花公社中心小学”。1968 年,与当地驻军合建新校所,改名“桃花公社公前小学”。1979 年 9 月,复名“桃花区中心小学”。1980 年 8 月,与桃花中学合并改名“桃花区中心学校”。1982 年,中小学分设,又改为“桃花区中心小学”。1985 年,成立桃花区教育办公室,改名“桃花乡中心小学”。1987 年,改名“桃花镇中心小学”。2008 年 8 月,桃花镇中心小学和桃花中学合并,改名为“普陀区桃花中心学校”			
	协和乡区立第二小学校	桃花岛千步沙	民国 2 年(1913)	民国 24 年(1935)	改名定海县立千步沙初级小学
	定海县立千步沙初级小学	桃花东海千步沙	民国 24 年(1935)	20 世纪 60 年代	更名东海小学
	龙头(潭)坑小学	龙头(潭)坑村	20 世纪 60 年代	1985 年 7 月	并入桃花乡东海小学
	东海小学	东海村(又名庵跟)	20 世纪 60 年代	1988 年 7 月	更名为庵跟小学
	庵跟小学	塔湾村(东海庵跟)	1988 年 7 月	2001 年 7 月	并入桃花镇中心小学
	久菜小学(又名盐厂小学)	盐厂村(原名久菜村)	1953 年	2002 年 8 月	并入桃花镇中心小学
	连治山小学	连治山村	20 世纪 60 年代末	1982 年 7 月	并入久菜小学
	大石头小学	大石头村	新中国成立初期	1982 年 7 月	并入久菜小学
	后沙头小学	后沙头村	新中国成立初期	2002 年 8 月	并入桃花镇中心小学
	茅草屋小学	茅草屋村	20 世纪 60 年代末	1982 年 7 月	并入后沙头小学
	悬鹁鸪小学	悬鹁鸪村	20 世纪 60 年代中期	1987 年 7 月	并入后沙头小学
	鹁鸪门小学	鹁鸪门村	新中国成立初期	2000 年 7 月	并入后沙头小学
	小山头学校	客浦村(小山头)	20 世纪 60 年代末	2000 年 1 月	并入桃花镇中心小学
	上长坑小学	上长坑村	1971 年 7 月	1979 年 7 月	并入沙岙小学
	沙岙小学	沙岙村	1979 年 7 月	1994 年 7 月	并入小山头学校
	客浦小学	客浦村	1971 年 7 月	1986 年 7 月	并入小山头学校
	茶山岙小学	客浦村茶山岙	1973 年 7 月	1978 年 7 月	并入客浦小学

续表 2-22-11

<table>
<tr><th>乡镇
街道
区域</th><th>学校名称</th><th>校　　址</th><th>创办时间</th><th>撤并(或改名)
时间</th><th>并入学校
(或现校名)</th></tr>
<tr><td rowspan="10">桃
花
镇</td><td>茅山小学</td><td>茅山庙</td><td>1952 年</td><td>1986 年 7 月</td><td>并入小山头学校</td></tr>
<tr><td>稻蓬小学</td><td>稻蓬村</td><td>20 世纪 60 年代末</td><td>1982 年 7 月</td><td>并入小山头学校</td></tr>
<tr><td rowspan="2">对峙乡
中心学校</td><td>原址:乌石子民房
后建:对峙乡龙洞村</td><td>1953 年 2 月</td><td>2000 年 7 月</td><td>并入桃花镇中心小学</td></tr>
<tr><td colspan="4">历史沿革:1953 年 2 月,借用乌石子村民房创办“桃花乡第七村村校”,11 月,改名“桃花区乌石子小学”。1956 年 2 月,改名“对峙中心小学”。1966 年 9 月,附设初中班,称“对峙渔业中学”。1968 年,迁至米鱼洋,小学借用民房,初中借用公社办公楼,附设初中改称“对峙中学”。1973 年,小学迁入新校舍。1976 年,附设五七高中班。1979 年 2 月,学校(含初中、高中)迁入龙洞,学校改名“对峙公社中心学校”。1980 年 9 月,五七高中班撤销,学生并入桃花中学。1984 年,学校扩建并改名为“对峙乡中心学校”。1987 年 9 月,附设初中班并入桃花中学。1989 年,复招收初中 1 个班。1992 年 8 月,改名“桃花镇第二小学”。2000 年 7 月,并入桃花镇中心小学</td></tr>
<tr><td>龙洞小学</td><td>龙洞村</td><td>建国初期</td><td>1986 年 2 月</td><td>并入对峙乡中心学校</td></tr>
<tr><td>第二小学</td><td>对峙村</td><td>1992 年 8 月</td><td>2000 年 7 月</td><td>并入桃花镇中心小学</td></tr>
<tr><td>米鱼洋小学</td><td>米鱼洋村</td><td>1968 年</td><td>1992 年 8 月</td><td>并入桃花镇第二小学</td></tr>
<tr><td>磨盘小学</td><td>磨盘村</td><td>1951 年</td><td>1998 年 7 月</td><td>并入桃花镇第二小学</td></tr>
<tr><td>乌石子小学</td><td>乌石子村</td><td>民国 16 年(1927)</td><td>2000 年 7 月</td><td>并入桃花镇中心小学</td></tr>
<tr><td>水坑小学</td><td>水坑村</td><td>1960 年 6 月</td><td>1992 年 8 月</td><td>并入桃花镇第二小学</td></tr>
<tr><td rowspan="6">登
步
乡</td><td rowspan="2">登步乡
中心学校</td><td>鸡冠村</td><td>民国元年(1912)7 月</td><td>2007 年 7 月</td><td>并入沈家门第三小学</td></tr>
<tr><td colspan="4">历史沿革:由许济川创建于民国元年(1912)7 月,借用大地爿民房为校舍,初名“定海县第七区区立登步乡勖志小学校”。民国 2 年(1913)8 月,迁至登步鸡冠礁村财神殿,改称“登步乡励志小学校”。民国 18 年(1929),迁至鸡冠村大厂,租用刘家猕仁里涨网厂房为校舍,学校改称“勖志初级小学”。民国 33 年(1944),改称为“登步乡中心国民学校”。1950 年,改名“定海县六横区登步小学”,校舍设在鸡冠村王继能家。1954 年,改名“普陀县桃花区登步乡中心小学”。1961 年 12 月,原大岙小学改称“登步公社中心小学”,原中心小学改称“鸡冠小学”。1968 年,公社中心撤销。1969 年,鸡冠小学附设初中班。1978 年,恢复鸡冠小学为“登步公社中心学校”。1984 年,改名“登步乡中心学校”。1991 年 8 月,中小学分设,小学迁至新校舍,改名“登步中心小学”。2003 年 8 月,中小学合并,校址在原登步中学,改名“登步中心学校”。2005 年 7 月,初中并入东港中学。2007 年 8 月,小学并入沈家门第三小学</td></tr>
<tr><td>大岙小学</td><td>大岙村</td><td>1937 年</td><td>2001 年 7 月</td><td>并入登步中心小学</td></tr>
<tr><td>蛏子港学校</td><td>蛏子港村</td><td>1920 年</td><td>2000 年 7 月</td><td>并入登步中心小学</td></tr>
<tr><td>竹山小学</td><td>竹山村</td><td>1957 年 2 月</td><td>2001 年 7 月</td><td>并入登步乡中心小学</td></tr>
<tr><td>东湾小学
(1958 年前
庙湾小学)</td><td>小山后村</td><td>1953 年</td><td>1996 年 7 月</td><td>并入登步中心小学</td></tr>
<tr><td rowspan="2">蚂
蚁
岛
乡</td><td rowspan="2">蚂蚁岛乡
中心学校</td><td>长沙塘</td><td>民国 7 年(1918)4 月</td><td>2007 年 8 月</td><td>并入东港小学</td></tr>
<tr><td colspan="4">历史沿革:创建于民国 7 年(1918)4 月,在长沙塘借用民房开办,初名“定海县登步乡成志小学校”。民国 25 年(1936)前后改称“蚂蚁初级小学”。1950 年 5 月,改名“蚂蚁小学”。1957 年,附设水产中学(后改为渔业中学)。1958 年,改名“蚂蚁公社中心小学”。1970 年,中小学合并为“蚂蚁岛公社中心学校”。1984 年,改名“蚂蚁岛乡中心学校”。2004 年 8 月,初中部并入沈家门第三初级中学。2007 年 8 月,小学撤并到东港小学</td></tr>
<tr><td rowspan="2">东
极
镇</td><td rowspan="2">东极镇
中心小学
(庙子湖乡
中心小学)</td><td>庙子湖岛庙里村</td><td>1954 年 9 月</td><td>2005 年 7 月</td><td>并入东港小学</td></tr>
<tr><td colspan="4">历史沿革:创办于 1954 年 9 月,初名“东极区中心小学”,设于上厂颜。1957 年,在庙子湖岛新建校舍。1959 年 9 月,青浜、黄兴、东福等 4 个岛的六年级学生全部并入(住宿)。1965 年,附设渔业初中班。1968 年,改名“庙子湖公社中心小学”。1971 年,渔业初中改为附设初中班。1979 年,复称“东极区中心小学”。1982 年,中小学分设,附设初中称“东极中学”。1984 年 9 月,改名“庙子湖乡中心小学”。1992 年,改名“东极镇中心小学”。2005 年 7 月,并入东港小学</td></tr>
</table>

续表 2-22-12

乡镇街道区域	学校名称	校　　址	创办时间	撤并(或改名)时间	并入学校(或现校名)
东极镇	东极第二小学(青浜乡中心小学)	青浜岛保安台	1954 年	2002 年 7 月	并入东极小学
		历史沿革:1954 年,在东极青浜岛保安台创建初名“东极区青浜小学”。1958 年,迁至小岙。1962 年,迁回原址,改名“青浜公社中心小学”,并分别在对浜、石柱湾、龙头口设立教学点。1974 年,在龙头口附设初中部。1976 年,附设五七高中,2 年后停办。1982 年,扩建校舍,初中部从龙头口迁入。1984 年,改名“青浜乡中心小学”。1988 年,撤销初中部,初中生并入东极中学。1992 年,改名“东极镇第二小学”。2002 年,并入东极小学			
	东极第三小学(黄兴乡中心小学)	黄兴岛	1958 年	2000 年 7 月	并入东极小学
		历史沿革:创办于 1958 年,初名“东极区黄兴小学”。1962 年,改名“黄兴公社中心小学”。1984 年,改名黄兴乡中心小学。1992 年,改名为“东极镇第三小学”。2007 年 8 月,并入东极小学			
	东极第四小学(东福乡中心小学)	东福山岛	1954 年	2000 年 7 月	并入东极小学
		历史沿革:创办于 1954 年,学校设在大岙原上庙,初名“东极区东福小学”。1957 年,借用民房作教室。1961 年,迁至驻军部队营房。1962 年,改名为“东福公社中心小学”。1964 年,迁回原址。1966 年,新建校舍。1972 年,附设初中班。1982 年,初中撤销,初中学生并入“东极中学”。1984 年,改名为“东福乡中心小学”。1992 年,改名为“东极镇第四小学”。2000 年 7 月,并入东极小学			
普陀山镇	普陀山学校	横街法如庵	民国 38 年(1949)2 月	1985 年 9 月	普陀山学校
		历史沿革:1949 年 2 月,周仲南捐资创办,初名为“普陀山乡小学”。校址位于普济西侧如意篷(今白华楼)。1950 年 9 月,迁址至横街法如庵,改名为“普陀山小学”。1952 年 9 月,改名为“普陀山第一、第二联合小学”。1953 年 9 月,改名为“普陀山第一、第二、第三联合小学”。1958 年 9 月,改名为“普陀山公社中心小学”。1959 年 9 月,改名为“普陀山公社完全小学”。1965 年 9 月,附设农业初中班,实行半耕半读。1966 年 9 月起,因文化大革命停课。1967 年 9 月,复课,改名“普陀山公社前山五七小学”,并在紫竹林禅院分设龙湾五七小学。1969 年 9 月,附设初中班,1970 年 9 月,初中班迁至中山大队办学,1971 年 9 月迁到原址。1976 年 9 月,在积善堂开办五·七高中班。1977 年,龙湾大队五七小学迁入法如庵。1978 年 9 月,中小学合并,复名“普陀山公社中心小学”。1979 年 7 月,高中班停办,学校由舟山地区教育局管理。同时,创办 3 所民办公助村校。1985 年 9 月,改名为“舟山市普陀山学校”。1991 年 8 月,新校舍在司基畈(现址普陀山梅岑 81 号)落成,只设初中班。职业高中迁址至中山办学。1993 年 8 月,学校原址扩建,小学部迁入。1996 年 8 月,撤并村校。2001 年 7 月,附设职业高中停办。2010 年 8 月,学校初中部根据普陀山管委会与市教育局协议实行异地办学,并入舟山第一初级中学			
	化雨小学校	普陀山龙湾	民国 2 年 9 月	—	—
	龙湾五七小学	龙湾村	1967 年 9 月	1977 年	改名普陀山公社中心小学
	合兴小学	合兴村	1979 年 8 月	1996 年 7 月	并入普陀山学校
	中山小学	中山村	1979 年 8 月	1996 年 7 月	并入普陀山学校
	洛桥小学	中山村洛桥	1979 年 8 月	1992 年 9 月	并入普陀山学校
域内民办学校	育才小学	大干村大干路 127 号	2001 年 9 月	2011 年 6 月	改名育才学校
	希望小学	朱家尖顺母	2001 年 8 月	2013 年 12 月	合并于育才学校
	向阳小学	展茅街道晓辉村缪家弄 39 号	2007 年	2013 年 12 月	合并于育才学校

第二节　义务教育

【初等教育普及】 1980 年,中共中央、国务院颁发《关于普及小学教育若干问题的决定》,落实普及初等教育任务再次提上议事日程。

1981 年,普陀全县致力抓巩固、提高“四率”:即普及率、入学率、巩固率、毕业率。1982 年,“普及小学教育”被列入新修订的《中华人民共和国宪法》。全县开始实行“普及初等教育”的行动。大力调整小学布局，多种措施筹措经费，改善办学条件，扩建修建校舍，为容纳所有学龄儿童入学创造必要物质条件，同时，将全县1955年起出现的“二部制”教学班和学校，逐步恢复成全日制教学。改造校舍危房，调整初中布局，附设在小学的初中班逐步“脱帽”。教学点由上年的27个减少到10个；做好“流生”工作，提高教育质量，提高学习困难学生学习信心。

是年，全区有小学185所，其中复式班小学19所，单班小学10所，2个班小学16所，10名以下小学1所（佛渡乡鸡爪小学），11 ~ 17名学生小学7所。全县有教学班849班，在校学生29173名，教职工1458名，（其中专任教师1359名）。

1984年12月，经省政府和舟山地区组织“两基”（基本无盲县和基本普及初等教育县）检查验收，受检25个乡镇基本普及初等教育“四率”合格，占乡镇数80%。

1980—1985年普陀区小学学龄儿童入学率情况表

表2-23

年份（年）	学校数（所）	班级数（班）	招生数（名）	应届毕业生数（名）	在校学生数（名）	教职工数（名）			学龄儿童入学率（%）
						合计	公办	民办	
1980	203	945	5416	6074	33296	1399	584	815	98.67
1981	195	906	4698	6066	31485	1383	751	632	98.65
1982	185	849	4811	6197	29173	1458	846	612	98.84
1983	171	808	4116	4896	27860	1428	861	567	98.79
1984	167	806	4567	4401	27524	1493	846	647	98.82
1985	149	762	4218	4007	27506	1440	884	556	99.11

1985年普陀县普及初等教育“四率”检查验收情况表

表2-24

单位	入学率%	年巩固率%	毕业率%	普及率%	四率合格与否
沈家门小学	100	99.57	98.8	99.5	合格
沈家门第一小学	99.39	99.75	100	99.09	合格
勾山乡	98.54	98.8	96.2	94.12	合格
芦花乡	98.67	99.02	96.6	94.05	合格
展茅乡	98.52	98.69	95.64	89.75	合格
螺门乡	99.88	99.88	98.4	97.49	合格
葫芦乡	98	96.2	91.3	82.7	不合格
朱家尖乡	99.20	99.62	96.98	94.08	合格
西岙乡	97.05	97.6	95.04	90.8	合格
顺母乡	97.59	98.6	95.92	93.13	合格
白沙乡	97.25	98.6	91.4	90.47	不合格
桃花乡	97.2	98.1	98.84	90.94	合格
对峙乡	100	99.72	100	96.1	合格
登步乡	98.42	98.9	100	92.29	合格
蚂蚁乡	99.02	100	96.15	99.76	合格
虾峙乡	99.19	98.98	95.35	94.08	合格
栅棚乡	99.32	98	86.87	93.4	不合格
黄石乡	97.14	97.68	96.2	92.38	合格

续表 2-24

单　位	入学率%	年巩固率%	毕业率%	普及率%	四率合格与否
湖泥乡	100	99.05	100	96.14	合格
佛渡乡	99.18	97.61	95.45	90.06	合格
五星乡	99.04	97.28	96.83	92.07	合格
龙山乡	98.76	98.51	99.10	92.35	合格
峧头乡	99.4	99.3	98.9	95.3	合格
双塘乡	98.67	99.37	95.35	94.52	合格
小湖乡	98.30	99.24	96.12	91.50	合格
礁潭乡	98.76	98.62	97.6	96.06	合格
平峧乡	97.43	98.9	95.65	96.62	合格
悬山乡	97.78	99.46	98.31	92.35	合格
庙子湖乡	96.77	95.52	95.1	88.79	不合格
青浜乡	91.93	93.49	96.05	90.6	不合格
黄兴乡	82.53	87.21	82.61	58.2	不合格
东福乡	97.3	98.06	97.2	94.3	合格

【实施九年制义务教育】 1985 年 5 月,《中共中央关于教育体制改革的决定(草案)》指出“有步骤地实行九年义务教育”。是年 7 月,县教育局制定《普陀县实行九年制义务教育规划》。

1986 年 4 月,全国人大六届四次会议审议通过《中华人民共和国义务教育法》。同年 7 月 1 日起,全国推行九年制义务教育。义务教育法的制定标志着国家基础教育发展到一个新阶段。国家实行九年制义务教育,适龄儿童、少年必须接受 9 年义务教育,具有强制性、免费性、普及性特点。国家、社会、家庭必须依法保障适龄儿童、少年接受义务教育的权利。国家对接受义务教育的学生免收学费,并设立助学金,帮助贫困学生就学。是年,县人大通过《普陀县实施九年制义务教育规划》,沈家门镇首先实施九年制义务教育,小学毕业生全部免试就近进入初中就读。

普及九年制义务教育关键,在于初中阶段教育的普及与巩固。县教育局制定《普陀县一九八六初中教育事业规划》。当时,除西岙、白沙、平峧、佛渡、黄兴、东福 6 乡外,其余 26 个乡(镇)均设初级中学(简称初中),全县有独立初中 28 所。普陀中学等 4 所高中有初中班 31 班。域内共有初中班级 205 班,在校学生 9707 名,普及率为 80%,年巩固率为 92.5%,有专任教师 580 名。

沈家门镇区中小学基础教育有一定的优势,率先实行了普及九年制义务教育。

1986 学年普陀县初级中学基本情况表

表 2-25

学　　校	班级数(班)	在校生数(名)	教职工数(名)	
			总计	专任教师
普陀中学初中部	12	621	118	40
沈家门中学初中部	2	103	67	8
芦花中学初中部	9	438	54	24
六横中学初中部	8	429	54	22
沈家门第一初级中学	16	833	62	48
沈家门第三初级中学	7	341	25	19
鲁家峙初级中学	6	240	21	13

续表 2-25

学　　校	班级数(班)	在校生数(名)	教职工数(名)	
			总计	专任教师
舟渔子弟学校初中部	7	233	28	24
塘头中心学校初中部	3	124	10	8
勾山初级中学	11	504	39	28
展茅初级中学	10	506	34	29
螺门初级中学	6	281	20	19
普陀山中心学校初中部	4	149	14	12
葫芦中心学校初中部	3	81	7	5
朱家尖初级中学	16	796	56	43
顺母初级中学	3	109	10	10
桃花初级中学	10	517	35	29
对峙中心学校初中部	3	117	9	8
登步中心学校初中部	3	146	9	8
蚂蚁岛中心学校初中部	6	255	17	15
虾峙初级中学	8	423	29	21
栅棚初级中学	3	108	11	10
黄石初级中学	3	105	11	8
湖泥中心学校初中部	1	29	3	3
峧头初级中学	7	371	24	21
台门初级中学	11	622	36	31
龙山中心学校初中部	6	297	20	17
双塘初级中学	9	487	30	26
小湖中心学校初中部	3	102	8	8
悬山中心学校初中部	3	144	7	7
东极初级中学	3	133	10	9
青浜中心学校初中部	3	64	7	7

1987年，修订普陀区九年义务教育规划。域内学校实行区办区管，乡办乡管，村办村管的分级管理体制。全区有小学135所，学生27484名。是年，除葫芦、黄兴2乡，其余29个乡镇(不含普陀山)均实现普及初等教育，初等教育普及率90.3%。同年，蚂蚁岛乡被评为省级先进。

1989年，修订《普陀区实施九年义务教育规划》，确定至1992年域内基本实施九年制义务教育。是年，全区10个乡镇实施了九年制义务教育，人口覆盖率达47.7%。针对全区流生严重状况，3月，区政府印发《关于迅速制止中小学生流生紧急通知》，及时制止流生势头。

1987—1989年，区政府投入资金258万元，用于改造中小学危房。排除危房6736平方米，修缮旧房1400平方米，新建校舍5442平方米，同时，做到了学生人人有课桌凳。

1989年，螺门乡、顺母乡、登步乡，桃花镇、虾峙镇实施九年制义务教育。

1990年，展茅镇、台门镇，平峧乡先后实施九年制义务教育。蚂蚁岛乡、双塘乡、峧头镇被评为基础教育管理优秀乡镇。是年，全区有初中234班，其中城市52班，县镇62班，农村120班，有初中学生10986名。其中城市学生2595名，县镇学生3065名，农村学生5326名。

1992 年,实行“浙江省实施义务教育证书制”,4000 多名中小学生领到证书。朱家尖镇实施九年制义务教育

1987—1992 年期间,蚂蚁岛乡、峧头镇、双塘乡、龙山乡、螺门乡、顺母乡、登步乡、桃花镇、虾峙镇、展茅镇、台门镇、平峧乡先后实施九年义务教育,人口覆盖率达到 85.2%。

1993 年,调整小学入学年龄,沈家门一年级新生入学年龄提前到 6 周岁零 8 个月。是年,葫芦乡、白沙乡、小湖乡、悬山乡,对峙乡,黄石乡等实施九年制义务教育,人口覆盖率达到 95%以上。

是年 3 月,国家教委颁布《普及九年义务教育评估办法》,区政府制定相应验收规划。11 月,区政府决定对各乡镇政府进行“基本普及九年制义务教育、基本扫除青壮年文盲”(以下简称“两基”)督导评估验收。12 月,区政府“两基”评估验收组对双塘、蚂蚁两乡进行“两基”验收。

1994 年 5 月,区“基本普及九年制义务教育、基本扫除青壮年文盲”验收组对沈家门镇进行“两基”评估验收。11 月,评估组分两组分别对峧头镇、台门镇、展茅镇、朱家尖镇、螺门乡进行“两基”评估验收。是年,普陀区实施九年制义务教育,人口覆盖率达到 100%。

1995 年,区“两基”复评验收组,先后对域内 17 个镇乡的“两基”进行复评验收。同年 10 月,省“两基”评估验收组对展茅镇、蚂蚁乡作重点抽查,对沈家门镇、峧头镇、台门镇、虾峙镇、朱家尖镇、双塘乡进行面上抽查,抽查全部合格。12 月,省教委报请省政府批准,宣布普陀区“两基”评估验收合格(浙教督〔1995〕498 号文)。

【“高标准”普及九年义务教育】 普陀区基本实现普及九年义务教育后,开始向“两高”(高标准普及九年义务教育和高标准扫除青壮年文盲)目标迈进,努力创建“省教育强区”和“教育现代化县”。

1996 年 1 月,国家教委公布普陀区为全国第二批实现“两基”县(市、区)。是年,省教育厅印发《浙江省高标准普及九年义务教育要求及实施办法(试行)》的通知。8 月,区教委提出全面实施“两高”办学目标,并计划于 2000 年年底 16 个乡镇均要通过“两高”评估。

1997 年,普陀区被确定为浙江省素质教育实验县。4 月,市政府代表省政府对普陀区进行“两基”复查,接受复查的沈家门镇、本岛片、双塘乡、桃花镇和朱家尖等乡镇,7 ~ 15 周岁人口入学率 99%、15 周岁人口初等教育完成率 99.5%,其他指标均符合要求,“两基”复查合格。11 月,“普及实验教育”验收组来普陀区评估验收,抽查 3 个乡镇 8 所学校,面上检查 7 个乡镇 24 所学校,得分 95.2,合格率 100%。11 月,区教育局召开创建教育强镇、示范乡镇会议。

1998 年 2 月,区政府对沈家门镇政府实行“两高”工程先行评估,作全区推行试点。是年,全区开展巩固“两基”成果,争创“两高乡镇”活动。8 月,沈家门镇、双塘乡、蚂蚁岛乡通过评估验收,成为第一批全市教育示范乡镇。12 月,沈家门镇接受省“教育强镇”验收。是年,全区小学无流生,“三残”儿童入学率 88.7%。

1999 年,贯彻实施《面向 21 世纪教育振兴行动计划》,把深化教育教学改革,加强师资队伍建设,改善办学条件,全面推进素质教育,全面提高教育质量,稳步推进“两高”和教育现代化等作为行动目标。1 月,省教育督导室首次对沈家门镇进行“省教育强镇”评估验收,予以通过。7 月,朱家尖镇、台门镇通过“省教育强镇”评估验收。

2000 年,继续贯彻全国、省、市教育工作会议精神和《中共中央国务院关于深化教育改革全面推进素质教育的决定》,推行舟山市教委关于《舟山市教育现代化标准(试行)》,深化教育教学改革,注重学校内涵发展,加快教育设施设备建设,大力推进教育现代化,努力争创省素质教育示范区和省教育强区。继续巩固和发展“两基”成果,义务教育各项指标稳步提高:小学入学率达 99.99%。年巩固率达 100%,15 周岁人口初等教育完成率达到 99.84%;初中入学率达 99.15%,年巩固率达 99.59%,17 周岁人口初级中等教育完成率达到 97.42%;“三残”儿童入学率达 97.92%;全区小学无流生。

是年，区政府成立创建省教育强区领导小组，组织实施创建省教育强区工作，各乡镇、学校，逐项进行自查和整改。继续创建“两高”乡镇、教育示范乡镇和教育强镇，至年底，区内17个乡镇均通过“两高”评估验收。其中沈家门、双塘、蚂蚁岛、朱家尖、台门、桃花、勾山、展茅等8个乡镇通过市教育示范乡镇的评估验收，占全区乡镇的47%，人口覆盖率为70%；沈家门、双塘2个乡镇同时通过省教育强镇的评估验收；沈家门、双塘、蚂蚁岛、朱家尖、台门、桃花等6个乡镇教育综合实力1999年列全市前20名。

继续中小学布局调整，撤并东极第三小学、东极第四小学、蛏子港小学、苍洞小学、大鱼厂小学、桃花第二小学、鹁鸪门小学、乌石子小学等8所小学，妥善安置撤并学校的学生入学。

2001年，贯彻实施《普陀区创建浙江省教育强区实施意见》，有关部门协调、落实各项指标分解任务。是年6月，继沈家门、双塘后，朱家尖、蚂蚁岛、勾山、台门4乡镇（街道）成为省教育强镇。10月，原六横岛各乡镇合并为六横镇后，通过教育强镇评估验收。同时，区人民政府向省人民政府做出关于申报浙江省教育强区的请示，12月，省政府教育督查组对普陀区“创教育强区”工作进行评估验收。

此期，普陀区素质教育理念得到广泛认同，以“八大教育”为框架模式的“面向未来，促进学生可持续发展”区域性推进素质教育实践，受到省教育厅的表彰和奖励，新理念和改革实践见之于《人民教育》和《中国教育报》，影响广泛。

至2002年，全区14个乡镇街道全部通过“两高”（高标准普及九年义务教育，高标准扫除青壮年文盲）验收，普及九年义务教育成果得到巩固。有8个乡镇街道通过了省教育强镇评估验收，2002年2月，普陀区被省委、省政府授予“浙江省教育强区”称号。

第三节　新居民子弟教育

【概况】 2001年秋开办的“育才小学”（后改名育才学校）和“希望小学”是普陀域内最早出现的新居民子弟学校（早期称民工子弟学校，属民办性质）。2007年，“向阳小学”创办。2014年，域内有新居民子弟学校3所：位于大干的育才学校、螺门的向阳小学和朱家尖顺母的希望小学。

希望小学和向阳小学是完全小学，育才学校先是完全小学，后为九年一贯制学校，都属于民办的义务教育阶段学校，占全区义务教育学校总数的15.8%。

2014年，育才、希望、向阳3校合并，希望小学和向阳小学作为育才学校分校。其中育才学校有初中学生314名，教职工14名；小学部有学生789名，教职工40名。希望小学有小学生566名，教职工35名。向阳小学有小学生559名，教职工30名。

2014年，希望小学和向阳小学收费标准为每生每学期550元，育才学校小学生为每生每学期600元，初中生每生每学期880元。2011年起，区政府经费补助（2011年起补助）标准为小学生每人每学期750元，初中生850元。

【新居民子弟学校发展】 域内新居民子弟学校发展至2014年大略经过三个阶段：艰难开创时期、逐渐发展时期和走向规范办学时期。

初创时期，新居民子弟学校困难极大，找不到办学的地方，只能租用民房、旧厂房、旧校舍等作为校舍。希望小学先在浦西租赁民房，装修成6间教室，招收186名学生。后于2003年9月搬至勾山新塘。2001年9月，育才学校租用沈家门街道小茶湾一家鱼粉厂的厂房作校舍，2003年5月，搬迁至平阳工业区内，用旧厂房做校舍。

学生来自四面八方，如：希望小学现有600多名学生，分别来自四川、云南、贵州、安徽、湖北、江苏等15个省市，文化背景、语言、生活习惯等方面差异很大，学生随父母流动性大，家庭教育环境差。尽管困难很大，但3所新居民子弟学校办学

10 多年来，在省、市、区政府领导和区教育局的关怀、支持下稳步发展。

各级政府为新居民子弟学校的发展，出台了各项扶持政策。

2011 年，普陀制定出台《普陀区义务教育民办学校扶持专项资金使用管理暂行办法》，对专项资金的来源、使用范围、补助项目及标准等作了明确规定，促进民办义务教育学校的健康有序发展。

区财政每年将民办教育发展专项资金列入部门预算，用于扶持民办教育。专项资金做到随着财政收入的增长逐年增长。2011—2013 年，3 所新居民子弟学校共投入教育经费 1374.2 万元，其中公用经费补助 289.82 万元，免课本、作业本费 140 万元，教师五项社会保障经费补助、骨干教师津贴、学校考核奖励、基建设备补助 944.38 万元。2013 年开始，公用经费补助标准小学每生每学期从 208 元提高到 408 元，初中每生每学期从 294 元提高到 494 元；公用经费补助 2012 年为 97.72 万元，2013 年为 192.1 万元。

同时，由财政全额投入实施新居民子弟学校校安工程。2011 年，区政府投资 200 余万元，完成育才学校的加固改造工程。2012 年，区政府又分别投资 180 万元和 120 万元，完成对希望小学和向阳小学校舍加固改造，使 3 所新居民子弟学校办学条件显著改善，办学规模进一步扩大，校容校貌焕然一新。

普陀区政府对新居民子弟学校财政资金投入统计表

表 2-26　　单位:元

项　　目	2007 秋	2008 春	2008 秋	2009 春	2009 秋	2010 春	2010 秋	2011 春	2011 秋
免除提供教科书经费	54000	73260	198430	143800	212953	174017	251425	180482	239659
免除杂费(补助公用经费)			202700	202700	227400	227400	252390	252390	483400
五项保障经费				50000		83200		140200	
学年度考核　奖励经费						116800		200000	
基建补助经费								23260	
骨干教师津贴									
送温暖经费								30000	
校园安保补助							30000		
省民工子女教育专项经费					250000		850000		280000
区民工子女教育配套经费									600000
省校安工程投入经费							2550000		
区校安配套经费								650000	

项　　目	2012 春	2012 秋	2013 春	2013 秋	2014 春	2014 秋	2015 春	合计
免除提供教科书经费	184612	271220	203285	281064	207770	276938	205461	3158376
免除杂费(补助公用经费)	483400	493800	943968	977036	969026	1017754	1525500	8258864
五项保障经费	182200		285000		361000		421000	1522600
学年度考核奖励经费	200000		250000		315000		280000	1361800
基建补助经费	60000		160000		62000		8000	313260
骨干教师津贴			24000		20000			44000
送温暖经费								30000
校园安保补助经费								30000
省民工子女教育专项经费		1000000		470000		450000		3300000
区民工子女教育配套经费								600000
省校安工程投入经费		1000000						3550000
区校安配套经费	920000	561935						2131935

区教育局参照公办学校教师绩效标准，制定新居民子弟学校教师最低工资标准。持有教师资格证且学历在本科以上的教师工资须在全市最低工资的 2 倍以上，其他教师不低于全市最低工资

标准的1.5倍。聘用的区外教师，要依法参加企业职业社会保险及养老保险，并将此项工作列入学校的年度工作考核之中。同时加强对新居民子弟学校教师资格准入管理。注册登记、持证上岗、职称评定、年度考核和评先评优，新居民子弟学校自聘教师的师德教育、业务培训、教师培养归入本区同学段公办学校的教研与培训体系，并记录继续教育学时。2014年起，新居民子弟学校聘用教师须报区教育局备案，聘用的专任教师必须具备相应的学历条件和教师资格。

新居民子弟学校按照当年生均公用经费的10%和教职工工资总额的3%足额提取教师培训经费，组织教师参加培训。鼓励公办教师在公办学校、新居民子弟学校之间双向流动，公办教师经组织委派到新居民子弟学校短期（1年内）支教的，其工资由原任教学校发放，其中奖励性绩效工资按原任教学校奖励性绩效工资的平均数发放，不在支教的新居民子弟学校领取任何报酬。目前，区教育局已对义务教育阶段的3所新居民子弟学校委派了2位党支部书记。

区教育局定期对新居民子弟学校的机构运行与校园文化、办学规范、财务管理、条件改善、队伍建设、待遇保障、安全卫生、教学工作、德育工作、体育艺术工作等八方面进行监管，及时向社会公布年检结果。落实新居民子弟学校的招生自主权，在严格执行教育行政部门的招生计划同时，新居民子弟学校享有与同类公办学校同等的招生权，可以自主确定招生的范围、标准和方式，并按照招生简章或招生广告的承诺，开展相应的教育教学活动，保证教育教学质量。

针对义务教育阶段新居民的集聚情况，区教育局重新调整了3所新居民子弟学校的布局规划，将原平阳小学、螺门中学、朱家尖顺母小学的老校址分别置换给育才学校、向阳小学和希望小学使用，使新居民子弟学校布局更加合理。2009年，育才学校从原来的完全小学发展为九年一贯制学校。

为解决流动人口子女读书难问题，区委区政府相当重视，财政上不断加大对新居民子弟学校的投入，3所新居民子弟学校办学条件得到了极大改善，已基本达到区内公办学校水平。学校管理日趋规范，办学水平逐年提高。

育才学校不同时期学生班额和教师情况表

表2-27

时间（学年）	学生数（名）	班额（班）	教师数（名）	时间（学年）	学生数（名）	班额（班）	教师数（名）
2001	200	6	8	2008	1040	18	34
2002	400	10	12	2009	1200	24	38
2003	560	14	16	2010	1200	24	40
2004	700	12	15	2011	1200	24	42
2005	980	18	22	2012	1200	24	44
2006	900	16	28	2013	1190	24	44
2007	910	17	30	2014	1180	24	44

注：1.上表采用每学年度第二学期数据；2.2009年，原平阳小学撤出后，作为育才学校校舍，招收6个班初中学生

第四节 特殊教育

【特殊教育发展简介】 特殊教育一般是指对不同种类残疾儿童的教育。残疾儿童是指在心理、生理、人体结构上，某种组织、功能丧失或不完全，全部或部分丧失以正常方式从事某种活动能力的人，包括视力残疾、听力残疾、言语残疾、肢体残疾、智力残疾、精神残疾、多重残疾和其他残疾人（自闭症、脑瘫、语言障碍、智力落后等）。教育教学上一般需使用经过特别设计的课程、教材、教法和

教学组织形式及教学设备。特殊教育是对有特殊需要的儿童进行旨在达到一般和特殊培养目标的教育。它的目的和任务是最大限度地满足社会的要求和特殊儿童的教育需要,发展他们的潜能,使他们增长知识、获得技能、完善人格,增强社会适应能力,成为对社会有用的人才。

1915 年 7 月,中华民国政府《国民学校令》提出残疾儿童的义务教育问题。因战乱和社会经济落后贫穷,当时对残疾儿童的义务教育实际上是空白。1951 年,在周恩来总理签署的《关于学制改革的决定》中,将特殊教育列为新中国国民教育体系中的一个重要组成部分。由于我国残疾儿童数量多,80%分布在广大经济落后、交通不便的农村地区,建立特殊教育学校一次性投资大等国情,实施特殊教育困难较大,特殊教育学校数量不多、规模不大,一般都设在大中城市。普陀域内在实施普及初等教育和九年制义务教育之前,特殊教育未能开展,残疾儿童未享受到应有的良好教育。

1989 年,国务院办公厅转发《关于发展特殊教育的若干意见》,国家第一次明确提出特殊儿童义务教育的问题,要求把残疾儿童教育切实纳入普及义务教育工作的轨道,各级教育部门要把残疾少年儿童教育同当地实施义务教育工作统一规划、统一领导、统一部署、统一检查,将残疾少年儿童教育发展规划执行情况作为检查、验收普及初等教育的内容之一;提出在普通学校附设特教班和残疾儿童在普通班级随班就读的新形式。《中华人民共和国宪法》《中华人民共和国义务教育法》和《中华人民共和国残疾人教育条例》都明确规定:“国家保障残疾人受教育的权利,对残疾儿童、少年实施义务教育。”1990 年《中华人民共和国残疾人保障法》和 1994 年《残疾人教育条例》实施后,各地残疾儿童义务教育的任务逐步得到落实。

1993 年 3 月,国家教委颁布《普及九年义务教育评估办法》,区政府制定相应工作实施规划,其中有《普陀区残疾儿童义务教育规划》。培训 16 名特殊教育师资,对全区 6 ~ 12 周岁弱智儿童测试甄别,视实际情况开展义务教育,使残疾儿童入学率达到视残 78.57%,语残 73%,智残 78.9%。在沈家门第四小学、桃花镇中心小学、虾峙镇中心小学、朱家尖镇中心小学、台门镇中心小学 5 所小学设特殊教育班(点),招收残疾儿童 19 名。此后,残疾儿童入学率逐年提高。

1995 年,域内有残疾儿童 347 名,入学 314 名,入学率达 90.57%。

1999 年,对残疾儿童进行智力筛查,落实义务教育任务,“三残”儿童入学率 87%以上。2000 年,“三残” 儿童入学率达 97.92%。

2004 年,加强对弱智少年儿童随班就读工作的指导和管理,并向幼儿教育和高中教育延伸;为及早发现儿童生理缺损或残疾,对学龄前儿童进行全面筛选,对不能到校学习的 20 余位高度残疾的儿童少年,实行送教上门,送教到床,并开展康复训练,帮助经济困难的残疾学生支付学习费用及一部分生活费用。域内 7 ~ 15 周岁残疾儿童少年入学率达 98.10%,残疾学生的初中升高中率达到 55.5%。

2006 年,“三残”儿童入学率 98.59%。2009 年,“三残” 儿童入学率达到 100%。

2010 年,遵循 “盲教育以省为主、聋教育以市为主、培智教育以县为主” 的原则,强化特殊教育,积极配合省盲校和市聋哑学校做好招生工作,认真组织实施域内普通学校随班就读和上门辅导工作,努力办好启智教育点。

2011 年,沈家门第四小学正式成立 “特殊教育点”,面向第四小学学区特殊儿童招生。

2012 年 8 月,沈家门第四小学特殊教育点由区教育局发文正式更名为普陀区特殊教育点,面向全区招生。

2013 年,区财政新设立特殊教育专项经费,区教育局新招聘 2 名 “特教” 专职教师;继续普陀区特殊教育点和其他学校随班就读试点,完善重度残疾学生送教上门,中度学生特殊教育点就读,轻度学生随班就读模式,全区 7 ~ 15 周岁特殊儿童入学率达到 100%。

现在,社会对 “三残” 儿童的特殊教育关注度显著提高,得到当地党政领导和社会各界人士的关心与支持。

2001 学年普陀区残疾儿童、少年情况表

表 2-28

年龄（周岁）	同龄人总数	残疾儿童少年总数	视力残疾						听力语言残疾						智力残疾							视听智三类残疾				其他(综合)残疾						
			计	已入学人数	其中：盲校人数	其中：随班就读人数	丧失学习能力人数	入学率%	计	已入学人数	其中：聋校人数	其中：随班就读人数	丧失学习能力人数	入学率%	计	已入学人数	其中：弱智学校人数	其中：辅读班人数	其中：随班就读人数	丧失学习能力人数	入学率%	计	已入学人数	丧失学习能力人数	入学率%	计	已入学人数	其中：弱智学校人数	其中：辅读班人数	其中：随班就读人数	丧失学习能力人数	入学率%
6	2646	2	—	—	—	—	—	—	2	2	2	—	—	100	—	—	—	—	—	—	—	2	2	—	100	—	—	—	—	—	—	—
7～15 小计	34274	297	4	4	3	1	—	100	21	20	7	12	—	95.2	223	212	8	0	204	3	95.1	248	236	2	95.2	49	13	—	—	12	22	26.5
7	2803	6	—	—	—	—	—	—	1	1	1	—	—	100	—	—	—	—	—	—	—	1	1	—	100	5	2	—	—	2	1	40
8	3233	9	—	—	—	—	—	—	3	3	1	2	—	100	1	1	1	—	—	—	100	4	4	—	100	5	2	—	—	2	3	40
9	3256	30	—	—	—	—	—	—	3	3	—	3	—	100	19	19	1	—	18	—	100	22	22	—	100	8	4	—	—	4	3	50
10	3136	50	—	—	—	—	—	—	3	3	2	1	—	100	41	40	2	—	38	1	97.6	44	43	—	97.7	6	2	—	—	2	3	33.3
11	3862	50	2	2	1	1	—	100	3	3	2	1	—	100	42	42	2	—	40	—	100	47	47	—	100	3	0	—	—	—	2	0
12	4458	39	—	—	—	—	—	—	3	2	—	2	—	66.6	32	32	1	—	31	—	100	35	34	—	97.1	4	0	—	—	—	3	0%
7～12 小计	20748	184	2	2	1	1	—	100	16	15	6	9	—	93.8	135	134	7	—	127	1	99.3	153	151	—	98.7	31	10	—	0	7	15	32.3
13	4499	31	—	—	—	—	—	—	2	2	—	2	—	100	21	19	—	—	19	—	90.5	23	21	—	91.3	8	2	—	—	2	—	25
14	4884	35	1	1	1	—	—	100	2	2	2	—	—	100	29	26	—	0	26	—	89.7	32	29	—	90.6	3	1	—	—	—	2	33.3
15	4143	47	1	1	1	—	—	100	1	1	—	1	—	100	38	33	1	—	32	2	86.8	40	35	2	87.5	7	0	—	—	—	5	0
13～15 小计	13526	113	2	2	2	—	—	100	5	5	2	3	—	100	88	78	1	0	77	2	88.6	95	85	2	89.5	18	3	—	—	2	7	16.7
16	4435	43	2	1	1	—	—	50	3	3	2	1	0	100	26	19	—	—	19	2	73.1	31	23	2	74.2	12	1	—	—	1	8	8.3
17	4983	46	1	1	—	1		100	4	3	2	0	1	75	32	18	—	—	18	10	56.3	37	22	11	59.5	9	2	—	—	—	7	22.2
18	5128	40	—	—	—	—	—	—	5	3	—	1	1	60	22	13	—	—	13	6	59.1	27	15	7	55.6	13	1	—	—	1	11	7.7
16～18 小计	14546	129	3	2	1	1	—	66.7	12	9	4	2	2	75	80	50	—	—	50	18	62.5	95	60	20	63.2	34	4	—	—	2	26	11.8

注：1.“丧失学习能力数”为乡镇政府有证免于入学的人数，且仅限于 15–18 周岁。2. 入学率 = 已入学人数 ÷ 残疾儿少数。今年起，入学率的计算不得除去丧失学习能力人数

2014 年普陀区 7 ～ 18 周岁残疾儿童少年入学情况表

表 2-29

年龄（周岁）	7 ～ 18 周岁儿童少年人数	视力、听力语言、智力、综合残疾儿童少年入学情况									
		合计	已入学人数	视力残疾		听力语言残疾		智力残疾		综合残疾	
				人数	已入学数	人数	已入学数	人数	已入学数	人数	已入学数
7 ～ 12	24	24	24	1	1	6	6	13	13	4	4
13 ～ 15	19	19	19	2	2	4	4	11	11	2	2
7 ～ 15	43	43	43	3	3	10	10	24	24	6	6
16 ～ 18	30	30	30	—	—	5	5	22	22	3	3
7 ～ 18	73	73	73	3	3	15	15	46	46	9	9

【特殊教育点选介】 **沈家门第四小学** 1993年秋,经区教育局批准,沈家门第四小学设立特殊教育点,在校内设立一个"助导班",根据因人而异因材施教原则,面向所属学区接纳各年级智力能力不足的学生入班。由学校即将退休的老教师进行教育管理。特教班级配备一名专职教师,一名兼职教师。

2002年,更名为"沈家门第四小学启智班",班级中有3～4个学生,教室面积约16平方米,教师1名。

沈家门第四小学启智教育点,完善重度残疾学生送教上门,中度学生特殊教育点就读,轻度学生随班就读模式,确保7～15周岁特殊儿童100%的入学率。

特教班以集体教学为主,个别化训练为辅的教学组织形式。在教学中多采用分层教学、生活情境式教学、游戏教学。除教学点3位教师专职教学外,普教音乐、体育、美术专任教师按每周一节课时间赴教学点进行教学。

根据2007年《培智学校义务教育课程设置实验方案》中的"7+5"模式,特教班课程由一般性课程和选择性课程组成。一般性课程体现对学生素质的最基本要求,着眼于学生适应生活、适应社会的基本需求,约占课程比例的70%～80%;选择性课程着眼于学生个性化发展需要,注重学生潜能开发、缺陷补偿(身心康复),强调给学生提供高质量的相关服务,体现学生发展差异的弹性要求,约占课程比例的30%～20%。两类课程的比例可根据实际情况进行适当调整。一般性课程为必修课,设置以下七类科目:生活语文、生活数学、生活适应、劳动技能、唱游与律动、绘画与手工、运动与保健。选择性课程,是学校根据当地的区域环境、学校特点、学生的潜能开发需要而设计的。可供学生选择的课程,有信息技术、康复训练、第二语言、艺术休闲、校本课程等科目,课时可弹性安排。

特殊教育学生按正常学生的生均公用经费的10倍足额拨付。

沈家门第四小学特殊教育点学生在接受6年教育后,予以毕业。至2014年,毕业学生7名,其中3名特教班学生顺利进入舟山市启智学校职高班就读,1名随班就读学生进入初级中学就读。

1995年5月,学校获得由舟山市人民政府协调委员会颁发的"特殊教育试验点"先进单位称号;专任教师黄雅君老师被评为舟山市助残先进个人。

2011年,正式成立沈家门第四小学"特殊教育点",面向本学区特殊儿童招生,有学生6名。是年,投资近30万元,装备专用教室:动手操作、家政服务、阳光超市、感觉统合、个别训练等资源教室7个,使用面积300平方米。

2012年8月,由区教育局发文正式更名为"普陀区特殊教育点",招生范围面向全区。当时有学生9名,以后一直维持在6～9名。是年,配备3名教师,其中一名为"特教"专业毕业的专任教师,2名为区教育局在全区教师范围内招收的特殊教育志愿者。

2013年,域内特殊儿童随班就读工作开始启动,沈家门第四小学作为全区4所定点实验学校之一,以其特殊教育办学经验,新配备的先进特教设施、设备成为全区特殊教学龙头学校。

桃花镇中心小学 1994—2000年,开设特殊教育班,招收特殊学生(弱智生)。到2000年,已经受完6年教育的学生,毕业回家或者走向社会;其他学生回到原来班级随班就读继续接受九年制义务教育,特殊教育班停办。

特殊教育班学生为全校各个普通班级的智障者,智障程度分重度、中度、轻度、临界状态四类,学生人数8名左右,每年略有变化。班主任和任课老师都由一个教师包班,既是班主任,又是任课老师。1994—1996年,由吕雪清老师负责;1997—2000年,由孙君球老师负责。孙君球老师获评"舟山市特殊教育先进工作者"。

域内特殊教育一度没有专用的办公经费,只能在学校办公经费中开支。学校爱心基金的一部分,也经常用于资助这部分学生。遇到节假日,或者学生病痛时,学校有小礼品赠送。每年"六一"儿童节,学校都会买新衣服、新鞋子、新书包、铅笔盒、铅笔送给这些学生,让他们开心快乐。学校里的许多老师也会经常买些水果、零食、小礼物等送给这些学生。

课程设置和教学内容安排非常简单，教学目标和教学要求较低。教学形式以做游戏学算术，讲故事学语文为主，教材难度相当于小学一、二年级程度。其他教育活动安排，如看连环画、看故事书、讲故事、听音乐、做游戏、画画、下棋、搭积木、室外活动（立正、稍息、对齐、跑步）等。目的在于培养学生最基本的文明礼仪、待人接物、行为习惯等。

【附录】：

2014 学年朱家尖小学为残疾儿童送教上门活动方案

一、指导思想

根据《中华人民共和国义务教育法》以及区教育局的要求，为了切实保障适龄残疾少年儿童就学权利，坚持“以人为本”理念，积极探索适龄残疾儿童少年居家教育工作经验，逐步建立残疾儿童少年教育保障制度，进一步推进残疾人教育事业的发展，学校实施对残疾儿童送教上门的教育形式。

二、活动意义

随着教育改革不断深入，“全纳教育”理念越来越被接纳与理解，让每个特殊儿童都能享受教育的权利，成为所有教育工作者的共识。通过送教上门，帮助残疾儿童学习最基础的文化知识，引导他们树立信心、克服困难、自强不息，微笑生活，培养他们最基本的生活自理能力和社会适应能力，从而减轻家庭和社会负担。

三、学生基本情况

某男同学，出生于 2006 年 11 月，家庭住址为普陀区朱家尖白山村。该生为肢体二级残疾，平时不能独立行走，行走需要大人搀扶，生活不能自理。语言方面能简单地与人交流，但因缺少外出，信息闭塞。另外，该生性格为内向。

四、具体安排

根据家长的要求以及我们了解到的实际情况，针对该同学的现状，我们制定如下计划：

1. 送教时间：每月一次，每个学科 30 分钟，每次 1 小时。

2. 送教内容：语文、数学、英语、艺术类等。

具体为最基本的日常用语、基础知识。其中语文方面主要加强其说话训练、口语表达能力；数学方面主要加强其计算能力；英语方面主要加强口语训练；艺术类主要加强其欣赏能力。

3. 每次送教同时做一次心理辅导。通过心理辅导，使其逐步树立自信、大胆、乐观、开朗性格。

4. 送教人员安排：

刘晓颖（德育主任，负责语文学科）

朱荷燕（办公室主任，负责英语学科）

陈姗姗（大队辅导员，负责艺术学科）

童科伟（负责数学学科）

黄西希（负责心理辅导）

5. 送教老师必须要有爱心、耐心、责任心，送教之前备好教案，准备好学具等，送教后填写好活动记录表，写好教后感。

第五节　学校选介

【沈家门小学】 现址普陀区东港街道晨晖街 35 号。原址沈家门教场东海中路 27 号，1965 年 1 月创建，初名“沈家门镇中心小学”，占地 3802 平方米。1971 年，附设初中 4 班，易名“沈家门镇中心学校”。1980 年，撤初中，定为县重点小学，承担辅导中心任务，学校改名为“沈家门小学”，沿用至 2014 年。1986 年，确定为舟山地区实验小学。1998 年，被教育部命名为首批“全国现代教育技术实验学校”。2001 年，被区政府确定为“办学体制、人事分配制度综合改革”（俗称“国有民办”）试点。2002 年 8 月，学校迁入东港新址。

学校占地面积 52495 平方米，建筑面积 21840 平方米。教学设施先进，内有教学主楼、图书馆、体育馆、海洋科技馆、科技艺术实验楼、书画楼、综合报告厅、演播厅、游泳池、田径场、网球场、篮排球场、羽毛球场等；有可供 2000 多人同时用餐的两层楼食堂，有多媒体教室 85 间，图书馆藏书 50 余万册，为全市首所义务教育阶段五星级学校。

2011 年 7 月，撤东港小学并入沈家门小学，原东港小学为现沈家门小学的东校区（东港海印路

266弄35号)。是年,学校恢复公办体制。

2014学年,有74个教学班,学生3300名,有教职工218名,专任教师199名,其中中学高级教师17名,市、区学科带头人10名。

学校长期秉持"以人为本,以学生为本,以全体学生发展为本"办学理念,坚持素质教育、科研兴校、开放办学,以培养全体学生"博大丰厚、激情灵动"的"海精灵"为目标,以"让沈家门小学成为学生幸福成长的美好记忆"为办学理想,"主体发展教育""班队集体教育""信息技术教育"的办学特色鲜明,曾获得首届省政府颁发的教育成果二等奖。目前,正以"海洋教育"作为新突破口,探索实施"蓝海背景下的小学素质教育新模式"。

学校先后荣获省文明单位、省先进学校、省教科研200强、省绿色学校和全国学校体育卫生先进单位、第一批全国学校体育工作示范学校、全国群众体育先进单位、全国艺术教育先进单位、全国全民健身先进单位、少先队全国红旗大队、全国第一所小学海洋教育基地学校、全国陶行知研究基地学校等省级以上荣誉50多项。

沈家门小学名师辈出,曾涌现出特级教师陈平文、钱银星,还有众多教师荣获全国劳动模范、全国优秀教师、全国德育先进工作者、全国优秀班主任、全国三八红旗手、全国优秀辅导员、浙江省劳动模范、浙江省实验学校明星校长、浙江省星星火炬事业功臣、浙江省科研型优秀校长等荣誉称号。

现任校长郭妙琴,中共支部委员会书记徐海滨。

【东港小学】　址东港街道海印路266弄35号,校舍于1997年6月正式建成,并投入使用。学校占地面积9246.7平方米,建筑面积4167平方米,校园绿化面积1952平方米。是年,原东沙小学并入,时有教学班7班,有学生293名。

学校全面推进素质教育,坚持以人为本,一切为了学生终生发展的办学思想。坚持会做人、会求知、会生活、会健体、会创造的育人目标。

学校专用教室齐全,拥有闭路电视系统、广播音乐系统、校园网络系统、多媒体教学系统、校园音响系统、现代化教育教学设施齐全。

学校实施成功管理、务实创新方略。形成和谐、自主、严实、奋进的校风。先后获评区文明学校、区心理健康特色学校、市体育先进学校、省绿色学校、全国素质教育名校、全国陶行知教育思想实验学校、全国中小学棋类教学实验基地。

2010学年,有教学班20班,学生787名,有教职工77名,其中专任教师62名。

2011年7月,东港小学并入沈家门小学,原东港小学校区为现沈家门小学东校区。

时任校长胡夏君,中共支部委员会书记刘勤飞。

【沈家门第一小学】　现址沈家门东海东路20号。创办于民国17年(1928年),初名"定海县公立沈家门初级小学",原址沈家门同济路156号,楼谷仁任校长。后"锐进小学"并入。1950年5月,改名为"沈家门区中心小学"。1953年,普陀建县,校名更为"沈家门镇第一中心小学"。1959年,定名"沈家门镇第一小学"。1965年,沈家门第七小学(址在德仁坊民房)并入。1989年9月,部分校舍进行改建和扩建,建筑面积1150平方米。

2010年7月,原沈家门第一小学、沈家门第二小学、沈家门第五小学三校合并,仍沿用"沈家门第一小学"校名,并迁至现址(原普陀第二中学校址)。

学校占地面积26054平方米,建筑面积15860平方米;建有乐学楼、勤思楼、探真楼、艺海楼、师修楼、依心图书馆、体育馆、田径场、篮球场等。

2013年7月,原鲁家峙小学并入,作为沈家门第一小学分校。

2014学年,共有教学班55个,学生2281名,有教职工180名,专任教师160名,中学高级教师7名,市区学科带头人5名。

学校以"创造适合每一位学生发展的教育"为教育指导方针,形成"严谨、求实、创新"的教风和"勤奋、文明、健美"校风。推进素质教育和新课程改革卓有成效,"五星教学"研究成果荣获省第三届基础教育教学成果一等奖。开创以"三大习惯"养成为主线的新德育模式,坚持10余年以"红领巾一条街”为活动阵地的综合实践，成为省内有名的德育教育平台，学校获“全国中小学思想道德先进集体”。学校坚持传统艺术与现代教育结合，并传承非遗艺术教育，成为省、市艺术教育学校典型。

学校还获授国家信息化试点单位、全国少先队红旗大队、全国科普创新示范学校、省文明学校、省艺术教育特色学校、省现代教育技术实验学校、省先进家长学校、省艺术教育先进单位、省科研百强学校、省体育特色项目学校、省创建适合学生发展的学校、省教科研先进单位、省现代教育技术工作成果突出单位、省陶研直属学校、中小学德育教育基地等荣誉称号。

现任校长孙文波，中共支部委员会书记唐莞芬。

【沈家门第二小学】 址沈家门街道新开路日新弄31号，民国11年(1922)，由福建籍陈友三等创办，初名“闽侨私立惠群小学”，址设八闽会馆(现滨江路海底隧道口)。

1932年，学校迁至宫墩存仁局。是年，在八闽会馆又创办一所惠英小学。1939年，日军侵占舟山，学校停办。翌年，学校由伪自治会改名为“群英小学”，设八闽会馆。1945年，抗战胜利后，学校改名为“私立八闽小学”。1953年，由人民政府接管，改为公办，更为今名。

1966年，因“文化大革命”影响，学校教学处于停顿状态。1969年，学校开始复课。1970年，根据城镇建设统一规划，原校址划归县人民银行建房，学校迁至原沈家门第六小学内(现沈家门第一小学体育馆址)，实行“二部制”教学。1975年，在现址建四层教学楼。

1975年，学校占地面积为1615.8平方米，其中活动场地348平方米。1994年，投资200余万元，新建建筑面积为1500平方米的教学大楼，投资20万元建造国家三级厕所，500多平方米的屋顶操场，近200平方米的室内活动室，使建筑面积增至3244平方米，占地面积增至2100平方米，活动场地增至1471.8平方米。

1986年，学校建立中共支部。

学校以“小中求精，特色立校”为办学理念，率先成为全市小班化教学的示范学校；儿童军校成为市爱国主义教育基地；同时，乒乓球是学校体育传统项目。

学校先后获评省体育达标先进单位、市素质教育示范学校、市电化教育达标学校、市教师基本功训练先进集体、市示范性家长学校、市群体师德创优学校、区行风建设先进集体，连续保持区级文明单位称号。

2009学年，学校有教学班17个，小学生529名，有教职工45名，专任教师44名。

2010年7月，学校撤并入沈家门第一小学。校舍改建为区老年大学。

时任校长兼中共支部委员会书记陈全波。

【沈家门第五小学】 址沈家门泗湾路47号。创办于民国36年(1947)，初名“私立台州小学”，址台州同乡会(现北安路大井潭旁)。1951年，人事由人民政府统一调配，经费仍由台州同乡会解决。时对教场、泗湾、陈家塘3所村校负有辅导任务。1953年，由人民政府接管，转为公办，泗湾、陈家塘2所村校并入，更名为沈家门镇第五小学。

1957年，学校并入沈家门第一小学，原校舍作为县机关幼儿园园所。

1960年，复校。当年，借第一小学分部名义，招收新生3班，从附近小学调入各年级学生6班，另在泗湾天丰寺开设民办班。翌年2月，新校舍在沈家门泗湾路47号建成，学校迁入。

1988年3月，由区政府拨款，在学校操场新建5层教学楼。有教学班10个，在校学生498名。

学校先后获评省现代教育技术实验学校、省少先队雏鹰大队、市办学水平三星级学校、市校园语言规范化学校、市语言文字工作先进单位、市优秀家长学校、区文明单位。

2009年，学校占地面积为4160平方米，建筑面积2695平方米。学校因小而精致，设施齐全，设备先进，校园文化浓郁，环境优美。

2009学年，有17个班级，754名学生；有58名教职工，48名专任教师(其中特级教师1名，市学科带头人1名，区A、B级教师各1名)。

2010 年 7 月，学校撤并入沈家门第一小学。校舍改建为北安幼儿园园所。

时任校长兼中共支部委员会书记潘旭东。

【沈家门第三小学】 址沈家门荷外黄沙湾岭下，初名为"沈家门私立克昌小学"。民国 30 年（1941），由旅法归侨洪永川，向其义父卢玉成募集办学经费 6.4 万银圆，借用天主堂所属余屋创办，并任校董，聘请天主教神父姚中元任校长。因卢玉成要求，为纪念其先翁，以其先翁名讳"克昌"作校名，故定名"克昌小学"。1953 年，学校由政府接办，改现名为"沈家门第三小学"。1955 年 2 月，设在荷外羊府殿的原"沈家门第四小学"，迁至荷外里坑马家祠堂，作为沈家门第三小学分部，设 1 ～ 3 年级，在本部设 4 ～ 6 年级。1972 年，在小学基础上附设初中 4 个班。1980 年，附设中学停办，学生转入沈家门第二初级中学。1973 年，因学校规模过大，校舍分散，马家祠堂的原沈家门第三小学分部与舟山水产公司子弟学校合并另立一校，命名"沈家门荷外小学"。1983 年，在荷外小学的后操场新建四层教学大楼一幢。1984 年 8 月，"沈家门第三小学"迁到"荷外小学"并与之合并，仍称"沈家门第三小学"。2000 年，动拆学校周围民房和拆除旧校舍，在原教学大楼西首新建五层综合大楼（名曰海艺楼）。2003 年 8 月，原葫芦乡小学撤并到沈家门第三小学。2011 年 7 月至 2012 年 1 月，学校进行校安工程加固维修。

2014 学年，有 15 个班级，546 名学生，49 名教职工，48 名专任教师。

学校坚持"以人为本，全体发展"办学理念，以"厚德、励学、笃行、自强"为校训，以"文明、乐学、发展"为校风，以"求实、探索、奉献"为教风，以"博学、善思、明理"为学风。学校先后获得全国科普教育基地学校、浙江省体育达标学校先进单位、浙江省科技工作先进集体、浙江省艺术特色学校、浙江省绿色学校等荣誉称号。

现任校长张伊，中共支部委员会书记林惠珍。

【沈家门第四小学】 现址普陀区沈家门街道中洲路 29 号。民国 9 年（1920）创建，原址沈家门蒲湾墩头邱蓝庙内，初名"私立洛舵乡文行小学校"，设 1 ～ 4 年级 1 个复式班，有 32 名学生。1947—1950 年，学校先后改名为"蒲湾小学""舵岙小学""舵岙乡中心小学"。1951 年，扩建校舍，改名为"朱蒲区中心小学"，承担朱家尖、展茅、芦花、勾山等地小学辅导任务。1956 年，学校划入沈家门镇，实行"二部制"教学，并更名"沈家门镇第四小学"。1974 年，在天打岩新建校舍 350 平方米，作为分部。1972 年，附设初中班，至 1974 年停办。2001 年 7 月，学校划归区属，更为今名。2002 年、2009 年，原址在小蒲湾的沈家门第六小学和平阳小学先后并入。2002 年 2 月，学校搬迁至现址。2013 年，定为区特殊儿童随班就读定点实验学校。

现有 31 个教学班，学生 1262 名，教职员工 100 名，专任教师 98 名。占地面积 8649 平方米，建筑面积 8271 平方米，建有探究实验室、音乐室、舞蹈房、美术室、阅览室、计算机房、微格教室、小海豚演播厅、乒乓球馆等配套教室。

学校坚持"教育促进每个孩子的最优发展"教育理念，以"打造一所素质全面、习惯良好、家长满意的现代化学校"为目标，努力建设数字校园、人文校园、绿色校园和健康校园。形成舟山渔民画、篮球等艺术教育和体育教育特色。学校先后荣获全国少先队雏鹰红旗大队、中国体育科学学会优秀实验学校、省体育达标先进集体、省体育田径项目特色学校、省艺术（绘画）特色学校、省舟山渔民画传承基地、省示范图书馆、省示范家长学校、省名师名校长体育实验基地学校等称号。

现任校长刘松军，中共支部委员会书记张鹏军。

【舟渔学校】 址普陀区平阳浦平渔路 200 号，原属舟山海洋渔业公司企业办学校，原名"舟山海洋渔业公司职工子弟学校"。学校创办于 1963 年，始与普陀县勾山公社中弄小学合并办学。1969 年，增设初中 1 个班。1972 年，与中弄小学分设，独立办学，称"舟渔公司五·七学校"，设有高中、初中、小学班。1980 年，高中停办。2002 年 1 月，从舟山海洋渔业公司剥离，划归舟山市教育局管理。2008

年7月，划归普陀区教育局管理，成为城区九年一贯制学校。2012年4月，学校更名为“普陀区舟渔学校”。2013年8月，定名为“舟山市普陀舟渔学校”。2014年8月，初中部并入沈家门第一初级中学，成为一所城区完全小学。

学校现有21个教学班，学生740名，教职工69名，专任教师65名。占地面积16160平方米，建筑面积6813平方米，绿化面积2400平方米。拥有实验室、仪器室、图书阅览室、电子阅览室、音乐室、舞蹈室、体育室、美术室、多功能报告厅、田径场等教育教学设施。

学校以“爱满校园”为校训，“追求和谐，享受快乐”为教育理念，以“幸福童年，精彩未来”为办学目标，形成“民主、和谐、阳光、向上”校风，“敬业、爱生、奉献、进取”教风和“乐学、静思、自主、合作”学风，走出一条以“质量立校、科研兴校、特色名校、师德强校”路子。积极推进素质教育，开展教育科研与课程改革，坚持“先学后教，以学定教”的现代教学理念改革教学模式，提高教学质量。曾获评全国家长学校教育实验区实验学校、省体育特色学校、省中小学心理辅导三级站、市艺术特色学校、市绿色学校等称号。

现任校长陈四军，中共支部委员会书记金信根。

【勾山中心小学】 址普陀勾山曙光村曙光路109号，原名为延武小学(私立)，始创于1921年1月，由勾山乡黄雉村李家塘乡绅李拙子捐资创办。1929年，称“私立延武初级小学”。1946年，延武小学与勾山上和庙小学合并，定名“蒲岙乡中心国民学校”，延武小学为分部。1950年，由人民政府接管，改名为“朱蒲区蒲岙中心小学”。1953年11月，更名为“朱蒲区勾山小学”。1961年5月，改名为“勾山公社中心小学”。1969年，公社中心小学撤销。1978年8月，曙光(金家桥)大队小学与勾山中学合并，复建“勾山公社中心学校”，泉水岙、黄雉、蒲东、新花、外勾山等大队小学先后并入。1983年9月，勾山中学新校舍建成，中、小学分设。1984年5月，小学部改名为“普陀区勾山乡中心小学”。1992年，改名为“勾山镇中心小学”，管辖勾山第二小学，新塘小学、红旗小学、联办小学、芦东小学5所完全小学。2001年，改名为勾山中心小学。

1986年6月，县、乡政府集资30.96万元，拆除原校舍，新建1800平方米的教学大楼，此后，学校的教育设施不断改善。

2010年，校舍进行加固改造后，占地面积7376平方米，建筑面积2491平方米，有200米塑胶环形跑道，有微格教室、实验室、音乐室、美术室、少先队活动室等功能室。

学校以“绿色、和谐、阳光”为发展目标，实践陶行知先生“千教万教教人求真，千学万学学做真人”的育人理念，于1999年启动实践陶行知教育思想，实施“求真育人”工程，积极探索课堂教学生活化模式，拓展“教学做合一”途径。学校先后获评省农村示范学校、省标准化学校、省绿色学校、省“实践陶行知教育思想”先进集体、省校本培训先进集体等荣誉。

现任校长兼中共支部委员会书记林岳平。

【展茅中心学校】 址普陀区展茅街道横街村文化路98号，为省农村示范学校。2013年1月，由原展茅初级中学与展茅中心小学合并设立。

原展茅中心小学前身为“私立启后小学”，由张孝根创建于民国22年(1933)，校址设在张家祠堂内侧，周士琦任校长。民国33年(1944)，称“展茅镇中心国民学校”。1950年8月，改名“朱蒲区展茅乡中心小学”，1953—1959年先后更名为“展茅区中心小学”“展茅公社中心小学”等。1982年，中小学分设，小学迁回张家祠堂。1984年上半年，集资12万元，迁建三层教学大楼，建筑面积1221平方米。9月，迁入新校舍。1988年，改名“展茅镇中心小学”。1997年，迁址横街村文化路3号，占地面积15495平方米，建筑面积3271平方米。其间，撤柴家、横街、干施岙、翁家岙、上潘孙、田公岙、大使岙等村小，学生并入展茅中心小学就读。2004年9月，茅洋小学并入展茅中心小学。2013年1月，展茅中心小学与展茅初级中学合并，成为九年一贯制学校。

展茅初级中学前身为创办于1958年的“展

茅公社农业中学”,校址原柴家村。1961 年停办,1964 年 9 月重建,迁址张家宗祠。1972 年,更名为“展茅中学”,增设高中部。1978 年 8 月,展茅中学在现址新建教学楼,并与横街小学合并建成“展茅公社中心学校”,是年,初中由两年制改为三年制。1979 年撤销高中部。1982 年 8 月,分设展茅初级中学和展茅中心小学。1986 年秋,新建东首教学大楼,办学规模逐渐扩大。

2013 年 1 月,展茅初级中学与展茅中心小学合并,成为九年一贯制学校,并再新建教学楼。现学校按省标准化学校设计建造,占地面积 30933 平方米,建筑面积 8936 平方米。建有教学楼、综合楼、体育馆、劳动实践基地、标准塑胶田径场、人工草坪足球场等设施和功能用房,并配有现代小五匠工作室、美术室、劳技室、书法室等专用教室和辅助用房。

2014 学年,有小学教学班 12 个,学生 407 名,小学教职工 38 名,专任教师 36 名;初中教学班 9 个,学生 290 名,初中教职工 41 名,专任教师 38 名。其中中学高级教师 6 名,区学科带头人 4 名。

学校秉承“一个学生、一个世界”办学理念,努力打造“有质量的学校”,培养“有教养的学生”,塑造“有品位的教师”,建设“有文化的校园”。曾获评省青少年校园足球活动优秀定点学校、省标准化学校、省绿色学校、省义务教育精品课程——《现代海岛小五匠》、省陶行知研究会直属实验学校等荣誉称号。

现任校长李忠,中共支部委员会书记周静波。

【朱家尖小学】 址朱家尖街道大洞岙庆丰路 23 号,创办于民国 8 年(1919)3 月。初名“定海县第二区区立洛舵乡第三小学校”,借用大洞岙天主堂余屋开办。民国 21 年(1932),改校名为“太古一小”。1953 年,更名为“普陀区中心小学”(普陀山、朱家尖、白沙等地域)。1974 年,建造大洞岙小学校舍 360 平方米。1984 年,学校改为“朱家尖乡中心小学”。是年,县、乡人民政府集资 15.5 万元,新建 1522 平方米的三层教学楼。1992 年,学校改名为“朱家尖镇中心小学”。2003 年 8 月,白沙中心小学和朱家尖第三小学(西岙小学)撤并入朱家尖镇中心小学。2005 年 8 月,朱家尖第二小学(顺母小学)撤并入朱家尖中心小学。2008 年 2 月,朱家尖撤镇成立街道,学校改名为“舟山市普陀区朱家尖小学”。

2011 年 7 月,投入 927 万元,新建面积为 4452.27 平方米的四层教学楼。现学校占地面积 14141 平方米,建筑面积为 7463 平方米。有 24 个班级,925 名学生,81 名教职工,71 名专任教师。

学校教学设施先进,有供学生实践体验的海洋特色基地、图书和各类教学设备。学校坚持“成就孩子海洋的梦想”办学宗旨,以“海洋教育品牌学校、校本课程示范学校和现代化的文明学校”为办学目标,形成“雅言雅行”办学理念,创设以“好习惯成就好人生”学校文化,形成“健康、文雅、乐学、向上”校风、“会教、乐教”教风和“会学、乐学”学风。

学校曾获国家级绿色学校、中国中小学绿色教育行动试点学校、中国可持续发展教育实验学校、中国乡村学校少年宫项目等称号。现为 2013 年第一批浙江省义务教育标准化学校。

现任校长周军海,中共支部委员会书记陈全波。

【桃花中心学校】 址普陀区桃花镇公前村文卫路 39 号,前身为“定海县第七区区立协和乡第一小学”,创办于清光绪三十一年(1905)。1946 年,改名为“桃花乡中心国民学校”。1950 年 10 月,由人民政府接管,改名“六横区桃花乡中心小学”。1953 年 11 月,改名为“桃花区中心小学”。1968 年 9 月,在原有小学基础上,创办桃花乡初级中学。1972 年增设高中班,成为完全中学。1981 年,高中部撤销。1985 年,桃花区公所成立桃花区教育办公室,学校由地方政府主管,隶属区公所教办领导,改名为“桃花乡中心小学”。1987 年,桃花撤乡建镇,改名为“桃花镇中心小学”。

2008 年 8 月,桃花镇中心小学与桃花镇初级中学合并,更名为“桃花镇中心学校”,成为九年一贯制学校。现学校占地面积 14652 平方米,建筑面积 6056 平方米,有教师宿舍楼和学生寝室楼 1 幢。学校除专用教室外,还拥有实验室、音乐室、美术室、图书室、计算机房、礼堂暨膳厅,200 米塑胶环形田径场和篮球场、排球场。

现有小学 8 个教学班，在校学生 219 名，教职工 32 名，专任教师 26 名。

学校秉持“尚德、博学、励志、健美”校风，以“让每位学生都有效发展”为办学理念，先后获乡村学校少年宫、省义务教育阶段标准化学校、省绿色学校、省雏鹰红旗大队、省健康促进学校银奖学校等称号。

桃花中学坐落在桃花镇公前村。创办于 1968 年 9 月，初时，招收 1 个班，有学生 68 名，与桃花公社公前小学合用一幢校舍。1969 年，又招新生 1 班，教师增至 4 名。1972 年，增设高中班。1981 年，高中部撤销。1983 年，建造一幢 500 平方米的实验楼，创建实验中心。1985 年，新建 300 平方米的食堂。1986 年 9 月，小学搬迁至新建校舍。1987 年 2 月，拆除原中小学合用的平房，并在原址建造 2550 平方米四层教学楼，内设 20 间标准教室，1 间 100 平方米多功能教室，3 间物理、化学、生物实验室，3 间仪器室，实验仪器配备齐全。1991 年 12 月，由桃花中学具体承办，（创建）“普陀区桃花少年军校”。

1993 年 9 月，对峙附设初中班并入桃花初级中学。时学校有班级 20 班，学生 972 名，教职工 51 名，专任教师 41 名。

2008 年 8 月，桃花初级中学与桃花镇中心小学合并，成为九年一贯制学校，更名为“桃花镇中心学校”。是年，初中部有班级 6 班，学生 172 名，教职工 19 名，专任教师 18 名。2014 年 8 月，初中部划归东港中学管理，教学点仍设在桃花镇中心学校。

现任校长兼中共支部委员会书记翁舟梁。

【虾峙学校】 址虾峙镇南岙四区 18 号。2013 年 7 月，由原虾峙镇初级中学和虾峙镇中心小学合并，建立“虾峙学校”，成为九年一贯制学校。

虾峙镇中心小学前身为“定海县第六区灵和乡东明小学校”，民国 2 年（1913）1 月，在虾峙南岙借用民房开办。1930 年，先后迁移至大岙圣塘庙、三官殿等地办学，并相继使用“灵和乡东昌小学”“虾峙灵和乡中心国民学校”“普陀县虾峙区中心小学”“虾峙区中心小学”等校名。1986 年 9 月，新校舍落成，学校迁入现址。1988 年 9 月，更名为“普陀区虾峙镇中心小学”。原湖泥乡中心小学于 2001 年 8 月，黄石乡中心小学于 2003 年 8 月，原栅棚乡中心小学于 2005 年 8 月先后撤并入虾峙镇中心小学。2014 年 8 月，新校舍改扩建完成并投入使用，虾峙镇初级中学和虾峙中心小学合并，成为九年一贯制学校。现有小学 6 个班级，学生 142 名，有教职工 26 名，专任教师 22 名。

学校以“兼容并蓄，心手相牵”为校训，“严谨、务实、创新”为校风，以海洋教育为办学特色，是舟山市海洋教育特色学校。先后获浙江省首批示范学校、浙江省首批现代教育技术实验学校、浙江省绿色学校、全国雏鹰红旗大队、全国劳技教育先进学校等荣誉称号。

原虾峙镇初级中学创办于 1957 年 9 月，初名普陀县虾峙区民办虾峙初中。1958 年，改名为“虾峙水产中学”。受经济困难影响，1962 年 7 月停办。1964 年，恢复办学。1966 年，定校名为“普陀县虾峙中学”。1992 年 10 月，撤区扩镇并乡后，学校管理体制调整，正式定名为“普陀区虾峙镇初级中学”。黄石初级中学于 2001 年 8 月，栅棚初级中学于 2003 年 8 月先后撤并入虾峙初级中学。2014 年 8 月，初中部划归沈家门第一初级中学管理，原初中部成为沈家门第一初级中学虾峙教学点。

现学校占地面积 15601 平方米，建筑面积 6769 平方米。建有塑胶田径场等相关配套设施。

现任校长兼中共党支部书记付恩忠。

【六横镇中心小学】 址普陀区六横镇峧头街东海路。前身系“定海县第六区区立东靖乡第一小学”，创建于民国 2 年（1913）2 月，系旧东靖义塾改设，校址位于峧头义火祠，时有 20 多名学生，1 位老师。1952 年，经民间集资拆除义火祠，建 2 层木质楼房，设 6 个班级，定校名为“六桃区中心小学”，下辖六横、虾峙、桃花等小学。1967 年，撤销区中心小学，改名为“峧头公社中心小学”，附设初中班。1979 年，重新调整学校布局后，恢复“六横区中心学校”名称，列为全县重点小学之一。1986 年，中小学分设。翌年，定名为"岐头镇中心小学"。2001年7月，随着六横以岛建镇，改名为"六横镇中心小学"。2003年8月，佛渡乡中心小学撤并入。2008年2月，五星中心小学撤并入。

2008年2月，学校迁址于六横镇岐头街东海路128号。是年3月，中远集团舟山分公司捐资800万元，冠名"六横中远小学"。校园占地面积37655平方米，建筑面积11235平方米，教学楼建有标准教室24间，另有实验楼、室内体育场和各种专用教室、阅览室、校史室、师生餐厅等功能用房，有250米环形塑胶跑道、塑胶网球场、塑胶篮球场等，绿化面积17000平方米。

学校现有班级30班，学生1136名，教职工89名，专任教师84名。

学校以"快乐教育、尚德起步"为办学思想，以努力创办"管理高效，教育优质，特色鲜明，教师幸福、学生留恋、人民满意"品牌学校为目标，"给孩子最快乐的童年生活，给学生最坚实的人生起步"，让每一位孩子享受最适合自己发展的教育。学校先后获得省示范小学、省中小学农村远程教育先进学校、省现代教育技术试验学校、省绿色学校、省现代教育技术实验学校、省中小学示范性图书室等荣誉称号。

现任校长毛华杰，中共支部委员会书记刘海平。

【台门学校】 址台门社区台兴路202号，学校于2011年8月改建竣工使用。2013年8月，原台门中心小学与台门初级中学合并，成为九年一贯制学校。

现学校占地面积38068平方米，建筑面积11830平方米。各类现代教育教学设施完备。

2014学年，有教学班23班（其中初中6班，小学17班），学生747名（其中初中生194名，小学生553名），教职工92名（其中初中37名，小学55名），专任教师75名（其中初中31名，小学44名）。

原台门镇中心小学位于台门镇东北部的燕子窝，学校前身为礁潭乡礁潭小学，创建于1951年，校址设在高峰村凝波庙。时有6个班，学生约200名，教师8名。1956年9月，改为礁潭中心小学。1961年，更名为礁潭公社中心学校。1962年，中心小学附设一个初中班，招生48名。1969年9月，小学部搬迁到附近村校。1970年8月，礁潭中学建立，凝波庙归初中部使用。1982年8月，中小学分设。1984年，改名为"礁潭乡中心小学"，大夹苊村小学、中胜村小学并入。1986年，在现址新建造教学楼并迁入，定名为台门镇中心小学。1988年，扩建教学楼、教师宿舍楼、厨房膳厅等1912平方米，操场面积6800平方米。1990年，有15个班，学生792名，教职工39名，其中专任教师34名。学校占地面积7470平方米，建筑面积2053平方米。1996年年底，建立综合实践基地，占地面积6667平方米。1998年8月，凉潭小学并入。1999年8月，马跳头小学并入。2000年8月，大鱼厂小学和苍洞小学并入。2001年8月，杜庄小学并入。2003年8月，小湖乡中心小学、平岐乡中心小学、田岙小学、礁潭小学并入台门镇中心小学。

2010年9月，拆建教学楼、宿舍楼，2011年8月，校安工程竣工使用。2013年7月，与台门中学合并为九年一贯制学校，改校名为舟山市普陀区六横镇台门学校。2014年，被评为省标准化学校、省陶行知研究会实验学校。办学以来，有6名教师获评全国优秀教师、省劳动模范等称号。

原台门初级中学创办于1958年，前身为"礁潭民办初中班"，校址在高峰村凝波庙内。1962年，并入礁潭公社中心小学，为附设初中班。1975年，增设五·七高中。1978年，高中班停办。1981年，在原址将凝波庙旧房拆除，新建校舍。1982年8月，中小学分设。1983年5月，学校改名为"礁潭公社初级中学"。同年8月，平岐乡中心小学附设初中班并入。1987年，更名为"台门镇初级中学"。1991年，在现址集资建造中学校舍。1992年8月，小湖乡初级中学、悬山乡中心小学附设初中班并入。9月，学校搬入新校舍。

2010年，校安工程拆建校舍。2011年8月，新建校舍竣工使用。2013年8月，与原台门中心小学合并为九年一贯制学校。

现任校长郑飞海，中共党支部书记郑德伟。

第三章　初中教育

第一节　发展概况

【民国时期】 民国初期,普陀域内尚无初级中学,学子求学得赴定海、宁波等地。民国31年(1942),沈家门中心小学(现沈家门第一小学)开设初级中学班。民国36—37年(1947—1948),施家岙小学、沈家门私立八闽小学(原沈家门第二小学)附设初级中学班,后因师资不足,分别开办1～4学期停办。1948—1949年,由叶宗轼、刘圣浩、王志凡等在六横岛的台门西厂开办一年初中班。

1949年8月,毛善才联络沈家门镇商绅募建定海县立中学沈家门分部。地址在沈家门陈家塘原"难童收养所",开设1个初级中学班,学生50名。1950年5月,改为私立沈家门初级中学,设4个班,有学生148名。1956年,转为公办学校,名为县第一初级中学(初级中学以下简称初中)。

【中华人民共和国成立初期】 1951年,贯彻"调整与适当发展"方针,为解决高小毕业生升学困难,域内增加初中班。沈家门镇荷外羊府殿设民办初中文化补习学校。

1953年起,初级中学教育事业纳入计划建设轨道。

1950—1986年普陀县中学教育情况表

表2-30

年份	学校数(所)		小学附中	班级数(班)		学生数(名)		毕业生数(名)		招生数(名)		教职工数(名)		
	初中	高中		初中	高中	初中	高中	初中	高中	初中	高中	公办	民办	专任教师
1950	1	—	—	4	—	148	—	—	—	98	—	11	—	5
1951	1	—	—	7	—	341	—	—	—	181	—	19	—	16
1952	1	—	—	7	—	368	—	54	—	209	—	23	—	18
1953	1	—	—	7	—	375	—	51	—	152	—	28	—	18
1954	1	—	—	7	—	391	—	78	—	183	—	26	—	18
1955	1	—	—	9	—	507	—	116	—	228	—	35	—	23
1956	2	—	—	14	—	725	—	105	—	388	—	46	—	36
1957	5	—	—	21	—	992	—	135	—	499	—	65	4	53
1958	7	1	—	33	1	1655	45	137	—	1037	45	70	7	71
1959	12	1	—	43	4	2048	169	271	—	904	129	126	11	117
1960	14	1	—	55	6	2531	280	387	—	1300	142	126	42	141

续表 2-30

年份	学校数(所)		小学附中	班级数(班)		学生数(名)		毕业生数(名)		招生数(名)		教职工数(名)		
	初中	高中		初中	高中	初中	高中	初中	高中	初中	高中	公办	民办	专任教师
1961	9	1	—	40	6	1540	241	458	35	505	52	116	35	125
1962	4	1	—	22	3	934	116	401	33	398	51	66	11	57
1963	4	1	—	26	3	1142	106	145	39	599	50	71	19	73
1964	4	1	—	31	3	1486	127	125	18	647	56	82	18	85
1965	6	1	—	36	4	1787	200	337	30	754	104	89	25	93
1966	7	1	—	36	4	1545	200	441	40	550	107	89	17	93
1967	14	1	—	36	4	1505	200	—	—	60	—	89	21	97
1968	14	1	—	38	2	1596	107	500	93	591	—	107	21	112
1969	14	1	—	28	—	1004	—	952	107	360	—	113	48	147
1970	22	2	—	45	3	1985	171	232	—	1213	171	121	97	193
1971	33	3	—	167	3	7493	145	906	—	6238	—	122	187	284
1972	65	7	—	194	10	7968	549	4274	133	3998	558	401	57	374
1973	3	10	—	178	25	6937	1369	4136	—	3827	909	374	59	401
1974	3	11	—	206	37	8478	2086	2943	415	4959	1184	360	130	420
1975	14	16	81	288	51	12881	2788	3519	462	8523	1641	407	335	694
1976	14	37	109	377	87	16696	4442	4201	1143	8401	2821	489	514	940
1977	5	40	—	399	137	17439	7284	7931	1557	9233	4700	742	465	1081
1978	8	23	—	412	98	16931	4610	5154	2128	7598	1821	804	496	1128
1979	21	8	65	379	51	15660	2505	5565	2687	5598	1011	793	350	979
1980	30	7	30	323	34	14303	1470	2839	1319	5205	687	812	242	852
1981	34	4	19	272	23	12084	1049	3860	763	4588	523	816	128	765
1982	32	4	8	254	22	12149	0133	2648	474	4727	575	795	115	738
1983	34	4	2	235	22	11103	1126	2758	481	3778	594	769	79	672
1984	32	4	1	229	27	11064	1300	2686	334	3686	577	730	168	696
1985	30	4	1	213	35	10091	1746	3122	181	3284	678	763	152	682
1986	28	4	—	205	36	9707	1891	2824	493	3412	714	772	113	697

1956 年，在六横岛五星大教场原东岳宫旧址，创办县第二初级中学，招收 2 个班级 112 名学生。同年，朱和先生借西横塘“德仁坊”民房，开办沈家门初中补习班，后改称为沈家门渔光中学。1958 年上半年，又更名为“普陀县民办渔光中学”。

1957 年，蚂蚁岛、虾峙岛开办初中。翌年，在芦花施家岙创办县第三初级中学，招生 210 名。

1958 年，受“大跃进”影响，域内初中教育快速发展。是年，新办普通初中一所，职业学校 4 所，民办中学 4 所；普及中等教育的有虾峙、蚂蚁岛公社。

1958—1959 学年初普陀县民办中学及职业中学基本情况表

表 2-31

	学校数(所)			班级数(班)			学生数(名)			教职工数(名)	
	总数	其中		初中	高中	合计	初中	高中	合计	总计	其中:教员
		高中及中学	半工半读								
总　数	29	5	8	44	—	44	1663	—	1663	63	36
普通中学	2	—	—	12	—	12	568	—	568	26	21
农业中学	24	5	6	26	—	26	819	—	819	28	7
渔业中学	2	—	2	2	—	2	66	—	66	2	2
水产中学	1	—	—	4	—	4	210	—	210	7	6

注:1. 凡由群众自筹经费办的(包括私立)普通中学和工业、农业、林业、渔业、畜牧业等职业中学,均属本报表的调查单位。2. 上表按普通中学、工业、农业、林业、渔业、畜牧业等职业中学分类填写,其他性质的职业中学可适当归并填列。3.“中学”指设有初中班及高中班的完全中学

1958—1959 年普陀县公办民办中学及职业中学分布情况表

表 2-32

地　区	民办中学	公办中学	渔业中学	农业中学
沈家门镇	西横塘	陈家塘		—
虾峙区	大岙	—	黄石、长坑、大双	—
桃花区	宫前、蚂蚁	—	乌石子、鸡冠	宫前、茅山、登步大岙
六横区	礁潭、田岙	大教场	—	礁潭、平峧、台门、杜庄、田岙、苍洞、马跳头、大沙浦、龙头山、棕榈湾、洋山邵家、大支、张家塘、双塘小学、岑山小学
普陀区	庙跟	—	里岙	庙跟、寺岙、大坑、顺母
芦花乡	—	芦花	—	芦花街横头
展茅乡	—	—	—	大展张家农业社
普陀乡	—	—	—	普陀山
螺门乡	—	—	螺门	—
塘头乡	—	—	—	塘头小学内
勾山乡	—	—	—	勾山气象台、大蒲岙

1959 年,展茅横街、朱家尖庙跟、桃花公(宫)前、蚂蚁岛长沙塘、虾峙大岙、六横台门等地皆开办民办初中(当时“民办”是指集体办,不同于现在的民办学校)。

1960 年,域内有公办中学 3 所(内含完全中学 1 所),民办中学 12 所,有学生 2811 名,有教师 141 名。

1962 年,撤销部分民办初中,保留普陀中学(含初中),普陀县第二初级中学,县第三初级中学,沈家门渔光中学,蚂蚁岛初级中学。

1961 年,贯彻“调整、巩固、充实、提高”的方针和省教育厅提出的“在调整中注意合理布局,保留一片条件较好的骨干学校以及设置上符合需要和有利于今后发展的学校”的指示精神,压缩中学教育规模。1964 年,推行两种教育制度[全日制学校和半工(农)半读学校同时存在的学校教育制度]。

【“文化大革命”时期】 1966 年,普陀县有初中 7 所(完全中学 1 所),有学生 1745 名,教师 93 名。“文化大革命”开始,学校相继停课,部分师生外出串联。1967 年,无初中毕业生。高中停止招生,初中学生数锐减至 1004 名。

1966—1968年,岐头初级中学、朱家尖初级中学、勾山初级中学先后建立。

1970年起,黄石初中、栅棚初中、小湖初中、对峙初中、登步初中、螺门初中、悬山初中、东极初中、葫芦初中、青浜初中、舟渔子弟学校初中部相继建立。1972年,公社中心小学和部分完全小学附设初中,初中增至65所。

1974年,中小学改为秋季招生。1977年,朱家尖、桃花、虾峙3所区属初中增设高中班,全县共有109所小学,附设初中399班,有初中学生17439名。

1978年,进行全面整顿。翌年,贯彻中共中央"调整、改革、整顿、提高"方针,停办一些小学附设初中班。

1979年,初中改制完成。学制由二年制改为三年制。

1980年,沈家门第一初级中学创建,校址位于食品厂路101弄25号;由原沈家门中心小学、沈家门第一小学、沈家门第三小学、沈家门第四小学、沈家门第五小学、荷外小学和舟山水产食品厂子弟学校等7个城区小学附属初中班合并组成。创办之初有18个班级,学生901名,教职工52名。

是年,区属3所初中停招高中生。沈家门中学转为公办学校,增设高中部。同年,原沈家门第六小学(址泗湾,现在沈家门第一小学体育馆附近)停办,改办沈家门第二初级中学。

1981年,贯彻落实中共中央、国务院〔1980〕84号文件和省教育工作会议精神,坚持"一个中心,三个目标",着重调整初中布局,减少小学附设初中班。

是年8月,撤销原舟山师范学校普陀分校,创办沈家门镇第三初级中学。开办时,学校有平房667平方米,用地面积2300平方米。共有4个班,学生202名,教职员工15名,专任教师8名。

1980年,全县有小学附设初中班27个点,1981年,减少到10个点。提出初中布局在1983年前调整完毕的规划。同年,在调整初中布局的基础上,确定沈家门第一初级中学和朱家尖初级中学为县示范初中,沈家门第一初级中学为实验中心。

1982年,全县有初中32所,其中独立初中8所,有班级254班,学生12049名,教职工910名,其中专任教师648名,教育部门办795名,其他部门办24名,集体办91名(其中代课教师:公办27名,民办1名,兼任教师4名)。

1982—1983学年普陀县初级中学基本情况(各校)表

表2-33

学校名称	班级数(班)	在校生数(名)	教职工数(名)		校　址
			总数	专任教师	
舟渔子弟学校初中部	6	233	24	21	平阳浦
普陀山学校初中部	5	164	14	14	普陀山
普陀中学初中部	12	632	86	27	沈家门
沈家门中学初中部	6	267	57	11	沈家门
沈家门第一初级中学	18	1024	58	43	沈家门
沈家门第二初级中学	10	559	41	31	沈家门
沈家门第三初级中学	4	209	15	8	沈家门荷外
鲁家峙初级中学	5	242	15	15	鲁家峙
勾山初级中学	15	726	45	41	勾山
芦花中学初中部	9	500	52	20	芦花
展茅初级中学	10	516	27	25	展茅
螺门初级中学	8	361	20	17	螺门

续表 2-33

学校名称	班级数(班)	在校生数(名)	教职工数(名)		校　址
			总数	专任教师	
塘头中心学校初中部	5	166	10	9	塘头
葫芦中心学校初中部	3	77	9	8	葫芦
朱家尖初级中学	11	562	35	27	朱家尖
朱家尖中心小学初中部	2	92	5	5	朱家尖
顺母初级中学	4	178	10	9	顺母
西岙中心学校初中部	4	150	13	11	西岙
白沙中心学校初中部	3	94	8	8	白沙
桃花初级中学	8	379	25	22	桃花宫前
小山头桃花附中	3	143	7	7	桃花小山头
对峙中心学校初中部	5	223	8	8	对峙
蚂蚁岛学校初中部	6	284	18	16	蚂蚁岛
登步中心学校初中部	6	224	14	14	登步鸡冠
虾峙初级中学	8	362	24	18	虾峙大岙
栅棚初级中学	6	305	14	14	栅棚
黄石初级中学	6	245	18	16	虾峙黄石
湖泥中心学校初中部	3	132	9	8	湖泥
东极初级中学	3	131	8	7	庙子湖
青浜中心学校初中部	3	97	7	6	东极青浜
六横中学初中部	2	116	37	4	六横嵩山
佛渡中心学校初中部	3	111	10	9	佛渡
五星中心学校初中部	6	285	25	18	五星半塘
龙山中心学校初中部	6	338	17	17	龙山
峧头初级中学	8	404	25	25	峧头
双塘初级中学	9	509	36	30	双塘
小湖中心学校初中部	5	179	10	10	小湖
平峧中心学校初中部	5	200	12	12	平峧
礁潭初级中学	10	511	32	27	礁潭大岙
悬山中心学校初中部	3	119	10	10	悬山马跳头
合计	254	12049	910	648	—

【普及九年义务教育时期】 1986年4月，贯彻全国人大通过《中华人民共和国义务教育法》，开始实施九年制义务教育，除西岙、白沙、平峧、佛渡、黄兴、东福6乡外，其余26个乡(镇)均设初中，全县有初中28所，班级205班，学生9708名，初中普及率为80%，年巩固率为92.5%，有初中专任教师580名。是年，沈家门镇和蚂蚁岛乡率先实行九年制义务教育。

1986—1987 学年普陀县初级中学基本情况表(各校)

表 2-34

学　校	班级数(班)	在校生数(名)	教职工数(名)		校舍建筑面积(平方米)	创办年月	校　址
			总数	专任教师			
普陀中学初中部	12	621	118	40	15000	1949.8	东海东路
沈家门中学初中部	2	103	67	8	4195	1956.12	墩头兴建路
芦花中学初中部	9	438	54	24	5300	1958.8	芦花施家岙
六横中学初中部	8	429	54	22	8000	1956.8	五星大教场
沈家门第一初级中学	16	833	62	48	1953	1980.9	食品厂外河口
沈家门第三初级中学	7	341	25	19	2020	1981.7	滨港路 27 弄
鲁家峙初级中学	6	240	21	13	和小学合用	1982.9	鲁家峙红山路
舟渔子弟学校初中部	7	233	28	24	2400	1972.2	沈家门平阳浦
塘头中心学校初中部	3	124	10	8	划归小学	1965.3	塘头杨柳坑
勾山初级中学	11	504	39	28	1450	1983.9	勾山乡蒲东
展茅初级中学	10	506	34	29	1678	1958.9	展茅乡横街村
螺门初级中学	6	281	20	19	870	1983.9	螺门乡螺门
普陀山学校初中部	4	149	14	12	设中心小学内	1965.9	普陀山法如庵
葫芦中心学校初中部	3	81	7	5	设中心小学内	1968.2	葫芦乡宫沿
朱家尖初级中学	16	796	56	43	4091	1968.8	朱家尖大洞岙
顺母初级中学	3	109	10	10	424	1958.9	顺母乡龙新
桃花初级中学	10	517	35	29	4420	1968.9	桃花乡公(宫)前
对峙中心学校初中部	3	117	9	8	附设乡中心内	1966.9	对峙乡龙洞
登步中心学校初中部	3	146	9	8	600	1968.9	登步乡鸡冠
蚂蚁岛中心学校初中部	6	255	17	15	中小学合用	1957.9	蚂蚁乡长沙塘
虾峙初级中学	8	423	29	21	1743	1957.8	虾峙乡大岙
栅棚初级中学	3	108	11	10	附设乡中心内	1983.9	栅棚乡栅棚
黄石初级中学	3	105	11	8	1200	1982.9	黄石乡黄石
湖泥中心学校初中部	1	29	3	3	500	1966.9	湖泥山老厂跟
峧头初级中学	7	371	24	21	1648	1966.9	峧头镇坦岙村
台门初级中学	11	622	36	31	2800	1958.9	台门镇高峰村
龙山中心学校初中部	6	297	20	17	中小学合用 874	1961.9	龙山乡小沙浦
双塘初级中学	9	487	30	26	800	1964.9	王家村庙跟岙
小湖中心学校初中部	3	102	8	8	840	1971.9	小湖乡小苍洞
悬山中心学校初中部	3	144	7	7	中小学合用	1971.2	悬山乡马跳头
东极初级中学	3	133	10	9	980	1982.7	庙子湖八套里
青滨中心学校初中部	3	64	7	7	附设乡中心内	1974.9	青浜乡南岙

1987 年,普陀县撤县设区。同年,根据《中共中央关于教育体制改革的决定》精神,区政府修订《普陀区义务教育规划》,实施中小学分级办学,分级管理原则。域内学校实行区办区管,乡办乡管,村办村管体制。全区有初中 26 所,班级 203 班,在校初中生 9584 名,专任教师 592 名。

继沈家门镇后,蚂蚁岛乡,峧头镇实施九年制义务教育。年底,蚂蚁岛乡获评普及九年义务教育省级先进。1988 年,双塘乡、龙山乡实施九年制义务教育。

1989 年,龙山中、小学分设,设立龙山乡初级中学。螺门乡、顺母乡、登步乡,桃花镇、虾峙镇实施九年制义务教育。

1990 年，展茅镇、台门镇，平岐乡先后实施九年制义务教育。是年，全区有初中 234 班，其中城市 52 班，县镇 62 班，农村 120 班。有初中学生 10986 名，其中城市学生 2595 名，县镇学生 3065 名，农村学生 5326 名。

1990—1991 学年普陀区初级中学基本情况表(各校)

表 2-35

学校名称	班级数(班)	在校生数(名)	教职工数(名)	
			总　数	专任教师数
舟渔子弟学校初中部	4	161	28	24
普陀中学初中部	13	711	—	36
沈家门第一初级中学	17	922	70	50
沈家门第三初级中学	9	459	31	24
鲁家峙初级中学	6	208	21	16
塘头中心学校初中部	3	134	8	6
展茅初级中学	15	708	44	40
桃花初级中学	13	628	37	29
虾峙初级中学	9	428	30	22
峧头初级中学	11	577	35	30
台门初级中学	14	724	45	40
勾山初级中学	11	521	43	39
芦花中学初中部	9	509	—	—
螺门初级中学	9	437	24	19
葫芦中心学校初中部	2	47	6	5
朱家尖初级中学	17	842	56	48
顺母初级中学	4	135	13	10
对峙中心学校初中部	2	90	4	3
登步中心学校初中部	6	250	16	15
蚂蚁岛中心学校初中部	4	150	13	12
栅棚初级中学	6	175	15	13
黄石初级中学	5	191	13	11
六横中学初中部	9	410	—	23
双塘初级中学	15	774	39	35
龙山初级中学	8	327	21	19
小湖中心学校初中部	5	153	11	10
悬山中心学校初中部	2	74	5	5
东极初级中学	6	241	18	16

1991 年 9 月，五星乡初级中学校舍落成并投入使用。六横中学初中部撤销，成为普通高级中学。登步中心学校，中小学分设，建立登步初级中学。

1993 年，中共中央国务院印发《中国教育改革和发展纲要》，3 月，国家教委颁布《普及九年制义务教育评估验收办法》，区政府制定“两基”评估验收规划。

1994 年，全区九年制义务教育全面实施，人口覆盖率 100%。

1995 年，经省、市政府验收，九年制义务教育学龄人口入学率 98.4%；17 周岁授完九年义务教育率 86.0%；初中辍学率从 1987 年的 7.5%下降到 0.9%。在部分初中开展分流教学，或初中毕业生参加初级职业技术教学班学习。

1996年，龙山初中与小学再次合并，称为龙山初级中学。是年，域内有初中25所，班级311班，在校学生15787名，有初中专任教师821名。

【创建"两高"和"省教育强区""教育现代化县"时期】 1996年，省教育厅印发《浙江省高标准普及九年义务教育要求及实施办法（试行）的通知》（"高标准普及九年义务教育"和"高标准扫除青壮年文盲"简称"两高"）。是年8月，区教委提出全面实施"两高"规划。1996—2002年，13～15周岁初中入学率为97.27%。域内14个乡镇街道全部通过"两高"验收，其中7个乡镇街道被授予省教育强镇称号。

1996—1997学年普陀区初级中学基本情况表（各校）

表2-36

学校名称	班级数（班）	在校学生数（名）	教职工数（名）	
			总　数	专任教师数
普陀中学初中部	20	1232	—	56
沈家门中学初中部	6	351	—	15
芦花中学初中部	13	727	—	32
沈家门第一初级中学	22	1312	84	63
沈家门第三初级中学	9	510	37	29
鲁家峙初级中学	6	256	21	18
平阳中心学校初中部	4	154	12	11
塘头中心学校初中部	5	193	10	8
舟渔子弟学校初中部	14	666	53	48
勾山初级中学	10	512	35	32
展茅初级中学	15	775	45	40
朱家尖初级中学	23	1231	74	58
顺母初级中学	6	234	16	13
桃花初级中学	24	1185	69	60
虾峙初级中学	10	553	28	25
黄石初级中学	8	425	22	20
栅棚初级中学	7	360	17	16
蛟头初级中学	11	540	37	33
五星初级中学	9	482	26	23
龙山初级中学	12	565	28	24
台门初级中学	29	1477	87	73
东极初级中学	6	315	16	14
普陀山学校初中部	4	133	20	16
螺门初级中学	8	284	24	22
葫芦中心学校初中部	3	79	10	8
蚂蚁岛中心学校初中部	7	256	17	14
登步初级中学	7	313	20	19
双塘初级中学	13	667	39	31

1997年，省教育委员会确定普陀区为首批素质教育实验县（区）。区教育局制订了《普陀区素质教育实验方案》。

1998年5月，经区人民政府批准，普陀中学初、高中部分离。成立"普陀第二中学"，原普陀中学的初中部隶属普陀第二中学，高中部沿用普陀中学校名，成为普通高级中学，迁址东港灵秀街新校区。是年，域内有初中27所，共有学生309班14587名。初中入学率96.79%，初中巩固率99.15%。有专任教师811名。

1998—1999学年普陀区初级中学基本情况表（各校）

表2-37

学校名称	班级数（班）	在校学生数（名）	教职工数（名）	
			总数	专任教师数
普陀第二中学	28	1612	110	80
沈家门第一初级中学	26	1496	96	72
沈家门第三初级中学	9	505	39	29
鲁家峙初级中学	6	216	23	21
平阳中心学校初中部	5	103	15	14
塘头中心学校初中部	4	171	13	11
舟渔子弟学校初中部	12	613	51	42
勾山初级中学	10	409	35	26
芦花中学初中部	13	663	45	34
展茅初级中学	14	571	41	37
朱家尖初级中学	22	1059	69	55
顺母初级中学	6	210	19	16
桃花初级中学	22	989	63	49
虾峙初级中学	9	457	27	23
黄石初级中学	9	364	21	20
栅棚初级中学	9	412	18	17
岐头初级中学	10	513	37	32
五星初级中学	9	427	25	23
龙山初级中学	12	505	29	24
台门初级中学	30	1451	87	65
东极初级中学	6	190	16	14
普陀山学校初中部	4	124	19	15
螺门初级中学	7	342	26	23
葫芦中心学校初中部	3	80	10	8
蚂蚁岛中心学校初中部	5	186	18	14
登步初级中学	7	354	19	18
双塘初级中学	12	565	42	29

2001年，落实《普陀区十五期间学校布局调整方案》，域内有8所初级中学撤并：鲁家峙初级中学撤并入普陀第二中学；勾山初级中学撤并入芦花初级中学；五星初级中学撤并入岐头初级中学；顺母初级中学撤并入朱家尖初级中学；黄石初级中学撤并入虾峙初级中学；平阳学校初中部撤并入沈家门第一初级中学；塘头学校初中部撤并入沈家门第三初级中学；葫芦学校初中部撤并入沈家门第三初级中学。域内初中校均学生数有较大幅度增加，达到753名。

同年，普陀区被省教育厅授予区域性推进素质教育先进县（区）称号。

2002年年底，布局调整后，有初中17所（其中包括普陀山学校为九年一贯制学校）。共有班级260班，学生13004名，教职工950名，专任教师773名。初中毕业生升高中率达87%。是年，筹划新建普陀城北学校。

2002—2003学年普陀区初级中学基本情况表(各校)

表2-38

校　名	班级数(班)	毕业生数(名)	在校学生数(名)	招生数(名)	教职工数(名)		占地面积(平方米)	建筑面积(平方米)
					总数	专任师数		
普陀第二中学	43	699	2386	802	161	122	23550	15120
沈家门第一初级中学	41	576	2232	734	146	115	8158	7076
沈家门第三初级中学	22	240	1059	346	79	64	11324	6842
芦花中学初中部	20	330	991	280	75	62	19291	6930
展茅初级中学	11	184	556	156	40	36	6498	3059
螺门初级中学	8	125	350	110	22	20	2642	2477
朱家尖初级中学	20	352	1072	301	83	66	30066	8414
虾峙初级中学	11	171	639	167	39	33	7577	5240
栅棚初级中学	5	123	229	56	19	16	8723	1857
峧头初级中学	15	283	719	188	54	50	11568	5185
双塘初级中学	10	145	408	111	34	29	15407	3492
台门初级中学	20	421	928	257	77	55	32311	7531
龙山初级中学	7	164	307	66	25	19	10800	3716
普陀山学校初中部	4	53	113	29	21	17	5426	2130
桃花初级中学	16	249	749	183	51	48	17086	4975
登步初级中学	3	68	140	48	14	12	3900	1168
蚂蚁岛中心学校初中部	4	65	126	34	10	9	7800	2696

2003—2006年,区教育局将“促进公平,均衡发展”作为义务教育工作重点。

2003年,制定出台《普陀区2003—2007年学校布局调整方案》。是年,域内义务教育阶段学生取消借读费。登步乡初级中学与登步中心小学合并,成为登步乡中心学校初中部。同年12月,为培养学生生活节俭和良好卫生习惯,区教育局发文关闭域内学校小卖部。

2004年,贯彻落实《国务院关于加强农村教育工作的决定》,基础教育“以县为主”管理体制进一步落实。是年2月,召开区基础教育工作会议,出台《普陀区人民政府关于加快基础教育改革与发展的决定》。明确渔农村义务教育的管理体制和经费投入保障机制,将义务教育阶段学生生均公用经费列入财政预算,由区财政按定额标准直接拨至学校,经费定额标准向渔农村学校倾斜。

同年8月,双塘初级中学和双塘小学合并,成为九年一贯制学校。

2005年,根据省政府办公室《关于全省农村中小学“四项工程”实施办法的通知》精神,2005—2007年,普陀全面开展在农村中小学家庭经济困难学生资助扩面、爱心营养餐、食宿改造、教师素质提升等“四项工程”。实施教师3年内完成144学时培训工作。是年3月,普陀区城北学校正式立项奠基,定性为国有民办,7月,由普陀第二中学代为招收首届9个班级470名学生,教学点设在普陀第二中学。撤销登步乡中心学校初中部并入沈家门第三初级中学(万人以下的乡镇初中基本撤除)。

2006年,强化教育均衡,深化基础教育课程改革,促进素质教育内涵发展。谋划“十一五”期间全区学校布局调整方案,实施以新建峧头初级中学为重点的六横岛学校布局调整工作。开展省示范性学校和省标准化学校创建工作,桃花初级中学等4所学校为省示范小学、初中。撤销六横镇龙山中学初中部,龙山初级中学更名龙山小学。

2006年,全区有初中14所(包括芦花中学,双塘中心学校,普陀山学校3所九年一贯制学校)。初中学生入学率、巩固率、毕业率分别达到99.81%,99.94%,99.58%。

2006 年普陀区义务教育学校基本情况表(各校)

表 2-39

	校名	学制（年）	班级数（班）	在校学生数（名）	教职工数（名）	占地面积（平方米）	建筑面积（平方米）
公办	普陀第二中学	3	24	1142	118	23521	16218
	普陀区城北学校初中部	3	18	954	60	—	—
	沈家门第一初级中学	3	40	1934	160	8323	8096
	沈家门第三初级中学	3	24	765	98	16008	6987
	芦花中学初中部	3	15	586	60	22356	7735
	芦花中学小学部	6	12	356	28	—	—
	展茅初级中学	3	9	306	36	6720	2967
	螺门初级中学	3	6	180	25	2860	2391
	朱家尖初级中学	3	16	662	71	30921	8531
	峧头初级中学	3	12	626	50	11568	4457
	双塘中心初中部	3	5	172	20	34737	7109
	双塘中心小学部	6	7	230	19	—	—
	台门初级中学	3	12	497	51	32311	7128
	桃花初级中学	3	10	326	32	7794	4875
	虾峙初级中学	3	10	453	41	17870	7256
	普陀山学校初中部	3	3	97	21	5426	2130
	普陀山学校小学部	6	8	213	22	—	—
	沈家门小学	6	41	1998	118	41022	17597
	沈家门第一小学	6	22	1097	71	3195	3785
	沈家门第二小学	6	15	555	44	1576	3198
	沈家门第三小学	6	14	479	45	4330	4467
	沈家门第四小学	6	27	1211	80	5408	5912
	沈家门第五小学	6	18	838	53	4160	2705
	鲁家峙小学	6	8	268	21	6639	2032
	平阳小学	6	5	203	16	3020	2764
	东港小学	6	18	746	53	28646	8852
	塘头小学	6	5	92	13	5812	2440
	勾山中心小学	6	12	563	45	7376	2419
	红旗小学	6	6	177	14	2142	872
	展茅镇中心小学	6	12	483	35	23450	7455
	螺门小学	6	9	320	27	12775	2815
	朱家尖镇中心小学	6	25	1172	82	28422	13034
	六横镇中心小学	6	19	780	59	25258	10542
	龙山小学	6	6	189	19	18608	6372
	台门小学	6	18	710	53	18441	9582
	桃花镇中心小学	6	13	400	33	20978	7249
	虾峙镇中心小学	6	14	539	48	27091	10114
	登步乡中心小学	6	4	46	12	9959	3079
	蚂蚁岛乡中心学校	6	4	60	12	7786	2775
民办	育才小学	6	15	793	31	1510	1382
	希望小学	6	10	522	22	1360	770

2007年，全区贯彻落实《中华人民共和国义务教育法》和《浙江省义务教育条例》，以保障适龄儿童、少年接受义务教育权利，促进义务教育均衡、优质、和谐发展。撤鲁家峙初中教学点并入普陀第二中学。全区初中校均规模从622名增加到678名。

2007年，免除全区农村义务教育阶段学生学杂费。翌年，免除全区城市义务教育阶段学生学杂费，并给义务教育公办学校学生免费提供教科书、音像教材、空白作业簿。

是年，撤螺门初级中学，并入展茅初级中学。普陀山学校划归市局管理。

2008年，蚂头初级中学、虾峙初级中学被省教育厅确认为第七批示范初中，省示范学校比例达88.2%。普陀第二中学被评为奥林匹克示范学校。桃花初级中学与桃花中心小学合并，更名为桃花镇中心学校，成为九年一贯制学校。舟渔子弟学校由市局划归普陀区管理，改名为普陀舟渔学校。

2009年，以“均衡、优质、和谐”发展为目标，促进全区教育持续健康发展。全区有初中13所，班级204班，学生7931名，教职工866名，专任教师717名。省标准化学校比例达85.7%；农村义务教育阶段示范学校比例达88.2%；全区初中学龄儿童入学率、巩固率均达100%。初中教师学历合格率为100%。是年，普陀第二中学荣获国家级和谐校园创建先进学校。

2009—2010学年普陀区初级中学基本情况表(各校)

表2-40

学校名称	班级数(班)	在校生数(名)	教职工数(名)	
			总　数	专任教师
普陀城北初级中学	28	1500	87	82
普陀第二中学	11	523	94	56
沈家门第一初级中学	40	1901	170	144
沈家门第三初级中学	24	381	111	92
舟渔学校初中部	12	555	46	42
芦花中学初中部	15	486	57	51
展茅初级中学	12	342	52	42
朱家尖初级中学	17	575	70	58
蚂头初级中学	16	628	63	58
桃花镇中心学校初中部	5	129	23	20
虾峙初级中学	8	248	30	25
台门初级中学	10	356	48	32
育才学校初中部	6	307	15	15

2010年，随着普陀中学、区职教中心、普陀第二中学三大校建工程完工，普陀城区学校布局进行大调整。区职教中心本部搬迁至朱家尖大洞岙新校区；沈家门第一初级中学搬迁至原区职教中心本部(原沈家门中学校址)；沈家门第三初级中学搬迁至原普陀中学，并更名为东港中学；普陀第二中学搬迁至城北新校区，普陀城北学校随迁。翌年，撤城北学校并入普陀第二中学，校舍划归普陀第二中学。

2010年，全区有义务教育学校28所，其中初级中学12所，有班级188班，学生7343名，教职工860名，专任教师705名。

2010—2011学年普陀区初级中学基本情况表(各校)

表2-41

学校名称	班级数(班)	在校生数(名)	教职工数(名)	
			总数	专任教师
普陀第二中学	37	1902	180	130
沈家门第一初级中学	37	1702	169	139

续表 2-41

学校名称	班级数(班)	在校生数(名)	教职工数(名)	
			总数	专任教师
东港中学	24	614	122	98
普陀舟渔学校初中部	11	352	48	42
育才学校初中部	6	342	15	15
展茅初级中学	9	285	44	40
朱家尖初级中学	16	526	70	59
峧头初级中学	15	605	62	58
桃花镇中心学校初中部	4	109	20	20
虾峙初级中学	6	199	25	22
芦花中学初中部	14	412	56	51
台门初级中学	9	294	49	31

2012 年,全面贯彻实施《舟山市普陀区关于贯彻落实国家和浙江省中长期教育改革和发展规划纲要的实施意见》《普陀区教育事业发展十二五规划行动纲领》。区教育局加大投入,推进教育现代化建设,办学条件不断改善。免费为学生订阅学生刊物,发放学生校服,普陀教育朝着“均衡、优质、和谐”方向发展。是年,展茅初中新建,朱家尖初中拆建校舍。东港中学列为市学生素质教育实践场所示范学校。沈家门第一初级中学接受省义务教育标准化学校验评并获通过。同年,全区有初中学校 12 所,班级 173 班,学生 6208 名。教职工 815 名,专任教师 665 名。

2013 年,创建全国义务教育基本均衡(县)区,省教育厅认定普陀区公办义务教育阶段公办学校标准化率为 100%。全区初中达到校际均衡的国家标准要求,顺利通过评估。

是年,继续调整布局。展茅初级中学与展茅镇中心小学合并,虾峙初级中学与虾峙镇中心小学合并,台门初级中学与台门镇中心小学合并,设置为九年一贯制学校。撤舟渔学校初中部并入沈家门第一初级中学。在部分学校开展“五四”学制试点(小学五年,初中四年)。

2014 年,区教育局不断深化教育领域综合改革,大力推进义务教育“均衡、优质、和谐”发展。全区义务教育入学率、巩固率均为 100%,初中升高中率达 99.54%,15 年基础教育普及率达 99.82%。

2014 年,虾峙、桃花两校初中部分别划归沈家门第一初级中学和东港中学管理,在原址设初中教学点。

是年,全区有初中 9 所,有一定规模的独立初级中学 5 所,九年一贯制学校 4 所,九年一贯制民办学校 1 所(育才学校),班级 169 班,在校初中学生 6147 名,教职工 762 名,专任教师 635 名。专任教师中,大专及以上学历 100%,本科以上学历 93.86%,中学高级教师 185 名。

2014—2015 学年普陀区初级中学基本情况表(各校)

表 2-42

学校名称	班级数(班)	在校生数(名)	教职工数(名)		校园面积(平方米)	创办时间	现在校址
			总数	专任教师			
普陀第二中学	30	1274	149	117	58306	1949.8	东港街道花树岙
沈家门第一初级中学	40	1426	179	150	19331	1980.8	沈家门街长地爿
东港中学	33	1234	153	119	66332	1981.8	东港街道灵秀街
峧头初级中学	17	594	70	64	45509	1966.2	六横镇峧头
朱家尖初级中学	13	442	61	51	28121	1968.8	朱家尖大洞岙
芦花中学初中部	18	576	57	51	22356	1958.8	勾山街道芦花村

续表 2-42

学校名称	班级数（班）	在校生数（名）	教职工数(名)		校园面积（平方米）	创办时间	现在校址
			总数	专任教师			
展茅中心学校初中部	9	290	41	38	30933	1958.2	展茅街道文化路
台门学校初中部	6	194	37	31	38068	1958.8	六横镇台门
育才学校初中部	3	117	15	14	10100	2001.9	沈家门街道大干
合　计	169	6147	762	635	—	—	—

1980—1989 学年普陀初级中学基本情况表

表 2-43

学年度	学校数(所)	班级数(班)	在校学生数(名)	教职工总数(名)	专任教师数(名)
1980	30	323	14303	—	748
1981	34	272	12084	808	677
1982	32	254	12149	774	648
1983	34	235	11103	756	580
1984	32	229	11064	756	611
1985	30	242	10091	810	577
1986	28	205	9707	650	580
1987	26	203	9584	779	592
1988	25	212	10139	802	610
1989	25	223	10324	841	641

1990—1999 学年普陀初级中学基本情况表

表 2-44

学年度	学校数(所)	班级数(班)	在校学生数(名)	教职工总数(名)	专任教师数(名)
1990	25	234	10986	713	626
1991	26	239	11389	711	584
1992	26	252	12320	750	630
1993	25	259	12573	763	643
1994	25	283	13875	825	707
1995	25	296	14765	865	769
1996	25	311	15787	916	773
1997	26	312	15584	972	831
1998	27	309	14767	1024	811
1999	27	295	13994	1026	831

2000—2009 学年普陀初级中学基本情况表

表 2-45

学年度	学校数(所)	班级数(班)	在校学生数(名)	教职工总数(名)	专任教师数(名)
2000	27	299	14067	1061	861
2001	19	292	14299	1038	838
2002	17	260	13004	950	773
2003	15	241	11644	896	724
2004	14	224	10327	862	702
2005	14	214	9342	839	680
2006	14	204	8700	843	684
2007	12	198	8136	816	660
2008	13	204	8174	867	709
2009	13	204	7931	866	717

2010—2014学年普陀初级中学基本情况表

表2-46

学年度	学校数(所)	班级数(班)	在校学生数(名)	教职工总数(名)	专任教师数(名)
2010	12	188	7343	860	705
2011	12	180	6602	837	677
2012	12	173	6208	815	665
2013	11	169	6196	797	647
2014	9	169	6147	762	635

1985—2014学年初级中学专任教师学历情况表

表2-47

学年度	专任教师总数(名)	大专及以上学历比例%	本科以上比例%	学年度	专任教师总数(名)	大专及以上学历比例%	本科以上比例%
1985	577	28.08	2.95	2000	861	91.99	10.92
1986	580	32.59	2.76	2001	838	95.58	21.96
1987	592	35.14	3.21	2002	773	97.02	24.97
1988	610	46.56	2.30	2003	724	99.03	35.77
1989	641	55.69	4.06	2004	702	99.29	50.14
1990	626	65.18	4.47	2005	680	99.26	67.21
1991	584	75.51	5.99	2006	684	99.71	71.64
1992	630	77.78	6.03	2007	660	99.85	79.39
1993	643	78.85	7.00	2008	709	100	82.93
1994	707	80.20	5.52	2009	717	100	84.24
1995	769	82.57	5.46	2010	705	100	86.52
1996	773	93.92	5.05	2011	677	100	90.55
1997	831	89.77	6.02	2012	665	100	91.13
1998	811	90.51	6.54	2013	647	100	92.58
1999	831	90.25	8.42	2014	635	100	93.86

第二节　布局调整与标准化学校建设

1972年，据教育统计数字显示，全区初中(包括小学附设初中)有65所，1981年起整顿初中，小学附设初中班大量缩减。1982年，全县有初中学校32所，其中独立初中8所。至1987年，调整为26所，1998年为27所。

2000年后，随着经济不断发展，区政府出台“小岛迁，大岛建”规划，城市化进程不断加快。计划生育基本国策不断深入，许多学校生源和学生数锐减，同时，追求优质教育、先进教育成为主流教育诉求。教育资源需整合，需优化，需均衡成为历史性任务。2001年，区教育局贯彻落实《普陀区“十五”期间学校布局调整方案》，全区有8所初级中学或附设初中撤并。

2003年，区教育局制定出台《普陀区2003—2007年学校布局调整方案》，至2005年，万人以下的乡镇初中基本撤除。

普陀区十五期间撤并的初级中学情况表

表 2-48

撤并时间	被撤学校	并入学校
2001.8	平阳中心学校初中部	沈家门第一初级中学
2001.8	塘头中心学校初中部	沈家门第三初级中学
2001.8	葫芦中心学校初中部	沈家门第三初级中学
2001.8	鲁家峙初级中学	普陀第二中学
2001.8	勾山初级中学	芦花中学
2001.8	五星初级中学	峧头初级中学
2002.8	黄石初级中学	虾峙初级中学
2001.8	顺母初级中学	朱家尖初级中学
2003.8	栅棚初级中学	虾峙初级中学
2003.8	东极初级中学	普陀第二中学
2005.8	登步初级中学	沈家门第三初级中学
2004.8	蚂蚁岛中心学校初中部	沈家门第三初级中学
2004.8	双塘初级中学	双塘乡中心学校(合并)
2005.8	龙山初级中学	峧头初级中学

至2014年,域内有初中9所,一定规模的独立初级中学5所,九年一贯制学校4所(其中民办学校1所,即育才学校)。

2011年,根据《浙江省义务教育标准化学校基准标准》(浙教办〔2011〕63号)的要求,区教育局在全区初中学校大力开展标准化学校建设,以推进教育现代化,提升学校建设的科学化和规范化,促进义务教育均衡发展。

2012年3月,普陀第二中学、东港中学、芦花中学、朱家尖初级中学、峧头初级中学5所初级中学建成省义务教育标准化学校。2013年10月,沈家门第一初级中学建成省义务教育标准化学校。

普陀区历年来初中学校撤并情况表

表 2-49

乡镇街道	被撤学校名称	校　址	创办时间	撤并时间	并入学校
沈家门街道	平阳中心学校初中部	大干村	1975.8	2001.8	沈家门第一初级中学
	鲁家峙初级中学	鲁家峙	1965.9	2001.8	普陀第二中学
	葫芦中心学校初中部	葫芦村	1968.2	2001.8	东港中学(沈三初)
	舟渔子弟学校初中部	舟渔公司内	1972.2	2014.8	沈家门第一初级中学
东港街道	塘头中心学校初中部	塘头村	1965.3	2001.8	东港中学(沈三初)
朱家尖街道	白沙中心学校初中部	白沙村后沙头	1970.2	1985.8	朱家尖初级中学
	西岙中心学校初中部	牛角湾村	1971.2	1985.8	朱家尖初级中学
	顺母初级中学	顺母龙新	1964.9	2001.8	朱家尖初级中学
展茅街道	螺门初级中学	螺门晓辉村	1966.2	2009.9	展茅初级中学
勾山街道	勾山初级中学	勾山蒲东村	1968.2	2001.8	芦花中学
六横镇	五星初级中学	五星半塘村	1973.8	2001.8	峧头初级中学
	龙山初级中学	小沙浦村口	1961.2	2005.8	峧头初级中学
	双塘初级中学	双塘王家村	1964.2	2009.7	峧头初级中学
	佛渡中心学校初中部	佛渡川江村	1967.2	1987.7	六横中学
	小湖中心学校初中部	小湖村小苍洞	1971.8	1992.7	台门初级中学
	平峧中心学校初中部	外平峧村	1965.2	1984.8	台门、双塘初级中学
	悬山中心学校初中部	马跳头村	1971.8	1992.8	台门初级中学

续表 2-49

乡镇街道	被撤学校名称	校　址	创办时间	撤并时间	并入学校
虾峙镇	黄石初级中学	凉湖村	1966.9	2002.8	虾峙初级中学
	湖泥中心学校初中部	湖泥村半路亭	1966.9	1986.8	虾峙初级中学
	栅棚初级中学	栅棚村	1972.9	2003.8	虾峙初级中学
	虾峙初级中学	大岙村	1957.2	2014.7	沈家门第一初级中学
桃花镇	对峙中心学校初中部	对峙龙洞村	1966.9	1987.9	桃花初级中学
	桃花初级中学	公前村	1959.9	2014.7	东港中学
登步乡	登步初级中学	鸡冠村	1968.9	2005.8	东港中学
蚂蚁岛乡	蚂蚁岛中心学校初中部	长沙塘	1957.9	2004.8	东港中学(沈三初)
东极镇	东极初级中学	庙子湖百套里	1965.2	2003.8	普陀第二中学
	东福中心学校初中部	东福山岛	1972.3	1982.8	东极初级中学
	青浜中心学校初中部	青浜保安台	1974.3	1987.8	东极初级中学
	黄兴中心学校初中部	黄兴岛	1974.3	1987.8	东极初级中学

第三节　学校选介

【普陀第二中学】 现址东港街道城北花树岙111号。前身为浙江省普陀中学初中部,位于普陀区沈家门街道东海东路20号。1998年,经区政府批准,建立“普陀第二中学”,原普陀中学初、高中分离。高中部迁至东港新校区,初中部仍留在原址,隶属“普陀第二中学”。2001年8月,鲁家峙初级中学撤并入普陀第二中学。2003年8月,东极初级中学撤并入普陀第二中学。2006—2010年内设普陀城北学校。2011年,城北学校注销。

2010年8月,学校整体搬迁至城北新校址。新校舍总投资1.3亿元,由教学楼、科技楼、图书、行政楼、学生公寓楼、食堂、体艺馆等6幢建筑单体和一个250米田径运动场组成。占地面积80000.4平方米,建筑面积22240平方米。各种教学设施设备完备。

2014学年,有30个班级,学生1274名;教职工149名,专任教师117名,其中有中学高级职称教师83名。

学校以“砺志、求实、创特”为校训,构建“一基多元”的课程体系:即基础类课程、学科拓展类课程、个性特长展示类课程、研究类课程、综合教育类课程,开展“走班选课”的教育实践。历届中考成绩名列前茅,30余名教师荣获国家、省、市优秀教育工作者称号。先后荣获省群众体育先进集体,省教育先进集体、省文明学校、全国教育科研先进单位、21世纪中国学校体育发展研究实验学校、全国和谐校园先进学校、省创新型学校、省绿色学校、长三角地区教科研优秀团队等荣誉称号。

现任校长周剑挺,中共支部委员会书记陈虎。

【沈家门第一初级中学】 现址沈家门长地爿路2号。创建于1980年,原址食品厂路101弄25号(原外河口路),由原沈家门中心小学、沈家门第一小学、沈家门第三小学,沈家门第四小学,沈家门第五小学、荷外小学和舟山水产食品厂子弟学校等7个城区小学附属初中班合并组成。始创时有18个班,学生901名,教职工52名。1983年9月,中共沈家门第一初级中学党支部成立。1997年、2002年,普陀技校与沈家门第六小学原外河口路校舍划归沈家门第一初级中学。校园占地面积8158平方米,建筑面积7076平方米。

2001年8月,撤沈家门镇平阳中心初中部并入。2002年,全校有41个班级,学生2232名,教职工146名,专任教师115名。

2010年10月,学校搬迁至现址,校园占地面积19464平方米,建筑面积14725平方米。

2014年8月,撤舟渔学校初中部和虾峙学校初中部并入,同时,设立虾峙教学点。全校有班级

40班，学生1426名，教职工178名，专任教师150名(其中有中学高级教师65名，硕士学历2名)。

学校教育教学设备先进，拥有微格教室、视听室、多媒体阶梯教室、微机房、舞蹈房、音乐室、美术室、沙雕室等，各室均配置多媒体教学设备，实现校园网络全覆盖。设有图书阅览大厅，图书总藏量达5.6万余册，报纸、杂志数百种。

学校倡导“追求快乐学习，奠基幸福人生”的教育理念。先后获评省义务教育标准化学校，全国家长学校教育实验学校、省现代教育技术实验学校、省校本教研示范学校、省校本培训特色学校、省绿色学校、省治安安全单位、省艺术体育特色学校。

现任校长俞维杰，中共支部委员会书记严文安。

【东港中学】 址普陀区东港灵秀街91号。前身为沈家门第三初级中学，原址沈家门镇滨港路27弄3号。1981年8月，撤销原舟山师范学校普陀分校，创办沈家门镇第三初级中学，有平房667平方米，学校占地面积2300平方米。共有4个班，学生202名，教职员工15名，专任教师8名。

1984年10月，建成四层教学楼一幢，设有教室、综合实验室、仪器室、图书阅览室。占地面积2320平方米，建筑面积1482平方米。

2001年，塘头、葫芦学校初中部并入，时有19个班级，学生969名。

2002年，学校部分班级搬迁至东港海珠路1号(原普陀技工学校校舍)，形成东港本部荷外分部“一校两部”布局。有教学大楼、实验楼、学生宿舍楼、多媒体教室、阶梯教室。学校占地面积16008平方米(其中荷外分部2320平方米)，建筑面积6909平方米(其中荷外分部1482平方米)。

2004年，撤登步初中和蚂蚁岛初中并入。是年，有班级24个班，学生778名，教职工98名，专任教师79名，

2007年，学校为小班化教学实施学校。

2010年8月，学校迁址到普陀区东港灵秀街91号(原普陀中学址)，改名为“普陀区东港中学”。占地面积66667平方米，建筑面积30186平方米，绿化面积21700平方米。

同年，学校在推行小班化教学的同时，尝试“选择性分层学习”教学形式。有班级26班，学生720名，教职员工125名，专任教师96名，有中学高级职称教师27名。2013年，有32班，学生1125名，教职员工136名，专任教师105名。

2014年，桃花中心学校初中部划归东港中学管理，原校初中部作为教学点。全校共有班级33班，学生1234名。教职工153名，专任教师119名。

学校先后获评市素质教育实践基地示范学校、全国家长学校实验学校、省义务教育标准化学校、省级首批体育特色学校(田径)、市级首批艺术特色学校(民族乐器)、舟山非物质文化遗产(舟山船模)传承教育基地，被国家教育部基础教育课程教材发展中心认定的“中小学科学探究学习与创新人才培养机制实验研究项目实验学校”。

现任校长兼中共支部委员会书记黄伟宏。

【芦花中学】 址勾山街道芦花村，背靠徐家山。1958年8月，借用部队营房创办，初名“普陀县第三初级中学”。当年招收初中班和农技班各2班，学生210名。学校有水稻田10000平方米，山地4667平方米，校舍设备十分简陋。

1959年2月，学校更名为“舟山第五初级中学”，并建造校舍。当年，新建平房2幢(面积1084平方米)，学生宿舍1幢(面积846平方米)，办学条件略有改善。是年，有班级7班，学生330名。

1961年秋，农技班停办。同年，初中班发展到6班，学生259名，教职工27名。1964年，学校推行半农半读制。1965年，新建食堂和膳厅328平方米。1966年下半年，“文化大革命”开始，学校停课。1968年后，开始复课。

1970年下半年，学校成立革命委员会，再更名为“普陀县芦花中学”。当年，招收高中生1个班，学生64名，学校成为一所完全中学。

1982年8月，教学大楼竣工，面积为1239平方米。1985—1987年，先后兴建教工住宅楼454平方米，实验楼950平方米。

1987年，复更名为“舟山市普陀区芦花中学”。

1990年,有15个班(其中高中6个班),在校学生746名(其中高中生237名),有教职工59名,专任教师47名。学校占地面积20000.1平方米,建筑面积4096平方米。运动场设有250米环形跑道。

1998年秋,高中部并入新建的普陀第三中学,芦花中学成为一所农村初级中学。2001年秋,撤原勾山初级中学并入芦花初级中学。2003年,芦花小学并入芦花中学,学校成为一所九年一贯制学校。2004年,芦东小学、新塘小学并入芦花中学。

2010年9月,校舍完成加固改造工程。占地面积22356平方米,建筑面积7735.2平方米,绿化面积3200平方米。有较完善的体艺设施:有1209平方米体艺馆、250米环形跑道和100米跑道的塑胶田径场;有报告厅、专用科技活动室、美术室、音乐教室、舞蹈训练房,电脑房,教室配备多媒体教学设备。

2014年,有班级23班,学生707名。其中初中13个班,学生379名,小学10个班,学生328名。教职工86名,专任教师73名(其中初中51名,小学22名)。

学校先后获评省示范初中、市教育现代化学校、市防震减灾科普示范基地、市首批书香校园等荣誉。

现任校长史济光,中共支部委员会书记李朝阳。

【峧头初级中学】 现址普陀区六横镇峧头三八路226号。前身为"峧头公社农业中学",创办于1966年,设初中班1班,学生40余名,租借民房1间,由黄谨隆负责筹建并任教。1967年,改为"峧头公社中心小学附设初中班",有2个班,学生近100名,教师3名。1968年,因公办小学下放到各生产大队,初中班迁入中心小学内,时有3个班,学生近150名。1974—1976年,增设五七高中1个班。1977年,新教学楼落成,初中发展到11班,学生600名,教师20名。

1985年1月,中小学分设,初中部单独建为初级中学,称为"峧头乡初级中学"。1986年,因乡改为建制镇,改校名为"峧头镇初级中学"。是年,由县、镇人民政府投资250000元,征地4000平方米(另借用部队操场2667平方米),在峧头镇坦岙村兴建1648平方米的四层教学大楼1幢。

1987年7月,佛渡乡中心学校附设初中并入。

2001年7月,定校名为"普陀区六横镇峧头初级中学"。同时,因普陀区中小学布局调整,五星初级中学并入(在五星中学设立教学点,至2004年7月底撤销)。

2005年7月,龙山初级中学初中二年级学生先行并入。翌年7月,初中部教师与学生全部并入。

2008年3月,六横镇政府投资约4000余万元,在现址新建现代化农村初级中学,2009年8月竣工,峧头初级中学迁入使用。总占地面积45509平方米,总建筑面积16990平方米,绿化率30%。拥有图书阅览室和行政办公楼一幢,面积2445平方米;四层教学大楼二幢,3430平方米;实验楼一幢,2800平方米,设有音乐、美术、劳技、计算机、乒乓球室、微格教室、理化实验室等;餐厅建筑面积1754平方米,同时可容纳700人用餐(分设学生、教师餐厅);师生宿舍楼一幢(其中教师宿舍16间,学生宿舍40间),面积2700平方米。设有400米塑胶环形跑道标准田径运动场(国家Ⅱ级),占地16008平方米,看台面积333平方米,半露天座位800个;50米8泳道室外游泳池一个,占地1200平方米;多功能体艺馆一座,占地1733.34平方米,建筑面积1729平方米,上下两层固定座位1000个,并配有活动座位1000个,可容纳2000多人听报告或观看演出;报告厅一座,面积297平方米,座位272个;另有室外篮球场3个。

2009年7月,撤双塘中心学校初中部并入。

2014年,有班级17班,学生594名,教职工70名,其中专任教师64名。

学校办学成绩显著,教学质量在全区农村初中名列前茅。先后获得省示范初中、省义务教育标准化学校、市食品安全示范学校、市五星级工会等荣誉。

现任校长兼中共支部委员会书记张鹏恩。

【朱家尖初级中学】 现址朱家尖街道大洞岙庆丰路20号。1968年8月创建,始名为"普陀县东方红中学”,校址设在大洞岙庙宇“法喜堂”,有教学班1班,学生50名,教师4名。1973年起增设高中班,成为一所完全中学。1975年,新建两层教学楼922平方米,教师宿舍373平方米。

1978年,学校更名为“舟山市普陀县朱家尖中学”。同年,学校建立中共党支部委员会。1981年,撤销高中班,成为初级中学。1985年,定名为“舟山市普陀区朱家尖初级中学”。

1985年,撤西岙、白沙两所初中并入。2001年,撤顺母初中并入,100余名学生进入朱家尖初级中学就读。

2014学年,有班级13班,学生442名;教职工61名,专任教师51名。现占地面积28121平方米,建筑面积6625平方米。拥有设备完善的教室、各科实验室、音乐教室、美术教室、劳技教室、计算机房、多功能厅等,以及400米塑胶田径场。

学校注重校园文化的创建和深化,注重学生素质的培养,秉持“一切为了学生的健康发展”的办学理念,凸现学校教育特色,已形成沙雕艺术、女排体育艺术、绿色环境、体验式德育和生本课堂等教育教学特色。先后获评省第二批绿色学校、省示范初中、省级体育艺术特色学校(女子排球)、省标准化学校、省艺术教育特色学校、市级书香校园。

现任校长应土成,中共支部委员会书记柳景春。

第四章　普通高中教育

第一节　发展概况

【历史沿革】 1958年前,区域内无普通高中教育。普通高中教育源自初级中学的延伸和转型提高。

1958年秋,普陀第一初级中学从初三学生中抽调优秀学生45名,建立高中班,第一学期学完初三课程,第二学期开设高中课程。普陀域内普通高中教育首开先河。同年,普陀中学更名为“普陀第一中学”。1959年,舟山县成立,又改名为“舟山第二中学”。1962年定现名为“浙江省普陀中学”。1966年,有4个普通高中班级。

1970年,六横初级中学始设普通高中班,成为完全中学,招收普通高中2个班级,120名学生(另有初中4个班级)。1971年,初中生全部毕业,是年停招初中生,成为高级中学。1979年,恢复初中招生。

1970年,芦花中学、沈家门中学始设普通高中班,成为一所完全中学。

“文化大革命”期间,各校均受影响。初期,浙江省普陀中学停止招收高中学生5年半,其他学校停课时间长短不一。1972年春,提出“社社办高中”口号,各高中学校全面恢复招收普通高中学生,学制由三年制改为两年制,部分初中学校附设各类职业技术班,各公社(镇)因地制宜、因陋就简,出现创办五·七高中热潮。1977年前,全区先后开办36所五·七高中,逐渐形成“一区(镇、公社)一高中,分片招生办学”的完全中学教育格局。时有普陀中学(沈家门镇)、沈家门中学(沈家门镇)、芦花中学(芦花公社)、六横中学(六横区)、展茅中学(展茅公社)、勾山中学(勾山公社)、螺门中学(螺门公社)、朱家尖中学(朱家尖区)、桃花中学(桃花区)、虾峙中学(虾峙区)、蛟头中学(蛟头公社)、台门中学(礁潭公社)、双塘中学(双塘公社)、小湖中学(小湖公社)等40所完全中学。1977年,高中学校缩减为13所,其中县、区高中学校4所,公社高中学校9所。各普通高中实施“推荐与考试相结合”

招生制度。由于“文化大革命”对师范院校的影响和办学布局、规模的不切实际，大多数高中师资配备不全或缺乏良师，设施设备等基本办学条件严重不足。

1981年始，改革中学教育结构，整顿高中教育，停止公社办五·七高中班，控制普通高级中学招生数，保留4所完全中学（普陀中学、沈家门中学、芦花中学、六横中学）。高中招生数从1977年的约4700名下降为523名，以后几年均控制在580名左右；在校普通高级中学生数缩减至1049名。划定高中学校招生区域，普陀中学面向全县招生，其余高中学校在划定区域内择优招收初中毕业生。此后，普通高中教育稳步、迅速发展。

1997年，高中段（含职高）入学比例首次突破90%，提前8年实现省定普及高中段教育目标。2004—2005年，域内普通高中教育学生数达到巅峰。2006年起，主要由于人口政策效应显现，适龄高中学生数相应渐次减少，高中教育规模渐次稳定回落。

1978年，普陀中学被原舟山地区定为重点中学，1981年被浙江省教育厅列为全省80所重点中学之一。1995年，沈家门中学成为省首批（10所）示范性综合高中。1997年，普陀中学被评为省二级重点中学，2002年被评为省一级重点中学。普陀三中、六横中学先后于2004年、2005年获评省三级重点中学。1998年，沈家门中学位列省100所示范性中学行列。同年秋，普陀中学高中部与初中部正式分离，1250名高中学生，120名高中教职工（专任教师97名）随同高中部迁至东港灵秀街新校区，沿袭前名，原普陀中学初中部改称“普陀第二中学”。同期，普陀第三中学新校区建成使用，招收高一新生6个班级，接收芦花中学高中部高二高三学生共5个班级；芦花中学高中部停办。

1997年，普陀区普通高中教育通过“全国普及实验县”检查验收。1999年10月，浙教办下发《关于基本普及我省高中段教育的若干意见》。2000年8月，域内初中毕业生升高中段学校率为85.01%，在全市率先普及高中段教育。自1997年“十五年教育”战略实施，至2013年，“十五年教育”普及率达到99.8%，高质量高标准普及高中教育。

2001年12月，原沈家门中学和沈家门职业中学、普陀区技工学校合并，组成新的沈家门中学，采用三块牌子一套班子的管理体制。2002年沈家门中学获评省一级重点综合高中（全省3所）。2003年秋，在原勾山中学校址上建成沈家门中学机械分校，开设数控专业3班，机械专业2班，共招收228名新生。2005年，沈家门中学通过省一级重点综合高中的复评。2005年11月，舟山市普陀区职业技术教育中心（简称区职教中心）成立，沈家门中学作为核心成员并入。2007年8月，沈家门中学停止招收普通高中学生，原有学生按制逐渐完成普通高中学业；一部分普通高中教师分流到普陀第三中学，另一部分随原校归属区职教中心。

2011年，六横镇、六横中学与普陀中学合作办学，启用“舟山市普陀区六横中学”“浙江省普陀中学”两块牌子，高三2个合作班到普陀中学就读。2012年，普陀中学再迁至东港街道文康街新校区。

2013年6月，有4名普通高中教师获评享受正高级待遇的中学高级教师。11月，区域内有普通高中班级79个（其中高一年级25个，高二年级26个，高三年级28个），毕业学生1064名，招生998名，在校学生3108名（其中普陀中学1405名，普陀第三中学1292名，六横中学411名）；教职员工376名（其中普陀中学159名，普陀第三中学165名，六横中学52名）；专任教师301（女性142）名，其中高级教师136（女性51）名，研究生学历26名，本科学历274名，专科学历1名，无高中及高中以下学历的教师，无代课教师。

2014年1月，区（县）级及以上骨干教师98（其中城市86）名。初中毕业生升高中率99.55%，高中生辍学率0.95%。

是年，高中阶段教育布局基本定型，时有3所普通高中（浙江省普陀中学、舟山市普陀第三中学、舟山市普陀区六横中学），1所中等职业学校（舟山市普陀区职业技术教育中心）。普通高中有教学班81个（普陀中学33个，普陀第三中学36个，六横中学12个）。同年，普陀中学、普陀第三中学分别被省教育厅命名为“浙江省普通高中一级特色示范学校”和“浙江省普通高中二级特色示范学校”。

【办学规模】

1958—2014年普陀区普通高中发展情况表

表2-50

年份	学校数（所）	班级数（班）	在校学生数(名)	毕业生数（名）	招生数（名）	升入高一级学校学生数(名)			
						重点大学	一般大学	高中中专（技校）	合计
1958	1	1	45	—	45	—	—	—	—
1959	1	4	169	—	129	—	—	—	—
1960	1	6	280	—	142	—	—	—	—
1961	1	6	241	35	52	—	—	—	—
1962	1	3	116	33	51	—	—	—	—
1963	1	3	106	39	50	—	—	—	—
1964	1	3	127	18	56	—	—	—	—
1965	1	4	200	30	104	—	—	—	—
1966	1	4	200	40	107	—	—	—	—
1967	1	4	200	—	—	—	—	—	—
1968	1	2	107	93	—	—	—	—	—
1969	1	—	—	107	—	—	—	—	—
1970	2	3	171	—	171	—	—	—	—
1971	3	3	145	—	—	—	—	—	—
1972	7	10	549	133	558	—	—	—	—
1973	10	25	1369	—	909	—	—	—	—
1974	11	37	2086	415	1184	—	—	—	—
1975	16	51	2788	462	1641	—	—	—	—
1976	37	87	4442	1143	2821	—	—	—	—
1977	40	137	7284	1557	4700	21	39	143	203
1978	23	98	4610	2128	1821	18	66	82	166
1979	8	51	2505	2687	1011	19	62	106	187
1980	7	34	1470	1314	687	11	30	104	145
1981	4	23	1049	763	523	17	52	48	117
1982	4	22	1033	474	575	13	43	61	117
1983	4	22	1126	481	594	17	67	107	191
1984	4	27	1300	334	577	7	65	75	147
1985	4	35	1746	181	678	12	67	84	163
1986	4	36	1891	493	714	29	147	63	239
1987	4	36	2044	502	702	37	139	75	251

续表 2-50

年份	学校数（所）	班级数（班）	在校学生数(名)	毕业生数（名）	招生数（名）	升入高一级学校学生数(名)			
						重点大学	一般大学	高中中专（技校）	合计
1988	4	36	1925	618	597	35	116	70	221
1989	4	36	1849	675	682	29	138	94	261
1990	4	36	1872	590	689	42	103	66	211
1991	4	39	1993	511	721	17	78	76	171
1992	4	38	1909	590	630	31	104	88	223
1993	4	38	1792	593	582	48	179	104	331
1994	4	37	1773	615	653	45	272	124	441
1995	4	41	2063	545	884	48	262	87	397
1996	4	45	2365	612	872	68	329	66	463
1997	4	55	2826	606	1106	61	268	53	382
1998	4	68	3349	834	1422	67	248	56	371
1999	4	81	4073	816	1588	78	320	—	398
2000	4	88	4472	1068	1524	175	561	—	736
2001	4	91	4598	1367	1514	157	741	—	916
2002	4	96	4770	1483	1726	189	1103	—	1292
2003	4	105	4915	1593	1770	249	1097	—	1346
2004	4	113	5214	1370	1690	251	1095	—	1346
2005	4	113	5147	1744	1603	212	1174	—	1386
2006	4	99	4829	1834	1411	286	1236	—	1522
2007	3	103	4331	1754	1240	248	1476	—	1724
2008	3	99	3820	1652	1165	219	1211	—	1430
2009	3	91	3600	1411	1411	287	1195	—	1482
2010	3	83	3457	1228	1088	187	1208	—	1395
2011	3	81	3356	1159	1072	177	983	—	1160
2012	3	81	3196	1195	1045	156	1062	—	1218
2013	3	79	3108	1064	983	166	905	—	1071
2014	3	77	2994	1064	964	150	957	—	1107
合计	—	2726	128995	42053	51234	3879	19198	1832	24927

注：1.1958—1960 年无高中毕业生。2.1967—1972 年，普陀中学高中部没有招生；3.1961—1971 年高中学生升入高一级学校情况无统计数据。4.1999 年开始取消高中中专录取批次。5. “文化大革命”期间没有毕业的高中学生以后被视同高中学历

1958—2014 年，全区招收高中学生 51234 名，毕业 42053 名。高考制度恢复以来，被重点大学录取 3879 名，被大学（高职类大学除外）录取 19198 名，被各类上一级学校（高中中专、技校）录取 24927 名。

1981 年 12 月普通高级中学学生基本情况表（各校）

表 2-51

	学校数（所）	毕业生数（名）	招生数（名）	在校班级数（班）			在校学生数（名）		
				计	一年级	二年级	计	一年级	二年级
总　计	4	763	523	23	11	12	1049	528	521
县　属	4	763	523	23	11	12	1049	528	521
县　镇	2	357	328	13	7	6	591	330	261
普陀中学	1	313	186	9	4	5	409	186	223
沈家门中学	1	44	142	4	3	1	182	144	38
农　村	2	406	195	10	4	6	458	198	260
芦花中学	1	67	113	5	2	3	241	113	128
六横中学	1	117	82	5	2	3	217	85	132

1982 学年度工农业余教育基本情况表

表 2-52

	职　工							农（渔）民					
	学校数	毕业生数	招生数	在校生数	专任教职工数		兼任教师数	学生数	招生数	在校生数	专任教职工数		兼任教师数
					计	其中教师					计	其中教师	
一、工农业余中等技校	2	—	60	130	—	—	8	41	314	982	11	11	64
二、工农业余中学	44	1878	4037	3968	63	25	215	47	520	1228	47	47	5
高级中学	1	—	150	150	—	—	7	—	—	—	—	—	—
初级中学	43	1878	3887	3818	63	25	208	47	520	1228	47	47	5

注：1982 年 11 月统计农（渔）民业余教育无毕业生

2002 年，沈家门中学获评省一级重点综合高中，内设面向普通高考的普通高中班。2004—2005 年，域内普通高中教育规模达到巅峰，全区有 113 个班级，在校生数 5214 名，教职员工 467 名。

2004—2005 学年初普通高中在校生情况表

表 2-53

	毕业生数	招生数	班级数（班）				在校生数（名）				毕业班学生数
			合计	高一	高二	高三	合计	高一	高二	高三	
全区	1370	1690	113	37	39	37	5214	1691	1776	1747	1747
普陀中学	487	508	30	10	10	10	1492	508	505	479	479
沈家门中学	212	300	25	8	9	8	1045	300	374	371	371
普陀第三中学	442	666	43	14	15	14	1976	667	667	642	642
六横中学	229	216	15	5	5	5	701	216	230	255	255

2006 年以后，由于人口政策影响，适龄学生数量减少；根据省教育厅要求，实施按 1:1 比例招收普高和职高学生；市内普通高中布局调整效应显现；普通高中教育趋向理性回落。2005 年 11 月，沈家门中学作为核心成员并入区职教中心后，于 2007 年 8 月停止招收普通高中学生，内设面向普通高考的综合高中班。2006—2008 年，普通高中班数基本稳定在 100 班左右。至 2013 年前后，域内有普通高中 3 所（普陀中学、普陀第三中学、六横中学），班级数 80 班左右，在校学生数 3000 名左右，教师 380 名左右，专任教师 300 名左右。

2013—2014 学年初普通高中班级数、学生数(各校)情况表

表 2-54

		毕(结)业生数(名)	招生数(名)	班级数(班)				在校学生数(名)				毕业班学生数(名)
				合计	高一	高二	高三	合计	高一	高二	高三	
总计	合计	1064	998	79	25	26	28	3108	1000	1043	1065	1065
	女生	616	531	—	—	—	—	1694	533	561	600	600
普陀中学	合计	491	444	34	11	12	11	1405	446	461	498	498
	女生	289	212	—	—	—	—	750	214	253	283	283
普陀三中	合计	452	405	33	10	10	13	1292	405	448	439	439
	女生	260	233	—	—	—	—	715	233	242	240	240
六横中学	合计	121	149	12	4	4	4	411	149	134	128	128
	女生	67	86	—	—	—	—	229	86	66	77	77

2013—2014 学年初普通高中班额情况表(总计)

表 2-55

	合计	一年级	二年级	三年级
合计班级数	79	25	26	28
城区:25 人及以下	2	0	0	2
26 ~ 30 人	3	0	0	3
31 ~ 35	2	0	0	2
36 ~ 40	27	10	14	3
41 ~ 45	22	11	3	8
46 ~ 50	11	0	5	6
乡村:25 人及以下	1	0	0	1
26 ~ 30	3	0	2	1
31 ~ 35	2	1	1	—
36 ~ 40	6	3	1	2

2013—2014 学年初普通高中学生变动情况表

表 2-56

	上学年初报表在校学生数	增加学生数				减少学生数						本学年初报表在校学生数
		计	招生	复学	转入	计	毕业	结业	休学	退学	转出	
合计	3196	1011	998	8	5	1099	1064	7	13	2	13	3108

2013—2014 学年初普通高中分年龄、分年级学生数(总计)情况表

表 2-57

	在校学生数(名)				
	合计	其中女性	一年级	二年级	三年级
合计	3108	1694	1000	1043	1065
14 岁以下	34	20	34	0	0
15 岁	784	435	743	41	0
16 岁	1036	546	212	788	36
17 岁	1000	548	10	199	791
18 岁	243	141	1	12	230
19 岁	7	2	0	1	6
20 岁	4	2	0	2	2
合计中寄宿生	1152	565	530	351	271

【师资配备】 解放前,区域内多由富商、乡绅延请老儒充任教席,另有邻县及福建等邻省士人、书生来开办私塾、学校。解放后,人民政府全面接管学校,教育面向全体人民,教职人员严重缺乏。政府在一段时期内制定政策号召、安排大陆邻县大学毕(肄)业学生、师范学生支援海岛教育事业,也有邻省的大学毕(肄)业来此从教。1977 年前,五·七高中一度烽起;1977 年始,有高中学校 13 所,其中县(区)办高中 4 所,公社办高中 9 所,教师数量严重不足,民办教师、代课教师充数其中,良莠不齐。1981 年,整顿高中教育,停办五·七高中,保留 4 所县(区)中学,教师队伍开始整顿,民办教师、代课教师渐次转型提高或退出高中教育舞台。80 年代前后,尤为 80 年代后,浙江师范学院舟山分校(1983 年 12 月改名为舟山师范专科学校)毕业生相继充实教育工作队伍,教师数量需求得到一定缓解,整体教育质量有所提高。

1978—1983 年普通高中专任教师情况表

表 2-58

年　份	1978	1979	1980	1981	1982	1983
专任教师数(名)	219	129	104	88	90	92

1981 年 12 月普通高中分科专任教师情况表(列县属中学)

表 2-59

	合计	政治	语文	数学	物理	化学	生物	地理	历史	英语	体育
县　属	88	6	16	17	12	11	5	1	2	10	8
县　镇	53	3	10	9	7	6	3	1	2	7	5
农　村	35	3	6	8	5	5	2	0	0	3	3
普陀中学	35	3	7	6	4	4	1	1	1	4	3
沈家门中学	18	0	3	3	3	2	1	0	1	3	2
芦花中学	18	1	3	5	3	2	1	0	0	1	2
六横中学	17	2	3	3	2	3	1	0	0	2	1

1981 年 12 月普通高级中学专任教师学历情况表

表 2-60

	专任教师数(名)	大学本科及以上		大学专科及本专二年以上		大学本专肄业未满二年以上		中专、高中毕业及以下	
		计	%	计	%	计	%	计	%
县　属	88	42	47.73	28	31.82	2	2.27	16	18.18
县　镇	53	31	58.49	15	28.3	2	3.37	5	9.43
农　村	35	11	31.43	13	37.14	0	0	11	31.43
普陀中学	35	21	60	9	25.71	2	5.71	3	8.57
沈家门中学	18	10	55.56	6	33.33	0	0	2	11.11
六横中学	18	6	33.33	6	33.33	0	0	6	33.33
芦花中学	17	5	29.41	7	41.18	0	0	5	29.41

1981 年 12 月舟山地区普通高级中学教职工与学生比例情况表

表 2-61

	学生数(名)	教职工数(名)	教职工与学生比(%)
全县	13133	961	1 ∶ 13.67
县属	12731	927	1 ∶ 13.73
县镇	3360	262	1 ∶ 13.82
农村	9371	665	1 ∶ 14.09
舟山地区	38391	2818	1 ∶ 14.09

注:全县统计数据包括普陀山、厂矿、场办学校

1982年11月舟山地区普通高级中学教职工与学生比例情况表

表2-62

	学生数(名)	教职工数(名)	教职工与学生比(%)
普陀县	13182	905	1 ∶ 14.6
定海县	13180	931	1 ∶ 14.2
岱山县	8676	604	1 ∶ 13.4
嵊泗县	3093	262	1 ∶ 11.8
舟山地区	38131	2702	1 ∶ 14.1

沈家门中学1996—2005学年师生情况表

表2-63

学年	班级数(班)								毕业生数(名)		招生数(名)		在校生数(名)								教师(名)	
	初中				高中								初中				高中					
	合计	初一	初二	初三	合计	高一	高二	高三	初中	高中	初中	高中	合计	初一	初二	初三	合计	高一	高二	高三	合计	专任教师
1996	6	—	2	4	13	4	5	4	—	148	—	223	351	—	128	223	674	226	271	177	99	59
1997	2	—	—	2	15	6	4	5	219	173	—	299	125	—	—	125	795	300	225	270	94	57
1998	—	—	—	—	16	6	6	4	120	265	—	307	—	—	—	—	838	309	304	225	95	57
1999	—	—	—	—	18	6	6	6	—	225	—	311	—	—	—	—	925	317	308	300	99	62
2000	—	—	—	—	18	6	6	6	—	300	—	317	—	—	—	—	944	317	320	307	103	67
2001	—	—	—	—	18	6	6	6	—	307	—	325	—	—	—	—	987	334	336	317	90	67
2002	—	—	—	—	19	7	6	6	—	317	—	325	—	—	—	—	985	325	324	336	91	70
2003	—	—	—	—	22	9	8	5	—	414	—	367	—	—	—	—	952	367	371	214	123	66
2004	—	—	—	—	25	8	9	8	—	212	—	300	—	—	—	—	1045	300	375	371	89	71
2005	—	—	—	—	24	7	8	9	—	370	—	300	—	—	—	—	1002	300	325	377	96	72
2006	—	—	—	—	15	0	7	8	—	377	—	0	—	—	—	—	628	0	304	324	87	63

注：此期，沈家门中学没有招收初中生

2001年以来高中教职工编制标准情况表

表2-64

学校类别	所在区域	教职工与学生比
高中	城市	1 ∶ 12.5
	县镇	1 ∶ 13
	农村	1 ∶ 13.5

2004—2005学年普通高中教职工数情况表

表2-65

		合计	专任教师	行政人员	教辅人员	工勤人员
全区高中	合计	467	358	38	43	28
	其中女性	234	174	17	29	14
普陀中学	合计	137	104	14	6	13
	其中女性	58	40	8	3	7
沈家门中学	合计	89	71	2	2	14
	其中女性	48	39	0	2	7
普陀第三中学	合计	180	139	6	34	1
	其中女性	107	81	2	24	0
六横中学	合计	61	44	16	1	0
	其中女性	21	14	7	0	0

注：2004—2005年，域内普通高中教育规模空前，2006年始趋向稳定

2004—2005 学年普通高中专任教师相关情况表

表 2-66

专任教师（名）	本科及以上学历		中一职称及以上		35 岁及以上		51 岁及以上	
	计	其中研究生	计	其中中学高级	计	其中中学高级	计	其中中学高级
358	96.65%	1.12%	49.44%	15.08%	72.07%	50.28%	1.96%	1.68%

2004—2005 年普通高中专任教师专业技术职称、年龄结构表

表 2-67

	合计（名）	其中女性	25 岁及以下	26 ~ 30 岁	31 ~ 35 岁	36 ~ 40 岁	41 ~ 45 岁	46 ~ 50 岁	51 ~ 55 岁	56 ~ 60 岁
合计	358	174	66	119	73	54	29	10	4	3
中学高级	54	10	0	0	0	13	25	10	3	3
中学一级	123	59	0	16	62	40	4	0	1	0
中学二级	134	81	24	98	11	1	0	0	0	0
中学三级	0	0	0	0	0	0	0	0	0	0
未评职称	47	24	42	5	0	0	0	0	0	0
其中女性	174	0	40	68	36	18	8	2	2	0

2004—2005 学年初普通高中分课程专任教师学历情况表

表 2-68

	合计（名）	其中女	政治	语文	数学	物理	化学	生物	地理	历史	外语	信息技术	体育	音乐	美术	劳动	其他
合计	348	174	22	57	57	35	34	16	16	18	54	10	23	4	7	2	3
研究生毕业	4	3	0	1	0	0	0	0	0	2	0	1	0	0	0	0	0
本科毕业	342	165	22	55	56	35	32	14	16	16	53	9	22	2	5	2	3
高中阶段毕业	2	1	0	0	1	0	0	1	0	0	0	0	0	0	0	0	0
其中女性	174	0	13	36	24	7	10	6	8	11	41	3	8	3	1	1	2
少数民族	1	0	0	1	0	0	0	0	0	0	0	0	0	0	0	0	0

2004—2005 学年上学年普通高中专任教师变动情况表

表 2-69

	上学年报表专任教师数（名）	增加教师数（名）					减少教师数（名）					本学年报表专任教师数（名）
		计	录用毕业生	调入	校内调整	其他	计	自然减员	调出	校内调整	其他	
合计	340	43	30	10	3	0	25	8	12	1	4	358
其中女性	165	25	18	6	1	0	16	6	9	0	1	174

2006 年以后，普通高中教育规模理性回落，至 2013 年，域内有普通高中 3 所（普陀中学、普陀第三中学、六横中学），教师 376 名，专任教师 301 名。

2013—2014 学年初普通高中教职工数（各校）情况表

表 2-70

		合计（名）	专任教师	行政人员	教辅人员	工勤人员
合计	合计	376	301	11	55	9
	其中女性	180	142	3	33	2
普陀中学	合计	159	129	2	20	8
	其中女性	69	54	1	12	2
普陀第三中学	合计	165	128	8	28	1
	其中女性	90	70	2	18	0
六横中学	合计	52	44	1	7	0
	其中女性	21	18	0	3	0

2013—2014 学年初普通高中专任教师职称、年龄结构情况表

表 2-71

	合计（名）	其中女性	24 岁及以下	25 ~ 29 岁	30 ~ 34 岁	35 ~ 39 岁	40 ~ 44 岁	45 ~ 49 岁	50 ~ 54 岁	55 ~ 59 岁	60 岁及以上
合计	301	142	9	19	57	102	51	39	18	6	0
其中女性	142	0	3	12	29	59	24	9	6	0	0
少数民族	1	1	0	1	0	0	0	0	0	0	0
中学高级	136	51	0	0	2	34	41	35	18	6	0
中学一级	127	71	0	5	42	66	10	4	0	0	0
中学二级	28	15	3	10	13	2	0	0	0	0	0
未定职称	10	5	6	4	0	0	0	0	0	0	0

2013—2014 学年普通高中分课程专任教师学历情况表

表 2-72

	合计（名）	其中女	政治	语文	数学	外语		物理	化学	生物	地理	历史	信息技术	通用技术	体育与健康	音乐	美术	其他	当年不任课
						计	英语												
合计	301	142	19	41	44	47	47	27	30	16	17	18	5	7	18	4	5	2	1
其中女性	142	—	12	24	13	38	38	5	13	7	7	9	2	1	5	3	—	2	1
少数民族	1	1	0	0	0	0	0	0	0	1	0	0	0	0	0	0	0	0	0
研究生	26	15	2	3	3	3	3	1	4	2	3	3	—	1	—	—	—	1	—
本科	274	127	17	38	41	44	44	26	26	14	14	15	5	6	18	3	5	1	1
专科	1	0	0	0	0	0	0	0	0	0	0	0	0	0	0	1	0	0	0
高中	0	0	0	0	0	0	0	0	0	0	0	0	0	0	0	0	0	0	0

2013—2014 学年上半学年普通高中专任教师变动情况表

表 2-73

		上学年初专任教师数（名）	增加教师数（名）					减少教师数（名）					本学年初报表专任教师数（名）
			计	录用毕业生		调入	校内调整	计	自然减员	调出	校内调整	其他	
				计	其中师范生								
合计	计	299	20	9	6	8	3	18	1	11	5	1	301
	其中女性	142	11	5	3	6		11	1	8	1	1	142

2013—2014 学年初普通高中专任教师职称、年龄结构情况表（各校）

表 2-74

职称	学校	合计（名）	其中女性	24 岁及以下	25 ~ 29 岁	30 ~ 34 岁	35 ~ 39 岁	40 ~ 44 岁	45 ~ 49 岁	50 ~ 54 岁	55 ~ 59 岁	60 岁及以上
中学高级	普中	70	23	0	0	2	12	24	22	7	3	0
	三中	54	26	0	0	0	18	16	8	10	2	0
	六中	12	2	0	0	0	4	1	5	1	1	0
中学一级	普中	43	24	0	5	20	16	1	1	0	0	0
	三中	68	39	0	0	18	39	8	3	0	0	0
	六中	16	8	0	0	4	11	1	0	0	0	0
中学二级	普中	10	5	2	6	1	1	0	0	0	0	0
	三中	5	4	0	1	3	1	0	0	0	0	0
	六中	13	6	1	3	9	0	0	0	0	0	0
未定级	普中	6	2	4	2	0	0	0	0	0	0	0
	三中	1	1		1	0	0	0	0	0	0	0
	六中	3	2	2	1	0	0	0	0	0	0	0

【校舍与布局调整】 区域内普通高中教育经历过创建、分化、整合、提高的历程。1950年5月17日，普陀解放后，人民政府接管旧有学校，着手恢复和发展教育。新设立的学校，主要利用寺庙、祠堂、会馆、民宅作校舍。是年8月，私立沈家门初级中学（普陀中学前身）建造校舍1403平方米，其中砖木结构674平方米，临时性毛竹屋383平方米，草篷盖顶大礼堂345平方米。

1953年起，中小学校舍建设纳入国家基本建设投资管理，基本建设计划审批均由省教育厅会同省计划经济委员会统一管理。1956年，建造的普陀县第二初级中学（六横中学）校舍是苏式砖木结构。同年，普陀中学扩建砖瓦教室和师生宿舍。1958年秋，普陀中学首次开设高中部。至50年代末，区域内新建、扩建校舍11092平方米。1970年，普陀县六横中学、芦花中学始设普通高中班。1973年基本建设计划安排沈家门中学建筑面积2000平方米，资金补助40000元，木材4立方米，钢材4.4吨，水泥18吨。1972年春，全面恢复招收普通高中学生；"文化大革命"后期，中学快速发展，校舍不足、危破严重情况仍未缓解。1977年前，先后开办36所五·七高中。1981年始，保留4所完全中学（普陀中学、沈家门中学、芦花中学、六横中学）。

1978—1980年，多渠道筹款用于危房破旧校舍改造，其中新建普陀中学教学楼2208平方米。1978年，普陀中学获评原舟山地区重点中学，1981年获评省重点中学。1981年，省制定危房专项经费采取"相对集中、重点补助"办法，普陀县被确定为首批重点补助县。

为尽快实现中央"用二三年或稍长一些时间，做到校校无危房，班班有教室，学生人人有课桌凳"要求，从1984年起对中小学进行三次大检查，进行动态管理，有计划有步骤地拆建危破旧校舍。1985年7月，制订3年内改造危破旧校舍10527平方米的计划，至1987年7月完成危破旧校舍改造任务。1988年年底，中小学校舍危房改造工作进入扫尾阶段，限于当时财力、物力，校舍设施配套还不齐全。

90年代中期后，学校布局进入新一轮调整期。1995年，沈家门中学获评省首批示范性综合高中。1996年，六横中学新建2700平方米综合实验楼。同年，普陀中学迁址东港工程始建，建造教学楼、图书实验楼、学生宿舍和食堂等校舍21000平方米；1998年秋，高中部迁至东港灵秀街新校区（1999年新校区建设全部完工），校区面积60030平方米。是年，六横中学新建1796平方米学生宿舍。同年，普陀第三中学开始招生；芦花中学高中部撤销。

从2000年起，区直属学校（幼儿园）基建工程由区教育局作为建设主体实施，乡镇中小学（幼儿园）基建工程仍由乡镇政府或中小学（幼儿园）作为建设主体实施，一般校舍维修项目仍由各中小学（幼儿园）作为主体负责实施（区教育局财基科负责方案制定及指导）。

2001年11月，原沈家门中学和沈家门职业中学、普陀区技工学校合并，组成新的沈家门中学。2002年沈家门中学获评省一级重点综合高中。2001—2002年，普陀第三中学新建单体建筑面积14000平方米的综合楼；2004—2005年，普陀第三中学建造学生宿舍5108平方米。2004—2006年，普陀中学扩建9052平方米的综合楼和体艺馆。2005年，改造普陀中学400米塑胶跑道田径场。2005—2008年，实施中小学食宿改造工程，其中新建、改建普陀第三中学学生宿舍和教师宿舍4378平方米、六横中学食堂与学生宿舍2151平方米。

2006—2010年，实施城区学校布局调整工程建设。2007年起，设立义务教育校舍维修改造专项资金，专门用于中小学校舍的维修改造，后资金使用范围扩大到全区所有中小学、幼儿园。同年，改造普陀第三中学400米塑胶跑道田径场、六横中学250米塑胶跑道田径场。2008年11月，普陀中学文康街新校区工程开工。

2009年4月，国务院决定实施全国中小学校舍安全工程。

2010年8月，普陀中学迁址至东港文康路新校区。新校区占地面积115391平方米，总建筑面积60000平方米，主要建筑有教学楼、科技实验楼、行政办公楼、图书馆、体艺楼、食堂、宿舍及400米塑胶跑道田径场等，总投入 2.7 亿元。2009—2012 年，完成普陀第三中学三期扩建工程建筑面积 6289 平方米，项目总投资 2310 万元；学生宿舍拆建工程建筑面积 1596 平方米，项目总投资 373 万元；教学楼实验楼加固工程建筑面积 8485 平方米，项目总投资 865 万元。完成六横中学校舍拆建工程建筑面积 5356 平方米，项目总投资 1550 万元。

2013 年，印发《舟山市普陀区校舍维修改造项目管理办法》，加强对校舍维修改造工作的管理，提高校舍维修改造的工程质量和资金使用效益，规避工程建设中的廉政风险。同年 7 月，投资 420 万元实施普陀第三中学三期附属工程，投资 400 万元实施普陀三中综合楼改造工程；同时，投资 400 万元实施普陀中学人工湖和广场绿化改造工程。

2014 年，高中阶段教育布局基本定型，时有 3 所普通高中（浙江省普陀中学、舟山市普陀第三中学、舟山市普陀区六横中学），1 所中等职业学校（舟山市普陀区职业技术教育中心）。是年，普陀中学、普陀三中分别被省教育厅命名为“浙江省普通高中一级特色示范学校”和“浙江省普通高中二级特色示范学校”。

2004—2005 学年上学年普通高中学办学条件之一情况表

表 2-75 单位：平方米

项目结构类别	学校占地面积	校舍建筑地面积	教学及辅助用房						行政办公用房		生活用房	其他用房
			计	其中					计	其中教师办公室		
				普通教室	实验室	图书室	微机室	语音室				
城市	201040	64381	19691	9466	5111	4096	494	524	3514	1886	26160	15016
框架结构	—	16500	4508	2297	0	2211	0	0	2198	805	2500	7294
砖混结构	—	45403	15183	7169	5111	1885	494	524	1316	1081	23348	5566
砖木结构	—	2478	0	0	0	0	0	0	0	0	312	2166
土木结构	—	0	0	0	0	0	0	0	0	0	0	0
县镇	31651	9617	5000	790	522	300	144	130	300	240	4127	190
框架结构	—	0	0	0	0	0	0	0	0	0	0	0
砖混结构	—	8727	5000	790	522	300	144	130	300	240	3427	0
砖木结构	—	890	0	0	0	0	0	0	0	0	700	190
土木结构	—	0	0	0	0	0	0	0	0	0	0	0
合计	232691	73998	24691	10256	5633	4396	638	654	3814	2126	30287	15206

2004—2005 学年普通高中办学条件之二情况表

表 2-76

	体育运动场（馆）面积达标校数（所）	体育器械配备达标校数（所）	音乐器械配备达标校数（所）	美术器械配备达标校数（所）	数学自然实验仪器达标校数（所）	建立校园网校数（所）
合计	3	3	3	3	3	3
普陀中学	1	1	1	1	1	1
沈家门中学	0	0	0	0	0	0
普陀第三中学	1	1	1	1	1	1
六横中学	1	1	1	1	1	1

注：沈家门中学统计在同年的沈家门职业中学报表。表中“1”为达标

2004—2005学年普通高中办学条件之三情况表

表2-77

	体育运动场(馆)面积(平方米)	计算机(台)	图书藏量(册)	电子图书藏量(片)	固定资产总值(万元)		
					计	其中:仪器设备总值(万元)	
						计	专业实验设备
总　计	54794	689	161764	5	10740.62	286.41	286.41
普陀中学	22600	303	77214	0	4818.08	18.52	18.52
沈家门中学	0	0	0	0	0	0	0
普陀第三中学	24694	260	57300	5	5084.65	182.76	182.76
六横中学	7500	126	27250	0	837.89	85.13	85.13

注:沈家门中学统计在同年的沈家门职业中学报表

2006、2011、2014年普通高中学校用地和校舍面积统计表

表2-78　单位:平方米

时间	学校占地面积	校舍总幢数	校舍建筑面积	生均占地面积	生均建筑面积
2006	220908	54	84203.4	53.3	20.31
2011	269678	57	115592.1	80.36	34.44
2014	269678	38	112165.9	90.1	37.48

注:2005年11月,沈家门中学并入新成立的区职教中心

2013—2014学年上半学年普通高中校舍情况表

表2-79　单位:平方米

		合计	框架结构	砖混结构	砖木结构	土木结构
总　计		108999	96655	12207	137	—
其中	危房	—	—	—	—	—
	当年新增	2416	2416	—	—	—
一、教学及辅助用房		39048	32298	6750	—	—
教室		14057	11201	2856	—	—
实验室		5173	2503	2670	—	—
图书室		3717	3417	300	—	—
微机室		1602	808	794	—	—
语音室		130	—	130	—	—
体育馆		14369	14369	—	—	—
二、行政办公用房		7886	7159	727	—	—
其中:教师办公室		5985	5258	727	—	—
三、生活用房		35873	33177	2626	70	—
教工宿舍		17103	15307	1796	—	—
其中:教师周转宿舍		830	—	830	—	—
学生宿舍		17103	15307	1796	—	—
食堂		9990	9990	—	—	—
厕所		2483	2413	—	70	—
其他		1934	1934	—	—	—
四、其他用房		26192	24021	2104	67	—

2013—2014 年普通高中占地面积及其他办学条件(各校)情况表

表 2-80

	占地面积(平方米)			图书(册)	计算机数(台)			教室(间)		教室中普通教室(间)		固定资产总值(万元)		
	计	其中			计	教学用计算机		计	其中网络多媒体教室	计	其中网络多媒体教室	计	其中教学仪器设备资产值	
		绿化用地面积	运动场地面积			计	其中平板电脑						计	其中实验设备
合　计	269678	78224	59534	181074	1068	756	0	160	112	111	103	34892.98	1422.32	247.21
普陀中学	115102	35907	23626	99804	382	172	0	79	43	44	36	23593.56	692.52	88.80
普陀第三中学	121590	35000	25838	60069	483	414	0	69	57	55	55	10296.42	608.00	107.41
六横中学	32986	7317	10070	21201	203	170	0	12	12	12	12	1003.00	121.80	51.00

2013—2014 学年初普通高中办学条件情况表

表 2-81

	体育运动场(馆)面积达标校数	体育器械配备达标校数	音乐器材配备达标校数	美术器材配备达标校数	理科实验仪器达标校数	建立校园网校数	有校医院(卫生室)校数	有专职校医校数	有专职保健人员校数
总计	3	3	3	3	3	3	3	2	1
城区	2	2	2	2	2	2	2	2	1
镇区	1	1	1	1	1	1	1	0	0

2013—2014 学年初普通高中信息化建设情况表(各校)

表 2-82

	校园网出口总带宽(Mbps)	数字资源量(GB)		接受过信息技术相关培训的教师(人次)	信息化工作人员数(名)
		计	其中电子用书		
合　计	3000	580	194	325	11
普陀中学	1000	430	180	129	7
普陀第三中学	1000	130	4	136	3
六横中学	1000	20	10	60	1

第二节　教学改革与实践

【学制与课程】 1958—1966 年,普通高中实行三年学制。主要开设政治、语文、数学、历史、地理、物理、化学、生物、工农业生产基础知识、外语(俄语)、体育、劳动等课程。

“文化大革命”时期学制改为两年。课程设置一度打乱基础知识教学体系,片面强调实用技术教学,将政治、语文、历史课程合并为一科,物理改为机电,取消外语课,增加学工、学农、学军时间,大搞“开门办学”,频繁下乡下厂劳动。

1977 年,高中实施二年制,开设政治、语文、数学、英语(1979 年恢复)、历史、地理、物理、化学、生物、体育、音乐、劳动、劳技、班团课等课程。改革开放后,统一执行部编教学计划、教学大纲,使用部编教材。1985 年起,恢复三年学制。

1986—1990 年,高中开设政治、语文、数学、英语、物理、化学、生物、历史、地理、体育、劳动技术

11门课程。部分学科教材分甲种本和乙种本，分别供省重点普通高中和一般普通高中使用。

1991年始，普通高中课程设置分为必修课程和选修课程，开设政治、语文、数学、英语、物理、化学、生物、历史、地理、体育、劳动技术、艺术等12门必修课程。

1997学年，是普通高中课程改革实施准备阶段，开设政治、语文、数学、英语、历史、地理、物理、化学、生物、体育、音乐、美术、信息技术、劳动技术和班团课等课程。1998—2014年，高中基本课程设置、教学内容有明显的变化，省会考(学考)考试科目设置有语文、数学、英语、物理、化学、生物、政治、历史、地理、计算机；1998—2009年，省会考考查科目设置有物理实验、化学实验、生物实验、劳动技术(2007年下半年停止开设)；2009—2014届会考(学考)新增科目有通用技术(2007年秋开始在高二开设)、自选综合。其他常规科目设置有美术、音乐、班团活动(1节)、课外活动(2节)、校本选修课(1节)；有些学校设置有其他非常规科目如外语口语(2004、2005、2006学年在高一段开设，普陀中学等学校聘请外籍教师任教)、心理学(2006、2007学年在高一高二段开设)。由于教育资源、师资条件、升学压力诸因素的影响，各校在制订和执行课程计划时，因地因时因校制宜，适度损益。

普陀第三中学1998—2001学年课程设置表

表2-83

学科	年级类别	高一		高二				高三				总授课时数	
		Ⅰ	Ⅱ	Ⅰ		Ⅱ		Ⅰ		Ⅱ			
				文	理	文	理	文	理	文	理	文	理
学科类课程	思想政治	2	2	3	2	3	2	5	2	5		20	10
	语文	5	5	5	5	5	5	6	6	6	6	32	32
	外语	5	5	5	5	5	5	6	6	6	6	32	32
	数学	5	5	5	5	5	5	6	6	6	6	32	32
	信息技术	2	2	—	—	—	—	—	—	—	—	4	4
	物理	3	3	3	4	3	4	—	5	—	5	12	24
	化学	3	3	3	4	3	4	—	5	—	5	12	24
	生物	—	—	3	3	3	3	—	4	—	4	6	14
	历史	3	3	3	3	3	3	5	—	5	—	22	12
	地理	3	3	3	3	3	3	4	—	4	—	20	12
	体育和健康	2	2	2	2	2	2	2	2	2	2	12	12
	艺术(音、美)	1美	1美	1音	1音	1音	1音	—	—	—	—	4	4
综合实践活动	研究性学习	2	2	2	2	2	2	2	2	2	2	12	12
	社区服务	每学年一周(利用校外时间，集中安排)											
	社会实践	每学年一周(集中安排，包括军训等)											
周活动课总量		1	1	1	1	1	1	1	1	1	1	6	6

注：1. 各学年教学时间安排为52周，其中教学时间40周，假期10～11周，机动时间1～2周。2. 每周按5天安排教学，周活动总量34课时，每课时45分钟。3. 高二年级第一学期开始，文理分班。文科高考科目为语文、数学、英语、政治、历史、地理。理科高考科目为语文、数学、英文、物理、化学、生物。会考成绩计九门学科，为语文、数学、英语、物理、化学、生物、政治、历史、地理

普陀中学2001学年课程设置计划表

表2-84

学科＼年级科别	高一	高二文	高二理	高三文	高三理
语文	5	5	5	6	6
数学	5	5	5	6	6
英语	5	5	5	6	6
政治	2	3	2	5	1
物理	3	3	4	—	5
化学	3	3	4	—	5
生物	—	3	3	—	3
历史	3	3	2	5	—
地理	3	2	—	3	—
体育	2	2	2	2	2
美术	1	—	—	—	—
音乐	—	1	1	—	—
劳动技术	1	1	1	—	—
计算机	2	—	—	—	—
选修	1	1	1	—	—
班团活动	1	1	1	1	1
课外活动	2	2	2	2	2
合计	39	40	38	36	37

注：高一数学、物理、化学科目各含1节研究性学习

普陀中学2006学年课程设置计划表

表2-85

学科＼年级科别	高一	高二文	高二理	高三文	高三理
语文	6	6	6	6	6
数学	6	6	6	6	6
英语	5	6	6	6	6
物理	3	3	4	—	5
化学	3	3	4	—	5
生物	—	3	3	—	4
政治	2	3	2	5	2
历史	3	3	—	5	—
地理	3	3	—	5	—
体育	2	2	2	2	2
美术	1	—	—	—	—
音乐	—	1	1	—	—

续表 2-85

学科＼年级科别	高一	高二文	高二理	高三文	高三理
劳动技术	0.5	0.5	0.5	—	—
计算机	2	—	—	—	—
心理学	0.5	0.5	0.5	—	—
英语口语	1	—	—	—	—
班团活动	1	1	1	1	1
校本课程	1	—	—	—	—
课外活动	2	2	2	2	2
合　计	42	43	38	38	39

注：高一语文、数学科目各含1节研究性学习课

【课程改革】 1997学年开始，是普通高中课程改革实施准备阶段。普陀中学在高一、高二年级开设20余门校本选修课程，为全市起步最早。其他学校相继跟进。各校分别成立有数学、物理、化学、生物、法律、航模、天文、电脑、文学、艺术、体育等学科拓展类兴趣小组或相关社团，以配合课程改革的推进。

2001年秋，课程改革进入第二阶段。各校按教育部《全日制普通高级中学课程计划（试验修订稿）》（以下简称《高中课程计划》）"省级教育行政部门应按照本课程计划的精神，结合实际情况，制订本省（自治区、直辖市）的课程计划"的要求，根据浙江省关于《全日制普通高级中学课程计划（试验修订稿）》的实施意见，制订课程计划。普通高中于2001年秋季起，从高一年级开始实施《高中课程计划》，首次将"信息技术"作为必修课纳入课程计划，按规定开足国家规定的必修课"综合实践活动（包括研究性学习、劳动技术教育、社区服务、社会实践）"，重视研究性学习的组织实施，设置"地方和学校选修课"。增设研究性学习课程，广大教师参加新教材培训，组织学习新课程计划，尝试研究性学习，根据各学校实际提出积极、稳妥推进课程改革的思路，明确要求在必修课、选修课中渗透研究性学习思想，注重研究性学习的过程，激活课堂，为学生可持续性发展奠定良好基础。2004年上半年开始，个别学校在高一年级尝试采用"学分制"，将选修课、研究性学习、社会实践活动等参加情况纳入学分体系，为迎接全面新课改作准备。

2006年秋，按照教育部部署，浙江省印发《浙江省普通高中新课程实验第一阶段工作方案》，普通高中新课程实验第一阶段工作方案开始推行。区教育局成立新课程改革实验工作委员会，制订相配套的工作方案。域内3所普通高中按照"积极、稳妥、创新、务实"基本原则推进新课程改革。各学校组织教师参加新课程通识培训；开齐开足必修课程，合理设置选修课程；开发地方课程和学校课程；保证体育与健康、艺术、技术和综合实践活动课程实施；开始实行学分制；尝试走班制、自选课程、综合素质评价等各种工作。高一段各备课组按要求制订学科实验方案。学生在高中三年学习时间，需要通过11门科目的会考、修满不少于144个学分，并通过四项综合素质测评（审美与艺术、运动与健康、劳动与技能、探究与实践），方可毕业。是年，普陀第三中学被确定为省普通高中新课程改革30所样本学校之一，2007年，省新课程改革领导小组到普陀第三中学调研，指导样本学校在实施新课程改革过程中先行先试。各校依据《浙江省普通高中新课程实验第一阶段工作方案》精神，制订"课改实施""学分认定""走班制""选修课""综合素质评定"等系列方案及制度；按规定开设课程、安排课时，开好通用技术、研究性学习、综合实践活动和校本课程等新增课程；实行学分管理，规定学生高中三年总学分必须达到最低144分方可毕业，包括116个必修学分，28个选修

学分。2008年4月，省政府出台《浙江省新课改高考方案》，普通高中开始英语听力、通用技术、信息技术高考，每年安排2次。

2009年，高中新课程新高考开始，高中学生综合评价全部计入学生档案。

2011年，普陀第三中学获评省职业技能类试点学校后，开始全面测试多样化选修课程，突出职业技能类试验。2012秋季开始，浙江省深化普通高中课程改革全面实施。为了推进普通高中特色化多样化发展，各校制定"深化普通高中课程改革方案"，开发富有学校特色的精品选修课程，开始大规模实施分层走班教学。2012—2013年，各高中学校根据浙教基〔2011〕157号《浙江省普通高中特色示范学校建设标准（试行）》、浙教基〔2012〕81号《浙江省教育厅关于深化普通高中课程改革的通知》、浙教基〔2013〕46号《浙江省教育厅办公室关于进一步做好普通高中学校课程设置工作的通知》等省厅文件精神，以"稳步推进、扎实精细"的作风坚实推进普通高中新课程改革。2012年，各校成立新课程改革领导小组，建立课程改革网络，制订深化普通高中课程改革方案、深化高中新课程改革三年课程规划、学分认定方案、选修课程指导手册、选修课程走班制实施方案等一系列课改配套制度，推进新课程改革。选修课程包括知识拓展类、职业技能类、兴趣特长类、社会实践类等四大课程。普陀中学通过"一经多纬"课程结构的引领，在"学科群"课程建设实践中，结合"请进职校教师、引入舟山非遗项目、创设校内社团"等措施，在高一年级开设四大类选修课程，每周共计10节选修课，在日常教学安排中，每年级段开设四大类选修课超过100门，结合省教育厅网络课程，学生实际可供选择的选修课程资源超过300门；改革传统的"行政班"体制，开始实施"走班制"教学模式。普陀第三中学根据"积极、稳妥、务实"的原则，采用岗前培训、自我研修等方式加强对教师的培训；建立学生选课制度，开设自主学习课程、自主生活课程、自我教育课程三个模块129门校本课程，每周利用两个下午实行自由选课，走班上课，以满足学生高中新课程教学和学生自主学习的需求；有12门选修课入选为市第二批普通高中推荐选修课程名录；获评"省高中课改样本学校""省多样化选修课程建设职业技能类试点学校"。六横中学着手选修课程评价体系建设，建立过程评价与终端评价相结合的全面评价体系；2012年开设知识拓展类、职业技能类、兴趣特长类、社会实践类四大类51门选修课程，其中职业技能类《急救技能》《手语入门》，兴趣特长类《瑜伽入门》获评市级精品选修课程。

2014年，浙基教〔2014〕109号《浙江省教育厅关于适当调整〈浙江省普通高中学科教学指导意见〉的通知》、舟教基〔2014〕60号《舟山市教育局关于进一步深化普通高中课程改革的通知》下发，《浙江省深化高校考试招生制度综合改革试点方案》颁布实施，普陀区全面实施深化普通高中新课程改革。普陀中学出台《普陀中学深化普通高中课程改革方案》，以IBDP理论指导"一经多纬"的选修课程体系建设，普陀第三中学出台《普陀三中深化新课程改革实施方案》，六横中学出台《舟山市普陀区六横中学深化课程改革课程建设规划》，全面实施新课程改革。各校制订三年发展计划和具体方案，积极应对、参与省新高考方案的实施，加强与新高考接轨的学科建设，践行"以生为本"教育理念，全面推行"分层走班制""选课制"等新的教学模式，以点带面开展省、市、区各级精品课程建设，系统构建基础类、研究类、知识拓展类、兴趣特长类、职业技能类、社会实践类等校本选修课课程群体系，以促进普通高中学校的特色化发展与深化新课程改革的有机统一。同时选派教师参加省教育厅组织的"人生规划教育教师培训"，在校学生人生规划教育被提上教育日程。

2014年，在普通高中新课改背景下，各校校本选修课程凸显舟山海洋教育文化办学特色，有7门课程入选省级推荐课程，21门课程入选市级推荐课程，1门课程入选省首批基地培育学校（舟山市唯一）。在省第三批精品选修课程评选中，入选数量占全市60%。2014年2月，普陀中学正式入选浙江省首批32所省一级特色示范学校，4月，普陀第三中学成为省二级特色示范高中。

普陀中学 2006 年课改课程设置方案表

表 2-86

<table>
<tr><td rowspan="2">学习领域</td><td rowspan="2" colspan="2">科目</td><td rowspan="2">必修课程</td><td colspan="2">选修 I 课程</td></tr>
<tr><td>A</td><td>B</td></tr>
<tr><td rowspan="2">语言与文学</td><td colspan="2">语文</td><td>必修 1　必修 2　必修 3　必修 4　必修 5</td><td>《论语》选读外国小说欣赏语言与文字应用</td><td>《中国古代诗歌散文欣赏》《中国现代诗歌散文欣赏》</td></tr>
<tr><td colspan="2">英语</td><td>必修 1　必修 2　必修 3　必修 4　必修 5</td><td>选修 6　选修 7</td><td>选修 8　选修 9</td></tr>
<tr><td rowspan="2">数学</td><td rowspan="2">数学</td><td>文</td><td rowspan="2">必修 1　必修 2　必修 3
必修 4　必修 5　必修 6</td><td rowspan="2">选修 1 — 1　选修 1 — 2
选修 2 — 1　选修 2 — 2
选修 2 — 3</td><td rowspan="2">选修 3 — 1（数学史）
选修 4 — 4
选修 4 — 5（不等式）</td></tr>
<tr><td>理</td></tr>
<tr><td rowspan="6">人文与社会</td><td rowspan="2">政治</td><td>文</td><td rowspan="2">必修 1 必修 2
必修 3 必修 4</td><td rowspan="2">经济学常识
国家和国际组织常识</td><td rowspan="2">生活中法律常识
公民道德与伦理常识</td></tr>
<tr><td>理</td></tr>
<tr><td rowspan="2">历史</td><td>文</td><td rowspan="2">必修 1　必修 2
必修 3</td><td rowspan="2">中外历史人物评说
20 世纪的战争与和平</td><td rowspan="2">世界文化遗产荟萃
历史上重大改革回眸</td></tr>
<tr><td>理</td></tr>
<tr><td rowspan="2">地理</td><td>文</td><td rowspan="2">必修 1　必修 2　必修 3</td><td rowspan="2">城乡规划
环境保护</td><td rowspan="2">旅游地理
自然灾害与防治</td></tr>
<tr><td>理</td></tr>
<tr><td rowspan="6">科学</td><td rowspan="2">物理</td><td>文</td><td>必修 1　必修 2　选修 1−1</td><td>—</td><td>选修 1 — 2</td></tr>
<tr><td>理</td><td>必修 1　必修 2　选修 3 — 1</td><td>选修 3 — 2　选修 3 — 4
选修 3 — 5</td><td>选修 3 — 3</td></tr>
<tr><td rowspan="2">化学</td><td>文</td><td>必修 1　必修 2 在选修 1 和选修 2 两个模块中，选 1 个模块</td><td>—</td><td rowspan="2">《化学与生活》
《化学与技术》</td></tr>
<tr><td>理</td><td>必修 1 必修 2　选修 5</td><td>化学反应原理　实验化学</td></tr>
<tr><td rowspan="2">生物</td><td>文</td><td rowspan="2">必修 1　必修 2　必修 3</td><td rowspan="2">选修 3</td><td rowspan="2">—</td></tr>
<tr><td>理</td></tr>
<tr><td rowspan="2">技术</td><td colspan="2">信息技术</td><td>信息技术基础
在算法程序设计、多媒体技术应用中，选 1 个模块</td><td>—</td><td>网络技术应用
数据管理技术
算法与程序设计
多媒体技术应用</td></tr>
<tr><td colspan="2">通用技术</td><td>技术与设计 1　技术与设计 2</td><td>—</td><td>电子控制技术
家政与生活技术</td></tr>
<tr><td rowspan="2">艺术</td><td colspan="2">音乐</td><td>音乐鉴赏，2 学分
在歌唱、演奏、创作、音乐与舞蹈、音乐与戏剧中，选 1 个，1 学分</td><td>—</td><td rowspan="2">在未列入必修的模块中选择开设</td></tr>
<tr><td colspan="2">美术</td><td>美术鉴赏，1 学分　绘画 / 电脑设计、工艺、书法、篆刻、摄影 / 摄像、电脑绘画 / 电脑设计模块中，选 2 个模块，2 学分</td><td>—</td></tr>
<tr><td>体育与健康</td><td colspan="2">体育与健康</td><td>在健康教育、田径 2 个系列中，各选 1 个模块在体操、民族民间体育项目系列中，选 1 个模块
在新兴运动、水上项目、田径、体操、球类、民族民间体育项目 6 个系列中，选 8 个模块</td><td>—</td><td>球类系列
体操系列
田径系列
水上项目系列
民族民间体育项目系列
新兴运动系列</td></tr>
</table>

注：自 2006 年秋季入学高一新生开始实行

普陀中学2006年课改学分设置表

表2-87

学习领域	科目		必修学分	选修学分 A	选修学分 B	选修学分 C	选修II学分
语言与文学	语文	—	10	6	学生在全省学校统一开设的模块中选择,至少获得12学分	学生在学校视条件开设的模块中选择,获得若干学分	地方课程3学分,校本课程至少3学分
	英语	—	10	4			
数学	数学	文	10	4			
		理	—	6			
人文与社会	思想政治	文	8	4			
		理	—	—			
	历史	文	6	4			
		理	—	—			
	地理	文	6	4			
		理	—	—			
科学	物理	文	6	—			
		理	—	6			
	化学	文	6				
		理	—	4			
	生物	文	6				
		理		2			
技术	信息技术	—	4				
	通用技术	—	4				
艺术	音乐	—	3				
	美术	—	3				
体育与健康	体育与健康	11	—				
综合实践活动	研究性学习活动	15	—				
	社区服务	2					
	社会实践	6					
合计(文160、理162)		116	文26 理28	12	—	6	—

注:1. 课程由必修和选修两部分构成。2. 学生学习一个模块并通过考核,可获得2学分(其中体育与健康、艺术、音乐、美术每个模块原则上为18学时,相当于1学分),学分由学校认定。技术的8学分中,信息技术和通用技术各4学分。3. 学生毕业的学分要求:学生每学年在每个学习领域都必须获得一定学分,每个高中学生至少必须获得以下学分方可毕业:必修学分获110分(其中包括社区服务2学分、社会实践6学分)选修IA中至少获得16个学分,在选修IB中至少获得12个学分,在选修Ⅱ中至少获得6学分,共144个学分

普陀中学2012年实施浙江省深化新课改必修课程体系表

表 2-88

必修（96 学分）			选修（48 学分）		
学习领域	科　目	学分	类别	内　容	学分
语言与文学	语　文	10	知识拓展类	以“普陀中学首轮三年课程规划”为指南进行开课	至少 48 学分
	英　语	10			
数　学	数　学	10			
人文与社会	思想政治	8			
	历史	6			
科学	地理	6	职业技能类	与普陀科技学院、普陀职业技术教育中心等合作，整合校内资源开设相关课程	
	物理	6			
	化学	6			
	生物	6	兴趣特长类	开设篮球、羽毛球、集邮等社团	
技术	信息技术	4			
	通用技术	4			
艺术	艺术或音乐、美术	6	社会实践类	普陀海洋生物、造船企业等涉海相关知识调查学习，并以海洋文化为特色开展研究性活动	
体育与健康	体育与健康	12			
专题教育		2			

注：必修课程共96学分，具体设置依据《浙江省普通高中必修课程调整方案》实施，开足开齐所有规定课程

普陀中学2012年实施深化新课改国家选修模块课程开设计划表

表 2-89

科　目	课程模块参考目录	备注
语　文	★《〈论语〉选读》、★《外国小说欣赏》《中国古代诗歌散文欣赏》《中国现代诗歌散文欣赏》《语言文字应用》	1. 其中每个学科前两个带★的选修模块列入高考自选模块考试范围，选课按照普陀中学选课指南进行，部分模块经过校本化改造后纳入其他选修。 2. 大学初级课程是衔接高中与大学的课程，旨在培育学生专业兴趣，拓宽学科视野，提高探究能力。这类课程主要供参加学科竞赛的学生选修。 3. 学科发展前沿课程主要是介绍学科最新研究成果的课程，旨在让学生感受学科的发展方向。这类课程通过学校定期讲座开设
数　学	★《选修 2—2》（导数、推理与证明、数系扩充）、★《选修 2—3》（计数原理、概率）、《数学 3》（必修）、《选修 4—4》《选修 4—5》	
英　语	★《英语 6》（选修）、★《英语 7》（选修）、《英语 8》（选修）	
思想政治	★ 选修 3《国家和国际组织常识》、★ 选修 5《生活中的法律常识》、选修 2《经济学常识》	
历　史	★ 选修 4《中外历史人物评说》、★ 选修 6《世界文化遗产荟萃》、选修 1《历史上重大改革回眸》	
地　理	★ 选修Ⅵ《环境保护》、★ 选修Ⅴ《自然灾害与防治》、选修Ⅲ《旅游地理》、选修Ⅳ《城乡规划》	
物　理	★《选修 3—4》、★《选修 3—5》《选修 3—2》《选修 3—3》	
化　学	★ 选修 5《有机化学基础》、★ 选修 3《物质结构与性质》、选修 2《化学与技术》、选修 6《实验化学》	
生　物	★ 选修 3《现代生物科技专题》、★ 选修 1《生物技术实践》、选修 2《生物科学与社会》	

普陀中学2012学年第一学期课程设置计划表

表2-90

学科＼年级科别	高一	高二文	高二理	高三文	高三理
语文	3	5	5	6	6
数学	4	6	6	6	6
英语	3	5	5	6	6
物理	3	3	4	—	5
化学	3	3	4	—	5
生物	—	3	3.5	—	4
政治	2	3	2	5	—
历史	3	3	—	5	—
地理	3	3	—	5	—
体育	2	2	2	2	2
美术	1	—	—	—	—
音乐	—	1	1	—	—
通用技术	—	2	2	—	—
计算机	2	—	—	—	—
心理学	1	—	0.5	—	—
专题教育	1	1	1	1	1
课外活动	—	2	2	1	1
职业选修	2	—	—	—	—
网络选修	1	—	—	—	—
拓展选修	3	—	—	—	—
语文(选修)	1	—	—	—	—
数学(选修)	1	—	—	—	—
合计	39	42	38	37	36

普陀中学2014学年课程设置计划表

表2-91

学科＼年级科别	高一	高二文	高二理	高三文	高三理
语文	5	5	5	6	6
数学	5	5	5	6	6
英语	5	5	6	6	6
物理	4	—	4	—	5
化学	4	—	4	—	5
生物	—	3	3.5	—	5
政治	2	3	2	5	—
历史	3	4	—	5	—
地理	3	4	—	5	—

续表 2-91

学科 \ 年级科别	高一	高二文	高二理	高三文	高三理
技术	2	3	3	—	—
音乐	—	1	1	—	—
美术	1	—	—	—	—
体育	2	2	2	2	2
专题教育	1	1	1	1	1
社团活动	1	1	1	—	—
选修走班	2	2	2	—	—
体育活动	—	—	—	2	2
合计	40	39	39.5	38	38

注：高一语文、数学、英语、物理、化学科目各含 1 节衔接选修课。高二语文、数学、英语、历史（物理）、地理（化学）科目各含 1 节选修课

普陀第三中学 2002—2011 学年课程设置表

表 2-92

学科 \ 年级类别		高一		高二				高三			
		Ⅰ	Ⅱ	Ⅰ		Ⅱ		Ⅰ		Ⅱ	
				文	理	文	理	文	理	文	理
学科类课程	思想政治	2	2	3	2	3	2	5	2	5	
	语文	5	5	5	5	5	5	6	6	6	6
	外语	5	5	5	5	5	5	6	6	6	6
	数学	5	5	5	5	5	5	6	6	6	6
	信息技术	2	2	—	—	—	—	—	—	—	—
	物理	3	3	3	4	3	4	—	5	—	5
	化学	3	3	3	4	3	4	—	5	—	5
	生物	—	—	3	3	3	3	—	4	—	4
	历史	3	3	3	3	3	3	5	—	5	—
	地理	3	3	3	3	3	3	4	—	4	—
	体育和健康	2	2	2	2	2	2	2	2	2	2
	艺术（音、美）	1（美）	1（美）	1（音）	1（音）	1（音）	1（音）	—	—	—	—
	劳动技术教育	1	1	1	1	1	1	—	—	—	—
综合实践活动	研究性学习	2	2	2	2	2	2	2	2	2	2
	社区服务	每学年一周（利用校外时间，集中安排）									
	社会实践	每学年一周（集中安排，包括军训等）									
心理辅导课		—	—	—	—	—	—	1	1	1	1
周活动课		1	1	1	1	1	1	1	1	1	1

注：1. 各学年教学时间安排 52 周，其中教学时间 40 周、假期 10 ～ 11 周、机动时间 1 ～ 2 周。2. 每周按 5 天安排教学，每课时 45 分钟。3. 高二年级第一学期开始，文理分班。文科高考科目为语、数、英、政、史、地。理科高考科目为语、数、英、理、化、生。会考学科计九门学科，为语、数、英、理、化、生、政、史、地

普陀第三中学 2012—2014 学年课程设置之必修课程规划表

表 2-93

学习领域	学科	文理		高一上	高一下	高二上	高二下	高三上	高三下
			总学分	学分	学分	学分	学分	学分	学分
语言与文学	语文	全部	10	3	4	3	—	—	—
	英语	全部	10	4	3	3	—	—	—
数学	数学	全部	10	2	2	3	3	—	—
人文与社会	政治	全部	8	2	2	2	2	—	—
	历史	文科	6	3	2	1	—	—	—
	历史	理科	—	3	3	—	—	—	—
	地理	文科	6	3	1	2	—	—	—
科学	地理	理科	—	3	3	—	—	—	—
	物理	文科	6	3	3	—	—	—	—
	物理	理科	—	—	—	—	—	—	—
	化学	文科	6	3	3	—	—	—	—
	化学	理科	—	—	—	—	—	—	—
	生物	全部	6	—	—	3	3	—	—
技术	信息	—	4	2	2	—	—	—	—
	通用	—	4	—	—	2	2	—	—
艺术	美术	—	6	1	1	—	—	1	—
	音乐	—	—	—	—	1	1	—	1
体育与健康	体育	—	12	2	2	2	2	2	2
专题教育		—	2	—	1	—	1	—	—
小计		—	96	28	25	23	14	3	3

普陀第三中学 2012—2014 学年课程设置之选修课程规划表

表 2-94

学期	合计	知识拓展			职业技能			兴趣特长			社会实践		
		学分	课时	内容	学分	课时	内容	学分	课时	内容	学分	课时	内容
高一上	8	4	72	包括必修拓展、应用、大学初级课程、IB 课程等	1.5	27	包括海洋旅游、海洋经济、生活服务、手工艺、新型技术等	0.5	9	包括体育、艺术、文化、健康、科学等	2	36	包括社区服务、社会实践、校园文化活动、社团活动等
高一下	9	4	72		3	54		1	18		1	18	
高二上	9	6	108		1	18		1	18		1	18	
高二下	9	6	108		1	18		1	18		1	18	
高三上	7	4	72		1	18	职业指导	1	18	体育选修	1	18	
高三下	6	4	72		0.5	9	心理培育	0.5	9	体育选修	1	18	
合计	48	28	504	—	8	144	—	5	90	—	7	126	—

【教学手段与方法】 1953 年后，普陀中学已有仪器室，1958 年后得到完善。此后因历史原因，实验教学和电化教学方面未有较好发展。“文化大革命”结束后，这两方面得到恢复、发展。1998 年，每个班级配备“二机一幕（放映机、幻灯机、投影屏幕）”。教师运用幻灯、音像进行课堂教学，全体教

师尤其是中青年教师普遍使用投影仪进行课堂教学。由此开始全面使用计算机进行题库积累，化学、物理组率先进行计算机辅助课堂教学的探索，部分教师开始制作计算机课件在课堂上应用。

1999年，开始使用多媒体课堂教学，多媒体辅助教学走在全市高中段前列。一些教师制作的课件在省级评比中频频获奖；部分教师运用课件辅助教学，参加省、市级优质课评比，取得显著成绩。2003年后，大量添置多媒体教学设备。2004年起，课堂多媒体技术手段的使用颠覆传统教学手段，2005年，各校建立YMP电子阅览室，每个班级配备多媒体设备；鼓励教师充分利用现代化教学设施、设备，教师根据需要自觉使用多媒体教学，以增加课堂的知识容量和趣味性，提高课堂的教学效率；题库建设得到加强。2007年，普陀中学的省教育厅办公室规划课题（现浙江省教育技术中心）《基于网络多媒体环境下的计算机辅助教学及测试的实验与研究》获得省一等奖，是传统教学手段向基于网络环境教学手段转变的一种教研探索。

2012年，普陀中学与江苏宿豫中学、上海洋泾中学和安徽涡阳二中等学校通过长三角网络平台结成友好学校，由此开始城市间建立友好学校，共同探索数字化教学发展之路。

2013年，数字化校园建设提上议事日程，普陀中学成为高中段试点学校。2014年，校园无线信号全面覆盖普陀中学教学、办公区域；电子白板、微格教室、影视制作室、室外电子屏幕在教育教学活动中广泛应用。

域内设有区教师进修学校。根据区教师进修学校整体计划，每年安排市、区级学科带头人到相对薄弱学校、学科送教。送教下乡，建立校际、学科际的学科教学经验交流平台，有利于教学专业水平的均衡发展和提升。2011年3月，普陀中学与六横中学合作办学，开舟山高中段城乡学校教育合作先河。合作办学期间，普陀中学每轮调派部分高考主干学科骨干教师到六横中学任教两年；六横中学每年派若干青年教师到普陀中学上挂锻炼。普通高中如普陀中学与舟山中学、定海一中等开展教学观摩、同课异构教学研讨活动；域内广泛开展普通高中之间的同课异构教学研讨活动及师徒结对、以老带新以新促老教研活动。根据上级要求，推进教学评估体系改革。每年定期举行高三复习迎考教学研讨会及校际高三备课组交流会，邀请相关的各级各学科专家参加指导。学生须参加校级各类考试考核、省普通高中会考、省普通高中学校学生学业水平考试、省普通高校招生三项考试的整合提升。改进、提升学生学业水平与综合素质评价体系。2006年以来，学生成长档案进入电子学籍管理系统，其综合素质评价在系统中完成。每年举办一次大型的“立德树人”主题教育高中德育教育研讨会，以推动学生核心素养的培养和综合素质的提升。

【学生学业评价】 20世纪80年代前，基本沿用传统的评价方式。学校每学期进行的期中、期末考试成绩，作为学生学业评价的主要依据。1989年6月始，实行省普通高中会考制度，会考成绩作为学生学业评价的主要依据。高一、高二年级学年末参加全市统考，统考由市教育局主持，省教育厅派员监督；高三第二学期通常有2次全市高考适应性考试。1989年6月22—24日，高一历史、高二数学、化学、生物、地理等科目举行首次普通高中证书会考。2009年1月7—8日，普陀中学、普陀第三中学、六横中学参加首次全省普通高中证书会考，高二年级考试科目为物理、化学、英语，考生1233名，设42个试场；高三年级考试科目为语文、数学、自选综合，考生1414名，设48个试场。从2006级学生开始实行省普通高校招生三项考试，在传统高考之外每年增加2次三项考试（英语听力、通用技术、信息技术）。

2011年始，域内普通高中每学期实行开学考、月考、期中考、期末考（市统考）；推行周练（即每周组织一次练习性测试）模式。2012年上半年始，市内统考实行网上阅卷。2012年秋入学的高一新生开始实施省普通高中学业水平考试，第一次考试时间是2013年6月。同年秋，取消月考，一学期分三次校考（包括期末统考），周练走向规范化。

学校对学生的各级各类考试进行质量分析，

完成质量分析报告。分析内容一般包括学科等第分析、本次考试与入学成绩对比分析、各班成绩比较分析、学科贡献度比较、高考上线情况统计等。在适当时间向学生及其家长发布期中、期末“考试成绩单”。“成绩单”反映年级段各科平均分、年级段名次、文理科总分名次。

2006年至2014年，学生成长档案进入电子学籍系统，由各班主任把学生的表现录入电子管理系统，管理系统自动完成综合素质评价。

第三节 五七高中

【兴办背景】 1966年5月7日，毛泽东主席“五七”指示发表。20世纪70年代，掀起兴办“五七”中学热潮。1972年春，提出“社社办高中”口号，全面恢复高中招生，大幅度扩大招生规模。各公社（镇、乡）在其属地因陋就简、因地制宜开办高中班，以在初中学校增设高中班为主要形式，俗称“五七”高中。1977年前，先后开办36所五七高中，逐渐形成“一区（镇、乡）一高中，分片招生办学”的完全中学教育格局。有些农村完全中学也开设类似五七高中班，如六横中学在1976—1978年间开设与五七高中班相类似的农机班和水稻班。

大多数五七高中班缺乏良师或师资配备不全，设施设备等基本办学条件严重欠缺，部分学科教学质量差强人意。1981年始，改革中学教育结构，整顿高中教育，停办五七高中。

【学校分布】 域内开办的五七高中班呈现出办学时代性强、时间短等特点。时有普陀中学（沈家门镇）、沈家门中学（沈家门镇）、芦花中学（芦花公社）、六横中学（六横区）、勾山中学（勾山公社）、展茅中学（展茅公社）螺门中学（螺门公社）、朱家尖中学（朱家尖区）、桃花中学（桃花区）、虾峙中学（虾峙区）、蛟头中学（蛟头公社）、台门中学（礁潭公社）、双塘中学（双塘公社）、小湖中学（小湖公社）等40所学校开办五七高中班。桃花中学、虾峙中学于1972年率先各开设一个高中班。朱家尖中学于1973年开设高中班。勾山中学、蛟头中学于1974年各开设1个高中班。礁潭中学、双塘中学、小湖中学于1975年各开设1个高中班，招生人数分别为50、32、30名。1975—1979年，蚂蚁岛开办有1个高中班。登步在1977—1979年开办有1个五七高中班。

1976年3月，创建普陀县“五七”农业大学——水稻班，选址六横原礁潭公社西厂村，性质相当于农业技校，学制一年，授课任务由六横中学钟来琪、蒋金琪等4位教师担任。当年招生50名，翌年再招50名。1977年年底停办。

1977年前后为五七高中班开设的高峰期。1977年招生数2900余名，有101个该类高中班级，在校生5000多名，为史上最多。桃花中学、虾峙中学开办该类高中班时间最长（1972—1981年），螺门中学最晚开设该类高中班（1976—1978年），蛟头中学停办最早（1974—1976年）。螺门中学、蛟头中学、小湖中学开办时间最短（跨时2年）。20世纪80年代初，五·七高中趋向式微。

【教材、课程设置与学制】 五七中学所用的基础课程教材多采用与普通高中同步的部颁教材，专业类课程教材根据各校开课情况而定。课程设置主要分为二大类。第一类为基础课程，开设政治、语文、数学、化学、物理课程；第二类为专业课程，开设测绘、柴油机、电工、农林、养殖等渔、农、牧、林实用技术课程，并有对应的教学大纲，在相应的专业小组完成教学实践计划。教学时间一般安排为上午教学基础课程，下午教学专业课程或组织劳动实践。学制为二年。

【师资】 主要由文化基础课程教师和专业教师两部分组成。文化基础课程视学校情况由正式在编教师、民办教师或代课教师担任，有一定数量的工农兵大学生加入期间；专业教师大部分由教师跨课担任，也有或定期或不定期聘请相关专业技术员、老工人、老农民和复员军人担任。

第四节　高校招生管理与升学

【高考组织管理】 1977 年 10 月，国家恢复普通高等院校招生考试（简称“高考”）制度。当年由省统一招生考试。1978 年起，实行全国统一高考，随着招生制度改革，考试科目与考试时间等由各省决定。大多数年份，浙江省学生参加的是全国统一考试。

普陀区成立招生委员会，以加强高校招生考试的领导和管理。各考点设主考、副主考，并报省教育厅备案。考点的设置须报省教育厅审查批准。1977—1979 年所设高考考点有勾山、芦花、沈家门、朱家尖、虾峙、六横 6 个；1980 年高考考点有普陀中学、六横中学 2 个。1982 年高考考点有普陀中学 1 个；2003 年起，在普陀中学、普陀第三中学设立高考考点。

高校招生的基本步骤为报名、体检（有些年份在考试分数线下达之后再进行）、考试、公布考试分数线（一般分重点线、普通本科线、专科线、组档线四类，有些年份则分为重点线、普通本科线、民办本科线、专科线、民办专科线、组档线 6 类）、填报志愿（有些年份在考试之前进行）、政审（有些年份在高考之前进行）、录取、复查。各个招生环节均有十分严格的操作程序、监督程序和违纪处罚规定，且一律公开，广泛接受社会监督。

1978 年，恢复全国高考以来，高校统一招生考试（文化课）定在每年 7 月 7 日、8 日、9 日举行；2003 年起，改为在每年 6 月 7 日、8 日、9 日举行。

除高考招生外，国家允许部分院校招收极为少量的“保送生”。21 世纪以来，少数名牌大学被授权实行自主招生，但招生人数控制在招生计划的 10%以内。

【高考科目与历年高考】 高校招生考试分文科、理科、体育、艺术等，类别不同，考试科目及分值也不同。

1977 年，恢复全国统一高考。文科考试科目设政治、语文、数学、历史、地理，理工科设政治、语文、数学、物理、化学。各科分值均为 100 分。外语成绩作为录取参考，不计入总分。1980 年，改文科、理工科为文史类（简称文科）、理工农医类（简称理科）。

1981 年，理科考试增设生物科，考试成绩按 30％计入总分。翌年，生物科分值定为 50 分。1983 年，各考试科目分值为语文、数学各 120 分，政治、历史、地理、外语、物理、化学各 100 分，生物 50 分。1987 年起，生物科分值提高到 70 分，文科满分 640 分，理科满分 710 分。1997 年起，文、理两科的语文、数学、外语分值均为 150 分，满分 750 分。

2000 年起，考试科目采用“3+ 综合”设置。文科科目设语文、数学、外语、综合（文），理科科目设语文、数学、外语、综合（理）。各科分值为语文、数学、外语各 150 分，文、理综合科目各 260 分，满分各 710 分。2001 年，文、理综合分值提高到 300 分，满分各 750 分。报考体育、艺术、外语院校的考生，除参加文化科的统一考试外，还须参加专业科考试。

2002 年，始实施“3+1”高考改革方案。2009 年，实施浙江省普通高校招生考试改革方案，实现新课改高考，考试科目按录取批次分类，一类考试科目为语文、数学、外语、综合、自选模块，总分 810 分；二类考试科目为语文、数学、外语、综合，总分 750；三类考试科目为语文、数学、外语、技术，总分 550 分。英语听力与技术考试每年考二次，考生可以考二次（二年内有效），以最高分记入高考总成绩。2011 年，执行浙江省三位一体招生政策，实行综合评价、择优录取。2013 年开始执行与课程改革相对应的普通高中学生高考与学业水平考试相结合的方案。2014 年 9 月，《国务院关于深化考试招生制度改革的实施意见》公布，普通高校招生考试不分文理科。

历年高考报名升学情况表(一)

表 2-95

年份	普通高校				高中中专(技校)		
	报名数(名)	上线数(名)	录取数(名)		报名数(名)	上线数(名)	录取数(名)
			重点	总数			
1977	1230	77	—	60	—	—	143
1978	1232	96	—	84	877	—	82
1979	466	86	—	81	443	—	106
1980	353	45	—	41	—	—	104
1981	285	71	—	69	—	—	48
1982	344	59	—	56	360	—	61
1983	351	85	—	84	—	—	107
1984	258	241	—	72	468	—	75
1985	376	83	—	79	275	87	84
1986	325	180	—	176	261	70	63
1987	322	182	—	174	294	93	75
1988	355	171	—	151	340	78	70
1989	438	196	—	167	319	101	94
1990	400	178	—	145	437	70	66
1991	606	126	—	95	459	—	76
1992	956	285	—	135	517	—	88
1993	537	234	—	227	415	—	104
1994	869	352	—	317	130	—	124
1995	661	406	—	310	—	—	87
1996	682	396	68	329	—	—	66
1997	735	321	61	268	—	—	53
1998	919	333	67	248	—	—	56

历年高考报名升学情况表(二)

表 2-96

年份	普通高校				单考单招高职		
	报名数(名)	上线数(名)	录取数(名)		报名数(名)	上线数(名)	录取数(名)
			重点	总数			
1999	885	539	78	396	113	45	43
2000	1063	881	175	736	176	87	84
2001	1292	1093	157	916	240	195	192
2002	1623	1448	189	1292	198	144	144
2003	1562	1346	249	1346	307	277	277
2004	1549	1346	251	1346	228	164	164
2005	1797	1386	212	1386	195	110	110
2006	1897	1522	286	1522	197	142	142
2007	1916	1724	248	1724	251	32	29
2008	1643	1430	219	1430	89	23	23
2009	1737	1482	287	1482	37	30	30

续表 2-96

年份	普通高校				单考单招高职		
	报名数(名)	上线数(名)	录取数(名)		报名数(名)	上线数(名)	录取数(名)
			重点	总数			
2010	1495	1395	187	1395	124	115	115
2011	1274	1160	177	1160	130	123	123
2012	1337	1218	156	1218	166	113	111
2013	1122	1071	166	1071	109	84	81
2014	1167	1107	150	1107	139	107	107

注:高中中专是高校考试中的最后录取批次,报名数与上线数均在普通高校内。1999 年开始取消高中中专批次;同年始域内增设单考单招高职类招生考试,面向中专、技校、职高类学生(简称“三类生”)

1981 年各高中学校学生被高中中专录取情况表(各校)

表 2-97

项　目 单　位	报名数(名)	实考数(名)	体检数(名)	录取数(名)
普陀中学	124	121	14	14
沈家门中学	25	25	3	3
芦花中学	74	71	8	6
六横中学	169	165	19	16
朱家尖区中学	54	53	5	5
合　计	446	435	49	44

1981 年各高中学生高考录取情况表(各校)

表 2-98

项　目 单　位	报名数(名)	实考数(名)	体检数(名)	录取数(名)
普陀中学	157	155	57	56
沈家门中学	17	17	5	5
芦花中学	8	5	1	1
六横中学	39	37	6	4
合　计	221	214	69	66

注:3 名民办教师被高师录取未计在内

1982 年各高中学生高考录取情况表(各校)

表 2-99

项目 学校	毕业生数(名)	复习生数(名)	报名数(名)	实考数(名)	体检数(名)	录取数(名)	输送飞行员数(名)
普陀中学	191	40	185	180	48	46	1
沈家门中学	41	24	30	30	3	2	1
芦花中学	110	22	46	44	1	1	1
六横中学	132	69	49	45	7	7	1
合计	474	155	310	299	59	56	4

注:1 名公办教师被高校理科录取未计在内

【美术、音乐教育与高考】 根据省高中课程体系设置要求，普通高中学校按规定开设美术与音乐课程。1998 年前后，域内普通高中在高二年级开设艺术类音乐课程和美术欣赏课。

2001 年起，根据高考招生政策调整与实际需求，普陀第三中学经市、区教育局同意，招收音乐特长生。其校内音乐专业授课主要利用学生课余时间安排专职音乐教师辅导，校外音乐专业辅导由学生自主选择，届时参加艺术特长生高考。同年，按照省高中课程改革选修课程要求，在高一、高二年级分别采用社团形式开设若干声乐、乐曲等多样化选修课程。在历年音乐专业高考中，考生分别被浙江师范大学、杭州师范大学、温州大学、绍兴文理学院、湖州师范学院、浙江音乐学院、北京舞蹈学院、湖南师范大学、海南三亚学院、南京艺术学院等高等院校音乐系或舞蹈系录取。

六横中学 2008—2014 年每年有考生通过各级学院音乐专业、播音主持专业、影视表演专业联考。

普陀第三中学于 2001 年开设美术特长班（至 2014 年有 3 个班级），是为市内第二所具有美术特长教育的学校。美术特长班每周固定开设 12 课时美术基础技能训练、美术素养类课程；至 2014 年，已有 600 多名考生被同济大学、复旦大学等高等院校录取，平均本科录取率 85%。

六横中学于 1999—2008 年每年招收 3 ~ 4 名美术特长生，2009 年停招，改为美术教师辅导部分有参加高考需求的学生，专业成绩合格率 100%，本科率 74%。

第五节　学校选介

【浙江省普陀中学】 现址东港文康街，为副科级单位。前身为“定海县立中学沈家门分部”，由毛善才于民国 38 年（1949）八月联络沈家门地方商绅募资，在原“时疫医院”“难童收养所”基础上创建，实行校董会负责制，毛善才自任“分部”主任。首批招收学生 50 名，称“秋一班”。1950 年，毛善才去台湾，学校教育处于停顿状态。1950 年 8 月，由人民政府拨款和募集社会资金，在原校址创办“私立沈家门初级中学”。1953 年秋，普陀县人民政府成立，年底学校改为“民办公助”形式，由上级党组织派党代表王孝玉兼任副校长指导学校工作，校董会从此名存实亡。1956 年 7 月，由县政府接管，改私立为公立，更名为“浙江省普陀县第一初级中学”。1958 年年初，更名为“普陀第一中学”，建立中共党支部。是年秋，始设高中部，成为普陀县首所完全中学。1959 年，舟山县成立，复更名为“舟山第二中学”。1962 年，始定名为“浙江省普陀中学”，沿用至 2014 年。1966 年，有 4 个高中班级。受“文化大革命”影响，1967—1971 年高中部停止招生。1972 年春，恢复招收高中生。1978 年，被原舟山地区定为重点中学。1979 年，有高中 16 个班，初中 6 个班，学生达 1231 名，教职工 95 名（其中专任教师 67 名）。1981 年，被省教育厅列为 80 所重点中学之一，录入《中国著名重点中学录》。1992 年，美籍华人林依心捐资赠建 1150 平方米“依心图书楼”，于 1993 年 8 月竣工交付使用。1996 年 3 月，根据区政府规划，在东港 8 号地块（东港灵秀街）奠基新建，1997 年建成。是年 7 月，高一、高二学生就读东港灵秀街校区。1998 年 5 月，被评为浙江省二级重点中学。同年 8 月，高中部与初中部分离，高中部整体搬迁至东港校区，占地面积 66332 平方米，建筑面积 21465 平方米，建有市内学校最早的学生天文台。时有高中学生 1250 名，教职工 120 名（其中专任教师 97 名），沿用“浙江省普陀中学”校名。实行校长负责制，建立中共党总支。下有分管政教、教务工作两位副校长（兼任政教主任与教务主任）。中层科室设党政办公室、教务处、政教处、财务处、教科室等；设工会、共青团党群组织，同时建有学术中心和青年中心；设年级段，强化段长职能，沿用教研组机制，为适应年级段管理，教研组分设各年级备课组。

2000 年 6 月，学校组成师生代表团对法国坎贝尔市乐利克斯学校进行为期 10 天的访问，是为普陀中学首次国际教育文化交流。

2002年12月，被省教育厅命名为“省一级重点中学”。2005年1月，被中共浙江省委、浙江省人民政府命名为省文明单位。

2008年11月，东港文康街新校区工程开工。2010年8月，迁入东港文康街现址。校区占地面积115102平方米，总建筑面积53381平方米，绿地总面积45695平方米，总投资2.7亿元。是年，有33个班级，1500名学生，146名教职工(其中117名专任教师)。同年10月，举行新校区落成仪式暨普陀区阳光助学基金捐赠仪式。2014年4月，被省教育厅命名为“浙江省普通高中一级特色示范学校”。

传承“励志、求实、创特”校训，以“仁知”为办学理念，以培养学生具有“蓝海的胸怀、深沉的底蕴”为育人目标，实现“文化树校、质量立校、内涵彰校、特色固校”办学战略。办学66年来，有毕业生26000多名；在教书育人、培养英才、传承文明诸方面多有建树。先后获省文明单位、省职工职业道德建设十佳单位、省教育系统“三育人”先进集体等称号。

现任校长刘习渊，中共支部委员会书记江莲华。

【舟山市普陀区沈家门中学】 创办于1956年，前身为普陀县沈家门镇居民业余初中补习学校，2005年11月并入区职教中心。办学50余年，曾五迁校址，四易校名。1956年，由朱和借西横塘“德仁坊”郭修省的民房开办，时有1间教室，2个班级100多名学生，仅开设文学、汉语、史地课，实行二部制教学模式。时任沈家门镇镇长盛金祥兼任名誉校长，成立过渡性校管会，由镇委委托当时中大居委主任为校管会主任，教导主任缪惠忠为校内负责人。1957年初，在原补习学校基础上，组建成新校并迁址至荷外东钱湖渔民会馆—羊府殿，时有4个班级，9名教师。1957年12月，定校名为“沈家门民办渔光中学”。1958年上半年，迁回德仁坊，9月，中共普陀县委派许新孚任校长，是年，学校扩大到5个班级，13名教师。1959年8月，从德仁坊迁至东横塘“李宅”，同年更名为“舟山县民办渔光初级中学”。办学初期，尝试以自力更生建校、勤工俭学养校办学路子，1960年，被舟山地委评为勤工俭学先进集体。1962年下半年，改校名为“普陀县民办沈家门初级中学”。1963年8月，学校依靠全体师生勤工俭学所得经费，师生自己动手建造毛竹屋教室5间，添置必需的实验仪器及办公用具，是年有9个班级，25名教职工。1964年，本校教师集资1500元，开办舟山地区第一个校办企业—沈家门中学印刷厂。

“文化大革命”开始，停课4年。1970年10月，成立革命委员会，改校长制为革命委员会制。设主任、副主任，主持学校工作，下设政工组、教改组、后勤组等，各组设组长。1970年秋，军宣队进驻学校，由军代表李伟军任革委会主任，单才铨任副主任。1971年春，正式复课，招收初中学生1200名，开设19个班级，实行二部制教学模式。1972年9月，中共沈家门中学支部成立，张如成任党支部书记。1973年5月，军代表离校，由张如成任革委会主任。同年，始办高中班，招收2个班级120名学生，成为一所完全中学。县政府无偿征用原属普陀船厂(墩头)西边约20000平方米空地(包括海滩、海沟)，由省教育厅、舟山地区行署和县政府各拨款4万元，建起教学楼一幢、教师宿舍楼三幢和门卫、食堂、厕所等共2300平方米作为新校舍。1975年，学校迁入墩头新建路新校区，是年下半年始，大批公办教师调入，校内民办教师于年底大部分转为公办，时有高中教学班8个，初中教学班6个，办学规模仅次于普陀中学。

1977年，高考制度恢复，被录取考生人数居全县第一。1978年6月，撤销革委会，恢复校长制，学校更名为“普陀县沈家门中学”。1980年1月，学校由民办转为公办。1981年7月，管理体制继续完善“党支部领导下的校长负责制”。1983年，利用上拨款项和校办厂上缴利润的一部分，第一次由学校出资建造一幢成套教师宿舍。1984年，被省体委定为省体育传统项目(田径)定点学校，1986年，被省教委评为“勤工俭学先进单位”。1987年起，逐步调整办学体制，初中停止招生，渐成高级中学，确定虾峙、桃花、朱家尖、普陀山、葫芦、东极等岛作为农村片的高中招生范围。是年，由区政府拨款200万元，征地15333平方米，在沈家门蒲湾二区兴建校舍。1990年3月，学校迁入新址。

1995年，获评省首批（全省10所）示范性综合高中。1998年，通过省级综合高中复评，跻入省100所示范性中学行列。2001年12月，沈家门中学和沈家门职业中学、普陀区技工学校合并，组成新的沈家门中学，新建9700多平方米现代化综合教学大楼一幢。2002年1月，有48个班级，2134名学生（其中普高部977名，职高部1158名），200余名教职工。同年，列入教育部“十五”规划重点课题研究单位，承担综合高中课程研究子课题。2002年11月，通过省一级重点综合高中的评估，成为全省三所省一级重点综合高中之一。同年，获评国家体育部“贯彻《学校体育工作条例》优秀学校”。

2003年秋，在原勾山中学校址建成沈家门中学机械分校，开设数控专业3个班级，机械专业2个班级，招收新生228名。

2004年，沈家门中学机械分校获评首届“舟山市社会满意学校”的称号。

2005年，获“中国/WHO健康促进学校”铜牌，同年12月，通过省一级重点综合高中复评。其时，学校占地面积68667平方米，建筑面积29664平方米，有63个班级，2685名在校学生，教职工200余名，规模为市内同类学校之首。

2005年11月，普陀区职业技术教育中心成立，沈家门中学并入。以沈家门中学为核心的区域内优质职教资源组成职业教育实体。2007年秋季始，沈家门中学停止招收普通高中学生，部分普通高中教师向普陀第三中学分流。

学校先后获评全国体育先进学校、省、市勤工俭学先进单位、省会考先进单位、省科研兴校200强、省共青团先进集体、省体育传统项目（田径）定点学校、省体育道德风尚奖、省《学校体育工作条例》优秀学校、省国家体育锻炼标准达标先进学校、市、区文明单位。

【舟山市普陀第三中学】 现址普陀区城西平阳浦原浙江水产学院校址。创建于1998年7月。占地面积121334平方米，建筑面积41250平方米。开办当年招收高一新生6个班级，接收芦花中学高中部高二、高三学生共5个班级，托管厦林职业中学普通高中高一年级3个班级。2004年2月，被评为省三级A等重点中学，时有43个班级，1976名学生，180名教职工，139名专任教师。2007年7月，原沈家门综合高中普通高中部学生、部分文化课教师并入。现有在校学生1357名，31个教学班，每年级段均有一个美术特长班；教职员工168名，专任教师129名，其中高级职称53名，中级职称63名，中高级教师占专任教师比例90%；有市学科带头人2名，区级及以上骨干教师32名，硕士学位研究生2名。拥有一支由全国优秀教师、全国绿色学校创建先进个人、省历史学会理事、省春蚕奖获得者等优秀教师引领的教育教学队伍。

学校围绕“求稳·做强·创特”的发展思路，以“国家·学生·责任；读书·做人·求真；追求卓越”为校训，坚持“理性·求真·自主·卓越”办学理念，以把学生培养成为“明理自律，乐学自强，尊道自立”的现代化人才为目标。建校至2014年，已有8096名学生毕业，上重点大学录取分数线331名。先后获评国家级绿色学校、省体育特色学校、省高中新课改样本学校、省多样化课程建设职业技能类试点学校、省首批食品安全示范学校、舟山市文明单位、舟山市社会十大最满意学校等荣誉称号。

现任校长袁孝海、中共支部委员会书记阮志康。

【舟山市普陀区六横中学】 现址普陀区六横镇嵩山村。1956年，由普陀县文教科委托六横区中心小学筹建。是年9月开学，定名为“浙江省普陀县第二初级中学”。初创时，校址设在嵩山村嵩山脚下洪泉寺，有学生108名，设2个教学班，教员5名，炊事员2名。1958年，礁潭公社1个初中班和小湖公社1个初中班（原校址在苍洞村）并入。1958年11月至1961年，校内创办“六横人民公社红专大学”，招收18～28岁具有高小文化程度青年学员150名，开设农业、水产、工业、财贸、畜牧兽医5个系。其时，有500余名学生，10个班级，学校初具规模。1959年，更名为“舟山第二初级中学”。1961年，复更名为“普陀县六横初级中学”。1970年，再更名为“普陀县六横中学”，1985年，舟山撤地建市后定现名为“舟山市普陀区六横中学”。1961—1963年，因受自然灾害严重影响，大部分学生流失，全校仅有3个班级，68名学生，大部分教师下放到各小学任教。1964年起，农村经济略有好转，原流失学生纷纷复学，同年又招收初中新生1个班，学生增至160余名。1964年，在千丈塘和双塘夏家村拥有学农基地（棉花地）24000平方米。是年，在双塘乡千丈塘盐场场部开办1个半农半读班。

“文化大革命”初期，部分师生外出串联，学校被迫停课。1967年，在籍初中学生全部视作毕业。1968年，“贫宣队”进驻学校，学校除留下五星公社1个班35名学生和6名教师外，其余师生全部下放到各公社学校。1969年，六横区除双塘、礁潭公社外，其余公社初中新生重新并入六横中学就读。

1970年，始设高中班，成为一所完全中学。当时招收高中2个班级，120名学生，另有初中4个班级，共计6个班级。1970—1973年为春季招生，学制二年；1974年始转为秋季招生，学制二年。1974年，初中生全部毕业后，学校停招初中。1975年，有高中8个班级。1976年8月至1978年7月，附设农机班，招生47名。1978年，在台门设立分部（高中1个班），全校共有12个高中班级，学生653名，教职工37名。1979年，恢复初中招生，在六横区域招收2个班级。1981年起，按国家事业计划，每年招收高中学生2个班级，并向五星、佛渡两公社招收初中毕业学生。1982年8月至1984年7月，设农技职业高中1班，学员45名。1985年起，改高中班学制为三年。1991年秋，停招初中生，开始成为普通高级中学。时有学生411名，9个高中班级，教职工56名。1996年始，每年招收4～5班级。2005年被评为省三级A等重点中学，时有学生742名，15个高中班，教职工64名。2011年3月，始以“舟山市普陀区六横中学”“普陀中学分校”二块牌子一套班子形式与普陀中学合作办学，9月，高三2个合作班学生到普陀中学就读。

2014年，有12个高中教学班（10个在本校，高三2个班级在普陀中学），421名学生。在编在职教职员工51名（其中5名在普陀中学带班教学管理）。

曾以农村小规模学校史上有10名在校学生加入飞行员行列享有殊荣。先后获评省三级A等重点中学、省绿色学校、省会考先进集体、市会考工作三等奖、市先进团组织、市巾帼竞赛先进集体、市军训工作先进集体、市教育系统学习型学校创建先进集体、市工会工作先进集体、市三级联创模范基层工会、市教育系统五星级工会、区文明学校等。

现任校长夏林海、中共支部委员会书记陈恒。

【芦花中学高中部】 芦花中学始创于1958年8月，校址在芦花村，背靠徐家山，租借原部队营房，初名“普陀县第三初级中学”，始创时设初中班和农技班。1970年，命名为“普陀县芦花中学”，并始办高中班，借用小湾岭营区部队营房作学生宿舍，教学楼在芦花中学内。招收64名高中学生，设1个班级，成为一所完全中学。1987年，舟山撤地建市，学校更名为“舟山市普陀区芦花中学”。1990年，有高中学生237名（初高中学生746名），高中学生6个班（时有15个初高中班级），教职工59名，其中专任教师47名（中学一级教师7名）。1998年秋，高中部停止招生，高中学生并入新建的普陀第三中学。

【小湖五七高中】 始创于1975年，选址在六横镇群建海塘西岸半山腰，以建海塘时留下来的部分工棚为校舍，有教室1间、办公室1间、师生宿舍2间、食堂1间。翌年迁至小湖中学，时六横区小湖公社另有滩涂旱地8000平方米、荒山10000平方米、塘内海涂20000平方米划拨学校。首届招收初中毕业生30名入学，翌年招收120名，学校规模为4个班级。初有专任教师3名，兼职教师4名，实习指导教师4名，翌年扩至专任教师12名。办学模式为半工半读、勤工俭学、以学为主、兼学别样。课程设置分为二大类。第一类为基础课程，开设政治、语文、数学、化学、物理；第二类为专业课程，在相应的专业小组完成（主要有测绘、柴油机、电工、农林、养殖等课程，并有对应的教学大纲）。教学时间安排为上午、晚上教学基础课程，下午教学专业课程或参加生产劳动。生产实践劳动内容主要有在改造成的咸碱地上种植稻谷、用牡蛎壳烧制石灰、养殖各种鱼类、采收咸菁、垒建梯田、翻建食堂、新建厕所、初建沼气池等。专业实习内容主要有测绘小湖公社河山，维修柴油机，测定咸碱地pH值，初步维修小型电器等。

1977年上半年，学校停办。

第五章　中等职业技术教育

第一节　中等职业教育兴起与发展

20世纪50年代后期至60年代初期，普陀兴起建办各类职业教育学校热潮。1957年8月，蚂蚁岛乡创办渔业中学，是为较正规的职业技术教育之滥觞。1958年6月，勾山、芦花、朱家尖、峧头、小湖、虾峙、东极、螺门、桃花、沈家门等乡镇接踵开办各类职业学校；虾峙渔业中学、东极渔业中学、螺门渔业中学、桃花渔业中学、沈家门渔业中学（包括机械、轮机、养殖、渔技等专业）等相继开办。域内职业教育走上正常发展道路。1958年9月，普陀中学（时称普陀第一中学）开设渔业技术班2班、卫生班2班、机械修理技术班1班，学生264名，是为最早开展职业教育的完全中学。1958年11月至1961年，六横中学校内创办“六横人民公社红专大学”，招收18～28岁具有高小文化程度青年学员150名，开设农业、水产、工业、财贸、畜牧兽医5个系。1959年，蚂蚁岛乡创办海上中学，为下海捕鱼青少年学习文化知识提供教学服务场地。1960年，普陀下属各区分别开设农业中学1所，1964年，有半工（农、渔）半读学校5所，学生118名。1965年，创办沈家门农业技术中学，后改名为鲁家峙初级中学，创办当年招生1个班，50名学生，4名教师，实行半工半读，后招收财会、卫生专业各1个班。同年5月，省供销合作社在普陀山杨枝庵开办舟山供销合作职业学校，设财会、农副产品采购2个专业，招生97名。是年，有半工（农、渔）半读中（初）等技校16所，学生690名。翌年，舟山供销合作职业学校更名舟山商业学校。1966年，大部分职业班停办。60年代中期，渔业中学因“文化大革命”影响而停办。1975年，开办县“共产主义劳动大学”，选校址在原六横区礁潭公社（现台门社区）西厂大队，招生53名，学制一年，毕业生原公社来原公社去，1976年停办。1976年，六横中学附设农机职业班1个班，招收学生45名，水稻种植技术学习班1个，招收学生50名，1978年停办。1978年，舟山海洋渔业公司技工学校创办。1978—1980年，在虾峙狗头颈村开办五·七中学。1979年，普陀县技工学校、县卫生进修学校和舟山水产食品技工学校创办（其中舟山水产食品技工学校于1993年停办）。1979年年底，有农业中学24所，学生819名；渔业中学2所，学生119名；水产学校1所，学生210名；卫生学校1所，学生73名；厂办技工学校2所，学生175名。

20世纪80年代初，职业技术教育进入大发展时期。1980年4月，普陀县生产技术学校（后更名为普陀区水产技术学校）开办。1980 年 7 月，舟山船厂开办船舶技工学校。1982 年，沈家门中学在无专业教师、无设备、无现成教材和教学计划的情况下创办商业会计统计班，通过向外校取经、外聘专业教师、取得社会各界和学生家长的支持等办法，取得良好办班效果。1984 年，全班 58 名毕业生均在各单位顺利就业。此举为学校今后转型发展成为省级综合高中、省级示范中等职校、国家级重点中等职业技术学校提供了基础。1983 年，螺门中学开设以航海仪器修理为主要专业的渔业技术职业班 1 个班，招收初中毕业生 44 名，学制二年，该届学生毕业后停办。1983—1984 年，普陀县农业技术学校（后更名为厦林旅游职业技术学校）、普陀县六横区五星农技学校（后更名为六横职业中学）、舟山市普陀区沈家门职业中学先后创办，并通过在普通中学开设职业班或分流、与其他部门联办等形式发展职业教育。1985 年起，普通中学附设职业班停招。1986 年，有农渔职业学校 5 所，学生 756 名，县属技校 1 所，学生 105 名。1991 年，区政府批示建立普陀区汽车驾驶职业培训学校，选址中洲路，当年招收汽车驾驶与维修班新生 42 名。1987 年，域内有舟山船舶技工学校（市属）、沈家门职业技术学校、六横职业中学、普陀区农业技术学校、普陀区水产技术学校、普陀区技工学校、舟山水产食品技工学校、舟山海洋渔业公司技工学校 7 所。

20 世纪 90 年代中后期，高职院校扩招，就业教育和升学教育同步推进。1992 年 4 月，普陀区职业技术教育领导小组成立。1995 年后，中等职业技术学校兼任培训城镇需求就业劳动力和下岗失业职工转岗培训工作。21 世纪，职业技术学校进一步明确以市场就业需求为导向的办学方向，加强校企合作，实行订单式培训，毕业生就业形势趋好，社会就业培训工作全面深入展开。2004 年后，承担农村劳动力转移培训任务。

2000 年 12 月，沈家门职业中学与普陀技工学校合署办学，成立董事会。2001 年 12 月，沈家门中学和沈家门职业中学、普陀区技工学校合并，组成新的沈家门中学（省一级重点综合高中）。利用原沈家门中学和沈家门第四小学的校址，新建 9700 多平方米的现代化综合教学大楼一幢，拥有设施齐全的各类型功能室。2002 年 1 月，新的沈家门中学占地面积 25333 平方米，办学规模 48 个班级 2134 名学生（其中普高部 977 名，职高部 1158 名），教职员工 200 余名。为适应市场需要，2003—2005 年，在原有专业基础上，开设综合高中专业和课程，新增物流、数控、实用英语、工艺美术、文秘等 14 个专业。2005 年 11 月，机械专业获评省示范性专业。在抓好全日制教育的同时，构建立体培训体系，及时为各行各业提供职前、职中培训，配合有关部门实施“暖促”工程，为渔民转产转业服务，为提高劳动者的素质服务，曾获评区优秀培训基地。适时实施课程改革和校本教材开发。开发《舟山海鲜菜肴》《普陀素食文化》《沈家门夜排档文化》等三本乡土教材，其中《舟山海鲜菜肴》于 2005 年 7 月由中国文联出版社出版。

根据区委、区政府规划，2005 年 11 月，整合优化职业教育资源，以沈家门中学为主体，将普陀厦林旅游职业技术学校、普陀区技工学校和普陀区水产技术学校等优质职业教育资源整合组建舟山市普陀区职业技术教育中心（简称区职教中心），设本部于沈家门中学。该中心职级定位为副科级职能管理单位，兼有学校实体，中心主任由区教育局副局长兼任。2006 年 3 月，区政府与浙江海洋学院签订《浙江海洋学院普陀科技学院项目引进协议书》，2007 年 11 月，选址在朱家尖大洞岙的区职教中心与普陀科技学院立项并开始建造。同年，普陀科技学院招生。2009 年，普陀科技学院迁入新校区。2010 年 4 月，区职教中心迁址新校区与普陀科技学院采用“一校式”“两块牌子”模式，在同一校区办学，资源共享。

2014 年 4 月，根据省政府批复，在区职教中心与普陀科技学院原址筹建“舟山群岛新区旅游与健康职业学院”。普陀科技学院停办，区职教中心迁址另建。

1987—2014学年职业中学基本情况表

表2-100

年份	学校数（所）	班级数（班）	毕业生数（名）	招生数（名）	在校生数（名）	教职工数（名）		兼任教师数（名）
						总数	专任教师数	
1987	4	16	358	383	713	65	47	12
1988	4	17	226	253	693	72	51	7
1989	4	18	279	313	668	72	50	28
1990	4	16	344	280	555	78	55	21
1991	4	17	226	359	630	82	58	12
1992	4	17	257	452	787	86	57	16
1993	4	21	247	377	885	91	59	13
1994	4	27	359	481	943	108	70	15
1995	4	30	309	509	1095	114	81	6
1996	4	27	325	312	820	125	89	2
1997	4	37	447	737	1374	127	96	8
1998	4	41	387	565	1453	143	109	4
1999	4	43	537	706	1526	147	102	4
2000	4	37	587	811	1644	164	114	7
2001	3	59	697	912	2110	196	135	2
2002	3	61	557	818	2254	188	137	0
2003	3	71	927	1026	2243	172	131	0
2004	3	62	682	1220	2561	211	155	0
2005	3	62	517	987	2764	222	169	0
2006	1	73	774	1005	2817	230	172	2
2007	1	70	968	1070	2810	241	176	0
2008	1	68	816	1048	2918	257	179	0
2009	1	74	892	958	2936	240	167	0
2010	1	71	966	729	2605	235	169	0
2011	1	70	992	1004	2561	244	164	0
2012	1	64	873	739	2375	242	162	30
2013	1	65	675	721	2361	244	160	31
2014	1	56	936	617	2014	190	124	31
合计	—	1290	16160	19392	49115	—	—	251

注：1. 普陀区技工学校、舟山海洋渔业公司技校、舟山水产食品技校未统计在内。2.2005年11月，区域内所有职业教育资源并入普陀区职业技术教育中心

2003—2014学年职业中学（综合高中）普通高考学生上分数线情况表

表2-101

年份	2003	2004	2005	2006	2007	2008	2009	2010	2011	2012	2013	2014
本科	188	152	—	183	145	3	3	3	2	4	0	5
专科	97	152	—	106	98	48	133	86	57	75	32	59
合计	285	304	—	289	243	51	136	89	59	79	32	64

注：2005年学校转型，无参加普通高考学生

2003—2014 学年职业中学高考高职学生上分数线情况表

表 2-102

年份	2003	2004	2005	2006	2007	2008	2009	2010	2011	2012	2013	2014
本科	12	8	0	0	1	0	0	3	4	0	1	0
专科	142	97	77	106	17	22	31	113	117	113	82	109
合计	154	105	77	106	18	22	31	116	121	113	83	109
参考学生数	160	138	125	130	105	80	37	124	125	163	105	137
上线率（%）	96.25	76.09	61.60	81.54	17.14	27.50	83.78	93.55	96.80	69.33	79.05	79.56

2013—2014 学年职业中学（区职教中心）班级数、学生数情况表

表 2-103

学　年	班级数（班）				学生数（名）			
	合计	高一	高二	高三	合计	高一	高二	高三
2013—2014	65	20	19	26	2361	721	704	936

2011—2014 学年职业中学（区职教中心）在校学生分年龄情况

表 2-104

学年		计	14 岁及以下	15 岁	16 岁	17 岁	18 岁	19 岁	20 岁	21 岁	22 岁
2011—2012	总　　计	2561	6	414	856	454	577	139	101	13	1
	其中女性	1444	2	312	478	240	359	35	17	1	0
		计	14 岁及以下	15 岁	16 岁	17 岁	18 岁	19 岁	20 岁	21 岁	22 岁
2013—2014	总　　计	2361	1	1	318	694	804	465	61	10	7
	其中女性	1217	1	—	140	351	397	286	32	6	4

2011—2012 学年职业中学（区职教中心）分专业学生数情况表

表 2-105

自主专业名称	毕业生数（名）		招生数（名）				在校生数（名）				预计毕业生数（名）	
	计	其中获得职业资格证书	计	其中应届毕业生 计	其中应届毕业生 其中初中毕业生	其中五年制高职中职段	合计	一年级	二年级	三年级	计	其中五年制高职中职段
中职学生	992	992	1004	1004	1002	240	2561	1004	684	873	873	0
其中女性	536	536	521	521	521	121	1444	521	451	472	472	0
机电技术运用	180	180	136	136	136	37	346	136	97	113	113	0
船舶制造与修理	154	154	99	99	97	40	244	99	59	86	86	0
航空服务	44	44	26	26	26	0	74	26	14	34	34	0
会计电算化	168	168	112	112	112	40	348	112	84	152	152	0
电子商务	55	55	47	47	47	0	79	47	0	32	32	0
物流服务与管理	0	0	45	45	45	45	45	45	0	0	0	0
酒店服务与管理	109	109	110	110	110	40	291	110	87	94	94	0
旅游服务与管理	185	185	266	266	266	38	594	266	106	222	222	0
导游服务	38	38	46	46	46	0	128	46	44	38	38	0
中餐烹饪	23	23	40	40	40	0	121	40	41	40	40	0
社会文化艺术	0	0	0	0	0	0	111	0	111	0	0	0
学前教育	36	36	77	77	77	0	180	77	41	62	62	0

2013—2014 学年职业中学(区职教中心)分专业学生数情况表

表 2-106

自主专业名称	毕业生数(名)		招生数(名)				在校生数(名)				预计毕业生数(名)	
	计	其中获得职业资格证书	计	其中应届毕业生		其中五年制高职中职段	合计	一年级	二年级	三年级	计	其中五年制高职中职段
				计	其中初中毕业生							
中职学生	675	675	721	721	721	383	2361	721	704	936	936	211
其中女性	451	451	371	371	371	215	1217	371	365	481	481	126
航空服务	14	14	34	34	34	0	87	34	32	21	21	0
会计	0	0	38	38	38	38	114	38	35	41	41	41
物流服务与管理	0	0	75	75	75	75	193	75	73	45	45	45
会计电算化	81	81	41	41	41	0	143	41	29	73	73	0
船舶制造与修理	23	23	39	39	39	39	163	39	32	92	92	0
机电技术应用	33	33	0	0	0	0	60	0	28	32	32	0
旅游服务与管理	104	104	142	142	142	81	494	142	118	234	234	42
酒店服务与管理	86	86	116	116	116	75	356	116	132	108	108	45
学前教育	40	40	40	40	40	40	159	40	45	74	74	0
中餐烹饪	39	39	65	65	65	0	139	65	40	34	34	0
电子商务	0	0	0	0	0	0	41	0	0	41	41	0
电子技术应用	31	31	35	35	35	35	106	35	33	38	38	38
导游服务	43	43	39	39	39	0	117	39	37	41	41	0
社会文化艺术	122	122	0	0	0	0	0	0	0	0	0	0
数控技术应用	59	59	57	57	57	0	189	57	70	62	62	0

2011—2014 年职业中学(区职教中心)招生、在校生来源情况表

表 2-107　单位:人

年份	类别	总计	河北省	山西省	内蒙古	辽宁省	吉林省	黑龙江	江苏省	浙江省	安徽省	江西省	山东省	河南省	湖北省	湖南省	广东省	广西区	重庆市	四川省	贵州省	云南省	陕西省	青海省	港澳台	甘肃省
2011—2012	招生数	1004	0	0	0	1	0	0	1	927	24	1	0	7	3	4	3	0	1	28	0	0	3	0	1	—
	在校生数	2561	3	3	1	1	8	4	9	2332	42	2	8	68	8	9	3	3	2	43	1	2	7	1	1	—
2013—2014	招生数	721	—	—	—	1	1	1	1	671	27	2	1	5	1	5	0	—	0	4	0	0	0	—	—	0
	在校生数	2361	—	—	—	2	1	1	6	2197	72	5	3	11	4	10	2	—	1	36	2	1	5	—	—	1

2011—2014 年职业中学(区职教中心)在校生变动情况表

表 2-108　单位:人

年份		上学年初报表在校学生	增加学生数					减少学生数									本学年初报表在校学生
			计	招生数	复学数	转入	其他	计	毕业	结业	休学	退学	开除	死亡	转出	其他	
2011—2012	合计	2605	1017	1004	0	13	0	1061	992	0	0	52	0	0	17	0	2561
	其中女性	1514	523	521	0	2	0	593	536	0	0	45	0	0	12	0	1444
2013—2014		上学年初报表在校学生	增加学生数					减少学生数									本学年初报表在校学生
			计	招生数	复学数	转入	其他	计	毕业	结业	休学	退学	开除	死亡	转出	其他	
	合计	2375	727	721	2	4	0	741	675	0	2	51	0	0	13	0	2361
	其中女性	1331	373	371	2	0	0	487	451	0	1	29	0	0	6	0	1217

2011—2014 年职业中学(区职教中心)教职工职称情况表

表 2-109　单位:人

		教职工数								聘请外来教师
		计	校本部教职工					校企职工	其他	
			计	专任教师	行政人员	教辅人员	工勤人员			
2011—2012	合计	244	244	164	31	43	6	0	0	0
	其中女性	127	127	87	16	23	1	0	0	0
	正高级	0	0	0	0	0	0	0	0	0
	副高级	69	69	58	9	2	0	0	0	0
	中级	102	102	72	15	15	0	0	0	0
	初级	53	53	32	4	17	0	0	0	0
	未定职称	20	20	2	3	9	6	0	0	0
		教职工数								聘请外来教师
		计	校本部教职工					校企职工	其他	
			计	专任教师	行政人员	教辅人员	工勤人员			
2013—2014	合计	244	244	160	32	47	5	0	0	31
	其中女性	130	130	89	19	21	1	0	0	6
	正高级	0	0	0	0	0	0	0	0	0
	副高级	71	71	61	7	3	0	0	0	0
	中级	111	111	73	18	20	0	0	0	21
	初级	39	39	20	3	16	0	0	0	7
	未定职称	23	23	6	4	8	5	0	0	3

2013—2014 学年职业中学(区职教中心)专任教师、聘请校外教师岗位分类情况表

表 2-110　单位:人

	本学年授课专任教师				本学年授课聘请校外教师				本学年不授课专任教师			
	计	文化基础课	专业课、实习指导课		计	文化基础课	专业课、实习指导课		计	进修	病休	其他
			计	其中双师型			计	其中双师型				
总计	160	94	66	55	31	0	31	0	0	0	0	0
其中女性	89	55	34	27	6	0	6	0	0	0	0	0
正高级	1	1	0	0	0	0	0	0	0	0	0	0
副高级	61	44	17	16	0	0	0	0	0	0	0	0
中级	73	41	32	30	21	0	21	0	0	0	0	0
初级	20	9	11	9	7	0	7	0	0	0	0	0
未定职称	6	0	6	0	3	0	3	0	0	0	0	0

注:2013 年,有 1 名教师被评选为首届享受正高级待遇的中学高级教师

2013—2014 学年职业中学(区职教中心)专任教师、聘请校外教师学历情况表

表 2-111　单位:人

	计	博士研究生	硕士研究生	本科	专科	高中阶段以下
1. 专任教师	160	0	8	152	0	0
其中女性	89	0	7	82	1	0
副高级	61	0	3	58	0	0
中级	73	0	4	69	0	0
初级	20	0	0	20	0	0
未定职称	6	0	1	5	0	0

续表 2-111

	计	博士研究生	硕士研究生	本科	专科	高中阶段以下
2. 聘请校外教师	31	0	0	5	22	4
其中女性	6	0	0	1	5	0
中级	21	0	0	3	15	3
初级	7	0	0	2	4	1
未定职称	3	0	0	0	3	0

2013—2014 学年初职业中学(区职教中心)分科专任教师情况表

表 2-112　　单位:人

		合计	其中女性	正高级	副高级	中级	初级	未定职称
总计		160	89	0	61	73	20	6
其中女性		89	0	0	29	47	9	4
文化基础课		94	55	0	44	41	9	0
专业课	小计	66	34	0	17	32	11	6
	加工制造类	21	3	0	5	10	4	2
	信息技术类	6	3	0	3	3	0	0
	财政商贸类	11	7	0	2	6	2	1
	旅游服务类	20	16	0	6	8	3	3
	文化艺术类	8	5	0	1	5	2	0

2011—2014 年职业中学(区职教中心)专任教师变动情况表

表 2-113　　单位:人

年份		上学年初报表专任教师数	增加教师数									减少教师数				本学年初报表专任教师数
			计	录用毕业生			外单位教师调入		校内外非教师调入		其他	计	自然减员	调离教师岗位	其他	
				计	其中 研究生	其中 本科	计	其中中职学校调入	计	其中本校调整						
2011—2012	总计	169	4	1	0	1	3	0	0	0	0	9	0	0	9	164
	其中女性	87	3	1	0	1	2	0	0	0	0	3	0	0	3	87
2013—2014	总计	162	9	5	1	4	2	0	2	2	0	11	0	9	2	160
	其中女性	87	6	4	1	3	1	0	1	1	0	4	0	2	2	89

2011—2014 年职业中学(区职教中心)校舍情况表

表 2-114　　单位:平方米

	总计	一、教学及辅助用房						二、行政办公用房	三、生活用房						四、教工住宅	五、其他用房
		小计	教室	图书馆	实验室、实习场所	体育馆	大会堂		小计	学生宿舍公寓	学生食堂	教工宿舍(公寓)	教工食堂	生活福利及附属用房		
2011—2012	84011	31802	11089	6990	8571	3652	1500	3547	27302	20296	6326	180	0	500	0	0
2013—2014	87237	46580	16478	6990	17960	3652	1500	4940	33405	23660	6326	1290	0	2129	0	2312

2011—2014 年职业中学（区职教中心）资产情况表

表 2-115

		占地面积（平方米）			图书（册）		计算机（台）		多媒体教室座位数（个）	网络多媒体教室	语音实验室座位数（个）	固定资产总值（万元）		
		计	其中		计	其中当年新增	计	其中教学用计算机				计	其中教学、实习仪器设备资产值	
			绿化用地面积	运动场地面积									计	当年新增
学校产权	2011—2012	183902	45975	19500	82220	200	581	350	3650	—	0	25517.5	866	42
	2013—2014	175797	45979	19500	61654	805	1046	642	—	53	—	23634	1646	42

1996—2005 年各撤并职业学校师生情况表

表 2-116

学校	学年	班数（班）	毕业生数（名）	招生数（名）	在校生数（名）						教职工数（名）						
					合计	二年制		三年制			合计	专任教师	行政人员	教辅人员	工勤人员	代课教师	兼任教师
						一年级	二年级	一年级	二年级	三年级							
沈家门职业中学	1996	10	154	96	371	44	71	52	84	120	57	40	14	—	3	—	—
	1997	14	218	273	545	86	40	187	110	122	54	39	12	—	3	—	3
	1998	15	160	198	564	90	84	109	174	107	59	42	14	—	3	8	—
	1999	16	188	270	627	46	89	224	96	172	57	38	16	—	3	—	2
	2000	15	273	300	631	—	99	301	153	78	63	42	17	—	4	—	5
	2001	35	—	—	—	—	—	—	—	—	105	74	6	19	6	1	—
	2002	31	432	374	1149	—	—	374	397	378	93	71	1	21	—	—	—
	2003	—	494	616	1267	—	—	616	264	387	—	63	—	—	—	—	—
	2004	—	387	718	1483	—	—	718	504	261	—	94	—	—	—	—	—
	2005	—	261	559	1604	—	—	559	546	499	123	96	11	6	10	—	—
普陀水产技校	1996	4	47	51	101	51	50	—	—	—	20	10	1	—	9	2	2
	1997	4	44	65	109	65	44	—	—	—	19	10	3	—	6	2	4
	1998	4	40	30	88	30	58	—	—	—	19	10	2	—	7	1	4
	1999	4	55	62	88	62	26	—	—	—	19	12	1	—	6	2	2
	2000	4	26	98	144	98	46	—	—	—	19	12	1	—	6	2	2
	2001	4	—	—	—	—	—	—	—	—	19	12	1	—	6	3	—
	2002	—	82	93	139	93	46	—	—	—	20	13	1	6	—	—	—
	2003	—	45	63	137	63	74	—	—	—	—	12	—	—	—	—	—
	2004	—	70	77	120	77	43	—	—	—	—	9	—	—	—	—	—
	2005	—	0	65	170	—	—	65	65	40	24	17	1	6	10	—	—
厦林职校	1996	7	60	113	267	81	89	32	—	65	26	24	2	—	—	3	—
	1997	11	154	300	479	246	76	54	64	39	32	30	2	—	—	4	—
	1998	14	113	249	581	171	177	78	94	61	45	40	5	—	—	10	—
	1999	15	234	320	622	262	123	58	90	89	51	36	11	—	4	6	—
	2000	18	221	345	688	—	230	345	44	69	61	45	16	—	—	—	—
	2001	20	—	—	—	—	—	—	—	—	—	72	49	23	—	—	2
	2002	27	43	351	976	—	—	351	321	304	75	53	22	—	—	—	—
	2003	—	388	338	839	—	—	347	267	225	—	55	—	—	—	—	—
	2004	—	225	425	958	—	—	425	277	256	—	52	—	—	—	—	—
	2005	—	256	363	990	—	—	363	391	236	75	56	4	15	—	—	—

续表 2-116

学校	学年	班数（班）	毕业生数（名）	招生数（名）	在校生数(名)						教职工数(名)						
					合计	二年制		三年制			合计	专任教师	行政人员	教辅人员	工勤人员	代课教师	兼任教师
						一年级	二年级	一年级	二年级	三年级							
六横职校	1996	6	64	52	81	—	—	52	22	7	19	15	4	—	—	1	—
	1997	8	31	99	241	—	—	99	68	74	21	17	4	—	—	—	1
	1998	8	74	88	220	—	—	88	72	60	21	17	4	—	—	—	—
	1999	8	60	54	189	—	—	55	67	67	19	16	2	—	1	—	—
	2000	7	67	68	181	—	—	68	47	66	18	15	3	—	—	1	—

2006—2014年区职教中心师生情况表

表 2-117

学年	校区	毕业生数（名）	招生数（名）	班级数(班)				学生数(名)				教职工数(名)					
				合计	高一	高二	高三	合计	高一	高二	高三	合计	专任教师	行政人员	教辅人员	工勤人员	外聘教师
2006	合计	774	1005	73	23	23	27	2817	1005	847	965	230	172	10	39	9	2
	沈家门校区	—	—	29	12	7	10	1282	590	314	378	—	—	—	—	—	—
	勾山校区	—	11	3	4	4	430	125	158	147	—	—	—	—	—	—	—
	朱家尖校区	—	—	27	6	10	11	939	233	323	383	—	—	—	—	—	—
	鲁家峙校区	—	—	6	2	2	2	166	57	52	57	—	—	—	—	—	—
2007	合计	968	1070	70	25	22	23	2810	1070	912	828	241	176	18	43	4	—
	沈家门校区	—	—	29	12	10	7	1353	555	496	302	—	—	—	—	—	—
	勾山校区	—	—	13	4	4	5	461	163	145	153	—	—	—	—	—	—
	朱家尖校区	—	—	24	8	6	10	858	312	221	325	—	—	—	—	—	—
	鲁家峙校区	—	—	4	1	2	1	138	40	50	48	—	—	—	—	—	—
2008	合计	816	1048	68	23	24	21	2918	1048	978	892	257	179	33	41	4	—
	沈家门校区	—	—	37	16	11	10	1746	738	516	492	—	—	—	—	—	—
	勾山校区	—	17	7	5	5	686	310	187	189	—	—	—	—	—	—	—
	朱家尖校区	—	—	14		8	6	486	—	275	211	—	—	—	—	—	—
2009	区职教中心	892	958	74	23	24	27	2936	959	1011	966	239	167	29	39	4	—
2010	区职教中心	966	729	71	22	23	26	2605	729	884	992	236	169	27	36	3	—
2011	区职教中心	992	1004	70	27	20	23	2561	1004	684	873	244	164	31	43	6	—
2012	区职教中心	873	739	64	19	26	19	2375	739	961	675	242	162	29	45	6	30
2013	区职教中心	675	721	65	20	19	26	2361	721	704	936	244	160	32	47	5	31
2014	区职教中心	936	617	56	16	20	20	214	617	697	700	190	124	5	52	9	31

第二节 区职教中心的课程与教材

改革开放以来，特别是在世纪之交，教育部在“面向21世纪教育振兴行动计划”中组织实施了“职业教育课程和教材建设规划”工程，有力地推进了中等职业教育的教学改革。一是在教育思想方面有重大突破。教育部相关文件中明确提出“以全面素质为基础，以能力为本位”为职业教育教学指导思想，首次明确地把“能力为本位”与以“学科为中心”，以“知识为本位”的传统学科教育区别开来。二是在培养目标方面，统一定位为“培养在生产、服务、技术、管理第一线工作的普通劳动者和中初级专门人才”，既理顺了中、高职的关系，也符合我国经济社会发展和教育结构调整的需要。三是在专业设置方面，首次改变了按学科划分专业的传统做法，根据职业教育的职业性特点，按国家职业分类标准划分专业，从而把学校的专业与社会的职业联系起来。这在专业设置上是一个重大突破，为落实“就业导向”，实行“双证制”等提供了重要政策基础。四是在课程改革方面，教育部颁发了《关于制定中等职业学校教学计划的原则意见》，按《原则意见》统一制定的教学指导方案和教学大纲，在课程体系和课程结构上打破了传统的“三段式”（文化课、专业基础课、专业课），全部课程划分为文化基础课和专业课两大类，在课程结构上推行模块化和综合化。五是在教学管理方面，开始打破刚性的学年制，试行选修制、学分制等柔性管理制度。六是在教材建设方面，在遵循“两级规划”“两级审定”基础上，因地制宜、因校制宜，采用部编、省编教材，同时开发部分校本教材和课程，以适应区域经济社会发展的需求。

浙江省的课程改革走在全国前列。根据高中阶段教育改革多样化的指导思想，在办学模式、人才培养以及课程设置等诸多实现方式之下，浙江省选择了职业技能类课程作为高中多样化发展的改革载体。区职教中心积极参与其间。

课改前的教材与课程设置表

表 2-118

酒店专业		导游专业		空乘专业		财会专业		学前教育专业		电子电工专业		电子商务专业		公安与酒店安全专业		烹饪专业	
课程	教材	课程	教材	课程	教材	课程	教材	课程	教材	课程	教材	课程	教材	课程	教材	课程	教材
语文	语文(基础模块)(教师用书)	语文	语文(基础模块)(教师用书)	语文	语文(基础模块)(教师用书)	语文	语文(基础模块)(教师用书)	语文	语文(基础模块)(教师用书)	语文	语文(基础模块)(教师用书)	语文	语文(基础模块)(教师用书)	语文	语文(基础模块)(教师用书)	语文	语文第四版
数学	数学(基础模块)(教师用书)	数学	数学(基础模块)(教师用书)	数学	数学(基础模块)(教师用书)	数学	数学(基础模块)(教师用书)	数学	数学(基础模块)(教师用书)	数学	数学(基础模块)(教师用书)	数学	数学(基础模块)(教师用书)	数学	数学(基础模块)(教师用书)	数学	数学第四版
英语	英语基础版	英语	饭店英语500句	英语	新概念英语(第2、3、4册)	英语	英语基础版	英语	英语基础版	英语	英语基础版	英语	英语基础版	英语	英语基础版	英语	英语基础版
德育	—	德育	—	德育	—	德育	—	德育	—	德育	—	德育	—	德育	—	德育	—
体育	—	体育	—	体育	—	体育	—	体育	—	体育	—	体育	—	体育	—	体育	—
计算机	计算机基础	计算机	计算机基础	计算机	计算机基础	财务管理	财务管理(第三版)(附学习卡、防伪标)	计算机	计算机基础	计算机	计算机基础	计算机	网页设计与制作	交通安全基础	交通安全基础	计算机	计算机基础
服务礼仪	礼貌礼节	服务礼仪	礼貌礼节	中国历史	中国历史(全一册)	财务会计	企业财务会计实训(配盘)	幼儿音乐	声乐:第一册、音乐(基础版)(配盘)	船舶概论	船舶概论	电子商务员	电子商务员(职业技术·职业资格培训教材)	警察实战技能训练	人民警察基本素质训练教程—警察实战技能训练	烹饪概论	烹饪概论(第二版)(附学习卡、防伪标)
旅游文化	旅游文化	中国旅游地理	中国旅游地理(第二版)	中国旅游地理	中国旅游地理(第二版)	财经法	财经法规与会计职业道德(第三版)	舞蹈	—	电工基础	电工基础(第四版)	商品学概论	商品学概论	音乐	音乐欣赏(附光盘、学习卡、防伪标)	刀工	烹饪刀工述要(附学习卡、防伪标)

续表 2-118-1

酒店专业		导游专业		空乘专业		财会专业		学前教育专业		电子电工专业		电子商务专业		公安与酒店安全专业		烹饪专业	
课程	教材	课程	教材	课程	教材	课程	教材	课程	教材	课程	教材	课程	教材	课程	教材	课程	教材
饭店服务与管理(客房)	客房服务与管理(第二版)	导游基础	导游文化基础知识(第二版)	空乘礼仪教程	空乘礼仪教程	计算机	计算机基础	视唱	视唱练耳	物理	物理	美术	—	阅览	—	烹饪营养卫生	烹饪营养与卫生(第二版)(附学习卡、防伪标)
饭店服务与管理(餐饮)	餐饮服务与管理(第二版)	普陀山佛文化	校本教材	形体	—	基础会计	基础会计(第三版,附学习卡、防伪标)	钢琴	钢琴基础教程(修订本)、拜厄钢琴基本教程	音乐	音乐欣赏(附光盘)(附学习卡、防伪标)	音乐	音乐欣赏(附光盘、附学习卡、防伪标)	心理健康	—	烹饪原料知识	烹饪原料知识(附学习卡、防伪标)
普训	—	普训	—	普通话	—	市场营销	市场营销知识(第二版)(配学习卡、防伪标)	幼儿图案	幼儿图案、简笔画(配学习卡、防伪标)	美术	—	阅览	—	犯罪心理学	犯罪心理学	音乐	音乐欣赏(附光盘)(附学习卡、防伪标)
阅览	—	阅览	—	美术	—	珠算	全国珠算技术等级鉴定达标练习册	普训	—	阅览	—	物流配送	—	治安管理处罚条例	保安服务概述	烹饪美术	烹饪工艺美术(彩色版)(附学习卡、防伪标)
饭店英语听说	饭店英语500句	音乐	音乐欣赏(附光盘、附学习卡、防伪标)	音乐	音乐欣赏(附光盘)(附学习卡、防伪标)	书法	—	书法	—	船舶电工工艺学	船舶电工工艺学、船舶职工培训丛书	进出口贸易实务	进出口贸易实务(第二版)	—	—	餐饮成本核算	餐饮成本核算(第三版)(附学习卡、防伪标)
心理健康	旅游心理学(第三版)	导游业务	导游业务	阅览	—	阅览	—	幼儿卫生保健	幼儿卫生保健(附学习卡、防伪标)	—	—	图形图像设计与制作	图形图像设计与制作	—	—	面点	面点技艺实训精解(附学习卡、防伪标)
前厅服务	前厅服务与管理(第二版)	餐饮	餐饮服务与管理(第二版)	餐饮	餐饮服务与管理(第二版)	—	—	幼儿心理学	幼儿心理学(附学习卡、防伪标)	PLC 技术基础与编程实训	PLC 技术基础与编程实训	心理学	高一心理书	—	—	中式热菜制作 8	中式热菜制作(第二版)(附学习卡、防伪标)
调酒	调酒(餐旅服务职业培训鉴定教材)	旅游政策法规	旅游政策与法规	形体	—	—	—	手工	手工	—	—	市场营销	市场营销知识(第二版)(配学习卡、防伪标)	—	—	冷菜、冷拼与食品雕刻技艺	冷菜、冷拼与食品雕刻技艺(配修订盘)(附学习卡、防伪标)

续表 2-118-2

酒店专业		导游专业		空乘专业		财会专业		学前教育专业		电子电工专业		电子商务专业		公安与酒店安全专业		烹饪专业	
课程	教材	课程	教材	课程	教材	课程	教材	课程	教材	课程	教材	课程	教材	课程	教材	课程	教材
茶艺	茶艺(餐旅服务职业培训鉴定教材)	实地导游	实地导游	航空港旅游服务	航空港旅客服务(附学习卡、防伪标)	—	—	幼儿园活动课程	幼儿园活动教程(第二版,附学习卡、防伪标)	心理学	高一心理书	礼仪	商务礼仪与公关(附学习卡、防伪标)	—	—	—	之江菜谱
—	—	心理学	高一心理书	心理学	高一心理书	—	—	—	幼儿教育学(配学习卡/防伪标)	音乐	音乐欣赏(附光盘)(附学习卡\防伪标)	外贸单证	外贸单证实务(第2版)	—	—	—	—
—	—	—	—	音乐	—	—	—	—	素描(附学习卡/防伪标)	书法	—	—	—	—	—	—	—

课改后的教材与课程设置表

表 2-119

酒店专业		导游专业		空乘专业		财会专业		学前教育专业		电子电工专业		报关专业		邮轮专业		烹饪专业	
课程	教材	课程	教材	课程	教材	课程	教材	课程	教材	课程	教材	课程	教材	课程	教材	课程	教材
语文	语文(基础模块)学生用书	语文	语文(基础模块)学生用书	语文	语文(基础模块)学生用书	语文	语文(基础模块)学生用书	语文	语文(必修)	语文	语文(基础模块)学生用书	语文	语文(基础模块)学生用书	语文	语文(基础模块)学生用书	语文	语文(基础模块)学生用书
数学	数学(基础模块)学生用书	数学	数学(基础模块)学生用书	数学	数学(基础模块)学生用书	数学	数学(基础模块)学生用书	数学	数学(必修)	数学	数学(基础模块)学生用书	数学	数学(基础模块)学生用书	数学	数学(基础模块)学生用书	数学	数学(基础模块)学生书
新视野英语	英语(一)课本	英语	英语(一)课本	英语	新概念英语 1、2	英语	英语(一)课本	英语	英语(必修)	英语	英语(一)课本	英语	英语(一)课本	英语	英语(一)课本	英语	英语(一)课本
德育	职业道德与法律(黑白)	德育	职业道德与法律(黑白)	德育	职业道德与法律(黑白)	德育	职业道德与法律(黑白)	政治	思想政治一经济生活	德育	职业道德与法律(黑白)	德育	职业道德与法律(黑白)	德育	职业道德与法律(黑白)	德育	职业道德与法律(黑白)
体育	体育与健康(中职分册)	体育	体育与健康(中职分册)	体育	体育与健康(中职分册)	体育	体育与健康(中职分册)	体育	体育与健康(中职分册)	体育	体育与健康(中职分册)	体育	体育与健康(中职分册)	体育	体育与健康(中职分册)	体育	体育与健康(中职分册)
计算机	计算机应用基础	计算机	计算机应用基础	计算机	计算机应用基础	计算机	计算机应用基础	历史	中国历史(全一册)学生用书	计算机	计算机应用基础	计算机	计算机应用基础	计算机	计算机应用基础	计算机	计算机应用基础
中餐服务	中餐服务	政策法规	旅游政策与法规(浙江省旅游局编)最新	中国历史(普高)	中国历史(必修)	基础会计	基础会计(第四版)	物理	中等职业教育课程改革国家规划新教材物理(通用类)(彩色版)	电工基础	电工基础(第四版)	进出口贸易实务	进出口贸易实务(第3版)	服务礼仪	服务礼仪	面点	面点技艺实训精解(附学习卡\防伪标)

续表 2-119-1

酒店专业		导游专业		空乘专业		财会专业		学前教育专业		电子电工专业		报关专业		邮轮专业		烹饪专业	
课程	教材	课程	教材	课程	教材	课程	教材	课程	教材	课程	教材	课程	教材	课程	教材	课程	教材
客房服务	客房服务	计调服务	计调业务	旅游地理	中国旅游地理（第二版）	财经法规	财经法规与会计职业道德（第三版）	教师口语	幼儿教师口语	安全用电	安全用电（第四版）（电工类）	商品学	商品学概论	旅游学基础	旅游学基础	冷拼	冷菜、冷拼与食品雕刻技艺（第2版）（配修订光盘）附学习卡、防伪标）
调酒	调酒技术	导游服务	导游服务	服务礼仪	服务礼仪	书法	—	钢琴	键盘乐器演奏基础	电工操作	电气控制线路安装与维修	货物学	外轮理货业务	英语听说	饭店英语听说上下册	原料加工技术	烹饪原料加工技术
茶艺	茶艺与服务（附光盘中等职业学校旅游烹饪专业项目课程教材）	实地导游	实地导游	普通话	普通话	音乐	—	乐理与视唱练耳	乐理视唱练耳	创新	创新教程（修订）	创新	创新教程（修订）	饭店服务与管理	饭店服务与管理	食品雕刻	食品雕刻
心理学	《心灵乐园》高二分册学生用书	中餐服务	中餐服务	音乐	—	创新	创新教程（修订）	声乐	音乐（基础版）	音乐	—	美术	—	普通话	普通话	美术	—
创业	创业教程	心理学	《心灵乐园》高二分册学生用书	美术	—	美术	—	舞蹈	舞蹈（基础版）	美术	—	国际货运保险	《国际货运风险与保险》	音乐	—	音乐	—
美术	—	创业	创业教程	创新	创新教程（修订）	财务会计	企业财务会计（第4版）	美术	美术（上下册）	书法	—	书法	—	美术	—	创新	创新教程（修订）
音乐	—	导游文化基础知识	导游文化基础知识（浙江省旅游局编）最新	书法	—	财务管理	财务管理（第3版）	化学	中等职业教育课程改革国家规划新教材化学（通用类）（彩色版）	电子技术基础与技能	电子电路基础（第三版）	航运地理	航运地理	创新	创新教程（修订）	烹饪刀工述要	烹饪刀工述要（附学习卡、防伪标）
服务礼仪	服务礼仪	服务礼仪	服务礼仪	服务礼仪	服务礼仪	书法	—	生物	中等职业教育课程改革国家规划新教材生物（通用类）（彩色版）	电力拖动与技能	电力拖动与技能	市场营销	市场营销知识（第3版）（配学习卡/防伪标）	中餐服务	中餐服务	雕刻	—
旅游文化	旅游文化	旅行社服务与管理	旅行社服务与管理	中餐服务	—	心理学	《心灵乐园》高二分册学生用书	保育员中级	保育员(第2版初级用于国家职业技能鉴定国家职业资格培训教程)中国劳动社会保障出版社 ISBN:9787504589583 曹冬、王普华	电工操作技能	电子产品制作工艺与操作实训	进出口贸易实务	进出口贸易实务	前厅服务	前厅服务	烹饪概论	烹饪概论（第二版）（附学习卡、防伪标）

续表 2-119-2

酒店专业		导游专业		空乘专业		财会专业		学前教育专业		电子电工专业		报关专业		邮轮专业		烹饪专业	
课程	教材	课程	教材	课程	教材	课程	教材	课程	教材	课程	教材	课程	教材	课程	教材	课程	教材
饭店服务与管理	饭店服务与管理	普通话	普通话	客房服务	客房服务	创业	创业教程	文化常识	文化常识	心理学	《心灵乐园》高二分册学生用书	集装箱运输实务	集装箱运输实务	客房服务	客房服务	烹饪营养卫生	烹饪营养与卫生（第二版）（附学习卡、防伪标）
普通话	普通话	音乐	—	形体	—	点钞	—	地理	中等职业教育课程改革国家规划新教材地理（通用类）（彩色版）	创业	创业教程	电子商务	电子商务概论	经济学教程	《经济学教程》	烹饪原料知识）	烹饪原料
花艺	饭店插花艺术（第二版）	美术	—	航空港旅客服务	航空港旅客服务（附学习卡/防伪卡）	小键盘	—	幼儿卫生保健	幼儿卫生保健（第2版）	电子线路	数字电路基础	国际货运保险	《国际货运风险与保险》	中外民俗	中外民俗概论	心理学	《心灵乐园》高二分册学生用书
创新	创新教程（修订）	创新	创新教程（修订）	心理学	《心灵乐园》高二分册学生用书	—	—	—	—	电子线路CAD	电子CAD	心理学	《心灵乐园》高二分册学生用书	心理学	《心灵乐园》高二分册学生用书	创业	创业教程
—	—	客房服务	客房服务	创业	创业教程	—	—	—	—	PLC	PLC技术基础与编程实训	创业	创业教程	创业	创业教程	成本核算	餐饮成本核算（第三版）（附学习卡、防伪卡）
—	—	门市服务	门市服务	调酒	调酒技术	—	—	—	—	—	—	外贸单证	外贸单证实务（第3版）	—	—	冷菜	冷菜
—	—	导游实务	导游实务（浙江省旅游局编）最新	茶艺	茶艺与服务（附光盘中等职业学校旅游烹饪专业项目课程教材）	—	—	—	—	—	—	商务英语函电	商务英语函电	—	—	中餐烹饪技术	中式烹调技艺（第二版）（附学习卡、防伪卡）

第三节　职业教育收费

90年代前职业中学杂费收费标准表

表 2-120　单位:元/生·学期

类别	1965年标准		“文化大革命”期间标准		1984年8月标准		1985年标准	
	城镇	农村	城镇	农村	城镇	农村	城镇	农村
普通高中及职中	10.00	10.00	5.00	4.00	8.00	6.50	12.00	10.00

90 年代职业中学收费标准表

表 2-121　　单位：元 / 生·学期

类别	1992 年标准		1994 年标准	
	城　　镇	农村	城　　镇	农村
职业中学	工科、医药、艺术类及服装专业	学杂费	100	180
		实训费	—	120
	文科、财政类及其他服务专业	学杂费	90	160
		实训费	—	80
	农林水产类	学杂费	80	100
		实训费	—	70
	烹饪、汽车修理	学杂费	—	300
		实训费	—	150

注：经济确有困难的，分别给予减免住宿费、水电费、杂费或学费，减免比例一般控制在应收总额的 10% 左右

2003 学年第一学期起，中等职业学校代管费收费标准均为 300 元 / 生·学期。

2004 学年第一学期起，中等职业学校学费收费标准为烹饪、汽修、船舶驾驶、修理、轮机、机械、电机、物流、服装、装潢专业类学生均为 1200 ~ 1800 元 / 生·学期；计算机、信息技术、艺术、商贸、物业管理、财经、旅游、理工、文秘、外语、服务、建筑施工、医药卫生专业类学生均为 1000 ~ 1500 元 / 生·学期；农林、水产类专业学生均为 700 ~ 1100 元 / 生·学期。

2010 学年第二学期起，中等职业学校代收费标准均为 700 元 / 生·学年；区职教中心新校区学生公寓住宿费标准为 450 元 / 生·学期。2012 学年第一学期起，免收中等职业学校学生学费。

第四节　校办工厂与校企合作办学

【校办工厂】 20 世纪中期始，由于办学经费困难，域内学校相继开办校办企业。1964 年上半年，沈家门中学全体教师集资 1500 元，开办沈家门中学印刷厂（舟山地区第一个校办企业）。1981 年下半年始，改革校办印刷厂经济体制，确定企业性质为集体所有制，制定财务独立、自负盈亏政策；实施任务、指标到人，多劳多得，按月奖励和提取公益金等措施。校办厂当年产值 60 万，扭亏为盈。继之，校办厂职工集资扩展厂房、增添设备。1983 年，学校利用上级拨款、提取校办厂上缴利润的部分资金和相关教师集资，建造一幢成套教师宿舍，属普陀区首例。1984 年，又建造学生宿舍。至 90 年代后期，撤虾峙学校印刷厂并入，印刷厂已成为较大规模的校办企业。2004 年，再次改制，由私人承包经营。

1984 年前后，参与教育部发起的中国教育投资公司，在县教育局设立勤工俭学点，首任负责人郭修杰。同年 12 月，根据国务院〔1983〕25 号和省人民政府〔1984〕31 号文件精神，经普陀县人民政府（普政〔1984〕369 号）批准，成立普陀县校办企业公司，胡为杰任经理。1986 年 4 月，撤销普陀县校办企业公司，时有校办企业 17 家，校办产业总产值达 1300 万元，校办产业收益达 100 万元，上缴国家（地方）税收 48 万元。同年，经批准开办普陀县校办企业经营部，1989 年 12 月起，刘岳范任负责人。

1995 年 2 月，改为舟山市普陀区校办企业服务中心，履行普陀区校办企业经营部职能，同时扩大校办企业经营业务范围。分支机构有区校办企业服务中心建材五金装潢经营部、区校办企业服务中心办公文化用品经营部、区校办企业服务中心电教仪器经营部、区校办企业服务中心旅游服务经营部、区校办企业服务中心校服加工厂、区校

办企业服务中心水产品加工经营部、区校办企业服务中心石料加工厂。经济性质为集体所有、独立核算;行业性质为综合性校办企业。有职工60名,管理人员8名,沈志伦任经理,企业主管部门为舟山市普陀区教育局。

1999年为勤工俭学兴办校办企业顶峰时期,时有校办企业19家,校办第三产业、企业31家,校办产业总值3200余万元,其中工业产值2400余万元,第三产业营业额750万余元,勤工俭学总收益258万元,补助教育经费95万元,上缴国家(地方)税收93万元。参加校办企业职工数327名(其中教职工数23名)。2000年12月,吴昊任副经理主持日常工作。

2001年1月,根据普陀区政府《关于进一步深入企业改革若干意见》(普企政领〔2001〕1号)文件要求校办企业转制精神,指导、监督、协调学校企业转制工作,至2002年年底,校办企业转制工作基本结束,校办企业就此退出学校,以立足教育、服务教育为宗旨。2008年1月,更名为"舟山市普陀区教育服务管理中心",吴昊任经理。主要职能转化为推进学校素质教育实践基地建设,校园风险保障管理,教育服务管理。

20世纪后期,由于经济政策和市场经济影响,校办企业经历了兴起、整合、规范化的过程。

1997年舟山市普陀区校办企业名录表(部分)

表2-122

类别	企业名称	主办单位	创办时间	从业人员(名)	主要产品或经营范围	所在地址
工业企业	舟山市民生线业有限公司	市教育服务公司、普陀校企中心、沈家门中学	1996	60	制线、染色、服装辅料	白泉镇白泉路37号
	普陀弘扬压铸厂	区校企中心	1995	5	压铸件	浦西开发区
	普陀东海服装厂	区校企中心	1992	32	服装制作加工	沈家门长田爿
	普陀教育印刷厂	虾峙学校	1987	41	印刷品、办公用品	虾峙镇大岙
	沈家门中学印刷厂	沈家门中学	1964	33	印刷品、办公用品	沈家门长田爿
	普陀东海机械厂	沈家门职业中学	1988	22	离轴器、绞网机、铝箔封口机	蒲湾南路2号
	六横中学纸箱厂	六横中学	1985	20	纸箱、化工百杂(商品)	六横五星
	沈家门小学机械厂	沈家门小学	1968	6	机械加工维修、制造	东海中路
	朱家尖中心学校印刷厂	朱家尖中心小学	1985	8	印刷品、办公用品	朱家尖大洞岙
	桃花海山机配厂	桃花中心小学	1987	22	水泵、铁锚机械加工、制造	桃花镇宫前
	桃花镇工艺印刷厂	桃花中心小学	1995	6	广告、印刷	桃花镇宫前
	双塘中学印刷厂	双塘中学	1983	8	纸、印刷品	六横双塘张家塘
	双塘中心电脑绣花厂	双塘中心学校	1991	3	服装、绣花	六横双塘张家塘
	普陀区普中冷饮厂	普陀中学	1990	50	冷冻饮品	东海中路40号
	普陀区沈中沙发厂	沈家门中学	1992	6	各类家具沙发	沈家门中学
	台门中心渔网厂	台门中心	1990	5	渔网	六横台门
第三产业	普陀区校办企业服务中心	区教育局	1984	6	校企所需的设备、建材、金属材料、木材原辅材料、文体、电教、电脑、电器、日杂、百货、水产品	沈家门泗湾路3号
	普陀弘扬装饰有限公司	校企中心	1995	12	建筑装潢、建材销售	东海中路
	普陀校企中心文化办公用品经营部	校企中心	1995	6	电教、文体、办公用品	北安路269号
	普陀弘扬电脑电器经营部	校企中心	1996	6	电脑电器音箱及配件	沈家门中大街
	普陀弘扬中介所	校企中心	1996	3	中介业务	沈家门新街
	普陀区职业技术培训部	区校企中心	1996	3	上岗培训	沈家门新街
农业	舟山市普陀区苗苗花木圃	勾山中心学校	1996	3	花木种植销售	勾山镇大蒲岙

1999 年舟山市普陀区校办企业名录表(部分)

表 2-123

类别	企业名称	主办单位	创办时间	主要产品及经营范围	地　址
工业企业	舟山市民生线业有限公司	区校企中心、沈家门中学、沈家门职业中学	1996	制线、染色、服装辅料	沈家门中沙头
	舟山市普陀山海水产有限公司	区校企中心、沈家门职业中学	1998	干、鲜、活海水产品收购、加工、销售	沈家门西大商城 2 号楼 2 楼
	普陀东海服装厂	区校企中心	1992	服装制作、加工	沈家门长田爿
	普陀教育印刷厂	虾峙学校	1987	印刷品、办公用品	虾峙镇大岙
工业企业	沈家门中学印刷厂	沈家门中学	1964	印刷品、办公用品	沈家门长田爿
	普陀东海机械厂	沈家门职业中学	1988	离轴器、绞网机、铝箔封口机	沈家门蒲湾南路 2 号
	六横中学纸箱厂	六横中学	1985	纸箱	六横五星
	沈家门小学机械厂	沈家门小学	1968	机械加工、维修、制造	沈家门东海中路
	朱家尖中心学校印刷厂	朱家尖中心学校	1985	印刷厂、办公用品	朱家尖大洞岙
	普陀桃花海山机配厂	桃花中心	1987	水泵、铁锚、机械加工、制造	桃花镇宫前
	普陀工艺印刷厂	桃花中心学校	1995	广告、印刷	桃花镇宫前
	双塘中学印刷厂	双塘中学	1983	纸、印刷品	六横双塘张家塘
	双塘中心电脑绣花厂	双塘中心学校	1991	服装、绣花、印刷厂	六横双塘张家塘
	沈家门中学沙发厂	沈家门中学	1992	各类家具沙发	沈家门中学
	普陀龙奋特种电源厂	沈家门中学	1998	特种电源、电源电器制造、销售	沈家门长田爿
	普陀区普中冷饮厂	普陀中学	1990	冷冻饮品	沈家门东海中路 40 号
	普陀区绿叶纯净水厂	普陀区校企中心	1998	纯净水	沈家门长田爿
第三产业	普陀区校办企业服务中心	区教委	1984	校企所需设备、金属材料、文体、电器日杂百货、水产品等	沈家门西大商城 2 号楼 2 楼
	普陀弘扬装饰有限公司	区校企中心	1995	建筑装潢、建材销售	沈家门中沙头
	普陀区校企中心办公文化用品经营部	区校企中心	1995	电教文体、办公用品	沈家门泗湾路
	市教育旅行社普陀业务部	区校企中心	1998	旅游服务	沈家门西大商城
	区校企中心综合配给部	区校企中心	1998	副食品、冷饮制品、日用百货、零售批发	沈家门西大商城
农业	普陀苗苗花木圃	勾山中心学校	1996	花木种植销售	勾山大蒲岙

【校企合作】 职业学校与企业合作是职业教育的主要方式之一。1979 年 7 月,普陀县技工学校创办,1987 年改名为“普陀区技工学校”,为典型的校企合作办学模式。始创时,由副县长兼计委主任胡秀生牵头,县人事劳动局具体组织实施,会同县商业局、工业局、供销社、水产公司等部门集资联合办学。定办学宗旨:“立足为舟山经济发展服务,为企业培养合格的中(初)级技术工人”,专业教师由联合办学单位派遣;组织制订五个专业的教学计划,编印 850 余份教材进行教学;毕业生全部由县人事劳动局分配安排工作。学校建有各专业的生产实习基地以加强校企协作,同时承担企业职工在职或转岗短期培训、考证工作。1993 年,经区人事劳动局同意,建立“烹饪技术培训考核站”,年培训人数 210 ~ 400 名,80%在职厨师获中(初)级技术证书。1995 年 11 月,东港新校舍落成,区编委批准建立“普陀区职工培训中心”。培训工种有烹饪、面点、宾服、计算机应用、电工、电焊、司炉工、汽车、摩托车维修、船上和部队炊事员、铝合金制作、建筑测量、企业经营管理等,年培训量

达650～850名。1997年经省劳动厅批准，成立"舟山市国家职业技能鉴定所"，覆盖全市中式烹调师、中式面点师的初、中、高级技能的培训与鉴定工作。自办学以来至2014年，共培训学员5280名，经专业理论和技能考核，获技术等级证书4051名，获合格（上岗）证书1128名。

1982年，沈家门职业中学开设商业会计统计班（全县全日制中学中第一个职业班），学生58名，至1984年毕业。1986年，招收新生178名，学习与培训采用学校与各企事业单位联合办学模式。服装设计加工专业班与普陀服装厂联办；护士专业班与普陀卫生局联办；机械修配（1）班与普陀二轻局联办；机械修配（2）班与普陀工业局联办。1987年招收的专业班中，电机制造专业班与普陀电机一厂联办，宾馆服务班与普陀山管理局联办。1991年招收的技校三年制"车钳"专业班36名学生与市劳动人事局联办。2000年7月，沈家门职业中学加入"杭州中策职教集团"。

1992年7月，普陀区农业技术学校与朱家尖开发公司联合办学，并将普陀区农业技校更名为普陀厦林旅游职业中学，由区教育局与朱家尖开发公司签订办校合同书（合同期为5年），学校除开设宾馆服务、烹饪、导游、公关服务、外语等专业课和园林花卉、文秘美工选修课外，同时开展短期培训。朱家尖开发公司在朱家尖开发建造的宾馆度假村优先录用该校毕业生。1993年6月，普陀厦林旅游职业中学在杭州、普陀山等地建立10个校外实习点，安排宾馆服务专业与建筑专业实习。宾馆服务专业首届毕业生就业率为98%，建筑专业为80%。同年8月，开办两期定期为1～2月的短期培训班，学员100名，主要培训宾馆服务基本功和外语。朱家尖开发公司出资130万元，宾馆式教学大楼动工兴建，校企合作紧密化。

2005年11月，舟山市普陀区职业技术教育中心（简称区职教中心）在沈家门中学成立。整合优质资源后的职业教育布局以原沈家门中学校区为本部，辅以朱家尖校区（普陀厦林旅游职业中学）、勾山校区（勾山机械分校）。2006年，分别与浙江扬帆集团有限公司、浙江东鹏船舶修造有限公司、浙江新星双螺杆有限公司签订校企合作协议；2007年，与浙江海中洲旅业有限公司、普陀华侨饭店、中远船务工程有限公司舟山分公司签订校企合作协议。2008年，与浙江凯虹集团有限公司签订校企合作协议。2009年，与浙江龙文机械有限公司签订校企合作协议、与海军七四一二工厂签订校企合作协议，建立区实验幼儿园、区中心幼儿园实习基地。2010年，与浙江炜驰机械集团有限公司、舟山市正源标准件有限公司签订校企合作协议。2011年，与浙江海中洲旅游服务有限公司签订校企合作协议，并探索"双元制"合作办班模式。2012—2015年，先后与喜来登绿城大酒店、威斯汀大酒店、中瀚大酒店、圣地亚大酒店、财富君廷大酒店、元生大酒店、普陀山大酒店、普陀山雷迪森庄园、梵客度假酒店、璞缇海大酒店、舟山市碧海金沙旅游娱乐有限公司、高佳庄大酒店、钻石楼大酒店、绿城碧朗湾会所、普陀山禄缘阁精品酒店、渔社、浙江海都国际旅行社、舟山普陀康辉旅行社有限公司等企业签订校企合作协议。校企双方就帮助职校学生实施岗位体验、见习及顶岗实习教学任务、探索双元制教学模式和优先输送毕业生实行无缝对接。

【中高职校校合作办学】 2005年始，区职教中心拓展与省内外高职院校的"2+3""2+4"合作办学模式，培养大专、本科学历学生，开展"成人教育＋高技能培养"和"自学考试＋高技能培养"的教学模式。多年来与浙江国际海运职业技术学院、北京旅游航空专修学院、宁波城市学院、浙江工业大学、浙江商业技师学院形成良好合作办学局面，每年为近百名中职学生提供升学和高技能培养的优质通道。2011年6月，与浙江海洋学院普陀科技学院实行中高职一体化办学模式，《中高职一体化培养模式改革试点》被浙江省人民政府确定为省级教育体制改革试点项目，实施中高职一体化人才培养模式改革，构建人才成长立交桥，提升普陀区职业教育层次和办学水平，逐步普及大专工程。

2010年始，先后与省内7所高职院校联合，大力推进"五年一贯制""3+2"联合办学，提升人才培训层次，6年来共招收培养学生1656名。

“五年一贯制”“3+2”联合办学情况表

表 2-124

时间	合作院校	专 业	办学形式	招生人数(名)
2010 年	杭州科技职业技术学院	酒店管理	3+2	50
	浙江纺织服装职业技术学院	机电一体化	3+2	40
2011 年	浙江海洋学院普陀科技学院	旅游管理	3+2	40
	浙江海洋学院普陀科技学院	船舶工程	3+2	40
	浙江海洋学院普陀科技学院	旅游商务(会计方向)	3+2	40
	浙江国际海运职业技术学院	港口业务管理	3+2	45
	杭州科技职业技术学院	酒店管理	3+2	40
	宁波城市职业技术学院	应用电子技术	3+2	40
2012 年	浙江海洋学院	旅游管理	五年一贯制	40
	浙江国际海运职业技术学院	船舶工程技术	五年一贯制	40
	杭州科技职业技术学院	酒店管理	3+2	38
	宁波城市职业技术学院	应用电子技术	3+2	38
	浙江国际海运职业技术学院	报关与国际货运	3+2	38
	浙江国际海运职业技术学院	国际邮轮乘务	3+2	38
	浙江海洋学院	机电技术应用	3+2	38
	浙江海洋学院	物流管理	3+2	38
	浙江海洋学院	会计	3+2	35
2013 年	浙江旅游职业学院	酒店管理	五年一贯制	40
	浙江国际海运职业技术学院	国际邮轮乘务	五年一贯制	45
	浙江国际海运职业技术学院	船舶工程技术	五年一贯制	45
	金华职业技术学院	学前教育	五年一贯制	40
	浙江国际海运职业技术学院	报关与国际货运	3+2	40
2013 年	浙江国际海运职业技术学院	国际邮轮乘务	3+2	40
	宁波城市职业技术学院	应用电子技术	3+2	35
	浙江海洋学院	会计	3+2	38
	浙江海洋学院	物流管理	3+2	40
2014 年	浙江旅游职业学院	酒店管理	五年一贯制	40
	浙江国际海运职业技术学院	船舶工程技术	五年一贯制	40
	金华职业技术学院	学前教育	五年一贯制	40
	浙江旅游职业学院	烹饪工艺与营养	3+2	35
	杭州科技职业技术学院	酒店管理	3+2	35
	宁波城市职业技术学院	应用电子技术	3+2	35
	浙江国际海运职业技术学院	报关与国际货运	3+2	40
	浙江舟山群岛新区旅游与健康职业学院	会计	3+2	40
	浙江舟山群岛新区旅游与健康职业学院	旅游管理	3+2	40
2015 年	金华职业技术学院	学前教育	五年一贯制	40
	浙江旅游职业学院	酒店管理	3+2	40
	浙江旅游职业学院	烹饪工艺与营养	3+2	35
	宁波城市职业技术学院	应用电子技术	3+2	35
	浙江国际海运职业技术学院	报关与国际货运	3+2	40
	浙江舟山群岛新区旅游与健康职业学院	会计	3+2	40
	浙江舟山群岛新区旅游与健康职业学院	旅游管理	3+2	40
合计				1656

【国际教育交流·中德合作办学】 2011年4月，由普陀区政府外事办牵头，德国柏林职业教育集团执行董事会主席vogelsang先生考察普陀职教中心。同年5月，区政府组团赴德国实地考察柏林职业教育集团，了解德国双元制职业教育情况，签订合作办学协议。是年10月，德国柏林职业教育集团7位数控专家到区职教中心为勾山校区数控专业学生进行为期2周的专业培训和指导。

2012年6月，区职教中心与德国柏林职业教育集团正式签订协议，开展2012年的中德合作办班项目。根据协议，区职教中心于当年8月招收酒店管理和数控技术两个专业四个班级共168名学生。同年10月，德国柏林职业教育集团又派7名酒店管理和数控切削专家来区职教中心对上述两个专业的教师进行为期2周的培训指导。区职教中心派出5名酒店管理和数控技术专业教师于2013年2月再次赴德国接受培训，为期1个月，并考取相关证书。2013年10月，德国柏林职业教育集团再派5名机械专业专家到区职教中心勾山校区对11名专业教师进行培训，接受培训后的教师再辅导学生参加德国行业认证的中期考试。2014年5月，德国柏林职业教育集团派遣7名专家(其中3名机械专家考官，1名数控专业行业认证专家，1名质量监督员)赴区职教中心勾山校区对30名中德合作班学生进行为期2周的中期考试。考试分为车削、铣削的实训考试、面试答辩等环节，最终根据各项成绩的综合得分评定总成绩，成绩合格的颁发德国行业认证的中期合格证书。2015年3月，德国柏林职业教育集团再度派遣7名专家赴区职教中心勾山校区对中德合作班的学生进行为期2周的毕业考试。

2011—2014年区职教中心与德国柏林职业教育集团合作情况表

表2-125

时间(年)	主要项目	德国专家数(名)	受培训师生数(名)	培训资金(万元)
2011	机械专业师生培训	7	84	54
2012	酒店、机械专业合作办班	7	198	65
2013	酒店、机械专业合作办班	15	88	107.5
2014	酒店、机械专业合作办班	7	30	51

第五节　学校选介

【普陀区技工学校】 始名普陀县技工学校，创办于1979年7月。经浙江省革命委员会批准，由县政府牵头，与县人事劳动局、商业局、工业局、供销合作社、水产公司等部门集资6.36万元，借用县塑料厂1270平方米大车间，联合办学，县人事劳动局具体组织实施。1979年9月，朱迎堤为首任党支部书记。定办学宗旨为“立足为舟山经济发展服务，为企业培养合格的中(初)级技术工人”；专业教师由联合办学单位派遣，其中有红旗照相馆冯志舜、普陀水产公司韩永妙、渔农机厂孙永词、土特产公司徐法娟、县委食堂厨师张嘉明等；开设照相班(高中)、渔农机班(高中)、水产加工班、农副产品检验班和烹饪班5个专业，自主编印教材教学，学制二年。1979年10月，首批5班191名学生入学，1981年7月，该批毕业生全部由县人事劳动局分配安排工作。1979年11月，实行人民助学金制度，在校生享受七类地区工资标准伙食补助费，每生每月16元。招收的学生均为城镇户粮的应(历)届初(高)中毕业生，毕业后由县人事劳动局统一分配。

1980年，成立“普陀县技工学校校务委员会”。7月，选址于沈家门外河口路3号，由各成员单位出资征用土地，建造普陀县技工学校校舍。翌年9月，建筑面积1054.43平方米，总投资9.78万元的新校舍落成投入使用，时有教职员工18名。

1981年5月，学校办学经费正式列入国家地方财政预算，终结无固定校舍，经费靠集资的办学历史。翌年，校务委员会职能弱化，学校隶属于县人事劳动局领导，县财政拨专款建造实验楼206.6平方米，教室宿舍238平方米，学校初具规模。

1985年，率先实行人助金制度改革，逐步建立奖学金制度，试行学生道德评分制度。1987年，改名为“普陀区技工学校”。同年执行“省技工学校教师职务试行条例”，实行教师职务评聘工作；废止人助金制度，全面实行奖学金制度。1986年11月，首批通过省劳动厅对技工学校的检查验收，被授予省劳动厅颁发的“浙江省技工学校整顿合格证”，成为舟山地区唯一由政府开办的县级技工学校。1985、1986年相继有4名舟山师专毕业生充实教师队伍，教职工人数增至22名。1989年，烹饪和宾服专业开始承担企业职工在职或转岗短期培训、考证工作。1993年，普陀区人事劳动局同意建立“烹饪技术培训考核站”，年培训210～400名。同年，在东港开发区征地10000平方米，财政拨款380万元建造新校舍。

1994年后，毕业生分配原则变“统包统分”为“自主择业，双向选择，学校推荐，择优录用”。招生办法打破单纯招收城镇户粮学生的格局，逐步向渔农村扩大招生。1995年，始按省劳动厅下达的“农转非”指标，招收“农转非”学生。同年9月，首批建筑专业的40余名“农转非”学生入学就读，以后在机械、烹饪面点等专业中陆续招收200余名“农转非”学生。

1995年11月，新校区第一期工程结束，从外河口路3号校舍迁入东港新校区。同年，经区编委批准成立“普陀区职工培训中心”，逐步成为职业技能开发和培训实用性人才基地。培训工种有烹饪、面点、宾服、计算机应用、电工、电焊、司炉工、汽车摩托车维修、船上和部队炊事员、铝合金制作、建筑测量、企业经营管理等。

1997年，省劳动厅批准成立“舟山市国家职业技能鉴定所”，承担复盖全市中式烹调师、中式面点师的初、中、高级技能的培训与鉴定工作，发展成为一所集职业需求预测、职业技能培训、职业技能鉴定、职业指导和职业介绍功能为一体的，培养具有中（初）级技能型人才的综合性职业技能开发基地。同年，率先实行毕业生“双证制”教学模式。共培训学员5280名，获技术等级证书4051名，获合格（上岗）证书1128名。1997年、1999年获省劳动厅颁发的“国家体育锻炼标准达标先进学校”荣誉。

办学以来，共举办照相、烹饪、水产品加工、渔农机械维修、农副产品检验、建筑、英语、导游、美工、电子、餐旅、企业劳动经济、财会电算、机械、宾服、家电、面点等17个专业43个教学班，招收学生1595名，至2000年12月有毕业生1246名，在校学生9班361名。

2000年12月，根据区人民政府决定，普陀区技工学校与沈家门职业中学合署办学。2001年11月，并入普陀区沈家门职业中学新校舍，按一套班子三块牌子（沈家门中学、沈家门职业中学、普陀区技工学校）省一级重点综合高中的模式运作。合并办学以后教职员工均划归普陀区教育局管理，教学业务、教研活动仍由省、市劳动部门领导。

【普陀区水产技术学校】 原名普陀县水产技术学校，始创于1980年4月，是舟山市第一所职业高中，1987年，更名为普陀区水产技术学校。

当时，县革命委员会决定，由普陀县渔业委员会主管，地方财政拨款，县委副书记及渔工委、宣传部、文化教育局、水产局等相关部门派员组成筹备小组，委托县渔业指挥部经办。校址借用县人民武装部鲁家峙原高炮营营房，师资由县委组织部、县文化教育局从各校抽调，后勤人员向各部门借调。创办初期，有教职员工18名（其中行政2名，教师6名，后勤6名，炊事员4名）。办学性质定为“社来社去，毕业后由各个区（当时大岛设区）和公社统一分配，不纳入国家招生计划”。招生对象为“具有初中文化程度，年龄在18～25岁，身体健康，未婚渔民子女”。招生办法为“由区、社推荐，学校组织文化考核、录取”。学校设海洋捕捞和氨机制冷2个专业，前者学制一年，后者学制二年。招收首届学生81名（其中，海洋捕捞专业27名，氨机制冷专业54名），于1980年10月份正式开学。1981

年8月，学校主要任务改为渔民短期轮训(因渔区经济体制改革，推荐青年骨干入学有困难)。专业教师暂借到县渔业委员会各部门工作，其余人员留校。

1982年3月，省水产厅拨给基建款10万元，县渔业委员会在其下属位于鲁家峙岛老虎山原对虾育苗厂址内划地建造校舍，购买原对虾育苗厂办公楼467平方米作学生宿舍，新建480平方米教学楼1幢，食堂等附属工程73平方米。1983年1月，由原高炮营驻地迁至老虎山新校址。同月，舟山地区行署确定将普陀县水产技术学校列为舟山地区定点试办职业学校(即中等水产职业学校)，招生对象为应、历届初中毕业生，纳入国家招生计划。根据地区行署〔1983〕5号文件，确定学校教育教学任务和毕业学生就业方向为培养具有相当中等文化水平，有一定专业知识和技能，面向基层、面向生产的渔业技术革新人才和新型渔民；毕业生那里来那里去，不包分配，择优录用。

1983年8月，普陀县水产技术学校恢复招生，设水产品加工、海洋捕捞2个专业，招生97名(捕捞43名、加工54名)，学制2年，归属普陀县渔业委员会(原县水产局)主管。1983年、1985年、1987年，省教育厅、县教育局、县渔业委员会分别拨款用于学校扩展、设施、设备更新。至1988年年底，学校占地面积5010平方米，建筑面积2462平方米，置有航海仪器、船用柴油机、海洋生物、分析化学、普通物理等实验室和计算机用房等。

1988年，经省渔港渔船监督部门同意，在区水产技术学校内设“普陀区渔业技术培训中心”，承担渔船职务船员培训任务，实行水产技校与渔业培训中心两块牌子，一套班子运行模式。学制设定为除第一届海洋捕捞、氨机制冷专业外，水产品加工专业为二至三年，航海仪器维修专业为三年，其余均为二年制。

1992年、1995年经农业部渔业局分别批准为渔民四项基本技能训练(即“四小证”)、三等远洋职务船员培训点。至2000年10月，举办各类渔民技术培训班270余期，培训渔民20000余人次。

1980年4月—2007年7月，招生1796名，毕业1449名，其中海洋捕捞(航海驾驶)专业258名，氨机制冷专业52名，水产品加工专业297名，海水养殖107名，海上轮机专业100名，航海仪器维修专业32名，渔业财会专业51名，装潢设计专业25名，渔船轮机与电气维修专业367名。

2000年，具有占地面积5010平方米，校舍面积2500平方米，置有航海仪器、船用柴油机、海洋生物、分析化学、普通理化等实验室和新建的计算机房。

2007年9月，根据区政府常务会议精神，“区水产技术学校与区渔业培训中心分离，水产技校并入区职教中心，单独设立区渔业培训中心”。11月下旬，原区水产技术学校在校三届(2008—2010)127名学生和相关专业教师划归区职教中心。

【普陀区六横职业技术学校】 始建于1983年6月，初名“普陀县六横区五星农业技术学校”，1984年9月，定名为“普陀县六横职业技术学校”，校址在原五星乡半塘村。1987年更名为“普陀区六横职业技术学校”。1983年9月—1986年8月，按一套班子二块牌子运行模式与六横五星初级中学合署办学，试办农技班，开设木工、油漆、摄影专业。首届招生51名，学制二年。1984—1985年，学校先后开设会计、畜牧、机电3个专业4个教学班。

1986年，与南京军区后勤部门签订租房协议，8月，与原五星初级中学析离，迁入山西村外山头浦原部队营房；另新建600平方米教学大楼，开始独立办学，面向全县招生(1988年起面向舟山地区招生)，首任校长由时任六横区区长担任。同年，开设服装、汽车驾驶与维修、民用建筑、财会、美容美发、经贸等专业12个教学班。

1991年8月以后，新开设会计与电脑、会计电算化、船舶修造等专业；与宁波电大普陀电大站联合开办电视中专班，学制三年。1998年，兴建面积1000平方米教学办公楼，5月，与普陀区各乡镇人武部联合举办“普陀区预备役军人学校”，开设预备役军人班，创办计算机与电脑创意专业。1998年代表舟山市参加省计算机竞赛，获团体第二名。

迁入新校区后，校内外先后建有木工工场、油漆工场、摄影室、缝纫车间、机械制图室、车工钳工间、财会模拟室、美容美发室、电脑室等，并在原龙山船厂、普陀工具总厂等建立10多个专业实习点，组织学生参加如珠算、电脑、钳工、焊工等级考核，汽车驾驶考证等多种教学活动。

2000年12月至2002年9月，开设以普通高中教材为主的文秘和计算机综合班，学制三年。2001年3月，区教委在六横职业技术学校内筹建普陀区学生素质教育实践基地，租借农田6666.67平方米，搭建大棚2000平方米，为本区域内初中学生提供以缝纫、烹饪、养殖等为主要内容的劳动技能培训。2001年9月，并入沈家门职业中学，成为其六横分校。2002年9月，校区撤销，学生与大部分教师转入沈家门职业中学，校产由六横中学代为看管。

【普陀县农业技术学校】 始创于1983年8月，校址原曙光农场。县财政拨款5万元，由县政府农经委承办，县教育局协助，筹建"普陀县农业技术学校"，试办农学专业，学制二年。同年，在普陀县主要农区招收未升学初中毕业生1个班44名，10月正式开学。首任校长罗明谭，首批专业教师为2名农业大学毕业生。1985年7月，首届43名毕业学生，10余名留在农场塑料管厂工作，20余名由县农经委分配到各乡镇任农科员或其他工作。8月，迁址到小洞岙部队闲置营房，由县教育局主管，朱家尖区公所区长虞央国兼任校长，区公所管理具体事务。开设花卉、建筑二个专业，面向全县招收2班80名学生。翌年12月，借朱家尖中学实验楼上课。

1987年，改名普陀区农业技术学校。招收园艺专业1个班。同年10月，学校从朱家尖中学实验楼搬迁至原大洞岙小学校舍，以此为基础向南扩展，建造容纳6个教学班的教学楼一幢，资金由地区、县、区（朱家尖）三级解决。1988年8月，试办宾馆服务专业职业高中班，招收新生52名，学制三年，毕业生全部推荐录用，是为旅游服务业职业教育之开端。

1989年4月，大洞岙教学楼及附属设施竣工，教学楼面积646平方米，食堂94平方米，其他用房（即原大洞岙小学）经过维修为200平方米，总造价14.8万元。6月，迁至新校舍。1992年7月，改名为普陀厦林旅游职业中学。

【普陀厦林旅游职业中学】 前身为普陀区农业技术学校。1992年7月，经学校提请，舟山市人民政府批准将普陀区农业技术学校更名为普陀厦林旅游职业中学，与朱家尖开发公司联合办学。同年9月，由区教育局与朱家尖开发公司签订联合办学合同书，确定普陀厦林旅游职业中学为区管学校，成立由区教育局长和朱家尖开发公司总经理担任正副董事长的董事会，合同期5年。吴建康任校长，开设宾馆服务、烹饪、导游、公关服务、外语等专业，选学园林花卉、文秘美工等科目，同时开展短期培训。

1993年，由朱家尖开发公司出资130万元，兴建宾馆式教学大楼。1995年9月，有8个班级（其中一个班级为职业中专）400名学生，设置宾馆服务、宾馆管理、导游、烹饪、电子电工等五个专业。1997年，改称舟山市普陀区旅游职业中学。

1998年，朱家尖镇成人文化技术学院并入，实行一套班子，二块牌子运营模式。其时，有14个班级9个专业，在校生530名，普高班新生43名。

1999年2月，获评省级示范性成职校；3月，获评省职校旅游专业理事学校。2000年，通过三级重点职业高中评估验收；10月，获评第五届中华扫盲奖。2001年7月，首届航空服务专业48名学生毕业；9月，在全市职校中首创后勤社会化管理；11月，"旅游服务与管理"获评省示范专业。2002年3月，朱家尖老年大学在校内挂牌成立；4月，建立"厦林宾馆"、梭子蟹养殖场、花木培植大棚基地三个学生实习基地。2003年1月获评省级现代化教育技术实验学校。

2005年11月，根据区常务会议精神，并入区职教中心，称区职教中心朱家尖校区。

【沈家门职业中学】 始创于1984年10月，原名沈家门镇职业中学，借沈家门第三初级中学教室开展教育教学。首届招收新生120名，开设财会统计和食品加工两个专业班，学制二年。1985 年，租借普陀县商业职工学校作为校舍，教师增至 12 名，招收新生 120 名，在校生 240 名。同年 5 月，根据县计经委〔1985〕79 号文件，选址黄沙湾，征用土地 6666.7 平方米，投资 33 万元，建造教学用房 2200 平方米。1986 年，更名为沈家门职业中学，与各企事业单位联合办学，为县教育局直属学校之一。同年，教师增至 20 名，招收新生 178 名，开设四个专业班。1987 年，建立第一个可供一个教学班实习的钳工工场。1988 年，迁入原县教师进修学校（蒲湾 2 区），招收新生 120 名，开设宾馆服务、机修、电机制造、财会、护士、服装设计与加工 6 个专业 7 个教学班，在校学生 308 名，在编教师 24 名。投资 25 万元建成车、铣、刨、钻等机械加工工场、“东海实习商店”，开办的“财会模拟实验室”属全省首创。

1989 年，教职工增至 28 名，设工会。1991 年，根据区人民政府批示，内设普陀区汽车驾驶职业培训学校，迁校址至中洲路，当年招收汽车驾驶与维修班新生 42 名。1995 年，学生代表团在市职校珠算比赛中获团体第一名。1996 年，财会电算化专业和机械制造专业被市教委定为重点专业；区财政局在校内设立会计电算化培训点；被省教育科学研究院定为实验学校；1997 年获评市“电化教育规范学校”。1998 年，宾馆专业被定为市职业高级中学重点专业。余展照被评为全市职教系统唯一的省特级教师。1999 年，在市第二届职业中学宾馆服务专业技能竞赛中获团体第一名，参加市第五届职高计算机竞赛获团体第一名。

2000 年，沈家门职业中学与普陀技工学校合署办学，成立董事会，采用两块牌子一套班子运行模式。2001 年 11 月，沈家门中学、沈家门职业中学、普陀技工学校合并成省一级重点综合高中（办公地点主要在沈家门中学），按一套班子三块牌子合署办公。

2005 年 11 月，根据区常务会议精神，并入区职教中心。

【舟山市普陀区职业技术教育中心】 简称区职教中心，是一所集学历教育与职业培训为一体的国家级重点中等职业学校。现址朱家尖大洞岙，为副科级单位。

2005 年 11 月，根据区常务会议精神，以沈家门中学为主体，整合普陀旅游职业技术学校、普陀区技工学校和普陀区水产技校等职业教育资源组建成舟山市普陀区职业技术教育中心，设本部于原沈家门中学。2010 年 4 月，根据协议，本部搬迁至朱家尖大洞岙新校区与先期到位的普陀科技学院实行“两块牌子”“一校式”办学模式，留原沈家门中学勾山机械分校于原址。新校区由区政府投资 2.6 亿元建造，总占地面积 186667 平方米，建筑面积 80000 多平方米。学校内建有办公楼、教学楼、实验楼、动漫楼、体艺馆、图书馆、学生公寓等 10 余幢富有现代气息的大楼，设施设备先进，基础配套完善。自成一体的旅游实训楼建筑面积 3500 多平方米，其内部设有完善的烹调、中西餐厅、茶艺、酒吧、导游情境、客房、插花等 20 余个功能室，按现代化要求配置实训实操设备。有文化旅游、船舶修造、机电制造和港口物流四大类专业 14 个专业方向。开设“五年一贯制”“3+2”“2+3”等模式专业班与省内外相关高职院校、兄弟学校“上挂下联”，培养具有大专学历的职业技术人才；以厂校联合办学形式，培养本地工厂企业所需要的实用技术人才。教育教学成绩优良。学生在全国、省、市各级各类比赛中屡获佳绩，毕业生就业率在 98%以上，办学质量得到社会的广泛赞誉。发挥职业学校为当地经济社会发展的服务功能，利用先进的设备硬件和良好的师资软件，大力开展社会培训工作，培训项目涉及旅游、财会、电工、烹饪、家政等 10 余种，年培训各类社会人员 3000 余人次。2011 年，与德国柏林职业教育集团达成中外合作办学协议，职业教育走向国际化。

2014 年年底，有学生 1685 名，46 个教学班，在编教职工 154 名，专任教师 116 名（其中市中小学名师工作室挂牌名师 2 名，区学科带头人共 4 名，公派德国和奥地利学习进修的专业教师 6 名）。

2012 年 11 月，获评省教育厅、省财政厅“浙江省首批中等职业教育改革发展示范学校”。2013

年3月，获评省教育厅“省一级中等职业学校”。2014年4月获评“全国职业教育先进单位”。拥有国家职业技能鉴定所（烹饪）、省餐旅类综合性公共实训基地、市机电类职业技能鉴定站和市旅业从业人员资格鉴定站，是浙江旅游职业教育集团副秘书长单位。区职教中心旅游服务与管理和机械加工专业是省级示范专业，旅游服务与管理专业获评省中职骨干专业。

现任主任王志刚（兼），党（总）支部副书记（主持工作）刘森林。

第六章　成人教育

第一节　发展概况

成人教育，民国时期称“社会教育”“平民教育”“民众教育”，即在普通学校教育以外，另设教育机关和设施，给未受教育的成年民众以补充教育，或给受过基础教育的民众以继续教育。其教育机关大致可分学校式社会教育机关和社会式社会教育机关两类。

民国14年（1925），闽侨私立惠群小学校内开办平民夜校，招收学员40名，普陀境内开启成人教育。民国18年（1929），教育部颁布《民众学校办法大纲》。民国20年（1931），浙江省教育厅颁布《县民众教育馆规程》。沈家门民众教育馆成立，兼成人教育职能。民国23年（1934），普陀境内有民众业余学校7所。

中华人民共和国成立后，成人教育曾称社会教育、工农教育、业余教育，20世纪80年代始统称成人教育。其基本任务为提高工人、农民、干部的政治、文化、技术、业务素质和科技人员知识更新的继续教育。

1950年5月，根据省政府《关于1950年农村冬学实施办法》，普陀各地开办常年民众学校（简称民校）、“冬学”，开展扫除文盲工作。1952年推广“速成识字法”，掀起扫盲热潮。翌年，贯彻“整顿巩固、重点发展、提高质量、稳步前进”方针，“速成识字法”停止推行。

1953年，县总工会、沈家门镇分别成立职工业余学校开展扫盲和职业技术培训。

1954年，县成立扫除文盲办公室。1957年，蚂蚁岛渔民基本脱盲，受国务院嘉奖。1962年12月，县业余教育委员会成立。“文化大革命”期间成人教育停滞，民校改“政治夜校”。1978年11月，国务院发布《关于扫除文盲的指示》，要求分别于1980年、1982年或稍长一点时间内，基本扫除少年、青年、壮年文盲（12～45岁）。1979年8月建立县工农教育委员会，下设办公室。1984年，12～40周岁年龄段的民众有164613名，其中非文盲147424名，非文盲率89.55%；非文盲乡（镇）29个，占88%。，经省、地验收，两项指标均达到基本无盲县标准。翌年，获省颁“基本无盲县”证书。1988年，国务院《扫除文盲工作条例》发布。1991年，边缘乡镇基本完成扫盲任务，验收合格率95.38%，全区非盲率96.01%。1993年，对1949年10月1日后出生和年满12周岁人口逐一登记入册。全年继续扫除文盲310名，529名脱盲人员参加提高班教育，全区非盲率96.07%。1995年10月，扫盲工作通过省级验收，全区非盲率97.22%，基本实现无文盲区。

1996年，全面实施“科教兴区”战略，各级政府和教育行政部门坚持把扫盲工作作为加快渔农村经济发展一件大事来抓。1997年，开展高标准扫除青壮年文盲，先后组织教师300名，扫盲班

211班，扫除青壮年文盲2140名。到2000年第五次人口普查时，各乡镇非盲率均达98.5%以上。朱家尖镇成校获国家教育部“中华扫盲奖”。

1954年2—6月，各基层工会相继举办职业培训，先后成立一批单位职工业余学校，至年底，参加学习职工1775名。1955年，农业、手工业、资本主义工商业的社会主义改造高潮，推动了工农教育大发展。尤其是干部、职工中等教育入学人数有较大增长。1957年，建职工业余学校3所，开办扫盲班8班，初中班6班，学员771名。

1958年，“大跃进”运动兴起，开始大办业余教育，各级各类工农学校高速发展。1960年，国民经济处于暂时困难时期。翌年，贯彻调整方针，工农教育进入低潮。

1963年，工农业生产恢复、好转，工农教育逐步回升。贯彻执行“结合生产、统一安排、因材施教、灵活多样”工作原则，农民教育强调“农闲多学、农忙少学、大忙放假、忙后复课”，工农教育稳步发展。

1966年，“文化大革命”开始，各类成人学校全部停办，民校改成政治夜校。

1976年，成人教育恢复并加快发展步伐。

1979年2月，普陀县建立浙江广播电视大学普陀工作站。1979年6月，恢复县职工业余学校。此后，21个基层工会恢复、新建业余学校。

1981年4月，建中央农业广播学校普陀县教育点。

同年，中共中央、国务院发布《关于职工教育工作的决定》后，成立县职工教育管理委员会，开展初、高中文化补习和技术补习，至1986年，均取得喜人成绩。

1984年，省、市高等教育自学考试办公室成立，普陀区设立自学考试工作站，后改称区自考办公室，简称自考办，统管成人高等自考工作。1984年初设开考专业6个，2006年，发展到125个。全区有9个乡镇街道设立自考联络站。2014年，开考专业有131个。

1988年，国家教委《关于改革和发展成人教育的决定》指出，农民教育的重点是进一步以农村实用技术培训为重点，做好扫盲复查工作，研究实施“燎原计划”。

20世纪80年代后期，对渔农民、居民进行扫盲和职业技术培训的同时，侧重以实用技术培训为主。

1996年2月，区成人教育中心成立（简称区成教中心）。区成教中心暨有行政功能，又是办学实体，统管全区成人教育工作（包括普陀电大站），下辖8所乡镇成校（社区教育学院），至2014年共有专职成教教师76名。

此后，培训工作从过去以扫盲教育、文化补习为主转向以岗位、实用技术培训为主，主要形式是通过“农函大”“农科教”“渔科教”相结合的办法，针对群众需求，探索跨乡镇区域办学形式，实行办学优势互补新理念。1999年6月，域内建立起全省第一家乡镇社区学院——朱家尖社区教育学院。

2001年，区成人教育中心（普陀电大站）投入30万元资金，建立多媒体教室，加入全省电大宽带专用网，经省电大批准，远程教育在本区起步。

2003年，普陀电大站与浙江大学远程教育学院合作办学。根据舟山市委《关于在全市渔农村实施“暖人心、促发展”工程的决定》、农业部等6部委《关于组织实施农村劳动力转移培训阳光工程的通知》和省委省政府办公厅《关于实施“千万农村劳动力素质培训工程”的通知》精神，有重点地对渔农民进行就业素质培训，形成虾峙现代渔业、六横临港工业、朱家尖旅游业、勾山家庭工业和沈家门职工教育五大培训基地。

2004年9月，成立区社区教育委员会，由区委主要领导任主任，区属22个部门主要负责人为成员，全区13个乡镇（街道）和64个社区分别成立相应的领导小组，建立以区社区教育学院为龙头、乡镇（街道）成人文化技术学校（成校）为骨干、社区学校为基础覆盖全区的三级社区教育网络。仅4年间，受教育48700人次。11月，普陀区被认定为省首批社区教育实验区。

2005年，普陀区成立家长学校总校，属成教中心领导。普陀电大站被评为省电大办学先进单位；普陀电大教育网站连续3年被浙江省广播电视大学评为星级网站。

2006年,六横成校被省教育厅、省财政厅评为2006年度省优秀农村预备劳动力基地,沈家门街道成校被省教育厅、省中小企业局评为2006年度省优秀职工培训基地。

2007年开始,在全区范围内开展文化学历教育与职业培训有机结合的成人"双证制"教育培训试点工作。是年11月,普陀区被确定全国社区教育实验区。

2008年,区成教中心制定《普陀区关于成人学历教育培训学分制施行办法》和有关实施细则,率先在全省探索成人教育学分制工作。同年12月,浙江广播电视大学普陀工作站升格为普陀分校。全区成人素质培训继续以服务"三农"为导向,重点开展海运考证、船舶工业、休闲旅游、实用技术等渔农村劳动力就业培训。

2009年,区政府转发《浙江省人民政府办公厅关于开展成人双证制教育培训工作的通知》,全面推行以渔农民为重点的成人"双证制"教育。同年9月,省成人"双证制"教育培训工作经验交流会在普陀召开,普陀区在会上作专题经验介绍。是年,区教育局被评为全国农村成人教育先进单位。

2011年,全区有区级社区教育学院1所,乡镇(街道)社区教育学校12所,社区学校64所,专职成人教育干部、教师61名,兼职社区教育工作者136名,形成三级社区教育网络。同年3月,市教育局出台《乡镇(街道)成人文化技术学校(社区学院)星级评定管理办法》,区成教中心积极推进创建工作。

2007—2011年,全区累计培训57706人次,经培训后上岗或转移就业16451人次。

2012年7月,普陀区被确定为全国家长学校实验区(全省首家)。

2013年1月,区成教中心(普陀区社区教育学院)被省教育厅认定为省级首批社区教育示范学校(全省6家)。

截至2014年年底,域内8所成校已有7所成校(除东极镇成校外)被认定为省级标准化成校。有6所成校被评为市四星级成校,其中沈家门成校于2014年9月被评为市五星级成校。

第二节　扫盲教育

中华人民共和国成立后,中央政府政务院要求各级政府及教育部门认真积极扫除全国人口中的文盲、半文盲。

据《普陀县志》记载,1950年,普陀人口为147417名。12周岁以上文盲、半文盲占同龄人口94%。

1950年,根据政务院规定,农民扫盲教育要求为农民业余教育初级班(组)吸收文盲、半文盲入学,在三年内认识1000个常用字以上,并具有初步读、写、算能力。是年11月,域内各乡办冬学、民校,开展扫除文盲工作。翌年,有冬学261所。

扫盲识字课本以采用省文教厅(教育厅)编写的课本为主。1950年为《冬学课本》。1951年为《农民课本》三册。1952年,推行速成识字法,采用教育部工农业余教育司编写的《农民速成识字法教材》(一册)和《农民速成识字阅读课本》(二册)。1952年,常年民校37所,学员6664名。年底考核,931名脱盲。

1953年,采用省文教厅编写的《记工识字课本》和《互助合作社课本》。根据舟山渔区的特点,编写《舟山渔民识字课本》(四册)。1964年,普陀文卫办公室编印《农民识字"三字经"》《社会主义教育补充教材》。1979年,县文教局新编《渔农民识字课本》。

1953年11月,全国扫盲工作委员会规定:不识字或识字在500字以下者为文盲;能识到500以上而未达到扫盲标准者为半文盲。根据全国扫盲工作委员会规定,农民扫盲标准定为一般能认识1000个常用字,大体上能阅读最通俗的报刊,能写农村中常用的便条、收据等,还规定考试内容分识字、阅读、写作3项。识字要达到课本生字的60%以上;阅读要能流利阅读课本最后一册,并了解其大意;写作能写农村中常用的便条、收据等。

1953年4月,普陀设县。1954年,县扫盲办公室成立。渔区"船头扫文盲",参加学员8922名,占下海渔民总数66.8%。农区冬学161所,民校22所,速成学校1所,学员6465名。1956年,入学渔民10156名,占青壮年文盲92%。入学农民51200名。

1956年,《中共中央、国务院发布关于扫除文盲的决定》,规定对农民的识字教育要求:学完3种课本(社编、县编、省编),能识1500个字,能大体上看懂浅近通俗的报刊,能记简单的账目,写简单的便条,并会简单的珠算。扫除文盲的对象以14 ~ 50岁的人为主,超过50岁的如能自愿学习,表示欢迎。规定扫除文盲的标准是:15 ~ 50岁中的非文盲达到70%以上。1958年,基本扫除文盲的标准改为非文盲率达到89%以上。1978年,国务院发布《关于扫除文盲的指示》,将基本扫除文盲的标准再改为少、青、壮年(12 ~ 45周岁)中的非文盲率达到80%以上。

1955—1957年,2500名渔农民领取扫除文盲学习毕业证书。蚂蚁岛渔民基本脱盲,1958年出席全国群英会,受国务院嘉奖。农区冬学转常年民校,公办和民办教师561名协助扫盲。

1979年8月,县工农教育委员会建立,下设办公室。9月,配备区、社(镇)专职教育干部27名,编印《渔民识字课本》《农村扫盲识字课本》。是年,夜校109所,入学渔农民8200名。1980年,增至158所,渔民船头学习小组30个,人数9985名。

1983年,省教育厅发布《农村扫盲验收试行办法》,扫除文盲的标准和要求重新规定为:凡农村少、青、壮年农民,能够识1500个常用汉字,能够看懂浅近通俗的报刊,能记简单的账目,写简单的便条,即达到脱盲标准。农村12 ~ 40周岁的少、青、壮年农民中,非文盲率要求达到85%以上,并落实脱盲农民的巩固提高工作。同时,学龄儿童入学率和在校学生的年巩固率均达到97%以上,可称为基本扫除文盲单位。凡县(区)已达到上述要求,有85%以上所辖乡(公社)达到上述标准,可称为基本扫除文盲县(区)。

1984年,12 ~ 40周岁164613名中,非文盲147424名,非文盲率89.55%;非文盲乡(镇)29个,占88%。经省、地验收,两项指标均达到基本无文盲县标准。翌年,获省颁发的"基本无文盲县"证书。

1989年1月,教育部将文盲、半文盲年龄从12 ~ 40周岁调整至15 ~ 40周岁。经复查,全区尚有文盲、半文盲10019名,非文盲率为94.21%。是年5月,普陀区制订扫盲规划,规定域内剩余文盲于1991年年底前扫除,这一规划得到省教委肯定。

1990年,为国际扫盲年,参加扫盲学员2300名,脱盲1021名,全区非盲率上升为94.96%。

1990年6月,台门镇召开扫盲试点工作动员大会,市教委、区政府办公室、区教委、区妇联、团区委、六横区公所等有关领导参加,140余人到会。同年7月,台门镇扫盲试点工作验收:组织扫盲学习183名,参加考核153名,合格121名,合格率79.68%,非盲率96.40%。

1990年11月,成立区扫盲领导小组。区政府召开扫盲广播表彰会,表彰悬山、黄石、朱家尖、庙子湖4乡先进集体及27个先进个人。并对朱家尖、台门、栅棚、黄石、顺母、小湖、悬山、芦花、展茅、螺门等乡(镇)进行扫盲验收或检查。

同年12月,国务院扫盲工作检查组一行16人到普陀检查扫盲工作情况。翌年1月,第二批脱盲验收,经对6乡18村53名人员验收,合格率96.40%,脱盲人员合格率96.20%。

1991年3月,市政府对台门、小湖、栅棚、黄石进行扫盲工作检查验收,4乡4村39名学员参加检测,合格率100%。是年,边缘乡镇基本完成扫盲任务,验收合格率95.38%,非盲率96.01%。

1992年2月,召开区、片成人教育负责人会议,布置全年扫除文盲1000名任务。是年,全区逐个核对户口,继续扫盲,重视脱盲人员巩固。

1993年,对1949年10月1日后出生和年满15周岁人口逐一登记入册。全年继续扫除文盲310名,529名脱盲人员参加巩固提高班教育,全区非盲率提高到90.07%。

1994年6月,普陀区向省教委上报扫盲有关数据:15 ~ 45周岁总人数为176702名,其中半文盲为6429名，非盲率为96.36%。是年，设扫盲班16个，学员813名，扫除文盲460名，颁发脱盲证书1000份。

1995年10月，扫盲工作通过省级验收，全区非盲率97.22%，基本实现无文盲区。

1996年起，各级政府和教育行政部门坚持把扫盲工作作为加快渔农村经济发展，全面实施“科教兴区”战略一件大事。

1997年，开始开展高标准扫除青壮年文盲，先后组织民师300名，扫盲班211班，扫除青壮年文盲2140名。

1998年开始，继续对扫盲对象进行扫盲。鉴于区成人教育中心、社区教育学院、社区学校、家长总校、家长学校等各级成人教育机构的建立和完善，扫盲教育的形式和方法作了相应改变。一是渔农民、居民扫盲与职业技术培训相结合，二是扫盲工作的组织由社区学校和家长学校承担，三是成校中的专职或兼职教师负责扫盲教学。

2000年，第五次人口普查结果显示：全区文半盲人口为27028名，占总人口比例7.81%，与“第四次人口普查”相比下降7.42个百分点；青壮年非盲率为99.23%，15周岁非盲率为99.96%；脱盲巩固提高班组织脱盲人员参加学习1980余名，巩固面占脱盲人数95%以上；各乡镇非盲率均达98.5%以上，各行政村非盲率均在95%以上，全区较好地完成高标准扫盲任务。朱家尖成校获国家教育部“中华扫盲奖”。

近十几年来，外来人口持续增长，普陀域内文盲、半文盲数量相应增加，扫盲任务加重。

根据国务院《扫除文盲工作条例》和教育部等12部门《关于进一步加强扫盲工作的指导意见》（教基〔2007〕22号）以及《浙江省教育厅关于进一步加强扫盲工作的通知》（浙教办〔2013〕42号）文件精神，2013年5月印发《舟山市普陀区教育局关于扫盲工作的通知》（舟普教发〔2013〕62号），并与市教育局签订扫盲工作责任书。认真抓好由区教育局和乡镇街道分管领导组成的组织管理队伍，由初中、小学、成校教师和社区干部组成的摸排调查队伍，由成校教师和初中、小学学生组成的扫盲教育队伍等三支队伍。确保管理严格、调查细致、教学有效。全区各镇（街道）结合海岛特色，结合渔农村实际，采取“集中培训”“以测代扫”“小手牵大手”“上船头，下田头”等载体和方式进行扫盲，成效明显，扫除文盲15618名，完成省定指标任务的145.7%。目前普陀区文盲率为1.97%，达到省相关考核的优秀指标。

第三节　渔农民教育

舟山解放后，普陀区渔农民教育主要体现在扫盲教育上，以识字、学文化为主，也有少量知识培训，例如渔民的海况知识、气象知识、新网具使用知识；农民的深耕细作、新品种推广知识培训，等等。

1987年起，渔农村职业技术教育由村办校（班）为主转向区、乡镇成人教育中心为主；扫盲工作由单纯学文化转变为以学科学技术为主。是年，有教学班52个，在校学员2272名。

1988年，国家教委《关于改革和发展成人教育的决定》指出，农民教育的重点是进一步以农村实用技术为重点，做好扫盲复查工作，研究实施“燎原计划”。

1989年，确定黄石、双塘两乡为市、区成人教育联系点，分别成立成人教育文化技术学校。黄石以提高渔民整体素质、实用技术为主；双塘以柑橘技术、快速养殖为主。

1991年，面向当地生产实际，全民铺开科技教育。办常年班102个，受训学员3669名；短训224期，受训学员8662名，占全区渔农村总劳力31.4%。渔农民培训工作从过去以扫盲教育、文化补习为主转向以岗位、实用技术培训为主，主要形式是通过“农函大”“农科教”“渔科教”结合的办法，针对群众需求，探索跨乡镇跨区域办学形式，实行办学优势互补新理念。

1999年6月，建立全省第一家乡镇社区学院——朱家尖社区教育学院。

2000年前后，渔农民培训范围不断扩大，呈现特色明显的全区划分五大类培训形式：以虾峙为龙头的新型渔民岗位技术培训特色，以勾山为模式的效益农业与观光农业培训特色，以朱家尖为样板的旅游文化开发服务培训特色，以六横为中心的田间套种与养殖培训特色，以沈家门为主体的个私（民营）职工教育培训特色。

2002年，普陀区职业技术教育中心（简称区职教中心）在实施“农村预备劳动力”培训、“阳光培训”“暖促”工程中，为渔民转产转业开设电工、焊工、机械、电子、烹饪、旅游服务、计算机等专业培训项目，年均培训3000人次以上。

2003年，根据舟山市委《关于在全市渔农村实施“暖人心、促发展”工程的决定》、农业部等6部委《关于组织实施农村劳动力转移培训阳光工程的通知》和省委省政府办公厅《关于组织实施“千万劳动力素质培训工程”的通知》精神，有重点地对渔农民进行就业素质培训，形成虾峙现代渔业、六横临港工业、朱家尖旅游业、勾山家庭工业和沈家门职工教育五大培训基地。

2003—2006年，全区举办各类长短培训班718期，受训42600人次，经培训后上岗或转移就业学员14580名，其中获“四小证”学员（“熟悉和基本安全培训合格证”“精通救生艇筏和救助艇培训合格证”“高级消防培训合格证”“精通急救培训合格证”）2472名。六横成校被省教育厅、省财政厅评为2006年度浙江省优秀农村预备劳动力基地。普陀区2004年、2005年度连续获得全省“千万农村劳动力培训工程”一等奖，2006年又被评为省“千万农村劳动力培训工程”先进单位。

2004年9月，为创建海岛学习型渔都，构建海岛终身学习体系，普陀区成立社区教育委员会，建立以社区教育学院为龙头，乡镇（街道）成人文化技术学校（成校）为骨干、社区学校为基础覆盖全区的社区教育网络。具体任务：开展渔农民就业素质培训，提高劳动者技能素质，主动服务于因产业结构调整而失地失海的富余渔农民劳动力转移就业。同年11月，普陀区被认定为省首批社区教育实验区。

全区成人素质培训继续以服务“三农”为导向，重点开展海运考证、船舶工业、休闲旅游、实用技术等渔农村劳动力教育培训。沈家门成校、虾峙成校、六横成校与高校联合，举办渔农民航海、海运和船舶修造等大专班。朱家尖成校、桃花成校、展茅成校、白沙成校、勾山成校等紧密结合当地实际，举办旅游休闲、“五匠”传统工艺、海钓、乡土人才等各类实用性技能培训，提高广大渔农民致富能力和整体素质。2007—2011年，全区累计培训57706人次，经培训后上岗或转移就业16451人次。

2007年开始，域内开展文化学历教育与职业培训有机结合的成人“双证制”教育培训试点工作，重点对象确定为30～45周岁渔农村劳动力，尤其关注需要转移就业的富余渔民。

2007年11月，普陀区被教育部确定为全国社区教育实验区。2008年，继虾峙镇、蚂蚁岛乡、勾山街道、展茅街道后，又确定六横镇、沈家门街道、东港街道、朱家尖街道为社区教育工作实验乡镇（街道）。虾峙成校分别于2007年、2010年、2011年被评为省级示范性成人文化技术学校。

2008年，区成教中心制订《普陀区关于成人学历教育培训学分制试行办法》和有关实施细则，编写成人初中《语文》《数学》《公民基本素养》3本教材，招收成人初高中学生600余名，率先在全省探索成人教育学分制工作。普陀区被省教育厅列为成人“双证制”教育试点单位。

2009年，根据《浙江省人民政府关于开展成人双证制教育培训工作的通知》，全面推行以渔农民为重点的成人“双证制”教育。

至2011年，全区有3562名参加成人“双证制”培训，其中获得成人高中（中专）学历证书的3341名。有区级社区教育学院1所，乡镇（街道）社区教育学校12所，社区教育学校64所，专职成人教育干部、教师61名，兼职社区教育工作者136名，形成三级社区教育网络。

2012年，全区招收学员940名，分别完成市、区招生指标（市定指标650名，区定指标750名）的144.6%和125.3%。11月，在浙江省服务新农村建设工作推进会暨成人“双证制”工作总结表彰会议上，区教育局荣获省成人“双证制”教育先进集体。

2012年，共举办素质提升培训班118期，受训人员6440人次，完成全年培训指标（5050名）的127.5%。2013年，共举办92期，受训人员6367人次，完成全年指标（4300名）的148%。招收学员691名，完成市定招生指标（500名）的138.2%。普陀区成教中心（普陀区社区教育学院）被省教育厅认定为省级首批社区教育示范学校，六横成校被认定为“省级企业职工培训示范基地”。

2014年，招收学员508名，完成市定招生指标（400名）的127%。全年共举办培训131期，受训人员9580人次，完成年度计划任务（6150名）的155.8%。

虾峙成校被认定为“新型农民素质培训示范基地”。沈家门成校被评为“省级社区教育示范学校”。

第四节 职工教育

民国22年（1933），沈家门民众教育馆成立，出现民众业余学校，普陀区域职工教育发端，例如：店员文化进修、珠算培训等等，但人数不多、规模极小。

1953年，县总工会、沈家门镇分别成立职工业余学校，开展扫盲和职工技术培训。1954年2—6月，各基层工会先后成立一批职工业余学校，相继举办职业培训，其中海员、店员、纺织等专业培训班学员453名。

1955年，沈家门镇基层联合学校（手工业、搬运、船匠3所职工业余学校合并而成）和舟山船厂职工业余学校成立，共设8个班级，有学员390名。至年底，参加学习职工1775名，举办专业培训26班次，受训843名。

1957年，建职工业余学校3所，开办扫盲班8班，初中班6班，学员771名（其中扫盲对象414名）。

1958年，“大跃进”运动兴起，开始大办业余教育，各级各类工农学校高速发展。

1960年，国民经济处于暂时困难时期。1961年，贯彻调整方针，工农教育进入低潮。1963年，工农业生产恢复好转，工农教育逐步回升、稳步发展。1965年，沈家门中学开设职业技术补习班，学员100多名。

1966年，“文化大革命”开始，各类成人学校全部停办，改为政治夜校。

1976年，恢复职工文化、技术培训。1979年6月，恢复县职工业余学校，开设初、高中数学、物理、外语各3班，学员300余名。此后，21个基层工会恢复、新建业余学校，学员885名，办学率17.1%。

1981年，中共中央、国务院发布《关于加强职工教育的决定》后，成立县职工教育管理委员会，下设办公室，配专职干部2名。组织开展初、高中文化补习和技术知识补习。是年，全县职工中应补初中文化课7433名，初级技术课2923名。1982年，县商业局、供销社、粮食局、经委等10单位先后成立职工业余学校，职工文化课补习4221名；各类技术知识补习1043名。同年9—10月，参加县两次统考2400名，合格1167名，合格率48%。

1983年，文化、技术补习合格率分别为58.9%、50%；1984年，合格率分别为71%、81%；1985年为82%、91%，均超过国家规定高限要求。

1986年，全县有职工业余学校24所，校舍建筑面积5138平方米，组织干部24名，兼职8名，专任教师15名，兼职60名。是年，有高级班学员28名，中级班学员558名，其中275名获中级技术培训毕业证书。中专班学员724名，其中298名毕、结业。高中学员1320名，其中695名全科毕业。函授大学、刊授大学、自修大学、干部专科等学员1419名，其中202名毕、结业。

1987年，职工教育设岗位（资格、技术等级）培训、高等教育、中专教育、文化基础教育（高中、初中）四类。学员2829名。1989年，岗位培训增加适应性培训，参加培训学员174名。

1995年，适应性培训从岗位培训中分离单设，全年接受教育3214名。全区有职工学校9所，校舍面积3361平方米，组织干部9名，专职教师18名。实际支出教育经费182.92万元。

1993年，普陀航运公司投入20万元，培养船长、大副、轮机长。区商业局、邮电局职工学校分别于1991年、1995年获评省级职工教育先进单位，1991年区农业银行职工学校获评市级先进单位。

1987—1995年，职工学校接受教育26196人次。教育形式采用长班、短班、业余、半脱产、单独、联合、挂靠等多种形式。教师有专职、兼职和聘请外地专家三种。层次设置有岗位培训，大、中专，高中、初中等。课程设置：共同性业务基础知识，如普通话、文秘、人事档案、市场经济和会计、珠算、统计技术等；专业性知识技能根据不同行业、不同专业岗位设置，有财务会计、出纳、点钞、伪钞识别、电脑结算、机械、电焊、酿酒发酵、制药、油漆、印刷、商品、烹饪、医药器材使用、汽车驾驶维修、电话操作、建筑等技术知识。区总工会、农业银行职业学校安装了电教仪器、闭路电视系统；区商业局职工学校配闭路电视，有彩电5台，录像机3台，电子计算机8台，打印机2台，教育参考资料2000多册。

1996—2002年，域内有行政企事业单位职工教育点77家，职工年受训率45%以上。个私民营企业职工教育点5家。

2003—2006年，全区举办各类长短培训班718期，受训42600人次，经培训上岗或转移就业14580名。六横成校被省教育厅、省财政厅评为2006年度省优秀农村预备劳动力培训基地，沈家门街道成校被省教育厅、省中小企业局评为2006年度省优秀职工教育培训基地。

2007—2011年，全区累计培训57706人次，经培训后上岗或转移就业16451人次。

2012—2014年期间，渔农民受训总数为21533人次；受训类别为：实用人才培训5495名，转业就业培训10169名（培训后转移就业8422名），实用技能培训11606名，岗位技能培训5739名；培训内容为：数控、车工、机械、电焊工、厂内机动车辆、登高作业、宾馆、餐饮、五匠、保姆、捕捞、种植、养殖、农贸、加工、运输、建筑、旅游等60余项工种。

2004—2014年，普陀渔农民的素质培训，连续11年获省委省政府农村工作办公室考核优秀或一等奖。

第五节　广播电视教育

1980年5月，普陀县建立省广播电视大学普陀工作站。电大站建立前（1979年9月）预招收2个专业50名学生。

1981年4月，建中央农业广播学校普陀教育点。首期农业基础班学员57名，分沈家门、六横、朱家尖3个教学点。学员以自学为主，收听中央人民广播电台播讲课程，教师下点（岛）巡回，或集中辅导。1983年，第二期农业基础班学员133名。1986年9月统考，一期学员毕业4名。

1980—1984年9月，电大共招收电子、机械、工业会计、商业企业、商业会计、财政、财会、土建、金融、法律档案、汉语言文学等17个专业近40个班级，经考试，有450多名学生毕业。

1987年4月，省电大采取四项措施扩大招生：招收高中毕业生、招收单科生（单科结业科数达到要求者，可换发毕业证书）、招收自学视听生、开办中专。是年，招收高中毕业生384名。设工企管理、商企管理、政史、财务会计4个专业，24个教学班，共690名学生。

1988年1月，省电大设中专部。5月，成立普陀分校。秋，开设建筑施工与管理专业，招应届初中毕业生33名，为全日制四年学制。并设夏林职业中学、六横职业中学两个教学点。同年，省大专部在普陀招收汉语言文学、档案、法律、师范英语、外贸英语、旅游英语、机械船舶、金融、对外经济贸易等9个专业，20个班级，在校学生574名。舟山海洋渔业公司教学班班主任赵继美被评为全国电大系统优秀班主任。是年，新增人事管理专业。截至1989年9月，普陀电大站先后共设立24个专业，毕业学生1400多名。

1989年，省电大建立电大全科自学视听制度。

20世纪80年代，电大学制有专科经济类、文科类二年，理工类三年；业余学习班三年，脱产学习班二年。授课方式有看电视、录像，听录音、广播，面授等。学生授完规定课程，经考试达到毕业总学分要求，思想品德鉴定合格，发给毕业证书，国家承认学历。

1990年，改变招生办法，实行成人高校统一招生考试，录取后转电大学生，方可取得学历。普陀电大为此举办为期5个月成人高复班。

1991年，省电大设金融专业。是年起，开展非学历职业培训，包括工业卫生知识、食品卫生知识、会计电算化、英语单科、日语单科，以及成人高复班，当年受训人员2100多名。

1992年，电视中专第一届建筑施工与管理专业17名学生毕业。同年举办会计电算化、鉴别伪劣商品、涉外英语、专业技术人员英语、新概念英语、基础英语、英语口语强化、基础日语、成人高复等非学历培训班，受训学员984名。

1993年，有专业8个，在校学生158名。举办计算机、基础英语、专业技术人员英语、儿童英语、实用公共英语、成人高复等非学历培训班，受训学员536名。是年，普陀电大站获评浙江省广播电视大学非学历教育先进单位。

1995年，普陀电大站招生109名，在校学生205名，教学班9班，毕业生35名。其中中专招生35名。

1987—1995年，电大专科共开设专业25个，累计招生1562名，毕业844名；设中专专业2个，累计招生259名，毕业68名。

1987—1995年电大、电视中专学生基本情况表

表2-126　　单位：人

年份		1987	1988	1989	1990	1991	1992	1993	1994	1995	合计
电大专科	招生数	384	286	219	370	23	55	58	58	109	1562
	在校生数	690	574	621	550	190	104	158	140	205	—
	毕业人数	48	224	65	144	176	94	26	32	35	844
电视中专	招生数	—	33	42	45	59	—	45	—	35	259
	毕业人数	—	—	—	—	—	17	9	42	—	68

1995—1998年，招收法律、财会等专业4届“注册视听生”，学生200余名。与此同时，先后开办5期成人高复班。

1990—1991年先后增设新专业，招收两届旅游英语专业班。1992年和1998年，分别招收两届英语专业班。1993年，招收一届工业企业管理班和一届文秘专业班。1994年和1997年，分别招收两届工商企业管理班。1997—1998年，招收两届小学教育班，共计毕业生460多名。

1993年、1995年度被评为省广播电视大学先进电视工作站。

1996年1月，撤销区职工教育办公室，设立区成人教育中心（简称区成教中心），由区教育局分管副局长担任主任，设址于普陀电大站内，与电大站合署，下辖普陀电大、电视中专普陀分校、各乡镇成人文化技术学校（乡镇成校），并行使区教育局原成人教育股的行政职能，集行政与办学职能于一体。

1996—1999年，区成教中心先后开办各类培训班10个门类20多期，受训人员600名。

2001年，区成教中心（普陀电大站）投入资金30万元，建立多媒体教室，加入全省电大宽带网。经省电大批准，远程教育在本区起步。是年，开设课程30个门类，60个科目，在校学生400名，其中远程教育有旅游、法律、饭店管理财会等4个专业。1996—2002年，普陀电大站共有266名专科毕业生。

2002年开始，实行春、秋季常规招生，并根据本地学历需求，开设新的旅游专业。是年，招收学员260名。1996—2002年，普陀电大站招生820名，毕业266名。

2003年，普陀电大站与浙江大学远程教育学院合作办学，成立普陀学习中心，开设工商企业管理、市场行销、学前教育、人力资源管理和建筑工程管理等专、本科专业。

2005年，电大站被评为省电大办学先进单位；电大教育网站连续3年被省广播电视大学评为星级网站。

2005年4月，区人民政府成立社区教育学院，院址设于区成人教育中心（电大站），分管教育副区长兼任院长，区教育局局长和区人民政府办公室主任兼副院长，分管区成教中心的区教育局副局长兼副院长，从此，社区教育纳入区成教中心（电大站）工作范畴。

2006年，普陀电大站开设本科专业，同年秋招收行政管理本科、小学教育本科学生，计有学员137名。

2003—2006年，普陀电大站招收专科学生969名，毕业758名；浙江大学远程教育班招收本科学生439名，毕业42名。

2007年，普陀电大站面向域内小学教师开设小学教育本科专业，招收学员109名。同年，普陀电大站再次被评为省电大"先进办学单位"。

2008年起，普陀电大站远程教育增设建筑工程管理、工商企业管理、市场行销和学前教育4门专科专业。同年，招收农村行政管理专业"一村一"乡镇干部36名；在六横招收秋季会计学专业学员84名。

2008年12月，普陀电大站升格为浙江广播电视大学普陀分校。

2012年，区成教中心依托"浙江广播电视大学普陀分校""浙江大学继续教育学院普陀学习中心"两个平台，开展成人学历教育，共招收专、本科学员488名，其中电大开放教育272名，浙大远程教育165名。2012—2014年12月，电大开放教育在册学生625名，浙大远程教育在册学生642名，总计1267名。

区电大站历任领导情况表

表2-127

姓　名	领导岗位	在任时间
郑守德	副站长兼办公室主任	1980.5—1984.1
杨樟明	办公室副主任	1980.5—1984.12
郁彩香	副站长	1985.1—2000.8
马秀峰	副站长兼电视中专分校校长	1990.6—1992.1
刘森林	副站长	2000.8—2001.12
黄忠钦	副站长	2002.5—2007.4
竺和平	副书记	2004.11—2007.4
范光亮	副站长	2005.8—2008.12
范光亮	常务副校长	2009.1 至 2014
俞良根	副书记	2007.8—2012.8
范光亮	副书记	2012.10 至今

区成教中心教科研成果表

表2-128

姓　名	课题（论文）名称	获奖等级	获奖时间
王苏益	《"市民大课堂"——抒写普陀社区教育新篇章》	省《社区教育研究》刊发	2012年第四期
汤晶晶	《社区教育专职教师队伍建设的思考》	市社区教育研究会第二届优秀论文一等奖省社区教育优秀论文三等奖	2013年度
邵群飞	《渔农村社区教育机构建设及成人教育模式的研究与探索》	省社区教育优秀科研成果二等奖	2014年6月
王苏益	《栽得梧桐花叶茂，引来凤凰满枝头——"沈家门育婴天使"品牌的创建》	《社区教育服务民生创新工作案例集》发表	2014年12月
范光亮 袁海燕	《舟山市普陀区家政人才培养调研报告》	省社区教育优秀论文三等奖	2014年12月
杨　琼	《普陀区沈家门社区学院家政服务培训品牌建设》案例	市首届社区教育优秀案例一等奖	2015年1月

第六节　成人学历教育与考试

高等教育自学考试，是我国高等教育的重要组成部分，是对自学者进行以学历考试为主的高等教育国家考试，被誉为“没有围墙的大学”。考生不受性别、年龄、民族、种族和学历的限制，均可报名应考。自考实行宽进严出，国家承认证书。考试命题有全国级、区域级、省级三种。考试计划安排，专科3～4年，本科4～5年。每年开考2次（4月、10月），2002年开始改为4次（1月、4月、7月、10月），2004年起，恢复为2次（4月、10月）。为照顾中等学历者，1988年起，普陀设立中专学历自学考试。是年，开考中专学历层次设公安中专1个。1989年，增设统计中专、物资中专。

国务院颁布的《高等教育自学考试暂行条例》规定，自学考试与普通高校学历层次水平的要求相一致，每门课按专业考试计划的要求进行一次性考试，对合格者发给单科合格证书，并按规定计算学分；全部课程合格，完成规定的毕业论文（设计）或其他教学实践任务，思想品德合格者，可发给毕业证书，国家承认其学历。对其中符合相应条件的本科毕业人员，可授予相应的学位。

1977年，国家恢复高考。为加强高校招生考试的领导和管理，普陀县成立招生委员会，由分管教育的副县长任主任，县教育局长任副主任，下设“普陀区高等教育招生考试办公室”，简称“招生办”，负责组织实施各类招生考试报名、考试和各种考务管理工作，组织全区报考普通高考的考生报名、体检、填报志愿、考试、建档等各项考务工作的落实。

1984年2月，省高等教育自学考试委员会成立，同年5月，舟山市高等教育自学考试办公室成立，普陀县设立高等教育自学考试工作站，后改称“普陀县高等教育自学考试办公室”，简称“自考办”。1995年4月，域内各乡镇设立自考联络站，自学考试向农村延伸，覆盖全区。

1984年12月初，普陀区高等自学考试首次开考，设汉语言文学、数学、英语、党政干部基础科、商业企业管理、统计学等6个专业，属大专层次。报考195名，获单科合格证书171张。

1988年，普陀区成立高中会考办公室，负责组织、实施全区普通高中会考考试工作、普通高中学生会考考籍建档、考籍信息管理和会考成绩管理。

1990年，本科学历层次开考，1990—1995年，5名考生毕业。

截至1995年，3个学历层次共32个专业，其中本科6个，大专25个，中专1个；开考累计23次。报考人数、报考科目、实考课数、实考率、合格率逐年提高。其中，1993年报考1088名，上、下半年实考率分别为56.55%、54.23%，合格率分别为61.68%、54.26%，41名考生单科成绩获全市第一名。1994年报考考生1132名，比上年增加3.8%，上、下半年实考率分别为51.62%、56.96%，合格率分别为57.62%、58.55%，2名考生获全省单科成绩第一名，19名考生获全市单科第一名。1995年，报考考生1522名，上、下半年实考率为51.62%、56.96%，合格率分别为57.62%、58.55%，10名考生获全省单科成绩第一名，35名考生获市单科第一名。至1995年，累计三个层次毕业生281名。

2001年起，普陀有全国计算机等级考试和全国英语等级考试。2007年以来，随着高校招生制度改革和各种远程教育开放，自学考试制度受到较大冲击，考试规模越来越小。针对考生生源下滑现状，自考办积极走访驻地部队、机关事业单位和社区，宣传自学考试，动员区职教中心和普陀科技学院学生参加自学考试，开设全国计算机等级考试，发动教师参加自学心理健康教育考试。2007—2011年，全区有6307名考生参加自学考试报名，212名考生毕业，其中本科108名，专科104名。

沈家门第一初级中学和普陀第二中学分别于2004年、2006年被评为省自学考试优秀考点，六横镇成校被评为2004年度省先进乡镇自考工作站，普陀区自考办被评为2005年度省自学考试先进集体。

普陀区自学考试自1984年至2014年，历时30年，门类渐趋齐全，开考层次由单一的大专拓展至中专、大专、本科，学科覆盖文、理、工、医、法、农、经、外语、师范等，专业由6个扩展到131个，其中本科66个(高中起点本科4个)，专科65个。全区累计共有53154人次参加考试，1450名获得自考毕业文凭，其中本科263名，专科1157名，中专30名。

2007年8月，撤销“自考办、招生办、会考办”，合并成立普陀区教育局考试中心(简称区考试中心)，统一管理普陀区招生考试、高中会考和自学考试工作。随着中国教育改革的推进，浙江省高中会考工作于2013年终结。

2013年6月起，高中会考改为普通高中学生学业水平考试。区考试中心管理高中会考的职能自动消失。

普陀县(区)1984年下半年—2014年自考情况表

表2-129

年份	报考人数(名)	报考率	报考课数(门)	实考课数	实考率(%)	及格课数(门)	及格率(%)	毕业生人数(名)			
								中专	大专	本科	合计
1984	195	—	343	208	60.64	201	58.65	—	—	—	—
1985	940	—	1886	1022	54.12	466	45.60	—	—	—	—
1986	1020	—	2196	1347	61.34	634	47.07	—	—	—	—
1987	1160	—	2683	1419	52.89	808	56.94	—	12	—	12
1988	1094	—	2213	1127	50.93	582	51.64	—	60	—	60
1989	843	—	1709	936	54.77	488	52.14	—	41	—	41
1990	861	—	1724	845	49.10	398	47.10	—	27	—	27
1991	1162	—	2470	1163	47.09	426	36.63	28	17	—	45
1992	1355	—	2459	1255	51.04	644	51.31	1	15	1	17
1993	826	—	2061	1195	57.99	690	57.74	—	14	—	14
1994	1116	—	2359	1370	58.08	777	56.72	—	39	2	41
1995	1322	—	3279	1787	54.50	1039	58.14	—	32	2	34
1996	1893	—	3921	2167	55.27	1099	50.72	—	34	—	35
1997	2135	—	4472	2934	65.61	1280	43.62	—	24	2	26
1998	2812	—	5818	3458	59.44	1749	50.58	—	52	3	55
1999	3258	—	6947	3669	53.59	1868	50.91	—	57	2	59
2000	3373	—	6851	3998	58.36	2040	51.03	—	66	8	74
2001	3932	5.76	7997	3231	40.40	1556	48.16	—	122	13	135
2002	3801	5.88	8761	3495	39.89	1668	47.73	—	118	10	128
2003	3358	5.22	7974	3834	48.08	1871	48.80	—	90	23	113
2004	3499	3.74	7020	2881	41.04	1512	52.48	—	80	18	98
2005	3122	3.12	5944	2393	40.26	1272	53.99	—	71	24	95
2006	3757	2.15	4841	2170	44.83	1108	51.60	—	49	28	77
2007	2177	—	3636	1573	43.26	813	51.68	—	44	34	74
2008	1402	—	2585	1021	39.50	473	46.33	—	14	13	27
2009	1138	—	2064	822	39.83	351	42.70	—	26	22	48
2010	893	—	1671	495	29.62	229	46.26	—	20	18	38
2011	696	—	1324	476	35.95	199	41.80	—	6	14	20
2012	547	—	1104	402	36.41	175	43.53	—	8	7	15
2013	430	—	842	304	36.10	131	43.09	—	12	11	23
2014	159	—	351	157	44.72	79	50.32	—	7	8	15

成人高考和成人中专属国民教育系列，列入国家招生计划，国家承认学历，参加全国招生统一考试，各省、自治区、直辖市统一组织录取。

成人高考分为专科起点升本科（简称专升本）、高中起点升本科（简称高起本）和高中起点升专科（简称高起专）三个层次。录取入学后的学习形式包括函授、业余学习和脱产三种形式，以前两种形式为主，脱产学习招生名额非常有限。

1984 年，普陀区开始组织成人高校和成人中专招生考试（成人中专到 2000 年停止招生）。

历年成人中专、成人高校报名及录取情况表

表 2–130

年份	成人高校人数（名）			成人中专人数（名）		
	报名数	上线数	录取数	报名数	上线数	录取数
1984	48	—	4	145	—	—
1985	152	43	43	121	30	30
1986	161	80	80	67	32	32
1987	146	84	84	55	35	35
1988	136	65	65	41	37	37
1989	87	49	49	58	40	40
1990	—	—	—	—	—	—
1991	341	108	108	72	41	41
1992	341	143	143	105	56	56
1993	233	88	88	124	109	109
1994	257	119	119	34	23	23
1995	282	171	171	137	108	108
1996	343	135	135	90	87	87
1997	313	117	117	210	193	193
1998	302	143	143	120	107	107
1999	288	142	142	85	82	82
2000	403	192	192	74	74	74
2001	628	224	224	—	—	—
2002	567	282	282	—	—	—
2003	350	188	188	—	—	—
2004	630	507	507	—	—	—
2005	1442	1272	1272	—	—	—
2006	925	602	602	—	—	—
2007	841	560	560	—	—	—
2008	577	198	198	—	—	—
2009	660	506	506	—	—	—
2010	1442	785	785	—	—	—
2011	793	539	539	—	—	—
2012	95	79	79	—	—	—
2013	154	134	134	—	—	—
2014	134	119	119	—	—	—

注：普陀区考试中心具有高等学校招生管理功能，该部分内容，纳入“普通高中教育”部分记载

第七节　社区教育

社区教育是在一定区域范围内，充分利用各类教育资源，开展旨在提高社区全体成员整体素质，促进区域经济建设和社会发展的教育形式。

2003年10月，省教育厅、省文明办和省民政厅联合下发《关于大力开展社区教育的意见》。2005年7月，区委、区政府根据市委宣传部、省教育厅等单位《关于构建学习型社会，推进学习型社区建设工作的若干意见》，成立普陀区学习型工作指导委员会，构建终身教育体系，开始形成"政府统筹领导，教育部门牵头，有关部门配合，社会积极支持，社区自主活动，群众广泛参与"的社区教育管理模式。

1996年1月，普陀区成人教育中心成立（简称区成教中心），其既有行政功能，又是办学实体，统管全区成人教育（包括普陀电大站），下辖8所成校，有专职成校教师76名，对全区渔农民和部分城镇个私（民营）职工采用多形式进行培训教育。

2004年9月，普陀区成立社区教育委员会，由区委主要领导为主任，区属22个部门主要负责人为成员，全区13个乡镇（街道）和64个社区分别成立相应的领导小组，建立以区社区教育学院为龙头、乡镇（街道）成人文化技术学校（成校）为骨干、社区学校为基础、覆盖全区的三级社区教育网络。其教育目标：创建海岛学习型渔都，构建海岛终身学习体系。具体任务：开展渔农民就业素质培训，提高劳动者技能文化素质，主动服务于因产业结构调整而失地失海的富余渔农民劳动力就业；开展市民素质提升工作和各类学习型组织创建活动，形成"学习教育""校外素质教育""成人就业培训""老有所学""外来民工教育"等五大社区教育系列。2006年前，举办各类市民教育培训360期，受众48700人次。

2005年4月，区政府成立区社区教育学院，院址设于区成教中心（电大站）。同年3月，成立普陀区家长总校，办公室设于成教中心。

2007年11月，普陀区被教育部确认为全国社区教育实验区。2008年，继虾峙镇、蚂蚁岛乡、勾山街道、展茅街道后，又确定六横镇、沈家门街道、东港街道、朱家尖街道为教育实验乡镇（街道）。区教育局被评为2009年度全国农村成人教育先进单位。沈家门镇成校、六横镇成校、虾峙镇成校分别于2007年、2010年和2011年被省教育厅命名为省级示范性成人文化技术学校。

2008年起，根据区委、区政府"市民素质大提升计划"，利用三级社区教育网络，在全区范围内开展"市民大课堂"教育活动，内容涉及社会、法制、健康、科学、环境、时事政治、生活休闲教育及社区发展宣讲等。

2008年下半年，区社区教育学院通过下属社区教育学校着手渔农民双证制、学分制培训，并开设多种市民大课堂，受到各级领导高度关注和老百姓广泛欢迎。

2011年，域内有区级社区教育学院1所，乡镇（街道）社区教育学校12所，社区学校64所，专职成人教育干部61名，兼职社区教育工作者136名。

2012年11月，在省教育服务新农村建设工作推进会暨成人"双证制"工作总结表彰会上，区教育局荣获"双证制"教育先进集体。同期制定出台《普陀区渔农民实用人才培训基地建设办法》，展茅、勾山两所成校申报了舟山实用人才培育基地；"公民素质讲习所"开班。

2013年，区成人教育中心（区社区教育学院）被省教育厅、省财政厅认定为省级社区教育示范学校；六横成校被省教育厅、省财政厅认定为省级企业职工培训示范基地；同年10月，区行政区域撤扩并，勾山成校并入东港成校，蚂蚁岛成校和登步成校并入沈家门成校，白沙成校并入朱家尖成校，全区原有12所成校整编为8所成校。

2014年，家长总校步入新领域，"幸福大讲堂——心理学视角下的家庭教育"正式启动；实施"教育服务到基层，百名教师进社区"素质提升工程，使社区成为中小学生在假日里学习与实践的大课堂，取得了良好的社会效果。参与的社区34个，举办培训134期，总受训9823人次，其中有教师志愿者202名。

2014年，全区有区级社区教育学院1所，乡镇（街道）社区教育学校8所，社区学校74所，有专职教师56名，兼职社区教育工作者117名。各乡镇、街道全年累计举办“市民大课堂”237期，受众23528人次。沈家门成校的“育婴天使”、朱家尖成校的“市民大课堂”、六横成校的“临港工业技能培训”获评舟山市首批社区教育品牌项目。

同年，桃花成校被认定为标准化成校，展茅成校获评市四星级成校，沈家门成校获评市五星级成校和省级社区教育示范学校。中国成人教育协会授予普陀区“2013年全民终身学习活动周成功组织奖”。

第八节　学校选介

【沈家门街道成人文化技术学校】 简称沈家门成校，1995年创办，位于食品厂路191号。2002年成立社区学院。2013年10月，登步成校、蚂蚁岛成校并入。现有专职教师10名，专职教育干事24名，外聘专家教授等兼职教师45名。沈家门成校分为南北两个校区，总建筑面积1650平方米，其中北校区450平方米，南校区950平方米，实训基地1000平方米，拥有培训教室8间，多媒体教室5间，其中一间能容纳170名，教学设施设备一流，拥有8个培训基地。

沈家门成校坚持“服务居民素质提升、服务经济社会发展”的办学理念，围绕“需求导向，以用为本，培训带动”的原则，有效整合资源、务实创新、挖掘潜力，扎实开展多种形式教育培训、技能培训、市民大课堂、青少年实践活动、成人高中、海运大专、网络教育，为沈家门经济建设和社会发展做出了贡献。

办校20年来，共举办各种培训班2908期，受训41526人次。其中实用技术培训417期，实用技能培训内容有育婴师、月嫂、保育员、中式烹调师、中式面点师、西式面点师、电工、电焊工、电工操作证、电焊工操作证、小区管理员、商品营业员、药用商品服务员、客房、餐饮服务员、计算机操作工、SYB创业、插花、茶艺、养老护理、渔业四小证、渔民职务船员、叉车维修、海水养殖技术、竹节虾及梭子蟹人工混养技术及各类讲座30多个项目。

先后荣获“全国农村成人教育先进单位”“全国职工教育示范点”“省示范性乡镇成人学校”“省社区教育示范学校”“省标准化成校”“省中小企业职工培训示范基地”“省优秀职工教育培训基地”，首批“市五星级成校”“市社区教育服务新社区、新农村建设六大服务中心示范基地”等称号，“沈家门育婴天使”培训项目获“舟山市首批社区教育品牌项目”。

沈家门成校是市人力资源和社会保障局“定点职业培训机构”、区新农办“海员培训基地”、区总工会“职工培训基地”、区妇联“妇女培训示范培训基地”、区现场应急救护培训基地，街道“三优”教育指导中心。

现有专任教师12名，现任校长杨琼。

【六横镇成人文化技术学校】 简称六横成校，创办于2001年，现址六横镇峧头社区坦岙村。

成校有标准教室4间，可容纳120人以上大教室2间，多媒体教室4间，计算机房1间；有一整套电工、叉车、餐饮、面点、母婴护理、茶艺等实训设备，建有电焊工、起重机械司机、钳工、数控车工、港口机械司机等5个校外培训实践基地。开通六横成校网站，通过网站提供就业和培训信息。

根据当地临港工业发展实际情况，提出以“临港工业技能培训”为办学特色，以“服务当地经济，促进企业发展”为办学宗旨，以“面向实际、注重实用、体现实效”为办学原则，大力开展临港工业技能培训。从2003年至2014年，成校开展的船舶修造行业和港口物流业职业技能培训共计：14大类培训项目，26个培训小项。主要开设有电工、电焊工、港口机械司机、起重机械指挥、起重机械司机、厂内机动车辆司机、数控车工、钳工、管子工、企业安全员、皮带输送机操作工等培训班,共计举办137期,受训人员7939人次。

渔农业实用技术培训。举办农业专业知识、葡萄、大棚蔬菜、名特优水果、花木种植、家禽养殖、渔业职务人员、围塘(网箱)养殖、渔民海上急救技能等各类培训班200余期,培训学员15000余人次。

另有职业技能培训项目,如:宾馆服务员、计算机操作工、电子商务、企业培训师、木工、中式烹饪、中式面点、母婴护理、现场应急救护等。2004年至2014年,共举办培训班164期,受训人员9159人次。

开设以中央电大、函授、远程教育和自学考试为主的高等学历教育,是省电大乡镇级教学点。各类大专毕业学员1061名。“双证制”成人高中毕业生1514名。

2006年10月,被省教育厅、财政厅评为优秀农村预备劳动力培训基地。同年11月,被市委组织部、市人事劳动社区保障局、市教育局确定为六横技能人才培训基地。2010年1月,被省教育厅认定为省示范性成校。2011年12月,被市委组织部、市教育局、市新农办评为舟山市首批四星级成校。2012年12月,被省教育厅认定为“省级企业职工培训示范基地”。2013年11月,被舟山市人力资源和社会保障局认定为“舟山市定点职业培训机构”。

现有大专以上学历专任教师9名,兼职教师60名,现任校长胡海年。

【虾峙镇成人文化技术学校】 简称虾峙成校,位于虾峙镇南岙村4区3号,1993年创办。学校占地面积1142平方米,教学楼建筑面积500平方米。有教室3间,图书资料室、陈列室、多媒体教室各1间。建有综合经营服务部和试验基地。

虾峙成校坚持为“新农村建设服务”的办学方向,秉持“崇文尚技、服务社会”办学宗旨,围绕海洋经济“五大产业”,做活成教为“远洋渔业、海运业、临港工业”等五大产业服务文章,努力打造“虾峙海员”特色海员培训品牌,走出一条具有海岛特色“成校+基地+项目+渔农民”成校社区教育新路子。

1994年,在全市率先理顺虾峙成校的渔业办学考证职能,负责承办一个乡镇内各类考证办班职能,首先举办渔民职务船员、“四小证”培训。同年8月,举办100总吨、220千瓦港务海运职务船员证书,为虾峙海运业起步输送首批132名职务船员。同年12月,省第五次成人文化技术学校联系点现场会在虾峙镇召开。

1995年、1996年,组织举办大规模远洋北太渔民四小证、职务船员培训,为开发远洋鱿钓产业培养首批职业船员。

1997—1999年,经市人民政府和省教育厅批准,浙江海洋学院在虾峙成校设立成人高等教育校外教学点,联合举办两届经济管理大专班。1999年,通过省一级成校验收和建立镇社区学院。

2001—2003年,根据各级政府下达的“转产专业”指标任务,率先举办大规模渔民转产专业考证培训,1196名渔民取得港务海运职务船员证书,促使首批68艘渔船顺利转产海运业。

2004年,率先与浙江交通职业技术学院合作在虾峙成校创建海运大专班。2004—2014年,连续8届开设轮机工程技术、航海技术大专班,学员519名。

1999年,被省教育厅确认为舟山市首批省一级成校。2010年被省教育厅确定为省示范性成校,荣获省级函授教学管理先进单位。2012年11月,被评为市首批四星级成校。2014年,被评选为省级新型农民素质培训示范基地。

现有专职教师4名,兼职教师15名,现任校长杨海波。

【展茅成人文化技术学校】 始创于1994年,坐落在展茅街道文化路3号,学校拥有建筑面积1550平方米,有170座和100座多媒体教室各1间,配有标准教室,电子阅览室,图书室,会议室和档案室,藏书10000余册。另有农家乐培训基地、五匠工培训基地550平方米；还拥有市级培训实践基地——普陀生态禽果专业联合社基地。现有专职教师6名，兼职教师21名。2012—2016年，街道先后投入100多万元用于学校教学设备添置和办学条件的改善。近年来，坚持“实际、实效、实用”办学宗旨和多渠道、多形式、多层次的办学思路，以展茅公民素质讲习所为平台，整合教育资源，建立以社区学院为龙头，社区学校为主体，社区渔农民群众为重点的“上下联动”社区教育运行机制。在开展渔农民就业培训、社区教育讲座与活动、全民终身学习活动、“双证制”成人高中教育、学习型组织建设、学生社会综合实践活动、家长学校、扫盲等工作中成绩不菲；为街道经济和社会发展、公民素质提升、全面建设小康社会和新农村建设做出积极贡献。

学校坚持特色办学方向和创新办学思路，以展茅公民讲习所为平台，全体教师到各社区开展巡回讲座，收到良好的社会效应。2016年共组织举办65场讲习活动，内容涵盖党建、廉政、两学一做、三改一拆、五水共治、法律、科普、健康、环保、安全、礼仪等知识。全街道16村66网格的干部和群众5320余人次参与讲习活动。结合展茅“五匠之乡”特色，积极有效开展现代五匠工技能培训，举办展茅首期建筑电工技师培训班，29名电工学员取得技师职称，诞生首批展茅五匠工技师。是全区率先举办全民终身学习周活动的街道(镇)成校。从2014年开始，举办展茅街道第三届全民终身学习周活动，期间安排群众喜闻乐见的知识讲座、文艺活动、技能培训、学历教育、动手制作、分发书籍、科普宣传等系列活动15场次，1200余人次群众参加各类活动。创导了人人皆学、时时能学、处处可学的学习氛围，广泛宣传社区教育，提高社区教育的知晓度和参与度。根据展茅特色农业，有效组织农户开展林地鸡散养技术、茅桃和柑橘栽培技术等培训，常年组织开展五匠工和农民种养殖培训班。组织申报社区教育研究课题，如：《全面提升素质打造“展茅现代五匠”品牌》研究课题；其中《展茅林地鸡养殖技能培训与推广》申报省级课题。办好“双证制”成人高中的招生和日常教学管理。成人高中开办以来，有635名学员通过文化课教学和考试。做好中小学生暑假综合社会实践系列活动，内容有绘画、书法比赛、DIY手工制作、亲子体验活动、讲座等，活动内容丰富。

2013年，学校获得省标准化成校称号、2014年，获得舟山市四星级成校称号。先后获评市社区教育先进集体、市科普宣传先进集体、市农函大先进辅导站、市农村实用技能比武团体第二名、区就业培训先进单位等荣誉。

现任校长范安平。

【朱家尖成人文化技术学校】 创办于1993年8月，于1997年和普陀厦林旅游职业学校合并，1999年2月被省教育委员会批准为“省示范性成校”。1999年3月成立全市第一家社区学院。2005年11月，随普陀厦林旅游职业学校并入区职教中心。2006年，从普陀厦林旅游职业学校离析，恢复原朱家尖成校称谓。是年，朱家尖街道办事处把280平方米的一层房子划为成校培训基地，并投入资金35万元进行装修和设备添置。成校现有办公室2间、教室3间，其中多媒体教室一间，大、小教室各一间；有在职教师8名，大专以上学历7名；街道办每年按人均5元经费列入预算，供成校推进社区教学单独使用；2013年9月，白沙成校并入朱家尖成校。近五年来，在就业培训、双证制教育、社区教育(包括市民大课堂、老年大学、家长总校、协会工作、学历教育、市民素质提升等)等方面成绩不菲。曾获评区教育局、区新农办和多项荣誉。2012年11月，获评市“四星级成校”。2013年作为舟山市唯一一所成人学校，加入浙江省成人教育创新联盟。现任校长顾永国。

【东港街道成人文化技术学校】 东港街道成人文化技术学校，简称东港成校成立于2004年2月，首任校长是王明忠。2013年10月底，由于原勾山街道行政区域调整，撤销原勾山成校与原东港成校，重新成立东港成校，由严伶俐任校长，虞建培任书记，。成校办公室设在勾山街道新益路78号(原勾山成校校址)。东港成校现有专职教师12名，学历均在大专以上。

学校经历了两个发展阶。一是成人教育、社区教育起始阶段。东港成校面向以全民素质提升为目标，以“市民大课堂”、“青少年假期社会实践活动”为载体，大力开展社区教育工作。尤其是青少年社会综合实践活动，在区内外小有名气。二是成人教育、社区教育发展阶段。近年来，随着我区经济的高速发展，来普陀工作的外来人口特别是外来民工越来越多，其中居住在永兴村的外来人口就有2000多人，这给社区管理带来了新的课题。2006年4月，成立东港街道新市民素质教育学校；2010年，成立了新市民党支部；2008年，成立了工会和妇女联合会。成立以来，已开办140期新市民培训班，参加人数达到18000余人次，培训内容分别为《民工合法权益保障法》《法律法规》、《劳动保障法》《交通安全法》《计划生育》《工会法》等。经过一系列的培训，外来人口素质都有了很大程度的提高，永兴村年年都被评为“平安村”。学习型船头、学习型楼道、学习型小区等学习型组织的打造也颇有成效。

2015年年底，东港成校率先在莲安社区、灵秀社区、茶壶甩经济合作社三个地方成立街道老年大学分校，共计招收老年学员566名，开设计算机、歌咏、太极拳、手工制作、门球、舞蹈等各类课程11门，有12个班级，其中(舞蹈有2班)。到2016年12月，共开设课程266节次(532课时)，23140人次参加了学习。这样极大地丰富了老年人的业余生活，圆了老年人家门口上大学的梦想，为促进构建和谐家庭、和谐社会发挥了积极的作用。

目前，东港街道社区学院(成校)以抓好“重服务、求创新、提质量”的社区教育(成人教育)为总目标，立足本校，大胆创新，打造特色，加强服务，提升形象，努力为“幸福普陀”和新东港建设而努力！

历任校长王明忠、虞建培。

现任校长严伶俐，中共支部委员会书记虞建培

第七章　其他教育

第一节　内容概要

本章《其他教育》包含如下内容：社会培训教育、师范教育、教师进修与培训、医务人员教育与培训、宗教教育、军人培训教育、党校教育、老年大学等。

社会培训教育，多数为青少年校外教育，教育内容以文化课补充和特长培训两类为主。

普陀域内师范教育出现于1979年10月至1981年8月，是特定历史条件下的办学现象，时间虽短，作用显著，为整个舟山培养了99名中小学教师。

很长一段时期，普陀师资缺乏，教师素质城乡差异明显。新中国成立以来，普陀比较重视教师进修与培训。自1978年普陀县教师进修学校成立至2014年，接受各种形式和层次培训的教师达数万人次。

普陀地处海岛，小岛众多，居民分散，缺医少药。医务人员教育与培训，尤其是初、中级医务人员的教育与培训更为迫切。自1958年创办红专卫校至2014年，域内医务人员接受本地医学医技教育与培训的在5000人次以上。

宗教教育形式多种多样，通过佛教学院系统培养，是为主要渠道。中国佛学院普陀山学院成立于1988年，分预科、正科、研究班三个层次，每个层次又各分男众、女众班。至2014年，共培养

各层次毕业生约700名，为绍隆佛种、续佛彗命提供人才支撑。

该志所涉军人培训教育内容，仅限于舟山驻军部分军官的文化补习和对浙江军区范围内军地两用人才的培训。

普陀区委党校成立于1966年7月。50多年来，为提高全区各级党政干部理论素养、政策水平、文化素质乃至学历层次，做出了贡献；对全区基层群众进行多种形式的理论、政策宣讲。

普陀老年大学创办于1993年9月。建校伊始无专门校址，现成为舟山市办学规模最大的县（区）级老年大学，开设22门课程，有41个班级，学员1000余名，毕结业学员3300余名。学校建有“普陀老年大学社会活动服务中心”，下设10余个业余服务队，广泛服务于社会。

第二节 社会培训教育

普陀域内的社会培训教育，多数为青少年校外教育，主要有文化课补充和特长培训两类。1977年以前，普陀区几乎不存在专门针对青少年学生的社会培训学校，校外补充教育散见于家庭教育和社会教育之中，例如青少年宫之类单位。

1977年，恢复高校招生考试制度后，高考补习班、中考补习班和家庭辅导等相继出现。

普陀区社会培训学校最早出现于1977年恢复高考后的第二年。广大落榜知青以及应届未被录取的高三学生及家长，强烈要求有关教育部门给予升学辅导。普陀中学等校的复读班和“回炉”班应运而生。但复读班、“回炉”班在一定程度上对正常的高中教育产生负面影响，后被教育行政部门禁止。1985年，区电大站接过高复班辅导任务，陆续举办一定规模的非学历成人高复班，为高考升学服务。

此后，个别已退休及在职的高中教师，根据社会需求，利用双休日和寒暑假，开始举办高复班，规模逐步扩大。从此，高复班以社会力量和个人举办为主。

与此同时，中考未能考上中专和重点高中的初中毕业生，数量也相当庞大，为中复班的举办提供了潜在市场。中复班最初以“回炉”生的形式为主，六横各初中都有，沈家门各校也有一定数量，但很快被禁止。进入20世纪90年代中后期，青少年校外教育日益受到家庭和社会重视，以文化补习或艺术特长培训为目标的社会培训机构逐渐增多，综合性的补习学校开始出现。较有代表性的先后有华清、博凯、东方等文化补习学校。

1984年8月，经区政府批准，退休教师孙文继创办沈家门补习学校并任校长。先借址于总工会职工学校校舍，终设址于普陀电大站。招生对象为初中毕业生，学制一年。办学目的既为学生升学进行补习，也为安定社会做出贡献。1999年7月停办。这所补习学校，先后经历15年，共招收学生1300多名。多数学生升学，少数被各单位招工，社会反响较好。

随着社会需求的增加，以初、高中生为对象、以补习若干门主课为主的补习班大量出现，华清、博凯、东方等校很快转向此类性质。此外，也有以单科补习为主的补习学校，例如英之韵等以补习英语为主，明珠学校以辅导写作为主。

另一方面，随着高考招生中体艺类加分政策的出台，艺术类、体育类、书法类、计算机信息技术等培训班或升学辅导、培训学校也大量出现，天目艺校、华然学校即属此类之列；体委下属的游泳池举办的游泳训练班更是人满为患。跆拳道培训虽不以升学为目的，但也属社会培训学校性质。新世纪前后，个别补习学校甚至还设置过信息技术类的辅导课程。这类社会培训学校，经费、师资、校舍均由办学者自筹。

20世纪90年代后期，以提高单科成绩为主的补习班开始出现，有小学作文、奥数、英语，有初中作文、数学、科学、英语，也有高中各类单科。这类辅导规模不大，但数量不少、花样繁多，绝大多数未经审批，多以个别教师为主，有退休的，有在职的，也有其他有教学能力的。例如退休教师招收若干名学生或在职教师利用双休日辅导自己班部分学生等。

托管班是另一种特殊形式。所谓托管班，指小学放学后部分小学生无人照看，家长把这部分学生放到托管老师家，由该老师照看，辅导家庭作业等。如学生在老师家吃晚饭、住宿过夜的，为全托；学生在老师家不吃晚饭不住宿或只吃晚饭，不住宿的，为半托。

21世纪以来，众多家长急于要子女在入小学前掌握拼音知识，于是学前拼音培训班也成为社会需求，每年暑假，学习拼音的学龄前儿童为数不少。

对以上社会培训学校的管理，原则上谁批谁管理，收费经审批后有一定标准，设有收费价目表，但有一定弹性。退休教师举办的培训辅导，无单位、部门管理，也无法管理，收费随意性强，差异较大。

社会培训学校的教师多数为在职教师，客观上对学校教育带来相当冲击。为减少教师参与社会培训学校辅导给学校教育带来的影响，国家、省、市、县（区）各级教育主管部门多次做出过规定，要求越来越严，但收效甚微。

【附录一】：

舟山市教育委员会舟教发〔1997〕5号

关于加强对在职教师“家教”管理的意见（试行）

各县（区）教委（局），市属各级各类学校（幼儿园、其他教育单位）：

近几年来，我市不少地方出现了教师对学生进行有偿的家庭辅导现象，并有愈演愈烈之势，引起了各级党委、政府和社会的普遍关注和忧虑。为加强对在职教师进行家庭辅导活动的管理，现提出如下意见：

一、要加强学习宣传，进一步统一对有偿家庭辅导的负面影响的认识。

当前基础教育的紧迫任务是全面实施素质教育。为数众多的学生涉及考试课程内容的家庭辅导，是应试教育的突出表现，是与素质教育背道而驰的。在职教师把大量精力花在“家教”上，必然会影响自身的教学水平和课堂教育质量的提高。家长欢迎“家教”，多数是出于“不补不放心，你补我也补”的攀比心理，这必然导致个别辅导的盲目性，加重学生负担，有损学生的身心健康，养成学生学习上的依赖心理和上课不专心听讲的不良习惯，甚至会产生厌学情绪和学习能力下降，其效果适得其反；过多过滥的“家教”还给学生家庭增添了沉重的经济负担。极个别教师热衷于搞以营利为目的的收费辅导，把学生当作赚钱对象，这是有悖于师德规范的行业不正之风。对此，必须引起高度重视。各县（区）教委（局）和全市各级各类学校，要以党的十四届六中全会精神为指导，认真组织广大教师，深入学习《教育法》、《教师法》和《中国教育改革和发展纲要》等教育法规和有关文件，统一对过多过滥的家庭辅导的负面影响的认识，切实做好对社会、家长的宣传教育工作，把规范整顿“家教”作为一九九七年教育“塑形工程”的头等大事来抓，进一步加强师德教育，推进素质教育的全面实施。

二、弘扬敬业奉献精神，大力提倡无偿辅导。

因材施教，对确有需要的学生进行个别辅导，这是每一个任课教师的应尽责任。在新形势下，广大教师更要集中精力进修业务，专研教材，研究学生，改革教学方法，努力提高课堂教育质量，走出一条“轻负担，高质量”的新路子。要把规范整顿“家教”工作同继续深入开展学习杨学俭等先进模范人物活动结合起来。全市各级各类学校中层以上干部、共产党员和各级优秀教师，要进一步发挥表率作用，带头不搞有偿辅导，为倡导良好的师德风范做出积极的贡献。

三、健全制度，规范行为，加强有偿家庭辅导的管理。

从一九九六学年第二学期起，在对学生家长进行正确引导的前提下，教师在认真完成本职工作后，经家长申请，学校审批同意，可利用少量业余时间，接受学生家长聘请，对个别确有需要的学生进行家庭辅导。教师接受有偿辅导必须遵守下列规定：

1. 坚持自愿原则，即不请不教。任何教师不得动员和组织学生接受各种形式的有偿辅导；任课教师不得对所任教班级学生进行有偿辅导。

2. 合理安排辅导时间和人数。教师利用业余时间（包括晚上、双休日和寒暑假）进行有偿家庭辅导每周累计不超过六课时。同一时期每位教师至多带两名（含全托或全托型的辅导生，也包括除子女外的其他学生）。

3. 合理接受酬金。每课时酬金标准暂定为：中学高级教师15元，中学一级教师、小学高级教师12元，中、小学初级职称的教师10元（其他职称的教师参照上述标准），由家长自愿付给。上述酬金标准为教师每课时的授课报酬金总额，由接受辅导的学生自愿分摊。任何教师均不得自定标准高额收费。对愿意超标准付给酬金的学生家长，要婉言谢绝。

4. 有偿家庭辅导应在学生或教师家中进行，不得利用学校的一切教学设施，也不得在校外租借教室。

5. 不服从校务工作安排，不接受校内代课任务的教师以及见习期教师、因病因事请假或要求照顾减轻工作量的教师不得参与有偿家庭辅导。

6. 接受有偿家庭辅导聘请的教师要认真备课，因材施教，保证质量。

各县（区）教委和学校要切实加强对有偿家庭辅导的管理和监督，健全管理制度，规范家教行为。学校要专门落实一名领导和一个部门（一般为教导处）分管这项工作。对有偿家庭辅导的申请、审批和监督管理可按如下程序进行：

（1）由学生家长向拟聘任教师所在的学校提出家教聘请要求。

（2）学校发家教登记表一式三份给学生家长填写（表格内容包括学生姓名、所在学校、年级、要求家庭辅导的学科与理由，拟聘请的辅导教师姓名、辅导地点、时间，还应有所聘任教师意见和学校审批意见）。

（3）学校分管部门和分管领导审批，批准后通知学生家长和辅导教师，并将登记表一份存档，二份分别报县（区）教委（局）人事科、教育科（市属学校报市教委政治处、教育处）备案。

（4）辅导教师每学期写一份家教工作小结给学校。

（5）家长每学期向学校作一次家教情况反馈。

以上意见请在全体教师中认真转达贯彻，并向学生家长作好宣传。

各县（区）教委（局）和全市各级各类学校（幼儿园和其他教育单位）都要按本意见的要求对在职教师的有偿家庭辅导进行规范。任何教师违反上述有关规定的，一经举报查实，责令退出所收款项，给予通报批评，并与年度考核、职称评聘等挂钩，情节严重的要按有关规定给予纪律处分；对家教管理不力的学校当年不得评先进，并视情节轻重追究学校领导相应责任。

舟山市教育委员会

一九九七年二月十五日

【附录二】：

浙江省教育厅办公室关于严禁中小学暑假期间组织学生违规补课的通知

浙教电传〔2013〕278号

各市、县（市、区）教育局：

暑假将至，近期省教育厅接到学生及家长有关学校组织学生违规补课的投诉比较多，许多学生及家长反应非常强烈。为切实规范中小学办学行为，切实减轻中小学生过重的课业负担，让师生度过一个轻松、愉快、安全而有意义的暑假，现就严禁中小学暑假期间组织学生违规补课通知如下：

一、严禁暑假违规补课。各地要按照当地制定的教学行事历统一安排放假、上学时间，不得随意变更。除经当地教育行政部门批准，可组织高中毕业班学生集中进行不超过两周的文化课补习外，各学校不得组织任何其他年级中小学生利用节假日进行违规补课、上新课或以各种名目举办文化补习班、培优班、提高班等。严禁出借学校场所用于举办针对中小学生的文化补习班，严禁与校外机构合作举办各类补习班，严禁组织或诱导学生到社会培训机构进行补课、培训等。

二、加强高中毕业班学生假期补习管理。提倡将完整的暑假还给学生，高中毕业班学生确需文化课补习的，需学生自愿向学校提出申请，学校报主管教育行政部门批准备案后方可进行。高中毕业班学生假期集中文化课补习，应主要用于“查漏补缺”，不得上新课，不得收费，时间不得超过两周。学校必须做好上课期间的安全工作。

三、合理安排学生假期生活。要切实加强家校沟通与合作，利用家长会、《告家长书》、家访、校讯通等多种途径，及时了解、帮助和引导学生科学安排好暑假期间的学习生活。要让学生做一些力所能及的家务劳动，增强自理能力和孝敬老人、服务社会的意识。要对中小学生书面暑假作业实行总量控制，提倡布置有利于学生动手动脑、提高实践创新能力的活动类、实践类、探究类作业，确保学生有充分的自主安排假期活动的时间。要密切与村居、社区的联系，引导和鼓励中小学生利用假期积极参加有益于身心健康、陶冶情操的文体活动和社会实践。

四、严肃查处违规补课行为。各级教育行政部门要建立暑假违规补课举报、督查制度。按照“谁主管、谁负责”的原则，加强对辖区内中小学办学行为的监管。要充分发挥督导作用，在督学责任区内积极开展督查，对违规补课或其他加重学生课业负担的行为，发现一起，查处一起，反馈一起。省教育厅将通过明察暗访等形式对各地暑假违规补课情况进行督查，对查实有严重违规补课行为的市、县（区），暂缓对其进行义务教育发展基本均衡市、县（区）评估；对查实普通高中学校有违规补课行为的，暂缓对其进行普通高中特色示范学校评估；对出现违规补课学校较多的市、县（区），除按照有关规定处理外，省教育厅将对教育局主要负责人和分管负责人实行约谈。

浙江省教育厅办公室

2013 年 7 月 4 日

第三节　师范教育

舟山师范普陀分校（简称普陀师范）开设于 1979 年 10 月，学制两年，举办普通师范一届，撤销于 1981 年 8 月。

普陀域内此前无师范教育，此后也无师范教育，普陀师范是特定历史条件下的办学现象。1966 年，“文化大革命”开始至 1979 年初，舟山师范基本处于停课或停办状态。舟山境内中小学教师极度缺乏，严重制约教育活动正常进行。经市、县两级教育部门多次协商，决定利用自身力量，在普陀临时举办一届普通师范。

1979 年上半年，普陀教育局任命普陀县（筹）进修学校副校长陈亨锦为普陀师范校长，并负责筹建。学校选址于荷外已撤销的水产子弟学校。校舍较为简陋，甚至破败，无时间无资金作全面修缮。学校参加当年定向性的统一招生，招收学生 100 名，实到 99 名。生源文化程度为高中毕业，部分为应届高中毕业生，部分为复读后的高中毕业生。其中普陀籍 35 名，定海籍 34 名，岱山籍 29 名，嵊泗籍 1 名。考生报名时须填写“服从分配”一栏。不少考生考虑到升高校把握不大，读师范生活、工作有保障，亦愿配合。学制二年。教学大纲、教材、课时基本采用普通师范标准，设课齐全，且侧重教材教法。教学班子齐备，有专职教师 10 名，兼职教师 6 名，学历程度、教学经验、师德修养均属上乘。

学生报到、学校开学后，学生的表现令人满意。整个学校生气勃勃，师生关系融洽和睦。

1980 年上半年，党支部书记方伯开到任。

1981 年上半年，全校学生按计划分散到全区各地小学进行一个多月教学实习。赢得实习学校师生良好口碑。至 1981 年 7 月，经近 2 年系统学习，全体学生顺利毕业。

毕业生分配采用“哪来哪去”原则，各自回到原籍县区。普陀县 35 名学生大部分分配到初级中学任教，其余分配在小学；其他县区学生基本分配在各小学。部分普陀籍分到初中任教的学生刚一毕业，就按计划进入普陀电大英语专业班培训，学成后担任初中英语教师。不久，大都成为该学科骨干教师。在小学任教的，先后成为各校教学中坚。若干年后，该届毕业学生多数走上学校领导岗位，有的成为教育局领导或政府部门领导。

第四节　医务人员教育与培训

旧时，普陀域内无专门医学教育培训机构，多以师徒传承形式延续中医学。

民国 34 年（1945），存济医院开办初级护士培训班，共 5 期，每期学员 10 名，学制一年或一年半。

1958年12月，创办县红专卫生学校。无专门校舍，借用原普陀中学用房开办初级护理班，学员73名，专任教师2名，余为县人民医院医务人员兼任。学制二年。1961年停办。

1966年，创办半农(渔)半医卫校，借址鲁家峙农业中学用房，后迁入县防疫站，再迁址普陀山。学制二年半，培养半农(渔)半医生产大队卫生人员50名。1973年，开办短期医训班，先后培训赤脚医生、船队保健员600余名。1977年5月，借用普陀山疗养院用房，创办县“6·26”卫生学校，有教职员工7名。9月，培训医疗单位初级医务人员25名，学制一年。1978年9月，培训第二批医务人员50名，学制一年。

1970—1977年，舟山卫校举办6期西医离职学习中医培训班，普陀县32名西医人员参加，时间6个月至1年不等。1975—1977年，县中医院招收学徒25名，其中代培5名；由县卫生局组织，县中医院承办培训班1期，学员10名，时间8个月。是年，招收全民所有制中医学徒3名，其中县中医院2名，县人民医院1名。

1978年5月，再迁址沈家门大平岗，占地10000平方米，建筑面积2000平方米，设教学、办公、寝室、食堂、解剖等用房各一幢。1979年11月，经省卫生厅批准，改称普陀县卫生进修学校(简称普陀卫校)。1979—1983年，举办在职初级医生、技术人员培训班和招工人员上岗培训班2期，学员64名。

1981年，舟山卫生干校举办提高班，学制二年，普陀学员7名。1983年，第二期提高班，学制二年半，普陀学员10名。1988年6月，由浙江医科大学与舟山卫生学校合办医学专业大专班，学制三年，毕业后定向分配，普陀学员16名。

1984年7月，普陀卫校迁址鲁家峙部队营房。1984年9月—1985年8月，与鲁家峙渔业队合办鲁家峙门诊部。1985年9月，迁回大平岗。1986年，有教职员工11名，设教务处、总务科。

1986—1989年，举办护士班一期，学员40名，学制三年；精神病护士班一期，学员47名，学制二年；乡村中医医士班一期，学员45名，学制三年；乡村医生医士班一期，学员44名，学制三年。

1986年，护士中专自学考试开始，合格者发给毕业证书，承认学历。普陀首次报考学员40名。1989年，增加医士、中医士两个专业。1990年，开考浙江省高等中医自学考试。1998年，开考农村社区医学专业。

1990年，举办计划生育宣传员培训班一期，学员41名，学制一年。

1992年，普陀卫校在沈家门东海中路500号开办门诊部，后迁蒲湾一区，由业务教师轮流坐诊，至2000年停诊。

1996年，参加温州医学院临床医学专业专科函授学习34名，护理专业10名，妇产科1名；本科函授班招收普陀临床医学专业155名，护理专业28名，医学检验专业14名。

1997年，开展临床住院医师规范化培训和中高级卫生技术人员在职医学继续教育。翌年起，各医疗单位每年都安排中高级卫生技术人员参加省级以上继续教育项目。至1999年，参加临床住院医师培训100名，其中中医师12名。

1991—1997年，举办乡村医生函授班4期，学制二年半或三年，函授学员共189名。1998年，开办45岁以上乡村医生培训班一期，学员44名，学制一年。

2001—2003年，开办乡村医生全科医学函授班3期，共计学员223名，学制二年。

2000—2003年，浙江大学医学院函授研究生班招收普陀学员10名。

2004年，开办农村卫生人员中专学历教育函授班1期，学员90名，学制一年。2006年，开办乡村医生执业注册培训函授班1期，学员182名，学制一年(2007、2008年，无培训班)。

2005—2008年，温州医学院函授研究生班招收普陀籍学员11名。浙江大学远程教育学院招收本科层次普陀籍学员17名，其中临床学10名，护理学7名。至2008年，域内医务人员有259名参加浙江医科大学、温州医学院等函授学习，毕业235名。

1958—2006年普陀区卫生进修学校3个月以上培训班情况表

表2-131

年　月	名　称	人数(名)	学　制
1958.12	初级护理班	73	二年
1966.9	半农(渔)半医卫生人员班	50	二年半
1975.7	渔农村保健医生班提高班	51	四个月
1975.11	渔农村保健医生提高班	48	四个月
1977.4	招工人员医训班	55	三个月
1977.9	初级医务人员提高班	25	一年
1978.9	初级医务人员提高班	50	一年
1979.3	赤脚医生提高班	42	一年
1979.12	药剂员培训班	16	三个月
1986.9	八六级护士班	40	三年
1987.9	精神病护士班	47	二年
1988.9	乡村中医医士班	45	三年
1989.9	乡村医生医士班	44	二年
1990.9	计划生育宣传员培训班	41	一年
1991.2	第一届乡村医生函授班	42	三年
1992.9	第二届乡村医生函授班	46	二年半
1993.9	第三届乡村医生函授班	46	二年半
1997.9	九七级乡村医生函授班	55	二年半
1998.10	45岁以上乡村医生培训班	44	一年
2001.9	2001级乡村医生全科医学函授班	79	二年
2002.9	2002级乡村医生全科医学函授班	99	二年
2003.9	2003级乡村医生全科医学函授班	45	二年
2004.9	农村卫生人员中专学历教育函授班	90	一年
2006	乡村医生执业注册培训班	182	一年

注:2007年、2008年后无培训班

2005年,普陀卫校办公地点迁至沈家门新开路105号区卫生局内。2006年,迁至沈家门东海东路68号卫生局八楼。同年12月,区卫生局决定在区卫生学校基础上,成立区卫生系统健康教育学校。现任校长兼书记沈飞轮,副校长贺松彩。

普陀卫生进修学校历任负责人名录表

表2-132

姓　名	职　务	任职时间	备　注
朱　松	校长(兼)	1958.12—1959.12	县红专学校
芦彗芳	副校长(主持工作)	1960.6—1960.12	—
罗金和	校长	1966—1969	县半工半医卫校
施之义	负责人、书记	1973—1976(书记1974—1975)	—
王仕成	副校长、副书记	1974.11—1975.12	—
王仕成	校长、书记	1976.1—1978.8	1977年改称为“6·26”卫校
姜树泉	校长(书记)	1978.9—1984.4	1978年改称为县卫生学校
孙广魁	副校长(书记)	1978.9—1979.12	县卫生进修学校(1979.12指标并入妇保所)
张公望	主持工作	1984.6—1984.8	—

续表 2-132

姓　名	职　务	任职时间	备　注
应圣宝	副校长	1984.9—1987.6	1987 年改称为区卫生进修学校
应圣宝	校长	1987.7—2001.9	—
王子腾	副校长	2001.10—2005.2	—
王子腾	校长（书记）	2005.3—2008.12 （2008.4—2008.12 书记）	2006 年增挂区健康教育学校 （独立建党支部）
贺松彩	副校长	2005.3 至 2014	—
沈飞轮	校长（书记）	2008.12 至 2014	2008 年增挂区健康教育所

2008 年 3 月，经普陀区机构编制委员会批准，成立普陀区健康教育所，与区卫生进修学校实行一套班子两块牌子管理模式，为区卫生局直属全民事业单位，是全区健康教育与健康促进业务技术指导中心。其主要职责为组织、指导城市社区和渔农村开展公共卫生服务中的健康教育与健康促进工作，制定考核评估标准，并进行质量和效果评估，促进社会健康环境的建立和人群健康行为的形成；开展大众卫生科学知识传播活动，向社会提供预防保健的相关知识服务，建立和发展健康教育信息网络，督查指导健康教育；开展继续健康教育，举办乡村医生、责任医生培训班，举办多层次的健康教育知识、技能培训等。

2008—2014 年，区健康教育所对社会各界举办各种培训班 7 期，受众 977 人次，各种健康宣讲 428 次，受众 39372 人次。现任所长沈飞轮，副所长贺松彩。

2008—2014 年各种健康宣讲情况表

表 2-133

2008 年		2009 年		2010 年		2011 年		2012 年		2013 年		2014 年	
宣讲次数	受众人次	宣讲次数	受众人次	宣讲次数	受众人次	宣讲次数	受众人次	宣讲次数	受众人次	宣讲次数	受众人次	宣讲次数	受众人次
25	627	87	6397	62	6030	65	5714	67	7482	48	4653	74	8469

第五节　宗教教育

中国佛学院普陀山学院位于舟山市普陀区朱家尖街道莲花村香莲路。前身为普陀山佛学院，创办于 1988 年，院址在普陀山福泉禅林。

“文化大革命”结束后，普陀山妙善大和尚在陆续兴复全山众多寺庵的同时，着手筹建普陀山佛学院。1987 年，普陀山佛教协会组成筹委会，经一年筹备，起草《普陀山佛学院组织大纲》《教学大纲》和《佛学院规章制度》。1988 年，经普陀山佛协理事会扩大会议讨论通过，省教委批准，普陀山佛学院成立。院址选在福泉禅林。妙善大和尚兼任院长，悟道、道生、圆真、王德明（佛协秘书长）为副院长，圆真兼任教务长，福泉禅林监院华证兼任总务长。

1987 年 3 月，普陀山佛学院招收第一届男众预科班学僧 45 名。定学制为预科二年，正科四年。1996 年，改为预科三年，正科三年，研究班三年。

课程设置：佛学课占 70%，文化课占 30%。专科班，研究班以天台教观为主课，侧重培养天台宗的传灯人才。

1987—1997 年，学僧由初招时的 45 名增至 180 名。预、正科学僧共学完 45 门课程。毕业 209 名。确定办院方针为“学修一体化，学僧生活丛林化”。加强学与修的管理，制订上殿、过堂、修观、念佛、僧仪、僧纪管理制度，坚守闻、思、修“三慧”原则。教师由 5 名增至 31 名。

规划跨世纪办学蓝图为“一院带五校”，形成“一枝发五叶”格局：一分校设于学院本部—福泉禅林，为男众正、预科班；二分校设在隐秀庵，为男众学戒堂，作为男众班学源基地；三分校设于临安天目山普照寺，为男众天台宗研究班；四分校设在正法讲寺，为女众正、预科班；五分校设于伴山庵，为女众研究班。

1989年7月，88届（首届）男众预科班于福泉禅林举行毕业典礼，毕业学僧35名。

1990年9月，录取90级男众预科班学僧45名，男众正科班学僧8名。

1991年上半年，佛学院创办《梵音》学刊。

1992年7月，92届男众预科班23名学僧毕业。9月2日，录取92级男众预科班学僧42名。

1993年8月，首届正科班学僧惟国法师在法雨寺闭关潜修，于1997年出关，并举行隆重开关法会。同年6月，93届男众正科班于福泉禅林举行毕业典礼，毕业学僧8名。8月23日，录取93级女众预科班学僧26名。

1994年7月，94届男众预科班学僧35名毕业。同年9月1日，录取94级男众预科班学僧38名、男众正科班学僧20名。

1995年7月，录取95级女预备班学僧28名、女众正科班学僧12名。7月4日，女众预备班在观音洞举行毕业典礼，毕业学僧23名。

1996年6月，妙善院长召开常务理事，研究决定佛学院定为“三三”九年制格局，即预科三年、正科三年、研究班三年。

普陀山佛学院“三三”九年制课程科目表

表2-134

<table>
<tr><td></td><td colspan="5">一、佛学类</td></tr>
<tr><td rowspan="14">三年制预科课程科目表</td><td colspan="2">梵呗（一年）</td><td colspan="3">八识规矩颂（半年）</td></tr>
<tr><td colspan="2">法苑谈丛（半年）</td><td colspan="3">俱舍论（一年）</td></tr>
<tr><td colspan="2">劝发菩提心文沩山警策文（半年）</td><td colspan="3">童蒙止观（半年）</td></tr>
<tr><td colspan="2">二课合解（一年）</td><td colspan="3">教观纲宗（半年）</td></tr>
<tr><td colspan="2">教三经（半年）</td><td colspan="3">六妙门（半年）</td></tr>
<tr><td colspan="2">佛学基础（一年）</td><td colspan="3">三论总纲要（半年）</td></tr>
<tr><td colspan="2">成佛之道（半年）</td><td colspan="3">三论玄义（半年）</td></tr>
<tr><td colspan="2">菩提道次第颂（半年）</td><td colspan="3">金刚般若经（半年）</td></tr>
<tr><td colspan="2">沙弥律（半年）</td><td colspan="3">大乘起信论（半年）</td></tr>
<tr><td colspan="2">四分戒本（半年）</td><td colspan="3">十六观经（半年）</td></tr>
<tr><td colspan="2">菩萨戒本（半年）</td><td colspan="3">印度佛教史（一年）</td></tr>
<tr><td colspan="2">百法明门论（半年）</td><td colspan="3">中国佛教史（一年）</td></tr>
<tr><td colspan="5">二、公共文化类</td></tr>
<tr><td>语文</td><td>英语</td><td>时政</td><td>历史</td><td>书法</td></tr>
</table>

<table>
<tr><td></td><td colspan="2">第一学年</td><td colspan="2">第二学年</td><td colspan="2">第三学年</td></tr>
<tr><td rowspan="12">三年制预科班课程设置</td><td>上半年</td><td>下半年</td><td>上半年</td><td>上半年</td><td>上半年</td><td>下半年</td></tr>
<tr><td>梵呗</td><td>梵呗</td><td>成佛之道</td><td>童蒙观止</td><td>俱舍论</td><td>俱舍论</td></tr>
<tr><td>印度佛教史</td><td>印度佛教史</td><td>百法名门论</td><td>百法名门论</td><td>俱舍论</td><td>俱舍论</td></tr>
<tr><td>佛学基础</td><td>佛学基础</td><td>二课合解</td><td>二课合解</td><td>金刚经</td><td>金刚经</td></tr>
<tr><td>遗教三经</td><td>法苑谈丛</td><td>菩萨戒</td><td>劝发菩提心、沩山警策文</td><td>三论宗纲要</td><td>三论玄义</td></tr>
<tr><td>沙弥律</td><td>四分戒本</td><td>中国佛教史</td><td>中国佛教史</td><td>菩提道次第颂</td><td>十六观经</td></tr>
<tr><td>语文</td><td>语文</td><td>语文</td><td>语文</td><td>语文</td><td>语文</td></tr>
<tr><td>英语</td><td>英语</td><td>英语</td><td>英语</td><td>英语</td><td>英语</td></tr>
<tr><td>时政</td><td>时政</td><td>历史</td><td>历史</td><td>时政</td><td>时政</td></tr>
<tr><td>历史</td><td>历史</td><td>时政</td><td>时政</td><td>历史</td><td>历史</td></tr>
<tr><td>书法</td><td>书法</td><td>书法</td><td>书法</td><td>书法</td><td>书法</td></tr>
</table>

三年制正科班课程科目表	一、佛学类		
	天台教学史(一年)	唯识三十论(一年)	楞严经(一年)
	华文句(一年半)	圆觉经(半年)	六祖坛经(半年)
	天台思想(半年)	摄大乘论(一年)	因明入正理论(半年)
	中 论(一年)	解深密经	五教义(半年)
	维摩吉经(一年)	无量寿经(一年)	—
	肇论	净土教理史(一年)	—
	二、公共文化类		
	古汉语(三年)	英语(二年)	西方哲学史(一年)
	写作(二年半)	职工哲学简史(一年)	—

	第一学年		第二学年		第三学年	
三年制正科班课程设置	上半年	下半年	上半年	下半年	上半年	下半年
	天台教学史	天台教学史	法华文句	法华文句	法华文句	天台思想
	中论	中论	维摩吉经	维摩吉经	肇论	肇论
	唯识三十论	唯识三十论	摄大乘论	摄大乘论	坛经	楞严经(因明入正理论)
	无量寿经	无量寿经	净土教理史	净土教理史	楞严经	楞严经
	古汉语	古汉语	古汉语	古汉语	解深密经	古汉语
	英语	英语	英语	英语	古汉语	五教义
	写作	写作	写作	写作	写作	圆觉经
	中国哲学简史	中国哲学简史	西方哲学史	西方哲学史		

三年制研究班课程设置	法华经	摩诃止观	课程由辅导老师安排
	法华玄义	与天台有关的经论	

1996年7月,96届男众预科班33名学僧毕业。9月,录取96级男众预科班学僧47名、男众正科班学僧20名。是年9月,普陀山佛学院主办的中国现代第一所专门研究天台宗的研究生班在中天目山普照寺成立,有研究生7名,聘请沈仁岩居士为导师。同年12月,佛协常务理事会研究决定,女众正科班设于伴山庵,预科班改设于正法讲寺。

1997年1月,女众预科班校址从观音洞迁移至伴山庵。同年6月,97届男众预科班33名学僧毕业。

1998年3月,佛学院向全国各地发出招生简章,拟定该年招收98级男、女预科班学僧各50名,男、女正科班学僧各30名。同年6月,98届男众、女众正科、预科班于福泉禅林举行毕业典礼,毕业学僧共计58名。同年8月,98级180名新僧录取名单公布,其中男众正科33名,预科57名;女众正科33名,预科57名。同年9月,98级男、女众正、预科四个班级新学僧在普济寺举行隆重开学典礼。

2010年5月,普陀山佛教协会成立中国佛学院普陀山学院办学筹备领导小组,着手学院各项办学筹备工作。2010年8月,原普陀山佛学院男众部顺利搬迁至新校区办学。

2011年4月,国家宗教事务局召开由中国佛教协会、中国佛学院、省民宗委、市委统战部、市民宗局、普陀山佛教协会等相关部门参加的“中国佛学院教育学院(筹)”更名及管理体制协调会,后正式批复同意“中国佛学院教育学院(筹)”更名为“中国佛学院普陀山学院”(国宗函〔2011〕175号)。7月,学院隆重举行“中国佛学院普陀山学院”授牌剪彩典礼。有学员165名。

中国佛学院普陀山学院,与海天佛国普陀山隔水相望。它紧邻普陀山机场,西接宁波,北依上海,地处长三角三小时经济圈内,交通条件十分优越。学院总占地面积约200000平方米，总建筑面积达49970平方米，工程造价约3.6亿元人民币。整体建筑采用唐代风格，布局遵循古今丛林规制，严谨宏大，同时不失精巧自然的园林特色。其建筑群落按功用可划分为四大区域：以学院正门、国际会议中心和参学会馆等对外交流区域组成的前区；以普陀讲寺和八宗院等宗教活动区域组成的中心区；以行愿楼、师资寮、学僧寮、斋堂等学习生活区域组成的西区；以行政院、智慧阁等后勤保障区域组成的东区。各自互为依托，错落有致。

中国佛学院普陀山学院定校训为“常随佛学，信行合一”。实行全日制教育，采取僧团内部招生方式。成为学员需要满足三方面要求，即必须是年满18～32周岁的无婚恋关系人员；身体健康，五官端正，无残疾的青年僧人；最低要达到高中学历和通过招生考试。朱家尖新院于2012年8月开始招生，面向全国首次录取新学员78名。实行全日制本科教育，学制四年。学员在校期间接受华东师范大学网络学院高等教育，学习佛学概论、佛教史、古典文学、现代文学、中西哲学及外语、书法、音乐、体育、计算机等30余门课程。

2012年1月，在学院现有以原普陀山佛学院名义招生的男女众正科各1班，预科2班，学僧167名，教师41名。因院址搬迁，该年未有毕业生。

2013年，招男众1个预科班，1个本科班；女众1个班。毕业生45名。

2014年未招生。毕业生35名。

至2014年，中国佛学院普陀山学院共有在校人员210名，有教师40余名。毕业学僧共约700名。

现任院长道慈。

普陀山佛学院组织机构示意图

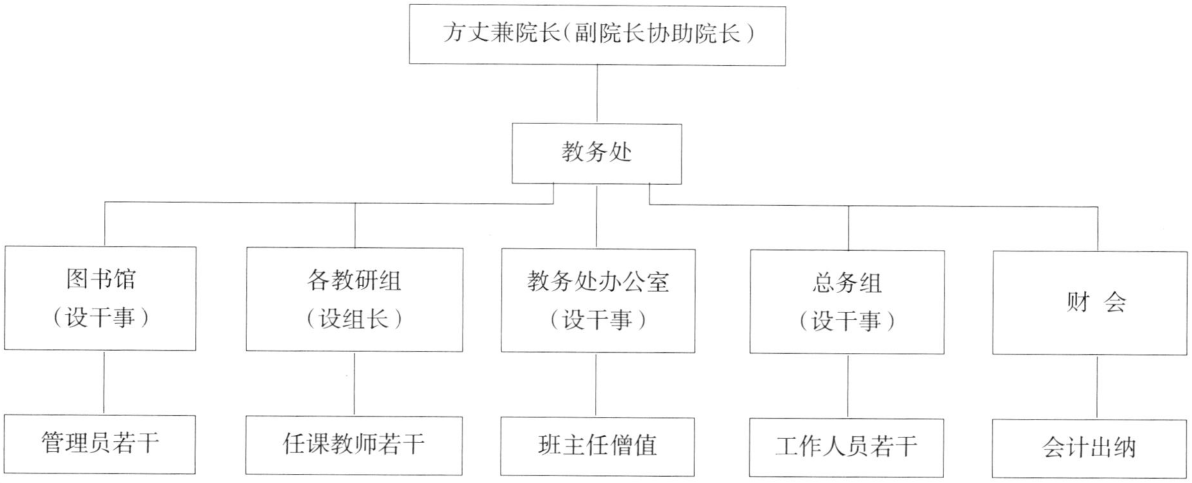

【附录一】：

普陀山佛学院组织章程

为适应日新月异的僧伽教育形势，加速普陀山僧伽教育事业的发展，切实加强教学第一线工作的领导，强化教学管理，探索佛学院规范化建设的途径，特制定《普陀山佛学院组织章程》。

第一章　总　　则

第一条：我院实行方丈兼院长领导下的教务长负责制。

第二条：我院实行教务处总理教务、总务、寺务的统一管理制度。

第二章　机构与岗位设置及其职责

第三条：院部，设院长一名，副院长若干名。

院长由方丈兼任，负责佛学院全面工作的宏观领导，制定远景规划，决定重大问题（最后确认学校体制、培养目标、办学方向、学制、教学体系以及重要的人事任免等）；责成和审定教务处制定多种工作计划,并检查实施情况。

副院长协助院长工作,督促重大方针的贯彻与实施。

第四条:教务处综理学院行政工作,设教务长一名,副教务长若干名。

教务长负责教务、总务、师资、学生管理等工作规范与实施;领导教务处和全院师生贯彻本院教育方针;领导校风(道风、学风)的建设;健全各种规章制度、工作制度;主持制订教学计划,下达教学任务;负责师资队伍建设;根据实际工作需要,安排教职员工的工作;主持招生、分配工作;负责对外交流;主持教务和教师会议。其工作向院长负责。

副教务长,协助教务长工作,重点抓教学工作与学风建设,以促进教学质量。负责教学进度、教学评估、备课检查、教学观摩、组织各种考评等工作。

第五条:教务处下设"教务处办公室",设教务干事一至二名,负责教务处办公室日常事务性工作;负责编制教学日历、课程表、招生事务、学生学籍管理等事宜;协调临时调课,教科书及文具发放等工作。

第六条:教务处下设总务组:设干事职务,负责全院固定财产和生活物资管理;负责全院师生的生活安排;负责本院所属的寺庙管理及一般接待工作。

第七条:按学科性质设教研组(如佛教基础教研组、唯识教研组、中观天台教研组、公共课教研组等)。各组设教研组长一名,负责本学科教学工作,包括编制本科教学计划,教学经验交流,共同解决教学中的各种问题,帮带青年教师提高,听取教师意见和建议,及时向教务处汇报工作进展情况和出现的问题等。

第八条:设立僧值每个教学点各一名,负责律仪、殿堂、道风。其工作向教务处负责。

第九条:每班设班主任一名,由教(法)师兼任。其基本职责为综理班务,负责本班学生工作。包括:促进学僧道风、学风的建设;督促学僧遵守规章制度和学校纪律;做好学僧的思想工作;关心学僧生活;协助僧值维护殿堂纪律;发现问题,及时向教务处反映。其工作向教务处负责。

第十条:图书馆设干事一名,其职责范围包括:图书馆的各项工作(采购、编目、管理、借阅等)、阅览室工作、教科书的采购与发放、本山本院史资料等。其工作向教务处负责。

第十一条:财会组设会计、出纳各一名,按财会制度工作,接受佛协财务组业务指导,行政关系隶属教务处。

第十二条:尼众部由教务处统一管理。其日常的教务、总务方面的事务性工作,由教务处安排干事若干名,专职负责。

第三章　附　　则

第十三条:在必要时,可设立学僧工作组,由一名副教务长、僧值、班主任共同组成。负责学僧道风、学风、纪律等。

第十四条:各部门干事,由普通职事承担,其请职、待遇一般比法师底。尼众干事不挂牌。

第十五条:本章程由颁布之日起实行。

第六节　军人培训教育

本志所涉军人教育,专指部队与地方教育部门合作,对部分现役军人进行的短期文化培训和军地两用人才培训。

"普陀驻军高中文化速成班"属短期文化培训,是20世纪80年代由当时普陀驻军普陀守备区(师级单位,驻地在桃花岛)与普陀县教育局的军民共建项目之一,旨在提高普陀驻军干部的文化水平。速成班共两班,每班学员60名,自1984年4月开始至7月结束。学员为来自普陀本岛、桃花、六横、朱家尖、普陀山等地驻军的连级至副团级干部。办班地点设于六横中学。课程设置为语文、数学、英语、物理、化学、历史、地理基础知识,采用全日制短训速成班形式。食、宿、教、学一体化。教师、教材由六横中学配备、配置,后勤保障由当时普陀驻军六横团部提供。1984年7月,学员经考核学习成绩合格,由六横中学发给结业证书。结业后,学员"原来原去"。1985年,因人民解放军百万裁军停办。

"军地两用人才培训",也是普陀区军民共建项目之一。受舟山警备区司令部委托,1995年7月,普陀技工学校实训处与舟山警备区司令部后勤相关部门对接,开展军地两用人才培训。培训内容为中餐烹饪和中式面点制作。培训时间为每年暑期7月中旬至8月中旬,为期一个月。课程开设主要有烹饪理论、营养配餐、面点、冷菜、热菜、冷菜装饰雕刻等。2013年7月，区职教中心（原普陀技工学校已并入）开设一期电工（维修项目）培训。主要教材采用学校校本课程开发教材（增加部队大锅菜的做法部分）。师资配备以学校烹饪组专业教师为主，外聘舟山域内酒店相关厨师为辅。培训地点设在学校烹饪操作室。1995—2008年，参训学员主体为舟山警备区。2008年始，参训学员扩大为省军区后勤人员。学员受训后参加普陀区人力资源和社会保障局组织的考证，可考取中餐烹饪初、中级证书，中式面点初、中级证书，维修电工初、中级证书。

1995—2015年，区职教中心共为舟山警备区、浙江省军区开设军地两用人才培训班21期，受训学员1600名左右。

舟山警备司令部主要领导（或分管领导）出席每期开训仪式。2007年8月，省军区徐乃飞副司令员亲临视察。2008年，区职教中心被浙江省军区授予“浙江省军区厨师培训基地”。

第七节　党校教育

1955年5月，普陀创建县委干部学校，初址沈家门镇荷外原真武宫，1957年迁至泗湾天丰寺，1958年2月随县撤销。1966年7月，成立县委党校，1973年8月迁同济路，1995年搬迁到东港海莲路205弄26号。

20世纪50年代，以轮训形式配合渔农业合作化，学习中共中央《关于农业合作化问题的决议》和党的基础知识等，举办各类培训班11期，轮训合作社社长、会计、妇女主任、党团员等1723人次。1972年6月，改办“毛泽东思想读书班”，至1976年，举办10期，受训学员1011人次。

1978年，新建学员宿舍楼1000平方米。1984年，建教学楼1100平方米。1979—1981年，举办党员干部轮训班23期，受训学员1974人次，主要学习内容为中央十一届三中全会精神和实践是检验真理的唯一标准等。

1982—1983年，举办“十二大”文献、《邓小平文选》《陈云文选》，胡绳《从鸦片战争到五四运动》等内容学习班15期，参加学习1021人次。1983年9月，举办高中文化进修班，学员29名。

1984—1986年年底，长期培训和短期轮训相结合，举办轮训班5期，受训干部687人次，内容主要为学习中央《关于经济体制改革的决定》、十二届六中全会精神及《整党决定》、马克思主义基本理论。1984年、1986年举办干部中专班，学员76名。1985年9月，成立浙江省中等刊授政治专业学校普陀辅导站，招收政工专业学员300名。

1994年3—12月，举办公务员培训班二期，每期6个月，培训人数839名，参加对象为区党政机关干部。1995年5月中旬至6月中旬，举办区管干部公务员培训班1期，培训431名。培训内容为《公共行政学概念》《行政法学》《机关应用文写作》《公务员条例释义》《调查研究》5门课程，经考试学员全部合格。

1994年6月，投资650万元在东港开发区兴建普陀区委党校新校舍，占地面积6600平方米，总建筑面积4200平方米，拥有教学楼和住宿楼各一幢，标准教室6间，可容纳200人报告厅1个。

1987—1995年，以岗位培训、短期轮训为主，共举办各种培训班65期，每期社会实践6～12天，理论培训40天。培训对象有副科、副乡级以上干部、乡镇党委宣传、组织委员，妇女、计划生育等专职干部，乡镇人大主席团常务主席、区属企业单位厂长总经理，渔农村党支部书记及机关单位青年骨干等共5438人次。

1991年前，理论培训的主要内容为学习党的十三大文献、坚持四项基本原则、乡镇政权建设等；理论培训班学习《马克思主义概论》《中国社会主义建设问题》及科学社会主义理论等；对青年干部进行基本路线、基本国情教育；对渔农村党支部书记组织时事政策、党的基本知识学习。

1992年后，理论培训的主要内容为学习邓小平视察南方重要讲话和党的十四大精神,学习中国特色社会主义理论、社会主义市场经济理论、党的建设理论、精神文明建设和《邓小平文选》三卷。通过学习,进一步解放思想,更新观念,提高理论水平,对促进经济体制改革和精神文明建设等方面起到重要作用。

1987—1995 年普陀区委党校培训情况表

表 2-135

年份	培训班期数	培训人次	参加学习人员	主要学习内容
1987	7	563	副科、副乡以上干部	坚持四项基本原则,《马克思主义基本理论》
1988	7	414	乡党委宣传委员、企业单位支部书记、厂长、经理	党的十三大文件、乡镇政权建设、有关外向型经济理论
1989	8	578	副科、副乡以上干部,区机关一般干部、组织工作干部	《马克思主义概论》、《中国社会主义建设问题》、党的十三届四中全会文件
1990	9	692	副科、副乡以上干部,乡党委宣传委员、区属单位青年干部	《马克思主义哲学纲要》、基本路线基本国情、时事政策、党的建设理论
1991	11	954	副科、副乡以上干部,镇乡党委宣传委员,企业政工干部、妇女干部、计划生育干部、乡镇人大主席团常务主席	科学社会主义理论、基本路线基本国情
1992	7	747	副科、副乡以上干部、乡镇党委宣传委员、计划生育工作干部等	党史、党建理论、邓小平视察南方讲话、党的十四大文件、中国特色社会主义理论、社会主义市场经济理论
1993	4	270	副科、副乡以上干部,工业企业厂长	党的十四大文件、社会主义市场经济理论、社会主义精神文明建设、工业企业条例、渔农村股份合作制等经营体制改革
1994	5	416	副科、副乡以上干部	党的十四届三中全会文件、中国特色社会主义理论、社会主义市场经济理论、《邓小平文选》三卷
1995	7	804	副科、副乡以上干部,渔农村党支部书记	党章、党的基本知识、建设有中国特色社会主义理论

1996 年,共举办 9 期干部培训班,参训干部 786 名。主要培训内容:十四届五中全会、六中全会精神、邓小平理论、社会主义市场经济理论、企业党建知识。

1997 年,共举办 5 期干部培训班,参训干部 876 人次,参训对象为全区副科级以上领导干部。主要内容为十五大精神,着重讲授邓小平建设有中国特色社会主义理论。

1998 年,举办干部理论学习培训班共 5 期,参训干部和公务员 742 人次。主要内容:十五届三中全会精神和公务员培训 5 门公共必修课程。

1999 年,举办国家公务员更新知识培训班和干部培训班共 10 期,参训干部总数达 1450 人次。培训内容涉及公务员知识培训 4 门课程、“三讲”教育、党建理论、现代经济知识、法律知识、国防教育等。

2000 年,举办各类培训班共 11 期,参训的公务员和干部数合计达 1231 人次。主要培训班次有国家公务员更新知识培训班、中青年后备干部培训班、企业党务工作者培训班、区正科级干部培训班。培训目的:对全区公务员进行系统的更新知识和考试。主要学习内容:邓小平理论、市场经济理论、党建理论、金融、科技、统战等知识。

2001 年,共举办各类干部培训班 10 期,参训干部超过 1000 人次。主要培训班次:中青年合并后备干部培训班、全区副科级以上干部培训班、全区渔农村支部书记培训班、全区中小学支部书记培训班、入党积极分子培训班、全区团支部书记培训班及各类短期理论宣讲班等。重点学习内容为:江泽民“七一”讲话精神、“三个代表”重要思想、党务党建工作、法制建设等知识。

2002 年,共举办干部培训班和各类联合班次 13 期,受训干部超过 1200 人次。主要培训班次:新任区管干部培训班、党务工作者培训班、社区干部培训班、中青年干部培训班、区乡镇、街道、直属单位主要负责人理论培训班、渔农村干部培训班、全区副科级领导干部十六大精神培训班、老干部理论培训班、企业经营管理人员培训班、全区中小学党支部书记培训班。主要培训内容为：党的十六大精神、全面贯彻"三个代表"重要思想、当代世界经济、科技、公共行政、党风廉政建设、统战、计生等知识。

1996 年 9 月、1997 年 9 月、1998 年 9 月，分别招收省党委经济管理专业函授大专班学员 111 名、119 名、105 名，学制三年，分别于 1999 年 6 月、2000 年 6 月、2001 年 6 月期满毕业，取得学历的毕业生为 101 名、110 名、104 名。1998 年 9 月与浙江大学土木工程系联合举办市政管理大专证书班，通过考试招收在职学员 50 名，学制一年半。

1999 年 9 月，招收省委党校大专班学员 148 名，学制三年，于 2002 年 6 月学习期满，毕业学员 138 名。新招收中央党校经济管理专业本科班学员 96 名，学制二年半，于 2002 年 1 月毕业，90 名学员取得学历。1999 年 12 月，50 名学员取得浙江大学大专证书班结业证书。

2000 年 9 月，招收省委党校大专班学员 129 名，学制三年，2003 年期满毕业；招收中央党校经济管理专业本科班学员 45 名，2003 年 1 月，按规定修完课程，毕业学员 40 名。

2001 年 9 月，招收省委党校大专班学员 132 名、中央党校本科班学员 66 名、招收省委党校经济管理专业证书学历班学员 179 名。

2002 年，招收省委党校大专班学员 164 名，中央党校本科班学员 55 名，省委党校经济管理专业证书学历学员 80 名。2002 年年末，在校学员数 800 名，教学规模和在册学员数均创新高。

1996—2002 年 7 月间，区委党校组织教研人员下海岛渔农村调研百余人次，承办市社科联、全市党校系统、区委宣传部等单位组织的研讨会多次。全校教研人员在省、市级理论刊物发表论文 30 余篇，其中 8 篇获省、市、区各级各类奖励。

1998 年 6 月，根据《浙江省基层党校工作暂行条例》，区委宣传部下发舟普宣〔1998〕14 号文件，就如何进一步加强健全基层党校工作提出具体意见。

2000 年，按照有"基本适应的硬件设施，有比较落实的规章制度，有较高素质的教师队伍，月有预先制订的工作计划，有清晰详尽的活动记录"的"五有"要求，组织召开基层党校规范化建设经验交流现场会，推出一批规范化程度较高的基层党校典型。8 月，在全区乡镇宣传思想工作会议期间，展茅镇就基层党校规范化建设问题作了现场交流。

至 2002 年年底，全区有基层党校 25 家，分校 74 家，其中朱家尖镇党委党校、沈家门街道党委党校曾获省级先进党校；展茅镇委党校、白沙乡党委党校、交通局业余党校、虾峙镇委党校、普陀中学学生业余党校曾获市级先进党校。2003—2006 年，区委党校根据区委、区政府干部培训计划，共举办各类主体班次 47 期，培训基层党员干部 4213 人次。

2003—2006 年普陀区委党校干部培训情况表

表 2-136

年份	班次	人次	参加学习人员	主要学习内容
2003	24	2868	中青年干部、基层党支部书记等	党的十六大精神、现代领导学、国际形势、法律知识
2004	10	617	区管后备干部、党员、基层党支部书记等	中共十六届三中全会精神，科学发展观，区情教育等
2005	8	513	中青年干部，局办干部、基层党员、村民代表等	基本区情教育、中共十六届三中、四中全会精神等
2006	5	215	中青年干部、入党积极分子，社区（村）干部等	渔农村基层党建知识、中共党史、十六届四中全会精神、普陀区情等

2003—2006年，区委党校招收中央党校、省委党校函授本科、大专学员655名，毕业590名。2005年，区委党校与嘉兴学院联合办学，开设旅游餐饮、经济管理等4个专业函授大专、本科班，经全国成人高考，招收学员123名。

2003—2006年4年间，区委党校教师撰写论文25篇，分别在省、市、区各级评比中获奖。教师深入乡镇街道、局办和社区宣讲中共十六大精神等各种专题500多场次，听众23000人次。2003年9月，区委党校在全市党校系统内率先建成中央党校远程教育C级站，让各类学员共享中央党校教育资源，拓宽干部培训新途径。2004—2006年开设远程课程60余场，受训干部6000多人次。

2007—2011年，区委党校根据区委区政府干部培训计划，举办各类主体班次37期，受训基层党员干部6000余人次。

2007年以来，党校创新办学思路，努力提高办学层次，拓展办学途径。2007年停招中央党校、省委党校函授本科、大专学员，2007—2008年，中央党校、省委党校函授本科、大专学员毕业65名。2005年起，与嘉兴学院联合办学，开设公共事务管理、会计、法学等4个专业函授大专、本科班，至2011年止，函授本、专科毕业学员1900名。

2007年，区委党校教师撰写论文5篇，其中2篇分别被舟山市纪委廉政网和《舟山市委党校学报》录用，并参加省委党校优秀论文评比，获全省党校系统首届优秀科研工作组织奖。2008年，撰写科研论文18篇，有11篇被有关部门评选入围、获奖，其中省三等奖3篇，区一等奖1篇，2篇在全国性刊物上发表。2009年，撰写论文22篇，其中获省委党校系统二等奖1篇，多篇获市党校系统一、二、三等奖和优秀奖；2篇参加市委宣传部组织的“纪念新中国成立60周年与舟山发展”主题征文活动，分别获一、二等奖；3篇参加市委组织部组织的“新中国成立60周年与党的建设”征文评选，均获奖；1篇被省委党校学报刊登。2010年，撰写科研论文30篇，其中获省党校系统优秀调研成果奖2篇，市级优秀调研成果奖1篇，市党校系统一等奖1篇，二等奖1篇，三等奖6篇，省级研讨会入选论文2篇。2011年，完成各级各类论文12篇，选送区、市级建党90周年论文7篇，报送省理论研讨会论文6篇，送报省调研论文3篇，省教学论文1篇，在各级各类报刊发表3篇，其中获市委宣传部纪念中国共产党成立90周年理论研讨会二等奖1篇、三等奖1篇，获市党校一等奖、二等奖、三等奖各1篇，入选省研讨会论文2篇。2007—2011年，开设远程教育课程80余场，受训干部12000余人次。

按照《浙江省县（区）级党校数字图书馆建设的实施意见》部署和要求，购买一整套数字图书馆软件，2009年启动数字图书馆工作，为全省县（区）级党校中首家启用数字图书馆的单位。2011年，开展全区区情库建设。骨干教师深入各乡镇街道、局办和社区，宣讲十六大、十七大精神和其他专题328场次，听众达22900人次。

2011—2013年普陀区委党校主体班次培训情况表

表2-137

年份	培训人次	班次	参加学习人员	主要学习内容
2011	751	11	中青年干部、公务员轮训、村社主任、基层党组织书记、社区干部、大学生村干部等	党的基础理论知识、新农村建设、村级组织规范化建设、信访知识、廉政建设等
2012	1245	16	渔农村基层干部、中青年干部、新录用公务员、新任事业单位工作人员、入党积极分子、退出实职领导干部等	群岛新区建设、创先争优、十七届六中全会、十八大精神、经济形势、海洋权益保护、党风廉政建设、科学发展观、社会主义核心价值观等
2013	659	9	全区社区（村）干部、基层党代表、中青年干部、入党积极分子、统战干部、退出实职领导干部、新录用公务员、新任事业单位工作人员等	新区规划、十八大精神、“勇担使命、四干兴舟”主题教育、法治思维、廉政教育、社会管理方式创新、党史党建、职业道德等

2014年普陀区委党校主体班次培训情况表

表2-138

班次名称	培训人次	主要学习内容
宗教骨干培训	120	十八届三中全会精神、宗教事务管理、爱国爱教等
高层次紧缺专业人才培训	33	新区规划、公共危机管理、拓展训练、社会管理机制创新、当前宏观经济形势、上海自贸区建设等
基层党组织书记(重点村、社)专题培训	32	十八届三中全会、党的群众路线教育、廉政讲座等
基层党组织书记(新任村、社)专题培训	44	学习习总书记系列讲话精神、十八届三中全会精神、渔农村征地拆迁与群众利益维护等
区直属机关党工委书记培训	105	群众路线教育、机关党员党风廉政教育、机关党建工作知识和实务等
入党积极分子培训	64	党史、党章、坚定理想信念、廉政教育、十八届三中全会精神等
统战干部培训	110	十八届三中全会精神
大学生村干部	24	新区规划、法治思维、基层干部素养与农村工作基本方法、如何当好村干部、渔农村社区工作实务
新录用公务员、事业单位工作人员培训	64	公务员法、公务礼仪、法治思维、提高执行力、廉政教育、新区规划、拓展训练等
普陀区第十六期中青年干部培训	40	基础理论、党性修养、战略思维、新区建设、市情区情、团队融炼、能力提升等

第八节　老年大学

普陀老年大学创办于1993年9月,是普陀区老干部局属下之全额拨款事业单位。建校初期,无专门校址,寄设于区老干部局内。2011年8月,迁址沈家门街道东河路原沈家门第二小学校址。政府投入300余万元,全面改造、装修校舍,增添教学设备。现学校占地面积2000平方米,总建筑面积1200平方米,有6个专门教室,一个综合演艺厅。至2014年,学校已开设文史、语言、声乐、戏曲、器乐、舞蹈、电脑、烹饪、书画、体育健身、摄影、健康养生、手工制作等22个专业课程,设41个班级,聘有教师26名,学员人数1000多名。毕结业学员3300余名。

建校以来,遵循"增长知识,丰富生活,陶冶情操,促进健康、服务社会"办学宗旨,落实"学、乐、为"三结合教育方针,努力提高老年大学办学水平,为广大老年朋友丰富晚年生活,充实精神世界,增进身心健康,创建和谐社会发挥重要作用。

老年大学强调学校管理和校园文化建设,每年开展一次"五个一"活动,即组织一次学习考察活动,开展一次全体教师、学员干部的学习培训活动,每学期举行一次教师教学公开观摩活动,开展一次"我为学校发展献计策"活动,开展一次校园体育运动会。2004年,被省老干部局评为"模范管理进步学校"。

2012年,根据区老干部局要求和老年大学人才资源丰富、学员热情、主动等特点,学校积极引导学员主动融入网格,参加社会服务活动。是年4月,正式成立"金秋艺术团"。学校建有"普陀老年大学社会活动服务中心",下设舞蹈队、歌咏队、戏曲队、洋鼓队、器乐队、腰鼓队、摄影组、书画社、医疗咨询队、环保队、爱心帮扶队、宣讲队、调解队等10余个业余服务队,努力为社会提供多元化服务,社会反响热烈。

2012—2014年,共有1000多人次在全区范围内开展各类服务活动。爱心帮扶队设立“帮扶基金”,在汶川地震期间,为灾区捐款20965元;2014年,与30名困难学生结对,定期走访看望,帮助解决生活困难,捐款22845元;为街道“阳光庇护中心”义卖手工艺品筹集善款2500元。宣讲队到学校、部队、渔农村、企业开展政策宣讲30多场,听众6000多人次。全区365支登记在册的业余文艺团队,有75支队伍的骨干力量都是普陀老年大学的师生。调解队帮助社区做好“老娘舅”工作,调解民意纠纷200多起,成功率达95%。

2011年,学校发动全校学员开展“我为学校献好书”活动。经几个月努力,献书近千册。在此基础上,筹建了学校阅览室,向全校师生开放,得到学员普遍好评。

长期来,老年大学在全面贯彻办学宗旨同时,一直重视对老年人科普知识的普及教育,尤其重视社会科学知识普及教育。2011年被评为“舟山市社会科学普及示范基地”。

老年大学学员的书法、绘画、摄影、诗词、手工制作、歌舞等作品在各级各类展出(演出)中屡屡获奖。在2012年,全国老年(大学)书画摄影诗文大赛活动中,共获金奖9人次,银奖6人次,成就奖9人次。

2014年,普陀区老年大学已成为舟山市办学规模最大的区级老年大学。1996年,被评为县级优胜老年大学;2004年,被省老干部局评为“模范管理进步学校”;2011年,被评为省规范化建设示范学校;2012年,被评为“舟山市社会科学普及示范基地”“浙江省老年大学教学管理先进单位”。

普陀老年大学历届校务委员成员情况表

表2-139

第一届(1993年9月—1998年6月)	
校长	赵宝珍
副校长	吴易知 颜锦荣 李志刚 马宏章
校务委员	戴兆文 陈建国 朱成奎 王元成 王俊如
办公室主任	鲍小英
总务主任	周友安
第二届(1998年6月—2003年6月)	
名誉校长	赵宝珍
校长	王东方
常务副校长	颜锦荣
副校长	杨 晓 马宏章
校务委员	夏先慧 唐栽林 潘德明 王俊如 俞 斐 鲍小英
教务长	郑守德
办公室主任	江军辉
第三届(2003年6月—2008年6月)	
名誉校长	戎雪海 赵宝珍
校长	张 锦
顾问	张忠华 刘伟男 陈松菊 蔡友仙 张谦豪
副校长	宋建国 江军辉
校务委员	夏先慧 袁海滨 潘德明 周红迅 刘健民 金惠艳 阎英群 金文龙 胡校山 张志毅
教务长	郑守德
办公室主任	江军辉(兼)

续表 2-139

第四届(2008 年 6 月—2011 年 6 月)	
名誉校长	戴灵芝
校长	奚跃武
顾问	刘永艺　焦兰萍　袁海滨　刘健民
副校长	张世军　金惠艳　江军辉
校务委员	王洲琼　陈安振　阎英群　何静兵　周国岭　张剑飞　陈建东　陈学平　宋建国　朱红儿
教务长	陈树永
办公室主任	江军辉(兼)
第五届(2011 年 6 月—2012 年 9 月)	
名誉校长	戴灵芝
校长	郭禾宽
常务副校长	张禾波　焦兰萍　邱一虹　刘健民
副校长	张世军　杨志明　江军辉　虞姝霞
校务委员	赖存平　唐汉成　张友夫　阎英群　张剑飞　何静兵　杜龙高　宋建国　朱红儿
教务长	陈树永
办公室主任	江军辉(兼)
第六届　(2012 年 9 月—　)	
名誉校长	俞连军
校长	姜万琪
顾问	张禾波　焦兰萍　邱一虹　张伟国
副校长	李璀苏　郭富鹤
校务委员	虞姝霞　江军辉　戴艳红　唐汉成　俞　斐　缪建刚　张剑飞　何静兵　杜龙高　陈学平　宋建国　黄芬蕾
教务长	贺志女
办公室主任	江军辉(兼)

普陀老年大学历任教师名单情况表

表 2-140

电脑	唐盛际　孙海波　卢　伟　倪平飞　陈　刚　贝来宣　张海波　王蕴绮
英语	唐光华　王文祥　孙家鼎　温香琴
医保养生	龚成煜　应圣宝　周伟昌　孙呈波　陈炳银
诗词	胡方舟　缪海平
摄影	章国鹰　黄竞奋　柯　军
书法	陈海平　王恩明　鲍如钦　林方颂　王道兴　马秋松　叶明昌　王天福　柴国定
国画	朱圣廉　褚云虎　赵学敏　陈孝肃
篆刻装裱	刘　奕
歌咏	孟令武　杨冠仲　刘银康　李竹军　翁英囡　缪红儿　陈树永　傅梅英
民族舞	李玲玲　支建军
交谊舞	郑磊行　方　恩　周亚儿
竖笛	刘银康
电子琴	刘银康　刘文喆　李婷婷　李姿娴

续表 2-140

太极拳	洪诵麟　张楚全　丁亚菊　刘全祥　忻惠芬
木兰拳	郑　玲　陈燕红　缪新珠
气功	吴易之
烹饪	孙开雷　乐开良　龚成煜　孔富良　徐君江
花卉	徐爱珠　史江峰　林　立
手工制作	王芃初　陈仲妹　王秀娟　周纪全　谢善法　翁佩芬　林蓉月
排舞	张亚维　郝俐萍　翁安娜　虞姝霞
小品、曲艺、戏曲	陈燕红　朱金澄
语音、普通话	苗旭霞　刘学敏
葫芦丝	张秀忠
二胡	张国良　刘银康
健身舞、拉丁舞	杨建新

历届学委会主要干部名单情况表

表 2-141

<table>
<tr><td colspan="5">第一届（1999.10—2002.10）</td></tr>
<tr><td>学委会主席</td><td>陈启梁　吴子玉</td><td rowspan="2">2001 年调整后</td><td>学委会主席</td><td>吴子玉</td></tr>
<tr><td>副主席</td><td>沈卫民　周辞宽</td><td>副主席</td><td>沈卫民　周辞宽</td></tr>
<tr><td colspan="2">第二届（2002.10—2006.10）</td><td colspan="3">第三届（2006.10—2011.2）</td></tr>
<tr><td>学委会主席</td><td>吴子玉</td><td>学委会会长</td><td colspan="2">（空缺）</td></tr>
<tr><td>副主席</td><td>陈　坚</td><td>学委会副会长</td><td colspan="2">曾纪品　黄丽君</td></tr>
<tr><td colspan="2">第四届（2011.2—2013.2）</td><td colspan="3">第五届（2013.2—　　　）</td></tr>
<tr><td>学委会主席</td><td>陈敏奋</td><td>学委会主席</td><td colspan="2">（空缺）</td></tr>
<tr><td>副主席</td><td>王菊萍　金宜昌</td><td>副主席</td><td colspan="2">金宜昌　王菊萍</td></tr>
</table>

第三篇　中小学教育实践与探索

第一章　中小学德育教育

德育包含政治教育、思想教育、道德教育和心理品质教育等内容，是中小学素质教育的重要组成部分，对青少年学生健康成长和学校工作起着导向、动力、保证作用。在育人过程中，德育既位于智育、体育、美育之首，各有其宗，又相互渗透。

学校的德育目标及内容随着社会的发展而修正。20世纪50年代，德育主要为政治教育，着重进行阶级教育、革命教育以及“五爱”（爱祖国、爱人民、爱劳动、爱科学、爱护公共财物）教育。60年代，逐步转向以思想教育为主，例如：开展影响持久的“学雷锋、创三好”活动。“文化大革命”时期，受到以阶级斗争为纲的影响，学校德育严重扭曲。80年代，重塑道德体系，开展“五讲、四美”（讲文明、讲礼貌、讲卫生、讲秩序、讲道德，语言美、行为美、心灵美、环境美）和“三热爱”（热爱祖国、热爱社会主义、热爱中国共产党）活动。90年代起，道德教育和行为规范养成教育成为中小学德育的主要内容，安全教育与法制教育也普遍得到学校的重视。21世纪以来，心理健康、绿色环保、海洋环境等可持续发展意识教育成为学校德育的一个重要组成部分，培育和践行“社会主义核心价值观”成为德育的重要内容。

第一节　德育教育目标与内容

【德育教育目标】 1949年，根据中国人民政治协商会议《共同纲领》规定，中小学的思想品德教育以“五爱”教育为主要内容，旨在培养学生具有社会主义道德品质和良好的文明习惯，奠定正确的政治方向和科学的人生观、世界观基础。

1954年4月，中国人民政府政务院发布《关于改进和发展中学教育的指示》，明确提出政治思想教育的任务是树立社会主义政治方向，培养辩证唯物论世界观和共产主义道德。同年8月，省教育厅在《关于执行〈关于改正和发展中学教育的指示〉的补充》中，要求各学校必须加强政治思想工作，并以爱国主义教育、劳动教育和自觉纪律教育为主要内容。

1957年，全国教育行政会议指出，要培养学生共产主义人生观和道德品质，培养艰苦奋斗精神，加强劳动教育和纪律教育。

1958年，中共中央发出关于“教育为无产阶级政治服务，教育与生产劳动相结合”的指示。同年，中共中央、国务院《关于教育工作的指示》提出，要培养教师和学生工人阶级观点、群众观点、集体观点、劳动观点和辩证唯物主义观点。

1959年7月，教育部颁布《中等学校政治课教学大纲(试行草案)》,提出政治课教育的目标是培养学生共产主义道德品质、工人阶级观点、群众观点、集体主义观点。

1963年3月,中共中央颁布的《全日制小学暂行工作条例(草案)》《全日制中学暂行工作条例(草案)》对中小学德育的目标和内容作了明确的规定。小学思想政治教育的目标是:教育学生热爱祖国,热爱社会主义,热爱共产党,好好学习,天天向上,为建设社会主义而努力。中学的目标:培养学生具有爱国主义和国际主义精神,拥护共产党,拥护社会主义,愿意为社会主义事业服务,为人民服务,反对资产阶级思想及其他反动思想的侵蚀,培养共产主义道德品质和革命意志,逐步树立工人阶级的世界观。

1964年起,强调对学生进行阶级斗争教育。1965年10月,省教育厅发出通知,废除《中小学守则》,以"身体好、学习好、工作好"和"好好学习,天天向上"作为教育学生标准。

1978年(改革开放)以来,根据"实事求是,解放思想"的原则,党和国家对中小学德育目标做出了一系列重要调整。

1980年9月,教育部《关于改进和加强中学政治课的意见》,确定中学政治课的任务是以马列主义、毛泽东思想的基础知识武装学生,提高学生认识问题的能力和政治觉悟,培养学生的共产主义道德品质,逐步树立无产阶级的世界观和人生观。

1988年,国家教育委员会颁发《中学德育大纲》《中学生日常行为规范》《小学德育纲要》《小学生日常行为规范》《小学班主任工作暂行规定》等试行草案。1988年,《中共中央关于改革和加强中小学德育工作的通知》提出,中小学德育工作的基本任务是把学生培养成为"热爱祖国的具有社会公德、文明行为习惯的好公民,并使他们中的优秀分子将来能够成为坚定的共产主义者"。并指出,中小学德育总的任务是培养学生具有社会主义道德品质和良好的文明行为习惯,奠定坚定正确的政治方向、科学的人生观、世界观的基础,具有初步的道德评价能力和自我明理教育,重视民主法制和纪律教育,切实加强劳动教育,要注意对学生良好个性心理品质的培养和青春期教育,要进行初步的马克思主义观点的教育。随之,中小学思想政治工作改称为德育教育。

1988年12月,国家教育委员会印发《关于中学生品德评定几点意见》,区教育局同时也印发舟普教〔1988〕176号文件《关于中学生品德评定的实施意见》。

1991年5月,普陀中学被省教委确定为"浙江省高级中学学生思想品德考核暂行办法"试行学校。

1993年5月,省教委转发国家教委《关于颁发〈中等职业技术学校职业道德教学大纲〉(试用)的通知》。

1994年3月,在高中段学校全面实施《浙江省高级中学思想政治品德考核暂行办法》。

1995年3月,为贯彻落实《中共中央关于进一步加强和改进学校德育工作的若干意见》,省委、省政府颁布《中共浙江省委、浙江省人民政府关于加强和改进学校德育工作的意见》,提出学校德育的根本任务:用马列主义、毛泽东思想和建设有中国特色的社会主义理论教育学生,把坚定正确的政治方向摆在首位,培养有理想、有道德、有文化、有纪律的社会主义新人。8月,区教育局实施国家教委正式颁布的《中学德育大纲》和省教委《关于在全省中小学开展行为规范达标活动的意见》。

1998年,国家教委《中小学德育规程》规定:"中小学德育工作的基本任务是培养学生成为热爱社会主义祖国、具有社会公德、文明行为习惯、遵纪守法的公民。"在这个基础上引导他们逐步确立正确的世界观、价值观,不断提高社会主义觉悟,并为使他们中的优秀分子将来能够成为坚定的共产主义者奠定基础。

2004年2月,中共中央、国务院印发《中共中央国务院关于进一步加强和改进未成年人思想道德建设的若干意见》(中发〔2004〕8号文件),这是中国共产党对新形势下进一步加强和改进未成年人思想道德建设做出的重大部署,也是新时期指导中小学德育工作、全面推进素质教育的纲领性文件。意见提出了加强和改进未成年人思想道德建设的指导思想、基本原则和主要任务，强调共青团和少先队等群团组织作用，重视家庭教育，营造社会优良环境，让学生参加社会实践，切实加强对未成年人思想道德建设的领导。同年，省委、省政府和省教育厅分别印发《进一步加强和改进未成年人思想道德建设实施意见》。提出加强未成年人思想道德建设的总体要求和主要任务。努力培养面向现代化、面向世界、面向未来，有理想、有道德、有文化、有纪律，德智体全面发展的中国特色社会主义事业建设者和接班人。

2013年，中共十八大提出了要倡导“富强、民主、文明、和谐、自由、平等、公正、法制、爱国、敬业、诚信、友善”的社会主义核心价值观方针，教育部关于着力培育和践行社会主义核心价值观提出重要意见，要切实把“立德树人”作为教育的根本任务，要进一步增强中小学德育的时代性、规律性、实效性。

【德育教育内容】 中华人民共和国成立后，中小学德育内容随社会政治经济形势的变化而变化。主要内容有政治教育、思想教育、道德教育和心理素质教育等。

政治教育　中华人民共和国成立后，政治教育是学校德育工作的重点。期间，师生直接参与社会政治运动。“文化大革命”时期，中学一度“停课闹革命”，阶级斗争成为学校工作的主旋律。政治教育大致有革命教育、阶级教育、反帝反封建教育和热爱中国共产党、热爱社会主义教育等。

1949—1951年，学校配合减租反霸、土地改革、镇压反革命等重大社会政治运动对学生进行新民主主义革命思想教育。

1952年，学校结合党的中心任务，经常组织学生上街进行宣传活动。

1953年，党中央公布社会主义过渡时期总路线，各校增加对学生进行社会主义前途教育内容。

1954年，中学政治课讲授党在过渡时期的总路线。

1956年，中学政治课讲授《中华人民共和国宪法》。

1957年，中学政治教育以反右派斗争为中心内容。

1958年，为贯彻执行毛泽东在1957年提出的“我们的教育方针应该使受教育者在德育、智育、体育几方面都得到发展，成为有社会主义觉悟的、有文化的劳动者”的方针和中共中央1958年提出的“教育必须为无产阶级政治服务，必须与生产劳动相结合”的教育工作方针，全县各中学开展教育革命。县文教局号召师生以实际行动支援农业生产，开展大办农业、大炼钢铁等活动。同年，各校普遍开展“三面红旗”（“总路线”“大跃进”“人民公社”）宣传教育。

1959年春，以学习党的八届六中全会公报和《关于人民公社若干问题决议》为中心，继续深入开展共产主义教育和“比先进、学先进、赶先进”活动。

1960年始，各校相继开展学习少年英雄刘文学等英雄人物的活动。

1961年，加强“以阶级教育为纲”的思想政治教育。

1963年，各中小学开展阶级教育，请老干部、老工人、老贫下中农来校讲家史、村史、革命斗争史，并走出校门“访贫问苦”。同年，中小学掀起学习毛泽东著作、学习解放军的热潮。

1965年，各校普遍开展“工业学大庆”“农业学大寨”活动。8月，县文卫办公室发出《关于进一步开展全日制中小学教学改革的意见》，强调思想政治工作的重要性。同年秋，小学贯彻省教育厅《关于改进小学周会课教学的意见》，周会课加强阶级和阶级斗争教育、学习目的性教育、劳动教育和时事政治教育。

1976年10月，各校深入揭批江青反革命集团毒害青少年的罪行，思想政治教育得到拨乱反正，各项教育活动逐步恢复。

1979年9月，贯彻《全国中小学政治思想工作座谈会纪要》。该纪要要求加强“坚持社会主义道路、坚持无产阶级专政、坚持共产党的领导、坚持马列主义毛泽东思想”四项基本原则的教育。

1981年后，小学思想品德课着重对学生进行共产主义理想、爱国主义、国际主义、为人民服务思想和共产主义道德教育。

1995年5月，省委、省政府下发《关于加强和改进学校德育工作的意见》，对中小学各时段的德育教学内容作出调整和衔接：小学侧重于进行基础道德知识启蒙和文明行为规范养成教育，初中侧重进行社会公德和法纪教育；高中侧重进行正确人生观、价值观和科学的思想方法教育。此外，有关性格、气质、意志品质等方面的内容陆续进入中小学德育教学之中。

思想教育 1950年10月，“抗美援朝”运动兴起，学校广泛深入地向师生进行爱国主义和国际主义思想教育，并发动师生捐款支援抗美援朝。

1952年3月，中小学普遍开展“爱祖国、爱人民、爱劳动、爱科学、爱护公共财物”的“五爱”教育。

1954年5月，以党在过渡时期的总路线精神教育中小学毕业生，批判“万般皆下品，唯有读书高”等旧思想，教育学生“一颗红心，两种准备”，热爱家乡，热爱劳动，号召毕业生扎根农村做贡献。

1955年5月，贯彻省教育厅《关于加强当前学校思想政治工作的意见》，确定学校思想政治工作应着重抓好教师的政治学习、学生的共产主义道德教育和毕业生思想指导工作。

1963年3月5日，毛泽东主席作“向雷锋同志学习”题词。中小学开展声势浩大的“学雷锋、创三好”活动。各校以雷锋的优秀事迹和《雷锋日记》为主要载体，通过语文、政治课教学以及团队活动，教育学生要像雷锋那样，“忠于革命，忠于党，立场坚定，爱憎分明，公而忘私，热爱集体，助人为乐”。

1977年3月，根据省教育局转发教育部《关于在教育战线大力开展学习雷锋活动的通知》，学校重新开展学雷锋活动。同年冬，召开全县教育战线学雷锋先进集体、积极分子代表大会。

1982年2月，各校贯彻省教育厅《关于在中小学进行爱国主义教育的通知》，把爱国主义教育放在思想政治教育首位。学校重新建立每天升国旗的制度，举行升国旗仪式。

1983年10月，学校学习贯彻邓小平同志为景山学校题词“教育要面向现代化、面向世界、面向未来”。11月起，县政府部署各校清除资产阶级精神污染工作。同年，县教育局转发国家教委《关于改进和加强学校思想政治工作的若干意见》，要求各校切实执行，重点加强“三热爱”教育，并把热爱祖国教育和热爱家乡教育结合起来。

1988年5月，舟普教〔1988〕63号文件印发关于办好中小学图书馆（室）开展“热爱中华大地”和“鲁迅纪念奖”读书活动的通知，在青少年学生中开展爱国主义系列教育活动，并配合新中国成立四十周年和“五四运动”七十周年开展纪念活动。

1991年，教育部颁发《中小学加强中国近代、现代史及国情教育的总体纲要》，此后，中小学加强以“两史一情”为内容的爱国主义教育。

1992年，按照国家教委、共青团中央《关于在全国中小学深入开展学雷锋树新风活动的意见》的要求，普遍开展“学雷锋、树新风”活动。

1993年10月，全国少工委第四次全委扩大会议推出“跨世纪中国少年雏鹰行动”，翌年，雏鹰争章活动在省内开始施行，各学校普遍遵照江泽民对少先队员所做的“五自”（自学、自理、自护、自强、自律）题词要求开展实践活动。

1994年8月，中共中央印发中央宣传部拟定的《爱国主义实施纲要》，各校根据此纲要开始有计划地实施爱国主义教育。同年，中小学普遍建立规范的升国旗仪式和国旗下讲话制度。

1995年清明节前夕，各校广泛开展纪念世界反法西斯战争胜利和抗日战争胜利50周年活动。

1997年和1999年，各中小学广泛开展以“迎香港回归”“迎澳门回归”为主题的爱国主义系列教育活动。

1999年5月，部分中小学组织师生进行“抗议北约轰炸我国驻南斯拉夫使馆”示威游行。同年，开展了庆祝新中国成立50周年系列活动。

2000年，中小学普遍进行“崇尚科学”、反对邪教“法轮功”“拒绝邪教进校园”活动。

2005年，各校普遍开展纪念抗战胜利60周年活动。

2006年3月起，中小学组织师生学习胡锦涛关于“八荣八耻”的讲话，进行社会主义荣辱观教育。

2006年，中小学开展纪念红军长征胜利70周年主题教育活动。

道德教育　1954年1月，根据省教育厅下发的《关于加强共产主义道德教育，反对资产阶级思想侵蚀的通知》精神，强调对学生进行共产主义道德教育。

1965年秋，要求小学利用周会课进行道德品质教育。同年，中小学普遍开展学习共产主义战士王杰“一不怕苦，二不怕死”革命精神的活动。

1978年2月，各校组织学生在寒假期间大力开展“做好事、树新风”活动。5月，各中小学积极响应北京市东城区10所中小学和共青团东城区教育委员会在东城区中小学师生代表会上联名向全国中小学发出的《关于在中小学生中树立革命风尚的倡议》，在学生中大力提倡“勤奋学习、遵守纪律、热爱劳动、助人为乐、艰苦奋斗、英勇对敌”的革命风尚。

1979年9月，县文教局提出要加强共产主义道德教育和劳动教育。同年，各校开展班级之间以“比学习、比纪律、比整洁卫生”为内容的三项循环竞赛活动。

1981年春，开展“五讲、四美”和“小红花活动”。沈家门小学被评为省红花集体。

1982年始，每年3月开展以“五讲、四美”为内容的“全民文明礼貌月”活动。翌年增加“三热爱”教育内容，并开展评比文明班级、优秀中队等活动。

1983年，学校结合“五讲、四美、三热爱”“第二个全民文明礼貌月”教育和“学雷锋、创三好”活动，开展学习张海迪走正确的人生道路，热爱祖国，奋发向上，立志做共产主义事业接班人的教育活动。5月，县教育局组织开展全县少年儿童（中学生、小学生、幼儿）“红五月”歌咏比赛。

1991年8月和1994年3月，教育部先后正式颁行《小学生日常行为规范》和《中学生日常行为规范》以后，学生日常行为规范养成教育逐渐成为中小学德育的基本内容。

1995年8月，区教育局转发省教委《关于在全省中小学开展行为规范达标活动的通知》，要求全区中小学立即组织实施。同年12月，普陀中学等22所学校首批被评为区级行为规范“达标”学校。各校都建立一整套的学生行为规范考核办法和细则。

2002年，党的十六大提出，民族精神是一个民族赖以生存和发展的精神支柱，要在广大青少年中弘扬和培育“以爱国主义为核心的团结统一、爱好和平、勤劳勇敢、自强不息的伟大民族精神”。

2003年，全国少工委提出在全国青少年学生中开展公民道德教育活动。9月，全区中小学校启动公民道德教育活动。12月，区教育局组织中小学公民道德知识竞赛活动。

2004年，以“民族精神代代传”作为工作重点的思想道德教育在全区中小学全面铺开。此后，每年9月开展“中小学弘扬和培育民族精神月”活动，持续多年。

2005年，启动了“孝让普陀充满爱”活动，组织开展孝心大考场活动。

2008年8月，传承奥运精神，开展“有礼、有爱、有责任”为内容的思想道德教育。同年，提出“全员德育、全程德育、全方位德育”立体化德育管理方式，并开展活动。

2011年，浙江省舟山群岛被国家列为以海洋经济发展为主要内容的新区，区教育局提出将海洋教育列入德育教育范畴。

2012年11月，第十八次全国人民代表大会召开以来，习近平总书记提出“中国梦”这一重要指导思想和重要执政理念，各校开展“红领巾相约中国梦”系列活动。2012年10—11月，举办“争做群岛新区有道德的人——我们的价值观”为主题的中小学生辩论大赛，普陀中学、普陀第二中学、沈家门小学，分别获得高中组、初中组、小学组一等奖。

2013年5—10月，根据区委宣传部、区关心下一代工作委员会、区教育局联合要求，在全区中小学生中开展“弘扬雷锋精神，学习‘最美普陀人’”主题教育活动。其中“与最美普陀人同行”网上主题征文活动，获得省征文评选一等奖1名，二等奖

2名，三等奖8名，沈家门小学被评为优秀组织奖。

2014年，开展“最美浙江人，五水共治”宣传教育活动。为宣传贯彻省委省政府“五水共治”重大决策和战略部署，10月，全区中小学举行以“共话山水与梦同行”为主题的中小学生演讲比赛。

心理健康教育 1996年，沈家门第一初级中学等校开展心理健康教育的研究与实践。区教育局颁发《普陀区中小学心理健康教育实施方案》，从目标、内容、任务、方法、课程设置、考核评估等几个方面作出具体规定。

1998年，成立“普陀区中小学心理健康教育指导中心”，指导中心下设办公室，有专职教师负责全区学校心理健康教育业务指导工作。每所学校配备专、兼职心理健康教育教师。区指导中心每年召开一次全区心理健康教育研讨会，有各中小学校长及心理辅导教师参加，总结交流学校心理健康教育工作。同时，一年一次举办心理健康教育论文、个案及活动课教案评比和全区中小学心理辅导活动课优质课评选。

至2011年，全区90%以上学校开设心理辅导课，100%中小学校建立心理辅导室，并且能够开展相应的学生心理辅导工作。

2012年，经过市区两级心理健康教育指导中心评估，已经有10所学校达到浙江省学校心理辅导二级站标准，15所学校达到浙江省学校心理辅导三级站标准。同年6月，省教科院对全区中小学生抽样调查2000多人，得出“普陀区中小学生对学校心理健康教育的重要性有充分的认识，普遍认同学校心理健康教育对自身成长的重要性，九成学生对心理健康有一定的了解”的结论。

2013年，全区有心理健康教育专职教师7名，其中2位心理学硕士，1位心理健康教育专业本科生。全区25所学校中有22所学校的专、兼职教师获省心理健康教育教师B级资格证书。经过多年的培训与考核，全区获得“浙江省心理健康教育资格证书”C级证书以上的教师共1047名，占专任教师的50%以上。通过自考，共有100多名教师获得“学校心理健康教育基础知识培训合格证”，3位教师通过国家咨询师资格考试。

1998年，区指导中心设立的“319心理热线”电话，其中2005年前，每周二、四晚上接待咨询。2005年以后，改为平时以预约的方式接待学生咨询，中高考期间仍然每周二、四晚上接待咨询。自热线开通至2014年已接待学生及家长咨询3000多人次。学生问题主要涉及学习、人际交往以及自我认知等方面。随着时间的推移，学生咨询的问题由一般性行为问题向专业性心理问题转化。

2013年9月，普陀区被省教科院确定为首批“浙江省学校心理健康教育研究示范区”。至2014年年底，全区中小学校实现心理咨询室全覆盖，有1479位教师通过培训获得省心理健康教育C级以上证书，占专职教师的57.9%。

2013年下半年，区教育局确定在全区开展“区域推进积极心理教育的实践研究”，特聘浙江师范大学教授、国际积极心理学会执委任俊博士为首席指导老师，探索将积极心理学理念和技术与学校的实际教育教学工作相结合的有地域特色的学校心理健康教育新模式。

全区配备从幼儿园到高中的系列心理辅导课程用书，让每一位学生能够通过心理辅导活动课或其他活动方式获得有效的积极心理品质养成教育。

为推进心理健康教育研究示范区工作，指导中心确定职教中心、东港中学、沈家门第一小学、朱家尖小学、沈家门幼儿园五所不同年龄段和不同类型的学校为基地学校。

第二节 德育教育途径与方法

【组织机构】 中华人民共和国成立以来，中小学德育机构大致分为领导机构与工作机构两个层面。

20世纪50年代，学校德育由学校行政首长（初为校务委员会主任，后为校长）负责。中学、完全小学设有教导处，负责日常教学和德育工作。中小学陆续建立共青团、少先队组织。共青团、少先队是中小学开展德育活动的重要组织。此外，中学还建有学生会，进行学生自我教育、自我管理活动。

1983年前后，开展“五讲、四美、三热爱”活动，县成立“五讲·四美·三热爱”办公室，各中小学校建立“五·四·三”活动小组。

1987年，成立区中小学思想教育研究会。1989年，改为区中小学德育研究会。

1990年起，德育队伍进一步加强。各校成立以校长为首的德育领导小组，规模较大的中小学配备分管德育副校长，设政教处和团委，小学设德育处和少先队大队部。各校逐步形成以政治教师、班主任为主体，全体教职员工人人参与的德育体制。

1991年，区关心下一代工作委员会在教育局设立分会。

1998年6月，区中小学心理健康教育指导中心成立，各校相继配备心理健康教育指导教师，成立心理咨询（辅导）室。

2000年8月，建立法制教育网络，全区各中小学配备法制副校长。

组织机构：

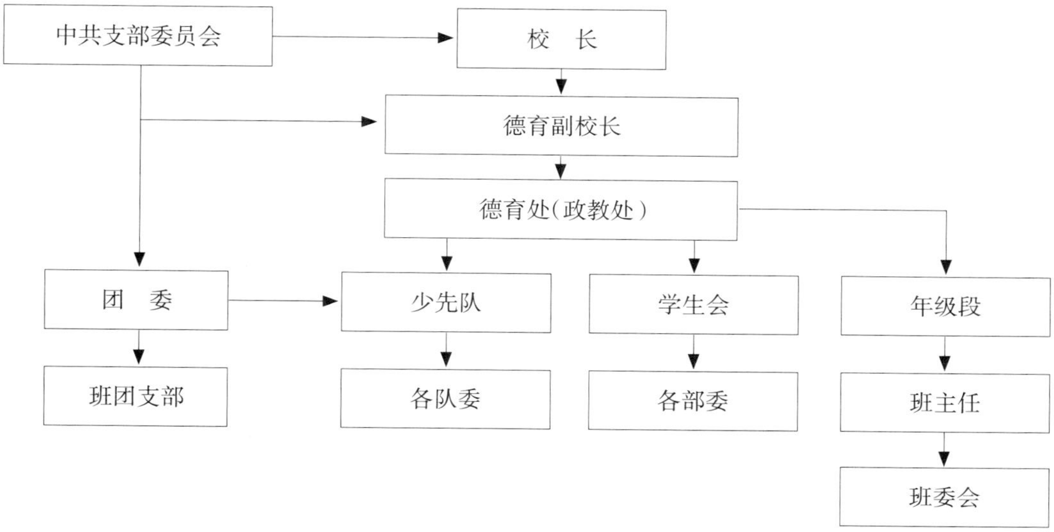

【班主任】 20世纪50年代，中小学改民国时期的导师制为班主任制，各班级设班主任。具体负责班级学生政治思想道德教育、班级活动管理、学生日常学习管理等工作。班主任主要通过班会课或班队活动课以及频繁的课内外接触对学生进行规章制度、日常行为规范、思想观念等教育，负责联系科任教师共同指导学生学习和生活，同时组织家庭访问，使学校、家庭、社会三位一体，紧密结合。

1978年，实行班主任负责制。

1979年11月，试行班主任津贴制，同时对班主任提出更为明确的要求：负责做好班级学生的思想政治工作，使学生在德、智、体几方面都得到发展；经常与科任教师联系，教育学生明确学习目的，学好各门功课；关心学生的生活和身体健康，组织学生参加文体活动；组织领导班委会工作，指导班级共青团、少先队活动；组织学生参加生产劳动，指导学生课外活动；与学生家长和社会有关方面取得联系，加强思想政治工作。1994年，实施副班主任模式，协助班主任或代理做好班主任工作。

1989年以来，区教育局加强班主任队伍建设，多次召开班主任工作研讨会议。

1992年10月，区教育局印发《关于加强中小学良好班集体建设的决定》通知（〔1992〕167号），并组织全区17所中小学教导主任、班主任去无锡学习班集体建设理论。

1992年，沈家门小学率先开展班集体建设工作研究，对班主任进行适当的培训。

1992年起，沈家门小学、普陀中学被中国教育学会德育专业委员会确定为全国班集体建设科学研究中心实验基地。

1994年6月，沈家门小学成功承办全国第三届班集体建设科学理论研究会，并作现场展示活动，来自全国各地的180位代表参加会议。

1997年11月，区教育局发出进一步加强班集体建设的通知，开始对全区申报的优秀班集体进行考核验收。同年，评出全国优秀班集体15个，市优秀班集体21个，区优秀班集体557个。

2000年起，区教育局每年定期组织班主任培训。培训分区、校两级，先由区教师进修学校集中各校德育骨干进行培训，再由骨干教师回校进行培训。

2004年，沈家门小学郭妙琴被推荐为全国特别重视班集体建设和研究优秀校长，普陀中学刘建芬被推荐评选为全国班集体建设特别有成效的优秀班主任。

2006年6月，教育部下发《关于进一步加强中小学班主任工作的意见》。此后，各学校制定班主任培训与管理办法。同年7月，区教育局组织全国班主任专业素质发展高级研修培训班活动。翌年，区教育局启动全区中小学班主任全员培训工作。

2009年，推进绩效工资改革，全区中小学班主任津贴全面调整。班主任每月增加津贴400元。

【附录】：

1984年沈家门小学王素华被评为全国优秀班主任。

1990年岐头中学周水峰被评为省优秀班主任，陈国辉、张裕良、徐正泰、王信乾被评为市德育先进工作者。双塘中学被评为省德育工作先进集体。卓淑波被省评为省中小学德育先进工作者。

1992年，沈家门小学苗旭霞被评为省优秀班主任。

1993年，王共养、余展照、阮志康、周丹春被评为市优秀班主任。

2000年12月，省教育工委、省教育厅授予普陀中学江莲华为省中小学德育工作标兵。

2000年，市教委、市教育基金会授予李诗芳、金信根、徐正泰、王洲琼第二届学校德育先进工作者。

【规范与制度】 中华人民共和国成立以来，教育行政部门和中小学逐步建立德育规范与制度。

1949年，区教育局要求中小学提倡民主管理，禁止教师体罚学生。

1955年春，教育部颁布《小学生守则》20条。9月，中学施行教育部颁发的《中学生守则》。

1959年春，中小学建立劳动思想工作制度和学期、学年末思想总结制度。

1965年10月，执行省教育厅要求："废除部、厅过去颁发的中小学《小学生守则》《中学生守则》，一律以毛泽东号召的'身体好、学习好、工作好'和'好好学习，天天向上'作为教育学生的武器和标准。"

"文化大革命"期间，以阶级斗争为纲成为中小学德育的主旋律。

改革开放以后，教育系统拨乱反正，中小学重新建立、健全德育规范和制度。

1979年，县文教局提出执行教育部颁布的《中学生守则（试行草案）》和《小学生守则（试行草案）》。各校建立以"比学习、比纪律、比整洁卫生"为内容的班级三项循环竞赛活动制度。

1981年9月，各中小学实施教育部正式颁布的《中学生守则》和《小学生守则》。

1982年始，建立每年3月份以"五讲""四美"为内容的"全民文明礼貌月"活动制度。

1988年9月，贯彻实施国家教委颁发的《中学德育大纲（试行稿）》《中学生日常行为规范（试行稿）》和《中学班主任工作的暂行规定》。1989年2月，实施国家教委于1988年12月颁布的《小学德育纲要》《小学班主任工作暂行规定》和《小学生日常行为规范》。1988年年底，各校建立校长负责德育工作的体制，中小学进一步完善各项德育制度，将德育工作作为考核校长工作成绩的重要依据。

2004年3月，教育部正式颁布《中小学生守则》。2005年起，全区小学、初中建立"学生个人成长记录"档案制度。

为落实全区统一执行的德育规范与制度，各中小学普遍订有《教师职业道德规范》《班主任工作职责》《班级工作考核细则》《值周值日制度》《家访工作制度》《安全工作制度》《学生就寝就餐制度》《卫生制度》《学生一日常规》《五项竞赛》等一系列德育工作制度，涵盖教育教学的各个环节和学生日常学习生活的每一个时段。

2007年，出台《舟山市普陀区初中毕业生综合素质评价实施办法》。

【德育教育工作研讨与考核】 为提高学校德育工作水平，提高德育工作的实效性和针对性，教育局定期召开思想政治工作会议、德育工作研讨会，开展对学校德育工作的评估和考核。

1986年3月，县教育局首次召开学校政治思想工作专题会议，会议主题是“坚持社会主义方向培养合格人才”。以后多年来每年组织一次学校政治思想工作会议。

1989年8月，区委下发《加强学校德育教育工作意见》。11月，召开全区中小学德育工作座谈会，区委、区政府领导参会并做重要讲话。

1992年3月，区教育督导室对全区中小学德育工作开始督导检查。

2006年，首次评比表彰区德育先进学校。此后，每年12月份对全区艺术优胜单位、德育工作先进集体进行评选与考核。至2013年，累计45所中小学校被评为德育先进集体。

2008年起，全区中小学德育工作会议每学期举行一次。一般由德育主任（政教主任）及城区分管德育的校领导、团委、少先队负责人参加会议。

2010年以后，全区德育工作会议形式多样，内容丰富，多与德育干部读书交流会结合召开。

【附录一】：

小学生日常行为规范（修订）

（教育部1991年8月颁布）

1. 尊敬国旗、国徽，会唱国歌，升降国旗、奏唱国歌时肃立、脱帽、行注目礼，少先队员行队礼。

2. 尊敬父母，关心父母身体健康，主动为家庭做力所能及的事。听从父母和长辈的教导，外出或回家要主动打招呼。

3. 尊敬老师，平等待人，主动问好，接受老师的教导，与老师交流。

4. 尊老爱幼，平等待人。同学之间友好相处，互相关心，互相帮助。不欺负弱小，不讥笑、戏弄他人。尊重残疾人。尊重他人的民族习惯。

5. 待人有礼貌，说话文明，讲普通话，会用礼貌用语。不骂人，不打架。到他人房间先敲门，经允许再进人，不随意翻动别人的物品，不打扰别人的工作、学习和休息。

6. 诚实守信，不说谎话，知错就改，不随意拿别人的东西，借东西及时归还，答应别人的事努力做到，做不到时表示歉意。考试不作弊。

7. 虚心学习别人的长处和优点，不嫉妒别人。遇到挫折和失败不灰心，不气馁，遇到困难努力克服。

8. 爱惜粮食和学习、生活用品。节约水电，不比吃穿，不乱花钱。

9. 衣着整洁，经常洗澡，勤剪指甲，勤洗头，早晚刷牙，饭前便后要洗手。自己能做的事自己做，衣服用品摆放整齐，学会收拾房间、洗衣服、洗餐具等家务劳动。

10. 按时上学，不迟到，不早退，不逃学，有病有事要请假，放学后按时回家。参加活动守时，不能参加事先请假。

11. 课前准备好学习用品，上课专心听讲，积极思考，大胆提问，问答问题声音清楚，不随意打断他人发言。课间活动有秩序。

12. 课前预习，课后认真复习，按时完成作业，书写工整，卷面整洁。

13. 坚持锻炼身体，认真做广播体操和眼保健操，坐、立、行、读书、写字姿势正确。积极参加有益的文体活动。

14. 认真做值日，保持教室、校园整洁。保护环境，爱护花草树木、庄稼和有益动物，不随地吐痰，不乱扔果皮纸屑等废弃物。

15. 爱护公物，不要在课桌椅、建筑物和文物古迹上涂抹刻画。损坏公物要赔偿。拾到东西归还失主或交公。

16. 积极参加集体活动，认真完成集体交给的任务，少先队员服从队的决议，不做有损集体荣誉的事，集体成员之间相互尊重，学会合作。积极参加学校组织的各种劳动和社会实践活动，多观察，勤动手。

17. 遵守交通法规，过马路走人行横道，不乱穿马路，不在公路、铁路、码头玩耍和追逐打闹。

18. 遵守公共秩序，在公共场所不拥挤，不喧哗，礼让他人。乘公共车、船等主动购票，主动给老幼病残孕让座。不做法律禁止的事。

19. 珍爱生命，注意安全，防火、防溺水、防触电、防盗、防中毒，不做有危险的游戏。

20. 阅读、观看健康有益的图书、报刊、音像和网上信息，收听、收看内容健康的广播电视节目。不吸烟、不喝酒、不赌博，远离毒品，不参加封建迷信活动，不进入网吧等未成年人不宜入内的场所。敢于斗争，遇到坏人坏事主动报告。

【附录二】:

中学生日常行为规范（修订）

（教育部 1994 年 3 月颁布）

一、自尊自爱，注重仪表。

1. 维护国家荣誉，尊敬国旗、国徽，会唱国歌，升降国旗、奏唱国歌时要肃立、脱帽、行注目礼，少先队员行队礼。

2. 穿戴整洁、朴素大方，不烫发，不染发，不化妆，不佩戴首饰，男生不留长发，女生不穿高跟鞋。

3. 讲究卫生，养成良好的卫生习惯。不随地吐痰，不乱扔废弃物。

4. 举止文明，不说脏话，不骂人，不打架，不赌博。不涉足未成年人不宜的活动和场所。

5. 情趣健康，不看色情、凶杀、暴力、封建迷信等的书刊、音像制品，不听不唱不健康等歌曲，不参加迷信活动。

6. 爱惜名誉，拾金不昧，抵制不良诱惑，不做有损人格的事。

7. 注意安全，防火灾、防溺水、防触电、防盗、防中毒等。

二、诚实守信，礼貌待人。

8. 平等待人，与人为善。尊重他人的人格、宗教信仰、民族风俗习惯。谦恭礼让，尊老爱幼，帮助残疾人。

9. 尊重教职工，见面行礼或主动问好，回答师长问话要起立，给老师提意见态度要诚恳。

10. 同学之间互相尊重、团结互助、理解宽容、真诚相待、正常交往，不以大欺小，不欺侮同学，不戏弄他人，发生矛盾多做自我批评。

11. 使用礼貌用语，讲话注意场合，态度友善，要讲普通话。接受或递送物品时要起立并用双手。

12. 未经允许不进入他人房间、不动用他人物品、不看他人信件和日记。

13. 不随意打断他人的讲话，不打扰他人学习工作和休息，妨碍他人要道歉。

14. 诚实守信，言行一致，答应他人的事要做到，做不到时表示歉意，借他人钱物要及时归还。不说谎，不骗人，不弄虚作假，知错就改。

15. 上、下课时起立向老师致敬，下课时，请老师先行。

三、遵规守纪，勤奋学习。

16. 按时到校，不迟到，不早退，不旷课。

17. 上课专心听讲，勤于思考，积极参加讨论，勇于发表见解。

18. 认真预习、复习，主动学习，按时完成作业，考试不作弊。

19. 积极参加生产劳动和社会实践，积极参加学校组织的其他活动，遵守活动的要求和规定。

20. 认真值日，保持教室、校园整洁优美。不在教室和校园内追逐打闹喧哗，维护学校良好秩序。

21. 爱护校舍和公物，不在黑板、墙壁、课桌、布告栏等处乱涂改刻画。借用公物要按时归还，损坏东西要赔偿。

22. 遵守宿舍和食堂的制度，爱惜粮食，节约水电，服从管理。

23. 正确对待困难和挫折，不自卑，不嫉妒，不偏激，保持心理健康。

四、勤劳俭朴，孝敬父母。

24. 生活节俭，不互相攀比，不乱花钱。

25. 学会料理个人生活，自己的衣物用品收放整齐。

26. 生活有规律，按时作息，珍惜时间，合理安排课余生活，坚持锻炼身体。

27. 经常与父母交流生活、学习、思想等情况，尊重父母意见和教导。

28. 外出和到家时，向父母打招呼，未经家长同意，不得在外住宿或留宿他人。

29. 体贴帮助父母长辈，主动承担力所能及的家务劳动，关心照顾兄弟姐妹。

30. 对家长有意见要有礼貌地提出，讲道理，不任性，不耍脾气，不顶撞。

31. 待客热情，起立迎送。不影响邻里正常生活，邻里有困难时主动关心帮助。

五、严于律己，遵守公德。

32. 遵守国家法律，不做法律禁止的事。

33. 遵守交通法规，不闯红灯，不违章骑车，过马路走人行横道，不跨越隔离栏。

34. 遵守公共秩序，乘公共交通工具主动购票，给老、幼、病、残、孕及师长让座，不争抢座位。

35. 爱护公用设施、文物古迹，爱护庄稼、花草、树木，爱护有益动物和生态环境。

36. 遵守网络道德和安全规定，不浏览、不制作、不传播不良信息，慎交网友，不进入营业性网吧。

37. 珍爱生命，不吸烟，不喝酒，不滥用药物，拒绝毒品。不参加各种名目的非法组织，不参加非法活动。

38. 公共场所不喧哗，瞻仰烈士陵园等相关场所保持肃穆。

39. 观看演出和比赛，不起哄滋扰，做文明观众。

40. 见义勇为，敢于斗争，对违反社会公德的行为要进行劝阻，发现违法犯罪行为及时报告。

【附录三】：

中小学生守则

（教育部2004年3月颁布）

1. 热爱祖国，热爱人民，热爱中国共产党。

2. 遵守法律法规，增强法律意识。遵守校规校纪，遵守社会公德。

3. 热爱科学，努力学习，勤思好问，乐于探究，积极参加社会实践和有益的活动。

4. 珍爱生命，注意安全，锻炼身体，讲究卫生。

5. 自尊自爱，自信自强，生活习惯文明健康。

6. 积极参加劳动，勤俭朴素，自己能做的事自己做。

7. 孝敬父母，尊敬师长，礼貌待人。

8. 热爱集体，团结同学，互相帮助，关心他人。

9. 诚实守信，言行一致，知错就改，有责任心。

10. 热爱大自然，爱护生活环境。

【附录四】：

普陀县私立沈家门初级中学学生守则

（一九五四年度第二学期）

1. 努力做个好学生，做到身体好、学习好、工作好，准备为祖国服务，为人民服务。

2. 尊敬国旗，敬爱人民领袖。

3. 热爱劳动，积极参加各种课外活动，努力锻炼身体。

4. 要勤勉学习，遵守作息时间，按时上课，不迟到，不无故请假，不旷课。

5. 课堂用品必须在教师进课堂以前准备妥当。

6. 上课铃响之后，要立刻进教室，安坐在自己的座位上。上课时出入教室，要经教师许可。

7. 上课时要坐正，不许支肘托头，也不许东倒西歪，要用心听教师讲解和同学的回答，不许随便说话，不得做课外的事。

8. 上课要发言或提问须举手，经教师允许，方准发言，回答教师或提问时必须起立，经教师允许才能坐下。

9. 按时完成教师所布置的作业，不抄袭，不拖延，不草率。

10. 要遵守集体纪律，集队、集会时应做到快、静、齐。

11. 要尊敬校长和教师，要听候校长和教师的指导。

12. 上课时教师、校长进入或离开教室，要起立致敬。在校外遇见也要致敬。

13. 敬爱父母，爱护兄弟姐妹，帮助父母做自己能做的事。

14. 尊敬老人。对老人、小孩、病人和行动困难的人给予可能的帮助。

15. 对人要有礼貌。和同学友爱团结，互相帮助。不打架、不骂人，不说恶言粗语。

16. 不说谎，不骗人。不赌博。不私自拿别人的东西，不做对自己、对别人有害的事情。

17. 重视时事政治学习，随时关心国内外大事。

18. 经常保持个人、教室、座位、卧室及公共场所的整洁。

19. 要爱护公物。爱护学校和自己任何的物品。

20. 珍惜学校和本班的荣誉要像珍视自己的荣誉一样。凡遵守上述规则有良好表现者应受奖励。

【附录五】：

朱家尖小学学生一日常规

一、在家。

1. 孝敬父母长辈，关心长辈的身体健康，虚心接受长辈教导，不顶嘴。

2. 热爱劳动，自己能做的事自己做，并自动帮助父母做事。

3. 外出或回家要与父母或其他家庭成员打招呼。

4. 客人来访要热情招待，父母招待客人的食品不能随便吃。

5. 到他人房间要先敲门，经允许后再进入，不打扰别人的工作、学习和休息，不在他人家中吵闹或乱拿人家东西。

6. 生活俭朴，不乱花钱，穿戴整洁。

7. 搞好个人卫生，勤剪指甲勤洗头，夏天每天洗身一次，冬天每周洗身一次；饭前便后洗手，早晚刷牙二次，刷牙方法正确。

8. 不随便带火，不准玩火，不准赌博，不准做各种危险的游戏；不看有害的书刊，不进“三厅一室”，夏天未经家长同意或长辈在场去游泳。

9. 按规定及时完成家庭作业。

10. 按时睡觉，一天合计看电视时间不得超过 1.5 小时，回家看电视时间不得超过 1 小时，晚上看电视最迟不得超过 9 点钟。

11. 按时起床，不睡懒觉，并适当进行早锻炼。

12. 准备好上学应带物品（少先队员挂上红领巾），佩戴好校徽、学生证，不带与学习生活无关的物品，更不准带危险用具、物品上学。

二、途中。

13. 遵守交通规则，不追车、爬车。

14. 要走大道，走路靠右行，不群体或横队行走，不求近走小道、河塘，不损坏庄稼。

15. 骑自行车不得过快，骑车不准带人，路小或人多交通拥挤处不准骑车；13 周岁以下学生不准骑车。

16. 乘车、船等要尊老护幼，不争先恐后。

三、到校。

17. 按时到校，不迟到，也不太早。

18. 进校门整理一下仪表。

19. 上楼梯、进教室注意鞋底的清洁，并且靠右行。

20. 校园内不准骑车，自行车停放在指定位置。

四、晨间及出操。

21. 认真进行早自修。

22. 积极刻苦进行体育锻炼。

23. 出操或集会进出要排队，按顺序进行，步调一致，严守纪律，不讲话，不你推我拉。

24. 出操认真，动作正确有力。

25. 不得戴手套、围巾或穿大衣、高跟鞋出操或上体育课。

26. 升旗要严格按《升旗制度》办。

五、课间、午间及各类活动。

27. 课间首先做好下节课的准备工作，值日生擦好黑板等。

28. 不起哄、吵架、说脏话，团结友爱，互相帮助；客人进校不尾随围观，不搞激烈、危险、野蛮的一切有害自己或他人的活动。

29. 不在走廊、楼梯奔跑和进行体育活动，上下楼梯要做到轻声慢步靠右行。

30. 不随便拿教具、粉笔。

31. 保持室内外整洁，校内不吃零食。

32. 不随便进教师办公室或别班教室，未经许可不准出校门。

33. 活动器具等必须按规定领取，文明活动，损坏赔偿。

34. 爱护公物，不在课桌凳或墙壁处刻画。

35. 喝水在教室内指定处，不喝不清洁的水，不准到自来水笼头、井水或厨房中喝生水。

六、上课。

36. 上课预备铃响，立即停止一切文体活动，进教室静候或唱歌，不准迟到，迟到应喊报告，待老师准许后再进教室,并按规定认真做好眼保健操。

37. 老师进教室,宣布上课,学生即起立,师生互致问候再坐下。

38. 上课时注意力集中,专心听讲,积极思考,热烈发言,学的生动,学的主动。

39. 上课仪表端庄,纽扣要扣上,不穿背心,不穿拖鞋,更准赤膊上课;坐姿端正,未经老师许可,不准离开座位。

40. 上课发言先举手,待老师同意后再站立讲话,老师上坐下,再坐下。

41. 积极开动脑筋,认真完成作业。

42. 考试不作弊。

43. 老师宣布下课,学生起立,互道再见。

44. 爱护书本、作业本,作业书写清楚,纸面整洁。

七、就餐。

45. 准时就餐。在家就餐,如无特殊情况,不要赶在大人前。

46. 爱惜粮食。

47. 不偏食,不拣好的吃。

48. 在家就餐要给长辈盛饭。

49. 就餐后必须保持清洁,不准将骨、皮、剩汤等乱倒;中高年级学生,饭后要及时整理好桌子饭碗等。

八、放学。

50. 放学前,检查作业物品,戴好安全小黄帽,有秩序离校。

51. 值日生做值日,关好窗门,锁好室门。

52. 回家路上,遵守交通规则,不横穿马路,不在路中玩耍游荡。

53. 必须按时离校,未经老师同意,不在学校逗留。

54. 离校后必须直接回家,事先未经家长等同意,不准直接走亲访友或到其他场所游玩。

【德育教育课程】 中小学德育课(思想政治课)是德育教育工作的主渠道。20 世纪 50 年代开始,域内各中小学取消民国时期的公民、童子军课程。中学开设政治课,每晚放学前安排 15 分钟读报时间。1951 年,初三年级开设中国革命常识课。1952 年,各年级增设时事政策课。1957 年 9 月,根据教育部颁行的《小学教学计划》,每周增设 1 节周会课,作为对小学生进行道德教育和时事政策教育的课程。1957 年 9 月,中学政治课改为社会主义思想教育课。1958年起,中学各年级政治课每周4课时,政治讨论课每周 4 课时。1959 年 2 月,贯彻执行《浙江省全日制中学暂行教学计划》,政治思想教育(包括社会主义、共产主义课和时事政策学习以及课外活动等)占总教学时间的 19%左右。7 月,中学政治课改名政治常识课。1963 年,教育部颁发全日制中小学新教学计划,中学各年级政治课改为每周 2 课时。

“文化大革命”期间,中学政治课每周 3 课时。政治课无国家统一颁行的教材。前期,有的中小学讲授《人民日报》《解放军报》和《红旗》杂志(时称“中央两报一刊”)关于“文化大革命”的社论,有的中小学学习被称为“革命大批判”的文章,统称为“无产阶级专政下继续革命的理论”。“批林批孔”期间,以“法家”故事、“孔老二克己复礼”等作为政治课学习或批判的内容。1973 年秋,高中政治课教材统一采用《毛泽东著作选读》甲种本,初中采用《毛泽东著作选读》乙种本。

1977 年秋,根据教育部规定,中学政治课设置为:初中一年级开设社会发展简史课,初中二、三年级开设科学社会主义常识课,高中一年级开设政治经济学常识课,高中二年级开设辩证唯物主义常识课。同时根据省中小学教材编写组提出的《关于当前中小学政治课学习毛泽东选集第五卷的意见》,全县中小学政治课讲授《毛泽东选集》第五卷的部分内容。1980 年年底,各中学贯彻教育部《关于改进和加强中学政治课的意见》,对初中政治课内容重作安排:初中一年级开设青少年修养,初中二年级开设政治常识(1981 年 9 月,改为法律常识),初中三年级开设社会发展简史。

1978 年秋起,小学各年级增设思想品德课,每周 1 课时。

1978—2008 年,中学各年级政治课每周均为 2 课时。

1983 年秋,中学政治课内容充实《邓小平文选》部分与课程内容有关的论述。1986 年,高中三年级政治课增加人生观、理想和法律知识方面的内容。1988年秋，高中一年级政治课开设科学人生观课，高中三年级开设政治常识课。1989年秋，初中一年级政治课开设公民课，高中二年级开设经济常识课。1990年起，高一开设经济常识课，高二开设哲学常识课，高三开设政治常识课。1994年起，初中使用省编教材，开设公民课，后又增设思想政治课。

1994年，小学实施义务教育新教材，思想品德和语文合课。开始研究德育在学科中的渗透效应，提出“全员德育、全程德育、全方位德育”（简称“三全”德育）。

2001年起，各小学开设“雏鹰争章”少先队德育活动课程。

2004年秋，新课程实施，小学思想品德课分别改称品德与生活（一、二、三年级）品德与社会（四、五、六年级）课，每周2课时。初中政治课设“思想品德”。

2006年起，高中实施新课程，政治课改为：高一设“经济政治生活”，高二设“哲学文化生活”，高三为选修模块。

职业高中自创办以来至1996年，采用普通高中政治课教材。1997—1999年，使用中等职业学校政治教材，按《经济·政治》《法律》《世界观·人生观》《职业道德》四大系列授课。2000—2004年，使用中等职业学校国家规划教材，开设《法律基础知识》《经济与政治基础》《哲学基础知识》《道德与职业指导》《职业》课。2005—2007年，使用浙江省技工学校教材，开设《当代技校生》《解读经济》《社会与人生》《就业创业》课。2007年起，使用浙江省中等职业学校教材，设《法律·生活·职业》《哲学·生活·职业》《经济·政治·社会》。2005年9月起，开设《心理健康》课，高一年级每周1课时。

中小学除开设政治课、思想品德课对学生进行系统的政治思想教育外，各学科教学也注重发掘内在教育因素，进行学科德育渗透，发挥学科思想政治与道德教育功能。

1978年（改革开放）以后，中小学德育课程建设从整个学校教育的视域出发，遵循整体性、综合性、开放性、衔接性和发展性的原则，建构以道德教育为核心内容、以模块课程为主要形式、以持续改进为发展动力的统筹一体的中小学德育课程体系。

德育课程体系简图

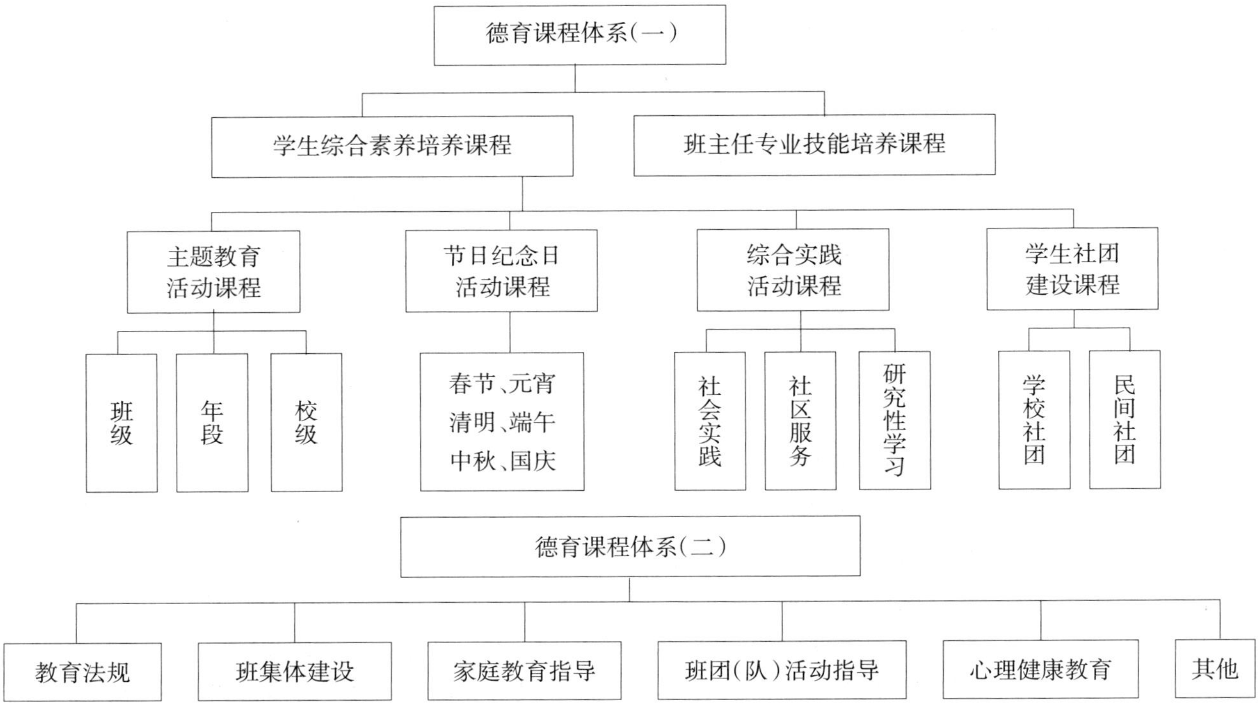

【德育教育方式多样化】 中华人民共和国建立后，中小学德育教育主要对学生进行基本道德规范和共产主义理想教育。1978 年以来，各中小学开展德育方式的改革和研究，德育教育方式逐渐多样化，提倡新鲜活泼，启发引导，以适应学生特点，强调实践环节，以提高德育实效。各中小学根据学生年龄特点，运用“听、讲、看、写、唱、谈、评”等多种方式，组织春游、秋游、参观、访问、扫墓等丰富多彩的活动，对学生进行可持续发展的思想道德教育。

日常行为规范养成教育 “中小学行为规范教育”是时代对中小学生德育提出的迫切要求，目的是提高学生的思想道德和行为素质，培养学生初步具有爱祖国、爱人民、爱劳动、爱科学、爱社会主义的思想感情和良好品德；遵守社会公德的意识和文明行为习惯；良好的意志、品格和活泼开朗的性格，为使他们成为有理想、有道德、有文化、有纪律的社会主义公民，打下初步的思想行为基础。

1954 年，普陀县私立沈家门初级中学率先制定中学生守则和规范，以后各学校相继出台学生守则和规范。

1985 年起，各学校开展“遵守纪律、爱护公物、清洁卫生、文明礼貌”等项竞赛活动，并通过制定班级“文明公约”规范学生校内行为。

1988 年，沈家门小学等学校制定行为规范达标要求，开始进行“天鹅班（卫生）、大雁班（纪律）爱物班（爱护公共财物）、推普班（推广普通话）”评比活动，由校内规范教育向校外规范教育扩展。

1991 年 8 月和 1994 年 3 月，教育部先后正式颁行《小学生日常行为规范》和《中学生日常行为规范》以后，学生日常行为规范养成教育逐渐成为中小学德育的基本内容。1995 年 8 月，区教育局转发省教委《关于在全省中小学开展行为规范达标活动的通知》，要求全区中小学组织实施。各学校根据《小学生日常行为规范》要求，把目标具体化、训练规范化、考核检查经常化来落实，有重点的进行基本道德教育和文明行为训练。同年 12 月，普陀中学等 22 所学校被评为区级行为规范“达标”学校。

2005 年，各校开展以“日常行为讲规范，人际交往讲礼仪，社会活动讲文明”为主要内容，以校园礼仪风采展示、征文、演讲等为主要形式的主题教育活动。其中，小学以文明行为习惯教育为主，初中以责任感及基本道德教育为主线，高中则以正确的世界观、人生观、价值观形成为导向开展教育活动。

班集体建设工作 1992 年上半年，组织部分学校领导去无锡参加班集体建设研讨会。同年 10 月，区教育局印发《关于加强中小学良好班集体建设的决定》通知（舟普教〔167〕号），并再次组织全区 17 所中小学教导主任、班主任去无锡学习班集体理论。1997 年 11 月，区教育局发出进一步加强班集体建设的通知，开始区级优秀班集体考核验收工作。

1993 年，区教育局在沈家门小学承办全国第三届班集体建设研讨会。

2011 年 10 月，第二十届全国中小学班集体建设理论研讨会上，普陀第二中学何德清校长、沈家门小学郭妙琴校长、普陀中学刘建芬老师和沈家门第一小学江珊珊老师获评全国卓有成效的班集体建设校长和班主任称号。

学生成长导师制 2004 年，区教育局提出建立“学生成长导师制”工作思路，沈家门中学、普陀第三中学、六横中学、沈家门第三初级中学、虾峙初级中学、沈家门第三小学等 6 所学校为试点。而后，下发《普陀区学生成长导师制工作实施意见》，区域内中小学全面推行“学生成长导师制”，采用一位老师跟踪若干名学生成长的办法。

各校重点开展对四类学生确立导师制帮教：一是特长生导师，对在艺术、体育、科技等方面学有专长的学生进行导师制帮教，也包括对在学科学习中学有余力的学生；二是学困生导师，对学习跟不上正常学习节奏的学困生实行导师制帮教；三是德育导师，对行为习惯、品德心理等方面有缺失的学生进行导师制帮教；四是情感导师，对那些离异、单亲（或父母双亡）、父母外出打工等家庭子女实行导师制帮教。

2005 年 4 月，对“学生成长导师制”试点学校工作情况调研，参加市经验交流会。同年11月，组织全区首届德育干部培训班，后赴湖州考察“学生成长导师制”工作，有关经验材料在会上进行交流发言，受到好评。

“万名师生进社区”活动 2005年4月，区教育局举行首次“万名师生进社区”活动启动仪式，7月，城区各学校与所在社区对接，11600名学生参加此次活动。“万名师生进社区”活动是小手牵大手传递公民道德活动重要形式，也是中小学生参加社会实践活动重要载体，每年寒暑假各社区推出丰富多彩的活动，学生在社区干部和在校教师指导下参与实践与锻炼。2010年暑假起，螺门、勾山等乡镇学校也对接社区开展暑假社区实践活动。2011年后，各社区根据学生年龄特点安排寒暑假活动，学生根据需要，菜单式选择实践活动。

国旗下教育活动 1990年7月，国家出台《中华人民共和国国旗法》。1993年3月，区教育局印发《关于严格中小学升降国旗制度的几点要求》，规范中小学、幼儿园升降国旗制度。各校相应建立升降国旗制度，每周一早上举行国旗下讲话，国旗下教育成为对学生进行爱国主义教育及其他德育的重要平台。

2008年4月7日，区域内33所中小学在各自学校的升旗仪式上为1060名区级“阳光少年”举行授章仪式。

影视教育活动 1989年，区教育局转发国家教委《关于在小学生中开展“热爱中国共产党、热爱社会主义祖国、热爱中国人民解放军”教育活动的通知》。7月，区教育局首次组织“暑假学生观看爱国爱党爱军电影活动”，观看学生达5832人次，放映25场次。1994年9月，组织中小学生观看“百部爱国主义优秀影视”片。

法制教育活动 1987年3月，贯彻全国人大常委会《关于加强法制教育维护安定团结活动的决定》，区教育局印发学生法制问答手册作为全区初高中（含职业中学、技工学校）学生课外必读书本。8月，区教育局印发《在初中学生中进行法律常识教育的通知》。12月，举行中学生普法知识竞赛，15所中学派队参加，普陀中学、桃花初级中学、峧头初级中学、芦花中学分别获第一二三四名，舟山电视台作了录播。

1989年9月，区教育局转发国家教委，省教委关于对学生进行法制教育的通知。1992年4月，师生中开展“二五”普法教育学习活动。1992年10月，区教育局印发《预防在校学生违法犯罪工作的通知》。1994年4月，加强对中小学生参加经营性电子游戏活动整顿。1994年7月，建立中小学违法犯罪情况专项报告制度，各学校每季度向公安局报告学生违法犯罪情况。2000年起，中小学校普遍聘请法制副校长，进行预防青少年犯罪、未成年人保护、交通法规等法制教育。2001年，全区中小学开展“校园拒绝邪教”活动。2005年，全区中小学组织模拟法庭比赛。2011年，全区评选出10名优秀法制副校长。

2013年4月，区教育局、区检察院会同沈家门小学、东港中学、沈家门第一初级中学、普陀第二中学、六横镇峧头初级中学和区职教中心召开检校共建联席会议。区检察院分管领导及青少年维权岗职能部门负责人、区教育局分管领导及共建学校的有关负责人等出席了会议，区检察院与各共建学校分别签订《共建协议》并向各共建学校授牌，共建学校也向聘请的校外法制辅导员颁发了聘书。

2014年，区教育局组织“珍爱生命远离毒品”法制教育，被评为该年度全区禁毒工作先进单位。

“孝心大考场”活动 2003年，各中小学贯彻中共中央颁布的《公民道德建设实施纲要》。2005年起，区教育局组织以“孝心大考场”为平台，将“孝敬教育”列为学生道德教育的基础内容。2008年12月，结合“浙江省第五个中小学生弘扬和培育民族精神月活动”，在普陀中学举行第四届普陀区中小学生“孝心大考场”电视决赛，浙江电视台少儿频道对本次比赛全程录播。至2014年，由区委宣传部、区文明办、区教育局、区文体广电新闻出版局、普陀广播电视台联合主办的全区中小学生“孝心大考场”电视大赛已历时十届。2011年，区教育局获普陀区“孝·让普陀充满爱”主题实践活动优秀组织奖。

革命传统教育活动 1989年3月，区教育局印发《关于组织学生扫墓活动注意事项的通知》(舟普教〔1989〕17号),各中小学开始组织师生清明扫墓活动。1992年4月,团区委、区教育局、区关心下一代委员会、区老干部局等4单位联合组织在青龙山革命烈士纪念碑举行"缅怀先烈志,争做四有人"大型扫墓活动。2000年起,区委宣传部、区关工委、区教育局联合组织城区中小学生清明集中扫墓活动,至2014年每年有主题教育内容。

国防教育活动　1989年12月,区教育局发出关于在全区中小学生中开展国防教育周活动的通知,要求中小学校开展国防教育。1992年6月,印发国家教委《小学、初中国防教育纲要(试行)》及《学校国防教育常规》。1997年9月,区教委转发国家教委《小学初中国防教育纲要》的通知,进一步加强国防教育。

2001年8月,九届全国人大常委会第二十三次会议决定设立全民国防教育日,规定每年9月的第三个星期六为全民国防教育日。全区中小学校开展形式多样的国防教育活动,建立塘头麒麟山等国防教育基地。1991年,建立桃花少年军校,以后建有东港小学少年边防警校、沈家门第二小学儿童军校、沈家门第五小学少年交警学校等。2004年9月,开展第四个全民国防教育周活动,组织城区学校学生上街宣传,中小学师生参加"国防杯"知识竞赛活动。至2014年的国防教育日,全区各中小学校、幼儿园都开展形式多样的教育活动。区教委被市委、市政府、市警备区评为1998年度全民国防教育先进集体。

综合实践教育活动　春秋游活动　1986年3月,组织首次学生春游活动,春游活动由各中小学自行组织。1990年6月,区教育局出台《关于组织中学生暑假参加社会实践活动的通知》。1995年6月,区教育局组织中小学生参加"走千岛、看改革"暑假社会实践活动。2003年起,区教育局将春、秋游活动列入社会实践活动范畴。

夏令营活动　1998年7月,区教育局首次组织学生为期14天夏令营活动,主题为"绿色意识与行动",朱家尖小学等5校81位中小学生参加。2012年以后又连续举办4期暑期夏令营活动,内容包括科技、艺术、文学、体育、德育五大系列。夏令营活动以公益为宗旨。

读书活动　1997年10月,在中小学开展以"弘扬中华美德,争做时代新人"为主题的读书教育活动,并评出"读书之星"。2001年3～4月,全区中小学开展"崇尚科学,挑战未来"读书教育活动。2008年4月,各中小学开展全区"校园书香,你我共享"第一届读书节活动。2011年7月,普陀区"书香少年俱乐部"正式成立。

第三节　德育教育工作社会化

【构建社会化德育网络】　改革开放以来,社会生活多姿多彩,价值观念多元化,给学校德育提出了新的挑战。实行学校、家庭、社会三结合,构建社会化德育网络,成为提高德育实效性的关键。

1980年后,区域内中小学开始设立家长委员会、家长学校、建立家校联系制度。为充分发挥社会环境的积极作用,学校采取多种有效措施,充分利用社会教育力量与街道居民委员会、村民委员会、工厂、商场、部队、老干部局、退休教师协会等单位建立联系,开辟校外德育基地,开展活动。

爱国主义教育基地　青龙山革命烈士纪念碑、登步岛革命烈士纪念馆、桃花革命烈士陵园、六横东海游击总队革命烈士纪念园成为青少年革命传统教育基地。塘头麒麟山、边防大队、海警大队、芦花洛阳营等成为青少年国防教育基地。

少年军事训练基地　1991年12月,桃花初级中学建立中学生少年军校,次年7月全区初中学生第二期军事训练夏令营活动在该基地集训。至2010年8月,该基地共举行全区学生军训活动18期,参训学生2051名。1992年后,沈家门第二小学、沈家门第五小学、东港小学、分别建立儿童学校、少年交警学校和少年警校等校中校军事训练基地。

社会实践活动基地　沈家门肯德基、东港麦当劳,沈家门西河菜场等成为青少年学生劳动实践基地。普陀博物馆、展茅五匠馆、蚂蚁岛人民公社纪念馆、六横里岙民族风情馆等成为中小学生思想道德教育基地。

2003年，为加强对未成人思想道德建设，区宣传部牵头在东港区域建立3家社区未成年人活动中心，增加青少年在双休日、寒暑假活动场所。

法制教育基地 1990年起，各中小学不定期请司法局、法院、政法委、公安等单位有关人员担任法制教育校外辅导员，传授有关法律知识，至2014年，全区共聘请58名校外法制辅导员。各学校组织学法小组，广泛开展学法、知法、守法教育活动。

第四节 家长学校

【发展历程】 1985年秋，沈家门小学、沈家门第一小学率先成立“家长学校”，招收第一届一年级学生家长为学员。1995年，区教育局下发《关于进一步加强家庭教育的通知》，指出学校教育、社会教育和家庭教育的有机结合是造就一代新人的必要条件，要求各校切实加强家庭教育这一环节。

2002年起，全区中小学普遍成立家长学校、家长委员会。聘请资深家庭教育专家和人士担任辅导教师。家长学校开课一般为每月1次，一学期4次，一学年8次。课程内容主要有：家庭教育与学校教育的联系，如何教孩子学会学习，如何帮助孩子养成良好学习习惯、生活习惯和劳动习惯，家庭常见病防治，父母如何做好孩子的第一任教师，营造良好家庭环境，学生心理、生理变化和规律，家教经验交流等。

2005年3月，区精神文明建设办公室出台《舟山市普陀区精神文明建设办公室关于加强家长学校工作的实施意见》（舟普文明委〔2005〕2号），决定“成立普陀区家长学校总校”，总校在区成教中心挂牌，下设办公室，办公室设在区成教中心。同年8月，区教育局配备1名教师专职负责家长学校总校具体工作。家长学校总校以“规范、创新、科研”为发展思路，提出“向家庭教育要质量”总体目标，推进家庭教育现代化工作。

各中小学、幼儿园相继建立家长学校，运用家长委员会、家长信箱、家校联系卡、家长开放日、家庭访问等多种形式，加强同学生家庭的联系。定期召开家长委员会会议，使之成为学校开展民主管理、加强学生德育工作的重要组织形式。2005年起，城市社区开始成立社区家长学校。

至2013年3月，全区26所中小学建立家长学校，37所幼儿园（其中12所为共建单位幼儿园）建立家长学校25所，城市和乡镇成立社区家长学校75所，学校、社区家长学校覆盖率达100%。

普陀区家长学校发展概况表

表3-1

	学校幼儿园家长学校数(所)				社区家长学校（所）	合计(所)
	中学	小学	幼儿园	小计		
2005	12	22	8	42	23	65
2006	12	18	18	48	51	99
2007	12	18	18	45	51	96
2008	11	18	16	45	48	93
2009	9	17	24	50	50	100
2010	10	15	25	50	73	123
2011	11	16	24	51	73	124
2012	11	13	25	49	75	124
2013	13	13	25	51	75	126
2014	14	10	26	50	75	125

2013 年普陀区中小学、幼儿园家长学校分布情况表

表 3-2

分段	家长学校	合计(所)
高中	普陀中学 普陀第三中学	2
初中	普陀第二中学 沈家门第一初级中学 东港中学 展茅初级中学 朱家尖初级中学 岐头初级中学 虾峙初级中学 台门初级中学 舟渔学校 桃花中心学校 芦花中学	11
小学	沈家门小学 沈家门第一小学 沈家门第三小学 沈家门第四小学 鲁家峙小学 勾山中心小学 朱家尖中心小学 六横中心小学 台门小学 虾峙中心小学 螺门小学 龙山小学 双塘小学	13
幼儿园	区中心幼儿园 区实验幼儿园 六横中心幼儿园 六横实验幼儿园 虾峙中心幼儿园 桃花中心幼儿园 螺门幼儿园 勾山中心幼儿园 展茅中心幼儿园 朱家尖中心幼儿园 城建幼儿园 物资幼儿园 新城幼儿园 和润幼儿园 颐景幼儿园 蓝盾幼儿园 舟渔幼儿园 米奇幼儿园 舟水联幼儿园 小精灵幼儿园 小灵通幼儿园 小白兔幼儿园 海仔幼儿园 朱家尖三八幼儿园 向日葵幼儿园	25

2013 年普陀区社区家长学校分布情况表

表 3-3

街道	社区学校	合计(所)
沈家门街道	荷东 荷外 鲁家峙 东大 泗湾 新街 中大 西大 教场 小蒲湾 西河 海星 中洲 茶湾 中兴 墩头 大干 小干 平阳浦 大蒲湾	20
东港街道	莲安 安康 中昌 灵秀 兴普 塘头 葫芦	7
勾山街道	南岙 和津 浦东 浦西 芦花 曙光 蒲岙 红旗	8
朱家尖街道	福兴 三和 顺母 西岙 南沙 中欣 莲兴 莲花	8
展茅街道	茅洋 螺门 沙井 大展 横街 黄扬尖	6
六横镇	岐头 佛渡 五星 双塘 平蛟 小湖 台门 悬山 龙山	9
桃花镇	塔湾 盐厂 茅山 宫峙 青龙	5
虾峙镇	东晓 湖泥 晨港 黄石 兴港 灵和	6
登步	沙头 大岙 竹东	3
白沙 东极 蚂蚁	白沙港 蚂蚁 东极	3
	合计	75

【附录】:

2013 年普陀区家长学校情况表

表 3-4　　表号:浙 K51 表

批准文号:国统制(2012)174 号

制定机关:浙江省统计局　　有效期至:2013 年 9 月

地区	代码	家长学校数(个)		家长学校培训人次		城市社区建立家长学校比例(%)		行政村建立家长学校比例(%)		中小学校家长学校办学率(%)		幼儿园家长学校办学率(%)		已创建的省级示范家长学校数(个)	
甲	乙	2011 年	2012 年	2011 年	2012 年	2011 年	2012 年	2011 年	2012 年	2011 年	2012 年	2011 年	2012 年	2011 年	2012 年
普陀区	03	123	123	292500	296000	97	100	0	0	100	100	100	100	2	4

【组织管理】 2005年3月，成立“普陀区家庭教育工作领导小组”，由区委常委、宣传部部长任组长，区委宣传部副部长、区妇联主席、区教育局副局长任副组长，区文明办、卫生局、文广局、团委、关工委等8家单位分管领导为成员，研究部署家庭教育工作。各部门职责、任务明确，形成齐抓共管的局面。

同年，成立由区委常委、宣传部部长担任校长，区文明办主任、宣传部副部长任常务副校长，区妇联和教育局分管领导担任副校长的“区家长学校总校”，下设办公室，具体领导全区家庭教育工作，初步形成以区家庭教育工作小组为领导，区家长学校总校为主干，各类家长学校为阵地的条块结合的家庭教育组织网络。

机构示意图

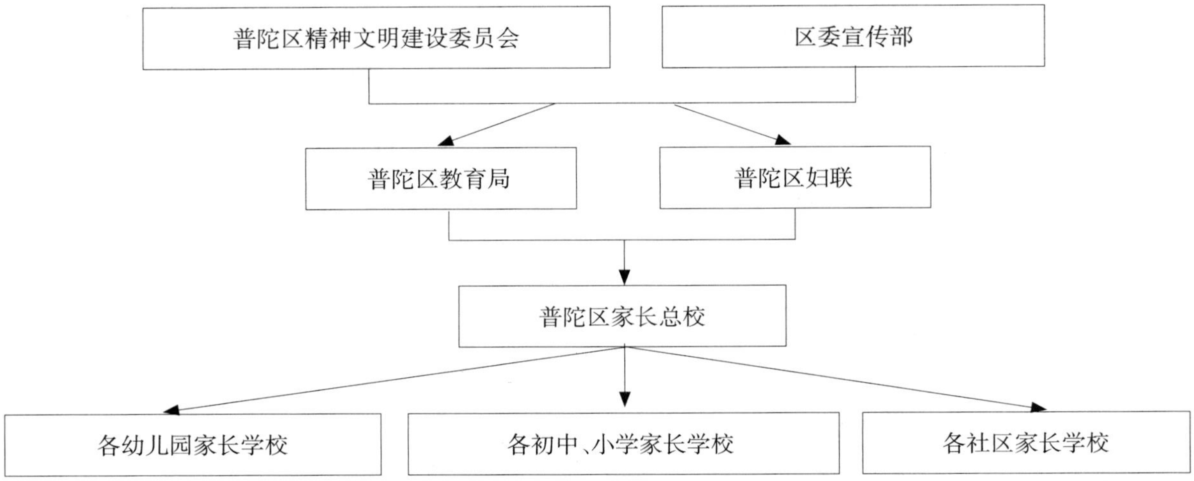

2005年3月21日，区文明办印发《关于成立区家长学校总校的通知》(舟普文明办〔2005〕2号)。

【附录】：

关于成立区家长学校总校的通知

(舟普文明办〔2005〕2号)

各镇乡、街道，区属各有关单位：

为切实加强对区家长学校工作的领导，根据舟普文明委(2005)2号文件精神，决定成立区家长学校总校。现将组成人员名单通知如下：

一、总校校务委员会

奚跃武、陆军海(区委宣传部)、赖存平(区文明办)、翁松安(区关工委)、唐汉成、缪海斌(区教育局)、戴燕红(区妇联)、刘素儿(六横镇)、刘优珍(朱家尖镇)、戴明益(展茅镇)、陈红(桃花镇)、王少领(虾峙镇)、王良艳(东极镇)、黄文明(登步乡)、刘静依(蚂蚁岛乡)、王燕微(佛渡乡)、张乌娜(白沙乡)、陈敏芬(沈家门街道)、叶文伟(东港街道)、韩启国(勾山街道)、俞维杰(沈家门第三初级中学)、潘旭东(沈家门第五小学)、王素娣(新街社区)

二、总校校长 奚跃武

三、总校副校长

陆军海(区委宣传部) 唐汉成(兼学校分校校长，区教育局)

戴燕红(兼社区分校校长，区妇联)

总校办公地点设在区教育局成教中心

二〇〇五年三月二十一日

2013年9月11日，舟普文明办下发关于调整区家长学校总校组成人员通知。任命刘旭军为总校校长，赖存平(区委宣传部)、贺林峰(区教育局)、陈敏芬(区妇联)为总校副校长。

社区家长学校由社区干部担任校长，下设家长学校委员会，有3-5名学员组成领导机构(设主任、委员)，社区妇联干部负责家长学校的日常管理、组织教学、档案建立、相关活动开展等。

各中小学(幼儿园)家长学校由各中小学和幼儿园的校长(园长)担任校长，主管德育或教学的副校长、德育主任(教务主任)负责家长学校的日常管理、组织教学、开展相关活动，办学地点一般设在相应学校或幼儿园。

【师资与教材】 家长学校管理和师资队伍是通过整合社会力量，挖掘社会资源，"多轨"并行选择：一是建立以社区内离退休干部和教师、优秀家长、优秀班主任及德育教师、儿童保健医生、法官律师、社会工作者、校心理咨询师等专业技术人员为主，专家学者加盟组成的家庭教育指导队伍。二是建立以校长、园长和各级妇联、社区干部为主的管理者队伍，保证对家长学校教育工作的指导和落实。三是成立"普陀区家庭教育讲师团"，成员均是从政府机关、司法、公安、教育、卫生、旅游等部门聘任的专业人士。每年有计划地邀请全国著名家庭教育专家及讲师团成员讲学指导，并送教到海岛农村学校。四是培训学校中层干部、班主任、任课教师和优秀家长，通过走出去请进来和网络视频等远程教育形式的授课，有效提升各类教师指导解决家校问题的能力。

家长学校培训主要内容一是教育政策法规，如教育法和《中共中央国务院关于进一步加强和改进未成年人思想道德建设的若干意见》等有关重要法律和规定；二是学校规章制度及《家长教育行为规范》；三是中小学生、幼儿的生理发展、心理特征及卫生保健常识；四是家庭教育知识，即家教的任务、特点、原则、内容、方法等。

家长学校教材以自编教案为主。谁讲课，谁写教案。家长学校向家长学员提供学习提纲或培训要点，根据家长需求，订购有关家庭教育的书籍、报刊，作为课外学习补充教材。

【附录】：

2010学年普陀区家庭教育讲师团成员名单及宣讲内容情况表

表3-5

姓　名	单　位	讲解内容
边艾光	普陀区政协副主席 省妇女问题研究会会员	《社区、家庭礼仪教育》
陈　红	普陀区妇联副主席	《家庭教育与孩子成长》
李　莲	普陀区妇联干部	《家庭教育》
王佳琳	区司法局干部	《青少年法制教育》
余晓君	普陀区妇联干部	《家庭美育》
王　明	普陀人民医院主任医师	《孩子心理问题的纠正》
夏云鹤	区中医院儿科主任	《儿童常见疾病的防治》
钱泽全	区中医院儿科副主任	《儿童保健》
郑　怿	区实验幼儿园医生	《学校、家庭传染病防治》
孙雪娟	人口与计划生育局	《性教育与性健康》
钱金铎	省功勋教师、省特级教师、市教育教学中心研究员	《让孩子愉快而有意义的学习数学》
史兵兵	舟山中学心理指导老师、省家庭教育讲师团成员	《小、中、高起始年级家长如何关注孩子的心理成长》
王　斌	区教育局教育科科长	《素质教育面面谈》
张丽萍	区教育局教科室	《心理健康教育》
郭妙琴	沈家门小学校长	《孩子学习兴趣的培养》

续表 3-5

姓　名	单　位	讲解内容
程永清	普陀中学校长	《中学生学习心理》《初高中衔接》
何德清	普陀第二中学校长	《中小学衔接》
潘旭东	区教研室主任、省特级教师	《孩子智力的开发与培养》
李　刚	区教育局督导室	《孩子的责任心培养》
李诗芳	普陀第二中学副校长	《中学生行为品德培养》
黄伟宏	东港中学校长、省家庭教育讲师团成员	《父母与孩子》
徐亚飞	区中心幼儿园	《真正平等信赖　让孩子快乐成长》
余静君	区实验幼儿园副园长	《我们如何做家长》
周丹春	区教育局工会副主席	《早期教育》
孙文波	沈家门第一小学校长	《家校鼓励性评价》《幼小衔接》
徐　波	六横中心小学校长	《家长的角色》
孙军杰	区教研室	《如何指导你的孩子学好语文》
郑建国	六横镇社发办	《和谐发展与家庭教育》
胡迎红	六横实验幼儿园园长	《如何指导孩子早期阅读》
贺松彩	区健康教育所副所长	《儿童健康教育》
胡佳静	区检察院	《青少年法制教育》
江　岚	区法院刑事庭副庭长	《青少年法制教育》

【活动开展】 **常规活动**　开展多种家教论坛与交流活动，各家长学校推荐优秀家长经验论文参与区教科网中的《家教论坛》交流活动。建立学校、班级QQ群、微信群，促进家长之间的交流与学习，及时纠正家教中存在的问题和认识误区。

利用多种宣传媒体，如板报、电脑网站、校报、社区小报等，为社区居民、教师、学生创设共同受教育平台。在校网站上建立《家长学校》专栏，使学校和家庭教育达到“同步”，教师和家长教育达到“同心”，学校和社区教育达到“合力”。

各家长学校利用本地媒体进行广泛的家庭教育宣传。如：优秀文章汇编、网上发帖、家长学校活动信息、图片新闻等在《普陀教育网》《今日普陀》报等各级媒体上宣传报道。

推进家长学校的信息化和远程教学。组织家长参加计算机培训，提高家长利用信息技术学习效率。购置全国著名家庭教育专家报告光盘书籍和家庭教育书籍，增加家长学校藏书量。同时总校送影像书籍资料，送幸福大课堂到偏远的社区、小学、幼儿园、新居民家长学校，解决其师资和经费问题。

充分利用多媒体辅助教学和网络教育手段。组织家长观看学校的电视教育录像，了解学校的教育教学发展；社区家长学校利用社区现有设备，组织本辖区的准爸爸、准妈妈及其他社区居民进行，学习教育、录像观看，共同提高教育子女及自身综合素质。

学校充分利用校园网络，家长QQ群，家长博客微信群等现代信息工具和教育部编的《家长学校》教材，每个月向家长出一道（分类、分层）思考题，积极引导更多的家长参与到学习和掌握现代家庭教育科学知识上来，让更多的家长掌握现代家庭教育理念，学会科学的家庭教育方法与技巧，交给更多家长育人方面的智慧。

举行“向家长开放日”活动。组织家长共同参与学校或班级的有关活动，引导家长配合学校共同教育好学生，使孩子养成良好的道德行为和学习习惯。

创新活动　开展“学习型家庭”等评比活动。评选优秀学员、优秀家长、阳光家长；评比“学习型家庭”“书香家庭”“绿色家庭”“文明家庭”；评比“关爱特殊家庭子女成长和特殊儿童”先进个人和集体，推进“春蕾结对”“代理妈妈”工作，营造和谐家庭（社区）环境，为孩子创造良好的学习和成长环境。

构建“幸福大讲堂”活动载体，构建以区成教中心为主课堂，社区、学校和幼儿园为基层课堂的立体式活动基地。确立妇联和社区“幸福大讲堂——心理学视角下的婚姻家庭与家庭教育”两大主题，分为五块内容，即“家庭幸福智慧篇”“家庭健康关爱篇”“家庭安全教育篇”“家庭文明提升篇”“家庭知法用法篇”。

开展“百堂家教进社（校）区”活动。聘请家庭教育专家、医学专家、学校教育专家、区家庭教育讲师团成员或学校的优秀教师、社区退休老干部为家长学校学员进行讲学，建立家庭教育热线，广泛传播家庭教育知识，启迪和引导学生家长、社区居民树立正确的家庭教育观念，掌握科学的教子方法。

妇联品牌活动　响应省妇联、省家庭教育学会倡导的“千万父母进家长学校”活动，开展“妇女素质提升工程”“万名渔嫂行礼仪”“百堂家教进社区”等特色品牌活动。

开展“心愿工作坊”“心语工作室”帮教活动。区成教中心建立家庭教育“心愿工作坊”，各中小学、幼儿园建立“亲子心语工作室”，开展帮教服务活动。对典型的问题家庭，分层、分类、分人进行帮助指导。

【平台建设】　至2012年年底，全区各学校成立家庭教育工作指导委员会（家长委员会），每个班成立有家庭教育指导小组（班级家委会），定期举行活动，共同参与学校管理。沈家门第一小学、东港中学等学校设立家长委员会办公室和活动室。普陀第二中学、朱家尖中学、区实验幼儿园、勾山幼儿园、桃花幼儿园、六横中心幼儿园等学校让家长委员会参与校务管理会议，有效促进和谐校园建设。

编制《普陀区家长学校学员手册》，至2014年年底已印发4万多册。从幼儿园用到初中，把《手册》使用情况列为年度考核内容，有效提高家长的到课率。

尝试新居民子弟学校与社区家长学校携手办学，新居民家长在居住社区参加家长学校上课学习，推行家长学校共同办学模式，提高民办幼儿园办学质量和家教知识普及率。2011年起，区中心幼儿园、区实验幼儿园、城建幼儿园、六横实验幼儿园等分别担任任务，每年组织本片幼儿园家长上大课。

【荣誉与成果】　2007年6月，普陀区沈家门街道新街社区家长学校等6所社区家长学校、普陀第二中学家长学校等10所学校家长学校首次获市示范家长学校荣誉称号。2011年，13所学校及幼儿园和4所城市社区家长学校被市妇女联合会确定为市示范家长学校。2012年，沈家门小学和大蒲湾社区家长学校被命名全国家庭教育工作示范单位。2013—2014年，沈家门第一小学、普陀第二中学等9所家长学校被省妇女联合会评认定浙江省示范家长学校。

普陀区市、省、国家级示范家长学校汇总表

表3-6

年份	文件号	文件名	示范家长学校	示范社区家长学校
1998	舟教基〔1998〕77号	关于表彰首批市示范性家长学校的通知	沈家门小学、沈家门第一小学、台门镇中心小学	—
2007	—	—	普陀第二中学、沈家门小学、沈家门第一小学、沈家门第二小学、沈家门第三小学、沈家门第四小学、沈家门第五小学、东港小学、勾山中心小学、区实验幼儿园	沈家门街道新街社区 沈家门街道西大社区 沈家门街道荷东社区 沈家门街道鲁家峙社区 沈家门街道大蒲湾社区 东港街道安康社区

续表 3-6

年份	文件号	文件名	示范家长学校	示范社区家长学校
2011	舟妇字〔2011〕46 号	关于认定舟山市示范家长学校的通知	东港中学、鲁家峙小学、桃花中心学校、展茅中心小学、朱家尖中心小学、六横中心小学、区中心幼儿园、勾山中心幼儿园、六横实验幼儿园、六横中心幼儿园、颐景幼儿园、螺门幼儿园、沈家门第一初级中学	泗湾社区 大干社区 教场社区 平阳浦社区
2012	妇字〔2013〕19 号	关于命名全国家庭教育工作示范单位的决定	沈家门小学	大蒲湾社区
2013	浙家办〔2013〕1 号	关于认定浙江省示范家长学校(家庭教育指导机构)通知	沈家门第一小学、东港中学	大干社区
2014	浙妇办〔2014〕9 号	关于认定浙江省示范家长学校(家庭教育指导机构)通知	普陀第二中学、沈家门第四小学、朱家尖小学、区中心幼儿园、区实验幼儿园	鲁家峙社区

注:1. 妇字〔2013〕19 号文所表彰的为示范单位 2. 其余表彰的为各级示范家长学校

家长学校科研成果显著。2011 年,全区共有 50 多个区、市、省级家庭教育课题立项研究,其中区家庭教育课题校级 15 个,区级 35 个,市级 6 个,省级 7 个。同年,获区级课题成果奖的一等奖 1 个,二等奖 6 个;省级二等奖以上 2 个。2013 年,普陀第二中学、沈家门小学、六横镇台门小学课题获省家庭教育学会、省妇联《家庭教育十二五规划课题》(全省 50 个、舟山市 3 个),其中普陀第二中学的《中学青春期教育研究与实践》为重点课题。2013 年 4 月,31 个家庭教育课题为“全国教育科学规划教育部重点课题”子课题,至 2014 年年底全部结题,其中台门小学、勾山幼儿园两个课题被评为优秀课题,录入研究成果集(国家级)。2013 年 12 月,列入全国教育科学“十一五”规划教育部重点课题的区家长学校总校课题《新时期家庭教育的特点、理念、方法研究》结题。

家长学校总校《以家长学校促进学习型家庭建设》列入 2014 年省级课题。2014 年 4 月,论文《新时期家庭教育的特点、理念、方法研究》获舟山市现代远程教育学会年度优秀科研成果一等奖。2012 年 7 月,确定普陀区为全国家长学校教育实验区。

第二章 中小学教学

第一节 教学内容与课程体系

【民国时期学制与课程】 民国元年(1912)1 月,民国教育部颁布《普通教育暂行办法》,提出“五育并举”的民国教育方针。新学制小学教育分初等、高等两级,规定初等小学四年,高等小学为三年。民国 11 年(1922)11 月,全国开始实行“壬午学制”,采用美国的“六三三”分段,其中小学六年(初小四年,高小二年)。规定初等小学课程设置为:修身、国文、算术、手工、图画、唱歌和体操 7 科;高等小学设置为:修身、国文、算术、本国历史、地理、理科、手工、图画、体操9科;另男生附加农业课,女生附加缝纫课。

民国18年(1929)设:党义、国语、社会、自然、算术、工作、美术、体育、音乐;民国21年(1932)设:公民训练、卫生、体育、国语、社会、自然、劳作、美术、音乐;民国25年(1936)设:公民训练、国语、社会自然(常识)、算术、劳作美术(工作)、体育音乐(唱游);民国31年(1942)设:团体训练、音乐、体育、国语、算术、常识(公民、历史、地理、自然)、图画、劳作;到民国37年(1948),民国教育部颁发《小学课程第二次修订标准》,初小设:公民训练、音乐、体育、国语、算术、常识、美术、劳作8科;高小设:公民训练、音乐、体育、国语、算术、社会、自然、美术、劳作9科。

民国时期普陀所办的小学基本实行上述学制和相关课程。

【1950—1964年学制与课程】 1950年,小学仍沿袭"四二"分段学制,初级小学为四年,高级小学二年。在课程设置上,废除公民和童子军等科,增设政治科,原国语改名语文,各科改用新编教科书,由新华书店统一发行。

1951年10月,政务院颁发《关于学制改革的决定》,规定小学实行五年一贯制,取消初、高两级分段制,入学年龄为7周岁。1952年秋,部分小学从一年级起正式推行五年一贯制。一至五年级设语文(包括阅读、说话、作文、语法、写字)、算术(包括珠算)、体育、图画、音乐科;四五年级增设自然(包括卫生常识)、地理、历史科。教学时间规定每节课为45分钟。各年级每周教学时间分别为24、25、26、28、28教时。

1952年3月,教育部颁发新中国成立以来第一份五年一贯制小学的《小学教学计划》。这份教学计划具体设置了语文、算术、自然、历史、地理、体育、图画、音乐等8门课程。《小学教学计划》的颁布对于这一时期小学教学秩序的稳定和教学质量的提高,都起了重要作用。

1953年,遵照教育部关于"师资教材等条件准备不足,小学五年一贯制不宜继续推行"的指示,普陀的小学停止施行五年一贯制。是年9月,教育部颁发《试行小学(四二制)教学计划(草案)》,改变名称为"工作"的美术课程为"美工",后又修订为"图画",包括绘画、剪贴;增加学生每周集体活动时间;减少中、高年级每周教学课。

1954年2月,教育部颁发对1953年教学计划中的附注和说明作了一些修改后的《小学"四二"制教学计划(修订草案)》。

1955年,教育部根据1954年《小学(四二制)教学计划(修正草案)》两年来试行的结果,制定新的教学计划,同时发出《关于执行〈小学教学计划〉的指示》。教学计划规定:四、五、六年级每周增加1节体育课,二至六年级"每周上课总时数"减少2节。《小学教学计划》,除设置语文(有1节为课外阅读指导)、算术(有1节为珠算)、历史、地理、自然、体育、唱歌、图画等科外,在小学一至六年级首次开设手工劳动课,以便实施生产技术教育,还把生产劳动列入课外活动内容,有的乡村小学还根据当地实际自编教材增设《农业常识》内容。为减轻学生过重的课业负担,增强学生身体素质,每周减少2节文化课的教学时间,增加1节体育课。新教学计划,第一学期先在区中心小学试行,第二学期起在各小学全面实施。

1956年,全县小学学习贯彻教育部颁布的新中国第一部《小学语文教学大纲》。1958年,普遍增加生产劳动的教学时间,在部分小学试行五年一贯制。

1959年,执行省教育厅颁布的《1959—1960年全日制小学教学计划》,对六年制小学教学计划进行调整,全学年学习时间调整为:农村小学40周,城市小学41周。上课时间为:农村小学36周,城市小学37周,每年放假为9周,渔农村小学9岁以上儿童放农(渔)忙假2周(每学期1周)。增设了政治、农(渔)业常识科,把生产劳动正式列入教学计划,课外活动内容主要为班队活动、文娱体育、游戏活动、课外阅读等。

1960年,根据党中央提出的"适当缩短年限,适当提高程度,适当控制学时,适当增加劳动"的改革设想,舟山县文教局指定沈家门镇第一小学等校进行五年一贯制的试验。

浙江省1959—1960年度全日制小学教学计划表

表3-7

类别	科目	各学年每周教学时间						总计	百分比
		一	二	三	四	五	六		
政治思想教育	政治课(周会)	1	1	1	1	2	2	304	7.5%
	班队政治活动	1	1	1	1	1	1	228	
	小计	2	2	2	2	3	3	532	
文化科学知识教育	语文	12	12	12	12	10	10	2584	78.5%
	算术	6	6	6	6	7	7	1444	
	自然	—	—	—	—	2	2	152	
	农业知识(手工劳动)	1	1	1	1	1	1	228	
	地理	—	—	—	—	2	1	114	
	历史	—	—	—	—	1	2	114	
	唱歌	1	1	1	1	1	1	228	
	图画	1	1	1	1	1	1	228	
	体育	2	2	2	2	2	2	456	
	小计	23	23	23	23	27	27	5548	
生产劳动	生产劳动				3	4	4	988	14%
	课外活动	3	3	3	2	2	2		
	小计	3	3	3	5	6	6		
	每周总时数	28	28	28	30	36	36	7068	

1963年，贯彻中共中央颁发的《全日制小学暂行工作条例(试行草案)》，舟山地委发文提出全日制小学必须以教学为主，减少不必要的社会活动，保证全年有9个月半的教学时间。课程调整为周会(进行道德品质和时事政策教育)、语文(包括讲读、作文和习字)、数学、历史、地理、自然、生产常识、体育、音乐、图画、手工劳动等11科；加强思想政治教育，增加语文、数学的教学时间。是年，省教育厅在全省试行新十二年制教学计划。

1964年，执行省教育厅颁发的《农村简易小学教学计划(草案)》，规定简易小学学制为四年，采用全日制小学教材，适当增加了渔农村应用文和珠算的生产生活实用教学内容。实行二部制的学校和班级，早操、晨会眼保健操照上，周课时数均为24课时(每天4课时)，半天组织学生在学习小组学习，教师下组巡视。

【"文化大革命"期间的学制与课程】 "文化大革命"初期，学制混乱，五年制和六年制并存，在教学内容上，二年级以上语文课学《毛主席语录》，高年级学"老三篇"(毛泽东主席写的《为人民服务》《纪念白求恩》《愚公移山》)等3篇文章；体育科改为军体科，一段时间取消了自然、音乐、美术、地理、历史等课。1973年前后，小学学制改为五年制，采用浙江省自编的五年制教材。

1973年，省教育局发布中、小学教学计划，规定一学年中，小学一至三年级安排，学工、学农、学军活动2周，四至六年级安排4周。

1973 年浙江省中、小学教学计划课程设置表

表 3-8

课目＼每周课时＼年级	小学 一年级	二年级	三年级	四年级	五年级	初中高中部分略
政治	—	—	—	2	2	—
语文	12	11	11	10	10	—
数学	6	7	7	8	8	—
常识	—	—	—	2	2	—
体育	2	2	2	2	2	—
音乐美术（也称革命文艺）	3（2+1）	3（2+1）	3（2+1）	2（1+1）	2（1+1）	—
总计	23	23	23	26	26	—
说明	半日制学校上课每周 22 ～ 24 课时					

社会主义文化课、学工、学农、学军及假期安排表

表 3-9

阶段	文化课	学工、学农	假期		机动
			暑假	寒假	
小学 1 ～ 3 年级	40 周	2 周	6 周	2 周	2 周
小学 4 ～ 5 年级	38 周	4 周	6 周	2 周	2 周
说明	包括始业教育、复习考试	可集中或分散安排	农村学校寒暑假可按当地情况机动安排，全年假期不超过 10 周。		

【改革开放后的学制与课程】 1977 年，全区小学继续参照执行 1973 年的五年制浙江省小学教学计划。1978 年 9 月，小学开始使用新的部编新教材。

1981 年以后，执行教育部颁布的《全日制五年制小学教学计划（修正草案）》，增设思想品德、自然科（三、四、五年级），恢复地理科（四年级）、历史科（五年级），并在沈家门小学等重点小学开设外语科（英语），美术科开始采用由上海编写的《全日制小学美术试用课本》。全年寒暑假由 8 周延长为 10 周，全年教学时间改为上课 36 周，复习考试 4 周，机动 2 周，每节课的教学时间：一、二年级为 35 分钟，三、四、五年级为 40 分钟。每天上午第二节课后，休息时间为 20 ～ 30 分钟。

1981 年浙江省全日制五年制小学教学计划表

表 3-10

科目＼课时＼年级		一	二	三	四	五	上课时数（36 周）	百分比（%）
思想品德		1	1	1	1	1	180	3.9
语文	讲读	10	11	8	6	6	1872	40.3
	作文	—	—	2	2	2		
	写字	1	1	1	1	1		
数学		6	6	6	7	7	1152	24.8
英语		—	—	—	（3）	（3）	（216）	—
自然		—	—	2	2	2	216	4.7
地理		—	—	—	2	—	72	1.6
历史		—	—	—	—	2	72	1.6

续表 3-10

科目＼课时＼年级		一	二	三	四	五	上课时数（36周）	百分比（%）
体育		2	2	2	2	2	360	7.8
音乐		2	2	2	2	2	360	7.8
美术		2	2	2	1	1	288	6.2
劳动		—	—	—	1	1	72	1.6
并开科目		6	6	7	9	9	—	—
每周总时数		24	25	26	27	27	4644	—
课外活动	自习	2	2	2	2	2	—	—
	科技文娱活动	2	2	2	2	2	—	—
	体育活动	2	2	2	2	2	—	—
	周会班会活动	1	1	1	1	1	—	—
每周活动在校总量		31	32	33	34	34	—	—

1983 年秋季始，各小学的学制从新招一年级开始，改为六年制，施行浙江省《全日制六年制小学教学计划（试行草案）》，规定全年教学时间为 40 周，其中上课为 34 周，复习考试 4 周，机动 2 周，学生每天在校时间，低年级不得超过 5 个半小时，中高年级不得超过 6 小时，每节课的教学时间为 40 分钟。教材采用江浙沪联合编写的小学六年制教科书。

1985 年开始，各乡（镇）中心小学和部分完全小学开始采用省编体育试用教材。

1987 年起，经过试点，在小学一至五年级增设卫生课。并在高年级思想品德课中增加法律常识内容。1988 年，小学普遍开设劳动课程。

1989 年小学教学计划表

表 3-11

科目＼课时＼等级		一	二	三	四	五	六	上课总时数	百分比
思想品德		1	1	1	1	1	1	204	3.9
语文	小计	12	12	12	12	12	12	2210	42.5
	阅读	10	10	9	8	6	6	—	—
	作文	1	1	2	2	2	2	—	—
	写字	1	1	1	1	1	1	—	—
数学		6	6	6	6	6	6	1224	23.6
自然		—	—	—	2	2	2	204	3.9
地理		—	—	—	—	2	—	—	1.3
历史		—	—	—	—	—	2	68	1.3
体育（唱游）音乐		4	2	2	2	2	2	408	7.9
		—	2	2	2	2	2	408	7.9
美术 手工与劳动 劳动		2	1	1	1	1	1	204	3.9
		—	1	1	1	1	1	204	3.9
并开科目		7	7	7	8	9	9	—	—

续表 3-11

科目＼课时＼等级		一	二	三	四	五	六	上课总时数	百分比
每周总课时		25	25	25	26	26	26	5202	—
课外活动	自习	2	2	2	2	2	2	—	—
	科技文娱活动	2	2	2	2	2	2	—	—
	体育活动	2	2	2	2	2	2	—	—
	班队活动	1	1	1	1	1	1	—	—
每周在校活动总量		32	32	32	33	33	33	—	—
说明		上课总时数以每学年实际上课 34 周计算。 上课总时数系除去复习考试以外的实际上课。 卫生课安排在自习课中进行							

【基础教育新课程改革】 2002 年 8 月，省教育厅批准普陀区为“省级基础教育课程改革实验区”。10 月，全区小学课程改革启动，目的在于要在 21 世纪构建起符合素质教育要求的基础教育课程体系。普陀区结合区域性推广“八大”教育（主体性教育、创新教育、绿色教育、蓝色教育、心理健康教育、信息技术教育、国际理解教育、生活劳动教育）研究成果，推进新课改。是年，全区贯彻新课程计划，必修课开设率达到 100%。全区小学三年级以上均开设英语课程，99% 以上的小学生接受信息技术教育。

2003 年，全区所有小学起始年级及三年级有关学科开始实施新课程计划，新课程“自主、合作、探究”有效课堂模式的探索与实践辐射到其他年级和学科，并积极开发地方课程和校本课程。

2004 年以后，全区基础教育新课程改革向纵深发展。着重开展新课程中的综合实践活动、校本课程和地方课程开发和研究，各校根据学校实际开设丰富多样的校本课程体系，满足学生个性发展。全区小学开发的校本课程有，以沈家门小学和东港小学为代表的小社团形式的校本课程模式，其中沈家门小学开设的课程达 100 余门，学生需要什么发展，学校就开设相应课程教育；以虾峙中心和朱家尖中心为代表的海洋教育和环境教育特色开发的特色校本课程体系，培养发展学生的综合素养。

2004 学年沈家门小学课程编排设置表

表 3-12

年级＼课时＼课程	思品	语文	文学欣赏	数学	数学活动	地方课程	英语	音乐	体育和保健	美术	常识	电脑	综合	班队	舞蹈形体等	小社团	活动	总课时
一年级	2	9	—	5	—	—	3	2	3	2	—	1	—	—	1	2	—	30
二年级	2	9	—	5	—	—	3	2	3	2	—	1	—	—	1	2	—	30
三年级	2	7	1	5	1	—	3	2	3	2	科学 2	1	1	—	棋类 1	2	1	34
四年级	2	7	1	5	1	—	3	2	3	2	科学 2	1	1	—	棋类 1	2	1	34
五年级	1	6	1	5	1	1	3	2	3	1	3	1	1	1	书法 1	2	1	34
六年级	1	6	1	5	1	1	3	2	3	1	3	1	1	1	书法 1	2	1	34
说明	提高课堂教学效益，课时由原 40 分钟缩短为 35 分钟，一二年级每周共 30 课时，三到六年级每周 34 课时，总教学时间控制在教学计划总量以内（后来全区小学基本都这样安排），因而有开设校本课程余地。校本课程设置有：一、二年级设立舞蹈形体课（舞体课），每周 1 节；三、四年级设立棋类课，每周 1 节；五、六年级设立书法课，每周 1 节；一到三年级设立信息技术课，每周 1 节；一到三年级开设立英语课，每周 3 节；一到六年级设立综合小社团活动课，每周 2 节																	

区教育局出台《关于规范实施现代海洋教育地方课程的指导意见》，编写出版各年级《现代海洋教育读本》，从小学到高中的《普陀海洋英语读本》，构建以海洋德育、海洋课程、海洋艺术等“海洋教育课程”，形成了以沈家门小学“蓝海背景下素质教育新模式”为代表的现代海洋学校教育模式，国家海洋局颁发该校为全国首个“小学海洋意识教育基地”。开展心理健康教育，通过全区学校（中小学）长期心理健康教育研究实践，省教科院确定普陀区为浙江省首批学校心理健康教育研究示范区，全区中小学心理咨询等级站覆盖率达100%；全区近600名教师通过心理健康教育C级证书培训，还利用思品课等基础课程渗透、专题讲座、心理咨询热线电话等方式，为全区学生的各个心理不应期提供有效的心理健康教育。校本课程的开发更是百花齐放。如沈家门小学增设书法、科艺、阅览、棋类课；朱家尖小学的“绿色环保”和“水学校”，沈家门第一小学的“红领巾一条街”社会实践课，沈家门第三小学增设的太极拳课和海洋科技校本课程；沈家门四小增设的海豚才艺课；台门小学自编《走向世界的六横》校本教材，勾山小学的学陶生活课程等。还建立与综合素质评价相配套的系列素质教育活动基地。如以青龙山烈士陵园、登步岛、塘头麒麟山、蚂蚁岛公社、桃花少年军校、虾峙海洋学校等德育实践基地；以区青少年宫、朱家尖南沙沙雕场和区内6所省级艺术特色学校为依托建立了艺术系列实践基地；以区内13所省级体育特色学校为依托建立了体育系列活动基地；以朱家尖海洋科技馆、普陀气象台、登步西闪岛海洋生物基地、红领巾实践活动一条街等为依托建立了实践活动基地；以展茅学农基地、蚂蚁岛渔业社、鲁家峙绿艺园、扬帆集团、中远集团等为依托建立劳动实践基地。

全区各校课程设置因此变化。全区各小学还将每课时时间比省定标准缩短5分钟，保证增开每周4课时学校特色课程不超总量。2011年，执行浙江省级新课程改革实验区义务教育阶段课程设置办法，全区各小学校据此对课程设置及课时安排，在控制总量前提下，根据自身特色保证基础作出相应调整，如沈家门小学当年度课程在2004年设置的基础上做出新的调整；各学校校本课程更加丰富、扎实。

2011年省级实验区义务教育阶段课程设置及课时安排表

表3-13

课程＼年级	一	二	三	四	五	六	七	八	九	九年课时总计
品德与生活	2	2	—	—	—	—	—	—	—	626
品德与社会	—	—	2	2	2	2	—	—	—	
思想品德	—	—	—	—	—	—	2	2	2	
语文	9	9	7	7	6	6	5	5	5	2055
数学	5	5	4	4	4	4	5	4	4	1357
外语	—	—	3	3	3	3	4	4	4	832
体育	4 3	4 3	3	3	3	3	—	—	—	939
体育与健康	—	—	—	—	—	—	3	3	3	
音乐	2	2	2	2	2	2	1	1	1	523
美术	2	2	2	2	2	2	1	1	1	523
科学	—	—	2	2	3	3	4	4	4	762
历史与社会	—	—	—	—	—	—	3	3	3	309
信息技术	—	—	1	1	1	1	2	2	2	346

续表 3-13

课程＼年级	一	二	三	四	五	六	七	八	九	九年课时总计
综合实践活动	—	—	4	4	4	4	4	5	5	1250
地方课程与学校课程	2 3	2 3								
周课时总数	26	26	30	30	30	30	34	34	34	274
学年总课时	910	910	1050	1050	1050	1050	1190	1190	1122	9522

2011 学年沈家门小学课程设置编排表

表 3-14

年级	课程设置																			总课时
	品德	语文	数学	英语	体育	音乐	美术	科学	信息	综合	地方课	选修课	书法	棋类	阅览	兴趣	信息	英语	自修	
一	2	9	5	—	4	2	2	—	—	—	—	—	—	—	—	1	1	4	—	30
二	2	9	5	—	4	2	2	—	—	—	—	—	—	—	1		1	4	—	30
三	2	7	4	3	3	2	2	2	1	1	1	2	—	—	1	2	—	—	1	34
四	2	7	4	3	3	2	2	2	1	1	1	2	1	—	1	2	—	—	—	34
五	2	6	4	3	3	2	2	3	1	1	1	2	1	—	1	2	—	—	—	34
六	2	6	4	3	3	2	2	3	1	1	1	2	—	—	1	2	—	—	1	34
说明	每课时为 35 分钟，一二年级每周共 30 课时，三到六年级每周 34 课时，总教学时间控制在教学计划总量以内。校本课程设置在低年级有信息科程 1 节、英语科程 4 节，目的是提前发展学生信息素养和英语口语；因必修体育课时增加，原低年级舞蹈形体不另设。三年级以上有自主选修 2 节，兴趣活动 2 节，并设立棋类书法等课程。信息技术、英语三年级以上已经成为必修课。地方课程以海洋文化教育为主																			

展茅中心学校小学部 2012 学年第二学期校本社团课程（三—六年级）活动安排表

表 3-15

类　别	参加学生名单	人数	辅导教师	地点
信息技术	徐 ** 等	16	余老师	电脑房
声乐	张 ** 等	16	韩老师	中学音乐室
版画	竺 ** 等	16	周老师	四（1）班教室
漆画	王 ** 等	15	黄老师	原中学一楼教室
电子木工机床	孙 ** 等	20	李老师	电子木工室
木雕	孙 ** 等	17	王老师	五楼原实验室旁边的储藏室
扎制	吴 ** 等	12	周老师（外聘）	二楼工会室
编织（初级）	翁 ** 等	20	张老师	三（1）班教室
编织（中级）	高 ** 等	13	张老师	三（2）班教室
五彩潮文学组（高段）	张 ** 等	16	高段老师	六（2）班教室
五彩潮文学组（低段）	李 ** 等	15	低段老师	四（2）班教室
棋类	翁 ** 等	15	刘老师	五（2）班教室
田径	刘 ** 等	15	张老师	田径场
科学实验室	吴 ** 等	20	龚老师	五（1）班教室
海洋趣味科学	倪 ** 等	19	倪老师	—
海洋英语	王 ** 等	15	叶老师	六（1）班教室
舞蹈	徐 ** 等	11	胡老师	四楼舞蹈室

【初中学制·课程·教材】 民国25年(1936),教育部修正中小学课程。初中每周教学从35 ~ 36教时减为31教时。民国30年(1941),初中将英语科改为日语科,抗日战争胜利后废止。民国35年(1946),初中开设公民、体育、童军、国文、英语、数学、动物、植物、历史、地理、图画、劳作、音乐等学科。

民国38年(1949),初中学制定为三年。

1950年后,初中沿用三年学制。课程取消公民等科目,增设政治学科。1951年10月,政务院公布《关于改革学制的决定》,省政府规定各校实行新学制,初级中学招收小学毕业生或具有同等学历者入学,年龄以12周岁为标准,学制三年。初中设置政治、语文、数学(算术、代数、平面几何)、自然(动物、植物、达尔文学说基础、生理卫生)、化学、物理、历史(中国史、外国史)、地理(中国地理、外国地理)、外语、体育、音乐、美术等学科。

1953年8月,试行教育部颁布的《中学教学计划(修订草案)》,初中不设政治,增设中国革命常识科;改自然科为生物科。每周教学时数,定为第一学年30教时,第二、三学年为32教时,总时数为3352教时。教学内容有些调整,教材大多使用部编新课本。

1954年秋,初中不设外语课(1957年重设)。1956年秋,初中三年级增设工农业基础知识课,每周2教时。翌年,改为农业基础知识课,同时,理科教材加强综合技术教育的内容,语文实行汉语、文学分科。

1958年,中学政治学科分设社会主义教育课、周会、读报课。

1959年,省教育厅颁布《浙江省全日制普通中学暂行教学计划》,要求各地中学切实执行,不得自行修改。教学计划将中学所授科目分为三大类:政治思想教育;文化科学知识教育;生产劳动和体育。占总教学时间的比例为19%,55%,26%,采用省新编教材。

舟山地区1959年全日制中学教学计划表

表3-16

科目	课时 \ 年级	初中 一年级	初中 二年级	初中 三年级	高中 一年级	高中 二年级	高中 三年级	教学总时数
政治思想教育	社会主义和共产主义课	4	4	4	4	4	4	880
	政治教育活动	4	4	4	4	4	4	880
	小　计	8	8	8	8	8	8	1760
文化科学知识教育	语　文	7	6	6	6	6	6	1357
	数　学	6	6	6	6	6	6	1320
	历　史	2	2	—	—	2	2	292
	地　理	2	2	2	2	—	—	296
	生物学	2	2	1	2	—	—	259
	物　理	—	2	3	3	3	3	512
	化　学	—	2	2	2	3	3	438
	工农业生产基础知识	—	—	2	—	1	1	146
	外　语	(3)	(3)	(3)	3	3	3	327
	音　乐	1	1	—	—	—	—	—
	图　画	1	—	—	—	—	—	—
	小　计	21	23	22	24	24	24	5058
生产劳动和体育	生产劳动	6	6	6	8	8	8	1538
	体　育	2	2	2	2	2	2	440
	课外体育活动	2	2	2	2	2	2	440
	小　计	10	10	10	12	12	12	2418
总　计		39	41	40	44	44	44	9236

1960 年，初级中学学制为三年。

1963 年，教育部颁布《全日制中小学新教学计划》，初中三年级开设生产知识科，讲授农业生产知识。新教学计划强调中学阶段必须注重语文教学和外语教学，并调整某些学科。生物科：初中一年级设植物，二年级上学期设动物，下学期设生理卫生；历史科：初中二年级和三年级设中国历史；地理科：初中一年级设中国地理；外语科：教学中有开设俄语课也有开设英语课，也有未开设外语课的。同年，六横初级中学由全日制改为半农半读制，教材以原工农业生产知识课本为基础，补充当地主要农作物生产、海洋捕捞、渔农机电、会计、家畜饲养等方面知识，并增设劳动课。

"文化大革命"期间，学制被打乱。1971 年，初中由三年制改为二年制。课程除读"毛主席语录"外，开设政治、语文、数学、农业基础知识、工业基础知识、革命文艺、军体科等。学工、学农、学军的时间，初中为一年 6 周。教材采用省编课本，教材中都印有黑体字的毛主席"最高指示"，内容强调实用性，降低基础知识要求。

1973—1974 年，初级中学将物理和化学课，改为"三机一泵"（拖拉机、电动机、柴油机，水泵）和"农药化肥"课。

1973 年浙江省教育厅《中学教学计划（草案）》每周课时安排表

表 3-17

年级	政治	语文	数学	外语	物理	化学	农业	卫生	历史	地理	常识	体育	音乐	美术	合计
初一	3	7	6	3	—	—	—	2	2	2	2	2	2	—	31
初二	3	6	6	3	3	2	3	—	—	—	2	2	—	—	30

1978 年，教育部颁布《全日制中小学教学计划试行草案》，中学学制改为五年。其中初中为三年、高中为二年。初中课程开设语文、数学、英语、政治、历史、地理、生物、物理、化学、生产知识、生理卫生、体育、音乐、美术、劳动等 15 门学科。采用全国统一部编教材。

1981 年，教育部颁发《全日制六年制重点中学教学计划试行草案》和《全日制五年制中学教学计划试行草案的修订意见》，中学学制改为六年。规定初中每学年 2 周设劳动技术教育课。

1982 年《全日制六年制中学教学计划》初中教学计划表

表 3-18

级段 / 科目	初中		
	一年级	二年级	三年级
政治	2	2	2
语文	6	6	6
数学	5	6	6
外语	5	5	5
物理	—	2	3
化学	—	—	3
历史	3	2	—
地理	3	2	—
生物	2	2	—
生理卫生	—	—	2
体育	2	2	2
美术	1	1	1
音乐	1	1	1
周课时数	30	31	31
劳动技术	全年 2 周	全年 2 周	全年 2 周

根据省教育厅制定的《浙江省第二类全日制初中教学计划试行草案》，渔农村大部分初级中学执行第二类全日制教学计划，加强劳动教育，掌握一定的职业知识和技能，为参加生产劳动作准备。

1987 年，部分渔农村初级中学实施初中三年级分流，一部分学生执行第一类教学计划，另一部分学生接受渔农业劳动基本知识教学和技能训练。1989 年，初中三年级使用《家用电工》《识图基础》教材，渔区初中生增加学习渔业知识。

1989 年，初级中学实行三年制，执行第一类教学计划。规模较小的初级中学实行第二类教学计划。初中一年级政治课开设公民课。

舟山市 1989 年全日制初级中学教学计划表

表 3-19

	初一		初二		初三		总教学时数	
	二类学校	一类学校	二类学校	一类学校	二类学校	一类学校	二类学校	一类学校
政治	2	2	2	2	2	2	200	200
语文	7	6	7	6	6	6	668	600
数学	7	5	6	6	6	6	634	566
外语	—	5	—	5	—	5	—	500
物理	—	—	3	2	3	3	198	164
化学	—	—	—	—	4	3	128	96
历史	3	3	2	2	—	—	170	170
地理	3	3	2	2	—	—	170	170
生物	2	2	2	2	—	—	136	136
生理卫生	—	—	—	—	2	2	64	64
农知	—	—	—	—	2	—	64	—
体育	2	2	2	2	2	2	200	—
音乐	1	1	1	1	—	1	68	100
美术	1	1	1	1	—	1	68	100
职业技术	2	—	2	—	2	—	200	—
周上课时数	30	30	30	31	29	31	2968	3060
劳动技术	全年 2 周，每天按 4 节计算，也可与职业技术课通盘安排使用						144	144

1994 年开始，初级中学使用省编义务教育教材。政治课改为公民课；体育课改为体育与保健课；将物理、化学、生理卫生、生物等课程综合为自然科学课；将历史、地理和政治课的部分内容综合为社会课。1997 年，公民课又改为思想政治课。

1996 年浙江省调整后的九年义务教育课程设置表

表 3-20

科目＼周课时＼年级		小学						初中			总课时
		一	二	三	四	五	六	七	八	九	
必修课	思想品德	1	1	1	1	1	1	—	—	—	204
	公　民	—	—	—	—	—	—	—	2	2	136
	体育与保健	2	2	3	3	3	3	2	2	2	744
	语　文	9	9	8	8	7	7	6	5	5	2166
	数　学	4	4	5	5	5	5	5	4	4	1336
	外　语	—	—	—	—	—	—	4	—	—	136

续表 3-20

科目 \ 周课时 \ 年级		小学 一	二	三	四	五	六	初中 七	八	九	总课时
必修课	常识	1	1	2	2	4	4		—	—	476
	自然科学	—	—	—	—	—	—	4	4	5/0	357
	社会	—	—	—	—	—	—	3	4	3	334
	音乐	2	2	2	2	2	2	1	1	1	508
	美术	2	2	2	2	1	1	—	—	—	440
	生活与劳动	1	1	1	1	1	1	—	—	—	204
	农业技术基础或劳动技术	—	—	—	—	—	—	1	2	2	166
	家庭生活	—	—	—	—	—	—		1	—	34
	职业指导	—	—	—	—	—	—	—	—	1	32
周总课时数		22	22	24	24	24	24	26	25	25/20	7273

2002年11月，编辑出版新课程学习材料《与新课程同行—基础教育课程改革通识培训参考资料选编》，发给全区每个教师学习。

2004年秋，初中从起始年级起实行国家颁布的新课程改革方案。设置思想品德、语文、数学、外语、科学（或物理、化学、生物）、历史与社会（或历史、地理）、体育与健康、艺术（或音乐、美术）以及综合实践活动等课程。

2004年省级实验区义务教育阶段课程设置及课时安排表（初中）

表 3-21

课程 \ 周课时 \ 年级		七	八	九
课程门类	品德与生活	—	—	—
	品德与社会	—	—	—
	思想品德	2	2	2
	语文	5	5	5
	数学	5	4	4
	外语	4	4	4
	体育	—	—	—
课程门类	体育与健康	3	3	3
	音乐	1	1	1
	美术	1	1	1
	科学	4	4	4
	历史与社会	3	3	3
	信息技术	2	2	2
	综合实践活动	4	5	5
	地方课程与学校课程			
周课时总数		34	34	34
学年总课时		1190	1190	1122

2005年，区教育局出台《普陀区初中学校后进生奖励办法》，关注中下层面学生，教学总体成绩有大幅度提高。2006年，普陀区作为课程改革实验区，在市内提前一年实行中考制度改革。审美

与艺术、运动与健康、劳动与技能、探究与实践等综合素质测评列入招生要求，游泳作为地方特色技能列入体育中考必测项目。

2007—2011年，执行国家课程计划，开展综合实践，地方课程和校本课程建设，完善国家、地方、学校三级课程管理系统。

2009年，《浙江省义务教育教学管理指南（试行）》颁布，区开展“教学常规管理规范年”活动。翌年，依据《浙江省教育厅关于切实减轻中小学生过重课业负担的通知》精神，普陀区制定、完善、建立“减负”制度。在区级层面，制定并完善《关于进一步减轻学生课业负担的意见》《关于全面推进“轻负优质”教育的实施意见》《关于规范非学历民办教育机构办班的十项规定》《关于加强对在职教师有偿家教管理的意见》等系列“轻负优质”制度。在学校层面，建立中小学生体质健康情况通报制度、加重学生课业负担责任追究制度、课业负担征求意见制度、教学活动安排公示制度、家校联动制度等。各校还与教师签订个人师德承诺书和“减轻学生过重课业负担”责任书，建立教师师德奖惩制，将“减负”与评先评优结合起来，与年度考核结合起来，与教师绩效评价结合起来。强化学校课程开设、课外辅导、阳光体育、教辅资料征订等专项督查，推进教育轻负优质。

2011年，全区召开学校教学工作现场会，同年，创编《普陀教学改革》通讯。

2012年9月，《普陀海洋英语读本》正式出版前在全区八年级地方课程中试用。2014年3月，由区教育局组织编撰的《现代海洋教育读本》由上海科学技术出版社出版，并下发至各中小学及区职教中心使用。

2011—2014年，中小学学制与课程没有多大变化。

2011年省级实验区义务教育阶段课程设置及课时安排表

表3-22

课程	周课时＼年级	一	二	三	四	五	六	七	八	九	九年课时总计
课程门类	品德与生活	2	2	—	—	—	—	—	—	—	626
	品德与社会	—	—	2	2	2	2	—	—	—	
	思想品德	—	—	—	—	—	—	2	2	2	
	语文	9	9	7	7	6	6	5	5	5	2055
	数学	5	5	4	4	4	4	5	4	4	1357
	外语	—	—	3	3	3	3	4	4	4	832
	体育	4	4	3	3	3	3	—	—	—	939
		3	3								
	体育与健康	—	—	—	—	—	—	3	3	3	
	音乐	2	2	2	2	2	2	1	1	1	523
	美术	2	2	2	2	2	2	1	1	1	523
	科学	—	—	2	2	3	3	4	4	4	762
	历史与社会	—	—	—	—	—	—	3	3	3	309
	信息技术	—	—	1	1	1	1	2	2	2	346
	综合实践活动	—	—	4	4	4	4	4	5	5	1250
	地方课程与学校课程	2	2								
		3	3								
周课时总数		26	26	30	30	30	30	34	34	34	274
学年总课时		910	910	1050	1050	1050	1050	1190	1190	1122	9522

2012—2013 年沈家门第一初级中学课程设置及课时安排表

表 3-23

<table>
<tr><td colspan="2">周课时　年级
课　程</td><td></td><td></td><td></td><td>七</td><td>八</td><td>九</td><td>情况说明</td></tr>
<tr><td rowspan="14">课程门类</td><td>品德与生活</td><td>—</td><td>—</td><td>—</td><td>—</td><td>—</td><td>—</td><td rowspan="14">1. 初一综合实践活动 / 地方课程与学校课程情况为班队 1 节，校本 1 节，综合 1 节、阅览 1 节共四节；初二为研究 1 节，地方 1 节，校本 1 节，班队 1 节，综合 1 节；初三为研究 2 节，地方 1 节，校本 1 节、班队 1 节</td></tr>
<tr><td>品德与社会</td><td>—</td><td>—</td><td>—</td><td>—</td><td>—</td><td>—</td></tr>
<tr><td>思想品德</td><td>—</td><td>—</td><td>—</td><td>2</td><td>2</td><td>2</td></tr>
<tr><td>语文</td><td>—</td><td>—</td><td>—</td><td>5</td><td>5</td><td>5</td></tr>
<tr><td>数学</td><td>—</td><td>—</td><td>—</td><td>5</td><td>4</td><td>4</td></tr>
<tr><td>外语</td><td>—</td><td>—</td><td>—</td><td>5</td><td>5</td><td>5</td></tr>
<tr><td>体育</td><td>—</td><td>—</td><td>—</td><td>—</td><td>—</td><td>—</td></tr>
<tr><td>体育与健康</td><td>—</td><td>—</td><td>—</td><td>3</td><td>3</td><td>3</td></tr>
<tr><td>音乐</td><td>—</td><td>—</td><td>—</td><td>1</td><td>1</td><td>1</td></tr>
<tr><td>美术</td><td>—</td><td>—</td><td>—</td><td>1</td><td>1</td><td>1</td></tr>
<tr><td>科学</td><td>—</td><td>—</td><td>—</td><td>4</td><td>4</td><td>4</td></tr>
<tr><td>历史与社会</td><td>—</td><td>—</td><td>—</td><td>3</td><td>3</td><td>3</td></tr>
<tr><td>信息技术</td><td>—</td><td>—</td><td>—</td><td>2</td><td>2</td><td>2</td></tr>
<tr><td>综合实践活动 /
地方课程与学校课程</td><td>—</td><td>—</td><td>—</td><td>4</td><td>5</td><td>5</td></tr>
<tr><td colspan="2">周课时总数</td><td></td><td></td><td></td><td>34</td><td>34</td><td>34</td><td></td></tr>
</table>

注：1. 本表由义教段学校填写。2. 九年一贯制学校按小学初中分别填写

第二节　教学活动

旧学时期主要采用个别教学形式，又称个案教学，即教师对学生采取个别施教。

新学实行的是以班级为单位的授课制度。班级授课制是将学生按年龄和学识程度编成班级，使每一班级有固定的学生和课程，由老师按照固定的教学时间表对全班学生进行集体上课的教学制度。小学一节课为 35 ~ 40 分钟，中学一节课为 40 ~ 45 分钟。课与课之间有一定的间歇和休息，一般为 10 分钟。

从 2001 年开始，城内小学实施每一节课时为 35 分钟，中学每一节课时为 40 分钟。课与课之间的间歇或休息时间，仍为 10 分钟。

从各学科总体而言，可以是单科独进，也可以是多科并进，轮流交替。与个别教学相比较，班级授课制可以大规模地对全体学生进行教学，因而极大地提高了教学效率。班级授课制的采用，为扩大教育规模，普及平民教育创造了条件。

学校工作以教学为中心，同时，开展教学调研和检查；期初检查教学计划的制定，期中检查教学计划的执行情况，期末检查教学工作全过程及教学工作的结果。

不断完善教学有关规章制度，修订《教学常规管理细则》《教研组工作条例》《学科课堂教学常规》，加强对教师业务管理。

改革完善学生成长记录与综合素质评价制度。综合素质评价重在过程，重在导向。坚持过程性评价与终结性评价相结合的原则，完善学生成长记录，全面准确地将课程修习情况、个性特长发展情况记入学生成长记录。坚持公开、公平、公正的原则，确保评价结果全面、客观、科学，真实反映学生的学习成果和发展状况。

第三节　教学手段

1978年前，教学手段较为单一，常用教具主要有粉笔、教鞭、小黑板、生字卡片、挂图、模型、小棒（算术用）、算盘等，配套的教学挂图也很少。教师以讲授为主。1978年开始，学校逐渐普及电化教育，使用“两机一幕”，即录音机、幻灯机、投影银幕。

1984年，规模较大的中学，中心小学配置电影放映机，用来放映大量教学资料片。录音机运用于语文朗读、英语课辅助教学。1991年，域内学校投影仪配备实现一室（教室）一台。

1998年，普陀区建成教科网平台，1999年，沈家门城区学校光缆接入因特网。

2002年年底，全区有计算机教室65间，多媒体专用教室31间，语音实验室12套，闭路电视系统30套，用于教学的计算机3200台，全区两机一幕1000多套。

2003年，多媒体投影仪开始进教室，配备各类教学多媒体投影仪164套，“两机一幕”逐步退出学校教学舞台，全区计算机总量为3472台。

2004年，配备多媒体245套，21所学校实现多媒体进教室，网络进教室。翌年，开始实施“浙江省农村中小学远程教育工程”，中小学拥有多媒体462套，26所中小学实现多媒体进教室。2006年年底，全区教室有多媒体573套。

2009年开始，为中小学专任教师配备人手一台笔记本电脑，全区中小学拥有多媒体961套，拥有电脑6459台。

2012年起，现代化教学设备不断更新，其中以电子白板为主体的多媒体设备陆续替代多媒体投影设备。是年9月，朱家尖小学率先在教室安装电子白板，2014年，省农远工程提供给育才学校12套电子白板，至此，普陀区所有教室安装上电子白板。

2013年起，全区数字化建设步伐加快，各校制定数字化校园建设规划并得以实施。至2014年，已有普陀中学等5所学校，被评为省数字化建设示范学校。

1960—2014年教学手段的变化情况表

表3-24

时　期	教学手段变化
1960—1975年	粉笔，教鞭，小黑板，自制生字卡片，自制的挂图，数学课用的火柴梗、小竹棒，有少量的配套挂图。基本上是以教师讲授为主的教学手段
1976—1995年	粉笔，生字卡片，数学教具，算盘，小黑板，学校开展电化教学，配备两机一幕（录音机、幻灯机或投影仪，幕布）初中、高中配备电影放映机（16毫米机）。在教学上运用幻灯片，电影放映，录音磁带播放等方法
1996—2005年	学校配齐三机一幕，开设计算机信息技术课，闭路电视，电脑，视频进教室；办公室有计算机辅助教学设备
2006—2014年	新课改实施后，教学手段有进一步更新，越来越多地使用多媒体教学手段。教师配备人手一台笔记本电脑。在实物投影液晶屏等多媒体基础上逐渐更新为电子白板技术，数字化、现代化教学手段进校园，教学课件效果更直观

第四节　学生评价体系

1952年，根据教育部颁行的《小学暂行规程（草案）》规定，确定学业成绩考查、升留级、毕业等制度。小学生的成绩考查，分为平时考查、学期考查、学年考查、毕业考查。小学采用百分制记分法。读完一学年各门学科成绩及格（60分为及格）以上的准予升级。不及格的经补习补考后，语文、算术仍有1门不及格，或其他学科有2门不及格的，应予以留级。小学生修完小学课程，操行和学业成绩及格的，准予毕业，由校长发给毕业证书。

同年，教育部颁行的《中学暂行规程（草案）》规定，中学确立学业成绩考查、升留级、毕业等制度。中学生成绩考查，分为平时考查、阶段考查（每学期举行1至2次）、学期考试，各科成绩均属及格者准许升级；若有3门学科不及格，或语文、数学2门不及格的，应予以留级。中学采用百分制记分法。学生修完初中3年课程，各科学年成绩和操行成绩均及格者，准予初中毕业。毕业证书由学校制定，报经教育行政部门验证发给。

1953年，中小学课堂提问和平时成绩考查，采用当时苏联的五级制记分法，分为5分、4分、3分、2分、1分五等，其中5分为优，4分为良，3分为及格，2分为不及格，1分一般不采用。

1960年，各中小学停用五级制记分法，恢复百分制记分法。

1965年，贯彻执行省教育厅《关于全日制中小学、师范学校学生成绩考查评定办法暨升留级、毕业标准的修改意见》关于中学标准的规定："学生语文、数学两科毕业成绩均及格，同时，思想品德合格的准予毕业。如果个别学生的思想品德表现有严重错误，又屡教不改的，可以不给毕业，只发给修业证书，注明思想品德不符合要求。"

"文化大革命"期间，中小学传统的考试制度被废除。

1978年，根据《浙江省中小学教育管理工作暂行规定》，中小学重新规定成绩考核和学籍管理办法。1981年，中学期末考试全县统一命题（政治、语文、数学、物理、化学、外语6科）。1982年，中学进行期中、期末二次考试，期末成绩不及格者，要进行补考。1985年，有4门主课不及格或补考后仍有三门主课不及格的予以留级。

1990年，根据省教委重新制颁的《浙江省全日制中小学学籍管理暂行办法（试行）》，取消留级制度。

同年，区教育局发出通知，要减少考试次数，不提倡学生的考试分数公开排队。1993年，取消初中招生升学考试，全部小学生按规定就近升入初中学校。此后，小学除进行期末考试外，不再举行毕业考和升学考。

1996年，改革域内学生考试成绩评定方式。学生成绩记录实施百分制与等级制并存。

1997年，区教委制定并印发《普陀区小学生学习成绩鼓励性评价试行办法》（舟普教〔89〕号），从1997学年第一学期开始，小学停止使用分数等级制，试行小学生学习成绩鼓励性评估方法。设优、良、达成、稍欠、须努力五个等级，其中优：一、二年级95分以上；三、四年级90分以上；五、六年级85分以上。良：70分左右；达成：60分左右；稍欠：50分左右；须努力：40分以下。同年，初中一、二年级进行结业会考。初一考社会、自然科目；初二考社会、公民科目。

2000年后，区教育局教研室建立每年举行一次抽考部分年级或部分学科的成绩检测机制。2004—2014年，小学学生评价和考试制度改革不断深化，全面实施"学生成长综合档案袋（本）"制度，继续实施并完善学校"免于考试"和"申请再考"制度，充分发挥评价和考试在学生成长中的激励作用。

初中学生每学期进行期中、期末两次学科考试，科目为语文、数学、英语、科学、社会、历史、音乐、体育、美术、信息技术，并进行综合素质考核，建立学生综合素质评价手册或学生成长记录档案袋。

【附录】：

普陀区小学生学习成绩鼓励性评价试行办法

（舟普教〔1997〕89号文件下发）

当前小学生学习成绩评价普遍采用分数制或等级制，这种教育评价模式不利于学生的能力培养和个性的全面发展，它一般是在教育过程结束时对教育活动及其效果的一种价值判断或对教育对象的一种资格认可，只有目标评价而无过程评价，只有选拔性功能而无发展性功能，它直接导致了片面追求升学率的分数教育，影响了受教育者素质的全面发展。为全面推进我区的素质教育，更好地发挥学习成绩评价对小学生的导向激励作用，我区从1997学年度第一学期起，小学停止使用分数制或等级制的学生成绩评价办法，试行小学生学习成绩鼓励性评价方法。试行办法如下：

一、学生作业布置及作业成绩评定

（一）教师在教学过程中必须认真钻研，系统把握教材，根据教材的特点，结合学生实际确定教学目标，结合认知、情感、技能等方面的教学要求，精心设计作业。其中四年级以下作业量的95%，五年级以上作业量的90%以上必须体现基础知识和基本技能，其余则可考虑适当布置些兴趣题，兴趣题由学生自由选择（可做，也可不做），兴趣题不作强制性要求。

（二）学生作业成绩采用鼓励性评定，根据学生是否正确完成作业情况可分：优（一、二年级准确率在95%以上，三、四年级90%以上，五、六年级85%以上）、良（准确率在70%左右）、达成（准确率在60%左右）、稍欠（准确率在50%左右）、须努力（准确率在40%以下）等五种。对完成作业中有创造性或有显著进步的学生在评价后加上"★"。

（三）为进一步体现学习成绩评定的过程激励作用，激发学生学习动机，教师应把学生阶段性作业成绩的前一次评定同后一次评定并提相连，例"优—良"或"良—优"，使学生能认识自己学习是否在进步。

（四）教师在作业批改时发现学生答错的题不能打上"×"，用画线或画圈表示（作文用原批改符号），要求学生自己改正错误，学生改正错误后，可在第一次评语后写上"有进步"或加上一个"★"。

（五）教师在学生作文评语中既要准确指出问题所在，又要激励学生努力进步，不得使用有损于学生自尊性的词语。

（六）各学科教师在对学生作业成绩评定后，还可根据学生的实际写上鼓励性评语（用语由我委另行统一下发）。

二、期末考试例题及学生考试成绩评定

（一）期末考试的各科试题由教研室统一提供样卷或命题原则。教研室在命题时尽可能先作试卷的信度和效度测试，试题的难易程度能比较准确地体现教学大纲和教材要求，使期末考试能对教学工作起到素质教育的导向作用。

（二）期末考试学生成绩评价办法：

1. 先采用100分制进行阅卷，各校把每，一个10分段的人数和平均分统计汇综，根据全校学生各个分数段得分的分布确定各类评语的分值（50%人数为优；35%为良；7%为达成；5%为稍欠；3%为须努力），原始分汇综后按教研室要求进行统计上报。

2. 教师根据学生原始分，对照学校划定的各类评定分值，在学生手册上填上学习成绩评定。期末考试试卷不得与学生见面。由学校或教研室统一封存。

三、学校教学质量评估

教师教学质量评估由学校统一组织实施，学校的教学质量评估由教研室统一组织实施，一般可通过平时抽测或期末考试等方法进行，其评分方法可采用第二条，然后把学生的各类评定转化为教学质量分（优：10分；良：7分；达成：4分；稍欠：3分；须努力：-2分），学校根据教学质量分可以进行同学科或跨学科的动态分析。教师不得期末考试或抽测的分数告诉学生或家长。

我区试行小学生学生成绩鼓励性评价办法是我区全面推进素质教育的又一举措，各校要组织教师认真学习，并采取相应措施，保证试行工作顺利进行。在试行的过程中发现问题及时向我委报告，但不得擅自中断或改变。

第五节　招生与升学

【招生组织与实施】 1977年10月，国家恢复普通高等院校招生考试（简称"高考"）制度，当年由省统一招生考试。1978年起，实行全国统一考试，考试时间定为每年7月7—9日。后来，由于招生制度改革，考试科目与考试时间等可由省决定，大多数年份，浙江省参加的是全国统一考试。

为加强高校招生考试和初中升学考试的领导和管理，普陀区成立招生委员会，负责初升高、高校招生事务。招考期间，提出落实域内考点设置和考务方案，提出主考、副主考和工作人员名单。考试前全区举行一次考务培训会议，考试期间教育局领导亲临考点巡视并指导。

初中中专招生基本步骤：报名、考试，下达分数线，体检，填报志愿，录取。各个招生环节均有十分严格的操作程序、监督程序和违纪处罚规定，且一律公开，接受社会监督。

1978年以来，初中中专升学统一招生考试（文化课），依次经历由省、市、区组织招生考试过程，考试时间定在每年7月份的15日前后三天举行。2003年起，考试时间改为每年6月份的15日前后三天进行。

【初中升学试卷命题】 舟山市的初中升学考试由市教育局主持。1978年、1999年，采用省统一命题试卷。

2000—2005年，中考试题由市命题。舟山市采用舟山市与嘉兴市联合命题卷。2006年，用省命题卷。2007—2009年，舟山市采用杭州市命题试卷。

2010用省命题卷。2011—2014年，采用舟山市与嘉兴市联合命题卷。

【初中升学考试科目】 1978年，考试科目为政治、语文、数学。1979—1982年，考试科目为政治、语文、数学、物理、化学。1983年起考试科目为政治、语文、数学、物理、化学、英语（升初中中专不计分，升高中计分）。1997年起，初中毕业考试和升学考试为两考合一。考试科目为语文、数学、社会、自然科学、英语、体育。1998年，考试科目为语文、数学、社会、自然科学、英语、体育。

1998年、1999年，城区学校和要求参加重点高中音乐、美术特长生测试的农村中学考生另加音乐、美术学科考试。2000年考试科目为语文、数学、社会、自然科学、英语、体育。2001—2002年考试科目为语文、数学、社会政治、自然科学、英语、体育。2003年开始，初中中专停止招生。

至2014年，初中升学考试科目没有变化。

【初中中专历年录取情况】 高考制度恢复后，各类初中中专同时实行考试招生制度，直至2003年停止招生。

历年初中中专报名升学情况表

表3-25　单位：人

年份	初中中专（技校、民师）			年份	初中中专（技校、民师）		
	报名数	上线数	录取数		报名数	上线数	录取数
1977	—	—	—	1990	1375	159	147
1978	3570	—	194	1991	1274	—	144
1979	2712	—	357	1992	1078	—	160
1980	—	—	69	1993	1502	1026	213
1981	—	—	188	1994	2789	1773	293
1982	1672	—	145	1995	3270	1864	313
1983	—	—	162	1996	3506	1878	344
1984	1185	—	201	1997	5228	2270	391
1985	1107	301	287	1998	1816	—	486
1986	1603	149	132	1999	884	—	502
1987	1556	144	132	2000	4812	—	437
1988	1380	150	121	2001	3493	—	439
1989	1230	152	147	2002	3704	—	424

【附录一】：

关于1997年全市初中毕业生毕业考试和升学考试两考合一工作的通知

舟教基〔1997〕第12号

各县（区）教委（局）、市直属中学：

为进一步端正办学思想，深化教育教学改革，引导学校全面贯彻教育方针，全面提高教育质量，真正实现由“应试教育”向素质教育转轨，促进学生全面发展，根据全省市

（地）教委主任会议和97全市普教工会会议精神，经研究，并经省教委同意，决定从1997年起，我市初中毕业生的毕业考试和升学考试实行两考合一。现将今年的“两考合一”工作有关事项通知如下：

一、认真做好初中“两考合一”的宣传工作

初中毕业生的毕业考和升学考实行“两考合一”，是基础教育领域全面推进素质教育的需要，也是教育教学工作深化改革和发展的必然趋势，有利于党的教育方针全面贯彻落实，有利于社会主义现代化建设事业所需要的全面发展的人才培养。各县（区）教委（局）、各中学要积极、及时地向社会、家长和学生做好广泛的宣传工作，取得社会和对初中“两考合一”工作的理解和支持。

二、参加“两考合一”的对象

凡1997年应届初中毕业生和要求升学并符合报考高一级学校条件的往届初中生毕业生均须参加今年全市的“两考合一”的统一考试。不参加“两考合一”统一考试的应届初中毕业生，不得参加补考，不予毕业和升学。对于未达到毕业学科要求的应届初中毕业生，可由县（区）教委（局）或学校组织补考。应届初中毕业生的毕（结）业率一般要求达到95%以上，由县（区）教委（局）负责统计掌握。

三、考试科目为语文、数学、社会、自然科学、英语、体育六科。城区学校另加音乐、美术学科的考试。

四、语文、数学、社会、自然科学、英语、体育六科考试命题范围以浙高招委〔1997〕第31号《1997年浙江省中专、中技招生考试说明（包括科目、范围、纲要）》和《舟山市1997年初中毕业、升学考试纲要》为依据。音乐、美术考试命题范围以舟教研初〔1997〕第5号《舟山市1997年初中音乐、美术毕业会考提纲》为依据。

五、初中中专（技校）、普通高中和职业高中招生以语文、数学、社会、自然科学、英语、体育六科成绩合计总分。各科计入总分的分数为：语文150分（其中听力10分）、数学150分、自然科学150分、社会80分、英语120分（其中听力25分）、体育30分。体育考试具体计分办法是：1.体育理论知识考试满分10分；2.体育考试项目中的技能“达标”满分15分。具体考试组织工作由各县（区）教委（局）、招生委员会按浙教体〔1997〕75号文件精神负责实施；3.竞赛优胜分5分。在1996年6月1日至1997年5月31日间获省、市教委认定的各类新时期体育比赛市级前3名，省级前6名名次的，得5分。

城区学校初中毕业成绩以语文（150分）、数学（150分）、自然科学（150分）、社会（80分）、英语（120分）、体育（30分）、美术（30分）音乐（30分）八科成绩合计总分；非城区学校毕业生毕业总分合计与升学总分合计相同。

六、考试科目日程安排：

日期	上午	下午
6月15日（星期日）	语文8:30～10:30	自然2:00～4:00
6月16日（星期一）	数学8:30～10:30	英语2:00～3:40
6月17日（星期二）	社会　体育8:30～10:20	音乐美术2:00～3:40

七、初中中专（技校）、普通高中和职业高中初中升高中招生组卷、考试、评卷等工作由舟山市初中毕业生毕业考、升学考试两考合一领导小组负责。

八、加强领导，切实做好考试的各项工作，特别要注意出卷、试卷的保管、发送等环节的安全保密工作，确保考试工作的顺利进行。

附：1.“两考合一”工作行事历

2.浙教体〔1997〕75号《浙江省1997年初中毕业生升学考试体育工作方案》

舟山市教育委员会

一九九七年三月六日

【附录二】：

关于普通高中、职业高中招收特长生考试若干事项的通知

舟普教〔1997〕95号

为切实搞好普通高中、职业高中招收特长生考试工作，现将招收特长生考试工作有关事项通知如下：

一、参加乐器考试的考生自带乐器（除钢琴外），考试项目为：（1）演奏：考生自选不同性质的乐曲各一首。（2）视奏：

由主考教师指定乐曲，即时演奏。（3）练耳：由主考教师在钢琴上弹出单音、双音、和弦，学生模唱。（4）视唱：由主考教师指定乐曲，学生即时演唱。

二、参加舞蹈考试的考生要自备自选舞段的音乐带，考试分形象、节奏、腰、腿、弹跳、自选舞段、模仿等项目进行评分。

三、参加美术考试的考生要自备铅笔、炭笔、水彩、水粉考试分素描（石膏头像写生）和色彩（静物写生）两项，考试时间为每项三个小时。

四、体育特长生的招收由我委根据报名学生参加市以上竞赛所得名次酌情而定。英语口语特长生的考试事宜另行通知。

五、参加器乐、舞蹈、美术特长生考试的考生在6月3日下午2:00到区教委四楼会议室开会。考试时间，6月7—8日两天。考试地点由区教委教行科届时通知（一般在杭州、上海两地），考务费、车船费、伙食住宿费由考生自行负责。

有关学校在接到本通知后，速通知参加特长生考试的考生及考生家长，做好有关的准备工作。

舟山市普陀区教育委员会

一九九七年五月三十日

第三章　中小学体育与卫生

第一节　体育课程设置与实施

【课程设置】 中华人民共和国成立以后，遵照毛泽东主席提出的“健康第一，学习第二”指示，体育课一直定为中小学的必修课程。1949年，小学各年级每周设体育课2节，中学各年级每周设体育课1节。

1950年以后，中小学体育课一直保持每周2节，并建立早操制度。1954年，普及推广少年广播体操。1955年，贯彻教育部《关于减轻中小学学生过重负担的指示》，改进课外活动，保证学生睡眠和休息时间。1956年，贯彻教育部《关于改进中小学体育工作的指示》，实施《小学体育教学大纲》。大部分中心小学配备专职体育教师，体育课开始采取苏联的四段教学法（即开始部分、准备部分、基本部分、结束部分）。1956年，全县中小学施行教育部颁发的中小学《体育教学大纲（草案）》，贯彻“增强学生体质，提高学生的运动水平，培养学生的共产主义道德品质”的精神。施行教育部颁布的《中小学体育教学参考书》。

1958年，学校体育课和课外体育活动时间大部分被劳动实践所占用，削弱了体育教学。1960年，国民经济困难时期，很多学校又把操场辟为园地，种植瓜果蔬菜，以体力劳动代替体育，体育活动一度停止。

1961年，执行《关于贯彻教育部新编体育教学大纲等有关问题的意见》。学校体育工作必须遵照毛泽东主席的指示“健康第一”的思想，树立体育为政治、为生产、为培养学生全面发展服务的观点，加强对体育教师的培养，提高体育教师的业务素质。中学和中心小学逐步配备专职体育教师；完小以下小学配兼职教师，加强体育教研活动。体育课采用教育部编订的《小学体育教材》和《中学体育教材》，努力上好体育课。并结合开展国防体育教育，增加军体内容。

1962年，舟山被省体委定为国防体育重点发展区后，很多小学重视在体育课结合进行国防体育教育，开展掷手榴弹，练军体拳和防空救护等项目的训练。

1964年开始，推行眼保健操。1965年，组织学生利用海边、河塘开展游泳活动。1965年前后高中还增加军事训练。

“文化大革命”期间，体育课一度改称为军体课，部分学校教学班按连、排、班编制，由解放军“毛泽东思想宣传队”组织军训，开展野营、行军等学军活动。

1978年开始，按教育部重编的《小学体育教育大纲》和教材进行体育课教学。1984年，为加强对体育工作的领导，普陀县先后成立了中小学体育研究会和体育协会，配备专职和兼职体育教研员。提出学校体育工作必须坚持三个为主（即以增强学生体质为主，以经常锻炼为主，以促进学生全面发展为主），各校在抓好体育课的前提下，积极开展群众性体育活动，普遍建立“两课、两操、两活动”（每周两节体育课，两次课外体育活动，每天早操、眼保健操）制度和“体育课堂教学常规”，并使用体育课教材。条件差的学校因陋就简，因地制宜，自制体育器材。充分利用邻近公路、空地、山坡和海滩等自然环境上体育课，开展体育活动。有的学校自编广播操、艺术体操，还规定体育成绩“良好”以上等级作为“三好学生”的评选条件之一。

1985年，中小学采用省编体育课本上课，授课内容依据本校的场地、体育器材，课堂结构沿用过去模式，一般由四段（即开始部分、准备部分、基本部分、结束部分）组成。授课采用先由教师讲解，再由学生分组练习，教师巡回检查，纠错等步骤完成。

1990年，贯彻实施国家教委发布的《中学生体育合格标准试行办法》，其合格标准的评定方法：学生的体育课成绩必须及格；《国家体育锻炼标准》成绩达到及格或在原基础上有所提高；早操、课间操、课外体育活动（简称“二操一活动”）每学年出席次数不得少于实际活动次数的百分之八十。达到以上标准为学年总成绩合格，否则为不合格。初、高中体育毕业成绩均以第三学年为主，参考前两学年成绩评定。三个学年总成绩合格后，发给“体育合格证”。

1991年，教育局转发《浙江省贯彻执行〈学校体育工作条例的实施办法（试行）〉的通知》，要求各学校规范体育教学，开展课外体育活动、训练与竞赛，体育教师要根据学校的实际情况，编写教学计划和课时教案。1992年，体育课改称为体育与保健课，教学内容在原有基础上，增加卫生保健知识。同时，区教育局印发舟普教1992年64号《关于初中升学体育考试的通知》，规定从1992年4月开始，初中升学考试体育。1995年，因国家实行新工时制度，改为每周2节体育课。2002年，初中毕业生中考，增设游泳作为必考项目。

2003年，实施教育部、国家体育总局颁布的《学生体质健康标准（试行）方案》。2004年实施新课程，小学改称体育课。一年级和二年级，每周设4节，三年级至六年级，每周设3节。初中和高中改称为体育与保健课，初中每周设3节，高中每周设2节。普陀区使用的体育教材为义务教育阶段使用浙教版《体育与保健》，高中阶段使用浙教版《体育》教材。

2010年开始，普陀区义务教育阶段使用浙教版《体育与健康必学内容教师用书》，高中阶段使用人教版《体育与健康》教材。

【课外体育活动】 课外体育活动和课堂教学相辅相成，是构成学校体育工作的重要组成部分。主要包括早操和课间操、“劳卫制”和“达标”训练、运动队训练及每天下午最后一节课后的课外体育兴趣和健身活动等。各中小学根据本校实际，列出课外体育活动安排表。各校在抓好体育课教学的同时，还要抓好早操、课间操、课外体育活动的落实。积极开展“到阳光下、到操场上、到大自然中陶冶身心”的“三到”活动，保证学生每天有1小时体育活动时间。

2000年开始，要求每周至少有3节课外体育活动列入课程表，各中小学积极创造条件，因地制宜开展各种体育活动。实行每天“大课间活动”和“冬季长跑活动”。

为促进学校体育发展，提出办出学校体育特色。2003年东港小学率先建立省青少年体育俱乐部。2005年起，全区各中小学陆续创建省级青少年体育俱乐部。2008年，沈家门小学被确定为区少体校、市少体校分校。2013年，东港中学被确定为市少体校分校。至2014年，域内有普陀第二中学、沈家门第一初级中学、东港中学、沈家门小学、沈家门第一小学、沈家门第四小学、朱家尖小学、六横中心小学、舟渔学校等9所中小学被批准为省青少年体育俱乐部学校。

体育活动形式多样，体育特色学校逐年增多。2007年，举行中小学生“阳光体育”启动仪式，域内中小学校开始开展学生冬季长跑活动。2008年，开展“快乐成长，缤纷校园”，全区中小学校大课间操展示活动，并受邀参加省学生校园集体舞比赛获银奖；普陀第二中学被授予“北京2008奥林匹克教育示范学校”；沈家门小学通过省首批阳光体育后备人才基地验收；全区中小学校向社会免费开放运动场馆和设施，普陀中学、区职教中心、普陀第二中学、沈家门小学和东港小学被授予全国第二批学校体育场馆向公众开放试点单位。

2009年，全区实施中小学课外文体活动工程，开始举行阳光宝贝幼儿运动会。2010年，出台《普陀区“体育、艺术2＋1项目”技能标准（试行）》，全区中小学校全面开展学生课外文体活动；区教育局被授予“2006—2009年度浙江省群众体育先进单位”和第三届全国亿万学生阳光体育冬季长跑活动优秀组织奖；是年，在第二届省青少年“体育健身”表演大赛上，普陀区选送的体育健身舞《炫舞精灵》获体操类金奖；10余名前中国女排队员和各省队老排球队员莅临普陀区与各校排球队员开展互动交流，并现场传技授艺。

2011年，区教育局被授予省第二届中小学生校园足球联赛优秀组织奖，同时，被评为省第二届中小学校园足球联赛和乒乓球联赛优秀赛区；沈家门小学等10所学校成为区少年儿童业余体校分校，并落实10个重点体育项目开展日训，同时，出台《普陀区青少年竞技体育奖励办法》；在浙江省首届体育社团运动会上，沈家门小学代表舟山市取得健康排舞、花式团体操和啦啦操三项冠军；是年，普陀区通过省中小学生课外文体活动工程示范区验收。普陀第二中学通过第四批省“阳光体育后备人才基地”验收。

2013年，沈家门小学获“全国群众体育先进单位”。普陀第二中学、沈家门小学被评为省全国亿万学生阳光体育冬季长跑活动优秀学校。

【体育特色学校】 2012年，根据《舟山市普陀区教育局关于开展全区中小学体育、艺术特色项目创建的通知》（舟普教发〔2012〕124号）精神，经学校申报、教育局审核和实地验评，有24所学校被评为首批体育特色项目学校。其中省级12所学校，有篮球、田径、围棋、女子排球、乒乓球、网球、健美操、沙滩排球等8个项目；区级12所学校，有篮球、田径、围棋、女子排球、乒乓球、游泳、空竹、羽毛球等8个项目。

获得省级体育特色项目的中小学校为普陀第三中学（篮球）、普陀第二中学（篮球）、沈家门第一初级中学（田径）、东港中学（田径）、舟渔学校（围棋）、朱家尖中学（女子排球）、芦花中学（乒乓球）、沈家门小学（网球、健美操）、沈家门第一小学（乒乓球）、沈家门第四小学（田径）、朱家尖小学（沙滩排球）、六横镇中心小学（乒乓球）。

【早操和课间操】 新中国成立后，各中小学将早操项目列入作息时间表，小学一般将早操安排在第一节课前。中学课间操安排在上午第二节课后进行。每天下午最后一节课后还安排一节课外活动。

1953年，普陀推广第一套广播体操，从此广播体操成为县内中小学早操项目。以后根据时代的发展，学生身体素质的增强，广播体操内容进行多次变革。大众广播体操：第一套广播体操（1951年）；第二套广播体操（1954年）；第三套广播体操（1957年）；第四套广播体操（1963年）；第五套广播体操（1971年）；第六套广播体操（1981年）；第七套广播体操（1990年）；第八套广播体操（1997年）；第九套广播体操（2011年）。1989年推广中小学生第四套少年韵律操，1991年推广第七套大众广播体操。

2002年，推广第二套中小学广播体操（世界真美好，雏鹰起飞，初升的太阳，时代在召唤，青春的活力）；2008年，推广第三套中小学广播体操（七彩阳光，希望风帆，舞动青春，放飞理想）。普陀区小学选用“七彩阳光”，中学为“舞动青春”。

第二节　体育达标活动

【国家锻炼标准】 1954年，国家体委公布施行《准备劳动与卫国体育制度》，然后又多次修改，改称《劳动与卫国体育制度》，简称"劳卫制"。"劳卫制"的检测项目很多，包括田径、体操、举重等，这些项目贯穿着速度、力量、耐力、灵巧，是对人身素质的全面锻炼。"劳卫制"的等级分三档，即少年级、一级、二级。为彰显学生通过"劳卫制"锻炼的成绩，由各级体委发给证书和证章。

1964年，中央正式废除"劳卫制"名称，改称《青少年体育标准》。1974年，国家体委重新制订锻炼标准的试行条例。1975年，改称《国家体育锻炼标准》(简称《标准》)，经国务院批准正式公布实施。

1978年，普陀县开始实施学生体育达标工作。1980年开始，全县各中小学每年举行一次"达标"运动会。

1982年下半年开始，新的《国家体育锻炼标准》在中小学全面推行。根据青少年特点分成四个年龄组：儿童组10～12岁(相当于小学四、五年级)；少年一组13～15岁(相当于初中)；少年二组16～17岁(相当于高中)；青年组18岁以上。对不同年龄、性别青少年儿童，规定不同的测验项目和标准，各校通过体育课让学生达到《标准》要求，并将"达标"锻炼作为课外活动的一项主要内容，建立"达标"档案。

1983年开始，每年由县(区)体委、教育局对开展"达标"活动学校进行一次检查验收、评比，成绩突出的学校和个人给予表彰和奖励。

1986年，地区教育局提出开展以"达标"为中心的群众体育活动，进一步推动"达标"锻炼。1988年7月，评出高中、初中、小学段11所学校为体育达标学校。1989年，全区小学生体育锻炼"达标"率，从1983年的57.09%，提高到91.73%。

1990年9月，正式开始实施国家体委发布的新的《国家体育锻炼标准施行办法》，其按年龄分为四个组：儿童组，9～12岁(小学3～6年级)；少年乙组，13～15岁(初中)；少年甲组，16～18岁(高中)。达标等级分三级：及格级，250～345分；良好级，350～415分；优秀级420～500分。1982年发布的《国家体育锻炼标准》同时废止。1992年国家教委印发《小学生体育合格标准实施办法》。2003年、2004年体育达标合格率保持在95%以上。

2005年开始，全区中小学实施《国家学生体质健康标准》，本标准从身体形态，身体机能，身体素质和运动能力等方面综合评定学生的体质健康水平，是促进学生体质健康发展，激励学生积极进行身体锻炼的教育手段，是学生体质健康的个体评价标准。2005年、2006年全区学生体质健康合格率保持在96%左右，优秀率保持在20%左右。2011年全区学生体质健康合格率保持在97%以上，优秀率保持在25%以上。

本标准将测试对象划分为以下组别：小学一、二年级为一组，三、四年级为一组，五、六年级为一组，初、高中每年级各为一组。小学一、二年级组和三、四年级组测试项目分为三类，身高、体重为必测项目，其他二类测试项目各选测一项；小学五、六年级组，初、高中各组，大学组测试项目均为五类，身高、体重、肺活量为必测项目，其他三类测试项目各选测一项。选测项目每年由地(市)级教育行政部门，在测试前两个月确定并公布。选测项目原则上每年不得重复。

各学校每学年对学生进行一次本标准的测试，本标准的测试方法按《国家学生体质健康标准解读》中的有关要求进行。

各评价指标的得分之和为本标准的最后得分，满分为100分。根据最后得分评定等级：90分及以上为优秀，75～89分为良好，60～74分为及格，59分及以下为不及格。学生体质健康标准成绩每学年评定一次，按评定等级记入《国家学生体质健康标准登记卡》。学生毕业时体质健康标准的成绩和等级，按毕业当年学年总分的50%与其他学年总分平均得分的50%之和进行评定。按毕业当年得分和其他学年平均得分各占50%之和进行评定。因病或残疾免予执行本标准的学生，填写《免予执行申请表》。

评价指标情况表

表 3-26

组别	评价指标(测试项目)	分值	备注
小学一、二年级	身高标准体重	20	必测
	坐位体前屈,投沙包	40	选测一项
	50 米跑(25 米 ×2 往返跑),立定跳远,跳绳,踢毽子	40	选测一项
小学三,四年级	身高标准体重	20	必测
	坐位体前屈,掷实心球,仰卧起坐	40	选测一项
	50 米跑(25 米 ×2 往返跑),立定跳远,跳绳	40	选测一项
小学五,六年级	身高标准体重	10	必测
	肺活量体重指数	20	必测
	400 米跑(50 米 ×8 往返跑),台阶试验	30	选测一项
	坐位体前屈,掷实心球,仰卧起坐,握力体重指数	20	选测二项
	50 米跑(25 米 ×2 往返跑),立定跳远,跳绳,篮球运球,足球颠球,排球垫球	20	选测二项
初中,高中,大学各年级	身高标准体重	10	必测
	肺活量体重指数	10	必测
	1000 米跑(男),800 米跑(女),台阶试验	30	选测一项
	坐位体前屈,掷实心球,仰卧起坐(女),引体向上(男),握力体重指数	20	选测一项
	50 米跑,立定跳远,跳绳,篮球运球,足球运球,排球垫球	20	选测一项

注:身高标准体重测试项目为身高,体重,肺活量体重指数测试项目为肺活量,握力体重指数测试项目为握力

【国家锻炼标准实施】 根据“舟山市普陀区教育局转发教育部,国家体育总局关于实施《国家学生体质健康标准》的通知”(舟普教发〔2007〕113号)文件精神,普陀区各中小学 2007 学年全面实施《国家学生体质健康标准》测试上报工作(测试上报时为每年的 9 月 1 日至 12 月 31 日),并严格落实督查和向社会公示制度。根据“舟山市教育局关于抓紧做好 2010 年全市中小学生《国家学生体质健康标准》测试及数据上报工作的通知”(舟教基〔2010〕62 号)文件精神,测试上报时间调整为 10 月 1 日至 12 月 31 日,根据省教育厅浙教办体〔2010〕149 号《关于建立学生体质健康状况通报制度的通知》进行通报,通报的范围和对象:各设区市教育局重点通报全市高中学校的高三年级全体学生体质状况,县区教育局重点通报各初中学校初三年级和各小学六年级全体学生的体质状况。根据“舟山市教育局关于实施 2014 年学生体质健康测试和数据上报的通知”(舟教基〔2014〕68 号)文件精神,测试上报时间调整为 9 月 1 日至 10 月 20 日。市教育局每年以全市高中学校为单位,建立学生体质状况监测和公布制度,重点向社会公布高三和高一年级(以生源初中为单位)学生的体质状况;各县(区)以全县(区)初中、小学学校为单位,建立学生体质状况监测和公布制度,重点向社会公布初一(以生源小学为单位)和小学五年级学生的体质状况。

2007 年普陀区学生体质健康综合统计情况表

表 3-27

学校	学生数	平均分	正常体重人数	正常体重率(%)	营养不良人数	营养不良率(%)	肥胖人数	肥胖率(%)	及格人数	及格率(%)	良好人数	良好率(%)	优秀人数	优秀率(%)	不及格人数	免测人数	合格率(%)
小学	10631	80	4043	38	936	8.80	849	8	2485	23.40	5710	53.70	2094	19.70	291	51	97.30
初中	7509	74	1949	26	1083	14.40	591	7.95	3121	41.60	3506	46.70	432	5.80	373	77	95
高中	5806	71.4	1692	29.10	607	10.50	351	6	2951	50.80	2179	37.50	221	3.80	379	76	93.50
全区	23946	76	7684	32.10	2626	11	1791	7.50	8557	35.70	11395	47.60	2747	11.50	1043	204	95.60

2014年普陀区中小学学生体质健康测试统计情况表

表 3-28

序号	学校名称	上报人数	测试学生数	国家学生体质健康测试情况					
				优秀人数	优秀率（%）	良好人数	优良率（%）	及格人数	总达标率（%）
高中（含职教）学校									
1	普陀第三中学	1231	1196	71	5.94%	402	39.55%	713	99.16%
2	六横中学	422	422	18	4.27%	171	44.79%	224	97.87%
3	普陀中学	1337	1292	45	3.48%	487	41.18%	716	96.59%
4	区职教中心	1310	1310	28	2.14%	365	30.00%	868	96.26%
高中合计		4300	4220	162	3.84%	1425	37.61%	2521	97.35%
初中（含九年一贯制初中）学校									
5	展茅中心学校	290	290	85	29.31%	124	72.07%	81	100.00%
6	朱家尖中学	442	440	116	26.36%	159	62.50%	162	99.32%
7	台门学校	194	194	50	25.77%	64	58.76%	79	99.48%
8	蛟头初级中学	578	578	147	25.43%	188	57.96%	241	99.65%
9	普陀第二中学	1266	1266	319	25.20%	446	60.43%	477	98.10%
10	沈家门第一初级中学	1423	1423	346	24.31%	558	63.53%	502	98.81%
11	芦花中学	378	378	66	17.46%	135	53.17%	173	98.94%
12	东港中学	1224	1224	91	7.43%	429	42.48%	599	91.42%
13	育才学校	117	117	4	3.42%	86	76.92%	27	100.00%
初中合计		5912	5910	1224	20.71%	2189	57.75%	2341	97.36%
小学（含九年一贯制小学）学校									
14	展茅中心学校	400	400	248	62.00%	143	97.75%	9	100.00%
15	六横中心小学	1135	1133	589	51.99%	376	85.17%	167	99.91%
16	桃花中心学校	219	219	108	49.32%	60	76.71%	51	100.00%
17	沈家门第三小学	536	536	252	47.01%	174	79.48%	110	100.00%
18	沈家门小学	3207	3206	1497	46.69%	1284	86.74%	412	99.59%
19	龙山小学	180	180	84	46.67%	36	66.67%	60	100.00%
20	双塘小学	156	156	71	45.51%	63	85.90%	22	100.00%
21	沈家门第一小学	2278	2249	991	44.06%	648	72.88%	600	99.56%
22	朱家尖小学	905	905	396	43.76%	279	74.59%	226	99.56%
23	沈家门第四小学	1231	1231	529	42.97%	420	77.09%	266	98.70%
24	芦花中学	328	328	138	42.07%	126	80.49%	64	100.00%
25	舟渔学校	732	732	195	26.64%	332	71.99%	196	98.77%
26	台门学校	560	560	147	26.25%	240	69.11%	172	99.82%
27	螺门小学	191	191	33	17.28%	86	62.30%	72	100.00%
28	虾峙中心学校	142	142	24	16.90%	52	53.52%	64	98.59%
29	育才学校	218	218	8	3.67%	112	55.05%	98	100.00%
小学合计		12418	12386	5310	42.87%	4431	35.77%	2589	99.55%
全区合计		22630	22516	6696	29.74%	8045	35.73%	7451	98.56%

第三节　体育竞赛

1950 年以后，中心小学一般每周组织一次单项竞赛，主要项目有乒乓球、篮球、跳绳、拔河比赛和登山活动等。每年举行一次校或乡（镇）田径运动会。

1953 年开始，全县每年至少举行一次学生田径运动会或单项体育竞赛（“文化大革命”期间有过间断）。

1972 年起，全县每年举行中小学田径运动会及篮球、排球、乒乓球、游泳、气枪、象棋等单项比赛。1973 年以来，规模较大的学校，相继建立田径、篮球、排球、乒乓球、游泳、武术、足球、围棋、象棋等运动队，并在省市运动会上和比赛中获得名次。此外，还有参加省运动队在全国少年比赛中取得优秀成绩（如 1977 年，东极中心小学的陈和菊获全国女子 200 米蛙泳比赛第三名，1986 年沈家门小学张雷全国男子乙组 400 米自由泳获第三名）。

2008 年 4 月，由省体育局和教育厅联合主办的省青少年田径锦标赛在嘉兴平湖举行，普陀区由 13 名学生组队参加比赛，获得 2 金 1 银 2 铜的好成绩。2009 年，组队参加浙江省第九届中小学田径运动会，有 11 人次分别取得 100 米、200 米、垒球、铁饼、跳远等项目前八名，其中 1 人获第一名，3 人获第三名。

中小学根据学校实际建立体育传统项目（篮球、排球、乒乓球、棋类等）训练队；每年举行一次秋季运动会。2011 年 9 月，普陀区举行首届中小学生足球联赛。

2012 年 7 月，普陀区代表队在舟山群岛新区首届运动会青少年网球、短式网球比赛中，获网球金牌 7 枚，银牌 4 枚，铜牌 2 枚；获短式网球金牌 12 枚，银牌 2 枚，铜牌 3 枚。

2013 年 5 月，普陀区代表队参加市 29 届中小学生田径运动会，获得县（区）团体总分第一名。12 月，浙江省舟山群岛新区首届青少年健美操比赛，普陀区获乙组团体操第一名，组合操第二名，同时获得团体总分第一名。

组队参加浙江省阳光体育运动会，普陀中学学生叶婷婷获女子 200 米第一名。

2014 年 5 月，组队参加市第三十届中小学生田径运动会，获县（区）团体总分第一名；同时获得初中组团体总分第一名和小学甲、乙组团体总分第二名；打破 5 项市同年龄纪录。7 月，在浙江省第 15 届运动会上，东港中学王佳慰同学获得由跳高、800 米等四个项目组合而成的 14 岁女子四项全能冠军。

组队参加浙江省青少年田径锦标赛男子 400 米，普陀中学学生王子健获第一名。

组队参加第六届亚洲室内田径锦标赛暨全国室内锦标赛女子 200 米，普陀中学叶婷婷获第三名，同时获得女子 60 米栏第六名。

至 2014 年，每年春季举行一次全区中小学田径运动会，同时举行篮球、排球、乒乓球、棋类等单项比赛；各校在秋季举行一次田径运动会。

1995—2014 年普陀区中小学生田径运动会小学组记录表

表 3-29

项目	性别	成绩	创造者	单位	时间	地点	备注
60 米	男	7″4	陈科羽	沈一小	2012.4	东港中学	—
	女	7″7	李星缘	沈一小	2013.5	东港中学	—
100 米	男	12″1	陈思盼	螺门小学	2013.5	东港中学	—
	女	12″6	李星缘	沈一小	2013.5	东港中学	—
200 米	男	24″9	严焓棍	沈四小	2013.5	东港中学	—
	女	27″5	柳佳辰	沈一小	2012.4	东港中学	—

续表 3-29

项目	性别	成绩	创造者	单位	时间	地点	备注
400 米	男	57″7	沈　科	沈一小	1999.4	沈家门中学	—
	女	1′02″3	朱诗钰	沈小	2008.4	普陀中学	—
800 米	男	2′13″3	冯建国	东港小学	2007.4	普陀中学	—
	女	2′29″1	魏梦怡	东港小学	2011.4	普陀中学	—
1500 米	男	5′03″8	陈路路	虾峙小学	1999.4	沈家门中学	—
4×100 米	男	50″3	张政等 4 人	东港小学	2007.4	普陀中学	—
	女	53″6	叶婷婷等 4 人	沈四小	2008.4	普陀中学	—
跳高	男	1.62 米	贺浩浩	台门小学	2010.4	普陀中学	—
	女	1.47 米	徐乐彤	沈小	2014.4	东港中学	—
跳远	男	5.51 米	贺俊豪	沈一小	2008.4	普陀中学	—
	女	4.91 米	邓燕超	东港小学	2002.4	普陀中学	—
铅球	男	11.41 米	朱关梁	沈三小	2008.4	普陀中学	4 公斤
	女	11.17 米	邬捍梦	东港小学	2003.4	普陀中学	3 公斤
垒球	男	69.94 米	泮亚楠	东港小学	2007.4	普陀中学	—
	女	54.73 米	邬捍梦	东港小学	2003.4	沈家门中学	—
三项全能	男	933 分	顾红科	虾峙小学	1995.4	沈家门中学	—
	女	1308 分	胡敏敏	沈小	1995.4	沈家门中学	—

注：1. 径赛为手动计时。下表同。2. 表中“沈小”指沈家门小学，“沈一小”指沈家门第一小学，余类推

1989—2014 年普陀区中小学生田径运动会初中组记录表

表 3-30

项目	性别	成绩	创造者	单位	时间	地点	备注
100 米	男	10″8	洪　伟	沈一初	2007.4	普陀中学	—
	女	12″5	柳佳辰	东港中学	2014.4	东港中学	—
200 米	男	22″7	陈卓杰	普陀二中	2013.5	东港中学	—
	女	26″2	陈珊珊	普陀二中	2002.4	普陀中学	—
400 米	男	52″4	王子健	普陀二中	2012.4	东港中学	—
	女	1′00″1	叶婷婷	沈一初	2011.4	普陀中学	—
800 米	男	2′04″8	王子健	普陀二中	2012.4	东港中学	—
	女	2′21″7	魏梦怡	普陀二中	2012.4	东港中学	—
1500 米	男	4′32″9	李昂泽	沈一初	2013.5	东港中学	—
	女	5′04″6	孙秋凤	普陀二中	2007.4	普陀中学	—
3000 米	男	10′09″92	陆东政	舟渔学校	2012.4	东港中学	—
	女	11′30″71	江　佳	东港中学	2014.4	东港中学	—
110 米栏	男	15″3	唐　俊	朱家尖中学	2014.4	东港中学	—
100 米栏	女	18″6	胡胜燕	朱家尖中学	2014.4	东港中学	—
4×100 米	男	46″1	陈斌东等 4 人	普陀二中	2005.4	普陀中学	—
	女	51″7	柳佳辰等 4 人	东港中学	2013.5	东港中学	—
跳高	男	1.92 米	王盛凯	东港中学	2013.5	东港中学	—
	女	1.54 米	王佳慰	东港中学	2005.4	东港中学	—
跳远	男	6.62 米	朱春华	沈一初	2007.4	普陀中学	—
	女	5.26 米	王佳慰	东港中学	2013.5	东港中学	—

续表 3-30

项目	性别	成绩	创造者	单位	时间	地点	备注
铅球	男	14.68 米	沈天强	沈一初	2007.4	普陀中学	5 公斤
	女	11.05 米	林　洁	沈三初	2003.4	普陀中学	4 公斤
	女	12.40 米	邬捍梦	普陀二中	2006.4	普陀中学	3 公斤
铁饼	男	33″70	贺昱戈	普陀二中	2013.5	东港中学	1.5 公斤
	女	33.55 米	林　洁	沈三初	2003.4	普陀中学	1 公斤
标枪	男	43.84 米	王培有	沈一初	2013.4	东港中学	700 克
	男	45.94 米	应跃辉	勾山中学	1989.4	沈中	600 克
	女	31.18 米	林昊莲	朱家尖中学	2014.4	东港中学	600 克

2001—2014 年普陀区中小学生田径运动会高中组记录表

表 3-31

项目	性别	成绩	创造者	单位	时间	地点	备注
100 米	男	11	虞乐挺	沈中	2001.4	普陀中学	—
	女	12″5	朱诗钰	普中	2014.4	东港中学	—
200 米	男	22″5	虞乐挺	沈中	2001.4	普陀中学	—
	女	25″8	叶婷婷	普中	2012.4	东港中学	—
400 米	男	51″5	乐优迪	普中	2006.4	普陀中学	—
	女	1′02″7	严静蒙	沈中	2007.4	普陀中学	—
800 米	男	2′02″6	林立琦	普中	2006.4	普陀中学	—
	女	2′26″8	王庄林	沈中	2005.4	普陀中学	—
1500 米	男	4′24″7	林立琦	普中	2007.4	普陀中学	—
	女	5′14″8	张玲	普中	2006.4	普陀中学	—
3000 米	男	9′51″50	陆东政	三中	2013.5	东港中学	—
	女	14′47″79	杨正茹	普中	2013.5	东港中学	—
110 米栏	男	15″3	向峰	沈中	2005.4	普陀中学	—
100 米栏	女	15″3	叶婷婷	普中	2005.4	东港中学	—
4×100 米	男	44″6	虞东挺等 4 人	沈中	2001.4	普陀中学	—
	女	53″2	朱琳等 4 人	普中	2006.4	普陀中学	—
跳远	男	7 米	付舟达	沈中	2002.4	普陀中学	—
	女	5.25 米	曹依玲	普中	2004.4	普陀中学	—
跳高	男	1.93 米	桂亚晓	六中	2008.4	普陀中学	—
	女	1.56 米	朱佳佩	三中	2008.4	普陀中学	—
三级跳远	男	13.93 米	付舟达	沈中	2004.4	普陀中学	—
	女	11.15 米	严静蒙	沈中	2007.4	普陀中学	—
铅球	男	13.61 米	潘虞迪	沈中	2007.4	普陀中学	6 公斤
	女	12.95 米	林浩	普中	2004.4	普陀中学	4 公斤
铁饼	男	40.73 米	徐秉南	沈中	2004.4	普陀中学	1.5 公斤
	女	35.18 米	林洁	普中	2006.4	沈中	1 公斤
标枪	男	54.22 米	应跃辉	沈中	2001.4	普陀中学	700 克
	女	31.30 米	夏千缘	普中	2006.4	东港中学	600 克

注:“沈中”为沈家门中学,“普中”为普陀中学,“三中”为普陀第三中学,“六中”为六横中学

2014年普陀区中小学校参加省、市、区体育竞赛团体成绩表

表3-32

获奖单位	比赛名称	获奖名次	举办单位	时间
东港中学	“希望杯”浙江省校园足球联赛	二等奖	省体育局、教育厅	2014.7
展茅中心学校	“希望杯”浙江省校园足球联赛总决赛	二等奖	省体育局、教育厅	2014.7
沈家门小学	浙江省特色学校短式网球比赛(女子乙组)	第三名	省体育局、教育厅	2014.7
沈家门第一小学	浙江省第十三届中学生运动会健美操比赛(规定轻器械操)	第三名	省体育局、教育厅	2014.4
沈家门第一小学	浙江省第十三届中学生运动会健美操比赛(女子三人操)	第二名	省体育局、教育厅	2014.4
普陀第二中学	浙江省第六届中小学生乒乓球联赛暨协会杯比赛初中男子组	二等奖	省体育局、教育厅	2014.12
普陀第二中学	浙江省第六届中小学生乒乓球联赛暨协会杯比赛初中女子组	二等奖	省体育局、教育厅	2014.12
普陀第二中学	舟山市初中男子篮球比赛	第一名	市体育局、教育局	2014.1
普陀第二中学	舟山市中小学生健美操比赛初中组(大众操)	第一名	市体育局、教育局	2014.11
普陀第二中学	舟山市中小学生健美操比赛初中组(锻炼操)	第一名	市体育局、教育局	2014.11
朱家尖中学	舟山市中小学生女子排球比赛初中组	第一名	市体育局、教育局	2014.7
蛟头中学	舟山市中小学生游泳比赛初中组	第二名	市体育局、教育局	2014.8
普陀区	舟山市第三十届中小学生田径运动会团体总分	第一名	市体育局、教育局	2014.5
沈家门小学	舟山市中小学网球比赛男子网球乙组	第一名	市体育局、教育局	2014.7
沈家门小学	舟山市中小学网球比赛女子网球乙组	第二名	市体育局、教育局	2014.7
沈家门小学	舟山市中小学短式网球比赛男子短式网球甲组	第一名	市体育局、教育局	2014.7
沈家门小学	舟山市中小学短式网球比赛女子短式网球甲组	第二名	市体育局、教育局	2014.7
沈家门小学	舟山市中小学短式网球比赛女子短式网球乙组	第二名	市体育局、教育局	2014.7
沈家门小学	舟山市小学篮球比赛	第二名	市体育局、教育局	2014.7
沈家门小学	舟山市中小学生游泳比赛小学组	第一名	市体育局、教育局	2014.8
沈家门小学	舟山市“晚报杯”足球比赛小学组	第一名	市体育局、教育局	2014.8
沈家门小学	舟山市中小学生健美操比赛小学组(器械操)	第一名	市体育局、教育局	2014.11
沈家门小学	舟山市中小学生健美操比赛小学组(竞技操)	第二名	市体育局、教育局	2014.11
沈家门第一小学	舟山市中小学生健美操比赛小学组(竞技操)	第一名	市体育局、教育局	2014.11
沈家门第一小学	舟山市中小学生健美操比赛小学组(大众操)	第二名	市体育局、教育局	2014.11
普陀第二中学	舟山市2014年中小学生男子足球比赛初中组	第一名	市体育局、教育局	2014.12
东港中学	舟山市2014年中小学生男子足球比赛初中组	第二名	市体育局、教育局	2014.12
展茅中心学校	舟山市2014年中小学生男子足球比赛小学组	第一名	市体育局、教育局	2014.12
沈家门小学	舟山市2014年中小学生男子足球比赛小学组	第二名	市体育局、教育局	2014.12
沈家门第四小学	舟山市2014年中小学生乒乓球比赛小学男子组	第二名	市体育局、教育局	2014.12
沈家门第四小学	舟山市2014年中小学生乒乓球比赛小学女子组	第一名	市体育局、教育局	2014.12
普陀第二中学	舟山市2014年中小学生乒乓球比赛初中男子组	第一名	市体育局、教育局	2014.12
普陀第二中学	舟山市2014年中小学生乒乓球比赛初中女子组	第一名	市体育局、教育局	2014.12
普陀职教中心	舟山市2014年中小学生乒乓球比赛高中男子组	第一名	市体育局、教育局	2014.12
普陀职教中心	舟山市2014年中小学生乒乓球比赛高中女子组	第二名	市体育局、教育局	2014.12
普陀中学	普陀区2014年中小学生田径运动会高中组	第一名	区教育局、体育局	2014.4
东港中学	普陀区2014年中小学生田径运动会初中组	第一名	区教育局、体育局	2014.4
普陀第二中学	普陀区2014年中小学生男子篮球比赛初中组	第一名	区教育局、体育局	2014.6
沈家门第四小学	普陀区2014年中小学生男子篮球比赛小学组	第一名	区教育局、体育局	2014.6
朱家尖中学	普陀区2014年中小学生女子排球比赛小学组	第一名	区教育局、体育局	2014.7

续表 3-32

获奖单位	比赛名称	获奖名次	举办单位	时间
朱家尖小学	普陀区 2014 年中小学生女子排球比赛初中组	第一名	区教育局、体育局	2014.7
沈家门小学	普陀区 2014 年中小学生乒乓球比赛小学组男子团体	第一名	区教育局、体育局	2014.5
沈家门小学	普陀区 2014 年中小学生乒乓球比赛小学组女子团体	第一名	区教育局、体育局	2014.5
普陀第二中学	普陀区 2014 年中小学生乒乓球比赛初中组男子团体	第一名	区教育局、体育局	2014.5
普陀第二中学	普陀区 2014 年中小学生乒乓球比赛初中组女子团体	第一名	区教育局、体育局	2014.5
沈家门小学	普陀区 2014 年中小学生棋类比赛小学组团体	第一名	区教育局、体育局	2014.9
普陀第二中学	普陀区 2014 年中小学生棋类比赛初中组团体	第一名	区教育局、体育局	2014.9
展茅中心学校	普陀区 2014 年中小学生男子足球比赛小学组	第一名	区教育局、体育局	2014.9
普陀第二中学	普陀区 2014 年中小学生男子足球比赛初中组	第一名	区教育局、体育局	2014.9
沈家门第一小学	普陀区 2014 年中小学生健美操比赛小学组竞技操	第一名	区教育局、体育局	2014.11
沈家门第一小学	普陀区 2014 年中小学生健美操比赛小学组器械操	第一名	区教育局、体育局	2014.11
沈家门小学	普陀区 2014 年中小学生健美操比赛小学组大众操	第一名	区教育局、体育局	2014.11
普陀第二中学	普陀区 2014 年中小学生健美操比赛初中组器械操	第一名	区教育局、体育局	2014.11
普陀第二中学	普陀区 2014 年中小学生健美操比赛初中组大众操	第一名	区教育局、体育局	2014.11

2014 年普陀区中学生参加省级体育竞赛个人名次表

表 3-33

获奖单位姓名	比赛名称	获奖名次	举办单位	时间
东港中学陈凯泽	浙江省青少年田径锦标赛男子跳高	第一名	省体育局、教育厅	2014.7
东港中学王佳慰	浙江省第十五届运动会女子四项全能	第一名	省体育局、教育厅	2014.10
东港中学王盛凯	浙江省第十五届运动会男子 17-18 岁跳高	第一名	省体育局、教育厅	2014.10
东港中学翁英豪	浙江省青少年体育传统项目(体育特色)学校中学生田径比赛男子跳高	第一名	省体育局、教育厅	2014.7
东港中学柳佳辰	浙江省青少年体育传统项目(体育特色)学校中学生田径比赛女子 100 米	第一名	省体育局、教育厅	2014.4
普陀中学王子健	浙江省青少年田径锦标赛男子 400 米	第一名	省体育局、教育厅	2014.7

【体育特长生招生】 为全面推进素质教育，深化中考招生制度改革，鼓励学生德、智、体、美、劳诸方面全面发展，普陀区普通高中、职业高中从 1997 年开始招收体育特长生。普陀区 1997 年普通高中、职业高中招收特长生工作实施意见规定，体育特长生从 1996 年 7 月 1 日—1997 年 6 月 30 日期间参加区以上各级体育竞赛(含区级)获单项前六名的考生中择优选取。

1999 年普陀区普通高中特长生招收工作实施意见规定，凡达到特长生项目测试标准的应届初中毕业生均在其 1999 年中考成绩基础上上浮 50 分。

2000 年特长生优惠加分对象及加分政策：

特长生分体育、艺术和劳技科技三大类。体育类：初中阶段参加省体委下发的计划内青少年体育比赛和省教委、省体委联合举办的省级比赛获个人项目第三名(集体项目的主力队员)或达到二级运动员标准的考生优惠加 20 分。初中阶段参加市教委、市体委联系下发的计划内田径比赛，获个人项目第一名(集体项目的主力队员)的考生、破市年龄组记录的考生和达到三级运动员标准的考生优惠加 10 分。初中阶段在省运动会上获金牌、银牌的考生或在省级以上体育比赛中获奖的考生按有关文件优惠加分。

2001 年，普陀区教育委员会文件〔2001〕107 号规定：1.2000 年 5 月 31 日—2001 年 6 月 1 日期

间，在市教委、市体委联合下发的计划内田径比赛中获第一名(集体项目主力队员)、破市年龄组记录和达到三级运动员标准的考生，加10分。其他项目第一名(集体项目主力队员)考生，加5分。在省教委或省体委下发的计划内青少年比赛和省教委、省体委联合举办的省级比赛中获前三名(集体项目主力队员)的考生，分别加50分、30分、20分，达到二级运动员标准的考生加20分。2.初中阶段在省运会上获金、银、铜牌(集体项目主力队员)分别加100分、50分、30分。

从1997—2014年，普通高中、职业高中招收了一定数量体育特长生。

第四节　学校卫生与保健

【卫生保健概况】 民国时期，小学设有卫生课，对学生进行卫生基本常识教育，培养学生养成良好的卫生习惯，不少学校制订了卫生常规训练。

1950年以后，贯彻“预防为主”的方针，对学生进行卫生常识教育，纠正不良的生活习惯。为反对侵朝美军细菌战，各校组织学生学习防疫知识。同时在四、五年级自然课中进行卫生常识教育。

1951年8月，贯彻政务院《关于改善各级学校学生健康状况的决定》，在中心小学开始配置兼职保健教师，负责实施学校的保健卫生工作，并配置简单的医疗器材和常用药品。1955年，舟山专署要求各校建立和健全卫生组织，每校必须确定1～2名教师担任保健工作，把保健教育列入教学计划，并建立传染病汇报制度和疫情管理制度，设学生保健卡。1956年，贯彻《全国农业发展纲要(草案)》，发动学生广泛开展“灭四害”(苍蝇、蚊子、老鼠、麻雀)活动。

1958年，开展爱国卫生运动，在小学普遍建立清洁卫生检查制度，开展卫生红旗竞赛活动。1960年以后，在县卫生防疫站的帮助下，各小学开展麻疹和流行性脑脊髓膜炎疫苗的接种工作。

1970年以后，部分小学开展医疗知识教育，每周集中一个下午，由保健教师传授针灸等方面的医疗知识。1971年以后，学生中麻疹和流行性脑脊膜炎发病得到控制。

1978年，地区爱国卫生运动委员会对学校环境卫生提出“四无四定”，四无指室内外无纸屑、无痰迹、无果壳、厕所无蝇蛆。四定指定地点，全校划片，各班包干；定人员，打扫明确分工；定时间，每天打扫1～2次；定检查，每天由值日教师、红卫员负责检查，公布结果。对学生要求做到“五不、五勤、三带”，五不指不随地吐痰、不随地乱丢纸屑果壳、不随地大小便、不喝生水、不吃腐败变质食物。五勤指勤理发洗头、勤洗澡洗手、勤剪指甲、勤换衣服、勤刷牙齿。三带是人人带手帕、带抹布、带装铅笔屑用的小纸盒。各校根据爱国卫生运动委员会要求，成立领导小组，制订卫生管理制度，配备人员，每天检查，开展评比活动。同时，全县各校派员参加地区防疫站举办的保健知识学习班，学习青少年生长发育的特点和保护视力、预防近视、防“四害”、讲卫生、传染病防治、急救常识等医学基础知识。

是年，沈家门小学获国家教育部、卫生部授予“全国体育卫生先进集体”称号。

1979年以后，执行《中小学卫生工作暂行规定(草案)》，逐步配齐中心小学专职或兼职保健教师，其职责是：监测学生健康状况，对学生进行健康教育；检查督促学生个人卫生和对环境卫生的管理；做好传染病学生常见病的预防和矫治；建立学生健康档案。小学还普遍设置保健箱，规模较大的学校建立卫生保健室，配置医柜常用药品和简单的医疗器材。

1980年以后，学校与当地医院、防疫站密切配合，定期请医生来校上卫生课，举办卫生知识讲座和培训学生卫生员。经常用黑板报，卫生小报和广播宣传卫生知识。是年，沈家门小学开设卫生课，每两周为1教时，并列入教学计划。

1985年，据地区防疫站对普陀部分城乡学校进行的调查结果表明，城镇学生个人卫生习惯比渔农村学生好。沈家门小学大部分学生养成了早、晚洗脸、刷牙，饭前、便后洗手的好习惯。当年，根据教育部、卫生部联合通知，在小学开设卫生课，每两周 1 个教时，列入教学计划。1987 年以后全面开课。

1980 年和 1985 年，普陀县防疫站对沈家门镇 3474 名 7 ~ 12 周岁学生的生长发育情况进行两次抽样调查，对比中表明，学生营养改善，生长发育正常，身体长高增重较快。1982—1985 年，地区防疫站多次举行保健教师培训班。

1985 年以后，全县城乡中心小学普遍建立学生健康管理制度，设学生体质健康卡片，纳入学生档案。1987 年，市防疫站确定沈家门小学、芦花中心小学为健康监察试点单位。

1990 年 4 月，经国务院批准，6 月，国家教育委员会、卫生部发布《学校卫生工作条例》。同时，各校《贯彻学校卫生工作条例》，开展以健康和学生常见病为主的学校卫生教育。每年中小学生进行一次体检及近视新发病率检查，开展创建卫生先进单位活动。

1992年3月，全区各校重点预防肝炎。2003年，教育局与区防疫站联合组织，对全区 46 名保健教师进行培训，主要内容为艾滋病防治，春季传染病防治和学校食品卫生知识；同时，教育系统全面发动抗“非典型肺炎”（简称“非典”）工作。确保每个学生安全。是年，区教育局被区委、区政府表彰为抗“非典”先进单位。2004 年被评为市创建省级卫生城市先进集体。2008 年 5 月开始，全区中小学重点抓“手足口病”预防工作。2013 年 5 月，区首个青少年应急救护培训基地在区职教中心揭牌成立。

【保健人员配备】 2014 学年度统计数据显示，全区中小学设有卫生室和专职校医。专职保健人员配备情况：小学设有卫生室的学校 11 所，有专职校医 2 所，有专职保健人员 5 所。初中设有卫生室的学校 4 所，有专职校医 3 所，有专职保健人员 3 所。高中设有卫生室的学校 2 所，有专职校医 1 所，有专职保健人员 1 所。

【附录】：

学校卫生工作条例

（1990 年 4 月 25 日国务院批准，1990 年 6 月 4 日国家教育委员会令第 10 号、卫生部令第 1 号发布）

第一章　总　　则

第一条　为加强学校卫生工作，提高学生的健康水平，制定本条例。

第二条　学校卫生工作的主要任务是：监测学生健康状况；对学生进行健康教育，培养学生良好的卫生习惯；改善学校卫生环境和教学卫生条件；加强对传染病、学生常见病的预防和治疗。

第三条　本条例所称的学校，是指普通中小学、农业中学、职业中学、中等专业学校、技工学校、普通高等学校。

第四条　教育行政部门负责学校卫生工作的行政管理。卫生行政部门负责对学校卫生工作的监督指导。

第二章　学校卫生工作要求

第五条　学校应当合理安排学生的学习时间。学生每日学习时间（包括自习），小学不超过六小时，中学不超过八小时，大学不超过十小时。

学校或者教师不得以任何理由和方式，增加授课时间和作业量，加重学生学习负担。

第六条　学校教学建筑、环境噪声、室内微小气候、采光、照明等环境质量以及黑板、课桌椅的设置应当符合国家有关标准。

新建、改建、扩建校舍，其选址、设计应当符合国家的卫生标准，并取得当地卫生行政部门的许可。竣工验收应当有当地卫生行政部门参加。

第七条　学校应当按照有关规定为学生设置厕所和洗手设施。寄宿制学校应当为学生提供相应的洗漱、洗澡等卫生设施。

学校应当为学生提供充足的符合卫生标准的饮用水。

第八条　学校应当建立卫生制度，加强对学生个人卫生、环境卫生以及教室、宿舍卫生的管理。

第九条　学校应当认真贯彻执行食品卫生法律、法规，加强饮食卫生管理，办好学生膳食，加强营养指导。

第十条　学校体育场地和器材应当符合卫生和安全要求。运动项目和运动强度应当适合学生的生理承受能力和体质健康状况，防止发生伤害事故。

第十一条　学校应当根据学生的年龄，组织学生参加适当的劳动，并对参加劳动的学生，进行安全教育，提供必要的安全和卫生防护措施。

普通中小学校组织学生参加劳动，不得让学生接触有毒有害物质或者从事不安全工种的作业，不得让学生参加夜班劳动。

普通高等学校、中等专业学校、技工学校、农业中学、职业中学组织学生参加生产劳动，接触有毒有害物质的，按照国家有关规定，提供保健待遇。学校应当定期对他们进行体格检查，加强卫生防护。

第十二条　学校在安排体育课以及劳动等体力活动时，应当注意女学生的生理特点，给予必要的照顾。

第十三条　学校应当把健康教育纳入教学计划。普通中小学必须开设健康教育课，普通高等学校、中等专业学校、技工学校、农业中学、职业中学应当开设健康教育选修课或者讲座。

学校应当开展学生健康咨询活动。

第十四条　学校应当建立学生健康管理制度。根据条件定期对学生进行体格检查，建立学生体质健康卡片，纳入学生档案。

学校对体格检查中发现学生有器质性疾病的，应当配合学生家长做好转诊治疗。

学校对残疾、体弱学生，应当加强医学照顾和心理卫生工作。

第十五条　学校应当配备可以处理一般伤病事故的医疗用品。

第十六条　学校应当积极做好近视眼、弱视、沙眼、龋齿、寄生虫、营养不良、贫血、脊柱弯曲、神经衰弱等学生常见疾病的群体预防和矫治工作。

第十七条　学校应当认真贯彻执行传染病防治法律、法规，做好急、慢性传染病的预防和控制管理工作，同时做好地方病的预防和控制管理工作。

第三章　学校卫生工作管理

第十八条　各级教育行政部门应当把学校卫生工作纳入学校工作计划，作为考评学校工作的一项内容。

第十九条　普通高等学校、中等专业学校、技工学校和规模较大的农业中学、职业中学、普通中小学，可以设立卫生管理机构，管理学校的卫生工作。

第二十条　普通高等学校设校医院或者卫生科。校医院应当设保健科（室），负责师生的卫生保健工作。

城市普通中小学、农村中心小学和普通中学设卫生室，按学生人数六百比一的比例配备专职卫生技术人员。

中等专业学校、技工学校、农业中学、职业中学，可以根据需要，配备专职卫生技术人员。

学生人数不足六百人的学校，可以配备专职或者兼职保健教师，开展学校卫生工作。

第二十一条　经本地区卫生行政部门批准，可以成立区域性中小学卫生保健机构。

区域性的中小学生卫生保健机构的主要任务是：

（一）调查研究本地区中小学生体质健康状况；

（二）开展中小学生常见疾病的预防与矫治；

（三）开展中小学卫生技术人员的技术培训和业务指导。

第二十二条　学校卫生技术人员的专业技术职称考核、评定，按照卫生、教育行政部门制定的考核标准和办法，由教育行政部门组织实施。

学校卫生技术人员按照国家有关规定，享受卫生保健津贴。

第二十三条　教育行政部门应当将培养学校卫生技术人员的工作列入招生计划，并通过各种教育形式为学校卫生技术人员和保健教师提供进修机会。

第二十四条　各级教育行政部门和学校应当将学校卫生经费纳入核定的年度教育经费预算。

第二十五条　各级卫生行政部门应当组织医疗单位和专业防治机构对学生进行健康检查、传染病防治和常见病矫治，接受转诊治疗。

第二十六条　各级卫生防疫站，对学校卫生工作承担下列任务：

（一）实施学校卫生监测，掌握本地区学生生长发育和健康状况，掌握学生常见病、传染病、地方病动态；

（二）制定学生常见病、传染病、地方病的防治计划；

（三）对本地区学校卫生工作进行技术指导；

（四）开展学校卫生服务。

第二十七条　供学生使用的文具、娱乐器具、保健用品，必须符合国家有关卫生标准。

第四章　学校卫生工作监督

第二十八条　县以上卫生行政部门对学校卫生工作行使监督职权。其职责是：

（一）对新建、改建、扩建校舍的选址、设计实行卫生监督；

（二）对学校内影响学生健康的学习、生活、劳动、环境、食品等方面的卫生和传染病防治工作实行卫生监督；

（三）对学生使用的文具、娱乐器具、保健用品实行卫生监督。

国务院卫生行政部门可以委托国务院其他有关部门的卫生主管机构，在本系统内对前款所列第（一）、（二）项职责行使学校卫生监督职权。

第二十九条　行使学校卫生监督职权的机构设立学校卫生监督员，由省级以上卫生行政部门聘任并发给学校卫生监督员证书。

学校卫生监督员执行卫生行政部门或者其他有关部门卫生主管机构交付的学校卫生监督任务。

第三十条　学校卫生监督员在执行任务时应出示证件。

学校卫生监督员在进行卫生监督时，有权查阅与卫生监督有关的资料，搜集与卫生监督有关的情况，被监督的单位或者个人应当给予配合。学校卫生监督员对所掌握的资料、情况负有保密责任。

第五章　奖励与处罚

第三十一条　对在学校卫生工作中成绩显著的单位或者个人，各级教育、卫生行政部门和学校应当给予表彰、奖励。

第三十二条　违反本条例第六条第二款规定，未经卫生行政部门许可新建、改建、扩建校舍的，由卫生行政部门对直接责任单位或者个人给予警告、责令停止施工或者限期改建。

第三十三条　违反本条例第六条第一款、第七条和第十条规定的，由卫生行政部门对直接责任单位或者个人给予警告并责令限期改进。情节严重的，可以同时建议教育行政部门给予行政处分。

第三十四条　违反本条例第十一条规定，致使学生健康受到损害的，由卫生行政部门对直接责任单位或者个人给予警告，责令限期改进。

第三十五条　违反本条例第二十七条规定的，由卫生行政部门对直接责任单位或者个人给予警告。情节严重的，可以会同工商行政部门没收其不符合国家有关卫生标准的物品，并处以非法所得两倍以下的罚款。

第三十六条　拒绝或者妨碍学校卫生监督员依照本条例实施卫生监督的，由卫生行政部门对直接责任单位或者个人给予警告。情节严重的，可以建议教育行政部门给予行政处分或者处以二百元以下的罚款。

第三十七条　当事人对没收、罚款的行政处罚不服的，可以在接到处罚决定书之日起十五日内，向作出处罚决定机关的上一级机关申请复议，也可以直接向人民法院起诉。对复议决定不服的，可以在接到复议决定之日起十五日内，向人民法院起诉。对罚款决定不履行又逾期不起诉的，由作出处罚决定的机关申请人民法院强制执行。

第六章　附　　则

第三十八条　学校卫生监督办法、学校卫生标准由卫生部会同国家教育委员会制定。

第三十九条　贫困县不能全部适用本条例第六条第一款和第七条规定的，可以由所在省、自治区的教育、卫生行政部门制定变通的规定。变通的规定，应当报送国家教育委员会、卫生部备案。

第四十条　本条例由国家教育委员会、卫生部负责解释。

第四十一条　本条例自发布之日起施行。原教育部、卫生部一九七九年十二月六日颁布的《中、小学卫生工作暂行规定（草案）》和一九八零年八月二十六日颁布的《高等学校卫生工作暂行规定（草案）》同时废止。

第四章　中小学美育

第一节　音乐、美术课程设置与实施

【音乐课程与实施】　1954年，按教育部颁发的《小学暂行规定（草案）》和《中学教学计划修订草案》，小学一年级至三年级、初中一年级每周各设音乐课2节；四年级至六年级和初中二、三年级各设1

节。1959年，小学唱歌课设置不变，初中各年级每周各设1节，高中不设。20世纪50～60年代中期，唱歌课主要以教唱革命歌曲为主，如《中华人民共和国国歌》《少年先锋队队歌》《东方红》《没有共产党就没有新中国》《社会主义好》《解放区的天》《团结就是力量》《学习雷锋好榜样》等。

1964年前，采用的教学大纲是1956年颁布的《小学歌唱教学大纲（草案）》。“文化大革命”初期，音乐课改称革命文艺课，中小学各年级每周各设2节。唱歌课以教唱毛主席语录歌为主，还有一些颂扬毛主席和“文化大革命”的歌曲，如《大海航行靠舵手》《北京有个金太阳》《我爱北京天安门》等；后期以唱“革命样板戏”为主，例如《红灯记》《沙家浜》《智取威虎山》等京剧的唱段以及一些革命影视插曲。

1973年后，执行省教育厅《中小学教学计划试行（草案）》，改文艺课为唱歌课和图画课。唱的都是“革命歌曲”和“战地新歌”。1978年，执行教育部《全日制中小学教学计划（草案）》，音乐、美术课分设。小学各年级每周各开设音乐课2节，初中各年级开设1节。

1979年，执行教育部颁布的《全日制十年制学校中小学音乐教学大纲（试行草案）》，教学内容由唱歌、音乐知识和技能训练、音乐欣赏三部分组成，以唱歌为主，兼学简谱。音乐课除继续教唱革命歌曲外，开始教唱内容健康的校园歌曲和流行歌曲，如《外婆的澎湖湾》等。

1984年，根据省教委中小学教学计划，小学、初中各年级每周各设2节音乐课。20世纪80年代中期，开始强化音乐的美育功能。

1988年颁布的《九年义务教育全日制小学音乐教学大纲（试用）》中明确提出音乐教育的美育功能。教学内容分为唱歌、唱游、器乐、欣赏、读谱知识和视唱、练耳五部分，提倡五线谱教学。沈家门第三小学率先将口风琴、竖笛、口琴及小型节奏乐器等器乐引进教室。沈家门城区一些小学相继把各种乐器搬进音乐课。1988年，《九年制义务教育全日制初级中学音乐大纲（初审稿）》颁布，各校加强音乐教学，并采取多种形式进行教学活动。

1992年，颁布《九年义务教育全日制小学音乐教学大纲（试用）》，在教学目标上突出强调“五爱”和“四有”的要求，学习简谱或五线谱，每周安排2节音乐课。1994年，高中开设音乐、美术欣赏课。1999年，小学各年级每周各设2节音乐课，初中各年级每周各设1节。

2000年，国家教育部颁布《全日制义务教育音乐课程标准（实验稿）》，2002年7月，浙江省确定普陀区等11个县区为首批省课程改革实验区。音乐与美术课程随之进入实验试行模式：对教学内容进行新的整合和拓展，突出音乐听觉审美体验的艺术特征，淡化技能练习和专业性理论知识，在学习方法上倡导体验、模仿、探究、合作及综合式的练习，强调学生的主体地位；重视音乐教育作用于人的创造性发展价值，丰富音乐教育的人文内涵；提倡学科综合，强调音乐与社会生活、与姊妹艺术、与艺术之外的其他学科的联系；改进与完善课程评价机制，提出建立“综合评价机制”。

2011年，《全日制义务教育音乐课程标准（实验稿）》（修订版）试行，修订后正式作为国家课程标准实施。小学一至六年级每星期开设音乐课2节；初级中学一至三年级每星期设音乐课1节；高中一年级每星期设音乐课1节。开设内容为《音乐基础与欣赏》《古典音乐欣赏》《音乐世界》等。各中小学以社团组织形式成立器乐队，乐器进入音乐课堂。

【美术课程与实施】 1952年，执行教育部颁发的《中小学暂行规定（草案）》，中小学各年级每周开设图画课1节。美术教学基本沿袭传统教法，小学美术教学画种以铅笔画、蜡笔画、水彩画为主，画法以临摹为主，高年级逐步进行课堂素描和野外写生。1956年，教育部颁发《初级中学图画教学大纲（草案）》指出，图画课同中学的其他学科一样，对培养学生成为全面发展的社会主义建设者有重大作用，图画课是对学生进行美育的重要手段之一。内容有美术字、图案、漫画、铅笔素描、静物写生、人物肖像等。教学方法以临摹和写生为主。

1963年，初中一、二年级每周各开设美术课1

节，初中三年级以及高中不开设。“文化大革命”期间，美术教学简单化，以铅笔素描、铅笔淡彩及美术字为主。

1973年，执行省《中学教学计划（草案）》，初中和高中不设美术课。

1978年执行教育部颁发的《全日制中小学教学计划（草案）》，小学一年级至三年级每周开设美术课2节，四至五年级每周开设1节，初中各年级每周各开设1节，高中不设美术课。

1984年，执行省《全日制六年制小学教学计划（草案）》，小学各年级每周各开设美术课1节。

1990年，初中一年级至二年级每周各开设美术课1节，初三和高中不开设美术课。

1992年，小学一年级至三年级每周各开设2节，四、五年级每周各开设1节。

1999年，小学一年级至四年级每周各开设2节，五年级和六年级每周各开设1节。

2002年开始，普陀试行新课程，小学各年级每周各开设美术课2节；初中各年级每周各开设1节课；高中一、二年级每周各开设1节课。

2001年9月开始，《全日制义务教育美术课程标准（实验稿）》试行。2012年，《义务教育美术课程标准（2011年版）》（修订版）正式作为国家课程标准在普陀区实施。小学一至六年级美术课每星期开设美术课2节，初级中学一至三年级每星期开设美术课1节，高中二年级开设美术课1节，开设内容为《美术作品欣赏》《西洋美术基础训练》《美术基础》等。小学和初中美术教学，有四个学习领域，即“造型表现”“设计应用”“欣赏评述”“综合探索”，以培养中小学生美术素养为主要目标。高中主要是美术鉴赏。

【附录】：

2014学年沈家门第一初级中学“海韵”系列艺术校本课程开设情况表

表3-34

课程名称	开课时间	开课年级	课程负责教师
海韵声乐	单周二	初一	陈丹儿
	双周二	初二	
海韵器乐	单周二	初一	蔡　芳
	双周二	初二	
海韵舞蹈	单周二	初一	李炫红
	双周二	初二	胡　娜
海韵沙雕	单周二	初一	张舟斌
	双周二	初二	
海韵渔民画	单周二	初一	蒋江亚
	双周二	初二	
海韵综合美术	单周二	初一	虞　琦
	双周二	初二	贺艳芳

第二节　音乐、美术课外活动与竞赛

【课外活动与兴趣小组】 20世纪50—60年代初期，学校音乐课外活动成立秧歌队，跳秧歌舞，少先队鼓乐辅导。70—80年代，中小学校开展音乐课外活动主要有合唱、舞蹈、民乐（主要是二胡、笛子）训练等。1972年，峧头小学成立舟山地区第一支儿童器乐队，由六横区文化站辅导，多次参加县、地区会演，获得好评。后六横西厂、龙山、田岙、五星等10余所小学成立小乐队。90年代以后，学校开展的课外活动内容较为丰富，有舞蹈、合唱、声乐、民乐、电子钢琴、少先队鼓号训练、铜管乐队训练等。从80年代开始，美术课外活动开展正常起来，活动的内容有小绘画、小制作。学校开设第二课堂以后，由学生自行选择，有美术兴趣的学生参加绘画、雕塑等美术兴趣小组活动。

2000年以后，增加具有普陀特色的沙雕、沙画以及写生、摄影活动等。

2009年开始，全区学校"艺术兴趣"小组以社团活动形式呈现，并以"课程超市"为载体，由学生按照自己的兴趣爱好进行充分选择，体现教育、教学上的"多元化"。区职教中心的舟山锣鼓、舟山船拳和普陀渔工号子，沈家门第一小学的普陀跳蚤舞和舟山锣鼓，普陀第二中学的跳蚤舞，沈家门小学的海岛传统儿童游戏，沈家门第四小学的普陀渔民画均是代表。

沈家门小学音乐兴趣小组活动安排表

表3-35

2014年音乐社团兴趣小组			
兴趣小组名称	开设年级	班额	辅导老师
合唱社团	4～6年级	40名左右	本校教师2名
歌表演	3年级	20名左右	本校教师1名
指挥社团	3～5年级	15名左右	本校教师2名
打击社团	3～5年级	30名左右	本校教师3名
女子舞蹈社团	3～6年级	25名左右	本校教师1名
男子舞蹈社团	3～6年级	20名左右	本校教师1名
二胡社团	3～4年级	15名左右	外聘教师
小号社团	3～6年级	12名左右	外聘教师
长号，中音号，圆号社团	3～6年级	12名左右	外聘教师
大提琴社团	4～5年级	4-6名	外聘教师
竹笛社团	3年级	12名左右	外聘教师

沈家门小学精灵儿童绘画、写生兴趣小组活动安排表

表3-36

辅导教师	本校教师6名		地点：美术教室 学生数：26+5	时间：每周四 16:00～17:00
训练要求	1. 准时到，准时放 2. 学生带书包进训练场地，训练结束直接排队出校门 3. 训练结束，安排学生清洁场地 4. 辅导教师组织学生有序排队出校门			
训练阶段安排	1. 三月份基本技能训练 2. 四月份基本技能训练 3. 五月份作品完整训练			
备赛学生辅导	四年级	五年级	六年级	梯队学生
	5名	11名	10名	5名

【五小星比赛】 2000年，区教育委员会《关于开展"四小星"评选活动和智力彩塑比赛的通知》（舟普教〔2000〕106号），决定在"六·一"期间，中小学开展"四小星"评选活动和智力彩塑比赛。四

小星，即小舞星、小歌星、小乐星、小话星，智力彩塑比赛为现场作画。2003 年以后改称为“五小星”比赛。五小星为小歌星、小舞星、小乐星、小话星、小画星。

2000—2014 年，每年 5 月份或 6 月份，全区举行中小学生“五小星”现场赛，设小歌星（声乐）、小画星（绘画、书法）、小舞星（舞蹈）、小乐星（器乐）、小话星（相声、演讲、课本剧、小品）五大类 9 个项目。2014 年，五小星比赛项目中的内容增加，小乐星分西洋键盘（钢琴、双排键），西洋综合（小提琴、爵士鼓、长笛、架子鼓、单簧管、萨克斯），民乐（古筝、扬琴、竹笛、葫芦丝、二胡、琵琶）。小画星：软笔书法、硬笔书法、静物素描、静物色彩、室外写生、室外摄影。小学分低段与高段比赛。每年有 1500 余名中小学生参赛，每项设一二三等奖，有 300 余名学生获奖。每年下半年举行中小学文艺比赛和会演，参与学生达 1800 余人次。

中小学校美育活动广泛开展。除“五小星”比赛之外，特别是 20 世纪 90 年代开始，省、市、区组织开展美育活动和竞赛显得更具正常性。

【中小学文化艺术节活动】 1992 年 11 月，举办全区中小学首届文化艺术节。同时，每年举行全区中小学美术现场画比赛、学生集体类艺术节目现场赛和元旦文艺会演。1998 年起，全区初中三年级毕业生增加音乐、美术理论考试内容。1999 年，开展中学生艺术特长水平等级测试工作，并实施特长生中考加分政策。是年，部分中小学建立艺术学校，开设乐器、合唱、舞蹈、绘画等兴趣活动课。全区中小学音乐教师进行“自弹自唱”考评。

2003 年，朱家尖中学首设沙雕艺术课程。是年起，普陀区每年举行中小学生沙雕现场赛；参加黄山市西递、宏村教师写生比赛。2004 年 4 月，成立普陀教育艺术团（教师）。

2005 年起，区教育局与舟山国际沙雕有限公司联合，将学生沙雕比赛作为沙雕节配套活动，在南沙沙滩进行对外现场创作和展示。

2006 年，区教育局出台《普陀区中小学艺术教育工作评估标准》。各校均开设艺术兴趣小组，部分中小学还建立艺术特色班，开设乐器、合唱、舞蹈、绘画等艺术特色课程。

2007 年 7 月，沈家门第一小学民乐队第二次赴香港，庆祝香港回归十周年演出。同年，区教育局被评为全国第二届中小学生艺术展演活动优秀组织奖和省首届中小学生合唱节优秀组织奖；沈家门小学小海娃沙雕社被全国少工委办公室评为 2006—2007 年度童趣杯全国优秀红领巾小社团。

2008 年，区教育局被评为省首届中小学生舞蹈节优秀组织奖，东港小学校园集体舞《快乐皮筋》获校园集体舞银奖。沈家门小学、沈家门第一小学、六横中心小学、朱家尖小学被评为市首批艺术特色学校。

2009 年，区教育局承办全国海钓基地白沙写生活动。区教育局与区政协联合举行区“兰亭奖”中小学生书法现场比赛。沈家门小学的艺术天地秀秀墙，沈家门第一小学的“海贝贝”美术创意工作坊，朱家尖小学的学生沙画室成为全区富有特色的艺术场所。是年，在省中小学生艺术节上，有 14 位学生在绘画、书法、摄影、写生等比赛中获 1 个一等奖，6 个二等奖，7 个三等奖；在舞蹈，大合唱节目比赛中获 2 个二等奖，2 个三等奖。

为配合 1991 年的北京亚运会、2008 年的奥运会和新中国成立 50 周年区教育局组织“爱祖国、爱家乡、爱海岛”等主题的百米长卷老少现场绘画书法活动。

2010 年，沈家门第一初级中学、沈家门第四小学作为国家级非物质遗产舟山渔民画传承学校成绩斐然。沈家门第二小学学生张钰林摄影作品《唤归》获省艺术展演活动小学甲组一等奖。

是年，在全省中小学生合唱节上沈家门小学的《flyingfree》获二等奖；沈家门小学 1 名学生参加第六届全国中小学电脑绘画赛获全国级一等奖；螺门小学 1 名学生参加全国少儿歌曲卡拉 OK 电视大赛获全国级银奖；沈家门第四小学 1 名学生参加全国少儿书法摄影比赛，获全国级一等奖；桃花中学 1 名学生参加全国师生优秀美术作品评选，获全国级铜奖。同年，沈家门小学被评为全国学校艺术教育工作先进单位。

2012年,全区举行中小学书画摄影展。2013年,沈家门第一初级中学与社区联合举行百米墙体主题宣传画绘制活动;普陀第二中学举行"高雅艺术进校园"活动。东港中学美术教师王舟其的作品《小港暮色》在日本举办的第十四届"环太平洋国家展"中,荣获东京都江户川市"多田正见市长"奖。1987年,登步初级中学学生陈军裕的美术作品《滩头》,被选入"浙江现代民间绘画展"并赴美国蒙大拿州展出。

全区学校积极参评省、市、区教育局组织的艺术特色学校,有10所学校获评省级艺术特色学校,5所学校获评市级艺术特色学校,9所学校为区级艺术特色学校。

2010—2012年,全区制订实施中小学美术学科研修三年计划并开展活动。2011年,开展全区小学美术"低碳教学"实践研讨活动。2014年,结合课堂教学改革,举行"同课异构"教研活动。2014年,普陀第二中学张乐平的"结构化思维促进学生'欣赏—评述'能力发展的实验研究",沈家门小学蒋芬幸的"对现行小学美术教材中乡土美术内容重置'度''量'的研究",教研室金伟民的"学校美术教育的视觉媒介素养教育研究"等课题获省级立项。

2012—2013年普陀区中小学美术教师作品发表情况表

表3-37

作者	学校	年份	题目	刊物名称或出版社名称	刊号或书号	期次或出版时间
柴飞红	沈家门小学	2012.7	《聚焦常态课堂关注教学细节提升执教能力》	《教育界》	国际标准刊号:ISSN1674-9510 国内统一刊号:CN45-1376G4	2012年第17期总第77期
		2012.6	《开卷之初当以奇句夺目》	《美术教育研究》	国内统一刊号:CN34-1313/J 国际标准刊号:ISSN1674-9286 邮发代号:26-227	2012.6(下)总第31期
张舟斌	沈家门第一初级中学	2012.6	《适时评价,事半功倍》	《教育策划与管理》	国内统一刊号 CN51-1682/B 国际标准刊号 ISSN1005-8621	2012年第6期
王舟其	东港中学	2013.1	船系列(油画)	美术报	国内统一刊号:CN33 — 0071	第1000期
杨科伟	朱家尖中学	2012.10	留守(油画)	美术报	国内统一刊号:CN33 — 0071	第986期
李大鸿	蛟头中学	2012.7	美术教育创新思维、创造力与综合素质能力培养	《读与写》	刊号 ISSN1672-1578 CN51-1650/G4	第9卷第7期 2012.7.25

2014年,参加市第14届中小学艺术节(表演类)获一等奖的有,合唱:沈家门第一小学、沈家门小学、普陀第二中学。器乐:沈家门第一小学。舞蹈:朱家尖小学、沈家门小学、普陀第二中学、普陀第三中学。儿童歌舞剧:沈家门第一小学、沈家门小学。

2014年,参加市第14届中小学艺术节(美术类)获一等奖的有,书法篆刻:沈家门小学胡哲嘉。绘画:六横镇中心小学周哲慧,普陀第二中学蒋诗凡、张少卓、苏凡瑄、李一瑱,东港中学余堪吉、丁夏媛。平面设计:沈家门第一小学蒋情予,沈家门小学徐毓柽,沈家门第四小学陈颖,东港中学董沫含,沈家门第一初级中学周博宇。立体造型:六横镇中心小学李欣泽、邵开元,沈家门第四小学郑皓匀,东港中学周夏玮、刘欣、陈浩楠。动漫:沈家门第三小学施佳延,展茅中心学校李响,东港中学陆一凡。摄影:东港中学曹哲豪,舟渔学校何嘉杰,沈家门第一初级中学胡茹婷。

第三节　特长生招收与加分政策

区教育委员会《舟山市普陀区1997年普通高中职业高中招生工作实施意见和招收特长生工作实施意见的通知》(舟普教〔1997〕66号)指出,为全面推进素质教育,深化中考招生制度改革,鼓励学生德、智、体、美、劳诸方面全面发展。1997年开始,域内普通高中、职业高中招收特长生。特长生测试项目为:器乐、舞蹈、美术、英语口语、体育(体育类特长生招收情况在《中小学体育卫生》中另有所述)。1998年起,域内初中三年级毕业生增加音乐、美术理论考试内容。

1999年,开展中学生艺术特长水平等级测试工作,并实施特长生中考加分政策。特长测试项目:艺术类1.美术(素描、色彩);2.器乐(二胡、琵琶、手风琴、钢琴、扬琴、小提琴);3.舞蹈;4.声乐。

凡达到特长生项目测试标准的应届初中毕业生均在其1999年中考成绩基础上上浮50分。

2000年,招收的特长生分体育、艺术和劳技科技三大类。特长生加分规定:

艺术类:初中阶段获省教委《浙江省学生艺术特长级别证书》A级证书的考生优惠加20分,获B级证书的考生优惠加10分。特长生累计加分办法:艺术、体育和劳技科技特长的优惠加分可以累计。同类项目特长加分取高分项,非同类项目特长加分可以累计。

2001年,特长生分艺术类、体育类、创造发明劳技类和学科类四类,四类之间可累计加分,本类内以高分项计分,不累计加分。艺术类:获省教委《浙江省学生艺术特长级别证书》A级和B级证书的考生,分别加20分和10分。

2007年起,区教育局在普通高中、职业高中招生中,取消特长生加分,仍然实施招收特长生政策至2014年。

【附录】:

关于印发《1999年普陀区普通高中特长生招生工作实施意见》的通知

各中学:

现将《1999年普陀区普通高中特长生招收工作实施意见》印发给你们,请向初三毕业生及家长全文传达,并切实做好特长生招生的报名工作。

舟山市普陀区教育委员会

一九九九年三月二十三日

1999年普陀区普通高中特长生招收工作实施意见

为认真贯彻落实国务院批转的教育部《面向二十一世纪教育振兴行动计划》,进一步推进素质教育,在总结前几年特长生招收工作经验的基础上,现提出1999年普陀区普通高中特长生招收工作实施意见:

一、报考条件

凡应届初中毕业生思想品德等第考核及格以上,非体育类特长生体育考试成绩15分以上,体育类特长生体育考试成绩25分以上,各类特长生1999年中考成绩达到总分60%以上,有优异特长者,均可报名参加今年的普通高中特长生招生考试。

二、报名时间

3月24日—3月26日考生向现就读学校报名(考生限报特长测试项目中的一项),经学校审定合格后,3月29日由学校统一上报我委教行科,由我委择优录取。

三、特长测试项目

1.艺术类:(1)美术(素描、色彩);(2)器乐(二胡、琵琶、手风琴、钢琴、扬琴、小提琴);(3)舞蹈;上述三项测试标准参照浙江省学生艺术特长水平测试标准(B级　基础知识部分免测)(4)声乐:在1998—1999年期间参加由区以上教育行政部门组织的竞赛中独唱获区级一等奖或前三名、市级二等奖以上或前六名、省级三等奖以上的,凭获奖证书原件向我委教行科报名。

2.体育类:(1)篮球特长生由教委统一组织考试后择优录取;(2)田径特长生在参加当年区以上教育行政部门组织的田径赛中达到下列标准之一者,予以录取。(田径项目测试标准见附1)

四、录取办法

凡达到特长生项目测试标准的应届初中毕业生，均在其1999年中考成绩上浮50分（其中普陀中学限择优招收特长生声乐1名，篮球1～2名，田径4名）。

为严肃招生纪律，防止招收特长生工作过程中出现不正之风，我委专设招收特长生工作举报电话（3015142），并由庄国平同志负责招生的纪检工作。

本意见解释权在普陀区教委。

附1.1999年普通高中田径特长生测试标准（略）

附2.浙江省学生艺术特长水平测试标准（略）

附3.1999年普陀区普通高中特长生报名表（略）

舟山市普陀区教育委员会

一九九九年三月十二日

第五章　劳技与科技教育

第一节　劳动与劳技教育

【课程设置与实施】 清末始设手工课，民国时期又改称工用艺术课。中华人民共和国成立初期，中小学开设劳作课。1952年，教育部颁布《小学暂行规定》，把劳作美术合并为美工课。1956年，根据教育部《小学教学计划》，改美工课为手工劳动课，把生产劳动列入课外活动内容。初中三年级起增设工农业基础知识课和实习课，翌年，改称农业基础课，结合当地农业生产情况进行教学。

1958年，贯彻"教育必须为无产阶级政治服务，必须同生产劳动相结合"教育方针和省教育厅《关于在中小学师范开展勤工俭学的意见（草案）》，把生产劳动列入教学计划，把劳动时间列入课程表。由此，生产劳动成为中小学重要教育内容。

1959年，执行《浙江省小学六年制暂行教学计划》，小学五六年级增设农业常识课。

1963年，中共中央颁发《全日制小学暂行工作条例（草案）》和中学教学计划，小学一年级至三年级设手工课，规定小学四年级以上学生每年参加生产劳动时间为半个月。农村小学六年级、初中三年级设生产常识课，每周2节。高中三年级开设农业科学技术选修课，以养成劳动习惯和劳动观点为目的，使学生在生产劳动过程中学习一定的生产知识和技能，扩大知识面。1966年，"文化大革命"开始后，中小学劳动课设置一般为每周2节课，或者半天。

1981年，小学四年级以上各年级设劳动课，每周为1节课，组织学生参加公益劳动。中学开设劳动技术课，初中每周4节，高中6节，内容含工农业生产基本知识、服务性劳动的一些基本技术和职业技术，同时，要求参加一些公益劳动。强调学生动手与动脑相结合，规范操作与技术创新意识的统一。

1988年，执行省教委转发的国家教委《关于颁发全日制小学劳动课教学大纲（试行草案）的通知》，小学三年级起增设劳动课使用省编《生活与劳动》教材。同年，执行国家教委中学教育司下达的《全日制普通中学劳动技术课教学大纲（试行稿）的通知》。

1990年，初中劳动技术教育采用省编《手工制造》教材内容，以剪纸、剪贴、刻印及小制作为主。高中采用省编《机械制图》教材，内容以制图为主。各校实施劳动技术教育方法不尽相同。鲁家峙小学、台门小学、勾山小学、芦花中学等均设有学农基地。

1992年，根据要求，初三毕业生毕业前开展就业教育，在学生中开展多种形式的职业教育。1997

年，提倡素质教育，重视劳动技术课，专职劳动技术教育课教师增加。2001年，高中每年级每周开设一节劳动技术课。

2003年，小学三年级以上每周开设劳动技术课1节，初中各年级每周开设1节综合实践活动课(内容包括：信息技术教育、研究性学习、社会服务与社会实践、劳动与技术教育等)。

2004年9月，《劳动与技术》教材(浙江教育出版社)开始使用，内容主要包括编织、种植、养殖、家政、工艺制作、头脑OM等方面。

实验新课程，开设综合实践活动课，小学三年级以上每周4节；初中一年级每周4节，初中二、三年级为5节。劳动技术课堂教学由单一的组织形式向多样化发展，学生自主学习，主动探索，合作交流，动手制造。对学生的学习评价从重结果向重过程发展。

2012年9月，实行新课程改革后，开设的综合实践课程，自小学三年级开始设置，每周平均3课时，包括研究性学习、社区服务与社会实践、劳动与技术教育、信息技术教育等指定领域。其中至少安排1节课为社区服务社会综合实践课。专题指导课参考教材为《小学综合实践活动》(上海科技教育出版社)及《浙江省义务教育劳动与技术》。

2013年，《劳动与技术》教材改版，改版后教科书以单元主题开展活动，通过技术操作、技术设计、技术探究等活动，培养自身的创新精神和实践能力，形成良好的技术素养。

普陀学校的劳动与技术教育以《综合实践活动指导纲要》《劳动与技术教育实施指南》为依据，进一步推进综合实践活动课程的实施。

高中二年级开设劳技课，每周3节。1998年的高中劳技学科，高一开设《识图与制图》，高二开设《电子技术》，高三开设《摄影技术》。2006年起，高二开设"通用技术"。通用技术教材体系结构包括《技术与设计1》《技术与设计2》《电子控制技术》《家政与生活技术》《服装及其设计》《建筑及其设计》《现代农业技术》《汽车驾驶保养》《简易机器人》等九个分支。其中普通高中只开设《技术与设计1》《技术与设计2》两部分，每周2课时，一学年完成。

【学农基地建设】　20世纪60年代，全县各学校贯彻"教育与生产劳动相结合"方针，各级各类学校的生产劳动，从兴起到普遍，经常地广泛地开展起来。学校开办工厂、农场、饲养场，同时，组织学生和教师积极参加社会公益劳动，支援渔农业生产劳动。根据当时数据统计，全县学校建立的小农场有81处，种植面积有135067平方米；种植的主要农作物有水稻、棉花、蔬菜等，如六横中学在峧头至双塘之间的千丈塘建有劳动基地，种植棉花。各校均有畜牧饲养，如六横区中心小学办有养兔场。

70年代，学校贯彻毛泽东主席"学生也是这样，以学为主，兼学别样……"的号召。农村学校组织师生下乡下队参加农业劳动，校队挂钩，开展学农活动；城镇学校组织师生进工厂，校厂结合，开展学工活动。

90年代，开展综合实践活动，鲁家峙小学、台门小学、勾山小学、展茅中心学校、芦花中学等均设有学农基地。勾山中心、鲁家峙小学、芦花中学被确定为市校园经济(劳动基地)建设先进学校。

2000年3月，区教育局对全区中小学劳动基地建设情况进行全面调研。按照《关于评选首批舟山市中小学素质教育实践场所建设示范学校的通知》(舟教基〔2014〕04号)精神，市教育局分三批开展实践场所建设示范学校评比活动。东港中学、沈家门第一初级中学、沈家门小学、鲁家峙小学、展茅中心小学、朱家尖小学、六横中心小学、虾峙学校、桃花中心学校9所学校先后被命名为"舟山市中小学素质教育实践场所建设示范学校"。

【勤工俭学】　普陀中小学开展勤工俭学活动较早。20世纪50年代，各校因地制宜根据实际条件开展勤工俭学。1958年，贯彻"教育与生产劳动相结合"方针，一年内学校办起工厂、农场、饲养场。学校办的工厂有1509个。

1964年，沈家门中学采用集资方式创办"沈家门中学印刷厂"，成为普陀第一个校办企业。1981

年下半开始，校办印刷厂经济体制进行改革，确定厂、校财务分离，校办厂自负盈亏。

1984年，根据国务院〔1983〕25号和省人民政府〔1984〕31号文件精神，县教育局为加强全县中小学勤工俭学的管理和领导，成立县校办企业公司。1986年4月，撤销县校办企业公司，改为县校办企业经营部。当时，全县中小学勤工俭学得到快速发展，有校办企业17家，总产值达1300万元。1995年2月，将县校办企业经营部，改为舟山市普陀区校办企业服务中心，同时扩大校办企业经营业务范围。

1999年，全区开展勤工俭学活动，是兴办校办产业的顶峰时期，全区有校办企业19家，校办“三产”企业31家，校办企业职工数327名(其中含在编制内教职工23名)。校办产业总值3200万元，其中工业产值2400余万元，“三产”企业营业额750余万元，勤工俭学总收益258万元。补助教育经费95万元，上缴国家(地方)税收93万元。20世纪80—90年代是普陀中小学校勤工俭学最繁荣时期。

2001年1月，根据区政府《关于进一步深入企业改革若干意见》(〔2001〕1号)文件精神，校办企业进行转制(由学校办转为个私办)。至2002年年底，转制工作基本结束，校办企业就此退出学校舞台。2008年1月，“舟山市普陀区校办企业服务中心”更名为“舟山市普陀区教育服务管理中心”，坚持立足教育，服务教育宗旨。

20世纪80—90年代校办企业情况表

表3-38

校办企业名称	法人代表	工商批准日或注销(歇业)
普陀区栅棚中学校办小卖部	郑伟丰	1998.2
展茅镇中心小学服务商店	林志龙	1998.2
普陀区平峧中心学校小卖部	刘健康	1996.4 歇业
普陀区东海实习商店(沈家门职业中学)	韩宗梁	1996.4 歇业
普陀区教师进修学校服务部(普陀区教育局)	邬松年	1996.5 歇业
普陀区六横职业技术学校小卖部	邵国雷	1996.5 歇业
普陀区平峧校办工厂	刘菊莲	1997.3 歇业
普陀区桃花中心图片社	邵国堂	1997.3 歇业
普陀区小湖学校海味厂	郑云岳	1997.3 歇业
普陀区台门中心小学校办厂	夏建军	1996.4 歇业
普陀区海天汽车电器配件厂	胡红军	1996.3 歇业
普陀区芦花中学机械厂	袁久根	1992.4 歇业
普陀区燎原日用化学品厂(台门初级中学)	虞永康	1993.7 歇业
普陀区小湖学校电脑画像服务室	王璋盛	1994.5 歇业
双塘中学建筑材料装潢商店	俞凡业	1994.1 歇业
普陀农技校摩托车修配部(区农业技术学校)	丁忠阳	1988年批准 1992.3 注销
普陀区双塘中学冲件厂	杨台岳变更杨召争	1986.10 变更 1991.6 注销
普陀区勾山中学小卖部	李永芳变更李朝阳	1997.3
普陀区东海机械厂(沈家门职业中学)	周信定变更余展照	1996.9
普陀中学服务商店	杨鸿元变更缪惠忠	1997.7
普陀桃花镇海山机电配件厂(桃花中心小学)	李公章变更邵国堂	1996.3
普陀区六横中学服务商店	施开锋变更俞忠定	1996.3
普陀区六横中学校办厂	施开锋变更俞忠定	1996.3

续表 3-38

校办企业名称	法人代表	工商批准日或注销(歇业)
虾峙校办印刷厂	胡文兴	1996.7 变更增加注册金
普陀区朱家尖中心小学印刷厂	余宏瑞变更应功瑞	1997.2
普陀区桃花工艺印刷厂(变更普陀工艺印刷厂)	陆松儿	1996.8
普陀中学电机综合修配厂	张如成变更俞凯	1985.4 办 1987.11
普陀中学综合服务商店	张如成变更俞凯	1987.10
普陀县芦花中学五七工厂变更芦花中学机械厂	朱纳达	1985.1
台门镇初级中学小卖部	贺贤福	1992.4
舟山市普陀制笔零件厂	龚根宝变更戴志定	1991.5
舟山市普陀弘扬压铸厂(区校企中心所属)	沈志伦	1996.3
普陀区勾山镇中心小学苗苗花木圃	陈富国	1996.12
普陀县小湖中心学校鱼粉加工厂	郑云岳	1984.4
普陀燎原日用化学品厂	贺贤福	1991.6
普陀区双塘中学建筑材料商店	俞凡亚	1993.1
舟山市普陀制笔零件厂(朱家尖中学)	邵伟明	1993.4
沈家门中学印刷厂	蔡亚芬	1989.11
沈家门园东旱冰场(沈家门五小)	贺海峰	1992.12
普陀区六横教育用品服务商店	陈君超	1991.6
省广播电视大学工作站家电音像维修服务中心	缪承祥,徐祥法	1989.1
普陀区小湖中心学校经销店	郑云岳	1989.3
普陀县六横区中心学校校办工厂	俞仁年	1985.1
普陀县六横中学化工厂	俞仁年	1985.1
佛渡乡中心学校经销商店	陈松琴	1985.8
展茅乡中心学校服务商店	何国定	1985.5
朱家尖中心学校印刷厂(设文化用品商店)	余宏瑞	1985.5
普陀区农业技术学校摩托车维修部	丁忠阳	1989.3
普陀县六横区技校校办工厂	吴彪	1984.11
普陀区小湖学校电脑画像服务室	韩朝松	1990.6
普陀县中心幼儿园小卖部	邱凤英	1985.11
勾山中学综合服务商店	周秀质	1985.7
六横区中心学校校办厂	陈君超	1985.9
西岙乡中心学校绝缘材料厂	钟世国	1985.3
普陀县六横中学经销服务部	贺至鹤	1987.3
普陀区双塘中心学校五金塑料厂	应目兴	1987.6
普陀区虾峙中学电子玩具厂	唐国成	1988.4
普陀区职工机械培训学校机械修配厂	董庆裕	1988.5
普陀区元山乡中心学校渔网厂	贺绍国	1988.5
普陀制笔零件厂	龚根保	1988.7
普陀中学建筑工程装潢安装队	王忠国	1988.6
普陀区佛渡绣服厂	陈爱国	1987.6
普陀区虾峙五金建材综合供销部	周信世	1988.7

【学陶研陶活动】 学校即社会，生活即教育，教学做合一，是陶行知教育思想的精髓。随着素质教育的推进，区教育局加强对陶行知教育思想的研究与实践。

1996年4月，区教育局举行陶行知教育思想报告会，邀请中国陶行知研究会理事吴经辛作“关于陶行知教育思想”报告，同年，台门中心小学率先开展陶行知教育思想研究活动，将陶行知教育思想“做中学”“生活即教育”与劳动教育结合起来。

1997年11月，普陀区陶行知教育思想研究会成立，由区教育局党组副书记兼任会长（历届会长由局副书记或者副局长兼任）。台门中心小学、沈家门小学首批被确定为省陶行知教育思想研究实验学校。

1998年以后，各中小学组织开展“学陶、师陶”活动，将陶行知的教育思想融入教育教学之中，融入劳动与实践之中。

2001年勾山中心小学被确定为省第二批陶行知教育思想研究实验学校。勾山中心小学，沈家门第一小学获陶研优秀级基地学校。2007年3月，东港小学被批准为中国陶行知教育思想研究实验学校。

2008年以后，高中段、幼儿园相继开展陶行知教育思想研究活动，同时，有许多学校、幼儿园被批准为各级陶行知教育思想研究学校。

2012年9月，沈家门小学被批准成为中国陶行知研究会实验学校，同年，被评为市陶行知研究会“实践陶行知教育思想”（2008—2012年度）先进集体。

至2014年，域内全国级陶行知教育思想研究实验学校有沈家门小学；省级有沈家门第一小学、展茅中心学校、台门学校、勾山中心小学；市级有朱家尖小学；区级有普陀第二中学、沈家门第一初级中学、六横中心小学、桃花中心学校等。

【附录】：

省级陶研论文获奖情况表

表3-39

论　文　名　称	获奖级别	获奖时间	获奖者
以生活教育理论为指导，区域推进海洋教育实践	省一等奖	2007	戴建明
陶行知教育思想与校园文化建设的研究	省一等奖	2009	汪增范
以陶行知教育思想引领教师校本培训的实践与研究	省一等奖	2009	阮水芬
陶行知教育思想——学习型教育环境建设的实践与研究	省二等奖	2009	陈军平
陶行知教学做合——教育理论与新课程下小学数学课堂教学改革的实践研究	省二等奖	2009	付燕萍
“社区式”快乐生命德育的研究	省二等奖	2009	孙文波
在新课程改革实践中陶行知生活教育思想和学生创新能力的研究	省二等奖	2009	刘汉康
用陶行知教育思想指导绿艺特色校园文化建设的实践与研究	省二等奖	2009	王岳军
实践生活教育理论，培养外地民工子女健康人格	省二等奖	2009	毛华杰
陶行知思想指导下农村小学学生自主学习习惯形成的研究	省三等奖	2009	胡海忠
陶行知教学做合一教育理论的新课程课堂教学实践研究	省三等奖	2009	俞奇凤
生活教育理论引领下“学校社区合作互动”德育模式的研究	省三等奖	2009	张小飞
小学生活德育校本课程的开发研究	省三等奖	2009	夏建军
以“现代小五匠”培养为主线的综合校本课程开发研究	省一等奖	2011	周军海
“走进新社区”主题研究活动的实践探索	省二等奖	2011	徐豪壮
借鉴陶行知科学教育思想，培养小学生信息素养研究	省二等奖	2011	陈军平
“小真人进社区”促进新农村建设	省二等奖	2011	毛华杰
以“学习型学校”促进"学习型社会"建设的实践与研究	省二等奖	2011	郭妙琴
陶行知培养学生生活力的论述与当代小学生生存与发展能力研究	省三等奖	2011	丁晓霞

续表 3-39-1

论　　文　　名　　称	获奖级别	获奖时间	获奖者
以六横文化为主体构建学校特色课程的实践研究	省三等奖	2011	徐朝挺
陶行知生活教育理论指导下海岛小学乡土特色美术手工课的研究报告	省三等奖	2011	张翠红
“环卫示范街”共建与学校德育课程拓展研究	省三等奖	2011	刘红慈
挖掘生活资源开展家庭实验的研究和实践	省三等奖	2011	竺　芬
走进生活，培养初中生科学素养的实践与研究	省三等奖	2011	王志刚
以陶行知教育思想，促进“学习型家庭”建设的实践与研究	省三等奖	2011	汪增范
以陶行知教学方法论指导网络写作的研究与实践	省三等奖	2011	阮水芬
在陶行知教育思想指导下小学生语文学习习惯的培养研究	省三等奖	2011	胡芳芳
构建田野课程，培养乡土人才的实践研究	省三等奖	2011	陈全波
区域推进中小学现代海洋教育的实践研究	省一等奖	2013	戴建明
幼儿园音乐教育生活化的实践研究	省一等奖	2013	王薛君
海岛小学沙雕校本课程开发的研究	省一等奖	2013	周军海
借鉴陶行知道德教育思想，培养幼儿“五小好公民”道德素养研究	省二等奖	2013	金梅君
以“学习型家长学校”促进“学习型家庭”建设的实践与研究	省二等奖	2013	毛华杰
海岛渔农村小学德育管理中运用“金贝、银贝”评价模式的实践研究	省二等奖	2013	徐朝挺
构建绿艺校本课程培养海洋特色乡土人才的实践研究	省二等奖	2013	陈全波
基于海洋美术教育创建学校特色的实践研究	省二等奖	2013	徐豪壮
借鉴陶行知科学教学思想在课外活动中培养小学生科学素养的研究	省二等奖	2013	吴汉平
陶行知思想指导下“小学语文综合性学习”的实践与研究	省二等奖	2013	乐明辉
中学生实践创新能力培养 CPS 行动研究	省三等奖	2013	何德清
借鉴陶行知创新教育思想，培养小学生科幻创新能力研究	省三等奖	2013	虞莉莉
实践陶行知生活教育——小学高段生活化数学校本课程的研究	省三等奖	2013	贺苏群
陶行知生活教育理论下新区孩子环保意识培养研究	省三等奖	2013	邬丽俐
基于陶行知思想的小学感恩教育的研究	省三等奖	2013	夏爱敏
开发课程资源促进小学劳动与技术“教学做合一”的实践研究	省三等奖	2013	张　英
陶行知“真教育”指导下班级“故事教育法”的实践与研究	省三等奖	2013	徐婉霞
以“三J”体验教育促进“海精灵”成长的实践研究	省三等奖	2013	唐莞芬
陶行知“教学做合一”理论下小学《品德与社会》活动化教学的研究	省三等奖	2013	李　莲
陶行知思想指导农村小学信息技术课进行探究性学习的研究	省三等奖	2013	刘安兵
践行陶行知生活教育理念，提高小学语文课堂有效性研究	省三等奖	2013	虞优媛
在陶行知“爱”的教育思想引导下小学语文学困生转化的对策研究	省三等奖	2013	俞波娜
陶行知思想教育下海岛小学低段学生的课外作业生活化研究	省三等奖	2013	刘玲玲
借鉴陶行知教育思想，构建海洋文化校本课程的研究	省三等奖	2013	刘红慈
小学家庭劳动与技术基地建设的实践研究	省三等奖	2013	司徒林云
小学中段“学做真人”教育的研究	省三等奖	2013	贺屈女
践行行知思想，培养“现代小五匠”实践研究	省三等奖	2013	陈四军
绿色理念下农村小学德育基地开发与实践	省三等奖	2013	朱荷燕
新构想新框架新途径——以开放的时空观区域推进现代海洋教育	省一等奖	2014	徐朝挺
借渔绳结教学试析“手”“脑”解放	省一等奖	2014	徐豪壮
践行解放思想，让学生“说”得“得意”	省一等奖	2014	王妙红
解放儿童空间，让社区资源走近孩子	省二等奖	2014	王飞英
解放生活空间，张扬作文个性	省二等奖	2014	叶燕儿
解放“眼睛”，锤炼“思维”	省二等奖	2014	孙　琳

续表 3-39-2

论　文　名　称	获奖级别	获奖时间	获奖者
解放眼睛，使孩子会观察—浅谈地方课程中培养学生观察能力	省二等奖	2014	张家红
种植园——解放孩子双手的乐园	省二等奖	2014	庄含芬
解放空间　放飞思维	省三等奖	2014	孔燕娜
解放眼睛和双手——七年级地图教学的良方	省三等奖	2014	童海斌
解放数学课堂时空创造一片自主天地	省三等奖	2014	曹红儿
解放手脑，创意无限	省三等奖	2014	虞莉莉
如何解放学生的头脑，创编英语故事之我见	省三等奖	2014	袁燕艳
巧设“通道”解放头脑	省三等奖	2014	阮水芬
解放空间——还原学生的创造力	省三等奖	2014	张　梦
践行行知思想，让孩子快乐学习	省三等奖	2014	周丽娜
头脑解放，思维翱翔	省三等奖	2014	王东风

注：此奖项颁奖单位为省陶研会

第二节　科学素养教育

【科普教育活动】 1983 年，为光大科学素养教育，扩展其内涵，全县中小学开展小实验、小制作、小创造、小发明、小论文（简称“五小”）活动。2000 年举行首届全区中小学科技节。活动主题为“生物的多样性和我们的未来”，活动内容包括农学（含家禽、畜）、野生动物保护、海洋动物、微生物、环境和生态保护等。

各校开设科学课程，利用综合实践课，开展学生科技实践活动，采用“请进来”“走出去”形式，邀请专家到校授课指导和组织学生深入社会进行科技实践活动。区教育局开展涵盖学生百科知识竞赛、航模赛、计算机主题作品竞赛、现场科技小制作、学生科技创新赛等内容的全区青少年科技教育活动，每年邀请省内外科普专家开展“科普讲座进校园”活动和青少年科技辅导员培训。

2000 年 11 月，首届区中小学科技节系列活动开幕，以后每年开展科技节活动。

2005 年 5 月，组织全区初中小学“船模”“车模”“航模”比赛。9 月，区教育局邀请中科院科普演讲团到中小学开展巡回科普报告。同年 12 月，在普陀第二中学举行全区首届综合实践教师技能制作比武活动。

2007 年，区教育局出台《普陀区未成年人科学素质行动实施方案》。

2008 年，改科技节系列活动为科技运动会，举行普陀区首届中小学科技运动会。

2009 年，举行全区中小学生科技创新大赛，组织全区中小学生开展 2009 国际天文年活动，联合区科学技术协会在育才学校开展科普套餐配送活动。

2010 年，举行区第二届中小学科技运动会，出台《舟山市普陀区科普示范学校标准（试行）》。沈家门小学、普陀第二中学、东港中学被认定为区首批科普示范学校，鲁家峙小学和虾峙小学被授予区科普教育基地。

2011 年，成立区青少年科技教育协会和普陀青少年海洋科考队。举行全区中小学生科技创新大赛及主题为“走进国家农业高科技示范园区”暑期科技体验营活动。

2012 年 9 月，东港中学科普教育基地、沈家门小学校园科技馆、普陀第二中学科技学院，被区科协命名为普陀科普教育基地。同年 11 月，被市科协命名为第五批“舟山市科普教育基地”。同期，中国科学院老科学家科普团受邀为普陀学生作讲座。

2013 年，区第十一届科普节暨省科技馆普陀馆启动仪式在东港中学举行。同年，沈家门第一小学和沈家门第四小学获评省非物质文化遗产传承教学基地。

【科技创新大赛】 2007—2011 年，在全国、省青少年科技创新大赛，中小学电脑制作比赛和省“青少年电子制作”锦标赛中，域内学生获团体奖 1 项、个人奖 6 项、获省级团体奖 9 项、个人奖 168 项。组织全区小学生参加 2009 国际天文年学生作品评比活动，获省一等奖 1 名，省三等奖 3 名；市一等奖 4 名，市二等奖 6 名，市三等奖 18 名。参加第 23 届省青少年科技创新大赛，获创新项目三等奖 2 名，1 篇论文（4 人合作）获科技实践活动三等奖，少儿科幻绘画一等奖 2 名，二等奖 1 名，三等奖 1 名。

2012 年 4 月，在第 26 届省青少年科技创新大赛中，普陀区共获一等奖 5 项，二等奖 4 项，三等奖 7 项。

2013 年 12 月，市第 13 届中小学生科技创新大赛在东港中学举行，普陀区选送的科技作品获一等奖 13 项，二等奖 23 项，三等奖 5 项。

2014 年 4 月，在省 28 届青少年科技创新大赛中普陀区获一等奖 4 项，二等奖 1 项，三等奖 8 项。

2011—2014 年省科技创新大奖赛获一等奖情况表

表 3-40

年　份	等　次	作品名称	项目名称	作　者	学　校
2011 年第 25 届	一等奖	未来空间站	少儿科幻画	徐丹妮	六横镇中心小学
2011 年第 25 届	一等奖	未来的交警服	少儿科幻画	张乐添	沈家门小学
2011 年第 25 届	一等奖	神奇的海洋油污吸收器	少儿科幻画	周子壹	沈家门第四小学
2012 年第 26 届	一等奖	捕鱼达人	少儿科幻画	胡梦娴	六横镇中心小学
2012 年第 26 届	一等奖	浮动避风港	少儿科幻画	应卓凡	沈家门小学
2012 年第 26 届	一等奖	亲密朋友	少儿科幻画	周焓莹	沈家门小学
2012 年第 26 届	一等奖	地热传送器	少儿科幻画	徐丹妮	六横峧头初级中学
2012 年第 26 届	一等奖	防拉损渔网自发电报警浮标机器人	机器人创意项目	陈晨立 张天一 朱家贤	沈家门第一小学
2013 年第 27 届	一等奖	树岛	少儿科幻画	刘家维	沈家门小学
2013 年第 27 届	一等奖	海洋能源转换器	少儿科幻画	刘学凯	沈家门小学
2014 年第 28 届	一等奖	应急救生书包	青少年科技创新项目	王乐筱	沈家门第一小学
2014 年第 28 届	一等奖	矿难救援机	少儿科幻画	司徒柳凯	六横镇中心小学
2014 年第 28 届	一等奖	深海新能源探测器	少儿科幻画	徐毓柽	沈家门小学
2014 年第 28 届	一等奖	智能盖印机器人	机器人创意项目	屠以成 屠俊茹 吴锦慈	沈家门第一小学

第六章　素质教育与教育交流

第一节　素质教育相关政策

1997 年，浙江省教育委员会确定普陀区为首批素质教育实验县（区），区教育委员会（教育局）制订《普陀区素质教育实验方案》。同时，区教育委员会（教育局）制定出台一系列区域性推进素质教育的相关文件与政策，推进素质教育发展。

【文件与政策】 舟普教〔1997〕16号舟山市普陀区教育委员会《关于加强当前中小学教育教学管理工作中若干问题的决定》。

舟普教〔1997〕30号舟山市普陀区教育委员会转发市教委《关于加强教育教学管理工作的补充意见》。

舟普教〔1997〕47号舟山市普陀区教育委员会转发市教委《关于1997年全市初中毕业生毕业考试和升学考试两考合一工作的通知》。

舟普教〔1997〕66号舟山市普陀区教育委员会关于印发《舟山市普陀区1997年普通高中职业高中招生工作实施意见和招收特长生工作实施意见的通知》。

舟普教〔1997〕74号舟山市普陀区教育委员会《关于初一、初二结业会考的通知》。

舟普教〔1997〕89号舟山市普陀区教育委员会关于印发《普陀区小学生学习成绩鼓励性评价（试行）办法》的通知。

舟普教〔1997〕224号舟山市普陀区教育委员会转发《省教委关于印发浙江省学生艺术特长水平测试实施办法的通知》。

舟普教〔1998〕20号舟山市普陀区教育委员会关于印发《普陀区小学生学习成绩鼓励性评价试行办法(修正稿)》的通知。

舟普教〔1998〕23号舟山市普陀区教育委员会关于印发《普陀区中小学心理健康教育实施方案》的通知。

舟普教〔1998〕47号舟山市普陀区教育委员会关于转发国家教委《关于当前积极推进中小学实施素质教育的若干意见》的通知。

舟普教〔1998〕50号舟山市普陀区教育委员会关于印发《普陀区1998年普通高中、职业高中招收特长生工作实施意见》的通知。

舟普教〔1998〕52号舟山市普陀区教育委员会关于印发《关于开展中小学创建素质教育示范学校的工作意见》的通知。

舟普教〔1998〕53号舟山市普陀区教育委员会关于印发《普陀区莲花中学、虾峙镇中心小学课程改革实施方案》的通知。

舟普教〔1998〕55号舟山市普陀区教育委员会关于印发《普陀区普通高中、职业高中招生制度改革实施方案》的通知。

舟普教〔1998〕84号舟山市普陀区教育委员会转发市教委《关于1998年初中毕业生毕业考试和升学考试“两考合一”工作的通知》。

舟普教〔1998〕250号舟山市普陀区教育委员会转发市教委《关于重申减轻中小学生过重课业负担有关规定的通知》。

舟普教〔1998〕59号关于印发《1999年普陀区普通高中特长生招生工作实施意见》的通知。

舟普教〔1999〕70号转发市教委关于学习宣传和贯彻落实《面向21世纪教育振兴行动计划》的通知。

舟普教〔1999〕82号转发市教委《关于1999年全市初中毕业生毕业考试和升学考试“两考合一”工作》的通知。

舟普教〔1999〕91号《关于初中毕业生升学考体育的通知》。

舟普教〔1999〕110号关于印发《普陀区中小学心理健康教育工作会议和蓝色教育课题成果推广现场会议纪要》的通知。

舟普教〔1999〕219号转发市教委《关于加强中小学国防、科技、海洋、环保教育》的通知。

舟普教〔1999〕220号转发省教委《关于普通高中会考制度改革的若干意见》。

舟普教〔1999〕230号转发《省教委关于减轻中小学生过重课业负担的十项规定》的通知。

舟普教〔2000〕28号转发《省教委转发教育部关于在小学减轻学生过重负担的紧急通知》。

舟普教〔2000〕37号转发省教委《关于认真学习〈人民日报〉评论员重要文章精神，坚持全面推进素质教育的若干意见》的通知。

舟普教〔2000〕44号《关于减轻中小学过重课业负担问题的几点意见》。

舟普教〔2000〕68号印发《关于推进全区中小学心理健康教育工作的若干意见》的通知。

舟普教〔2000〕112号转发市教委《关于初中“劳技”特长生测试办法的通知》。

舟普教〔2000〕122号转发市教委《关于在定海城区、各县区城区以及部分农村初中、小学开设信息技术选修课》的通知。

舟普教〔2001〕26号关于转发省教委厅《认真贯彻教育部文件,进一步加强我省中小学心理素质健康教育的意见》的通知。

舟普教〔2001〕28号转发省教育厅《关于适应新形势进一步加强和改进我省中小学德育工作的意见》。

舟普教〔2001〕46号关于下发《普陀区中小学问题生帮教办法(试行)》的通知。

舟普教〔2001〕135号《关于转发国务院关于基础教育改革与发展决定》的通知。

舟普教〔2001〕166号《关于调整我区义务教育教学计划(实验性)》的通知。

舟普教〔2001〕187号转发教育部办公厅《关于学习贯彻〈决定〉精神,更新教育观念,推进素质教育学习活动》的通知。

舟普教〔2001〕191号转发省教育厅《关于做好控制农村初中生辍学工作和中小学校安全工作》的通知。

舟普教〔2002〕14号《关于普陀中学等校组团赴法国乐利克斯中学进行文化交流的请示》。

舟普教〔2002〕16号舟山市普陀区教育局《关于申报省级基础教育课程改革实验区的报告》。

舟普教〔2002〕65号舟山市普陀区教育局《关于印发行政执法责任制四项规定制度》的通知。

舟普教〔2002〕78号舟山市普陀区教育局《关于印发2003年初中毕业升学游泳选项考试办法》的通知。

舟普教〔2002〕123号舟山市普陀区教育局《关于印发舟山市普陀区基础教育课程改革实施方案》。

舟普教发〔2003〕45号舟山市普陀区教育局转发教育部国家体育总局关于印发《学生体质健康标准(试行方案)》及《学生体质健康标准(试行方案)实施办法》的通知。

舟普教发〔2003〕124号舟山市普陀区教育局《关于认真做好中小学新生编班工作》的通知。

舟普教发〔2003〕133号舟山市普陀区教育局转发《舟山市人民政府关于加快基础教育改革与发展的决定》的通知。

舟普教发〔2003〕167号舟山市普陀区教育局转发浙江省教育厅关于印发《浙江省基础教育学校课程建设指导意见(试行)》的通知。

舟普教发〔2004〕20号舟山市普陀区教育局《关于普陀区高中段学校特长生招收计划的请示》。

舟普教发〔2004〕46号舟山市普陀区教育局《关于要求批准沈家门第三小学等18所学校为开展小班化教育学校的请示》。

舟普教发〔2004〕53号舟山市普陀区教育局《关于要求检查评定浙江省九年制义务教育标准化学校的请示》。

舟普教发〔2004〕99号舟山市普陀区教育局关于印发《舟山市普陀区2005年初中毕业升学游泳选项考试办法》的通知。

舟普教发〔2005〕46号舟山市普陀区教育局转发舟山市教育局关于贯彻落实《浙江省教育厅关于减轻中小学生过重课业负担的若干意见》的通知。

舟普教发〔2005〕136号舟山市普陀区教育局关于印发修订后的《舟山市普陀区渔农村中小学教师素质提升工程培训规划》的通知。

舟普教发〔2005〕154号舟山市普陀区教育局转发舟山市教育局关于《2007年起取消中考特长生加分》的通知。

舟普教发〔2005〕159号舟山市普陀区教育局关于转发舟山市普陀区《2006年初中毕业考试与高中招生制度改革实施意见》及《舟山市普陀区2006年初中毕业生综合素质评价办法》的通知。

舟普教发〔2005〕172号舟山市普陀区教育局关于转发舟山市教育局办公室关于评选首批舟山市劳动实践场所建设示范学校的通知

舟普教发〔2006〕72号舟山市普陀区教育局《关于做好中小学教师素质提升工程省统考工作》的通知。

舟普教发〔2006〕103号舟山市普陀区教育局，舟山市普陀区环保局《关于公布第四批区级“绿色学校”名单和第三批区级“绿色学校”复评结果》的通知。

舟普教发〔2006〕167号舟山市普陀区教育局《关于公布区中小学(幼儿园)特色创建样板学校》的通知。

舟普教发〔2006〕187号舟山市普陀区教育局关于转发《浙江省教育厅办公室关于做好控制义务教育阶段学生辍学工作的通知》的通知。

舟普发教〔2007〕98号舟山市普陀区教育局转发市教育局《关于转发舟山市健康教育工作指导意见》的通知。

舟普教发〔2007〕110号舟山市普陀区教育局关于转发《学生军事训练工作规定》的通知。

舟普教发〔2007〕113号舟山市普陀区教育局转发教育部国家体育总局《关于实施国家学生体质健康标准》的通知。

舟普教发〔2007〕137号舟山市普陀区教育局转发省教育厅《关于落实中小学体育课程教学计划》的通知。

舟普教发〔2007〕181号舟山市普陀区教育局关于印发《舟山市普陀区教育局学生公平竞赛保障制度》的通知。

舟普教发〔2007〕212号舟山市普陀区教育局关于转发浙江省教育厅推进实施素质教育意见的通知。

舟普教发〔2008〕82号舟山市普陀区教育局《关于印发进一步推进生命教育指导意见的通知》。

舟普教发〔2008〕194号舟山市普陀区教育局《关于印发初中毕业生综合素质评价实施办法的通知》。

舟普教发〔2008〕128号舟山市普陀区教育局《关于印发进一步减轻学生课业负担意见的通知》。

舟普教发〔2010〕92号舟山市普陀区教育局转发《舟山市教育局关于评选首批“舟山市中小学素质教育实践场所建设示范学校”的通知》。

舟普教发〔2010〕109号舟山市普陀区教育局转发教育部《关于认真学习贯彻全国教育工作会议精神全面实施教育改革和发展规划纲要》的通知。

舟普教发〔2010〕137号舟山市普陀区教育局转发舟山市教育局《关于贯彻落实〈浙江省教育厅关于切实减轻义务教育阶段中小学生过重课业负担的通知〉进一步深化轻负优质教育的若干意见》的通知。

舟普教发〔2011〕55号舟山市普陀区教育局《关于印发全面推进现代海洋教育的指导意见》的通知。

舟普教发〔2011〕79号舟山市普陀区教育局关于转发《中共舟山市普陀区委、舟山市普陀区人民政府关于贯彻落实国家和浙江省中长期教育改革和发展规划纲要的实施意见》的通知。

舟普教发〔2011〕162号舟山市普陀区教育局转发浙江省教育厅关于印发《浙江省普通高中特色示范学校建设标准(试行)》的通知。

舟普教发〔2012〕49号舟山市普陀区教育局转发《舟山市教育局关于评选第二批“舟山市中小学素质教育实践场所建设示范学校”》的通知。

舟普教发〔2012〕141号舟山市普陀区教育局关于印发《普陀区深化普通高中课程改革实施方案》的通知。

舟普教发〔2013〕24号舟山市普陀区教育局《关于做好2012级起全区普通高中学生成长记录与综合素质评价工作》的通知。

舟普教发〔2013〕30号舟山市普陀区教育局《关于公布普陀区首批学校体育艺术特色项目》的通知。

舟普教发〔2013〕46号舟山市普陀区教育局《关于开展第七批区级“绿色学校”创建活动》的通知。

舟普教发〔2013〕99号舟山市普陀区教育局关于印发《普陀区中小学生艺术素养监测评价方案》的通知。

舟普教发〔2013〕122号舟山市普陀区教育局《关于推进区域性课堂教学改革的实施意见》。

舟普教发〔2014〕25号舟山市普陀区教育局印发《关于规范实施现代海洋教育地方课程指导

意见》的通知。

舟普教发〔2014〕77号舟山市普陀区教育局《关于严禁公办学校和在职教师组织参与各类家教的通知》。

【课程改革】 2002年9月，普陀区被浙江省教育厅确定为第一批省基础教育课程改革实验区。2003年秋季，域内在初级中学和小学起始年级所有学科及小学三年级“科学”“综合实践活动”“品德与社会”等三门学科中实施课程改革。

1999年8月，普陀第二中学成为省教育厅创新教育实验学校，实施基础性课程、发展性课程和研究性课程相结合的“三板块”课程。

2001年下半年，域内小学推广35分钟课时制。2002年下半年，沈家门第四小学开展综合实践活动课程探索实践，同时，虾峙中心小学的《海洋教育》、朱家尖中心小学的《环保教育》等以学生读本形式的校本课程出现，域内新课程改革在此基础上迅速开展。

区课改领导小组制定《舟山市普陀区基础教育课程改革实验方案》《舟山市普陀区义务教育课程设置方案》《普陀区义务教育综合实践活动课程开设指导意见》《普陀区中小学新课程各学科实验方案和教师培训方案》《普陀区2005年至2007年渔农村中小学教师素质提升工程培训规划》等一系列方案、计划和指导意见，出台《普陀区基础教育新课程改革实验配套制度》等。由区教科室编写的《与新课程同行》作为教师新课程通识培训专题材料。域内中小学教师完成新课程培训，并持证上岗。

新课程改革后，义务教育阶段学校课程分为国家课程、地方课程、校本课程三类。

省级实验区义务教育阶段课程设置及课时安排表

表3-41

<table>
<tr><th colspan="2">周课时　年级
课程</th><th>一</th><th>二</th><th>三</th><th>四</th><th>五</th><th>六</th><th>七</th><th>八</th><th>九</th><th>九年课时总计</th></tr>
<tr><td rowspan="17">课程门类</td><td>品德与生活</td><td>2</td><td>2</td><td>—</td><td>—</td><td>—</td><td>—</td><td>—</td><td>—</td><td>—</td><td rowspan="3">626</td></tr>
<tr><td>品德与社会</td><td>—</td><td>—</td><td>2</td><td>2</td><td>2</td><td>2</td><td>—</td><td>—</td><td>—</td></tr>
<tr><td>思想品德</td><td>—</td><td>—</td><td>—</td><td>—</td><td>—</td><td>—</td><td>2</td><td>2</td><td>2</td></tr>
<tr><td>语文</td><td>9</td><td>9</td><td>7</td><td>7</td><td>6</td><td>6</td><td>5</td><td>5</td><td>5</td><td>2055</td></tr>
<tr><td>数学</td><td>5</td><td>5</td><td>4</td><td>4</td><td>4</td><td>4</td><td>5</td><td>4</td><td>4</td><td>1357</td></tr>
<tr><td>外语</td><td>—</td><td>—</td><td>3</td><td>3</td><td>3</td><td>3</td><td>4</td><td>4</td><td>4</td><td>832</td></tr>
<tr><td rowspan="2">体育</td><td>4</td><td>4</td><td rowspan="2">3</td><td rowspan="2">3</td><td rowspan="2">3</td><td rowspan="2">3</td><td rowspan="2">—</td><td rowspan="2">—</td><td rowspan="2">—</td><td rowspan="3">939</td></tr>
<tr><td>3</td><td>3</td></tr>
<tr><td>体育与健康</td><td>—</td><td>—</td><td>—</td><td>—</td><td>—</td><td>—</td><td>3</td><td>3</td><td>3</td></tr>
<tr><td>音乐</td><td>2</td><td>2</td><td>2</td><td>2</td><td>2</td><td>2</td><td>1</td><td>1</td><td>1</td><td>523</td></tr>
<tr><td>美术</td><td>2</td><td>2</td><td>2</td><td>2</td><td>2</td><td>2</td><td>1</td><td>1</td><td>1</td><td>523</td></tr>
<tr><td>科学</td><td>—</td><td>—</td><td>2</td><td>2</td><td>3</td><td>3</td><td>4</td><td>4</td><td>4</td><td>762</td></tr>
<tr><td>历史与社会</td><td>—</td><td>—</td><td>—</td><td>—</td><td>—</td><td>—</td><td>3</td><td>3</td><td>3</td><td>309</td></tr>
<tr><td>信息技术</td><td>—</td><td>—</td><td>1</td><td>1</td><td>1</td><td>1</td><td>2</td><td>2</td><td>2</td><td>346</td></tr>
<tr><td>综合实践活动</td><td>—</td><td>—</td><td rowspan="3">4</td><td rowspan="3">4</td><td rowspan="3">4</td><td rowspan="3">4</td><td rowspan="3">4</td><td rowspan="3">5</td><td rowspan="3">5</td><td rowspan="3">1250</td></tr>
<tr><td rowspan="2">地方课程与学校课程</td><td>2</td><td>2</td></tr>
<tr><td>3</td><td>3</td></tr>
<tr><td colspan="2">周课时总数</td><td>26</td><td>26</td><td>30</td><td>30</td><td>30</td><td>30</td><td>34</td><td>34</td><td>34</td><td>274</td></tr>
<tr><td colspan="2">学年总课时</td><td>910</td><td>910</td><td>1050</td><td>1050</td><td>1050</td><td>1050</td><td>1190</td><td>1190</td><td>1122</td><td>9522</td></tr>
</table>

地方课程 又称地方本位课程，是指地方各级教育主管部门根据国家课程政策，以国家课程标准为基础，在一定教育思想和课程观念指导下，根据地方经济，政治，文化发展水平及其对人才的特殊要求，充分利用地方课程资源而开发、设计、实施的课程。它立足于地方，归属于地方，服务于地方。域内所使用的地方课程教材主要有两套：一是浙江省地方课程通用教材《人·自然·社会》，二是舟山市编写的补充教材《千岛海韵》。

校本课程 校本课程是学校自主决定、教师开发、使用的课程。它与国家课程、地方课程相对应，具有以学校实际为本位的地方性、特色性和实现课程决策民主化的特点。校本课程的开发、实施过程也是一个以学校为基地进行课程开发，由学校领导、教师、课程专家、学生以及家长和社区人士共同参与学校课程计划的制定、实施和评价活动的过程。

2014年部分学校校本课程设置表

表3-42

学　　校	课　　程　　设　　置
沈家门小学	《海纳课程》：红珊瑚立德课程、雪浪花启智课程、七色潮健体课程、五彩贝育美课程、金海螺崇劳课程
沈家门第一小学	《4U课程》：无知识约束课程、无学科约束课程、无班级约束课程、无学校约束课程
沈家门第四小学	《学养课程》：和和心坊、悦悦学吧、康康乐园、美美艺苑、动动学社
普陀小学	《美润课程》：四点钟学校、众创课程、游学乐考、《东方一千零一夜故事》
朱家尖小学	《海之韵课程》
展茅中心学校	《五匠课程》
双塘小学	《葵花课程》
台门学校	《贝艺课程》
普陀第二中学	《CPS课程》：创造性课程、实践性课程、服务性课程
东港中学	《动手学创意课程》
沈家门第一初级中学	《3S课程》体系：海洋，阳光，科技。
蚂头初级中学	《礼仪课程》
朱家尖初级中学	《沙雕艺术课程》

综合实践活动课程 区教育局出台《普陀区中小学综合实践活动课程实施方案》，配备综合实践活动课程专职教研员。各校抓好综合实践活动基地（课程资源）建设。2005年，《初中综合实践活动课程开发与教学设计研究》荣获中国教育学会教育实验研究会科研成果评比一等奖。

2014年部分学校综合活动课基地情况表

表3-43

学　校	主要活动基地
沈家门小学	海滨公园、海山公园、市民广场、展茅干施岙、青青世界、南洞艺谷、普陀人家、伊甸园、舟山海洋文化艺术中心、朱家尖南沙、乌石塘、茶人谷、边防大队、消防队、东港派出所等
沈家门第一小学	少年税校、少年军校、少年海事学校、红领巾一条街活动基地、假日小队活动基地、虚拟机器人训练房、大棚种植暖房基地等
沈家门第四小学	渔民画基地、中洲路一条街、水产城、各社区、春秋游基地等
蚂头初级中学	六横中远船厂、鑫亚船厂、海水淡化厂、六横浙能煤电基地、六横里岙博物馆、六横海事处、消防队、敬老院、小郭巨促淤工程等

续表 3-43

学 校	主要活动基地
六横中心小学	七彩娃科技馆、乡村青少年宫、七彩娃体验农场、六横中远船厂、六横浙能煤电基地、六横里岙博物馆、六横海事处、六横敬老院等
朱家尖小学	南沙国际沙雕节体验基地、阿德哥海洋实践基地、顺母污水处理实践基地、普陀山机场实践基地、普陀科技学院体验基地、朱家尖敬老院基地、牛角湾农业基地、印象普陀基地等
展茅中心学校	五匠馆、干施岙水上乐园、鱿鱼市场等
双塘小学	小五金实践基地、桔场、校园葵花种植基地
朱家尖初级中学	学农基地、国防教育基地(驻定海 18 团、驻朱家尖海军)、沙雕基地(南沙,东沙)、蜈蚣峙码头、敬老院、市博物馆等
普陀第二中学	普陀山海军 72 大队、省海洋研究所、展茅生态农业园区、浦西高科技园区、海洋国防研究性学习基地、西闪岛海洋生物研究性学习基地、 生态农业研究性学习基地、海洋食品加工研究性学习基地等
沈家门第一初级中学	国际水产城、勾山花木市场、蒲湾蔬菜基地、普陀博物馆、愉悦画社、“渔民结”学习基地等
东港中学	浙江省科技馆普陀分馆、普陀图书馆东港中学分馆、普陀博物馆东港中学船模陈列室、普陀非遗港中馆等

【学生评估体系】 域内学生综合素质评价是以道德品质、公民素养、学习态度与能力、交流与合作、运动与健康、审美与表现等方面的基础性发展目标为基本依据,根据学生平时表现、活动记录、学习作品、特长潜能、奖惩等情况,全面、客观、公正地反映学生的总体发展水平。

评价结果由“综合评语”和“测评等第”两部分组成。综合评语主要是对学生道德品质、公民素养、情感态度、合作精神、日常表现等方面进行定性描述,需突出学生的特点、特长和技能的体现。测评等第主要对能够体现学生素质发展水平的部分项目进行定量测评。测评项目包括审美与艺术(音乐、美术)、运动与健康(体育、健康)、探索与实践(研究性学习、社会服务、地方课程、校本课程等)、劳动与技能(劳动技术、信息技术、实验操作等)四类。测评等第每类分 A、P、E 三等(分别代表优良、及格、不及格)。

【轻负优质】 区教育局制定《关于进一步减轻中小学生过重课业负担的若干意见》《关于全面推进“轻负优质”教育的实施意见》《关于规范非学历民办教育机构办班的十项规定》《关于加强对在职教师有偿家教管理的意见》等系列“轻负优质”制度。针对“减负”要求,围绕“六个严格”,狠抓落实,着重解决“课程开设”“学生作业量”和“休息与锻炼时间”三个主要问题。学校将《课程设置标准》《总课程表》《作息时间表》进行公示,按标准开设课程,严格控制学生作业量,严格学生在校时间,保证学生有 1 小时体育锻炼时间。

开展“轻负荷、高效益”素质教育示范学校创建活动。域内学校建立中小学生体质健康情况通报制度、加重学生课业负担责任追究制、课业负担征求意见制度、教学活动安排公示制度、家校联动制度等。各校与教师签订个人师德承诺书和“减轻学生过重课业负担”责任书,建立教师师德奖惩制,将“减负”与考核、评先评优结合起来。沈家门小学改革期末考试模式,首次试行语文和数学两门学科“免予考试”和“申请再考”制度。普陀第二中学等初中学校将每课时时间从 45 分钟减少到 40 分钟。2008 年,区教育局有关“轻负优质”经验,在省“轻负优质”座谈会上交流,《中国教育报》专题介绍普陀第二中学的“轻负优质”教育教学经验。

【附录】：

舟山市普陀区教育局转发省教委关于减轻中小学生过重课业负担的十项规定的通知

舟普教〔1999〕230号

各中小学、舟渔子弟学校：

现将省教委《印发〈关于减轻中小学生过重课业负担的十项规定〉的通知》（浙教基〔1999〕353号）转发给你们，望认真学习，贯彻执行。

舟山市普陀区教育委员会

一九九九年十一月十五日

印发《关于减轻中小学生过重课业负担的十项规定》的通知

（浙教基〔1999〕353号）

各市（地）、县（市、区）教委（局）：

为了认真贯彻全国第三次教育工作会议精神，全面推进素质教育，切实减轻中小学生过重的课业负担，在总结省教委就此问题所作的一系列规定的基础上，现将我委新制定的《关于减轻中小学生过重课业负担的十项规定》印发给你们，请认真遵照执行。

各地要加强对所属学校的管理，所有中小学校（包括社会力量举办的中小学校）均应严肃认真予以贯彻执行。

为加强领导、严肃纪律，切实纠正有章不循、有令不行、有禁不止的现象，使各项规定落到实处，我委决定在今后几年里，将随时对各地落实本规定的情况进行抽查或集中检查，其结果要与教育强县、强镇建设和各类示范性学校的评估、各类先进的评比等挂钩，对管理不力的地方要限期改正，情节严重的要予以批评、通报乃至公开曝光。

各市（地）、县（市、区）教委（局）对减轻中小学生过重课业负担的工作要作专门部署，从当地实际出发，进一步制订具体措施和办法，并向社会公布。

浙江省教育委员会

一九九九年十一月一日

关于减轻中小学生过重课业负担的十项规定

1. 推行以全面素质测评为导向的考试评价制度改革。2000年秋季起全省范围内推广小学改学业成绩百分制为等级制，并辅之以激励性评语，逐步推行全面素质测评报告单制度；在初中段建立教学质量评价指标体系，以此为标准评价学校的教育质量；推进初中毕业、升学考试制度改革，鼓励进行初中毕业生特长测试、将普通高中部分招生指标分配给初中的试点；改革高中会考制度，完善免考办法，允许学生提前参加会考、允许学生重考和多次补考。

2. 不给学校、班级和教师下达考试成绩指标和升学指标，不单纯以学科考试成绩和升学率高低评价学校、教师，也不以此排列学校、班级和学生的名次。

3. 严格按照国家和省颁发的课程（教学）计划组织教育教学活动，除经省教委批准的实验外，不随意增减课程和课时。

4. 严格控制考试科目与次数。课程计划规定的考试科目，每学期只举行一次考试。小学各年级不搞任何形式的统考、统测和统练。

5. 严格控制各学科竞赛。有关单位组织的竞赛要根据活动范围报上一级教育行政部门批准，经过批准的竞赛学校自愿参加，未经批准的学校应拒绝参加。2000年起各类学科竞赛成绩均不作为小学升初中、初中升高中时的优惠条件。

6. 严格控制学生在校活动总量。所有城镇的小学和初中通学学生一律不安排早自修。每日学习时间（包括自习）小学生不超过6小时，初中生不超过7小时，高中生不超过8小时。学校要督促家长保证小学生每日有9小时以上、初中生9小时、高中生8小时睡眠。

7. 严格控制课外作业量，小学一年级不留书面家庭作业，学生不背书包回家，每日课外作业量二、三年级不超过30分钟，四年级不超过45分钟，五、六年级不超过1小时；初中各年级不超过1.5小时；高中各年级不超过2小时。在小学中试行每月一天“无书面作业日”。教师不得布置大量机械性、重复性的抄写作业，不得用作业惩罚学生。

8. 严格控制学生用各种复习资料。小学生除语文、数学作业本外，不得使用各类练习册等资料；初中、高中学生除自愿使用一种经省审定的复习资料外，各级教育行政、教研部门和学校均不得自行编写，也不得为学生集体订购各种复习资料。

9. 节（假）日、寒暑假和课余时间应由学生自主支配，不得给学生集体补课或变相上课，对初三、高三学生和少数学有困难的学生利用周六上午补习应坚持学生自愿，并经县级以上政府批准。

10. 小学和初中不准分快慢班或办重点班，不准举办与学科相关的奥林匹克学校（班）、“特长校（班）”，不准举办以各种名目收费的补习班、超常班等。各级教育行政部门要切实加强对社会教育机构举办的面向中小学生的各类班（校）的管理和审批，对擅自举办的要坚决清理，对不符素质教育要求的办班必须勒令停办。

第二节　素质教育推进

素质教育强调德、智、体、美、劳全面发展，面向全体学生，培养具有创新精神和实践能力的新型人才，以应对信息时代、经济全球化时代激烈的国际竞争。为使中小学教育适应新时代的要求，普陀区积极探索素质教育的途径，大致经历重视“双基”教学到注重能力培养，再到全面推行素质教育的过程，初步完成教育思想、教育目标、教育内容和教育行为从传统教育模式向现代教育模式的转变。

【基本历程】 1997 年，省教育委员会确定普陀区为首批素质教育实验县（区），区教育局制订《普陀区素质教育实验方案》，推进素质教育的实施，标志着素质教育进入全面发动和推行的新阶段。

区教委根据省教委的要求，结合普陀区实际，以教科研为先导，深化教育教学改革，开展特色教育，促进学生全面素质提高。逐步探索并实践以主体性教育、创新教育、蓝色教育、绿色教育、心理健康教育、现代信息技术、生活劳动技术教育和国际理解教育为主要内容的促进学生可持续发展的教学实验，基本形成素质教育新框架，后经总结提炼，形成具有普陀特色的“八大教育”。

主体性教育　在沈家门小学等一批学校中开展历时 11 年的“主体学习，辩证指导”教学模式的研究和实践，形成以“五自五导”课堂教学结构和程序为中心的课堂教学模式。这项改变对域内中小学的课堂教学产生明显的积极影响，促进教学行为科学化，使学生的全面素质尤其是自学能力、思辨能力、独立工作和活动能力、体育和艺术素质显著提高。1999 年，举行全市推广会，普陀区的“主体教育，辩证指导”课堂教学模式在全市推广。

创新教育　沈家门第一小学等一批学校开展“思维品质培养”课题的研究与实践，培养学生的创造意向、创造思维、创造技能、创造人格。6 年实验证明，学生的创造性思维品质明显优化，学习成绩大面积提高，个性特长得到充分发展。1999 起，普陀第二中学作为省创新教育实验学校又启动新的教改实验。实施由基础性课程、发展性课程和研究性课程三个板块组成的课程体系，2000 年，普陀第二中学有 2 名学生在全国初中生数学竞赛、自然学科竞赛中，分别获省一等奖。

海洋教育　以虾峙中心小学为主的一批学校在“大海洋”观念的引导下，形成以学科教学渗透和海洋教育活动为主，实践课程和环境课程为辅的小学海洋教育课程体系。海洋教育活动课程已形成海洋意识教育系列、劳动技能与实践系列、海洋乡土与传统系列，实践课程系列（主要包括参观、访问、考察活动、劳动实践和海洋社团活动）。环境课程着力营造浓郁的海洋校园氛围，校园每一角落都弥漫着“海”味。在少年海洋学校展览室里陈列着各类海洋生物标本、岛模、船模的图片展览等。此举，在培养和提高学生的海洋意识，初步树立可持续发展的观念，进而影响社会，促进海岛群众的思维、生产、生活方式向有利于海洋可持续发展的方向转变起了积极作用。

环境教育　面对渔业资源衰退，旅游业发展的实际，以朱家尖的中小学、成校、幼儿园为基地，实施“绿色意识与行动——朱家尖关爱大自然教育工程”，并扩大到区域内一批学校。朱家尖中心小学被教育部确立为“中国中小学绿色教育行动试点学校”，沈家门第六小学成为全国环保网络学校。构建环保教育的管理网络、教学网络、科研网络，中小学生在保护周围环境，垃圾分类节能等方面的意识日益加强。

心理健康教育 1996年起，以沈家门第一初中为中心，区域开展心理健康教育。建立区心理健康教育指导中心，开通中小学生心理咨询热线电话和319知心姐姐信箱，创办《中小学心理健康教育通讯》，成立心理测量小组，建立学生心理健康档案。随着师生观转变，教学行为明显改善，学生整体心理负担减轻，心理品质有了提高，少数学生不良心理得到矫正。5月份，承办省学校心理健康教育区域性推进研讨及现场会，与会代表观摩了沈家门部分中小学的心理健康教育课，受到好评。

现代信息技术教育 1998年，建立普陀教科网，实现中小学及其他教育机构的全面联网，学校计算机配备和计算机教学工作进展迅速，开展教师全员计算机培训和考试。

2014年，域内中小学拥有各类计算机4673台，其中教学用计算机4287台，网络多媒体教室493间。已有11所学校建有“云”计算机教室，8所学校建设成覆盖全校的具有统一认证的无线（Wi—Fi）网络。有“全国现代教育技术实验学校”1所，“国家教育信息化试点学校”1所，“省现代教育技术实验学校”6所，市“班班通”项目试点学校3所，市“人人通”试点项目2个。

劳动与技术教育 学校的劳动与劳技教育以国家九年义务教育课程《综合实践活动指导纲要》《劳动与技术教育实施指南》为依据，结合学校实际，结合海岛特色，挖掘地方资源，以综合为特征，以实践为核心，以活动为载体，以培养学生创新精神和实践能力为重点，提高学生的动手能力，培养学生尊重劳动，尊重对劳动者的感情，珍惜劳动成果。

国际理解教育 启动以政治、历史和地理教学为背景，以外语教学为基础，开展以国际交流和因特网交流为主要渠道的国际理解教育。改革政治、世界历史和世界地理教学方式，开设相关的选修课和专题讲座。1993年起，开展小学外语课程教学试点，加强中学外语教学，实施中小学外语衔接。普陀中学与法国岗贝尔市乐利克斯中学建立友好合作文化交流关系，6月上旬，普陀中学师生代表团成功访法。

2000年，第4期《人民教育》发表普陀区教育委员会主任唐栽林的文章《顺应时代进步要求，构建面向未来的素质教育框架——促进学生可持续发展综合实验的思考》。

2001年6月，普陀区被省教育厅授予区域性推进素质教育先进县（区）称号。

以教育科研为先导，构筑以生命教育为内涵的素质教育框架。在2002年总结并提炼“八大教育”的基础上，提出“生命教育”，推进素质教育。2003年起，开展生命教育的研究与实践，着手制订课题方案并被立为省教科重点课题。2008年，出台《普陀区教育局关于进一步推进生命教育的指导意见》，制定2008—2009年生命教育推进计划。通过教师培训、《生命教育课程标准》的编制、生命教育优质课评比、学生作品评比、编印《生命至上——汶川大地震生命教育读本》等措施，以专题活动、学科渗透等途径，巧借综合实践活动课程和校本课程建设平台，在域内推广和深化生命教育。反映生命教育成果的《花开有时·区域推进生命教育实践研究》一书出版。

2011年9月，举行现代海洋教育开启仪式，成立现代海洋教育项目共同体学校和区教育学会海洋教育专业委员会。10月，普陀区海洋教育实践经验在青岛举办的2011年海洋教育国际研讨会上交流。普陀区中小学素质教育综合实践基地授牌仪式在东港塘头麒麟山举行。

2012年，学生夏令营活动，内容有科技、艺术、文学、体育、德育五大系列。德育工作摆在素质教育的首要位置，坚持育人为本、德育为首、全员育人贯穿于教育教学各个环节。强调德育的课程化和学科渗透，增强德育工作的针对性和实效性，把社会主义核心价值教育融入学校教育全过程。以活动为载体，以信息化为依托，积极推进未成年人思想道德建设“三五一〇”工程。创新德育载体，以“感恩”为主题的“孝心大考场”活动获得舟山市未成年人思想道德建设“十佳”创新案例，受到市文明委的表彰。2008年，举行首届全区中小学“十佳道德标兵”评选活动。2008年6月，沈家门小学举办的“同心迎奥运、争章显魅力”雏鹰奖章颁章典礼，受到共青团浙江省委领导的高度评价。

加强学校科技、艺术、体育工作制度化建设。每年举办一次区域性的科技节、艺术"五小星"比赛、田径运动会、球类棋类等各项比赛。12 所中小学通过 2007 年阳光体育运动优胜学校的考核。2008 年，东港小学、沈家门小学和普陀第二中学被省教育厅和省体育局联合命名为省首批体育特色学校。普陀中学、区职教中心、普陀第二中学、沈家门小学和东港小学被国家体育总局和教育部联合授予"全国学校体育场馆向公众开放试点单位"。

2014 年 9 月，普陀区以"现代海洋教育"为主题的专题网站运行，是为全国首家，标志着本区的现代海洋教育迈上新台阶。

重视学校评价和考试制度改革，域内小学均实行学业成绩等级制，并辅以激励性评语，中学推广试行学习等级评定方法；重视营造教科研氛围，教科研水平居全市乃至全省前列。"主体性教育、创新教育、海洋教育、心理健康教育"，四项成果均获省首届基础教育成果二等奖，并获推广一等奖。同时，重视辩证地处理基础知识与创新的关系、升学与可持续发展能力的关系，促进中小学生全面素质提高。

【成绩与荣誉】 1997 年，成为省首批素质教育实验区。2001 年，被省教育厅评为区域性推进素质教育先进县(区)，2002 年，被省委、省政府授予省教育强区称号，并于 2005 年通过省教育强区复评。普陀区作为省首批基础教育课程改革试验区，自 2003 年 9 月起全面实施新课程，2006 年，接受省市课改实验评估组的阶段性评估。2007 年被评为浙江省义务教育课程改革第一批先进集体。普陀第二中学被省教育厅推荐为全省唯一的初中"素质教育实验学校"，沈家门小学以"主体性发展"引领学校的素质教育发展，成为省内知名的素质教育名校。

素质教育促进学生德、智、体、美、劳全面发展。

1998—2014 年普陀区历年学生荣誉录(省级以上德、智、体、美、劳各类荣誉)情况表

表 3-44

姓　名	所在学校	荣　誉　称　号	获奖日期
		国际级	
林　玲	普陀第二中学	1998 年国际美术年《中国郑州—澳洲悉尼第 3 届世界和平书画展》银奖	1998.10
周倩倩	普陀第二中学	1998 年国际美术年《中国郑州—澳洲悉尼第三届世界和平书画展》优秀奖	1998.10
陈　清	普陀第二中学	中国—荷兰·柯罗宁根第四届世界和平书画展国际青少年儿童书画评奖金奖	1999.10
周倩倩	普陀第二中学	中国—荷兰·柯罗宁根第四届世界和平书画展国际青少年儿童书画奖评为优秀奖	1999.10
王凌云	普陀第二中学	2010 世界粮食日长三角地区中小学生爱粮节粮征文活动一等奖(作品名称《粒粒饱满，颗颗珠玑》)	2010
韩　熠	普陀第二中学	2010 世界粮食日长三角地区中小学生爱粮节粮征文活动一等奖(作品名称《爱的蜕变》)	2010
余　静	普陀第二中学	2010 世界粮食日长三角地区中小学生爱粮节粮征文活动二等奖(作品名称《稻田·亲情·珍惜》)	2010
夏楠翔	舟渔学校	2013 国际小学生电脑创意写作比赛银奖	2013
刘忠东	沈家门小学	深圳国际美展一等奖	1991.11
刘思东	沈家门小学	上海 90 国际儿童画展二等奖	1990.1
夏春秋	沈家门小学	2004 年国际小学电脑创意写作比赛金牌奖	2004.11
梅　枝	沈家门小学	2004 年国际小学电脑创意写作比赛铜牌奖	2004.11
杜思源	沈家门小学	2006 年国际小学生创意写作比赛银奖	2006.11
许明悦	沈家门小学	2006 年国际小学生创意写作比赛银奖	2006.11

续表 3-44-1

姓　名	所在学校	荣　誉　称　号	获奖日期
郭　堃	沈家门小学	2006 年国际小学生创意写作比赛铜奖	2006.11
刘之昕	沈家门小学	2006 年国际小学生创意写作比赛铜奖	2006.11
乐玢瑶	沈家门小学	2006 年国际小学生创意写作比赛铜奖	2006.11
乐婕妤	沈家门小学	2006 年国际小学生创意写作比赛银奖	2006.11
张颜笑	沈家门小学	2008 国际小学生电脑创意写作金奖	2008.1
翁嘉浩	沈家门小学	2008 国际小学生电脑创意写作金奖	2008.1
林丹禾	沈家门小学	2008 国际小学生电脑创意写作金奖	2008.1
陈威宇	沈家门小学	2008 国际小学生电脑创意写作银奖	2008.1
陆诗琪	沈家门小学	2008 国际小学生电脑创意写作银奖	2008.1
高碧聪	沈家门小学	2008 国际小学生电脑创意写作银奖	2008.1
肖仪六	沈家门小学	2008 国际小学生电脑创意写作银奖	2008.1
姚沛佳	沈家门小学	2009 国际小学生电脑创意写作比赛金奖	2009.10
虞晨阳	沈家门小学	2009 国际小学生电脑创意写作比赛金奖	2009.10
周初扬	沈家门小学	2009 国际小学生电脑创意写作比赛银奖	2009.10
俞　快	沈家门小学	2009 国际小学生电脑创意写作比赛银奖	2009.10
马语彤	沈家门小学	2009 国际小学生电脑创意写作比赛铜奖	2009.10
王馨怡	沈家门小学	2009 国际小学生电脑创意写作比赛铜奖	2009.10
朱怡颖	沈家门小学	2009 国际小学生电脑创意写作比赛铜奖	2009.10
张笑颜	沈家门小学	2009 国际小学生电脑创意写作比赛铜奖	2009.10
李岷洋	沈家门小学	2010 国际小学生电脑创意写作比赛金奖	2010.10
王佳晖	沈家门小学	2010 国际小学生电脑创意写作比赛金奖	2010.10
虞晨阳	沈家门小学	2010 国际小学生电脑创意写作比赛金奖	2010.10
郑若涵	沈家门小学	2010 国际小学生电脑创意写作比赛金奖	2010.10
刘泓吕	沈家门小学	2010 国际小学生电脑创意写作比赛银奖	2010.10
姚涵琪	沈家门小学	2010 国际小学生电脑创意写作比赛银奖	2010.10
俞　快	沈家门小学	2010 国际小学生电脑创意写作比赛银奖	2010.10
张笑颜	沈家门小学	2010 国际小学生电脑创意写作比赛银奖	2010.10
郑涵元	沈家门小学	2010 国际小学生电脑创意写作比赛银奖	2010.10
史霄炫	沈家门小学	2010 国际小学生电脑创意写作比赛铜奖	2010.10
叶易衡	沈家门小学	2010 国际小学生电脑创意写作比赛铜奖	2010.10
虞会凌	沈家门小学	2010 国际小学生电脑创意写作比赛铜奖	2010.10
张哲文	沈家门小学	2010 国际小学生电脑创意写作比赛铜奖	2010.10
蒋宜睿	沈家门小学	2012 年国际小学生电脑创意写作比赛获金奖	2012.10
朱妍颖	沈家门小学	2012 年国际小学生电脑创意写作比赛获金奖	2012.10
裘焯棠	沈家门小学	2012 年国际小学生电脑创意写作比赛获金奖	2012.10
郑可逸	沈家门小学	2012 年国际小学生电脑创意写作比赛获银奖	2012.10
唐　薇	沈家门小学	2012 年国际小学生电脑创意写作比赛获银奖	2012.10
陆昱洁	沈家门小学	2012 年国际小学生电脑创意写作比赛获银奖	2012.10
虞一通	沈家门小学	2012 年国际小学生电脑创意写作比赛获银奖	2012.10
胡涵琪	沈家门小学	2012 年国际小学生电脑创意写作比赛获银奖	2012.10
徐辰雨	沈家门小学	2012 年国际小学生电脑创意写作比赛获铜奖	2012.10
张竞予	沈家门小学	2012 年国际小学生电脑创意写作比赛获铜奖	2012.10
乐雨欣	沈家门小学	2012 年国际小学生电脑创意写作比赛获铜奖	2012.10
李宣筱	沈家门小学	2013 年第 14 届国际小学生电脑创意写作比赛金牌奖	2013.12

续表 3-44-2

姓　名	所在学校	荣　誉　称　号	获奖日期
陈怡暄	沈家门小学	2013 年第 14 届国际小学生电脑创意写作比赛金牌奖	2013.12
孙艺嘉	沈家门小学	2013 年第 14 届国际小学生电脑创意写作比赛金牌奖	2013.12
张晨阳	沈家门小学	2013 年第 14 届国际小学生电脑创意写作比赛金牌奖	2013.12
文心言	沈家门小学	2013 年第 14 届国际小学生电脑创意写作比赛银牌奖	2013.12
俞博誉	沈家门小学	2013 年第 14 届国际小学生电脑创意写作比赛银牌奖	2013.12
刘懿灵	沈家门小学	2013 年第 14 届国际小学生电脑创意写作比赛银牌奖	2013.12
顾子欣	沈家门小学	2013 年第 14 届国际小学生电脑创意写作比赛铜牌奖	2013.12
范婷婷	沈家门小学	2013 年第 14 届国际小学生电脑创意写作比赛铜牌奖	2013.12
孙艺嘉	沈家门小学	2014 年国际小学生电脑创意写作比赛(国际赛)金奖	2014.4
王昱凯	沈家门小学	2014 年国际小学生电脑创意写作(国际赛)金奖	2014.4
贺彦澄	沈家门小学	2014 年国际小学生电脑创意写作比赛(国际赛)银奖	2014.4
程涵修	沈家门小学	2014 年国际小学生电脑创意写作比赛(国际赛)银奖	2014.4
翁科栋	沈家门小学	2014 年国际小学生电脑创意写作比赛(国际赛)银奖	2014.4
诸葛涵扬	朱家尖小学	2012 国际小学生电脑创意写作比赛金奖	2012.10
陈思颖	朱家尖小学	2012 国际小学生电脑创意写作比赛银奖	2012.10
丁科喻	朱家尖小学	2012 国际小学生电脑创意写作比赛铜奖	2012.10
任瑾瑶	朱家尖小学	2013 国际小学生电脑创意写作比赛铜奖	2012.10
范午芊	朱家尖小学	2014 国际小学生电脑创意写作比赛铜奖	2012.10
刘骉远	朱家尖小学	2015 国际小学生电脑创意写作比赛铜奖	2012.10
柳淇译	朱家尖小学	2013 国际小学生电脑创意写作比赛金奖	2013.9
周思棋	朱家尖小学	2014 国际小学生电脑创意写作比赛银奖	2014.4
胡晨洋	朱家尖小学	2014 国际小学生电脑创意写作比赛铜奖	2014.4
丁　宁	朱家尖小学	2014 国际小学生电脑创意写作比赛铜奖	2014.4
胡康俊	沈家门第一小学	2002 年国际中小学生幼儿美术书法大赛三等奖	2002.12
王春潮	沈家门第一小学	2006 年国际小学生电脑创意写作比赛金牌	2006.11
王与涵	沈家门第一小学	2007 年国际小学生电脑创意写作比赛银牌	2006.11
贺芊菡	沈家门第一小学	新加坡电脑创意写作比赛金奖	2007.11
沈霖晖	沈家门第一小学	新加坡电脑创意写作比赛银奖	2007.11
周姿余	沈家门第一小学	新加坡电脑创意写作比赛银奖	2007.11
吕臻琰	沈家门第一小学	国际小学生电脑创意写作比赛金奖	2009.10
刘梦慧	沈家门第一小学	国际小学生电脑创意写作比赛银奖	2009.10
杨雯巧	沈家门第一小学	国际小学生电脑创意写作比赛银奖	2009.10
庄喆盈	沈家门第一小学	2010 国际小学生电脑创意写作比赛金奖	2010.10
胡思盼	沈家门第一小学	2010 国际小学生电脑创意写作比赛金奖	2010.10
吕臻琰	沈家门第一小学	2010 国际小学生电脑创意写作比赛银奖	2010.10
王　珏	沈家门第一小学	2010 国际小学生电脑创意写作比赛银奖	2010.10
颜晗雨	沈家门第一小学	2010 国际小学生电脑创意写作比赛银奖	2010.10
陈瀛升	沈家门第一小学	2010 国际小学生电脑创意写作比赛铜奖	2010.10
王科涵	沈家门第一小学	2010 国际小学生电脑创意写作比赛铜奖	2010.10
顾泽南	沈家门第一小学	2010 国际小学生电脑创意写作比赛铜奖	2010.10
胡译予	沈家门第一小学	2010 国际小学生电脑创意写作比赛铜奖	2010.10
顾泽南	沈家门第一小学	2011 年国际小学生电脑创意写作比赛金奖	2012.5
王可欣	沈家门第一小学	2011 年国际小学生电脑创意写作比赛金奖	2012.5

续表 3-44-3

姓　名	所在学校	荣　誉　称　号	获奖日期
王吉敏	沈家门第一小学	2011 年国际小学生电脑创意写作比赛银奖	2012.5
俞　涵	沈家门第一小学	2011 年国际小学生电脑创意写作比赛银奖	2012.5
赵芝贤	沈家门第一小学	2011 年国际小学生电脑创意写作比赛银奖	2012.5
陈珂瑜	沈家门第一小学	2011 年国际小学生电脑创意写作比赛铜奖	2012.5
何思在	沈家门第一小学	2011 年国际小学生电脑创意写作比赛铜奖	2012.5
林芷羽	沈家门第一小学	2011 年国际小学生电脑创意写作比赛铜奖	2012.5
刘一帆	沈家门第一小学	2011 年国际小学生电脑创意写作比赛铜奖	2012.5
汤凌楠	沈家门第一小学	2011 年国际小学生电脑创意写作比赛铜奖	2012.5
丁诗颖	沈家门第一小学	2012 国际小学生电脑创意写作比赛（国际赛）金奖	2012.10
徐子涵	沈家门第一小学	2012 国际小学生电脑创意写作比赛（国际赛）金奖	2012.10
刘彦辰	沈家门第一小学	2012 国际小学生电脑创意写作比赛（国际赛）银奖	2012.10
王圣楠	沈家门第一小学	2012 国际小学生电脑创意写作比赛（国际赛）银奖	2012.10
俞沛廷	沈家门第一小学	2012 国际小学生电脑创意写作比赛（国际赛）银奖	2012.10
沈嘉琛	沈家门第一小学	2012 国际小学生电脑创意写作比赛（国际赛）铜奖	2012.10
王誉璇	沈家门第一小学	新加坡国际作文创新大赛金奖	2013.10
陈　晨	沈家门第一小学	新加坡国际作文创新大赛银奖	2013.10
王乐筱	沈家门第一小学	新加坡国际作文创新大赛铜奖	2013.10
王艺滢	沈家门第一小学	新加坡国际作文创新大赛铜奖	2013.10
乐　开	沈家门第一小学	2014 国际小学生电脑创意写作比赛（国内赛）银奖	2014.4
葛雅婷	沈家门第一小学	2014 国际小学生电脑创意写作比赛（国内赛）银奖	2014.4
陈思睿	沈家门第一小学	2014 国际小学生电脑创意写作比赛（国内赛）铜奖	2014.4
蔡育超	沈家门第一小学	2014 国际小学生电脑创意写作比赛（国内赛）铜奖	2014.4
袁滕哲	沈家门第一小学	2014 国际小学生电脑创意写作比赛（国内赛）铜奖	2014.4
林馨怡	沈家门第一小学	2014 国际小学生电脑创意写作比赛（国内赛）铜奖	2014.4
翁茂格	六横镇中心小学	2004 年国际小学电脑创意写作比赛银奖	2004.12
茹凯力	六横镇中心小学	2008 年国际小学生电脑创意写作比赛铜奖	2008.12
王怡晓	六横镇中心小学	2009 年国际小学生电脑创意写作比赛银奖	2009.10
夏晨晨	六横镇中心小学	2012 国际小学生电脑创意写作比赛金奖	2012.11
俞洁琛	六横镇中心小学	2013 国际小学生电脑创意写作比赛铜奖	2012.11
周露燕	六横镇中心小学	2014 年国际小学生电脑创意写作比赛铜奖	2014.4
季桑好	桃花中心学校	2013 年国际小学生电脑创意写作比赛银奖	2013.10
全国级			
陈秋碧	普陀中学	全国高中数学竞赛全国一等奖	2000.10
严忆泉	普陀中学	全国高中数学竞赛全国二等奖	2000.10
张凌栋	普陀中学	全国高中数学竞赛全国二等奖	2000.10
许盛刚	普陀中学	全国高中数学竞赛省三等奖	2000.10
孙　惠	普陀中学	全国高中数学竞赛省三等奖	2000.10
周　湘	普陀中学	全国高中数学竞赛省三等奖	2000.10
徐　波	普陀中学	全国高中数学竞赛省三等奖	2000.10
周　盛	普陀中学	华东六省一市中学生作文竞赛省二等奖	2001.11
王焱凌	普陀中学	华东六省一市中学生作文竞赛省二等奖	2001.11
吴　佩	普陀中学	华东六省一市中学生作文竞赛省二等奖	2001.11
缪家明	普陀中学	第 18 届全国中学生物理竞赛（省赛区）省一等奖	2001.11

续表 3-44-4

姓　名	所在学校	荣　誉　称　号	获奖日期
徐天晓	普陀中学	第 18 届全国中学生物理竞赛(省赛区)省二等奖	2001.11
陈　亮	普陀中学	第 18 届全国中学生物理竞赛(省赛区)省三等奖	2001.11
童　舟	普陀中学	第 19 届全国中学生物理竞赛(省赛区)省三等奖	2002.10
张盼科	普陀中学	第 19 届全国中学生物理竞赛(省赛区)省三等奖	2002.10
孙　璐	普陀中学	第 19 届全国中学生物理竞赛(省赛区)省三等奖	2002.10
谢龙涛	普陀中学	第 19 届全国中学生物理竞赛(省赛区)省三等奖	2002.10
徐　超	普陀中学	第 19 届全国中学生物理竞赛(省赛区)省三等奖	2002.10
童　舟	普陀中学	2002 年全国中学生化学竞赛(省赛区)省二等奖	2002.11
竺培军	普陀中学	2002 年全国中学生化学竞赛(省赛区)省三等奖	2002.11
徐鲁斌	普陀中学	2002 年全国中学生化学竞赛(省赛区)省三等奖	2002.11
方　舟	普陀中学	全国数学联赛(浙江赛区)省一等奖	2002.12
孙　璐	普陀中学	全国数学联赛(浙江赛区)省一等奖	2002.12
顾壹科	普陀中学	2003 年全国高中化学竞赛(省赛区)全国二等奖	2003.12
孙捷衎	普陀中学	2003 年全国高中化学竞赛(省赛区)全国二等奖	2003.12
刘舟浩	普陀中学	2003 年全国高中化学竞赛(省赛区)全国三等奖	2003.12
李铭恩	普陀中学	全国高中物理竞赛(省赛区)全国二等奖	2003.12
杨　华	普陀中学	全国高中物理竞赛(省赛区)全国二等奖	2003.12
张　燚	普陀中学	全国高中物理竞赛(省赛区)全国二等奖	2003.12
叶　帆	普陀中学	全国高中物理竞赛(省赛区)全国二等奖	2003.12
任栋昊	普陀中学	全国高中物理竞赛(省赛区)全国二等奖	2003.12
孙　璐	普陀中学	全国高中物理竞赛(省赛区)全国二等奖	2003.12
王　晨	普陀中学	全国高中物理竞赛(省赛区)全国二等奖	2003.12
辛光杰	普陀中学	全国高中物理竞赛(省赛区)全国二等奖	2003.12
庄　勇	普陀中学	全国高中物理竞赛(省赛区)全国三等奖	2003.12
施高峰	普陀中学	全国高中物理竞赛(省赛区)省一等奖	2003.12
马相极	普陀中学	全国高中物理竞赛(省赛区)省一等奖	2003.12
应哲思	普陀中学	全国高中物理竞赛(省赛区)省二等奖	2003.12
赵　明	普陀中学	全国高中物理竞赛(省赛区)省三等奖	2003.12
王　展	普陀中学	全国高中数学竞赛全国一等奖	2003.12
孙　璐	普陀中学	全国高中数学竞赛全国二等奖	2003.12
黄　琦	普陀中学	全国高中数学竞赛全国二等奖	2003.12
杨　华	普陀中学	全国高中数学竞赛全国二等奖	2003.12
李铭恩	普陀中学	全国高中数学竞赛省二等奖	2003.12
刘舟浩	普陀中学	全国高中化学竞赛(省赛区)全国二等奖	2004.11
邬乐欢	普陀中学	全国高中化学竞赛(省赛区)全国三等奖	2004.11
刘盈溢	普陀中学	全国高中化学竞赛(省赛区)全国三等奖	2004.11
屠浩驰	普陀中学	全国高中化学竞赛(省赛区)全国三等奖	2004.11
许　帅	普陀中学	21 届全国中学生物理竞赛(浙江赛区)全国二等奖	2004.11
杨　华	普陀中学	21 届全国中学生物理竞赛(浙江赛区)全国二等奖	2004.11
张　洪	普陀中学	21 届全国中学生物理竞赛(浙江赛区)全国二等奖	2004.11
潘舟浩	普陀中学	21 届全国中学生物理竞赛(浙江赛区)全国三等奖	2004.11
陈冬冬	普陀中学	21 届全国中学生物理竞赛(浙江赛区)全国三等奖	2004.11
邬吉丰	普陀中学	21 届全国中学生物理竞赛(浙江赛区)全国三等奖	2004.11

续表 3-44-5

姓　名	所在学校	荣　誉　称　号	获奖日期
刘博仁	普陀中学	21 届全国中学生物理竞赛(浙江赛区)全国三等奖	2004.11
朱建道	普陀中学	2004 年全国高中数学联赛全国二等奖	2004.12
杨　华	普陀中学	2004 年全国高中数学联赛省二等奖	2004.12
张忠立	普陀中学	2004 年全国高中数学联赛省二等奖	2004.12
刘昭东	普陀中学	2005 全国高中生化学竞赛(浙江赛区)全国二等奖	2005.11
方圆侃	普陀中学	2005 全国高中生化学竞赛(浙江赛区)全国二等奖	2005.11
朱张超	普陀中学	2005 全国高中生化学竞赛(浙江赛区)全国三等奖	2005.11
金　帅	普陀中学	2005 全国高中生化学竞赛(浙江赛区)全国三等奖	2005.11
鲍增辉	普陀中学	第 22 届全国高中物理竞赛(省赛区)全国二等奖	2005.12
应千军	普陀中学	第 22 届全国高中物理竞赛(省赛区)全国三等奖	2005.12
董　琛	普陀中学	第 22 届全国高中物理竞赛(省赛区)省二等奖	2005.12
洪豪骏	普陀中学	第 22 届全国高中物理竞赛(省赛区)省三等奖	2005.12
朱文戈	普陀中学	第 22 届全国高中物理竞赛(省赛区)省三等奖	2005.12
郭舟东	普陀中学	2005 年全国高中数学联赛全国二等奖	2005.12
朱文戈	普陀中学	2005 年全国高中数学联赛全国二等奖	2005.12
胡碧霄	普陀中学	2005 年全国高中数学联赛全国二等奖	2005.12
陆碧东	普陀中学	2005 年全国高中数学联赛省一等奖	2005.12
魏旭东	普陀中学	2005 年全国高中数学联赛省二等奖	2005.12
朱文博	普陀中学	2005 年全国高中数学联赛省二等奖	2005.12
徐　挺	普陀中学	2005 年全国高中数学联赛省二等奖	2005.12
郭舟东	普陀中学	第 11 届全国青少年信息学奥林匹克联赛(省赛区)省三等奖	2006.3
柳婕妤	普陀中学	第 20 届全国高中化学竞赛(省赛区)全国三等奖	2006.11
洪豪骏	普陀中学	第 23 届全国中学生物理竞赛(省赛区)全国三等奖	2006.11
周卡迪	普陀中学	第 23 届全国中学生物理竞赛(省赛区)全国三等奖	2006.11
郑　晨	普陀中学	第 23 届全国中学生物理竞赛(省赛区)省一等奖	2006.11
徐琪皓	普陀中学	第 23 届全国中学生物理竞赛(省赛区)省二等奖	2006.11
郭舟东	普陀中学	第 23 届全国中学生物理竞赛(省赛区)省三等奖	2006.11
王倩璐	普陀中学	2006 年全国高中数学联赛全国二等奖	2006.12
郭舟东	普陀中学	2006 年全国高中数学联赛省一等奖	2006.12
杨宏淼	普陀中学	2006 年全国高中数学联赛省一等奖	2006.12
孙亳棋	普陀中学	2006 年全国高中数学联赛省二等奖	2006.12
陈思远	普陀中学	第 12 届全国青少年信息学奥林匹克联赛(省赛区)省三等奖	2006.12
戎奇明	普陀中学	2007 全国高中数学联赛省一等奖	2007.11
陈思远	普陀中学	2007 全国高中数学联赛省一等奖	2007.11
陈文迪	普陀中学	2007 全国高中数学联赛省二等奖	2007.11
王　雍	普陀中学	2007 全国高中数学联赛省二等奖	2007.11
王梦倩	普陀中学	2007 全国高中数学联赛省二等奖	2007.11
孙亳棋	普陀中学	2007 全国高中数学联赛省二等奖	2007.11
潘恺峰	普陀中学	2007 全国高中数学联赛省二等奖	2007.11
乐裕迪	普陀中学	第 24 届全国中学生物理竞赛(省赛区)全国三等奖	2007.11
庄　吉	普陀中学	第 24 届全国中学生物理竞赛(省赛区)全国三等奖	2007.11
刘皓驰	普陀中学	第 24 届全国中学生物理竞赛(省赛区)全国三等奖	2007.11
吴广力	普陀中学	2008 年全国高中学生化学竞赛全国二等奖	2008.11

续表 3-44-6

姓　名	所在学校	荣　誉　称　号	获奖日期
李施恩	普陀中学	2008 年全国高中学生化学竞赛全国三等奖	2008.11
乐威杰	普陀中学	2008 年全国中学生生物学联赛全国三等奖	2008.9
周骥勋	普陀中学	2008 年全国高中数学联赛省二等奖	2008.12
陈文迪	普陀中学	2008 年全国高中数学联赛省二等奖	2008.12
乐生健	普陀中学	2009 全国高中数学联赛全国三等奖	2009.11
徐旭巍	普陀中学	2009 全国高中数学联赛全国三等奖	2009.11
郑钢锋	普陀中学	2009 全国高中数学联赛全国三等奖	2009.11
王凯杰	普陀中学	2009 全国高中数学联赛省二等奖	2009.11
陈兵兵	普陀中学	2009 全国高中数学联赛省二等奖	2009.11
忻佳展	普陀中学	2009 全国高中化学竞赛(省级赛区)全国三等奖	2009.11
周妙明	普陀中学	2009 全国高中化学竞赛(省级赛区)全国三等奖	2009.11
俞恩杰	普陀中学	2009 全国高中化学竞赛(省级赛区)全国三等奖	2009.11
陆哲琪	普陀中学	2009 全国高中生物联赛全国三等奖	2009.10
李方雨等 6 人	普陀中学	全国首届中学生研究性学习成果评选全国一等奖	2010.7
刘丛加等 6 人	普陀中学	全国首届中学生研究性学习成果评选全国一等奖	2010.7
张喆楠等 6 人	普陀中学	全国首届中学生研究性学习成果评选全国一等奖	2010.7
蒋　佳等 6 人	普陀中学	全国首届中学生研究性学习成果评选全国二等奖	2010.7
吴金泽等 5 人	普陀中学	全国首届中学生研究性学习成果评选全国二等奖	2010.7
夏枫凯	普陀中学	第 27 届全国中学生物理竞赛(浙江赛区)全国三等奖	2010.11
虞蒙泽	普陀中学	第 27 届全国中学生物理竞赛(浙江赛区)全国三等奖	2010.11
冯宇哲	普陀中学	第 27 届全国中学生物理竞赛(浙江赛区)全国三等奖	2010.11
王奇慧	普陀中学	第 27 届全国中学生物理竞赛(浙江赛区)全国三等奖	2010.11
杨琳吉	普陀中学	第 27 届全国中学生物理竞赛(浙江赛区)全国三等奖	2010.11
徐默凡	普陀中学	第 27 届全国中学生物理竞赛(浙江赛区)全国三等奖	2010.11
王凯杰	普陀中学	第 27 届全国中学生物理竞赛(浙江赛区)全国三等奖	2010.11
刘科杰	普陀中学	2010 全国高中数学联赛全国二等奖	2010.11
王奇慧	普陀中学	2010 全国高中数学联赛省一等奖	2010.11
刘聪聪	普陀中学	2010 全国高中数学联赛省二等奖	2010.11
任腾达	普陀中学	2010 全国高中数学联赛省二等奖	2010.11
庄加杰	普陀中学	2010 全国高中数学联赛省二等奖	2010.11
张喆楠	普陀中学	2010 全国高中数学联赛省二等奖	2010.11
吕佳怡	普陀中学	全国中学生创新英语大赛全国二等奖	2011.10
刘予琛	普陀中学	2011 年全国高中数学联赛省赛区省一等奖	2011.10
马驰骋	普陀中学	2011 年全国高中数学联赛省赛区省二等奖	2011.10
李旻昱	普陀中学	2011 年全国高中数学联赛省赛区省二等奖	2011.10
陆宇凡	普陀中学	2011 年全国高中数学联赛省赛区省二等奖	2011.10
缪文华	沈家门中学	2002 年全国高中学生化学竞赛浙江省预赛 B 组二等奖	2002.6
张　元	沈家门中学	2002 年全国高中学生化学竞赛浙江省预赛 B 组二等奖	2002.6
盛静开	沈家门中学	2002 年全国高中学生化学竞赛浙江省预赛 B 组二等奖	2002.6

续表 3-44-7

姓　名	所在学校	荣　誉　称　号	获奖日期
张华龙	沈家门中学	2002 年全国高中学生化学竞赛浙江省预赛 B 组二等奖	2002.6
张　峰	沈家门中学	2002 年全国高中学生化学竞赛浙江省预赛 B 组二等奖	2002.6
陈　明	沈家门中学	2002 年全国高中学生化学竞赛浙江省预赛 B 组三等奖	2002.6
缪舟辉	沈家门中学	2002 年全国高中学生化学竞赛浙江省预赛 B 组三等奖	2002.6
厉力观	沈家门中学	2002 年全国高中学生化学竞赛浙江省预赛 B 组三等奖	2002.6
李　欢	沈家门中学	2002 年全国高中学生化学竞赛浙江省预赛 B 组三等奖	2002.6
章　近	沈家门中学	2002 年全国高中学生化学竞赛浙江省预赛 B 组三等奖	2002.6
蒋方平	沈家门中学	2002 年全国高中学生化学竞赛浙江省预赛 B 组三等奖	2002.6
胡贝贝等 3 人	区职教中心	《普陀佛茶》茶艺表演获第 8 届全国中等职业学校“文明风采”竞赛二等奖	2011.10
辛梦圆	区职教中心	2013 年浙江省中等职业学校学生技能大赛暨全国职业院校技能大赛选拔赛——旅游服务技能大赛中餐宴会摆台二等奖	2013.7
朱梦琪	区职教中心	2013 年浙江省中等职业学校学生技能大赛暨全国职业院校技能大赛选拔赛——旅游服务技能大赛中餐宴会摆台三等奖	2013.7
王志盼	区职教中心	2013 年浙江省中等职业学校学生技能大赛暨全国职业院校技能大赛选拔赛——旅游服务技能大赛中餐宴会摆台三等奖	2013.7
张泽欣	区职教中心	2013 年浙江省中等职业学校学生技能大赛暨全国职业院校技能大赛选拔赛——旅游服务技能大赛客房中式铺床三等奖	2013.7
张　猛	区职教中心	2013 年浙江省中等职业学校学生技能大赛暨全国职业院校技能大赛选拔赛——旅游服务技能大赛客房中式铺床三等奖	2013.7
陈　星	区职教中心	2013 年浙江省中等职业学校学生技能大赛暨全国职业院校技能大赛选拔赛——旅游服务技能大赛中餐热菜二等奖	2013.7
王斌凯	区职教中心	2013 年浙江省中等职业学校学生技能大赛暨全国职业院校技能大赛选拔赛——旅游服务技能大赛中餐热菜三等奖	2013.7
梅华杰	六横中学	全国高中生数学联赛二等奖	2003.1
王舟平	普陀区芦花中学	全国初中生化学竞赛浙江赛区三等奖	1990
张晓敏	普陀区芦花中学	全国初中生化学竞赛浙江赛区三等奖	1990
吴海斌	普陀区芦花中学	全国初中生化学竞赛浙江赛区三等奖	1991
张晓敏	普陀区芦花中学	第 8 届东华杯中学生化学竞赛一等奖	1991
李维舟	普陀区芦花中学	第 8 届东华杯中学生化学竞赛一等奖	1991
吴海斌	普陀区芦花中学	第 8 届东华杯中学生化学竞赛三等奖	1991
高静波	普陀区芦花中学	全国高中生化学竞赛浙江赛区三等奖	1992
张红兵	普陀区芦花中学	全国高中生化学竞赛浙江赛区三等奖	1992
金　凤	普陀区芦花中学	第 7 届“双龙杯”全国少年书画大赛铜杯奖	1994
吴飞跃	普陀区芦花中学	第 4 届周培源力学竞赛三等奖	1995
张剑军	普陀区芦花中学	全国化学竞赛浙江赛区（普组）二等奖	1997
张　涛	普陀区芦花中学	全国化学竞赛浙江赛区（普组）二等奖	1997
陈　敏	普陀区芦花中学	全国化学竞赛浙江赛区（普组）二等奖	1997
谢成波	普陀区芦花中学	全国化学竞赛浙江赛区（普组）二等奖	1997
余海玲	普陀区芦花中学	全国化学竞赛浙江赛区（普组）二等奖	1997
李波峰	普陀区芦花中学	全国化学竞赛浙江赛区（普组）二等奖	1997
郭黎腾	普陀区芦花中学	第 14 届全国中小学电脑制作活动初中组　电脑绘画《探索与创新——机器鱼》三等奖	2013.4
虞哲达	普陀第二中学	1999 年全国初中生数学竞赛一等奖	1999

续表 3-44-8

姓　名	所在学校	荣　誉　称　号	获奖日期
严文超	普陀第二中学	1999 年全国初中生数学竞赛一等奖	1999
张琳琪	普陀第二中学	1999 年全国初中生数学竞赛一等奖	1999
王　峥	普陀第二中学	1999 年全国初中生数学竞赛二等奖	1999
陈　亮	普陀第二中学	1999 年全国初中生数学竞赛二等奖	1999
李华杰	普陀第二中学	1999 年全国初中生数学竞赛二等奖	1999
魏　力	普陀第二中学	1999 年全国初中生数学竞赛二等奖	1999
张华业	普陀第二中学	1999 年全国初中生数学竞赛二等奖	1999
陈　怡	普陀第二中学	1999 年全国初中生数学竞赛三等奖	1999
龚维纳	普陀第二中学	1999 年全国初中生数学竞赛三等奖	1999
陶造之	普陀第二中学	1999 年全国初中生数学竞赛三等奖	1999
袁　洋	普陀第二中学	1999 年全国初中生数学竞赛三等奖	1999
缪文杰	普陀第二中学	1999 年全国初中生数学竞赛三等奖	1999
朱海阳	普陀第二中学	1999 年全国初中生数学竞赛三等奖	1999
陈　璇	普陀第二中学	1999 年全国初中生数学竞赛三等奖	1999
张晓明	普陀第二中学	2000 年全国初中生数学竞赛一等奖	2000
郑文盈	普陀第二中学	2000 年全国初中生数学竞赛一等奖	2000
李逸林	普陀第二中学	2000 年全国初中生数学竞赛二等奖	2000
杨　斌	普陀第二中学	2000 年全国初中生数学竞赛二等奖	2000
蒋高平	普陀第二中学	2000 年全国初中生数学竞赛三等奖	2000
翁波杰	普陀第二中学	2000 年全国初中生数学竞赛三等奖	2000
林　凯	普陀第二中学	2000 年全国初中生数学竞赛三等奖	2000
魏立舟	普陀第二中学	2000 年全国初中生数学竞赛三等奖	2000
牟筱琮	普陀第二中学	2000 年全国初中生数学竞赛三等奖	2000
王敏英	普陀第二中学	2000 年全国初中生数学竞赛三等奖	2000
严鸿杰	普陀第二中学	2000 年全国初中生数学竞赛三等奖	2000
施经辉	普陀第二中学	2000 年全国初中生数学竞赛三等奖	2000
周　洁	普陀第二中学	第 15 届（2001 年）华东六省一市中学生作文比赛三等奖（作品名称《我与外婆的绿豆汤》）	2001.11
何晓虹	普陀第二中学	2002 年全国初中生数学竞赛二等奖	2002.6
蒋晔华	普陀第二中学	2002 年全国初中生数学竞赛二等奖	2002.6
林蒙峥	普陀第二中学	2002 年全国初中生数学竞赛二等奖	2002.6
丁　艺	普陀第二中学	2002 年全国初中生数学竞赛三等奖	2002.6
庄　达	普陀第二中学	2002 年全国初中生数学竞赛三等奖	2002.6
张自立	普陀第二中学	2002 年全国初中生数学竞赛三等奖	2002.6
谢碧璠	普陀第二中学	2002 年全国初中生数学竞赛三等奖	2002.6
于诗琪	普陀第二中学	习作《新生》发表在全国公开发行的《未来作家》总第 185 辑（中）学版	2003
徐　捷	普陀第二中学	2003 年全国初中生数学竞赛三等奖	2003.5
鲍陈磊	普陀第二中学	2003 年全国初中生数学竞赛三等奖	2003.5
洪　洁	普陀第二中学	2003 年全国初中生数学竞赛三等奖	2003.5
林露艳	普陀第二中学	第 5 届中国少年儿童歌曲卡拉 OK 电视大赛（浙江赛区）铜奖	2003.7
郭舟东	普陀第二中学	2004 年全国初中生数学竞赛二等奖	2004.5
汪　雯	普陀第二中学	2004 年全国初中生数学竞赛二等奖	2004.5
王诗豪	普陀第二中学	2004 年全国初中生数学竞赛二等奖	2004.5
马子啸	普陀第二中学	2004 年全国初中生数学竞赛三等奖	2004.5

续表 3-44-9

姓　名	所在学校	荣　誉　称　号	获奖日期
董舟菡	普陀第二中学	2004 年全国初中生数学竞赛三等奖	2004.5
吴天明	普陀第二中学	2004 年全国初中生数学竞赛三等奖	2004.5
李群伟	普陀第二中学	2004 年全国初中生数学竞赛三等奖	2004.5
顾卓伟	普陀第二中学	第 9 届全国青少年信息学奥林匹克联赛(浙江赛区)普及组三等奖	2004.3
潘恺峰	普陀第二中学	全国青少年科技创新大赛少年儿童科学幻想绘画一等奖(作品名称《跨越时空》)	2005.8
张泽清	普陀第二中学	第 10 届全国青少年信息学奥林匹克联赛(浙江赛区)普及组二等奖	2005.2
张　琦	普陀第二中学	第 10 届全国青少年信息学奥林匹克联赛(浙江赛区)普及组二等奖	2005.2
陈瀚骏	普陀第二中学	第 10 届全国青少年信息学奥林匹克联赛(浙江赛区)普及组三等奖	2005.2
张凌博	普陀第二中学	第 10 届全国青少年信息学奥林匹克联赛(浙江赛区)普及组三等奖	2005.2
李思超	普陀第二中学	第 10 届全国青少年信息学奥林匹克联赛(浙江赛区)普及组三等奖	2005.2
陈文迪	普陀第二中学	第 11 届全国青少年信息学奥林匹克联赛(浙江赛区)普及组三等奖	2006.3
胡家巍	普陀第二中学	第 11 届全国中小学生绘画、书法作品比赛电脑美术类一等奖	2006.6
水涵逸	普陀第二中学	第 11 届全国中小学生绘画、书法作品比赛电脑美术类一等奖	2006.6
张瀛尹	普陀第二中学	第 11 届全国中小学生绘画、书法作品比赛电脑美术类三等奖	2006.6
竺凌筱	普陀第二中学	第 11 届全国中小学生绘画、书法作品比赛电脑美术类三等奖	2006.6
乐婷婷	普陀第二中学	第 12 届全国中小学生书法绘画比赛一等奖	2007.9
唐佳静	普陀第二中学	第 12 届全国中小学生书法绘画比赛一等奖	2007.9
沈逸轩	普陀第二中学	第 12 届全国中小学生书法绘画比赛一等奖	2007.9
林斌宇	普陀第二中学	第 12 届全国中小学生书法绘画比赛一等奖	2007.9
虞驰程	普陀第二中学	第 12 届全国中小学生书法绘画比赛二等奖	2007.9
缪玲依	普陀第二中学	第 12 届全国中小学生书法绘画比赛二等奖	2007.9
史鸽灵	普陀第二中学	第 12 届全国中小学生书法绘画比赛二等奖	2007.9
郭修辰	普陀第二中学	第 12 届全国中小学生书法绘画比赛二等奖	2007.9
施户晓	普陀第二中学	第 12 届全国中小学生书法绘画比赛二等奖	2007.9
戴麒懿	普陀第二中学	第 12 届全国中小学生书法绘画比赛三等奖	2007.9
王艺睿	普陀第二中学	第 12 届全国中小学生书法绘画比赛三等奖	2007.9
戴麒懿	普陀第二中学	第 12 届全国中小学生书法绘画比赛三等奖	2007.9
何浩翔	普陀第二中学	第 12 届全国中小学生书法绘画比赛三等奖	2007.9
乐婷婷	普陀第二中学	第 12 届全国中小学生书法绘画比赛三等奖	2007.9
郑　画	普陀第二中学	第 12 届全国中小学生书法绘画比赛三等奖	2007.9
戴晓雄	普陀第二中学	第 12 届全国中小学生书法绘画比赛三等奖	2007.9
张小磊	普陀第二中学	2008 酷儿奥运总动员超级童声卡拉 OK 暨第 8 届中国少年儿童歌曲卡拉 OK 电视大赛浙江赛区选拔赛少年组金奖	2008.6
陈文迪	普陀第二中学	第 11 届全国青少年信息奥林匹克联赛普及组三等奖	2008
张林宁	普陀第二中学	教育部语用司举办的 2011 年全国中小学(网络)作文大赛三等奖	2012.1
叶郁文	沈家门第一初级中学	全国初中生数学通讯联赛浙江赛区三等奖	1990.5
刘建毅	沈家门第一初级中学	1994 年全国初中生应用物理知识竞赛三等奖	1994.5
夏　立	沈家门第一初级中学	1996 年全国初中生物理知识竞赛二等奖	1996.4
朱燮豪等 3 人	沈家门第一初级中学	2003 年全国初中生数学竞赛二等奖	2003.5
李　晓	沈家门第一初级中学	2003 年全国初中生数学竞赛三等奖	2003.5
乐明旺	沈家门第一初级中学	2004 年全国初中生数学竞赛浙江赛区一等奖	2004.5
张丹达	沈家门第一初级中学	2004 年全国初中数学竞赛浙江赛区三等奖	2004.5

续表 3-44-10

姓　名	所在学校	荣　誉　称　号	获奖日期
吴星涵等 3 人	沈家门第一初级中学	2007 年全国初中生数学竞赛复赛浙江赛区一等奖	2007.3
冯荣峰	沈家门第三初级中学	全国初中《应用物理知识》竞赛三等奖	1993.4
缪海舟	沈家门第三初级中学	省初中生数学竞赛三等奖	1994.3
汤皓迪	东港中学	获第 16 届全国中小学生绘画、书法作品赛(设计)二等奖	2011.6
朱　凯	东港中学	第 16 届全国中小学生绘画、书法作品赛(设计)三等奖	2011.6
潘孝达	东港中学	第 16 届全国中小学生绘画、书法作品赛(设计)三等奖	2011.6
丁志远	东港中学	第 13 届全国青少年科技创新大赛(科幻画)二等奖	2016.1
庄　倩	舟渔学校	获 1997 年度浙江省(全国二级)“雏鹰奖章”	1997.10
郑姗姗	舟渔学校	获 1998 年全国二级雏鹰奖章	1988.11
王晔恺	舟渔学校	1997 年全国初中生物理知识竞赛二等奖	1997.4
邱真豪	舟渔学校	1997 年全国初中生物理知识竞赛三等奖	1997.4
李成宇	舟渔学校	第 12 届全国中小学生绘画书法作品比赛绘画类一等奖	2007.6
谢　扬	舟渔学校	第 11 届全国中小学生绘画、书法作品比赛电脑作品省三等奖	2006.6
周　益	蛟头中学	全国初中应用物理竞赛一等奖	1995.3
叶旭辉	蛟头中学	全国初中应用物理竞赛二等奖	1995.3
郑海挺	蛟头中学	全国初中物理知识竞赛二等奖	1996.5
邵严峰	蛟头中学	全国初中生数学竞赛三等奖	1999.5
邵　斌	沈家门小学	《小学生周报》全国童话征文一等奖	1988.1
李园园	沈家门小学	华东地区小学生作文比赛二等奖	1989.1
潘　璐	沈家门小学	华东地区小学生作文比赛二等奖	1989.1
傅红梁	沈家门小学	华东地区(六省市)图书馆举办的读书活动征文《我喜爱的一本书》三等奖	1990.1
丁凌云	沈家门小学	全国小学生优秀作文杯《我的家乡》三等奖	1991.11
张　燕	沈家门小学	华东地区小学生作文比赛三等奖	1991.5
宋朝鸣	沈家门小学	华东地区小学生作文比赛三等奖	1991.5
宋朝鸣	沈家门小学	“小主人”杯华东地区第 2 届小学生作文(中段组)三等奖	1991.11
张　燕	沈家门小学	“小主人”杯华东地区第 2 届小学生作文(高段组)三等奖	1991.11
虞　苗	沈家门小学	全国奥林匹克数学竞赛一等奖	1992.5
丁凌云	沈家门小学	全国奥林匹克数学竞赛三等奖	1992.5
丁　宁	沈家门小学	全国奥林匹克数学竞赛三等奖	1992.5
徐凌燕	沈家门小学	全国奥林匹克数学竞赛三等奖	1992.5
张恩慈	沈家门小学	全国奥林匹克数学竞赛三等奖	1992.5
林学冠	沈家门小学	全国奥林匹克数学竞赛三等奖	1992.5
程　康	沈家门小学	全国数学奥林匹克竞赛特等奖	1993.5
方　立	沈家门小学	全国数学奥林匹克竞赛特等奖	1993.5
魏　磊	沈家门小学	全国数学奥林匹克竞赛一等奖	1993.5
邬立敏	沈家门小学	全国数学奥林匹克竞赛一等奖	1993.5
陈　超	沈家门小学	全国数学奥林匹克竞赛二等奖	1993.5
夏　立	沈家门小学	全国数学奥林匹克竞赛二等奖	1993.5
乐加磊	沈家门小学	全国数学奥林匹克竞赛三等奖	1993.5
丁路易	沈家门小学	全国数学奥林匹克竞赛三等奖	1993.5
王侃秋	沈家门小学	获全国二级雏鹰奖章	1995.9
吴　听	沈家门小学	全国数学奥林匹克竞赛(浙江赛区)一等奖	1995.6

续表 3-44-11

姓 名	所在学校	荣 誉 称 号	获奖日期
严忆泉	沈家门小学	全国数学奥林匹克竞赛(浙江赛区)一等奖	1995.6
郭科峰	沈家门小学	全国数学奥林匹克竞赛(浙江赛区)一等奖	1995.6
魏博引	沈家门小学	全国数学奥林匹克竞赛(浙江赛区)二等奖	1995.6
陈 皓	沈家门小学	全国数学奥林匹克竞赛(浙江赛区)二等奖	1995.6
徐郑续	沈家门小学	全国数学奥林匹克竞赛(浙江赛区)三等奖	1995.6
王 晖	沈家门小学	全国数学奥林匹克竞赛(浙江赛区)三等奖	1995.6
张凌栋	沈家门小学	全国数学奥林匹克竞赛(浙江赛区)三等奖	1995.6
陆优优	沈家门小学	全国小学生作文赛三等奖	1995.1
余 瑾	沈家门小学	全国小学生作文赛三等奖	1995.1
夏立军	沈家门小学	94′ 全国青少年“爱我中华、爱我家乡”读书活动答题赛二等奖	1995.5
安 吉	沈家门小学	94′ 全国青少年“爱我中华、爱我家乡”读书活动答题赛二等奖	1995.5
余洁静	沈家门小学	全国《双龙杯》书画赛金奖	1996.5
翁莹洁	沈家门小学	全国《双龙杯》书画赛金奖	1996.5
倪卓然	沈家门小学	全国《双龙杯》书画赛银奖	1996.5
邓 熔	沈家门小学	全国《双龙杯》书画赛银奖	1996.5
余贤玫	沈家门小学	全国《双龙杯》书画赛银奖	1996.5
柴可立	沈家门小学	全国《双龙杯》书画赛铜奖	1996.5
周 峰	沈家门小学	全国《双龙杯》书画赛铜奖	1996.5
邵智彬	沈家门小学	全国《双龙杯》书画赛铜奖	1996.5
马艳艳	沈家门小学	全国万名好少年好儿童孝敬奖	1996.6
周 宣	沈家门小学	全国百名中国好少年、好儿童	1997.1
李铭恩	沈家门小学	荣获 97 年度全国二级“雏鹰奖章”	1998.9
袁玮玮	沈家门小学	获全国三级雏鹰奖章	1998.12
李佳磊	沈家门小学	全国征文三等奖	1998.6
郑恩婵	沈家门小学	第 5 届全国万校小学作文竞赛一等奖	1998.1
翁诗诺	沈家门小学	第 5 届全国万校小学作文竞赛三等奖	1998.1
乐滋滋	沈家门小学	第 5 届全国万校小学作文竞赛三等奖	1998.1
徐昕吉	沈家门小学	第 7 届全国万校小学生作文竞赛三等奖	2000.6
周琛溢	沈家门小学	第 7 届全国万校小学生作文竞赛三等奖	2000.6
周家高	沈家门小学	13 届《双龙杯》全国少年儿童书画大赛银杯奖	2000.6
翁新喆	沈家门小学	《哥哥,你别说我……》“五洲之星”杯,新思维全国中小学生作文大奖赛铜奖	2004.11
徐凤仪	沈家门小学	《小尾子的风波》获第 6 届“神笔杯”全国中小学生作文大赛一等奖	2004.8
徐文滢	沈家门小学	《树和鸟》获第 6 届“神笔杯”全国中小学生 作文大赛一等奖	2004.8
郑之娇	沈家门小学	《春悄悄地来了》获第 6 届“神笔杯”全国中小学生作文大赛二等奖	2004.8
徐妙廷	沈家门小学	《一条神奇的线》获第 6 届“神笔杯”全国中小学生作文大赛三等奖	2004.8
郭修磊	沈家门小学	第 4 届全国中小学美术作品获银奖	2004.7
应真妮	沈家门小学	第 4 届全国中小学美术作品银奖	2004.7
杜家威	沈家门小学	第 4 届全国中小学美术作品获铜奖	2004.7
张瀛伊	沈家门小学	第 4 届全国中小学美术作品铜奖	2004.7
陈泽霖	沈家门小学	2004 年全国青少年信息学奥林匹克联赛二等奖	2005.3
史鸽灵	沈家门小学	《夜排档》获第 6 届全国中小学生电脑制作活动小学组电脑绘画一等奖	2005.7

续表 3-44-12

姓　名	所在学校	荣　誉　称　号	获奖日期
徐天俊	沈家门小学	第 10 届全国青少年信息学奥林匹克赛(普及组)三等奖	2005.3
夏明烨	沈家门小学	第 10 届全国青少年信息学奥林匹克赛(普及组)三等奖	2005.3
蔡珮璇	沈家门小学	第 6 届中国少年儿童歌曲卡拉 OK 电视大赛(浙江赛区)二等奖	2005.6
蔡佩璇	沈家门小学	第 6 届中国少年儿童歌曲卡拉 OK 电视大赛(浙江赛区)二等奖	2005.8
胡家巍	沈家门小学	第 11 届全国十佳少先队员称号	2006.10
范一泽	沈家门小学	第 11 届全国中小学生绘画作品二等奖	2006.6
冯徐翼	沈家门小学	第 11 届全国中小学生绘画作品二等奖	2006.6
孔　颖	沈家门小学	第 11 届全国中小学生书法作品二等奖	2006.6
蒲雨婧	沈家门小学	第 11 届全国中小学生绘画作品二等奖	2006.6
陈　祚	沈家门小学	第 11 届全国中小学生绘画作品三等奖	2006.6
丁　何 舒　影	沈家门小学	第 11 届全国中小学生绘画作品三等奖	2006.6
范泽匀	沈家门小学	第 11 届全国中小学生绘画作品三等奖	2006.6
顾诗傲	沈家门小学	第 11 届全国中小学生绘画作品三等奖	2006.6
邬毕鲁	沈家门小学	第 11 届全国中小学生绘画作品三等奖	2006.6
李亦萱	沈家门小学	第 11 届全国中小学生绘画作品三等奖	2006.6
刘以宁	沈家门小学	第 11 届全国中小学生绘画作品三等奖	2006.6
沈健扬	沈家门小学	第 11 届全国中小学生绘画作品三等奖	2006.6
竺凌筱	沈家门小学	第 11 届全国中小学生绘画作品三等奖	2006.6
周　帆	沈家门小学	第 11 届全国中小学生绘画作品一等奖	2006.6
唐佳静	沈家门小学	第 11 届全国中小学生绘画作品三等奖	2006.6
水涵逸	沈家门小学	第 11 届全国中小学生电脑美术作品一等奖	2006.6
胡家巍	沈家门小学	第 11 届全国中小学生电脑美术作品一等奖	2006.6
陈威宇	沈家门小学	第 11 届全国中小学生电脑美术作品三等奖	2006.6
张瀛尹	沈家门小学	第 11 届全国中小学生电脑美术作品三等奖	2006.6
陈家辉	沈家门小学	中国国际少年儿童艺术(美术)作品展金奖	2006.12
陈威宇	沈家门小学	中国国际少年儿童艺术(美术)作品展最佳创意奖	2006.12
丁　何 舒　影	沈家门小学	中国国际少年儿童艺术(美术)作品展金奖	2006.12
范泽匀	沈家门小学	中国国际少年儿童艺术(美术)作品展金奖	2006.12
冯徐翼	沈家门小学	中国国际少年儿童艺术(美术)作品展金奖	2006.12
顾诗傲	沈家门小学	中国国际少年儿童艺术(美术)作品展金奖	2006.12
李懋曾	沈家门小学	中国国际少年儿童艺术(美术)作品展金奖	2006.12
刘以宁	沈家门小学	中国国际少年儿童艺术(美术)作品展新星奖	2006.12
陆庐舟	沈家门小学	中国国际少年儿童艺术(美术)作品展特别艺术奖	2006.12
倪优扬	沈家门小学	中国国际少年儿童艺术(美术)作品展金奖	2006.12
蒲雨婧	沈家门小学	中国国际少年儿童艺术(美术)作品展金奖	2006.12
齐奥斯	沈家门小学	中国国际少年儿童艺术(美术)作品展金奖	2006.12
沈加盟	沈家门小学	中国国际少年儿童艺术(美术)作品展铜奖	2006.12
施户晓	沈家门小学	中国国际少年儿童艺术(美术)作品展金奖	2006.12
徐晶楹	沈家门小学	中国国际少年儿童艺术(美术)作品展金奖	2006.12
徐闻欣	沈家门小学	中国国际少年儿童艺术(美术)作品展银奖	2006.12
余　瑛	沈家门小学	中国国际少年儿童艺术(美术)作品展铜奖	2006.12

续表 3-44-13

姓 名	所在学校	荣 誉 称 号	获奖日期
郑昕晗	沈家门小学	中国国际少年儿童艺术(美术)作品展铜奖	2006.12
周 帆	沈家门小学	中国国际少年儿童艺术(美术)作品展特别艺术奖	2006.12
蔡佩璇	沈家门小学	第7届中国少年儿童卡拉OK电视大赛浙江赛区二等奖	2006.4
戎玲贞	沈家门小学	第7届中国少年儿童卡拉OK电视大赛浙江赛区二等奖	2006.4
陆艺萱	沈家门小学	第7届中国少年儿童卡拉OK电视大赛浙江赛区三等奖	2006.4
沈家盟	沈家门小学	第12届全国中小学生绘画书法作品比赛书法类一等奖	2007.6
邱雨烙	沈家门小学	第12届全国中小学生绘画书法作品比赛书法类二等奖	2007.6
陈威宇	沈家门小学	第12届全国中小学生绘画书法作品比赛绘画类二等奖	2007.6
刘书吟	沈家门小学	第12届全国中小学生绘画书法作品比赛绘画类二等奖	2007.6
周昕晔	沈家门小学	第12届全国中小学生绘画书法作品比赛绘画类三等奖	2007.6
范泽匀	沈家门小学	第12届全国中小学生绘画书法作品比赛绘画类三等奖	2007.6
张启航	沈家门小学	第12届全国中小学生绘画书法作品比赛绘画类三等奖	2007.6
朱亦颖	沈家门小学	第12届全国中小学生绘画书法作品比赛绘画类三等奖	2007.6
许 多	沈家门小学	第12届全国中小学生绘画书法作品比赛绘画类三等奖	2007.6
张 睿	沈家门小学	第12届全国中小学生绘画书法作品比赛动画类二等奖	2007.6
陈威宇	沈家门小学	第12届全国中小学生绘画书法作品比赛动画类二等奖	2007.6
陈威宇	沈家门小学	第12届全国中小学生绘画书法作品比赛电脑绘画类二等奖	2007.6
刘丁嘉	沈家门小学	第12届全国中小学生绘画书法作品比赛电脑绘画类二等奖	2007.6
邬毕鲁	沈家门小学	第12届全国中小学生绘画书法作品比赛电脑绘画类三等奖	2007.6
王一多	沈家门小学	第13届全国中小学生绘画、书法作品绘画类一等奖	2008.6
刘钰沁	沈家门小学	第13届全国中小学生绘画、书法作品绘画类一等奖	2008.6
唐冬琳	沈家门小学	第13届全国中小学生绘画、书法作品绘画类二等奖	2008.6
贝佳翰	沈家门小学	第13届全国中小学生绘画、书法作品绘画类二等奖	2008.6
袁诗怡	沈家门小学	第13届全国中小学生绘画、书法作品绘画类二等奖	2008.6
齐奥斯	沈家门小学	第13届全国中小学生绘画、书法作品绘画类三等奖	2008.6
徐嘉余	沈家门小学	第13届全国中小学生绘画、书法作品绘画类三等奖	2008.6
贺紫蒙	沈家门小学	第13届全国中小学生绘画、书法作品绘画类三等奖	2008.6
胡书豪	沈家门小学	《探索创新》获浙江省第8届中小学电脑制作一等奖	2008.2
张 睿	沈家门小学	《海上探测器和天气调节器》获浙江省第8届中小学电脑制作一等奖	2008.2
陈威宇	沈家门小学	《恐龙探秘》获浙江省第8届中小学电脑制作三等奖	2008.2
俞程铧	沈家门小学	浙江省第4届中小学智能机器人比赛(机器人灭火比赛)小学组三等奖	2008.2
朱含宇	沈家门小学	第14届全国中小学生绘画、书法作品比赛书法类一等奖	2009.6
王艺菲	沈家门小学	第14届全国中小学生绘画、书法作品比赛书法类一等奖	2009.6
李律凡	沈家门小学	第14届全国中小学生绘画、书法作品比赛书法类二等奖	2009.6
龚宣伊	沈家门小学	第14届全国中小学生绘画、书法作品比赛书法类二等奖	2009.6
刘思琪	沈家门小学	第14届全国中小学生绘画、书法作品比赛书法类二等奖	2009.6
毛雨欣	沈家门小学	第14届全国中小学生绘画、书法作品比赛书法类三等奖	2009.6
岑 诚	沈家门小学	第14届全国中小学生绘画、书法作品比赛书法类三等奖	2009.6
张巍耀	沈家门小学	第14届全国中小学生绘画、书法作品比赛书法类三等奖	2009.6
丁昱人	沈家门小学	第14届全国中小学生绘画、书法作品比赛书法类三等奖	2009.6
翁增辉	沈家门小学	第14届全国中小学生绘画、书法作品比赛绘画类一等奖	2009.6
许 多	沈家门小学	第14届全国中小学生绘画、书法作品比赛绘画类一等奖	2009.6
沈音序	沈家门小学	第14届全国中小学生绘画、书法作品比赛绘画类一等奖	2009.6

续表 3-44-14

姓　名	所在学校	荣　誉　称　号	获奖日期
李　臻	沈家门小学	第 14 届全国中小学生绘画、书法作品比赛绘画类一等奖	2009.6
张乐添	沈家门小学	第 14 届全国中小学生绘画、书法作品比赛绘画类二等奖	2009.6
刘书吟	沈家门小学	第 14 届全国中小学生绘画、书法作品比赛绘画类二等奖	2009.6
蒋诗凡	沈家门小学	第 14 届全国中小学生绘画、书法作品比赛绘画类二等奖	2009.6
邱馨莹	沈家门小学	第 14 届全国中小学生绘画、书法作品比赛绘画类三等奖	2009.6
邵柯捷	沈家门小学	第 14 届全国中小学生绘画、书法作品比赛绘画类三等奖	2009.6
虞晨阳	沈家门小学	第 14 届全国中小学生绘画、书法作品比赛绘画类三等奖	2009.6
乐书瑜	沈家门小学	第 14 届全国中小学生绘画、书法作品比赛绘画类三等奖	2009.6
陈威宇	沈家门小学	《快乐的节能稻草人》全国青少年科技创新大赛少年儿童科学幻想画三等奖	2009.7
陈斯贴等	沈家门小学	《合理使用洗衣粉享受绿色新生活》获全国首届中小学生研究性学习成果二等奖	2010.7
马思聘	沈家门小学	第 16 届全国中小学生绘画、书法作品比赛书法类一等奖	2011.6
李　臻	沈家门小学	第 16 届全国中小学生绘画、书法作品比赛绘画类一等奖	2011.6
刘懿灵	沈家门小学	第 16 届全国中小学生绘画、书法作品比赛绘画类一等奖	2011.6
林俊杰	沈家门小学	第 16 届全国中小学生绘画、书法作品比赛绘画类二等奖	2011.6
胡筱瑜	沈家门小学	第 16 届全国中小学生绘画、书法作品比赛绘画类二等奖	2011.6
刘向晌	沈家门小学	第 16 届全国中小学生绘画、书法作品比赛绘画类三等奖	2011.6
陆彦辰	沈家门小学	第 16 届全国中小学生绘画、书法作品比赛绘画类三等奖	2011.6
张巍耀	沈家门小学	第 16 届全国中小学生绘画、书法作品比赛书法类二等奖	2011.6
龚宣伊	沈家门小学	第 16 届全国中小学生绘画、书法作品比赛书法类二等奖	2011.6
汪　莹	沈家门小学	第 16 届全国中小学生绘画、书法作品比赛书法类二等奖	2011.6
俞哲琪	沈家门小学	第 16 届全国中小学生绘画、书法作品比赛书法类二等奖	2011.6
张乐添	沈家门小学	作品:《未来交警服》获全国青少年创新科技大赛少年儿童科学幻想绘画二等奖	2011.8
刘李淇轩	沈家门小学	《白开水对绿豆发芽生长影响的探究》全国小学生“小探索者”科学小论文竞赛一等奖	2011.12
徐其诺	沈家门小学	《探究蚯蚓再生的条件》全国小学生“小探索者”科学小论文竞赛中获一等奖	2011.12
徐佳妮	沈家门小学	《我找到了蚜虫克星》全国小学生“小探索者”科学小论文竞赛二等奖	2011.12
徐梓恒	沈家门小学	《为什么大家爱踩鹅卵石》全国小学生“小探索者”科学小论文竞赛二等奖	2011.12
刘李淇轩	沈家门小学	《揭开玉米缺粒的奥秘》全国小学生“小探索者”科学小论文竞赛二等奖	2011.12
吴彦辰	沈家门小学	《“洗洁精”真的无害吗》在全国小学生“小探索者”科学小论文竞赛中获三等奖	2011.12
李昱霖	沈家门小学	《蝉是怎样发声的》全国小学生“小探索者”科学小论文竞赛三等奖	2011.12
丁志远	沈家门小学	第 17 届全国中小学生绘画、书法作品比赛绘画类一等奖	2012.6
刘向晌	沈家门小学	第 17 届全国中小学生绘画、书法作品比赛绘画类一等奖	2012.6
金玳亦	沈家门小学	第 17 届全国中小学生绘画、书法作品比赛绘画类二等奖	2012.6
翁峥珲	沈家门小学	第 17 届全国中小学生绘画、书法作品比赛绘画类二等奖	2012.6
周焓莹	沈家门小学	《亲密朋友》获全国青少年创新科技大赛少年儿童科学幻想绘画二等奖	2012.8
应卓凡	沈家门小学	《浮动避风港》获全国青少年创新科技大赛少年儿童科学幻想绘画二等奖	2012.8
刘家维	沈家门小学	第 18 届全国青少年科技创新大赛少年儿童科学幻想画《树岛》二等奖	2013.8
刘学凯	沈家门小学	第 18 届全国青少年科技创新大赛少年儿童科学幻想画《海洋能源转换器》三等奖	2013.8

续表 3-44-15

姓　名	所在学校	荣　誉　称　号	获奖日期
顾子欣	沈家门小学	2014 年国际小学生电脑创意写作(国内赛)金奖	2014.4
刘懿灵	沈家门小学	2014 年国际小学生电脑创意写作比赛(国内赛)金奖	2014.4
余紫扬	沈家门小学	2014 年国际小学生电脑创意写作比赛(国内赛)金奖	2014.4
张珈瑜	沈家门小学	2014 年国际小学生电脑创意写作比赛(国内赛)金奖	2014.4
傅彦翔	沈家门小学	2014 年国际小学生电脑创意写作比赛(国内赛)银奖	2014.4
洪普曜	沈家门小学	2014 年国际小学生电脑创意写作比赛(国内赛)铜奖	2014.4
邵楠舒	沈家门小学	2014 年国际小学生电脑创意写作比赛(国内赛)铜奖	2014.4
吴奕萱	沈家门小学	2014 年国际小学生电脑创意写作比赛(国内赛)铜奖	2014.4
贾子萱	沈家门小学	2014 年国际小学生电脑创意写作比赛(国内赛)铜奖	2014.4
陈奕彤	沈家门小学	2014 年国际小学生电脑创意写作比赛(国内赛)铜奖	2014.4
王露颖	沈家门小学	2014 年国际小学生电脑创意写作比赛(国内赛)铜奖	2014.4
符驰彬	沈家门小学	第 5 届“小演奏家”全国总决赛,演奏的《战台风》古筝 B 组特等奖	2014.7
徐毓柽	沈家门小学	第 29 届全国青少年科技创新大赛少年儿童科学幻想画《深海新能源探测器》二等奖	2014.8
翁来峰	沈家门第一小学	全国小学数奥赛一等奖	1992
谢江峰	沈家门第一小学	全国小学数奥赛二等奖	1992
俞　凯	沈家门第一小学	全国小学生数学竞赛决赛二等奖	1994.4
陆宏超	沈家门第一小学	全国小学生数学竞赛决赛三等奖	1994.4
俞　凯	沈家门第一小学	全国小学生数学竞赛决赛“九章杯”数学竞赛一等奖	1994.4
傅维维	沈家门第一小学	全国小学生数学竞赛决赛“九章杯”数学竞赛三等奖	1994.4
刘兰晓	沈家门第一小学	全国首届中小学文学社《情系 2008》文学大赛—全国叶君健儿童文学奖第四届文学大赛银奖	2002.12
杨　扬	沈家门第一小学	全国首届中小学文学社《情系 2018》文学大赛—全国叶君健儿童文学奖第四届文学大赛铜奖	2002.12
陈涵巧	沈家门第一小学	全国首届中小学文学社《情系 2009》文学大赛—全国叶君健儿童文学奖第四届文学大赛铜奖	2002.12
贺玄煜	沈家门第一小学	全国首届中小学文学社《情系 2010》文学大赛—全国叶君健儿童文学奖第四届文学大赛铜奖	2002.12
严　蔚	沈家门第一小学	全国首届中小学文学社《情系 2021》文学大赛—全国叶君健儿童文学奖第四届文学大赛铜奖	2002.12
汤　易	沈家门第一小学	全国首届中小学文学社《情系 2014》文学大赛—全国叶君健儿童文学奖第四届文学大赛铜奖	2002.12
周　洐	沈家门第一小学	2003 年全国小学数学奥林匹克三等奖	2003.4
卢尚龙	沈家门第一小学	2003 年全国小学数学奥林匹克三等奖	2003.4
李　怡	沈家门第一小学	2003 年全国小学数学奥林匹克二等奖	2003.4
张哲伊	沈家门第一小学	2003 年全国小学数学奥林匹克二等奖	2003.4
周泽宜	沈家门第一小学	2003 年全国小学数学奥林匹克二等奖	2003.4
宋劲草	沈家门第一小学	2003 年全国小学数学奥林匹克二等奖	2003.4
胡诗梦	沈家门第一小学	2003 年全国小学数学奥林匹克满分奖	2003.4
戎元臻	沈家门第一小学	2003 年全国小学数学奥林匹克一等奖	2003.4
朱珞挺	沈家门第一小学	第 3 届“星星河”全国少年儿童美术书法比赛二等奖	2003.5
王　芮	沈家门第一小学	第 3 届“星星河”全国少年儿童美术书法比赛二等奖	2003.5
陈泰成	沈家门第一小学	第 3 届“星星河”全国少年儿童美术书法比赛二等奖	2003.5
郑佩婷	沈家门第一小学	第 3 届“星星河”全国少年儿童美术书法比赛二等奖	2003.5

续表 3-44-16

姓　名	所在学校	荣　誉　称　号	获奖日期
江泽聪	沈家门第一小学	第 3 届“星星河”全国少年儿童美术书法比赛二等奖	2003.5
贺喻晓	沈家门第一小学	第 3 届“星星河”全国少年儿童美术书法比赛二等奖	2003.5
徐天颖	沈家门第一小学	第 3 届“星星河”全国少年儿童美术书法比赛二等奖	2003.5
徐芳芳	沈家门第一小学	第 3 届“星星河”全国少年儿童美术书法比赛三等奖	2003.5
徐梦馨	沈家门第一小学	第 3 届“星星河”全国少年儿童美术书法比赛三等奖	2003.5
汤梦颖	沈家门第一小学	第 6 届全国小学生铅笔字比赛一等奖	2003.9
郑竹敏	沈家门第一小学	2004 年全国小学数学奥林匹克一等奖	2004.5
郑竹雯	沈家门第一小学	2004 年全国小学数学奥林匹克一等奖	2004.5
陈　彦	沈家门第一小学	2004 年全国小学数学奥林匹克二等奖	2004.5
虞驰程	沈家门第一小学	2004 年全国小学数学奥林匹克三等奖	2004.5
邬叶雯	沈家门第一小学	2004 年全国小学数学奥林匹克三等奖	2004.5
贺玄煜	沈家门第一小学	2004 年全国小学数学奥林匹克三等奖	2004.5
周圆圆	沈家门第一小学	2004 年全国小学数学奥林匹克三等奖	2004.5
张卓灵	沈家门第一小学	2004 年全国小学数学奥林匹克三等奖	2004.5
顾思将	沈家门第一小学	2004 年全国小学数学奥林匹克三等奖	2004.5
陈超颖 柴旖雯	沈家门第一小学	全国小学生“小探索者”科学小论文竞赛《2008,我们还在制造多少白色污染》一等奖	2008.12
丁薇渝 曾　曦	沈家门第一小学	全国小学生“小探索者”科学小论文竞赛《关于限令实施情况调查》一等奖	2008.12
周嘉略 陆玉泽	沈家门第一小学	全国小学生“小探索者”科学小论文竞赛《沈家门滨港路二次改建的利弊调查》一等奖	2008.12
翁智健 张津铭	沈家门第一小学	全国小学生“小探索者”科学小论文竞赛《电动车,想说“爱你”不容易》一等奖	2008.12
王巍润	沈家门第一小学	全国小学生“小探索者”科学小论文竞赛《净水标兵—仙人掌》二等奖	2008.12
陈　彤	沈家门第一小学	全国小学生“小探索者”科学小论文竞赛《铜丝灭火》二等奖	2008.12
许诗茗	沈家门第一小学	全国小学生“小探索者”科学小论文竞赛《蚂蚁爱吃糖的秘密》二等奖	2008.12
沙　麦	沈家门第一小学	全国小学生“小探索者”科学小论文竞赛《鸡蛋在冰箱中应该怎么放》三等奖	2008.12
方淳加	沈家门第一小学	全国小学生“小探索者”科学小论文竞赛《是谁害了水杉》三等奖	2008.12
沙　麦	沈家门第一小学	《鸡蛋在冰箱中应怎么放》在《科学课》发表(全国)	2009.5
方淳加	沈家门第一小学	《是谁“害”了水杉》在《科学课》发表(全国)	2009.5
沙　麦	沈家门第一小学	第 10 届全国小学电脑制作活动小学组电脑绘画《岛上居》二等奖	2009.8
蒋琳哲	沈家门第一小学	16 届全国中小学绘画、书法作品比赛绘画类一等奖	2011.6
徐健腾	沈家门第一小学	16 届全国中小学绘画、书法作品比赛绘画类一等奖	2011.6
顾唐泽	沈家门第一小学	16 届全国中小学绘画、书法作品比赛绘画类一等奖	2011.6
贺冰雨	沈家门第一小学	16 届全国中小学绘画、书法作品比赛绘画类一等奖	2011.6
袁腾哲	沈家门第一小学	16 届全国中小学绘画、书法作品比赛绘画类一等奖	2011.6
於思奕	沈家门第一小学	16 届全国中小学绘画、书法作品比赛绘画类一等奖	2011.6
李昱娴	沈家门第一小学	16 届全国中小学绘画、书法作品比赛绘画类一等奖	2011.6
柴欣洁	沈家门第一小学	16 届全国中小学绘画、书法作品比赛绘画类一等奖	2011.6
王圣楠	沈家门第一小学	16 届全国中小学绘画、书法作品比赛书法类一等奖	2011.6
李正直	沈家门第一小学	16 届全国中小学绘画、书法作品比赛书法类一等奖	2011.6
张哲宇	沈家门第一小学	16 届全国中小学绘画、书法作品比赛绘画类二等奖	2011.6
孟芷羽	沈家门第一小学	16 届全国中小学绘画、书法作品比赛绘画类二等奖	2011.6

续表 3-44-17

姓　名	所在学校	荣　誉　称　号	获奖日期
周汀芷	沈家门第一小学	16 届全国中小学绘画、书法作品比赛绘画类二等奖	2011.6
范凌宇	沈家门第一小学	16 届全国中小学绘画、书法作品比赛绘画类二等奖	2011.6
王振旭	沈家门第一小学	16 届全国中小学绘画、书法作品比赛绘画类二等奖	2011.6
周家颖	沈家门第一小学	16 届全国中小学绘画、书法作品比赛绘画类二等奖	2011.6
刑宇哲	沈家门第一小学	16 届全国中小学绘画、书法作品比赛绘画类二等奖	2011.6
王欣羽	沈家门第一小学	16 届全国中小学绘画、书法作品比赛绘画类二等奖	2011.6
邬昕颖	沈家门第一小学	16 届全国中小学绘画、书法作品比赛绘画类二等奖	2011.6
蒋皓丞	沈家门第一小学	16 届全国中小学绘画、书法作品比赛绘画类二等奖	2011.6
王皓栋	沈家门第一小学	16 届全国中小学绘画、书法作品比赛绘画类二等奖	2011.6
顾浩仡	沈家门第一小学	16 届全国中小学绘画、书法作品比赛绘画类二等奖	2011.6
朱格立	沈家门第一小学	16 届全国中小学绘画、书法作品比赛绘画类二等奖	2011.6
张若兰	沈家门第一小学	16 届全国中小学绘画、书法作品比赛绘画类二等奖	2011.6
俞璐佳	沈家门第一小学	16 届全国中小学绘画、书法作品比赛书法类二等奖	2011.6
张晨辉	沈家门第一小学	16 届全国中小学绘画、书法作品比赛书法类二等奖	2011.6
王琛儒	沈家门第一小学	16 届全国中小学绘画、书法作品比赛书法类二等奖	2011.6
王　昊	沈家门第一小学	16 届全国中小学绘画、书法作品比赛书法类二等奖	2011.6
严从乐	沈家门第一小学	16 届全国中小学绘画、书法作品比赛书法类二等奖	2011.6
郑涵尹	沈家门第一小学	16 届全国中小学绘画、书法作品比赛书法类二等奖	2011.6
郭欢璐	沈家门第一小学	16 届全国中小学绘画、书法作品比赛绘画类三等奖	2011.6
陈珂瑜	沈家门第一小学	16 届全国中小学绘画、书法作品比赛绘画类三等奖	2011.6
史晨露	沈家门第一小学	16 届全国中小学绘画、书法作品比赛绘画类三等奖	2011.6
王艺凯	沈家门第一小学	16 届全国中小学绘画、书法作品比赛绘画类三等奖	2011.6
冯彦涵	沈家门第一小学	16 届全国中小学绘画、书法作品比赛绘画类三等奖	2011.6
胡予馨	沈家门第一小学	16 届全国中小学绘画、书法作品比赛绘画类三等奖	2011.6
胡洪瑜	沈家门第一小学	16 届全国中小学绘画、书法作品比赛绘画类三等奖	2011.6
胡诗悦	沈家门第一小学	16 届全国中小学绘画、书法作品比赛绘画类三等奖	2011.6
俞　涵	沈家门第一小学	16 届全国中小学绘画、书法作品比赛绘画类三等奖	2011.6
夏鹏程	沈家门第一小学	16 届全国中小学绘画、书法作品比赛绘画类三等奖	2011.6
刘　晨	沈家门第一小学	16 届全国中小学绘画、书法作品比赛绘画类三等奖	2011.6
金桓宇	沈家门第一小学	16 届全国中小学绘画、书法作品比赛书法类三等奖	2011.6
吕宇翔	沈家门第一小学	16 届全国中小学绘画、书法作品比赛书法类三等奖	2011.6
顾珂涵	沈家门第一小学	16 届全国中小学绘画、书法作品比赛书法类三等奖	2011.6
林函慧	沈家门第一小学	16 届全国中小学绘画、书法作品比赛书法类三等奖	2011.6
何　辰	沈家门第一小学	16 届全国中小学绘画、书法作品比赛书法类三等奖	2011.6
邹林倩	沈家门第一小学	16 届全国中小学绘画、书法作品比赛书法类三等奖	2011.6
曹一敏	沈家门第一小学	16 届全国中小学绘画、书法作品比赛书法类三等奖	2011.6
薛舒予	沈家门第一小学	16 届全国中小学绘画、书法作品比赛书法类三等奖	2011.6
范馨仪	沈家门第一小学	16 届全国中小学绘画、书法作品比赛书法类三等奖	2011.6
胡庭源	沈家门第一小学	16 届全国中小学绘画、书法作品比赛书法类三等奖	2011.6
施秉余	沈家门第一小学	16 届全国中小学绘画、书法作品比赛摄影类三等奖	2011.6
丁　宁	沈家门第一小学	2011 年全国中小学作文大赛《相约经典》三等奖	2011.8
张天一 张洛豪 朱家贤	沈家门第一小学	第 12 届中国青少年机器人竞赛机器人创意比赛（小学组）获三等奖	2012.7

续表 3-44-18

姓　名	所在学校	荣　誉　称　号	获奖日期
张麟平	沈家门第四小学	全国少儿书法比赛一等奖	2003.5
郭思嘉	沈家门第四小学	全国少儿书法比赛三等奖	2003.5
岳敏杰	沈家门第四小学	全国少儿书法比赛三等奖	2003.5
胡丹妮	沈家门第四小学	全国少儿书法比赛三等奖	2003.5
吴艺帆	沈家门第四小学	全国少儿书法比赛三等奖	2003.5
何　施	沈家门第四小学	全国少儿书法比赛三等奖	2003.5
徐倩倩	沈家门第四小学	第 12 届全国“故乡生活”中小学生绘画书法比赛一等奖	2007.7
任琼琼	沈家门第四小学	第 12 届全国“故乡生活”中小学生绘画书法比赛一等奖	2007.7
庄翔喻	沈家门第四小学	第 12 届全国“故乡生活”中小学生绘画书法比赛一等奖	2007.7
徐倩倩	沈家门第四小学	第 12 届全国“故乡生活”中小学生绘画书法比赛一等奖	2007.7
陈梦静	沈家门第四小学	第 12 届全国“故乡生活”中小学生绘画书法比赛一等奖	2007.7
刘倍好	沈家门第四小学	第 12 届全国“故乡生活”中小学生绘画书法比赛二等奖	2007.7
刘骐豪	沈家门第四小学	第 12 届全国“故乡生活”中小学生绘画书法比赛二等奖	2007.7
许斌成	沈家门第四小学	第 12 届全国“故乡生活”中小学生绘画书法比赛二等奖	2007.7
沈　磲	沈家门第四小学	第 12 届全国“故乡生活”中小学生绘画书法比赛二等奖	2007.7
丁秋瑜	沈家门第四小学	第 12 届全国“故乡生活”中小学生绘画书法比赛二等奖	2007.7
唐罕嶙	沈家门第四小学	第 12 届全国“故乡生活”中小学生绘画书法比赛二等奖	2007.7
徐倩倩	沈家门第四小学	第 12 届全国“故乡生活”中小学生绘画书法比赛二等奖	2007.7
王玫莹	沈家门第四小学	第 12 届全国“故乡生活”中小学生绘画书法比赛二等奖	2007.7
郭　阳	沈家门第四小学	第 12 届全国“故乡生活”中小学生绘画书法比赛二等奖	2007.7
郑景文	沈家门第四小学	第 12 届全国“故乡生活”中小学生绘画书法比赛三等奖	2007.7
庄婉莹	沈家门第四小学	第 12 届全国“故乡生活”中小学生绘画书法比赛三等奖	2007.7
徐　洁	沈家门第四小学	第 12 届全国“故乡生活”中小学生绘画书法比赛三等奖	2007.7
夏卓瑜	沈家门第四小学	第 12 届全国“故乡生活”中小学生绘画书法比赛三等奖	2007.7
陈怡旋	沈家门第四小学	第 12 届全国“故乡生活”中小学生绘画书法比赛三等奖	2007.7
庄　磊	沈家门第四小学	第 12 届全国“故乡生活”中小学生绘画书法比赛三等奖	2007.7
郑景文	沈家门第四小学	第 12 届全国“故乡生活”中小学生绘画书法比赛三等奖	2007.7
袁子霄	沈家门第四小学	第 12 届全国“故乡生活”中小学生绘画书法比赛三等奖	2007.7
金　晶	沈家门第四小学	第 12 届全国“故乡生活”中小学生绘画书法比赛三等奖	2007.7
陈弈攸	沈家门第四小学	第 12 届全国“故乡生活”中小学生绘画书法比赛三等奖	2007.7
藤元慧	沈家门第四小学	第 12 届全国“故乡生活”中小学生绘画书法比赛三等奖	2007.7
陈雨欣	沈家门第四小学	全国青少年科技创新大赛(少儿科幻)三等奖	2009.1
唐若绮	沈家门第四小学	教育部基础课改“研究性学习优秀成果”一等奖	2010.9
丁菁莹	沈家门第四小学	教育部基础课改“研究性学习优秀成果”一等奖	2010.9
张　莹	沈家门第四小学	教育部基础课改“研究性学习优秀成果”一等奖	2010.9
乐怡铭	沈家门第四小学	教育部基础课改“研究性学习优秀成果”一等奖	2010.9
胡议尹	沈家门第四小学	教育部基础课改“研究性学习优秀成果”二等奖	2010.9
胡议尹	沈家门第四小学	教育部基础课改“研究性学习优秀成果”二等奖	2010.9
张　莹	沈家门第四小学	教育部基础课改“研究性学习优秀成果”三等奖	2010.9
周子壹	沈家门第四小学	第 16 届全国中小学绘画、书法作品比赛一等奖	2011.6
林文绚	沈家门第四小学	第 16 届全国中小学绘画、书法作品比赛一等奖	2011.6
夏卓瑜	沈家门第四小学	第届 16 全国中小学绘画、书法作品比赛一等奖	2011.6
虞奕涵	沈家门第四小学	第 16 届全国中小学绘画、书法作品比赛二等奖	2011.6

续表 3-44-19

姓　名	所在学校	荣　誉　称　号	获奖日期
张丹益	沈家门第四小学	第届 16 全国中小学绘画、书法作品比赛二等奖	2011.6
李　丽	沈家门第四小学	第 16 届全国中小学绘画、书法作品比赛二等奖	2011.6
吴怡黎	沈家门第四小学	第届 16 全国中小学绘画、书法作品比赛二等奖	2011.6
顾颖莹	沈家门第四小学	第 16 届全国中小学绘画、书法作品比赛二等奖	2011.6
滕逢时	沈家门第四小学	第 16 届全国中小学绘画、书法作品比赛三等奖	2011.6
周子皓	沈家门第四小学	第 16 届全国中小学绘画、书法作品比赛三等奖	2011.6
李　铮	沈家门第四小学	第 16 届全国中小学绘画、书法作品比赛三等奖	2011.6
金婉婷	沈家门第四小学	第 16 届全国中小学绘画、书法作品比赛三等奖	2011.6
陈涵涛	沈家门第四小学	第 16 届全国中小学绘画、书法作品比赛三等奖	2011.6
陈涵涛	沈家门第四小学	第 16 届全国中小学绘画、书法作品比赛三等奖	2011.6
陈真羽	沈家门第四小学	第 16 届全国中小学绘画、书法作品比赛三等奖	2011.6
杜梦华	六横镇中心小学	全国小学数学奥林匹克比赛获三等奖	2001.4
王佳一	六横镇中心小学	全国小学数学奥林匹克三等奖	2004.5
周泽帆	六横镇中心小学	全国小学数学奥林匹克三等奖	2004.5
徐丹妮	六横镇中心小学	全国中小学生绘画、书法作品比赛绘画类一等奖	2011.6
周迅羽	六横镇中心小学	全国中小学生绘画、书法作品比赛绘画类一等奖	2011.6
杨　洁	六横镇中心小学	全国中小学生绘画、书法作品比赛绘画类二等奖	2011.6
胡梦娴	六横镇中心小学	全国中小学生绘画、书法作品比赛绘画类三等奖	2011.6
乐　欢	六横镇中心小学	全国中小学生绘画、书法作品比赛绘画类三等奖	2011.6
唐于清	六横镇中心小学	全国第 4 届中小学生艺术展演小学甲组一等奖	2013.2
刘帧予	六横镇中心小学	第 18 届全国绘画书法比赛绘画类一等奖	2013.6
王赠越	六横镇中心小学	第 18 届全国绘画书法比赛绘画类一等奖	2013.6
李欣泽	六横镇中心小学	第 18 届全国绘画书法比赛绘画类一等奖	2013.6
任音印	六横镇中心小学	第 18 届全国绘画书法比赛绘画类二等奖	2013.6
阮靖予	六横镇中心小学	第 18 届全国绘画书法比赛绘画类二等奖	2013.6
张依晨	六横镇中心小学	第 18 届全国绘画书法比赛绘画类二等奖	2013.6
沃桢桢	六横镇中心小学	第 18 届全国绘画书法比赛绘画类二等奖	2013.6
邵晗煜	六横镇中心小学	第 18 届全国绘画书法比赛绘画类三等奖	2013.6
王浩臣	六横镇中心小学	第 18 届全国绘画书法比赛绘画类三等奖	2013.6
张浩扬	六横镇中心小学	第 18 届全国绘画书法比赛绘画类三等奖	2013.6
乐吉妮	六横镇中心小学	第 18 届全国绘画书法比赛绘画类三等奖	2013.6
胡梦娴	六横镇中心小学	第 18 届全国绘画书法比赛绘画类三等奖	2013.6
郑乃嘉	六横镇中心小学	第 18 届全国绘画书法比赛绘画类三等奖	2013.6
胡晨宇等	六横镇中心小学	省优秀非职业管乐团展评二等奖	2013.8
史佳妮	六横镇中心小学	国际小学生电脑创意写作比赛银奖	2013.10
周哲慧	六横镇中心小学	浙江省中小学生艺术节美术比赛小学组一等奖	2013.10
司　徒 柳　凯	六横镇中心小学	29 届全国青少年科技创新大赛二等奖	2014.8
邵开元	六横镇中心小学	第 10 届“艺术之星”全国少年儿童美术书法摄影大赛美术特等奖	2014.12
赵哲雨	六横镇中心小学	第 10 届“艺术之星”全国少年儿童美术书法摄影大赛美术特等奖	2014.12
乐炬男	六横镇中心小学	第 10 届“艺术之星”全国少年儿童美术书法摄影大赛美术特等奖	2014.12
叶咨辰	六横镇中心小学	第 10 届“艺术之星”全国少年儿童美术书法摄影大赛美术特等奖	2014.12
孙成斌	六横镇中心小学	10 届“艺术之星”全国少年儿童美术书法摄影大赛美术一等奖	2014.12

续表 3-44-20

姓　名	所在学校	荣　誉　称　号	获奖日期
王鑫煜	六横镇中心小学	第 10 届“艺术之星”全国少年儿童美术书法摄影大赛美术一等奖	2014.12
孙晓芬	双塘中心学校	全国奥数竞赛三等奖	1991.12
俞灵辉	双塘中心学校	全国奥数竞赛一等奖	1994.10
应海玲	双塘中心学校	全国奥数竞赛一等奖	1994.12
赵卓慧	双塘中心学校	全国奥数竞赛二等奖	1994.12
宋舒展	桃花镇中心小学	第 6 届《双龙杯》全国少儿儿童书画大赛银杯奖	1993.6
胡占彦	桃花镇中心小学	第 6 届《双龙杯》全国少儿儿童书画大赛优秀佳作奖	1993.6
		省　级	
陆立军	普陀中学	省中学生历史小论文竞赛省一等奖	2000.4
钟磊玖	普陀中学	省高中数学联赛(舟山赛区)省一等奖	2001.10
徐卓东	普陀中学	省高中数学联赛(舟山赛区)省一等奖	2001.10
林　玲	普陀中学	2002 省中学生地理研究性学习论文评比一等奖	2003.3
顾壹科	普陀中学	2003 年省高中学生化学竞赛省一等奖	2003.8
刘舟浩	普陀中学	省高中学生化学竞赛省一等奖	2004.5
屠浩驰	普陀中学	省高中学生化学竞赛省一等奖	2004.5
刘　勇	普陀中学	省高中学生化学竞赛省一等奖	2004.5
王婧璐	普陀中学	2006 年省高中化学竞赛一等奖	2006.5
吴广力	普陀中学	省第 8 届中小学电脑制作活动省一等奖	2007.10
何易聪	普陀中学	省第 8 届中小学电脑制作活动省一等奖	2007.10
李方雨	普陀中学	省高中生物学科竞赛省一等奖	2008.4
李方雨等 6 人	普陀中学	省第 3 届中学生研究性学习成果评比一等奖	2008.12
杜嘉璐	普陀中学	省第 9 届中小学电脑作品制作竞赛(平面设计组)省一等奖	2008.9
乐烜嘉	普陀中学	省第 10 届中小学电脑作品制作竞赛(平面组)省一等奖	2009.9
史家铭	普陀中学	省第 10 届中小学电脑作品制作竞赛(平面组)省一等奖	2009.9
陈碧瑶	普陀中学	省第 10 届中小学电脑作品制作竞赛(平面组)省一等奖	2009.9
刘遵行	普陀中学	省第 10 届中小学电脑作品制作竞赛(平面组)省一等奖	2009.9
缪　晨	普陀中学	省第 10 届中小学电脑作品制作竞赛(平面组)省一等奖	2009.9
夏健博	普陀中学	2010 年省高中学生化学竞赛省一等奖	2010.5
王奇慧	普陀中学	2010 年省高中学生化学竞赛省一等奖	2010.5
林诩凯	普陀中学	2010 年省高中数学竞赛省一等奖	2010.5
王凯杰	普陀中学	2010 年省中学生物理竞赛省一等奖	2010.10
冯宇哲	普陀中学	2010 年省中学生物理竞赛省一等奖	2010.10
孙　晴	普陀中学	2013 年“体验西澳”省高中生英语口语大赛一等奖	2013.6
袁琛捷	普陀中学	2013 年“体验西澳”省高中生英语口语大赛一等奖	2013.6
蒋蝉羽等 8 人	普陀中学	省第 7 届中学生研究性学习活动成果评比一等奖	2013.7
王彦人等 6 人	普陀中学	省第 7 届中学生研究性学习活动成果评比一等奖	2013.7
郭梦娇等	普陀中学	省第 8 届中学生研究性学习活动成果评比高中组社会实践类省一等奖	2014.10
缪晨等	普陀中学	省第 8 届中学生研究性学习活动成果评比高中组知识拓展类省一等奖	2014.10
何　春	沈家门中学	获 2005 年浙江省中学生物理竞赛一等奖	2005.10
朱俊杰	沈家门中学	获 2006 年省高中化学竞赛省 B 组一等奖	2006.5

续表 3-44-21

姓　名	所在学校	荣　誉　称　号	获奖日期
洪治湖	普陀第三中学	省高中数学竞赛一等奖	2013.5
虞哲达	普陀第二中学	1999 年省初中数学竞赛一等奖	1999.5
李銘恩	普陀第二中学	省第 5 届初中生自然科学竞赛一等奖	2000.4
林　缘	普陀第二中学	第 3 届省青少年"法在心中"法制宣传主题活动—青少年法律知识竞赛中学组一等奖	2014.1
周汀芷	普陀第二中学	第 3 届省青少年"法在心中"法制宣传主题活动—校园法制动漫、法制漫画创作竞赛中学组一等奖	2014.1
胡昭熙	沈家门第一初级中学	2006 年省初中科学竞赛一等奖	2006.3
胡昭熙	沈家门第一初级中学	省第 10 届初中自然科学竞赛一等奖	2006.5
庄方东	沈家门第一初级中学	第 11 届省初中科学竞赛一等奖	2007.5
戴李英	沈家门第一初级中学	省中小学生"关注水资源"环保实践征文评比一等奖	2007.12
范欣妍	沈家门第一初级中学	省"书香伴我行"读书征文活动一等奖	2013.1
傅舟达	沈家门第一初级中学	省第 4 届田径运动会 15 岁男子乙组 60 米第一名	1991.10
洪　伟	沈家门第一初级中学	省第十届中学生运动会初中男子组 100 米冠军	2007.5
朱春华	沈家门第一初级中学	省中学生田径锦标赛中获 14-15 岁组男子跳远第一名	2008.5
张　莉 陈　怡	沈家门第一初级中学	2000 年省中小学生书画比赛初中组绘画一等奖	2000.6
季芳芳	沈家门第一初级中学	2002 年省中小学生书画比赛初中组绘画一等奖	2003.4
刘嘉璐	沈家门第一初级中学	省第 12 届青少年科技创新大赛少儿科学幻想绘画一等奖	2006.4
何　施	沈家门第一初级中学	作品《未来冠军》获 2007 年省初中美术竞赛一等奖	2007.3
何　施	沈家门第一初级中学	2007 年省中小学生"迎奥运"书画比赛初中组绘画一等奖	2007.4
王盛凯	东港中学	省田径锦标赛跳高第一名	2012.8
王盛凯	东港中学	省田径单项锦标赛跳高第一名	2012.12
周奕宇	东港中学	舟首届全省青少年网络道德建设专题创作活动暨第 13 届全省中小学电脑制作活动《学会健康上网》一等奖	2013.1
王盛凯	东港中学	省青少年田径锦标赛跳高第一名	2013.5
王佳慰	东港中学	"民泰银行杯"省第 11 届少年儿童田径运动会跳远第一名　三项全能第一名	2013.7
黄梦瑶	东港中学	省田径精英赛 100 米第一名	2013.10
翁英豪	东港中学	2013 省第 12 届中学生运动会田径比赛跳高第一名	2013.11
张馨文	东港中学	天翼 young 杯第 5 届省中小学信息技术大赛青少年组动漫《明天我等你》一等奖	2013.12
翁英豪	东港中学	"智美杯"2014 年省青少年体育传统项目(体育特色)中学生田径比赛跳高第一名	2014.7
柳佳辰	东港中学	"智美杯"2014 年省青少年体育传统项目(体育特色)中学生田径比赛 100 米第一名	2014.7
陈凯泽	东港中学	省青少年田径锦标赛跳高第一名	2014.8
王佳慰	东港中学	省 15 届运动会田径比赛四项全能金牌	2014.10
徐丹妮	蛟头中学	第 26 届省青少年科技创新大赛少儿科学幻想绘画一等奖	2012.4
刘筱贤	蛟头中学	第 9 届省少年文学之星征文比赛初中组一等奖	2015.10
王亦远	台门学校	省中小学生艺术节美术比赛一等奖	2013.12
贺浙袁	台门学校	省中小学生艺术节美术比赛一等奖	2013.12

续表 3-44-22

姓　名	所在学校	荣　誉　称　号	获奖日期
韩雨嫣	台门学校	《大海我的家组画》省一等奖	2015.12
刘楚安	舟渔学校	2013 年省中小学生艺术节美术比赛立体造型小学组《碗(晚)归》一等奖	2013.6
童泽鹏	舟渔学校	2013 年省中小学生艺术节美术比赛立体造型中学组《红侵蚀》一等奖	2013.6
王梦迪	舟渔学校	全省第十届中小学电脑制作活动初中组电脑绘画《渔民—怎么办》省一等奖	2009.9
李维特	沈家门小学	省娃哈哈先进少年	1989.9
鲁　意	沈家门小学	省传统学校比赛 50 米自游由泳第一名	1989.9
庄　林	沈家门小学	省弘扬民族文化知识竞赛一等奖	1990.6
杨晶涵	沈家门小学	省中小学生优秀影视片“影评”竞赛一等奖	1994.9
吴雯雯	沈家门小学	省中小学生书画大赛小学组绘画一等奖	1995.1
王焱凌	沈家门小学	省小学“迎香港回归书画”赛小学硬笔字一等奖	1997.7
毛竹青	沈家门小学	全省中小学生环保科普征文活动一等奖	2000.6
胡家巍	沈家门小学	《小狗洛斯蒂》在省第 5 届中小学电脑制作评比活动中小学组动画一等奖	2004.1
冯徐翼	沈家门小学	2004 年省中小学生书画比赛小学低段组绘画一等奖	2004.12
刘以宁	沈家门小学	2004 年省中小学生书画比赛小学低段组绘画一等奖	2004.12
陈思怡	沈家门小学	省少年儿童道德实践体验系列活动获最“令人感动”队员奖	2005.9
胡家巍	沈家门小学	省少年儿童道德实践体验系列活动感动电脑作品一等奖	2005.9
史鸽灵	沈家门小学	《夜排挡》第 6 届省中小学电脑制作活动一等奖	2005.9
刘丁嘉 周　瑶	沈家门小学	2005 年省“金融杯”少年儿童短式网球比赛女子甲组双打第一名	2005.8
朱铃铭 陈佳倩	沈家门小学	2005 年省“金融杯”少年儿童短式网球比赛女子乙组双打第一名	2005.8
范翊佳	沈家门小学	省中小学生交通安全宣传月活动“漫画”一等奖	2005.1
孙　健	沈家门小学	《怀念楷宇》获省第 1 届“爱的教育——中国孩子情感日记”征文比赛一等奖	2006.4
张　睿	沈家门小学	《爱住我家》获省第 1 届“爱的教育——中国孩子情感日记”征文比赛一等奖	2006.4
邵天赐	沈家门小学	《我的手拉着你的手》获省第 1 届“爱的教育——中国孩子情感日记”征文比赛一等奖	2006.4
胡家巍	沈家门小学	《大海的幻想》省第 7 届中小学电脑制作活动小学组动画一等奖	2006.9
冯徐翼	沈家门小学	《美人鱼与红蜡烛》省第 5 届中小学生绘画类小学组一等奖	2006.12
邵升胜	沈家门小学	省青少年“我爱祖国海疆 " 东方号直线航行”小学男子组一等奖	2006.11
林楠哲	沈家门小学	省青少年“我爱祖国海疆”东方号直线航行小学男子组一等奖	2006.11
孙　健	沈家门小学	省优秀少先队员	2007.5
余程铧	沈家门小学	《买饮料的风波》省食品安全征文比赛一等奖	2007.12
潘驰裕	沈家门小学	省青少年电子制作锦标赛简易机器人制作赛一等奖	2007.2
蒋旭东	沈家门小学	省青少年电子制作锦标赛简易机器人制作赛一等奖	2007.2
虞昊景	沈家门小学	省青少年电子制作锦标赛简易机器人制作赛一等奖	2007.2
刘娇威	沈家门小学	省青少年电子制作锦标赛简易机器人制作赛一等奖	2007.2
潘驰裕	沈家门小学	省青少年电子制作锦标赛简易机器人制作赛一等奖	2007.2
蒋旭东	沈家门小学	省青少年电子制作锦标赛简易机器人制作赛一等奖	2007.2
杨煜锦	沈家门小学	省青少年电子制作锦标赛简易机器人制作赛一等奖	2007.2
虞可鑫	沈家门小学	省青少年电子制作锦标赛简易机器人制作赛一等奖	2007.2
潘驰裕	沈家门小学	省青少年电子制作锦标赛简易机器人制作赛一等奖	2007.2

续表 3-44-23

姓　名	所在学校	荣　誉　称　号	获奖日期
王霄凡	沈家门小学	省青少年“我爱祖国海疆”航海建筑车辆模型锦标赛六轮直线车小学男子组一等奖	2007.7
林禹臻	沈家门小学	省青少年“我爱祖国海疆”航海建筑车辆模型锦标赛六轮直线车小学男子组一等奖	2007.7
邬顺舟	沈家门小学	省青少年“我爱祖国海疆”航海建筑车辆模型锦标赛六轮直线车小学男子组一等奖	2007.7
邬顺舟	沈家门小学	省青少年“我爱祖国海疆”航海建筑车辆模型锦标赛上荣获精神文明运动员	2007.7
廖欢吉	沈家门小学	省青少年“我爱祖国海疆”航海建筑车辆模型锦标赛上荣获精神文明运动员	2007.7
刘星言	沈家门小学	《与坚持同在》2008 年度省中小学“品味书香、喜迎奥运”读书征文活动一等奖	2008.11
李凌潇	沈家门小学	2008 年省“会稽山杯”少年儿童短式网球男子甲组团体第一名	2008.7
李沛泽	沈家门小学	2008 年省“会稽山杯”少年儿童短式网球男子甲组团体第一名	2008.7
刘芦毅	沈家门小学	2008 年省“会稽山杯”少年儿童短式网球男子甲组团体第一名	2008.7
李凌潇	沈家门小学	2008 年省“会稽山杯”少年儿童短式网球男子甲组单打第一名	2008.7
李凌潇 李沛泽	沈家门小学	2008 年省“会稽山杯”少年儿童短式网球男子甲组双打第一名	2008.7
李沛泽 李凌潇	沈家门小学	2008 年省“会稽山杯”少年儿童短式网球男子甲组双打第一名	2008.7
张巧羽	沈家门小学	省体育竞赛中获小学女子 60 米第一名	2008.8
张巧羽	沈家门小学	省体育竞赛中获小学女子 100 米第一名	2008.8
朱春琳	沈家门小学	省体育竞赛中获小学女子垒球第一名	2008.8
贺俊豪	沈家门小学	省体育竞赛中获小学男子跳高第一名	2008.8
贺俊豪	沈家门小学	省体育竞赛中获小学男子跳远第一名	2008.8
胡启浩	沈家门小学	2007 年省电子制作锦标赛“简易机器人制作”一等奖	2008.2
王芦颖	沈家门小学	2007 年省电子制作锦标赛“简易机器人制作”一等奖	2008.2
姚涵琪	沈家门小学	《猪场游记》省中小学生生活作文大赛小学组一等奖	2009.11
王可涵	沈家门小学	《学做小大人》省中小学生生活作文大赛小学组一等奖	2009.11
许　多	沈家门小学	《草船借箭新编》省第十届中小学生电脑动画一等奖	2009.10
陈威宇	沈家门小学	《快乐的节能稻草人》第 23 届浙江省青少年科技创新大赛少儿科幻画一等奖	2009.4
严佳琦	沈家门小学	省青少年电子制作锦标赛简易机器人定点赛一等奖	2009.1
苗雨晨	沈家门小学	省青少年电子制作锦标赛简易机器人制作赛一等奖	2009.1
任俊佳	沈家门小学	省青少年电子制作锦标赛简易机器人制作赛一等奖	2009.1
徐敏涛	沈家门小学	省青少年电子制作锦标赛简易机器人制作赛一等奖	2009.1
郑皓丹	沈家门小学	省青少年电子制作锦标赛简易机器人制作赛一等奖	2009.1
谢佳昕	沈家门小学	省青少年电子制作锦标赛简易机器人制作赛一等奖	2009.1
肖　仪	沈家门小学	省青少年电子制作锦标赛简易机器人制作赛一等奖	2009.1
邹嘉璐	沈家门小学	省青少年电子制作锦标赛简易机器人制作赛一等奖	2009.1
王惠露	沈家门小学	《多功能雨具放置器》省少先队快乐创新活动“节能小发明”一等奖	2009.3
倪若瑜	沈家门小学	《“老住户”和“新朋友”》省中小学“建设和谐社会”读书征文活动中获一等奖	2009.3
李岷洋	沈家门小学	2009 年省中小学生原创信息技术设计大赛小学组一等奖	2010.1
李岷洋	沈家门小学	2009 年省中小学生原创信息技术设计大赛小学组最佳故事奖	2010.1

续表 3-44-24

姓　名	所在学校	荣　誉　称　号	获奖日期
俞久勉	沈家门小学	2009 年省中小学生原创信息技术设计大赛小学组一等奖	2010.1
刘书吟	沈家门小学	《绿色的故事》省小学组绘画一等奖	2010.9
任俊佳	沈家门小学	获浙江省青少年电子制作锦标赛(简易机器人制作)一等奖	2010.2
沈佩萱	沈家门小学	省青少年电子制作锦标赛(简易机器人制作)一等奖	2010.2
郭子豪	沈家门小学	省“四好少年”	2011.6
孙承煦	沈家门小学	省“优秀少先队员”	2011.9
孙东熠	沈家门小学	2011 省少先队“我爱祖国我爱党”故事大王决赛一等奖	2011.12
朱妍颖	沈家门小学	省中小学生“党在我心中”演讲比赛决赛小学组一等奖	2011.12
任津萱等 15 人	沈家门小学	省首届体育社团运动会青少年组健身排舞一等奖	2011.7
张鑫楠等 11 人	沈家门小学	省首届体育社团运动会青少年舞蹈啦啦操一等奖	2011.11
张乐添	沈家门小学	《未来的交警服》第 25 届省青少年科技创新大赛少儿科学幻想绘画一等奖	2011.4
金玳亦	沈家门小学	《海底吸尘》2011 年省中小学生美术比赛一等奖	2011.6
曹鱼玄	沈家门小学	省青少年电子制作锦标赛简易机器人制作赛一等奖	2011.1
朱妍颖	沈家门小学	第 12 届省少先队争章技能展示活动，少先队“雏鹰金章”	2012.11
朱妍颖	沈家门小学	省第 7 届青少年中华经典诗文诵读“我爱背唐”一等奖	2012.7
应卓凡	沈家门小学	《浮动避风港》第 26 届浙江省青少年科技创新大赛少儿科学幻想绘画一等奖	2012.4
周焓莹	沈家门小学	《亲密朋友》第 26 届浙江省青少年科技创新大赛少儿科学幻想绘画一等奖	2012.4
杨晓雨	沈家门小学	2013 年省少先队“学做最美浙江人，争当美德好少年”主题教育活动“美德好少年”称号，颁发四星雏鹰奖章	2013.5
徐千涵	沈家门小学	省优秀少先队员	2013.12
王玖玖	沈家门小学	《海盗革命记》首届省青少年网络道德建设专题创作暨第 13 届全省中小学电脑制作活动“做一个有道德的小网民”专题创作一等奖	2013.1
朱妍颖	沈家门小学	《做最美少年扬美丽梦想》2013 年省中小学生“与美同行”网上征文活动一等奖	2013.11
刘学凯	沈家门小学	第 27 届省青少年科技创新大赛少儿科幻画《海洋能源转换器》一等奖	2013.5
刘家维	沈家门小学	第 27 届省青少年科技创新大赛少儿科幻画《树岛》一等奖	2013.5
赵雨帆	沈家门小学	《我与书的故事》天舟杯“好书伴我成长”省第 4 届少年儿童生活作文大赛一等奖	2013.1
张霖潇	沈家门小学	《〈我的妈妈是精灵〉读后感》天舟杯“好书伴我成长”省第 4 届少年儿童生活作文大赛一等奖	2013.1
张璐瑶	沈家门小学	《我爱读书》天舟杯“好书伴我成长”省第 4 届少年儿童生活作文大赛一等奖	2013.1
徐佳烨	沈家门小学	《真理和无道正义与邪恶》天舟杯“好书伴我成长”省第 4 届少年儿童生活作文大赛一等奖	2013.1
邵柯捷	沈家门小学	《我与书籍共成长》天舟杯“好书伴我成长”省第 4 届少年儿童生活作文大赛一等奖	2013.1
顾舒羽	沈家门小学	2014 年“红领巾相约中国梦，争当美德少年”主题教育实践活动获省级“美德少年”称号	2014.6
鲍艾睿	沈家门小学	第 3 届浙江省青少年“法在心中”法制宣传主题活动——青少年法律知识竞赛中荣获小学组一等奖	2014.1
顾高远	沈家门小学	第 11 届全省中小学生智能机器人比赛小学组虚拟机器人(仿真程序)比赛项目一等奖	2014.10

续表 3-44-25

姓　名	所在学校	荣　誉　称　号	获奖日期
张凌耀	沈家门小学	省青少年校园足球活动希望之星	2014.11
徐毓桎	沈家门小学	第 28 届省青少年科技创新大赛少儿科幻画《深海新能源探测器》一等奖	2014.4
沈超妍	沈家门第一小学	省首届业余古筝大奖赛中获儿童组一等奖	1994.4
徐妙琼	沈家门第一小学	2002 年省首届中小学生《爱国主义教育读本》读书征文一等奖	2002.11
龚　程	沈家门第一小学	2004 年省小学数学活动课五年级竞赛一等奖	2004.5
周家阳	沈家门第一小学	省青少年“我爱祖国海疆”航海模型锦标赛橡筋动力快艇一等奖	2004.5
曹　健	沈家门第一小学	第 4 届浙江国际传统武术比赛风火棍第一名	2006.8
沈霖晖	沈家门第一小学	第 7 届全省中小学电脑制作活动一等奖	2006.9
陈诗涵	沈家门第一小学	省少先队争章技能展示活动金章	2006.10
郭妤倩	沈家门第一小学	省少先队争章技能展示活动金章	2006.10
杨　妮	沈家门第一小学	省第 5 届“十佳少先队员”	2007.5
贺俊豪	沈家门第一小学	省体育特色学校田径比赛小学男子跳远第一名	2008.8
贺俊豪	沈家门第一小学	省体育特色学校田径比赛小学男子跳高第一名	2008.8
许诗铭	沈家门第一小学	第 10 届省少先队争章技能竞赛银章	2008.10
沙　麦	沈家门第一小学	省第 10 届中小学电脑制作电脑绘画《岛上居》一等奖	2009.10
叶　子	沈家门第一小学	天文日记在省 2009 国际天文年评比一等奖	2010.1
叶　子	沈家门第一小学	省首届未成年人公益广告设计《蚂蚁也有三两力》一等奖	2010.3
刘梦佳	沈家门第一小学	省首届体育大会体育道德先进个人	2010.11
陈晨立 张天一 朱家贤	沈家门第一小学	第 26 届浙江省青少年科技创新大赛机器人创意项目《防拉损渔网自发电报警浮标机器人》一等奖	2012.4
王晨旭	沈家门第一小学	2012 年省传统武术锦标赛 3061 小洪拳一等奖	2012.9
陈锦轩	沈家门第一小学	2012 年省传统武术锦标赛 4064 追风赶月刀一等奖	2012.9
徐枫哲	沈家门第一小学	2012 年省传统武术锦标赛 4064 追风赶月刀一等奖	2012.9
张业涵	沈家门第一小学	2012 年“立祥杯”第三届省大众跆拳道精英赛女 D 组六章第一名	2012.11
李贤琦	沈家门第一小学	省第 4 届少年儿童生活作文大赛《浓浓书香醉我心》一等奖	2013.3
颜晗雨	沈家门第一小学	省第 4 届少年儿童生活作文大赛《书香相伴梦想同行》一等奖	2013.3
丁诗逸	沈家门第一小学	省第 4 届少年儿童生活作文大赛《好书伴我行》一等奖	2013.3
李星缘	沈家门第一小学	省第 2 届青少年学生阳光体育运动会趣味田径比赛小学女子 60 米第一名	2013.6
李星缘	沈家门第一小学	省第 2 届青少年学生阳光体育运动会趣味田径比赛小学女子 200 米第一名	2013.6
史珂名	沈家门第一小学	省第 2 届青少年学生阳光体育运动会趣味田径比赛小学女子跳高第一名	2013.6
庄　湲	沈家门第一小学	省第 2 届青少年学生阳光体育运动会趣味田径比赛小学女子跳高第二名	2013.6
李星缘	沈家门第一小学	省第 11 届少年儿童田径运动会 60 米第一名	2013.7
张妍睿	沈家门第一小学	省青少年学生阳光体育运动会跆拳道竞技第一名	2013.7
刘一诺	沈家门第一小学	舟山市中小学生“与美同行”主题演讲省级一等奖	2013.12
周琲玙	沈家门第一小学	省优秀少先队员	2013.12
王乐筱	沈家门第一小学	第 28 届省青少年科技创新大赛《应急救生书包》一等奖	2014.5
胡碧琳等	沈家门第四小学	省中小学生“关注水资源”环保实践征文一等奖	2007.12
叶佳丽	沈家门第四小学	第 23 届省青少年科技创新大赛(少儿科幻)一等奖	2009.1
胡竞予	沈家门第四小学	省电脑绘画一等奖	2009.11
陈雨欣	沈家门第四小学	省科技创新大赛一等奖	2009.4

续表 3-44-26

姓　名	所在学校	荣　誉　称　号	获奖日期
胡竞予	沈家门第四小学	省电脑绘画一等奖	2009.9
叶佳丽	沈家门第四小学	第23届省青少年科技创新大赛(少儿科幻)一等奖	2009.1
胡竞予	沈家门第四小学	省电脑绘画一等奖	2009.11
陈雨欣	沈家门第四小学	省科技创新大赛一等奖	2009.4
胡竞予	沈家门第四小学	省电脑绘画一等奖	2009.9
柴佩蓉	沈家门第四小学	2010年省中小学生美术比赛一等奖	2010.9
郑芷鑫	沈家门第四小学	省基础学会综合实践研究性学习优秀成果一等奖	2010.9
周子壹	沈家门第四小学	首届全省未成年人公益广告设计一等奖	2011.3
苏凡宣	沈家门第四小学	首届全省未成年人公益广告设计一等奖	2011.3
周子壹	沈家门第四小学	第25届省青少年科技创新少儿科幻画一等奖	2011.4
周子壹	沈家门第四小学	第26届全国青少年科技创新大赛中一等奖	2011.8
虞奕涵	沈家门第四小学	2013年省中小学生艺术节美术比赛一等奖	2013.12
杜淦炙	六横镇中心小学	省小学数学活动课五年级竞赛一等奖	2002.5
付婷婷	六横镇中心小学	省小学数学活动课五年级竞赛一等奖	2004.5
姚丽斐	六横镇中心小学	省小学数学活动课五年级竞赛一等奖	2004.5
王旖旎	六横镇中心小学	省"文明礼仪章"	2007.12
陆梦祎	六横镇中心小学	省"文明礼仪章"	2007.12
应栋子	六横镇中心小学	省"文明礼仪章"	2007.12
周吉士	六横镇中心小学	省"文明礼仪章"	2007.12
夏晗丹	六横镇中心小学	省"文明礼仪章"	2007.12
蒋晨雨	六横镇中心小学	省"文明礼仪章"	2007.12
林晶鑫	六横镇中心小学	省中小学生美术比赛绘画类一等奖	2010.9
杨　洁	六横镇中心小学	省中小学生美术比赛绘画类一等奖	2010.9
徐丹妮	六横镇中心小学	省中小学生美术比赛绘画类一等奖	2010.9
徐丹妮	六横镇中心小学	第25届浙江省青少年科技创新大赛少儿科学幻想绘画一等奖	2011.4
周淳慧	六横镇中心小学	省中小学生美术比赛一等奖	2011.6
乐梦婷	六横镇中心小学	省中小学生美术比赛一等奖	2011.6
胡梦娴	六横镇中心小学	省少儿科幻画一等奖	2012.4
唐于清	六横镇中心小学	省教育科技艺术节绘画一等奖	2012.12
司徒柳凯	六横镇中心小学	省青少年科技创新大赛一等奖	2014.4
董晨潇	六横镇中心小学	省中小学艺术节小学组一等奖	2014.10
俞懿珈	双塘中心学校	2013酷儿超级童歌会浙江赛区选拔赛少年A组金奖	2013.4
余浩南	螺门小学	浙江省中小学生艺术节摄影作品《鱿鱼飘香》一等奖	2013.12
庄沈艳	桃花镇中心小学	95年省小学生珠算通信赛一年级一等奖	1995.9
贺怡婉	桃花镇中心小学	95年省小学生珠算通信赛一年级一等奖	1995.9
洪薇薇	桃花镇中心小学	95年省小学生珠算通信赛一年级一等奖	1995.9
张玖黛	桃花镇中心小学	96年省小学生珠算通信赛一年级组一等奖	1996.6
金干轮	桃花镇中心小学	96年省小学生珠算通信赛一年级组一等奖	1996.6
邵成明	桃花镇中心小学	96年省小学生珠算通信赛一年级组一等奖	1996.6
杨碧梦	桃花镇中心小学	96年省小学生珠算通信赛一年级组一等奖	1996.6
毛明敏	桃花镇中心小学	96年省小学生珠算通信赛二年级组一等奖	1996.6

续表 3-44-27

姓 名	所在学校	荣 誉 称 号	获奖日期
贺怡婉	桃花镇中心小学	96 年省小学生珠算通信赛二年级组一等奖	1996.6
王豪思	桃花镇中心小学	97 年省小学生珠算通信赛一年级组一等奖	1997.6
朱 达	桃花镇中心小学	97 年省小学生珠算通信赛一年级组一等奖	1997.6
泮 哲	桃花镇中心小学	97 年省小学生珠算通信赛一年级组一等奖	1997.6
洪薇薇	桃花镇中心小学	97 年省小学生珠算通信赛三年级组一等奖	1997.6
叶敏敏	桃花镇中心小学	97 年省小学生珠算通信赛一年级组一等奖	1997.6
杨碧梦	桃花镇中心小学	97 年省小学生珠算通信赛二年级组一等奖	1997.6
金千轮	桃花镇中心小学	97 年省小学生珠算通信赛二年级组一等奖	1997.6
夏 霞	桃花镇中心小学	97 年省小学生珠算通信赛二年级组一等奖	1997.6
袁碧佳	桃花镇中心小学	97 年省小学生珠算通信赛一年级组一等奖	1997.6
诸葛涵扬	朱家尖小学	省爱动物，好习惯，乐生活征文赛一等奖	2012.4
吴喆瑜	朱家尖小学	“中国梦我的梦”省中小学生活作文大赛一等奖	2013.12
龚哲宇	朱家尖小学	“中国梦我的梦”省中小学生活作文大赛一等奖	2013.12
徐程志	朱家尖小学	“中国梦我的梦”省中小学生活作文大赛一等奖	2013.12
罗培瑜	朱家尖小学	“中国梦我的梦”省中小学生活作文大赛一等奖	2013.12
马祯瑶	朱家尖小学	“中国梦我的梦”省中小学生活作文大赛一等奖	2013.12
林彬彬	朱家尖小学	“快乐阳光”童歌会浙江赛区金奖	2011.8
唐家昊	朱家尖小学	省中小学“迎奥运书画比赛”一等奖	2007.8
胡佳豪	朱家尖小学	省简易机器人比赛一等奖	2012.1
卢 磊	朱家尖小学	省简易机器人比赛一等奖	2012.1

第三节　国内教育交流与合作

【发展历程】 1996 年 10 月，时任区教委主任唐栽林、副主任刘全国等赴湖南汨罗，为期一周考察学习有关素质教育。

1996 年，沈家门小学与西藏那曲学校结对。

1997 年 4 月，唐栽林主任率有关科室负责人去上海南市区教育局考察学习；6 月，副主任严美芬率幼儿园园长去山东考察；1999 年，副主任张志毅率部分幼儿园园长去上海考察。

1998 年 9 月，沈家门第二小学与上海洵阳路小学结为联谊学校；12 月，唐栽林主任率部分校长考察温州教育。

2000 年 5 月，唐栽林、郭修杰参加周克非区长率领的考察团，考察宁波、绍兴地区社会力量办学。是年 7 月，由区教研室组织的域内 50 名初中青年骨干教师去上海华东师范大学学习。

2000 年开始，沈家门第一小学与上海曹光彪小学进行互相交流。

2001 年 3 月，由区教委副主任刘全国带队，部分初中、小学校长赴广州、深圳、海南学习考察；同年 7 月，由教研室组织的 50 名初中骨干教师去北京师范大学学习；同年，23 名小学教师赴绍兴越秀外国语职业学院参加英语转岗培训。

2002 年 4 月，域内 50 余名教师去江苏、上海等地学习；9 月，周国岭副局长带领局有关科室负责人和部分校长去北仑、余杭国家级课程改革实验区学习考察。10 月，组织中小学领导及骨干教师 10 名，去天津参加全国第 11 届班集体建设年会，并考察天津国家级课程改革实验区。

2003 年，周红迅局长等参加市教育局组织的学习考察团，赴徐州考察校长竞聘制工作；12 月，组织部分学校教科室主任赴上海学习考察。

2005 年 9 月，周红迅局长率局教育考察团一行 12 名赴台湾考察生命教育。

2006 年 5 月，唐汉成副局长率局有关科室负责人和小学校长去宁波海曙区进行教育考察与交流。9 月，区教育局组织部分中小学教师赴新昌等地进行科技教育考察学习。

2008 年 5 月，域内初中小学校长 30 多名赴上海参加以“学校规划与特色学校、品牌学校建设”为主题培训学习、考察。

2009 年 3 月，区教研室组织域内名师预备队赴北仑、绍兴进行考察学习。

2010 年 7 月，区教育局第二届名师预备队一行 52 名在教研室主任带领下，赴江西九江参加全国中小学有效课堂教学策略研讨会。11 月，全区中小学校长 25 名赴杭州参加国际创新教育大会交流活动。

2011 年，东港中学与上海爱国学校签订协议结为友好学校，决定互派教师、学生进行交流学习。

2011 年 3 月，普陀区第二届名师预备队 45 位成员和全体教研员，在教研室主任的带领下，赴杭州参加“观名校、访名师”主题培训活动。

2011 年 10 月，区教育局组织部分学校领导和教科室主任，赴青岛考察学校海洋教育。

同时，区教育局教研室组织名师工作室成员及部分骨干教师，参加全国高效课堂教学策略研讨会暨江苏名校高效课堂教学模式现场观摩活动。教师聆听江苏东庐中学校长、江苏洋思中学校长等教学专家关于课堂教学模式改革的讲座；实地观摩东庐中学以“讲学稿”为载体的“教学合一”模式、洋思中学的“先学后教、当堂训练”的课堂教学模式；与授课教师进行评说课、交流互动。

2013 年 5 月，区教育局组织部分校长，教科室主任及海洋教育骨干教师，参加全国少年儿童海洋教育青岛论坛活动。

2013 年 9 月，在区教育局副局长王斌带领下，各初中、小学校长，部分教导主任、教研员近 40 名赴宁波、绍兴、湖州等地开展教学交流活动。10 月，普陀区名师工作站一行 36 名在站长带领下，赴嘉兴北京师范大学南湖附属学校进行教学交流活动。

2014 年 4 月，区教研室组织小学教导主任及小学语文、数学名师工作室成员及部分骨干教师近 50 名赴江苏考察学习。

2014 年 8 月，教研室一行 8 名，在主任带领下参加在秦皇岛举办的“全国生本教育理论与实践研习班”。10 月，普陀区中小学数学名师工作室、初中英语名师工作室成员一行 48 名分两批赴广州参加全国“生本教育研修班”培训学习。初中英语教师一行 8 名，驻足古都西安 4 天，全程观摩由中国教育学会外语教学专业委员会主办的第十届全国初中英语优质课研讨会。

2014 年 11 月，各学科教研员、中小学教导主任、部分骨干教师一行 40 余名在教研室主任带领下，赴南京师范大学参加高级研修培训活动。

【附录一】：

沈家门小学国内交流与合作情况表

表 3-45

时　间	内　　　　容
1991 年	慈溪县教师到校听课交流，岱山县教师两次到校交流听课、研讨电化教学
1992 年	组织部分学生赴北京参加北京、深圳海岛儿童画展
1995 年	中央电视台大风车栏目到校采访，大风车栏目在中央电视台专门介绍本校学生暑假文体、科普活动情况
1995 年 9 月	岱山长涂中心校长、教导到校了解异步教学实验课题情况，并进行座谈
1995 年 12 月	建立与桃花中心和西藏那曲完小的手拉手学校，援藏捐款 21281 元
1996 年	沈家门小学与西藏那曲学校结对
1997 年 11 月	河南省教育系统一行 10 人到校参观学习交流《异步教学》、班集体建设情况

续表 3-45

时　间	内　　容
2004 年	沈家门小学被聘为中国西部教育顾问学校，与山西省文水县西城乡中心学校和贵州省凯里市第四小学组成东西部学校合作伙伴
2005 年 4 月	绍兴县小学到校参观交流
2006 年 3 月	辽宁沈阳组织教师到校考察学习生命教育
2006 年 4 月	上海黄浦区教育考察团到校参观交流
2006 年 9 月	宁波大榭开发区小学 50 多位领导老师到校参观交流
2006 年 11 月	余姚市教育局组织 15 位校长到校参观考察
2006 年 12 月	嵊泗县菜园镇菜园第一小学领导教师一行 10 名到校参观交流
2008 年 11 月	绍兴教师到校参观学习
2008 年 11 月	河南教师一行到校参观交流
2011 年 5 月	义乌市少先队辅导员到校参观考察
2011 年 9 月	义乌徐江小学教师到校参观考察
2011 年 12 月	丽水龙泉市校长到校参观交流
2012 年 6 月	青岛市教研室领导到校参观考察海洋教育
2012 年 10 月	杭州市教育局携各校校长到校参观交流
2012 年 10 月	平湖九龙山小学全体教师到校交流学习
2012 年 11 月	金华市各校辅导员到校学习
2012 年 11 月	宁波行知学校到校参观交流
2012 年 12 月	嵊泗菜园第三小学老师到校交流学习
2012 年 12 月	奉化市各小学大队辅导员到校参观交流
2013 年 3 月	宁波江东实验小学等一行到校参观交流
2013 年 5 月	嘉兴市 10 余名校长、督导到校参观交流
2013 年 5 月	余姚东风小学老师到校参观交流
2013 年 5 月	宁波北仑实验小学教师到校参观交流
2013 年 5 月	绍兴孙端镇中心小学教师到校参观交流
2013 年 6 月	杭州萧山益农镇小学到校参观交流
2013 年 6 月	温岭市小学到校参观交流
2013 年 6 月	温州蒲鞋小学到校参观交流
2013 年 11 月	慈溪观海卫中心小学到校参观交流
2013 年 11 月	山东省青岛市城阳第二实验中学教师到校参观交流
2014 年 4 月	金华市校长培训班学员走进沈沈家门小学参观学习
2014 年 4 月	宁波泰和学校到校参观学习
2014 年 4 月	杭州采荷第二小学教育集团到访参观学习
2014 年 9 月	温岭市城南小学等 5 所学校到校参观交流
2014 年 12 月	岱山高亭小学到校参观学习
2014 年 12 月	瑞安市三所学校到我校参观交流
2014 年 12 月	宁波宸卿小学到校学习交流课堂改革

从 1991 年至 2014 年，有北京、上海、河南、河北、山西、西藏等 10 多个省市的 50 多所学校到校参观交流，就教育管理、课堂教学、办学理念、校园文化建设等方面进行了深入交流，不间断的与国内兄弟学校的交流促进了国内教育经验的交流与分享，助推了沈家门小学特色教育的新发展

【附录二】：

沈家门第一小学国内交流与合作情况表

表 3-46

时　间	内　　　　容
1994 年 4 月	黄廷禹副校长随教育局刘全国副局长去北师大少儿心理研究所学习考察一个星期，以引进国家教委“八五”教科研课题
1994 年 9 月	北师大心理研究所所长，博士生导师林崇德教授偕同博士研究生俞国良到校讲学并签订协议书
1995 年 2 月	北师大心理研究所博士研究生沃建中到校指导教科研实验
1995 年 10 月	北师大林崇德教授和沃老师到校讲学，指导实验
1995 年 3 月	温州市杯港第二小学 23 位老师到校参观
1999 年 4 月	宁波万里学校董事长到校作教学管理交流
1999 年 4 月	全国班集体研究专家唐教授到校进行优秀班集体验收活动
1999 年 9 月	全校教师赴宁波国际万里学校参观学习
1998 年 9 月	原沈家门第二小学与上海洵阳路小学结为联谊学校
2000 年上半年	邀请宁波广济中心的教师和领导 12 名到校进行教学交流
2001 年 4 月	本校全体学科指导小组成员一行 10 余名在陈校长的带领下，赴上海曹光彪小学参观学习
2001 年 5 月	上海曹光彪小学金校长一行 5 名到校传经送宝
2002 年 1 月	组织班主任 22 名赴宁波广济路小学参观学习，更新教师观念
2002 年 4 月	举行“创新教育汇报课”活动，宁波广济中心 13 名领导和教师以及普陀区 120 多名教师参加本次活动
2002 年 6 月	18 名学生，代表大陆儿童到香港参加回归 5 周年“龙声飞翔”万人音乐会的器乐演出活动
2002 年 11 月	沈家门第一小学一行 10 名与手拉手学校——上海曹光彪小学开展一次教学研讨活动
2004 年 9 月	原沈家门第二小学立足本校，与杭州市小班化教育实验学校——长江实验小学结对，使学校成为市小班化教育实验基地
2005 年 4 月	举行“‘沪、甬、沈’三地新课程有效教学交流”研讨活动。邀请了沪、甬两地的名校上海曹光彪小学和宁波广济中心小学，特邀上海市著名语文特级教师万永富、浙江省特级教师王雷英和上海著名特级校长金建中到校评课和讲座
2005 年 9 月	原沈家门第二小学与上海金洲小学互相交流
2006 年 5 月	沈家门第一小学、上海市曹光彪小学、山东省公园新村小学齐聚在宁波市广济中心小学，进行“关注有效情境、关注有效课堂”的四校教学联谊研讨活动
2006 年 10 月	应宁波市江东区教研室的慕名邀请，孙文波校长带领部分教师前往宁波市江东实验小学，进行“五星教学”专题交流活动
2007 年 5 月	宁波江东区教研室宋主任带领一行 7 名，带着三堂研究课到校教学交流
2007 年 12 月	部分教师在校长的带领下参加由上海市曹光彪小学组织的“上海、宁波、舟山”三地手拉手学校教学交流
2009 年 6 月	与长三角结对的名校——上海市曹光彪小学、宁波广济中心小学联谊举行了“沪、甬、舟”三地教育特色交流活动
2010 年 4 月	北京体育学院教授赖天德一行到校进行学校体育工作调研
2010 年 12 月	省教育学会活动课程分会 2010 年会（小学组）暨校长论坛在本校举行。孙校长作“让儿童在阅读中滋养生命——儿童阶段阅读实践探索”报告
2011 年 11 月	扬州梅岭小学、上海广灵路小学和沈家门第一小学网络结对活动视频会议在三地各校同时举行
2012 年 4 月	应扬州梅岭小学邀请，10 位老师参加苏派教学比赛听课观摩及扬州名校交流访问活动
2012 年 11 月	武义县邵宅小学的领导和教师 20 余名，到校参观交流
2013 年	利用语文 90 学时活动，通过网络直播的形式与长三角结对学校及区内共同体学校进行一次网上教学交流

续表 3-46

时　间	内　　　　容
2013 年 9 月	海贝贝舟山锣鼓赴杭州参加“中国梦少年梦艺术梦”省艺术节直通车活动，顺利入选省“成长超动力”20强
2013 年 9 月	嵊州逸夫小学领导和老师一行 40 多名到校，开展互相交流活动
2013 年 11 月	省教育学会活动课程分会第 11 届小学语文阅读优质课评比活动到校举行，来自省内各地区 36 所学校的 120 多位教师参加了活动
2014 年 11 月	赴上海曹杨小学取经，学习该校开展平板电脑实验班的经验，并于 2014 年 1 月启动平板电脑实验班实施工作

【附录三】：

朱家尖小学国内教育交流与合作情况表

表 3-47

时　间	内　　　　容
2010 年 11 月	朱家尖小学与奉化萧王庙小学每学期安排一次教学联谊活动，开展上课、评课等交流
2011 年 5 月	加入由联合国教科文组织、中国教育部基础课程教材发展中心、奥地利施华洛世奇公司和香格里拉可持续社区学会共同发起的“长江水学校”项目。派学校骨干教师到上海总部免费参加相关培训
2011 年 11 月	全体班主任在周军海校长带领下，赴绍兴华舍实验学校学习考察
2011 年 11 月	学校加入“塔式发展学校联盟”。联盟聘任浙江教育学院李春玲教授、肖远军教授、杨一青老师为学术顾问
2012 年 4 月	北仑绍成小学一行 30 位老师到校，开展两校教学联谊活动
2012 年 4 月	区教科室戴建明主任率本校现代海洋教育考察团一行 11 名到奉化市莼湖镇中心小学参观交流。参观了莼湖镇中心小学的“海之魅”莼湖渔镇风情长廊、“海之语”海洋文化长廊、“中国风”艺术长廊和“漫步诗廊”四个少先队阵地，后该校少先队辅导员详细介绍了学校海洋文化教育
2012 年 11 月	由舟山市教育学院、区教研室联合主办的“2012 学年小学校本课程教学比武活动在”在朱家尖小学举行，来自全市各所学校近 60 位综合实践老师参加了活动
2012 年 11 月	经区教育局推荐，武义邵宅小学郑国栋校长带领学校行政和年级组长 20 余名来朱家尖参观学习交流
2012 年 12 月	市教育局艺体处莅临朱家尖小学，对学生体质健康标准和实施“体艺 2+1”情况进行督查
2012 年 12 月	朱家尖小学接受省健康促进学校考核
2013 年 1 月	朱家尖小学邀请浙江教育学院教师教育研究所副所长肖远军教授到校作《教师职业生涯规划》的专题报告
2013 年 3 月	新华社记者徐昱一行到校采访海洋教育情况
2013 年 4 月	区第四次教学工作现场会在朱家尖小学召开。全区中小学校长、教导主任、骨干教师、教研员等参加了会议
2013 年 4 月	2013 年浙江省教育管理分会 2013 年学术研讨会暨“塔式发展学校联盟”第五届研修活动在朱家尖小学隆重举行。浙江教育管理学会领导、省内各联盟学校校长、老师等 200 余名参加活动
2013 年 5 月	“长江水学校项目”高级研讨活动在朱家尖小学举行。来自华师大、香格里拉学会、上海市普陀区青少年中心、常州田家炳高级中学、南京市汉江路小学、上海怒江中学、曹杨中学、江苏新苏师范附属小学等 13 所学校校长、书记和水学校项目的负责人参与活动
2013 年 5 月	由省教研室、省教育技术中心联合主办，市教育学院和区教研室联合承办的“浙江省 2013 年小学信息技术优质课评比活动”在本校举行。来自杭州、嘉兴、绍兴、金华、义乌、衢州等多个地市的 12 名信息技术教师参与角逐
2013 年 6 月	“舟山——嘉兴”两地语文教学研讨活动在本校举行。来自嘉兴市小学语文名师工作室一行 13 位老师与舟山市 50 余名小学语文教师代表一起参加研讨活动
2013 年 6 月	嘉兴平湖新仓中心小学陶士方校长带领 46 名班主任和德育干部到朱家尖小学进行德育交流

续表 3-47

时　间	内　　　容
2013 年 7 月	朱家尖小学与上海华坪小学开展了暑期“水学校”夏令营联谊活动
2013 年 10 月	著名作家董宏猷老师到朱家尖小学为师生们做了一场题为“让作文插上想象的翅膀”的讲座
2013 年 12 月	全区各中小学德育正副主任、团委书记、大队辅导员共 80 余名在朱家尖小学参加为期一天的“2013 年普陀区中小学德育工作研讨会暨读书心得交流会”活动
2014 年 2 月	省委教育工委委员、省教育考试院院长葛为民一行到朱家尖小学进行开学工作检查
2014 年 3 月	浙江省“美丽学校研究”课题组在杭州市教育科学研究所韩似萍书记的带领下，到朱家尖小学调研“美丽学校”开展情况
2014 年 4 月	为期三天的全国第十二届班级读书会暨全国重点课题“作文教学法研究”开题论证会在朱家尖举行
2014 年 5 月	温州市洞头县教研室倪志敏主任带领部分校长和骨干教师 20 余名，到朱家尖小学进行海洋文化建设的考察与学习
2014 年 6 月	国家教育部体卫艺司处长卢逊一行到朱家尖小学调研学校体育工作。杭州外国语学院体育分院院长李宁等人员陪同
2014 年 11 月	著名儿童文学作家斑马慕名走进了朱家尖小学，为师生做了一场题为《少年读海记——中国海岸线考察行》的讲座
2014 年 9 月	中国科学院国家天文台研究员、博士生导师王俊杰教授莅临朱家尖小学进行科普讲座
2014 年 10 月	由普陀区教育局举办的 2014 年普陀区中小学生沙雕现场赛在朱家尖小学和朱家尖中学举行。共有来自 20 所中小学校的近百名学生参加比赛
2014 年 11 月	杭州师范大学东城小学的 80 多位教师在校长高小芬的带领下到朱家尖小学进行交流学习
2014 年 12 月	为了提高两地中小学体育教师的教学能力和课堂管理能力，舟山、绍兴（上虞）中小学体育教学研讨会在朱家尖小学举行
2014 年 11 月	著名教育家、华东师范大学终身教授、博士生导师叶澜教授莅临朱家尖小学参观考察、指导

【附录四】：

东港中学国内交流与合作情况汇总表

表 3-48

时　间	内　　　容
1996 年 3 月	东港中学组织 11 名班主任赴全国班集体建设先进集体无锡市有关学校见学考察
2000 年	东港中学一名教师赴杭州参加省新教材英语备课会议；二名教师赴杭州参加“上海名师名校语文课堂教学艺术”研讨会；一名教师赴湖州参加省自然教研活动；一名教师随同“3350”学员赴无锡参加锡山区新课程改革经验交流会
2003 年	东港中学分批派教师赴重庆、西安、上海、杭州、金华、义乌、扬州、无锡、北仑等地考察学习
2005 年	东港中学组织骨干教师去上海、长兴等地取经，参加市“学生成长导师制”研讨会并代表普陀区作专题发言
2006 年	东港中学部分教师赴上海怒江中学交流小班化教学
2009 年	东港中学部分骨干教师赴路桥二中学习“高效自主课堂”教学模式
2009 年 12 月	组织全体班主任到宁海参加“学生自主学习能力培养”教育研讨会
2010 年 9 月	组织教师参加了浙江省“携手农村”教研下乡观摩活动
2010 年 10 月	新昌城关中学英语、科学组近 40 位老师到校参观学习
2010 年 12 月	陈招娣、曹慧英等 100 多位女排元老队员在市区领导的陪同下到东港中学，并对为参加区九运会青少年部女子排球比赛的各支队伍作现场教学指导

续表 3-48

时　间	内　　容
2011 年 4 月	上虞市百官中学英语组、东阳市科技教师培训班学员等到校进行交流
2011 年 5 月	邀请浙江省教研室研训部主任张丰作"课堂在转型"报告会
2011 年 7 月	邀请省教研室主任张丰和方张松两位主任,对学生的"学"进行讲座
2011 年 7 月	开展"与名校交流,促学校发展"教育考察活动。中层干部和部分教师组成教育交流团 10 多名,赴南京。先后考察了南京市第二十四中学、南京市宁海中学分校、南师大附属中学新城初级中学等三所名校。各校领导分别就各自的办学理念作了专题讲座。双方还就"如何扎实推进小班化教学""分层教学"等热点问题进行研讨交流
2011 年 9 月	广西师大 9 位学生到校进行为期 40 天的实习,带来了科技实践活动的新理念新样式
2011 年 12 月	省初中科学新课程新教材"疑难问题解决"专题研训活动在本校举行,学校的科技特色、办学理念等内容在全省同行面前展示
2011 年 12 月	第二期长三角名校长高级研究班 23 名学员到校考察交流学校工作
2011 年 12 月	与上海爱国学校签订协议结为友好学校,决定互派教师学生进行交流学习
2012 年 2 月	全校师生在体育馆,聆听北京大学元培学院的大四学生金苏同学的"放飞理想、励志成才"报告会
2012 年 2 月	温州大学溯初班学员 30 多名到校进行教学交流
2012 年 5 月	邀请中科院徐文耀教授到校为七八年级师生开设题为《是谁保护着我们地球》的科普讲座
2012 年 9 月	广西师大 15 位学生到校进行为期 40 天的实习,带来了科技实践活动的新理念新样式。学校派了第三批次 4 名到上海爱国学校进行为期一周跟班学习,爱国学校也派学生到学校交流
2012 年 10 月	学校行政、班主任一行 30 名,前往宁波北仑东海实验学校考察学习
2012 年 11 月	邀请浙江外国语学院陈晓萍教授到校给全体教师作创意生活报告会
2012 年 12 月	温州瑞安市初中数学的近 30 位"三坛"教师到校进行教学交流
2012 年 12 月	邀请中国关心下一代工作委员会研究员董广生教授作了《激发孩子持久的学习动力》的专题讲座
2013 年 3 月	北仑梅山学校一行 7 名教师,到校进行研讨交流
2013 年 6 月	杭州采荷中学教师到校交流。宁波李兴贵中学书记董毅一行 25 人到校进行教育工作交流
2013 年 6 月	本校九年级老师一行 22 名到苏州星海实验中学参观学习访问
2013 年 9 月	浙江省科协浙大博士生孙永旺一行 3 名莅临本校,孙博士为六、七年级学生作题为《创新和创新思维培养》精彩讲座
2013 年 10 月	浙江省课改联盟初中英语研讨活动在本校举行。全省 22 所课改联盟学校及市内学校共 190 余名初中英语教师参加了本次活动
2013 年 11 月	衢州书院中学一行 15 名、杭州大成岳家湾实验学校一行 24 名莅临本校参观交流
2013 年 11 月	本区的省市区人大代表一行近 30 名莅临学校,区科普活动中心进行了视察,了解区科普活动中心的运作情况
2014 年 1 月	省中小学心理健康教育指导中心办公室主任庞红卫到校,了解指导学校心理健康教育
2014 年 3 月	南京航天航空大学附属中学罗京宁书记一行 2 名到校指导工作。他们参观学校多元化课程的创建及特色教育
2014 年 3 月	台州市椒江五中科学组全体老师到校参观交流
2014 年 3 月	温州瓯海区科普教育考察团一行 7 名对本校的科普教育进行参观交流
2014 年 5 月	浙大博士生服务团成员到校进行主题"海洋开发与利用"的科普讲座
2014 年 5 月	省教研室副主任张丰一行对东港中学课堂教学改革进行调研,了解学校课改进展情况,指导学校课改
2014 年 6 月	余姚市子陵中学校长与教师一行 42 名到校进行教育教学交流活动
2014 年 11 月	本校行政领导、教研组长、备课组长和教学骨干一行 52 名,到省课改联盟学校宁海西店中学、台州仙居二中学习课改经验

第四节　国际教育交流与合作

1998年9月，唐栽林主任参加由德国和荷兰邀请"自然之友"组织的中国教师环境教育考察团，考察上述两国环境教育。通过聘请外籍教师到普陀任教，与国外学校开展教育合作和互访活动，跨出国门考察教育等手段，开展国际交流活动，开阔教育视野。

2000年6月，区政府由陈松菊副区长、区教育局周红迅副局长和普陀中学校长徐铁骏等13位师生组成的代表团，对法国坎贝尔市乐利克斯学校进行为期10天教育文化交流。普陀中学与乐利克斯学校签订了教育文化交流意向，结为友好学校。

2001年开始，沈家门小学与新加坡圣婴小学进行双边教育合作，连续多年共同举办国际电脑创新写作比赛。沈家门小学与新加坡圣婴学校友好合作交往一直延续至2014年。

2003年10月，美国西雅图的希拉里（女）受聘于沈家门小学、普陀第二中学，进行为期4个月的教学工作。同年，争取到挪威一项对外教育援助项目，此后，每年寒暑假，挪威奥斯陆大学派出志愿者教授，为普陀区初中和小学英语教师进行口语培训。同年，韩国谷城郡学生来普陀第二中学与师生进行联谊活动。

2004年，普陀中学、沈家门中学、普陀第三中学聘任3位挪威籍教师任教。

2004年8月，普陀教育考察团赴澳大利亚进行教育考察。重点考察悉尼大学、纽省大学、埃尔法贝特学院和悉尼市的几所女子贵族学校、男人贵族学校、公立小学等。

2007年，沈家门小学组织18名师生赴新加坡圣婴小学进行为期两周的交流访问学习活动。

2011年5月，普陀区政府组团赴德国实地考察柏林职业教育集团，深入了解德国双元制职业教育情况，同时区职教中心，与柏林职业教育集团签订合作办学协议。

区职教中心与德国联合办学情况表

表3-49

时间（年）	主要项目	德国专家数（名）	受培训师生数（名）	培训资金（万元）
2011	机械专业师生培训	7	84	54
2012	酒店、机械专业合作办班	7	198	65
2013	酒店、机械专业合作办班	15	88	107.5
2014	酒店、机械专业合作办班	7	30	51

2011年11月，朱家尖小学3名学生在邱丽君老师的带领下，参加新中文化教育交流中心组织的第11届国际小学生电脑创意写作比赛颁奖典礼暨华文学习节活动，受到新加坡圣婴小学热情接待。

2012年10月，沈家门第一小学与韩国全罗南道荣江初等学校正式结为友好学校。

2013年5月，美国德州原督学长Crockett博士一行到普陀区进行教育考察；6月，美国印第安纳州西巷中学王林达·劳伦斯校长一行8名到普陀进行友好访问，并与东港中学结对；澳大利亚格里菲斯大学教授到朱家尖小学参观访问，双方确定以后的交流学习方案。

自1999年1月起，普陀区与韩国谷城郡开展友好交往。2000年11月12日，普陀区区长周克非与韩国谷城郡郡守高玄锡在普陀区签署《中华人民共和国浙江省舟山市普陀区与大韩民国全罗南道谷城郡建立友好交流关系意向书》。2001年4

月，根据浙外亚〔2001〕190号文《关于同意舟山市普陀区与韩国全罗南道谷城郡建立友好交流关系的批复》精神，2001年11月17日，区长周克非与谷城郡郡守在韩国谷城郡签署《中华人民共和国浙江省舟山市普陀区与大韩民国全罗南道谷城郡建立友好交流关系协议书》。此后，普陀区根据两地间友好交流协议精神，在省、市外办的帮助指导下，本着相互了解，促进国际友好交往，两地共同发展的宗旨，积极开展与韩国谷城郡友好交流工作。

2007年7月12～18日，普陀区交流团一行22名赴韩国全罗南道谷城郡进行友好交流，交流团以区教育局副书记洪碧为团长，区外办副主任张芳萍，翻译金红英随团。

普陀第二中学16位学生代表普陀区参加在韩国光州谷城郡举行的为期4天5晚的中韩学生HOME—STAY住家式文化交流活动，体验韩国文化，开展中韩学生文艺演出，并在谷城郡的三所中学进行交流，拓展国际交流视野，加深对不同文化的理解。通过系列活动，介绍普陀地方文化特色，使更多的海内外人士了解普陀、关注普陀。

2008年1月，以谷城中学校长卢良燮为团长的韩国全罗南道谷城郡中学生交流团一行20名到普陀进行访问交流。

访问期间谷城郡玉果中学和石谷中学的学生交流团同普陀第二中学进行多项交流活动。双方还就办学理念、教学模式、学生发展等问题进行深入探讨，两校间达成建立长期友好关系的合作意向。交流团16名韩国中学生在访问期间入住中国家庭，参加HOME—STAY文化交流活动，感受浓郁的中国文化。韩国中学生还与普陀第二中学学生一道学习中国传统民间工艺——剪纸与扎丝网花，参观普陀博物馆、中韩友好公园一沈院、浙江海洋学院科技馆，到朱家尖南沙感受沙雕文化，体验沙雕制作过程。代表团成员对普陀美丽的自然风光、浓厚的文化底蕴给予高度赞扬。本次韩国中学生的访问交流活动，是对2007年7月普陀第二中学学生出访韩国的回访，进一步增进中国普陀和韩国谷城郡之间的文明“对话”，推动两地教育文化的交流与合作。

2008年8月，以谷城中学校长梁鹤哲为团长的韩国全罗南道谷城郡中学生交流团一行40名到普陀第二中学和沈家门第一初级中学进行为期3天的访问交流。

访问期间，双方就办学理念、教学模式、学生发展等问题进行深入探讨，两地学校达成长期合作交流的意向。36名外国友人到结对的普陀第二中学、沈家门第一初级中学学生家中，参加HOME—STAY文化交流活动，感受浓郁的中国文化。韩国中学生还与普陀学生一起学习中国传统文化—太极拳、武术、书法等，参观了普陀博物馆、中韩友好公园—沈院、浙江海洋学院科技馆，并到朱家尖南沙感受沙雕文化，亲身体验沙雕制作过程。增进中韩学生之间的了解。

2009年1月，以教育局副局长唐汉成为团长，普陀区沈家门第一初级中学师生为主体的代表团40名(其中学生代表33名)，利用寒假赴韩国谷城郡开展为期4天的住家式文化交流活动，进一步增进两国中学生的友谊。在韩期间，交流团考察了首尔、济州、光州等地方，在谷城郡参加HOME—STAY住家式活动，体验韩国传统文化，并将参观博物馆、滑雪场、景福宫、青瓦台外景、城邑民俗村等景点。交流期间，献上歌曲《茉莉花》、二胡《赛马》、蒙古舞、长笛独奏等节目。

2011年7月，以普陀区教育局副局长龚晓华为团长、普陀第二中学校长何德清为副团长的代表团一行30名(其中学生23名)，前往韩国谷城郡进行为期4天的住家式青少年交流活动。

2012年1月，以韩国谷城郡石谷中学校长金淳镐为团长的中学生友好交流访问团一行30名(其中学生23名)，来到普陀进行为期4日3夜的住家式交流活动。

2012年7月，以普陀区教育局党工委副书记刘优珍为团长，沈家门第一初级中学校长周剑挺为副团长的中学生代表团一行30名(其中学生23名)，前往韩国谷城郡进行住家式青少年交流活动。

2013年1月，以玉果中学校长姜声洙为团长的韩国全罗南道谷城郡中学生HOME—STAY友好交流团一行30名(其中学生23名)，访问普陀，开展为期 4 天的住家式交流活动。

其间，韩国中学生与普陀学生一起学习普陀渔民画、沙雕、书法等，参观舟山海洋文化艺术中心、中韩友好公园——沈院，感受朱家尖南沙沙雕文化，亲身体验沙雕制作过程。两地学校就办学思想、家庭教育、学生发展等问题进行深入探讨，并达成长期合作交流的意向。本次交流活动，以 HOME—STAY 为载体，培养学生广阔的视野，丰富学生的学习经历，同时将进一步推动中韩两地教育文化的交流与合作。

2013 年 7 月，普陀中学生友好交流团一行 31 人(其中学生 25 名)，以沈家门第一初级中学校长周剑挺为团长，到韩国全罗南道谷城郡开展回访活动。

其间，友好交流团师生的主要活动有游览谷城郡，参观玉果中学，开展 HOME—STAY 活动，体验蟾津江火车村的踩铁路自行车、过晃桥，坐蒸汽汽车，皮艇漂流，做泡菜、糕点、豆腐等活动。

2014 年 1 月，普陀第二中学德育处副主任翁素君为团长，普陀第二中学、沈家门第一初级中学 25 名学生，共 31 名，去谷城郡交流活动。

此次交流互访活动是继 2007 年普陀区与韩国全罗南道谷城郡开始进行中韩文化交流互访活动以来的第 11 次活动。

第七章　教学研究

第一节　教学研究组织

【教研室】 1953 年 4 月，始建普陀县，设文教科，统管全县教育。是年 10 月，全县调整为 8 区、1 镇、67 乡，每区下豁若干乡，每区(镇)设立一所区中心学校，指定一名校长(副校长)负责指导区(镇)内各校教育、教学工作，逐步成立语、算教研组，开展分科教研和集体备课等活动。

1978 年 11 月，普陀县建立教研室，由县文教局教育行政科长马宏章兼管县教研室工作，无专职教研员，聘任 20 位中小学教师任兼职教研员。

1982 年 8 月，县教研室设办公地点于泗湾路 42 号文教局内，配有中学语文、数学、英语、物理、化学和小学语文、数学 7 名教研员。主要从事教材教法的培训、考核和学生学科质量检测等工作。教研工作逐步纳入正常轨道。

1985 年，省教育厅颁发《各级教学研究室暂行工作条例》，指出教研室是“各级教育行政部门指导教学工作的助手和参谋。”教研室的职责范围和工作方向有了明确的文件依据。

1985 年 9 月，教研室从县文教局中分离，称县教育局教研室(简称教研室)，搬迁至新开路日新弄 56 号(沈家门第二小学)内，借场地办公。1986 年 9 月，又搬迁至泗湾路 47 号，借电大站房子办公。

1988 年 9 月，位于泗弯路 53 号教研室和区教师进修学校合用的办公楼竣工，教研室迁入一、二层楼。

1995 年 9 月，教研室与区教师进修学校合并，采用“一套班子两块牌子”的管理模式。

2011 年 9 月，教研室、区教师进修学校迁至东港街道金城街 90 号办公，办公用房、设施、设备、办公经费等得到进一步改善和提高。

2012 年 11 月 26 日，区教师进修学校合格备案获省教育厅同意批复。

2014 年 9 月，教研室、区教师进修学校有教职工 35 名，其中专任教师(教研员)24 名。

现任教研室主任、区教师进修学校校长潘旭东，中共党支部书记沃信科。

区教师进修学校、区教育局教研室历任党政领导任职情况表

表 3-50

<table>
<tr><th>职　务</th><th>姓　名</th><th>任职年限</th><th>职　务</th><th>姓　名</th><th>任职年限</th></tr>
<tr><td>副校长（主持日常工作）</td><td>陈亨金</td><td>1978.5—1981.9</td><td>党支部书记</td><td>方伯开</td><td>1979.11—1981.12</td></tr>
<tr><td>校长</td><td>单才铨</td><td>1981.9—1993.3</td><td>党支部书记</td><td>刘全国</td><td>1984.8—1990.12</td></tr>
<tr><td>校长</td><td>缪宝根</td><td>1993.3—1995.9</td><td rowspan="4">—</td><td rowspan="4">—</td><td rowspan="4">—</td></tr>
<tr><td>主任</td><td>马宏章</td><td>1982.8—1984.9</td></tr>
<tr><td>主任</td><td>林　沌</td><td>1984.9—1987.8</td></tr>
<tr><td>主任</td><td>汤晓耕</td><td>1987.8—1993.9</td></tr>
<tr><td rowspan="2">副主任
（负责教研室日常工作）</td><td>陈茂法
（主管中学）</td><td>1993.9—1994.2</td><td rowspan="4">党支部书记</td><td rowspan="4">缪宝根</td><td rowspan="4">1993.9—1998.2</td></tr>
<tr><td>毛国荣
（主管小学）</td><td>1993.9—1994.2</td></tr>
<tr><td>主任</td><td>何再乐</td><td>1994.2—1995.9</td></tr>
<tr><td>校长、主任</td><td>何再乐</td><td>1995.9—1998.1</td></tr>
<tr><td>副校长、副主任
（主持教研室、进修学校日常工作）</td><td>张忠根</td><td>1998.1—1998.7</td><td>党支部书记</td><td>郭献镜</td><td>1998.3—2000.11</td></tr>
<tr><td>副校长、副主任
（主持教研室、进修学校日常工作）</td><td>郑加安</td><td>1998.8—2001.12</td><td rowspan="4">党支部书记</td><td rowspan="4">郑　勇</td><td rowspan="4">2000.12—2010.6</td></tr>
<tr><td>校长、主任</td><td>陈种根</td><td>2001.12—2008.5</td></tr>
<tr><td>副校长、副主任
（主持教研室、教师进修学校日常工作）</td><td>黄伟宏</td><td>2008.5—2009.8</td></tr>
<tr><td>校长、主任</td><td>黄伟宏</td><td>2009.8—2010.7</td></tr>
<tr><td rowspan="2">校长、主任</td><td rowspan="2">潘旭东</td><td rowspan="2">2010.7 至今</td><td>党支部副书记
主持日常工作</td><td>潘旭东</td><td>2010.7—2011.7</td></tr>
<tr><td>党支部书记</td><td>沃信科</td><td>2011.8 至今</td></tr>
</table>

【教研社团】 从 20 世纪 80 年代中期开始，在区教育局教研室主导下，各学科教研社团教学研究会先后成立。1995 年 11 月，区教育学会第二届理事会召开后，各学科教研社团逐渐发展成教育学会各分会。

1985 年 4 月，普陀县理科学会成立，讨论通过《普陀县理科学会章程》。创始会员 32 名。

1990 年，中学物理教学研究会、中学化学教学研究会、中小学美术教学研究会、中小学音乐教学研究会、小学语文教学研究会、小学数学教学研究会相继成立。

1996 年 4 月，中小学体育教学研究会成立。12 月，中学社会科学教学研究会成立。

1997 年 11 月，普陀教育学会中学数学教学研究分会成立。

1998 年 4 月，普陀教育学会中小学心理健康教育研究会成立。5 月，普陀教育学会青少年科技教育分会成立。

1999 年 4 月，普陀教育学会中学自然科学研究分会成立。

1999 年 5 月，普陀教育学会中小学信息技术教育研究分会成立。

2000 年 5 月，普陀教育学会幼儿教育研究分会成立。

2001 年 3 月，普陀教育学会中学语文教学研究分会成立。

2003 年 9 月，普陀教育学会综合实践活动课程与校本课程研究分会成立。

2004 年 2 月，普陀区教育学会小学科学教学专业委员分会成立。

2005 年 4 月，普陀区教育学会中学英语教学研究分会成立。

（教研社团和教育学会的有关详情，参看第八章教育科研第三节教育学会。）

【教研网络】 从 20 世纪 60 年代开始，域内中心级学校、片、区相继建立学科教研组、教研中心组、教研大组。2004 年起，教育网络建设更完善。2 月初，小学科学学科率先建立全区统一的教研网络，此后，其他学科迅速跟进。2009 年 9 月，初中段以三所城区学校为龙头建立教研网络。

2012 年普陀小学各学科教研网络组建情况表

表 3-51

<table>
<tr><th></th><th>学　校</th><th>学　科</th><th>协调人</th><th>学　科</th><th>协调人</th></tr>
<tr><td>城区一片</td><td>沈家门小学</td><td>语文
体育
数学
综合
品德</td><td>乐明辉
薛黎明
戚南凤
张　英
李　莲</td><td>英语
美术
信息
音乐
科学</td><td>张雷燕
柴飞红
李昌华
张　怡
蒋韩燕</td></tr>
<tr><td rowspan="4">城区二片</td><td>沈家门第一小学</td><td>数学
英语</td><td>翁飞萍
周玲霞</td><td>体育
品德
音乐</td><td>张琪斌
王志贤
孙文涛</td></tr>
<tr><td>沈家门第三小学</td><td>信息</td><td>张朝兴</td><td>科学
语文</td><td>蒋玲燕
林惠珍</td></tr>
<tr><td>虾峙小学</td><td>—</td><td>—</td><td>—</td><td>—</td></tr>
<tr><td>朱家尖小学</td><td>综合</td><td>周日波</td><td>美术</td><td>范秀女</td></tr>
<tr><td rowspan="4">城区三片</td><td>沈家门第四小学</td><td>数学
品德</td><td>施汗波
张玲玲</td><td>综合
科学</td><td>虞莉莉
朱波娜</td></tr>
<tr><td>鲁家峙小学</td><td>体育</td><td>朱红杰</td><td>音乐</td><td>沈　艳</td></tr>
<tr><td>舟渔小学</td><td>信息
英语</td><td>缪凤燕
方　艳</td><td>语文</td><td>蒋勤燕</td></tr>
<tr><td>桃花学校</td><td>—</td><td>—</td><td>—</td><td>—</td></tr>
<tr><td rowspan="4">本岛片</td><td>芦花小学</td><td>信息
数学</td><td>徐飞跃
陈玲凤</td><td>语文</td><td>何依红</td></tr>
<tr><td>勾山小学</td><td>体育
音乐</td><td>李琴琴
夏海芝</td><td>英语
美术</td><td>余舟亚
王玲玲</td></tr>
<tr><td>展茅小学</td><td>品德</td><td>钟亿文</td><td>综合
科学</td><td>李浙波
龚赛红</td></tr>
<tr><td>螺门小学</td><td>—</td><td>—</td><td>—</td><td>—</td></tr>
<tr><td rowspan="4">六横片</td><td>六横小学</td><td>体育
英语</td><td>李开诚
李　鑫</td><td>品德
美术</td><td>陈益平
徐焱杰</td></tr>
<tr><td>台门小学</td><td>信息
语文</td><td>刘　明
虞优缓</td><td>音乐
科学</td><td>裘　艳
刘海平</td></tr>
<tr><td>双塘小学</td><td>数学</td><td>俞数儿</td><td>综合</td><td>陈双红</td></tr>
<tr><td>龙山小学</td><td>—</td><td>—</td><td>—</td><td>—</td></tr>
</table>

2014年8月普陀小学各学科教研网络组情况表

表3-52

网络划分	城一片	城二片	城三片	本岛片	六横片
所属学校	沈家门小学 沈家门第三小学	沈家门第一小学朱家尖小学 虾峙小学	沈家门第四小学 舟渔小学部 桃花学校	芦花小学部 展茅小学部 螺门小学	六横小学 台门小学 双塘小学 龙山小学
学　科	网络组长				
	城一片	城二片	城三片	本岛片	六横片
语文	沈家门小学 徐婉霞	沈家门第一小学 应军波	舟渔学校 蒋琴燕	展茅中心 贺屈女	六横中心 贺　苗
数学	沈家门小学 戚南凤	沈家门第一小学 翁飞萍	沈家门第四小学 施汗波	螺门小学 刘碧颖	双塘中心 乐　盛
品德	沈家门小学 史月红	沈家门第一小学 江珊珊	沈家门第四小学 张玲玲	展茅中心 钟亿文	六横中心 陈益平
英语	沈家门小学 刘斌磊	沈家门第一小学 周玲霞	沈家门第四小学 袁艳艳	展茅中心 叶海红	台门学校 陆丹娜
科学	沈家门小学 蒋韩燕	朱家尖小学 刘海东	舟渔学校 陈　千	展茅中心 龚赛红	六横中心 王　娟
音乐	沈家门小学 张　怡	沈家门第一小学 徐锡英	沈家门第四小学 李　群	芦花中学 于　�	台门学校 裘　艳
美术	沈家门小学 柴飞红	朱家尖小学 范秀女	沈家门第四小学 朱波娜	芦花中学 王启军	六横中心 徐焱杰
体育	沈家门小学 薛黎明	沈家门第一小学 戚巧燕	沈家门第四小学 缪　峰	展茅中心 刘琦林	六横中心 张琪斌
综合校本 地方劳技	沈家门小学 张　英	沈家门第一小学 应军波	沈家门第四小学 张玲燕	展茅中心 李浙波	双塘中心 翁喆凡
信息技术	沈家门小学 邬红娜	沈家门第一小学 夏　舟	舟渔学校 缪凤燕	芦花中学 徐飞跃	台门学校 刘　明

【名师工作室】 2010年10月，区教育局发文，决定成立小学语文、小学数学、初中数学、初中科学四个名师工作室。聘请潘旭东为区名师工作站站长、小学数学工作室首席导师，聘请孙文波为小学数学工作室执行导师；聘请郭妙琴为小学语文工作室首席导师，聘请阮水芬为小学语文工作室执行导师；聘请俞凯为初中数学工作室首席导师，聘请张杰为初中数学工作室执行导师；聘请胡建芬为初中科学工作室首席导师，聘请朱明文为初中科学工作室执行导师。聘期3年。

2010年11月，区教育局第二次发文，决定成立中学英语、初中社会等两个名师工作室。聘请方咏菊为中学英语名师工作室首席导师，聘请张成年、翁素君为中学英语工作室执行导师，聘请童赛祎为初中社会名师工作室导师。聘期3年。

名师工作室职能：

1. 指导培养对象进行学术研究、学术创新、学术传播，并引领全区同学科教师的专业成长。

2. 指导培养对象开展课堂教学研究，引领全区课程改革。

3. 指导培养对象申报和开展科研课题研究。

4. 工作室每年至少开展6次学术研究活动，并做好活动记录和经验总结工作。其中至少1次向全区展示最新课堂教学成果。

5. 建立教学研究的网络平台，方便学术研究和沟通联络。

6. 不定期对培养对象进行跟踪指导。

7. 积极参与市、区开展的教研与指导任务。

8. 由名师工作站负责每学期出2期《名师工作室简报》。

普陀区名师工作室开展工作情况表

表 3-53　（2010 年 10 月—2011 年 12 月）

日　期	开展活动主要情景
2010 年 10 月	1. 区教研室组织名师工作室成员参加全国高效课堂教学策略研讨会暨江苏名校高效课堂教学模式现场观摩活动。 2. 舟山教育学院在南海实验学校举行以“走进学生，细化阅读目标”为主题的小学语文研训活动。区小学语文名师工作室俞凤老师代表普陀执教《钓鱼的启示》一课
2010 年 12 月	1. 小学语文“潮涌普陀”课堂教学研究暨教师专业发展研训活动在沈家门小学举行，小学语文名师工作室贝颖彧、周玲萍和俞凤老师分别执教语文课。 2. 区名师工作站一行 6 人，赴台湾进行教育考察。 3. 小学语文名师工作室在沈家门第四小学举行“以目标为核心的有效课堂”教学展示兼共同体学校教研活动
2011 年 3 月	省“百人千场”名师送教下乡活动小学数学学科课堂教学展示在舟山第一小学举行。小学数学名师工作室成员柳凌斐老师执教《重叠问题》公开课
2011 年 4 月	1. 区小学语文名师工作室在沈家门小学进行以“理想，用心守望”的方案研讨活动。 2. 小学数学组织工作室学员到虾峙中心小学进行送教下乡活动。 3. 初中科学名师工作室在东港中学举行专题研讨活动。首席导师胡建芬、执行导师朱明文和 9 位工作室学员参加本次研讨活动。 4. 区 2011 年初中社会·思品学科中考复习研讨会，在东港中学举行。社会名师工作室导师童赛祎、执行导师金英杰、执行导师童海斌老师分别作专题讲座。 5. 普陀第二中学教育网格片内两次举办幸福课堂名师展示活动。社会名师工作室导师童赛祎老师和执行导师金英杰老师分别上观摩课。 6. 区小学数学名师工作室组织部分学员赴厦门，参加中国教育学会小学数学教学专业委员会举行的“全国第十届深化小学数学教学改革观摩交流会”教学评比活动。 7. 省科学教研员，省科学特级教师王耀村老师应邀在东港中学举行主题为《初中科学实验教学的思考》的专题讲座。初中科学名师工作室全体成员及全体科学教师参加研修活动。 8. 初中科学名师工作室全体成员筹备 2011 年初中科学中考复习研讨会。来自全区的科学教师参加此次研讨活动。 9. 初中数学名师工作室部分名师在舟山教育学院会议室，与省特级教师郑伟君老师、市初中数学教研员周海红老师就初中数学的教学及骨干教师继续提升等问题进行深入交流
2011 年 5 月	1. 在区初中数学名师工作室首席导师、区数学教研员俞凯老师的率领下，区初中数学名师工作室成员一行参加南海实验学校随堂听课活动。 2. 教研室初中数学组织全区初三数学教师召开复习研讨会。研讨会由初中数学名师工作室首席导师俞凯老师主持。 3. 区小学语文名师工作室在沈家门小学举行精品课展示活动。 4. 省第九届小学语文教师课堂教学评比活动在绍兴举行，区小学语文工作室的贺海红老师代表市参加此次的赛课活动，执教《伯牙绝弦》一课并获得二等奖。 5. 区小学数学名师工作室在沈家门第一小学开展活动，讨论工作室计划，探讨“以学定教、先学再教”理念下的新课堂教学模式。 6. 区名师工作站组织了“课堂在转型”专题报告会，邀请了省教研室研训部张丰主任，作题为《课堂教学变革的关键因素》的专题讲座
2011 年 9 月	1. 区初中数学名师工作室全体成员在俞凯导师组织下，参加南海实验初中组织的纪念南海建校 10 周年“高效数学课堂展示活动”。 2. 省教育厅“百人千场”名师送教下乡初中数学专场活动在舟山第一初级中学举行。区初中数学名师工作室执行导师张杰应邀开设题为《二次函数的图像（3）》示范课

续表 3-53-1

日　期	开展活动主要情景
2011 年 10 月	1. 初中科学名师工作室成员，在名师工作站长潘旭东带领下，参加在南京市溧水东庐中学举行的教学交流。 2. 区教研室组织小学数学骨干教师去桃花中心学校送教下乡。名师工作室成员洪飞老师上了一堂《有余数的除法》展示课。 3. 在普陀第二中学举行全市各县（区）、市属学校 11 名选手参加比赛，区青年教师陈丹盛、夏优儿、刘助波分别荣获一、三、四名。 4. 嘉兴市南湖区教导主任一行 28 人到沈家门第一小学参观学习。小学数学名师工作室成员翁飞萍老师执教一堂《有余数的除法》公开课
2011 年 11 月	1. 区初中社会·思品学科课堂教学评比在朱家尖中学举行，初中社会名师工作室导师童赛祎及成员林海存、金英杰、童海滨、翁海英等参加本次活动。 2. 省 2011 年小学数学优质课观摩评比活动在桐乡实验小学教育集团振东小学举行。区小学数学名师工作室成员沈家门小学戚南凤和洪飞两位老师参加这次活动， 3. 市初中英语学科带头人、区名师工作室执行导师翁素君在普陀第二中学微格教室展示幸福课堂教学。 4. 初中科学首席导师胡建芬、执行导师朱明文带领多名工作室成员为台门中学初中科学教师举行课堂教学观摩与先进的教学理念讲座
2011 年 12 月	1. 省初中科学新课程新教材“疑难问题解决”专题研训活动在东港中学隆重举行，区科学名师工作室成员及初中科学教师参加本次活动。 2.2011 年舟山市初中科学课堂教学评比活动于在沈家门第一初中举行，普陀第二中学张婕老师《声音的发生和传播》获得了市课堂教学评比一等奖。 3. 区初中数学名师工作室成员在俞凯导师带领下，去育才学校送教

（2014 年 1 月—12 月）

日　期	开展活动主要情景
2014 年 2 月	1. 区初中社会在东港中学举行“总结经验　反思实践”为主题培训活动，区初中社会名师工作室成员参加活动。 2. 区中学英语名师工作室开展第三次研讨活动。本次研讨活动主题为“课堂实录·网络研课·同伴互助”
2014 年 3 月	1. 区小语名师工作室在沈家门小学举行了“三环四学”主题研讨活动。 2. 教研室对 16 所小学进行了蹲点调研，小学数学名师工作室导师潘旭东与杨慧老师对工作室成员教学工作进行调研。 3. 区初中科学名师工作室成员参加九年级复习研讨会。 4. 区初三社会·思品教师及市、区名师工作室成员参加区初三社会·思品复习研讨会
2014 年 4 月	1. 区小学数学名师工作室部分成员在杨慧老师带领下分别来到虾峙、桃花中心学校进行送教。 2. 区中学英语名师工作室在朱家尖中学举行了第四次研讨活动。 3. 区初中数学名师工作室和市初中数学郑伟君名师工作室在沈家门第一初中联合举行初三数学复习研讨会，名师工作室成员及普陀初三数学教师参加本次研讨会。 4. 区初中历史与社会以及思想品德课堂教学评比活动在东港中学举行，共有 9 位青年教师参赛 5. 区初中科学名师工作室成员、部分骨干教师一行 20 多名在胡建芬、缪文兵导师带领下，赴嘉兴海宁市、南湖区进行为期 3 天学习。 6. 区小学数学名师工作室在舟山小学举行“基于学力发展的课堂转型”数学教研活动。 7. 区小学语文名师工作室成员参加在朱家尖职业技术教育中心举行的“全国第十二届班级读书会暨中国教育学会重点课题作文教学法研究开题论证会”。 8. 潘旭东名师工作室成员与宁波北仑华山小学教学交流活动在宁波北仑华山小学举行。 9. 浙江海洋学院过伯祥教授莅临普陀第二中学，为区初中数学名师工作室成员及普陀第二中学数学教师进行学术讲学。 10. 区小学数学名师工作室成员参加北师大教育家书院第二届讲会营暨第十四届甬城汇智课堂观摩活动

续表 3-53-2

日　期	开展活动主要情景
2014 年 5 月	1. 区小学数学优质课评比活动在朱家尖小学举行，潘旭东名师工作室成员参加本次活动。 2. 区初中英语名师工作室沈盈盈、姚波等 6 位老师在导师翁素君老师带领下，参加区教研室组织的“大脑健身房”学生网络英语学习课程体验活动。 3. 区教研室举行浙派名师班活动暨市科学名师胡建芬工作室、区科学名师工作室为期两天的研讨活动。 4. 在“同课异构”的基础上，推出两堂精品课张玲叶的《乡下人家》和俞萍萍的《画风》。课后，工作室首席导师郭妙琴作点评。 5. 童赛祎市、区初中社会学科名师工作室及区学科带头人送教下乡活动在展茅中心学校举行。 6. 市初中数学青年教师课堂教学展示活动在东港中学举行，来自全市初中数学青年教师及部分市、区初中数学名师工作室成员参加本次活动。 7. 区初中数学名师工作室导师俞凯、孙安成及部分成员参加市初中数学名师工作室协作组在岱山举行学术活动。 8. 潘旭东工作室第六次全区小学数学“基于学力发展的课堂变革研讨会暨五年内青年教师课堂教学研讨活动”在芦花中学举行。 9. “胡建芬名师工作室”成员、普陀第二中学毛宏光老师到桃花中心学校，为科学教师上专业指导课。 10. 区小学语文名师工作室部分成员参加在江苏省徐州市举行的“第四届华东六省一市小学语文教学观摩研讨会”。 11. 省小学数学高端班学员展示活动在檀枫小学举行，省特级教师、区小学数学名师工作室导师潘旭东，小学数学教研员、工作室研究员杨慧老师以及部分成员参加本次活动
2014 年 8 月	1. “2014 东海风”普陀教学文化节在保利大剧院如期开幕，同时也拉开了 2014 年区初中科学教师专业发展研修活动的帷幕。区初中科学名师工作室的全体成员参加了本次活动。 2. 省教育厅“百人千场”初中数学名师专家送教活动在普陀举行，区初中数学名师工作室全体教师在沈家门小学参加本次活动。 3. “2014 东海风·普陀教学文化节”暨“童赛祎名师工作室”活动在普陀保利大剧院举行
2014 年 9 月	1. 市首届初中教师实验技能大赛决赛在南海实验学校举行，通过县（区）选拔推荐的初中 23 名科学教师参加了首届决赛，普陀区共有 7 位科学教师参加决赛。 2. 为更有针对性地帮助青年教师解决日常教学中的问题，本学期工作室推出“约诊”新举措。 3. 区初中科学名师工作室成员一行 4 人去温州市洞头实验中学参加 2014 年省教育厅“百人千场”初中科学名师专家送教下乡活动。工作室胡建芬、黄伟宏、缪文兵、张婕 4 位成员承担本次初中科学学科送教任务。 4. 潘旭东名师工作室“生本课堂”第一次专题研讨会在芦花中学举行。 5. 社会·思品学科教师业务培训暨童赛祎名师工作室活动在东港中学进行
2014 年 10 月	1. 市、区中小学数学名师工作室成员、各中小学数学骨干教师共 23 名，在教研室潘主任带领下，赴广州参加“生本教育研修班”培训学习。 2. 区初中科学名师工作室部分学员和东港中学初三科学教师赴东港中学桃花分部开展教研活动。 3. 市、区英语名师工作室成员一行 15 名，在广州参加第三届全国生本英语骨干班的培训。 4. 省初中数学教学活动评比在嘉兴举行，名师工作室成员贺彦斌老师作为舟山代表队选手，执教《反比例函数》复习课获省一等奖。 5.2014 年区初中社会·思品课堂教学评比在芦花中学举行。 6. 市、区英语名师工作室成员李斌娜、竺真真、方飞、孙文艳等老师一行 8 名，驻足西安 4 天，全程观摩了由中国教育学会外语教学专业委员会主办的第十届全国初中英语优质课研讨会。 7. 区小学数学名师工作室导师潘旭东和研究员杨慧去桃花中心学校进行小学数学调研听课。 8. 为期两周的 2012、2013 届小学青年教师跟班研修活动圆满结束。区小学语文名师工作室执行导师阮水芬、成员胡秋霞、张意红等老师承担了指导任务

续表 3-53-3

日　期	开展活动主要情景
2014 年 11 月	1. 区“海洋英语”专题研讨活动在东港中学举行。 2. 市小学数学名师工作室导师、省特级教师潘旭东和工作室研究员、区教研员杨慧老师在双塘中心学校进行听课、指导。 3. 区 2014 年中小学科技运动会在东港中学隆重举行。初中科学名师工作室成员参加并承担“小爱迪生”创意实验环节评委。 4. 童赛祎工作室部分成员参加在南京师范大学举办的区教研员、教导主任及骨干教师高端研修活动。 5. 教研室在沈家门第一初中组织举办区“初中英语教师教学能力提升研训班”培训活动。区工作室成员参加此次研训班。 6. 胡建芬导师率市、区名师工作室成员，开展为期两天的初中科学课堂教学评比活动。 7. 区小学语文“生本课堂”第二次专题研讨会在沈家门小学举行。 8. 区初中数学名师工作室，郑伟君、张宏政名师工作室联合前往上海新华初级中学（原华师大一附中）进行教研交流活动
2014 年 12 月	1. 童赛祎名师工作室部分成员赴杭州参加省初中历史与社会教学关键问题实践研究专题培训。 2. 区初中历史与社会学科“生本课堂”教学展评活动在普陀第二中学举行。童赛祎市、区名师工作室成员参加这次“先学后教”前置性学习为主题教学观摩活动。 3. 区初中数学“生本课堂”教学模式阶段性展评活动在东港中学举行。初三数学教师及初中数学名师工作室成员参加活动。 4. 区名师工作室导师、区教研员、初三科学教师、市、区科学名师工作室成员开展区初中科学“生本课堂”教学展评活动。 5. 区小学语文名师工作室在沈家门小学举行“灵动课堂”精品课展示活动。 6. 区初中英语“生本课堂”教学展评活动在芦花中学举行。市、区工作室成员参加本次活动。 7. 区小学数学“生本课堂”教学展评活动在六横中心小学举行

第二节　教学方法研究

教学方法研究是教育研究的基础，自从有了教育，就产生了教学方法研究。这个项目，有教育工作者自发的、自觉的，也有各级教育机构组织进行和展开的。

民国前期，普陀地区所在小学，在定海县教育科的组织领导下，不时组织师生开展教学观摩及学业成绩竞赛、展示等活动。

1953 年 4 月，普陀建县以后，类似活动则由县文教科组织，其中规模较大的教研活动主要有学生成绩抽考，复式教学演示，教师集体备课，组织教师学习“教育学”和苏联教育经验等。

1982 年 8 月，县文教局教研室建立后，教研工作逐步规范化。

1983 年 3 月，教研室举办小学语文教研班，13 名小学语文骨干教师拜楼新秋老师为师。同期，全体教研员赴六横各中学进行为期一周的教学调研。同年 5 月，中学语文在普陀中学等有关学校举行观摩教育。同年 8 月，组织中小学各科教师进行教材教法培训和备课活动。

1985 年 4 月，普陀县理科学会成立大会在县教育局召开，共有会员 32 名，讨论通过《普陀县理科学会章程》。

1987 年 11 月，教研室组织初中“教书育人”专题研讨会，有 4 名教研员及 21 名中学教师参加，会议由教研室主任汤晓耕主持。

1987 年 5 月，教研室小学部制订《小学组评课具体评分标准》，对优质课提出具体要求。1990 年 3 月，制定《关于加强我区小学劳动课教学几点意见》《小学劳动课课堂教学评估要求》。

1988年10月，区中小学(幼)音乐学科研究会成立，共有会员23名。

1989年11月，教研室组织区内16名初中正、副教导主任赴绍兴、诸暨两县4所初中进行教学观摩、学习，对提高教学管理起到一定借鉴作用。

1989年10月，为进一步探索在语文教学中如何有机渗透思想教育，并研究如何体现寓识字于阅读之中，教研室组织小学中、低年级语文教研活动，听课、观摩者多达200余名，由4位教师上研究课，两位教研员分别进行评课和讲座。本次活动坚持文道结合、教书育人原则，对提高小学语文教学质量，起到一定推动作用。

1989年暑假，教研室组织域内学校的部分校长、教导主任、教研员和骨干教师近30名，由教育局副局长唐栽林领队，远赴广西杨朔县学习黎世法教授创建的“异步教学法”理论，为期两周，开阔了视野，对教与学的关系建立起较新观念。经8个月消化酝酿，教育局决定选取有条件的学校开展“异步教学”教学实验。1991年3月，教研室制订“异步教学”实验计划，确定三个阶段(一年一个阶段)、六个层次(一学期一个层次)进行。小学段率先在沈家门小学、朱家尖小学，初中段在舟渔子弟学校、沈家门第一初中试行。各实验学校均制定有相应的每一阶段计划。翌年3月，教研室向参与实验的学校领导、教师介绍“异步教学论”主要内容和实验计划，发放黎世法教授《异步教学论》专著，至此，异步教学实验在普陀正式启动。1991年8月，根据实验过程中遇到的实际问题，区教研室整理出《异步教学实验中有待研究和解决的若干问题》一文。1995年，异步教学实验学校从4所扩展至8所，实验推广的主要内容是“教师指导异步化与学生学习个体化最优教学方法探讨”。每学期组织“异步教学”全区性教研活动，适度推广“异步教学”实验试点。

1990年3月，在沈家门第五小学举行以“行知结合”为主题的全区思想品德课教研活动，就如何提高思想品德教育质量问题进行专题讨论。

1990年4月，区小学自然教研大组正式成立，组成人员7名，并组织教学观摩活动，对加强自然科学教学起到一定的推动作用。

1990年9月，沈家门第五小学制定“‘注音识字、提前读写’实验二年级实施意见”，并举行“注提”实验教学研究活动。翌年1月，“注提”实验成果验收，实验研究组编写“实验配合教材”第一册，供教师使用。同年下发《关于在低年级推广小学语文“注提”实验有关教法的意见》，推广重点，一是汉语拼音直呼教学法，二是识字教学：寓事宜于读写之中。1991年开始，小学语文教学进行“注提”实验，建立“注提”教法中心教研组，每学期至少举行两次教研活动，由一开始两个实验班推广至全区低年级。1992年9月，教研室举行小学语文“注音识字，提前读写”教法第一次推广教研活动，重点研究直呼音节教学、看图学词学句中如何体现识字于阅读之中的具体做法，观摩《复韵母ei的教学》《一双手》两堂教研课，各实验学校校长、教导主任及实验教师参加活动。是年11月，举行小学“提注”教法第二次推广教研活动，参加对象为全区一、二年级教师。

1990年11月，区小学数学研究会成立大会在沈家门第五小学召开，32名会员与会，讨论通过《普陀区小学数学研究会章程》，提出要围绕五个专题开展教学研究及教改实验。

1991年5月，区小学数学研究会举行第一届年会暨区第三届小学数学经验交流会，200多名数学教师与会。年会围绕“优化课堂教学，提高教学效益”中心议题，进行广泛交流与深入研讨。

珠算式心算实验于1991年下半年实施，实验设城镇、农村各两个试点，建立区中心教研组。1991年12月，全区9所学校参与珠算式心算活动，内容是三算(笔算、珠算、心算)及珠算式心算。实验成效显著，1995年、1996年获省团体三等奖。1995年3月，珠心算与幼儿计算结合，在幼儿园大班实行，沈家门镇3所幼儿园参加。

1992年1月，召开“主体学习，辩证指导”实验培训会议，同年2月，举行“主体学习，辩证指导”“思维品质培养”实验备课会议。

1992年2—5月，开展“有机渗透思想政治教育，全面提高小学语文教学质量”系列活动：一是抓好教材备训辅导活动，二是分片开展教学研究活动，三是沈家门小学、岵头镇中心小学两所试点学校举行首次汇报活动。

1992年11月，域内首期小学青年骨干教师培训班举行，30岁以下青年教师参加。

同年12月，在六横岵头镇中心小学举行全区性小学语文“史情”教研活动。

1995年4月，教研室举行“扩大古诗文阅读”研讨会。同年9月，沈家门小学举行异步教学教研活动，共有60多位教师参加。

1996年5月，域内小学系统学科课题研究汇报活动于沈家门小学进行，沈家门小学《提高教学效率减轻学生负担促进全面发展》、沈家门第一小学《在小学语文、数学课堂教学中进行创造能力培养的实验研究》、沈家门第二小学珠心算训练序列、沈家门第三小学音乐课堂教学实验、沈家门第四小学英语教学实验、沈家门第五小学《扩大阅读量，提高写作能力》、沈家门第六小学《合理选择电教媒体，提高课堂教学效率》等。各中小学校长，相关实验学校的老师共120名参加活动。此次汇报活动，专门邀请北师大教授沃建中作关于《如何选择实验课题》、《如何撰写实验方案》辅导报告。

1996年9月，教研室向全区中小学下发《关于在中小学开展古诗文扩大阅读实验的通知》。同年12月，培养学生思维品质实验研讨活动在区教研室举行。

是年起，全区推行素质教育，严格控制学科竞赛、考试次数和资料征订，积极开展课外活动和各类兴趣小组活动，全面发展学生个性特长。

同年，初中段教学实验“以情激趣激学，以情育人”向全区推广。

1997年，高中段推出“自主式四步整体教学”，过程为泛读—理解—研究—迁移。

1997年3月，区教育局制订《舟山市普陀区素质教育实验方案》，为全面推进普陀区素质教育，更好地发挥学习成绩评价对小学生的导向激励作用。从1997年第一学期起，小学停止使用分数制或等级制的学生成绩评价办法，试行小学生学习成绩鼓励性评价。“试行办法”对学生作业的布置及作业成绩的评定、期末考试学生成绩评价办法、学校的教学质量评估等方面作了明确规定。为此，区教研室相继出台《普陀区中小学教学管理、研究和师资工作考核评估细则》《普陀区中小学教师教学常规》《小学各科课堂教学常规》及《课堂教学评估指标》。

1998年10月，教研室下发《中学各学科教学评估体系》的通知，供各学科教师课堂自我评价、业务教学管理评价参考。同年12月，下发关于《普陀区中学教师统考大纲、教材、教法》的通知，供各学科教师课堂自我评估、业务教学管理评价参考。

1998年第二学期，开展中小学教师岗位业务能力竞赛，并制订相应的评课标准。

1999年2月，教研室制订《中学课堂教学规范要求及评课标准》。以质量标准管理教学，提高教学过程的质量。同年8月，制订评选标准，评选先进教研组。实施《普陀区中小学学科带头人评审管理实行办法》。对中小学教师进行岗位能力考核。

2000年，开展“千岛教育之春”教育成果展示活动。为加强渔农村学校教育教学，建立城乡教师交流机制，开展城乡校际结对或交流活动，建立教研员蹲点制度和骨干教师下渔农村支教制度。

2000年3月，制订“三三五〇工程”初中骨干教师培养计划并实施(用三年分三个阶段培养50名初中各学科骨干教师)。

2000年，小学开展课程(课时)改革实验、抓住素质教育主渠道课堂教学、“主体性教学”“有效教学”“分层教学”“开放性教学”“研究性学习”“创新教育”等教学活动。举行“初中与小学衔接问题的探讨”。青年英语教师演讲比赛，音乐教师自弹自唱展示。同年10月，中小学青年校长课堂教学技能展示，暨“课堂有效教学”研讨。

2001年起，域内小学实行课时35分钟制，开设英语和信息技术课。

2001年5月，根据教育部提出的在中小学普及信息技术教育的总要求，按照《中小学信息技术课程指导纲要》，制定出《普陀区初中、小学信息技术教育实施意见》，明确各年段的教学目标及内容安排。

2002年开始,组织中小学各学科教师开展新课程培训学习,并开展新课程教学研究活动。同年,全区举行“千岛之春”教学研究、教学观摩活动,沈家门小学进行了“主体发展教育”汇报展示活动。

为进一步落实“教育要面向现代化、面向世界、面向未来”的指导思想,根据教育部《关于积极推进小学开设英语课程的指导意见》,2001年秋季开始,域内所有小学的五、六年级开设英语课,2002年秋开始,从三年级开设英语课,并制订《小学英语课程教学基本要求》。

2002年,普陀区成为浙江省基础教育课程改革试验区,并启动课程改革实验工作。

2003年,教研室组织中小学教师参加“舟、杭、甬”等地联合教研活动。同年,组织教师参加市“走近新课程——省著名特级教师名师风采展示活动”。

2003年3月,组织举行区以上学科带头人述职评议大会暨带徒仪式,42名学科带头人与151名教师结为师徒。

2003—2006年,中小学教师教学研究转化出丰硕成果:小学语文学科教师应军波、初中英语学科教师陈优等5名教师获省青年教师优质课评比一等奖,普陀中学教师江莲华获省教坛新秀,孙文波等5位老师获省“教改之星”银奖和省二等奖;18名教师入选市第二届中小学学科带头人、20名教师入选市第三届学科带头人行列;5名老师获市第二届优秀班主任称号,2位教师当选市首届农村优秀班主任,2位教师获市首届德育带头人称号;5位老师成为市首届农村中小学学科教学带头人;57名教师成为区第二届中小学学科带头人,4位老师获普陀区首届优秀专业人才称号,6位老师成为普陀区第二届优秀专业人才。

2004年,区教育局出台《普陀区开展城乡教师支教、轮岗,学校帮扶结对活动实施意见》,建立学科带头人、骨干教师定期送教下乡、蹲点指导制度,有20位城镇教师去渔农村支教,并负责组建12个城乡教育共同体单位。教研室负责组织“关于舟山市百位名师教育文采展示活动”,普陀地区的活动,收效良好。

2007年暑期,全区初中教师进行“素质提升工程”教学评价学科培训活动。同年10月,组织开展初中段市区学科带头人“与新课程对话”教学论坛活动。

2008—2010年,教研室组织域内180名教师参加省市区“领雁工程”,并于2010年,启动“潮涌普陀”学科高段研修活动。

2008年2月,“普陀名师预备队”成立,按计划每学期组织开展教学研究活动。小学段进行全区英语口试测试及科学实验操作测试,加强对学生学业的过程性评价及多元化评价。12月,组织召开全区小班化教学研讨活动。翌年3月,举行小班教学共同体教研活动。

2009年3月,根据《浙江省义务教育教学管理指南》文件精神,在全区范围内组织相应教学研讨活动。并举行小班教学共同体教研活动。同年8月,着手开展“普陀名师”资源库建设。12月,组织省“百人千场”普陀支教活动。

2010年3月,组织第二届“普陀名师预备队”活动。4月,组织举行“潮涌普陀”学科高端研修活动启动暨第二届名师预备队开班仪式。同时,印发《“潮涌普陀”学科高端研修三年规划》的通知,8月起,各学科均举行“潮涌普陀”主题教研活动。9月,召开初中段教学质量研讨会和省“携手农村”教研下乡观摩活动。

2011年5月,举行“课堂在转型”专题学术报告,邀请省教育厅教研室研训部张丰主任作题为《课堂教学变革的关键因素》的专题讲座。9月,举行“名师预备队”汇报课展评活动暨结业典礼。

2011年9月,教研室筹办《普陀教学改革》并召开第一次通讯员会议。11月,创编首期《普陀教学改革》专题通讯(电子版),2012年印刷1～2期纸质版,至2014年12月,共出版12期。

2011年12月,召开“以学定教”课堂教学主题研究交流暨期末复习研讨会。同期在沈家门小学召开首届全区学校教育教学工作现场会,此后每年举办2次,至2014年已连续举办7次。

2012年起,每年8月中旬举办“东海风·普陀教学文化节”，通过这个平台实施《2012—2015 年普陀区教师专业发展培训“比翼”计划》，至 2014 年已成功举办 3 届，先后邀请美国教育专家 3 名，全国著名教育专家 8 名，省内教育专家 33 名，讲座 69 场次，开设教学示范课、观摩课 100 余节，受训教师 5800 多人次。

2012 年 2 月，教研室召开“教学转型　轻负优质”务虚会议。

同年 4 月，启用初中生网络作文平台：http://zxszw.ptec.gov.cn/。

9 月，教研员陈雪芬主编的《普陀海洋英语读本》正式出版，并在全区八年级学生中启用。

2012 起，组织各中小学参加各学科教师擂台赛。

2012 年 12 月，教研室主任潘旭东在省教研室主任会议上作题为《立足活动实际，创新教研机制》的专题发言，提出了“双网教研”理念。翌年，宁波市教研室、宁海县教育局、武义县教研室、嵊泗县教研室等先后到普陀考察“双网”教研工作。

2013 年 1 月，组织举行“海洋英语教学观摩课”活动，并决定对“普陀海洋英语课本”教学效果进行书面测试。

2013 年，教研室音乐学科组织编印《舟山渔歌综述》《舟山渔歌谱例》《舟山渔歌教案集》。

2013 年 9 月起，市、区名师工作室组织开展各类教研活动。11 月，教研室下发《关于推进“学为中心”课堂教学改革的指导纲要》，中小学各学科开展“学为中心”的教学研讨活动。

2014 年 4 月，人民教育出版社历史与社会课程教材研究开发中心、人民教育电子音像出版社编辑、专家一行 7 人到普陀作精品教学录像课，普陀中学的李雪娜老师承担历史与社会八年级下册《第二次工业革命》一课的示范教学任务。普陀第二中学是舟山市唯一所承担本次录像课拍摄任务的学校。

2014 年 8 月，举行小学数学第二轮新教材培训。

2014 年 12 月，中学语文、数学、科学、英语、社会五门学科，小学语文、数学、英语、科学四门学科在深入开展“学为中心”的课堂教学研究基础上，提炼了相应的“生本课堂”教学模式，并组织了教学展示活动。共展示 25 堂“学为中心”研讨课。在此基础上编写的教学模式集《教学转型的学科实践》出版。

第三节　教学研究成果

普陀县小学数学教研员特级教师陈平文，1982 年，其小学数学课堂教学实况被拍摄成电视录像，在全省各地播放；1983 年 12 月，在第一次省数学年会上，作了以“教好三年级应用题初步总结”为题的发言，发言稿刊登在《浙江省教研通讯》上；同年 10 月，被杭州市下城区邀请到安吉路小学，借学生上公开课；1987 年 9 月，《谈谈应用题教学》一书由浙江教育出版社出版，印数 6980 册，全书 172 页，116000 字，并编入浙江省中小学特级教师教学经验选辑。陈平文在 1981 年被评为省小学数学特级教师。1989 年 9 月，被评为全国先进工作者。个人简历 1990 年被收入《舟山市教育志》。

1985—1999 年，教研室教研成果获国家级奖项 7 项，省级 62 项，市级 546 项。指导学生竞赛获国家级 84 项，省级 127 项，市级 559 项。

1988 年，教师进修学校刘全国在浙中片中师数学研讨会上发表《小学数学教师进修方向初探》一文；孙建平发表《在中师函授数学教学中培养学员的自学能力》一文；刘善珠在浙中片语文研讨会上发表《浅谈〈语基〉教学联系实际》一文；顾学勇在省中师函授教育学、心理学研讨会上发表《浅谈成人教育中的职业道德教育》一文；何满生发表《浅谈教师培训工作的情感效能性》，并举行全省性公开课。单才铨在 1988 年第 4 期《地理教育》上发表《普陀山》一文，同年在《生物学教学》第 1 期上发表《少棘蜈蚣》一文，并分别对师范、中学、小学教师进修教材《地理》和《生物》两书中的“普陀山”和“多足纲蜈蚣”作补充注释。

1989年，刘全国《优化教师关系初探》一文发表于6月11日《浙江教育报》；单才铨在《地理教育》地理写作研究会暨第一次全国会员代表会上宣读论文《我对乡土地理编写与教学的探求》；同年在《地理教育》上发表《能源的分类及其特点》。

1991年，虾峙中学邬飞轮的《德聂泊尔》、蚂蚁中心小学的《过新年》、峧头中心小学陈伟民的《叮铃铃》，被评为省农村中小学音乐优质课。

1997年，沈家门小学教师李薇的《爸爸也过暑假了》获1997年全国第二届语文教师范文写作竞赛二等奖。

1996年，市教师基本功“五项全能”竞赛（钢笔字、毛笔字、粉笔字、简笔粉笔画、普通话），普陀教研室获团体第一名。

至1997年，教研室集体及教研员个人撰写论文60余篇，其中获市级三等奖以上或在省级以上报刊发表的论文38篇。

1999年4月，教研室郑加安、卢金波的《中学语文导语设计十法》教学设计，被中国教育学会中学语文教学专业委员会课堂教学研究中心评定为第18届年会语文教学优秀教学设计一等奖。同年10月，教研室卢金波、郑加安《浅谈供材料作文的思维方法及应用》获省（浙东片）中学语文教师教学论文一等奖；

1999年，虾峙中心小学的《小学海洋教育课程的研究和实践》，区教委课题组和沈家门小学的《“主体学习，辩证指导”课堂教学模式的研究与实践》，区教委课题组的《在小学课堂教学中培养学生思维品质的实验研究》，沈家门第一初中的《中小学心理健康教育的研究与实践》等课题，均获省首届基础教育教学成果二等奖。

2011—2014年，获国家级奖项42项，省级128项，市级1522项。其中2011年2月教研室的《海岛教师的“双网教研”》获评省2010年度市县教研工作亮点。

2011年4月，教研室《双网教研：海岛教师专业成长的蓝色通道》获首届“浙、沪、苏”长三角地区教科研优秀论文，并发表在《浙江教学研究》2011年4月号；区教研室《“双网教研”体现海岛特色的教师研修新机制》是省教研课题，获市基础教育成果一等奖，推荐给省第四届基础教学成果奖评审机构审批。2012年6月，该课题获省第四届（2007—2010年）基础教育教学成果一等奖（该奖项由省人民政府主办，每4年评比一次）。

2011年，在省初中数学论文评比中，数学教研员俞凯和台门中学郑飞海的《从中考试题看学生数学阅读能力的缺失》一文获一等奖。朱家尖小学贺磊和教研室张亚珍合作的《微课程与我们的品德教学改革》获舟山市小学德育论文评比一等奖。

2012年1月，教研室《“潮涌普陀”高端研修工程》被评为省2011年度市县教研工作亮点。

2012年5月，教研员胡建芬《运用实验包开展“做中学”科学实验探索》和金伟民《视觉文化时代的美术批判性课程探索》获“省第二届优秀教研成果二等奖”。

2012年7月，潘旭东和俞凯合作撰写的《“精彩”来自不断的争鸣与探索》发表在《中小学数学》2012年第7、8期。

2012年，在全国基础教育课程改革实验区综合实践活动第十届研讨会上，教研员徐朝挺及相关学校老师的论文共获9项一等奖。同年，教研员俞凯的《从中考试题看学生数学阅读能力的缺失》获省数学一等奖；教研员金伟民的美术论文《中小学手工创意教学探索》获省二等奖；教研员童赛祎的社会论文《三条途径，让历史与社会课堂精彩——以学定教模式建构之我见》获省二等奖；由教研员徐朝挺指导的《把脉家乡的海水》录像课获省教研室颁发的指导奖，同时，该课被省教育资源网录用。

2013年，区教研室荣获省师训绩效考核100分，列全省县（区）级第一名。

2013年，普陀第二中学、沈家门第一初中、沈家门小学、沈家门第四小学等5所学校被评为市首批“校本培训”示范学校。

2013年12月，教研员俞凯撰写《难得一见的好题为何得分不尽人意》发表于《中学数学杂志》2013年12期。

2013年,东港中学陈丹盛老师获“第八届全国初中青年数学教师优秀课观摩与评比”二等奖。同年,在省教学论文评比中,教研员俞凯和东港中学陈丹盛合作的初中数学论文《基于以学定教的“备、议、导、练”四要素建构式数学课堂》获省一等奖;朱家尖小学贺磊老师和教研室张亚珍合作撰写的《微课程与我们的品德教学改革》获省一等奖。

2014年1月,《普陀区“双网教研——海岛教师研修建制”的应用与推广》被评为省2010—2013年教研工作创新项目。

2014年4月,教研员金伟民《美术比赛频繁影响正常教学》一文,发表于《美术报》。

2014年5月,在教研室开展“深化改革”教育思想大讨论中,教研员李学权撰写的《基于网络环境下区域教研模式创新探索》一文获省二等奖。

2014年10月,省初中数学课堂教学评比活动在嘉兴举行,全省各市选送13堂课进行评比,东港中学贺彦斌执教的《反比例函数》复习课荣获一等奖。

2014年,教研室美术教研员金伟民撰写的论文《构建美术核心知识课程——兼论美国的经验与启示》,发表于《中国美术教育》2014年第2期(双月刊),并获中国教育学会美术教育专业委员会与中国美术教育编辑部主办的“第七届全国美术教育论文、教育叙事评选活动”一等奖。

2014年,教研室教研员俞凯《展现思维过程,揭示数学本质》一文发表在《湖北大学数学学报》2014年第12期。

第八章 教育科研

普陀区教育科研工作起步于20世纪80年代中后期。在教育局教科室成立之前,普陀区教育科研分别由与此有关的教育行政股和教研室兼管。当时普陀区教育科研工作大体可分为两种形式:一种由集体组织进行,或由教育局牵头,以学校为主体设置专题进行。另一种由教师组合或个人进行,研究内容包括教育和教学,但以教学为主。

1995年秋,普陀区教育局下设教育科学研究室(简称教科室),区教育局教科室宣告成立,由区劳动人事局核定编制3名。成立之初,暂配专职人员1名,聘请普陀中学退休教师陈国辉老师负责全区教育科研工作的规划、指导和管理,办公地点暂设于教研室。域内各中小学校先后建立教科研机构。教科室的职责是负责学校教育科研项目的研究、指导与管理。

教育科研的管理分为课题立项、中期检查、结题与鉴定、成果评奖四个阶段。

教育科研所管理的课题分为规划课题与重点课题两类。课题立项工作由省、市、区教育科学规划领导小组负责。

1995年,教科室成立之后,普陀区教育科研逐步走向正规有序,教育科研课题数量逐年增加,质量不断提高,教师教育科研水平得到发展。

教育科研课题立项流程如下:当年的课题立项工作在前一年的10月份开始,至11月中旬发文公布。立项分申报、评审、公布三个步骤。区级课题由学校或个人申报,经区教育局教科室组织评审后立项。市级课题由区教科室评审推荐至市教科所评审,再经市教育科学规划领导小组审批立项。省级课题则由市推荐至省教育科学研究院评审,再由省教育科学规划领导小组审批。

普陀区级研究课题立项工作从1995年开始走上正轨,至2014年年底,有国家级立项课题1项,省重点立项课题9项,省级规划立项课题150项,市级规划立项课题382项。获得省基础教育教学成果奖8项,省教育科研成果奖44项,市教育科学研究成果奖129项。

第一节　教育科研课题

1990年始，普陀区教育以教育科研为先导，深化教育教学改革，逐步实施主体性教育、创新教育、绿色教育、心理健康教育、现代信息技术教育、海洋教育、国际理解教育、劳动技术教育为主要内容的，促进学生可持续发展的综合实验，形成面向未来的素质教育框架。这些举措被提炼为普陀区的“八大教育”。

【主体性教育】 1992年始，在“异步教学”不断实践、探索、总结基础上，沈家门小学开展《主题学习，辩证指导课堂教学模式的研究与实践》课题研究。该课题提出“主体学习，辩证指导”的教学思想、教学原则、教学组织方式、教学要求和评价标准，形成以“五自五导”课堂教学结构和程序为中心的课堂教学模式。学生主体学习的“五自”，是指“自启入境”“自学探究”“自研交流”“自评完善”“自迁创造”；教师辩证指导的“五导”，是指“激需导向”“察情导法”“调控导研”“强化导评”“拓思导迁”。这一教学模式，强调学生主体性的发挥对完成教学目标的重要性和主体性发展本身的重要性，强调认知和情意统一，强调教师的教服从于学生的学的具体需要，并从这种具体需要出发，辩证运用教学手段、教学策略，使学生学会学习，发展个性，实现教与学的辩证统一。该课题获评省首届基础教育教学研究成果二等奖。

【创新教育】 1993年，沈家门第一小学在北师大林崇德教授、沃建中博士指导下，实施省教科院规划课题《在小学课堂教学中培养学生思维品质的实验》的研究，其目标是培养学生的创造意向（兴趣、动机、意志等）、创造思维（深刻性、灵活性、独创性、批判性和敏捷性）、创造技能（精细性、巧妙性、实用性等）、创造人格（进取心、挑战性、冒险性等），在全面完成教育教学大纲的同时，使学生的创造能力得到发展。经过5年研究实践，学生的创造性思维品质优于对比班。这项课题研究成果获省首届基础教育教学研究成果二等奖。

1999年，普陀第二中学作为浙江省创新实验学校启动了教育教学实验，实施由基础性课程、发展性课程和研究性课程三个板块组成的课程体系。基础性课程由部分必修课和基本学习要素训练（语言文字能力、数学计算能力、批判性创造性思维、科技观念、地球社会价值观、自学自控能力）两部分组成；发展性课程有部分必修课（创造学、思维训练、电脑基础）、自选课（环境科学、科技——社会——文化、生物栽培、摄影、英语快速阅读、自然科学发展简史、音乐欣赏、科技英语、现代信息技术）、活动课（德育活动、文体活动、科技活动、劳技活动）三部分组成；研究性学习课程由专题讲座（如克隆技术、人类基因排序工程、现代战争与高科技、朱家尖海峡大桥设计等）、研究方法课（社会调查技术、数学思想方法、自然科学方法论、探索性实验技术、科研报告、论文写作等）、应用技能课（综合理科实验、软件制作、美术与创意设计、科技制作与创造）、社会实践课（参观、社会调查、自然考察）四部分组成。通过具有创新精神的教师、创新性的教学方法、现代信息技术的运用、激励性评价、创造型集体氛围、弹性管理制度等六大因子展示和演绎，努力达到学科课程目标更好更快更全面地达成，学生创新品质得到培养，学生找到个性潜能发展的独特领域和生长点等三大目标。普陀第二中学课题《普陀模式——课程改革为切入点的创新教育实践研究》获评省第二届基础教育教学成果二等奖。2010年，获评省新世纪急促教育科研重大成果评选二等奖。

【心理健康教育】 1996年，沈家门第一初级中学确立《中小学心理健康教育的研究与实践》课题，其指导思想定位为：本着遵循人的发展规律，通过提高校长、教师的认识，课程和教法的改革，适当的行政干预诸因子，要求教师承担起心理健康教育的十大任务，达到优化学生的心理环境，培养学生良好的心理素质，提高学生社会适应能力，促进学生身心健康发展的目的。1998 年，区教育局成立本系统内心理健康教育领导小组、心理咨询指导中心，指导各校开展心理健康教育教学和咨询工作。制订《普陀区中小学心理健康教育实施方案》，明确中小学心理健康教育专兼职教师的配备、学生每学期接受心理健康教育的课时、中小学心理咨询辅导室的设立等事项。开通各中小学心理咨询热线电话和“319 知心姐姐”信箱。咨询内容包括学习问题、人际关系、青春期问题、职业选择等，根据实际情况采取必要的技术干预。成立普陀区中小学心理健康教育研究会，创办《普陀中小学心理健康教育通讯》，展开“教师心理素质和学生心理健康相关性”“心理健康教育课程与教育模式”等子课题研究。编写《初中生心理辅导读本》学生用书和教师用书。《中小学心理健康教育的研究与实践》课题获评 1998 年省首届基础教育教学研究成果二等奖。《普陀区中小学心理健康教育成果推广应用》获 1999 年浙江省教育科研成果推广奖。2001 年，浙江省区域推进心理健康研讨会及现场会在普陀召开。

【绿色教育】 由“可持续发展”理念引领，区教育局于 1997 年以朱家尖的幼儿园、中小学和成人技术文化学校为中心，实施《绿色意识与行动——朱家尖岛关爱大自然教育工程》课题研究，并以该课题带动域内学校普遍开展环境教育。普陀区成立环境教育研究会（随之成为北京“自然之友”协会的团体会员）；发动广大师生向社会进行大规模“世界环境日”宣传活动；组织人员考察朱家尖西峰岛并筹建生态保护岛，以促进该教育工程实质性进展。朱家尖小学被教育部、世界自然基金会、英国石油公司确定为“中国中小学绿色教育行动实验学校”；沈家门第六小学成立少年环保学校，成为全国环保网络学校。域内构建环境教育管理网络（环境教育工作领导小组、协调小组）、教育网络（纵向：幼教、普教、职教、成教“四教”兼顾；横向：学校、家庭、社会“三位一体”）、教学网络（必修课渗透、选修课强化、活动课参与、隐性课内化）、科研网络（环境教育研究会、课题组）、评估制度（绿色学校、无烟学校）。

【信息技术教育】 在“普及实验教学”“三机一幕”完善配置基础上，区教育局于 1998 年建成普陀教育科研网，由中心网站及局域网、光缆链接的高速城域网和电话拨号联结的渔农村网组成，以 2 兆带宽的光缆与中国教育科研网连接，实现域内中小学及其他教育机构全面联网。以计算机无纸化信息传输完全代替传统书面资料传送。区教育局和 20 余所学校主页上网，凸显计算机网络在海岛应用中的准确、可靠、及时、简便、经济等优越性。现代信息技术研究会成立后，部分学校开展“小学语文四结合教学”“新世纪计算机课程研究”“计算机网络作文”等研究。现代信息技术的普及，为教师和学生创建良好的学习环境、提供丰富的学习资源和先进的技术手段，从整体上提高教育现代化水平。

【国际理解教育】 1993 年始，域内普遍实施英语课程试点，改革教学方式方法。2000 年，提出国际理解教育的概念。2001 年，《普陀区中小学国际理解教育的研究与实践》课题被省教科规划办立为重点课题。部分中小学校开始与法国、英国、澳大利亚、韩国、新加坡等国家的中小学校建立友好学校关系，实行师生互访。作为新课题，国际理解教育对学校德育教育提出新的挑战，改变外语教学的思路定位和途径，牵动政治、历史和地理教学方式方法的变革。

【海洋教育】 海洋教育始于 1990 年。以虾峙中心小学为主的一批学校，在“大海洋”观念引领下，形成以学科教学渗透和海洋教育活动为主，实践课程和环境课程为辅的海洋教育课程体系，这一改革举措得到域内学校的普遍认同。自 1990 年至 2014 年，域内先后有虾峙中心小学建立“海洋生物标本室”，展出各类海洋标本、岛模、船模等；普陀第二中学建立“西闪岛海洋科学研究性学习基地”；东港中学建成舟山船模制作室和“百变绳索”学习室。让学生观摩或亲手制作各个朝代各个时期的各式船模，学习结打舟山渔民绳结。其他各校根据实际均开展形式多样的海洋教育活动。2012年9月，区教育局教研室牵头编写的《普陀海洋英语读本》由《光明日报》出版社正式出版，在域内八年级地方课程中启用。2013年年底，区教育局教科室牵头编写的《现代海洋教育读本》一书编成付梓，2014年3月，由上海科技大学出版社正式出版，成为域内学校海洋教育校本教材之一。

【劳动技术教育】 域内的劳动技术教育，以《劳动与技术教育实施指南》为依据，结合学校实际和海岛特色，挖掘地方资源，以综合为特征，以实践为核心，以活动为载体，以培养学生创新精神和实践能力为重点，开展劳动技术教育研究。60年代，域内学校开设劳动技术课，将劳动课列入教育计划。1990年后期，区教育局开展陶行知教育思想研究，同时成立区陶行知教育思想研究会，引领教育教学。中小学、幼儿园重视劳动技术教育，通过“生活即社会、社会即学校”“教中学”“学中做”“教学做合一”的研究和实践，培养学生尊重劳动、尊重劳动者的情感，提高学生劳动素养和劳动能力。域内近20所学校被列为全国、省、市陶行知教育思想研究实验学校。

第二节　教育科研成果

1995—2014年，普陀区中小学教育科研取得可喜成果，计获省一等奖6项，二第奖16项，三等奖28项；市级一、二、三等累计获奖124项。

1995—2014年普陀区市级以上教科研获奖成果统计表

表3-54

年份	省级获奖课题			市级获奖课题		
	一等奖	二等奖	三等奖	一等奖	二等奖	三等奖
1995	—	—	—	—	—	—
1996	—	—	—	—	—	—
1997	—	—	—	—	—	—
1998	—	4	—	—	—	—
1999	—	—	—	1	2	3
2000	—	1	2	1	1	4
2001	—	—	—	—	—	—
2002	1	—	2	1	3	4
2003	—	2	2	1	3	—
2004	—	1	2	1	10	4
2005	—	1	1	—	—	—
2006	1	—	2	—	—	—
2007	—	1	2	—	—	—
2008	2	—	4	3	5	5
2009	—	—	1	—	—	—
2010	1	2	3	—	—	—
2011	1	2	2	—	—	—
2012	—	1	2	4	9	13
2013	—		1	1	8	8
2014	—	1	2	3	13	13

另获特别奖 2 项（1999 年，普陀中学黄钱峰、庄平洋送审的课题设计“铁和铁的化合物”，普陀中学语文组“高考常用词汇辨析”，没有参照对象，故设特别奖 2 项）。

1996—2014 年普陀区教育科研成果区级获奖情况表

表 3-55

年份	一等奖	二等奖	三等奖	合计
1996	3	5	19	27
1997	—	—	—	—
1998	—	—	—	—
1999	2	7	23	32
2000	1	9	27	37
2001	4	8	30	41
2002	3	6	25	34
2003	1	10	28	39
2004	3	10	30	43
2005	5	10	33	48
2006	4	8	33	45
2007	4	8	34	46
2008	4	12	47	63
2009	3	12	28	43
2010	10	19	46	75
2011	10	18	32	60
2012	8	22	37	67
2013	6	16	36	58
2014	8	13	28	49
总计	79	193	536	807

1997—2014 普陀区教育科研成果省级获奖情况表

表 3-56

年份	获奖科研成果名称	单　位	课题主持人	获奖等级
1997	试论“主体学习，辩证指导”教学模式	沈家门小学	钱银星	省普教科研成果二等奖
1998	“主体学习，辩证指导”课堂教学模式研究	沈家门小学	唐栽林	省首届基础教育教学成果二等奖
	在小学课堂教学中培养学生思维品质的实验研究	沈家门第一小学	刘全国	
	普陀区中小学生心理健康教育实验研究	沈家门第一初级中学	周红迅	
	小学海洋教育课程的研究和实践	虾峙中心小学	周旭光	
1999	区域推进中小学心理健康教育的实践与研究	区教育局	周红迅	省教育科研成果推广奖
2000	顺应时代进步要求，构建面向未来的素质教育框架	区教育局	唐栽林	2000 年度省基础教育科研成果二等奖
	创造性思维培养的实践与探索	沈家门第一小学	陈爱国	2000 年度省基础教育科研成果三等奖
	绿色意识与行动——普陀区学校环境教育研究与实践	教科室	陈国辉	省第二届教育科研成果三等奖
2001	—	—	—	—

续表 3-56-1

年份	获奖科研成果名称	单　位	课题主持人	获奖等级
2002	普陀模式——以课程改革为切入点的创新教育实践研究	普陀第二中学	唐汉成	省第三届教育科学优秀研究成果一等奖
	小学海洋教育教材建设研究	虾峙中心	庄海杰	省第三届教育科学优秀成果三等奖
	小学生例行性思维的开发与培养	沈家门第一小学	陈爱国	省第三届教育科学优秀成果三等奖
2003	普陀模式——课程改革为切入点的创新教育实践研究	普陀第二中学	唐汉成	省第二届基础教育教学成果二等奖
	“系统备课法”应用研究	沈家门第一初级中学	焦忠安	省基教成果三等奖
	综合高中烹饪专业中“舟山特色菜肴”的研究	区职教中心	连红舟	省职教成果二等奖
	幼儿良好情绪的重新建构——培养幼儿情绪自我调适能力的实践探索	区实验幼儿园	胡迎红	省教育学会教科成果三等奖
2004	以研究性学习引领初中课程改革	普陀第二中学	唐汉成	省基教成果二等奖
	主体性教育研究与实践	沈家门小学	钱银星	省基教成果三等奖
	海岛小学综合实践活动课程实践与研究	沈家门第四小学	贺海峰	省第四届基础教育教学优秀研究成果三等奖
2005	建设学习型学校促进教师专业发展	普陀第二中学	唐汉成	省 2004 年度基础教育科研优秀成果三等奖
	初中科学探究性学习实施策略的实践与研究	教研室	胡建芬	省教研室 2004 年度教学研究课题成果二等奖
2006	“五星”教学设计的探索	沈家门第一小学	孙文波	省第三届基础教育教学成果一等奖
	海岛学生科技创新实践活动的研究与实践	普陀第二中学	何德清	2006 年度省基础教育优秀科研成果三等奖
	以同质小团体辅导为切入口构建心理健康教育早期干预运作模式的研究与实践	教科室	张丽萍	省第五届教科研优秀成果三等奖
2007	“我运动,我健康,我快乐——‘开展阳光体育,增强学生体质,促进学生和谐发展’实践探索”	普陀第二中学	何德清	2007 年度省基础教育优秀科研成果三等奖。
	普陀山佛文化研究——职高导游专业校本课程开发与实施	区职教中心	王宗元	省第三届职业教育教学成果二等奖
	舟山市区域特色中小学校本课程开发与学生综合技能拓展的实践研究	教研室	徐朝挺	省第二届教研课题成果三等奖
2008	初中艺术特色课程的设计与实施	沈家门第一初级中学	王志刚	2008 年省基础教育优秀科研成果三等奖
	区域推进生命教育实践研究	区教育局	周国岭	省第六届教育科学优秀研究成果三等奖
	新课标下高中体育与健康教学学分制评价模式的研究	普陀中学	丁　曙	省第三届教研课题成果一等奖
	家庭“微型实验室”的建立和有效使用的研究	教研室	胡建芬	省第三届教研课题成果一等奖
	小学数学常态教学有效性的实践研究	沈家门第五小学	潘旭东	省第三届教研课题成果三等奖
	小学综合实践中社区服务运行机制的研究	沈家门第四小学	贺海峰	省第三届教研课题成果三等奖

续表 3-56-2

年份	获奖科研成果名称	单位	课题主持人	获奖等级
2009	区域推进生命教育实践研究	区教育局	周国岭	省第六届教科研三等奖
2010	以课程改革为切入点的创新教育实践研究	普陀第二中学	唐汉成	省新世纪基础教育科研重大成果奖评选二等奖
	从“育分”到“育人”——重建初中生学习生活的实践研究	普陀第二中学	何德清	省教育学会基础教育教学管理成果一等奖
	“主体发展教育”品牌学校建设的实践与研究	沈家门小学	郭妙琴	省教育学会基础教育教学管理成果二等奖
	区域推进品牌学校建设的12345模式	教育局	周国岭	省基教成果三等奖
	农村小学“现代小五匠”校本课程开发的实践研究	展茅小学	周军海	省基教成果三等奖
	学校创新能力培养课程化实施十年探索	普陀第二中学	何德清	省基教成果三等奖
2011	双网教研:体现海岛特色的教师研修新机制	教研室	潘旭东	省第四届基础教育教学成果一等奖
	三表学习多通道教学的实践与研究	沈家门小学	郭妙琴	省第四届基础教育教学成果二等奖
	海岛中小学优质教研组创建的实践与研究	台门小学	徐朝挺	省第四届教研课题成果三等奖
	初中作业改革的研究与实践	普陀第二中学	何德清	省第四届教研课题成果三等奖
2012	基于机器人的高中通用技术校本课程开发	普陀中学	吴红伟	省2011年度优秀教育科学成果二等奖
	新课程下海岛薄弱学校初中“先学后教”课堂教学改革的研究	东港中学	黄伟宏	省第五届教研课题成果三等奖
	以舟山渔民画为特色的美术园本课程的构建与实施	六横中心幼儿园	严红飞	省第五届教研课题成果三等奖
2013	普陀区现代海洋教育的研究与实践	区教育局	唐汉成	2012年度省教育科研优秀成果三等奖
2014	“多元课程,选课走班”的研究与实践	普陀第二中学	周剑挺	2013年度省教育科研成果优秀奖二等奖
	基于学生“高认知”能力培养的多通道教学研究	沈家门小学	郭妙琴	第六届省教研课题成果奖三等奖
	“备、议、导、练”课堂教学四要素运用策略研究	东港中学	黄伟宏	第六届省教研课题成果奖三等奖

第三节　教育学会

普陀区教育学会成立于1981年5月,时有会员147名。第一届理事会会长李信芳,秘书长马宏章(兼),有理事21名。此后14年时间,相继成立一些分支机构,如中小学语文教学研究会、中小学数学教学研究会、中小学体育教学研究会等,然学会活动并不正常。1995年12月,召开第二届会员代表大会,重组新一届理事会,会长唐栽林,秘书长陈国辉。此后,学会工作逐渐正常化。1996年,创办《普陀教育科研报》,突出教育科学研究,包含学校教育管理、德育、学科教育研究、教育理论探讨、教学经验总结等,对营造普陀教育科研氛围有极大推动作用。教育学会组织各项教育科研学术活动,先后邀请黎世法教授、林崇德教授、沃建中博士等到域内举办讲座。

普陀区教育学会历届会员代表大会召开时间情况表

表 3-57

届　别	时　间
第一届	1981 年 5 月 26 日
第二届	1995 年 12 月 19 日
第三届	2000 年 1 月 12 日
第四届	2004 年 10 月
第五届	2009 年 4 月
第六届	2013 年 5 月

普陀区教育学会会长、副会长、秘书长名单

表 3-58

届　别	会　长	副会长	秘书长
第一届	李信芳	郑守德　丁明信　陈平文　马宏章	马宏章(兼)
第二届	唐栽林	陈国辉　刘全国　周红迅　庄国平　张志毅	陈国辉
第三届	周红迅	王旭光　徐铁骏　唐汉成　钱银星	戴建明
第四届	周国岭	唐汉成　钱银星　程永清　何德清　戴建明	戴建明
第五届	唐汉成	王　斌　程永清　何德清　郭妙琴　叶卓娜	戴建明
第六届	唐汉成	王　斌　刘习渊　何德清　郭妙琴　叶卓娜	徐朝挺

普陀区教育学会历届理事会理事、常务理事名单

表 3-59

届别	常务理事名单	理事名单
第一届	(无常务理事)	李信芳　郑守德　丁明信　陈平文　马宏章　张义彬　江上春　陈新中　国成立　卢志泉　单才铨　苏元松　缪宝根　应中锡　楼新秋　牟永朝　张友康　张亚清　王安邦　李守操　袁久根　裘载常
第二届	唐栽林　陈国辉	(无理事)
第三届	唐栽林　周红迅　刘全国　庄国平　张志毅　陈国辉　钱银星　徐铁骏　唐汉成　戴建明　郑加安　冯友康　龚晓华	唐栽林　刘全国　周红迅　张志毅　庄国平　陈国辉　戴建明　张丽萍　龚晓华　郑加安　卢金波　张忠根　徐铁骏　钱银星　竺和平　唐汉成　俞维杰　周旭光　郭修杰　陈种根　陈爱国　李　军　冯友康　王旭光　郭妙琴　余展照　沈　明
第四届	周红迅　唐汉成　王旭光　陈爱国　朱红儿　程永清　何德清　钱银星　戴建明　陈种根　张丽萍	周红迅　唐汉成　王旭光　陈爱国　程永清　龚晓华　李满成　钱银星　何德清　戴建明　张丽萍　陈种根　赵赴东　黄忠钦　虞姝亚　孙文波　郑建国　夏建军　张普民　潘旭东　焦忠安　俞维杰　王　斌　王志刚　阮志康　顾银龙　郭妙琴　徐亚飞　贺海峰　李海雷　唐凤楠　刘忠灵　邢向军
第五届	周国岭　唐汉成　洪　碧　龚晓华　戴建明　程永清　何德清　郭妙琴　黄伟宏　李满成　赵赴东　王　斌　贺林峰　范光亮　沃信科　孙文波　徐朝挺　潘旭东	周国岭　唐汉成　洪　碧　龚晓华　黄忠钦　刘忠灵　戴建明　程永清　何德清　郭妙琴　黄伟宏　李满成　赵赴东　王　斌　贺林峰　范光亮　沃信科　孙文波　徐朝挺　潘旭东　陈　恒　俞维杰　王志刚　王建军　阮志康　贺海峰　周磊斌　王康珍　毛华杰　周剑挺　应土成　周军海　张鹏恩　徐亚飞　马丽雅　金梅君　应和军　余昌明　张丽萍
第六届	唐汉成　刘优珍　龚晓华　王志刚　王　斌　贺林峰　刘习渊　何德清　郭妙琴　徐朝挺　张丽萍　叶卓娜	唐汉成　刘优珍　龚晓华　王志刚　王　斌　贺林峰　刘习渊　何德清　郭妙琴　徐朝挺　张丽萍　潘旭东　李满成　赵赴东　徐　波　钱小海　范光亮　顾银龙　袁孝海　陈　恒　周剑挺　黄伟宏　张鹏恩　史济光　李　忠　应土成　俞维杰　郑德伟　翁舟梁　孙文波　刘松军　毛华杰　周军海　林岳平　叶卓娜　胡迎红　金梅君　严红飞　沈　艳　应和军　余昌明

普陀区教育学会第四届代表大会期间，设学术委员会，戴建明任主任，张丽萍、陈种根、潘旭东、方咏菊、钱银星、孙文波、夏建军、卢金波、吴汉荣、徐朝挺、俞凯、陈建民任委员。

1998年，教育学会承担2个全国性学会和一个全省性学会在域内成立或开展学术活动：中国教育学会实验教育研究会的年会、维果茨基研究会成立大会、浙江省学校心理辅导研究会的成立大会。邀请华东师范大学马文驹教授、高文研究员和北京师范大学教科所裴娣娜教授以及上海师范大学燕国材教授等多位教授专家作报告。同年，在朱家尖举办环境教育培训，邀请“自然之友”梁从诫教授、李皓博士、梁晓燕、北京师范大学环境教育中心郝冰老师等为域内300名教师做培训。

2001年，承担省区域推进学校心理健康教育研讨会暨现场会。同年，召开虾峙中心小学“面向未来”课程改革成果推广会，制订区域小学课程改革方案；启动小班化教育研究，在双塘小学召开小班化教育研讨会；启动区域内小班化教育研究。

2002年，积极推动“八大教育”推广工作，特别是“八大教育”进课堂、入课程。邀请华东师范大学教育系郑金洲博士、联合国教科文组织驻中国办事处杜越、省基教课程研究中心盛群力教授、浙大心理系曹立人教授等作专题报告。是年，朱家尖小学被评为省绿色学校。

2003年，组织教科员、教师等5人参加华东师范大学环境教育中心“中英双边环境教育研讨会”，向与会代表介绍普陀区环境教育工作；省“科研兴校”（初中）现场会在普陀第二中学召开。

2006年，沈家门小学承办中国青少年发展服务中心、中央电视台等主办的“第四届全国少儿中华文化经典诵读活动”，200多名相关人员和100名域内教师参加活动。同年，沈家门小学承办全国班主任专业素质发展高级研究培训班。

2007年，沈家门小学承办省陶研会“课堂教学生活化研讨会”，全省陶行知研究会实验学校相关人员与教师200名与会；同年承办“特色、品牌、创新”浙沪名校长教育论坛。

2008年，在普陀中学承办“浙江省校园心理剧研讨会”，500名相关人员、教师参加研讨。

2005—2006年，生命教育专业委员会、环境教育专业委员会、陶行知教育思想研究专业委员会开设《生命教育简报》《环境教育简报》《陶研简报》等电子版，分别出刊10余期。编辑出版《普陀教育科研》，平均每年出6～7期，共出版123期。2015年以后，因政府整顿内刊而终止。正式出版《花开有时》生命教育成果集。《绿色意识与行动》一书由浙江教育电子出版社正式出版。《现代海洋教育读本》校本教材小学三年级、小学五年级，初中、高中各一册启用。在5·12汶川大地震后，及时组织编印《生命至上——5·12汶川大地震生命教育教育读本》。学会下属各专业委员会每年评选教师的论文、个案、教案，将优秀成果装订成册。域内群众性教育科研工作蓬勃开展。

教育学会有下属专业委员会21个。2004年前，定名为普陀区教育学会XX研究会，如：普陀区教育学会心理健康教育研究会，负责人又称为会长。2004年后，区民政局对各社会团体进行规范化整顿。普陀区教育学会下属各分会的名称改为普陀区教育学会XX专业委员会，如：普陀区教育学会心理健康教育专业委员会，负责人改称为主任。

教育学会下属专业委员会情况表

表3-60

教育学会下属分会名称	首任会长	首任秘书长	成立时间	秘书处驻地
陶行知研究会	庄国平	戴建明	1997.11	教科室
环境教育研究会	唐裁林	戴建明	1998.3	教科室
中小学心理健康教育研究会	周红迅	张丽萍	1998.4	教科室
中学数学教学研究会	李良骅	余展昭	1997.11	教研室
中学政治教学研究会	郭晓春	王洲琼	1997.1	教研室

续表 3-60

教育学会下属分会名称	首任会长	首任秘书长	成立时间	秘书处驻地
中小学体育教育研究会	李启栋	何定康	1996.4	教研室
中学语文教学研究会	何德清	吴汉荣	2001.5	教研室
中小学音乐教学研究会	丁和平	刘银康	1988.10	教研室
中小学美术教学研究会	黄忠良	丁和平	1997.10	教研室
小学语文教学研究会	张忠根	陈爱国	1987.11	教研室
小学数学教学研究会	潘旭东	戚央娥	1990.11	教研室
幼儿教育研究会	徐亚飞	刘丽娜	2000.5	教研室
中学英语教学研究会	赵信昌	陈雪芬	1997.2	教研室
青少年科技教育协会	刘全国	乐科亮	1998.6	教育局
中学自然科学研究会	唐汉成	金雄鹏	1999.4	教研室
家庭教育研究会	焦兰萍	龚晓华	2000.1	教育局
中小学信息技术教育研究会	刘全国	李　军	1999.11	教研室
生命教育研究会	周红迅	戴建明	2005	教科室
综合实践活动课程与校本课程研究会	周国岭	陈种根	2002.4	教研室
小学科学教学研究会	徐海兵	刘善珠	2002	教研室

第四篇　教育管理

第一章　教育行政管理

第一节　教育行政机构

【教育行政机构设置与演变】 20世纪50年代初，普陀各级各类学校成为国家事业单位，由县人民政府管理。1953年春，舟山成立专区，辖普陀等4县（次年增辖象山县），同年8月，县人民政府设文教科，设科长1名，工作人员6～9名，作为管理教育事业的职能部门。1958年6月，撤文教科改设文教局。

1959年春，舟山专区和普陀等4县建制撤销（象山县划归台州专区），改设舟山县，县文教科也随之撤销。1962年5月，恢复舟山专区和各县建制后，普陀县设文教卫生办公室，管理全县教育、文化、卫生和体育事业。

1966年，"文化大革命"开始，县文教卫生办公室停止运行。1967年4月，普陀实行军事管制，军事管制委员会（简称军管会）建立驻中学系统、小学系统2个巡回军管组。1967年10月，巡回军管组改设文卫办公室临时生产领导小组，1968年3月，改为军管会生产委员会文卫办公室。1971年5月，改军管会为政工组文化教育革命办公室，9月复改为革命委员会政工组文化教育革命办公室。负责人均由军代表担任。1973年9月，县革命委员会政工组文化教育革命办公室改为县革命委员会文教局，军代表撤回部队。

1980年下半年，县革命委员会文教局改为县文教局。1982年2月，教育系统与卫生系统分离，县教育局独立设置。1984年3月，县党政机关机构改革，将县体育运动委员会（简称县体委）与教育局合并称县教育局，负责教育和体育行政工作，下设人事秘书股、教育行政股、财务基建股、成人教育股、体育工作股、勤工俭学股和教研室，工作人员46名，其中体育工作股12名。

1985年，实施"分级办学，分级管理"体制，普陀县成立乡镇教育办公室。至年底，全县6个镇（六横镇、沈家门镇、桃花镇、虾峙镇、朱家尖镇、东极镇）相继成立教育办公室。

1987年3月，改普陀县为舟山市普陀区，改普陀县教育局为舟山市普陀区教育局。

1992年8月，乡镇"撤扩并"（撤区扩镇并乡）后，教育管理体制相应改变，六横、虾峙、桃花、朱家尖、东极5个区的教育办公室（简称教办）撤销，保留沈家门镇教育办公室，2001年8月，沈家门镇教育办公室撤销。

1996年1月，根据普陀区委〔1996〕3号文件精神，撤销舟山市普陀区教育局，成立舟山市普陀区教育委员会。同时,区体委从区教育局分离,单独设置。撤销区干部职工教育办公室,设立区成人教育中心,为区教委管理的副科级事业单位。区教育局成人教育股职能划归区成人教育中心,区电大工作站、电视中专普陀分校划归其管理。

1997年11月,区政府成立区人民政府教育督导室,分管教育工作的副区长任教育督导室主任,时任区教委主任唐栽林为副主任。

2001年9月,根据普区委〔2001〕16号文件,撤销舟山市普陀区教育委员会,设立舟山市普陀区教育局。同年11月,区政府办公室印发《普陀区教育局职能配置、内设机构和人员编制规定》(舟普政办〔2001〕154号),明确区教育局主要工作职责,内设机构为办公室、人事监察科、教育行政科、财务基建科、勤工俭学科等5个行政科室。核定人员编制为18名,其中领导职数为科级正职1名,副职3名,股级6名。

2007年8月,区政府办公室印发《关于同意普陀区教育局调整内设机构的批复》,内设机构调整为办公室、组织人事科、教育科、财务基建科和监察室等5个科室,区政府督导室办公室、区教育工会也在局机关办公。核定人员编制数和局领导职数不变。至2014年,仍保留以上内设机构。

1985年普陀县教育行政系统图

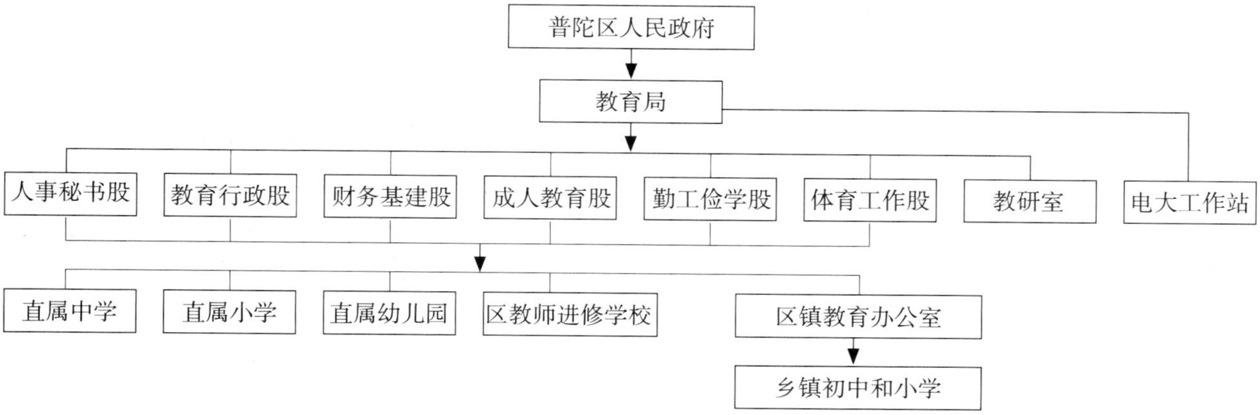

2014年普陀区教育行政系统图

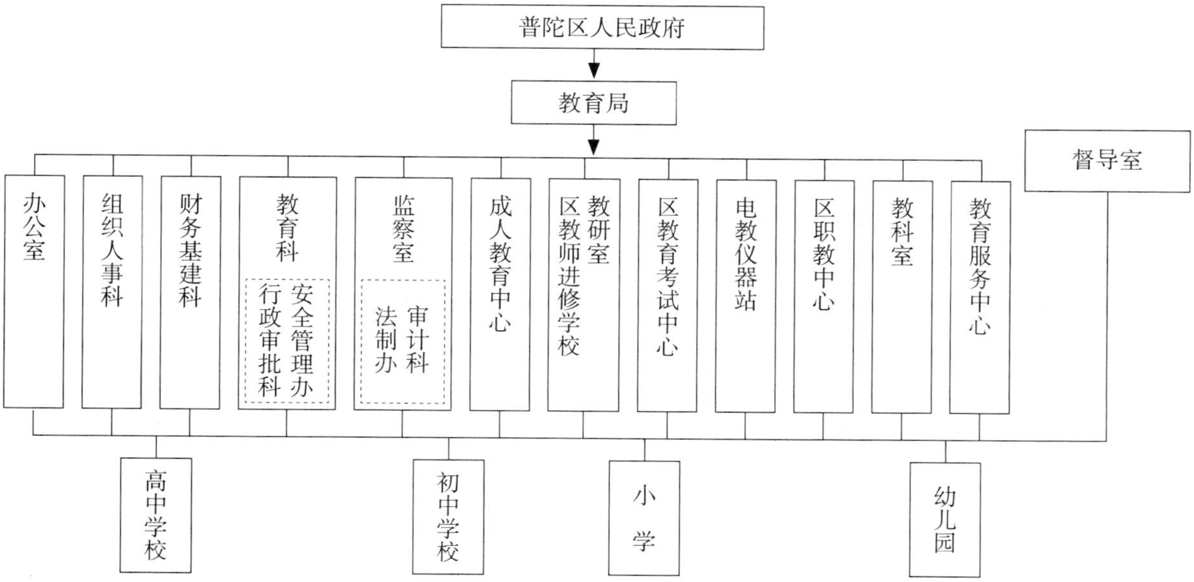

【教育行政机构职责】 文教局、教育局或教育委员会是不同时期县（区）人民政府的职能部门，有相对独立的领导和管理全县（区）教育事业的职权。文教科是县人民政府的职能科室，除没有自主的财权和人事权外，其他职权类同。

教育局（文教局或教育委员会）主要职能：贯彻执行上级党委、政府和教育行政部门指示，拟订发布适合本地情况的执行计划、实施办法或补充规定；督促检查本县（区）各级各类学校贯彻落实党的教育方针政策和国家相关法律法规的情况；根据国民经济和社会发展需要，负责编制本县（区）教育事业（主要是小学、初中阶段和幼儿教育阶段）发展的长远规划和年度计划，指导、督促、检查和验收执行情况；根据干部分级管理权限，任免学校领导成员，负责师资培养和调配、教师中低级职称评审；安排和管理教育经费，对所属学校进行财务监督；编制和安排所属学校的基本建设项目，管理基本建设投资和修建经费；负责本县（区）教育事业的统计工作；领导和指导所属学校开展行政、教学、思想政治、体育、卫生和安全工作；协助组织高校和中等专业学校招生考试，对录取对象进行政治审查和体格检查等录取前的准备工作，组织中等专业学校的招生录取工作；组织本县（区）自学人员参加国家统一组织的自学考试并对参加考试的学员学籍进行管理；领导和管理渔农民的政治文化教育和职业技术教育，组织发动和指导乡（镇、街道）政府扫除青壮年文盲；组织管理职工教育、社区教育，提高职工和居民的文化素养和劳动技能；管理社会办学工作，对社会力量办学进行检查验收和审批发证；领导和管理学校的勤工俭学活动，指导学校办好校办工厂、企业、农场。

1953年8月—2014年12月普陀区教育机构行政负责人（班子）名录表

表4-1

机构名称	姓　名	职　务	籍贯	任职时间	备　　注
普陀县人民委员会文教科（1953年8月建立）	文　可	副科长	河南	1953.8—1956.6	—
	张　杰	科长	天台	1956.6—1958.4	—
普陀县文教局（1958年4月改称）	王现龙	局长	山东	1958.5—1958.12	县宣传部部长兼
	张谦豪	副局长	奉化	1958.6—1958.10	—
普陀县人民委员会文卫办公室（1962年6月建立）	张谦豪	副主任	奉化	1962.6—1966.10	主管文教系统
	朱　松	副主任	山东	1962.6—1967.3	主管卫生系统
普陀县文卫办公室临时生产领导小组	李志云	组长	安徽	1966.10—1967.3	军代表
	张谦豪	副组长	奉化	1966.10—1967.3	其中1967.3—1971.11由解放军普陀县军事委员会管理
普陀县军事管制委员会生产委员会文卫办公室	李志云	组长	安徽	1967.3—1970.3	
	张谦豪	副组长	奉化	1967.3—1972.3	
	朱仲民	组长	四川	1970.3—1972.3	军代表
普陀县军事管制委员会政工组文化教育革命办公室	张其越	主任	上海	1972.5—1973.8	军代表
	朱仲民	副主任	四川	1972.3—1972.5	—
	张谦豪	副主任	奉化	1972.3—1973.8	—
普陀县革命委员会文化教育局（1973年9月改称）	张谦豪	副局长	奉化	1973.9—1978.6	主持日常工作
	夏珍宝（女）	副局长	嘉兴	1973.9—1975.6	—
	张素芬（女）	副局长	山东	1973.9—1975.9	—
	黄信云	副局长	普陀	1975.6—1978.3	—
	郑守德	副局长	普陀	1975.6—1980.12	1978.6—1981.5主持局日常工作
	朱仲明	副局长	四川	1978.6—1980.12	—

续表 4-1

机构名称	姓　名	职　务	籍贯	任职时间	备　注
普陀县文化教育局	李信芳	局长	余姚	1981.5—1982.2	—
	郑守德	副局长	普陀	1981.5—1982.2	—
	朱仲明	副局长	四川	1981.1—1982.2	—
	管文祖	副局长	丽水	1981.8—1982.2	—
普陀县教育局（1982 年 2 月文化教育局分为教育局、文化局两局）	李信芳	局长	余姚	1982.2—1984.3	—
	陈建国	局长	普陀	1984.3—1987.4	—
	郑守德	副局长	普陀	1982.2—1986.4	—
	朱仲民	副局长	四川	1982.2—1984.3	—
	张央彬	副局长	普陀	1984.3—1987.4	—
	马秀峰	副局长	普陀	1986.5—1987.4	—
	郑国昌	副局长	普陀	1986.5—1987.4	—
普陀区教育局（1987 年 4 月县改区，县教育局改为普陀区教育局）	陈建国	局长	普陀	1987.4—1995.7	—
	张央彬	副局长	普陀	1987.4—1993.5	—
	马秀峰	副局长	普陀	1987.4—1990.5	—
	郑国昌	副局长	普陀	1987.4—1992.7	—
	唐栽林	副局长	普陀	1989.9—1995.7	—
	刘全国	副局长	普陀	1990.5—1996.1	—
	严美芬	副局长	镇海	1991.7—1996.1	—
	唐栽林	局长	普陀	1995.7—1996.1	—
	周红迅	副局长	普陀	1995.9—1996.1	—
普陀区教育委员会（1996 年 1 月区教育局改为区教育委员会）	唐栽林	主任	普陀	1996.1—2001.9	—
	刘全国	副主任	普陀	1996.1—2001.9	—
	严美芬	副主任	镇海	1996.1—1998.3	—
	周红迅	副主任	普陀	1996.1—2001.9	—
	张志毅	副主任	奉化	1996.1—2001.9	—
	周国岭	副主任	普陀	2000.12—2001.9	—
普陀区教育局（2001 年 9 月区教委改名为区教育局）	唐栽林	局长	普陀	2001.9—2002.8	—
	周红迅	副局长	普陀	2002.8—2006.11	—
	张志毅	副局长	奉化	2001.9—2003.5	—
	周国岭	副局长	普陀	2001.9—2006.11	—
	周红迅	局长	普陀	2002.8—2006.11	—
	王旭光	副局长	普陀	2003.5—2005.2	—
	陈爱国	副局长	普陀	2003.5—2006.12	—
	唐汉成	副局长	普陀	2004.8—2010.1	—
	龚晓华	局长助理	普陀	2004.10—2005.11	—
	周国岭	局长	普陀	2006.11—2010.1	—
	龚晓华	副局长	普陀	2005.11—2013.10	—
	黄忠钦	副局长	普陀	2007.4—2009.11	—
	唐汉成	局长	普陀	2010.1 至今	—
	刘忠灵	局长助理	普陀	2007.7—2010.4	
	刘忠灵	副局长	普陀	2010.4—2012.2	—
	王志刚	副局长	普陀	2010.7 至今	—
	王　斌	副局长	普陀	2011.7 至今	—
	贺林峰	副局长	普陀	2012.4—2013.10	—
	王岳军	副局长	普陀	2013.10 至今	—

教育局历任科室长(主任)情况表

表 4-2

设置科室	姓　名	职　　务	任职时间
教育督导室办公室（1988 年 8 月设教育督导室办公室于教育局）	马秀峰	主任	1988.8—1991.5
	李久香	副主任(主持工作)	1991.5—1993.7
	张亚清	副主任(主持工作)	1993.7—1999.11
	赵赴东	主任	1999.11 至今
办公室(1996 年,设立普陀区教育委员会办公室)	杨　森	副主任(主持工作)	1996.12—1999.3
	杨　森	主任	1999.3—2007.8
	徐剑锋	主任	2007.8—2008.2
	徐红南	主任	2008.2—2012.8
	王岳军	主任	2012.8—2013.1
	邢向军	主任	2013.1—2014.5
	张最平	主任	2014.5 至今
人事股	张孝明	负责人	1975.9—1984.5
人事秘书股	李久香	股长	1984.5—1991.5
	彭志军	股长	1991.9—1995.9
	洪定龙	副股长(主持工作)	1995.10—1997.9
人事监察科（1997 年改称人事监察科）	洪定龙	副科长(主持工作)	1997.5—2000.8
	虞姝霞	负责人	2000.8—2001.12
	虞姝霞	科长	2001.12—2007.8
组织人事科(2007 年改称人事科)	贺林峰	科长	2007.8—2012.8
	钱小海	科长	2012.8 至今
监察室(法制办)	虞姝霞	主任	2007.8—2011.8
	李贤军	主任	2011.8 至今
教育行政股	马宏章	负责人	—1984.7
	马秀峰	股长	1984.7—1986.6
	唐栽林	股长	1986.6—1989.10
	王孟立	股长	1989.10—1991.4
	金国伟	副股长(主持工作)	1991.4—1992.2
	金国伟	股长	1992.3—1996.12
教育科（1997 年改教育行政股为教育行政科。2007 年 1 月,改称教育科）	金国伟	负责人(主持工作)	1997.1—1997.12
	金国伟	科长	1998.1—1998.12
	陈建明	负责人	1999.3—1999.12
	龚晓华	负责人	2000.2—2005.11
	缪海斌	副科长(主持工作)	2006.1—2007.1
	刘忠灵	科长	2007.1—2007.8
	王　斌	科长	2007.8—2011.8
	袁孝海	科长	2011.8—2012.8
	徐　波	科长	2012.8 至今
财务基建股	郭修杰	股长	1984.7—1997.5

续表 4-2-1

设置科室	姓　名	职　　务	任职时间
财务基建科 （1997 年改称财务基建科）	郭修杰	科长	1997.5—2000.8
	陆林海	副科长（主持工作）	2000.8—2000.12
	李满成	负责人	2002.8—2007.8
	李满成	科长	2007.8 至今
招生办	严美芬	主任（副科级兼）	1993.5—1998.7
	张志毅	副主任（主持工作）	1993.5—1998.7
	张志毅	主任	1998.7—2001.12
	吴文江	副主任（主持工作）	1998.7—2001.12
	史于勤	副主任（主持工作）	2001.12—2003.5
	陈爱国	主任	2003.5—2006.12
	史于勤	副主任（主持工作）	2003.5—2007.8
自考办	严美芬	主任	1993.5—1998.7
	张志毅	主任	1998.7—2001.12
	李素雅	副主任（主持工作）	2001.5—2007.8
考试中心（2007 年 8 月招生办与自考办合并成立）	杨　森	主任	2007.8—2012.8
	徐红南	主任	2012.8 至今
成人教育股（1984 年设立）	王宝康	股长	1984.8—1988.8
	杨樟明	股长	1988.8—1994.12
	俞良根	股长	1995.1—1996.12
成人教育中心（1996 年 2 月成立）	竺和平	成人教育科长	1997.8—2002.5
	黄忠钦	副主任（主持工作）	2002.5—2007.7
	范光亮	副主任（主持工作）	2007.8 至今
电大工作站（1980 年 5 月成立）	郑守德	副站长兼办公室主任	1980.5—1984.1
	杨樟明	办公室副主任（主持工作）	1980.5—1984.12
	郁彩香	副站长（主持工作）	1985.1—2000.8
	刘森林	副站长（主持工作）	2000.8—2001.12
教科室（1995 年 11 月成立 区教育局教育科学研究室）	陈国辉	负责人	1995.11—2000.8
	戴建明	副主任（主持工作）	2000.8—2003.9
	戴建明	主任	2003.9—2013.7
	徐朝廷	主任	2013.8 至今
区教师进修学校（1978 年 5 月成立）	陈亨锦	副校长（主持工作）	1978.5—1981.9
	单才铨	校长	1981.9—1993.3
	缪宝根	校长	1993.3—1995.9
教研室（1978 年 11 月成立）	马宏章	主任	1982.8—1984.9
	林　沛	主任	1984.9—1987.8
	汤晓耕	主任	1987.8—1993.9
	陈茂法 （主管中学） 毛国荣 （主管小学）	副主任（主持工作）	1993.9—1994.2
	何再乐	主任	1994.2—1995.9

续表 4-2-2

设置科室	姓　名	职　　务	任职时间
区教师进修学校、教研室（1995 年 9 月合并）	何再乐	校长、主任	1995.9—1998.1
	张忠根	副校长、副主任（主持区进修学校、教研室日常工作）	1998.1—1998.7
	郑加安	副校长、副主任（主持区进修学校、教研室工作）	1998.8—2001.12
	陈种根	校长、主任	2001.12—2008.5
	黄伟宏	副校长、副主任（主持区教师进修学校、教研室工作）	2008.5—2009.8
	黄伟宏	校长、主任	2009.8—2010.7
	潘旭东	校长、主任	2010.7 至今
教育工会	刘岳范	专职副主席	1990.12—1994.3
	洪伟根	专职副主席	1994.3—1997.3
	俞良根	专职副主席	1997.3—2008.2
	周丹春	专职副主席	2008.2 至今
勤工俭学股	刘岳范	负责人	1984.4—1991.10
	沈志伦	股长	1991.10—1996.12
勤工俭学科	沈志伦	科长	1997.1—2006.3
普陀区校办企业服务中心（1995 年 2 月改称）	沈志伦	负责人	1995.2—2000.12
	吴　昊	负责人	2000.12—2008.12
普陀区教育服务管理中心（2008 年 1 月改称）	吴　昊	负责人	2008.1 至今
电教仪器站	洪定龙	负责人	1984.5—1990.8
	徐晓钟	站长	1990.9—1998.12
	张勇卫	负责人	1998.12—1999.8
	李　军	副站长（主持工作）	1999.8—2003.8
	李　军	站　长	2003.8 至今
教师退休协会（1987 年 8 月成立）	邢仁招	会长	1987.8—1992.9
	马秋松	会长	1992.9—1997.9
	俞仁年	会长	1997.9—2001.9
	王玉兴	会长	2001.4—2005.4
	林志龙	会长	2005.3 至今

1953—2014 年普陀县（区）政府历任分管教育领导情况表

表 4-3

姓　名	职务	分管教育时间	姓名	职务	分管教育时间
罗延祥	县委宣传部副部长	1953.6—1956.4	赵宝珍	副县（区）长	1984.6—1990.3
王现龙	县委文化教育部副部长	1956.10—1958.4	吴滋信	副区长	1990.3—1992.8
陆传斌	县委宣传部副部长	1962.6—1963.2	方忠信	副区长	1993.3—1998.3
赵则平	县委宣传部部长	1963.2—1966.5	陈松菊（女）	副区长	1998.6—2003.2
夏珍宝（女）	县委宣传部副部长	1966.7—1967.3	李贵军	副区长	2003.2—2004.5
中国人民解放军军事管制		1967.3—1973.5	方　维	副区长	2004.5—2006.12
普陀县委革命委员会（各工作组管理）		1973.5—1976.2	袁海斌	副区长	2007.1—2008.8
朱德源	县委宣传部副部长	1976.2—1980.12	王旭光	副区长	2008.10—2010.9
黄信云	县委宣传部副部长	1980.12—1984.3	邱一虹	副区长	2010.9 至今

【教育行政管理】 1982年，县教育局从县文教局分离，教育行政管理明显加强，教育事业快速发展。

1985年后，根据中共中央《关于教育体制改革的决定》，把发展基础教育的责任交给地方，实行“分级办学，分级管理”体制，该时期乡（镇、街道）的主要职责：管理本乡（镇、街道）各类学校，按县规划，制订本乡（镇、街道）实行九年义务教育的规划，并组织实施；对本乡（镇、街道）的各类学校的正副校长的任免提出建议，并任免乡初中、中心小学的中层干部和村完小校长；负责本乡（镇、街道）内公办、民办教师的调配和使用，管理民办教师的工资福利待遇；负责本乡教育经费的筹措和管理，征收教育费附加，发放教师工资；改善办学条件，根据学校教学设施标准要求，负责解决校舍、场地、充实教学仪器、图书、文体卫生设备等。

1987年1月，召开全区教育工作会议，各乡党委书记或乡长，各中小学校长共200多人参加会议，舟山市分管教育副市长和普陀区委书记到会讲话，十几个乡镇和单位介绍经验。此后，全区性的教育工作会议每隔几年召开一次，召开时间多数选择在每个国民经济五年计划的制定或开局之年，或者与教师节庆祝会合并召开。参加会议的领导一般为区委、区政府、区人大和区政协主要领导，各乡镇（街道）党委书记或乡镇长（办事处主任）、分管教育工作的副乡镇长（副主任），区教育局、区财政局、区人事劳动社会保障局等局办负责人，区属和驻普陀部、省、市属有关单位主要负责人，全区各中小学、部分民办学校、部分幼儿园校（园）长以及区教育局中层以上干部。会议内容多为传达上级教育工作会议精神，出台推进该区教育改革和发展的举措，有关乡镇、局办的表态发言或经验介绍。

1996年8月，市教育局印发《舟山市普通中小学学校工作年度考核办法》，区教育局转发至各下属学校，开始对中小学校比较系统全面的年度考核工作。2000年3月，市教育局要求在全市中小学开展办学水平督导评估。以后，教育行政部门对学校年度考核与教育督导部门对学校的办学水平督导评估相结合。域内学校年度考核范围扩大到职业高中、幼儿园和民工子弟学校（新居民子弟学校）。考核内容不断修改完善，考核办法采取预先公布，考核方式采用平时实绩与现场考核相结合。并实施每学年考核一次，至2014年从未间断。

1998年6月，省教委推行政务公开。区教育局成立政务公开领导小组，要求下属学校和幼儿园实行校（园）务公开，接受群众监督，开放办学。

2004年3月，根据机关效能建设的要求，区教育局制定《普陀区教育局办事指南》《普陀区教育局机关管理制度》，教师资格认定、新教师招聘、中小学招生办法和中小学生转学等20项政务内容和项目，以及《岗位责任制度》《AB岗工作制度》《办事首问责任制度》《办事预约制度》《一次性告知制度》《限时办结制度》等18项办事制度和工作流程编制向社会公布，提高机关办事效率，方便群众办事。

2008年6月，区教育局出台区教育系统共同体的实施意见，建立包括全区中小学、幼儿园的14对共同体，内容牵涉到行政管理、党建工作和结对帮扶等。同年8月，局下发教育、党建共同体考核及先进集体评选办法，使共同体工作得以长时间贯彻落实。

2009年5月，省教育厅下发关于扩大县（市）部分教育管理权限的通知，县区在办学机构设置审批、课程设置、学籍管理等方面教育管理权限有所扩大。

2014年4月，根据国务院、省、市、区统一部署，推进行政职权下放和清理工作，审批和限制类职权全面清理。加强财务管理和招投标方式，教育系统经费支配权更为集中。

【教育规划制定】 1955年7月，根据国务院关于农民业余文化教育的指示和国务院第一个五年计划的精神，普陀县制定第一个教育规划——《舟山专区普陀县开展渔民业余文化教育规划》，主要任务是针对舟山普陀重点渔区，渔民文化水平低下现状，通过3年时间，解决渔民扫盲问题。同年11月，普陀县制定教育事业规划简案，从小学（包括幼儿园),农(渔)民业余文化三年发展规划及措施。12月,中共普陀县委文教部制定关于扫除文盲工作规划,县委要求在4年内扫除青壮年中间的文盲半文盲,彻底改善普陀县历年来文化落后的面貌。

1985年5月,《中共中央关于教育体制改革的决定》指出:"现在,我们完全有必要有可能把实施九年制义务教育当作关系民族素质提高和国家兴旺发达的一件大事,要动员全党和全国人民,用最大的努力,积极有步骤地予以实施。"

1985年6月,省第六届人民代表大会第三次会议通过《浙江省实行九年义务教育条例》,明确规定:"城市和经济发达地区,在1990年以前普及初中义务教育,其他地区在1995年左右普及初中阶段的普通教育或职业技术教育"。普陀县根据《决定》《条例》精神,于1985年7月制定《普陀县实行九年义务教育规划》。

1986年,《中华人民共和国义务教育法》出台。1987年7月,《舟山地区实施九年制义务教育规划》制定。1987年11月,区教育局就进一步贯彻《普陀县实施九年制义务教育规划》提出实施意见。

1993年3月,普陀区制定(1993—2000年)城区发展规划。1993年5月,时任区教育局局长陈建国带队在各乡镇调研,制定各乡镇《1994—2000年教育发展规划》。

1996年3月,区教育局制定《普陀教育事业"九五"计划和2010年远景目标》。1999年,教育部制订《面向21世纪教育振兴行动计划》;2001年《国务院关于基础教育改革与发展的决定》发布,普陀区教委在全区教育系统干部职工中实施,组织学习宣传活动,并结合实际制定贯彻落实计划。2006年6月,制定《普陀区教育事业发展"十一五"规划(2006—2010年)》和《"十一五"期间,普陀区中小学布局调整规划》。

2010年7月,中共中央、国务院印发《国家中长期教育改革和发展规划纲要(2010—2020年)》,省教育厅和市教育局制定具体规划予以分解落实。区教育局制定《普陀区教育事业发展"十二五"规划(2011—2015年)》《舟山市普陀区学前教育三年行动计划(2011—2013)》《舟山市普陀区中小学校舍安全工程规划(2009—2012年)》等。加大教育投入,改善办学条件,促进教育事业改革与发展。

【办学体制改革】 新中国成立前,域内基本以私塾办学为主。新中国成立后,逐步转为公办体制。90年代后,改革办学体制。

1992年6月,经市政府批准,在普陀区农业技校的基础上,区教育局与朱家尖开发有限公司签订联合承办朱家尖旅游职业中学的"办学合同书"。确定以董事会形式管理学校,合同期暂定5年。

2001年2月,沈家门小学从沈家门教场村迁至东港晨晖街,办学体制由公办转为国有民办体制。原在校学生整体搬入,新招学生打破学区,在普陀区域范围内招生。收费标准采用"老生老办法",新生每人每学年收费8000元。2011年8月,根据省市教育行政部门清理"国有民办"办学体制的要求,沈家门小学再次改革体制,从"国有民办"转为公办体制,同时,将东港小学并入沈家门小学,学区调整为整个东港区域。

2003年5月,区教育局制定《普陀区实验幼儿园、中心幼儿园改制运行方案》。同年9月1日,区实验幼儿园、区中心幼儿园由公办转为国有民办体制。通过区教育局与以上两所幼儿园承办人签订承办协议的形式,规定双方的权利和义务。2011年1月,普陀区实验幼儿园、中心幼儿园再从国有民办转为公办体制。

2005年9月,由普陀区城北开发区的主要投资商—上海舟基(集团)有限公司(简称舟基公司)、区国资公司和普陀中学共同举办的城北中学首期招生,教学用房通过租赁普陀第二中学多余教学场所解决。2006年8月底,城北中学新校舍在城北开发区落成。由于一些政策因素和城北开发速度缓慢等原因,普陀中学和舟基公司相继退出,城北中学由区国资公司独资建造,和普陀第二中学合用教学场所。2011年,省教育厅对公办学校(含公共财政和国有资产)举办的民办学校(即"校中校")进行清理工作,城北中学被注销,校舍、教师、学生等并入普陀第二中学。

2008年，区人民政府《关于进一步加快幼儿教育改革与发展的若干意见》要求每个乡镇至少有一所公办幼儿园。六横实验幼儿园、朱家尖中心幼儿园、虾峙中心幼儿园的办园体制由民办转为公办体制。

【学校布局调整】 20世纪90年代中期开始，普陀区推行"小岛迁、大岛建"战略，城市化进程加快。偏远乡村尤其是小岛人口急剧减少，一些学校被撤并。至2005年，撤并域内小规模学校100余所。经过撤并和布局调整，学校逐渐向城区和中心镇集中，办学规模相应扩大。

1997年8月，东港区块开发初具规模，开发区第一所学校——普陀区东港小学建立。

1998年5月，位于东港灵秀街的普陀中学落成，首期投资3730余万元，占地面积60000平方米，建筑面积20753平方米，办学规模为30～36班。普陀中学实行初、高中分离，高中部从沈家门原址搬到东港灵秀街新校址，沿用原名。初中部留在原址，定名为舟山市普陀第二中学（简称普陀第二中学）。

1998年9月，舟山市普陀第三中学（简称普陀第三中学）开班办学。该校利用原浙江水产学院校舍扩展而成，最大办学规模达42班。同年3月，区政府与当时的原浙江水产学院土地及地面建筑物拥有者舟山第二渔业公司签订转让协议，转让地块134708平方米、地面建筑物35476平方米，转让价2800万元。

2000年8月，沈家门第一初级中学和沈家门第六小学合署办公，采用一套班子、两块牌子管理模式，沈家门第六小学停止招生，原招生区域学生划归沈家门第四小学招收。

2000年12月，沈家门职业中学和普陀技工学校合署办学，并成立以唐栽林主任为董事长的两校合署办学董事会。2001年7月，区教育局向区农业银行贷款550万元，用于沈家门职业中学综合教学楼（原沈家门中学南侧地块）建造。2001年12月，沈家门中学、沈家门职业中学、普陀技工学校合署办学，总校校名为舟山市普陀区沈家门中学（简称沈家门中学），撤销原三所学校独立建制，保留三所学校牌子。2004年11月，区教育局在原勾山中学校址建立普陀区机械技术培训中心，作为沈家门中学机械分校。2005年11月，成立舟山市普陀区职业技术教育中心（简称区职教中心）。2006年2月，沈家门中学实行普通高中与职业高中分离，其中普通高中学生和教师（原沈家门中学）并入到普陀第三中学，职业高中学生和教师（原沈家门职业中学、普陀技工学校）留在区职教中心。2006年3月，舟山市普陀旅游职业技术学校划归到区职教中心管理。

2001年2月，沈家门小学新校舍落成并开班办学。学校占地面积41022平方米，建筑面积16931平方米，规模48个教学班，学生2000余名。该校址由区教育局与市二轻工业（集团）总公司签订《省二轻疗养院土地、地面建筑物转让协议》，转让给教育局，用于建造沈家门小学，转让价1525万元。

随着入学儿童人数日益减少和小岛迁大岛建的形势发展，2000年起，许多小岛学校陆续撤并。2003年8月，白沙乡中心小学、葫芦乡中心小学、佛渡乡中心小学分别撤并到朱家尖中心小学、沈家门第三小学和六横中心小学。2004年8月，蚂蚁岛乡中心学校初中部撤并到沈家门第三初级中学。2005年7月登步中心学校初中部撤并到东港中学，东极小学（东极镇最后一所小学）撤并到东港小学。2007年8月登步中心学校（小学部）撤并到沈家门第三小学，蚂蚁岛乡中心学校小学部撤并到东港小学。2007年年底，6个小乡镇（登步、蚂蚁、东极、白沙、葫芦、佛渡）学校完成撤迁工作。

2006年3月，区人民政府和浙江海洋学院签订《浙江海洋学院普陀科学技术学院项目引进协议书》。2007年11月，区职教中心和普陀科学技术学院（同一校区，两块牌子）正式立项并开建，校址设在朱家尖大洞岙。2010年3月，区职教中心搬入朱家尖大洞岙新校区办学，同年9月，普陀科技学院开学。实施"一校式""两块牌子"模式办学。

2008年8月，舟渔子弟学校从市教育局直属学校划归普陀区教育局管理。

2010年7月，普陀第二中学（城北中学）新校舍在城北开发区建成，占地面积60000平方米，总建筑面积20000余平方米，投入1亿余元，办学规模30班。同期，沈家门第一小学、沈家门第二小学和沈家门第五小学合并成为沈家门第一小学，校址为普陀第二中学原校舍。

2010年10月，普陀中学位于东港文康街的新校区落成并投入使用。该校区占地115339平方米，建筑面积53397平方米，投资2.4亿元。同年8月，沈家门第三初级中学更名为舟山市普陀区东港中学（简称东港中学），迁入东港灵秀街原普陀中学校址。

2013年8月，位于沈家门食品厂路的沈家门幼儿园建成并招生，设计办学规模16班，有效地缓解沈家门老城区适龄幼儿入学难问题。该园占地5733平方米，建筑面积4810平方米，投资1800万元。

2014年9月1日，勾山小学、勾山幼儿园、区职教中心勾山机械分校整体划归市教育局管理。2014年12月，普陀小学建成，于2015年正式开班办学，学校占地面积36668平方米，建筑面积27599平方米，设计规模48班，总投入1.2亿元。东港幼儿园与普陀小学同步建设，该幼儿园占地11133平方米，建筑面积8773平方米，投资3500万元。2015年秋招生使用。

2014年6月，虾峙学校初中部和桃花镇中心学校初中部分别划归沈家门第一初中和东港中学管理。

【中小学学籍管理】 1950年至"文化大革命"前，全县中小学建立在校学生入学注册、学业成绩登记、操行评定、毕业证书发放等学籍管理制度。"文化大革命"时期，学籍管理制度废弛。"文化大革命"结束后，学籍管理制度逐步得到恢复和完善。

1984年11月，县教育局出台《关于建立学生学籍册有关问题的通知》文件，要求乡镇中小学以上学校建立健全的学生学籍档案。1986年9月，县教育局制定《普陀县中小学生学籍管理的有关规定》（修改稿），进一步规范全县各级各类学校的学籍管理。1990年9月起，严格执行《舟山市中小学学籍管理试行办法》。

1991年秋季始，区域内实行"浙江省义务教育证书"制度。

1996年4月，市教育局印发《舟山市职业中等专业学校和职业高级中学学生学籍管理规定实施意见》。职业类学生的学籍管理趋于规范。

2002年9月，普陀区实行中小学学籍信息电子化管理，该项工作为全省首创。2008年6月，根据《浙江省中小学和幼儿园学生电子学籍系统管理办法（试行）》，中小学、幼儿园学生电子学籍管理在全省范围内实行，从2013年12月开始全国联网。

2006年8月，普陀区义务教育阶段学校新生分班采用计算机排班办法，该办法一直沿用至2014年。

2014年4月始，实施《浙江省义务教育阶段学生学籍管理办法》和《浙江省全日制普通高级中学学生学籍管理办法》。

【附录一】：

普陀县中小学学生学籍管理有关规定

为了克服部分学校学籍管理混乱现象，适应教育体制改革不断深入和实行九年制义务教育提出的要求，促使全县各级各类学校进一步稳定教学秩序，更好地贯彻党的教育方针，稳步提高教育质量，根据上级的有关规定和当前存在的一些实际情况，特制定本规定。

一、建立学籍档案

1. 学生的学籍档案分学校永久性保存的档案和学生个人档案。学校永久性保存的档案在现阶段又有学生学籍册、学生名册、学生变动名册、学生上网事故有关材料、各学年学生德智体情况综合分析表、毕业生德智体情况分析表、各年毕业生去向汇总表、各学年"四率"统计表。学生个人档案则要有学籍卡、健康卡和毕业生登记表（高中按教育部规定）。

2. 学校的学籍档案填写完整后由教导处保管，归档后叫文书档案人员保管，学生个人档案则在学生升学报考时，连同报考单上交给报考部门，报考部门根据录取情况转送给录取学校。凡是个人档案不完整的学生不准报考。

3. 所有学籍材料一律要用蓝黑墨水笔填写、学生成绩的不及格科目成绩用红墨水笔填写、字迹必须清楚、避免任意涂改。

二、招生

4. 小学和初中根据就近入学的原则，划定学区。在本学区范围内招生，高中招生分权限择优录取和学区内择优录取两种。其招生的范围由每年的事业计划确定。已经确定，不能随便或擅自变更，以免扰乱其他学校的招生计划。

5. 小学招生要凭户口簿和预防接种卡报名，报名时招生单位要严格核对年龄和住处。小学生入学年龄从七周岁逐步过渡到六周岁。年龄计算到当年的八月三十一日止。小学每年招生数应控制在相当于七八年九月一日至八五年八月三十一日出生的儿童总数的六分之一左右，保证七周岁儿童入学，并保证逐年降低入学年龄，六年内完成过渡。初中招生于各区乡招生领导小组统一考试、统一录取，录取范围必须是本学区内的小学毕业生。开始实行九年制义务教育的乡、镇小学毕业生一律免试就近录取初中。若在录取阶段时间内由于父母工作调动，户口迁移要随父母转学，则必须持有有关转学的规定的各种证件，并在转入学校未公布的录取名单前办理好转学手续。无论是小学、初中都不准招收他校学区的学生。高中招生由教育局统一命题考试、统一录取，尊重学生所填志愿顺序给予录取。一经录取，其他学校不得再行录取。

6. 初中升高中兼报中专和技校的学生，如果高中志愿先于中专技校，其分数已达到高中录取分数线已被高中录取，则就不必也不准再报考中专、技校。如果中专、技校志愿高于高中，经过中专、技校升学考试，其分数已达到中专、技校的最低控制分数且已参加了体检具有被中专、技校录取可能的学生，即使高中录取分数线也已经达到，高中不再录取。如果这些学生因故违背中专、技校录取，学生又重新要求入高中时，则学生可向学校提出申请，由学校决定录取与否。

7. 各初中在做学生的升学指导工作时，一定要详细地向学生介绍清楚可以报考的学校和报考中有关规定，指导学生认真填写好志愿。

8. 凡是不执行历次上级文件规定初中历届生，不得录取高中或职业学校，也不准报考中专。

9. 招生要考虑班级的学额，重点中小学分班规定为45 ~ 50名，小学和一般中学以每班50–54名为宜，在特殊情况下不得超过56名（必须从严掌握）。偏僻地区和小岛学额不足时最少不要少于30名，遇有较多小班级，小学生则尽量编成复式班。初中则可以考虑并入邻近中学。

三、转学

10. 学生确因父母或寄养人工作调动，且户口随之迁移，可以随父母转学到新户口所在地就近入学。

11. 为了避免转学时的盲目流动现象，在正式转学前家长或学生先持父母工作调动的证明和户口迁移证（或户口簿）到转入学校联系，取得同意后，再以同样证明材料去转出学校申请转学，转出学校认为转学理由确实后开给转学证书（转学证书一定要用局统一印制的格式）注销其学籍，转入学校凭转学证书接收并编入学籍，同时将转学证书的回单寄回转出学校，转出学校在接到回单后一星期内要将该学生的个人学籍、档案用挂号信寄给转入学校。

12. 严禁学校之间凭个人关系无任何证明和没有转学证书的盲目转学，无论是转出学校还是转入学校若无上述完整的证明应拒绝开具转学证书和拒绝接收。但学生的转学理由充分时，则双方学校都应尽可能给予学生方便，不要借故推诿。

13. 不承认转学手续不完备的学生入学。

四、升级、留级、毕业、结业

14. 学校对学生应严格进行德、智、体各方面的考核。考核的标准在没有统一的规定以前可以沿用以往传统的考核标准，或各级根据上级的有关规定自行制定。

15. 在考核的基础上，学校应认真建立升留级和毕业制度，根据有关规定非毕业班的留级人数不应超过3%，初、高中毕业班一律不再留级，不适合毕业标准的给予结业，结业人数应掌握在毕业班人数的5%以内。

16. 毕业和结业学生由学校发给毕业证书和结业证书，并编制毕业生名册，毕业生名册一份留作学校保存作为档案，完小要报一份给区（镇）教办，初、高中要报一份到教育局。毕业证书和结业证书要有存根。

17. 本规定现作为试行，试行中发现不当之处以后再做修正。

说明：《普陀县中小学学生学籍管理的有关规定》（讨论稿）于一九八四年十二月制定，经两年试行，收到较好的效果。现根据新的情况做了必要的修改，现作试行。望提出进一步的修改意见。

普陀县教育局

一九八六年九月二十四日

【附录二】:

浙江省义务教育阶段学生学籍管理办法(节选)

第一章　总则

第一条　为切实维护适龄儿童、少年接受义务教育的权利,规范义务教育学校办学行为,加强学生学籍管理,根据《中华人民共和国教育法》、《中华人民共和国义务教育法》、《浙江省义务教育条例》等有关法律、法规、规章,按照教育部《中小学生学籍管理办法》,结合我省义务教育实际,特制订《浙江省义务教育阶段学生学籍管理办法》(以下简称《办法》)。

第二章　入学与注册

第九条　适龄儿童少年入学实行就近免试入学。各级教育行政部门应当在同级政府领导下,在职责范围内保障适龄儿童少年在户籍所在地就近免试入学。

第十条　符合各县(市、区)入学条件的进城务工人员随迁子女,由流入地教育行政部门按照"以公办学校为主"原则,统筹安排。

学生学籍管理采用省电子学籍管理系统与全国中小学生学籍信息管理系统对接进行,学校及教育行政部门按规定保留必要的纸质档案。学生学籍号以学生居民身份证号为基础生成,一人一号,终身不变。学籍号具体生成规则由教育部制订,学籍编号编排规则由省教育厅另行制定。

第十四条　学校应按规定有序招生,在学生入学之日起1个月内为其建立电子学籍基本信息,逐步完善学生电子学籍档案。学生电子学籍档案内容包括:一、学籍基本信息及信息变动情况;二、综合素质发展报告(含学业考试信息、体育运动技能与艺术特长、参加社区服务和社会实践情况等);三、体质健康测试及健康体检信息、预防接种信息等;四、在校期间的获奖信息;五、享受资助信息;六、主管教育行政部门规定的其他信息和材料。

第三章　学籍变更

第一节　升级、留级、跳级

第十六条　义务教育阶段学生一学年升一级。

第十八条　义务教育阶段原则上实行不留级制度。随班就读和特殊教育学校的学生确因学习困难,可由学生及其监护人提出留级申请,经学校审核,报主管教育行政部门核准后,准予留级。留级应在学年度结束时办理。毕业班学生一律不留级。

第二节　休学、复学

第十九条　学生连续病假三个月以上或其他特殊原因,无法坚持正常学习者,由学生及其监护人提出书面申请,出具县级及以上医疗单位证明或其他有效证明,经学校审核,报主管教育行政部门核准后,可准予休学,由学校发给休学证书。

学生休学期原则上为一学年。休学期满,仍不能坚持正常学习者,应提出继续休学申请,符合条件的,可准予继续休学。毕业班学生一般不予休学。

第二十条　学生患有传染病或县级及以上医疗单位认为不能使其在学校进行正常学习疾病的,经学校主管教育行政部门核准后,可令其休学。

第二十一条　学生休学期满后,应及时申请复学,符合复学条件的,学校安排在相应年级就读,并报主管教育行政部门备案。

第三节　转学

第二十二条　学生转学,在符合当地相关政策的前提下,由学生及其监护人向转入学校提出申请,经转入和转出学校同意,并报双方主管教育行政部门批准,可以转学。

第二十三条　转学一般应在学期初或学期末办理。转学不得变更就读年级。毕业班学生一般不予转学。学生在休学期间不准转学。

第二十四条　对个别品德行为出现较大偏差和有违法行为且不适合在一般学校读书的学生,可以按照有关规定将其送专门学校继续接受教育。

第四节　退学

第二十七条　年龄不足十八周岁、未受完九年义务教育的学生,一律不办理退学手续。年满十八周岁,不宜在校继续学习,则可办理退学手续。

第五节　学籍注销

第二十八条　学生死亡,学校应当在规定时间内上报主管教育行政部门,注销其学籍。

【附录三】：

浙江省全日制普通高级中学学生学籍管理办法(节选)

第一章　总则

第六条　全面实施学籍电子化管理。建立省、市、县三级学生学籍电子化管理网络。学生学籍信息数据按“学校收录、属地监控、分级汇总、全省联网”和“小学入学建档，各学段随转”的原则进行管理,保证学生学籍信息的准确性、唯一性、连续性。

第二章　入学与注册

第八条　凡是参加初中毕业生学业水平考试(中考)或符合各级教育行政部门规定的初中升高中条件的学生,进入全省普通高中阶段学校学习,均实施电子化学籍管理。

第十一条　学生学籍管理采用省电子学籍管理系统与全国中小学生学籍信息管理系统对接进行,学校及教育行政部门按规定保留必要的纸质档案。学生学籍号以学生居民身份证号为基础生成,一人一号,终身不变。学籍号具体生成规则由教育部制订,学籍编号编排规则由省教育厅另行制定。

第十二条　学校应按规定有序招生,在学生入学之日起 1 个月内为其建立电子学籍基本信息,逐步完善学生电子学籍档案。

学生电子学籍档案内容包括:一、学籍基本信息及信息变动情况;二、综合素质发展报告(含学业考试信息、体育运动技能与艺术特长、参加社区服务和社会实践情况等);三、体质健康测试及健康体检信息、预防接种信息等;四、在校期间的获奖信息;五、享受资助信息;六、主管教育行政部门规定的其他信息和材料。

第三章　学籍变更

(二)休学、复学

第十六条　学生连续病假三个月以上或因其他特殊原因无法坚持正常学习者,由学生及其监护人提出书面申请,出具县级及以上医疗单位证明或其他有效证明,经学校审核,报主管教育行政部门核准,可准予休学,由学校发给休学证书。

学生休学期原则上为一学年。休学期满,仍不能坚持正常学习者,应提出继续休学申请,符合条件的,可准予继续休学。

毕业班学生一般不予休学。

第十八条　学生休学期满后,应及时申请复学,符合复学条件的,学校安排在相应年级就读,并报主管教育行政部门备案。

(三)转学

第十九条学生转学,在符合相关政策的前提下,由学生及其监护人向转入学校提出申请,经转出和转入学校同意,报双方主管教育行政部门批准,可以转学。

学生转学一般要遵循学校等级对等原则。非对等学校之间转学,应查验学生当年中考成绩是否符合录取条件。转学不得变更就读年级。

第二十条　普通高中省际转学,在符合转入地相关政策的前提下,需提交原学校出具的学业已修习学分认定和省级教育行政部门认可的学业水平考试成绩证明等材料。

第二十一条　普通高中学生申请转入中等职业学校学习,经转入学校同意,并报主管教育行政部门核准,准予转学。

中等职业学校学生申请转入普通高中学习,经普通高中学校考核,报主管教育行政部门核准,准予转学。

第二十二条　转学一般应在学期初或学期末办理。高三年级学生在最后一学期一般不予转学。学生在休学期间不准转学。

(四)退学

第二十六条　高中学生有下列情形之一的,应当予以办理退学手续。退学的学生不能重新建立电子学籍。

(一)多次留级且年龄超过 20 周岁,不宜在校继续学习的;(二)一学期内连续旷课超过 15 天或累计旷课 45 天,学校与学生家长多次联系帮助教育无效的;(三)休学期满,经学校与学生家长联系仍未复学或超过复学时间一个月以上仍不办理继续休学申请的;(四)本人及监护人申请退学的。

(五)学籍注销

第二十七条　学生死亡,学校应当在规定时间内上报主管教育行政部门,注销其学籍。

第四章　奖励与处分

第二十八条　奖励和处分是教育学生的一种方法。学校教育以奖励为主。

第七章　附则

第四十一条在本《办法》自 2014 年 7 月 1 日起施行。此前关于普通高中学生学籍管理的各种规定,若与本《办法》不一致的,均以本《办法》为准。

【安全教育与管理】 学生安危一直为家庭、学校和社会瞩目。20 世纪 80 年代后期，计划生育成为基本国策，在校学生人身安全教育工作更为加强。90 年代，随着经济快速发展和社会转型，学校规模和学生活动半径扩大，出行方式多样化，校内外安全事故时有发生，域内在校学生的年死亡人数一般在 10 人以下。加强安全教育，维护学生人身安全成为学校教育工作的重要内容。

1996 年初，国家教委规定，每年 3 月份最后一周的星期一为全国中小学生安全教育日，省教委《关于建立中小学安全教育周的通知》规定，每年 3 月份最后一周为全省中小学安全教育周。是年，省教委《浙江省中小学安全工作管理细则(试行)》和《关于加强学校卫生安全工作的紧急通知》出台，域内中小学的安全教育与防范工作也开始步入正常化和制度化。

1997 年起，区教委(教育局)每年召开安全教育专题工作会议，与下属学校(幼儿园)签订安全责任书。

1998 年 4 月，教育部下发《关于学生春游和集体活动安全的紧急通知》，学校和幼儿园组织学生(幼儿)春、秋游活动必须向区教委(教育局)书面申报。报告内容除需明确春、秋游具体的地点、时间、人数和组织人员外，必须做好安全应急预案。

1998 年 8 月，省教委下发《关于切实加强学校实验室、电教室、计算机房、图书馆(室)等安全工作的通知》。区教委(教育局)组织对下属学校的实验室、电教室、计算机房、图书馆(室)的专项检查，检查重点是消防安全工作和危险化学药品管理，并加以制度化和规范化。

1999 年 5 月，省教委发出《关于加强学校和师生安全工作的紧急通知》，区教委(教育局)联合区公安局召开“整顿学校周边地区治安秩序，创建安全文明校园”动员会。有关部门对域内学校周边环境进行联合大检查。此后公安部门通过片区民警与学校联系紧密，学校周遍治安情况明显好转。

2001—2005 年，学生坐车上学的比例上升，特别是民办幼儿园和外来民工子弟学校的接送车安全隐患增加，交通安全教育和车辆安全管理被重视。学校在组织学生春、秋游租用车辆时，必须选择有对外运营资质的公司并签订租车协议，协议中要做到“五定”(定时间、定地点、定人数、定线路、定责任)。2006 年 8 月，区教育局与区交警大队联合召开全区中小学校、幼儿园接送车管理工作会议，进一步规范学生接送车管理。2008 年 5 月，区政府专门拨款对全区学生接送车辆的外观统一进行刷新，在每辆接送车上安装 GPS 卫星定位仪、摄像头等设备，采用科技手段加强安全监管。该工作的相关信息在国家、省、市、区安监网站上进行刊登报道。2008 年 6 月，区公安分局、区教育局、区交通局和区安全生产监督管理局联合制订印发《舟山市普陀区学生接送专用车辆安全管理细则》，并组织实施。2013 年 3 月，市政府就学生接送车安全管理事宜，召开专题会议并下发会议纪要。

2002 年 3 月，普陀区教育局首创安全预警制度。根据当前安全工作实际情况和需要，针对性、预防性地制定安全预警(近期安全工作重点和预防措施)信息下发给学校。安全预警每年下发 10 次左右，内容包括预防流行性疾病、防溺水、防交通事故、防火灾等。

2002 年 12 月，教育部《中小学校学生人身安全事故与处理办法》出台。2004 年 4 月，《浙江省中小学校学生人身安全事故预防与处理办法》出台。区教育局组织学校安全工作分管人员进行学习解读和宣传，该两个办法作为此后处理学生人身安全事故的主要依据之一。

2004 年 9 月，根据省综治委和省教育厅统一部署，区教育局下发《区教育系统创建“平安校园”实施意见》，利用 3 年时间，在本系统开展“平安校园”创建活动。2006 年 2 月，沈家门第一小学等 27 家单位被区综治委授予“平安校园”称号。2009 年 4 月，区教育局开展创建“平安幼儿园”活动，使活动范围从中小学校扩展到所有幼儿园。

2005 年 2 月，在朱家尖民兵预备役训练基地对 37 名校园辅警人员进行培训。同年 4 月，区教育局下发《舟山市普陀区学校辅警队伍管理细则》。此后，学校门卫从聘用中老年临时工向由辅警担任转变。2010 年 5 月，区教育局，区公安分局分两批对全区320余名校园安保应急小组成员进行培训。2010年5月，区委、区政府领导、区公安分局局长、区委政法委、区教育局等相关领导一起，分4组到中小学、幼儿园检查指导学校安保工作。6月，城区所有学校和幼儿园的校园监控报警系统投入使用，辣椒水、木棍、橡皮警棍、钢叉等物防设备全部配备到位。

2008年10月，普陀中学、普陀第三中学、六横中学、区职教中心、区实验幼儿园、区中心幼儿园六个单位首批安装电子实时监控系统，并连接全区城市管理治安监控系统。自此，绝大多数学校幼儿园安装并接入区城市管理治安监控系统，校园门口治安秩序明显好转。

2007年开始，各级教育行政部门强调应急预案的制定与演练。2007年1月，区教育局制定《舟山市普陀区中小学、幼儿园大规模群体性事件应急预案》。2008年3月，区教育局制定《舟山市普陀区教育局网络与信息安全应急预案》。2009年5月，区教育局根据省教育厅"全省万校师生应急避险大演练"和"防灾减灾宣传周"活动要求，开展大规模的应急避险演练和防灾减灾宣传活动。

2014年12月，市教育局印发《舟山市学校安全责任事故问责办法（试行）》。

【学生保险】 1995年5月，省教育厅《1995年全省中小学安全教育和师生平安保险工作会议纪要》印发，域内师生平安保险工作开始。中国人民保险公司率先参与，参保率约在80%左右，投保费用经学生家长缴齐后由学校统一向保险公司支付。若发生事故，由学校协助家长向保险公司索赔。参保率逐年增加，以至人人参保，参与的保险公司扩展到中国人寿保险公司（原中国人民保险公司分设公司）和太平洋人寿保险公司。

1998年6月，省教育厅转发教育部办公厅《关于重申中小学校不准代办学生保险规定的通知》，为清理与学校收费的关系，由学生家长向保险公司直接投保。

2006年8月，学生意外伤残校（园）方责任保险工作在域内推进，保险的险种除人身平安保险外，附加疾病住院医疗保险和校园责任险，由中国平安保险公司承保。

2011年9月，城区中小学、幼儿园参加城镇居民医疗保险（简称城医保），投保率达92%以上；农村中小学、幼儿园参加学生平安保险（简称学平险）覆盖面100%，投保率98%以上。

2012年起，区教育局为全区幼儿园（含民办）向中国平安保险公司统一投保学生意外伤残校园责任险，所需费用在区教育基金中列支。

【学校卫生管理】 1950年起，学校卫生工作贯彻"预防为主"方针，对学生进行卫生常识教育，纠正不良的卫生习惯。为反对和预防侵朝美军细菌战，各校组织学生学习防疫初步知识。同时，在小学四、五年级的自然课中进行卫生常识教育。

1956年，贯彻《全国农业发展纲要（草案）》，发动学生广泛开展"灭四害"（苍蝇、蚊子、老鼠、麻雀）活动。1958年，开展爱国卫生运动，在小学普遍建立清洁卫生检查制度，开展卫生红旗竞赛活动。

1978年，县卫生防疫站对部分学校卫生情况检查后，提出改进意见。根据县爱国卫生运动委员会要求，域内各中小学校建立爱国卫生运动领导小组，制订卫生管理制度，在各班学生中设立卫生管理员（时称红卫员），每天检查环境卫生和同学的个人卫生。学校每半个月以班为单位进行一次卫生评比，改变学校卫生面貌。同年沈家门小学获教育部、卫生部授予的"全国体育卫生先进集体"称号。县教育和卫生行政部门对学校环境卫生提出"四无"和"四定"要求。

1979年12月，卫生部《中、小学卫生工作暂行规定》发布，对学校卫生工作和卫生管理提出明确要求。

1980年后，学校与当地医院、防疫站配合，定期请医生到校举办卫生知识讲座和培训学生卫生员，经常用黑板报、卫生小报和广播宣传卫生知识。

1985年，根据教育部和卫生部联合通知，在小学开设卫生课，每两周一个课时列入教学计划，先在部分学校试点，1987年在域内学校全面开设卫生课。

1986年12月，县教育局、县体委、县防疫站对展茅初级中学、朱家尖初级中学、沈家门第一初级中学、礁潭初级中学贯彻执行《中、小学卫生工作暂行规定》情况进行全面检查。1999年3月，县卫生局对学校医务室登记注册工作进行检查。1999年11月，省卫生厅印发《浙江省托儿所、幼儿园卫生保健管理办法》，普陀区每年组织托儿所、幼儿园园医和保健教师等相关人员进行培训。2013年4月，省教育厅对中小学校卫生室建设提出要求，并纳入到对中小学校的督导考核指标之中。

1988年2月，因食因未烧透贝壳类食品，引起肝炎在域内局部学校蔓延，沈家门城区各中小学推迟一周开学。2003年4～6月，非典型肺炎(简称"非典")烈性传染病在部分省、市扩散，本区教育系统积极开展防控工作，所有中小学生、幼儿园幼儿于每天上午和下午分两次测量体温，发现体温超标的及时送医院作进一步观察治疗。同年，区教育局被评为区防控"非典"先进集体。2008年6月，甲型H1N1流感在部分省、市流行；翌年5月，流感再次发生；2013年4月，H7N9禽流感等呼吸道传染病流行，区教育局制订工作方案积极防控。

1990年2月，芦花乡中心学校因罪犯故意投毒，致81名学生和4名教师食物中毒。经医治后，师生平安。2006年2月，区教育局转发卫生部、教育部《学校食物中毒事故行政责任追究暂行规定》并贯彻执行。2014年5月，位于沈家门街道的向日葵幼儿园儿童因沙门氏菌引起食物中毒，确诊病例23例，经及时诊治于5月21日康复。

2000年前后，区爱国卫生运动委员会组织开展创建"无烟学校"活动，沈家门小学、龙山初级中学于2000年5月被评为首批区"无烟学校"。2009年6月，市教育局、卫生局联合推广发展健康促进学校工作。2009年9月，市公共卫生办公室开展实现消除碘缺乏病目标县(区)级考核评估工作。

2006年5月，区域内学校食堂食品卫生监督量化分级管理工作会议召开。学校食堂定期接受卫生监督部门量化考核，并给以A优秀、B良好、C合格、D不合格等四个等级的评价。

【住宿生管理】 20世纪80年代前，普陀域内学校的寄宿生人数很少，主要集中在包括普通高中和职业技术类的高中段学校。90年代后，由于乡镇"撤扩并"和"小岛迁、大岛建"政策，建在小岛上的学校被撤并，学生的就读半径扩大，少部分初中、小学实行有限寄宿制，其中台门中学、朱家尖中学、龙山中学、东极中心小学的寄宿生比例较高。

1998年，普陀创办首所全寄宿制学校——普陀第三中学，所有学生都必须寄宿，配备生活指导老师负责纪律管理和生活指导，实行半军事化管理，进出校门须请假，晚上要到教室自习，教师进教室值班管理。2004—2005年为普通高中办学规模最大、寄宿生人数最多时期。学生入住学校学生宿舍，必须遵守"住宿学生内务规定""宿舍检查评比制度""宿舍卫生管理制度""宿舍治安管理制度"等。2008年前后，随着学生对住宿条件要求的提高，学生可在家长书面申请并征得学校书面同意后，在校完成夜自习后回家或在校外租房住宿。

2006年初中寄宿生情况(各校)表

表4-4　　单位:人

学校＼年级	合计	其中女生	一年级	二年级	三年级
城北学校初中	39	23	24	15	—
普陀第二中学	13	11	—	—	13
沈家门第三初级中学	46	24	13	13	20
芦花中学初中部	93	51	8	6	79
蛟头初级中学	22	11	4	6	12
虾峙初级中学	5	3	—	1	4
总　计	218	123	49	41	128

2006年普通高中寄宿生情况（各校）表

表4-5　单位：人

学　校	计	其中女生	一年级	二年级	三年级	毕业班学生数
合　计	2680	1471	965	846	869	869
普陀中学	244	136	104	87	53	53
普陀第三中学	2006	1068	701	617	688	688
六横中学	430	267	160	142	128	128

2014年初中寄宿生情况（各校）表

表4-6　单位：人

学　校	计	其中女生	一年级	二年级	三年级	毕业班学生数
合　计	44	22	17	15	12	12
东港初级中学	24	11	7	9	8	8
峧头初级中学	20	11	10	6	4	4

2014年普通高中寄宿生数情况（各校）表

表4-7　单位：人

学　校	计	其中女生	一年级	二年级	三年级	毕业班学生数
合　计	1006	580	410	341	255	255
普陀中学	353	219	152	110	91	91
普陀第三中学	311	172	130	107	74	74
六横中学	342	189	128	124	90	90

【周边环境治理】 20世纪90年代，社会治安问题严峻，各级政法委内成立社会治安综合治理委员会（简称综治委）专门用于协调相关部门开展治安工作。1995年3月，沈家门综治办与包括公安派出所、学校在内的各辖区基层单位签订当年“社会治安治理目标责任书”，以后几年内，每年签订一次。省综治委于1999年4月下发《整顿学校及周边地区治安秩序创建安全文明校园的实施意见》，国务院办公厅于2000年7月转发中央社会治安综合治理委员会等部门关于深化学校治安综合治理工作意见。其间，全区各乡镇相继开展集中整顿学校及周边地区治安秩序，创建安全文明校园工作，学校周遍环境治理力度加强，治理效果明显。

2001年9月，区文化体育广播电视局、区公安分局和区工商行政管理分局联合开展电子游戏经营场所整顿工作，多次组织对电子游戏经营场所的检查行动，取缔无证营业场所，压缩场所数量，规定未成年人不得入内。

2008年12月，由文化部主办的“全国网吧文明创建与管理工作交流会”在福建省厦门市举行。普陀区教育局网络德育经验材料——《给孩子一片网络的晴空》，作为浙江省唯一的教育系统经验在会上作交流，受到与会领导的好评。

第二节　学校管理体制

【学校管理体制演变】 1950年5月，定海县（相当于现今的舟山市）政府在沈家门、六横设置区公所（1951年行政区域调整，增设朱蒲区），各区公所设文教助理员1名，负责处理区内教育、文化事业等行政事务工作。公立和私立学校均由县统一领导，各区公所作为县政府的派出机构对学校进行指导和监督，中心校校长由县政府委派。学校经费由区公所提出意见，报县文教科审批。

1951年，建立定海县统一领导下的区（区公所）、乡两级辅导体制，每区设区中心小学1所承担全区学校的辅导任务，每个乡设中心小学1所，承担全乡学校的辅导任务。

1953年，普陀县成立，原区公所中不再设文教助理员，区（区公所）、乡教育行政事务由区、乡政府和区（区公所）、乡中心学校处理，区（区公所）、乡中心学校由区公所和县文教科双重领导。为加强中国共产党对教育工作的领导，普陀县委向私立沈家门初级中学（普陀中学前身）等重点学校派出党员干部担任领导工作。

1954年，政务院下发规定："校长对学校工作应全面负责"，明确实行校长负责制。此后，普陀县各中学和规模较大的乡中心小学逐步实行校长负责制，学校虽仍建立校务委员会，但校长有较大的事务决策权。

1955年，改革教育财务管理制度，在各中心学校设会计，管理学区内各学校财务工作。

1958年，陆续成立人民公社（简称公社），撤区公所和乡人民政府，渔农村教育归人民公社统管。各公社设文教委员会，领导和管理本公社的教育文化事业，日常工作由公社党委副书记或宣传委员分管。翌年，划分大学区，每个学区设辅导校长1名，各公社设中心学校1所。学区辅导校长和公社中心学校校长接受县文教局领导。

1960年前后，在各中学和中心小学逐步建立中共党支部，加强对学校工作领导，实行中共支部领导下的校长负责制，学校重大问题经党支部集体研究决定后付诸实施。

1963年，遵照《全日制小学暂行工作条例（试行草案）》规定，校长是学校行政负责人，在当地党委和教育行政主管部门领导下，负责全校工作，完成教学计划；学校党支部对学校行政工作负保障和监督之责，学校重大事宜由党支部决定。此后，多数校长由中共党员担任并兼任支部书记。中学设校长、书记、教导主任、总务主任，建立勤工俭学领导组（或生产劳动组）、思想政治教育领导组、体育卫生领导组和民兵等组织。

"文化大革命"期间，原来的管理体制被打乱，实施革命委员会制。设立主任、副主任，主持学校工作，下设政工组、教改组、后勤组等，各组设组长。1969年，渔农村实行贫下中农管理学校，成立"贫下中农管理学校委员会"，大队成立贫下中农管理学校领导小组，部分农村小学管理权限下放到生产大队。城镇学校由学校革命委员会和"工人阶级毛泽东思想宣传队"管理。中心学校管理体制废止。

1972年，各公社设文教干部，受公社和县文教科的双重领导，管理本公社中小学和成人教育。文教干部多数由公社中心学校校长改任，属教育事业人员编制。

1978年，撤销贫下中农管理学校委员会，恢复公社中心学校。原公社文教干部改任公社中心学校校长。普陀设立六横、虾峙、桃花、朱家尖等教育办公室，各人民公社开始设专职业余教育干部（后改称成人教育干部），管理本公社渔农民业余教育。业余教育干部由县文教局派出，列入当地中心学校编制。

1978年9月，教育部颁布修改后的《全日制中学暂行工作条例（试行草案）》和《全日制小学暂行工作条例（试行草案）》，明确规定中小学实行党支部领导下的校长分工负责制，学校一切重大问题，必须经过党支部讨论决定。重建公社中学和中心小学领导班子，明确领导成员的工作职责，恢复由校长主持的各职能部门负责人参加的校务委员会。学校的管理机构根据规模不同以及工作的侧重点需要有所改变。除设立教导处和总务处外，大多数学校建立思想政治教育领导小组，部分学校设有体育卫生组、勤工俭学领导小组、治安保卫组等。

1979年，根据浙江省教育厅《健全农村中心学校领导管理体制的决定》，中小学由县文教局统一领导和管理，公社中心学校党务工作、政治思想工作由公社党委领导，教育行政业务主要由文教局领导。

1979—1980年，普陀县各区恢复区中心学校，撤销各区教育办公室。

1982 年，改变农村中心学校统一管理小学和初中的体制，实行小学和初中分设。

1983—1984 年，先后撤销人民公社，恢复区公所和乡人民政府建制，区、乡教育工作由副区长、副乡长或区、乡党委副书记分管，公社中心小学改为乡中心小学。

1985 年后，根据中共中央《关于教育体制改革的决定》精神，发展基础教育责任交给地方，实行“分级办学，分级管理”体制，同时，逐步推行校长负责制。是年，沈家门镇和六横、虾峙、桃花、朱家尖、东极 5 个区再次设立教育办公室，人员由县教育局派出。教育办公室既是区政府（又称区公所）的职能部门，又是县教育局的派出机构，受区公所和县教育局双重领导。其余乡设中心学校或中心小学。

1986 年，把渔农村初中、小学下放给乡（镇）政府管理（完全中学仍由县管理），各乡（镇）成立教育管理领导小组。区、乡（镇）都有副区长、副乡（镇）长或其他领导分管教育工作。校长作为学校行政负责人，处理学校重大行政工作。在区（镇）中学和中心小学实行校长负责制，学校实行党政分工，校长全面负责，党支部起监督保证作用。同时建立学校教职工代表大会制度，实行民主管理学校。

1989 年 10 月，根据市委《关于加强中小学德育工作的决定》规定：“中学实行党支部领导下的校长负责制，有条件的经过乡镇党委同意，报上级主管部门批准，可以实行校长负责制”。

1997 年，“三制改革”（即：校长负责制、教师聘任制、教师结构工资制）全面实施，学校校长（园长）全面负责学校工作。

2000 年，根据上级统一部署“撤乡并镇”，六横、虾峙、桃花、朱家尖、东极等 5 个区内的乡（镇）和区公所被撤销，相应成立镇政府。区公所内设置的教育办公室随之撤销。成立辅导中学和辅导中心，承担原教育办公室大部分管理和协调职能。

【学校领导体制】 1950 年后，域内中小学前后实行过 7 种主要的领导体制，即校务委员会制、校长负责制、党支部领导下的校长负责制、当地党委和主管部门领导下的校长负责制、革命委员会制、党支部领导下的校长分工负责制和现行的校长负责制，总体归纳起来有三类，即校务委员会制、党支部领导下校长分工负责制和校长负责制。学校校长由教育局任命，直属学校党支部书记由教育局党委任命，乡镇学校党支部书记由所在乡镇党委任命，报教育局党委审核备案。

中华人民共和国成立初期和 1976 年前后一段时间，实行校务委员会制，校务委员会是学校的最高民主议事机构，由校长、副校长、教导主任、总务主任及工会代表和学生代表组成，校长为当然主任。在校长领导下负责贯彻新民主主义的文教方针，贯彻群众路线，坚持民主集中制原则，实行民主办学，建立和发挥工会、共青团和学生会的作用，树立教职工主人翁思想。

1960 年前后至 1978 年后，实行党支部领导下校长分工负责制，强调党的领导、党支部集体负责和民主集中制。党支部书记是学校的“一把手”，由校长具体负责行政工作和教育工作。

1954—1960 年和 1997 年起，实行校长负责制。校长是学校的“一把手”，由校长、副校长、教导主任、总务主任等组成行政班子，负责学校日常工作。学校设有校务委员会，作为重大事项的议事机构。学校党支部起到组织保障和政治思想教育作用。

【附录一】

普陀中学行政管理发展历程

普陀中学（前身为定海县立中学沈家门分部，又称私立沈家门初级中学）于 1949 年 8 月建校，实行学校董事会负责制，校长毛善才（分部主任）。

1953 年年底，学校办学体制改为“民办公助”形式，学校董事会从此名存实亡，由上级党组织派来的党代表（兼任副校长）王孝玉领导学校工作。

1956年7月，学校由政府接管，改民办为公办，学校更名为浙江省普陀第一初级中学。

1958年初，学校建立了党支部，李君同志任支部书记兼校长，实行校长负责制；1958年9月始设高中部，并再次更名为普陀第一中学。

“文化大革命”期间，管理体制改为革命委员会制，设主任、副主任，领导学校工作。下设政工组、教改组、后勤组等，成立“工人阶级毛泽东思想宣传队”（简称“工宣队”）。

1976年11月后，撤销“工宣队”，改组党支部，实行党支部领导下的校长分工负责制，学校一切重大问题，必须经过党支部讨论决定。学校设教导处和总务处，教导处具体负责学校教育教学业务、教学研究、学生的品行教育和日常教育秩序等方面的组织管理工作；总务处全面负责后勤管理工作。建立由校长主持、各职能部门负责人参加的校务委员会。学校建立了思想政治教育领导小组、体育卫生组、勤工俭学领导小组、治安保卫组。

1998年，普陀中学高中部与初中部分离，高中部迁至东港灵秀街，仍定名为普陀中学。学校实行校长负责制，负责全校的教育教学和行政工作。学校党支部（后升格为党总支）对教育、教学和行政工作起保证监督作用。同期，设教务处、政教处和教科室。在校长的直接领导下，教务处具体负责学校教育、教学、教务等方面的组织管理工作；政教处具体负责学校思想政治工作、日常教育秩序、校园环境建设和学校安全保卫等方面的组织管理工作；教科室主持教科研工作会议，负责制订具体的教科研工作计划，及时检查计划的落实情况。

2010年，普陀中学搬到东港文康街新校区后，学校强化了年级段的管理，成立了年级段管理小组，由校级领导直接分管，段长负责管理、处理日常事务。

【附录二】：

沈家门小学行政组织管理情况表

表4-8

<table>
<tr><th>年份</th><th>组织管理情况</th><th>校长、书记</th><th>行政管理组织</th></tr>
<tr><td>1965—1972</td><td>沈家门镇中心小学，担负沈家门全镇、普陀全县小学的辅导工作。1966年“文化大革命”开始，学校一度停课。1970年秋“军宣队”进驻学校。1971年，开始附设初中班，改校名为“沈家门镇中心学校”，负责全镇小学及附设初中的辅导工作</td><td>校长：毛国荣、刘觉林
支部书记：沃连元</td><td rowspan="4">1965—2001为：校长室、教导处、总务处（党群团组织有党支部、工会、少先队大队部）
2001年8月，增设校务办公室</td></tr>
<tr><td>1972—1976</td><td>学校成立“革命委员会”，1976年2月“工宣队”进驻学校。1976年10月“文化大革命”终止，同年11月撤销“工人宣传队”</td><td>主任：牟永朝</td></tr>
<tr><td>1978—1980</td><td>1978年开始恢复校长负责制</td><td>校长：毛国荣
副校长：应中锡
支部书记：周邦彦</td></tr>
<tr><td>1980—1984</td><td>1980年8月初中班撤销，还原校名为“沈家门镇中心小学”。同年学校被定为县重点小学，不再担负全镇各小学的辅导工作，改校名为“沈家门小学”</td><td>校长兼党支部书记：应中锡</td></tr>
<tr><td>1984—2001</td><td>1987年重点小学撤销后，被舟山地区教育局确定为市级实验小学，划归区教育局直管</td><td>校长：钱银星（1984年8月始）
支部书记：应中锡（至1996年1月）
副书记：陈爱国（1996年8月—1997年7月）
支部书记：徐海兵（1997年8月-2001年7月）</td><td>—</td></tr>
</table>

续表 4-8

年份	组织管理情况	校长、书记	行政管理组织
2001—2011	2001 年 8 月，沈家门小学被普陀区人民政府确定为人事和分配制度改革试点学校，由公办体制改为国有民办体制。2002 年 11 月，沈家门小学党总支成立，分设四个支部。其中普陀中心幼儿园为第三支部，属沈家门小学党总支管理。退休教师支部为第四支部。2007 年，普陀中心幼儿园党支部成立，从沈家门小学党总支部中划出，沈家门小学党总支部减设为三个支部	校长：钱银星（至 2008 年 4 月） 校长：郭妙琴（2008 年 7 月至今） 总支书记：汪增范（2001 年 8 月始）	2002 年 8 月，学校行政组织为"四处一办"，即教务处、德育处、科研处、总务处、校务办（党群团组织有党支部、团支部、工会、少先队大队部）
2011—2014	2011 年，沈家门小学由国有民办体制转为公办体制，学区为东港街道管辖区范围内，学区生实施免费入学。同时，将原东港小学并入成为东校区。在东校区工作的党员教师单独为一个支部，为党总支下属的第三支部	校长：郭妙琴 总支书记：汪增范（至 2013 年 7 月） 总支书记：徐海兵（2013 年 8 月至今）	2013 年 8 月，增设少工处，校务办改名为校务处

第三节　学校内部组织管理

【学校内部组织管理发展历程】 1950 年以后，绝大多数时段中小学设校长，负责学校行政工作。下设教导主任和总务主任，分别协助校长负责教导处和总务处行政工作。教导处主要职责：协助校长安排授课教师；制订并执行教育教学计划；指导培养教师；了解分析教师的教学和学生的学习情况；做好学生思想政治工作，正确把握学生思想动态，提出教育对策和措施；抓好艺术，体育工作等。总务处主要职责：制定后勤工作计划并组织实施；负责学校基本建设和校舍维修；建立健全后勤管理制度，做好财产、教具的登记、管理、贮藏、修缮等工作；抓好学校的绿化和环境卫生工作；管好学校经费（1955 年后）。

1953 年，中国共产党（简称中共）党代表入驻个别重点中学担任领导工作。1958 年初，"普陀第一中学"（现普陀中学）建立中共党支部，1960 年前后，中心小学逐步建立中共党支部，实行中共党支部领导下的校长负责制，学校重大问题须经党支部集体研究决定后付诸实施。党支部主要职责：宣传和贯彻执行党的路线、方针、政策，把握教育方向；加强党员和教职员工政治思想工作；定期召开党支部委员会议，讨论学校重大问题；团结和带领党员干部，发挥共产党员的先锋模范作用。

1953 年 9 月，普陀县工会联合会成立后，在沈家门私立初级中学（普陀中学前身）成立中国教育工会委员会。以后，各中心小学、中学逐步建立工会组织，"文化大革命" 期间停止。1978 年 6 月后又相继恢复建立。工会主要职责：组织教职工代表大会，审议学校工作报告，反馈教职工建议，推进民主办学；维护教职工的合法权益；办好"教工之家"，开展有益的文体活动；关心病弱和困难教职工；集中群众智慧，为学校的发展和教职工的长远利益献计献策。

1954 年，部分中、小学分别建立团委（团支部）和少年先锋队（简称少先队）大队部。1989 年 10 月，根据市委《关于加强中小学德育工作的决定》，较大规模中学建立团委。团委（团支部）主要职责：加强广大团员学生的思想政治素质和道德素质培养；组织团员学生开展健康有益的校园文化活动、课外科技活动，促进校园精神文明建设；协同学校教导处（政教处）参与对学生思想政治和品行管理，提高团员学生的民主管理和自我管理意识。少先队大队部的主要职责：遵循少年儿童工作的规律，制订学校少先队工作计划并组织实施；全面负责学校少先队工作，组织开展少先队德育主题活动；搞好少先队基础建设，建立健全红领巾广播站、队室、国旗下的讲话等活动阵地，充分发挥其教育作用；组织培训校值日生，管理校园一日常规，开展检查评比工作；积极开展校外教育活动，适时召开家长会，联络校外辅导员；培养少先队积极分子等。

1955年，改革教育财务制度，中心小学设会计，管理学区内各学校财务工作。

1989年10月，根据舟山市委《关于加强中小学德育工作的决定》，多数规模在18班以上的中学从教导处分设政教处专管德育工作，与教务处并行。规模大的小学将教导处分设为教务处和德育处。“完全中学、职业中学和20班以上的初中应配备主要从事团工作的团委书记”。政教处（德育处）主要职责：分管学生思想政治工作，提出教育对策和措施；对学生进行世界观、人生观、价值观方面的教育和行为规范训练；做好学校卫生工作和心理咨询工作；做好家长学校工作，指导家长委员会工作；抓学校艺术，体育工作；协同帮助共青团或少先队、学生会开展工作。

2000年，随着学校规模扩大，一些规模较大的学校成立校务办公室。校务办主要职责：组织协调各职能部门的工作，督促处室按时完成共同负责的全校性工作任务；起草学校的发展规划、工作计划和工作总结等；安排行政会议和学校大型集会，办理公文登记、签发、分送工作；管理学校档案，做好学校大事记和重要历史资料的管理工作；负责接待和处理宾客来访、来信、来电，管理和使用学校印鉴，调度学校车辆等事务工作。

2001年后，一些学校把教导处中有关教育科研方面的工作独立出来，设置教科室。教科室主要职责：组织和指导教师开展教育科研课题研究，并进行评估；向上级申报重要课题；协同教务处开展课程改革。

【幼儿园教育组织管理】 幼儿园内部管理实行园长负责制，设园长一名，规模较大的幼儿园设副园长1～2名，配备教务主任、保育主任、年级段组长和教科研组长等负责开展日常保教工作与教研活动。各幼儿园建立一系列规章制度和岗位职责，规范幼儿园的日常工作。

1997年前，域内幼儿园基本实行园内事务园长负责制。1998年，普陀区教育系统推行“三制”改革，区中心幼儿园、区实验幼儿园分别出台本幼儿园管理体制及人事制度实施方案和结构工资实施方案，规范和健全各项规章制度、各类岗位人员职责、考核制度，建立园务委员会。园内实行园长负责制，确立了园长在园中的地位、职责和权利，制定幼儿园办园规划和每学期工作计划，做到每周工作重点及时公布，每周召开行政会议，每月召开园务会议，每年期末，对幼儿园教师进行全面考核。

民办幼儿园实行园长负责制，教职工由幼儿园自行招聘管理，财务独立自负盈亏。

1992年，区教育局直属幼儿园建立党支部委员会，2004年起各乡镇公办幼儿园陆续建立党组织。

至2014年，全区各幼儿园基本建立起规范的管理制度，内容包括：行政、教学业务管理方面的、教科研、教师培训、保健卫生、安全、财务等方面。

随着管理制度的完善，幼儿园在班额控制、保育费收取、伙食费管理、食品安全、防止小学化倾向等方面进一步规范；内部机构设置、职责分工、档案积累等方面进一步完善。

【小学教育组织管理】 1950年以后，政府接收的各小学，在校长之下，一般设教导主任和总务主任，协助校长处理学校教育、教学与后勤行政工作，学校的一切重大问题，校长有最后决策权。

1954年起，在区中心小学和规模较大的乡中心小学逐步建立校长负责下的集体领导制度，由校长、教导主任、总务主任、少年先锋队大队辅导员等组成校务委员会。

1955年，改革教育财务管理制度，区中心小学设会计，管理学区内各学校财务工作。

1960年前后，在各中心小学建立中共党支部，加强对学校工作的领导，实行中共党组织（党支部）领导下的校长负责制，学校重大问题，经党支部集体研究决定后付诸实施。

1963年，遵照《全日制小学暂行工作条例（试行草案）》规定，校长是学校行政负责人，在当地党委和主管教育行政部门领导负责领导全校工作。

“文化大革命”期间，原来的管理体制被打乱。农村小学由“贫下中农管理学校委员会”，城镇小学由“军管小组”或“毛泽东思想宣传队”等管理。

1978年，重建公社中心小学领导班子，实行中共党支部领导下的校长分工负责制，恢复有校长主持的各职能部门负责人参加的校务委员会。

1985年，根据教育部《全日制小学暂行工作条例（试行草案）》，学校实行党支部领导下的校长负责制。学校一切重大问题经党支部讨论决定。

同年，《中共中央关于教育体制改革的决定》发布，学校管理体制逐步实行“校长负责制”。普陀县在区（镇）中心小学实行校长负责制，学校实行党政分工，校长全面负责，中共党支部起监督保障作用。同时，建立教职工代表大会制度，实行民主管理学校。沈家门镇小学实行校长负责下“教师聘任制”试验。依据《中共中央教育体制改革的决定》，全区小学实行分级办学分级管理，区办区管，其他直属乡镇小学乡镇政府和区教育局共管，非直属乡镇按行政区设六横、虾峙、桃花、朱家尖、东极等“区教育办公室”（县与乡镇之间一级机构），沈家门镇教育办公室管辖沈家门镇内各小学（其中沈家门小学由区教育局直管）。

1989年10月，根据市委《关于加强中小学德育工作的决定》，恢复中共党支部领导下的校长负责制，强调党支部要坚持集体领导的原则，充分发挥校长和学校行政系统的职能作用。

1996年，普陀区委、区政府发文，域内各小学逐步实行“校长负责制”。校长由教育局任命（规模大的设副校长），负责学校全面工作。学校设“校务委员会”或“校务会议”作为学校领导机构核心，成员一般为校长任主任或召集人（学校法人，对内全面负责对外代表学校），成员有学校各职能部门负责人或副负责人（学校校务及工作具体实施组织执行者）、资深（专家级）教师（工作建议、群众民主监督）、党支部和工会负责人（监督和保证），特别重要工作事项一般通过党政联席会议决策。校长负责制延续至2014年。

小学内设机构有：教导处，设有教导主任（规模大的设1～2名副教导主任），负责教育、教学工作组织和领导；总务处，设有总务主任（规模大的设副主任），负责学校财务和设备、设施及师生生活等后勤保障。规模较大的学校将原教导处的德育管理功能和少先队辅导任务分离出来，另设“德育处”，教育科研任务从教导处分离，设立“教科处”或“教科室”，教导处更名为“教务处”。2002年始，区财政建立区会计核算中心，对全区行政事业单位经费实行“收费统一管理、财务统一核算、会计统一派遣，分配统一政策”的“四统一”管理。总务处不再负责财务经费的日常管理。

2004年，学校布局调整，办学规模中出现超大规模（50班以上）的小学，如：沈家门小学、沈家门第一小学等，个别乡镇中心小学在撤并后扩大办学规模，学校适度变动管理机构。如沈家门小学等学校另设“校务办公室”，分担校长的日常事务；另设各种专项活动组织和专用器材管理的“中心”，有“体育中心”“艺术中心”“信息中心”“科技中心”等，配合和分担教务处、德育处、少先队和各教研组、年级组的活动组织和管理。小学最基层的行政管理在年级组和教研组。年级组是一个以德育为主的综合性教育管理组织，由一至六年级在同一年级的班主任和任课老师组成（跨年级任课的参加主要任课年级的年级组），设年级组长。教研组是学科组织，由同一学科教师参加，规模较大学校再分学段或年级的学科教研组。教研组主要任务是共同学习学科教学标准（教学大纲），集体备课，开展教研组公开课或集体教学研究活动等。

【附录一】：

1990 年沈家门第一小学管理组织系统

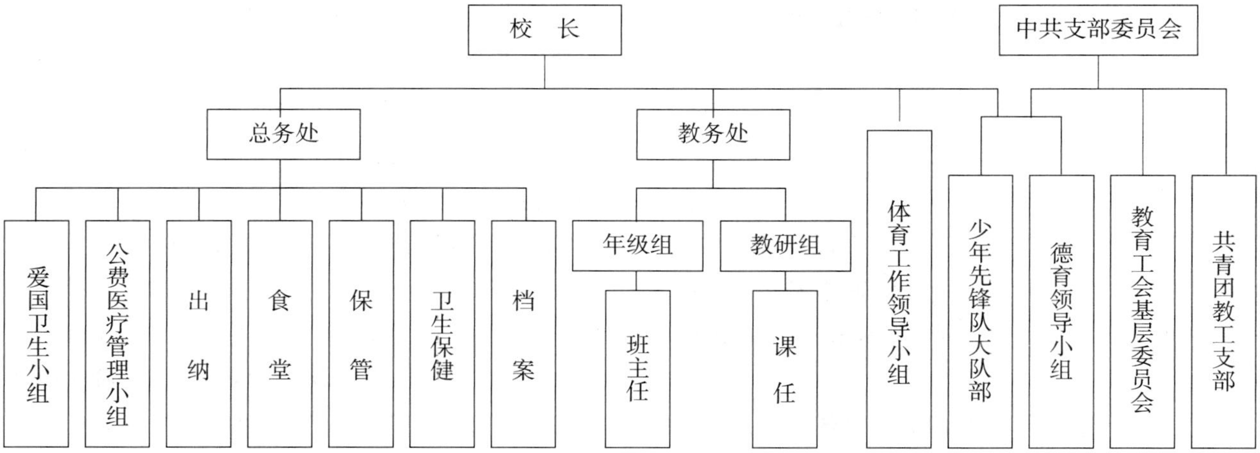

【附录二】：

2010 年沈家门第一小学管理组织系统

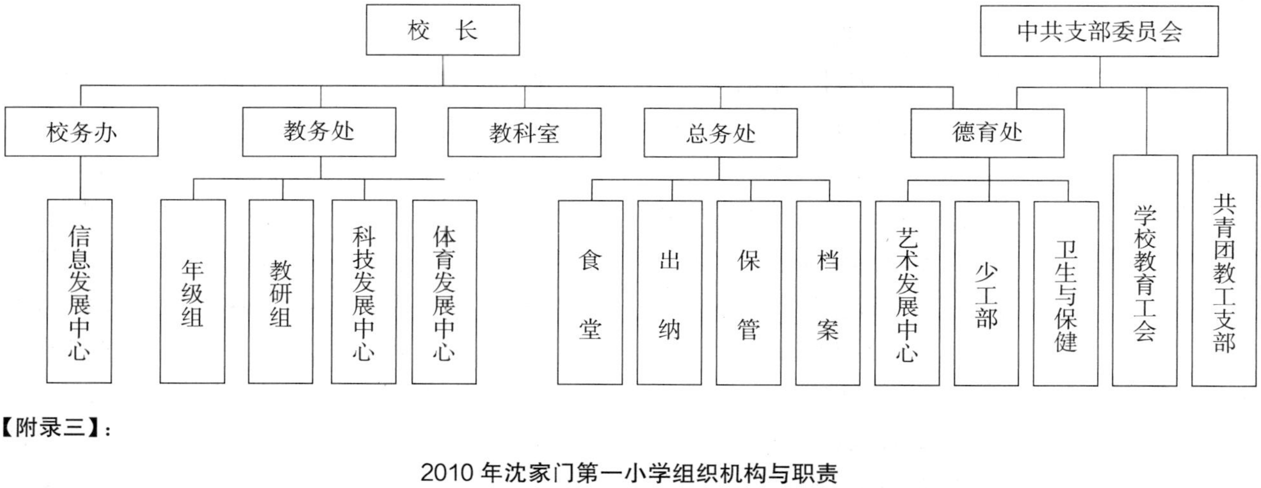

【附录三】：

2010 年沈家门第一小学组织机构与职责

学校实行校长负责制。校长是学校的法定代表人，对外代表学校，对内全面负责学校的教育教学和行政管理工作。学校副校长 2 名，协助校长开展工作。校长是学校行政的最高负责人。校长全面领导学校的行政管理、人事、教育、科研、思想政治等工作。

校长

（一）校长依法履行以下职责

1. 贯彻执行党和国家的教育方针、政策和法令，执行上级党委、教育行政部门的决定，坚持学校的社会主义办学方向，按照教育方针，遵循教育规律，确立学校办学目标，制定近、远期学校发展规划。

2. 主持学校全面工作，确定全校性工作措施，主持校务会议。

3. 制订学校工作计划，统一安排学校工作，定期检查、总结工作，接受上级党政及教育主管部门的领导、指导和监督，定期向上级主管部门请示和汇报工作。

4. 根据学校发展规模、编制标准和学校教育教学工作需要，在征得学校党组织同意下，设置学校行政管理部门和任命学校中层干部。

5. 主管和批准学校教职员工的聘任、调配、考核、奖惩和其他管理工作。采取一定的措施，不断提高教工的政治素质、文化素质、道德素质和身体素质，形成以一支骨干教师为中心的、结构合理的教工队伍和干部队伍。

6. 领导和组织学校的教育教学工作。坚持德育为首的指导思想，以教学为中心安排好各项工作，以科研带教研，以教研促科研，促进学校教育教学改革的实践活动。全面提高教育教学质量，努力办出自己学校的特色。

7. 贯彻勤俭办学、勤工俭学的方针，管好用好学校的经费、校舍设备。关心教职工工作、学习、生活，增加学校投入，改善办学条件，提高教职工福利待遇。

8. 建立健全学校的行政指挥系统和学校的各项规章制度，统一领导学校内部的各项改革，不断提高管理水平。

9. 规范学校管理，坚持民主集中制，充分发挥行政班子的智慧和力量，定期向学校支部通报学校情况，重大事情事先和党组织商定，自觉接受党组织监督。保障教代会和工会行使职权，定期向教职工代表大会或全体教职工报告学校工作，自觉接受教职工代表大会的监督。

（二）校长履行的义务

1. 坚持正确的办学方向，贯彻国家教育方针，认真组织开展学校的教育教学工作，依法保护师生的合法权益。

2. 接受上级主管部门的领导、指导和监督，定期向上级主管部门请示和汇报工作。

3. 严格执行教育教学法规文件，保证教育计划和教学大纲（课程标准）的执行。

4. 坚持民主集中制，重视教职工代表大会在学校管理中所起的重要作用，自觉接受教职工代表大会的监督。

5. 充分发挥领导班子和集体智慧的力量，发挥全体教职工的整体功能，同心协力，合作互补。

6. 依靠党组织，积极做好教师和职工的思想政治工作，自觉接受党组织的监督。

7. 规范学校管理。积极创造条件加快学校教育现代化、信息化建设步伐，搞好校舍、教学设施、教学设备、校园环境等建设。加强和建设学校安保体系，保证学生生命安全。

8. 加强师资队伍建设和管理，保证教育教学质量稳定提高。

9. 清正廉洁，以身作则，为人师表，团结协作，带头实干，开拓进取。

10. 参加上级主管部门组织的校长培训。

校务会议

学校重大问题由校务会议决策。

（一）学校重大问题内容

1. 学校章程的制定和修改。

2. 学校发展规划、年度与学期工作计划的编制。

3. 校内机构的设置。

4. 重大改革措施及规章制度的研究制定。

5. 中层行政干部人事安排方案。

6. 教师队伍建设实施方案的制定。

7. 学校教育教学工作和安全工作。

8. 学校精神文明建设实施方案的制定。

9. 年度经费预算、决算安排。

10. 重大基建项目、大宗购置和大额经费支出安排。

11. 教职工考核奖惩、收益分配方案。

12. 教职工评优、评先、评职、奖励晋级工作方案。

13. 学校教育体制改革教职工聘任方案、效益工资分配方案。

14. 其他重大问题。

（二）参与决策的规则及主要程序

1. 坚持学校重大问题集体讨论的原则。一般是通过党政联席会议、校务会议讨论决定。凡属教代会职权范围的重大事项，亦应通过教代会审议。

2. 校长根据区教育局的要求和学校的实际情况，经学校党总支充分酝酿，提出解决学校重大问题的初步意见。

3. 召开校领导班子会议，进行党内通报、讨论，需征求教职工意见的，要广泛听取群众意见。

4. 综合征求意见情况，校领导班子进行研究，形成共识和主导性意见。

5. 校领导班子在重大问题上意见不一致不能达成共识和主导意见的，应暂缓提交会议讨论。校领导班子继续进行调研分析，达成一致意见后，做出决策；极特殊情况下，必须立即决策的可由校长先行决策并组织实施，但事后应向有关部门说明决策的具体事项，同时记录备案。

6. 根据重大问题内容，确定召开相应会议进行讨论、决策。

7. 校领导班子按照决策共同组织实施。并建立相应的工作机制，监督、检查决策的落实情况，及时解决落实过程中出现的问题。

8. 在学校职权之外的重大问题，经请示，按上级主管部门意见解决。

9. 在重大决策实施过程中发现有不当之处，学校党总支要在认真研究的前提下及时与校长沟通，校长对党组织的意见要高度重视，确有不当之处要立即予以纠正。重大事情要及时报告上级党组织。

10. 重要会议讨论、决策重大问题要设专人进行记录，确保会议主要内容记录清楚、准确、完整。

党组织

学校成立党总支，设书记及支部委员会。学校基层党组织发挥政治核心作用。学校工会、教职工(代表)大会、共青团、学生会等群众组织在学校基层党组织的领导下，参与学校民主管理和监督。

党总支职责：

(一)保证党的路线、方针、政策、法律法规的贯彻执行，发挥党支部政治核心作用、监督保证作用和党员的先锋模范作用。

(二)做好党的组织建设，做好入党积极分子的培养、考察和发展工作。

(三)加强党的作风建设。

(四)做好教职工的思想政治工作，定期组织政治学习，开展各种教育活动，不断提高教职工的政治思想觉悟和道德水平。

(五)对学校的规划、工作计划、重大方案、重要工作及人事安排等认真研究，参与决策，保证上述工作的顺利实施。

(六)对领导干部发挥管理、教育与监控作用，讨论校长对中层干部人选的提名(或竞聘人员任命的提名)，并按干部管理程序报上级主管部门审批或备案。

(七)组织、领导学校工会、共青团、少先队、女工委员会及民主党派，并开展好各项工作。

(八)组织、领导教职工(代表)大会，支持和保证教代会在民主管理和民主监督中正确行使权利和履行义务。

(九)做好一年一度的党员民主评议工作。

(十)规范有序地建好党务档案。

教职工(代表)大会

学校建立以教师为主体的教职工(代表)大会制度，保障教职工参与学校民主管理和进行民主监督。凡属教职工(代表)大会职权范围的事项，都应提交教职工(代表)大会审议。

学校工会作为教职工(代表)大会的工作机构，依法保障学校民主管理、民主监督的落实，维护教职工的合法权益。

【附录四】：

沈家门小学教职工岗位职责

(2001年9月制订，2004年8月修订)

校长室

一、教务处主任职责

1. 教务主任在校长直接领导下，具体负责学校的教导工作，副教务主任协助教务主任工作，并搞好自己分管的工作。

2. 主持教务处的日常行政工作，组织招生工作，学生入学编班成绩考核，负责排课、调课，安排教师代课，制定作息时间，管理学生学籍，积累教学资料，负责学生课本的订购，搞好各种课外活动。检查教育、教学工作。

3. 定期召开教研组长会议，组织学习教学大纲和教学计划，审查批准各种教学计划，督促教师执行岗位责任。深入教学第一线，听课、评课，参加教研活动，检查学生作业，分析试卷。举办家长学校，召开学生座谈会和家长会，全面了解和掌握教育教学情况，对教育教学中存在的问题提出改进意见，帮助教师认真抓好“双基”，发展学生智力，培养学生能力。帮助教师总结经验，及时组织交流，建立教师档案，组织教师业务进修，提高教学水平。

4. 抓好班主任工作，审查批准班主任工作计划，定期召开会议，研究汇报工作，加强对学生思想、学习、劳动、生活的管理，组织班主任做好学生的操行评定和评选工作。做好后进生的转化，帮助班主任总结经验，改进工作，抓好少先队工作，培养学生干部。

5. 管理体育卫生工作，抓好体育课，早操(或课间操)，眼保健操，开展群众性体育活动，适当组织各种运动队和小型多样的竞赛活动。抓好学生的卫生常识教育，培养良好的卫生习惯，及时组织学生卫生检查并制定措施保护学生视力。

6. 搞好学校图书阅览、仪器、实验、电教等方面的建设。

7. 组织安排全校性活动。如公开讲课、教改实验、主题班会、运动会、体育、文艺、科技活动，各种评比活动等。

8. 组织考试，做好命题、监考、阅卷、评分、总结工作等。

【附录五】：

2014学年度朱家尖中心小学学校管理人员分工及主要职责情况表

表4-9

职务	负责处室	主要职责	学期责任目标
校长	校长室	对教育局负责。全面管理学校行政和学校教育、教学、后勤等工作。作为学校的法人代表,努力为学校快速发展做好决策、创造条件和提供服务	创品牌、求精品,努力让学校充满生机和活力
支部书记	党支部	对教育局党委负责。全面管理学校党支部工作,做好师生政治思想工作,积极为学校工会、退协分会、团支部、少先队和社区教育等工作的开展创造条件、提供服务。做好教师健康、关爱工作、争先创优工作和教师的“生老病死退”工作	确保学校教师政治思想工作有成效,不出现违反师德的现象;确保各项制度计划顺利执行。做好教师健康、关爱和争先创优工作
副校长	副校长室	对校长负责。协助校长全面贯彻党的教育方针,做好行政、德育、教学、科研、后勤、安全防范、品牌学校建设推进工作。负责发展性督导评估工作和美丽学校创建工作。主管校内教育教学和安全卫生工作。主管家长学校工作,领导校务办、教导处、德育处、教科室、总务处、少先队工作	确保日常工作、德育、教学、少先队、安全教育的顺利开展,认真做好学校的安全管理,确保师生安全。确保美丽学校建设有特色有成效,确保学科质量的快速提升
工会主席	工会	对书记负责。主持学校工会工作,关心教师、体察民情、反映民意,做好教师的关爱工作和退休教师协会工作和教师健康体检等方面的管理,努力活跃教师身心,增强教师体质,负责教师健康锻炼、“绿舟俱乐部”工作和体育比赛及教师班车管理工作	加强工会民主监督,努力活跃教师身心,做好教师的关爱工作,促进教师身心健康。确保俱乐部活动有质量有特色;体育比赛取得好成绩
教导主任	教导处	对校长负责。全面主持教导处工作,负责教导处工作的指导、督查和评价工作。负责学校的课程改革、教学研究和质量提升工作,主管教学质量和教学常规管理工作。负责招生、编班、插班。负责教师培训、学科指导团队工作。主管语文、思品学科工作	确保学校课程体系的特色创建,引导专任教师进行教学研究,提升教学质量,确保学科教学质量列全区前茅。确保教师培训有成效
教导处副主任		对教导主任负责。主管数学学科,协助做好教学质量管理工作。主管书香校园建设,指导图书室管理工作。主管海之韵学生社团工作	确保数学学科的高质量,努力建设书香校园。确保学生读书活动有成效
教务员		对教导主任负责。主管学校档案管理、教师基本信息更新、岗位聘任报表,负责年报、学生学籍档案管理等	确保档案管理规范有序,年报学籍管理。确保海之韵社团有特色
教导处挂职		对教导主任负责。主管负责体艺、技能学科竞赛、质量检测、体艺2+1工作。负责排课、调课,安排课程表、作息时间表、日程表等日常教务工作;负责课本、教学资料征订。负责校园绿化和科技运动会工作。负责现代教育教学设备设施的管理、各功能教室的管理	确保体艺、技能学科竞赛、质量检测、体艺2+1成绩名列前茅,日常教务工作规范有序
教科室主任	教科室	对校长负责。主持教科室工作,负责教师教科研的管理指导,学校重点课题申报、教师论文、案例等的收集、修改、参评工作。负责校本课程、心理健康课程开发和研究。主管学校海洋教育、环境教育、“中国水学校”、陶研等工作	确保学校每学年有3项以上省市级课题、8项区级课题立项、获奖。能让50%以上的教师积极参与相关课题的研究和论文案例撰写
德育处主任	德育处大队部	对校长负责。主管德育工作、班主任队伍建设,负责班集体建设工作。领导少先队工作。负责学校体验式德育,工作“五小使者”培育工作。重点抓好学生的安全、卫生工作和学生良好的行为习惯、学习习惯的培养工作	确保学校体验式德育工作、五小使者培育有特色、进展快;学校班集体建设稳步发展;班主任队伍建设和学生良好习惯培养有成效
大队辅导员		对德育主任负责。加强学生思想道德教育,开展丰富多彩的少先队活动、社区教育活动以及少先队信息化教育活动等。负责队长学校工作。协助做好学生安全教育工作。主管红领巾广播和绿太阳电视台工作	确保少先队工作有活力、有特色、有成效。办好队长学校,培养优秀队干部群体

续表 4-9

职务	负责处室	主要职责	学期责任目标
挂职	德育处 大队部	对德育主任负责。加强学生思想道德教育,协助做好班集体工作和少先队工作。主管小记者工作和校讯通工作	确保学生思想道德建设有特色、有成效。确保小记者每学期有20篇以上文章在舟山晚报发表
校务办主任	校务办	对校长负责。协调各部门间办公事务及相互配合工作,协助校长做好校务、行政等会议的召集、记录工作,各项规章制度的贯彻执行情况。负责处理上级文件,协助校长做好人事、考核、评优、奖惩、职称评定、课时工资编制、教师考勤,学校工作计划、总结撰写及相关报表的统计上报、校务公开工作。负责信息、舆情、学校大事记、档案管理及会议室管理。负责对外交流和接待兄弟单位的参观学习	确保学校行政事务有条不紊。确保部门配合不出现问题,确保上报材料及时有效。确保宣传、舆情控制及时有效。确保信息考核优秀
总务主任	总务处 财务处	对校长负责。全面主持总务处日常工作、财务工作和食堂工作。加强财务管理、物品管理和学校工程建设,美丽学校建设,关注校园安全工作。积极主动为各部门、师生提供后勤服务。负责后勤教师、食堂人员管理工作,负责财务处的指导、督查和评价工作	确保学校工程建设、后勤工作的规范,确保学校财务工作不违反上级规定,台账齐全。确保校园环境安全漂亮。确保师生饮食安全

注:所有行政领导承担以下责任:确保领导成员各分管工作在年度考核中不因为主观因素被扣分。领导成员如果没有履行好职责,达不到学期责任目标,因本人工作造成年度考核扣分、上级批评和群众上诉的,扣除部分或全部岗位责任工资,情节严重的免除相关职务

【初中教育组织管理】 1950年5月,改革学校管理体系,各中学设校长1名,负责全校行政领导管理,副校长若干人协助校长工作。下设教导处,总务处。学校最高民主议事机构为校务委员会,由校长、教导主任、总务主任,以及工会组织代表和学生组织代表组成,在校长领导下负责贯彻新民主主义教育方针,改革旧的管理制度和办法,实行民主办校,建立并发挥工会、青年团和学生会作用。

1951年5月,省教育厅发出通知:全省公立中学自下学期开始改为实行校长负责制以提高学校行政工作的效率。1952年,教育部颁发的《中学暂行规定(草案)》规定中学"采用校长负责制",此后,中学普遍实行校长负责制。

1956年,中共八大通过的党章中规定:"在企业、农村学校和部队的基层组织应当领导和监督本单位的机构和群众组织,积极地实现上级党组织和上级国家机关的决议,不断地改进本单位的工作。"

1958年,中共中央、国务院《关于教育工作的指示》规定:"一切中等学校和初等学校也应该放在党委的领导之下。"此后,中学内部改为中共党支部领导学校工作。

1963年,《全日制中学暂行工作条例(草案)》规定:"校长是学校行政负责人,在当地党委和主管的教育行政部门领导下,负责领导全校的工作""学校党支部对学校行政工作负有保证和监督的责任"。强调校长领导全校工作,团结全体教职工,完成教学计划;党支部则对学校行政工作起保障和监督作用。学校重大事宜均由党支部决定。学校设校长、书记、教导主任、总务主任。

1967年,"文化大革命"期间,工宣队、贫宣队、军宣队进驻并领导学校的"斗""批""改"。取消校长的设置,由学校革命委员会主任(副主任)或革命领导小组组长(副组长)代替,在校革命委员会下设政工组、教育革命组、后勤组,各组配备组长、副组长分别负责学校的人事、思想政治、教学、

学工、学农和总务工作。

1978年9月，执行经教育部修改后重新颁发的《全日制中学暂行工作条例(试行草案)》，在中学结束革命委员会制，改为实行“党支部领导下的校长分工负责制”，由党支部“统一领导学校各方面的工作”，“学校的一切重大问题必须经过党支部的讨论决定”。

1980年，逐步实行党政分工，规模较大学校设党总支、党支部，由校长掌管全校行政，学校的行政会议，由校长、党支部书记、教导主任、总务主任、工会主席、共青团干部、少先队员负责人等参加，审议决定学校重大事宜。

1984年，中共教育部党组《关于全日制普通中等学校领导班子调整工作的意见》，规定“普通中学实行党支部领导下的校长负责制”，强调学校党支部与行政领导应当明确分工，各负其责，互相配合，搞好工作。

1985年，《中共中央关于教育体制改革的决定》重新规定：“学校逐步实行校长负责制，有条件的学校要设立由校长主持的、人数不多的、有威信的校务委员会，作为审议机构。”规定建立和健全以教师为主体的教职工代表大会制度，加强民主管理和民主监督。学校中的党组织要把精力集中到加强党的建设和加强思想政治工作上来，团结师生支持校长履行职权，保证和监督党的各项方针政策的落实和国家教育计划的实施。此后逐步加重校长在学校领导管理工作中的职责。1987年10月，中共十三大政治报告提出进行党政工作分开的改革，“党政分开即党政职能分开”，“事业单位中的党组织，也要随着行政首长负责制的推行逐步转变为起保证监督作用”。

1989年10月，中共舟山市委的《关于加强中小学德育工作的决定》中规定：中学实行党支部领导下的校长负责制。18班以上的规模设立政教处与教务处并行，20班以上的初中配备主要从事团工作的团委书记。党支部书记，校长之下设教导处主任、总务处主任。

20世纪90年代以来，域内初中学校完善校长负责制，学校工作由校长全面负责，设校长1名，全面负责学校工作，设副校长若干名，分管教学、德育、后勤。下设校务办、教务、政教、总务、教科研等处室。行政会议由正、副校长、党(总)支部书记、副书记、工会主席组成，必要时各处室负责人列席会议，重大决策由校务会议讨论提出方案，交教职工代表大会审议通过。1997年后，实行校长持证上岗。

【附录一】：

1989年舟山市乡镇初级中学组织系统图

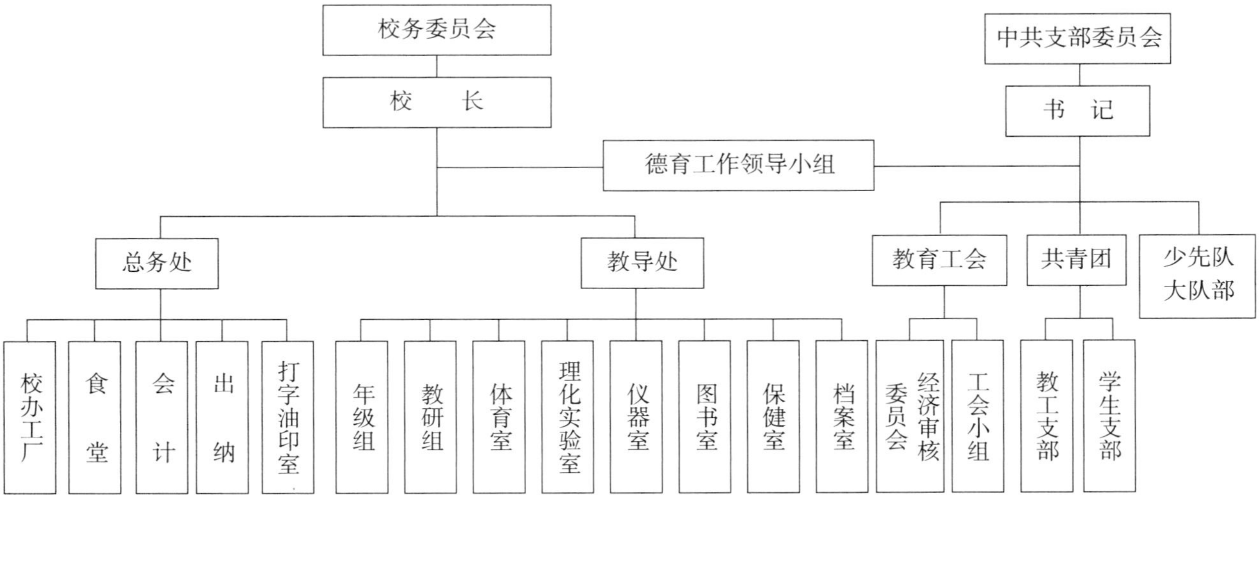

【附录二】：

2014年东港中学组织管理机构

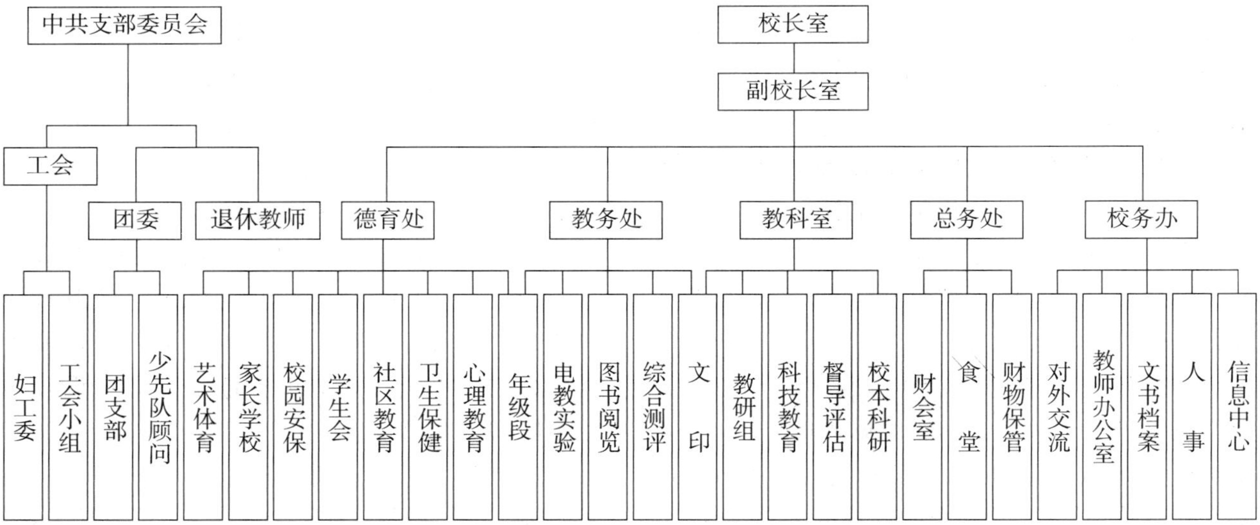

【普通高中教育组织管理】 区域内普通高中学校经历初级中学—完全中学—普通高中的演变历程。1958年秋开设普通高中班以来，逐步建立各项管理制度。“文化大革命”期间各项教育管理制度受到不同程度的破坏，1976年后，迅速恢复。学校管理体制主要经历校长负责制、校务委员会制、党支部领导下的校长负责制、校长负责制等几种形式；管理制度主要有教职工代表大会制度、校务会议制度、校务公开制度、教学管理制度、教师职业道德规范、教职工考核制度、教职工考勤制度、教职工岗位职责、德育工作制度、后勤管理制度、财务管理制度、安全管理制度、卫生工作制度、学生成绩考查与操行评定制度、学生日常行为规范、住宿生管理制度等。

普陀中学于1958年9月始设高中部，成为完全中学。同年初，建立中共党支部，实行校长负责制。高中校长由县人民政府委任。

1963年3月，《全日制中学暂行工作条例(草案)》对中学的行政组织有明确规定：校长是学校行政负责人，在当地党委和主管的教育行政部门领导下，负责领导全校的工作，团结全体教职工完成教学计划。校长的主要职责是贯彻执行中共中央和国务院的教育方针，执行教育行政部门的指示；领导教学工作和进行思想政治教育工作；领导和组织师生参加生产劳动；关心教师、学生、职工的生活；管理学校的人事工作；管理学校的校舍、设备和经费。

建立校长领导下的校务会议。校务会议由校长主持，党支部书记、教导主任、总务主任、教育工会主席、共产主义青年团委员会书记、少年先锋队总辅导员和教师代表参加。规模小的学校用全体教职员会议代替校务会议。

共产党的领导是办好学校的根本保证。各级党委强化对高中学校教育的领导。学校党支部对学校行政工作负有保证和监督的责任。学校党支部的主要任务是贯彻执行上级党委的决议；保证实现上级教育行政部门的指示；领导学校的思想政治工作，作好党的建设工作；领导学校共产主义青年团、学生会、教育工会和其他群众组织的工作；教育党员团结群众；正确执行党的方针政策。

学校设校长(副校长)、书记外、还设有教导主任、总务主任，建立勤工俭学领导组、生产劳动组、思想政治教育领导组、体育卫生领导组和民兵等组织，协助校长领导教学工作、思想政治教育、生产劳动和总务工作。校长（副校长）、书记、教导主任、总务主任和教师的任职、调职、解职、处分，学校的设置、停办或者迁移，由区人民政府和上级党委负责处理。

“文化大革命”期间，管理体制改校长负责制为革命委员会制。设立主任（副主任），领导学校工作，下设政工组、教改组、后勤组等，各组设组长，成立“工人阶级毛泽东思想宣传队（简称工宣队）”，而后又成立“军事管制委员会”（简称军管会）管理学校。

1970年，六横中学、芦花中学始设高中班，成为完全中学。1973年，沈家门中学始设高中班，成为完全中学。

1976年10月，“文化大革命”结束，11月，撤销“工宣队（军管会）”，改组党支部，建立校务委员会。“文化大革命”结束后至1984年，实行党支部领导下的校长负责制。1978年6月撤销革命委员会，9月，教育部颁布修改后的《全日制中学暂行工作条例（草案）》，明确规定各中学实行党支部领导下的校长分工负责制，学校一切重大问题，必须经过党支部讨论决定。

1985年，普通高中学制从二年恢复为三年。1985年至2014年，根据《中共中央关于教育体制改革的决定》精神，推行校长负责制。

校长作为学校的行政负责人，在学校党（总）支部监督下，全面主持学校工作，组织、决策、处理学校重大教育行政工作：主持学校行政工作，全面规划学校的发展建设，提出每学期的学校工作计划和有关行政工作的改革方案，努力实现学校管理的目标任务，主持校长办公会议或行政会议，协调检查各处室工作，保证学校工作正常运行；副校长协助校长分管一个方面的工作。

学校党（总）支部对行政工作起保障、监督作用。党（总）支部工作必须适应新的形势，服从党建工作的总目标，积极宣传和保证贯彻党的教育路线、方针、政策。

教导处在校长直接领导下，负责学校教育、教学、教务等方面组织管理工作。1995年前后各校成立政教处，此前政教工作由教导处兼管。政教处在党（总）支部、校长室直接领导下，负责学校（学生）思想政治工作、日常教育秩序、校园环境建设和学校安全保卫等方面的组织管理工作。

总务处在校长直接领导下，在规定职责范围内，全面发展本校后勤工作，不断创造良好的教育、教学环境，保证学校一切工作正常进行。

工会在上级工会和党（总）支部的指导下，领导全体会员贯彻执行党的教育方针，组织教师完成学校各项中心工作，协助行政做好教师生活福利工作，组织教职工开展文体、卫生工作，丰富职工生活，增进身体健康，配合行政做好教职工参观、旅游和计划生育工作。

团委全面负责学校团组织工作，处理日常事务，传达贯彻校党（总）支部和上级团委的决议、指示，围绕学校中心工作，研究确定团（总）支部工作任务，经常向学校党（总）支部和上级团委反映情况，汇报并请示工作。

教科室领导学校教科研工作，主持教科研工作会议，负责制定具体的教科研工作计划，及时检查计划的落实情况。

教研组长是学科的带头人和负责人，是本学科各项教学、教研活动的计划者、组织者、协调者，教研组长通过教导主任对校长负责。年级段长在政教处的领导下，根据学校工作计划和决定，负责组织全年级段工作，抓好本年级段学生的德、智、体全面发展工作。

1997年1月，实行学校“三制（校长负责制、教师聘任制、工资结构制）改革”，同时实行校长述职、教职工民主评述、考核等制度，加强对校长的管理和监督。

2010年前后，各校强化年级段工作，成立年级段管理小组，由校级领导分管，段长负责管理、处理日常事务。

【附录一】：

1989 年舟山市规模较大的完全中学组织系统图

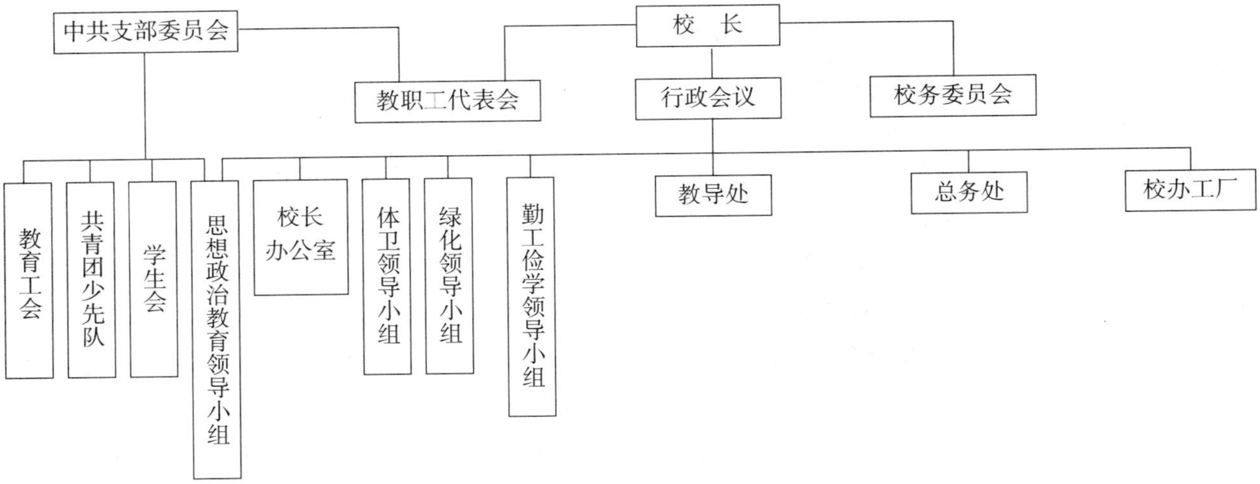

【附录二】：

六横中学管理组织系统及主要职责

一、校长室职责

（一）认真贯彻党和国家的教育方针政策，根据教育法规，依法治校，执行教育行政部门的指示，努力按教育规律办学，全面完成中学教育任务。

（二）组织制定与实施学校发展规划和学年、学期工作计划。经常检查工作计划执行情况，认真总结学期、学年工作，并提出改进学校工作的意见和措施。

（三）组织校务会议和行政会议，领导各部门工作，审批部门工作计划，督促科室和部门完成工作计划。

（四）负责学校的人事工作。认真贯彻执行党的知识分子政策，做好教职工的思想政治工作。

（五）坚持勤俭办学的方针，努力改善办学条件。对学校的财务开支要认真进行审核检查，引导后勤人员树立为教学服务、为师生服务的思想，管理好学校的校舍、设备，办好校办产业。

（六）建立和健全学校的各项规章制度，并认真检查执行情况，保证学生的正常秩序。

二、党支部职责

（一）积极宣传和贯彻执行党的路线、方针和政策，坚持党的教育方针，保证上级党委和教育行政部门的指示在本校得以贯彻执行。

（二）组织教职员工学习马克思主义基本理念，加强业务、思想的领导，了解思想动态，培养骨干，表扬先进，深入细致地做好教职工的思想政治工作。

（三）抓好“三会一课”（支委会、支部会、小组会、党课），定期召开支委会，讨论学校重大问题；组织党员学习党的基础知识和党内有关文件，安排好组织生活和党课，抓好党的纪律检查工作。

（四）认真落实党的各项知识分子政策，积极慎重地发展知识分子入党，做好推荐中青年干部的工作，不断充实各级领导力量。

（五）加强对学校工会、共青团、妇女工作的领导，充分发挥群众组织的作用。

（六）支持校长行使职权，动员党员在保证完成行政任务中起模范带头作用，并应加强对行政工作的监督，对学校的长远规则、工作计划、各种规章制度、全面性人事安排提出建议。

三、工会职责

（一）在上级工会和学校党支部领导下，领导全体会员，认真贯彻党的教育方针，组织教师完成学校各项中心工作，努力提高教育教学质量。

（二）配合学校领导做好会员（教职工）的思想政治工作，提高他们的思想觉悟，调动其工作积极性。

（三）协助学校党政领导，推动职工的政治、文化、业务学习和进修，组织经验交流与推广，组织检查、评比、奖惩等工作。

（四）做好教师的生活福利工作，组织开展教师的文体卫生活动，活跃教职工生活，配合学校行政抓好教职工计划生育工作。

四、校务办职责

（一）协助校长督促学校各部门做好工作，对各部门常规工作开展情况进行统计，做好记录；及时向校长室反馈信息，为学校决策提供参考依据。

（二）做好统筹协调工作，整合部门之间的相关工作，上情下达，下情上晓要及时、准确；做部门之间沟通的桥梁，提高工作效率。

（三）建立规范的办公流程，规范公文流转运行，规范各种会议议程，工作安排及时通知，确保学校有序运转。

（四）做好合理的招待安排，做好校车使用安排和记载。

（五）加强劳动纪律管理工作，制定考勤制度，严格履行请假手续。

五、教务处职责

（一）协助校长制定和组织实施学校的教育、教学工作计划，全面完成教育任务，经常进行检查，定期进行总结。

（二）组织学生入学，管理学生学籍；制定作息时间，进行排课、调课，做好学生考勤考绩工作。

（三）领导和督促教研组开展工作，定期召开教研组长会议，组织学习教学大纲和教学计划；审查、批准各组的教学计划。

（四）督促教师执行岗位责任制，深入教学第一线，通过听课、评课、检查教案等，了解教学计划实施情况，沟通师生之间对教和学的意见，帮助教师总结教学经验，针对教学中存在的问题提出改进的建议。

（五）对图书室、信息中心、实验室、艺术工作室等功能室的常规工作及相关职能人员进行管理。

（六）组织安排学生的劳动技术教育、公益劳动和课外文体、科技活动。

（七）制定与教学相关的制度措施，对学校教学质量进行分析，搞好各种教学报表，制定切实有效的提高教学质量的方法并监督执行。

六、政教处职责

（一）制定好本学期的德育工作计划；督促班主任制定好工作计划。

（二）定期召开班主任会议，学习教育理论，研究分析学生情况，交流工作经验，布置阶段性工作。

（三）做好全校学生行为规范的训练、检查、讲评工作；做好年级、班级的德育评优工作，学生的奖惩工作；协助班主任处理偶发事件，做好后进学生的转化工作。

（四）组织好全校性大型教育活动及丰富多彩的文体活动。

（五）负责学校的治安管理工作、医务室、心理咨询中心；负责学生宿舍的管理工作；办好家长学校以及与社区的共建工作。

（六）指导学生会开展工作，做好学生会干部的培养、教育、组织工作，开展有益于学生身心健康的教育活动。

七、总务处职责

（一）贯彻勤俭办学原则，严格执行国家财经纪律，建立健全财务制度；开源节流，自力更生，尽量把有限的经费用于教学，努力改善办学条件。

（二）抓好基建，管理维修好校舍、体育场地和教学设备。

（三）教育师生爱护学校公共财务，制订合理使用设备、教具等规章制度；利用假期合理安排学校各项设备的维修，做好开学的各项物质准备工作。

（四）关心师生员工的生活和健康，协同工会搞好教职工的生活福利。

（五）办好食堂，搞好饮用水的供应，加强对危房和饮食卫生的检查。有计划地绿化、美化校园，整顿校容，保持学校环境的整洁。

八、教科室职责

（一）负责全校教科研工作，制定学校教科研工作计划，提出教科研方向、重点课题及教科研规划。

（二）组织专兼职人员开展长、短期和专题研究工作，组织、协调跨学科课题的研究工作。组织各种综合性或专题性调查研究，收集整理资料，为领导决策提供依据。

（三）了解和掌握全校的教育科研计划的执行情况，及时发现和解决教科研工作中的重大问题，向校领导汇报并指出具体建议。

（四）负责学校刊物、论文、著作的编辑、出版工作。组织经验交流和全校性学术交流及表奖工作，协助校领导做好校际学术交流、协作工作。

（五）组织课题成果验收、技术鉴定等有关材料的收集、审查、整理、归档以及按有关规定统计，登记上报和申报受奖项目。

九、团委职责

(一)传达上级党组织和上级团委对本校团工作的指示,经常向学校党支部和上级团委汇报工作。

(二)定期召开团支部书记会议和团委委员会议,组织、学习、布置有关工作(宣传、组织、活动等)。组织团员代表大会,制定团的工作计划、总结,指导学生开展各类社会实践活动,指导校广播站工作。

(三)检查每月的各团支部活动汇报表,掌握全校团员青年的工作、思想、学习情况,研究青年学习的特点、新问题;督促、检查各支部是否按组织发展程序进行团员发展工作。

(四)要密切联系学生、群众,经常和学生会进行工作交流,解决实际问题。

(五)负责组织开展业余党校工作,做好党团共建活动,在团员青年中开展推优入党工作。

【学校管理制度】 1950年后,中小学逐步建立各项规章制度,以规范教师和学生的行为,保障学校教育秩序正常运行,提高办学效率。“文化大革命”期间,学校正常秩序遭到破坏。1976年后,中小学规章制度迅速得到恢复。1986年始,普陀县各中小学全面实现校长负责制,学校规章制度更加完善,逐步形成覆盖全体学生、教职员工和教育教学各个环节、各个岗位的规章制度,并不断系统化、规范化。

普陀县(区)中小学管理制度主要有教职工代表大会制度、校务会议制度、校务公开制度、教学管理制度、教师职业道德规范、教职工考勤制度、教职工考核制度、教职工岗位职责、德育工作制度、后勤管理制度、财务管理制度、安全管理制度、卫生工作制度、学生成绩考查与操行评定制度、学生日常行为规范、住校生管理制度等。多数学校将相关规章制度编印成“学校制度”“学生守则”等小册子,发给师生供学习、执行。

【附录】:

普陀第三中学管理制度目录

一、教学管理制度

(一)课堂教学管理暂行规定

(二)教师教学工作规范

(三)实验室(化学、生物、物理、通用)管理制度

(四)教研组工作规范

(五)备课组建设考核方案

(六)学生学籍管理制度

(七)学生考试规则及处罚办法

(八)阅览室管理制度

(九)帮教结对教师管理细则

(十)计算机教室使用规则

(十一)教育科研工作奖励方案

(十二)教研组长、备课组长职责

(十三)实验员工作职责

(十四)图书管理员职责

(十五)电教管理员职责

(十六)机房管理员工作职责

(十七)师徒结对工作实施细则

(十八)学生伤害事故处理办法

(十九)教研组评估细则

(二十)学生请假制度

(二十一)学校教材及教辅资料征订工作制度

(二十二)学生减负措施

(二十四)集体备课制度

(二十五)课堂教学评价表

(二十六)选修课程开发申报和评审制度

(二十七)校级选修精品课程评审制度

二、思想品德管理制度

(一)班主任申报选拔制

(二)班主任指导培养制

(三)班主任工作考核制

(四)出版班主任工作论文制

(五)师徒结对制

(六)副班主任协助制

(七)创导行政下班制

(八)中学生导师制

(九)学生日常品德扣分制

(十)中学生日常行为规范

（十一）班际五项竞赛
（十二）值周班制度
（十三）学生违规处罚规定
（十四）静班制
（十五）学生手册
三、学生宿舍管理制度
（一）生指老师工作考核制
（二）住宿生品德量化扣分制
（三）样板寝室和先进寝室评比制度
（四）住宿生品德考核办法
（五）生指教师考核细则
四、安全工作管理制度
（一）突发事件应急预案
（二）消防安全责任制度及预案
（三）地震演练预案
（四）防台风演练预案
（五）学生宿舍治安管理制度
（六）学生外出社会实践活动安全制度
（七）校园车辆交通安全管理制度
（八）实验室安全防护及消防安全管理制度
（九）食堂卫生工作制度及消防安全管理制度
（十）门卫值班巡逻制度
（十一）学生社会实践活动（含春、秋游）安全预案
（十二）学生军训拉练安全预案
五、教育服务与后勤管理制度
（一）校产登记与维修制度
（二）办公用品购置发放领用制度
（三）内部财务管理制度
（四）教职员工旅差费报销的规定
（五）教职员工宿舍分配制度
（六）食堂经营承包制度
（七）节水节电实施细则
（八）教学设备上网报修制度
（九）后勤工作巡查制度

第四节　党群组织

【中国共产党】《中华人民共和国宪法》规定，中国共产党是社会主义各项事业的领导核心。中国共产党在区教育行政部门设立党工委或党组，在各中小学建立基层党组织，在不同历史时期领导或保障学校教育活动正常开展。

党委　1971年11月，建立普陀县革命委员会政治工作组文教办公室党的核心小组，1976年2月撤销，成立普陀县文化教育局党委。1981年5月，建立文化教育局党组。1984年3月文化、教育两局分设后建立教育局党组。1991年8月，教育局党组改建为教育局党委，陈建国任党委书记。1993年8月建立教育局纪律检查委员会，唐栽林任纪委书记。1996年1月，撤销区教育局，成立区教育委员会，建立区教育委员会党委、纪委。2001年9月，区教育委员会撤销，建立区教育局，成立区教育局党委、纪委。2009年7月，区教育局党委撤销，同时建立中共普陀区委教育工作委员会。

区教育行政部门党的委员会直属区委领导，设党委委员5名左右（其中1名为党委书记，主持党委工作，并负责召开党委会议），书记、副书记由区委任命，其他成员由区委组织部任命。党委的主要职责是贯彻党的方针政策和区委指示，对直属学校（单位）党（总）支部实行领导和管理，讨论决定教育重大事项，直接对区委负责并报告工作。纪委的主要职责是负责党风廉政建设工作。

党组　1981年5月，建立普陀县文化教育局党组，党组成员3名，李信芳任党组书记，主持党组工作，并负责召开党组会议。1984年3月，文化教育两局分离，撤销县文化教育局党组，建立普陀县教育局党组，1991年9月，教育局党组改建党委。2009年7月，随着直属单位增加，建立普陀区教育局党组。

党组为县委（或区委）派出机构，党组书记、副书记由县委（或区委）直接任命，成员由县委（或区委）组织部任命。党组的主要职责是贯彻党的方针政策和县委指示，对直属学校（单位）党支部实行指导和监督，讨论决定教育重大事项，直接对县委负责并报告工作。

1964—2014年普陀（区）教育行政部门党组织负责人（成员）名录表

表 4-10

党组织名称	姓名	职务	任职时间
文卫党总支（隶属县机关党委，1964年7月建立，1966年3月撤销）	田保富	书记	1964.7—1966.3
普陀县革命委员会政治工作组党的核心小组（普陀中学党支部）（1971年9月恢复）	田保富	书记	1966.3—1966秋
普陀县文化教育局党组（1981年5月建立）	李信芳	书记	1881.5—1984.3
	郑守德	成员	1881.5—1984.3
	朱仲民	成员	1881.5—1984.3
普陀县（区）教育局党组（1984年3月建立普陀县教育局党组，1987年4月改称普陀区教育局党组）	陈建国	书记	1984.3—1991.9
	郑守德	副书记	1984.3—1986.4
	蒋央彬	成员	1984.3—1991.7
	李久香	成员	1984.3—1991.7
	马秀峰	成员	1986.5—1990.5
	郑国昌	成员	1986.5—1991.8
	唐栽林	成员	1989.8—1991.9
中共舟山市普陀区教育局委员会（1991年9月建立），普陀县教育局纪律检查委员会（1993年8月建立）	陈建国	书记	1991.9—1995.7
	唐栽林	书记	1995.7—1996.11
	唐栽林	副书记	1993.5—1995.6（其中纪委书记1994.1—1995.9）
	郑国昌	委员	1991.8—1992.7
	李久香	委员	1991.8—1991.9
	刘全国	委员	1990.5—1996.11
	彭志军	委员	1993.5—1995.9
	庄国平	副书记（纪委书记）	1995.9—1996.11
	周红迅	委员	1995.9—1996.11
中共舟山市普陀区教育委员会委员会（1996年11月改称）	唐栽林	书记	1996.11—2001.9
	庄国平	副书记（纪委书记）	1996.11—2001.9
	刘全国	委员	1996.11—2001.9
	周红迅	委员	1996.11—2001.9
	张志毅	委员	1998.5—2001.9
	周国岭	委员	2001.1—2001.9
中共舟山市普陀区教育局委员会（2001年9月更名）	唐栽林	书记	2001.9—2002.8
	庄国平	副书记（纪委书记）	2001.9—2003.3
	周红迅	委员	2001.9—2003.3
	张志毅	委员	2001.9—2003.5
	周国岭	委员	2001.9—2003.3
	周红迅	书记	2003.3—2007.3
	周国岭	副书记（纪委书记）	2003.3—2004.7
	朱红儿	副书记（纪委书记）	2004.8—2007.3
	王旭光	委员	2003.5—2005.2
	陈爱国	委员	2003.5—2006.12
	唐汉成	委员	2004.8—2009.7
	周国岭	书记	2007.3—2009.7
	洪　碧	副书记（纪委书记）	2007.4—2009.7
	黄忠钦	委员	2007.4—2009.7

续表 4-10

党组织名称	姓名	职务	任职时间
中共舟山市普陀区委教育工作委员会、中共舟山市普陀区教育局党组（2009年7月更名）	周国岭	书记	2009.7—2009.12
	洪　碧	副书记（纪委书记）	2009.7—2010.3
	黄忠钦	委员、党组成员	2009.7—2009.11
	唐汉成	委员、党组成员	2009.7—2010.1
	唐汉成	书记	2010.1 至今
	刘忠灵	委员、党组成员	2010.3—2012.2
	王志刚	委员、党组成员	2010.6 至今
	蔡敏波	副书记（纪委书记）	2010.3—2011.6
	贺林峰	委员、党组成员	2012.4—2013.10
	刘优珍	副书记（纪委书记）	2011.6 至今
	王　斌	委员、党组成员	2011.7 至今
	王岳军	委员、党组成员	2013.10 至今

1971—2014 年局直属党组织年报数情况表

表 4-11

年份	组织名称	党（总）支部数（个）		党员总数（名）	当年奖惩数（名）			
		总支	支部	党员数	先进党组织	区级以上优秀党员数	系统内授表彰党员数	处分
1971	普陀县革命委员会政治工作组党的核心小组（文教办）	—	2	14	—	—	—	—
1972	普陀县革命委员会政治工作组党的核心小组（文教办）	—	1	10	—	—	—	—
1973	普陀县革命委员会政治工作组党的核心小组（文教办）	—	1	9	—	—	—	—
1974	普陀县革命委员会政治工作组党的核心小组（文教办支部）	—	1	8	—	—	—	—
1975	普陀县革命委员会政治工作组党的核心小组（文教办各支部）	—	2	15	—	—	—	—
1976	普陀县革命委员会政治工作组党的核心小组（文教办各支部）	—	2	18	—	—	—	—
1977	普陀县革命委员会政治工作组党的核心小组（文教办各支部）	—	2	19	—	—	—	—
1978	普陀县机关党委（文教办各支部）	—	3	25	—	—	—	—
1979	普陀县机关党委（文教办各支部）	—	3	25	—	—	—	—
1980	普陀县机关党委（文教办各支部）	—	3	28	—	—	—	—
1981	普陀县文化教育局党组	—	3	27	—	—	—	—
1982	普陀县文化教育局党组	—	3	27	—	—	—	—
1983	普陀县文化教育局党组	—	3	26	—	—	—	—
1984	普陀县教育局党组	—	3	34	1（区）	1（区）	—	—
1985	普陀县教育局党组	—	5	55	—	—	—	—
1986	普陀县教育局党组	—	5	68	—	1（区）	—	—
1987	普陀区教育局党组	—	6	76	10（区）	6（区）	—	—
1988	普陀区教育局党组	—	6	82	—	—	—	—

续表 4-11

年份	组织名称	党(总)支部数(个)		党员总数(名)	当年奖惩数(名)			
		总支	支部	党员数	先进党组织	区级以上优秀党员数	系统内授表彰党员数	处分
1989	普陀区教育局党组	—	6	96	—	—	—	—
1990	普陀区教育局党组	—	6	118	—	—	—	—
1991	普陀区教育局党委	—	9	139	—	—	—	—
1992	普陀区教育局党委	—	11	145	2（区）	1（区）	—	—
1993	普陀区教育局党委、纪委	—	11	156	2（区）	1（区）	—	—
1994	普陀区教育局党委、纪委	—	12	171	2（区）	1（区）	—	—
1995	普陀区教育局党委、纪委	1	14	195	2（区）	1（区）	—	—
1996	普陀区教育委员会党委、纪委	1	14	221	—	1（区）	14	—
1997	普陀区教育委员会党委、纪委	1	14	245	—	1（区）	14	—
1998	普陀区教育委员会党委、纪委	1	14	286	—	3（区）	14	—
1999	普陀区教育委员会党委、纪委	1	15	352	2（区）	5（区）	14	1（留党察看） 1（开除党籍）
2000	普陀区教育委员会党委、纪委	4	17	361	1（区）	10（区）	22	—
2001	普陀区教育局党委、纪委	4	39	518	1（区） 4（局）	6（区）	34	3（严重警告）
2002	普陀区教育局党委、纪委	6	39	570	6（局）	1（市） 2（区）	33	1（严重警告）
2003	普陀区教育局党委、纪委	6	39	601	2（区） 4（局）	6（区）	33	1（严重警告） 1（警告）
2004	普陀区教育局党委、纪委	6	39	678	4（局）	2（区）	40	2（警告）
2005	普陀区教育局党委、纪委	6	39	700	1（市） 1（区） 5（局）	1（市） 7（区）	36	—
2006	普陀区教育局党委、纪委	6	39	751	1（市） 2（县） 4（局）	2（区）	37	1（警告）
2007	普陀区教育局党委、纪委	6	39	810	1（市） 2（区）	2（市） 2（区）	33	1（开除党籍）
2008	普陀区教育局党委、纪委	6	39	825	1（市） 1（区）	2（市） 2（区）	33	—
2009	普陀区教育党工委、纪工委、局党组	6	39	670	4（局）	—	37	—
2010	普陀区教育党工委、纪工委、局党组	7	39	838	2（区） 5（局）	6（区）	37	—
2011	普陀区教育党工委、纪工委、局党组	7	39	859	5（局）	—	36	—
2012	普陀区教育党工委、纪工委、局党组	7	39	873	5（局）	—	37	—
2013	普陀区教育党工委、纪工委、局党组	7	39	896	5（局）	2（区）	38	—
2014	普陀区教育党工委、纪工委、局党组	7	39	904	4（局）	1（区）	38	1（警告） 2（开除党籍）

1997—2014年中小学在编教职工中的党员情况表

表4-12

年份	党员数(名)	教职工数(名)	比例(%)
1997	541	2926	18.5
1998	541	3043	17.8
1999	638	2970	21.5
2000	655	3045	21.5
2001	680	2990	22.7
2002	691	2863	24.1
2003	708	2814	25.2
2004	710	2781	25.5
2005	784	2764	28.4
2006	851	2746	31
2007	916	2827	32.4
2008	905	2835	31.9
2009	906	2718	33.3
2010	945	2803	33.7
2011	942	2641	35.7
2012	975	2698	36.1
2013	979	2614	37.5
2014	953	2507	38

2011年12月全区教育系统党组织党员数情况表

表4-13

党组织名称	总支数	下属支部	在职党员	退休教师党员	合计
普陀中学党总支	1	4	69	11	80
普陀职教中心党总支	1	4	67	10	77
普陀第三中学党总支	1	3	59	12	71
普陀第二中学党总支	1	4	53	12	65
沈家门第一初级中学党总支	1	4	58	6	64
东港中学党支部	—	1	34	7	41
沈家门小学党总支	1	4	80	21	101
沈家门第一小学党总支	1	3	50	26	76
沈家门第三小学党支部	—	1	19	7	26
沈家门第四小学党支部	—	1	31	8	39
鲁家峙小学党支部	—	1	10	2	12
区实验幼儿园党支部	—	1	12	4	16
区中心幼儿园党支部	—	1	11	2	13
局机关党支部	—	1	41	4	45
教师进修学校党支部	—	1	23	17	40
教育服务中心党支部	—	1	5	1	6
区成教中心党支部	—	1	18	—	18
舟渔子弟学校党支部	—	1	34	1	35

续表 4-13

党组织名称	总支数	下属支部	在职党员	退休教师党员	合计
教师退休协会党支部	—	1	2	30	32
育才学校党支部	—	1	5	—	5
朱家尖中心党支部	—	1	28	4	32
朱家尖中学党支部	—	1	20	4	24
展茅中学党支部	—	1	18	1	19
展茅中心小学党支部	—	1	8	2	10
螺门小学党支部	—	1	12	2	14
勾山中心小学党支部	—	1	26	3	29
芦花中学党支部	—	1	27	2	29
六横中学党支部	—	1	24	—	24
台门小学党支部	—	1	21	—	21
台门中学支部	—	1	17	—	17
峧头中学党支部	—	1	21	—	21
六横中心党支部	—	1	24	—	24
双塘小学党支部	—	1	8	—	8
虾峙小学党支部	—	1	6	5	11
虾峙中学党支部	—	1	10	2	12
桃花中心学校党支部	—	1	16	8	24
六横峧头退休教师党支部	—	1	—	30	30
六横双塘退休教师党支部	—	1	—	9	9
六横台门退休党支部	—	1	—	24	24
合计	5	58	967	277	1244

基层党组织　中华人民共和国建立后，县人民政府接管教育，派中共党代表管理学校，其中1954年5月，王孝玉以党代表身份管理“普陀县私立沈家门初级中学”（现普陀中学）。1957年10月，普陀县私立沈家门初级中学改名普陀第一初级中学，同年建立“普陀第一中学党支部”，书记李君。1958年10月，普陀县撤销，建立舟山县，“普陀第一中学党支部”更名为“舟山县第二中学党支部”。1962年，普陀县建恢复，同年6月“舟山县第二中学党支部”改称为“普陀中学党支部”，书记田保富。

1958年，沈家门第一小学建立中共党支部。1965年，沈家门小学党支部成立。1964年7月，文卫办公室建立党总支，总支书记田保富，1966年3月撤销。1967年，全县实行军事管制。1971年9月，普陀中学党支部恢复。1972年9月，沈家门中学建立党支部，支部书记张如成。

1972年11月，成立浙江省舟山地区普陀县革命委员会政治工作组文教办公室党核心小组，下设3个党支部，即：沈家门中学党支部、普陀中学党支部和文化系统党支部，共计18名党员，其中教育系统14名党员。

1957年，中小学建立党支部以来，至1966年7月，城区学校支部书记及委员由县委任命。各乡镇学校党支部属乡镇党委管理。据统计，1974年，全县中小学教职工中有党员113名，占全县教职工总数的10.8%。1981年，全县中小学教职工党员增加到247名，占全县教职工总数的10.6%。1997年，全区中小学幼儿园教职工中有党员541名，占全区教职工总数的18.5%。2011年，全区中小学幼儿园教职工中有党员942名，占全区教职工总数的35.7%。其中50年代入党的33名，党龄最长的为六横中学退休教师王琛德老师，入党时间为1947年10月。

业余党校　1995年，区教育局党委建立业余党校，同年5月，举办第一期入党积极分子培训班。至2014年，局党委共举办16期入党积极分子培训班，参训学员为731名。区教育局党委业余党校设校务会，由教育党工委副书记任校长，组织人事科长任教务员，人事监察科副科长任班主任，聘请区委组织部、宣传部、区党校教师为讲师。培训主要课程：中共党史、中国共产党章程、《入党积极分子培训手册》、形势教育等。

1993年，普陀中学建立全市首所学生业余党校，1996年，区6所高中段学校（普陀中学、沈家门中学、芦花中学、六横中学、沈家门职业中学、厦林职业中学）均建立学生业余党校和学生党章学习小组，一批优秀学生分别被列为入党积极分子。2013年，局党委对普陀职教中心业余党校培训效果进行调研，原在该校业余党校培训入党的学生，受到聘用单位较高评价。

普陀区教育局1987—2014中小学校、幼儿园及机关单位中共党员发展情况表

表4-14　单位：人

年份	发展党员总数	教职工党员数	学生党员数	年份	发展党员总数	教职工党员数	学生党员数
1987	45	45	—	2001	49	42	7
1988	39	39	—	2002	64	55	9
1989	21	21	—	2003	51	42	9
1990	21	21	—	2004	72	64	8
1991	38	38	—	2005	59	48	11
1992	51	51	—	2006	51	33	18
1993	49	48	1	2007	52	33	19
1994	59	59	—	2008	48	32	16
1995	69	68	1	2009	31	31	0
1996	74	70	4	2010	39	19	20
1997	79	76	3	2011	39	19	20
1998	79	73	6	2012	62	41	21
1999	30	24	6	2013	30	15	15
2000	48	43	5	2014	27	16	11

重大活动　1971—1982年，区教育局党委主要以转发上级文件为主。1975年12月，浙江省舟山地区普陀县革命委员会政治工作组文教局开展学习“教育革命的方向不容篡改，坚决回击修正主义教育思潮”活动，把教育工作纳入以农业为基础的轨道上来。

1992年3月，区教育局党委印发关于《在局级机关开展思想作风教育整顿的实施意见》，局机关开展思想作风整顿。

1992年9月，区教育局党委印发关于《深入学习邓小平同志重要谈话及党史党建理论的通知》，在全区中小学党员教师中开展党史宣讲活动。

1993年10月，区教育局党委印发关于《反腐倡廉的若干规定》，12月下发《反腐倡廉教育实施计划》的通知。

1994年11月，区教育局党委印发关于认真学习贯彻党的十四届四中全会《关于加强党的建设几个重大问题的决定》的通知。要求各单位将贯彻《决定》精神同贯彻《中国教育改革和发展纲要》精神相结合，积极发挥党组织的战斗堡垒作用和广大党员先锋模范作用。

1996年，区教育系统管理体制实行改革。同年12月，区人民政府办公室转发区教委关于《普陀区中小学内部管理体制改革意见（试行）》的通知，全区中小学开始实施在党组织领导下的“三制”（校长负责制、教职工聘任制和校内结构工资制）改革。1997年2月，召开全区教育系统“三制改革”动员会。

1996年4月，区教育局党委印发《关于在全区教职工中开展敬业奉献教育活动》的通知，4月16日在沈家门剧院举行全区教育系统"敬业奉献教育动员暨陶行知教育思想报告大会"。同年5月，区教育局党委印发关于《江泽民同志在纪念伟大的人民教育家陶行知诞辰95周年大会上的讲话通知》，全区中小学、幼儿园开展学陶师陶活动，"捧着一颗心来，不带半根草去""千教万教教人求知，千学万学学做真人"成为教育工作者敬业爱岗的风向标。

1997年5月，区教育局党委学习贯彻《中国共产党纪律处分条例（试行）》和《中国共产党领导干部廉洁从政若干准则（试行）通知》。11月，区教育委员会党委开展以"讲学习、讲政治、讲正气"为主题的党性党风教育活动。12月，区教育委员会党委开展"了解人、关心人、教育人、凝聚人、激励人"为主题的建设凝聚力工程活动。

1998年8月，召开全区乡中心小学以上学校党支部书记、支委、校长、副校长会议，学习邓小平同志、李鹏同志讲话和党的十三届四中全会公报，要求全区教育系统党员坚持四项基本原则，反对资产阶级自由化思想。

1999年2月，区教育委员会党委首次印发关于《舟山市普陀区教育系统党风廉政建设责任制执行情况考核办法（试行）》的通知，次年再次修正考核办法，并沿用至2014年。

2000年3月，区教育委员会党委印发关于《舟山市普陀区教育系统开展"致富思源富而思进"教育活动》的通知。教育活动重点对象为全体中小学幼儿园教师，重点贯彻"三个代表"重要思想。活动自7月至8月，共安排38天时间。

2000年5月，区教育委员会党委印发《关于利用胡长清、成克杰等重大典型案件在党员干部中开展警示教育的意见》。同年10月，区教育局印发重大会议议事制度、校务公开制度等制度。

2001年12月，区教育局党委印发关于《直属学校党（总）支部考核细则》通知，翌年，教育党工委按照考核办法对直属党（总）支部进行考核。

2002年9月，区教育局党委印发《中共舟山市普陀区教育局委员会关于在教育系统党员干部中开展"从政十德"主题教育活动的实施意见》。要求广大党员干部要结合身边的先进典型进行学习对照，认真查找存在的问题。党组织要组织开展一次专题理论学习，并围绕"加强从政道德建设，牢固树立正确的权力观"开展讨论，把"从政十德"的要求落实到工作中。同年各学校建立健全若干重要会议制度，并列入2002年党风廉政建设考核的主要内容。

2003年6月，区教育局党委印发《关于要求党员积极参加城市社区党日活动》的通知。暑期起，全区教育系统的党员教师根据各自的特长，到所在社区参加党员志愿者队伍，开展便民利民服务活动。

2003年7月，区教育局党委印发《中共舟山市普陀区教育局委员会关于开展兴起学习贯彻"三个代表"重要思想新高潮促进普陀新发展教育活动的实施意见》。7月底起，全区教育系统全面开展"三个代表"教育实践活动。

2003年8月，区教育局党委印发关于《普陀区教育系统党风廉政教育谈话制度》的通知。局党委、纪委主要领导与全区中小学、成人文化技术学校、直属幼儿园、进修学校的校长（园长）、书记以及局机关中层干部一年一次的廉政谈话制度建立实施。

2003年10月，区教育局党委印发关于《进一步加强党员干部队伍教育管理努力推进"先锋工程"建设的若干意见》。域内各中小学基层党组织加强党员队伍建设，并注重"三培养"工作。

2003年11月，区教育局党委印发关于《在教育系统中开展以公道正派为主要内容的"树良好干部形象"学习教育活动实施方案》。活动时间9—11月，活动主要目的是将教育系统学校主要领导干部、局科室中层以上干部建设成为"政治坚定、公道正派、廉洁勤奋、求实创新"的队伍，把各科室建设成"党性最强、作风最正、工作出色"的科室，开创教育工作新局面。

2004年1月，区教育局党委印发《关于全区教育系统创建学习型学校的实施意见》。要求各学校围绕接轨长三角，实现普陀教育新跨越的战略目标，围绕“学习、创新、发展”的主线，以人的全面发展为中心，营造“人人学习、时时学习、处处学习”的氛围，促学习，谋发展，构筑终身教育体系，提高全体教育工作者和青少年学生的综合素质和学习力、创新力、竞争力。

2004年3月，区教育局党委印发关于《开展机关效能建设的实施意见》。落实政务公开制度，开通普陀区教育局机关效能监察投诉中心电话，投诉电子信箱，完善政务公开制度，落实“一把手”向社会公开服务承诺，健全信访制度。

2004年4月，区教育局党委印发《普陀区教育局“办人民满意的教育”活动实施意见》的通知。中小学、幼儿园制定活动计划，开展以“办优质特色学校、当德高业精教师”主题教育活动。同年8月，教育局制定普陀区《中小学教师“六要”“十不准”》要求，各学校设立行风监督箱，接受社会和家长监督。

2004年9月，区教育局党委印发《舟山市普陀区教育局机关干部廉洁从政五项规定》的通知。

2005年2月，区教育局党委印发《关于开展保持共产党员先进性教育活动的实施意见》。教育系统属于第二批教育对象，时间为7—12月，活动主要目的是提高党员素质，加强基层组织，服务人民群众，促进各项工作。同年11月，区教育局党委印发关于《区教育局党委议事规则》的通知。此规定一直沿用至2014年。

2006年2月，区教育局党委印发关于《舟山市普陀区教育局建立健全惩治和预防腐败体系具体意见》的通知。同年11月，区教育局汇编《普陀区教育系统建立健全惩治和预防腐败体系有关制度》。

2006年5月，区教育局党委印发关于《深入开展社会主义荣辱观教育活动》的通知。活动主要围绕公民道德建设，要求各单位、学校把社会主义荣辱观教育贯穿于党的思想政治建设中，贯穿于教师职业道德建设工作中，贯穿于学生思想道德建设的全过程。

2006年6月，区教育局党委印发关于《开展廉政文化绿校园活动的实施意见》的通知。区教育系统廉政文化教育主题活动由此拉开序幕并不断深化。同时印发关于《开展争创优秀党员先锋岗活动实施意见》的通知。安排3年时间，在直属学校(单位)在职的全体党员中开展“争创优秀党员先锋岗”活动。为配合活动，区教育局统一制作党员先锋岗岗位牌，“一位党员一面旗”，党员公开亮身份，接受群众监督。

2007年4月，区教育局党委印发关于《开展“作风建设年”活动的实施意见》的通知。主要任务落实胡锦涛总书记关于在各级领导干部中大力倡导八个方面良好风气的要求，切实加强教育系统作风建设。10月，区教育局党委印发关于《开展以“爱与责任”为主题的师德建设年活动实施意见》。本次师德建设年活动以“爱与责任”为主题，根据胡锦涛总书记在全国优秀教师代表座谈会上讲话中提出的“四点希望”和省委赵洪祝书记在全省优秀教师代表座谈会上讲话精神，开展以“敬业、勤业、创业、乐业”为主要内容的活动。各学校均制定活动方案。

2008年2月，全区“学习贯彻党的十七大、贯彻落实科学发展观”主题教育活动动员大会在沈家门海滨电影院召开。4月，区教育局局管后备干部培训班在区委党校举办，67名局管后备干部进行为期三天的首期培训。5月，区教育系统党员干部、教师为支援灾区人民缴纳“特殊党费”，局机关和15所学校(单位)共缴纳“特殊党费”159354.9元。6月，《中共舟山市普陀区教育局委员会印发关于创建教育系统党建工作共同体的实施意见的通知》，首次成立包括全区中小学、幼儿园在内的14对党建共同体。翌年，扩大到民办学校和幼儿园，并开始对共同体学校进行考核和表彰。11月，区教育局出台《关于认真做好区基层组织“网格化管理、组团式服务”体系建设工作的通知》，部署教育系统“网格化管理、组团式服务”工作。

2009年4月，普陀区重点岗位廉政风险排查防范工作现场推进会在区教育局召开，区纪委组织区人民法院、区人民检察院等14家单位参加了此次会议，区教育局做专题经验介绍。

2010年3月，省委保密办综合处处长缪建栋一行到该区部分学校，就基层创先争优活动的开展情况、“网格化管理、组团式服务”等工作进行实地调研。12月,区教育局出台“网格化管理、组团式服务”工作考核办法。2011年11月,域内教育系统“网格化管理、组团式服务”工作推进会在勾山中心小学举行。

2010年5月,开展“双角色双争优”活动,域内教育系统825名党员教师进社区,参加服务群众活动。

2011年2月,召开区教育系统“鼓干劲、争先进、优环境”主题教育活动动员大会。2月至5月“我为试验区做贡献”思想大讨论和献计献策活动在各校各单位掀起。

2011年4月,域内教育系统开展“修师德,铸师魂,争做人民满意教师”主题教育活动。5月,区教育局组织开展首届“十佳人民满意教师”评选活动,9月8日举行十佳人民满意教师颁奖大会。7月,区教育局党委印发《舟山市普陀区教育系统党的基层组织党务公开实施细则》,各学校单位基层党支部陆续实施党务公开制度。同年11月,区教育系统党务公开现场会在沈家门第一小学举行。

2012年3月,普陀区教育系统组织开展“加快跨越崛起、奋勇走在前列”解放思想大讨论活动。区委教育工委印发关于《开展基层组织建设年活动的实施方案》的通知。

2013年3月,组织成立区教育系统党代表工作室,下设六横、展茅、朱家尖等6个服务点,区教育系统10名区市党代表为驻工作室人员。同年5月21日,区教育系统党代表工作室在朱家尖大洞岙举行党代表服务社会现场会。

2013年5月,印发《中共舟山市普陀区委教育工作委员会基层党组织晋位升级实施方案》的通知,开展星级党总支部评定,有3个党总支部评为五星级党支部。

2013年4—6月,组织全区教育系统开展“勇担使命、四干兴舟”主题学习实践活动。

2014年2月,党的群众路线教育实践活动启动,重点是“四风”整治,12月底基本结束。

【民主党派】 **民革** 即中国国民党革命委员会。普陀区民革支部于1991年建立,时教育系统有民革党员2名。庄永年担任第一、二届民革支部委员会主任委员,主持日常事务。2000年民革支部换届选举,缪毅兼任第三届支部委员会主任委员,主持日常事务。自1997年起,均有教师会员。

民盟 即中国民主同盟。中国民主同盟普陀区支委会于1989年11月成立,建立时教育系统有盟友2名,后增加到10余名。其中殷德刚先后担任第二、三、四届支部主委委员,沈士军先后担任第四、五届支部副主任委员。有8名盟友教师先后担任市区人大代表和政协委员,并向市区人大、政协提出近100个提案和建议。自1997年起,均有教师盟友。

民建 即中国民主新中国成立会,主要是由经济界人士组成的。2014年始,教育系统有1名教师参加。

民进 即中国民主促进会。1993年建立民进舟山市委员会普陀支部,委员5名,其中教育系统4名,顾柳松任主任委员。陈利伟、俞凯、刘习渊分别担任2～6届主任委员。其中俞凯担任第四届民进舟山市委员会副主任委员。马丽雅曾担任省第9、10届人大代表和舟山市第3、4、5届人大代表,陈利伟、俞凯等曾分别担任过区人大常委会常委、区政协常委等职务,并分别被教育局、卫生局、检察院等单位聘为行风监督员和兼职督学。自1997年起(除2001—2005),均有教师参加该组织。

农工 即中国农工民主党。1986年9月,成立舟山市农工党支部普陀区农工党党小组,1989年,升格为农工党普陀区支部,2000年升格为农工党普陀区总支部。至2014年在职教师中有农工党员3名,其中雷震中于2010年担任第三届农工党普陀总支副主任委员,为区第三届政协委员,区第四届政协常委。张志飞担任区第四届政协委员,章德武担任区第三、四届政协委员。自2005年起,均有教师在党。

九三学社 1990年4月,成立舟山市九三学社普陀支社,2009年陈布萍老师加入九三学社,并担任区第四届政协委员。自2009年起,均有教师在社。

1997—2014年在职教师中民主党派人士统计表

表4-15

年份＼类别（数量）	民革	民进	民盟	农工	93学社	民建
1997	2	3	3	—	—	—
1998	1	2	3	—	—	—
1999	1	1	2	—	—	—
2000	1	1	6	—	—	—
2001	1	—	7	—	—	—
2002	1	—	7	—	—	—
2003	1	—	5	—	—	—
2004	1	—	5	—	—	—
2005	1	—	5	2	—	—
2006	3	8	4	2	—	—
2007	3	8	4	2	—	—
2008	4	8	4	2	—	—
2009	4	8	4	3	1	—
2010	4	8	4	3	1	—
2011	4	8	4	3	1	—
2012	4	8	5	3	1	—
2013	4	7	4	3	1	—
2014	3	5	3	3	1	1

【党外知识分子联谊会教育界分会】 2009年成立普陀区首届党外知识分子联谊会，教育系统5名教师加入联谊会。2014年9月，普陀区第一家党外知识分子行业分会——普陀区党外知识分子联谊会教育界分会成立，有15名会员组成。区知联会教育界分会是由教育界党外知识分子倡议，区教师代表发起成立，教育界具有中高级职称，有影响、有代表性的党外知识分子自愿组成的具有统战性、知识性、服务性、联谊性的社会团体。区教育局教育工会主席龚晓华当选为会长。

党外知识分子联谊会的宗旨：通过联谊交友、开展活动，团结凝聚广大知识分子，激发党外知识分子的聪明智慧和创新精神，架设党组织、行政与党外知识分子联系沟通的桥梁，充分发挥党外知识分子为全区经济、政治、文化、社会建设贡献力量。

【教育工会】 中国工会是在中国共产党领导下职工群众自愿结合的工人阶级的群众组织，是党联系群众的桥梁和纽带，是国家政权的重要社会支柱。教育工会是中国工会的一个组成部分，是一个特殊的产业工会。它是教育系统覆盖最广，具有普遍代表性，一个整体出现于社会的教职工自愿结合的工人阶级的群众组织，是发展我国教育事业的重要力量。域内各基层教育工会委员会在中华全国总工会（市区总工会）和中共基层党组织领导下开展工作。

组织与管理 工会委员会和经费审查委员会：1952年12月，成立中国教育工会定海县沈家门区委员会和中国教育工会定海县六横区委员会，普陀建县后撤销。

1953年9月，县工会联合会成立后，先后成立中国教育工会普陀县六横区委员会、中国教育工会普陀县下庄区委员会、中国教育工会普陀县桃花区委员会、中国教育工会普陀县朱蒲区委员会、中国教育工会普陀县普陀山委员会、中国教育工会普陀县展茅区委员会、中国教育工会普陀县虾峙区委员会、中国教育工会普陀县沈家门镇委员会和中国教育工会普陀第一中学委员会。

1955年8月，成立中国教育工会普陀县委员会，主任唐阿忠，副主任吴祥华、崔赛绒，有教职工498名，会员371名。

1956年10月，工会组织开始登记造册。是年，有9个基层工会委员会组织，61个工会小组，工会会员439名。

1957年11月，中国教育工会普陀县委员会改选，选举陈绮丽为主任，丁方意为副主任。

1958年7月，县教育工会工作委员会辖有六横区、下庄乡、桃花、虾峙、东极、普陀区、沈家门镇、勾山、展茅乡和普陀第一中学（现普陀中学）、普陀县第二初级中学（现六横中学）11个基层委员会。1958年底，县教育工会工作委员会随县撤销。

1960年，农村各学校划归人民公社管理，各教育工会活动停顿。

1964年1月，成立舟山地区教育工会普陀工作委员会，主任周伦乔，副主任崔赛绒。下辖普陀中学以外的各中心小学、初级中学和有工会组织的民办中学。1966年"文化大革命"开始后，活动停止。

1978年6月，恢复普陀县教育工会工作委员会，主任郑守德，副主任鲁三多。各公社相继建立工会。

1981年5月，召开普陀县教育工会第二次代表大会，选举产生第二届委员会，主席朱仲明，副主席李炳汉、陈绮丽。1984年，恢复乡建制，各区、直属乡相继建立工会。

1984年12月，召开普陀县教育工会第三次代表大会，选举产生第三届委员会，主席郑守德，副主席张志毅、沈贤卿。有基层工会24家，工会会员1609名。1986年6月调整，马秀峰任主席，柳松芬任副主席。

1987年12月，召开舟山市普陀区教育工会第四次代表大会，选举产生第四届委员会。主席马秀峰，副主席柳松芬、周辞宽。1990年7月补选蒋央彬为主席，刘岳范为副主席。

1990年12月，召开舟山市普陀区教育工会第五次代表大会，选举产生第五届委员会和经费审查委员会、工会委员会主席。蒋央彬任工会委员会主席，刘岳范任专职副主席，童鹏元任经费审查委员会主任。以后每5年选举产生新一届工会委员会和经费审查委员会。

1992年10月，撤区扩镇并乡后，原朱家尖、桃花、虾峙、六横、东极区和芦花乡教育工会撤销，按新划定的镇乡基层教育工会，局直属学校（或单位）的教育工会，作个别调整。至1992年底，普陀教育工会委员会有基层工会组织39家，会员约2530名，时有教职工2987名。

2001年8月，随着沈家门镇教育办公室撤销，沈家门镇教育工会委员会随之撤销，沈家门镇所属各中小学校分别建立基层工会组织。

2004年，区教育工会被评为区党建带工建"三级联创"示范产业工会，2006年，被评为市示范产业工会。

现普陀区教育工会址东港街道昌正街169号区商务中心2号楼5楼。2012年底，辖有基层工会35家，会员2640名，时有职工2790名。

女职工委员会：1999年5月，组建区教育工会女职工委员会，主任张志毅，委员9名。2009年5月换届选举，主任周丹春，委员7名。至2014年，女职工委员会未换届选举，周丹春仍担任女职工委员会主任。

中国教育工会舟山市普陀区委员会名录表

表4-16

届次	职务	姓名	任职时间
第一届	主任	唐阿忠	1955.8—1957.11
	副主任	吴祥华、崔赛绒	1955.8—1957.11
	主任	陈绮丽	1957.11—1958.12
	副主任	丁方意	1957.11—1958.12
第二届	主席	朱仲明	1981.5—1984.12
	副主席	李炳汉、陈绮丽	1981.5—1984.12

续表 4-16

届 次	职 务	姓 名	任职时间
第三届	主 席	郑守德	1984.12—1986.6
	副主席	张志毅	1984.12—1987.12
	副主席	沈贤卿	1984.12—1986.6
	主 席	马秀峰	1986.6—1987.12
	副主席	柳松芬	1986.6—1987.12
第四届	主 席	马秀峰	1987.12—1990.12
	副主席	柳松芬、周辞宽	1987.12—1990.12
第五届	主 席	蒋央彬	1990.12—1995.4
	副主席	刘岳范、周辞宽	1990.12—1995.4
第六届	主 席	刘全国	1995.4—1995.10
	副主席	章瑞惠、洪伟根	1995.4—1997.3
	主 席	庄国平	1995.10—1999.5
	副主席	俞良根	1997.3—1999.5
第七届	主 席	庄国平	1999.5—2003.5
	副主席	俞良根	1999.5—2004.3
	主 席	周国岭	2003.5—2004.3
第八届	主 席	周国岭	2004.3—2004.9
	副主席	俞良根	2004.3—2009.5
	主 席	朱红儿	2004.9—2009.5
第九届	主 席	洪 碧	2009.5—2010.4
	副主席	周丹春	2009.5 至今
	主 席	蔡敏波	2010.4—2011.9
	主 席	刘优珍	2011.9—2014.5
	主 席	龚晓华	2014.6 至今

普陀区(县)教育系统 2012 年年底工会组织情况表

表 4-17

工会名称	创建时间	2012 年会员数		首届主席
		职工数	会员数	
普陀中学教育工会委员会(原名普陀县私立沈家门初级中学教育工会委员会)	1955 年	147	147	缪惠忠
普陀第三中学教育工会委员会	1998 年 12 月	161	161	郑伟丰
普陀职教中心教育工会委员会	2008 年 2 月	244	220	俞忠定
六横中学教育工会委员会	1958 年 2 月	63	63	—
普陀第二中学教育工会委员会	1998 年 8 月从普中析出,1999 年 2 月成立第四届委员会	162	162	黄忠良
沈家门第一初级中学教育工会委员会	1981 年 5 月	153	153	陈 生
东港中学教育工会委员会	1981 年 9 月(原名沈三初,2010 年 7 月更名)	217	217	叶泳泳
芦花中学教育工会委员会	1978 年 10 月	87	87	袁久根
展茅中学教育工会委员会	1983 年 3 月	34	34	郑建章
朱家尖中学教育工会委员会	1992 年 10 月	64	64	林荣华
六横峧头中学教育工会委员会	1992 年 12 月	45	45	李良跃
台门中学教育工会委员会	1992 年 12 月	50	50	郑德伟
虾峙中学教育工会委员会	1992 年 5 月	39	39	胡朝云

续表 4-17

工会名称	创建时间	2012 年会员数		首届主席
		职工数	会员数	
沈家门小学教育工会委员会	1975 年 1 月	211	211	周邦彦
沈家门第一小学教育工会委员会	2001 年 9 月	65	65	顾維军
沈家门第三小学教育工会委员会	2001 年 9 月	55	55	张新平
沈家门第四小学教育工会委员会	2001 年 8 月	86	86	钟碧丹
沈家门鲁家峙小学教育工会委员会	2001 年 9 月	38	28	叶晓森(副)
勾山中心小学教育工会委员会	1978 年 12 月	59	59	陈富国
展茅中心小学教育工会委员会	1990 年 12 月	38	38	徐信耀
朱家尖小学教育工会委员会(原名朱家尖镇小学教育工会委员会)	1992 年 1 月创建,2008 年改为现名	91	82	胡忠益
六横中心小学教育工会委员会(原名岐头镇小学教育工会委员会)	创建于 1992 年 5 月,2002 年 1 月改为现名	69	69	王华秉
虾峙中心小学教育工会委员会	1992 年 12 月	43	40	傅存国
螺门小学教育工会委员会	1978 年 11 月	24	24	徐　峰
台门小学教育工会委员会(原名台门镇小学教育工会委员会)	创建于 1992 年 5 月,2002 年 1 月改为现名	57	57	李德飞(2002 年 1 月)
双塘小学教育工会委员会(原名双塘乡小学教育工会委员会)	创建于 1992 年 10 月,2004 年 12 月改为现名	39	38	胡峰松(2004 年 12 月)
龙山小学教育工会委员会(2007 年前归岐头镇小学工会)	2007 年 3 月	17	17	柳　波(2007 年 3 月)
桃花中心小学教育工会委员会(原名桃花镇小学教育工会委员会)	1992 年创建,2002 年 8 月改为现名	69	69	陈爱南(2002 年 8 月)
普陀区实验幼儿园教育工会委员会	1996 年 10 月	69	27	俞玲娣
普陀区中心幼儿园教育工会委员会	1981 年 6 月	80	30	倪云飞
普陀区进修学校教育工会委员会	1980 年 9 月	34	34	朱振远
成人教育中心教育工会委员会	1997 年 12 月	21	21	何良女
舟渔子弟学校教育工会委员会	2003 年 2 月	104	104	郑曾祥
普陀区希望小学教育工会委员会	2009 年 10 月	25	25	孙承才
普陀区育才小学教育工会委员会	2009 年 10 月	51	51	袁德俊

普陀区(县)教育系统历史上的工会组织表

表 4-18

工会名称	起止日期	首届工会主席
中国教育工会东极中学委员会	2002 年 3 月建立,2002 年 8 月撤销	陈生彪(副)
中国教育工会龙山中学委员会	2005 年建立,2006 年 7 月撤销	柳　波
中国教育工会沈家门中学委员会	1978 年 7 月成立,2005 年 11 月随学校建制并入区职业技术教育中心	俞忠定
中国教育工会沈家门职业中学委员会	1989 年成立。2005 年 1 月随学校建制并入沈家门中学教育工会	缪开定
中国教育工会普陀厦林旅游职业技术学校委员会	2004 年成立,2005 年 11 月随学校建制并入区职业技术教育中心	叶胜华
中国教育工会桃花中学委员会	1983 年 4 月建立。2008 年 8 月与桃花中心小学合并组建桃花中心学校教育工会	贺庆根
中国教育工会桃花镇小学委员会	1992 年 11 月成立,2002 年改桃花中心小学教育工会。2008 年 8 月随学校撤销	钟增善
中国教育工会螺门中学委员会	1983 年 2 月建立,2009 年 7 月撤销	张红舟

续表 4-18

工会名称	起止日期	首届工会主席
中国教育工会峧头镇中心小学委员会	1992 年 12 月建立，2002 年 1 月并入六横镇中心小学教育工会	刘丽军
中国教育工会登步中心学校委员会	2001 年 9 月选举第一届委员会，2006 年 7 月撤销	余安国
中国教育工会蚂蚁岛乡中心学校委员会	1992 年 10 月建立，2007 年 7 月随学校撤销	胡吉芬
中国教育工会沈家门第五小学委员会	2001 年 11 月选举产生第五届工会委员会，2010 年 7 月随学校并入沈家门第一小学教育工会	吴荷娣
中国教育工会塘头小学委员会	2001 年 11 月选举第一届委员会；2009 年 8 月随学校撤销	翁菊芬
中国教育工会沈家门第二小学委员会	2001 年 12 月选举第一届委员会，2010 年 7 月随学校撤销	王志芬
中国教育工会平阳小学委员会	2001 年 11 月选举第一届委员会，2010 年 8 月随学校撤销	童志娣
中国教育工会东港小学委员会	1999 年 2 月建立，2011 年 7 月随学校撤销	李德飞
中国教育工会勾山中学委员会	1990 年 11 月成立，2001 年 8 月随学校并入芦花中学教育工会	史文成
中国教育工会双塘中学委员会	1991 年 10 月成立，2004 年 8 月随学校并入双塘中心学校教育工会	不详
中国教育工会双塘乡小学委员会	1992 年 10 月成立，2001 年 6 月随乡建制撤销	不详
中国教育工会台门镇小学委员会	1992 年成立，2001 年 6 月随镇建制撤销	不详
中国教育工会沈家门镇委员会	1954 年 1 月建立，2001 年 8 月撤销	不详
中国教育工会东极镇委员会	1979 年 9 月建立，2002 年 8 月撤销	不详
中国教育工会葫芦乡委员会。	1992 年 11 月成立，2001 年 6 月随乡建制撤销	不详
中国教育工会蚂蚁岛乡委员会	1992 年 10 月成立，2007 年 7 月随所属学校撤销	张最珠
中国教育工会登步乡委员会	1992 年 11 月成立，2007 年 7 月随所属学校撤销	周亚君
中国教育工会湖泥乡委员会	1992 年 12 月成立，2001 年 6 月随乡建制撤销	不详
中国教育工会佛渡乡委员会	1992 年 12 月成立，2007 年 10 月随乡建制撤销	不详
中国教育工会白沙乡委员会	1992 年 12 月成立，2002 年 8 月随所属学校撤销	不详

工会职能与活动　工会以建设一支思想素质好、业务素质强的教师队伍为基本职责，切实履行工会教育、建设、参与、维护等各项职能。

教育职能：20 世纪 50 年代初，加强政治理论学习，帮助教师树立正确人生观与价值观。80 年代起，组织教师学习教师法、教育法、未成年人保护法、预防未成年人犯罪法、劳动合同法、浙江省中小学教职工（代表）大会规程等。1992 年 5 月，全区教职工“两史一情”知识竞赛，21 个基层工会 8 个代表队参赛。1997 年 4 月，区教育工会配合区党工委在全区中小学幼儿园开展群体师德达标创优活动。2007—2010 年，贯彻师德建设与“爱与责任”教育活动相结合，与“学习宣传党的十七大，贯彻落实科学发展观”主题教育活动相结合的方针，弘扬“开放务实，创新进取，公道大度”的普陀人文精神、“忠于职守，乐于奉献”的师德师风，开展向四川省汶川地震中的英雄教师学习活动，组织演讲、论坛、征文等，在普陀教育网站宣传优秀教师典型事迹。

建设职能：80 年代后期起，教育工会重视开展“教育教学研究，促进青年教师成长”活动。历年来组织各门学科说课、多媒体课件制作、教育论坛、学术演讲、美术书法、音乐舞蹈、板书等业务类竞赛及比武活动，与教育局教研室、区教师进修学校联合开展各学科教学、课堂教学技能、现代化教学设备（电脑、多媒体）使用等全员培训。1988 年以来，参加培训的教师 21600 人次，有 20 名获市优秀青年教师，40 余人次获区教坛新秀。2002 年，举办青年教师教学技能大比武，设 7 个竞赛大项，有 300 多名教师参加活动。

维护职能：80 年代起，重视关爱教职员工，建设职工之家。各基层分会协同行政开展经常性的“送温暖”活动，1980 年后，基层各工会相继建立教职工生病住院、情绪波动、亲属死亡、婚庆喜事、家庭纠纷等“必访”制度。1980 年 7 月，实施《省独生子女保健费发放通知》。1983 年 1 月，区教育工会转发《浙江省教育厅办公室关于颁发“园丁”荣誉纪念章的复函》。1984 年 6 月，县教育工会转发

《关于做好防暑降温工作的通知》。1985 年 6 月，区教育局党组扩大会议研究第一个教师节办实事问题。

1983 年 7 月，县教育工会组织 45 名 1966 年年底以前参加工作的县级以上先进教师在暑期参观访问杭州瑶林。1984 年 7 月，组织教工去苏州、无锡休养参观。1986 年 4 月，县教育工会转发《关于全总统一全国教育工会“关于暑期活动问题的请示”通知》，同年 7 月，教育工会组织教师在暑假到上海休养活动。以后每年县教育工会组织教职工暑假休养活动。各中小学校根据经济情况组织休养活动。2004 年首次组织 34 名 30 年教龄的教师去西安疗养。

1988 年以来，区教育局（教委）组织相关领导在春节、教师节期间走访慰问困难与患病教职工 1600 余名，救助资金 1035000 元。1992 年，教职工开始健康体检。2012 年，教职工健康体检由两年 1 次改为每年 1 次。1992 年 5 月，实行教职工管道煤气安装补贴，同年 7 月提高教职工燃料补贴。2009 年 9 月，区教育局印发关于开展教师关爱工程的实施意见。

监督职能：90 年代起，开始抓校务公开工作，发挥教育工会的监督功能。各基层分会建立教代会制度，落实教代会四项职权，参与学校民主管理，贯彻省中小学校教职工代表大会工作规程，指导基层教育工会督促做好校务公开工作。1997 年起，建立对校长任期责任考核制度，每年教职工大会校长向教职工进行述职，全体教职工进行民主评议。2007 年始，区教育系统教代会和基层工会均推行票决制。

文体活动：80 年代末，县教育工会组织开展形式多样的文体活动，动员教职工为校园文化建设做贡献。各基层分会组织教职工开展阳光健身活动，参加田径运动会和羽毛球、乒乓球、篮球、排球、围棋、象棋以及跳绳比赛、趣味运动会等，参加各类书画比赛和作品展。

1989 年 10 月，区教育工会举办首届教工体育运动会，175 名教工运动员参加，六横区代表队、普陀中学代表队等获总分前列。

1987 年 10 月，举行全区教职工首次歌咏大奖赛。1998 年 11 月，举行全区首届教职工文艺会演，共 27 个节目参加演出。至 2014 年年底，区教育工会共举办 4 届全区教职工文艺会演、3 次主题演讲活动。1987 年后，各基层教育工会陆续建立教职工活动室。1993 年，成立区教师春晖合唱团，2004 年 4 月，改名为普陀区教育局春晖艺术团，多次参加省、市、区演出。

2002 年 6 月，举行教育系统首届民间民俗大会。2003 年，“三八妇女节”期间举行教育系统女性教工风采大奖赛。2011 年 6 月，区教育工会在全区“活力普陀，魅力网格”庆祝建党 90 周年诗歌朗诵赛上荣获第一名。

90 年代末，各基层分会重视教工参加社会活动。1998 年起，全区教职工参加无偿献血。2000 年，区教育系统被评为 1999 年度市无偿献血工作先进集体。2007 年 5 月，教育系统举行“与灾区人民心连心”捐款捐物活动，募集灾款 2100000 元，通过红十字会捐给灾区。

获得荣誉：1983 年 5 月，中国教育工会浙江省委员会转发中华人民共和国教育部和中国教育工会全国委员会《关于授全国“五讲四美”为人师表活动先进代表会议表彰的教师为部级劳动模范的决定》的通知，朱家尖猫跳小学教师张淑女享此殊荣，并被舟山师范破格录取。

1985 年起，教育工会评比产生 24 名优秀工会积极分子和 5 家先进工会集体。1995 年起，评比考核工会之家。

1997 年 4 月，全区中小学幼儿园开展群体师德达标创优活动，同年 11 月始，开展评选“十佳师德标兵”和“先进组室”活动。

2009 年 1 月，区教育工会获省 2004—2008 年教育工会工作先进集体。

【区退休教师协会】 **组织与管理**　1987 年 8 月，域内有退休教师 130 多名，其中沈家门镇区有 50 名。是年，“普陀区退休教师协会”成立。

1992 年 8 月，域内有退休教师 254 名，协会位置在沈家门北安路 284 号，建有面积 144 平方米的退休教师活动室。此后,退休教师协会正式制订《章程》,规定召开退休教师代表大会,选举产生协会理事会。

1997年8月,域内有退休教师509名,区教育局对全区退休教师管理机构作调整和健全。区教委成立以党委副书记为主管、区教育工会作指导、区退休教师协会办公室具体负责的区退休教师管理机构。1998年,建立区退休教师协会党支部,隶属普陀区教育局党委。

2000年8月,《普陀区退休教师管理制度》(舟普教〔2000〕190号)下发。通知要求建立和健全组织管理机构,建立必要的例会制度,保障和提高相关待遇落实。

2001年3月,域内有退休教师707名,随着退休教师队伍不断扩大,退休教师协会步入正轨,由区教育局直接领导,区民政局登记管理,《舟山市普陀区退休教师协会章程》由普陀区民政局正式核准。协会成为退休教职工自愿组合、自我教育、自我管理、自我服务的群众团体。各乡镇、区直属学校(单位)设立退协分会或活动小组,全区有退协分会16个,活动小组5个。

2005年3月,域内有退休教师1024名,区退协理事会下设4个活动小组,24个分会。2010年5月,域内有退休教师1159名,区退协理事会下设25个分会,2个活动小组。

2014年1月,由市民政局评估核准,区退休教师协会成为"中国社会组织评估AAAA级单位"。截至2014年年底,有会员1383名。

舟山市普陀区退休教师协会理事会名录表

表4-19

届次	职　务	姓　　名	任职期限
第一届	会　长	邢仁招	1987.8—1992.8
	副会长	崔赛绒	
	理事成员	谢戟门　周再生　乐瑞琴　洪诵麟	
第二届	会　长	马秋松	1992.9—1997.8
	副会长	崔赛绒　俞家声	
	秘书长	马绪春	
	理事成员	陈平文　周品棠　吴振达　王爱国　李素琴　贺志成	
第三届	会　长	俞仁年	1997.9—2001.3
	副会长	邢仁招	
	秘书长	马秋松	
	理事成员	刘云岳　陈涓涓　周辞宽　周纪全　张如成　张忠道　唐万里　谢锦标	
第四届	会　长	王玉兴	2001.4—2005.2
	副会长	邢仁招　刘松来	
	秘书长	张惠康	
	理事成员	刘云岳　牟永朝　张亚清　周辞宽　陈涓涓	
第五届	会　长	林志龙	2005.3—2010.4
	副会长	王玉兴	
	秘书长	黄廷禹	
	理事成员	车秀珠　陈涓涓　刘芳菲　刘松来　刘云岳　杨冠仲	
第六届	会　长	林志龙	2010.5—2015.4
	副会长	王玉兴	
	秘书长	黄廷禹	
	理事成员	柴国定　陈涓涓　刘芳菲　苗旭霞　杨冠仲　赵永根	

协会活动　协会成立初期,主要任务是落实退休教师的"两项待遇",一是组织退休教师政治学习与形势教育,开设阅览室、棋牌室,为丰富退休教师晚年生活提供活动场所;二是解决在海岛

退休、在沈家门居住的退休教师及时领到退休金，报销医疗费用的问题（1994年退休金划入协会发放的73名）。同时组织会员每年1～2次参观游览、健身等集体活动，走访慰问生病住院退休教师。1997年起，区教育局加强对退休教师队伍领导与管理，进入21世纪，协会活动更为正常化。

1986年5月，教育工会首次组织30名退休教师去宁波参观。1997年起，组织30余名域内退休教师代表外出旅游观光，以后参加人数有所增加。2014年起，退休教师代表旅游观光活动停止。

1989年8月，普陀区举行首届老年人运动会，设中国象棋、乒乓球、登山、健身操、五禽戏等项目，退休教师协会有75名老年人参加运功会。

1998年起，隔年举办退休教职工书法、绘画（摄影）作品展示活动。

2000年4月，组建区退休教师歌咏队，开展每周一次歌咏活动，同时排演文娱节目，隔年举办一次退休教职工迎新春文艺联欢会（团拜会）。

2001年3月，协会创办会刊《普教晚情》小报，版面为8K纸张2版面，每两个月出一期，印数500份，刊登退协活动情况以及反映退休教师生活的文章。2006年2月起，《普教晚情》版面扩大为4K，4个版面，仍为两个月出一期，印数扩大到1000份。截至2014年年底共出《普教晚情》会刊83期。

2002年5月，组织退休教师首届健身运动会，221名退休教师参加比赛。以后每隔一年举办退休教师健身运动会。2014年，区退休教师第七届健身运动会上，参加比赛退休教师560名。

2001—2009年，隔年分片到渔农村上门慰问病弱、生活困难老教师，隔年一次慰问80周岁以上退休教师。2010年起，每年一次走访慰问80周岁以上退休教师（2014年慰问132名）。

2011年，区退休教师协会会长林志龙被评为市民政系统先进个人。2014年1月，区退休教师协会被舟山市社会组织评估委员会认定核准为“中国社会组织4A级”单位。

第五节　青少年组织

【中国共产主义青年团】 1953年年底，私立沈家门初级中学改制为“民办公助”，随后建立中国新民主主义青年团组织（简称青年团）。1955年，青年团舟山地委要求中小学青年团的工作重点放在领导和发展少先队工作，并明确规定，今后学校团组织的根本任务是通过团的政治思想工作和组织工作，努力协助党组织和学校行政工作，培养具有明确立场观点的适合社会主义建设需要的全面发展的工人阶级知识分子，而中心环节是加强阶级斗争知识教育。

1957年5月，中国新民主主义青年团改名为中国共产主义青年团（简称共青团）。学校团组织贯彻共青团浙江省委提出的“明辨大是大非，划清资本主义与社会主义的界线，端正政治方向，纯洁巩固团的组织，加强团支部的领导核心”的指示，开展整团。在“左”的思想影响下，家庭出身“不好”、社会关系“复杂”、工作不够积极的团员被开除团籍。该年，团组织把出身工农家庭、政治表现好的学生作为入团重点发展对象。

1959年，学校中共青团员带领同学开展争创“五好班”、争做“五好生”（学习好、思想好、身体好、热爱集体好、劳动好）活动。在中小学、幼儿园教师和中学生团员迅速发展。

1963年，开展“向雷锋同志学习”活动，学校团组织发动学生成立为民服务小组和学雷锋活动小组，争做“学雷锋积极分子”。是年，全县所有中学和中心小学均都建有团支部。

1966年，“文化大革命”开始，全县各校成立“红卫兵”组织，共青团组织活动停止。1972年4月，团组织开始“整顿”。

1976年后，红卫兵活动停止。1978年，红卫兵组织被撤销。以后，学校团组织协助学校行政工作，指导少先队活动，工作逐步走上正常轨道。

1981年，团组织配合学校行政工作，把贯彻《学生守则》与开展“五讲四美”（即讲文明、讲礼貌、讲卫生、讲秩序、讲道德；心灵美、语言美、行为美、环境美)和“三热爱”(即热爱祖国、热爱社会主义、热爱中国共产党)活动相结合,收到良好效果。

1982年3月,开展“全民文明礼貌月”活动,在学校团委(团支部)带领下,中学生立足校内,走向社会,学习雷锋和英雄模范。各校成立“学雷锋小组”“为民服务队”,共青团员在活动中起带头作用。是年,全区教育系统有共青团员1190名,其中教职工共青团员642名,占教职工总数的25.4%,高中段学生共青团员548名,占初、高中学生总数的4.1%。

1989年10月,根据市委《关于加强中小学德育工作的决定》,学校中共青团组织得到进一步加强。在完全中学和较大规模的职业中学、技术学校、初中设立团委或团总支部,明确团委或团总支部书记享受学校中层领导待遇。以后,学生团员数迅速增加,活动开展更加正常。

1990年以后,共青团组织活动趋于正常化和规范化。开展“3月5日学雷锋”主题活动;开展以“缅怀革命先烈、聆听烈士光荣事迹”和到烈士陵园敬献花圈等形式的“颂英烈、话发展、与普陀共奋进”清明节主题教育活动;组织“中小学生弘扬和培育民族精神月”活动;围绕“感恩”主题,在广大团员学生中开展“孝心大考场”活动;深化成人主题教育,开展“我的14岁青春宣言”“我的18岁成人宣誓”等主题活动。

1993年9月,区教育局团工委成立,刘旭军任团工委副书记。区教育局团工委对学校团(总)支部工作给予指导。

1998年2月,团省委开展“浙江省中学生跨世纪素质培养‘曙光计划’活动”,区教育局团工委根据上级计划拟订实施计划,并做好总结、评比、表彰工作。

2000年以后,一些学校团委(或团总支部、团支部)以青年教师学习小组、中学生业余团校、各类青少年校外活动场所为主要阵地,组织青年团员开展理论学习、宣传教育和实践活动。如普陀第二中学团委联系省海洋研究所,每年定期组织学生团员到登步西闪岛开展社会实践活动。以2009年为例,全区学校共有2000余人次参加社区教育活动或社会实践活动,完成社会实践调查报告500余篇,新闻采访稿200余篇,意见、建议稿100余篇,组织学生听讲座300余人次,参观学习600余人次,参加社区组织的各类比赛1000余人次。

普陀中学等团委(或团总支部、团支部)建立社团机制,制订《社团管理办法》,开展社团活动。2014年,全区各中学共有各类社团200余个。各学校团委(或团总支部、团支部)每年利用假期休息时间,组织广大学生团员积极开展假日义工统一行动,在码头、车站为外地游客提供旅游服务。全区在册学生义工人数达3200名。

2009—2012年间,普陀“两新组织”(新经济组织和新社会组织的简称)共青团组建工作得到重视,育才学校、希望小学、向阳小学等3所外来民工子女学校相间建立了团总支,物资幼儿园等民办幼儿园也建立教工团支部。

2014年,全区教育系统有共青团组织251个,其中团委11个,团支部240个,共有团员5932名,其中学生团员5720名,教师团员212名。

【附录一】:

2014年教育系统团组织、团员情况表

表4-20

单　位	团组织数(个)		学生团员数(名)	教师团员数(名)
	团委	团支部		
普陀中学	1	34	1313	6
普陀第三中学	1	31	1063	7
区职教中心	1	42	1624	6
六横中学	1	12	395	6
普陀第二中学	1	20	301	5

续表 4-20

单　　位	团组织数(个)		学生团员数(名)	教师团员数(名)
	团委	团支部		
沈家门第一初级中学	1	40	330	0
东港中学	1	21	228	1
展茅学校	—	1	44	0
芦花中学	—	1	89	0
朱家尖初级中学	1	8	95	0
峧头初级中学	1	11	162	15
台门学校	1	7	76	18
沈家门小学	—	1	—	12
沈家门第一小学	—	1	—	8
沈家门第三小学	—	1	—	8
沈家门第四小学	—	1	—	6
六横中心小学	—	1	—	20
朱家尖小学	—	1	—	3
区中心幼儿园	—	1	—	39
区实验幼儿园	—	1	—	25
沈家门幼儿园	—	1	—	13
物资幼儿园	—	1	—	5
希望小学	—	1	—	4
向阳小学	—	1	—	4
教育局	1	—	—	1
合计	11	240	5720	212

【附录二】:

2000—2014 年共青团舟山市普陀区委员会获得的主要荣誉表

表 4-21

单位或个人	荣誉名称	获奖时间
沈益凤(普陀中学)	2009 年度市级优秀团干部	2009.12
普陀中学团委	被省教育厅、团省委评为“2011 年省中学生暑期社会实践优秀组织奖”	2011.10
区教育局团工委	2011 年度市先进团组织	2012.1
周璐洁(区职教中心)	2011 年度省级优秀团员	2012.1
忻燕(普陀第三中学)	2013 年市优秀团干部	2014.1
陈彤(普陀中学)	2014 年度市优秀团员	2014.12
区教育局团工委	2014 年市志愿服务(义工)工作优秀集体	2014.12
庄可欣(普陀第二中学)	2014 年省优秀团干部	2014.12

【中国少年先锋队】 中国少年先锋队组织是由中国共产党创立并被委托中国共青团领导的群众性儿童组织。域内少先队组织创建于 50 年代初,在学校党组织、共青团领导和辅导员的指导下开展工作,县政府文教科和团县委有专职干部负责管理,活动经费由学校行政开支。

1952 年,较大规模中小学陆续建立中国少年儿童队。少年儿童队队员年龄为 9—15 周岁,被批准入队的队员要举行集体入队仪式:有呼号、宣誓、佩挂红领巾等。少年儿童队设有小队、中队和大队,有队旗、队徽和队歌。队徽图案为红星火炬,队歌旋律昂扬活泼。选出的小队、中队和大队长以及委员佩戴臂章。少年儿童队大队部和中队都聘请热爱少年儿童、工作积极、有才艺的教师、工人、渔农民、军人或学生中的优秀共青团员担任辅导员。

50年代初，结合“抗美援朝”形势，对少年儿童队员进行爱国主义教育和“五爱”教育。

1953年6月，中国少年儿童队改名为中国少年先锋队。其组织形式、活动内容基本相同，要求更体现群众性，凡队龄内的学生原则上都吸收入队。要求每一队员自觉遵守学校纪律，团结同学，好好学习，天天向上。

1956年，学校少先队组织开展创建红领巾班活动，因要求过高，不久停止。1958年，普陀县少先队支援工农业生产“大跃进”。同年6月，又开展以植树绿化，除四害、讲卫生，学习普通话等为主要内容的红领巾活动。此期，少先队发展迅速。

1963年3月，全国开展“向雷锋同志学习”活动，普陀县少先队组织成立多个学雷锋小组，开展“为人民服务，助人为乐，争做小雷锋”活动。

1966年，“文化大革命”开始，少先队被“红小兵”取代，少先队活动停止。1976年，普陀县各小学有“红小兵”20546名。

1978年10月，普陀县少先队组织恢复，开展正常性活动。全国修改队章，规定队龄为7—14周岁，撤销红小兵组织。至1986年年底，普陀县141所小学、13所中学建立少先队组织，共有少先队大队部154个，辅导员791名，少先队员23072名，占队龄儿童总数的70%。1988年，普陀区少先队工作委员会成立，办公地点设在区教育局，主任由局教育行政股工作人员兼任。

1978年后，普陀县少先队组织主要以开展“五爱”教育和“学雷锋、树新风、创三好”“人人争戴小红花”等方面活动为主。1982年，全县学校少先队组织参加“全民文明礼貌月活动”，再次成立“学雷锋小组”，开展做好事、绿化植树、“红领巾创造杯”、创“优秀中队”等活动。

1988年3月，普陀区少先队辅导员参加合格证书考试。1989年，根据中共舟山市委《关于加强中小学德育工作的决定》中规定，域内城镇小学、农村中心小学和规模10班以上的农村小学配备主要从事少先队工作的大队辅导员。1989年暑假，域内组织少先队辅导员夏令营活动。

1989年5月，少年先锋队普陀区第一次代表大会召开，与会代表100名，产生第一届少先队区工作委员会，16名代表组成，张友华任主任。大会发出《提高素质，立志成才，争做合格预备团员》的倡议。

1989年国庆节，在普陀中学操场举行新中国成立40周年少先队大检阅，2500多名少先队员受检。1990—1993年，开展“学雷锋、学赖宁、学钟盛芬，做党和人民的好孩子”“八五‘小星火’行动”。1992年10月，区教育局、团区委召开普陀区纪念少先队建队70周年暨劳技表演大会，全区1000多名少先队员出席大会，90名少先队员进行手工制作表演。此后，在每年的少先队队庆日（10月13日）期间组织庆祝活动。

1990年7月，上海市少年宫文艺代表团到普陀区会演，舟山市委、市政府领导前来祝贺。1991年，组织百名少年儿童在区首届鱼市节期间，创作海岛儿童百米巨画，举办美术、舞蹈、文学、摄影等各类少儿培训班20多期，受训人员700多名，创办红领巾小银行14个，储蓄钱币78110元。

1990年，各中学相继成立少年团校，加强少先队员的入团前教育。1994年4月，团省委在虾峙中心小学“少年海洋学校”召开浙江省海岛少先队劳动实践现场会，中央、省电视台作专题报道。1995年，沈家门小学成立全市第一所少先队海岛队长学校，首期培训学员49名。

1994年起，开展以生存与发展行动计划为主题的“跨世纪中国少年雏鹰行动”，突出自学、自理、自护、自强、自律的“五自”教育和“手拉手”活动。

进入21世纪，团区委和区教育局商定，区少工委实行团区委、区教育局双主任制度，做到人员职责明确，工作分工协作，及时交流沟通，共同商讨并确定少工委重点工作安排。区教育局少工委主任由分管中小学教育工作的副局长兼任，区教育局团工委书记兼任少工委副主任，负责域内学校少先队工作。区少工委每三年进行一次换届，每年召开一次全体委员会议。各学校的少先队实践活动基地不断拓展，少先队队室、红领巾广播站、红领巾电视台等逐步完善，各类青少年校外活动场所作用发挥明显，实现了“队室建起来、队歌唱起来、队旗飘起来、队鼓敲起来、红领巾戴起来”的工作目标。

2001年10月，普陀区为加快少先队骨干力量培养，创建区“队长学校”，组织首届少先队辅导员技能比武和少先队干部培训班。此后，每年组织培训队干部1500余人次。是年，开展“十·一三”队庆活动，普陀区少先队鼓号大比武在普陀中学操场举行。

2005年6月，东港小学出资成立青少年体育俱乐部。

2007年6月，沈家门小学承办了“品牌·特色·创新”浙沪名校长教育论坛暨“魅力少先队，阳光海精灵”雏鹰奖章颁奖典礼。沈家门小学的“雏鹰争章”作为最具特色的少先队活动品牌，已成为浙江省少先队雏鹰争章活动的典型。

2012年7—8月间，教育局举办暑期夏令营活动，内容包括科技、艺术、文学、体育、德育五大系列。2013年，举办“中国梦·新区情·家乡行”暑期夏令营。2014年，举办暑期夏令营活动，开设体育、艺术、科技、法制、书香少年、少先队干等6大类别12个项目，400余名学生参加。

2012年1月，浙江省少先队总辅导员魏慈英老师一行，到普陀区进行少先队工作考察指导。

2013年12月，沈家门小学、普陀第二中学被市教育局评为“舟山市中小学社团建设示范学校”。2014年3月，普陀区少工委被少先队浙江省工作委员会授予“2013年度浙江省先进县级少工委”荣誉称号。

2014年7月，团中央、教育部、全国少工委发出在中小学少先队员中广泛开展培育和践行社会主义核心价值观活动的号召，浙江省开展“争当美德少年”“做一个有道德的人”等活动，引导少年儿童“知感恩、乐奉献，讲文明、懂礼貌”。

【附录一】：

1975—2010年少先队组织概况表

表4-22

年份	少年儿童数(名)	少先队员(红小兵)数(名)	辅导员数(名)
1975	52402	21181	1216
1978	43206	20101	824
1980	41660	25000	1020
1985	35996	24183	900
1990	30393	27254	1014
1995	30918	27646	985
2005	18584	18584	492
2010	16903	16903	447
2011	17037	17037	452
2012	17150	17150	455
2013	16700	16700	456
2014	17299	17299	468

【附录二】：

普陀少先队获得的部分荣誉

1980年，朱家尖公社中心学校教师吴燕芬被团中央、教育部命名为全国少先队优秀辅导员。

1982年，朱家尖公社中心学校获全国少先队工作委员会颁发的“红领巾创造杯奖”。

1984年，沈家门小学教师王素华被团中央、教育部命名为全国少先队优秀辅导员。

1988年，沈家门小学辅导员卓淑波被省少工委评为优秀大队辅导员，团区委张信忠被团省委评为少先队事业功臣。

1991年，沈家门小学大队部、1992年沈家门第一小学大队部、1993年岐头第三小学大队部分别被全国少工委授予全国少先队红旗大队称号。

1995年，沈家门小学大队部被评为全国雏鹰行动达标基地和省少先队“重晚晴，献爱心”活动先进集体。该校3名少先队员荣获“全国二级雏鹰奖章”，辅导员李朝颖被省少工委评为优秀少先队辅导员。沈家门小学六(1)班中队，沈家门第二小学五(2)班中队、沈家门第一小学三(1)班中队、沈家门第五小学四(1)班中队被省少工委授予省雏鹰中队荣誉称号。

2002年，沈家门小学钱银星校长被授予“浙江省星星火炬事业功臣”光荣称号，该校张泽清同学获“全国四星雏鹰奖章”。

2003年，沈家门第一小学《红领巾一条街快乐式综合教育》获第五届全国小公民思想道德建设成果奖集体一等奖，孙文波校长代表学校到北京人民大会堂参加颁奖典礼。沈家门第一小学三(4)中队获“童趣杯”全国少先队特色中队称号。沈家门小学获浙江省红旗大队称号。

2004年，沈家门小学再次获浙江省红旗大队称号，梦之翼中队被授予“童趣杯”全国少先队特色中队称号。该校张伊老师在北京获全国辅导员争章技能比赛二等奖，虞蕾琼老师在浙江省辅导员争章技能比赛中获金奖。沈家门第三小学少先队大队获浙江省红旗大队称号。沈家门第一小学刘红慈老师获浙江省辅导员争章技能比赛二等奖。沈家门第一小学史梦园、徐梦馨同学获浙江省少先队员争章技能比赛二等奖。

2005年，沈家门小学邬翰林同学作为舟山市唯一代表去北京参加全国第五次少代会，受到了党和国家主要领导人的亲切接见。沈家门小学刘立力被评为全国优秀辅导员。沈家门第三小学被评为省级红旗大队。沈家门第一小学的缪天译和沈家门小学的胡家巍被评为省级雏鹰奖章队员。沈家门第二小学陈思怡同学获浙江省“十大最令人感动的队员”。

2006年，沈家门小学少先队被评为“全国十大雏鹰争章魅力少先队”，胡家巍当选为全国十佳少先队员，共青团中央、中央电视台记者来校采访胡家巍。沈家门第一小学五(2)中队被省少工委批准为“李四光”特色中队创建，王春潮同学获省少工委表彰的“地球小卫士”称号。

2007年5月，沈家门小学校长钱银星被评为浙江省少先队事业功臣，刘力立老师获浙江省第四届“十佳少先队辅导员”。

2009年10月，沈家门小学校长郭妙琴被评为浙江省少先队突出贡献奖，同时授予浙江省星星火炬奖章。

2010年，舟山市普陀区少工委被评为浙江省先进县级少工委，并获浙江省少先队主题教育系列活动优秀组织奖。沈家门小学《深化雏鹰奖章争当四好少年的实践与研究》被评为“红黄蓝”浙江省优秀少先队工作项目奖。该校刘立力老师作为舟山市唯一一位辅导员代表赴京出席全国第六次少代会，李欣宇同学被评为浙江省优秀少先队员并授予省级雏鹰奖章。

2011年，胡瑜、沈丽丽、郑吕娜3位老师被评为浙江省优秀少先队辅导员。沈家门小学郭子豪被评为全国优秀少先队员和舟山市唯一的浙江省四好少年。沈家门小学获浙江省少先队主题教育系列活动优秀组织奖。沈家门第一小学大队被评为浙江省优秀少先队大队。沈家门小学六(7)中队和六横中心小学六(2)中队被评为浙江省优秀少先队中队。沈家门第一小学和沈家门小学分别获浙江省少先队“学党史知党恩，做党的好孩子”主题教育活动“唱红歌”录像展评活动一、二等奖。

2012年，朱家尖小学校长周军海被评为省少先队先进工作者。沈家门小学朱妍颖获第十一届浙江省少先队争章技能大赛金奖。沈家门第三小学王家赢老师获第十一届浙江省辅导员争章技能比赛二等奖。

2013年，普陀区少工委被评为浙江省先进县(区)级少工委。沈家门小学少先队大队获全国优秀少先队集体。普陀第二中学吕臻琰获全国优秀少先队员称号。普陀第二中学吕臻琰、沈家门小学杨晓雨、沈家门第一小学张天一3位同学获浙江省“美德好少年”荣誉称号。沈家门第一小学周琲玙、沈家门第四小学周欣怡、沈家门小学徐千涵3位同学获浙江省“优秀少先队员”荣誉称号。朱家尖小学朱荷燕、沈家门第一小学陈刚、沈家门小学徐婉霞3位老师被评为浙江省优秀少先队辅导员。

2014年，普陀第二中学庄璐瑶、沈家门小学顾舒羽、沈家门第一小学周琲玙3位同学被评为省级“美德好少年”。沈家门第一小学胡柏诚获浙江省第十三届少先队雏鹰争章技能比赛金奖。沈家门小学周文婷老师获浙江省第十三届辅导员雏鹰争章技能比赛银奖和省少先队活动说课展示一等奖。

【学生会组织】 1950年,普陀县的中学中就有学生会组织存在。1952年以后,学生会由主席、执委会和级委组成,分设秘书处、学习部、体育部、文娱部、总务部、宣传部、生活福利部,负责开展学生的各种活动。不同时期和不同学校,学生会的组织机构设置略有不同,一般设主席、副主席、秘书长和宣传、学习、文艺、体育、劳动生活、女生部等,干部均由学生大会或学生代表大会选举产生。

1966—1976年"文化大革命"期间,学校教学秩序混乱,原有学生会组织被"红卫兵"组织替代。部门学校红卫兵参加"文化大革命"领导小组组织的"破四旧、立四新"活动,并外出串联,同时成立名目繁多的"战斗队",参加"文化大革命",严重影响学校的正常教学秩序。1976年后,红卫兵活动逐渐停止。1977年后,学校学生会组织陆续恢复,并开展正常工作。1978年,所有红卫兵组织被撤销。

80年代后期,学生会组织的参与和自治职能逐渐加强:组织学生自我服务、自我管理、自我教育,团结和引导学生自立、自律、自强;独立开展工作和活动,为满足学生的正当需要提供选择机会;参与涉及学生成长和学生切身利益的学校事务等。

学生会各部的主要职责:宣传部——配合学校的中心工作,宣传贯彻学校的各项决议、任务和制度;学习部——动员和组织同学学习并参加教育改革,了解情况,交流学习经验,协助教师搞好第二课堂活动;体育部——动员和组织学生参加军事训练和体育锻炼,协助搞好各种体育比赛活动;文艺部——领导和组织各种健康有益的群众性文娱活动;劳动生活部——关心同学的生活和健康,搞好环境卫生和绿化校园,完成学校规定劳动任务,并组织勤工助学活动;女生部——引导女生自强自立,关心女生生活。

第二章 教育督导

教育督导是指县级以上人民政府为保证国家有关教育的法律法规、方针政策的贯彻执行和教育目标的实现,依照国家的有关规定,对下级人民政府和本行政区域内的学校和其他教育机构的教育工作进行监督、检查、评估、指导的制度。建立教育督导制度,对于确保教育优先发展的战略地位,推动教育的改革与发展,保障教育法律法规和政策的贯彻落实,提高教育质量,增强教育的社会效益,具有十分重要的作用。

第一节 发展概况

1988年8月,区政府批复区教育局《关于要求设立教育督导室的报告》(舟普政复〔1988〕36号),同意建立"舟山市普陀区教育局教育督导室"。其主要任务是对全区各级各类学校贯彻执行教育工作方针、政策、法律、法规、规章情况,教育、教学工作质量等进行视察、监督、指导和评价;对教育工作中的重大问题进行调查研究,提出或改进教育工作的意见和建议。区教育督导室隶属区教育局领导和管理,为全民所有制事业单位,人员编制暂定3名。

1997年11月,区政府办公室下发《关于成立普陀区人民政府教育督导室的通知》(舟普政办〔1997〕97号),成立普陀区人民政府教育督导室,协调、指导全区教育督导工作,必要时直接组织督导活动。当时主管教育副区长任督导室主任,区教委主任任督导室副主任。

1998年2月,区人民政府教育督导室与区教育委员会向区编制委员会提出《关于要求将普陀区教育局督导室更名为普陀区人民政府教育督导室办公室的请示》(舟普教〔1998〕28号),将原"普陀区教育局教育督导室"更名为"普陀区人民政府教育督导室办公室"。办公室承担全区教育督导日常工作,原有人员编制和性质不变。

2001年6月,督导室发布《关于建立督导责任区制度的通知》(舟普教督〔2001〕8号)建立督导责任区制度,按行政区域划分六横片、朱家尖片、桃花片、本岛片、沈家门片五个督导责任区,由责任督学负责对本责任区内乡镇、学校日常教育工作的督导。

2009年4月,印发《舟山市普陀区督学责任区工作实施办法的通知》(舟普教督〔2009〕3号)更改为督学责任区,按地段与学校类别将督学责任区调整为四个区域:第一责任区(城东)、第二责任区(城西)、第三责任区(本岛)、第四责任区(海岛),2011年5月,对实施办法作重新制定(舟普教督〔2011〕4号)。

2012年7月,区人民政府教育督导室与区教育局印发《舟山市普陀区教育督学团工作方案的通知》(舟普教督〔2012〕4号),成立舟山市普陀区教育督学团(以下简称督学团),督学团隶属区政府教育督导室和区教育局双重领导,团员年龄在40周岁(含)以上;具有10年(含)以上中级或以上专业技术职务资格;担任副股级或以上干部5年(含)以上;团长和团员由区教育局根据相应资格要求推荐,区政府教育督导室聘任。督学团为非常设机构,其办公室与区教育督导室办公室合署,其成员办公地点可以在区教育督导室办公室,也可以在原工作学校(单位)或调派的蹲点学校(单位)。督学团督学人数为10～20名,督学退休时聘期自然终止。

2013年2月,全区学校责任区督学告示牌上墙。

第二节　督导与评估

督导和评估主要有发展性教育督导评估、"两基""两高"达标评估、创市教育示范乡镇、创省教育强镇、创建省教育强区、办学水平督导评估、省标准化学校评估、学前教育示范乡镇(街道)评估、全国义务教育发展基本均衡县评估、省教育现代化县区评估等。

【发展性教育督导评估】　发展性教育督导评估是对学校实力和办学水平的综合性评估,是评价学校教育发展程度的重要依据,从2003年开始计划实施,先后经过2005版本、2008版本、2011版本。发展性教育督导评估分为义务教育、幼儿教育、普通高中教育、职业高中教育四个系列,评估指标体系由必选、自选、自设、参考指标四类组成。评估方案、指标及评估程序由市政府教育督导室总体负责制订,区教育督导室根据普陀区实际情况做适当调整。学校发展程度评估每学年进行一次,以学年工作计划(学校发展规划)为依据,重点评估学校发展目标设计情况、学校发展目标实现过程、学校发展目标完成情况三项内容。

2003年12月,市教育局印发《舟山市星级示范学校标准及创建办法》,2005年3月,全面实施发展性教育督导评估。2005年11月,市教育局委托市教育规划评估院对普陀区申报的四、五星级学校进行发展性督导评估,沈家门小学被认定为五星级学校,普陀中学、普陀第二中学、沈家门第一初级中学、沈家门第一小学、普陀中心幼儿园被评定为四星级学校。

2006年6月,区教育局对全区申报三星级及以下中小学校进行发展性教育督导评估。沈家门第二小学、沈家门第三小学、沈家门第四小学、沈家门第五小学、东港小学、勾山中心小学、展茅中心小学、螺门小学、六横镇中心小学、台门中心小学、虾峙中心小学、桃花中心小学、朱家尖中心小学23所学校被认定为市三星级学校;鲁家峙小学、平阳小学、塘头小学、螺门中学、登步中心学校、蚂蚁岛中心学校6所中小学被认定为市二星级学校。

2007年5月,在沈家门第四小学召开由普陀区中小学校长、直属幼儿园园长参加的学校发展性教育督导评估工作培训会议。10月，召开普陀区学校发展性教育督导校本评估操作培训会议，全区中小学部分校长和有关人员参加会议。2008年9月，省教育厅督导处叶向群处长到舟山，召开发展性教育评估工作座谈会。

2011年4月，区教育局发展性教育督导评估组在唐汉成局长带领下，到朱家尖小学进行发展性督导评估工作中期检查。

2013年3月，区教育督导室依据《教育部关于进一步加强中小学校督导评估工作的意见》《浙江省学校发展性评价指导意见》《浙江省教育现代化县(市、区)评估操作标准》《舟山市中小学幼儿园发展性评价工作(第三阶段)实施办法》以及普陀区学校发展性评价工作实际，制定《舟山市普陀区学校发展性评价工作推进方案(2013—2015年)》(舟普教督〔2013〕4号)。本方案的制定使普陀区的发展性教育督导评估工作更具有操作性与实用性，形成普陀区发展性教育督导评估特色。评价指标更改为基础性指标、发展性指标、主体性项目三个内容组成，每所学校根据自己学校的具体情况来选择发展性指标，根据办学特色确立主体性项目，并在每学年初向区教育督导室进行申报备案，督导室每学期对主体性项目进行中途调研与指导。发展性评价与学校的年度考核相结合，每学年评定一次。

【“两基”“两高”达标评估】 1993年11月，区政府决定对各乡镇人民政府进行“基本普及九年制义务教育、基本扫除青壮年文盲”(以下简称“两基”)督导评估验收。1993年12月，区政府“两基”评估验收组，对双塘、蚂蚁两乡进行“两基”验收试点。由主管教育副区长任组长，区教育局陈建国局长、唐栽林副局长、严美芬副局长任副组长，共25名人员参加验收。1994年5月，验收组首先对沈家门镇进行“两基”评估验收。1994年8月，国家级督学、省教委督导室副主任何家培来普陀区了解“两基”评估验收的各项准备工作。1994年11月，区政府召开各乡镇分管教育领导参加的“两基”评估验收工作会议，评估组分两组分别对峧头镇、台门镇、展茅镇、朱家尖镇、螺门乡进行“两基”评估验收。1995年3月，区“两基”评估验收小组在区教育局陈建国局长、唐栽林、严美芬副局长带领下，分二组对勾山镇、虾峙镇、桃花镇、东极镇、湖泥乡、登步乡、佛渡乡、白沙乡、葫芦乡9个镇乡进行“两基”评估验收。历时3个年头，组织300多人次，完成对全区17个镇乡的“两基”评估验收。全区青壮年非盲率、脱盲人员巩固率、15周岁人口文盲率分别达到97.75%、97.0%、0.0008%。1995年10月，省“两基”评估验收组一行8人由省教委督学、宁波市政府教育督导室副主任夏明华组长带领，对普陀区进行“两基”评估验收，前来参加验收的还有国家教委干训中心副主任文新华带领的全国督导培训干部一行8人。检查组对展茅镇、蚂蚁岛乡作重点抽查，对沈家门镇、峧头镇、台门镇、虾峙镇、朱家尖镇、双塘乡进行面上抽查。区委书记、区长、副区长，市教委书记、主任，各镇乡书记、镇(乡)长、有关部门负责人及教育局股级以上干部参加意见反馈会，验收组宣布普陀区“两基”验收合格，予以通过，并报省政府审核。12月，省教委报请省政府批准，同意普陀区“两基”评估验收合格(浙教督〔1995〕498号文)。1996年1月，国家教委公布普陀区为全国第二批实现“两基”县(市、区)。4月，沈家门镇、双塘乡、虾峙镇、蚂蚁岛乡、朱家尖镇被市政府评为“两基”工作先进集体，乐圣科、王海伟、张利明、乐志道、陈飞跃、陈建国被评为市“两基”工作先进个人。12月，省下达的5万元“两基”验收合格县(区)奖励经费分配至各镇乡及有关部门。1997年4月，市政府代表省政府对普陀区进行“两基”复查，验收组在市政府副秘书长章惟康、市教委副主任王忠志带领下，复查沈家门镇、本岛片、双塘乡、桃花镇和朱家尖镇，予以通过。

1996年，省教育厅印发《浙江省高标准普及九年义务教育要求及实施办法(试行)》的通知(以下简称“两高”)。1996年8月，全区中小学校长会议，区教委提出全面实施“两高”，1998年2月，区政府对沈家门镇政府实行“两高”工程先行验收评估，作为全区推开试点工作。2000年年底，16个乡镇均通过“两高”评估。

【市教育示范乡镇】 1996年，市政府提出“创舟山市教育示范乡、镇”，1997年11月，区教育局召开创建教育强镇、示范乡镇会议，沈家门镇、台门镇、桃花镇、朱家尖镇、双塘乡、蚂蚁岛乡负责人、教委有关科室负责人和有关学校领导参加。1998年8月，沈家门镇、双塘乡、蚂蚁岛乡通过评估验收。1999年7月，朱家尖镇、台门镇通过评估验收。2000年10—12月，勾山镇、展茅镇、桃花镇先后通过评估验收。共8个乡镇被认定为“市教育示范乡镇”。

【创省教育强镇】 1999年1月，省政府教育督导室首次在沈家门镇进行“省教育强镇”评估验收，予以通过。2000年1月，双塘乡通过评估验收。2001年6月，勾山镇、台门镇、朱家尖镇、蚂蚁岛乡通过评估验收。随着六横岛各乡镇合并为六横镇，2001年10月，六横镇通过评估验收。2002年8月，展茅镇通过评估验收。2003年6月，虾峙镇、桃花镇通过评估验收。2004年6月，登步乡通过评估验收。2008年11月，东极镇通过省教育强镇验评，全区所有乡镇均通过省教育强镇的验评。

【创建省教育强区】 2000年，区政府成立创建省教育强区领导小组，组织实施创建省教育强区工作，各乡镇、学校，逐项进行自查和整改。2001年10月，区政府向省人民政府做出关于申报浙江省教育强区的请示，是年12月，省教育厅张绪培副厅长带领省政府教育督查组对普陀区“创教育强区”工作进行评估验收，2002年2月，普陀区被省委、省政府授予浙江省教育强区称号。2005年4月，通过复查评估验收。

【浙江省教育科学和谐发展业绩考核】 2008年始，督导室承担省教育科学和谐发展业绩考核，督导室针对考核要求检查督促教育局各科室进行自查与整改，完成全局的自查与报告，做好与省考核组的对接工作。其中2008年度、2009年度、2011年度、2012年度、2013年度考核为优秀。

【舟山市人民政府教育发展目标责任制考核】 2004年始，市政府对县区进行政府教育发展目标责任制考核工作，督导室承担此项工作的内部自查、数据核对、资料整理、报告撰写、部门协调与考核组的对接工作。至2014年度，普陀区考核成绩连续在全市县(区)中排名第一。。

2005年5月，以市政府副市长、教育督导室主任冯淑仙为组长的市人民政府教育发展目标责任制考核组，对普陀区政府2004年度教育发展目标责任制落实情况进行考核。考核组听取区长吴晓东关于普陀区2004年度教育发展目标责任落实自查情况的报告，查阅2004年度有关普陀教育发展情况的相关资料，实地察看平阳小学、勾山中心小学和芦花中学，召开有关部门负责人座谈会和教育代表座谈会，并根据《舟山市2004年县(区)政府教育发展目标责任制考核细则》15条指标，对普陀区2004年的教育工作进行全面考核，考核成绩在全市4县(区)中排名第一。

2006年5月、2007年8月、2008年6月，分别由市政府主管教育副市长为组长带领市政府教育发展目标责任制考核组对普陀区进行2005年度、2006年度、2007年度教育发展目标责任制考核。

2009年6月，韩平副市长带领市人民政府教育考核组对普陀区2008年度教育发展目标责任落实情况进行考核。普陀区基础教育在管理体制、普及程度、教育均衡、教育改革等方面的许多工作继续排名第一。

2010年6月、2011年6月、2012年7月，分别由市政府主管教育副市长为组长带领市政府教育发展目标责任制考核组对普陀区进行2009年度、2010年度、2011年度教育发展目标责任制考核。

2013年7月，舟山市人民政府副秘书长戴灵芝带领市教育局、财政局、人力社保局等组成的市政府教育发展目标责任制考核组对普陀区2012年教育发展目标责任落实情况进行考核，考核分数4县区排名第一。

2014年始，改现场考核为上报资料形式。

【市学前教育示范(达标)乡镇验评】 2010年1月，普陀区组织实施市学前教育示范(达标)乡镇创建活动。2010年11月，市政府督导室组织专家组对普陀区申报学前教育示范乡镇的六横镇、桃花镇、勾山街道等三个乡镇(街道)分别进行实地验评。2010年11月，六横镇、勾山街道、桃花镇被评定为学前教育示范乡镇(街道)。2012年8月，展茅街道被评定为学前教育达标乡镇(街道)，2014年11月，朱家尖街道、展茅街道、虾峙镇通过学前教育示范乡镇(街道)评估验收。全区学前教育示范乡镇达到100%。

【全国义务教育发展基本均衡县评估】 2011年12月，区政府决定创全国义务教育发展基本均衡区。2012年8月，受省政府教育督导室、省教育厅委派，以市政府副秘书长戴灵芝为组长，省、市督学等人员组成的评估组，对普陀区政府创建"全国义务教育发展基本均衡县(区)"工作进行评估考核。2013年6月，教育部义务教育均衡县(区)督导评估组一行在国家督学、广西师大教科院孙杰远院长带领下对普陀区进行义务教育均衡县验评认定实地检查，国家教育部督导团办公室主任何秀超在省教育厅副厅长韩平陪同下巡视检查工作。2014年2月，国务院教育督导委员会发文确认普陀区为全国义务教育发展基本均衡区。

【浙江省教育现代化县(区)验评】 2012年9月，根据市委办公室、市政府办公室关于做好教育现代化县(区)创建工作的通知，普陀启动创建省教育现代化(县)区。2014年8月，省教育厅督导处叶向群处长等核查普陀区创建省教育现代化区各项量化指标达标情况，全区基本完成创建工作，等待上级的评估验收。

【省农村示范中小学评估】 1998年，根据浙教基〔1998〕354号文件精神，积极开展省农村示范中小学达标评估工作。至2008年，域内15所农村中小学被认定为省农村示范中小学。

1998年12月，省评估验收组对双塘初级中学、桃花中心小学、虾峙中心小学进行省农村示范中小学评估验收。1999年5月，浙教基〔1999〕195号文件公布虾峙中心小学、桃花中心小学、双塘初级中学被省教育厅认定为省农村示范中小学。2002年6月，浙教基〔2002〕130号文件公布芦花中学被省教育厅认定为省农村示范中学。2004年9月，浙基教〔2004〕240号文件公布台门中心小学、朱家尖中心小学、台门初级中学、朱家尖初级中学被省教育厅认定为省示范小学、示范初中。2006年5月，浙教基〔2006〕98号文件公布桃花初级中学、勾山中心小学、螺门小学、展茅中心小学被省教育厅认定为省示范初中和示范小学。2008年4月，浙教基〔2008〕65号文件公布六横镇中心小学、峧头初级中学、虾峙初级中学被省教育厅认定为第五批省示范小学和示范初中。

【义务教育标准化学校建设评估】 2011年9月，区督导室、区教育局联合印发普陀区义务教育标准化学校建设规划的通知，10月，市教育局验评组对普陀区申报标准化学校的21所义务教育阶段学校进行实地验评。12月，省教育厅检查组对义务教育标准化学校进行抽查复核。2012年3月，省教育厅公布2011年标准化学校名单，沈家门小学、展茅镇中心小学、六横镇中心小学、台门中心小学、普陀第二中学、东港中学、芦花中学、朱家尖初级中学、峧头初级中学9所学校首先通过省验评。2012年12月，嘉兴市海盐县评估组受省教育厅委托，对普陀区义务教育标准化学校复核验评。2013年10月，省教育厅公布2012年和2013年第一批省义务教育标准化学校名单，沈家门第一初级中学、螺门小学、朱家尖小学、勾山中心小学、龙山小学、桃花中心小学、双塘中心学校等7所学校被认定为省义务教育标准化学校。2013年11月，省标准化学校检查组对普陀区沈家门第一小学、展茅中心学校、舟渔学校、台门学校、虾峙学校5所学校进行省标准化学校验收评估。2014年1月，省教育厅公布展茅中心学校、台门学校、虾峙学校3所学校通过省第三批验评，通过整改。2014年7月，省教育厅公布舟渔学校、沈家门第一小学2所学校通过省验评。截至2014年，普陀区义务教育标准化学校达到21所，达标率为95.5%。

【办学水平评估】 根据浙教督字〔1993〕466号《关于对普通高（完）中开展合格督导评估的通知》要求，1994年起，普陀区开始对高中开展合格督导评估及办学水平等级评估。1996年6月，开始对初级中学、中心小学进行合格督导评估。至1999年，全区27所中小学先后通过合格督导评估。

普陀中学 1998年5月，通过省二级重点中学评估验收。2002年11月，通过省一级重点中学验估验收。2013年11月，以国家督学鲁林岳为带队领导、省督学省教科院副院长朱永祥为组长的省一级特色示范高中估组对普陀中学创建特色示范高中工作进行全面评估。2014年4月，普陀中学被认定为省一级普通高中特色示范学校。

普陀第三中学 2000年，被确定为省A级普通高中。2004年2月，被批准为省三级重点中学。2014年1月，以温州市人民政府教育督导室副主任王剑波为组长的省二级特色示范高中评估组对普陀第三中学进行特色示范高中评估。2014年5月，被认定为省二级普通高中特色示范学校。

六横中学 2001年2月，通过省A级普通高中评估验收。2005年1月，被省教育厅认定为省三级重点中学。

沈家门中学 1997年，被认定为省综合重点高中。2003年1月，被省教育厅批准为省一级重点综合高中。

普陀职业中学 2004年2月，普陀厦林旅游职中被认定为省二级重点中等职业学校。2013年3月，普陀区职业技术教育中心被省教育厅命名为省一级中等职业学校。

【其他督导活动】 2001年2月，区教育督导室组织开展全区中小学“减负”和“安全”专项督导检查及开学工作检查。2002年6月，省政府督查组对普陀区贯彻落实《省政府关于加快基础教育改革与发展的决定》情况进行专项督导调研。2004年3月，市教育督导室、省海洋学院、市蓉浦学院来普陀区进行教师继续教育工作督查；5月，市教育督导室对六横镇、展茅镇、勾山街道的学校公用经费情况进行调研。

2005年1月，区教育督导室对乡镇（街道）进行2004年度教育目标责任制考核。5月，区督导室对全区初中小学教育装备工作进行专项督查，重点督查图书、音像教材、信息费使用、实验室建设和网络资源建设等五个方面。6月下旬，区教育督导室对全区中小学体育卫生和艺术教育进行专项督导。7月，区教育督导室成立民办教育机构非学历教育督导小组，督导小组对沈家门城区的7所民办教育机构非学历教育进行督查。

2006年5月，区教育督导室组织开展全区学校、幼儿园安全工作专项督查。7月，省教育厅副巡视员何钧来督查信访工作。9月中旬，全市教育系统体育艺术卫生教育工作专项对口督查，普陀区对定海区进行督查，岱山县对普陀区进行督查。10月，省教育厅专项督查组（嘉兴督查组）对普陀区进行体卫艺教育工作专项督查。

2008年5月，区教育督导室组织开展学校安全工作专项督查工作。8月，省教育厅副巡视员夏建勇一行4人，对区教育局进行以“教育科学和谐发展”为主要内容的工作调研。10月，市教育局健康教育督查组和由定海区教育局组织的义务教育学校课程实施状况督查组、体育督查组对普陀区12所学校进行专项督查。

2010年5月，省督学、杭州市教育督导处处长姜鸿勤一行5人，代表省政府教育督导室到普陀区进行学前教育工作专项督查。9月，区教育督导室组织全区责任区督学开展减负专项督查。10月，全市义务教育学校“减负”县区互查组对普陀区进行检查（嵊泗县查普陀区）。12月，全省义务教育学校“减负”工作专项督查组对普陀第二中学、沈家门小学、东港中学进行督查。2011年3月下旬至4月上旬，区教育督导室关于组织开展学校发展性评估工作调研活动。2012年4月，督学和兼职督学组成的区督导工作考察组到武义县考察学习。2013年11月—2014年10月，区教育督导团开展全区学校教师队伍管理调研工作。2014年3

月下旬至5月，各责任区督学对学校2013学年主体性项目进展情况开展检查调研。12月，各责任区督学对学校2014学年主体性项目确定、方案制订及责任分工落实情况开展调研。

【各类评估情况】 1996年1月，国家教委公布普陀区为全国第二批实现“两基”县(市、区)。2002年2月，普陀区被省委、省政府授予省教育强区称号。2014年2月，国务院教育督导委员公布普陀区为全国义务教育发展基本均衡区。

普陀区各乡镇(街道)各类评估情况表

表4-23

乡镇(街道)	“两基”通过时间	“两高”通过时间	市“教育示范乡镇”	省教育强镇	学前教育达标乡镇	学前教育示范乡镇
沈家门镇(街道)	1994.5	1998.3	1998.8	1999.2	—	—
勾山镇(街道)	1995.3	1999.9	2000.11	2001.6	—	2010.11
展茅镇(街道)	1994.11	1999.9	2000.12	2002.8	2012.8	2014.11
六横镇(街道)	—	—	—	2001.10	—	2010.11
朱家尖镇(街道)	1994.11	1999.7	1999.6	2001.6	—	2014.11
峧头镇	1994.11	2000.12	—	—	—	—
台门镇	1994.11	1998.5	1999.7	2001.6	—	—
虾峙镇	1995.3	1999.11	—	2003.6	—	—
桃花镇	1995.3	1998.6	2000.11	2003.6	—	2010.11
东极镇	1995.3	1999.11	—	2008.11	—	—
螺门乡	1994.11	1999.6	—	—	—	—
双塘乡	1993.12	1998.5	2001.11	2000.1	—	—
葫芦乡	1995.3	1999.6.	—	—	—	—
白沙乡	1995.3	1999.12	—	—	—	—
湖泥乡	1995.3	2000.3	—	—	—	—
登步乡	1995.3	2000.12	—	2004.12	—	—
蚂蚁岛乡	1993.12	1998.5	1998.8	2001.6	—	—

普陀区各校各类督导评估情况表

表4-24

类别	学校名称	合格督导评估认定时间	省农村示范中小学认定时间	省标准化学校认定时间	市星级学校	办学等级
高中	普陀中学	1994.10	—	—	四星级	省一级普通高中特色示范学校
	普陀第三中学	—	—	—	—	省二级普通高中特色示范学校
	六横中学	1996.11	—	—	三星级	省三级重点普通高中学校
	区职教中心	—	—	—	—	省一级中等职业学校
	沈家门中学	—	—	—	—	—
初中	普陀第二中学	—	—	2012.3	四星级	—
	东港中学	—	—	2012.3	—	—
	沈家门第一初级中学	—	—	2013.10	四星级	—

续表 4-24

类别	学校名称	合格督导评估认定时间	省农村示范中小学认定时间	省标准化学校认定时间	市星级学校	办学等级
初中	沈家门第三初级中学	—	—	—	三星级	—
	峧头镇初级中学	1999.1	2008.4	2012.3	三星级	—
	台门镇初级中学	1997.11	2004.9	—	三星级	—
	双塘乡初级中学	1995.5	1999.5	—	—	—
	展茅初级中学	1998.4	—	—	三星级	—
	螺门乡初级中学	1999.4	—	—	二星级	—
	朱家尖镇初级中学	1998.9	2004.9	2012.3	三星级	—
	桃花镇初级中学	1998.5	2006.6	—	三星级	—
	虾峙镇初级中学	1998.12	2008.4	—	三星级	—
九年制一贯制学校	芦花中学	—	2002.6	2012.3	三星级	—
	展茅中心学校	—	—	2014.1	—	—
	舟渔学校	—	—	2014.7	—	—
	台门学校	—	—	2014.1	—	—
	虾峙学校	—	—	2014.1	—	—
	平阳中心学校	—	—	—	—	—
	双塘中心学校	1997.6	—	—	三星级	—
	登步乡中心学校	—	—	—	二星级	—
	蚂蚁岛乡中心学校	—	—	—	二星级	—
小学	沈家门小学	1996.6	—	2012.3	五星级	—
	沈家门镇第一小学	1997.1	—	2014.7	四星级	—
	沈家门镇第二小学	—	—	—	三星级	—
	沈家门镇第三小学	—	—	—	三星级	—
	沈家门镇第四小学	1998.3	—	—	三星级	—
	沈家门镇第五小学	1998.2	—	—	三星级	—
	东港小学	—	—	—	三星级	—
	沈家门镇塘头小学	1998.11	—	—	二星级	—
	沈家门镇鲁家峙小学	1998.3	—	—	二星级	—
	六横镇中心小学	—	2008.4	2012.3	三星级	—
	平阳中心学校	1998.2	—	—	二星级	—
	勾山镇中心小学	1998.12	2006.6	2013.10	三星级	—
	峧头镇中心小学	1998.9	—	—	—	—
	展茅镇中心小学	1999.1	2006.6	2012.3	三星级	—
	螺门乡中心小学	1999.4	2006.6	2013.10	三星级	—
	双塘乡中心小学	1997.6	—	2013.10	—	—
	台门镇中心小学	1997.10	2004.9	2012.3	三星级	—
	龙山小学	—	—	2013.10	—	—
	桃花镇中心小学	1997.3	1999.5	2013.10	三星级	—
	虾峙镇中心小学	1998.10	1999.5	—	三星级	—
	佛渡乡中心小学	1998.6	—	—	—	—
	朱家镇中心小学	1998.9	2004.9	2013.10	三星级	—
	葫芦乡中心学校	1999.3	—	—	—	—
	蚂蚁岛乡中心学校	1997.1	—	—	—	—
幼儿园	中心幼儿园	—	—	—	四星级	—

【督学名录】:

普陀区人民政府聘任的历届督学名录

汤晓耕(1992.3) 陈亚虹(1993.8)
丁悦文(1998.12) 赵赴东(1998.12)
郑素娣(1998.12) 任典武(2001.4)
冯友康(2001.12) 郑加安(2001.12)
柳祖业(2004.8) 李　刚(2004.8)
刘　鑫(2009.1)

普陀区人民政府聘任的督学团名录

第一批(2012.8)

赵赴东　冯友康　李　刚　刘　鑫　吴文江
杨　森　李胜利　李素雅　卓淑波　俞良根
史国平　洪伟根　王赛波

第二批(2013.8)

汪增范　张普明　陆松儿

第三批(2014.8)

朱明文　丁碧芬　史于勤　夏建军

普陀区人民政府聘任的历届特约督导员名录

第一届(1994.10)

朱圣廉　庄永年　陈利伟　祝维玲　翁佩君

第二届(1998.6)

庄永年　林林蕾　翁佩君　朱圣廉　郭妙琴

第三届(2001.4—2003.4)

俞　凯　李诗芳　殷德刚　翁佩君　徐亚飞

第四届(2003.7—2005.7)

俞　凯　缪　毅　沈士军　李诗芳　章德武
徐亚飞　翁佩君

第五届(2008.12—2010.1)

刘习渊　缪　毅　李诗芳　章德武　李赛飞

第六届(2011.3—2014.3)

刘习渊　李赛飞　李诗芳　马丽雅　虞姝霞
洪定龙　陈苗法　郑建国

第七届(2014.3—2017.3)

刘习渊　李赛飞　叶奇勇　傅国庆　李诗芳
马丽雅　虞姝霞

普陀区人民政府聘任的历届兼职督学名录

第一届(1998.12)

任典武　翁友祥　郭献镜　何定康　赵永根
俞忠定　王玉兴　夏建军

第二届(2001.4—2003.4)

张勇卫　翁友祥　何定康　赵永根　王玉兴
夏建军　徐海兵　吴汉荣　方咏菊　竺和平
戴燕红　王康珍　李公章

第三届(2003.7—2005.7)

李　军　翁友祥　汪增范　徐海兵　戴建明
吴汉荣　竺和平　刘丽娜　张普明　程永清
刘森林　王康珍

第四届(2008.12—2010.12)

程永清　吴汉荣　钱小海　阮志康　顾银龙
何德清　王志刚　俞维杰　王康珍　郭妙琴
孙文波　刘松军　徐海兵　徐　波　应和军
应伟光　胡迎红

第五届(2011.3—2014.3)

程永清　吴汉荣　钱小海　陈种根　阮志康
顾银龙　何德清　俞维杰　王康珍　郭妙琴
孙文波　刘松军　徐海兵　周军海　徐　波
应和军　应伟光　胡迎红　裘红素　陈　虎
刘春燕

第六届(2014.3—2017.3)

朱　敏　阮志康　顾银龙　范光亮　夏建军
俞维杰　李　忠　郑德伟　金信根　徐海兵
刘松军　周军海　毛华杰　王海伟　李　琼
徐　波　李宜莹　李贤军　王　蕾　吴汉荣
张飞霞　陈种根　李　军　裘红素　周丹春
刘春燕

第三章　校舍与设备

第一节　校舍建设

中华民国时期，普陀域内小学校舍多设在祠堂、会馆、庵、寺、庙及民宅。民国7年（1918），芦花乡舵岙募集资金建私立集成小学校舍7间。民国10年（1921）1月，勾山乡绅李拙子捐银4500元，建延武小学平房10间，建筑面积320平方米。民国13年（1924），展茅乡张家族人捐资建校舍数间办启后小学。民国31年（1942），沈家门中心小学（沈家门第一小学前身）教学楼建成，面积296平方米。

1949年，普陀有小学校舍26521平方米，大多简陋，教室狭小，光线暗淡，空气不好。至民国末期，域内有乡（镇）中心学校14所，保校42所。

1950年5月以后，人民政府接管旧有的学校，着手恢复和发展教育。新设立的学校，主要利用寺庙、祠堂、会馆、民宅作校舍。同年8月，私立沈家门初级中学（普陀中学前身）建造校舍1403平方米，其中砖木结构674平方米，临时性毛竹屋383平方米，草蓬大礼堂345平方米。

1953年起，中小学校舍建设纳入国家基本建设投资管理，基本建设计划审批均由省教育厅会同省计划经济委员会统一管理。1956年建造的普陀县第二初级中学（六横中学）校舍是苏式的砖木结构。至50年代末，新建、扩建校舍11092平方米。

1958年，中小学数量激增，渔农村学校有部分仍利用寺庙、祠堂、仓库和民宅办学。当时建的校舍多为石木、砖木结构，有的是简易房（乱石墙、毛竹桁条、小竹椽子、黄泥勾缝）。因校舍紧张，沈家门全镇小学中低年级都采用二部制办学模式，学生上下午轮流上学。

1964年新建沈家门小学教学楼（三层）、大礼堂及附属用房均为砖混结构，为当时全县最好的校舍。

“文化大革命”初期，中小学停课，部分校舍受损。复课后，根据村村有小学，学校办到家门口要求，中小学数量迅速增加。限于财力、物力，修建的校舍多为石木或砖木结构，木制人字屋架（个别有预制混凝土屋架和钢人字架）、水泥大瓦片屋面，菱古土门窗框，结构简单。

1973年基本建设计划安排表

表4-25

建设单位	建筑面积（平方米）	资金补助（元）	木材（立方米）	钢材（吨）	水泥（吨）
六横大岙小学	285	8500	1.02	0.935	3.8
虾峙栅棚中心学校	500	15000	1.8	1.65	6.75
朱家尖大洞岙小学	335	10000	1.2	1.1	4.5
湖泥东白莲小学	330	10000	1.2	1.1	4.5
葫芦中心学校	350	11500	1.38	1.265	5.2
沈家门中学	2000	40000	4	4.4	18
合计	4135	95000	10.6	10.45	42.75

1978年，全县有中小学222所，校舍总建筑面积93143平方米。“文化大革命”后期，中学发展较快，校舍严重不足的情况仍未缓解。同时，大批校舍因使用年限长、建筑质量差而破损严重，校舍进入危破高峰期。1978—1980年，县教育局多渠道筹集156.73万元资金(其中地方财政补助35万元、社队负担36.33万元)用于危破校舍改造。并修建一批中小学校舍，竣工校舍面积22359平方米，其中新建普陀中学教学楼2208平方米、沈家门第一初级中学教学楼2000平方米、沈家门鲁家峙小学教学楼1369平方米、蚂蚁岛中心学校教学楼2200平方米、黄石小学教学楼1900平方米。校舍总面积达114011平方米，危破校舍修缮、改造工作取得一定的成绩。但全县中小学危房校舍仍有15178平方米，占校舍总面积的13.3%，尤其渔农村中小学校舍年久失修、破烂不堪。

1981年，省政府确定对危房专项经费采取“相对集中、重点补助”的办法，普陀县被确定为首批重点补助县。1981—1982年，县教育局又筹集122.3万元(其中省拨专款20万元、地方财政31万元、社队负担36.85万元)，用于改造危破校舍。至1982年年底，危房校舍占校舍总面积的比例下降到4.7%。

普陀县岛屿众多，学校分散，台风等自然灾害频繁，校舍破损率高，每年都会产生新的危破校舍。为尽快实现中央提出的“用二三年或稍长一些时间，做到校校无危房，班班有教室，学生人人有课桌凳”的要求，1984年起，县教育局对域内中小学进行三次大检查，鉴定，立卷存档，进行动态管理，以危破校舍改造为重点，有计划有步骤地拆建危破校舍，推进校舍建设。

1984年初，对中小学校舍全面检查鉴定后，确定Ⅰ类危房校舍4829平方米，Ⅱ类危房校舍9187平方米。拆除危房校舍2245平方米，维修破旧校舍1341平方米后，于10月份再次确认Ⅰ类危房校舍6470平方米，Ⅱ类危房校舍4057平方米。

1984—1986年各乡镇(含各区公所所属学校)校舍新建情况表

表4-26

乡(镇)名	建筑面积(平方米)	投资(万元)	国家补助(万元)	乡(镇)名	建筑面积(平方米)	投资(万元)	国家补助(万元)
勾山乡	1800	13.6	8.5	黄石乡	1604	14.9	7.6
芦花乡	1810	12.6	6.65	六横区	400	4	3
展茅乡	2293	19	9.7	佛渡乡	255	1.3	1.12
螺门乡	3090	27.5	13.5	龙山乡	1615	13	6.7
朱家尖区	1650	9.8	8.9	五星乡	640	6	3.2
朱家尖乡	1720	10.8	6.1	峧头镇	3540	25.2	13.05
西岙乡	320	1.35	1.35	双塘乡	700	6	3
桃花乡	2860	19.35	16.7	小湖乡	910	7.9	1.8
登步乡	230	2	1	礁潭镇	1495	9.8	9.8
虾峙区	600	4.8	2.4	悬山乡	428	2.1	1.6
虾峙乡	2040	14.5	13.2	黄兴乡	600	7.4	6.4
栅棚乡	440	2.8	1.8	—	—	—	—
合计	23个区乡，建筑面积31040平方米，投资235.7万元，国家补助147.07万元						

1985年7月，制订实施三年内改造危破旧校舍10527平方米的计划。

1987年7月，区政府再次组织危破旧校舍检查，确认新产生的危房校舍4859平方米，破旧校舍5210平方米。到1988年年底，尚有危房校舍面积2700平方米，破旧校舍面积4000平方米，分别占校舍总面积183000平方米的1.48%和2.18%。中小学校舍危房改造工作进入扫尾阶段。

1981—1990年间，投入校舍建设资金2118.4万元，拆、扩、新建校舍128995平方米，拆除危房校舍29021平方米。当时建设的校舍均为砖混结构，墙体设置采用钢筋混凝土圈梁和构造柱，楼层和屋面采用预制混凝土五孔板，结构整体性较好，采光、隔音、通风、面积都符合当时校舍建设标准。

20世纪90年代中期后，学校布局进入新一轮调整期。1996年，六横中学新建2700平方米综合实验楼，实验幼儿园新建2327平方米教学楼。1996—1997年，新建东港小学，共建造教学楼、综合楼、办公楼等4100平方米，展茅中心小学新建2980平方米的教学楼。1996年，普陀中学迁址东港工程奠基，建造教学楼、图书实验楼、学生宿舍和食堂等校舍21000平方米，至1999年全部完工。1998年，六横中学新建1796平方米学生宿舍。1998—1999年，朱家尖小学新建1723平方米的综合楼。1999—2000年，芦花中学新建食堂与学生宿舍、体艺馆2230平方米，沈家门第三小学新建1500平方米的综合楼。2000年沈家门职业中学新建单体建筑面积9700平方米的综合楼。2001—2002年，普陀第三中学新建单体建筑面积14000平方米的综合楼。2001—2002年，在区政府出资1525万元收购的东港原省二轻疗养院实施沈家门小学和区中心幼儿园迁建工程，新建教学楼、科艺楼、书画楼、食堂等13300平方米和200米塑胶跑道田径场，改造原省二轻疗养院用房6300平方米，2003至2004年，建造建筑面积1475平方米的沈家门小学体育馆和游泳池。2001—2003年，朱家尖中学新建3392平方米的图书实验楼。

2003—2004年，普陀第二中学拆除行政楼新建4785平方米教学楼；2004—2006年，普陀中学扩建9052平方米的综合楼和体艺馆；2004—2005年，普陀第三中学建造1号、2号学生宿舍5108平方米；2005年，改造普陀中学400米塑胶跑道田径场；2007年，改造普陀第三中学400米塑胶跑道田径场、六横中学250米塑胶跑道田径场；2007—2008年，桃花中心学校扩建综合楼1158平方米；2008年，改造勾山中心学校150米塑胶跑道、朱家尖中学400米塑胶跑道田径场。

2005—2008年，实施中小学食宿改造工程，域内实际完成中小学食宿改造项目8个，新建中小学食堂与师生宿舍9600平方米，主要建设普陀第三中学3号学生宿舍和教师宿舍4378平方米、六横中学食堂与学生宿舍2151平方米、桃花中心学校食堂与宿舍1885平方米、朱家尖小学食堂729平方米等。

2007—2008年，择址新建六横中心小学，用地35334平方米，建造教学楼、实验楼、行政楼、风雨操场、食堂、宿舍等11260平方米和250米塑胶跑道田径场；扩建区实验幼儿园，新建教学楼2624平方米。2008—2009年，六横峧头中学迁建，用地46000平方米，建造教学楼、实验楼、图书行政楼、体艺馆、食堂、宿舍等18250平方米和400米塑胶跑道田径场。

2005—2010年，实施城区学校布局调整工程。2005年9月，城北学校（普陀第二中学）建设教学楼一期工程建设开工，2009年4月图书行政楼、实验楼、体艺馆、食堂、宿舍、250米塑胶跑道田径场等二期工程开工建设。学校总用地58334平方米，总建筑面积24172平方米，总投资7896万元，于2010年8月完工。2008年4月，沈家门第四小学综合教学楼扩建工程开工建设，投资704万元，建筑面积2400平方米，于2009年7月完工。2008年5月，区职教中心迁扩建工程开工建设，用地144667平方米（新征地120867平方米），建有教学楼、实验楼、图书办公楼、动漫楼、实习实训楼、体艺楼、食堂、宿舍及400米塑胶跑道田径场等，总建筑面积69018平方米，总投资2.54亿元（利息1657.5万元），于2010年3月完工。2008年11月，普陀中学迁建工程奠基（文康路），用地115134平方米，建有教学楼、科技实验楼、行政办公楼、图书馆、体艺楼、食堂、宿舍及400米塑胶跑道田径场等，总建筑面积57802平方米，总投资2.6亿元，于2010年8月完工。

2009年4月，国务院决定实施全国中小学校舍安全工程。2009—2012年，区政府继续对城北学校（普陀第二中学）建设、区职教中心和普陀中学迁建“三大工程”建设投资1.97亿元，按七度抗震设防要求，实施中小学校舍安全工程，其中拆扩建项目11个，建筑面积4.23万平方米，加固改造项目16个，建筑面积4.99万平方米，地质灾害治理项目2个。

2009—2012年普陀区中小学校舍安全工程总体情况表

表4-27

项目名称	学校性质	建筑面积（平方米）	项目总投资（万元）	开工时间	完工时间
普陀区合计	—	92277	19712	—	—
一、拆扩建类小计	—	42346	13729	—	—
沈家门小学报告厅拆建工程	公办	2508	710	2009.1	2010.7
普陀第三中学三期扩建工程	公办	6289	2310	2009.1	2011.12
普陀第三中学学生宿舍拆建工程	公办	1596	373	2010.12	2011.8
台门中小学校舍拆建工程	公办	9953	3368	2010.1	2011.8
桃花中心教学楼与礼堂拆建工程	公办	2253	580	2011.4	2011.12
朱家尖中学食堂宿舍拆建工程	公办	667	220	2011.3	2011.8
展茅中学拆扩建工程	公办	5927	2200	2011.11	2012.12
六横中学校舍拆建工程	公办	5356	1550	2011.12	2012.12
朱家尖小学综合教学楼拆建工程	公办	4452	1418	2011.7	2012.8
龙山小学教学实验楼拆建工程	公办	2250	600	2011.12	2012.12
朱家尖初级中学办公楼拆建工程	公办	1095	400	2012.7	2012.12
二、加固改造类小计	—	49931	5778	—	—
芦花中学校舍加固工程	公办	2960	397	2010.7	2010.10
普陀第三中学教学楼实验楼加固工程	公办	8485	865	2010.7	2010.12
沈家门第一初级中学校舍加固工程	公办	6280	860	2010.6	2010.10
沈家门第一小学校舍加固工程	公办	7424	680	2010.7	2010.11
勾山中心小学教学楼加固工程	公办	1800	267	2010.7	2010.10
双塘中心教学楼综合楼加固工程	公办	1422	140	2011.8	2011.12
沈家门第三小学教学楼加固工程	公办	1500	161	2011.7	2011.12
育才学校教学楼综合楼加固工程	民办	1850	205	2011.2	2011.6
螺门小学教学楼综合楼加固工程	公办	2100	235	2011.9	2011.12
舟渔学校教学楼加固工程	公办	6385	844	2011.3	2011.9
朱家尖初级中学教学楼加固工程	公办	1250	140	2011.7	2011.10
沈家门第四小学校舍加固工程	公办	5784	621	2011.7	2011.12
希望小学校舍加固工程	民办	1471	207	2012.2	2012.6
向阳小学教学楼加固工程	民办	1220	156	2012.7	2012.10
三、灾害治理类小计	—	—	205	—	—
台门中小学地质灾害治理工程	公办	—	105	2011.11	2012.3
螺门小学宕口治理工程	公办	—	100	2011.12	2012.4

实施校舍安全工程的同时，2009年投资约1150万元收购六横实验幼儿园等3所民办幼儿园。2009—2011年，新建勾山中心幼儿园园舍2100平方米，六横中心幼儿园园舍4546平方米，改造桃花中心学校200米、朱家尖小学180米、展茅中心小学250米、芦花中学250米、东港小学150米、舟渔学校250米等塑胶跑道田径场。

按计划完成校舍安全工程项目后，2012年6

月投资1800万元新建沈家门幼儿园园舍4782平方米。2012年7月，投资220万元改造展茅中心小学教学楼2980平方米。2012年10月，投资560万元实施1792平方米的六横中心小学教学楼扩建工程。2012年12月，投资1200万元实施虾峙中心小学及幼儿园改扩建工程，新建教学楼2166平方米，改造综合楼655平方米，改造180米塑胶跑道田径场，新建幼儿园园舍1050平方米。2013年7月，投资140万元实施龙山小学200米塑胶跑道田径场改造，投资420万元实施普陀第三中学三期扩建附属工程，投资400万元实施普陀第三中学综合楼改造。2014年7月，投资150万元实施东港中学食堂改造，投资400万元实施普陀中学人工湖和广场绿化改造，投资200万元实施普陀第二中学景观建设等。

21世纪后，新建中小学、幼儿园校（园）舍，按7度抗震设防进行设计，教学、体育运用、生活功能分区明确，设施配套齐全。

经过几轮中小学布局调整，至2010年年底，撤并后闲置的学校校舍、场地，计90所，占地面积198000万平方米，建筑面积80000平方米。这些中小学闲置校产大多建于20世纪70—80年代，大部分位于渔农村海岛乡镇。2011年8月，区政府对闲置校产处置和学校产权登记事宜进行专题研究，渔农村闲置的校产，除教育规划需留用的校产外，其余的从“产权”学校调拨给所在地乡镇政府或街道办事处，由所在地乡镇政府或街道办事处进行处置。至2014年，学校尚持有闲置校产9所，占地面积5.86万平方米，有房屋建筑49幢，建筑面积2.09万平方米。

2003年，区教育局被省教育厅评为浙江省中小学危房改造工作先进单位。沈家门职业中学和普陀中学分别获舟山市建筑工程“海山杯”奖，普陀中学扩建的综合楼和体艺馆（灵秀街址）获浙江省建筑工程“钱江杯”奖，普陀第三中学综合楼获舟山市建筑工程“海山杯”奖。新建的沈家门小学是由天津大学教授、中国科学院院士、全国建筑设计大师彭一刚设计，该设计在中国建筑学会举办的“新中国成立六十周年建筑创作大奖”的评选中，获创作大奖（共评选300项）。

2006年年底普陀区中小学在用土地校舍面积情况表

表4-28　单位：平方米

类　别	学校占地面积	校舍建筑面积	生均占地面积	生均建筑面积
小　学	212944.5	87650.7	16.23	6.68
九年一贯制	37968	10623.6	24.9	6.97
初　中	140319.4	62418.1	16.77	7.46
高　中	220908	84203.4	53.3	20.31
职　中	61906.3	27752.2	23.87	10.7
合　计	674046.2	272648	—	—

2011年年底普陀区中小学在用土地校舍面积情况表

表4-29　单位：平方米

类　别	学校占地面积	校舍建筑面积	生均占地面积	生均建筑面积
小　学	237279.4	92879.6	20.62	8.07
九年一贯制	53168	21440.7	26.8	10.81
初　中	250118.9	107533.6	42.21	18.15
高　中	269678	115592.1	80.36	34.44
职　中	175781	85884.5	68.64	33.54
合　计	986025.3	423330.5	—	—

2014年年底普陀区中小学在用土地校舍面积情况表

表4-30 单位：平方米

类　别	学校占地面积	校舍建筑面积	生均占地面积	生均建筑面积
小　学	208348.6	90525.8	18.88	8.2
九年一贯制	91357	27894.1	42.47	12.97
初　中	217599.1	94600.9	43.78	19.03
高　中	269678	112165.9	90.1	37.48
职　中	175797	87236.9	104.33	51.77
合　计	962779.7	412423.6	—	—

1981—2014年校舍建设情况表

表4-31

年份	建筑面积（平方米）	投入资金（万元）	其中		改造危房面积(平方米）	投入资金（万元）	其中	
			国家	集资			国家	集资
1981	10800	57	—	17.4	2525	32.98	26.43	6.55
1982	7000	54.8	—	19.45	338	3.5	1.15	2.35
1983	9998	95.77	—	24.5	2908	60.02	35.58	24.44
1984	16477	165.57	—	72.77	3769	72.77	32.92	39.85
1985	16398	182.33	—	61.25	4886	61.25	26.82	34.43
1986	12536	272.46	—	89.9	4746	89.9	59.9	30
1987	12552	281.35	—	85.67	1606	54.93	39.36	15.57
1988	16048	343.37	—	51.7	2580	86.47	41.27	45.2
1989	7435	305	—	74.8	2106	108.1	54	54.1
1990	10567	298.3	—	80.23	2714	63.45	37.72	25.73
1991	14958	447.2	—	227.46	154	—	—	—
1992	12898	591.01	—	318.65	458	32	14.5	17.5
1993	12158	992.2	—	418.85	—	—	—	—
1994	17505	1210.3	—	623.3	—	—	—	—
1995	21046	1003	—	486	—	—	—	—
1996	18243	1241	—	—	—	—	—	—
1997	10720	1868	—	—	—	—	—	—
1998—2002	75037	15091	—	—	—	—	—	—
2003—2006	32000	6358	—	—	—	—	—	—
2007—2011	223000	84663	—	—	—	—	—	—
2012—2014	31317	16189	—	—	—	—	—	—
合　计	588693	131709.7	—	2651.93	28790	665.37	369.65	295.72

2003—2014年普陀区教育基本建设资金安排情况表

表4-32 单位：万元

年度	财政投入		建设借贷款		
	区级及以上	乡镇配套	新增借贷款	归还借贷款	年末借贷款余额
2002	—	—	—	—	6450
2003	1500	190	600	2500	4550
2004	1470	103	400	1300	3650

续表 4-32

年度	财政投入		建设借贷款		
	区级及以上	乡镇配套	新增借贷款	归还借贷款	年末借贷款余额
2005	2180	3	800	900	3550
2006	2900	—	—	700	2850
2007	11600	155	2000	2000	2850
2008	5500	2899.1	3500	6350	0
2009	13280	1589	15500	—	15500
2010	13964	979.5	11500	1000	26000
2011	7390	1913.5	—	1000	25000
2012	14865	2248	—	2000	23000
2013	12531	783	—	2000	21000
2014	8933	1855	—	2500	18500
合计	96113	12718.1	34300	22250	18500

注:2010—2012 年区级及以上财政投入资金中包括省校安工程补助资金;区级及以上财政投入资金中包含建设贷款还本付息资金;2014 年末教育项目实际使用贷款的余额为 9700 万元

为保证校舍经常处于完好状态,延长使用寿命,做好周期性有计划的大、中修工作,通过多渠道筹措校舍维修资金,用于中小学校校舍维修。2007 年,根据国务院要求,实施农村义务教育经费保障机制改革。普陀区从 2007 年起设立义务教育校舍维修改造专项资金,用于中小学校舍的维修改造,后资金使用范围扩大到域内所有中小学、幼儿园。

2013 年,印发《舟山市普陀区校舍维修改造项目管理办法》,加强对校舍维修改造工作管理,提高校舍维修改造工程质量和资金使用效益,规避工程建设中的廉政风险。

从 2000 年起,区直属学校、幼儿园基建工程由区教育局作为建设主体实施,乡镇中小学(幼儿园)基建工程仍由乡镇政府或中小学(幼儿园)作为建设主体实施,一般校舍维修项目仍由各中小学(幼儿园)作为主体负责实施,区教育局负责方案制定及指导。

2003—2014 年中小学校舍设施维修资金投入情况表

表 4-33　单位:万元

年度	合计	区级及以上资金	乡镇街道资金	社会捐赠资金	学校自筹资金
2003	392.1	95.5	162	71.5	63.1
2004	300.2	82	36	129.2	53
2005	269.5	137	38	67.5	27
2006	406.6	92.3	63.5	90.5	160.3
2007	313.6	225	52	8	28.6
2008	819.6	392.7	312.2	93	21.7
2009	1093.7	758.2	251.8	24.5	59.2
2010	579.2	470	27	25	57.2
2011	754.4	307.2	140.5	175	131.7
2012	649.6	305	210	100.5	34.1
2013	762.1	510	119.7	95	37.4
2014	932.9	515	231.6	92.5	93.8
合计	7273.5	3889.9	1644.3	972.2	767.1

第二节 教育设施

【实验室及专用教室】 建立学校之后，较长时期内，域内农村许多中小学很少有专门的实验室和音乐、美术、体育、劳技等专用教室，直到20世纪80年代开始，各级学校重视实验室或专用教室的建设。

1982年，全区开展"农村初中实验中心"建设，县政府和乡镇增加资金投入，实验室及专用教室建设力度得到加强。是年，朱家尖中学和桃花中学修建了实验大楼，建立物理、化学、生物实验室。

1990年，域内共有各类实验室98间，4508平方米；图书馆（室）67间，4690平方米。教育装备总量达到2652.33万元，其中仪器192.09万元，图书456.66万元，音乐、体育、美术设备221.8万元，"二机一幕"45.52万元。

1997年，普陀区通过省"义务教育普及实验县（区）"验收，实验室全面普及。是年，全区共有各类实验室177间，计15045平方米；图书馆（室）105间，计8925平方米；多功能室18间，计2726平方米。

2004年，域内教育装备总量达到5771.14万元，其中仪器292.09万元，图书521.35万元，音乐、体育、美术设备382.1万元，计算机1831.36万元，多媒体745.14万元，是年，累计教育装备经费投入477.84万元，年生均新增装备经费155.1元。

2008年，域内教育装备总量达到5954.7万元，其中仪器358.3万元，图书725.29万元，音乐、体育、美术设备321.74万元，计算机2083.73万元，多媒体1136.09万元。是年，累计教育装备经费投入672.19万元，年生均新增装备经费265.1元。

2013年，域内中小学教育装备总量达到7746.16万元，全年累计教育装备经费投入1609.17万元。是年，新增生均装备经费681.62元，其中义务教育阶段小学新增生均装备经费524.99元，初中新增生均装备经费763.95元。中小学添置纸质图书144444册，图书装备经费投入129.63万元。当年生均添置纸质图书7册。历年累计藏书总金额992.8万元，总藏书量103万册（不含电子图书），生均藏书量50.2册，其中，中学66.74册、小学39.1册。其时，拥有各类实验室及专用功能教室747个，总面积69504平方米。

实验室及功能教室仪器设备总值累计1982.77万元，其中实验仪器总值452.21万元，实验室设备总值422.63万元，功能教室器材设备总值1107.92万元。中小学教学仪器均达到省I类配备标准。100%的学校建有图书馆（室）。图书馆（室）总面积11179.3平方米，配备常规阅览室50个，电子阅览室7个，藏书室33个，资料室19个。

2014年普陀区中小学实验设备配备情况表

表4-34

学校	实验设备		功能室设备		图书	
	实验室（间）	资金投入（万元）	功能室（间）	资金（万元）	藏书（册）	资金投入（万元）
舟渔学校	13	26.12	7	12.36	26658	27.03
虾峙学校	7	14.62	2	16.84	6136	9.94
桃花镇中心学校	9	13.74	3	21.83	13728	33.86
沈家门第一小学	21	15.69	8	146.32	91671	73.05
沈家门第四小学	9	11.28	5	39.95	60688	65.25
展茅街道螺门小学	12	4.20	4	16.36	13760	11.45
朱家尖小学	17	8.66	8	98.98	48276	51.76
六横镇中心小学	16	19.61	8	142.26	39375	43.01
六横镇龙山小学	4	3.07	2	15.10	9803	13.15

续表 4-34

学校	实验设备		功能室设备		图书	
	实验室(间)	资金投入(万元)	功能室(间)	资金(万元)	藏书(册)	资金投入(万元)
六横镇双塘中心学校	6	3.66	3	14.98	6668	6.39
沈家门小学	22	37.34	13	296.09	141353	103.55
普陀第二中学	13	12.46	6	55.23	69302	125.00
沈家门第一初级中学	16	24.59	8	30.13	70824	48.58
东港中学	28	25.19	13	67.31	45303	43.39
展茅中心学校	17	17.62	6	29.85	32568	30.18
朱家尖初级中学	11	12.57	3	41.15	26468	27.63
六横镇峧头初级中学	14	14.61	5	27.11	21411	20.59
六横镇台门学校	9	4.30	5	21.48	46101	34.21
育才学校	8	9.92	4	5.77	53217	45.85
芦花中学	7	2.49	3	53.87	40592	29.60
普陀中学	31	180.82	8	93.12	103110	109.99
普陀第三中学	23	41.36	10	62.69	60764	102.16
六横中学	11	27.27	3	17.57	21890	36.71
合计	324	531	137	1326.35	1049666	1092.33

【实验设备及配备】 20 世纪 50 年代初，教学设备简陋。为了普及国民教育，学校数量迅速增加。限于财力，无法顾及教学仪器设备的添置，学校缺乏必要的教学设备。“文化大革命”期间，兴起村村办学校热潮，渔农村学校实验设备以实用、应用为主，如“三机一泵”。改革开放后，中小学教学设备增添和更新得到不断的重视和加强。

1982 年，以建立“农村初中实验中心”为起点，至 1986 年，域内 113 所中小学，61%初步完成理科实验设备(仪器)和“二机一幕”(录音机、书写投影机和银幕)的配备。

1992 年，中小学教学设备(仪器)配备率达到 96%。

1997 年，普陀区通过省“中小学实验教育普及县(区)”的验收。全区中小学教学设备达Ⅰ类标准的 38 所，Ⅱ类配备标准的 45 所，Ⅲ类以上配备标准的 30 所。

2012 年，全区普通中小学教育技术装备经费总投入 923.5 万元，其中财政经费投入 886.63 万元，占总投入的 96%。当年生均教育装备经费投入 395.16 元。全区中小学教育技术装备累计经费达到 6978 万元，累计生均教育技术装备金额达到 2985.79 元，比 2011 年生均 2795.3 元增加 190.49 元。实验室及功能教室仪器设备总值累计 1678.28 万元，其中实验仪器总值 363.5 万元，实验室设备总值 348.7 万元，功能教室器材设备总值 966.08 万元。中小学教学仪器均达到省二类及以上配备标准。

2013 年普陀区中小学教育装备情况表

表 4-35

学校名称	全校学生数	学校图书(册)	仪器设备(万元)	生均图书(册/生)	生均仪器设备(元/生)
沈家门小学	3078	131369	957.69	42.68	3111.39
沈家门第一小学	2283	84240	639.25	36.90	2800.06
沈家门第三小学	480	19499	140.06	40.62	2917.99
沈家门第四小学	1230	36896	236.36	30.00	1921.66
展茅街道螺门小学	481	16642	79.61	34.60	1655.17

续表 4-35

学校名称	全校学生数	学校图书(册)	仪器设备(万元)	生均图书(册/生)	生均仪器设备(元/生)
舟渔学校	704	25199	242.02	35.79	3437.85
朱家尖小学	928	42603	293.59	45.91	3163.73
六横镇中心小学	1115	37036	385.08	33.22	3453.68
六横镇龙山小学	167	8757	96.22	52.44	5761.48
六横镇双塘中心学校	168	6533	61.06	38.89	3634.50
勾山中心小学	855	20386	132.13	23.84	1545.33
普陀第二中学	1369	67087	620.32	49.00	4531.21
沈家门第一初级中学	1440	69650	355.97	48.37	2471.99
东港中学	1045	29916	287.47	28.63	2750.96
展茅中心学校	672	30661	210.47	45.63	3132.00
芦花中学	1371	39589	284.66	28.88	2076.29
朱家尖初级中学	450	25426	205.36	56.50	4563.51
六横镇峧头初级中学	578	15938	173.28	27.57	2997.92
六横镇台门学校	754	43101	195.95	57.16	2598.80
桃花镇中心学校	315	25186	146.84	79.96	4661.67
虾峙学校	246	21938	143.85	89.18	5847.76
育才学校	771	50339	146.92	65.29	1905.63
普陀中学	1405	99804	854.95	71.03	6085.07
普陀第三中学	1292	60084	670.89	46.50	5192.68
六横中学	411	21543	186.12	52.42	4528.41
合计	23608	1029422	7746.156	43.60	3281.16

2014年,全区中小学教育装备总量达到8253.18万元,比2013年增加507万元,累计生均装备经费为3536.21元;全年投入教育装备经费936.20万元,其中小学458.65万元,中学477.55万元,年生均装备经费为401.13元。各中小学校建有各类实验室341个,其中科学(物理、化学、生物)实验室85个,综合实验室33个,心理辅导室33个,音乐教室67个,美术教室56个,体育馆(室) 25个。实验室管理人员58名,其中专职37名,兼职21名。

【图书馆(室)与图书】 2014年,全区中小学校建有图书馆(室)总面积为20638平方米(其中普通高中3602平方米,职业高中6990平方米,初级中学5931平方米,小学4115平方米),各类阅览室58间(校均2.4个),电子阅览室9个。中小学图书装备经费总投入85.03万元,累计藏书总额为1116.05万元。各中小学有藏书1097603册(其中普通高中183337册,职业中学62407册,初级中学391662册,小学460194册),中小学生均图书拥有量46.45册。图书室管理人员43名,其中专职27名,兼职16名。

【音乐美术体育(馆)室】 2014年,全区中小学有音乐教室67个,美术教室56个,体育馆(室)25个。体育馆(室)总面积为33354平方米(其中普通高中14457平方米,职业中学3652平方米,初中11411平方米,小学3834平方米)。中小学运动场地总面积284580平方米(其中普通高中59314平方米,职业中学19500平方米,初级中学109712平方米,小学96054平方米)。有400米标准田径场的学校5所:普陀中学、区职教中心、东港中学、峧头初级中学、朱家尖初级中学。

2014年普陀区办学条件达标情况表

表 4-36

类别 / 达标校数（所） / 学校	体育运动场（馆）面积达标校数	体育器械配备达标校数	音乐器材配备达标校数	美术器材配备达标校数	理科实验仪器（小学数学自然）
高中	3	3	3	3	3
初中	9	8	8	8	8
小学	12	12	12	12	12

【信息技术装备】 1986年以前，域内各中小学都以“二机一幕”达标配备为主，部分学校配备“长江”牌16毫米电影放映机，用于学校日常教育教学。

1992年逐步配备磁带放像机（录像机）用于学校教育教学工作。

1998年，区教育局提出以“教育信息化抢占教育制高点”的教育发展目标，积极推广计算机教学，“计算机从儿童抓起”，部分学校从小学一年级开始开设计算机课。投入50万元，率先在全省建成教育城域网，通过光缆将区教育局和沈家门城区13所中小学及7幢教师宿舍直接连接，高速上网。开通“普陀教育”（www.ptec.edu.cn）网站，成为全省最先实施教育城域网的3个县区之一。

1997年，沈家门小学被国家教委办公厅确认为首批全国中小学现代教育技术实验学校。

至2001年，沈家门小学被认定为国家级现代教育技术实验学校。普陀中学、普陀第二中学、区职教中心、沈家门第一小学、沈家门第五小学、沈家门第一初级中学、虾峙中心小学等7所学校被认定为省级现代教育技术实验学校。

2002年，全区中小学拥有计算机3162台（套），每百名学生拥有8.4台计算机；建有48个计算机专用教室，有48所中小学学校开设了计算机（电脑）课。

2005年，“普陀教育”网站域名更改为www.ptec.gov.cn。

2008年，全区中小学共有计算机4968台，生机比5.1 ∶ 1，配备多媒体622套，89%学校班级配备多媒体，所有学校都有光缆与区教育局中心机房相连，直接上网。

至2013年年底，全区中小学校有计算机6267台，中小学生机比3.8 ∶ 1。学校多媒体总套数1000套，所有普通教室配备了多媒体教学设备，多媒体班套比为1 ∶ 1，即100%配备多媒体设备（包括新居民子弟学校）。100%的学校拥有计算机教室，100%的学校建有相对完整的校园网，并且学校校园网以1000兆比特每秒带宽接入教育城域网。计算机、多媒体、网络设备累计达4728.36万元，其中，计算机设备总值2034.06万元，网络及外部设备总值750.17万元，多媒体教学设备总值1330.23万元。沈家门第一小学被教育部确定为第一批教育信息化试点学校。

2014年，全区中小学拥有各类计算机6493台，其中教学用计算机4168台（小学有各类计算机2977台，其中教学用计算机1998台；初级中学有各类计算机2474台，其中教学用计算机1546台；职业中学有各类计算机577台，其中教学用计算机500台；普通高中有各类计算机1042台，其中教学用计算机633台）。网络多媒体教室914个。

稳步推进“云”计算机教室配置，已有11所学校建有“云”计算机教室；创新多媒体配备，全区有多媒体914套，其中交互式电子白板291套，所有学校（包括新居民子弟学校）多媒体进教室，比例达到100%；8所学校配备覆盖全校的具有统一认证的无线（Wi-Fi）网络。

至2014年，域内有“全国现代教育技术实验学校”1所，“国家教育信息化试点学校”1所，“浙江省现代教育技术实验学校”6所，市“班班通”项目试点学校3所，市“人人通”试点项目2个。

2014 年普陀区中小学信息化装备情况表

表 4-37

学校	计算机(台)		多媒体教室		信息化设备总值(万元)	校园网(M)	
	台(套)	教学用	间	台(套)		主干	出口
舟渔学校	210	141	25	26	190.61	100	1000
虾峙镇中心学校	116	90	7	12	120.44	100	1000
桃花镇中心学校	84	52	8	16	53.86	100	1000
沈家门第一小学	548	368	57	79	416.36	1000	1000
沈家门第三小学	119	70	16	20	102.45	1000	1000
沈家门第四小学	257	157	32	43	162.07	1000	1000
展茅街道螺门小学	87	60	15	14	48.35	100	1000
朱家尖小学	323	214	34	36	174.52	1000	1000
六横镇中心小学	297	197	32	48	227.34	100	1000
六横镇龙山小学	107	90	6	17	61.48	100	1000
六横镇双塘中心学校	78	51	6	12	35.37	100	1000
沈家门小学	751	499	81	117	524.86	1000	1000
普陀第二中学	415	266	31	49	414.02	1000	1000
沈家门第一初级中学	400	221	52	49	255.36	1000	1000
东港中学	257	104	34	47	198.24	1000	1000
展茅中心学校	227	148	22	34	127.12	1000	1000
朱家尖初级中学	200	121	14	18	156.15	1000	1000
六横镇峧头初级中学	244	172	18	37	130.05	1000	1000
六横镇台门学校	227	135	23	44	136.76	100	1000
育才学校	218	179	21	26	77.31	100	1000
芦花中学	286	200	51	58	190.56	100	1000
普陀中学	382	222	35	43	548.03	1000	1000
普陀第三中学	474	294	32	54	422.65	100	1000
六横中学	186	117	12	15	89.95	1000	1000
合计	6493	4168	664	914	4863.91	14100	24000

第三节 教育装备

【发展概况】 在很长的时期内，普陀域内多数学校教育装备简陋，只有小黑板、算盘、计数棒、教具箱等简易设备，乡镇初级中学基本上没有实验仪器或没有专门实验室，普遍不能开设实验课。

20 世纪 70 年代，开始在普通中小学配发教育仪器、模型以及教学幻灯机，初中学校则配发农（渔）机教学模型，部分教学挂图。

1982 年，浙江省开展农村实验中心建设，普陀在沈家门第一初级中学、朱家尖初级中学、桃花初级中学、虾峙初级中学、双塘初级中学、台门（礁潭）初级中学等 7 所初中建立农村初级中学实验中心，附近初级中学的师生可以到实验中心进行实验教学，或部分实验中心送实验器材到附近学校，解决乡镇初级中学实验难的问题。

1987 年 5 月，朱家尖初级中学实验中心被省教育厅评为省级农村实验中心先进集体。同年，全区中小学教育装备总金额为 815 万元。

1992 年，区仪器站与电教馆合并，成立普陀区电教仪器站，经费单列。当年，域内 92 所中小学按不同标准配备各类教学仪器，62%的乡镇完成对初级中学和乡中心小学教学仪器的配备，有 81 所学校建立实验室。

1997 年 11 月，普陀区通过省“中小学实验教学普及县（区）”验收。

2000年，全区中小学教育装备总金额扩大到1643万元，生均装备金额达到383.3元，装备各类图书91.5万册，生均21.36册，年新增图书75544册。

2005年，全区中小学教育装备总金额扩大到3150.78万元，生均装备金额达到958.38元，装备各类图书102万册，生均30.48。装备各类教学用计算机4312台(套)。

2008年12月，全区教育装备总金额增加到5649.28万元，生均装备总金额1880.8元。每所中小学均按省标准配齐教学仪器，所有学校设有计算机教学教室。各类计算机5605台，每5.35名学生拥有1台计算机；全区配备各类多媒体设备622套，90.4%普通班级配备了多媒体设备。基本配齐音乐、体育、卫生、美术器材。全区中小学有109间各类实验室，32个图书(馆)室，各类图书110.59万册，生均图书36.82册。

2013年，省教育技术中心实施“中小学实验室和专用教室”项目，普陀区获得各类实验室和专用教室设备43套，合计奖励经费430万元，年底又获得7套各类实验室设备的奖励。是年，全区中小学教育装备总金额达7746.16万元，生均为3778.6元；当年生均教育装备投入681.62元；全区中小学有计算机6267台，每百名学生为26.55台计算机；有多媒体1000套，全区中小学每个班级配备了多媒体(包括民工学校)；图书1029422册，生均图书43.6册。

1982—2014年普陀教育装备情况表

表4-38

年份	总经费(万元)	生均装备经费(元)	仪器(万元)	图书(万元)	音体美(万元)	计算机(万元)	二机一幕(多媒体)	当年新增(万元)	年生均经费(元)
1982	627.36	148.12	86.89	187.52	100.06	—	42.88	96.78	22.85
1987	879.89	226.73	121.58	210.23	122.65	—	50.75	132.16	34.05
1991	1653.33	372.25	142.61	242.98	176.76	—	56.31	186.25	41.93
1995	2278.56	466.53	176.22	300.11	228.18	—	76.28	275.18	56.34
2000	3967.56	1283.5	232.88	412.12	300.6	1178.06	288.15	426.37	137.9
2004	5771.14	1867.1	292.09	521.35	382.1	1831.36	745.14	477.84	155.1
2008	5954.7	2348.4	358.3	725.29	321.74	2083.73	1136.09	672.19	265.1
2012	6978.1	2985.8	363.5	942	966	4339.1	1227	923.53	395.2
2014	8253.18	3536.22	423.72	1058.19	1134.47	4863.88	1310.7	936.2	401.13

【教育装备达标】 根据统计数据，普陀各类教育装备达标率，从20世纪80年代开始逐年提高，达标的学校数也在逐年增多。

1981—2014年普陀区教育装备达标学校情况表

表4-39

年份	学校数(所)	教学仪器			图书			电教	计算机	音乐	体育	美术	校园网
		Ⅰ	Ⅱ	Ⅲ	Ⅰ	Ⅱ	Ⅲ						
1981	233	—	—	—	—	—	30	30	—	22	20	18	0
1988	161	9	20	30	12	25	35	50	—	28	26	22	0
1992	147	16	30	35	16	20	45	70	—	48	26	27	0
1996	123	28	41	34	18	16	69	86	—	40	30	30	0
2000	92	31	46	15	21	18	13	92	15	46	39	42	21
2004	45	28	14	3	0	38	7	45	38	39	38	38	48
2008	37	37	0	0	37	0	0	37	37	37	37	37	37
2012	32	32	0	0	32	0	0	32	32	32	32	32	32
2014	25	25	0	0	25	0	0	25	25	25	25	25	25

第四章 教育经费及管理

第一节 教育财政与经费管理

1950年5月，普陀解放后，隶属定海县，教育事业经费经定海县人民政府核定，由县文教科统一管理。

1953年4月，建普陀县。1954年，教育事业经费实行“统一领导、分级管理”体制，县文教科按政府财政预算核定经费和学校预算，核定各学校的年度教育事业费，按期拨付学校经费并监督经费的使用和决算审核，年终编制教育事业经费决算，报县人民政府（财粮科）审核。

中学和乡（镇）中心小学以上及城镇完全小学为县文教科下属会计单位，渔农村的村校（含完全小学）经费向乡（镇）中心小学支报。小学杂费收入上缴县政府，其中22%上缴省金库统一使用，其余由县统一管理，充作教育经费。

城镇公立小学校舍修建及设备费由县人民政府预算支出，乡村公立小学的校舍修建也由县人民政府统筹安排解决。经费不足时，在群众自愿原则下，采用群众出劳工、献材料等办法进行补充。

1960年起，教育事业经费预算采用“总额控制、包干使用”的办法。年度预算核定后，一般不予调整。中小学收取的杂费，按预算外特种资金办法管理，不列入国家预算，由县文教局掌握，统一使用。中学杂费收入作学生饮水、公共环境卫生、校舍修缮和设备添置之用。小学、幼儿园杂费收入作为解决教育行政费和补贴校舍修缮、添置教学设备之用。

1972年，为保证教育事业的必要支出，由省下达给地区、县的财政预算，对教育事业经费实行单列。后又改由省财政厅和省教育厅联合下达教育事业经费支出指标，按“核定预算、实报实销、年终结余收回”机制管理使用。

1979年，教育经费管理机制改为“核定预算、包干使用、结余留用”。

1980年，实行“划分收支、分级包干”新财政体制后，教育事业经费支出指标仍由省财政厅和教育厅核定联合下达，地区、县政府根据省里核定下达的支出指标和地方财政的收支状况统筹安排，核定年度教育事业经费预算，下达给教育行政部门使用。

1983年，省不再下达各地教育事业经费的支出指标，地区（市）、县（区）的教育事业经费预算由各地方财政核定，遇特殊情况增加支出时，省酌情一次性专项补助。

1985年，实行“基础教育由地方负责、分级管理”办学体制。同年，普陀县建立乡（镇）级财政，实行“核定收支、超收分成、短收减支、结余留用”体制，经常性教育事业经费（分为本级和乡镇级两块）以1984年为基数，由县财政部门切块列入乡（镇）财政预算。乡（镇）政府对国拨的教育事业费不得截留和移用，并从乡（镇）财政的超收或增收分得的收入中拨款增加教育事业费。县教育局、财政局对乡（镇）和学校的教育经费的使用、管理，负指导、监督、检查之责。同时，乡（镇）人民政府设立教育经费管理委员会（简称“教经会”），负责教育经费的筹措、使用、管理；拟定中小学民办教师的工资福利；负责修建校舍、添置教学仪器设备；解决活动场地，努力改善办学条件；监督、检查学校经费使用情况。教经会成员一般由乡（镇）长、分管教育工作的副乡（镇）长、乡（镇）财政总会计、初中（辅导初中）校长、中心小学校长、教经会会计组成，管理预算内外教育经费，实行“统一收支、统一安排、统一建账、统一核算”。乡镇初中、中心小学财务为教经会的一级会计单位，完小、村小为中心小学的报账单位。

本级教育经费预算财政核定后，由县教育局统一管理，实行“综合定额加专项补助，按各级各类学校国家计划内在校学生人数和不同经费定额分配经费”的原则。大修理专项经费的使用中，还对乡（镇）校舍建设实行酌情补助，一般为三分之一比例，困难乡（镇）适当提高补助比例，年终向同级财政部门报送经费决算。本级教育经费使用接受县财政、审计部门的监督和检查、指导。

1985年5月，《中华人民共和国会计法》施行，各中小学、单位的会计机构按照《中华人民共和国会计法》规定，进行会计核算，实行会计监督。

1986年，审计部门开始对本级教育经费审计。

1986年7月，普陀县开始征收教育费附加（即城市教育费附加），县财政税务部门负责征收教育费附加，设立教育费附加专户，作专项资金管理。由县教育部门统筹安排提出分配使用方案，商县财政部门同意后，用于改善中小学办学条件，不得用于教职工福利、发放工资奖金等其他支出。

同年，全国开展税务、财务、物价大检查，教育系统重点检查清理各中小学的“小金库”。

1992年9月，乡（镇）撤、扩、并后，乡（镇）教育经费管理实行以教经会为记账主体的单位核算制。各乡（镇）的初中、中心小学、完小、村校均为当地教经会的报账单位，实行“指标到校、凭据报销、结余留用”制度。

1993年，在行政事业单位开展清产核资工作中，各中小学进行财产清查登记，摸清各种资产的存量、分布与结构。

1994年起，行政事业单位经费实行综合定额包干办法，按区财政核定人数和年人均经常性经费开支定额综合计算包干经费指标，年初一次下达，由单位“包干使用、超支不补、结余留用”。同年，区教育部门50余名财务会计人员参加岗位培训及会计职称考试。

1995年，区教育部门30名财会人员参加国家教委组织的岗位培训，取得岗位培训结业证书和岗位合格证，72名财会人员参加会计证资格学习培训、考试，实行持证上岗。

是年，对区属中小学、幼儿园和沈家门区域各中小学的择校费收入30%作统筹，归集区教育局用于中小学校舍建设。协同区纪委、物价、财政部门对20所中小学的预算外资金进行专项清理，作出对预算外资金结余计提事业基金、奖励基金、福利基金（即三项基金），比例一年一定。

1996年，区教育局直属中小学、单位财务工作开展会计基础工作规范化活动。

1997年，区教育局直属中小学、单位的教育经费实行“收支两条线”管理。2004年乡镇学校也实行“收支两条线”管理。

1998年1月，《中小学校会计制度（试行）》颁布实施。全区中小学财务会计工作执行行业会计制度（此前执行的是行政事业单位预算会计制度）。

1999年秋季起，免收少数民族小学生学杂费。

2000年9月，浙江省中小学教师工资实施财政统一发放，以加强对中小学教师工资的管理。财政设立“工资资金”专户，工资通过银行直接拨入教师在银行开设的个人账户。

2002年，区财政建立区会计核算中心，对全区行政事业单位经费实行“收费统一管理、财务统一核算、会计统一派遣，分配统一政策”的“四统一”管理。区教育局直属中小学、单位及局机关的财务（包括基建工程财务）进入区会计核算中心核算。2004年，乡镇财政建立会计核算中心，同时撤销教经会，当地中小学校的经费也进入乡镇会计核算中心实行“四统一”管理。

2005年3月，区政府印发关于调整乡镇财政管理体制的通知，设立乡镇教育发展专项，建立农村教育投入负担机制。

2006年9月，按新颁发的《中华人民共和国义务教育法》，义务教育实行国务院领导，省、自治区、直辖市人民政府统筹规划实施，县（区）级人民政府为主管理的体制。

2007年，区财政印发《关于明确2007年度中小学公用经费预算定额的通知》,统一乡镇与直属学校公用经费预算标准。同年,浙江省实施义务教育经费保障机制改革,同年9月,区财政局、教育局印发《关于2007年贯彻落实义务教育经费保障机制实施方案的意见》,11月,成立舟山市普陀区教育会计服务中心。在本区教育系统内挑选素质较好的财务人员到区教育会计服务中心工作,并派遣到局直属单位的财务岗位任职。同时,区财政局、教育局印发《普陀区中小学公用经费管理暂行办法》。

2008年起,域内中小学食堂合同用工人员经费由财政预算予以补助保障。3月,区政府印发关于调整乡镇财政管理体制的通知,明确新一轮乡镇财政体制中乡镇教育经费支出基数确定办法、大型教育基建项目承担机制和地方教育附加政策。

2009年,义务教育阶段教师绩效工资改革。

2012年3月,非义务教育阶段教师实施绩效工资改革。

2013年秋起,民办新居民子弟学校会计核算由区教育局财基科代理记账。

2014年1月起,财政实施会计核算管理职能转变,原由区会计核算中心集中核算的单位账务全部返还,由各单位自行记账、编制会计报表等。区教育局通过对现有区教育会计服务中心人员、岗位进行整合,将局直属学校(单位)账务进入区教育会计服务中心代理记账。同年7月,普惠性民办幼儿园的财务纳入区教育会计服务中心代理记账。

第二节　经费来源

【概况】 民国时期,学校的教育经费主要来自学杂费收取、个人资助、学校募捐、会馆集资、各种赋税等。民国10年(1921)1月,勾山乡绅李拙子捐资建勾山延武小学,同时捐校田40亩。台州同乡会、福建同乡会(八闽会馆)亦出资资助办学。民国24年(1935),县立沈家门小学学期经费约1000元(法币),其中县府拨补助款150元。民国35年(1946),学校经费支出困难,教师薪资无着落。同年5月,发生舵岙乡中心国民学校教师集体辞职事件。

民国中期,大展等地学校靠演出戏剧募集经费。当时的政府征收田赋、农业税时,在各种带征附加税中有教育附捐、教育田谷捐。

1949年,毛善才联络沈家门地方商绅募集资金,创立“定海县立中学沈家门分部”。解放后,人民政府接管公立、私立学校,在征收农业税时附征地方教育粮,主要用于支付政府接管的区、乡(镇)中小学教师工资。当时,普陀属定海县东区,教育事业经费经定海县人民政府核定后,由县文教科统一管理。1950年8月,由人民政府拨款、募集社会资金,在“定海县立中学沈家门分部”原址创办“私立沈家门初级中学”,沈家门各商界名绅组成的21名校董会的捐资是学校主要经济来源。

1950年5月至年底,人民政府接管公立、私立学校。是年,人民政府在征收农业税时附征地方教育粮,主要用于支付政府接管的区、乡(镇)中心小学教师的工资。村校(原保国民学校)实行民办,经费通过校董事会、同业公会等组织来募集,私立学校经费仍由校董事会筹集,政府酌情补助。沈家门私立初级中学学杂费,每学期通读生大米71千克,住宿生233.5千克,其余校董事会补助178元(折现人民币)。

1951年始,中学教育经费列入省财政预算,小学经费由县拨支。

1952年,停征在征收农业税时附征的地方教育粮,教育经费由人民政府财政预算内教育事业费开支。同年9月,民办小学转为公办后,教育经费由国家统包。

1953年4月,建普陀县,教育经费由县人民政府财政预算内教育事业费开支。

1954年,教育经费实行“统一领导、分级管理”的体制,列入县政府预算,是年,教育经费为19.41万元。政府逐年增加对教育事业的经费投入。

1956年,地方财政教育经费拨款达39.15万元,占县财政总支出的26.9%,比1954年增长

101.7%。是年，私立沈家门初级中学转为公立学校。当时，渔（农）业合作社集体办的（民办）小学，其教育经费由渔（农）业合作社集体负担。定蚂蚁岛小学为公办转民办试点（后因社队经济负担过重又恢复为公办）。

1958 年，贯彻中共中央提出的“教育为无产阶级政治服务，教育与生产劳动相结合”和公办民办并举“两条腿走路”的方针，渔农村人民公社开办一批中小学，实行多种办学形式，有全日制、半日制、耕读小学、巡回制等，教育经费由社队统筹解决。

1960—1962 年，国家处于经济困难时期，事业调整，教育经费有所缩减，但教育经费占县财政总支出的比例在 27%左右。

1963—1965 年，教育经费开始有了增加。期间，民办学校教育经费除政府补助一部分外，主要从人民公社公益金中按一定比例提取教育经费和从学生中收取的学杂费来解决。如仍不足，在社员工分总值中提取补充。

“文化大革命”前期（1966—1970 年），教育经费增长缓慢。从 1971 年开始逐年增加。1974 年教育经费拨款达 146.8 万元，比 1971 年的 90.45 万元增长 62.3%。

1979 年，教育经费由原来财政核定预算“实报实销、年终结余收回财政”的办法，改为“核定预算、包干使用、结余留用”。是年，地方财政核拨的教育经费为 206.49 万元，比上年的 165.55 万元增长 24.7%。

1980 年，财政体制实行“划分收支，分级包干”，地方教育经费支出指标由省财政厅和省教育厅联合下达（省下达预算为 186.27 万元，1981 年为 212.05 万元，1982 年为 224.36 万元）。

1983 年始，省财政不再下达支出指标，教育事业费由地方财政统一安排。是年，教育事业费 357.5 万元（预算数为 260.22 万元，1984 年为 283.05 万元）。教育经费逐年增加，但教育经费来源单一，且大部分用于人员经费（正常教育预算主要解决人员经费，机动财力搞教育建设，学校少量定额经费和学杂费收取用于正常教学公务、业务等开支）。1983 年教育经费中，中小学的公务、业务、校舍正常性维修、设备补助费，主要由教育事业费中适当安排和学杂费收入中解决（按原规定，完全中学学杂费如数上交主管局，沈家门镇小学按 50%上交）。当年安排的中小学公用经费生均预算定额为：重点高中 24 元，重点初中 18 元；一般中学高中 12 元，一般初中 6 元；小学公务和校舍、设备维修补助 1 元，图书、体育补助 2 角。是年，人员经费开支占总支出 59%，真正能用于教学活动的公务费、业务费所剩不多，学校经费紧缺。

1984 年 12 月，国务院发布《关于筹措农村学校办学经费的通知》，规定乡（镇）政府可以征收教育事业费附加（即农村教育事业费附加）。

1985 年，根据省政府转发《关于贯彻国务院〈关于筹措农村学校办学经费的通知〉的实施意见》文件精神，县政府开征教育事业费附加，征收范围为乡（镇）所在地企业，包括全民、集体、个私办各类企业。当年全县征收起教育事业费附加 16.7 万元。

同年，中共中央发布《关于教育体制改革的决定》，把基础教育的责任交给地方，实行“分级办学、分级管理”。普陀县实行“分级办学、分级管理”体制后，县、乡（镇）政府多渠道筹措教育资金，鼓励集体、个人捐资助学。渔农村新建校舍资金大部分由乡（镇）、村筹集。县财政安排的教育经费实行适当补助，一般补助三分之一（俗称国家补一点、乡镇政府给一点、村里也出一点）。是年，普陀县建立乡（镇）级财政，乡（镇）正常性教育经费以 1984 年为基数，切块列入乡（镇）财政预算。

1986 年 4 月，国务院发布《征收教育费附加的暂行规定》。县政府从 1986 年 7 月 1 日起开征教育费附加（即城市教育费附加），凡缴纳产品税、增值税、营业税的单位和个人（除设在乡镇范围内的企业缴纳农村教育事业费附加的以外），都应缴纳教育费附加，以各单位和个人实际缴纳产品税、增值税、营业税的税额为计征依据，教育费附加率为 1%（1989 年起调整为 2%），分别与产品税、增值税、营业税同时缴纳。教育费附加由各财税部门负责征收，列为预算外教育费收入，设立教育费附加专户,作专项资金管理,用于改善中小学办学条件。

1989 年,普陀区人民教育基金会成立,成功募集教育基金 859240 元。按照基金会宗旨,动息不动本,将基金增值部分用于奖教奖学。根据办会章程,人民教育基金会不断开展资金募集活动,扩充基金,为教育事业发展添砖加瓦。

1995 年 9 月,《中华人民共和国教育法》颁布实施,“国家财政性教育经费支出占国民生产总值的比例应当随着国民经济的发展和财政收入的增长逐步提高。”“全国各级财政支出总额中教育经费所占比例应当随着国民经济的发展逐步提高。”“各级人民政府教育财政拨款的增长应当高于财政经常性收入的增长,并使按在校学生人数平均的教育费用逐步增长,保证教师工资和学生人均公用经费逐步增长”(即教育经费“三个增长、两个提高”)。政府不断增加对教育的投入。1996 年,区政府财政拨款教育经费 3261 万元,是 1986 年 628 万元的 5.2 倍。

2001 年 6 月,根据《国务院关于基础教育改革与发展的决定》“实行在国务院领导下,由地方政府负责,分级管理,以县为主的体制”,区政府进一步完善农村义务教育管理体制,增加对教育的经费投入,保证农村义务教育发展需要,确保农村中小学教师工资发放,合理安排农村中小学正常运转所需的经费,当年财政教育经费拨款 7522 万元。确立起以国家财政拨款为主,多渠道筹措教育经费为辅的教育经费投入机制。

2007 年以来,根据省政府《关于实施义务教育经费保障机制改革的通知》,制定出台《舟山市普陀区义务教育经费保障机制改革实施方案》《普陀区中小学公用经费管理暂行办法》及中小学校舍维修改造、小规模学校公用经费补助、义务教育学校装备更新添置基金、教师专项活动经费、中小学食堂临时用工补助等系列促进教育均衡发展长效机制,把义务教育经费全额纳入公共财政保障范围。同年,区财政设立乡镇教育发展资金专户,将乡镇地方教育费附加收入、乡镇校舍置换收入和乡镇财政体制规定的教育发展专项财力纳入区财政专户管理,专项用于各乡镇义务教育阶段学校的日常维修、设备购置,提高公用经费等教育支出。

2007 年,免收域内渔农村义务教育阶段学生学杂费。2008 年免收全区城市义务教育阶段学生学杂费,免收符合入学条件民工子女借读费。并给义务教育阶段公办学校学生免费提供教科书、音像教材、作业本等。同年,在六横试点开展“学生健康工程”,由政府出资免费向在校小学生提供每天 200 毫升安全饮用奶和每周 5 组不同种类淀粉类辅助糕点。

2010 年春季学期起,全区义务教育免收住宿费,实现了义务教育零收费。

2011 年秋季学期起,设立区义务教育民办学校扶持专项资金,用于义务教育民办学校公用经费补助、教职工社会五项保障补助、学校基本建设补助、学校年度考核奖励和骨干教师津贴的发放。

2014 年,全区教育经费总投入达 8.35 亿元,比上年增长 10.31%。其中财政性教育经费投入 6.75 亿元,占总投入 80.84%;公共财政预算安排的教育经费投入 6.09 亿元,占总投入 72.94%。

普陀区 1981—2002 年间共获省补助款 567.6 万元。

1953—2014 年全县(区)财政教育投资情况表

表 4-40　　单位:万元

年份	全县(区)财政总支出	其中教育经费	占县(区)财政总支出%	年份	全县(区)财政总支出	其中教育经费	占县(区)财政总支出%
1953	30.59	10.81	35.3	1984	2320.83	381.7	16.4
1954	73.33	19.41	26.5	1985	2305.6	485.25	21.0
1955	85.45	21.87	25.6	1986	3349.41	616.86	18.4
1956	145.81	39.15	26.9	1987	3032.2	628	20.71

续表 4-40

年份	全县(区)财政总支出	其中教育经费	占县(区)财政总支出%	年份	全县(区)财政总支出	其中教育经费	占县(区)财政总支出%
1957	141.44	48	33.9	1988	4064.8	933.51	22.96
1958	493.17	37.54	7.6	1989	4321.8	995.2	23.02
1959	117.35	34.48	29.4	1990	4879.2	999.4	20.48
1960	122.7	33.0	26.9	1991	4735	1092.9	23.08
1961	112.52	31.11	27.6	1992	5709	1340.2	23.47
1962	123.08	32.47	26.4	1993	6400	1604.7	25.07
1963	167.16	40.55	24.3	1994	8233	2406.2	29.22
1964	189.59	43.05	22.7	1995	9880	2532.2	25.62
1965	186	43.15	23.2	1996	11955	3369	28.18
1966	299.77	54.16	18.1	1997	14462	3721	25.72
1967	222.21	67.10	30.2	1998	17210	4560	26.48
1968	173.55	55.37	31.9	1999	21068	5353	25.40
1969	131.02	56.94	43.5	2000	25738	6242	24.25
1970	222.64	60.52	27.2	2001	36950	7660	20.73
1971	472.88	90.45	19.1	2002	45492	9499	20.88
1972	671.33	111.26	16.6	2003	52846	10845	20.52
1973	572.17	121.37	21.2	2004	59828	13688	22.87
1974	674.08	146.8	21.8	2005	65708	14472	22.02
1975	760.44	136.05	17.9	2006	87180	17994	20.64
1976	746.03	141.94	19.0	2007	134176	22740	16.94
1977	743.13	149.98	20.2	2008	208815	26959	12.91
1978	888.64	165.55	18.6	2009	199262	29069	14.58
1979	980.98	206.49	21.1	2010	164406	33854	12.8
1980	1387.16	224.8	16.2	2011	381102	40805	10.7
1981	1501.53	263.4	17.5	2012	363852	53013	14.6
1982	1505.34	281.6	18.7	2013	507560	57058	11.2
1983	1729.85	357.5	20.7	2014	429980	60902	14.2

1985—2014 年全县(区)教育费(事业费)附加、社会捐集资情况表

表 4-41　　单位:万元

年份	征收用于教育的税费				社会捐集资
	小计	其中:教育费附加	农村教育事业费附加	地方教育附加	
1985	22.7	6	16.7	—	61.25
1986	59.3	19.1	40.2	—	89.9
1987	73.07	20.11	52.96	—	85.67
1988	80.5	24.7	55.8	—	51.7
1989	153.8	42.4	111.4	—	74.8
1990	173.2	36	137.2	—	80.03
1991	179.81	43.44	136.37	—	227.46
1992	229.56	53.36	176.2	—	318.65

续表 4-41

年份	征收用于教育的税费				社会捐集资
	小计	其中：教育费附加	农村教育事业费附加	地方教育附加	
1993	427.6	150.7	276.9	—	418.85
1994	751.2	172	579.2	—	623.3
1995	837.8	169	668.8	—	486
1996	1150.8	306	844.8	—	1355.2
1997	1199.3	200.1	999.2	—	1875.2
1998	1165.5	183.3	982.2	—	1921.3
1999	1391.7	223.8	1167.9	—	1588.5
2000	1526.2	331	1195.2	—	1291.6
2001	1580.4	505.4	1075	—	1326.2
2002	885.8	563.2	322.6	—	1155.6
2003	1439.2	562	343.2	534	749.7
2004	1494	638.2	625.8	230	993.8
2005	1361.5	689.1	—	672.4	641.8
2006	1069.6	969.6	—	100	776.7
2007	2104	1552	—	552	1033.9
2008	3791.3	2105	—	1686.3	1174.5
2009	5664.8	3074	—	2590.8	1077.2
2010	9704.7	4040	—	5664.7	2791.7
2011	8781.5	5611	—	3170.5	3136.1
2012	9085.5	4088.5	—	4997	—
2013	5784.4	2626.3	—	3158.1	138
2014	6582	3560（其他）	—	3022	146.3
合计	68750.74	32565.31	9807.63	26337.8	25690.91

注：2005年起停止收取农村教育事业费附加；社会捐集资摘自校舍建设投资统计（1985-1995年）、区年鉴（1996-2011）；以前年度的"各级政府征收用于教育的税费"指标名称2014年变更为"政府性基金预算安排的教育经费"，原指标中的"教育费附加"归入"公共财政预算安排的教育经费"统计口径

【教育收费】 1950—1956年间，向中小学生收取　　费，只收杂费。
学费和杂费，此后不再向小学、初中学生收取学

20世纪90年代前中小学学杂费收费标准表

表 4-42　　单位：元/生·学期

类别		1965年标准		"文化大革命"期间标准		1984年8月标准		1985年标准	
		城镇	农村	城镇	农村	城镇	农村	城镇	农村
小学	高年级	4.00	3.50	2.00	1.50	4.00	3.00	4.50	3.50
	中年级	3.50	3.00	2.00	1.50	3.50	2.50	4.00	3.00
	低年级	3.00	2.50	2.00	1.50	3.00	2.00	3.50	2.50
初中		9.00	9.00	4.00	3.00	6.00	4.50	10.00	9.00
高中及职中		10.00	10.00	5.00	4.00	8.00	6.50	12.00	10.00

20 世纪 90 年代中小学收费标准表

表 4-43　　单位:元/生·学期

<table>
<tr><td colspan="3" rowspan="2">类　　别</td><td colspan="2">1992 年标准</td><td colspan="2">1994 年标准</td></tr>
<tr><td>城镇</td><td>农村</td><td>城镇</td><td>农村</td></tr>
<tr><td rowspan="2">小学</td><td colspan="2">杂费</td><td>14</td><td>11</td><td>30</td><td>25</td></tr>
<tr><td colspan="2">住宿费</td><td colspan="2">15</td><td colspan="2">25</td></tr>
<tr><td rowspan="2">初中</td><td colspan="2">杂费</td><td colspan="2">25</td><td>50</td><td>45</td></tr>
<tr><td colspan="2">住宿费</td><td colspan="2">20</td><td colspan="2">45 ~ 50</td></tr>
<tr><td colspan="3"></td><td>重点</td><td>一般</td><td>重点</td><td>一般</td></tr>
<tr><td rowspan="3">高中</td><td colspan="2">杂费</td><td colspan="2">25</td><td rowspan="2">180</td><td rowspan="2">120</td></tr>
<tr><td colspan="2">学费</td><td>75</td><td>35</td></tr>
<tr><td colspan="2">住宿费</td><td colspan="2">20</td><td colspan="2">45 ~ 50</td></tr>
<tr><td rowspan="8">职中</td><td rowspan="2">工科、医药、艺术类及服装专业</td><td>学杂费</td><td colspan="2">100</td><td colspan="2">180</td></tr>
<tr><td>实训费</td><td colspan="2">—</td><td colspan="2">120</td></tr>
<tr><td rowspan="2">文科、财政类及其他服务专业</td><td>学杂费</td><td colspan="2">90</td><td colspan="2">160</td></tr>
<tr><td>实训费</td><td colspan="2">—</td><td colspan="2">80</td></tr>
<tr><td rowspan="2">农林水产类</td><td>学杂费</td><td colspan="2">80</td><td colspan="2">100</td></tr>
<tr><td>实训费</td><td colspan="2">—</td><td colspan="2">70</td></tr>
<tr><td rowspan="2">烹饪、汽车修理</td><td>学杂费</td><td colspan="2">—</td><td colspan="2">300</td></tr>
<tr><td>实训费</td><td colspan="2">—</td><td colspan="2">150</td></tr>
</table>

注:经济确有困难的,分别给予减免住宿费、水电费、杂费或学费,减免比例一般控制在应收总额的 10% 左右

2002 年秋季学期起,国有民办体制的区直属幼儿园(区中心幼儿园和区实验幼儿园)保育费收费标准为小班 380 元/生·月,中班 360 元/生·月,大班 340 元/生·月,代管费为 50 元/生·学期。其他幼儿园收费实行备案制,收费标准向物价部门备案后收取。

2003 年春季学期起,中小学住宿费标准一般为 100 元/生·学期,住宿条件好的学校最高不超过 250 元/生·学期。杂费标准为城镇小学 80 元/生·学期,城镇初中 110 元/生·学期。农村仍为小学 45 元/生·学期,初中 75 元/生·学期。借读费收费标准仍为小学 300 元/生·学期,初中 600 元/生·学期,借读学生缴纳借读费用后不再缴纳杂费。义务教育代管费收费标准为小学 1 ~ 2 年级 150 元/生·学期,3 ~ 6 年级 180 元/生·学期,初中 280 元/生·学期。普通高中、职业中学代管费收费标准均为 300 元/生·学期。普通高中学费收费标准为省一级重点高中 1250 元/生·学期,省二级重点高中 1100 元/生·学期,省三级重点高中 1000 元/生·学期,普通高中 750 元/生·学期。公办高中择校费一次性收费标准为省一级重点中学 26000 元,省二级重点中学 24000 元,省三级重点中学 20000 元,一般高中 12000 元。收取择校费后不再收取学费。

2004 年秋季学期起,职业中学学费收费标准为烹饪、汽修、船舶驾驶、修理、轮机、机械、电机、物流、服装、装潢专业类学生 1200 ~ 1800/生·学期,计算机、信息技术、艺术、商贸、物业管理、财经、旅游、理工、文秘、外语、服务、建筑施工、医药卫生专业类学生 1000 ~ 1500/生·学期,农林、水产类专业学生 700 ~ 1100/生·学期。

2005 年秋季学期起,义务教育课本费收费标

准为小学 1 ～ 2 年级 80 元 / 生·学期，3 ～ 6 年级 120 元 / 生·学期，初中各年级 195 元 / 生·学期。作业本费为小学 10 元 / 生·学期，初中 15 元 / 生·学期。杂费为城镇小学 100 元 / 生·学期，农村小学 65 元 / 生·学期，城镇初中 130 元 / 生·学期，农村初中 90 元 / 生·学期。

2006 年秋季学期起，义务教育阶段中小学生全部免除学杂费。借读费收费标准为小学 200 元 / 生·学期，初中 450 元 / 生·学期。普通高中代管费为课改年级 450 元 / 生·学期，非课改年级 300 元 / 生·学期。区中心幼儿园和区实验幼儿园保育费收费标准为小班 460 元 / 生·月，中班 440 元 / 生·月，大班 420 元 / 生·月，代管费为 100 元 / 生·学期。其他幼儿园收费标准向物价部门备案后收取。

2007 年春季学期起，公办小学、初中取消代办服务性收费。2007 年秋季学期起，义务教育课本费收费标准为小学 1 ～ 2 年级 80 元 / 生·学期，3 ～ 6 年级 130 元 / 生·学期，初中各年级 220 元 / 生·学期。农村义务教育学生免费提供国家课程教科书。公办高中择校费一次性收费标准为省一级重点中学 30000 元，省二级重点中学 28000 元，省三级重点中学 25000 元，一般高中 16000 元。收取择校费后不得再收取学费。

2008 年春季学期起，义务教育阶段中小学生免收课本费和作业本费，同时对符合就读条件的外来民工子女免收借读费。义务教育免费提供国家课程教科书和地方课程教材，部分国家课程教科书循环使用。2008 年秋季学期起，民办小学学费收费标准为 1 ～ 2 年级 490 元 / 生·学期，3 ～ 6 年级 530 元 / 生·学期。代管费收费标准为 20 元 / 学期·生。

2009 年 1 月，停止收取借读费。

2010 年春季学期起，免除义务教育阶段学校住宿费。普通高中代收费标准为高一年级 900 元 / 生·学年，高二年级 1000 元 / 生·学年，高三年级 400 元 / 生·学年。职业高中代收费标准 700 元 / 生·学年。2010 年秋季学期起，普陀中学三人间住宿费标准为 600 元 / 生·学期。区职教中心新校区学生公寓住宿费标准为 450 元 / 生·学期。螺门幼儿园保育费为 280 元 / 生·月，托班保育费为 320 元 / 生·月，代管费为 120 元 / 生·学期。六横中心幼儿园保育费为 310 元 / 生·月，托班保育费为 360 元 / 生·月，代管费为 120 元 / 生·学期。区中心幼儿园保育费为 520 元 / 生·月，托班保育费为 620 元 / 生·月，代管费为 120 元 / 生·学期。

2011 年秋季学期起，民办学校学费收费标准为小学 550 元 / 生·学期，初中 800 元 / 生·学期，允许上浮 10%。普陀中学四人间住宿费标准为 500 元 / 生·学期。公办幼儿园加时托 30 分钟 1 个单元，每天不超过 2 个单元，每单元不超过 5 元。

2012 年秋季学期起，免收职业中学学生学费。

2013 年秋季学期起，城区省一级、二级、三级、准办公办幼儿园保教费收费标准分别为 550、450 元、350 元、250 元 / 生·学期；乡镇省一级、二级、三级、准办公办幼儿园保教费收费标准分别为 450 元、350 元、250 元、150 元 / 生·学期；省一级、二级、三级、准办普惠性民办幼儿园保教费收费政府指导价分别为 600 元、500 元、400 元、300 元 / 生·学期。托班在此基础上上浮 20%，全托上浮 50%。

2014 年春季学期起，幼儿园代管费收费标准调整为 80 元 / 生·学期。

“文化大革命”结束后，教育工作受到各级政府重视，独生子女家庭逐步增多，家长对子女教育不断关注，另一方面，由于财政困难，教育投入不足与学校经费需求矛盾比较突出，逐渐出现了诸如通过举办放心班、双休日补课、双休日兴趣班及择校等进行收费的一些教育乱收费现象。针对行业不正之风，中央和各级政府高度重视。普陀区切实抓好教育乱收费治理工作，对中小学收费项目和标准进行清理整顿，取消不符合规定的收费项目。实行收费许可证制度，亮证收费，将收费项目、标准填入“收费联系卡”，由家长核对签名。规范代管费支出范围，对代管费实行“限额控制、超支不补、结余退还”的管理办法。对学校乱收费，发现一起，查处一起，区教育和审计部门对学校收费进行定期和不定期审计，有效遏止教育乱收费。

第三节　经费支出

1950年5月,人民政府建立后,教育经费主要用于支付公立学校教职工工资(初以大米作工资),学校办公、修缮等费用主要从所收取学杂费中解决。

1952年9月,教育经费实行由国家财政统包,城乡学校经费基本由国家财政拨款,支出仍主要用于支付教职工工资和办公费用。

1953年开始,教育经费支出除教职工工资和办公费、公务费外,并有一部分经费用于校舍修建、课桌椅添置和图书、文体器材购置。

1960年,开始对部分经费困难的民办学校实行补助,主要解决部分教师的工资和集体福利。

1962年,全县教育经费支出32.47万元,其中小学教育经费30.30万元(其中工资25.63万元、补助工资1.73万元、职工福利费1.56万元、公务费0.57万元、其他费用0.79万元),群众办学补助0.93万元(其中民办小学补助0.89万元、民校补助0.04万元)。

1996—2014年全区教育经费情况表

表4-44　单位:万元

年度	教育经费总支出		财政性教育经费支出		预算内教育经费支出	
	小计	比上年增长%	小计	占国内生产总值%	小计	比上年增长%
1996	7036	28.62	4578	1.75	3369	30.8
1997	9099	29.31	5397	1.89	3721	10.46
1998	9956	9.41	5814	1.93	4560	22.53
1999	10760	8.07	6889	2.08	5353	17.39
2000	11719	8.9	7878	2.11	6242	16.58
2001	14158	20.8	9279	2.21	7660	22.73
2002	16054	13.39	10499	2.23	9499	24
2003	17265	7.54	12302	2.25	10845	14.17
2004	20303	17.6	15292	2.26	13688	26.21
2005	21827	7.51	15834	1.89	14472	5.73
2006	25269	15.77	19063	1.85	17994	24.34
2007	32206	27.43	24844	1.94	22740	26.38
2008	38167	18.51	30750	2.02	26959	18.55
2009	41153	7.82	34733	2.14	29069	7.83
2010	51664	25.54	43559	2.19	33854	16.46
2011	59177	14.54	49586	2.01	40805	20.53
2012	69546	17.52	62098	2.27	53013	29.92
2013	75656	8.79	62842	2.09	57058	7.63
2014	83479	10.31	67485	2.05	60902	6.74

注:以前年度的“预算内教育经费”指标名称2014年变更为“公共财政预算安排的教育经费”,同时将“教育费附加”归入“公共财政预算安排的教育经费”统计口径内

1980—1988年教育事业费支出情况表

表4-45 单位:万元

项　　目	1980年	1981年	1982年	1983年	1984年	1985年	1986年	1987年	1988年
总　　计	224.79	263.37	281.57	347.76	380.93	485.25	616.87	627.99	933.52
一、人员支出	165.03	176.58	208.99	206.91	225.53	309.37	369.03	372.22	549.69
1. 工资	80.43	88.63	111.05	109.06	108.71	165.31	178.06	192.19	244.12
2. 补助工资	44.43	50.67	53.76	52.03	56.99	77.24	100.18	91.21	141.15
3. 职工福利费	9.58	12.44	10.68	12.05	19.48	20.80	25.07	31.47	53.14
4. 退休费	—	—	4.87	5.77	1.48	11.26	20.73	21.60	26.12
5. 民办补助	27.41	22.72	28.05	26.27	32.06	32.39	42.30	33.22	34.55
6. 助学金	3.18	2.12	0.59	1.73	0.82	2.37	2.70	2.53	6.53
二、公用经费	59.77	86.80	72.58	140.85	155.41	175.89	247.84	255.77	383.82
7. 公务费	6.72	9.46	8.40	19.12	20.36	25.43	285.85	39.14	49.61
8. 设备购置费	6.69	7.12	11.51	20.67	20.14	26.57	27.61	24.05	23.61
9. 修缮费	41.49	65.82	46.79	95.54	107.96	107.62	169.94	172.09	286.96
10. 业务费	3.47	4.39	5.68	5.40	6.81	14.67	15.48	15.32	16.87
11. 其他	1.39		0.20	0.13	0.14	1.61	6.23	5.16	6.77
三、人员经费占支出比例(%)	73.41	67.05	74.22	59.50	59.20	63.75	59.82	59.27	58.88

1989—1993年教育事业费支出情况表

表4-46 单位:万元

项　　目	1989年	1990年	1991年	1992年	1993年
总　　计	995.2	999.4	1092.9	1340.2	1604.7
一、人员支出	631.6	687.5	766.5	958.3	1320.6
1. 工资	243.7	294.3	328.0	371.4	440.0
2. 补助工资	230.6	217.8	243.3	333.6	707.6
3. 职工福利费	48.8	55.1	54.2	65.0	—
4. 退休费	35.4	44.0	54.3	78.3	126.3
5. 民办补助	65.1	68.8	78.9	102.1	41.5
6. 助学金	8.0	7.5	7.8	7.9	5.2
二、公用经费	363.6	311.9	326.4	381.9	284.1
7. 公务费	61.5	64.0	66.4	61.9	82.6
8. 设备购置费	34.1	46.8	36.3	38.1	40.6
9. 修缮费	243.6	173.1	192.8	232.4	153.0
10. 业务费	10.2	8.8	9.1	9.2	—
11. 其他	14.2	19.2	21.8	40.3	7.9
三、人员经费占支出比例(%)	63.46	68.79	70.13	71.50	82.3

1980—1995年教育事业费支出中人员、公用经费支出情况表

表4-47 单位:万元

年　度	总支出	人员经费	占比(%)	公用经费	占比(%)
1980	224.79	165.03	73.41	59.77	26.59
1981	263.37	176.58	67.05	86.89	32.95
1982	281.57	208.99	74.22	72.58	25.78

续表 4-47

年　度	总支出	人员经费	占比（%）	公用经费	占比（%）
1983	347.76	206.91	59.50	140.85	40.50
1984	380.93	225.52	59.20	155.40	40.80
1985	485.25	309.36	63.75	175.89	36.25
1986	616.87	369.03	59.82	247.84	40.18
1987	627.98	372.22	59.27	255.76	40.73
1988	933.51	549.69	58.88	383.82	41.12
1989	995.17	631.61	63.47	363.56	36.53
1990	999.36	687.44	68.79	311.92	31.21
1991	1092.86	766.49	70.14	326.37	29.86
1992	1340.17	958.24	71.50	381.93	29.50
1993	1604.73	1320.60	82.30	284.13	17.70
1994	2406.23	2023.20	84.08	383.03	15.52
1995	2530.20	2206.60	87.14	325.60	12.86

1985—1995 年生均教育经费情况表

表 4-48　单位：元

年　度	小　学		中学（初高中）		职业中学	
	生均教育经费	生均公用经费	生均教育经费	生均公用经费	生均教育经费	生均公用经费
1985	86.29	25.31	173.56	68.88	259.00	176.25
1986	108.66	34.06	219.90	98.77	413.79	275.18
1987	108.87	35.02	236.84	114.51	336.26	175.03
1988	146.79	43.49	384.22	197.10	570.97	329.33
1989	166.30	47.63	351.77	149.71	527.30	243.96
1990	165.02	39.57	349.36	123.83	816.15	454.64
1991	173.02	36.51	358.36	129.44	608.43	164.34
1992	229.20	59.43	373.34	101.19	1146.66	670.16
1993	259.03	44.66	423.33	111.01	1822.83	1308.36
1994	415.57	73.50	613.60	109.91	1218.92	429.73
1995	439.8	30.2	593.4	67.5	—	—

2003—2014 年公办中小学、幼儿园预算内事业费情况表

表 4-49　单位：万元

年度	幼儿园		小　学		初　中		高　中		职　中	
	小计	其中公用经费	小计	其中公用经费	小计	其中公用经费	小计	其中公用经费	小计	其中公用经费
2003	—	—	4712.5	581.5	3183.9	463.5	1546.4	433.6	528.8	126.5
2004	—	—	5560.9	582.5	3890.7	439.5	1812.8	470.8	636.8	139.0
2005	—	—	6288.1	723.0	4171.1	565.1	2035.8	493.8	738.7	180.2
2006	—	—	7546.6	1533.6	5463.9	1632.2	2547.2	807.5	804.6	216.0
2007	—	—	8724.1	1840.5	6413.5	1864.6	2019.5	389.9	1993.0	523.3
2008	—	—	9377.3	1847.7	7743.7	2818.1	3288.5	1167.9	2209.8	678.9
2009	—	—	10886.0	1517.5	7872.3	1605.2	3016.6	695.3	2491.4	611.9
2010	—	—	11645.4	1800.5	9092.8	2195.7	3301.5	1172.2	2420.0	793.3

续表 4-49

年度	幼儿园		小学		初中		高中		职中	
	小计	其中公用经费	小计	其中公用经费	小计	其中公用经费	小计	其中公用经费	小计	其中公用经费
2011	1642	1153.9	15117	2261.2	10055.9	1999	3888.1	1134.9	2989.3	829.3
2012	5352	4384	18140	4226	11525	2994	5865	1894	4494	1510
2013	5300	3694	21800	4556	12247	2923	6179	1819	4859	1433
2014	4855	3164	22208	4648	12755	2855	6453	1764	4607	1363

注:以前年度的“预算内教育事业费”指标名称2014年变更为“公共财政预算教育事业费”,统计口径不变

2003—2014年公办教育生均经费情况表

表4-50 单位:元

年度		幼儿园	小学	初中	高中	职业中学
2003	生均教育经费	—	3732.75	3630.46	7951.64	6859.36
	生均公用经费	—	809.21	1002.33	4007.26	3385.63
	生均日常公用经费预算定额	—	240	320	600	750
2004	生均教育经费	—	5121.19	4615.08	8378.29	7431.57
	生均公用经费	—	970.6	968.08	3069.72	3665.95
	生均日常公用经费预算定额	—	260	380	600	750
2005	生均教育经费	—	5544.54	5410.24	9171.22	6728.03
	生均公用经费	—	1237.99	1438.14	3698.96	2745.53
	生均日常公用经费预算定额	—	310	410	610	760
2006	生均教育经费	—	6925.27	7589.15	10429.02	7090.22
	生均公用经费	—	1874.21	2605.81	4480.21	2668.94
	生均日常公用经费预算定额	—	330	430	770	770
2007	生均教育经费	—	8445.81	9712.67	14938.28	10981.88
	生均公用经费	—	2328.44	2869.77	7954.56	3336.06
	生均日常公用经费预算定额	—	400	500	800	800
2008	生均教育经费	—	9062.87	13297.32	14288.94	21033.38
	生均公用经费	—	2043.61	4980.95	5797.36	13007.73
	生均日常公用经费预算定额	—	470	620	900	920
2009	生均教育经费	—	10281.3	13903.9	16899.39	23369.36
	生均公用经费	—	2138.64	3836.97	7291.17	15320.11
	生均日常公用经费预算定额	—	520	720	900	920
2010	生均教育经费	—	12449.08	16178.98	32156.25	20221.16
	生均公用经费	—	3074.15	5941.45	22081.08	12065.46
	生均日常公用经费预算定额	—	560	740	950	950
2011	生均教育经费	12966.87	16086.29	20756.91	26561.2	16308.88
	生均公用经费	8655.07	4611.42	7267.48	13687.41	4820.46
	生均日常公用经费预算定额	560	660	840	1000	1200
2012	生均教育经费	17704.4	19122.89	21782.66	27310.63	29815.53
	生均公用经费	11790.54	7081.61	6652.65	11455.34	16807.92
	生均日常公用经费预算定额	580	680	860	1020	1300
2013	生均教育经费	16906.55	21116.92	21110.22	30726.78	32710.13
	生均公用经费	10287.16	7975.7	5426.06	15281.74	17411.81
	生均日常公用经费预算定额	580	720	900	1020	1530

续表 4-50

年　度		幼儿园	小学	初中	高中	职业中学
2014	生均教育经费	15776.09	17487.29	23537.55	34287.47	40167.01
	生均公用经费	8784.87	4600.75	6732.38	14897.07	24256.29
	生均日常公用经费预算定额	745	795	1055	1195	1195

第四节　帮困助学

普陀人民政府成立以后，域内中小学设立人民助学金和减免学杂费制度，以资助贫困学生。

普陀县工农子弟助学金情况表

表 4-51　单位：人、元

学校	年份	甲等		乙等		丙等		丁等		合计	
		人数	金额	人数	金额	人数	金额	人数	金额	人数	金额
普陀第一初级中学	1953	267	2224.86	217	1593.12	288	1170.66	75	159.81	847	5148.45
	1954	292	2226.58	304	1713.08	375	1417.75	191	300.56	1162	5717.97
	1955	160	1095.87	332	1706.4	406	1420.05	163	283.20	1061	4505.16
	1956	107	879.05	336	2005.27	276	2265.96	405	831.26	1436	5981.54
	1957	88	671.61	377	2585.80	645	2678.53	400	844.57	1505	6780.51
普陀第二初级中学	1956	20	150.50	4	22.58	36	120.40	44	83.03	104	376.51
	1957	12	87.72	8	43.86	51	185.76	22	40.21	93	357.55

注：普陀第一初级中学（现普陀中学），普陀第二初级中学（现六横中学）

20 世纪 90 年代末，域内中小学对持有政府颁发的“优待证”享受扶贫帮困优待政策的城镇居民，减免其在校就读子女的学杂费。2000 年减免 115 名学生，减免金额 32488 元。同时，各中小学设立助困基金，资助贫困学生，教职工开展与贫困学生结对活动，被资助学生 488 名，资助款达 12.6 万元。

区妇联自 1996 年来开展“春蕾结对”活动，每年资助 10 余万元。其中，2000 年结对学生 303 名，资助款达 15 余万元。

区慈善总会、总工会、妇联、共青团、民政局等组织和社会团体都开展贫困大学生资助活动，区人民教育基金会从 2010 年起开展“阳光助学”活动，对低保家庭（含低保边缘户）学生接受高等教育进行资助。

根据上级政府关于学生资助的有关政策，结合域内实际，2003 年上半年首次出台普陀区中小学生政府扶困助学政策，从春季学期起，对家庭贫困学生实施资助（义务教育家庭困难学生免收杂费、书本费和住宿费，高中段免收学费），不使一个学生因家庭经济困难而失学，保障了贫困家庭学生受教育的权利，有力促进教育公平。

2005 年秋，根据形势发展和上级要求，修订政府扶困助学政策，施行义务教育爱心营养餐（对贫困学生免费提供每周 2 餐的爱心营养餐，标准 200 元 / 年），将高中段家庭经济困难学生助学纳入政府资助体系，免收学费、代管费和住宿费。

2007 年 5 月，实施职业高中经济困难学生爱心营养餐，标准 400 元 / 年。2007 年下半年再次完善中小学生政府扶困助学政策，并实施义务教育离岛就读困难补助政策，标准 2000 元 / 年。同年秋季学期起，对职业高中免学费贫困生之外的其他高一高二学生实施国家助学金制度，标准为 1500 元 / 年。

2008 年 6 月起，向六横片义务教育小学学生免费供应爱心营养牛奶。

2010年秋，国家助学金受助对象调整为职业高中高一高二全部学生，高三经济困难学生营养餐改为生活补贴，标准400元/年。

2011年4月，区教育局财政局联合印发《关于完善义务教育离岛就读补助政策的通知》，扩大离岛就读资助面，标准提高至2500元/年。同年8月，又印发《关于完善中小学学生资助政策的通知》，修订有关资助政策，并将普通高中占在校学生13%左右的家庭经济困难学生纳入国家助学金资助范围，标准为1500元/年，同时，义务教育经济困难学生爱心营养餐标准提高至350元/年。同年底，印发《关于实施学前教育特殊儿童入园资助工作的通知》，对学前教育低保家庭子女等入园实施资助政策，标准为低保家庭、革命烈士或伤残军人、福利监护或五保供养的儿童3000元/年，残疾和困难家庭儿童1500元/年。

从2012年秋学期起，家庭经济困难学生爱心营养餐标准提高至每生每周5餐、每餐5元，每生1000元/学年；免收职业高中所有在校学生学费。2013年秋季学期起，调整了中等职业教育国家助学金及家庭经济困难学生资助政策，从国家助学金资助对象调整为一、二年级家庭经济困难学生，三年级家庭经济困难学生生活补贴政策不再实施。

自此，普陀区建立覆盖从学前教育到高中教育，涵盖义务教育爱心营养餐与离岛就学补助、高中扶困助学和国家助学金的政府助学体系。

1971—1993年助学金支出情况表

表4-52　　单位:元

年份	1971	1972	1973	1974	1975	1976	1977	1978	1979
助学金	2795	5008	8169	6055	7528	9435	8878	7384	8723
年份	1980	1981	1982	1983	1984	1985	1986	1987	1988
助学金	31844	21215	5906	17274	8207	23718	26991	25275	65322
年份	1989	1990	1991	1992	1993	—	—	—	—
助学金	80000	75000	78000	79000	52000	—	—	—	—

注:在年度预算编制中，按上年末中学生3元/人·年核定

2003—2014年学生资助情况表

表4-53

年份		幼儿园	小学	初中	高中	职中	职中高一高二全员助学金	离岛就读
2003	资助人次	—	585	559	238	—	—	—
	资助金额	—	9.79	14.76	11.52	—	—	—
2004	资助人次	—	563	562	523	—	—	—
	资助金额	—	9.68	14.00	32.95	—	—	—
2005	资助人次	—	1077	1097	683	—	—	—
	资助金额	—	26.66	41.74	76.03	—	—	—
2006	资助人次	—	1702	1566	627	296	—	—
	资助金额	—	36.64	54.02	80.53	45.99	—	—
2007	资助人次	—	4267	3330	418	595	1735	231
	资助金额	—	72.92	89.96	50.26	100.91	130.13	23.10
2008	资助人次	—	2867	2040	345	604	3451	421
	资助金额	—	28.67	23.60	41.90	104.37	258.80	42.10
2009	资助人次	—	2716	2058	306	601	3561	463
	资助金额	—	47.53	37.57	37.89	104.90	267.08	46.30
2010	资助人次	—	2419	1695	295	547	3208	510
	资助金额	—	42.33	29.66	35.57	94.50	240.60	51.00

续表 4-53

年　份		幼儿园	小学	初中	高中	职中	职中高一高二全员助学金	离岛就读
2011	资助人次	10	2274	1321	558	695	3066	481
	资助金额	1.05	39.80	23.12	67.91	114.73	229.95	60.13
2012	资助人次	15	1675	1153	861	673	2341	436
	资助金额	1.65	49.01	39.74	105.72	130.63	175.58	109.00
2013	资助人次	21	1168	1115	844	516	783	451
	资助金额	2.55	58.45	55.75	106.20	39.20	58.73	112.75
2014	资助人次	27	1075	1026	706	369	—	389
	资助金额	3.15	53.75	51.30	96.07	30.27	—	97.25

注:高中段 2003 上—2005 上免收学费。职中高一高二家庭经济困难学生助学金自 2012 年秋季学期起纳入职中学生资助统计

【教育基金会】 1989 年 4 月,区委书记于辉达等 15 位领导倡议发起,成立舟山市普陀区人民教育基金会。于辉达、马其忠、姜复月、邵琪珠任名誉会长,赵宝珍任会长,陈建国兼任秘书长。4 月 15 日下午,举行成立大会暨捐赠仪式,省、市、区属各企业单位、各区(公所)乡镇政府和区属部、委、局办负责人共 150 余人出席,大会共收到捐款 85.92 万元。

1989 年舟山市普陀区人民教育基金会成立大会暨捐赠仪式接受捐赠名录表

表 4-54　　单位:元

捐赠单位	金额	捐赠单位	金额	捐赠单位	金额
区城建局	100000	区计经委	10000	区中国银行	5000
区物资总公司	60000	区交通局	10000	普陀医药公司	5000
普陀海洋渔业集团公司	40000	普陀印刷厂	10000	普陀烟糖公司	5000
舟山轮船公司	30000	区粮食局	10000	普陀第一百货公司	5000
区个体劳动者协会	30000	区工商银行	10000	区人民银行	4000
区盐业局	30000	普陀磷肥厂	10000	区卫生局	3000
区木材公司	30000	区财税局	10000	区文化局	3000
舟山海洋渔业公司	30000	舟山港务局	10000	普陀啤酒厂	3000
普陀电机一厂	30000	普陀水泥厂	10000	普陀蓄电池厂	3000
普陀东海酒厂	30000	区渔业委员会	10000	普陀食品公司	3000
舟山水产食品厂	20000	舟山自来水厂	10000	普陀山管理局	3000
市水产联合公司	20000	区经济协作办	10000	夏康夫	2000
舟山第二海洋渔业公司	20000	区乡镇企业局	10000	施菊华	300
舟洋公司	20000	曙光农场	10000	屠雪芬	300
普陀机械厂	20000	兴隆贸易公司	10000	—	—
普陀石油公司	20000	浙江省皮革化工厂	10000	—	—
区供销社	15000	六横长胜食品厂	5000	—	—
舟山市塑料总厂	15000	舟山建筑公司	5000	—	—
普陀拆船公司	15000	区工商局	5000	—	—
舟山柴油机厂	15000	区建设银行	5000	—	—

注:此表中所列为单位捐资金额 3000 元、个人捐资 300 元以上者,排名不分先后

1997年8月，经区委、区政府同意，调整基金会组成人员，虞洁夫、吕建生任名誉会长，赵宝珍任会长，唐裁林兼任秘书长。

1999年5月，再次调整基金会组成人员，赵宝珍任会长，唐裁林兼任秘书长。

1999年9月，省民政厅准予区人民教育基金会登记注册（浙民社复字〔1999〕26号），具有社会团体法人资格，基金会法人登记证书号为浙基证字第51019号。

2004年11月，举行区人民教育基金会理事会换届会议，并修改基金会章程。根据章程，选举虞央国任理事长，周红迅兼任秘书长，俞凯任监事。

2010年10月，区人民教育基金会阳光助学基金捐赠仪式在普陀中学举行。市政府副市长陈松菊，市教育局局长缪和平，区委书记吴晓东，区长姜建明等有关领导出席，市内各大新闻媒体、社会各界爱心人士以及市内兄弟学校和全区各中小学师生代表等2000余名参加仪式。普陀阳光助学基金是由和润集团有限公司、东港投资发展集团、普陀区旅游投资发展有限公司、舟山三盛置业发展有限公司、扬帆集团股份有限公司、浙江欧华造船有限公司、浙江海中洲集团有限公司、浙江恒大建设集团有限公司、浙江凯虹集团有限公司等9家公司捐助设立的，首批资金1700万元，主要用于奖励普陀籍优秀学子，资助家庭贫困学生完成学业。

2010年区人民教育基金会阳光助学基金接受捐赠名录表

表4－55　　单位：万元

捐赠单位	金额	捐赠单位	金额	捐赠单位	金额
和润集团有限公司（舟山中联房地产有限公司）	500	扬帆集团股份有限公司	100	浙江凯虹集团有限公司	100
东港投资发展集团	300	浙江欧华造船有限公司	100	普陀山佛教协会	35
普陀区旅游投资发展有限公司	200	浙江海中洲集团有限公司	100	—	—
舟山三盛置业发展有限公司	200	浙江恒大建设集团有限公司	100	—	—

注：排名不分先后

从2010年起，人民教育基金会开展“阳光助学”活动。当年，对低保家庭（含低保边缘户）学生接受高等教育进行资助。2011年5月，又推出为域内义务教育低保家庭子女离岛就读实施资助，还实施普惠性助学活动，免费为本区中小学学生订阅刊物、为义务教育阶段学生配发学生服等。

2004—2014年舟山市普陀区人民教育基金会接受捐赠和提供资助统计表

表4－56　　单位：万元

年份	接受捐赠			公益资助	
	自然人捐赠	法人捐赠	年度合计	项目（个）	金额
2004	817.10	—	—	9	886.49
2005	521.05	—	521.05	3	494.7
2006	607.65	—	607.65	2	635.3
2007	643.55	—	643.55	2	646
2008	976.35	—	976.35	2	778.3
2009	974.43	—	974.43	3	749.06
2010	1084.87	1605	2689.87	5	1164.45
2011	2640.94	485	3125.94	5	1737.18
2012	—	—	—	4	541.77
2013	28.58	107	135.58	4	639.36
2014	—	137.80	137.80	3	624.48

第五章　学校文化建设

校园文化是学校教育的一个重要组成部分，是一所学校独特的精神风貌。校园文化也是学校风貌和办学特色的综合反映，是衡量教育发展水平的重要标志。1983 年起，普陀县把校园文化建设视为培养一代新人的重要环节，在校园环境方面进行校容校貌整治和校园“五化”工程建设；在人文精神方面开展文明学校、绿色学校、和谐校园、廉洁清风进校园示范点学校、陶研学校创建和文化艺术活动，加强学校传统教育和扶贫济困等美德教育。1992 年，区教育局贯彻国家教育委员会颁布的《中小学校园环境管理的暂行规定》和市教育委员会《关于在中小学广泛开展绿化校园活动的通知》精神，正式发文界定校园文化的内涵和作用，明确校园文化包括精神文化、物质文化和制度文化。2014 年，区教育局重视“美丽校园”环境建设，按照“总体规划，逐步投入，分类建设”思路，改善学校环境面貌，提高学校办学品位，提升师生道德文明素养，建设特色鲜明的“美丽校园”。通过一系列校园文化建设活动，涌现出一批校园文化建设先进学校。

第一节　校园环境建设

【校容校貌整治】 由于多种原因，在相当一段时间内，中小学校容校貌建设不十分重视。1986 年 1 月，县教育局下发《关于整顿校容、校貌、校风、校纪的通知》，要求各校切实重视学校环境建设，从师生精神风貌、校园绿化、校园文化艺术活动等方面为抓手整治校园环境，强化校容校貌建设，提高学校文化品位。同年 3 月，县教育局转发国家教委和中央绿化委员会《关于学校开展校园绿化和营造学校林的通知》。同年 5 月，县人大常委会组织全县中小学校容校貌大检查。与此同时，县教育局组织评选一批“校容、校貌、校风、校纪”先进集体。1995 年 5 月，区教育局再次组织中小学校容校貌评选活动。此后，中小学“校容、校貌、校风、校纪”建设不断得到重视和加强。

【校园五化工程】 2003 年，区教育局启动以“绿化、美化、净化、亮化和校园文化建设”为内容的中小学“五化”工程，组织校园文化建设大检查，开展校园文化建设评比活动。

2005 年，区教育局公布普陀中学、普陀第二中学、沈家门第一初级中学、沈家门小学、沈家门第一小学、沈家门第二小学、沈家门第四小学、东港小学、舟渔子弟学校、六横台门中学、六横中心小学、朱家尖中心小学、芦花中学、桃花中心小学、虾峙中心小学、区中心幼儿园、区实验幼儿园等 17 所中小学（幼儿园）为校园文化建设先进学校。另有普陀第三中学、六横中学、沈家门第三初级中学、沈家门第三小学等 21 所学校（幼儿园）为校园文化建设达标学校。

至 2014 年，全区各中小学、幼儿园的校园绿树成荫，花草芬芳；学习活动场所内设有名人名言、名人雕塑；校园内阅报栏、黑板报、宣传栏等走廊文化、楼梯文化、墙角文化特色呈现。校园是花园、是乐园、是家园。

沈家门小学荣获舟山市首批校园文化环境建设示范学校。

【校园景观】 校园景观是校园文化的重要体现。六横中学保留了原东岳宫寺庙放生池遗址，普陀第三中学保留原浙江海洋学院的凉亭和水池。20 世纪 90 年代中期以来，区域内进行大规模校园扩建、迁建工程。中小学在扩建、迁建新校园的过程

六横中学校园内“东岳宫”放生池原址，经多次改造维修。东岳宫始建于1813年(明嘉靖十八年)

六横中学“育才亭”，始建于1985年

1991年，普陀区人民医院退休医师吴光潜夫妇捐赠普陀中学一万元建“光潜书亭”一座

2014年，普陀第二中学东南角小花园

2008年沈家门小学在绿色草坪上建造著名教育家陶行知塑像

中注重校园景观建设，一批富有特色的校园景观相继建成。1997年，沈家门小学、东港小学在校园绿色文化走廊建造教育家陶行知塑像。沈家门小学在新校园内建造莲池、长廊、喷泉等景观，普陀第二中学在新校区内建造凉亭、水池等，普陀中学、普陀第二中学、东港中学等学校在学校正门口摆放巨石，上刻“博雅”“永不言弃”等校训。沈家门小学在校门侧方墙壁上建造海鸥与浪花浮雕，象征着沈家门小学学生似海精灵展翅翱翔。朱家尖小学在校园正门建造舟山古船“绿眉毛”沙雕，寓意学校海洋文化发展。沈家门小学、沈家门第一小学、蚂头中学教学楼主楼建造钟楼，以激励学生珍惜时间，勤奋好学。新建造的普陀小学在校园主楼一楼正门主墙壁上建造花草汇群，凸显学校和谐发展和祖国花朵茁壮成长的教育理念。

2011年，沈家门小学开展陶研活动。此为“爱满天下”石碑

2009年，蚂头初级中学新教学楼落成，此为钟楼

沈家门小学的海洋文化走廊

沈家门小学的德育文化走廊

沈家门第三小学的海洋文化走廊

六横中心小学的科技文化走廊

第二节　校风建设

校风是校园文化的核心，校训、校歌、校报、校刊、校园网等是校风的重要体现。

【校训】 中华人民共和国成立后至1978年以前，中小学大多以毛主席题词“好好学习，天天向上”和毛主席语录中的“身体好、学习好、工作好”延伸出来的“思想好、学习好、身体好”（俗称“三好”）为校训。改革开放后，强调打造办学特色，中小学依据各自的办学目标和办学理念制订校训。至2014年，全区有4所高中、6所初中、14所小学、9所幼儿园制定校规校训。

普陀区各中小学幼儿园校训表

表4-57

校　名	校训（创建时间）	励志（创建时间）
普陀中学	砺志　求实　创特	—
普陀第三中学	国家　学生　责任　读书　做人　求真 ——追求卓越	—
六横中学	自强　尽责　求实　进取	—
普陀职业技术教育中心	创新　扎实　灵动　特色	—
普陀区第二中学	励志　求实　创特（1998）	—
沈家门第一初级中学	勤学　守纪　务实　求新（1996起）	—
东港中学	自强　勤奋　从严　求实（1981） 道德立身　健康为本　创新是魂（2004） 明德至美　明道至善（2010）	永不言弃（2010）
蛟头初级中学	厚德　尚礼　励志　积学（2009）	—
朱家尖初级中学	求实　进取　厚德　博学（1968） 立志勤学　求实创新（1985） 自信　自强　文明　睿智（2010）	—
芦花中学	思想好　学习好　身体好（1978前） 严谨　勤奋　求实　全面（1978—2006） 全面　勤奋　求实　创新（2007—2012） 自强　厚德　智慧　包容（2013至今）	—
台门学校	做好人　读好书	—
虾峙学校	兼容并蓄　心手相牵	—
桃花中心学校	尚德　博学　励志　健美	—
展茅中心学校	至博至淳	—
舟渔学校	勤奋　严谨　求实　开拓　（2001） 教育为学生幸福生活奠基（2008） 爱满校园（2015）	—
沈家门小学	尊师　守纪　勤学　整洁（1965） 博大　丰厚　激情　灵动（2008）	爱满天下（2011）
沈家门第一小学	勤奋　文明　健美（1997）	—
沈家门第三小学	厚德　励学　笃行　自强（2001）	—
沈家门第四小学	友善　乐学　健康　致远（2000）	—

续表 4-57

校　名	校训(创建时间)	励志(创建时间)
朱家尖小学	好好学习　天天向上(1995 年前) 雅言雅行(1996—2015) 奠定成长的基础　成就海洋的梦想(2015)	—
螺门小学	勤学　守纪　文明　进取(1985—2004) 绿色　和谐　阳光(2005 至今)	—
六横中心小学	尚德博学求是(2008)	—
六横镇双塘小学	健康　聪慧　高尚　快乐	—
六横镇龙山小学	文明整洁　勤学守纪　诚实勇敢　求实创新(1987) 尊师　守纪　勤学　奋进(1992) 朴实　沉毅　开拓(2002) 重德　好学　健体　尚美(2013)	—
区中心幼儿园	团结　务实　创新(1993) 海纳百川　务实创新　锐意进取(2010)	—
区实验幼儿园	团结　进取　求实　奉献	—
区沈家门幼儿园	以人为本　特色创新　发展孩子　成就教师(2013)	—
六横中心幼儿园	团结　奋进　开拓　创新	—
六横实验幼儿园	团结　奋进　求实　创新	大手拉小手 快乐向前走
朱家尖中心幼儿园	乐教　挚爱　诚信	精益求精
展茅中心幼儿园	绿色和谐　健康成长	—
螺门中心幼儿园	团结　求实　奉献　创新	—

【校歌】　校歌是学校办学理念、校园精神和学校特色的集中体现。是校园文化的重要组成部分,是一个学校对内的号召和激励,对外的形象展示和宣言,它反映的既有办学者、教育者的理想、要求、愿望,又有受教育者的感受、追求和成长心声。1984 年,普陀中学音乐教师朱品文作曲,并集当时语文组全体老师的智慧,编创舟山市第一首校歌《我们从这里出发》,传唱到现在。1985 年以后,沈家门小学等一些学校相继创作校歌。1999 年,沈家门第一小学校歌《面对大海,努力向上》和沈家门小学校歌《海精灵之歌》分别获“五月的鲜花”99′浙江省校歌创作大赛二、三等奖。

中小学幼儿园校歌创建表

表 4-58

学校	歌名	创建时间	学校	歌名	创建时间
普陀中学	《我们从这里出发》	1984	沈家门第一小学	《面对大海,努力向上》	1998
普陀第三中学	《放飞金色的理想》	2002	沈家门第四小学	《感恩,奋进!》	2011
普陀第二中学	《托起明天的太阳》	2011	朱家尖小学	《绿色的希望》	1996
东港中学	《港中之歌》	2010	展茅中心小学	《梦想启航》	2014
六横峧头初级中学	《播种希望放飞梦想》	2009	区中心幼儿园	《来吧,我的海乐园》	2013
六横龙山初级中学	《龙山中学校歌》	2001	展茅中心幼儿园	《在绿色幼儿园成长》	2014
沈家门小学	《海精灵之歌》	1985	育才学校	《育才学校校歌》	2012
沈家门第三小学	《奔向美好的明天》	2001	—	—	—

中小学校歌选录

我们从这里出发

1=♭E
中速亲切地

——普陀中学校歌

集体词
朱品文曲

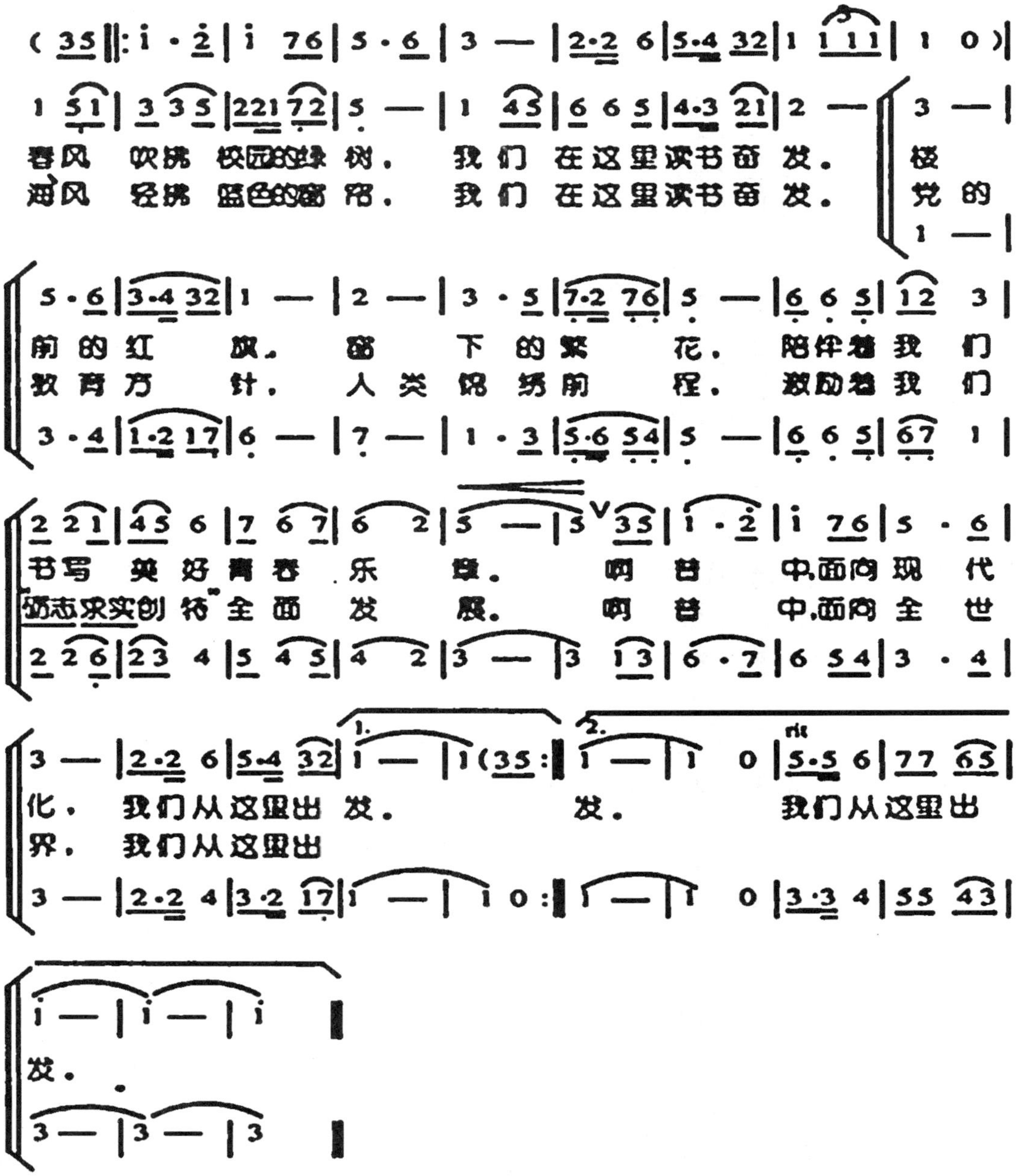

海精灵之歌

——沈家门小学校歌

1=F　2/4　　　　作词:钱银星

进行速度 蓬勃向上　　　　作曲:李竹君

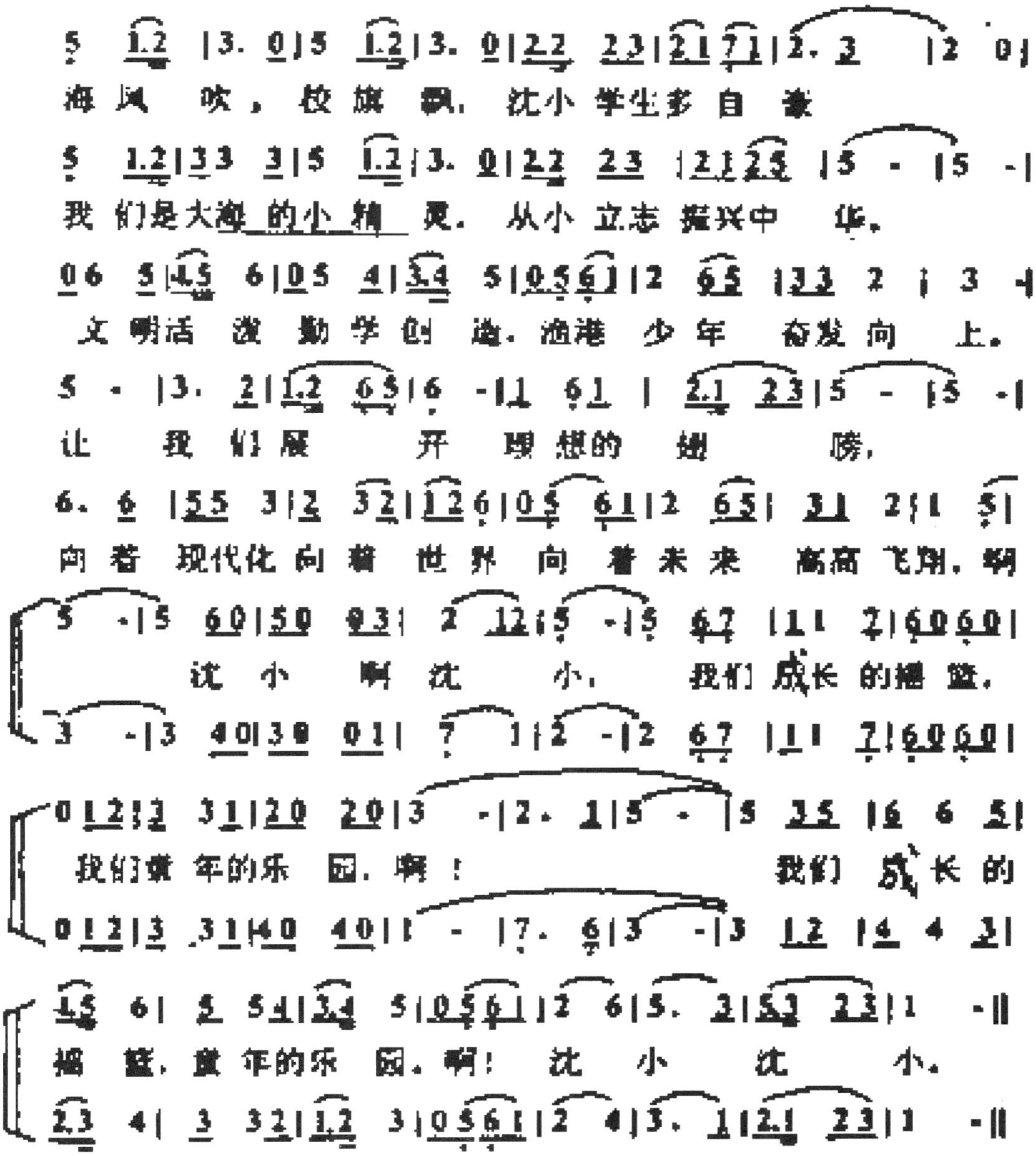

龙山中学校歌

1=C $\frac{2}{4}$

范 红 词
周秋飞 曲

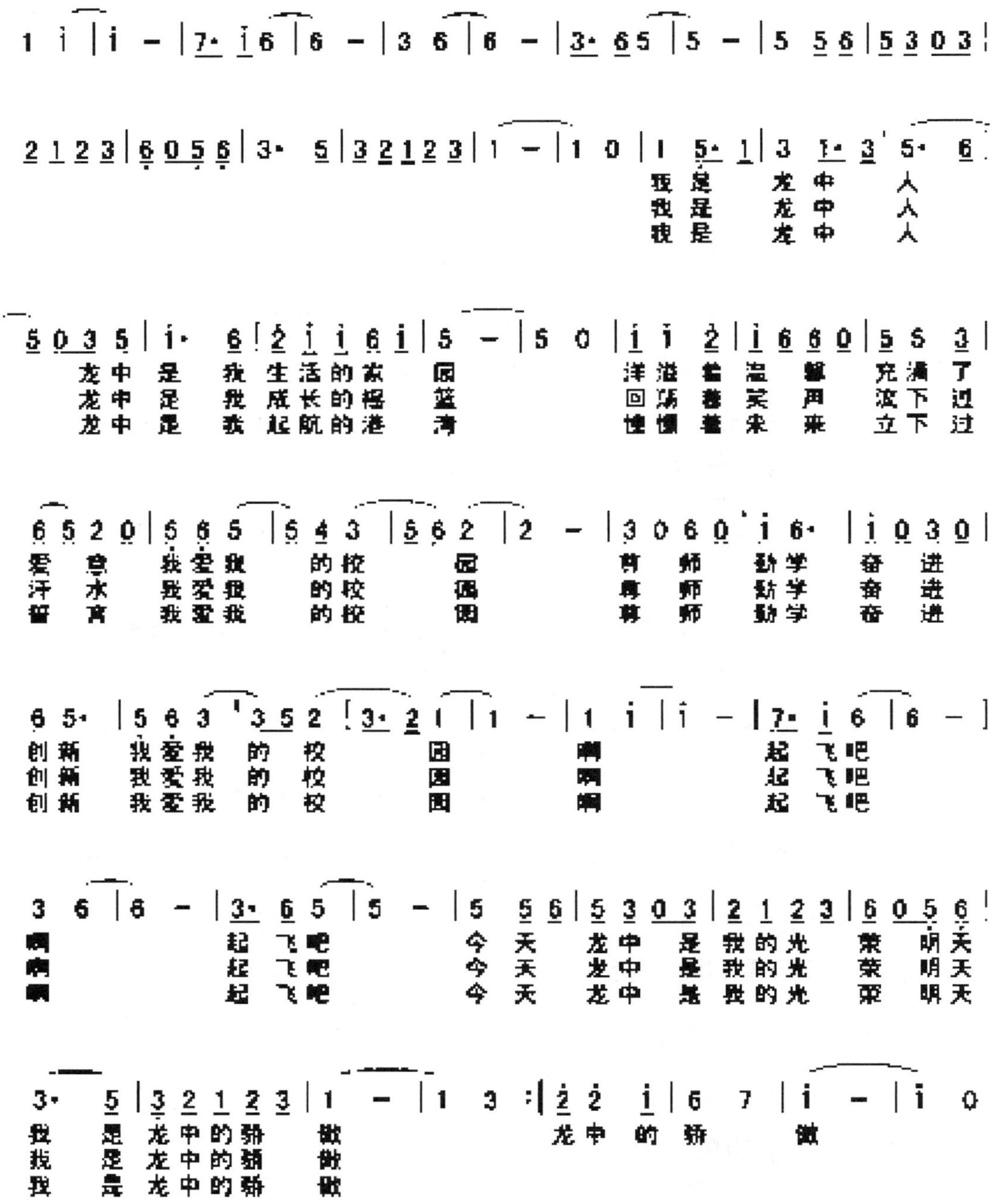

面对大海 努力向上

舟山市普陀区沈家门第一小学校歌

贺廷禹　陈爱国　词
赵学敏　顾学勇　曲

1=♭B 2/4

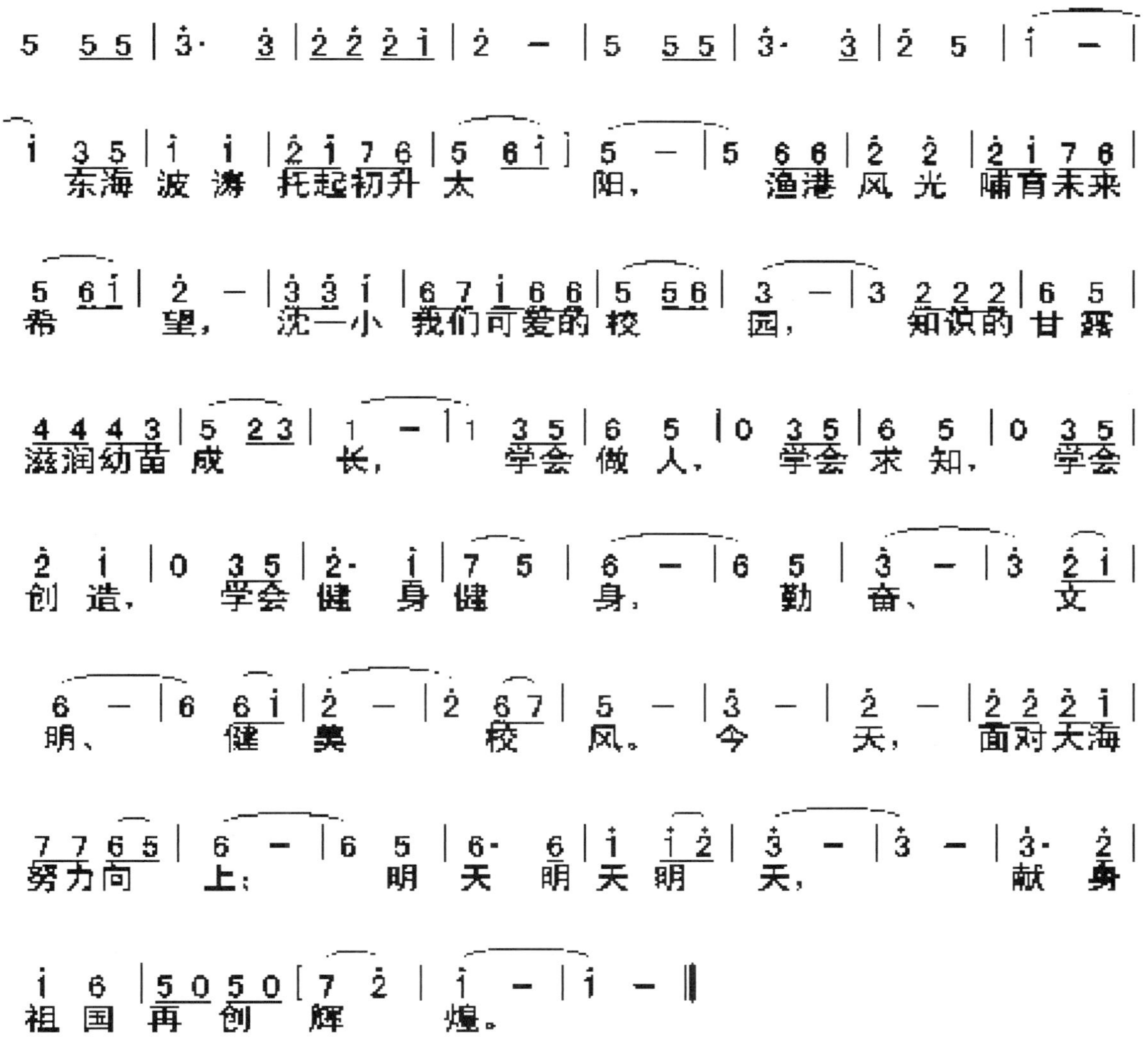

来吧，我的海乐园

——普陀区中心幼儿园园歌

1=D 2/4

作词：普陀中心幼儿园教师

作曲：张艺嘉母亲

3 3 4 5 6 5 | 1 1 7 1 5 - | 1 1 1 6 5 1 5 | 4 3 2 2 - |
蓝 蓝的 海 边 有一 个乐 园 这是 我们 可爱 的 幼 儿 园

3 4 5 6 5 - | 4 3 2 3 6 - | 5 5 7 7 2 2 3 | 4 - - 4 3 |
老师 用 爱 伴着 我 们 一起 编织 着 中 幼 蓝色

2 3 1 1 - | 1 1 3 3 5 5 i i | 7 6 5 5 - | 6 6 4 4 1 1 6 6 |
的 梦 想 来吧来吧来吧来吧 阳 光 吧 来吧来吧来吧来吧

5 6 5 5 - | 4 4 2 2 - | 7 6 5 5 - | 4 4 4 3 2 7 | 1 - - - ||
灵 动 吧 谢 谢 你 爱 着 你 给我 幸福 的 童 年

3 3 4 5 6 5 | 1 1 7 1 5 - | 1 1 1 6 5 1 5 | 4 4 3 4 2 - |
我 是 小海 贝 独特 灿 烂 我 是 小海 豚 活泼 聪 慧

3 4 5 6 5 - | 4 3 2 3 6 - | 5 5 7 2 2 2 3 | 4 4 4 - 3 |
我是 小海燕 自信 飞 翔 我们 是 阳光 灵动 博学 的

2 3 1 1 - ||: 1 1 3 3 5 5 i i | 7 6 5 5 - | 6 6 4 4 1 1 6 6 |
小 孩 娃 来吧来吧来吧来吧 阳 光 吧 来吧来吧来吧来吧

5 6 5 5 - | 4 4 2 2 - | 7 6 5 5 - | 4 4 4 3 2 7 |
灵 动 吧 谢 谢你 爱 着你 给我 幸福 的 童

1 - - - :|| 4 4 4 3 2 - | 5 - i - | i - - - ||
年 给我 幸福 的 童 年

育才学校校歌

1=C 2/4

作词：本校冉钊教师

谱曲：区教研室丁和平

奔向美好的明天

——沈家门第三小学校歌歌词(刘松军作词)

青龙山下,渔港之滨,有我们美丽校园,我们博学、明理善思、志存高远、歌声嘹亮、书声琅琅、校园里气象万千。我们乐学,文明发展,勇敢向前,啦啦啦,三小,在你温暖的怀抱里,啦啦啦,三小,你给我们知识源泉,在这里成长,从这里出发,我们奔向那美好的明天,美好的明天。

青龙山下,渔港之滨,有我们美丽校园,我们博学、明理善思、志存高远、歌声嘹亮、书声琅琅、校园里气象万千。我们乐学,文明发展,勇敢向前,啦啦啦,三小,在那园丁的呵护下,啦啦啦,三小,幸福充满我们心田,在这里成长,从这里出发,我们去创造美好的明天,辉煌的明天。

【校报、校刊】 校报校刊是学校宣传工作的重要载体,是校园文化建设的重要阵地,是向广大师生、家长及社会宣传学校办学理念与特色、展现校风校貌与师生风采的重要平台,承担培养校园记者、营造良好校风学风的重要任务。

1997年,沈家门小学率先创建《沈小时光》校报,并在校内印发。同年7月,沈家门第三小学创建《海艺报》。1998年以后,各中小学陆续在校内创建校报。1980年,朱家尖初级中学首创校刊《小荷》。1985年以后,沈家门第一初级中学、普陀第三中学、展茅中心小学等中小学创建校刊。2000年,普陀中学《海边》校刊被中语会评为全国一等奖校刊。1999年10月,普陀第二中学创编《海韵》校刊,出刊30期,曾获得舟山市校园刊物一等奖。

普陀区中小学幼儿园校报校刊创建表

表4-59

学　校	校报名	创报时间	校刊名	创建时间
普陀中学	《普中人》	2009	《海边》	2000
普陀第三中学	《普陀三中报》	2001	《凝绿》	2001
普陀第二中学	《普陀第二中学》	2007—2012	《海韵》	1999
沈家门第一初级中学	《校园之声》	1999至今	《风帆》 《启航》 《秋拾》	1985 2000 2013
东港中学	《校园动态》	—	—	—
沈家门小学	《沈小时光》	1997—2011	《海蓝蓝》	2004—2007
沈家门第一小学	《艺海报》	2000.4至今	—	—
沈家门第三小学	《海艺报》	1997.7—2013.1	—	—
沈家门第四小学	《小海豚报》,	2002	—	—
六横峧头初级中学	—	—	《蛟龙》	2009
六横台门学校	《七彩滩》	2008	—	—
朱家尖初级中学	—	—	《小荷》 《观澜》	1980—2013
朱家尖小学	《绿娃报》	1999—2001	—	—
展茅中心小学	—	—	《小锤》	(2008)
沈家门幼儿园	《沈家门幼儿园园报》	2014.09	—	—
展茅中心幼儿园	《展幼二作月报》	2011.9	—	—
螺门小学	《海螺报》	2004—2008	—	—
桃花中心小学	《桃园芬芳》	2009	—	—

【校园网站】 校园网站是基于学校单位建立的校园官方网络平台，承载着信息化教育时代网络教学、对外宣传、教育管理的基本任务，是远程教育发展必然趋势和必需平台。校园网站为学校教学、科研和管理等教育提供资源共享、信息交流和协同工作的计算机网络 web 系统。

1998 年，普陀区在全市率先建立普陀教科网。1999 年，沈家门第一初级中学创建校园网站。2000 年以后，各中小学幼儿园相继建立校园网站。全区教育系统拥有一个由中心网站及局域网、光缆连接的高速域网和电话拨号连接的渔农村网所组成的，以 2 兆光缆分别与中国教育科研网和国际互联网连接的计算机网络系统。中小学及其他教育机构全面联网，以计算机无纸化信息传输完全代替传统书面资料传送，至 2014 年，全区教育系统 31 所学校的主页上网，学校教科网信息库相继建成。

普陀区中小学幼儿园校园网创建表

表 4-60

学　　校	网　　址	Email	创建时间
普陀中学	http://www.ptzx.net/	ptzx@mail.ptec.gov.cn	2000.3
普陀第三中学	http://www.ptsz.net/main	ptsz@mail.ptec.gov.cn	2002.8
区职业技术教育中心	http://www.ptzjzx.com/	ptzjzx@mail.ptec.gov.cn	2006.12
六横中学	http://www.ptlhzx.com/	ptlhgz@mail.ptec.gov.cn	2000.5
芦花中学	http://lhzx.ptec.gov.cn/	ptlhzx@mail.ptec.gov.cn	2004
普陀第二中学	http://www.zsptez.net/	ptez@mail.ptec.gov.cn	2000
沈家门第一初级中学	http://sjmyc.ptec.gov.cn/	sjmyc@mail.ptec.gov.cn	1999
东港中学	http://www.dgzx.zj.cn//	dgzx@mail.ptec.gov.cn	2001.1
蛟头初级中学	http://www.ptjtzx.cn/	ptjtzx@mail.ptec.gov.cn	2000
朱家尖初级中学	http://www.zjjzx.net/	zjjzx@mail.ptec.gov.cn	2004.5
虾峙学校	http://www.ptxzxx.com/	ptxzxx@mail.ptec.gov.cn	2000
台门学校	http://www.tmzx.cn/	pttmxx@mail.ptec.gov.cn	2004
沈家门小学	http://sjmxx.com	sjmxx@mail.ptec.gov.cn	2000.9
沈家门第一小学	http://www.sjmyx.com/	sjmyx@mail.ptec.gov.cn	2007
沈家门第三小学	http://www.sjmsx.com	Sjmsx@mail.ptec.gov.cn	2001
沈家门第四小学	http://www.sjm4x.com/	sjm4x@mail.ptec.gov.cn	1999
朱家尖小学	http://www.zjjxx.net/	zjjxx@mail.ptec.gov.cn	2005.10
六横中心小学	http://www.zslhzx.com/	ptlhxx@mail.ptec.gov.cn	2009
六横镇双塘小学	http://www.zslhzx.com/	ptstxx@mail.ptec.gov.cn	2003
六横镇龙山小学	http://lsxx.ptec.gov.cn/	ptlszx@mail.ptec.gov.cn	2010
舟渔学校	http://www.zyzdxx.com/	zyzd@mail.ptec.gov.cn	2012.9
螺门小学	http://www.ptlmxx.com/	ptlmxx@mail.ptec.gov.cn	2006
桃花中心小学	http://www.thzxxx.com/ http://www.ptthzx.com/	ptthxx@mail.ptec.gov.cn	2001 2010
展茅中心学校	http://zmzx.ptec.gov.cn/	ptzmzx@mail.ptec.gov.cn	2013
区中心幼儿园	http://www.ptzxyey.com/	zxyey@mail.ptec.gov.cn	2010.9
区实验幼儿园	http://www.ptsyyey.com/	syyey@mail.ptec.gov.cn	2005.9
沈家门幼儿园	http://www.sjmyey.com/	sjmyey@mail.ptec.gov.cn	2013.9
桃花中心幼儿园	—	thyey@mail.ptec.gov.cn	—

续表 4-60

学　　校	网　　址	Email	创建时间
展茅中心幼儿园	—	zmzxyey@mail.ptec.gov.cn	—
螺门幼儿园	—	zmlmyey@mail.ptec.gov.cn	—
朱家尖中心幼儿园	—	zjjyey@mail.ptec.gov.cn	—
虾峙中心幼儿园	http://xzyey.ptec.gov.cn/	xzyey@mail.ptec.gov.cn	2014
六横中心幼儿园	—	tmyey@mail.ptec.gov.cn	—
六横实验幼儿园	http://www.lhsyyey.com/	jtyey@mail.ptec.gov.cn	—

【校园广播站、电视台】 校园广播站、电视台立足于校园,服务于师生,是校内重要宣传阵地和文化窗口把握正确的宣传和舆论导向,创造良好舆论环境;围绕学校中心工作和工作重点,及时反映、宣传学校工作亮点,促进校园文化和校园精神文明建设。

1965 年 9 月,沈家门小学成立“红领巾广播站”。20 世纪 80 年代起,各学校相继成立广播站(台)。1995 年,沈家门第一小学率先建立“小海鸥电视台”。各中小学陆续建立富有学校特色的电视台,如:沈家门小学的“海精灵电视台”。“海精灵”涵盖“博大、丰厚、激情、灵动”的海精灵精神,沈家门第四小学的“小海豚电视台”、沈家门第一小学的“小海鸥电视台”、虾峙中心小学的“海娃”电视台,凸显学校海洋文化特色;朱家尖小学的“绿太阳广播站”“绿太阳电视台”凸显学校绿色文化的博大精深。

各学校根据学校特色开设广播、电视栏目。校园广播站的一般栏目有:(1)历史上的今天:播报历史上今天发生的重要事件;(2)新闻大视角:播报国内外重要新闻和校园内的新人新事;(3)校园点歌:播放一些使人心情舒畅、精神放松的乐曲,播放为师生员工生日、祝福等点播的歌曲。(4)结合学校工作开设栏目,如:我们在成长,真诚地关注学生的内心世界,讲述同学们在成长过程中的烦恼和开心等事情,采用征文、投稿、邀请嘉宾等形式。小小保护伞,介绍一些安全、卫生保健等方面的常识以及自我保护方面的内容,使学生增强自我防范的意识,提高自我保护的能力,使学生健康、快乐地成长。

校园电视台的栏目设置:校园观察:对学生的文明礼仪、行为习惯、遵纪守规等进行全方位观察、拍摄、报道,弃恶扬善。活动剪影:及时报道学校开展的各项活动。才艺展示:展示学校素质教育成果。班级风采:报道班级先进管理经验,展示班级、学生风采。校园新闻:及时采撷校园的最新新闻信息等。2010 年后,随着校园信息系统现代化,个别中小学的广播电视节目发展为互联网栏目中的视频点播。

至 2014 年,全区共有 13 所中小学创办了校园广播站和电视台。

普陀区中小学幼儿园校园广播、电视台创建情况表

表 4-61

学校	广播站(台)	创建时间	电视台	创建时间
普陀中学	—	—	普陀中学广播台	1981
普陀第三中学	校园广播台	2003.9	—	—
双塘中学	—	—	“小雨点”广播电视台	1998.10
沈家门小学	红领巾广播站	1965.9	“海精灵”电视台	1997.9
沈家门第一小学	红领巾广播台	1982	小海鸥电视台	1995
东港小学	红领巾广播站	1997.9	“绿太阳”电视台	2002.10
沈家门第三小学	“海艺”广播台	2000.9	海艺电视台	2000.9
沈家门第四小学	红领巾广播台	1991.9—2000.6	小海豚电视台	1998.10
朱家尖小学	“绿太阳”广播台	2000.9	“绿太阳”电视台	2000.9

续表 4-61

学校	广播站(台)	创建时间	电视台	创建时间
六横镇中心小学	—	—	雏鹰电视台 七彩梦电视台	1995.9 2008.2
双塘中心学校	“红领巾”广播站	1986	“小雨点”电视台	2004.8
	“海宝”广播站	2012.3		
螺门小学	“小海艺”广播站	2004.9	—	—
虾峙镇中心小学	—	—	“海娃”电视台	2006.9

第三节　“创建”活动与学校特色

【文明学校】 1984 年起,中小学开展文明学校创建活动。2014 年止,全区有 20 所学校先后被评为区级文明学校,5 所为市级文明学校,2 所为省级文明学校。

普陀区中小学幼儿园文明单位情况表

表 4-62

学　　校	名称与级别	命名时间	学校	名称与级别	命名时间
普陀中学	省文明单位 省文明学校	1997.1 1998.1	沈家门小学	省文明单位 省文明学校	1993.3 1999.12
普陀第三中学	市文明单位	2012.1	沈家门第一小学	市文明单位	2013.12
区职教中心	市文明单位	2012.1	沈家门第三小学	区文明单位	2001.12
六横中学	区文明单位	1987	沈家门第四小学	区文明单位	2006.3
芦花中学	区文明单位	2001.12	六横中心小学	区文明单位	2000.9
普陀第二中学	省文明学校 区文明单位	1999.12 1999.12	六横镇双塘小学	区文明单位	2001.9
沈家门第一初级中学	区文明单位	1987.12	勾山中心小学	区文明单位	1994.1
东港中学	区文明单位	1998.2(原沈三初)	螺门小学	区文明单位	2004.12
蛟头初级中学	区文明单位	1992.12	朱家尖中心小学	区文明单位	2010.12
朱家尖初级中学	区文明单位	2000.9	展茅学校	区文明单位	2007.12
台门学校	区文明单位	2003.12	区中心幼儿园	市文明单位	1988
桃花中心小学	区文明单位	1987.12	区实验幼儿园	市文明单位	1992.3
虾峙学校	区文明单位	1994.12	六横实验幼儿园	区文明单位	2014.1
区教师进修学校	区文明单位	1985.3	—	—	—

【绿色学校】 1986 年 1 月,国家教委、中央绿化委员会发出《关于学校开展校园绿化和营造学校林的通知》。3 月,县教育局转发省绿化委员会、省教委《关于学校开展校园绿化和营造学校林的通知》。此后域内中小学、幼儿园开始校园绿化植树活动。1992 年 3 月,区教育局转发市教委《关于在中小学广泛开展绿化校园活动的通知》,各中小学、幼儿园更加重视校园绿化美化工作。1996 年 12 月,国家环境保护局、中共中央宣传部、国家教育委员会颁布《全国环境宣传教育行动纲要》。1997 年,朱家尖小学率先启动环境教育项目。

1998 年 9 月,时任区教委主任唐裁林参加由德国和荷兰邀请“自然之友”组织的中国教师环境教育考察团,考察德国、荷兰两国的环境教育,绿色(环境)教育、可持续发展教育理念由此渗透在日常教育活动之中。同年 10 月,朱家尖小学被教育部、世界自然基金会、英国石油公司确定为“中国中小学绿色教育行动项目试点学校”,原沈家门第六小学成立少年环保学校。2000年起，全区中小学、幼儿园开展以环境教育和绿化、净化、美化校园环境为主要内容的“绿色学校”创建活动，涌现出一批具有绿色理念、建设绿色校园、实施环保教育、倡导绿色环境行为的国家级、省级、市级、区级“绿色学校”。

普陀区中小学幼儿园创全国、省、市、区绿色学校情况表

表4-63

学　　校	绿色学校等级	评定时间
普陀第三中学	市级、省级（第二批）	2003.1、2004.8
区职教中心	市级	2011.12
六横中学	省级绿色学校	2006.11
芦花中学	区级、市级（第六批）	2004.12、2011.12
普陀第二中学	区级、市级、省级（第六批）	2003.12、2008.4、2012.12
沈家门第一初级中学	区、市、省级（第六批）	2006、2008、2013.1
蛟头初级中学	区级	2011
朱家尖初级中学	市级、省级（第二批） 国家级（第三批）	2003.3、2004.8 2005.4
展茅初级中学	区级	2008.4
台门学校	市级	2009.11
沈家门小学	市级、省级（第二批）	2003.3、2004.8
东港小学	市级、省级（第二批）	2003.3、2004.8
沈家门第三小学	市级、省级	2003.3、2008.4
沈家门第一小学	市级（第二批）	2005.9
朱家尖小学	省级首批绿色学校	2002.4
鲁家峙小学	市级	2008.4
舟渔学校	市级	2011.12
六横中心小学	区、市、省级	2008.5、2009.11、2010.12
螺门小学	区级	2004
桃花中心小学	区级（第四批）	2006.5
展茅中心小学	区级、市级	2006.5、2008.4
六横双塘小学	区级	2013.10
区中心幼儿园	省级（第六批）	2013.1
区实验幼儿园	区、市、省级	2011.4、2011.12、2014.12
展茅中心幼儿园	区级、市级、省级	2008.4、2011.12、2014.12
六横实验幼儿园	市级	2011.12
螺门幼儿园	区级、市级	2008.4、2013.10
普济幼儿园	区级	2008.4
六横中心幼儿园	区级	2013.10

【陶研学校】 1996年4月，区教育局举行陶行知教育思想报告会，中国陶行知研究会理事吴经辛同志作关于陶行知教育思想的报告。同年，台门中心小学率先开展陶研教育活动，将陶行知教育思想“做中学”“生活即教育”与日常教育活动结合起来。1997年11月，普陀区陶行知研究会成立，台门中心小学被确定首批省陶行知教育思想研究实验学校。1998年以后，各中小学组织开展“学陶师陶”活动。2001年，勾山中心小学被确定为第二批省陶行知教育思想研究实验学校。2007年，东港小学被确定为全国陶行知教育思想研究实验学校。2008年以后，域内高中段、幼儿园开展陶行知教育思想研究活动，同时有多所学校、幼儿园被评为各级陶行知教育思想研究学校。

普陀区中小学幼儿园陶行知教育思想研究实验学校情况表

表 4-64

学　　校	级　　别	确定时间
沈家门第一初级中学	区陶行知教育思想研究会实验学校	2013
沈家门小学	全国、省陶行知教育思想研究会实验学校	2011.12、2004.9
东港小学	全国陶行知教育思想研究会实验学校	2007.5
沈家门第一小学	省陶行知教育思想研究会直属实验学校	2014.4
朱家尖小学	市、区陶行知教育思想研究会实验学校	2014、2013
展茅中心学校	省陶行知教育思想研究会直属实验学校	2014.4
台门中心小学	省陶行知教育思想研究会直属实验学校	2000.11
勾山中心小学	省陶行知教育思想研究会直属实验学校	2000.11
台门学校	省陶行知教育思想研究会直属实验学校	2014.4
六横中心小学	区陶行知教育思想研究会实验学校	2013.1
桃花中心小学	陶行知研究会实验学校	2013.1
区实验幼儿园	省、市、区"陶行知教育思想实验幼儿园"	2014.4、2011.5、2009.6
鲁家峙小学	省陶行知教育思想研究会实验学校	2011.9
颐景幼儿园	省陶行知教育思想研究会实验学校	2011.9
勾山幼儿园	市第三批陶行知教育思想研究会实验学校	2014.10
蓝盾幼儿园	市第三批陶行知教育思想研究会实验学校	2014.10

【廉政文化学校】　培养师生崇廉尚洁的情感，在师生心灵深处构筑起一道拒腐防变的思想道德防线和文化防线，2003 年，根据中央、省、市、区纪律检查、宣传、教育等有关部门意见，区教育系统在全市率先开展"廉政文化进校园"活动。2008 年 8 月，出台《教育系统廉政文化进学校示范点创建活动实施意见》，全区中小学、幼儿园深化廉政文化进校园活动，并开展示范点学校创建。2014 年止，区教育系统有 25 所学校被评为省、市廉政文化进校园示范点学校。2008 年 5 月，教育系统汇编《敬廉崇洁》读本。2010 年 4 月，汇编《廉》教案集、论文集 2 册。2011 年以来，汇编了全区中小学生参赛的获奖作品《廉洁动漫》《廉洁童谣》《廉洁游戏活动》《廉洁谜语》等册子和光盘。

普陀区廉政文化示范点学校创建表

表 4-65

学校	创建级别	创建时间	学校	创建级别	创建时间
普陀第二中学	省级	2011.3（首批）	桃花中心学校	区级	2011.12
沈家门小学	省级	2011.3（首批）	勾山中心小学	区级	2010.3
沈家门第一小学	市级	2012.3（第二批）	朱家尖小学	区级	2010.3
东港中学	市级	2013.10（第三批）	六横中心小学	区级	2009.12
沈家门第四小学	市级	2013.10（第三批）	舟渔学校	区级	2011.12
普陀中学	区级	2009.10	双塘中心学校	区级	2013.12
普陀第三中学	区级	2012.3	蛟头初级中学	区级	2013.12
区职教中心	区级	2011.12	沈家门第一初级中学	局级	2009.12
芦花中学	区级	2012.3	六横中学	局级	2010.3
展茅中心学校	区级	2010.3	朱家尖初级中学	局级	2011.3
台门学校	区级	2010.3	虾峙小学	局级	2010.3
螺门小学	区级	2008.12	—	—	—
沈家门第三小学	区级	2008.12	—	—	—

【示范特色学校】 特色学校是学校的特殊性和个性在办学过程中的体现，既有一般学校的共性，又有其鲜明的个性。它在教育思想、培养目标、课程设置、师资建设、教育管理、校园环境、学校设施等方面均有区别于一般学校的独特个性。1995 年以来，随着素质教育的深化，域内各中小学、幼儿园逐步向规范、示范学校迈进，同时创建各级示范学校、特色学校和品牌学校，形成个性化的学校特色。

普陀区中小学（幼儿园）示范学校创建

表 4-66

学校	名称及命名时间
普陀中学	省二级重点中学 1998.6
	省一级重点中学 2012.12
	省一级普通高中特色示范学校 2013.4
	第二批省数字校园示范建设学校 2014.10
沈家门中学	省示范综合高中 1995.10
	市电化教育规范学校 1998.4
普陀第三中学	省 A 级普通高中 2000.12
	省三级重点中学 2004.2
	省普通高中新课程实验工作样本学校 2006.2
	毒品预防教育示范学校 2011.11
	省二级普通高中特色示范学校 2014.5
区职教中心	2009—2014 省现代教育技术实验学校 2009.7
	2009 年省中等职业学校综合性公共实训基地 2009.10
	市级禁毒教育示范学校 2009.11
	浙江旅游职业教育集团副秘书长单位 2010.5
	2008—2009 年度浙江省优秀农村预备劳动力培训基地 2010.3
	省一级中等职业学校 2013.3
	省中职教育骨干专业（旅游服务与管理专业）2013.1
六横中学	市电化教育规范学校 1998.4
	省三级重点中学 2005.1
芦花中学	省农村示范初中 2002.6
	首批市现代化教育学校 2002.10
	市防震减灾科普示范学校 2009.5
	市中小学“书香校园”2010.6
	全国家长学校教育实验区实验学校 2012.7
夏林旅游职业中学	省二级重点职业学校 2004.2
沈家门第一小学	第二批市中小学素质教育实践场所建设示范学校 2013.1
	首批省数字校园示范建设学校 2013.2
	2013—2016 年省阳光体育后备人才基地 2013.3
	市中小学社团建设达标学校 2013.12
	市校本培训示范学校 2013.12
	省现代化教育技术学校 2013.12
	市中小学基层科普示范单位（学校）2014.12
	省中小学德育基地 2015.1
沈家门第二小学	第二批市素质教育示范学校 1999.12
沈家门第三小学	市电化教育规范学校 1996.2
	第二批市素质教育示范学校 1999.12
	市科技教育特色创建样板学校 2006.10
	市语文文字规范化示范学校 2008.4
	第二批市书香校园 2011.9
沈家门第四小学	第二批市“语言文字规范化示范校”2008.5
	市校本培训示范学校 2008.2
	第二批省语言文字规范化示范校 2009.9
	第二批市书香校园 2011.9
	全国教育科学“十二五”教育部规划课题、教育部中国教师发展基金会重点资助项目全国重点实验基地 2012.12
沈家门第四小学	省红十字达标学校 2013.3
	市中小学校本培训示范学校 2013.11
	第二批市食品安全示范学校（园）2014.1
	省中小学名师校长工作站体育实验基地学校 2014.10
	省中小学示范性图书馆 2015.1
沈家门第五小学	市行为规范达标学校 1996.9
	第二批市素质教育示范学校 1999.12

续表 4-66-1

学校	名称及命名时间
普陀第二中学	区级心理健康教育示范学校 2002.3
	中央电教馆资源中心应用示范学校 2005.12
	北京 2008 奥林匹克教育示范基地 2007.5
	市校本培训示范学校 2008.1
	省校本教研示范学校 2008.4
	国家级体育设施对外开放示范学校 2008.9
	第三批市语言文字规范化示范学校 2010.12
	区科普示范学校 2011.1
	区禁毒预防教育示范基地 2011.12
	市级禁毒教育示范学校 2012.10
	全国红领巾数字图书馆示范学校 2012.11
	首批市食品安全示范学校 2012.12
	首批省数字校园示范建设学校 2013.2
	省中学共青团工作示范学校 2013.8
	市级餐饮服务食品安全示范学校食堂 2013.9
	市中小学校本培训示范学校 2013.11
	省级示范"职工书屋" 2013.12
	市中小学社团建设示范学校 2013.12
沈家门第一初级中学	第一批省义务教育标准化学校 2013.10
东港中学	省红十字达标学校 2010.12
	第四批省体育(田径)示范学校 2011.2
	国家级"中小学科学探究学习与创新人才培训机制实验研究"项目实验学校 2011.4
	市中小学基层科普示范学校 2014.12
沈家门小学	舟山市电化教育规范学校 1997.10
	舟山市日常行为规范达标学校 1999.7
	舟山市素质教育示范学校 1999.12
	2005 年度语言文字规范化示范学校 2006.2
	浙江省 2004—2009 年教育科学研究百强学校 2010.1
	市首批中小学素质教育实践场所建设示范学校 2010.12
	区科普示范学校 2011.1
	省消防安全教育示范学校 2011.2
	市校本培训示范学校 2013.12
	市中小学社团建设示范学校 2013.12
	市首批校园文化环境建设示范学校 2014.12

学校	名称及命名时间
沈家门第五小学	市示范性多媒体综合教室 2003.12
	省少先队绿色网络实验学校 2005.12
	市校园语言规范化学校 2007.5
东港小学	全国基础教育名校 2005.12
朱家尖小学	中国水学校 2011.12
	市中小学素质教育实践场所建设示范学校 2012.12
	第一批省义务教育标准化学校 2013.10
	第二批省数字校园示范建设学校 2014.10
	全国阅读示范基地学校 2014.12
	省中小学示范性图书馆 2015.1
六横中心小学	省示范小学 2008.3
	省硬笔书法家协会书法培训基地 2008.9
	省中小学书香校园工程示范性图书馆(室)2009.11
	2011 年度省义务教育阶段标准学校 2012.3
	第一批"市书法教育实验基地" 2012.6
	第二批"市中小学素质教育实践场所建设示范学校" 2012.12
	市第四批"语言文字规范化示范学校" 2013.1
	市中小学社团建设达标学校 2013.12
双塘中心学校	第一批省义务教育标准化学校 2013.10
虾峙中心小学	市教育科研基地学校 2002.11
桃花中心小学	省农村示范中小学 1999.5
	市第二批书香校园 2011.9
	市第二批示范家长学校 2012.2
	第一批省义务教育标准化学校 2013.10
	市第二批食品安全示范学校 2014.1
	市"乡村学校少年宫" 2014.10
	全国中小学图书馆委员会学校会员单位 2014
桃花中心小学	市素质教育实践场所建设示范学校 2014.12
展茅中心学校	省义务教育标准化学校 2014.1
勾山中心小学	第一批省义务教育标准化学校 2013.10
螺门小学	省农村示范学校 2002.12
	省农村Ⅲ类标准化学校 2005.10
	省标准化学校 2012.12
	第一批省义务教育标准化学校 2013.10

续表 4-66-2

学校	名称及命名时间	学校	名称及命名时间
沈家门第一小学	首批市素质教育示范学校 1998.12	虾峙镇成校	省级示范性乡镇成人学校 2010.1
	全国青少年科普创新示范学校 2002.9		省新型农民素质培训示范基地 2014.1
	省少先队雏鹰网格计划二级实验学校 2005.2	区中心幼儿园	市一级幼儿园 1989.1
	首批市“语言文字规范化示范学校” 2006.3		省示范性幼儿园 2004.3
	全国青少年文明礼仪教育示范基地 2006.9		省一级幼儿园 2009.9
	全国新语文教学实验学校 2006.9	区实验幼儿园	省示范性幼儿园 1998.7
	省 2004—2009 教科研百强学校 2009.12		省一级幼儿园 2009.9
	首批市素质教育示范学校 1999.12		市卫生保健示范托幼机构 2002.1
	省（2009—2014）现代教育技术试验学校 2009.07		省园本教研示范幼儿园 2007.11
	首批市级书香校园 2010.6		市校本培训示范学校 2008.1
	省农远工程主播教室学校 2010.7	沈家门幼儿园	心理健康示范学校 2013.10
	省无烟学校 2011.5	六横中心幼儿园	省餐饮服务食品安全示范学校食堂 2014.1
	第一批市中小学心理辅导站 2011.12	展茅中心幼儿园	省二级幼儿园 2009.9
	第一批省农远工程资源开发学校 2012.7	螺门幼儿园	省二级幼儿园 2009.12
	全国教育信息化试点单位 2012.12		健康促进银奖幼儿园 2014.12
	首批市食品安全示范学校（园）2012.12	—	—

普陀区中小学幼儿园特色学校创建表

表 4-67

学　校	名　称	时间	学　校	名　　称	时间
普陀第三中学	第二批省体育特色学校	2009.2	东港小学	全国中小学棋类教学课题研究实验基地	2004.5
	市第四批市级艺术教育特色学校	2011.11		市艺术特色学校（舞蹈）	2010.12
	省体育特色学校（篮球）	2013.3	沈家门第三小学	市体育传统项目学校（排球）	2003.5
区职教中心	市艺术特色学校（舟山锣鼓、合唱）	2010.12		市级艺术特色学校	2009.11
	第四批省艺术教育特色学校	2012.4		省级艺术特色学校（贝壳造型）	2011.2
普陀第二中学	浙江省体育特色学校	2008.4	沈家门第一小学	中国少年先锋队事业发展中心青少年科普教育俱乐部会员学校	2002.9
	第二批市级艺术教育特色学校	2009.11		首批市级德育特色试点学校	2005.8
	省第二批艺术特色学校	2010.2		市级艺术教育特色学校	2008.10
	全国特色学校	2012.7		省艺术特色学校	2010.3
	市体育特色项目学校	2014.4		第二批市非遗教学基地	2010.10
	市艺术特色项目学校	2014.4		省级体育特色学校（乒乓球）	2011.2
沈家门第一初级中学	省中小学校本培训特色学校	2007.12		省体育传统项目学校	2014.10
	市艺术特色学校（绘画、沙雕）	2010.12		省非物质文化遗产传承教学基地（舟山锣鼓）	2013.3
	第四批省艺术教育特色学校	2012.4	沈家门第二小学	市体育传统项目特色学校（乒乓）	1998.11

续表 4-67

学　校	名　称	时间
东港中学	省级体育特色学校(田径)	2013.3
	区级学校特色创建样板学校("大家访"教育)	2006.9
	市艺术教育特色学校	2011.11
	首批市艺术特色学校(民族乐器)	2013.3
朱家尖初级中学	第二批省绿色学校	2004.8
	市艺术特色学校(沙雕)	2010.12
	省级体育特色学校(女子排球)	2011.2
	第四批省艺术教育特色学校	2012..4
芦花中学	区体育项目传统学校	2003.12
舟渔学校	省级体育特色学校(围棋)	2011.2
	市艺术特色学校(合唱)	2010.12
沈家门小学	省体育传统项目学校	1992.12
	市教育科研基地学校	2000.11
	市心理健康教育特色学校	2002.3
	全国中小学公民道德教育实验学校	2003.12
	全国少先队辅导员专业化实验学校	2005.4
	中华经典诗文诵读实验特色创新学校	2006.12
	教育部人文社科基地重点实验课题中华经典诗文诵读实验学校	2007.1
	省艺术特色学校	2009.3
	省青少年校园足球活动优秀定点学校	2014.11
	国家社会科学基金"十二五"规划课题区域推进现代海洋教育研究基地学校	2015.3
东港小学	2002—2004 全国重点科研课题 21 世纪中国学校体育发展研究实验学校	2002.2
	联合国教科文组织环境人口可持续发展教育(EPD)项目实验学校	2002.12

学　校	名　称	时间
沈家门第四小学	市艺术特色学校(绘画)	2010.12
	省级体育特色学校(田径)	2011.2
	第四批省艺术教育特色学校	2012.4
	省非物质文化遗产传承教学基地	2013.3
六横中心小学	省体育特色学校	2009.2
	省青少年体育俱乐部	2009.12
	省艺术教育(书法)特色学校	2011.1
	国家级规范汉字书写教育特色学校	2012.6
朱家尖小学	省体育特色学校	2009.3
	中国中小学绿色教育行动试点学校	2000
	省艺术特色学校	2011.1
	省级艺术特色学校(舞蹈)	2011.2
双塘小学	区体育特色学校(女子排球)	2013.3
	区艺术特色学校(绘画)	2013.3
桃花镇中心小学	"省健康促进学校"铜奖学校	2013.1
	省中小学心理辅导三级站	2013
虾峙中心小学	市教育科研基地学校	2000.11
展茅中心学校	市艺术特色学校(工艺制作)	2013.3
	区田径特色学校	2013.3
	区非物质文化遗产竹编、木雕、石雕传承基地	2013.5
	省青少年足球活动优秀定点学校	2014.11
区中心幼儿园	区域推进现代海洋教育基地学校	2015.3
六横中心幼儿园	市非物质文化遗产传承教学基地(渔民画)	2015.6

【校庆活动】 校庆即学校成立周年纪念,主要表现为学校为庆祝周年纪念而举办的各种纪念性、仪式性活动,具有组织性和教育性特征。随着办学的日益开放与社会化,学校与社会各界联系更加紧密,校庆活动得到政府、企业、校友和社会各界的广泛参与和支持,呈现出独特的社会性和文化性特征。举办校庆活动的主要目的在于展示办学成果和综合实力,提高学校的社会声誉和影响力,广泛吸取各种社会资源,建设发展平台。根本目的在于内聚人心、外塑形象,增强全体师生员工和校友的凝聚力,从而提升学校的核心竞争力,激励师生、各届校友不断进取。

加强校史教育。沈家门第一小学在校庆 70 周年编印《面向新世纪,创造新业绩》纪念册,建立校史室。普陀中学、沈家门中学、六横中学、芦花中学、展茅初级中学、沈家门小学、朱家尖初级中学、虾峙初级中学、沈家门职业中学、东港小学均成功举办校庆活动,编印了纪念册,有些学校建有校史室。

中小学校庆活动选集表

表 4-68

学　校	校庆周年	举办活动时间	校庆纪念册名称	校庆光盘或录像带名称	校史室时间
普陀中学	50	1999	《大海回声》	—	—
沈家门中学	45	2001	《渔都之光》	—	—
	50	2006.4	《渔都之光》（1956—2006）	—	—
沈家门职业中学	16	2000	《沈家门职业中学建校16周年》1984—2000	—	—
普陀厦林旅游职业中学	20	2003	《普陀厦林旅游职业中学建校20周年纪念》（1983—2003）	—	—
六横中学	40	1996.9	舟山市普陀区六横中学40周年校庆纪念册	—	—
	50	2006.10	舟山市普陀区六横中学50周年校庆纪念册	舟山市普陀区六横中学50周年校庆录像带	—
展茅初级中学	50	2008.10	《学海同舟》	—	—
舟渔子弟学校	40	2004.10	《舟渔子弟学校校庆40周年纪念册》	—	—
东港中学	30	2011.12	《东港中学30周年校庆》	—	—
朱家尖初级中学	40	2008.10	《舟山市朱家尖中学40周年校庆纪念册》（1968—2008）	—	—
虾峙初级中学	50	2007.5	普陀区虾峙中学50周年华诞	—	—
沈家门小学	40	2004.7	敢立潮头唱大风——沈家门小学40周年校庆纪念	敢立潮头唱大风—前进中的沈家门小学	2004.2
沈家门第一小学	70	1998.6	《面向新世纪，创造新业绩》	—	—
东港小学	10	2010.6	《辉煌历程》	《奋进中的东港小学》	2010.6
芦花中学	40	1998.7	《芦花中学四十周年校庆》	—	—

第六章　教师队伍建设

第一节　教师队伍概况

【沿革与发展】 现普陀域内，古史上未有书院之类教育机构之记载。自明永乐年间起至民国时期，有史可鉴者，沈家门、勾山、大展、芦花、桃花、六横、虾峙、朱家尖、对峙等地士绅先后开办私塾，延聘或自兼塾师授课，没有统一管理机制，断续无序。

塾师多由名儒学者、书生士子充任，既有贡生、地主官宦家庭知识分子，也有破落家庭“寒儒”“穷秀才”，所属社会地位悬殊，成分较为复杂。塾师授徒形式主要有：塾师在家或租借寺庙、祠堂、民宅设立学塾，称“门馆”或“小书房”；名师宿儒因富绅家庭专聘来家设塾，称“请馆”，主人尊其为“西席”或“西宾”；村落和家族联合设立学塾，称“村塾”或“族塾”，学童多为同村或同族；个别饱学之士退养在家，有意传道授业而设馆授学，称“经馆”。如六横平峧青山岙魏锡章所设塾馆。塾师多来自镇海、宁波、象山、福建、定海等地，也有本地秀才、童生等老儒充任。塾资以由学童家庭（村、家族）分摊为主。

民国时期，教师队伍中新旧知识分子复杂，衡量教育教学质量标准不一。

1950年5月17日，普陀解放，中国人民解放军舟山群岛军事管制委员会全面接管学校。普陀县政府对中小学教师实施接管和改造的方针，改造旧式学校教育，原在学校任教的中小学教师全部留用。教育自此面向工农群众。

1952年秋起，小学教育蓬勃发展，域内民办小学（含私立小学）逐步转为公办，私立学校（私塾）亦随之告终，公办教师队伍由此发展。

1953年1月，出台整顿小学修正方案，调整区域内小学布局，核定师资配备；是年，全面整顿学校，学校建设开始纳入国家计划建设轨道。据1953学年第二学期人事资料，时有相当数量来自上海、福建、江苏（无锡、常州）、本省金华（汤溪、永康）、杭州（建德）、绍兴（诸暨、新昌）、宁波（奉化、镇海、鄞县、象山、宁海）、台州（温岭、玉环、仙居）、温州（乐清）、丽水（青田）以及舟山的定海、岱山等地教师次第来普陀支援教育事业。其母校背景有重点大学、普通大学、各类师范（肄业），也有湘湖师范、锦堂师范、上海私立立信高级会计学校、宁波师范学校、宁海师范学校、之江大学预科、鄞县师范学校、温岭县立师范、汤溪县立师范、定海简易师范、宁海女子中学、宁波中学、舟山中学、奉化中学、上海培德中学、青田县立中学、定海进德中学、浙江省立水产学校、上海青年会中学、宁海上葛私塾等不一而足。大陆教师支援普陀教育一直延伸至“文化大革命”期间，至“文化大革命”结束后，或因各种原因陆续返回大陆，或成家立业安居海岛。

由于师资、教材等条件准备不足，1954年下半年起停止小学“五年一贯制”学制，继续实施“四·二制”教学制度。

随着新教育的发展，经过逐步改造的民办教师队伍成为新中国成立初期一支重要而特殊的教育教学力量。1958年前后，区域内存在公办学校与民办学校并行、交叉现象，教师亦然。1958年，有公办班级290个，学生14079名，教师348名；有民办班级227个，学生11057名，教师184名。受“大跃进”运动影响，农（渔）业中学教育兴起，教师队伍膨胀，民办（代课）教师不减反增。1961年，贯彻“调整、巩固、充实、提高”方针，压缩中小学规模，停办农（渔）业中学，保留普通中学，渐行公办小学转民办，整理教师队伍。1964年，推行“两种教育制度”，部分公办中学和民办中学改为半耕（渔）半读中学，并新建部分半耕（渔、盐）半读中学。

1966年，“文化大革命”开始，“工宣队”“贫宣队”进驻学校，教育受到严重冲击，高考制度废除，部分学校停课“大串联”或停止招生，部分教师退回原籍。1970年，撤销中心小学体制，出现“队队（村）办小学，社社（乡）办初中，区区（大岛设区）办完中的情况”，学校数激增，三分之一学校实行“二部制”教学模式，部分公办小学下放到生产大队，民办教师数量激增，教学秩序混乱，教学质量低下。1971年，增拨民办补助经费。1972年5月，县文教办公室下发关于1962年精简下放人员转为公办教师的通知，落实国家相关政策，补充教师队伍。

1978年1月，县文教局下发聘用民办教师通知，同年11月，转发省教育局“关于优秀民办教师吸收为公办教师的通知”，12月，吸收12位民办教师为公办教师；是年，停止招收民办教师。1982年5月，县人民政府批转关于整顿中小学民办教师队伍的报告。1986年12月，考查1966年年底工作的在编民办教师和1971年前工作的在编一类民办教师的表现和业务水平，初步确定转正名单。1987年2月，组织区域内二类民办教师文化考核，9个民师业务考核小组分别考核各乡镇114位民办教师；4月，58名民办教师转为公办教师。1988年8月，第二次二类民师文化考核。1995年5月，经市、区有关部门批准，区域内最后一批87名民办教师录用为公办教师。

新中国成立初期教师队伍的良莠不齐，教育思想差异，教师专业技术水平的培养提高遂成不可或缺的主题。1958年8月，县文教局下发《关于培养技术队伍的初步意见》，关注、重视教师教学业务水平的提高。1973年3月，县文教办公室组织98名低段教师参加教师业务水平提高培训班。

1978年5月，普陀县教师进修学校成立，其基本职责确定为培养、提高义务教育阶段教师业务水平，10月，排摸民办（代课）教师队伍文化素养，对民办(代课)教师进行文化考核,11月,聘请教研员以加强教学教研工作。

1980年9月,高师函授开始招生,以适应在职教师提高学历和文化素养、业务水平的需求。1986年春季,高师教学班第一年招生,舟山师专招收政治专业学生40名,本县报考148名,录取15名。

1986年5月,举行区级教坛新秀评比活动,评出小学教坛新秀10名。

1986年11月,中小学教师教材教法考试,中学教师实考138名,及格129名,小学教师实考130名,及格84名。1988年3月,组织自1986年以来第三次中小学教师教材教法考试,自此教材教法学习告一段落。

1994年4月,推荐51名具有合格学历的中小学代课教师到全日制师范院校进修。

1995年9月,教育局教研室和区教师进修学校合并,同时承担教学研究指导和小学教师进修培训双重任务。

1996年9月,成立区中青年数学骨干教师教学研究会,以后,相继成立各个学科教学研究会。

2000年3月,为了进一步提升初中教师专业技术水平,实施"3350工程"初中骨干教师培养计划。2000年,出台《普陀区中小学学科教学带头人评选管理办法》,评选区中小学学科教学带头人自此开端。

2003年1月—2004年12月,义务教育学段全体教师参加"新课程标准与中小学教师主题培训"。2005年1月开始实施农村中小学教师素质提升工程;2007年,全面完成2005—2007"农村中小学教师素质提升工程培训"计划;同年,启动幼儿教师教育实施方案。2008年5月,"普陀名师预备队"开班仪式在杭州举行,开始打造名师队伍;至2010年,共组织180名教师参加省、市、区"领雁工程"培训;是年,启动《"潮涌普陀"学科高端研修三年规划》,推进教研活动主题化、系列化、课题化;同年11月起实施"名师培养工程",成立普陀区名师工作站,相继建成各学科名师工作室6个。2009年10月,出台《普陀区青年教师(三年内)培养计划》。

2011年2月,教研室"双网教研"项目获评省2010年度市县教研工作20大亮点;6月,建立中小学教师专业发展培训管理平台并举行首期使用培训会;是年始,每年8月中下旬举办"东海风·普陀教学文化节",为区域内教育史上规模最大、规格最高的教师研修活动;同年,开始实施省"十二五"中小学教师专业发展培训,2369名教师在省培训管理平台注册。至此年,完成区级以上培训70554学时、校本培训53476学时,人均完成52学时培训任务。2012年8月,开展"东海风·2012普陀教学文化节"活动,区域内外中小学校长,学科教师近2000人参加活动;同年12月,举行教育系统全员读书工程活动启动仪式,读书活动延续至2014年。

随着社会形势的稳定和经济的发展,教育形势逐步好转,人们对教师队伍的要求也在不断地提高,教师来源与招聘方式发生变化。改革开放(1978年)后,国家逐步扩大师范院校招生规模,停止招收民办教师,对原有招收民办教师为公办教师或进入师范院校学习等办法进行调整,学校教师来源主要由师范院校毕业生分配充实。1979年5月,落实省教育局转发省劳动局关于下达教育系统全民招工计划的通知,充实教师队伍。

1993年8月,从河南引进的3名教师分配在台门中学和岖头初级中学;12月,从湖南引进的5名教师分配在桃花初级中学等4所初级中学。1994年8月,从河南商丘师范专科院校引进25名应届师专毕业生,分别分配到芦花中学、六横中学、桃花初级中学、蚂蚁岛附中、虾峙初级中学、岖头初级中学、双塘初级中学、台门初级中学等8所学校任教。以后相继招聘江西等地应届师范类院校毕业生到域内任教。1997年前,所有服从组织安排到县(区)教育局报到的大中专毕业生都由局统一分配。

1998年始,为配合"三制"改革,凡是中专毕业生都要经过一年试聘期,试聘期满后经考核合格的,再正式分配到学校,不合格的予以辞退。2002年始,教育系统不再录用中专毕业生。2003年至2014年,高校毕业生到教育系统任教需通过事业单位招聘考试;自此始,教师队伍专业化水平和文化素养得到大幅度提升。2005年始，不再录用大专毕业生（2012年因专业教育需要，招收一名大专学历的特教教师、一名大专学历的职教教师）。2009年至今，招聘有大专学历且有三年以上幼儿园工作经验的在职非在编幼儿教师，充实到在编幼儿教师队伍。

2006年始，采用公开招聘、统一考试、择优录用办法，从全日制高校毕业生中补充教师。2011年12月，首次招聘2012年学前教育全日制应届本科毕业生。2012年2月，首次招聘特殊教育教师。

因教师队伍基本素质提高，教师队伍管理随之标准化，教师的资格认定、职称评定与聘任方式随之规范化。1957年3月，印发“关于重点试行小学教职员工考勤考绩办法”的通知，对教师提出绩效要求。1981年11月，学校会计干部技术职称评定工作开始。1987年6月，县教育局成立中小学教师职称改革领导小组；9月，成立中、小学职称评审委员会，开始评审中小学教师专业技术职务。1988年6月，获中小学教师职称的1879名人员受到各级各类学校聘任，其中中学高级教师23名，中学一级155名，中学二级432名，中学三级85名，小学高级教师198名，小学一级公办教师605名，民办教师29名，小学二、三级公办教师177名、民办教师165名。

1990年9—10月，全面开展中小学教师任职考核。1993年5月、1996年5月、1999年4月，多次修订《中小学教师任职情况考核办法》，2004年6月修订下发《舟山市普陀区教育系统教职工学年度考核办法》，沿用至今。

1995年6月，根据新人薪〔1996〕21号文件精神，从1995年10月起，系统内2359名在职教职工正常晋升工资一级，17名教师因未参加考核或考核不合格未晋升，426名离退休（职）人员每月增加生活费15～30元。

1996年6月，教师资格认定过渡，区域内中小学、幼儿园符合过渡期条件的2299名教师申请幼儿园、小学、初中、高中教师资格。

1999年7月，中小学教职工聘用（任）制度改革工作开始。2002年3月始，推行教师资格认定、教师技术职务“评聘分离”工作；2000年4月，出台《高、中级专业技术职务教师的职务履行情况考核办法（试行）》，为教师职务评聘分离作准备；同年11月，下发《关于进一步深化教职工聘任（用）制和分配制度改革的若干规定（试行）》，教育人事分配制度全面深化。

2009年9月，《舟山市普陀区人民政府办公室转发区人劳社保局、区财政局、区教育局关于舟山市普陀区义务教育学校绩效工资实施办法的通知》（舟普政办〔2009〕184号）文件下发，义务教育学校开始实施绩效工资制度。2013年始，非义务教育阶段学校教师全面实行绩效工资制度。

经持之以恒建设培养，教师队伍整体素养有大幅度提升。至2006年年底，小学专任教师学历合格率100%（大学专科以上学历率77%），初级中学专任教师学历合格率99.71%（大学本科以上学历率71.64%），高级中学专任教师学历合格率97.9%（研究生学历率1.31%）。

2011年，区域内有义务教育学校28所，其中初级中学12所（包括舟渔学校、芦花中学、桃花中心学校、育才学校4所九年一贯制学校），小学16所；教职员工1954名，其中专任教师1668名。是年底，小学、初级中学专任教师学历合格率均为100%，高中专任教师学历合格率98.97%（其中研究生学历占6.85%）。

2013年，组建第二届区名师工作室，14名教师受聘为市首届名师工作室挂牌名师。同年底，区域内中小学教职工总数由原来2338名增加到2352名，建立完善覆盖区域内中小学、幼儿园的12家教育、党建共同体，通过制度化、规范化的双向交流，实现资源共享。区域内有初中、小学7个网格，66个学科协作研训组，按计划组织教师开展研训活动，每年定期组织市区学科带头人、骨干教师送教下乡。

2013年6月，12名分布在教研室、普通高中、职业中学、初中、小学的中学高级教师获享市级正高级教授待遇。

2014年年底，小学、初级中学、高级中学专任教师学历合格率均为100%，小学、初级中学教师的高学历率分别达96.66%和95%；教师专业发展培训不断加强，“省培”“国培”任务完成率100%。是年，教师培训工作考核获全省县区唯一满分。此期，区域内有在职特级教师2名、省劳动模范1名、省优秀教师1名、省中小学教坛新秀2名、市名师工作室导师14名。

教师队伍日益壮大，教育形势迅速发展，对校长队伍的培养和学校骨干队伍建设提出更具内涵的要求。1993年5月，为时3个月的首期小学校长岗位培训班结束，34名学员取得小学校长岗位培训结业资格。2001年，制定实施《普陀区“十五”期间校长、教师队伍建设规划》。为稳定高级中学骨干教师队伍，2000年8月，出台《关于普通高中青年骨干教师队伍建设的若干意见》。2006年制定《中小学（幼儿园）五支队伍建设行动计划（2007—2011年）》。2012年12月，开始评选首届民办学校骨干教师。2013年，区域内8所乡镇中心幼儿园正式列入独立法人事业编制单位。

1958—2014年普陀区教育系统教师人数（选录）表

表4-69

年份	1958	1966	1970	1971	1981
人数	648	1056	1077	1708	2384
年份	1986	1990	1997	1998	2000
人数	2376	2559	2926	3043	3045
年份	2003	2006	2009	2012	2014
人数	2900	2746	2716	2608	2504

【教师编制配备标准】 20世纪50—60年代，国家规定，幼儿园每班配置教养员2名；小学教职工编制为每班1.3名左右，其中教师为1.2名；中学为2～3名。1962年，中学教职工编制放宽到每班3.25名，其中教师2.25名；高中每班3.6名，其中教师2.6名。1984年，城镇小学编制放宽到每班2.2名，其中教师1.7名，农村小学编制放宽到每班1.4名，其中教师1.3名；城镇初中学校编制放宽到每班3.7名，其中教师2.5名，农村初中学校编制放宽到3.5名，其中教师2.5名；高中学校编制放宽到4名，其中教师2.8名。

2001年至2014年，根据中央编办、教育部、财政部三部门制定的《关于中小学教职工编制标准的意见》，域内学校教职工编制根据高中、初中、小学等不同教育层次和城市、县镇、农村等不同地域，按照学生数的一定比例核定。

中小学教职工编制标准表

表4-70

学校类别	所在区域	教职工与学生比
高中	城市	1∶12.5
	县镇	1∶13
	农村	1∶13.5
初中	城市	1∶13.5
	县镇	1∶16
	农村	1∶18
小学	城市	1∶19
	县镇	1∶21
	农村	1∶23

中小学校的管理工作岗位由教师兼职，后勤服务工作逐步实行社会化。需要配备职员、教学辅助人员和工勤人员的学校，其占教职工的比例，高中不超过16%、初中不超过15%、小学不超过9%。完全中学教职工编制分别按高中、初中编制标准核定。九年制学校分别按初中、小学编制标

准核定。农村教学点的编制计算在乡镇中心小学内。特殊教育学校、职业中学、小学附设幼儿班和工读学校教职工编制标准参照中小学教职工编制标准，根据实际情况具体确定。成人初、中等学校的编制根据实际情况确定。

2013年，教育部印发《幼儿园教职工配备标准（暂行）》的通知（教师〔2013〕1号）文件。

教职工与幼儿比情况表

表4-71

服务类型	全园教职工与幼儿比	全园保教人员与幼儿比
全日制	1∶5 ~ 1∶7	1∶7 ~ 1∶9
半日制	1∶8 ~ 1∶10	1∶11 ~ 1∶13

幼儿园班级规模及专任教师和保育员配备标准表

表4-72

班别 / 年龄	班额（名）	全日制		半日制	
		专任教师（名）	保育员（名）	专任教师（名）	保育员（名）
小班（3 ~ 4岁）	20 ~ 25	2	1	2	有条件的配备1名保育员
中班（4 ~ 5岁）	25 ~ 30	2	1	2	
大班（5 ~ 6岁）	30 ~ 35	2	1	2	
混龄班	< 30	2	1	2 ~ 3	

第二节 民办教师与代课教师

【民办教师】 在特殊历史时期，尤其是“文化大革命”期间，各师范院校一度停止招生，教师资源严重匮乏。民办教师为普陀教育、特别是渔农村教育事业的发展曾起到较大作用，但民办教师队伍普遍存在着文化水平低、业务水平低、超编过多的现象。1978年12月始，根据县革委会〔1978〕97号文件，各区（镇）、社、大队每年相继整顿民办教师队伍，到1981年年底，全县辞退民办教师250名。1982年，有民办教师600名，占全县2260名公民办教师总数的30%。

1982年5月，县委、县政府批转县教育局党组《关于整顿中小学民办教师队伍的报告》，县委县政府成立民办教师整顿领导小组，县教育局大规模整顿民办教师队伍。整顿后的民办教师，按考核成绩分为继续任教、限期提高和不宜任教三类，即俗称一类民师、二类民师和三类民师。

通过整顿考核，域内600名中小学民办教师167名继续任教，338名限期提高，86名不宜任教。民办教师占公、民办教师总数的比例由32.2%降到27%。取得继续任教资格和限期提高的民办教师，分批进入舟山师范普陀进修学校继续学习，通过脱产学习或函授等形式，取得中师学历，逐年转为正式教师。对于不宜继续任教的民办教师，妥善做好辞退和安置工作：1962年年底以前任教的原则上不予辞退；1966年以前任教，已到退休年龄，体弱多病，不能坚持正常工作的，辞退后由县教育局按月发给国家补助费；其他被辞退的推荐到社（镇）、队企业工作，也可以回原生产队劳动。被辞退的民办教师，由县教育局按照每月15元标准，发给一次性生产补助费。

1993年，根据浙人教字〔1992〕第586号文件和《关于从中、小学民办教师中择优录用公办教师的通知》（舟教委字〔1993〕2号），下发舟普教〔1993〕18号文件，下达“民转公”指标5名，用于从1978年3月底以前参加教育工作的在编民办教师中择优录用为公办教师。

至1995年，“民办教师”改造、清退工作结束。

相关年份民办教师数(选录)表

表 4-73

年　份	1966	1971	1974	1978	1981	1986	1990	1994	1995
人　数	371	621	716	642	600	310	119	78	0

1979—1983 年全县民办教师报考录取情况表

表 4-74

年度	类别 \ 项目	报名数(名)	实考数(名)	体检数(名)	录取数(名)
1979	高师	17	7	4	2
	中师	55	55	26	19
1980	中师	170	124	61	53
1981	高师	9	9	3	3
	中师	111	91	31	26
合计	高师	26	16	7	5
	中师	336	270	118	98

1981 年中小学民办教职工比例情况表

表 4-75　　单位:人

	小学			普通中学			中小学合计		
	教职工总数	其中民办	民办比例(%)	教职工总数	其中民办	民办比例(%)	教职工总数	其中民办	民办比例(%)
全县	1444	669	46.3	961	127	13.2	2405	796	33.1
县属	1389	653	47.01	927	125	13.47	2316	778	33.59
其中县镇	244	21	8.61	262	9	3.44	506	30	5.93
农村	1145	632	55.2	665	116	17.44	1810	748	41.33

【代课教师】 代课教师作为正式教师资源不足时的教学人员补充,从 20 世纪 60 年代开始产生,在 70 年代末达到顶峰。高考制度恢复后,师范院校教育工作得到高度重视,毕业生补充教师队伍渐趋规范化、正常化。80 年代,代课教师逐年减少。

根据省教委《关于一九九三年师范院校招生改革问题的实施意见》(浙教师字〔1992〕第 677 号)和《关于印发代课教师高师专科班教学计划的通知》(浙师字〔1993〕第 273 号),对于一部分比较优秀的代课教师,市教师培训中心举办 93 级代课教师培训班,采用脱产学习半年,再回原校实习一年半的方式,取得合格学历后,转为正式教师。1993 年,有 8 名小学代课教师进入代课教师培训班,1995 年 8 月取得合格学历后正式分配到各中小学任教;1994 年有 45 名中小学代课教师分别进入舟山师专、舟山师范学习,1996 年 8 月正式分配到各中小学任教;1997 年,随着"三制"改革不断深化,小学代课教师全部清退。中学代课教师中,一部分通过各种途径,如在高校函授、广播电视大学学习、自考等取得大专学历。

1993 年 9 月,根据浙教师字〔1992〕第 677 号文件和市教育委员会下发的《关于招收有实践经验的青年教师有关问题的通知》(舟教委字〔1993〕13 号)文件精神,区教育局从 1992 年 8 月 31 日前已取得中师(中专)、大专毕业以上学历,连续代课时间在 4 年以上的抵编代课教师中招收 13 名(其中中学 6 名,小学 7 名)有实践经验的青年教师学员,与之签订"保证毕业以后,连续在本区任教 10 年以上"协议书,分别由市小学教师培训中心和舟山师专进修部负责集中培训。学习半年后,回原单位实习一年半，之后由办学单位对每个学员考核，合格者取得全日制学校毕业文凭，分配到各校任教，成为公办教师。不实行见习期，学员连续代课时间和招收入学时间均可计入教龄。1996年，又有11名中学代课教师享受此政策。螺门中学2名英语代课教师因为教学效果显著，由普陀区人力资源社会保障局发文（舟普人劳社〔2005〕120号），于2006年1月招收为正式教师。至此，区域内不再有长期代课教师。

相关年份代课教师人数（选录）表

表4-76

年份	1966	1970	1971	1974	1977	1980	1982	1985
人数	112	162	240	254	351	248	223	205
年份	1990	1994	1995	1996	1997	2000	2004	2006
人数	185	171	145	98	38	2	2	0

【非在编教师】 20世纪末期，幼儿教育事业快速发展，而公办幼儿园和公办幼儿园教师（取得事业编制的教师）数很少，许多幼儿园以合同制形式自主聘请教师，因为这些教师没有取得事业编制，故称非在编教师。现区域内有在编幼儿教师132名，非在编教师450名。

第三节　教师资格认定与注册

【教师资格认定与持证上岗】 1993年10月颁布的《中华人民共和国教师法》规定，国家实行教师资格制度。根据舟山市教委统一部署，成立区教委教师资格认定领导小组，制定具体实施意见。教师资格认定过渡工作从1996年5月开始实施，区域内中小学、幼儿园符合条件的2299名教师分别申请幼儿园、小学、初中、高中教师资格。同年12月30日，根据国家教委《教师资格认定的过渡办法》，认定区域内2297名教师具有中华人民共和国教师资格，其中市教委认定4名中等职业学校教师资格，212名高级中学教师资格；区教委认定684名初级中学教师资格，1271名小学教师资格，126名幼儿园教师资格。

2001年12月，《浙江省教师资格认定教育学、心理学培训考试办法（试行）》开始实施。凡符合《浙江省实施〈教师资格条例〉细则》《浙江省教育厅关于全面实施教师资格制度的通知》规定的相应学历的省内中国公民，均可报名参加相应的教师资格认定所配套的教育学、心理学培训与考试。该考试上、下半年各组织一次，本次考试不及格的科目，凭原准考证可在下一次考试时补考。经补考，《教育学》《心理学》科目未能全部及格，或只有一门及格，原有考试成绩均无效，应当重新参加报名获取新准考证参加培训、考试。“浙江省申请教师资格人员教育学、心理学考试合格证书”在本省通用，有效期5年。市教育局教师资格认定指导中心承担教师资格认定教育学、心理学培训考试工作。

2002年3月，根据省教育厅浙教人〔2001〕408号文件和全市教师资格制度实施工作会议精神，为保证教师资格首次认定工作和教师资格制度顺利实施，区教育局成立区教师资格认定工作领导小组，时任区教育局局长唐栽林任组长。领导小组下设办公室，办公室设在区教育局人事监察科。具体负责全区实施教师资格制度的组织、指导和管理工作，承担教师资格认定指导中心的职能和任务，负责实施教师资格制度的研究咨询、信息服务、培训测试的协调和证书管理等方面具体工作。认定条件包括学历、普通话水平、教育学和心理学考试合格证书、教育教学能力等。1994年1月1日后任教和此前属暂缓过渡的在职教师，及其他社会人士等，凡具备相关条件者均可申报教师资格认定。

按照国家教育体制改革试点工作总体部署，2011 年 10 月，浙江省中小学和幼儿园教师资格考试改革试点工作启动，国家教师资格考试标准建立，教师职业准入制度得以完善。自此，教育学、心理学不再考试，改成国家教师资格考试。凡浙江省内（含户籍或人事档案在浙江省）所有申请幼儿园、小学、初级中学、高级中学、中等职业学校教师资格和中等职业学校实习指导教师资格的人员须参加国家教师资格考试。改革试点工作启动前已入学的全日制普通院校师范类专业学生，可以持毕业证书申请直接认定相应的教师资格。试点工作启动后，即 2012 年及以后入学的师范类专业学生，申请中小学和幼儿园教师资格须参加国家教师资格考试。已取得“浙江省申请教师资格人员教育学、心理学考试合格证书”者（含幼儿园在岗教师经培训后考试合格者），在规定的有效期内，仍可按原教师资格认定渠道和办法申请认定教师资格。

域内人员参加教师资格考试，由教育部统一考试标准、统一考试大纲、统一考试命题、统一考试时间，每年春季和秋季各举行一次；省教育行政部门统一组织考试；省教育考试院负责考务管理、研制有关考务工作实施细则等工作；舟山市考试中心负责具体组织教师资格考试笔试与面试工作。

区教育局组织人事科依据“教师法”和“教师资格条例”有关规定，在国家规定的教师资格申请受理期限内（一年两次，春秋季各一次），按照教师资格认定权限接受户籍或人事档案在普陀区的师范教育类专业毕业人员、教育学心理学考试合格（有效期内）人员和教师资格考试合格人员的教师资格申请，严格审核申请人具备教师资格认定的条件，依法实施初级中学、小学、幼儿园教师资格认定。户籍或人事档案在普陀区的高级中学教师资格、中等职业学校教师资格、中等职业学校实习指导教师资格的申报材料，经局组织人事科审核后，上交市教师资格认定指导中心认定。

1996—2014 年，区域内共有 773（含社会人士）名取得幼儿园教师资格，2163 名取得小学教师资格，1300 名取得初级中学教师资格，572 名取得高级中学教师资格，132 名取得中等职业学校教师资格，2 名取得中等职业学校实习指导教师资格。

2014 年 9 月普陀区教育系统教师资格持证上岗情况表

表 4-77

学校类别	专任教师数（名）	持证人数（名）	持证率（%）	备注
普通高中	348	347	99.7	—
职业中学	145	144	99.3	—
初级中学	709	708	99.9	—
小学	956	944	98.7	—
幼儿园在编教师	125	125	100	—
幼儿园非在编教师	438	397	90.6	—

【教师资格认定学历要求】 ***过渡时期教师资格认定学历要求*** 教师资格过渡时期（1996 年上半年），学历方面要求严格按《教育法》《教师法》有关规定执行。未经国家教委批准或国家教委明确规定不能作为学历证明的证书，不能作为合格学历参加过渡时期的教师资格。虽取得教师专业合格证书但没有被评聘教师专业技术职务的人员，不能认定取得教师资格。1993 年 12 月 31 日前不具备规定学历，但当时已取得合格学历的人员，可按其现学历认定教师资格。不具备《教师法》规定学历，但具有教师职务的在职教师和教育职员，可按其教师职务认定相应的教师资格。不具备《教师法》规定学历或具备规定学历，但未承担过教育教学任务的其他专业技术人员和教育职员不得参加教师资格过渡。

在职教师资格认定合格学历要求 在职教师取得幼儿园教师资格，必须具备中等专业学校、中等职业学校的幼儿师范教育类专业毕业及其以上

学历，其他中等专业学校毕业学历视为不合格学历。取得小学教师资格，必须具备中等专业学校师范教育类专业毕业及其以上学历，其他中等专业学校毕业学历、高中学历视为不合格学历。取得初级中学教师、初级职业学校文化、专业课教师资格，应当具备高等师范专科学校或者其他大学专科毕业及其以上学历。取得高级中学教师资格和中等职业学校教师资格，应当具备高等师范院校本科或者其他大学本科及其以上学历。取得中等职业学校实习指导教师资格，应当具备各类中等职业学校毕业及其以上学历。由于中等职业学校实习指导教师教育教学的特殊性，对于一些具有特殊技艺的人员，视其具有的特殊技艺，经省级教育行政部门批准可适当放宽学历要求。实习指导教师资格除了有学历要求外，还应当同时具备相当助理工程师以上专业技术职务或者中级以上工人技术等级。这是和其他六种教师资格的显著区别。取得高等学校教师资格，应当具备研究生或者大学本科毕业学历。

申报教师资格考试合格学历要求　报考幼儿园教师资格的应当具备大学专科毕业及以上学历。为使政策合理衔接，2011年及以前已经入学的浙江省中等职业学校学前教育专业（幼师班）学生，取得毕业证书后，可以报考幼儿园教师资格。2012年及以后入学的中等职业学校毕业生，在取得大学专科毕业及以上学历后，方可以报考幼儿园教师资格。报考小学教师资格的应当具备大学专科毕业及以上学历。报考初级中学、高级中学、中等职业学校教师资格的应当具备大学本科毕业及以上学历；报考中等职业学校实习指导教师资格的应当具备大学专科毕业及以上学历，同时还应具备相当于助理工程师以上专业技术资格或者中级以上工人技术等级。全省列入国家普通高等学校招生计划的专科和本科在校毕业班学生，可凭学校证明报考教师资格。

【教材教法考试与专业合格考试】　实行考核合格证书制度，指导思想是从师资队伍的实际出发，为没有（或暂时没有取得）合格学历的教师提供进修提高途径，并同教师职务评审恰当挂钩，调动教师学习积极性。

根据国家教委有关规定，不具备合格学历的教师在取得“教材教法考试合格证书”后，可以聘任或任命为三级教师职务；聘为二级以上教师职务的，必须具备“专业合格证书”。1986年年底止年龄在35周岁以上的教师，取得“专业合格证书”后，可以同具备合格学历的教师一样，根据其任职条件，聘任相应教师职务；1986年年底止年龄在35周岁以下的教师，取得“专业合格证书”后，可以聘任为一级及以下教师职务。首次教师职务评审中，既不具备合格学历也没取得“专业合格证书”的教师，已经评审或聘任为三级以上教师职务的，在没有取得规定合格学历或相应“专业合格证书”以前，在下次职务评审时，不能申报更高一级的教师专业技术职务任职资格。按文件规定的到1986年止教龄满20年及以上的教师不受此限。

1987—1988年，区教师进修学校组织中小学、幼儿园专任教师参加教材教法、专业合格证书考试，有778名教师获得教材教法合格证书（其中高中教师83名、初中教师355名、小学教师288名、幼儿园教师52名）；130名教师取得专业合格证书（其中小学教师62名、幼儿园教师68名）。1989年，46名幼儿园教师通过专业合格考试。

按省教委文件精神，1989年始，教师职务评审工作正常化，中小学教师考核合格证书同教师职务评审挂钩。

1990年，组织区域内中学专业合格证书考试。1991年，继续做好对尚未取得合格学历或“专业合格证书”教师的培训工作，举办小学教师“专业合格证书”考试培训班。

根据教人〔1991〕8号文件，中小学教师“专业合格证书”可作为评聘教师职务时视同相当学历的参评条件。小学教师具有高中毕业学历，在补学教育学和心理学合格后，被视为具有小学教师的合格学历。

【教师普通话培训、测试与要求】　区域内长期流行舟山方言。中华人民共和国成立后，各级政府提倡使用普通话，并在中小学推广普及。20世纪90年代，普通话成为校园语言和社会广泛使用语言。

普通话推广与普及　1954年《中华人民共和国宪法》规定："国家推广全国通用的普通话。"1956年1月，国务院发出《关于推广普通话的指示》，2月，公布《汉语拼音方案(修正草案)》，教育部要求中小学和师范院校教学拼音方案，推广普通话。1958年，设立"国家语言文字工作委员会(以下简称语委)"，有步骤地推广普通话。"文化大革命"结束后，普通话推广工作再度受到重视。1978年，教育部重申"大力提倡，重点推行，逐步普及"的普通话推广方针，要求加强普通话和汉语拼音教学。1991—1994年，国家语委和国家教委分别发出在普通中小学和职业中学普及普通话的通知。此后，普通话推广普及进入常态化轨道。

20世纪50年代始，县教育行政部门提倡教师在课堂教学中，使用普通话。1988年，提出教师课堂用语使用普通话的规范要求。1991年12月，成立区教育系统语言文字工作领导小组，确定推广汉语拼音方案、推广普通话(简称"双推")工作示范试点小学，制定普通中学和职业中学普及普通话规划，组织对学校普及普通话工作的评估和学生的普通话竞赛活动。

1999年，区语委和区教育局选送11名普通话基础好的教师参加省语委组织的普通话水平测试员培训班培训，全部取得省级普通话水平测试员资格证书。同年10月，区教育局下发《关于在教师中开展普通话水平测试工作的通知》，中小学教师实行普通话等级证书制度，将普通话达到相应等级标准列为教师职务评审必备条件。2000年3月，市语委同意普陀在区教师进修学校设立普通话水平培训和测试点，负责区域内相关人员普通话水平的培训和测试工作。4月，率先在全区教师中开展普通话培训和测试。

2002年7月，在公务员、金融和旅游服务等行业开展普通话培训和测试。2004年3月始，对职业中学学前教育和旅游服务专业学生开展普通话培训和测试。此后，每年4月和10月各安排一次报名，6月和11月根据报名情况安排2～6个假日进行测试，培训安排在报名前进行。

2005年起，省、市教育行政部门开展语言文字示范学校活动。沈家门小学、普陀二中和普陀中学等一批学校分别获评国家级和省市级语言文字示范学校。此系列措施使普通话首先在全区中小学得以推广和普及。

2000—2014年，共有11600人次在区教师进修学校测试点参加测试。由于新参加工作人员普通话持证率大幅提高，区域内需参加普通话测试人员数锐减(2002年10月，一个批次1596名，到2014年，月均数10人)。2014年，市普通话测试站迁入临城新区。2015年3月起，域内撤普通话测试点并入市测试站，区职教中心学生由市测试站安排人员进校园测试。

教师普通话培训与测试　20世纪50年代提倡教师使用普通话上课，教师率先学习、推广普通话。20世纪50年代公布《汉语拼音方案》、1978年使用部编教材后，教育系统频繁地组织教师备课和培训，数度掀起学习汉语拼音方案和普通话热潮。20世纪80年代起，教师在课堂中普遍使用普通话。20世纪90年代后，由于受过正规学习和培训的师范类大中专毕业生人数逐年递增，普通话基础较差的年长教师陆续退休和行政的强势推动，教师队伍普通话整体水平快速提高。

2000年4月始，区教师进修学校组织11期教师专场多期普通话培训班，聘请多名国家级和省级普通话测试员担任大班主讲和小班语音辅导教师。培训基本内容：普通话发展简述、汉语拼音教学、朗读和说话以及普通话测试技巧。培训基本形式：大班基本知识教学、小班语音和朗读辅导。为方便海岛教师，区教师进修学校到六横和桃花岛举办3期培训班，受训教师1000余人次。

2000年6月—2014年12月，在区教师进修学校测试点参加普通话水平测试的教师3831人次，其中取得二乙及以上等级证书者2832名，取得二甲及以上证书者951名。至2014年，区域内中小学(幼儿园)公办教师中，除首批取得教师资格证书中将退休的极少数外，均持有现岗位相应的普通话水平等级证书。幼儿园非在编教师90%

以上持有二乙及以上普通话水平等级证书。

教师资格认定普通话水平要求　1999年始，实行教师普通话等级证书制度，一是设置三等（一、二、三）六级（每等分甲、乙两级）普通话等级制度；二是对不同岗位的教师提出相应的等级要求，语文教师应达到二级甲等以上，其他学科教师应达二级乙等以上，教学辅助人员应在三级甲等以上。

1955年1月1日以后出生的人员，除符合免试条件者外，在申请认定教师资格时，均需参加普通话测试，达到二级乙等及以上水平；其中1965年1月1日以后出生的语文（汉语言类、对外汉语）教师应达到二级甲等及以上。2014届开始，新招聘的教师普通话水平必须达到相应标准。

1955年1月1日以前出生的人员可不参加普通话测试。

【教师资格首次注册】　根据省教育厅、市教育局有关文件精神，建立“国标、省考、县聘、校用”的教师准入和管理机制，执行教师资格定期注册制度。《舟山市中小学教师资格定期注册制度试点工作首次注册实施意见》获省教育厅批准后，区域内教师资格首次注册工作启动。

2013年11月，召开工作部署会议，对普通高级中学、中等职业学校、初级中学、小学、民办学校、成人教育中心、区教师进修学校及所有登记注册幼儿园的教师资格具备情况进行初步摸底。

2014年2月，成立区教育局教师资格定期注册工作领导小组，时任区教育局局长唐汉成任组长。领导小组下设办公室，办公室设在局组织人事科。5月，召开教师资格首次注册启动视频会议，解读《舟山市中小学教师资格定期注册制度试点工作首次注册实施意见》《舟山市中小学教师资格定期注册制度试点工作首次注册补充细则》；7月初，完成首次教师资格注册各类人数统计与核对，7月至8月中旬，各校完成公示和教师网报工作；至9月20日，各校完成现场确认工作。9月下旬，上报市教育局；10月，完成区域内准予注册人员的网上初审工作。12月，经市教育局复审、省教育厅终审。区中小学教师资格首次准予注册的教师数为2028名。

对原在校担任过教育教学工作，后因故不再担任，首次注册期间本人要求返回教育教学岗位的，经本人书面申请，区教育行政部门批准后可按注册条件予以注册。对原在校担任教育教学工作，后经教育主管部门批准离开学校，首次注册期间本人又要求返回教育教学岗位的，经本人书面申请，教育行政部门批准后可按注册条件予以注册，但要顺延计算其教龄和担任教师专业技术职务年限，且注册后必须在相应教育教学岗位工作。其他特殊情况参照《舟山市中小学教师资格定期注册制度试点工作首次注册补充细则》办理。

此后，中小学教师资格注册工作成为常态。

第四节　教师职称评审

根据《关于转发国家教育委员会中小学教师职务试行条例等文件的通知》（职改字〔1986〕第112号）精神，1987年6月，域内中小学教师职称评审工作开始实施。7月，区中小学教师职称改革领导小组成立，时任区教育局局长陈建国任组长，下设办公室；8月，局职改领导小组扩大会议讨论限额指标、评审对象、年资计算、评审权限等职改政策性问题；9月，分别建立中学教师职务评审委员会和小学教师职务评审委员会。中学教师职务评审委员会负责中学二级、三级教师（含教练员）职务任职资格的评审，做好中学高级、一级教师职务的推荐工作，评审委员会由陈建国等九位同志组成；小学教师职务评审委员会负责小学（含幼儿园）一级、二级、三级教师职务任职资格的评审，审定后的小学一级教师名单报市教育委员会备案，做好小学高级教师职务资格的推荐工作，评审委员会由郑国昌等9位同志组成。中学、小学教师职务评审委员的任期均为两年。1987年6—11月底首批中小学教师职称评审，28 所学校 1053 名教师参加申报，完成可参加职称评审专业教师总数的 50%。

1988 年，继续做好第二批教师职称评审工作，中小学、幼儿园教师工作专业性得到确认。1989 年，评定 1987 年、1988 年分配的 204 名大中专毕业文化程度教师的初级职称。同年，第二届中、小学教师两个初级职务评审委员会成立，任期均改为一年。1990 年，在试点基础上进行教师专业技术职称考核，1871 名教师参与职称评审复查，大中专毕业生见习期满的及时确认其专业技术任职资格，教师职称评定工作正常化、制度化。

1991 年 3 月，中小学教师、教练员职务评审委员会建立，成员 17 名，唐栽林任主任委员，李久香任评委会办公室主任。评委会成员及办公室主任任期 2 年，负责全区中学二、三级教师，小学（含幼儿园）一、二、三级教师，助理教练职务任职资格的评审和中学高级、一级教师，小学（含幼儿园）高级教师、主教练、教练职务的推荐工作。

1992 年，通过定编设岗形式加强对全区专业技术职务评审工作在数量上的宏观控制。推荐评聘遵循岗位职数公开，推荐条件和对象公开，评聘结果公开三原则。1993 年 9 月，职称评审工作在合理设置岗位的基础上进行，评聘的重点对象为在教育教学岗位上取得优异成绩符合晋升条件的优秀中青年教师。按照"德才兼备、注重实绩、择优评聘"原则，本学年参加评审的，必须是本单位任职考核优秀（甲等）者。申报各级专业技术职务的学历要求，严格按有关规定设置。同年 10 月，中、小学教师两个职务评审委员会成立，成员各 11 名，分别由陈建国、唐栽林任主任委员，任期 2 年。

1997 年 11 月，第六届区小学教师职务评审委员会组建，负责小学（含幼儿园）教师初级职务的评审工作。自此，委员任期均为 1 年。评审工作按照"坚持标准、保证质量、全面考核、择优晋升"原则进行。1998 年始，教师职务评审扩大到社会力量所办的经有关部门注册登记的各级各类学校、幼儿园、托儿所。

1999 年起，利用教师职务评审工作导向作用，逐步将计算机应用能力、取得继续教育学分作为教师职务晋升的必备条件。农村任教经历作优先申报条件。45 周岁以下晋升副高级职务的教师，必须参加计算机应用能力等级考证培训方可申报，在教师职务资格文件公布前必须取得"计算机应用能力考核合格证书"。凡属中学教师继续教育对象的教师，必须取得规定学分才能申报高一级教师职务。根据《中共中央国务院关于深化教育改革全面推进素质教育的决定》，对在农村有 1 年以上任教经历或属支教对象并提交去农村支教书面申请的教师，可优先申报高级教师职务。

2000 年起，教师职称评审由"指标控制"向"结构比例控制"平稳过渡。申报专业技术职务由原来的学校推荐改为个人申报，学校行使审核权。建立教师职务评审结果通报制度，实行公示制，公示期为 15 天。区评委会办公室在评审工作结束后，向评审通过人员的单位寄发《专业技术职务评审通过人员通知书》，向评审未通过人员的单位和本人寄发《专业技术职务评审未通过人员通知书》。

根据原省教委、省语委《关于在教师中开展普通话水平测试工作的通知》规定，凡 1955 年 1 月 1 日以后出生的教师，均应参加普通话水平测试，测试成绩作为晋升教师职务的必备条件。具体要求：凡 1955 年 1 月 1 日以后出生的教师必须达到二级乙等及以上，其中 1965 年 1 月 1 日以后出生的语文教师应达到二级甲等及以上；实验人员应达到三级甲等及以上；1965 年 12 月 31 日以前出生且已获得相应专业（工种）中级及以上技术等级或专业技术职务的职业中学专业课教师，仍暂按三级甲等及以上掌握。没有 1 年以上农村学校任职经历或属支教对象而未提交去农村支教书面申请的教师，不能申报高级教师职务。小学、幼儿园教师晋升小学中学高级教师（简称"小中高"）职务，3 年来必须有 1 年以上年度考核为优秀，评上县（区）级以上先进，至少有 1 篇论文在省级以上刊物发表或获奖。对 45 周岁以下的，其学历条件原则上定为大专以上学历。为加强和改进学校德育工作，鼓励教师担任班主任，落实教书育人工作，对申报高、中级职务的教师，担任班主任或少先队辅导员、共青团干部的年限,中学教师须满3年以上,小学教师须满5年以上。

2001年起,区教育系统全面实施专业技术职务评聘分离制度。各校以岗位聘任为工作重点,进一步淡化评审、强化聘任,建立起有效的竞争激励机制。2002年起,参加申报中学高级教师职务资格的教师必须参加与申报专业相符的说课水平测试。根据省教育厅关于计算机应用能力的要求,1999年及以前取得的初级、二级合格证书不再有效,申报职务者需持省委组织部、省人事厅统一制作的计算机应用能力考核(WIN95—WIN98&INTERNET)合格证书。2003年,根据省、市、区教育行政部门关于中、小学教师继续教育工作的文件规定,符合中、小学教师继续教育培训对象,晋升教师职务,必须参加继续教育培训,并取得规定学分才能申报。

2004年起,申报晋升教师职务的人员,必须具备相应类别的教师资格。申报职业中学专业课教师职务的人员将逐步要求取得相应专业(工种)中级及以上技术等级。参加申报中学高级教师职务资格(含小学教师)的教师,必须参加与申报专业相符的课堂教学水平测试。2005年,按照省教育厅的统一要求,正式实施中小学校教育管理和中小学校实验两个职务系列的评审工作,在中小学教师职务系列评审中增加德育学科专业。

按市教育局《关于在全市开展教师英语测(考)试的意见》规定,非英语学科专任教师申报中级及以上教师职务,1967年1月1日以后至1969年12月31日以前出生的,必须达到市通用英语初级等级,1970年1月1日以后出生的必须达到市通用英语中级等级。英语学科专任教师申报中级教师职务的,必须取得全国公共英语(PETS3)证书或持有教育部考试中心颁发的大学英语四级证书;申报高级教师职务的必须取得全国公共英语(PEST4)证书或持有国家教育部考试中心颁发的大学专业英语四级证书(或大学英语六级证书)。中小学校教育管理、实验职务系列对外语暂不作要求。

按市教育局《关于进一步加强和改进学校心理健康教育工作的意见》规定,凡取得由省教育厅、省考委颁发的"心理健康教育基础知识合格证书"的教师晋升高一级职务,在同等条件下予以优先。2006年起,凡中小学教师晋升高一级职务必须取得《心理健康教育基础知识合格证书》;凡1970年1月1日以后出生的城镇中小学教师,晋升高级教师职务时,必须有在渔农村或薄弱学校支教1年(含1年)以上的经历。对职业学校中具有技术创新和发明、获得专利及具有在企业挂职研修经历的申报对象要优先予以晋升。

2007年起,职业学校专业课教师每两年到企业挂职研修两个月,作为教师职务评审的必备条件;专业课教师的技术创新和发明、专利在评审中与学术论文同等对待。根据省教育厅文件规定,职业中学专业课高级教师资格、中小学校教育管理助理研究员资格的评审工作由市教育局组织实施。职业中学专业课高级教师资格评审纳入市中学高级教师资格评审委员会评审。

2008年,《浙江省教育厅关于做好2008年中小学教师专业技术资格评审工作的通知》(浙教人〔2008〕115号)文件下发,规定:小学中学高级教师(俗称小中高)、中小学校教育管理副研究员、中小学校高级实验师资格评审由市中评委推荐后,参加省高评委评审;中学高级教师、中等职业学校专业课高级教师、中小学校教育管理助理研究员、中小学校实验师资格评审由区推荐后,参加市评审;中学一级教师、小学(幼儿园)高级教师、中小学校教育管理研究实习员、中小学校助理实验师资格评审由学校推荐后,参加区评审。2013年起,中学高级教师(包含小中高)职务下放市评审,报省审批。

2009年,未成年人校外活动场所中,从事教育教学工作的教师,纳入中小学教师职务系列评审;从事校外教育研究、师资培训、活动组织等工作的专业技术人员,可纳入中小学校教育管理职务系列评审。2011年,对承担2门及以上学科教学任务的小学教师,允许按小学全科学科申报。根据市教育局文件规定,要控制现有专业技术人员结构超过岗位设置标准的学校人员职务晋升数量,故申报中学高级教师职务晋升名额分到各学校，各学校必须在分配的名额内推荐申报人员。

2012年，继续教育合格作为申报和晋升职称（职务）的必备条件。按照《浙江省中小学教师专业发展培训若干规定（试行）》的要求，2011年7月1日起，每5年一周期，周期内参加专业发展培训时间应累计不少于360学时，周期内至少参加一次不少于90学时的集中培训。为与原继续教育的相关规定相衔接，2016年前申报和晋升者，其继续教育学时计算办法：2011年前按照《浙江省中小学教师继续教育管理规范（试行）》的要求（任现职以来每年需完成不少于48学时），自2012年起，每年平均需完成不少于72学时。

2013年起，进一步优化少先队辅导员职称评审政策，辅导员从事少先队的工作量累加计算入其所申报的兼教学科的教学工作量；辅导员个人在少先队工作中获得国家、省、市、县四级少工委颁发的各种奖励和研究成果（课题研究报告、论文、教材或著作），可视作其所申报的兼教学科的业绩；获得国家、省（部）级优秀少先队辅导员、少先队先进工作者（星星火炬奖）荣誉称号的可作为破格申报高级教师的条件。普通高中教师申报高级教师职称时，每学年必须承担一定工作量的选修课程开发开设任务。

2014年起，小学、中学高级教师职务下放市评审，报省审批。教师高级职务评审推荐名额不进行统筹分配，按照《2014年普陀区学校（单位）教师申报中学高级教师职称推荐办法》实施。

普陀区教师专业技术职务系列表

表4-78

类别	高级职务名称	中级职务名称	初级职务名称
中学	中学高级教师	中学一级教师	中学二、三级教师
小学	中学高级教师（小中高）	小学高级教师	小学一、二、三级教师
幼儿园	中学高级教师（小中高）	幼儿园高级教师	幼儿园一、二、三级教师

舟山市普陀区中学、小学、幼儿园教师专业技术职务历年评审通过人数情况表

表4-79　　单位：人

职务 年份	教授级中高	中高	中一	中二	中三	小高	小一	小二	小三	幼高	幼一	幼二	幼三
1987	—	1	114	344	—	143	400	163	3	3	13	3	—
1988	—	26	68	96	87	83	223	169	2	4	21	21	23
1989	—	2	4	12	114	3	—	57	—	1	—	4	—
1990	—	2	15	64	69	13	19	41	1	1	—	4	9
1991	—	3	11	114	59	14	54	40	—	3	3	3	—
1992	—	—	17	76	—	16	49	47	—	1	3	1	—
1993	—	2	20	70	—	23	112	65	1	2	7	8	1
1994	—	5	38	64	—	35	108	61	—	3	4	8	—
1995	—	8	48	51	—	67	87	78	—	4	1	5	—
1996	—	9	62	48	—	56	69	107	—	1	4	13	—
1997	—	9	62	72	—	89	66	84	—	—	6	9	—
1998	—	20	75	90	—	78	73	100	—	3	6	26	—
1999	—	20	80	135	—	78	109	74	—	3	5	16	—
2000	—	3	114	101	—	127	81	22	—	5	2	29	—
2001	—	32	81	113	—	82	95	15	—	2	11	13	—

续表 4-79

职务／年份	教授级中高	中高	中一	中二	中三	小高	小一	小二	小三	幼高	幼一	幼二	幼三
2002	—	44	69	72	—	65	99	11	—	5	12	7	—
2003	—	35	74	73	—	53	45	4	—	2	22	9	—
2004	—	39	91	63	—	83	17	—	—	3	23	10	—
2005	—	60	102	50	—	76	11	1	—	5	6	2	—
2006	—	66	71	37	—	81	7	—	—	10	9	—	—
2007	—	55	72	33	—	82	19	—	—	10	19	—	—
2008	—	53	62	21	—	68	15	—	—	10	43	1	—
2009	—	71	56	19	—	48	19	—	—	8	20	—	—
2010	—	49	41	23	—	32	14	—	—	7	20	—	—
2011	—	31	43	15	—	15	19	—	—	10	51	—	—
2012	—	15	24	16	—	15	28	—	—	8	52	—	—
2013	12	13	20	16	—	14	39	—	—	9	56	—	—
2014	—	13	18	20	—	10	51	—	—	5	34	—	—
合计	12	686	1552	1908	330	1549	1928	1139	7	128	453	192	33

第五节　教师招聘与任用

【教师招聘】 新教师入职形式与学历要求随着形势的发展而变化。1954 年始有高校毕业生进入教师队伍。直至 1997 年，所有到普陀教育系统工作的大中专毕业生都由教育局统一分配。1998 年始，为配合区教育局“三制”改革，凡中专毕业生入职本系统，都要经过一年的试聘期；试聘期满后经考核合格的，再正式分配到学校，不合格的予以辞退。2002 年始，不再录用中专毕业生。2003 年始，高校毕业生需通过事业单位公开招聘考试才能录用。2005 年始，原则上不再录用大专毕业生（除 2012 年因专业教育需要，招收 1 名大专学历的特教教师、1 名大专学历的职教教师外）。

历年新入职高校毕业生情况表

表 4-80　　　单位：人

年份	硕研	本科	大专	中专	年份	硕研	本科	大专	中专
1954	0	0	0	2	1985	0	2	38	26
1955	0	0	0	5	1986	0	2	37	44
1956	0	0	1	3	1987	0	11	31	23
1957	0	2	5	1	1988	0	6	96	50
1958	0	1	6	6	1989	0	10	69	37
1959	0	0	1	22	1990	0	11	58	38
1960	0	6	3	10	1991	0	10	60	45
1961	0	0	4	12	1992	0	6	33	66
1962	0	1	1	16	1993	0	3	31	59
1963	0	8	1	20	1994	0	3	67	74
1964	0	7	0	4	1995	0	3	73	81
1965	0	5	0	1	1996	0	13	99	147

续表 4-80

年份	硕研	本科	大专	中专	年份	硕研	本科	大专	中专
1966	0	9	0	6	1997	0	5	69	119
1967	0	7	1	22	1998	0	35	65	91
1968	0	11	0	38	1999	0	24	58	25
1969	0	9	0	0	2000	0	42	65	14
1970	0	6	0	0	2001	0	19	46	11
1971	0	0	0	0	2002	0	23	32	0
1972	0	0	0	52	2003	0	34	2	0
1973	0	0	12	0	2004	1	49	5	0
1974	0	0	0	0	2005	1	41	0	0
1975	0	0	3	23	2006	0	45	0	0
1976	0	0	7	47	2007	2	32	0	0
1977	0	0	10	47	2008	4	40	0	0
1978	0	0	6	40	2009	3	32	0	0
1979	0	0	6	1	2010	4	38	0	0
1980	0	0	16	112	2011	2	40	0	0
1981	0	0	32	66	2012	3	56	2	0
1982	0	8	38	49	2013	5	76	0	0
1983	0	2	27	25	2014	4	84	0	0
1984	0	2	20	51	—	—	—	—	—

【“三制”改革】 实行校长负责制，逐步使学校成为相对自主的办学实体，实行教职工聘任制和校内结构工资制，形成内部良性竞争和合理的分配机制，调动学校管理者和教职工积极性，提高学校的整体办学效益。根据区委办〔1996〕137 号文件精神，区教育局于 1996 年 12 月出台关于《普陀区中小学内部管理体制改革意见（试行）》，以沈家门和六横区域为试点，在市教育系统率先启动“三制”改革。1997 年 8 月始，区域内实行教师聘任制。1999 年 10 月，出台《关于进一步深化教职工聘任（用）制改革的若干规定（试行）》，实施“全员聘用制和教师岗位聘任”的双聘制。成立区教职工管理中心，区域内教师先与区教职工管理中心签订聘用合同，再与所在学校签订岗位聘任合同。

【教师聘任制】 教职工聘任制是“三制”改革中一个重要组成部分。在 1996 年出台的《普陀区中小学内部管理体制改革意见（试行）》中，对教职工聘任明确规定：学校根据核定的内设机构和编制在定编、定岗、定员的基础上实行教职工聘任制。学校根据编制标准，确定学校的各个工作岗位和岗位职责，然后对教职工实施聘任。

校长主持制订教职工聘任方案，提交教代会审议通过；依据确定的聘任方案，经校务会议讨论，决定对教职工聘任与否；根据教职工考核结果，决定并严格按照聘任程序对教职工实施聘任、试聘、缓聘、待聘等；教职工可以应聘或拒聘。

1996 年秋，首次实施教师聘任制，不搞待聘，不搞双向选择。学历不合格的教师，未经区教委批准，不能聘任教学岗位。各校可以根据学校教师实际，经批准高评低聘或低评高聘。不适宜聘任教育教学岗位的，可改聘校内其他岗位。上级任命或选举产生的学校党、政、工负责人自然聘任，但仍需履行聘任手续。聘任关系以合同书形式予以确定，聘期一般为 1 ～ 3 学年（组织调动例外），双方不得任意毁约。由区教委调入学校的教职员工在 1 年内一般作试聘，按规定有试用期的教职工不实行聘任。教师聘任制对男 55 周岁、女 50 周岁以上教职工实行保护政策。对因各种原因造成的待聘者，采用多渠道、多形式予以妥善处置。试行聘任制1年后,在某些地区双向选择,区域招聘。教职员工的聘任工作,每年从6月中旬至8月下旬完成。

根据《中共中央国务院关于深化教育改革全面推进素质教育的决定》《中华人民共和国教师法》《面向21世纪教育振兴行动计划》《浙江省事业单位实行聘用制暂行办法》等法律法规和文件精神,结合本区域内学校内部管理体制改革的实际,1999年,区教委出台《关于进一步深化教职工聘任(用)制改革的若干规定(试行)》(舟普教〔1999〕209号)文件,人事管理制度改革进一步深化。域内中小学和教育事业单位均实行教师聘任制和全员聘用制。

区教委设立区中小学教职工管理中心,并授权管理中心与教职工签订聘用合同,确定人事聘用关系;学校(含单位,下同)与教职员工签订聘任合同,确定岗位任职关系,区教委依照各学校人员编制、岗位结构和实有教职工数,下达专任教师、行政管理人员、后勤(含工勤,下同)服务岗位职数,学校在职数范围内对受聘用人员聘任上岗。教职员工可根据工作年限分别与管理中心签订有固定期限聘用合同和无固定期限聘用合同,不愿意与管理中心签订聘用合同的,管理中心给予3个月的自行流动期,自行流动期内发给基本生活费,自行流动期满后,本人可以提出辞职,也可由管理中心办理辞退或自动离职手续。教职工调区外(含调离本系统)审批工作仍由区教委按原规定办理。获准同意的,即与管理中心解除聘用合同。聘用合同签订后确需变更时,管理中心和教职工本人双方应协商一致,并按原签订程序变更合同,双方未达成一致意见的,原合同继续有效(除本文另有规定的外)。聘用合同期满或约定的合同终止条件出现,聘用合同即行终止。经双方同意,仍被学校决定聘任的教职工,可续签聘用合同;已待聘任且待聘期限未满的教职工可续签1年聘用合同。经管理中心与受聘用人员双方协商一致,聘用合同可以解除。

教职工下岗待聘期间,其待遇按区委办〔1996〕137号文件中有关规定办理。待聘期满,仍未能在区教育系统内上岗或调离本系统的,由学校提请区教师管理中心办理解除聘用合同手续。工作年限满30年的教职工,或距法定退休年龄5年以内且连续工作满20年,因身体原因不能坚持正常工作的教职工,可以根据本人自愿,经学校同意,由区教师管理中心报区教委批准离岗退养,离岗退养待遇参照退休人员规定执行。下岗待聘(包括离岗退养)的人员不计入单位人事编制。

原工人身份的女性教职工受聘任在学校中层以上管理岗位工作满5年,或具有中级以上专业技术职务资格并在本专业技术职务岗位上工作满5年(含实行聘用制前的时间),年满50周岁时,如工作需要,身体健康,本人自愿,经学校报区教师管理中心批准继续聘任在管理或专业技术岗位上的,可按女干部的现行退休年龄退休;原系干部身份的女性教职工,现聘任在工勤岗位1年以上的,其退休年龄可根据本人自愿,经学校同意,由区教师管理中心报区教委批准按现行工人退休年龄执行。

根据"公平竞争、双向选择、任人唯贤、人尽其才、择优上岗"原则,提高人才资源使用效益,实施教职工校际聘任(以下简称流动)办法。范围暂分沈家门城区、渔农村和高(职)中三片,高(职)中片流动暂限专任教师,高(职)中学校间后勤人员流动和高(职)中的教职工去初中、小学流动的仍按沈家门城区和渔农村两片进行。工作满3年自愿参加校际流动和未被本校聘任的教职工,均可在各自范围内参加流动。为稳定偏僻地区学校的教师队伍,东极、虾峙、登步、蚂蚁、白沙、佛渡、葫芦、湖泥等乡镇的学校教职工暂不参加首批校际聘任(符合调回原籍条件的除外)。中学专任教师转任到后勤岗位须报经区教委批准,各校从外校聘任专任教师数由区教委视学校需求情况下达指标。对符合条件要求回原籍地聘任的教师,原籍地学校原则上予以聘任。渔农村教师调入沈家门城区仍按区教委舟普教〔1997〕140号文件规定办理,申请调入者第一年参加由教委组织的考核,由教委择优安排到学校,次年起参加沈家门城区片学校双向选择。

【评聘分离　优师厚酬】 20世纪90年代起，逐步实行教师专业技术职务评聘分离，优师厚酬。区教委根据各校教学实际下达专任教师职数指导性指标，学校在该指标范围内安排教学岗位。人员安排超过指标范围的，不能计满工作量。学校通过对有关教师在学年度内履行参加、组织、指导教育教学研究工作、承担教育科学研究任务及指导培养青年教师任务的情况进行考核，在职数范围内聘任教师专业技术职务。中、高级教师可聘职数大于现有职务人员数的，学校可在胜任该职务的低职教师中高聘；中、高级教师可聘职数小于现有职务人员数的，学校应在可聘职数范围内择优聘任中、高级教师，其余中、高级教师只能聘任低一级职务。根据按劳分配、多劳多得的原则，学校可对择优聘任的重要骨干教师在校内结构工资中给予优厚报酬，并可为其提供优惠的工作条件，支持其在业务上的成长。

对无合适岗位或不能履行岗位职责者，尤其是由师德差或业务弱原因而本年度考核不合格者，实行待聘；教学人员中，中学未达到大专学历、小学未达到中专学历，一般不聘任教学岗位；小学代课教师全部清退，中学代课教师逐年精减。小学中一些年龄在女45岁、男50岁以下，工作表现较好，责任心强的人员被聘任到中学后勤岗位；出台政策，保护年老体弱的教师，如离岗退养、提前退休等。

明确学科教学和后勤服务两类岗位，优化教职工队伍结构。不适应教学的教师和小学中富余人员分流到中学后勤服务岗位，后勤服务岗位实行竞争上岗，经双向选择予以聘任的人员，由区教委办理调动手续。各校清退学年性临时用工，需用人员从本校分流教师中聘任，必要时可向外校聘任。特殊用工须报教委批准后才能聘用。有关人员的社会保险经费、经济补偿金、生活补助费和专业技术职务评聘分离所增经费由区财政列入预算。

第六节　教师进修培训

【教师进修培训工作】 教师的进修培训工作主要由区教师进修学校（教研室）组织实施，主要有全员培训、岗位培训、学历培训、函授及远程教育等形式。根据形势的发展，教师的进修培训阶段性特点明显。

1978年，县教师进修学校创办初期，组织开展初中英语教师培训，小学教师1000余名在职函授小学算术基础理论。翌年，附设舟山师范普陀分校开办普通师范班，学制二年，学员99名。

1980年9月，50名初中教师函授高等师范中文。翌年下半年，829名教师函授小学数学教师教材教法，48名教师脱产参加中等师范语文培训，50名教师业余面授初中英语。

1982年3～7月，面授“系统复习初中知识”民办教师125人次。8月，883名小学教师函授语文基础知识。9月，39名教师到舟山师范数学班脱产培训。次年3月，80名教师到中等师范数学班分点面授。9月，38名小学教师脱产培训。

1984年，198名小学教师函授“文选与习作”，50名民师面授初中数学。1982—1984年，老教师带徒30名。1985年秋，招收民师47名培训中师。1983—1986年，参加杭州大学、宁波师范学院等进修14名。1984—1985年，15名教师电大毕业，402人次函授“教育学”“心理学”，其中结业212人次。

至1986年，教师进修学校举办中、小学教师培训班29期，受训4711人次，结业1524人次，中师毕业57名。音、美、体短训班9期，学员641人次。业余面授130名，单科面授3598人次，结业1190人次。

1987—1995年，在职教师文化、业务水平提高培训的形式有脱产进修、函授、自考、电大学习、证书考试、专业合格考试、推荐代培、在职培训、特级教师传授、见习等。1987—1989年，组织中小学、幼儿园专任教师参加教材教法、专业合格证书考试，有778名教师获得教材教法合格证书（其中高中教师83名、初中教师355名、小学教师288名、幼儿园教师52名),13名小学教师取得专业合格证书(其中小学教师62名、幼儿园教师68名)。1988年秋,特级教师陈平文主持数学教研班,对中青年数学教师传、帮、授,每周活动1次,每次参加教师20～30名,为期1年多。1989年,区电大开设教师英语专业,23名学员就读,于1992年取得毕业证书。

1990年,学校办有脱产进修班1班,学员54名;在职函授班1班,学员28名。1991年,由教师进修学校组织对小学青年教师上岗初期教学常规培训,指导听课、备课、上课、教学研讨,组织参加教坛新秀评比等,为期1年。是年,沈家门小学、沈家门第一小学试办教导主任见习班,每期每校安排3～4名,先后组织3期,共有18名教导主任接受培训。1993年,推荐14名合格学历的代课教师进入中等师范学校就读;同年,组织122名中学教师参加高师专科自考。1995年,区教师进修学校第七届中师函授结束,132名小学教师获得中师学历;128名小学代课教师参加中师自学考试。是年,有200名教师通过多种形式取得各级学历证书(其中大专学历50余名,脱产进修本科毕业8名),专任教师学历合格率明显提高。至1995年,举办小学校长培训班4期,130名校长受训并取得上岗证书,选送50多名初中校长参加市校长培训班,受训率100%。

1996—1997年,开展小学教师"三字一画"(毛笔字、钢笔字、粉笔字、简笔画)全员培训。1998年起,中小学全面实施教师继续教育工程。小学教师由区进修学校、教研室承担辅导,中学教师由浙江海洋学院辅导。启动小学教师继续教育全员校本培训工作,教师参训率100%。

1999—2001年,组织小学教师以"学科教学技能"为主要内容的全员培训,参考率98%,合格率96%。1999年,各中小学教师进行岗位能力考核,其中获得A级教师的44名,B级教师98名。

2000年,制定《普陀区跨世纪初中青年骨干教师培训"3350"工程》,用3年时间,分3个阶段,培训50名初中青年骨干教师。

2001年6月,区教师进修学校被评为省"九五"期间中小学校长培训工作先进单位。

2000—2002年,有2120名中小学教师参加计算机培训与考试,2188名参加普通话培训与考试,2965名参加心理健康培训,1920名参加英语培训,520名次参加骨干教师培训。

至2002年年底,域内小学专任教师学历合格率100%(比1996年提高10.87个百分点)、高学历38.19%;初中专任教师学历合格率(专科以上)97.35%(比1996年提高15.11个百分点),高学历24.97%;高中专任教师合格率(本科以上)84.87%(比1996年提高27.55个百分点)。中小学教师队伍综合素质得到明显提高。

2002年9月—2003年8月,开展"教科研基础"培训,920名中小学教师参训,合格率为100%。同期,组织"新课程通识"全员培训,全系统包括教育行政人员、教研员、中小学教师计1872名完成第一轮培训,并通过考试。2003年8月—2005年7月,开展初中专任教师"新课程与学科主题"培训。2003年8月—2008年8月,开展小学全体专任教师"新课程教材"学科培训。

2004—2012年,扩大对外合作与交流,与挪威奥斯陆大学教育学院合作培训中小学英语教师,先后邀请该校40余位教授和学生来主导培训和实习,每年分批对域内中小学英语教师进行为期10～15天英语口语和教学技能培训。

2005—2007年,按照省教育厅统一部署,实施《普陀区渔农村中小学教师素质提升工程培训规划》,以"新理念、新课程、新技术和师德教育"为重点,提升中小学教师的综合素质。教师在3年内必须完成144学时的培训,其中区级集中培训不少于60学时,校本培训不少于84学时。培训主要课程为《师德与教师职业》《新课程学科教学评价》《新课程教学设计与案例分析》《E—环境下的中小学学科教学专题研修》。域内1613名中小学教师参加培训,经考核课程单科合格6492人次,四科均合格1584名,合格率98.2%。同期,参加区级及以上校长、后备干部、校级中层干部、骨干教师培训404人次。

2006年3月,区教师进修学校获评"浙江省初中教师学科主题培训先进单位”。同9月，区教师进修学校被评为省“十五”期间中小学校长培训工作先进单位。

2000年年底，域内小学专任教师学历合格率100%，其中大专以上学历77%：初中专任教师学历合格率99.71%，其中大学本科以上学历71.64%；高中专任教师合格学历97.9%，其中研究生学历1.31%。

2007年，区教育局制定《普陀区中小学（幼儿园）五支队伍建设行动计划（2007—2011年）》，重视校长、后备干部、骨干教师、班主任、和职教“双师型”教师队伍建设，实施分层分类培养。2007年4月，印发《舟山市普陀区幼儿园教师教育实施方案》，对教龄10年以下的职业高中学前教育专业毕业和年龄在45周岁以下的非学前教育专业毕业的在职幼儿园专任教师实施培训，培训要求达到244学识，其中集中学习教育教学理论36学时、师训基地教育教学实践活动128学时、自训自练80学时，合计244学时。至2009年12月，有128名按培训要求经考核，取得结业证书，22名被评为优秀学员。

2008—2009年，实施正、副校（园）长岗位提高培训，脱产与远程培训相结合，在国家教育行政学院、华东师范大学各脱产培训5天，组织华东师范大学《校长执行力管理》《教师专业成长》课程远程培训，共完成103名中小学校长、幼儿园园长提高培训。同期，与华师大协作，实施班主任岗位培训，开展中小学班主任和后备班主任的《班主任工作理论与实践》课程培训，1264名教师取得岗位培训合格；组织750名中小学德育干部、班主任专业素养提高专题培训，完成班主任岗位培训计划的150%。

2008—2010年，实施渔农村教师“领雁工程”。共计培训180名骨干校长和教师（其中10名骨干校长和57名骨干教师参加省级培训，113名骨干教师参加区级培训，完成培训计划的100%，各级财政投入培训资金110万元）。参加各级培训的学员累计在区（片）级作业务讲座、上公开课167（节）次，指导（以师徒结对形式）青年教师85名，参加课题研究103项，在市级以上刊物发表或获奖论文180篇。“领雁工程”为渔农村学校培训大批各学科骨干教师，促进城乡教育均衡发展。2008—2011年，实施骨干教师培养工程。以“名师预备队”为平台，在中小学各学科骨干教师中（两届）遴选106名学员，每届实施为期两年的系统培养。

自2010年起，实施幼儿园省、市级农村骨干园长与骨干幼师培训项目。12名骨干园长和24名骨干教师参加省级培训，18名骨干教师参加市级培训。2010年上半年，组织450名幼儿园专任教师开展《幼儿数学教育》专题园本培训；下半年，38名幼儿园教师参加资格证书培训考试，完成计划的100%。

2010年9月，成立普陀区名师工作站，聘请潘旭东为普陀区名师工作站站长，建立小学语文、小学数学、初中数学、初中科学、初中社会、初中英语6个名师工作室，依托名师工作室，实施骨干教师培训工程。至2014年，计有120名骨干教师参加为期三年一届的重点培养，通过“观名校、访名师、学理论、进课堂、展示课、作示范”等一系列研训活动，促进专业成长。

2010—2012年，以“双网”研训为平台，实施中小学教师“潮涌普陀”学科高端研修工程，中小学15门学科制订、实施3年研修主题规划，旨在提高全体教师执教能力，组织40余次研训，有1600名教师参加。“双网教研”“潮涌普陀”学科高端研修工程，分别于2010年、2011年荣获浙江省市县教研工作20大亮点。

2010年9月始，实施青年教师培养工程，下发《普陀区青年教师（三年内）培养计划》通知。3年内，初中、小学、幼儿园青年教师，每学期在区师训基地校（园）跟随骨干教师教学实践研训一星期，通过听课、上课、研课、反思等形式，提高新教师教育教学能力。至2014年年底，计有403人次参加教学实践研训活动。

2011年7月，按照浙江省教育厅统一部署，实施中小学（含中等职业学校）、幼儿园教师专业发展培训工作（幼儿园教师于2012年1月起实施），以5年为一个培训周期，教师应参加专业发展培训累计不少于360学时(一次不少于90学时)的集中培训。是年,启动中小学教师信息技术培训,参加"英特尔未来教育""中国移动中小学教师信息技术能力培训""浙江省教育技术应用能力培训",至2014年,有1549名教师完成培训,占专任教师的74.8%。

2012年起,每年8月份举办"东海风·普陀教学文化节",初中5门中考学科与小学4门基础学科各集中3天培训。培训采用专家理论引领、教学示范展示、教学反思对话、体验式培训、读书沙龙、"双网"研修等多种形式。至2014年,培训活动先后邀请美国教育专家2名,全国著名教育专家8名,省内教育专家33名,讲座69场次,开设教学观摩课68节,受训教师达5800多人次。

2013年起,组织中小学、幼儿园心理健康教师、德育工作者、班主任、学科骨干教师心理健康教育等级证书培训。至2014年年底,有1500名教师取得心理健康教育C级及以上证书。2014年下半年,2929名中小学、幼儿园教师参加专业技术人员《科研方法与论文写作》公需课程远程培训。

2011—2014年,2850名教师在省培训管理平台注册参加专业发展培训,其中幼儿园教师573名、小学教师798名、初中教师(含九年一贯制)860名、普通高中教师350名、职业中学教师149名,其他机构教师120名。296名教师参加国家级骨干教师远程培训,其中中小学学科骨干教师191名、幼儿园骨干教师77名、教师培训管理者28名。20名教师参加国家级集中面授培训,其中学科骨干教师18名、园长2名。134名教师参加省级骨干教师培训,其中浙派名校长4名、浙派名师6名、骨干校(园)长39名、学科带头人及骨干教师40名、职业教育骨干教师34名、特殊教育骨干教师11名。参加区级学科骨干教师培训580人次。其间,2482名教师参加90学时以上培训,累计完成人均培训332学时,年人均培训83学时,其中自主选课培训58学时、校(园)本培训24学时。教师自主选课后实际参训率达到98.3%,本区开设的培训课程教师评价满意度达到98.8%。

《"双网"教研:体现海岛特色的教师研修新机制》获评省第四届基础教育教学成果一等奖,"双网教研——海岛教师研修机制"的应用与推广获评省2010—2013年教研工作创新项目,以"东海风·普陀教学文化节"高端研训活动为载体,实施《2012—2015年普陀区教师专业发展培训"比翼"计划》,打造普陀教师专业发展研训一体化特色品牌。在2013年、2014年省教育厅教师培训绩效考核中,分别获评100分、99.80分,名列全省县区级第一名、第四名。2014年,普陀区委、区政府对财政投入重点项目绩效评估,教育系统的教师培训项目获得优秀等级得分最高。

【普陀区教师进修学校简介】 普陀区教师进修学校现址位于东港街道金城街90号。初名"普陀县教师进修学校",创办于1978年5月,借用原沈家门镇第二小学四楼1间教室作为办公用房,原沈家门镇第六小学3间教室作为教学用房。初筹时由县文教局郑守德副局长兼任校长,陈亨锦、朱霞任副校长,全校教职工7名。

1979年8月,开办舟山师范学校普陀分校,招生99名,学制二年;县教师进修学校与舟山师范普陀分校合并,两块牌子,统一办学,工作重心向师范分校倾斜;学校迁址荷外滨江路27弄9号,原舟山地区水产供销公司子弟学校,校园占地面积2000平方米,教学用房8间,教职工21名。同年11月,学校建立中共舟山市普陀县教师进修学校支部委员会,方伯开为首任党支部书记。1981年7月完成师范教育任务,舟山师范普陀分校停办。

1981年9月,县教师进修学校新校舍在沈家门镇长地爿路2号落成,占地面积1400平方米,建筑面积1325平方米,教职工15名,单才铨任校长。1984年,机构改革,刘全国任中共舟山市普陀县教师进修学校支部委员会书记。1985年,学校被中共普陀县委、县人民政府命名为"文明单位"。1987年,定为今名。

1988年8月,位于沈家门镇泗湾路53号新校园落成,学校占地面积800平方米,建筑面积1977平方米,教职工20名,其中专任教师8名(讲师7名)。1992年10月,缪宝根任中共舟山市普陀县教师进修学校支部委员会书记，1993年3月，缪宝根任区教师进修学校校长兼任党支部委员会书记。

1995年9月，区教育局教研室与区教师进修学校合并，采用一套班子，两块牌子的管理模式，承担全区幼儿园、小学、初中教师培训（继续教育）和教学教研双重任务。何再乐任区教育局教研室主任、区教师进修学校校长，缪宝根任教育局第二支部（原区教师进修学校支部）委员会书记。1996年1月，普陀区教育局改称普陀区教育委员会。1998年1月，张忠根任区教委教研室副主任，主持区教委教研室、区教师进修学校日常工作。3月，郭献镜任教委第二支部（原教育局第二支部）委员会书记。11月，郑加安任区教委教研室副主任、区教师进修学校副校长，主持日常工作。2000年12月，郑勇任区教委第二支部委员会书记。2001年9月，普陀区教育委员会改称普陀区教育局。2001年12月，陈种根任区教育局教研室主任、区教师进修学校校长。2008年5月，黄伟宏任区教育局教研室副主任、区教师进修学校副校长，主持教育局教研室、区教师进修学校日常工作。2009年8月，黄伟宏任区教育局教研室主任、区教师进修学校校长。2010年7月，潘旭东任区教育局教研室主任、区教师进修学校校长、党支部委员会副书记（主持日常工作）。2011年8月至今，沃信科任中共舟山市普陀区教师进修学校（教研室）支部委员会书记。

2011年9月，迁址到东港金城街90号，在东港中学实验楼暂设培训教室。

翌年11月，区教师进修学校通过省教育厅合格评估备案。区教育局教研室、区教师进修学校现有在岗教职工35名，专任教师25名（其中特级教师1名，高级职称教师22名，中职职称教师2名），研究生学历1名，研究生课程结业2名，大学本科学历21名，中共党员38名（其中退休党员23名）。

第七节　教师考核与评价

【教师考核】　中华人民共和国成立后至1989年期间，对教职工的考核处于摸索试行阶段，如：普陀县人民委员会文教科在“关于1957—1958年度小学教育工作意见中”提出“有重点地试行教工考勤考职制度，现确定在沈家门中学重点施行，以便取得经验，向各区推行”。县文教局在“关于1958—1959学年度教育工作意见和教学计划”中提出“切实执行考勤考绩制度，把教师的功过认真记载下来，记功范围包括校内外一切教育教学和社会活动中的先进事迹”。县教育局在1984年“关于我局几项教育改革的请示报告”中提出“建立岗位责任制、工作量制、考核制、实行岗位津贴、超工作量奖、先进教师奖、做出贡献奖，先在沈家门小学搞试点。”

1990年9—10月，区教委根据市教委下发的《中小学教师任职情况考核试行办法》全面开展中小学教师任职考核。考核内容分四大项：基本项、基础项、定标项和附加项。1992年6月，区教育局下发《关于教师任职情况考核工作的若干意见》，明确提出“当年度未进行考核的单位，下年度不得进行评聘工作，考核结果作为教师职务评聘的重要依据；考核结果分甲、乙、丙三个等次，并在乙等中增设乙上等级，考核结果为甲等的须报区教育局和区职改办审定，事假累计1个月以上的直接计入丙等，病假累计2个月以上的降等计入”。1992年12月，结合“舟山市普陀区国家机关工作人员年度考核实施意见”，区教育局下发《关于教职工任职情况考核工作的若干补充意见》，扩大考核对象。对未评专业技术职务的公、民办教职工，结合各自具体岗位责任要求，也与专业技术职务人员一样，按“德、能、勤、绩”四方面参加年度任职考核；细列四类不参加年度考核的人员；提出见习期未满的教职工均不参加当年度考核；明确考核结果与浮动工资、年终考核奖、先进评选挂钩。

1993年5月，修订《中小学教师任职情况考核办法》，简化计分方法。基本项、基础项、定标项满分原各为100分，修改成分别为30分、60分、10分，最终得分只需把该三项分数直接相加，再加（减）

附加项分数即可，不再采用对不同职务按不同比例换算的办法；对具有高、中级职务的教师在履行指导教学研究，承担教学研究任务，培养教师等职责方面作更加明确的要求；增删附加项内容，删去各级个人先进加分内容，增加对教师品德言行方面的考核内容；制订学校后勤管理人员考核内容及评分标准。学校党政主要领导任职情况考核办法另行制订。

1994 年 1 月，《中华人民共和国教师法》开始施行，标志着教师考核制度的法制化和规范化。同年，工资制度改革方案实施，建立正常的增资机制，教职工考核结果作为正常升级的重要依据。5 月，出台"学校领导任职情况考核试行办法"，考核内容分三部分：基本素质、工作及绩效、附加项。6 月，原由区教育局组织考核的学校党政主要领导，除各直属中小学、乡镇辅导中小学正职仍由局组织考核外，其他由沈家门镇教办和辅导中小学组织考核。

1994—1995 学年度，教职工的考核工作仍按照区教育局 1993 年 5 月修订的《中小学教师任职情况考核办法》实施。考核内容增加"学生评价"项目，主要包括学生对教师的教育教学态度、教育教学办法、布置批改作业、上课、备课、辅导和教学组织等的评价。学生评价得分以 15%计入被考核人的最终得分，也可作为学校考核组评价和赋分时的参考，不计入最终得分。自此始，所有参加考核人员的《考核登记表》均须交区教育局审核。

1996 年 5 月，根据市教委的要求和本区实际情况，《中小学教师任职情况考核办法》作进一步修订，除保留"群众考核""直接领导考核"外，新增"学生评价"内容。

1996—1997 学年度，教职工的考核工作意见突出以下几方面：结合行风建设评议活动，把教师职业道德作为考核的重要内容，加重分量；坚持客观、公正、准确的原则和充分发扬民主的原则，从"德、能、勤、绩"四方面进行全面考核；对学校中层干部的考核应区别于一般教职工，考核内容作适当增删；考核结果由原来的优秀、称职、基本称职、不称职改为优秀、合格、不合格；新分配毕业生或新参加工作人员也参加考核，但考核结果只写评语，不确定等次，作为见习试用期满时转正定级和初定专业技术职务的依据。1997—1998 学年度，教职工的考核结果在合格等次中另增一个"合格上"档次。

1999 年 4 月，区教委修订印发新的《舟山市普陀区中小学教职工学年度考核办法》，提出考核工作实行行政领导负责制，明确单位党政主要领导、镇(乡)成教干部、成教教师、勤工俭学人员、电教实验人员等应分类予以考核，并对只写评语不确定等次、直接计入不合格、直接定为优秀等次和不能定为优秀等次人员进行界定。同期，根据"德才兼备、注重实绩"的原则，修改印发《普陀区中小学领导学年度考核办法》。考核对象包括全区直属中小学、幼儿园及乡(镇)辅导中小学的校(园)长和书记[包括主持工作的副校(园)长、副书记]。沈家门镇教办所属学校的校长、书记由沈家门镇教办组织考核。考核项目分为"学校年度工作考核项"(包括学校年度工作考核得分和排序分)和"校内群众评估项"，权重比例为 7:3。

2000 年 4 月，出台《高、中级专业技术职务教师的职务履行情况考核办法(试行)》，为教师职务评聘分离作准备。

2004 年 6 月，区教育局再次下发修订后的《舟山市普陀区教育系统教职工学年度考核办法》。各单位按照修订后的考核办法，结合各自的实际情况，修订、完善本单位考核的具体内容和评分标准，经提交教工代表大会通过后，从 2003—2004 学年度开始施行。各单位制定相应的考核奖励办法，将考核结果与评优评先、职务评聘、经济待遇等挂钩，以激励教职工工作积极性。此办法一直沿用至 2014 年。

2005 年 8 月，区教育局印发普陀区中小学教师师德警戒记录制办法。《中小学教师师德警戒记录表》附在《教职工学年度考核登记表(一)》内，每学年考核结束，上报局考核办。此表作为各级各类学校教师奖惩的重要依据，表内有扣分的教师，在学年度考核中不得评定为"优秀"等次；表内记录不合格者，在评先、评优、教师职务评聘、职务晋升中实行“一票否决制”，在教师学年度考核中直接确定为“不合格”等次。

从2007—2008学年起教职工学年度考核增加“良好”等次，良好等次仅在教育系统内部使用，在教职工评优评先、职务评聘时予以相应体现。良好等次比例控制在实际参加考核并确定等次人数的20%以内。2011年度开始，优秀等次比例从控制在实际参加考核并确定等次人数的12%以内调整至15%以内。

【各类先进与业务骨干推荐评选】 中华人民共和国建立后，党和人民政府对成绩卓著的教师给予相应荣誉和奖励。

1978年始，县党委、人民政府重视在教职员工队伍中推荐、评比各类先进。主要荣誉：普陀区（县）优秀中共党员、优秀党务工作者；劳动模范、先进工作者、“育才”奖、优秀教师、优秀教育工作者、敬业奉献先进个人、“十佳人民满意教师”；县（区）教坛新秀、学科带头人、优秀专业人才等。

1979年始，区域内教师获评的荣誉称号主要有全国优秀辅导员、全国新长征突击手、省劳动模范、全国优秀教师、全国“五讲四美”为人师表优秀教育工作者、全国工会先进工作者、全国“三八红旗手”、全国优秀班主任等。

1981年始，区域内教师获评的业务骨干荣誉称号主要有省特级教师、市区级学科带头人、省市区各级教坛新秀、市优秀教学者、市教坛中坚、省中学优秀思想政治课教师、市小学思品课优秀教师、市中学思想政治课优秀教师、市跨世纪学术及技术带头人后备人才、省中小学名师、市新世纪学术和技术带头人后备人员、市“111”人才工程、市区级优秀专业人才、享受正高级待遇的中学高级教师等。

2000年始，先进教师评比逐渐形成制度，相继开展省中小学师德楷模、省“春蚕奖”、省“绿叶奖”、市模范教师、市优秀教师、市优秀教育工作者、市海岛园丁、市师德标兵、市学校德育先进工作者、市教育管理与保障先进工作者、区级师德标兵、区级学校德育先进工作者、区级教育管理与保障先进工作者等推荐和评选工作。

1979—2014年，有24名教师获评国家级各类先进（荣誉）；52人次获评省级优秀教师；57人次获评省级“春蚕奖”；10人次获评省级教科研先进工作者；12名教师获得省级特级教师、教坛新秀、名师、学科带头人称号；75人次获评省级其他荣誉；7人次获评舟山市优秀共产党员；97人次获评市先进教师、模范教师或优秀教师；108人次获评市“海岛园丁”奖；47人次获评市师德标兵；112人次获评市德育先进工作者、优秀班主任、优秀少先队辅导员；55人次获评市教育管理与保障先进工作者；135人次获评市级其他先进工作者。11人次获评市级教科研先进工作者；96人次获评市级教坛新秀、名师、学科带头人。

1981—2014年，陈平文、向联谊、陈国辉、钱银星、方咏菊、潘旭东、程永清、吴红伟先后获得省特级教师称号。2013年6月，评选产生首届12名享受正高级待遇的中学高级教师。

1996—2014年，82人次获评区敬业奉献先进个人（最美普陀人）；2011—2014年，20人次获评区“十佳人民满意教师”。

第八节　教师地位与待遇

【社会地位】 旧时，私塾教员社会地位悬殊，成分较为复杂，有贡生、地主官宦家庭知识分子，也有“寒儒”“穷秀才”。民国时期，教员在雇佣职员之列，社会地位低下，待遇菲薄，职业无保障。

中华人民共和国成立后，中国共产党和人民政府贯彻知识分子政策，尊师重教；社会上尊称教师为“人民教师”。随着社会经济发展，教师的待遇也得到相应的提高。1983年5月，县教育局对245名教龄在25年以上的教师，颁发“园丁”荣誉纪念章。1985年，国家设立教师节（每年9月10日）。是年9月9日上午，县委、县人大、县政府在沈家门剧院召开第一个教师节庆祝大会，参加大会的有沈家门镇区域各级各类学校教师，渔农村教师代表共880名，县委三套领导班子出席庆祝大会。1993年，《中华人民共和国教师法》出台，教师地位和待遇得到保障。2011年和2014年的教师节，区教育局为获评"十佳人民满意教师"的教师举行颁奖仪式。

历届县（区）人民代表大会与人民政治协商会议，均有一定比例的教师代表参加。1953年8月，普陀县第一届人民代表大会，有文教卫生科技界代表11名；第五届县人民代表大会，有文教卫生科技界代表29名；第十届普陀区人民代表大会，有知识分子代表73名；第十六届普陀区人民代表大会，其中教师代表7名。现有市人大代表3名。曾有省第六次妇代会代表1名，第九、十届省人大代表1名。2014年，有12名教师担任普陀区政协委员，有2名担任市政协委员。各个历史时期，尤其是在中共十一届三中全会后，均有德才兼备的优秀教师被推举到各级党政机构领导岗位。

各级党委重视在教师队伍中发展中国共产党党员。2014年年底，普陀区中小学及幼儿园在编教职工中有中共党员953名，占教职工总数的38%。现有8名教师党员担任中共普陀区代表大会代表，有2名教师党员为中共舟山市代表大会代表。

1983年1月始，省人民政府给教龄满30年的教师发给荣誉证书。

【经济待遇】 清朝晚期，各地塾师薪资不一，待至年终，取得薪资（铜钱或大米）。农村塾师薪资多以稻谷、大米为主。民国时期塾师薪资仍然是以稻谷、大米为主，多少不等，一般教员每月薪资大米2石5斗。公立小学校长每月薪资大米3～4石。

中华人民共和国成立后，教师工资待遇逐渐得到提高。1951年，教师月工资28元。1953—1955年，实施新的工资制度，中小学教职工月工资为28～40元。1954年10月，普陀县人民政府通知（府财字第3682号），转知省规定本省各海岛伙食补贴办法：舟山本岛每人每天补贴700元（当时币种，未换算）；舟山小岛每人每天补贴1500元（当时币种，未换算）。1956年，实行工资改革，调整全县中、小学教职工工资，月平均工资分别为42.30元、40.20元。1958年，受"大跃进"影响，民办学校和民办教师增加，民办教师工资主要由生产队支付，农村民办学校教师在所属生产队记工分，参加生产队年终分配，或按生产队社员平均收入计值，月工资约为20元。1963年，根据中共中央、国务院决定，再次调整部分中小学教职工工资，中学50%、小学60%教师薪资得到调升。全县中小学民办教师基本实行固定工资制，一部分由集体经济负担，一部分由国家补助。1972年，调整部分低工资教职工工资。调整范围和增资办法定为：1957年年底以前参加工作，调级后仍低于三级或相似三级工工资者；1960年年底以前参加工作，调级后仍低于二级或相似二级工工资者；1966年年底以前参加工作，调级后仍不到一级或相似一级工工资者，给予分别增加到相当于或相似于三级工、二级工、一级工工资。1972年，国务院给低工资教师调整工资后，中学教师月平均工资约为46元，小学教师月平均工资约为40.80元，民办教师月平均工资约为28元。

1974年9月，关注师范学生的毕业去向，调整1972年毕业分配的师范生工资待遇。1977年8月，1975年分配到教育系统的工农兵中专毕业生得到定级。

1976年10月后，国家连续多次调整教职工工资，建立多项津贴与奖励制度，教职工工资水平有较大幅度提高。1977—1979年连续三年调整工资，1977年升级面为40%；1978年升级面为23%；1979年升级面为47.1%。1979年调整工资后，全县中小学月平均工资约为47.87元，其中，中学教师48.27元；小学教师46.94元；幼儿园教师44.88元。

1979年11月，开始发放普通中小学教师班主任津贴。各中小学实行班主任津贴（按每班人数）制，中学分5元（35名以下）、6元（36～50名）、7元（51名以上）三档；小学为分4元（35名以下）、5元（36～50名）、6元（51名以上）三档；民办教师按公办教师的50%计发。同月，落实"关于建立海岛津贴的通知"，鼓励教师支援海岛教育事业。

1981年,国务院指示“首先给中小学教师调整工资”。全县中小学公办教师职工普加一级工资;贡献较大、教龄较长,工资偏低的少数优秀教师晋升两级工资,采取先薪后补再升级的办法;民办教师增加补助费。

1985年1月,国家机关和事业单位工作人员进行工资改革。实行以职务工资为主的工资制,工资由基础工资、职务工资、奖励工资等构成。

1986年1月,实施教龄补贴,教龄满20年者每月津贴10元;满15年者每月津贴7元;满10年者每月津贴5元;满5年者每月津贴3元。同年10月,发放1960年以前工作的人员增补的工资。1987年7月,1961—1966年年底前参加工作的258名教职工,1967—1971年年底前参加工作的278名教职工按不同层级调升工资。

1988年,提高中小学班主任津贴标准:以班额大小为依据,中学分别为10元、12元、14元;小学分别为8元、10元、12元。同年3月,1982年以来参加工作的未升过级的72名人员调升工资;8月,1035名中小学教师低工资调整。

1989年10月,中小学教职工普加一级工资。1990年起,逐步增发书报费、海岛补贴及奖励、煤气补贴、肉食补贴等。

区教育局〔1993〕81号文件,对从事教育工作10年以上,虽不具备规定学历和资格,但成绩显著,贡献突出的小学二级教师,破格推荐为一级小学教师职务。1993年始,工龄补贴增加到每年1元,节支奖纳入基础工资;男教师教龄满30年,女教师教龄满25年,退休金按100%发给。同年,区政府规定在偏远海岛东极任教的上浮一级工资。

1994年9月,开始工资改革套改工作。1995年11月起,教职工每两年晋升一级工资,每月人均增资26元(退休人员每月增加20元),误餐补贴每月60元,海岛补贴每月65元,年冷饮费200元。1997年,调整事业单位工作人员职务(岗位)津贴标准:中学高级教师从37元调整为140元;中学一级、小学高级教师及相当职务的从27元调整为110元;中学二级、小学一级教师及相当职务的从21元调整为80元;中学三级、小学二级教师及相当职务的从21元调整为70元;新分配的教师从1元调整为50元。同年4月,完成对2799名教职工的职务岗位津贴调整及495名离退休(职)人员的生活费增发工作。

舟普教〔1997〕59号文件规定,在艰苦地区任教连续两年考核优秀的中小学教师晋升职务工资一级;1998年,对各事业单位1997年1月1日在册的正式工作人员,凡1995年、1996年两年考核为称职(合格)以上的,可从1997年1月1日起,在本职务所对应的工资标准内,晋升一个工资档次。离休人员离休时有职务的,按同职务在职人员晋升一个职务工资档次的档差,增加离退休费。1999年1月1日在册的正式工作人员,凡1997年、1998年两年考核为合格以上的,可从1999年1月1日起,在本职务所对应的工资标准内,晋升一个工资档次。离休人员离休时有职务的,按同职务在职人员晋升一个职务工资档次的档差增加离休费,每月低于25元的按25元增加。退休人员按每月20元增加退休费。

1999年起,每月人均增资155元。2000年,发放市中小学学科带头人津贴费人均每月80元。省人事厅浙人薪〔2000〕160号《关于艰苦地区连续两年考核优秀的中小学教师晋升职务工资问题的补充通知》对浙人薪〔1996〕167号文件进行补充:对多次符合连续两年考核优秀晋升职务工资的中小学教师,因相同原因每5年内只能晋升一档职务工资,但对连续两年考核优秀晋升职务工资的教师,如同时被评为省部级以上劳动模范、先进工作者并获得奖励升级的,其奖励升级不受影响;连续两年考核优秀晋升职务工资的教师晋升职务时,如现工资额已达到新任职务底线工资标准的,就近就高靠入新任职务工资标准,如现工资额没有达到新任职务底线工资标准的,则先进入新任职务底线工资标准,然后按连续两年考核优秀晋升职务工资档次的次数高定职务工资档次;凡符合浙人薪〔1996〕167号文件第一条规定,在学校之间调动的教师,其调动前后的考核结果可以合并计算,调动前后连续两年考核都为优秀的,可以晋升一档工资。

根据舟普教〔2001〕31号文件，2001年1月1日在册的正式工作人员，凡1998—1999学年、1999—2000学年连续考核为合格以上的，可从2001年1月1日起，在本职务所对应的工资标准内，晋升一个工资档次。离休人员离休时有职务的，按同职务在职人员晋升一个职务工资档次的档差，增加离退休费。根据舟普教〔2001〕24号文件，调整在职工作人员、离退休（职）人员海岛津贴标准。调整后标准：一类岛屿海岛津贴由原每人每月20元调整为45元；二类岛屿海岛津贴由原每人每月25元调整为50元；三类岛屿海岛津贴由原每人每月40元调整为65元。根据舟普教〔2001〕89号文件，从2001年1月1日起，发放事业单位工作人员和离退休人员补贴。补贴标准为中学高级教师每月310元；中学一级、小学高级教师及相当职务每月230元；中学二级、小学一级教师及相当职务每月190元；中学三级、小学二级教师及相当职务每月170元；见习期人员每月100元。

舟普教〔2002〕85号文件，根据区人事劳动社会保障局、区财政局《关于区级机关事业单位工作人员适当调整职务岗位工资补贴的通知》（舟普人劳社〔2002〕41号）精神，从2002年1月1日起，调整在职工作人员的职务（岗位）工资补贴。工资补贴标准：中学高级每月50元；中学一级、小学高级及相当职务每月40元；中学二级、小学一级及相当职务每月30元；中学三级、小学二级及相当职务每月25元；见习期的每月20元。退休教师：中学高级每月45元；中学一级、小学高级及相当职务每月36元；中学二级、小学一级及相当职务每月27元；中学三级、小学二级及相当职务每月23元；退职人员每月20元。

舟普教发〔2003〕174号文件，根据省人民政府办公厅浙政办发〔2003〕90号和区人事劳动保障局舟普人劳社〔2003〕127号文件精神，从2003年7月1日起，调整事业单位工作人员工资构成中的固定部分，固定部分调整后活的部分也按规定的工资构成比例相应提高。见习期人员的工资标准同时提高。退休教师工资调整为中学高级教师每月增加75元；中学一级、小学高级教师及相当职务每月增加50元；中学二级、小学一级教师及相当职务以下的每月增加35元；没有职称的退休人员每月增加35元。

2003年7月普陀区教育局事业工作人员基本工资标准表

表4-81　　单位：元／月

档次	专业技术人员系列														
	小三			中三、小二			中二、小一			中一、小高			中高		
	工资	10%	津贴	工资	10%	津贴	工资	10%	津贴	工资	10%	津贴	工资	10%	津贴
1	334	33.4	157	346	34.6	163	392	39.2	185	481	48.1	227	643	64.3	303
2	348	34.8	164	361	36.1	170	410	41	193	508	50.8	239	686	68.6	323
3	362	36.2	171	376	37.6	177	428	42.8	202	535	53.5	252	729	72.9	344
4	382	38.2	180	398	39.8	188	454	45.4	214	562	56.2	265	772	77.2	364
5	402	40.2	190	420	42	198	480	48	226	589	58.9	278	815	81.5	384
6	422	42.2	199	442	44.2	208	506	50.6	239	626	62.6	295	870	87	410
7	442	44.2	208	464	46.4	219	532	53.2	251	663	66.3	313	925	92.5	436
8	462	46.2	218	486	48.6	229	558	55.8	263	700	70	330	980	98	462
9	482	48.2	227	508	50.8	239	584	58.4	275	737	73.7	347	1035	103.5	488
10	502	50.2	237	530	53	250	610	61	288	774	77.4	365	1090	109	514
11	522	52.2	246	552	55.2	260	636	63.6	300	811	81.1	382	1145	114.5	540
12	542	54.2	256	574	57.4	271	662	66.2	312	848	84.8	400	1200	120	566
13	562	56.2	265	596	59.6	281	688	68.8	324	885	88.5	417	1255	125.5	592
14	—	—	—	618	61.8	291	714	71.4	337	922	92.2	435	1310	131	618
15	—	—	—	—	—	—	740	74	349	959	95.9	452	—	—	—
16	—	—	—	—	—	—	766	76.6	361	996	99.6	470	—	—	—

管理人员系列

六职			五职			四职			三职		
工资	10%	津贴	工资	10%	津贴	工资	10%	津贴	工资	10%	津贴
343	34.3	162	380	38	179	435	43.5	205	564	56.4	266
358	35.8	169	399	39.9	188	462	46.2	218	606	60.6	286
373	37.3	176	418	41.8	197	489	48.9	231	648	64.8	305
388	38.8	183	437	43.7	206	516	51.6	243	690	69.0	325
403	40.3	190	456	45.6	215	543	54.3	256	741	74.1	349
422	42.2	199	481	48.1	227	578	57.8	272	792	79.2	373
441	44.1	208	506	50.6	239	613	61.3	289	843	84.3	397
460	46	217	531	53.1	250	648	64.8	305	894	89.4	421
479	47.9	226	556	55.6	262	683	68.3	322	945	94.5	446
498	49.8	235	581	58.1	274	718	71.8	338	996	99.6	470
517	51.7	244	606	60.6	286	753	75.3	355	1047	104.7	494
536	53.6	253	631	63.1	297	788	78.8	371	1098	109.8	518
555	55.5	262	656	65.6	309	823	82.3	388	1149	114.9	542
574	57.4	271	681	68.1	321	858	85.8	404	—	—	—
—	—	—	—	—	—	893	89.3	421	—	—	—

工人系列

普工		初级工		中级工		高级工	
工资	津贴	工资	津贴	工资	津贴	工资	津贴
324	139	336	144	367	157	411	176
336	144	349	150	382	164	429	184
348	149	362	155	397	170	447	192
364	156	375	161	412	177	465	199
380	163	393	168	432	185	488	209
396	170	411	176	452	194	511	219
412	177	429	184	472	202	534	229
432	185	447	192	492	211	557	239
452	194	465	199	512	219	580	249
472	202	483	207	532	228	603	258
492	211	501	215	552	237	626	268
512	219	519	222	572	245	649	278
532	228	537	230	592	254	672	288
552	237	—	—	—	—	—	—
572	245	—	—	—	—	—	—
592	254	—	—	—	—	—	—

转正定级核定人员系列表

表 4-82

类型		本科				大专				中专、高中				初中				
		专业	管理	技工	普工	专业	管理	技工	普工	专业	管理	技工	普工	专业	管理	技工	普工	土地
见习熟练		499	—	—	—	474		—	—	446	—	—	—	425	—	—	—	—
转正定级	工资	410	399	—	—	361	358	—	—	346	343	—	—	—	343	—	—	—
	见习津贴	176	171	—	—	155	153	—	—	148	147	—	—	—	147	—	—	—

根据《舟山市普陀区中小学骨干教师奖励方案(试行)》(舟普教发〔2004〕80号)通知,对区域内骨干教师进行奖励,奖励标准为省级以上及省特级教师,每年一次性奖励4000元;市级学科教学带头人、舟山市学术和技术带头人、市级优秀班主任每年平均每人一次性奖励3000元;省教坛新秀、市认定的高中A级教师:每年平均每人一次性奖励2200元;市学术和技术带头人后备人才每年平均每人一次性奖励2000元;市认定的高中B级教师,初中、小学A级教师每年平均每人一次性奖励1500元;区级学科带头人每年平均每人一次性奖励2200元;初中、小学B级教师每年一次性奖励1000元;校级高中骨干教师每年一次性奖励1200元;初中、小学、幼儿园骨干教师每年一次性奖励800元。对在渔农村支教、轮岗的人员另有奖励:区级学科带头人以上骨干教师下渔农村学校支教,无支教义务的,经被支教学校考核为优秀的年终一次性奖励4000元,合格的奖励3000元;有支教义务的,考核为优秀的年终一次性奖励2500元,合格的奖励2000元;其他教师下渔农村支教,无支教义务的,经被支教学校考核为优秀的年终一次性奖励3000元,合格的奖励2000元;有支教义务的,考核为优秀的年终一次性奖励2000元,合格的奖励1500元。下派渔农村锻炼的教师参照上述标准执行。

2006年,根据浙江省人事厅、浙江省财政厅关于印发《浙江省事业单位工作人员收入分配制度改革实施意见》的通知精神,事业单位实行岗位绩效工资制度。岗位绩效工资由岗位工资、薪级工资、绩效工资和特殊岗位津贴补贴四部分组成,其中岗位工资和薪级工资为基本工资。列入事业单位收入分配制度改革范围的人员对象是:2006年7月1日在册的正式工作人员。中小学教师岗位工资和薪级工资标准提高10%。事业单位工作人员退休后的退休费按本人退休前岗位工资和薪级工资之和的一定比例计发。其中,工作年限满35年的按90%计发;工作年限满30年不满35年的,按85%计发;工作年限满20年不满30年的,按80%计发。2006年6月30日前已办理离退休手续的人员,从2006年7月1日起增加离退休费,发放款额为专业技术人员、教授及相当职务者700元;副教授及相当职务者400元;讲师及相应职务者275元;助教(含相当职务)及以下职务者180元。是年1月,区人民政府颁布《舟山市普陀区骨干教师教育专项奖励资金管理办法(试行)》,为教育人才队伍建设提供资金保障。

2014年10月,调整机关事业单位工作人员基本工资标准、增加机关事业单位离退休人员离退休费,同时将部分绩效工资纳入基本工资。调整后的岗位工资标准,专业技术人员从原550 ~ 2800元分别提高到1150 ~ 3810元。退休教师中的中学高级职务增加460元;中学一级、小学高级教师及相当职务的增加350元;中学二级、小学一级教师及以下职务的增加260元。在按以上标准增加离退休费的基础上,1934年9月30日前出生的离退休人员每人每月再增加100元,1934年10月1日至1939年9月30日期间出生的离退休人员,每人每月再增加60元。

2014年10月事业单位专业技术人员基本工资标准表

表4-83　单位:元/月

岗位工资		薪级工资									
岗位	工资标准	薪级	工资标准	薪级	工资标准	薪级	工资标准	薪级	工资标准	薪级	工资标准
一级	3810	1	170	14	535	27	1275	40	2452	53	4026
二级	2910	2	188	15	577	28	1354	41	2559	54	4152
三级	2650	3	209	16	619	29	1433	42	2676	55	4278
四级	2355	4	230	17	666	30	1512	43	2793	56	4404
五级	2060	5	251	18	713	31	1597	44	2910	57	4530
六级	1890	6	275	19	765	32	1682	45	3027	58	4656

续表 4-83

岗位工资		薪级工资									
岗位	工资标准	薪级	工资标准	薪级	工资标准	薪级	工资标准	薪级	工资标准	薪级	工资标准
七级	1760	7	299	20	817	33	1767	46	3144	59	4782
八级	1550	8	327	21	874	34	1858	47	3270	60	4938
九级	1475	9	355	22	931	35	1949	48	3396	61	5094
十级	1390	10	387	23	993	36	2048	49	3522	62	5250
十一级	1280	11	419	24	1061	37	2147	50	3648	63	5406
十二级	1220	12	456	25	1129	38	2246	51	3774	64	5562
十三级	1150	13	493	26	1202	39	2345	52	3900	65	5795

2014 年 10 月事业单位管理人员基本工资标准表

表 4-84　　单位：元 / 月

岗位工资		薪级工资									
岗位	工资标准	薪级	工资标准	薪级	工资标准	薪级	工资标准	薪级	工资标准	薪级	工资标准
一级	3770	1	170	14	535	27	1275	40	2452	53	4026
二级	3140	2	188	15	577	28	1354	41	2559	54	4152
三级	2660	3	209	16	619	29	1433	42	2676	55	4278
四级	2200	4	230	17	666	30	1512	43	2793	56	4404
五级	1900	5	251	18	713	31	1597	44	2910	57	4530
六级	1660	6	275	19	765	32	1682	45	3027	58	4656
七级	1460	7	299	20	817	33	1767	46	3144	59	4782
八级	1320	8	327	21	874	34	1858	47	3270	60	4938
九级	1220	9	355	22	931	35	1949	48	3396	61	5094
十级	1150	10	387	23	993	36	2048	49	3522	62	5250
—	—	11	419	24	1061	37	2147	50	3648	63	5406
—	—	12	456	25	1129	38	2246	51	3774	64	5562
—	—	13	493	26	1202	39	3345	52	3900	65	5795

2014 年 10 月事业单位工人基本工资标准表

表 4-85　　单位：元 / 月

岗位工资		薪级工资							
岗位	工资标准	薪级	工资标准	薪级	工资标准	薪级	工资标准	薪级	工资标准
技术工一级	1640	1	150	11	344	21	693	31	1246
技术工二级	1430	2	166	12	371	22	738	32	1310
技术工三级	1300	3	182	13	398	23	788	33	1374
技术工四级	1200	4	200	14	428	24	838	34	1438
技术工五级	1140	5	218	15	458	25	894	35	1507
普通工	1130	6	236	16	493	26	950	36	1576
—	—	7	254	17	528	27	1006	37	1645
—	—	8	275	18	568	28	1066	38	1714
—	—	9	296	19	608	29	1126	39	1783
—	—	10	320	20	648	30	1186	40	1855

1996—2014年普陀区教师年平均工资情况表

表4-86

年份(年)	年平均工资(元)	年份(年)	年平均工资(元)
1996	6710	2006	39364
1997	8874	2007	44478
1998	8079	2008	49165
1999	10676	2009	59772
2000	12815	2010	52156
2001	22005	2011	62750
2002	22787	2012	63306
2003	25606	2013	65436
2004	32722	2014	86156
2005	37351	—	—

【改善教师住宿条件】 20世纪50年代前,离家较远的教师大多租用学校附近的民宅解决住宿,也有学校利用空置用房安排部分教师住宿。20世纪50年代后期,始建1—2层砖木结构教师宿舍。至1978年,据不完全统计,区域内建有教工集体宿舍5000余平方米,通过租用民宅解决教师住宿的情况已比较少见。1979年后,政府通过投资建设及购买公有住房,或给予优惠政策集资建造教师住宅,至1998年,购置教师住房7套,建造教师住房708套,单身宿舍359间。1999年1月1日起,实施住房改革后,为改善青年教师和海岛教师住宿条件,建造普陀三中、六横中学教师公寓36套,并建造桃花、虾峙、六横等海岛教师单身宿舍(带卫生间)187间。

1978年前建造的教工宿舍统计表

表4-87　面积:平方米

名　称	年份	面积	名　称	年份	面积
虾峙中学教工宿舍	1957	60	六横中学教师宿舍(北)	1974	479
蛟头中学教工宿舍	1957	260	沈家门中学教工宿舍	1975	124
勾山小学教工宿舍	1958	101	朱家尖中学教工宿舍	1975	236
芦花中学教工宿舍	1958	280	六横中学教师宿舍(南)	1975	483
芦花中学教工宿舍	1958	566	蛟头中学教工宿舍	1977	121
普陀中学教工宿舍(校内)	1964	460	双塘中学教工宿舍	1977	320
白沙港里教工宿舍	1967	35	悬山中心教工宿舍	1977	105
顺母中学教工宿舍	1971	147	普陀中学教工宿舍(校门口西)	1978	398
沙蛟小学教工宿舍	1972	150	展茅中学教师宿舍	1978	287
普陀中学教工宿舍(校内)	1973	309	葫芦中心教工宿舍	1978	41
沈家门小学教工宿舍	1973	80	合　计		5042

1979—1998年建造的教工住宅宿舍计表

表4-88　　面积：平方米

区域	年份	面积	套房数	单人间数	备注
城区	1979-1988	13777	238	54	含政府购置教工住宅7套364平方米
	1989-1998	15961	233	15	含集资建房
渔农村	1979-1988	8811	93	146	含集资建房
	1989-1998	16585	151	144	含集资建房
合　计		55134	715	359	

1999年后建造的教师公寓宿舍统计表

表4-89　　面积：平方米

名　称	年份	面积	套房数	单人间数	名　称	年份	面积	套房数	单人间数
普陀三中教师公寓	2006	1803	24		台门学校教工宿舍	2009	2251		60
六横中学教工宿舍	2006	812	12		虾峙学校教工宿舍	2014	963		32
桃花中心教工宿舍	2007	705		27	龙山小学宿舍	2015	540		20
六横中心宿舍	2007	1178		28	双屿港幼儿园宿舍	2015	187		4
峧头中学宿舍	2008	560		16	合　计		8999	36	187

【假期疗休养待遇】 党和人民政府对老年教职工和优秀教职工予以特殊关怀。在暑假期，经过上级批准，各校、退休教师协会组织部分教职工、退休教师到预定地点疗休养。20世纪50年代初，省政府在莫干山建立教工休养所，由省教育厅、省教育工会共同分期分批组织教职工去休养和疗养。1960—1978年间因故中断。1979年后恢复疗休养。1998年省教育厅、省教育工会联合下发《关于加强教师休养工作的意见》(浙教工〔1998〕7号)，要求各级教育工会切实做好教职工疗休养尤其是30年教龄教师的疗休养工作。自此，每年组织满30年工龄的教职工在暑期疗休养，所需经费由教师个人、教师所在基层工会、区教育工会各承担三分之一。21世纪，区财政局安排专项经费给学校，允许组织教职工以三年为基本周期，在暑假享受疗休养福利。

【产假待遇】 女教职工享受产假待遇，产前产后享受假期56日。20世纪80年代中期起，执行新规定，女教职工产假期增至90天；难产或孪生或多胞胎的增加产假14天；符合晚婚条件的女教职工产假期为105天。2013年产假规定女职工单胎顺产者，给予产假98天，其中产前休息15天，产后休息83天；难产者，增加产假15天；多胞胎生育者，每多生育一个婴儿，增加产假15天。

区人力资源和社会保障局、区财政局文件，舟普人社〔2014〕41号“关于普陀区机关事业单位工作人各类假期待遇的通知”规定女职工在国家规定的产假期间，基本工资、津贴补贴照发；持有《独生子女父母光荣证》、已领取独生子女父母奖励费的女职工，产假期满后抚育婴儿有困难的，经本人申请，所在单位可给予6个月的哺乳假，基本工资按90%计发。有条件的单位，对不领取独生子女父母奖励费的女职工，可给予产后1年假期(含法定产假)，基本工资照发。哺乳假期间，生活性补贴全额发放，工作性津贴6个月以内的按90%计发，超过6个月的按80%计发。

【病假待遇】 1952年9月，政务院规定公立学校的教职工患病时间在1个月以内者照发原工资；1个月以上至6个月者，发给原工资的80%；6个月以上者，发给原工资的60%～80%。对教职工患病期间其家属生活确有困难的酌予补助。供给制人员在患病期间原享受之供给津贴或工资一律照发。1956年1月起,国务院对该规定作出调整。

1981年4月以后,执行国务院新颁的规定:病假在2个月以内的,发给原工资。病假超过2个月不满6个月的,从第3个月起,工作不满10年者,发给本人工资的90%;工作满10年和10年以上者,工资照发。病假超过6个月的,从第7个月起对工作不满10年者发给本人工资的70%;工作满10年和10年以上者,发给本人工资的80%;1945年9月2日前参加革命工作者,发给本人工资的90%。其中省级以上劳动模范,其病假期间的工资,经有关部门批准,可予以适当提高。

区人力资源和社会保障局、区财政局文件,舟普人社〔2014〕41号"关于普陀区机关事业单位工作人各类假期待遇的通知"规定:(一)病假人员基本工资的计发:1.病假在2个月以内的,基本工资照发。各类人员基本工资的组成如下(以下同):(1)公务员:职务工资、级别工资;(2)机关技术工人:岗位工资、技术等级(职务)工资;(3)机关普通工人:岗位工资;(4)事业单位工作人员:岗位工资、薪级工资。2.病假超过2个月不满6个月的,从第3个月起,工作年限不满10年的,基本工资按90%计发;工作年限满10年的,基本工资照发。3.病假超过6个月的,从第7个月起,工作年限不满10年的,基本工资按70%计发;工作年限满10年的,基本工资按80%计发。(二)津贴补贴的计发:病假期间,生活性补贴照发,工作性津贴与基本工资一起按病假待遇的规定比例计发。

【医疗待遇】 根据国家规定,各级各类学校教职工自1952年7月起(私立大中小学教职工自1952年10月起)普遍享受公费医疗待遇。教职工在指定的医疗单位就医,其门诊、住院所需诊疗费、手术费、住院费、药费,均由医疗费拨付;经批准到外地就医之病人的往返车、船费,可向所在单位报销。1964年,政府又规定,对公办学校教职工的16周岁以下子女实行统筹医疗。

1985年后,逐步改革公费医疗制度,改为试行医疗费定额包干、归口管理的办法,按照此办法规定,个人全年医疗费超过定额的部分,须按规定的比例由教职工本人负担部分费用。

2012年开始,普陀区教职工每年享受一次体检待遇。以前隔年体检一次。

【其他福利待遇】 教职工抚恤费、离退休、退职等待遇都按照国家有关规定参照国家机关工作人员享受。1979年2月开始,公办教职工因公牺牲、病故抚恤金的标准,改按教育部、财政部新制订的办法执行,与相关国家机关工作人员级别同等待遇。1986年7月起,抚恤金发放按国家教委新的规定执行,对因公牺牲者,均按其牺牲时工资标准计发20个月工资,对病故者,均按其病故时工资标准计发10个月工资。计发抚恤金的工资基数,包括基础工资、职务工资、工龄教龄津贴、中小学特级教师补贴费和所在地区的地区补贴费。1988年起,按浙江省对国家机关事业单位工作人员牺牲病故后丧葬费的新标准规定执行。2009年1月起,计发抚恤金的工资基数,包括基础工资、职务工资、工龄教龄津贴、中小学特级教师补贴。抚恤金:病故者的抚恤金均按其病故时工资标准计发20个月工资;发给丧葬费4000元;并按病故人员不超过2个月基本工资的标准给予一次性困难补助。

按照国务院规定,各级公办学校教职工自1956年1月起,实行退休、退职制度,退休条件为男性年满60周岁和女性年满55周岁。教师职工退休,根据其不同类别职级发给退休工资。因工致残而退休者、经医院证明完全丧失工作能力又不具备退休条件而退职者,都能享受相应的经济待遇。1983年起实行离休制度,规定1949年10月1日前参加革命工作并享受供给制的干部、教师,到达退休年龄后,给予离职休养,享受离休待遇,按月发给全额工资,并享受除奖金外的在职人员同等福利及按规定应有的其他待遇。

1986年12月,国家教委规定,享受教龄津贴的教职工,在离退休时,其享有的教龄津贴可与本人的基础工资、职务工资、工龄工资合并,作为计发离退休金的基数。之后,区政府做出决定,对男教师教龄满30年以上的,女教师教龄满25年以上的,退休后可按本人标准工资的100%计发退休费。

第七章　人　　物

第一节　传　　略

（以姓氏笔画为序）

方朝旺

方朝旺（1918—1943），普陀沈家门镇小蒲湾人，曾任舵岙小学校长。1942年2月参加革命，任定海县东区（洞岙）区署联络员。1943年8月5日被日伪逮捕，21日在沈家门宫墩被害。

叶浩然

叶浩然（1908—1980），温州洞头南塘人。初中毕业后，先后在洞头、玉环和闽南晋江、南安等地任教。民国36年（1947），任沈家门八闽小学（沈家门第二小学前身）教师。1958—1975年任校长至退休。1954年起被选为普陀县历届人民代表大会代表。1956—1963年，被选为普陀县人民委员会委员。

1958—1966年，当选为浙江省第二、第三届人民代表大会代表。任校长18年期间，致力于研究教学方法，提高教育质量。多年来所教学生各项成绩名列全县前茅。20多年间寒暑假不离学校，勤俭持校。“文化大革命”期间，坚守岗位，挺身保卫学校财产。于己一生节俭，于同事乐善好施。临终前捐出一生积蓄2000元给学校，嘱遗体献给卫生学校解剖后火化或择地深埋。

冯　光

冯光（1924—1996），女，原名冯银河，普陀勾山观碶头人。1937年勾山延武小学毕业。

抗日战争爆发后，返乡，举办小型图书馆，组织歌咏队，进行抗日救亡宣传活动。1938年，参加新四军。1939年，加入中国共产党。1940年初，奉命调江北指挥部军医卫生干部培训班学习，毕业后从事部队的医务工作。先后任独立一军卫生部休养所所长、华中军区后方医院第五医疗队队长、中国人民解放军第三野战军第一野战医院医疗队队长、第十军医院副院长。1947年，任华东野战军第一重伤医院医务主任、闽侯军分区卫生处医务主任、第十兵团兼福州军区卫生部医政科长等职。

1954年12月，转业到上海第一医院，从事医学教育、科研和医院管理工作，担任基础医学部党总支部兼基础医学部副主任。后任中共上海第一医学院党委委员、常委、副书记兼副院长。1978年起，兼任卫生部《中国医学百科全书》编委副秘书长，负责组织和审核该书编写工作。在上海第一医院任职的30余年，建设近20个先进的医学研究机构，同时为上海市医疗保健工作做出重大贡献。

孙寿昌

孙寿昌（1914—1980），展茅上潘孙村人。幼时就读于家乡学校。1938年7月，赴皖南参加新四军，1939年6月，任军部医院副官。1940年10月，加入中国共产党。1941年后先后任苏北指挥部卫生部管理科副科长，贸易科、军属科科长等职。抗日战争胜利后，任隶属苏北军区东海公司副经理，采购物资供给苏北根据地。1947年6月，任苏中军区某旅供给部长。1949年4月，任二十九军后勤部供给部副部长，为淮海、渡江、上海战役和进军福建提供军需物资。解放南京时，率后勤短枪队抢占南京火车站。1951年，先后任志愿军后勤部六分部、四分部副部长、二十军后勤部副部长。参加抗美援朝，朝鲜元山战场上，在美机狂轰滥炸下，迅速建站和接收物资、转运伤员。回国后任解放军二十军后勤部长，1955 年任副军长。1966 年转业地方，先后任中国科学院上海冶金研究所、上海植物生物研究所副所长、党委委员。

李哲诚

李哲诚（1871—1944），又名李掘子，普陀勾山李家塘人。光绪年间，受西方思想影响，热衷学习洋知识，尤爱摄影术。20 世纪初，赴日本学习先进文化知识。其间，结识孙中山，加入同盟会。1921 年，耗资 4500 银元，在家乡勾山建造“延武”小学（勾山中心小学前身），并将阜泰典股本银5000余银圆、阜泰典屋五分之二的股息和全部房息充作学校常年经费，行施义务教育，培养乡亲的弟子。

此后有善举，捐资在家乡修桥、铺路、造码头；施医施药，救乡亲于鬼门关；又有在日军的枪口屠刀下挺身而出，救 100 多村民于虎口之壮举。李哲诚一生为慈善和教育事业捐尽祖传近 300 亩田地，20 间房屋。晚年孤寂无援，仍把仅留的田亩收入作延武小学经费之用。逝世于 1944 年 2 月。留有亲手建造的东洋屋旧居，被列为普陀区文物保护点。

陈兆根

陈兆根（1927—1985），六横镇台门高峰村人。幼时就读于家乡学校。1951 年参加革命工作。1953 年，加入中国共产党。历任礁潭乡副乡长、乡长、普陀（当时由朱家尖、顺母、普陀山、白沙、葫芦等组成）区委副书记、朱家尖人民公社党委副书记、社长，礁潭公社党委书记，六横区委副书记。1966 年 5 月，经普陀区第六届人民代表大会选举，任普陀县副县长。

周　山

周山（1917—1946），原名中奎，乳名安澍。芦花观碶头人。勾山上和庙小学（勾山小学前身）早期毕业生。1934 年，定海中学毕业后，在上海元泰煤号为职。翌年，“一二·九”运动爆发，参加集会游行。1936 年加入上海职业届救国会，担任中区（南京路一带）干事会干事。“八·一三”抗战加入煤业救护队，到战地救护伤员。淞沪沦陷后，撤至皖南参加新四军。

1938 年春，进新四军教导队训练班，加入中国共产党，结业后任军政治部组织部调查统计科干事。翌年，奉命将密码送至江北挺进纵队。1940 年初，任挺进纵队军法处负责人。5 月，随政治部代表新四军参加泰州谈判，遭国民党监押，但仍逼迫国民党联合抗日。1941 年转地方工作，先后任苏中三地委社会部长兼公安处长，三地委、二地委组织部长，中共苏中区委委员、社会部长，苏中行署公安局长等职。期间，率工作队在高邮县柳堡乡试点，建“三三制”乡政权，后推行于苏中地区。1945 年春参加领导攻克日伪据点沙沟市战斗和以后的恢复建设工作。

1946 年秋，新四军奉命北撤，周山留下坚持斗争。10 月初，国民党大举进攻苏中地区，二地委所属地区相继失守。11 月 24 日，周山插入国民党重点“清剿”区部署反“清剿”活动，遭国民党袭击，在突围中牺牲。新中国成立后，人民政府迁葬周山遗骨于高邮烈士陵园。

张康甫

张康甫（1867—1945 年），字锡蕃、康侯，号狎鸥老人，展茅街道张家村人。清光绪年间考中秀才。成年后在上海任《新闻报》编辑、总编辑历 40 年，精工书画，有遗墨。民国 2 年（1913），时任《新闻报》总编辑的他被选为浙江省议会议员。1923 年，在上海参与发起编修《定海县志》，参加资料调查。1941 年，任定海（舟山）旅上海同乡会代理事长。

胡祖芳

胡祖芳，字勺香（胡吉相），桃花岛胡家塘人，清同治九 (1870 年) 年举人，生卒年不详。中举后致力于家乡的治安、经济和文化事业。曾指挥护洋船击退来犯之闽广海盗。中年时，雇工建海塘，历时 2 年，海塘两次倒塌，耗尽家中资产，后得朋友相助终于建成，围地千余亩。光绪三 (1877) 年，参加《定海厅志》编写工作。晚年钻研《易经》，著有《学易笔记》。热衷于慈善事业。

胡维信

胡维信，桃花岛胡家塘人。光绪年间举人。生卒年不详。

胡祖培

胡祖培（1908—1994），六横五星乡万金村人。8岁就读私塾，13岁从师学医，18岁进泰山堂（祖传药铺），常走乡串村巡诊（下乡巡医），遂成一方名医。后去上海，1958年返乡，从业六横中医院（现普陀人民医院六横分院），艰苦创业。至1992年，在其主持下，医院规模不断扩大，开设中医内科，西医内科，牙科，卫生技术人员逐年增多。其本人医术精湛，临床经验丰富，有辨证施治之诀窍。专长中医妇科，能识疑难杂症之奥秘，独长一格。1982年，当选为中华全国医学会普陀分会理事。1985年当选为普陀县政协委员。

顾生岳

顾生岳(1927—2012年)，普陀沈家门人，中共党员。沈家门第一小学早期毕业生，曾短期任沈家门第一小学美术教师。1952年，毕业于浙江美术学院，现代浙派人物画的代表人物。历任浙江美术学院中国画系主任、教授，浙江画院副院长，杭州市美协主席，中国工笔画学会顾问。擅长速写和工笔人物画，其速写注重以形取神，工笔人物则力求摆脱几百年来陈陈相因及日益纤细、浮薄的积习，融通中西，开拓创新，运用单纯中见丰富、浑朴中见精微、凝重中见灵变的个性化艺术语言，给人物画开拓了一条崭新的发展途径。曾出版《顾生岳工笔人物画选辑》《顾生岳人物速写选集》等五种画集，以及《顾生岳谈速写》《工笔人物画探》两本理论著作和多篇美术论著。其画作被誉为现代中国工笔人物画发展到新高度的标志之一。1992年起享受国务院特殊津贴。其事迹载入《中国现代美术家明鉴》《中国普通高等学校教授人名录》英国剑桥《国际名人录》等辞书中。

翁斯鉴

翁斯鉴（1898—1973），展茅街道横街村人。小时就读私塾，1919年留学日本东京高等工业学校，1926年回国，先后任教上虞春晖中学、省立舟山水产学校、上海吴淞水产专科学校。1927年起任上海永新冷藏公司技师，曾发明冷库隔热半碳化板、无胶结剂软板等。1941年，在上海英租界自营大成软木工业社。1943年，任中华水产公司技师兼华济冷冻厂厂长。曾参与制订全国水产冷冻事业发展规划，解放后任上海水产学院教授、制冷教研室主任。1961年，被选任上海机械工程学会制冷核心组成员。主编《制冷技术》等书。

第二节　教育名人录

（以姓氏笔画为序）

方咏菊

方咏菊，女，1956年出生，舟山定海人。中共党员，中学高级教师，浙江省第七批特级教师。1975年大学本科毕业后参加工作。先后在定海荷花中学、舟山师范任教。1980年起调任普陀中学任教英语。曾任普陀中学党总支书记、中国教育学会外语教学研究会会员、浙江省外语教学研究会理事、舟山市外语教学研究会副会长。1998年获评舟山市第五批海岛园丁奖、区先进生产工作者，1999年获评市首届英语学科带头人，1999年获得省优秀教师称号，2006年获得市第四届优秀教育工作者、全国优秀外语教师、舟山市社会满意教师等荣誉称号。

长期致力于英语教学研究，实践“以情景为切入口，以结构为纽带，以功能为目标”教法。发表或获奖的主要论文有《归纳联想法在复习中的应用》《谈如何开展英语课外活动》《谈如何培养学生的创造能力》《as用法扫描》《How to Cultivate Students’ Communicative Competence》等，另主编教辅用书5种。

王春亚

王春亚，女，1949年5月出生，普陀区六横镇人。中学一级教师。1968年9月—2005年9月，在原普陀悬山乡中心学校初中部、礁潭乡田岙小学、六横镇台门初级中学等学校任教，历任教导主任、工会主席、副校长、书记等职。2003年9月，获省第十六届春蚕奖。

王素华

王素华，女，1940年9月出生，普陀区沈家门街道人。中学高级教师。区第九届人民代表大会常务委员会委员。1960年8月毕业于舟山师范学校，任教于六横中学。1964年8月调到沈家门小学工作，先后担任班主任、少先队辅导员、教导主任、副校长等职。

兼任班主任、少先队辅导员各种德育工作20多年，有良好口碑。撰写的《怎样做班主任》等思想品德教育经验论文，多次在市、区各级会议上介绍。

1983年，荣获“全国优秀班主任”称号。1984年，被共青团中央、教育部授予全国优秀少先队辅导员称号。1988年，获评全国中小学德育先进工作者称号。1989年，被评为全国优秀教师。

卢金波

卢金波，1949年出生，黑龙江省宝清县人。毕业于哈尔滨师范大学教育系。中共党员，中学高级教师。曾任黑龙江农垦第一中学校长、教委教研室主任。

1996年，作为人才引进，调入普陀中学任教。1997年，调任普陀教育局教研室副主任、区教师进修学校副校长。2000年，调任普陀第三中学党总支书记。

曾任全国中学语文研究会会员、全国学习科学研究会会员、全国语文教法研究中心会员、全国教育学会教育实验研究会研究员、全国农村中语研究中心研究员；历任浙江省中语会会员、舟山市中学语文研究会理事、舟山市学术委员会学术会员。1987年评为全国优秀教师，1989年9月被农业部评为全国农垦系统先进教师。

2002年，《初中、高中作文思维方法训练与实践》获舟山市教科研成果一等奖。参编《中学语文三级训练(高中1—6册)》《中学语文古诗词文译注》《高考作文讲评》《高中语文同步训练》等10余种教参、教学用书。在教育刊物发表和获奖论文30余篇。《中学语文课堂教学结构改革与实践》《浅谈作文批改方法》《试论中学语文课堂教学语言艺术》《中学语文导语设计十法》等论文，先后获全国论文一等奖。多篇在浙江省获一等奖。2000年入选《中国专家大辞典(第八卷)》。

江莲华

江莲华，女，1968出生，福建省泉州市人，本科学历，中学高级教师。1989年参加工作，任教于虾峙中学。1994年调入普陀中学任语文教师，现任普陀中学党总支书记、舟山市中学语文教学研究会副会长。曾获“浙江省中小学德育先进工作者”“浙江省中小学师德楷模”等荣誉称号。2000年获评区优秀教师、省中小学德育工作标兵，2003年评为省中小学教坛新秀、2006年评为市第四届优秀教育工作者、2007年评为区优秀教师。2013年获评首批享受正高级教授待遇中学高级教师。

以陶冶学生的情操，帮助学生构建高尚的精神世界为教育目标，形成“深入、谨严、生动、透彻”的教学风格。其所任教的每届学生的会考、高考成绩都名列舟山市前茅；2006年高考，所任班级共52名学生，有50名考上重点大学。

主要论文有《加强责任感的培养是德育的突破口》《直面网络冲击，增强德育实效性》《新课标下的作品阅读教学》《敏锐的语言感受力是语文教学之本》等。

刘习渊

刘习渊，1964出生，普陀六横人，中国民主促进会(简称“民进党”)会员，中学高级教师。1987年毕业于宁波师范学院地理系，同年到普陀中学任教。曾任普陀第三中学校长，现任普陀中学校长、民进舟山市普陀支部主委、省地理教学研究会理事、市地理教学研究会副会长。2006年，获评市第四届优秀教育工作者。2007 年,获评省优秀教师。

善于融知识学习与方法教学于一体,追求课堂时间利用率、学生知识净增量和学生课后巩固率的极大化。1991 年和 1992 年,所任教班级在省高中地理毕业会考优秀率(即 A、B 率)连续二年分别名列全省第一名和第二名。

主要论文有《中小学现代德育与班主任工作专业化》《注重结构教育培养学生素质》《地理高考复习的有效性策略》《建构主义下地理教学模型的探讨与实践》等。

刘立力

刘立力,女,1976 年 10 月出生,普陀区沈家门人。小学高级教师。1996 年参加工作,一直担任小学语文教学和少先队大队辅导员。现任沈家门小学少工处主任。

20 余年来,热心少先队工作。其所负责的少先队大队部多次承担市区少先队展示活动,得到省市区兄弟学校和各级领导的赞誉。

2007 年 5 月,获评省第四届"十佳少先队辅导员"。2007 年 6 月,获评"全国优秀辅导员"。2007 年 10 月,获评市十佳少先队辅导员。2007 年 12 月,获省第十三届青年英才奖。

作为语文教师和德育工作者,她立足课堂,勤奋教学,科教提质,有多篇论文获奖。其中《快乐飞翔》获 2004 年全国中小学德育优秀论文二等奖,同时获首届全国少先队辅导员风采大赛"少先队教育科研课题设计报告竞赛"二等奖。

刘全国

刘全国,1956 年 1 月出生,普陀区六横人。六横中学 73 届高中毕业生。曾任普陀区教师进修学校书记、普陀区教育局副局长、舟山海洋研究所党委副书记。现任浙江海洋学院后勤处党总支副书记。

1989 年,《优化教师关系初探》发表于《浙江教育报》。1998 年,《在小学课堂教学中培养学生思维品质的实验研究》获省政府颁发的教学科研成果二等奖,1996 年,获评浙江省普及实验县先进个人。2009 年获评全国高校后勤工作先进个人。

向联谊

向联谊,1935 年出生,浙江宁波市人,中学高级教师。1958 年毕业于浙江师范学院地理系,同年在普陀中学任教。曾任学校副校长,区第一届政协副主席,区第十、十一届人大常委会副主任,省中学地理教学、研究会副会长,省乡土教育研究会副会长等职。1981 年获"全国地理科普积极分子"称号,1984 年被列入市首届专业技术人才,1986 年被评为省第三批中学特级教师。

一生潜心地理教学,致力于教学改革和乡土研究,总结出"程序教学法",以"读、看、讲、练、动"等五个环节为依托,注重学生"自学、读图、观察"能力培养。在组织学生开展科普活动的过程中,组建地震测报组,取得多项测报成果,测报组多次被省市地震部门评为先进集体。

致力乡土教材研究,《舟山群岛岛礁命名特点分析》《舟山渔场》《普陀山风景地貌特点》《朱家尖旅游资源评价》《桃花岛旅游资源评价及开发方向》等论文在全国、省有关杂志发表。1989 年,组织编写乡土教材《舟山地理》,该书被省教育学会、省地理学会、省地理教学研究会联合评为乡土教材一等奖。1995 年退休。

汤晓耕

汤晓耕,1938 年出生,普陀沈家门人,中学高级教师。杭州大学中文系(现浙江大学西溪校区)毕业。先后在舟山中学、舟山师范学校普陀分校、区教师进修学校(区教育局教研室)、普陀区督导室工作。历任舟山中学语文教研组长,区教师进修学校教导主任,普陀区教育局教研室主任,普陀区督导室督学,市第五届中学语文教学研究会、区读者协会、区集邮协会会长。撰编写过多篇教学论文、发表过一些文艺作品。较有代表性的论文有《新时期小说概况》(鲁迅文学院《面授资料》上)、《作文教学的训练序列——近年来作文教学动态研究》(《舟山市语文教学研究三届年会论文集》)、《社会主义初级阶段农村教育发展方向之我见》(《舟山市农村教育改革研讨会论文集》)、《对新中国成立后教学模式的总体评价》(《教育科研》)、《异步教学论介绍讲稿》《九年制义务教育试行教学计划对中小学教师的新挑战及师范（进修）院校肩负的任务》（《教育研究》）、《改革语文教学方法是减轻师生负担，提高教学质量的必由之路》（《浙江教育》）、《谈谈县级教研室工作的管理及展开》（《浙江教育》）、《时代要求我们走出同步教学的阴影》（湖北《教育学刊》）等。

作为域内“异步教学”的主要引进、研究和推广者之一，为“主体性教育”的成型和推广作了大量开拓性工作。

陈壬秋

陈壬秋，女，1950年生，江苏无锡人，中共党员，中学高级教师。曾任普陀第二中学党支部书记。1968年，参加黑龙江建设兵团屯垦戍边，后在鹤岗矿务局所属单位工作，其间获评团级劳动模范1次，矿务局劳动模范3次，鹤岗市劳动模范3次，优秀教师3次，黑龙江省优秀教师1次。1983年，被《人民日报》等7家报社联合评为“全国优秀班主任”，获金质奖章一枚。1988年秋，调入普陀中学。1989年，获得区育才奖。1991年、1992年，获评区劳动模范，1992年获省“三八红旗手”。1993年，获评市劳动模范。1994年，获评省劳动模范称号。1995年，被授予全国先进女职工称号。

陈平文

陈平文，女，1934年6月出生，宁波市镇海区人。中共党员，小学省特级教师，中学高级教师。1949年毕业于宁波三一中学，1950年1月起在镇海村小任教。1952年调到定海任教，先后在勾山小学、沈家门第一小学、沈家门小学任数学教师。1987年调入区教育局教研室任小学数学教研员。曾任省小学数学研究会理事、市小学数学教学研究会会长等职。历任区、市、省人民代表。

从教40年，教学经验丰富，尤以应用题教学见长，其教学实况曾由省电教馆录制成录像片加以推广，供系统内学习。1981年以来，先后在省级刊物上发表论文16篇，其中《引导学生积极思维，主动获取知识》获省小学数学教学学会二等奖，编写出版《陈平文应用题教学》一书。1980年后6次获评区（县）劳动模范，并荣获1987年度省“劳动模范”称号。1989年9月，国务院授予“全国先进工作者”称号，同年获“全国三八红旗手”称号。

陈亚球

陈亚球，女，1956年11月出生，普陀区六横镇人，中学一级教师。1977年8月—2011年11月，在六横镇台门中学任教，长期担任班主任。2006年11月，被评为市首届农村优秀班主任。2008年9月，获省第二十一届春蚕奖。

陈国辉

陈国辉，1935年生，上海市人，中共党员，中学高级教师。1957年毕业于浙江师范学院历史系，同年到普陀中学担任历史教师，1959年改任政治教师。历任普陀中学党总支书记、市德育研究会副会长、市政治教学研究会副会长、省中学政治教学研究会第三届理事等。1988年，获授予省教委“浙江省中小学德育先进工作者”称号。1989年，获授国家教委、人事部、教育工会“全国优秀教师”称号。1990年，获授省政府“浙江省中学特级教师”称号。先后获得市“优秀共产党员”“优秀党务工作者”“优秀德育工作者”和“优秀专业人才”等称号。1991年，国家教委、中国教育工会授予“全国教育系统劳动模范”荣誉称号。1995年，调任区教委教科室，主持普陀区教育科学研究和普陀区教育学会工作。

80年代以来，先后发表论文20余篇，曾获浙江省教学优秀成果一等奖和科研成果三等奖，参与编写《浙江省中学思想政治课教法研究》《浙江省中学政治课基础知识纲要》。

陈爱国

陈爱国，1962年11月出生，普陀区芦花人，中共党员，中学高级教师。1981年舟山师范普陀分校毕业参加教育工作，研究生学历。历任学校教导主任、副校长、校长、书记。2003年4月调到区教育局，历任区教育局副局长、区职教中心主任（兼）等职。2007年3月至2014年12月在普陀区政府部门工作，历任区委组织部副部长、区委办公室主任、区人力资源和社会保障局局长兼党组书记、市钓梁围垦工程指挥部副指挥、普陀北部产业区开发建设管委会主任、展茅街道党工委书记。2014年年底重新回到教育系统,曾兼任普陀区职教中心党总支书记,现任浙江舟山群岛旅游与健康职业学院副院长、党委委员、工会主席。

20多年的教育教学工作卓有成效。10多篇教育教学论文在全国、省市区发表和获奖。其中《实践、体验、创新——来自红领巾一条街上的报告》获全国第11届中小学班集体建设理论研讨一等奖;编辑《创造性思维培养的实践与探索》一书并由西泠印社出版;《让语文教学充满创造的活力——谈我的教育理念》获新世纪中国小学语文四大名师课堂教学观摩会二等奖;《浅论字理识字的原则》获全国第五届字理教学观摩研讨会一等奖。多次承担各级公开课、观摩研讨会。

曾获普陀区"育才"奖,浙江省优秀青年教师、浙江省农村劳动力转移培训阳光工程先进个人等荣誉称号。

何明胜

何明胜,1950年出生,普陀区沈家门人,浙江师范学院物理系毕业,中学一级教师。2000年离职。曾任舟山市普陀区沈家门职业中学校长,市第一届人大代表。

1984年,创办沈家门职业中学,后创办东海实习机械厂。1989年,获评全国教育系统先进工作者。1991年,被评为省勤工俭学先进工作者。

何德清

何德清,1962年出生,浙江兰溪市人。中共党员,中学高级教师。1985年舟山师范专科学校毕业分配到舟山普陀。曾任普陀中学副校长、普陀第二中学校长。2013年调任舟山教育学院中小学名师管理办公室主任。

2000年获评区先进工作者,2001年评为市跨世纪学术和技术带头人后备人才,2004年获"浙江省优秀教师"称号,2006年再次评为市新世纪学术和技术带头人、"111人才工程"第二层次培养对象。2007年获区育才奖。

教学注重"实"与"活",善于使语文教学由教师"要我学"变为学生的"我要学"。其所带的每一届学生语文会考、高考成绩都列全市前茅,其中1993届、1997届、1999届、2002届高考平均分均为全市第一。

主要论文有《读写同步练习,提高读写能力》《活而实——我的追求》《全面提高会考成绩,班主任应有所作为》《立足课本,训练能力——略谈高考语文复习》《开放式教学——提高语文素质的有效途径》等,分别在省、市级报刊发表。

吴红伟

吴红伟,1973年出生,普陀区展茅人。中共党员,中学高级教师,省第十一批中学特级教师,浙江大学教育硕士。1996年参加工作,曾在六横职业技术学校任教,1999年调任普陀中学信息技术教师,现任普陀中学教科室主任。2006年获评市新世纪学术和技术带头人后备人员、市"111人才工程"第三层次培养对象。

主要论文有《高中技术课堂教学的问题与解决策略》《高中机器人校本化教学策略与研究》《通用技术融合机器人教学案例校本开发》《高中信息技术"五化法"教学策略》《略谈高中通用技术实践项目六维度创设》《以生活为基点提炼通用技术教学内涵》《校园机房网刻专家MAXDOS使用略谈》《多样教学助力高中信息技术新课程》等,主编或参编著作多部,包括《A+算法高考模拟题》《校园多媒体设备使用与维护》等。

吴艳芬

吴艳芬,女,1956年出生,普陀朱家尖人。中共党员。1973年普陀中学高中毕业,1974年参加工作。1992年普陀教师进修学校中师毕业。先后在朱家尖西岙为民中学、朱家尖庙跟小学、朱家尖中心小学、沈家门第四小学任教,担任班主任、少先队大队辅导员30余年。

担任少先队大队辅导员其间,创新少先队活动。坚持十年如一日投身拥军活动,坚持几年如一日照顾孤寡老人。1983年,中央人民广播电台和解放军报记者专题采访,解放军日报专题刊登题为《海岛没有结婚的妈妈》文章，报道其事迹。1979年10月，被团中央授予“全国优秀辅导员、全国新长征突击手”。1984年、1987年，被团市委推荐参加中央团校、省团校辅导员培训学习，并受到当时团中央书记李源潮（现任国家副主席）接见并合影留念。

担任班主任和少先队辅导员，多次被各级教育部门评为优秀中队辅导员、优秀班主任。1990年辅导的五年级中队被评为全国优秀少先队中队，中队长曾代表舟山市参加全国少代会，其本人被评为省优秀辅导员标兵。2000年在全国“万名创造杯”活动中，所任教班级获评“创造杯”奖杯。

汪　涛

汪涛，普陀中学62届高中毕业。曾任普陀中学政治学科教师、校长，普陀区委党校、舟山市党校高级讲师，长期从事党的创新理论宣讲工作。自20世纪90年代以来10余年中，他平均每年宣讲20次以上。2001年宣讲“三个代表”重要思想等45次，2005年宣讲“党的先进性教育”43次。1998—2007年共宣讲270次，听众达数万人次。

张淑女

张淑女，女，1960年出生，普陀区朱家尖街道西岙人，中共党员，小学高级教师。1977年在箬箕湾小学附设初中毕业，先后在西岙乡（公社）向农小学和猫跳小学任民办教师。猫跳属地无三尺平，出门翻高岭的海岛小山岙，因条件差生活苦，师资难留，学校办办停停。张淑女担任民办教师后，语文、算术、政治、唱歌、体育各学科样样兼任。有的学生因家境困难、做家务、参加生产劳动经常缺课，她翻山越岭上门补课。1983年，被破格录取到舟山师范学校就读。毕业后，要求回猫跳小学继续任教。在猫跳小学任教10年期间，一人担负全校的教学工作，晚上兼教夜校；平时关爱学生，常为贫困学生代付书杂费；全校没有一个学生辍学，普及率保持100%。

1982年，被评为市优秀少儿工作者，县劳动模范。1983年，教育部授予全国“五讲四美、为人师表”优秀教师称号，并出席全国优秀教师和先进集体表彰大会，受到中央领导表彰。1987年，被推选为政协舟山市第一届委员会委员。1988年，调至沈家门镇平阳中心小学任教。

张普明

张普明，1955年12月出生，六横镇五星人。中共党员，小学高级教师。1972年8月参加工作，先后在六横五星小学、五星中学、六横岭头中心小学、朱家尖中心小学任教，曾担任六横五星小学负责人、峧头中心小学校长、朱家尖中心小学校长和书记，担任校长25年。2013年起担任区教育局督学。

1994年获区育才奖，1997年被浙江省教委评为《小学生时代》优秀导读员，1998年被评为市教育系统离退休干部工作先进个人，2000年被评为舟山市首届优秀教育工作者，2003年被评为省第四届《小学生世界报》优秀导读员，2004年被评为市第六届海岛园丁奖，2006年被评为省农村中小学现代远程教育工程先进个人，2007年被评为普陀区“2002—2006年度区级劳动模范”。

苗旭霞

苗旭霞，女，1948年3月出生，普陀区芦花人，中共党员，中学高级教师。1968年12月毕业于舟山师范学校，同年参加工作，先后在勾山、芦花、沈家门小学任教。

曾获评省优秀班主任、省优秀教师、省语言文字工作先进工作者、省师德楷模、省劳动模范、市十佳少先队辅导员、市“十佳”师德标兵、市首届学科教学带头人，历任舟山市第二、三届政协委员。

郑加安

郑加安，1947年1月出生，六横镇峧头人，中共党员，小学高级教师。1968年舟山师范学校毕业，分配在虾峙岛，先后在黄石中心小学、虾峙高中任教。1979年调至六横，先后在峧头中学、龙山中学、五星中学任教。海岛任教30年，担任校长、书记职务21年。1998年，任区教育局教研室副主任和区教师进修学校副校长，主持日常工作。2002年，调任区教育督导办公室督学。

担任校长和区教育局教研室副主任（主持工

作）期间，以教学质量为立校之本，在教学管理中因校制宜，因人制宜，发挥所长补短板，教学成效显著。

论文《浅谈供材料作文的思维方法及其应用》在浙江省（浙东片）中学语文教师教学论文评选中获一等奖，《对当前少数初中生厌学原因分析及对策》《学生心理挫折及疏导》《中小学要重视抓好差生的转化工作》《校长要追求 1 + 1 > 2 的管理效益》《校长在相互合作中发挥主体性作用》《校长的谈话艺术》《浅谈“有效教学”的途径与策略》等文章在省、市报刊上发表，并整理成册《我的教育之路》。喜爱文艺写作，散文集《流年时光》由中国文史出版社出版。

1984年被普陀县评为优秀共产党员。1996年，获市第四届“园丁”奖。2000年获区“育才”奖。

郑德伟

郑德伟，1963年8月出生，宁波市鄞州区东钱湖镇人，中共党员，中学高级教师。1983年8月以来，在六横镇台门学校任教，历任教导主任、政教主任、工会主席、副校长、校长、书记。1999年1月被评为浙江省中小学普及实验教学工作先进个人，2013年9月获浙江省农村教师突出贡献奖，2014年4月被评为浙江省劳动模范。论文《一道中考试题引出的探究》获舟山市自然科学教学论文评比一等奖，论文《深入开展研究全面提高质量》在浙江省《实验教学与装备》杂志发表。

卓淑波

卓淑波，女，1960年出生，普陀蚂蚁岛人，中共党员。曾任沈家门第五小学校长，区教育局教研室副主任。长期任教小学语文，担任少先队大队辅导员。1987、1991年两次评为区小学语文教坛新秀。1990年获评全国学赖宁活动优秀辅导员，1990年获评区优秀教育工作者，1991年获评省小学德育先进工作者，2005以来多次评为市教育管理与保障先进工作者。

周军海

周军海，1970年12月出生，普陀区六横镇人，中共党员，中学高级教师，浙派名校长。1991年8月参加工作，先后在朱家尖小学、东港小学、沈家门第一小学任教科室主任、展茅中心小学校长。现任朱家尖小学校长。

2006年以来，曾15次承担省、市、区各级公开课、示范课，有《海之韵美丽学校文化建设》等50余篇论文、课题在省市区获奖和发表。2007年10月，执教省综合实践活动课程《小风车》荣获省优质课比赛一等奖，全国优质课比赛二等奖。

先后获省科研标兵、市教学能手、省教科研先进个人、市中小学学科教学带头人、市优秀教育工作者等称号。2013年12月，被评为浙江省环保先锋，并荣获团省委颁发的星星火炬奖。2016年1月被评为舟山市环保志愿者先进个人。

周　燕

周燕，女，1961年8月出生，宁波市象山县丹西街道人，中共党员，中学语文高级教师。1982年浙师院舟山分校毕业，先后在沈家门中学、沈家门职业中学、区职教中心任教。

30余年教学工作，成绩突出。重视教学研究，多篇论文在全国省市区刊物刊登和获奖，其中《痛并快乐着》2008年8月在《班主任》杂志社组织的提高班主任专业素养研讨会上获二等奖；2009年7月教学设计《登高》一课，被中国教育学会中学语文教学专业委员会评为教学设计二等奖；2009年8月，《以精彩语段激发学生学习兴趣》获全国职业教育论文优秀奖；2012年6月《忙并感动着》获全国中小学信息技术教育征文活动全国三等奖。

担任班主任工作达27年之久，管理讲艺术，处事尚礼仪，2005年以来先后获得区优秀共产党员、市农村优秀班主任、省德育先进工作者等称号。

赵信昌

赵信昌，1940年10月出生，浙江普陀人。中共党员，中学高级教师。杭州大学俄语系毕业。后从事于英语教学。1976年，由岱山中学调入舟山中学，后转入普陀中学。历任普陀中学教导主任、校长。

任校长期间（1992—1998年），学校成为舟山市和浙江省具有特色的学校。在“砺志、求实、创特”校训鼓励下，全校师生砺志进取、奋发图强、教有特色、学有专长、成效显著。1993年，一考生获浙江省外语类第3名。1994年，一考生获全省文科第1名。1996年，高考理科全市前10名，普陀中学占8名，其中一考生获省理科第2名。1998年，一考生获理科类第6名。

在1993—1997年间，学校一直保持市、区“文明单位”“卫生先进单位”“体育健身先进单位”等荣誉称号。1995年获市“行为规范达标学校”称号。1997年获评省“文明学校”、省“卫生先进单位”、市“示范窗口学校”。1998年获评省教委命名的“优秀体育传统项目学校”，学校组队的辩论队进入省名校辩论赛8强团队。

郭妙琴

郭妙琴，女，1962年10月出生，普陀区桃花镇人，中学高级教师。1978年8月参加工作，先后在桃花东海小学、桃花中心小学、登步中心小学、沈家门小学任教。现任沈家门小学校长。

长期担任小学语文教学，多次承担区、市教学研究课和示范课。2005年以来，《可爱的小蜜蜂》等课例在市级获奖；《主体发展教育的实践与研究》等10余篇论文和研究课题获评浙江省教育学会等省级机构一、二、三等奖。

先后获省优秀青年教师、省实验学校教改之星、省少先队突出贡献奖、省星星火炬奖章、市第七届海岛园丁奖、市基础教育课程改革先进个人、市首届优秀教师、市第六届优秀教育工作者、区政府育才奖、区创新先进个人、区优秀专业人才等荣誉称号。

任沈家门小学校长至2014年，以“海洋教育”为突破口，探索实施“蓝海背景下的小学素质教育新模式”，学校取得一系列国家、省、市级荣誉。先后获省教科研200强，省绿色学校，第一批全国学校体育工作示范学校，全国艺术教育先进单位，全国第一所小学海洋教育基地学校，全国陶行知教育思想研究基地学校等荣誉称号。

钱银星

钱银星，1944年12月出生，普陀区沈家门街道人。中共党员，中学高级教师。1963年2月参加教育工作，1984年8月至2008年7月，任沈家门小学校长。以“当一个好教师，办一所好学校”为人生理想，坚持“以人为本，以学生为本，以全体学生的全面发展为本”教育理念，大力开展学校教育改革和创新，致力于教育科研兴校。其主持的省“九五”重点课题《“主体学习，辩证指导”课堂教学模式》的实践与研究，获省政府首届基础教育成果二等奖、市政府首届基础教育成果一等奖，有多篇论文在《浙江教育报》《中小学电教》《教学月刊》等报刊发表。

担任沈家门小学校长20多年，学校逐渐形成鲜明的“主体教育”“班队集体教育”和“信息素养教育”三大特色。荣获首批全国现代教育技术实验学校、全国少先队工作实验基地、全国群体先进单位、浙江省文明单位、浙江省教育科研先进学校等省级以上荣誉，是舟山市义务教育阶段第一所五星级学校。

先后荣获全国优秀教师、全国模范教师、省“星星火炬”事业功臣、省第六批特级教师、省实验学校明星校长、省科研型先进校长、省家庭教育先进工作者等称号。

唐汉成

唐汉成，1962年5月出生，普陀区虾峙镇人，中共党员，中学高级教师，大学本科学历。1981年8月参加工作，历任虾峙中学、勾山中学、沈家门第一初级中学、普陀第二中学校长、区教育局副局长。2010年1月至2014年，任普陀区委教育工作委员会书记、区教育局党组书记、教育局局长。

担任校长期间，所主持的《中小学心理健康教育研究与实践》《创新教育研究与实践》《以课程改革为切入点的创新教育实践研究》《普陀模式——课程改革为切入点的创新教育实践研究》等课题均获得省基础教育成果一、二等奖。

主持区教育局工作至2014年，坚持教育教学研究与实践。《立足校本教研，促进教学创新》课题获省第二届创新教育优秀成果三等奖。《基于全面提高学生综合素质增效减负的研究与实践》课题获省教育学会第三届优秀成果一等奖。《区域推进品牌学校建设的12345模式》获省基础教学管理成果三等奖。注重挖掘教育内部潜力，提升教育品质。制定《普陀区品牌学校创建工作指导意见》，组织实施特色品牌学校建设，大力发展有区域特色的现代海洋教育，初步形成了“一校一特，一校一品”的格局。

教育上坚持“均衡、优质、和谐”发展理念，不断推进教育内涵发展，教育服务社会能力不断增强。任期内，教育投入不断加大，投资9.2亿元，历时6年的校安改造工程全面完工。先后实施《学前教育三年行动计划（2011—2013年）》和《学前教育普惠化三年行动计划（2014—2016）》，推进美丽校园建设。普陀区教育局先后获得第二届全国教育改革创新优秀奖、省重视教育科学研究先进单位、省成人双证制教育培训工作先进集体、全国义务教育发展基本均衡县（区）、省第二轮农村中小学现代远程教育先进集体、省教育系统关心下一代工作先进集体、浙江省基本实现教育现代化县（区）等荣誉；2011年、2012年、2013年、2015年度均被评为省教育科学和谐发展业绩考核优秀单位。

1991年，被评为舟山市教坛新秀；1996年8月，被浙江省教育委员会评为省优秀教育工作者；2004年，被评为舟山市第三届优秀教育工作者；2009年，被省妇女儿童工作委员会评为省儿童工作先进个人。

唐栽林

唐栽林，1956年2月出生，普陀区沈家门街道人，中共党员，教育管理副研究员职称。1972年12月师范毕业参加工作。先后在登步大岙学校、登步竹山学校、沈家门荷外小学担任校长。1985年7月杭大教育管理专科毕业后任沈家门镇教育办公室副主任，1986年7月调入区教育局，任教育行政科科长。1989年7月任教育局党委副书记、副局长。1993年获华东师范大学教育管理本科学历。1995年6月担任普陀区教育局党委书记、局长。2002年8月调入浙江外国语学院任校建处副处长。

30多年教育生涯，注重教育创新和教育改革。特别是任教育局副局长和局长期间，站在普陀教育改革和发展的制高点，全盘规划，渐次推进，使九年制义务教育更加扎实，高中段教育规模不断扩大，素质教育之路越走越宽。尤其是注重学生全面发展，提出“科研兴教”教育理念，经过几年的实践与研究，逐步形成主体性教育、创新教育、心理健康教育、海洋教育、信息技术教育、环境教育、生活与劳动技术教育、国际理解教育等“八大教育”为主要内容的素质教育构架。科研成果斐然，并闻名于省内外，其中1996年主持的省重点规划课题《“主体学习、辩证指导”教学模式的研究》获评省首届基础教育教学研究成果二等奖，撰写的《顺应时代进步要求，构建面向未来的素质教育框架》论文获2000年度省基础教育科研成果二等奖，并发表在2000年4月的《人民教育》杂志。2001年主持的《普陀区中小学国际理解教育的研究与实践》课题，被省教科院规划办立为重点课题。规划课题《在小学课堂教学中培养学生思维品质的实验》研究成果获省首届基础教育教学研究成果二等奖，《中小学心理健康教育的研究与实践》课题1998年获省首届基础教育教学研究成果二等奖。1999年《普陀区中小学心理健康教育成果推广应用》获省教育科研成果推广奖。1997年普陀教育局率先全省建设普陀教育科研网，初步实现网上办公，为普陀互联网发展和信息技术教育抢到先机。

1997年被评为省语言文字工作先进工作者，2000年被评为市无偿献血先进个人。

主持教育局工作期间，普陀区获评省素质教育先进县（区）、省教育强县（区）。

徐铁骏

徐铁骏，1961年10月出生，普陀区六横人，中共党员，中学高级教师，浙派名校长。1983年8月参加教育工作，历任虾峙中学、螺门中学、芦花中学、普陀中学、舟山二中、南海实验学校校长。担任校长以来，坚持“以学生发展为本”的教育理念，树立“以学生为中心”的教育思想，致力于学生核心素养的培养，致力于学生综合素质的提高，致力于做专业、做文化、做特色。其中“做特色”，即遵循教育规律、科学管理、科学教育、科学发展，是其一生的倡导和一生的践行。

担任校长30余年，工作上专心、专注，办学上、管理上注重专业，与同事相处融洽，学校教师心齐劲足。历任六校校长期间，每所学校都有较大起色，社会满意度和社会评价较高，特别是任普陀中学和南海实验学校校长期间，各项工作取得出色成绩，收获诸多荣誉。

徐婉霞

徐婉霞，女，1972年4月出生，六横镇双塘人，中共党员，中学高级教师。1989年8月参加工作，先后在芦花中心学校、沈家门第六小学、沈家门第四小学、沈家门小学任教语文学科，担任班主任工作。现任沈家门小学教科室主任。

先后获得区优秀教师、市第六届优秀教师、市第三届优秀班主任、市第十四届海岛园丁、省优秀少先队辅导员、省第二十五届“春蚕奖”等荣誉称号。

20多年来，对小学语文教学和班主任工作有一定的研究。多次担任市级公开课。61篇论文、课题和优质课在省市区级获奖。其中，《追根溯源，让识字走进汉字文化》《呼风唤雨的世纪》《珍珠鸟》《失度与适度：学生自主管理的辩证思考》《梅花魂》《在“无为而治”引领下的班级教育管理尝试》《小学中段班级活动中运用现代媒体的实践与研究》《天机云锦用在我，剪裁妙处非刀尺——谈语言能力培养的有效策略》等较有代表性。

程永清

程永清，1964年出生，宁波市象山县人。中共党员，中学高级教师，浙江省第九批特级教师。大学本科学历，1983年毕业后在普陀中学任教，曾任学校副校长、校长职务。2013年调至舟山市教育学院工作。1996年被评为区敬业奉献先进个人、1999年评为区先进生产工作者，2000年荣获市优秀教师称号，2002年荣获省优秀教师、省劳动模范荣誉称号，2002年荣获市新世纪学术和技术带头人。

从事中学物理教学期间，注重培养学生科学素质，探索并实践“有效教学”“差异教学”等教学方法。

主要论文有《中学物理教学中的形象思维的培养》《中学物理教学中的科学素质的培养》《合外力不为“0”时运用动量守恒求解条件及表述》等，分别在省市级报刊发表。

蒋荫康

蒋荫康，1937年出生，江苏无锡人，中共党员，中学高级教师。1958年杭州师专毕业分配到普陀中学任教历史学科，历任史地教研组长、学校党总支部文科支部书记、省历史学会会员、市历史学会理事、市中学历史教学研究会会长。

教学生涯40余年，长期从事高中历史学科教学和高考辅导工作，担任过22届学生高考辅导工作。其中1961年在普陀中学第一届高考中，所任教班级学生历史平均考分在宁波市近50所中学名列第二；任教83届历史学科，班级学生平均考分在全省前列；88届其中一名学生历史考98分，为浙江省第一名。

担任班主任工作28年，有独特的创新精神，其主要做法是减轻学生课业负担，由学生自主学习，发挥学生学习的主动性和积极性，获得显著的效果，为普陀中学以文科高考成绩闻名舟山做出了一定的贡献。

重视舟山地方史和世界现代史的研究，所撰写的论文分别在西安《中学历史教学参考》、杭州《教学月刊》、北京《课外学习》、长沙《中学生学习报》、《浙江教育报》、《舟山教育报》等报刊中刊登，与他人合编《爱国爱乡、振兴舟山》一书由浙江人民出版社出版。有26篇论文在各级办刊杂志上发表及省市级教学研讨会中交流。

1962年被评为舟山县中学教学积极工作者，1993年获评浙江省第六届“春蚕奖”。

蒋素亚

蒋素亚，女，1957年出生，普陀区虾峙镇黄石人，中共党员，小学高级教师。曾当选“舟山市普陀区第十三届人民代表大会”代表。先后在黄石中学、黄石小学、区实验幼儿园、东港小学、沈家门职业中学任教，曾任黄石小学校长、实验幼儿园党支部书记。

1990年荣获浙江省第三届“春蚕奖”，1993年被评为普陀区先进工作者，1993年9月被评为“全国优秀教师并授予全国优秀教师奖章”，1997年2月被授予“舟山市普陀区劳动模范”称号，1997年8月获评舟山市“十佳师德标兵”称号。

楼新秋

楼新秋，女，1930年9月出生，绍兴诸暨市人，中共党员，小学高级教师。区第八届人大常务委员会委员，市第一次党代会代表，省第六次妇代会代表。1948年2月毕业于诸暨简易师范。1948—1959年，在诸暨任教，先后担任小学副校长、县教研室教研员等职。1959年到舟山工作，先后在沈家门第四小学、沈家门第一小学、沈家门小学任教，担任班主任、教导主任。

教育工作30余年，始终坚守语文教学第一线，多次担任县和地区公开课观摩课。1979年7月，省委、省革命委员会授予“劳动模范”称号。1980年后，5次获评县劳动模范。1981—1986年被舟山地委连续5次授予“优秀共产党员”称号。1983年被全国妇联、省妇联分别授予“全国三八红旗手”“省三八红旗手”称号。

虞菊莲

虞菊莲（1943—1999），女，六横悬山人，中共党员。曾长期在原悬山乡、台门镇等乡镇学校任教，从教期间一直担任班主任。1983年，被评为省“五讲四美、为人师表”优秀教师、普陀区劳动模范；1988年被评为市优秀班主任，其所带班级被评为全国优秀中队；1989年被评为“全国优秀教师”、舟山市劳动模范。

潘旭东

潘旭东，1962年出生，普陀区桃花镇人，中共党员，浙江省第八批数学特级教师，市级正高级教师。1983年毕业于舟山师范学校，同年到桃花中心学校任教，曾任学校教导主任。1991年任区教育局教研室小学数学教研员，2004年任沈家门第五小学校长，2010年至今任区教育局教研室主任、区教师进修学校校长。历任区小学数学教学研究会会长，市小学数学教学研究会会长，省小学数学研究会学术委员，省名师名校长工作站导师，市第五届、第六届党代表。2002年被评为中国教育学会小学数学专业委员会先进工作者，2002—2011年连续五届被评为区优秀专业人才，2013年被评为市专业技术拔尖人才。

长期从事小学数学教学研究，被指导的教师曾获全国小学数学优质课比赛一等奖，华东六省一市小学数学优质课比赛一等奖。总结提炼的“预学—展示—评价”教学模式在区域内推广应用。有30余篇论文在全国、省等各级各类刊物上发表。参与完成的《在小学课堂教学中培养学生思维》课题项目，获第一届省基础教育成果二等奖。积极深化课堂教学改革，努力实现以“教为中心”向“学为中心”转型。主编出版课改成果《教学转型的学科实践》，由浙江大学出版社出版。

任现职期间，所主持的《双网教研：体现海岛特色的教师研修新机制》项目，获省第四届基础教育成果一等奖。主办“东海风”普陀教育文化节，为教师专业成长呈现显著成效，个人获省“十二五”师训干训先进个人，区教师进修学校获省“十二五”师训干训先进集体。

第三节　校友选录

（以姓氏笔画为序）

丁永志

丁永志，1954年3月出生，普陀区朱家尖顺母人。中共党员，副主任医师。普陀区人民医院原院长。曾担任浙江省医学会肿瘤学会委员，普陀区科协副主席。1993年起享受国务院特殊津贴。

曾在朱家尖顺母小学、朱家尖顺母农业中学就读。1969年初中毕业后参加农业劳动，兼任生产队会计，后担任大队助理会计。1974年10月，被推荐就读浙江医科大学医疗系，1977年8月毕业留任浙江医科大学附属二院脑外科工作。1984年3月，主动申请调到普陀人民医院工作，为普陀颅脑外科医术发展做出了贡献。1992年9月，担任普陀人民医院院长，坚持临床医疗工作，同时带领同事在脑外科领域大胆探索，使医院脑外科专科水平不断提高。撰写的《脑动脉畸形出血的急症手术处理特点》等28篇论文在各级医学杂志发表或学术年会交流。多次荣获市区优秀共产党员、先进工作者、舟山市"突出贡献专业人才"等称号。1998年获省优秀医生称号。

丁国良

丁国良，1966年4月出生，普陀区沈家门人。普陀中学83届高中毕业生。曾任上海交通大学机械与动力工程学院动力与能源工程系主任，动力与能源工程系制冷与低温工程研究所制冷室主任，1998年起任教授，1999年被聘为博士生导师。享受国务院颁发的政府特殊津贴、入选教育部新世纪人才计划。申请有8项国际专利；获得国内发明专利13项，中国实用新型专利2项；软件成果证书10项；共出版著作11本。

马华松

马华松，1963年9月出生，普陀区六横镇蛟头人。蛟头中学79届初中毕业生。主任医师，教授，博士后。历任解放军306医院骨科主任、全军脊柱外科中心主任，主任医师，北京康复医学会骨科分会理事、全军伤残委员会副会长。曾在新加坡国立大学医学院脊柱外科作博士后研究，从医20多年来从事骨科的临床研究，对各种复杂关节、创伤及颈椎、胸椎和腰椎疾患的诊疗均有丰富的经验，先后成功治愈千余名患者。在国内最早开展前路脊柱侧弯三维矫形手术、前后路联合治疗重度脊柱侧弯矫形手术和小儿脊柱侧弯"生长棒"矫形术，被国内多家媒体广泛报道。多年来发表医学论文33篇，获军队医疗成果一等奖2项、三等奖4项，多次获军队科技进步成果奖。

马国华

马国华，1959出生，普陀区沈家门人。普陀中学76届高中毕业生。研究生学历，曾任舟山市常务副市长，现任浙江舟山群岛新区党工委副书记、市人民政府顾问。

方　楠

方楠，1942年出生，原名方中南，普陀区桃花镇客浦人，中共党员，《北京文学》高级美术编辑。历任北京艺术研究所书画研究院、中原书画研究院名誉院长、中国书画家联谊会会员、北京作家协会会员，北京民间文艺研究会会员、北京装帧艺术协会理事、中国美术家协会会员。从事美术和文学创作多年，业绩录入《当代中国书画名人录》《世界名人录》《中国当代艺术家名人录》《中国专家大辞典》等辞书。

1959年普陀中学初中毕业生，就读浙江美院美术专科学校。1965年，分配到北京市文化局群艺馆工作，后长期从事群众美术与文学方面的辅导工作。曾征集编写《北京民间故事》120余万字（其中80万字编印成册）。先后6次参与天安门国庆节文艺主题方案设计。1985年调北京市文联参与《当代中国的北京》卷文学艺术部分的撰写工作。1988年1月兼任《北京文学》美术编辑。

一直坚持美术和文学方面的研究。1971年出版第一本短篇小说集《浪花集》，先后发表文学作品近30万字。部分作品被译成英、法、德、日等国文字，并被多家出版社改编成连环画出版。

1986年以来，先后在各种报刊上发表国画作品80余幅，其中部分作品被美国、日本、加拿大、瑞典、印尼、韩国、泰国、中国台湾、中国香港等海内外行家收藏。

王全忠

王全忠，普陀中学85届高中毕业生。副团级干部。荣立三次三等功、多次被边防总队和边防站评为优秀党员和优秀党务工作者。1995年，被公安部授予"全国优秀人民警察"荣誉称号。

王亚莉

王亚莉，女，普陀中学78届高中毕业生。现任普陀区游泳协会秘书长。曾获华东游泳赛200米蛙泳第一名，全国200米蛙泳大赛第三名。1978年回舟山开始教练生涯，先后指导四批学生，其中学生的最好成绩为蹼泳全国第二名。1989—1991年连续三年获省优秀教练称号。2009年在《游泳季刊》发表《少儿游泳分层教学法的实验研究》，成为全国首位推出游泳分层教学法的游泳教练。

王行跃

王行跃，1966年9月出生，普陀登步人。登步中心学校80届初中毕业生。1988年8月参加工作，1987年10月加入中国共产党，大学学历。曾任舟山市普陀区政府副区长，市人大常委会办公室副主任等职。现任舟山市政府副秘书长、市政府办公室党组成员。

王忠志

王忠志，1963年1月出生，六横镇平峧梅峙村人，中共党员，大学学历，高级工商管理硕士。六横中学79届高中毕业生。曾任普陀山学校校长、书记，1987年8月调入市教委，先后任教育科副科长、勤工俭学科科长、市教育局副局长、局长。2002年后，历任中共岱山县委书记，舟山市委副秘书长、舟山市人民政府副市长。现任浙江省民政厅副厅长。曾任中共舟山市第三届、第四届、第五届、第六届委员会委员。

王祖康

王祖康，1937年5月出生，舟山人。1953年，普陀中学初中毕业。1956年，上海电气工业专科学校毕业，同年加入中国共产党。1958年，在哈尔滨工业大学进修结业。1961年起先后在国家经委、国家计委、华东经济调查组从事工作。1980年调入上海，任上海市计委副秘书长，副主任兼上海市外经贸委主任。1995年起任东方国际(集团)有限公司董事长兼党委书记。

兼任中国国际贸易学会常务理事、上海国际贸易学会会长、上海世界经济学会会长、上海外贸会计协会名誉会长等职务。

王　海

王海，普陀区沈家门人，少将军衔。少年时代就读沈家门第二小学。长期在中国人民解放军南海舰队航空兵部队，历任6131驱逐舰舰长、驱逐舰第九支队支队长、海军参谋长助理、南海舰队航空兵副司令员。2012年9月，辽宁舰正式交接入列，任辽宁舰航母编队首任司令员。2013年9月，任中国航母部队司令员。2014年1月任中国人民解放军海军北海舰队参谋长。现任中国人民解放军海军副司令员。

王海港

王海港，1965年7月出生，普陀区登步人，中共党员。六横中学80届高中毕业生。曾任舟山电信公司运维部主任、舟山市电信局局长。现任省电信公司舟山分公司总经理。

王海斌

王海斌，1968年11月出生，普陀区登步人。登步中心学校82届初中毕业生。大学学历，浙江永跃海运集团董事长兼总裁，舟山市工商联主席。1995年，组建高速客轮公司；2005年，与新加坡万邦集团合作组建舟山万邦永跃船舶修造有限公司，积极进军临港产业；2007年，一个以海运为基业，集船舶修造、岛际客运、港口工程、旅游开发等多元产业格局为一体的企业集团—永跃集团正式组建。集团总资产15亿元，从业人员3000余名，2005—2007年共实现产值7.3623亿元。

先后荣获“舟山十大杰出青年”“浙江省优秀中国特色社会主义事业建设者”等荣誉称号。

王　雷

王雷，1938年出生，祖籍普陀区沈家门，出生于上海市，中共党员，上海市气象局原党组书记、局长。

1944年初，就读沈家门镇中心国民小学(现沈家门第一小学)，1950年2月小学毕业，就读沈家门初级中学(现普陀中学)，1952年9月就读定海中学(现舟山中学)。1959年9月毕业于南京大学气象系，经组织分配到中央气象局工作。1960年8月调到陕西气象科学研究所工作，在历史气候研究、气候预报方法研究等方面取得了一批研究成果，分别获得1980年中国气象局气象科学技术成果三等奖、1982年国家科委自然科学成果四等奖。1980年10月调到上海市气象局气象科学研究所，从事台风气候方面的研究和业务工作，发表《近三十年台风发生发展的气候分析》《西北太平洋热带气旋的气候特征》等论文。合作编制《西北太平洋热带气旋气候图集》并获得国家气象局进步三等奖。1981年被评为上海市气象局先进工作者。1996年后获得国务院授予的1995年度政府特殊津贴和证书。1998年2月当选政协第九届上海市委员会委员。

王　煜

王煜，1977年12月出生，普陀沈家门人。普陀中学96届高中毕业生。曾先后担任美林证券金融衍生品研究中心VP（副总裁）、雷曼兄弟衍生品研究中心SVP（高级副总裁）。毕业于北京外国语大学英语系国际经贸专业。就读大学期间曾获伊丽莎白·柯鲁克奖、菲律宾国际银行奖、第三届“外研杯”全国大学生英语辩论赛冠军和最佳辩手。2000年8月，获全额奖学金赴美国伊利诺伊大学攻读经济管理专业（直博）。2001年8月，转入美国纽约大学数学院，2003年1月获金融数学硕士学位（MFE）。2008年金融风暴后，接受被并购的雷曼兄弟投行华尔街英国巴克莱商业银行留任。

王鹏洪

王鹏洪，普陀区螺门人。普陀中学81届高中毕业生。曾任TC程序员，系统设计师，系统分析师及项目经理。从事计算机应用软件系统的系统设计、系统分析和系统运行管理。1996年8月，进入上海银行总行科技部从事计算机软件的设计开发。2007年5月，被评为上海市2004—2006年度劳动模范。

方　维

方维，女，1972年出生，浙江宁波人。普陀中学89届高中毕业生，九三学社社员，在职大学学历。2012年6月，获浙江海洋学院农村与区域发展领域农业推广硕士学位。

历任鲁家峙中学和普陀中学语文教师，普陀中学校长办公室副主任、团委副书记；舟山市普陀区妇女联合会副主席；舟山市普陀区区长助理；舟山市普陀区政府副区长；舟山市旅游局副局长；舟山市旅游委员会副主任，舟山海洋旅游综合改革试验区管理委员会副主任。现任舟山市政府外事与侨务办公室主任。

尹　健

尹健，1960年3月出生，祖籍山东，中共党员。六横中学77届高中毕业生，研究生学历。曾任60军179师司令部参谋、12集团军179师司令部参谋、12集团军179师535团营长、12集团军179师535团参谋长、12集团军179师537团团长、12集团军179旅参谋长、12集团军常委、装备部长（正师级）、12集团军34旅旅长、第二炮兵（现火箭军）52基地装备部副部长。现任浙江省工商业联合会党组成员、副主席（正厅级）。曾任浙江中国和平统一促进会第二届常务理事，中华全国工商业联合会第十一届联络委员会委员，中国人民政治协商会议第十一届浙江委员会委员。先后四次荣立三等功。

方旭波

方旭波，1970年出生，普陀沈家门人。副教授，硕士生导师，1987年毕业于沈家门第一初级中学，1994年7月本科毕业于浙江水产学院食品科学与工程专业，2007年7月研究生毕业于江南大学食品科学专业，博士。现任浙江海洋学院食品与药学学院食品科学与工程实验室主任，浙江省新世纪151人才工程第三层次培养人员。

主要从事海洋动植物多糖结构和功能、水产品精深加工技术研究。发表学术论文20余篇（其中SCI2篇，EI2篇），参编《食品科学导论》教材1部；主持并完成了主持浙江省科技厅项目1项，参与国家863计划项目和浙江省重大攻关项目多项；

申请发明专利2项；获得舟山市科学技术进步二等奖2项。

乐益民

乐益民，1952年2月出生，普陀区六横镇龙山人，六横中学68届初中毕业生，大学学历，中共党员。曾任舟山要塞区后勤船队战士、班长，浙江水产学院教师，浙江水产学院团委副书记兼学生科副科长、书记，共青团浙江舟山地委书记，浙江舟山地（市）委副秘书长兼办公室主任，浙江省人大办公厅副主任，浙江省建材公司副经理、党委委员，浙江省经济技术协作办公室主任、党组书记，浙江省人民政府副秘书长，省政府驻北京办事处主任、党组书记，国务院机关事务管理局办管司党委委员，浙江省人事厅厅长、党组书记，省编委办主任、省委组织部副部长，中共浙江省委组织部副部长，浙江省人力资源和社会保障厅厅长、党组书记，现任政协第十届浙江省委员会常务委员会委员工作委员会主任。

史玲娜

史玲娜，女，1977年6月出生，普陀区芦花人。芦花中学高中96届毕业生。曾任重庆交通大学理工学院副教授，现任招商局重庆交通科研设计院有限公司交通工程与节能分院副教授。重庆大学数理学院研究生毕业，获硕士学位，后获重庆大学光电工程学院博士学位。近5年来，参与4个国家级项目、7个省部级项目及多个地方项目的研发、设计及建设。出版专著《基于STV的光源色温与隧道照明光生物效应研究》一部，发表科研论文20篇以上，EI收录近10篇。

叶阿宝

叶阿宝，1937年11月出生，原籍舟山市定海，出生于普陀沈家门镇。中共党员，高级农艺师。在农业科研上成果卓著。1993年起享受国务院特殊津贴。曾获全国先进工作者称号。

少时就读沈家门第一小学，1956年普陀中学初中毕业考入浙江宁波农业技术专科学校。1959年毕业分配到舟山农业局从事植保及病虫观察工作。1963年调到舟山地区农业科学研究所从事植物保护研究工作。1973年起一直进行水稻育种研究。长期重视农业科学研究，取得多项科研成果，其中“优质早籼红突引品种”分别获农牧渔业部优质产品奖、浙江省政府科技进步三等奖、浙江省农业厅改进一等奖、舟山市政府科技进步一等奖。“优质早籼舟903品种”先后被评为农业部优质早籼品种、浙江省政府科技进步二等奖、舟山市政府科技进步特等奖、“中国农博会”银奖、“全国星火科技精品”金奖、浙江省“名、特、优农产品”金奖，是浙江省唯一被评为部优的早籼品种，成为浙江省优质早籼主栽品种。他的“植物辐射育种研究”“电子流诱变育种研究”“黄花菌蓿疽病发生规律与防治研究”等成果也分获中国农科院及浙江省、舟山市政府嘉奖。撰写学术论文多篇，在《核农学报》《植物学报》《种子世界》《生物物理与生物化学进展》《植物保护》等省级以上刊物发表。

叶宗轼

叶宗轼，1930年出生，六横镇双塘人。杭州大学毕业，民盟成员。前后任《海中洲》文学期刊副主编，副编审，中国作家协会会员，市文联创作员，市作协主席。

20世纪40年代就读六横私塾小学堂，50年代初期任朱蒲区中心小学校长。50年代后期从事文学创作，为舟山培养和辅导大批文学作者做出贡献。出版《海边人家》《泣血流年》《小龙岙近事》《在海盗窝里》等几十部中长篇小说，其中《唐开五家事》《大海呼号》被拍成电视片，在中央电视台播出。先后15次获全国性刊物和省、市级优秀创作奖。

江晓雯

江晓雯，女，1973年出生。普陀中学92届高中毕业生。2001年毕业于华东师范大学中文系，获硕士学位，2004年获中央戏剧学院博士学位，后从事博士后研究。

孙昌明

孙昌明，1934年出生，普陀区展茅上潘孙村人。幼时就读于家乡学校。中共党员。1950 年 8 月参加工作,先后在沈家门镇政府、宁波军分区沈家门区人武部、普陀县人武部、县兵役局工作。1959 年 3 月被分派到解放军 154 团 9 连服役,历时 8 个月,参战 5 次,立三等功一次,嘉奖 5 次。返回原单位后,任舟山地区人民武装部干事。1960 年 9 月任浙江省军分区司令部动员处参谋。1964 年 11 月后历任南京军区司令部动员部参谋、副处长、处长、副部长、部长。1988 年 7 月任浙江省军区参谋长、省军区党委常委。1990 年 7 月任解放军南昌陆军学院副院长兼院务部部长,学院党委常委。翌年,晋升少将军衔。

长期在军队从事国防后备力量建设工作,撰写了一批学术论文,有 5 篇被总参谋部军事科学院、南京军区学术杂志社评为优秀学术论文并获一等奖。1996 年 12 月,被推选为开发海洋振兴舟山促进会杭州联谊会会长。

孙斌勇

孙斌勇,1976 年出生,六横镇双塘人。普陀中学 96 届高中毕业生。博士研究生。2009 年入选中国科学院第二届“陈景润未来之星”计划。2011 年,因其在专业领域的出色表现,被破格晋升为中国科学院数学与系统科学研究院研究员。后获瑞士联邦理工学院博士后。2012 年,入选中共中央组织部首届“青年拔尖人才支持”计划。2014 年,因在证明“Howe 对偶猜想和 Kudla-Rallis 守恒律猜想”方面做出重要贡献,获陈嘉庚青年科学奖数理科学奖。

刘永艺

刘永艺,1964 年 2 月出生,六横峧头人。中共党员。六横中学 81 届高中毕业生。曾任六横峧头镇团委书记,六横区公所团委书记,台门镇党政办主任,峧头镇党委副书记,台门镇党委副书记、镇长,虾峙镇党委书记、人大主席,普陀区政府副区长、党组成员、普陀区委常委、常务副区长。现任舟山市发展和改革委员会主任、党委书记。

刘成国

刘成国,1962 年 7 月出生,普陀区六横镇五星人。六横中学 79 届高中毕业生。中共党员,现任浙江省舟山市普陀医院党委书记、院长。中国医科院浙江分院舟山普陀医院心脑血管流行病学研究所所长,浙江大学和浙江普陀医院慢性病联合研究中心副主任,浙江省内分泌医师协会副会长,省医学会内分泌分会常委、舟山市医学会内分泌主任委员,市级医学重点学科—内分泌科学带头人。1985 年浙江医科大学毕业后,31 年来扎根海岛,从事临床医疗和科研工作,连续四届被市委市政府评为专业技术拔尖人才。2011 年被授予舟山市首届资深拔尖人才,浙江省“新世纪 151 人才工程”培养人员,舟山市“新世纪 111 人才工程”培养人员。2010 年被评为全国劳动模范,享受国务院特殊津贴。2012 年被评为浙江省优秀院长。

在全国级著名医学刊物发表论文多篇,主持并通过评审的省市区研究课题计 13 项,获省市区主要科研奖项计 17 项。

刘京晶

刘京晶,1966 年出生,普陀中学 83 届高中毕业生。曾任空军某师司令部作战科副科长、科长,空司作战部综合计划处副处长,空二十八师司令部作战科科长。1987 年,以飞行、航理、军事、体育四门全优的成绩,获军学士学位,曾荣立三等功,被授予“优秀机关干部”奖章。1991 年起,陆续在军以上军事学术刊物上发表文章,其中有 20 多篇文章被《航空杂志》《空军军事学术》等军队综合性刊物刊用,有 8 篇军事学术论文在军以上论文评审中获奖。主审、主编《强五飞机作战使用研究》《作战科日常业务工作手册》等书。现任省政府办公室秘书处处长。

刘南燕

刘南燕,女,1975 年出生,普陀区登步人。中共党员。登步中心学校 89 届初中毕业生。舟山市越剧国家一级演员,被称为越剧“舟山一旦”。先后在 10 余部大戏中饰演女一号。在大型原创越剧神话剧《观音出世》《观音得道》中饰演“观音”一角，在原创越剧《沈清传》、传统戏《玉蜻蜓》、大型原创廉政越剧《新按暂父》等戏中担任女主角。曾随团先后赴比利时、韩国、香港等地进行文化交流演出。参加2013年央视戏曲春晚演出。曾荣获国家级、省级青年演员表演奖，获舟山市第六届“拔尖人才”、舟山市宣传文化系统首届“五个一批”人才等称号。现任舟山艺术剧院副书记、工会主席，浙江省青联委员。

刘爱世

刘爱世，1951年10月出生，普陀区六横五星人。中共党员。六横中学68届初中毕业生。1972年参加中国人民解放军，1976年复员。1977年起任普陀县六横财税所干部、副所长、所长。1985年5月任普陀县财税局副局长、局长、局党组书记。1991年9月任中共普陀区委常委、副区长。1992年9月任舟山市财政税务局局长、局党组书记。1997年5月任舟山市副市长。2002年3月任中共舟山市委常委、副市长。2002年4月任舟山市委副书记、常务副市长。2007年3月起任舟山市政协主席。

刘舜斌

刘舜斌，1963年10月出生，普陀区六横平峧人。中共党员。六横中学79届高中毕业生，考入浙江海洋大学，1983年毕业在浙江省渔业指挥部工作。1999—2001年，在浙江大学硕士研究生班学习，2001年9月—2006年6月，在中国海洋大学港口、海岸及近海工程博士研究生班学习并毕业。历任浙江省渔业指挥部副科长，普陀区渔业委员会办公室副主任、渔委主任助理，普陀区虾峙镇人民政府副镇长，中共普陀区蚂蚁岛乡委员会副书记、乡人民政府乡长，普陀区委办公室副主任、区委保密办主任、区保密局长，嵊泗县人民政府党组成员、副县长。现任舟山市海洋与渔业局（海洋行政执法局）党组成员、副局长。

长期以来，在渔业理论和实践方面取得显著业绩。先后在国内外学术期刊上发表论文30余篇，主持多项省市课题，多次获得东海区、浙江省渔业经济学会优秀论文一等奖和市政府社会科学论文二等奖。特别是在中国渔业权研究方面，形成独特的理论体系；大力推动远洋渔业、贻贝养殖业、休闲渔业发展，实现远洋渔业等产业历史性的发展和转型升级。推动海洋特别保护区和海洋牧场建设、推动舟山沿岸渔场振兴工程，有效促进舟山渔场资源和生态的恢复，为舟山渔业发展做出了一定贡献。

刘嫔珺

刘嫔珺，女，1971年12月出生，六横台门人。台门中学86届初中毕业生。历任舟山市教育局党委委员、纪委书记，共青团舟山市委书记、党组书记兼舟山市青年联合会主席；舟山市人民政府副秘书长，市委、市政府渔农村工作办公室主任、市新渔农村建设委员会办公室常务副主任；舟山市审批办证服务中心（舟山市招投标市场管理委员会办公室）党组书记、常务副主任；市审批服务与招投标管理委员会主任、党组书记。现任浙江省农业厅副厅长、党组成员。

吕建生

吕建生，祖籍诸暨。普陀中学65届高中毕业生。曾任普陀区计委副主任，普陀区区长。任职区长期间，大力发展海洋渔业，并开发东港新城。

邬振悦

邬振悦，1962年出生，六横五星里岙村人，六横中学79届高中毕业生，中共党员。先后任嵊泗县公安局刑事侦察员、副局长，市公安局治安科副科长、科长、刑侦支队支队长，岱山县委常委、公安局局长，舟山市公安局副局长、正处级治安员、常务副局长，市委防范处理邪教办主任。现任舟山市委副秘书长、市委政法委专职副书记。

朱仁民

朱仁民，1949年出生，浙江宁海人。普陀中学68届高中毕业生。曾任浙江大学景观艺术研究院院长，杭州潘天寿环境艺术设计研究院院长，美国PANTACE设计事务所首席设计师，浙江省旅游局旅游规划设计所所长，浙江省陶瓷博物馆馆长。

创立“人类生态修复学”，提出“用艺术拯救生态，拯救人类”的新学说。被联合国官员称为“中国的达·芬奇”。曾获第二届全国青年美展铜奖、第六届全国美展作品入选、第七届全国美展铜奖、全国职工美展银奖、首届中国艺术节优秀奖、日中国际美术交流展大奖、首届中国风俗画大展银奖。1996年购买并从艺术角度开发舟山普陀莲花岛。2012年，对朱家尖蜈蚣峙码头裸崖破山作设计修复，获誉“海上布达拉宫”。

朱华勇

朱华勇，1971年2月出生，普陀区沈家门人。1986年毕业于沈家门第一初级中学。国防科技大学机电工程与自动化学院无人系统研究所所长、博士、教授。控制科学与工程学科科研骨干。现任中国航空学会控制理论与应用专业委员会委员。长期从事智能控制和任务规划技术研究，先后主持并承担了国家安全重大基础、装备预研、演示验证、国防基础科研等国家、军队重点项目10余项。获得部委级科技进步一等奖1项、三等奖1项，发明专利和新型实用专利各1项。软件著作权4项，2011年获得总装“十一五”武器装备预研先进个人”称号。出版学术专著1部，在核心期刊和国际会议上发表学术论文50余篇，SCI / EI检索30余篇。

朱俏俏

朱俏俏，1973年6月出生，普陀区沈家门人。普陀中学87届初中毕业生。2003年，获美国密歇根大学博士学位。

宋朝鸣

宋朝鸣，1981年10月出生，普陀区沈家门人。沈家门小学94届毕业生。小学毕业后直接升入普陀中学高中部学习，2001年复旦大学毕业，获理学学士学位，后获美国纽约城市大学博士学位。

汪　炜

汪炜，沈家门小学79届毕业生。博士，浙江大学金融学教授。曾获浙江省人民政府优秀教学成果一等奖等。历任浙江大学证券期货研究所副所长、数家证券公司、上市公司的独立董事和投资顾问。

苏　菲

苏菲，女，幼名周素珍，1920年出生，普陀沈家门人，中共党员，电影艺术家。曾就读沈家门惠英小学（沈家门第二小学）。

曾参加上海左联领导下的艺术供应社（业余），演出《父归》《团圆》等进步剧和电影《海葬》。1939年秋赴延安，毕业于延安“鲁艺”戏剧系。1949年从事电影工作，入中央戏剧院专家进修班进修导演科。先后任演员、导演。参演话剧《带枪的人》《三个战友》《中秋》、电影《中华儿女》；主演《遥远的乡村》；拍摄科教片《蘑菇种植》《叶蛋白的用途》。导演和参与导演电影《矿灯》、《春雷》《拓荒者足迹》《杨乃武与小白菜》《孔雀公主》等。1988年后，任中国麻风协会副理事长、理事长，马海德基金会理事长。

李小才

李小才，1941年3月出生，六横镇双塘人，中共党员，原海军413医院院长，主任医师，海军大校军衔。

1958年9月，在六横中学初中毕业考入普陀中学，1961年高中毕业应招报送中国人民解放军第二军医大学，就读海军系（六年制），由此开始近40年军旅生涯。在军医大学六年中，年年评为五好学员，被系党委树为学雷锋标兵。1967年大学毕业分配在东海舰队基层单位任军医。1978年调至海军413医院任外科医师。先后担任分科主任、副院长等职，是海军医学科学技术委员会委员、海军专业技术上校。1991年晋升为大校。

擅长普通外科、胸外科诊治。以高尚的师德、精良的医术和敬业精神深得军内外伤病员的信赖，有较高的知名度。先后发表学术论文30篇，与他人合作专著一部。

李飞跃

李飞跃，1976年2月出生，普陀沈家门人，沈家门小学89届毕业生。1999年毕业于北京大学，后获美国马里兰州立大学计算机博士学位。

李　波

李波，1962年11月出生，普陀区六横龙山人。中共党员。六横中学79届高中毕业生，中央党校研究生学历。1981年8月参加工作，曾任舟山市政府办公室副主任，市委副秘书长，省委督查室、省委办公厅综合一处调研员，省委办公厅法治处调研员、处长等职。现任浙江省委办公厅副主任。

李明云

李明云，1942年3月出生，浙江普陀人。1961年普陀中学高中毕业，1965年浙江水产学院毕业。1966年加入中国共产党。

现为宁波大学教授，硕士生导师，宁波大学海洋与水产系主任，水产养殖技术研究所所长，浙江省生态学会理事、浙江省水产学会水产养殖委员、省级重点学科带头人，享受政府特殊津贴。

1978年以来，在国家一、二级刊物上发表论文50余篇，不少论文被评为国家级、省级优秀论文，论文的学术水平有新的创建和超前性。

李　虹

李虹，普陀中学74届毕业生。现任中国人民银行杭州中心支行党委副书记、副行长。

1977年，被生产队推荐到浙江银行学校读书，毕业后分配到中国人民银行浙江省分行工作。1980年，任省分行第一届团委书记。1983年，在郑州大学攻读金融专业。1985年到省委组织部工作。1991年回中国人民银行浙江分行，任人事处处长。1996年，到浙江省外汇管理局任处长。1998年起，任人行浙江分行党委副书记兼副行长。

李　勇

李勇，1951年出生，祖籍山东。普陀中学69届高中毕业生，硕士学位。历任财政部财政科学研究所财政研究室副主任，中国常驻联合国代表团二秘、一秘，财政部世界银行业务司处长，世界银行中国执行董事会办公室技术助理、顾问，世界银行司副司长、司长，世界银行中国执行董事办公室执行董事，中国注册会计师协会秘书长，财政部部长助理、党组成员。现任国家财政部副部长，党组成员。

李展振

李展振，1963年11月出生，六横峧头人，六横峧头中学初中毕业后考入温州医学院。现为舟山市定海广华医院院长，江西中医药大学硕士研究生导师。从医34年，擅长脊柱、关节及创伤疾病的诊治。由他主持完成的《内窥镜监视下经皮穿刺切吸术治疗颈椎间盘突出症》获得省卫生厅“医学科技进步”和浙江省“中医药科学技术成果”三等奖。其中用经皮激光技术，臭氧治疗技术及射频热凝微创技术综合治疗不同的颈、腰椎间盘突出引起的颈、肩、腰腿痛疗效显著，椎间盘微创诊疗技术处于领先水平。

李　演

李演(1916—2007)，小名贺锦英，曾用名贺正甫，六横台门杜庄人，中共党员。民国11年就读杜庄私塾，民国24年考入浙江省立杭州高级师范学校。民国26年起先后加入学校师生救国救亡宣传队、浙江抗日第一支队、省抗敌后援政工队、敌后战地服务队、抗日反汪同盟军，在金华、永康、浦江、吴兴、天目山等地从事抗日活动，民国34年奔赴浙东四明山抗日革命根据地。在解放战争中，参加鲁南、豫东、孟良崮、淮海、渡江及解放上海等战役，获中华人民共和国三级解放勋章。参加抗美援朝战役，获朝鲜民主主义人民共和国军功章。1954年转入地方，曾任上海301工厂劳动科科长、新安江水电运输公司劳资和计划科长、新安江水电站职工子弟学校校长等职。

杨小毛

杨小毛，1956年出生，普陀区沈家门人。普陀中学75届高中毕业生。历任企业厂长、农村党支部书记、管理处党总支书记、镇长、镇党委书记等职，现任舟山市普陀区政协主席。曾获市区级优秀共产党员、先进生产工作者、优秀党务工作者、省优秀青年镇长等称号。1999年8月被国家人事部授予一等功勋章，荣获全国劳动模范称号。

吴卫东

吴卫东，1967年出生。普陀中学83届高中毕业生。现任浙江外国语学院师训干训办公室副主任、省教育行政干部和中小学教师培训中心副主任、浙江省中小学名师名校长工作站副站长。教授、博士、硕士生导师，"国培计划"专家库首批人选，省高校教学指导委员会委员，省高校教学名师，省"新世纪151人才"第三层次人才，省高校中青年学科带头人，省重点学科课程与教学论负责人；全国教育学会继续教育专业委员会理事，省教育学会理事，省教育学会小学数学教学分会学术委员会主任，省小学数学学科工作室首席导师。主持并参与国家社科基金、全国教育科学规划、省哲学社会科学等各级课题十余项；出版专著有《教师个人知识研究——以小学数学教师为例》《教师专业发展与培训》《互动游戏与心理教育》等。

吴伟志

吴伟志，普陀中学82届高中毕业生。现任浙江海洋学院数理与信息学院院长。兼任国际粗糙集学会顾问委员会委员、中国人工智能学会粗糙集与软计算专业委员会常务委员、中国系统工程学会模糊系统与模糊数学理事会理事、省数学会理事、省应用数学研究会理事、省计算机应用与教育学会教育委员会常务委员、浙江海洋学院应用数学学科带头人。2001年被评为浙江省高校中青年学科带头人，2002年入选省新世纪151人才工程第二层次人才，2003年被评为省高师系统高级访问学者导师，2006—2008年任浙江省高等学校高等数学教学指导委员会委员，舟山市第一、二届专业技术拔尖人才。

忻海平

忻海平，1960年出生，普陀沈家门人，中共党员。普陀中学72届初中毕业生。中央党校在职研究生班政治经济学专业毕业。1977年参加工作。曾于1977年在普陀县芦花公社插队，1979年在普陀县医药公司工作，后调入区统计局及政府机关工作。

历任舟山市统计局副科长、科长；舟山市统计局副局长、党组成员；舟山市统计局局长、党组书记（兼市城调队队长）；中共嵊泗县委副书记、代县长、县长；中共嵊泗县委书记、县人大常委会主任等职。现任中共舟山市委常委、秘书长兼办公室主任。

邱安全

邱安全，普陀区朱家尖人。普陀中学58届初中毕业生。1968年下海捕鱼，当过船老大。1982年起，担任朱家尖漳州村大队书记。在任期间，漳州渔业队在渔业生产上成为舟山渔场一杆旗帜。曾获评省级劳动模范，全国劳动模范。

邱剑英

邱剑英，1956年3月出生，六横镇五星人生。六横中学70届初中毕业。现任舟山市大桥办总指挥，曾获"全国五一劳动奖章""浙江省劳动模范""浙江省有突出贡献的中青年科技人才""舟山市跨世纪学术和技术学科带头人"等荣誉。

邱梅英

邱梅英，女，1944年9月出生，普陀区东极人。中共党员。1953年就读普陀东极青浜小学，1958年保送普陀中学上初中。游泳高级教练。曾任宁波市少体校游泳教练等。1965年打破400米个人混合泳、200米蝶泳两项全国纪录。曾两次获"全国业余体育先进工作者"荣誉称号。

1960年1月作为游泳运动员进入浙江体工队学习训练，在运动队期间多次在全国性游泳比赛中取得优异成绩。1960年第一次代表省队参加在北京举行的全国少年游泳比赛，夺得女子800米自由泳第六名。1964年在全国游泳锦标赛上获得女子100米蝶泳第三名。1965年被授予中华人民共和国运动健将称号，同年10月1日作为优秀运动员代表登上天安门国庆观礼台。

担任教练期间，先后为上级游泳队和大专院校输送10多名运动员。其中一名学生在1993年世界青年潜水锦标赛上获得50米屏气和4×200米接力第一名，并打破50米屏气世界青年纪录。

多次被评为省先进工作者。

邱智铭

邱智铭，1959年1月出生，浙江宁波人。六横中学80届高中毕业生。现任宁波市政协常委，宁波贝发集团总裁。曾获“和谐中国——年度十大影响力人物”和首届“十大风云甬商”荣誉；改革开放30年宁波30位“创业创新”风云人物之一；2012年凭借十一五期间对文具行业做出的突出贡献，荣获“十一五”轻工业特色区域和产业集群先进个人称号。

陈云其

陈云其，普陀沈家门出生，普陀中学72届初中毕业生。当代诗人、导演。历任东海舰队文工团创作员，舰队政治部电视编导，创作室专业作家。出版有《低下头并记住》《手捧红玫瑰》等诗集。投拍有《海盗与魔女》等电视剧。执导过中国首届“双十佳”颁奖晚会，中国首届“金碟”颁奖晚会，浙江省第11届全运会广场大型文体表演《之江魂》，中国第12届科技发明博览会开幕式大型晚会《飞吧，金翅膀》等几十台大型舞台演出。现为宁波江东区文联副主席，区作家民间文艺家协会主席。

陈安春

陈安春，1939年出生，祖籍福建，出生于普陀沈家门。普陀中学57届初中毕业生。现任宁波中泰塑料机械销售中心董事长。1979年创建中泰塑机公司，经商之余精研书法，编辑《中国当代儒商》，已出版《诗词书画精品选》《书画精品选》《墨韵》《墨缘》四大册，为宁波天一阁藏书楼收藏。

陈亚军

陈亚军，1965年10月出生，六横镇五星里岙村人。六横五星中学80届初中毕业生。经济学硕士，管理学博士。1989年分配至国家计委，长期从事国家产业政策和中长期规划制定工作，参与国家“九五”规划制定，是“十五”规划、“十一五”规划、“十二五”规划起草组主要成员。在宏观经济政策、农村经济、城市化、区域经济、中长期规划等领域发表学术论文50余篇，主编出版《最新中国投资指南》《第三产业开发实用手册》《中国贫困山区的经济开发与技术引进》等书籍11部。现任国家发展改革委规划司副司长。

陈　欢

陈欢，女，1983年出生，普陀区桃花人。桃花镇初级中学98届毕业生。就读舟山中学期间，曾荣获全国数学竞赛一等奖、全国化学竞赛一等奖、全国物理竞赛二等奖。因成绩优异，被清华大学提前录取，2010年清华大学博士研究生毕业后，在上海中外合资企业工作。2013年，派遣到新加坡工作。

陈　舟

陈舟，1972年7月出生，普陀区沈家门人。普陀中学87届初中毕业生。获美国弗吉尼亚州立大学工学博士学位。

陈连增

陈连增，1956年出生，普陀中学74届高中毕业生。历任国家海洋局科技司科研处副处长、国家海洋局科技司成果处处长、国家海洋局科技司科技综合处处长、国家海洋局管理司副司长、国家海洋局南海分局副局长、国家海洋局天津海水淡化与综合利用研究所所长、国家海洋局副局长。现任国家海洋局党组成员、副局长、中国海洋学会理事长。参加中国南极科学考察站“昆仑站”建设项目，为国家开展冰穹A深冰芯科学钻探计划、甘伯采夫冰下山脉钻探、2米级lamost型南极望远镜天文观测、卫星遥感数据接收、地磁观测、人体医学、医疗保障等科学考察项目和研究发挥作用。

陈定生

陈定生，1940年出生，普陀沈家门人。普陀中学56届初中毕业生。曾任舟山中学校长，省特级教师，1995年被评为全国教育系统劳动模范，获国家颁发的人民教师奖章。1996年被舟山市委授予“舟山市勤政为民实干家”。1998年被评为浙江省首届功勋教师。多次获得省优秀共产党员荣誉称号。曾担任省八届人大代表。

陈佩杰

陈佩杰，1962年10月出生，普陀区六横镇峧头人。六横中学78届高中毕业生。教授，博士生导师。现任上海体育学院院长。1999年获国家体育总局体育科技先进工作者，2002年获国家教育部第3届高校青年教师奖，2004年入选国家体育总局高层次体育学术技术人才。

陈建铭

陈建铭，1956年4月出生，舟山普陀人。普陀中学74届高中毕业生。现任上海三盛宏业投资有限公司总裁。曾任舟山市普陀区经贸委副主任、宣传部副部长，舟山市委党校办公室主任等职。创立上海三盛宏业投资有限公司，横跨房地产、海洋运输、生物科技、建设产业等诸多领域。其独创的房地产品牌“颐景园”，“融中西建筑文化之精粹，开现代家居园林之先河”，荣膺“2005中国房地产专业品牌TOP10”。

陈胜备

陈胜备，1955年出生，普陀芦花人，芦花中学74届高中毕业生。现任浙江普陀医院副院长、心血管内科主任医师。浙江医科大学毕业，浙江大学医学院研究生课程班结业，擅长于心脑血管疾病、重症监护病人的诊断治疗。率先在普陀区开展心血管介入治疗，独立安装心脏临时起搏器及永久性起搏器100余例，成功率达100%。对心脑血管疑难重危病人的诊治有丰富的临床经验。熟练开展先天性心脏病动脉导管未闭封堵术，风湿性心脏病二尖瓣狭窄囊扩张术，肺动脉、肾动脉造影术。开展电复率治疗各种心律失常数十例。曾被评为普陀区劳动模范、普陀区首届中青年名医，第二届中青年名医和优秀专业人才，市心血管学科带头人。

陈娜君

陈娜君，女，1965年2月出生，普陀区登步人。1981年登步中心学校初中毕业生。国家一级演员。历任舟山市越剧团副团长、团长、党支部书记，市文联副主席，市戏剧曲艺家协会主席，市艺术研究中心主任。从事戏曲越剧舞台艺术表演30余年，主攻小生，师承范派、徐派。扮演四十多部越剧舞台剧目中的主要人物。文武兼备，表演真切生动，台风俊逸潇洒，曾获中国第二届越剧节“十佳演员”称号。在浙江省第三、四、五、八、九、十一届戏剧节会演中分别获得“表演一等奖”“优秀表演奖”“观众最喜爱的演员奖”。

陈章明

陈章明，1941年出生，普陀区六横镇棕榈湾人。中共党员。1957年六横棕榈湾村小学毕业到六横中学就读初中，1960年初中毕业被杭州水利学校录取，同年11月转到杭州电力学校。1964年任教农村中学。1965年由县教育局推荐，经考试被杭州大学政治系录取。1972年初，被分配到杭州大学政治系任教。1978年2月调到浙江水产学院，初任政治教师，后到院刊编辑室任编辑。1984年4月起任浙江水产学院党委委员、宣传部长、党委办公室主任。1987年7月任浙江水产学院党委副书记、纪委书记。1992年被选为舟山市第二届党代会代表，1993年被选为浙江省第九次党代会代表。1998年8月，任浙江海洋学院党委副书记、纪委书记。

陈鸿峰

陈鸿峰，1975年12月出生，普陀区沈家门人。沈家门小学88届毕业生。2002年在浙江大学获工学硕士学位，后获美国伊利诺伊大学博士学位。

陈银莲

陈银莲，女，1930年出生，普陀沈家门人。幼时就读于家乡小学。1953年台湾师范大学毕业，执教于台北第一女子中学及师大附中等学校。1965年赴美国，获华盛顿特区乔治城大学语言系硕士。1967年应聘于纽约凡萨大学，并为该校创设中文系，后任东亚学系教授。曾任纽约赫德逊区中华联谊会会长。自1979年起，她每年选送本校学生数名赴北京语言学院进修，并通过美国政府争取到每年1万美金，在中文系设置助教奖学金一名，资助中国学生去美国进修。1984年10月,她率领本校校友会主办的艺术考古访问团来中国访问。

陈　雁

陈雁,女,1973年3月出生,普陀区沈家门人。普陀中学87届初中毕业生。2000年获复旦大学博士学位,后又获博士后,复旦大学历史系教授。

陆松潮

陆松潮,1959年7月出生,六横悬山人,六横中学76届高中毕业生。曾任中共舟山市人大常委会党组成员,现任舟山市农林局党组书记、局长。

陆锐锋

陆锐锋,虾峙栅棚人,普陀中学68届初中毕业生。享受国务院特殊津贴的教授级高级工程师,获全国"五一劳动奖章",省优秀共产党员。曾任舟山电视台台长,市广电局总工程师。1979年起,先后完成普陀第一个电视差转台、甚高频广播信号、100瓦全固态调频广播发射机、组装大功率电视发射机、改造微波设备、卫星信号电波传输、海上超长距离微波传输等重大课题项目。中国电子学会高级会员、浙江省广播电视厅科技委委员。现为浙江大镭核技术应用设备有限公司总工程师。

邵　伟

邵伟,1969年出生,六横镇石柱头人。普陀中学86届高中毕业生。现为普陀区人民医院副院长、主任医师。是舟山市消化内科学科带头人、浙江省消化学会会员、省消化内镜学会会员、省消化中心舟山专家组组长、舟山市医学会内科分会副主任委员、舟山市"111人才工程"后备人才。

邵爱娟

邵爱娟,女,1941年5月出生,六横镇峧头人。六横中学59届初中毕业生。1958年入选浙江女子篮球队,后任队长。1971年加入中国共产党。1973年进入省体委。曾任浙江省体育总会副主席兼秘书长、省体委党委委员、副主任、党组成员。当选过中华全国体育总会委员、中国农民体协委员、中国地掷球协会副主席、中国射击协会副主席、省老龄委员会委员、省老年体协副主席、省农民体协常务副主席、省气功科学研究会常务副理事长、省妇女联合会执委、省红十字会委员等职。荣获国家体委颁发的"中国体育开拓者"贡献奖、杭州黄龙体育中心贡献奖。

张禾波

张禾波,1962年出生,浙江奉化人。普陀中学79届高中毕业生,现大学学历,硕士。中共党员。曾获省委"浙江省为民好书记"称号。

历任普陀县工商局秘书、普陀区工商局市管股股长、普陀区工商局党组成员、人事秘书股股长;普陀区交通局党委副书记、纪委书记;普陀区交通局党委委员、副局长;中共普陀区展茅镇党委书记、人大主席;普陀区人民政府区长助理;浙江省舟山市普陀区人民政府副区长;区人民政府常务副区长;舟山群岛新区六横管委会党委副书记、副主任等职。现任舟山群岛新区六横管委会党委主任,普陀区委副书记(兼任)。

张永奎

张永奎,1955年8月出生,六横涨起港人。六横中学72届高中毕业生。现任舟山市人民医院院长,舟山市政协副主席。市级重点学科胸心外科学科带头人,省胸心外科学会委员,省肺癌专业委员会委员,市医学会外科学会主任委员。有10余篇论文发表在国家级及省级专业杂志上。参与《胸心外科诊断学》一书编写工作。主持完成市级科研项目三项,其中《电视胸腔镜手术临床研究》及《抑肽酶与氨甲环酸在体外循环中血液保护的对比研究》分别获舟山市科技进步一、三等奖。多项新技术获院级科技进步奖。荣获"市级具有突出贡献优秀专业人才""市首届中青年科技人才""市级白求恩式医务工作者"等称号。

张立群

张立群,1966年出生,普陀沈家门人。普陀中学83届高中毕业生,1989年浙江医科大学毕业,浙江大学医学院研究生课程班结业。现任浙江普陀医院副院长。

曾任舟山市普陀人民医院副主任医师，ICU主任，心内科主任医师。浙江省中华医学会急诊学会委员，擅长心血管内科临床与介入诊治，院重点学科心血管科学科带头人。先后开展了心脏冠状动脉造影术和支架术，对冠心病、高血压病、心力衰竭、心力失常、风湿性心脏病等有较深研究，成功抢救了一批重症疑难病人。

张正义

张正义，1944年2月出生，普陀区芦花人。幼时就读于家乡学校。中共党员，高级工程师。1968年7月大连海运学院毕业后在武汉长航青山船厂工作，历任计划员、调度员、技术员、工程师、高级工程师、车间主任。1984年3月起任厂长10年。其间将造船作为主攻课题，所造的一系列大吨位船舶分别被交通部、湖北省评为优秀产品。1994年1月起享受国务院特殊津贴，是年12月起任长江轮船公司副经理，1977年2月任党委书记。先后获评湖北省优秀思想政治工作者、长航集团及湖北省企业工委优秀党务工作者。

张对红

张对红，1970年出生，普陀区螺门人。芦花中学89届高中毕业生。现任中国石油天然气股份有限公司管道建设项目经理部工程技术处处长。长期从事国内油气资源战略通道的规划研究和方案制定，组织国家四大油气通道中三个通道的方案制定及新技术的研发工作，总里程数达5万公里，包括中俄原油管道、中压天然气进口管道(国内为西气东输二线工程)和中缅油气管道，在国内基本形成了自西向东、由南到北的骨干油气管网。正在组织实施西气东输三线天然气管道工程以及中俄东线天然气管道工程的前期方案研究。国家石油天然气管道新技术开发的重要组成人员，参与多项新技术研发，多次获科技进步奖，其中组织研发的国产X70、X80大变形管线钢在中缅天然气管道和西气东输三线工程成功应用，打破国外对该产品的长期垄断。2013年，获全国“五一劳动奖章”。

张舟曜

张舟曜，沈家门小学76届初中部毕业生。1995年获加拿大滑铁卢大学分析化学博士学位，1995—1998年分别在加拿大滑铁卢大学和美国农业部研究中心读博士后，曾任美国全国化学学会会员、美国农业部研究项目评审员等。

张宏波

张宏波，1972年11月出生，普陀芦花人。芦花中学91届高中毕业生。现任浙江海洋学院食品与医药学院党委书记兼副院长，副教授。主持学院党委全面工作，主管师生党建及思想政治教育、宣传、学生、群团等工作，协助院长分管招生与就业、校友等工作。

张连生

张连生，1937年出生，普陀区沈家门人。中共党员，教授，博士生导师。曾任上海大学理学院数学与系统科学研究所常务副所长。

沈家门第一小学早期毕业生，1953年私立沈家门初级中学(现普陀中学)毕业，1956年舟山中学高中毕业。1960年毕业于复旦大学数学系。后在上海大学理学院数学系任教。1987年晋升为教授。后任理学院常务副院长，并担任博士生导师。1991年4月至1992年9月，作为高级访问学者在英国圣安德斯大学系访问和研究。长期从事运筹学、教学规划理论和算法等方面研究并取得明显成果。曾承担国家攀登计划(B)“青藏高原地气浮力过程研究及其对中国和亚洲恶劣气候影响”的子课题“最佳参数化方案研究”任务。先后在国内外重要学术刊物《数学年刊》《计算数学》《应用数学》《系统科学和数学》等刊物上发表论文80余篇。社会兼职有中国运筹学会常务理事、中国数学规划学会副理事长、中国决策科学研究会常务理事、上海市数学学会常务理事及《运筹学学报》副主编等。

张东辉

张东辉，1967年出生，展茅螺门人。1982年7

月毕业于沈一初。南开大学毕业后前往美国留学获美国纽约大学物理系博士学位。之后留美先后在纽约大学、芝加哥大学从事博士后研究。1997年应聘到新加坡国立大学计算科学系任教,后升为副教授;2004年回国受聘于中国科学院大连化学物理研究所。

2014年,他和中科院大连化学物理研究所另4名研究员共同研究的项目—态—态分子反应动力学研究获国家自然科学二等奖,在人民大会堂接受2014年度国家科学技术奖表彰。其研究成果在化学类获奖项目中排首位。相关成果曾在Science(《科学》美国科学促进会官方刊物)、PNAS(《美国科学院报》)和JACS(《美国化学会志》)等国际权威学术杂志上发表。

张谷风

张谷风,女,展茅镇干施岙村人。普陀中学83届高中毕业生。浙江师范大学毕业,杭州大学硕士学位。曾任钱江晚报集团科教部副主任,现任浙江日报集团老年报副总编辑。曾获得省好新闻二等奖、全国省级晚报好新闻一等奖、中国晚报好新闻三等奖等荣誉。

张　波

张波(1941—2009),女,曾用名张媛娣,六横峧头坦岙村人。中共党员。六横中学初中毕业生,1962年沈家门中学高中毕业。1966年8月北京外国语学院亚非语系毕业。1968年9月分配到广西南宁老挝高干子弟学校中方组任首席翻译。1970年4月调至广西民主学院外语系任讲师,后借调到北京外国语学院审订《老挝语汉语》词典。1981年调中国人民对外友好协会亚洲工作部,主管泰国、越南、新加坡、缅甸等国交往事务(副处级)。1990年10月任中国驻老挝大使馆任一等秘书。1993年11月起,任中国人民对外友好协会亚非工作理事部理事。

张家柱

张家柱,1947年出生,普陀区芦花人。中共党员。1965年参加工作,1973年毕业于华东师大,先后任教沈家门中学、芦花中学。1985年9月,浙江省委党校党建专业本科班毕业后任教舟山地(市)委党校,历任党委委员、副教育长、教务科长等职。1991年5月起,先后任中共舟山市教委纪委书记、副主任,2001年7月起任舟山蓉浦学院书记。市政协第二、三届委员。

张振杰

张振杰,1979年5月出生,普陀区芦花人。沈家门小学92届毕业生。2002年清华大学毕业后,赴美国留学,在威斯康星大学获生命科学博士,后在伯克利和斯坦福做博士后研究。

张晓东

张晓东,1965年出生,普陀区沈家门人。普陀中学83届高中毕业生。现任法国独资詹迪建筑设计顾问(上海)有限公司主持建筑师。1983年进入清华大学建筑系学习,先后获学士、硕士学位。1996年获欧共体奖学金留学法国,先后获得European Post-diploma of "Regional planning & Urban Design",法国Urban Design"。2001年主持设计上海市儿童福利院,获上海市勘察设计一等奖。

张裕良

张裕良,1949年1月出生,普区芦花人。大学学历,中共党员,中学高级教师。历任芦花中学教导主任、党支部书记,普陀中学教导主任、党总支部副书记,舟山市教师培训中心主任,市教委教研室主任,市教科所所长,舟山职业技术学校校长,党支部书记,市教育学会副会长。2003年6月调任舟山中学,担任党总支书记,2007年春主持舟山中学行政事务工作,同年10月担任舟山中学校长。先后有10余篇论文在省级以上刊物发表。

张燕娜

张燕娜,女,1977年出生,副教授职称。1993年沈家门第三初级中学毕业后考入普陀中学。1996年考入中国协和医科大学,2004年博士学位毕业后留北京协和医院工作,2007年起从专科转为乳腺外科工作。

郑　赟

郑赟，女，沈家门职业中学95届毕业生，曾担任2009年浙江卫视中国蓝《我爱记歌词》六大超级领唱，是舟山“东海音乐节”及“东海音乐剧”创办人。现任奔向东海（北京）文化产业发展有限公司董事长、舟山市正好音乐文化传播有限公司董事长、舟山市音乐家协会副主席。曾获2014年舟山魅力人物、普陀十大杰出青年等称号。

范琳姬

范琳姬，女，1983年7月出生，普陀区桃花镇人。1999年7月桃花中学初中毕业后就读厦林旅游职业中学。2001年9月就读江西师范大学新闻系，2004年9月就读中国地质大学行政管理系，2012年9月攻读北京师范大学管理哲学系博士学位。2003—2008年，分别担任中国二汽电视台实习主播，湖北省《襄樊晚报》编辑记者。2008年2月始主讲她的知识产权课程《三维礼仪成就一生》。近10年来，曾为北京大学、清华大学、武汉大学、浙江大学、中山大学等著名高校的MBA、EMBA、EDP以及总裁班、女性经营班讲授她的个人知识产权课程；为中国联通、中国移动、中国银行、建设银行、海尔集团、申银万国、南方航空等多家著名企业授课和提供服务咨询。个人原创项目“范er形象系统”，是北大光华知本财团重点推广项目。笄冠山成人礼、万国旗袍会、思想公园，是企业重点逐鹿文化创意项目。历任世界商务策划师联合会（WBSA）教授国际高级策划师，北大—光华知本财团礼仪产业组长，范er形象顶层设计首席专家。曾获得湖北省襄樊市首届房模大赛最佳表演奖，鼓商杯模特大赛冠亚军。

金虹芸

金虹芸，女，1959年9月出生，普陀中学78届高中毕业生。中共党员。1997年9月，组建成立普陀华侨友谊有限公司，在一年内建成三星级饭店。2001年5月，收购原普陀百货公司，改称新一百超市。2012年，成立凯红集团，任董事长。2006年，获评“舟山市优秀中国特色社会主义事业建设者”称号。2008年，公司被评为浙江省重点流通企业。

金德年

金德年，1934年出生，普区沈家门人。沈家门第一小学毕业生，清华大学教授，著名书法家。现任中国书画家联谊会玉泉山书画院总艺术顾问，清华大学百年树人文化促进基金会发起人、荣誉理事，清华德年公益美术奖、学生艺术团美术社艺术顾问。其创作的“德年体”行楷被北大方正收入汉字排版系统库。清华园“近春园遗址”“自清亭”“临漪榭”等碑名皆出自其手笔。

周亚国

周亚国，1957年出生，六横龙山人。六横龙山中心小学初中部71届毕业生。曾任龙山农机站站长、六横运输公司总经理、党支部书记，龙山船厂厂长。现任舟山市鑫亚船舶修造有限公司董事长。

公司现拥有20万吨级、8万吨级干船坞各一座，20万吨级、15万吨级舾装码头各一座，8万吨级舾装码头二座及附属配套设施，拥有1500米岸线，最高年产值一度达到18亿元。公司承修船舶以集装箱船、油船、散货船等大中型船舶为主，客户遍布新加坡、伊朗、越南、日本、意大利、加拿大等30多个国家和中国香港、台湾地区。自成立以来，共修理、改装各类船舶约2100余艘，累计已实现产值100多亿元。公司先后通过中国船级社质量管理体系ISO 9001、职业健康安全管理体系OHSAS 18001、环境管理体系ISO 14001三合一认证，并荣获浙江省“十五”技术改造优秀企业、“浙江省质量放心用户满意诚信企业”“浙江省能源计量示范单位”、2011年度普陀区政府质量奖（2013年通过复评）、“苏浙皖赣沪”四省一市质量工作先进单位等称号。2013年6月被认定为舟山市第一批船舶修理特色优势企业。

周名江

周名江，1944年5月出生，普陀区沈家门人。著名海洋环境生物学家，中国科学院海洋研究所

(青岛)所长,研究员职称,博士生导师。1992年享受国务院颁发的政府特殊津贴。

少时就读沈家门教场小学、沈家门第一小学,1962年普陀中学高中毕业后被复旦大学生物系录取攻读生物物理专业,1967年毕后分配到青岛中国科学院研究所工作,先后任该所海洋生态毒理实验室主任、所长助理、所长。担任《海洋环境科学》《海洋科学集刊》等多家报纸杂志主编,在国内外多个学术团体兼职,被聘为青岛海洋大学客座教授、香港大学客座研究员。

多年从事海洋生态、海洋环境方面的研究,主要研究领域有:污染物沿海洋食物链的传递研究,低浓度污染物对海洋生物个体发育的影响,污染物对海洋生态系统结构功能的影响,有害赤潮研究等。先后发表论文30多篇,其中15篇在国外杂志发表或国际会议交流。曾获中国科学院科学大会奖、国家科学技术进步二等奖、国家科技成果完成证书、中国科学院自然科学二等奖。

周国岭

周国岭,1969年9月出生,普陀区芦花人。芦花中学87届高中毕业生。1991年毕业于浙江师范大学体育教育专业,1996年7月至1998年7月,在浙江大学思想政治教育助教进修班学习硕士研究生主要课程,取得硕士学历。2010年5月至2011年12月,浙江师范大学学习教育管理硕士学位课程,获得教育学硕士学位。曾任普陀中学副校长,普陀区教育局副局长、党委副书记、纪委书记、局长、党委书记、区委教育工委书记,虾峙镇党委副书记、镇长,普陀区科技局副局长,普陀区发展和改革局局长、党委书记,舟山市发展和改革委员会副主任、党组成员、舟山群岛新区招商中心主任。现任岱山县常务副县长。主持的省市级课题《中学生性教育》《舟山市区域特色中小学校本课程开发与学生综合技能拓展的实践研究》分别获省基教成果二、三等奖。撰写的《中学生学力研究与实践》等多篇论文在省级获奖或发表。组织编写了舟山市地方课程专题教材《千岛海韵》。

周贤卿

周贤卿,女,1934年出生,普陀区勾山观碶头人。曾就读施家岙小学,1949年夏,就读定海县立中学沈家门分部(普陀中学前身)。中共党员。中国银行总务处原处长。1950年10月,报名参加援朝。1951年6月,进入南京(三野)军区青年干部学校。1952年6月,被分配到上海华东军政委员会机要处工作,后因机构变动到华东局、上海市委机要处从事机要译电工作。1961年夏,调到中国银行总行。1969年随大批干部下放河南,1974年到河北固定"五七"干校劳动一年。1975年年底回中国银行总行,先后担任科长、副处长、处长。1989年5—7月,到美国20多家大银行核对账目,并追回20多万美元错账产生的利息。1991年被评为总行离休干部先进代表,《金融时报》有其事迹报道。

周咏南

周咏南,1960年3月出生,六横镇峧头人。六横中学77届高中毕业生。现任浙江日报副总编辑,曾获评"中国十杰青年""全国新长征突击手""全国十大社会监督哨兵"称号,被中共浙江省委评为"优秀共产党员""浙江省十大青年标兵"等。

周　航

周航,1967年1月出生,普陀区六横镇五星人。中共党员,高级工程师、副教授职称。现任宁波市明州建筑设计院有限公司董事长。1983年六横中学初中毕业考入舟山中学。1990年宁波大学土木建筑工程专业毕业,获工学学士学位。1996年浙江大学建筑系建筑设计与理论硕士研究生毕业,获建筑学硕士学位。历任宁波大学建筑工程学院土木建筑工程系主任助理,建筑系副主任、主任等学术、行政职务,学院副院长、城乡规划与管理硕士研究生导师、宁波大学校园规划与建设处处长、地方服务与合作处处长、校友总会秘书长,宁波市明州建筑设计院有限公司院长等职。兼任宁波大学城市与环境研究所所长、宁波大学绿色研究中心主任,浙江省城市规划学会理事会理事、宁波市城市规划学会第一届理事会副理事长，宁波市城市建设专家组成员，宁波大学科学技术学院特聘教授。曾担任宁波市第十二届政协特邀委员，第十三届宁波市江北区人大代表。

专长历史建筑保护与城乡规划设计，已完成10余项省部级科研项目与百余项横向服务课题和设计项目，撰写论文20余篇。

贺旭东

贺旭东，1978年8月出生，六横镇五星人。六横中学96届高中毕业生。南京航空航天大学博士、副教授、硕士生导师。

姜宏伟

姜宏伟，1954年出生，普陀区沈家门人。六横中学72届高中毕业生。博士、教授，西康通讯(亚太)副董事长。1978年，考入厦门水产学院，毕业后分配在上海水产学院任教。1985年到北京中国外国语学院进修英语。1986年进入英国伯明翰大学留学。在伯明翰大学获得博士学位后，进入英国电讯公司实验室任高级研究员。后又转至新加坡某电讯公司任高级职员。在职期间合伙创办西康通讯(亚太)有限公司，并任“西康”公司副董事长。

1995年春节期间，中央电视台播放他和“西康人”参与赞助、精心制作的大型电视艺术晚会——“黄河的渡过”。公司集科研、生产、服务为一体，向国际化、现代化、多元化目标前进，在中国香港、美国、新加坡设立分公司，1996年年初在北京和上海设立分公司和办事处，致力全球通信技术研究开发。

积极参与和支持文化教育事业和社会公益活动。《人民日报》《工人日报》《北京晚报》《经济日报》等10余种国内较有影响的报刊报道了“西康”公司及其业绩。

闻之琦

闻之琦，1974年4月出生，普陀区沈家门人。沈家门小学87届毕业生。2000年在北京交通大学获硕士学位，后获加拿大渥太华卡尔顿大学博士学位。

俞　龙

俞龙，1962年8月出生，六横镇双塘人。六横中学78届高中毕业生。曾任中国工商银行舟山市分行行长，现任中国工商银行宁波市分行行长。2004年荣获全国金融“五一劳动奖章”。

俞舟峰

俞舟峰，普陀中学85届高中毕业生。曾任浙江省皮划艇队教练。1987年，获全国冠军赛1000米单人划艇第二名，第六届全国运动会500米双人划艇第三名；1988年，获全国锦标赛1000米单人划艇第一名；1989年，获全国锦标赛1000米单人划艇第一名；500米单人划艇第二名。成功实践《划艇运动员重心移动与艇速之间的关系》，使浙江划艇运动成绩领先全国，并影响着整个中国在这个项目上的技术走向。

钟　达

钟达，1957年4月出生，浙江宁波人。中共党员。沈家门中学初中73届、高中75届毕业生。1975年12月参加工作，中央党校函授学院经济管理专业毕业，中央党校学历。曾任普陀区勾山乡党委书记，岱山县委常委、组织部部长、岱山县委副书记、副县长、代县长，嵊泗县委副书记、副县长、县长、县委书记，舟山市委常委、秘书长，舟山市委副书记兼政法委书记。现任舟山市人大常委会主任、党组书记。

洪　碧

洪碧，女，1978年8月出生，沈家门平阳浦人。普陀中学97届毕业生，1999年6月加入中国共产党，在职研究生学历，工商管理硕士。

历任舟山市普陀区展茅镇党委副书记、镇长，区教育局党委副书记、纪委书记，区民政局局长、党组书记等职。现任舟山市定海区委常委、宣传部部长。

夏文忠

夏文忠，1962年出生，普陀沈家门人，中共党员。普陀中学79届高中毕业生，省委党校研究生学历。

历任舟山市教委副主任、党委委员，舟山市教育局副局长、党委委员兼工会主席，舟山市政府副秘书长、办公室党组成员等。现任舟山市科学技术局局长、党组书记兼市地震局局长、省海洋开发研究院院长。

柴松岳

柴松岳，1941年11月出生，普陀区展茅人。中共党员。展茅农业中学毕业生，1958年10月参加工作，支援新安江水电站建设，曾在新安江水电站机关学校、中央党校中青年干部培训班学习，1984年被选派到北京煤炭部煤炭管理学院学习。曾任浙江长广煤矿公司党委书记、中共浙江省委纪委副书记、浙江省副省长、省长、国家电力监管委员会主席。第九届全国人大代表，第十一届全国政协常委、经济委员会副主席，中共第十四届中央候补委员，第十五届、十六届中央委员。

都红雯

都红雯，女，1966年2月出生，普陀区沈家门人。普陀中学83届高中毕业生。浙江省教学名师，浙江省高校中青年学科带头人。历任杭州电子科技大学经济学院党委书记、金融研究所所长，浙江省高等学校教学指导委员会委员、浙江省金融学会理事、浙江省国际金融学会理事。在学术研究上，先后参加或主持完成国家哲学社会科学基金、国家自然科学基金、浙江省哲学社会科学规划办、信息产业部科技司、浙江省教育厅等委托研究课题10多项。在《管理世界》《国际金融研究》等国内学术刊物和ISTP发表、被收录论文30余篇；曾获浙江省金融学会优秀论文二等奖、浙江省哲学社会科学优秀成果奖三等奖、浙江省国际金融学会优秀成果奖等、浙江省高校第三届青年教师现代教学技能比赛省级优秀奖等。

高海浩

高海浩，1958年8月出生。普陀中学75届高中毕业生。历任浙江日报社记者，人民日报社驻浙江记者站首席记者，人民日报社华东分社总编室主任，人民日报社华东分社副总编辑，省新闻出版局（版权局）副局长、党组成员，中共浙江省委宣传部副部长、巡视员等职。现任浙江日报报业集团社长、党委书记，浙报传媒控股集团有限公司董事长。

顾卓韦

顾卓韦，1989年3月出生，普陀区朱家尖人。沈家门小学2001届毕业生。获浙江大学高分子材料科学博士。现浙江大学高分子系，硅材料国家重点实验室工作。

郭 跃

郭跃，普陀区沈家门人。普陀中学83届高中毕业生。博士。曾任信能产业控股集团执行总裁。现任上海仁济医疗集团总裁，上海仁济医疗管理公司董事、总经理，中国医院院长大会副理事长，中国医院协会理事，中国生产力学会常务理事。仁济医疗集团由上海的三级医院及地方医院组建而成，为国内新生医院模式。

海 星

海星，女，1926年出生，又名冯亚霏、峰萌。普陀勾山观碶头人。幼年就读于芦花芦西小学和延武小学，毕业后任教于刘家湾集成小学。1937年抗战爆发后，参加抗日救国宣传活动。1942年初，奔赴抗日根据地，参加新四军。1943年7月加入中国共产党。先后在苏中联抗司令部、新四军军部、七师政治部、含和支队政治部等从事文化教员、文艺宣传工作和《山猴子报社》新闻工作。1946年解放战争开始，先后在第三野战军一纵队60师政治部、野战医院、纵队卫生部政治处等担任文化教员、政治指导员、组织干事、党支部书记等职，转战在冀、鲁、豫等战场。参加过孟良崮、莱芜、豫东、鲁南突围、中南、淮海等战役。1949年南下渡江后，随三野第一梯队进入上海，参加接管上海市国民党《申报》，旋在上海《解放日报》工业采访部担任记者。后调杭州《浙江日报》采访部、编辑部担任记者组长、编辑。曾当选为杭州市第一、二、三届各届人民代表。1950年调上海市,先后任华东军政委员会司法部、最高人民法院华东分院机要秘书兼新闻秘书、秘书科长等职。1955年任上海市司法局公证、律师处督导员。1957年春,先后调任上海市第一、二、三法律顾问处主任,1959年5月调上海市中、高级人民法院任审判员、审判长、审判委员会委员。1979年调任上海市司法局任处长。

曾获中华全国律师协会颁发的对律师事业做出贡献的荣誉证书及中华人民共和国司法部授予的司法行政一级金星荣誉。

上海市新四军历史研究会七师皖江委员会、中国人民解放军第二十集团研究所成员。

倪海鹰

倪海鹰,1958年11月出生,舟山岱山人。普陀中学76届高中毕业生,1978年考入浙江大学工业与民用建筑专业学习,1984年获硕士学会,1987年获博士学位后被分配到深圳大学任教。1992年起出任中外合资深圳集浩房地产公司副总经理、总工程师。1994年4月至2014年任海宏国际集团(北京、香港、深圳、青岛、加拿大)董事长。曾任中国人民政治协商会议第九届浙江省委员会港澳台侨委员会委员、香港仁爱堂24届总理,香港同乡会常务副会长,深圳舟山同乡会会长。1989年8月,在美国召开的第十届国际核反应对结构力学会议中发表论文。

徐云杰

徐云杰,1972年5月出生,普陀区芦花人。芦花中学90届高中毕业生。曾任Journal of Association for Information Systems的客座编辑、ICIS2009副主编、亚太信息系统会议专题主席。复旦大学研究生毕业,获硕士学会,后又取得美国纽约州Syracuse大学管理博士学位。研究领域包括电子商务、知识管理、社会网络分析、信息获取行为和研究方法论、在各类管理与信息科学国际期刊上发表过20多篇论文,同时也发表过30多篇国际会议论文,其中6篇发表在MIS最主要的国际年会ICIS上。

徐舟波

徐舟波,1968年8月出生,普陀区展茅人。展茅初级中学84届毕业生。现任浙江富丹旅游食品有限公司董事长兼总经理。2003年创建浙江富丹旅游食品有限公司。现成为“浙江省绿色企业”“浙江省著名商标”“浙江省知名商号”“浙江省信用管理示范企业”等称号的浙江省骨干农业龙头企业。

多次被评为“舟山市十佳个体工商户”“浙江省水产品营销大户”“舟山市十佳渔农村青年星火带头人”“舟山优秀青年”和“浙江省中小企业优秀企业家”,荣获“舟山市企业党员创业创新示范岗”和首届“创业浙江”—成长型创业项目银奖。

徐国庆

徐国庆,1932年出生,普陀沈家门人。小时曾就读沈家门克昌小学、原沈家门镇中心小学(即沈家门第一小学)、八闽小学。1952年考入宁波地质学院。1953年加入中国共产党。1956年大学毕业后在北京俄语学院留苏预备班学俄语,后到北京地质学院任教。1959年10月到苏联莫斯科大学地质系攻读研究生。在苏联期间,主要从事矿床构造、成矿地球化学和物理化学条件、地球化学找矿以及矿物中包裹体的研究工作,获副博士学位。1963年回国,在核工业北京地质研究院工作。1964—1973年下基层到野外地质队锻炼,并负责全队地质工作。后担任研究室主任、院学位评定委员会主任等职。1985年任博士生导师。曾担任过党支部书记和基层党委委员、中国矿物岩石地球化学学会常务理事、矿物包裹体和成岩成矿专业委员会主任委员、中国核工业总公司高放废物深部地质处置科研协调组组长以及中国铀矿地质学会理事、专业组组长、国际原子能机构有关部门的顾问及国际矿物学大会包裹体分会主席。1997年退休后仍在核地质处置研究方面参与一些决策性工作。

徐张艳

徐张艳,女,1972年出生,普陀沈家门人,中共党员。普陀中学90届高中毕业生。在职大学学历。

历任舟山师范专科学校团委干事、副书记；共青团舟山市委常委、青联秘书长；共青团舟山市委副书记；共青团舟山市委书记、舟山市青联主席；中共舟山市定海区委副书记、区委政法委书记；舟山市定海区人民政府副区长；中共舟山市定海区委副书记、舟山市定海区人民政府代区长；舟山市定海区副书记、舟山市定海区人民政府区长等职。现任中共嵊泗县委书记、舟山市委常委、中共浙江省候补委员。

徐静波

徐静波，1963 年 9 月出生，普陀区沈家门人。普陀中学 79 届高中毕业生。曾担任亚洲通讯社社长，东京日文版报纸《中国经济新闻》总裁。2000 年成立“亚洲通讯社”。2001 年在东京创办日本第一份专业报道中国经济的报纸《中国经济新闻》。主持的亚洲通讯社先后为浙江省、广东省、辽宁省，及苏州、大连等 20 几个中国城市市政府在日本承担招商引资工作。曾被聘为成都市、武汉市政府经济顾问和跨国企业中国市场顾问。

袁志刚

袁志刚，1958 年 1 月出生。上海人。芦花中学 75 届高中毕业生。毕业于法国巴黎社会科学高等研究院（EHESS），获经济学博士学位。回国进复旦大学经济学系工作，期间曾多次赴法国短期工作和讲学，赴美国哈佛大学经济系进修一年。曾获上海市优秀博士后称号、全国优秀博士后称号，教育部“长江学者奖励计划”特聘教授，博士生导师，国务院政府特殊津贴专家，2006 年国家高校教学名师。曾任复旦大学经济学院院长、复旦大学理论经济学博士后流动站负责人，兼任复旦大学就业与社会保障研究中心主任、教育部经济学教学指导委员会委员、国家劳动和社会保障部专家咨询委员会委员、上海经济学会副会长等职。发表论文 100 余篇，独著 5 部，合著 7 部。其中《非瓦尔拉均衡理论及其在中国经济中的运用》，获 1997 年中国经济学最高奖“孙冶方经济科学著作奖”。

袁国义

袁国义，1952 年 8 月出生，普陀区展茅人。中共党员。展茅中学 68 届毕业生，舟山市恒尊集团董事长。

舟山普陀著名企业家，他所创立的浙江省恒尊集团目前拥有员工近 8000 名，总注册资金近 11 亿元、总资产近 70 亿元。现已发展成为一家综合性大型集团企业，跻身“中国民营企业 500 强、中国民营企业服务业 100 强”。

热心慈善事业。多年来为普陀阳光助学基金注资 100 万，为展茅学校扩建捐资 100 万，为海洋学院捐款 200 万成立专项冠名基金。支持舟山市新渔村建设，前后投入 200 余万元。2010 年，向四川灾区捐赠 60 万，参与当地村庄重建。个人累计捐款 1500 多万元。先后获得“浙江省慈善奖”、浙江省“赈灾捐赠慈善爱心奖”、舟山市慈善奖、普陀区慈善奖等荣誉。

翁世宁

翁世宁，女，1924 年出生，普陀区展茅人。幼时就学于家乡小学。1941 年参加抗日战争，1942 年加入中国共产党。1941 年 2 月由中共党员徐长海介绍到白泉下份小学任教，以教师身份为掩护进行抗日宣传。同年暑期参加中共定海县工委举办的妇女干部培训班，在蒲岙大沙湾庙里学习社会发展史、妇女解放运动、民运工作、时事形势、边区十好等内容，先后由组织派遣到大展柴家小学、洞岙金栗庵小学任教。组织妇女识字班，开展抗日宣传工作。1942 年组织调赴镇海峙头开办上宅庙小学并任教，以教师身份开展抗日活动，配合做好党组织秘密联络工作。1943 年 3 月由组织派遣到岱山岛以学校为掩护开展盐民工作。1946 年到高亭高显庙小学任教，同时办渔民夜校，招收贫苦渔民农民上课，进行时事形势教育，使高显庙小学成为地下党的联络站。1949 年 1 月，掩护岱山地下党同志安全撤离。寒假期间去温岭，将回定海时因交通隔绝与党组织失去联系。同年 5 月温岭解放后，在温岭、海门参加工作。先后担任村妇女队长及海门农民、工人夜校教师。1953 年 2 月到上海第五妇女夜校任教并担任负责人。1956年到上海卢湾区马当路小学任教。"文化大革命"期间曾受审查。1986年恢复党籍,同年组织批准离休,享受县处级待遇。

翁龙年

翁龙年,1928年出生,普陀区展茅横街人。1935年在螺门庙小学上学。1941年夏在大展张家祠堂小学读完高小,毕业后先后考入英租界宁波效实中学上海分校、沪江大学附属中学(高中)。1947年8月入北洋大学电机系电讯大学就读。1951年大学毕业,分配到国家邮电部。1955年7月后,调北京邮电学院,任工程经济系专业课副教授、教授。参加制定天津、西安、广州、杭州、长春、乌尔木齐等城市的电信发展长远规划,先后发表有关论文20余篇。主持系统工程教研室工作,历任学院《电信学报》编辑,院学术委员会、管理学科高级职称评审委员会等职。1989年参与集体开发的"市话网规划软件系统"获国家邮电部颁发的技术进步二等奖。1990年,《辐射形市内邮运路线》获中国通信学会优秀论文三等奖。1992年主编的《运筹学》教科书获部级邮电高校优秀教材二等奖。

翁芝英

翁芝英(1919—1987),女,又名瑞英,普陀区展茅人。幼年就读于展茅茅洋、张家小学和县立女子小学。民国28年(1939)9月起先后在定海农村、普陀沈家门、镇海峙头、岱山等地任小学教师、教导主任和校长。抗日战争前期,受中共定海地下党的教育和影响,投入抗日宣传活动。民国30年,鼓励其弟翁世俊(烈士)参加抗日政权区署工作;率其两妹参加抗日妇女骨干训练班。翁氏三姐妹的抗日行动在当地传为佳话。1933年10月,加入中国共产党,以教师身份为掩护,任党的联络员、政工队员,抗日胜利后,奉命至岱山盐区任教,办盐民夜校宣传革命。1937年,中共地下党及其武装队伍撤离舟山,与党组织失去联系。1950年后,先后在定海县白泉中心小学和城关第二小学任教,担任过教导主任。生前常资助经济困难学生,临终前奉献积蓄1000元给定海县儿童福利基金会。

夏夫川

夏夫川,1941年出生,六横镇峧头东升村人。中共党员。水利部天津水利电力勘测设计研究院总工程师,教授级高级工程师职称。1995年享受国务院颁发的政府特殊津贴。

曾就读六横镇岑山小学、六横中学(初中)。1961年普陀中学高中毕业后,考入杭州大学地理系海洋地质地貌专业。1965年大学毕业,分配到水利电力部海河勘测设计院勘测总队。1969年年底,参与长江第一坝"葛洲坝水利枢纽工程"建设。1981年开始从事遥感技术在水利水电工程中的应用研究,先后主持过十几项大、中型项目的组织与实施工作,取得显著成绩。诸多研究课题获奖,其中《海河流域地下水资源初步调查评价》获水电部资源调查和区域成果二等奖。《应用遥感技术调查我国土壤侵袭现状编制全国土壤侵袭图》获水利部科技进步一等奖。

夏远翔

夏远翔,普陀区六横人,六横中学80届高中毕业生,中共党员。历任舟山市普陀区峧头镇党政办主任,普陀区佛渡乡党委书记、乡长,普陀区六横岛全国海岛资源综合开发试验区管委会副主任,普陀区六横镇党委副书记、纪委书记(正科级)、普陀区虾峙镇党委书记、人大主任,普陀区东港街道党工委书记,舟山市普陀山风景名胜区管理委员会党委副书记,舟山群岛新区普陀山—朱家尖管委会副主任、党委委员,市普陀山风景名胜区管理委员会党委副书记、副主任,现任浙江舟山群岛新区海洋产业集聚区管委会(舟山经济开发区管委会)、舟山港综合保税区管委会党委副书记,新区海洋产业集聚区管委会副主任。

傅良国

傅良国,1964年8月出生,六横镇双塘人,中共党员。六横中学80届高中毕业生。大学本科学历。1983年8月参加工作。历任舟山市普陀区委办公室副主任、主任,沈家门镇党委书记,朱家尖镇党委书记、朱家尖管委会主任,普陀区委常委、常务副区长、副书记，金塘开发建设管委会书记、主任，兼定海区委委员、常委、副书记。2009年起，历任中共舟山港务管理局委员会委员、书记，舟山港务管理局局长，舟山市港航管理局局长、党委书记兼中国（舟山）大宗商品交易中心管委会党组书记。2011年11月起任舟山市定海区委委员、常委、书记，舟山群岛新区海洋产业集聚区管理委员会主任。

盛群力

盛群力，1957年出生，普陀中学74届高中毕业生。中共党员，教授，教育学硕士。浙江大学教育科学与技术研究所所长，华东师范大学课程与教学研究所兼职研究员，浙江广播电视大学客座教授。曾获全国普通高等学校教学优秀成果省级一等奖和二等奖、全国第二届教育科学优秀成果二等奖、浙江省哲学社会科学优秀成果二等奖、浙江省基础教育教学优秀成果一等奖和二等奖、浙江省“八五”教育科学重大成果一等奖、全国高等学校“宝钢”优秀教师奖。所主持的《教学理论与设计》本科课程2005年被评为国家精品课程、浙江省精品课程和浙江大学精品课程。

黄志钧

黄志钧，1935年出生，普陀区沈家门人。中共党员。原普陀区人民医院院长，主任医师。曾就读原沈家门镇小学（即沈家门第一小学），普陀中学初中部和舟山中学高中部。1954年8月考入上海第一医学院医疗系本科，1959年9月毕业留校任助教，参加基础医学的教学和编写教材等工作，为临床医疗工作打下扎实和全面的基础。1965年回故乡，在普陀人民医院任内科医师，1979年2月任内科主任，3月任业务副院长，1984年5月任院长。

擅长于内科尤其是心血管病的诊治和教学，曾发表论文多篇，主要有《河豚中毒》《纯素膳食与血脂水平》《普陀山僧人冠心病危险因素分析》《实验室方法的临床评价》《普陀区流行性出血热首例报告》等。任院长期间，普陀区人民医院被评为省二级医院并荣获省文明医院称号。

中华医学会会员、中国抗癌协会会员，曾被聘为浙江医科院舟山心血管流行病学研究室顾问。历任普陀县（区）第二、三届科学技术协会主席，第八、九、十届人民代表大会常务委员会副主任，舟山市第二届政协委员等职。

董　煜

董煜，1975年9月出生，普陀区沈家门人。沈家门小学88届毕业生。1994年浙江省文科高考状元，1998年获北京大学文学学士，后于澳大利亚获博士学位。

蒋霞敏

蒋霞敏，女，1957年8月出生，六横镇峧头人。六横中学73届高中毕业生。现宁波大学教授，博士生导师，浙江省海洋与渔业局技术咨询与标准委员会专家组成员。

彭国镇

彭国镇，1940年1月出生，浙江黄岩人。普陀中学58届初中毕业生。曾任舟山海洋渔业公司党委委员、副经理、党委书记，中共舟山地委副书记、行署专员，中共舟山市委副书记、市政府主要负责人、市长，舟山市第二届人大常委会主任、市人大常委会党组书记，市第三届人大常委会主任，党组书记。

虞松波

虞松波，1964年2月出生，六横镇涨起港人。六横五星中心学校80届初中毕业生。和润集团有限公司董事长。历任浙江省政协委员，浙江省企业家协会副会长。创办多元化经营的综合性大型民营企业——和润集团，业务涵盖房地产开发、粮油加工、能源储运、海洋物流、船舶修造、休闲旅游、实业投资等多个领域，连续几年跻身全国民营企业500强，2011年名列188位，2015年名列11位。以强烈的社会责任感参与社会公益项目和慈善事业，大力参与助教、帮困、助贫、救灾工作，自2005年起向慈善和社会各类公益事业捐款近5000万元（其中向教育事业捐款3000万元）。多次被市委、市政府评为“舟山市经济发展突出人才”“舟山市优秀中国特色社会主义事业建设者”“舟山市慈善先进”。

虞　茜

虞茜，女，1979年5月出生，普陀沈家门人。沈家门小学92届毕业生。1998年考入上海交通大学。2002年8月起为上海第二医科大学硕博连读研究生，后获医学博士学位，现在上海第一人民医院工作。

虞晓芬

虞晓芬，女，1965出生。普陀中学81届高中毕业生。浙江工业大学经贸管理学院院长、教授、博士生导师，全国首批房地产注册估价师，全国高校房地产联谊会副主席。曾连续4年参加全国房地产注册估价师考试命题工作，主编国家教委“十一五”重点规划教材《不动产评估》，主持国家自然基金项目《我国居民住房租购选择行为及其弹性研究》。2001年获“霍英东教学基金会第八届青年教师奖”。

詹志军

詹志军，1962年3月出生，六横镇小湖苍洞人。六横中学78届高中毕业生。中国人民解放军大校军衔，曾任舟山归国华侨联合会党组书记，现任舟山市科协党组书记、副主席。

缪亚夫

缪亚夫，1962年10月出生。普陀中学79届高中毕业生。中国首批从应届高中毕业生中招收的空军歼击机全天候飞行员，执行各种任务20多次。参加中越云南边境防御作战，荣立三等功二次。业余撰写新闻报道、散文、学术文章等，在军内外报刊共发表1000多篇，被评为《空军报》《中国空军》优秀通讯员。获得过首届全国《当代军人生活》征文优胜奖、全国“十五的月亮”征文一等奖等多种奖项。

缪和平

缪和平，1961年3月出生，普陀区芦花人。芦花中学78届高中毕业生。曾任舟山中学校长，舟山市委教育工委书记、市教育局党组书记、局长。现任浙江舟山群岛新区新城管委会党委书记，兼任中国（舟山）海洋科学城建设管理局党组书记。1990年，所写论文《中学生价值观多元化倾向教育导向——“科学人生观”价值观教育》获全国一等奖。

缪承祥

缪承祥，1933年出生，普陀区勾山镇人。中共党员，高级工程师。曾任海军驻重庆地区军事代表总工程师（副师职）、海军科学技术委员会副秘书长。

先后在勾山延武小学、勾山中心小学念书。1953年杭州一中高中毕业考入大连工学院造船系船舶设计与制造专业，1955年转到上海造船学院学习。1958年4月分配到海军装备部工作。1980年8月至1987年8月，先后任海军装备部水面舰艇处副处长、军辅船处处长等职，主要组织实施新型水面舰艇、辅助舰船的研究、试制工作。1986年参加海军装备部舰艇部组织的某型导弹护卫舰研究试制的招标工作并获得成功，荣记海军三等功一次。1987年，赴海军驻重庆地区军事代表办事处（现为军事代表局）任总工程师，负责组织海军在该地区各种舰船、装备、动力等试制、生产、质量监督任务。1988年退役，继续被聘为海军科学技术委员会常委、副秘书长。

缪　静

缪静，女，1977年11月出生。1993年沈家门第三初级中学毕业，1996年舟山普陀中学毕业后考入北京大学法学院，取得法学学士学位。2000—2003年就读清华大学法学院，取得民商法学硕士学位。2003年至2014年，在国家电网总公司工作，现任公司法律部法律二处处长。

戴灵芝

戴灵芝，女，1964年11月出生，普陀区虾峙人。六横中学81届高中毕业生。省委党校研究生学历。曾任普陀区常务副区长、区委副书记，舟山市政府副秘书长等职。现任中共舟山市委组织部副部长，中共舟山市委新经济与新社会组织工作委员会书记。

第四节　先进个人

国家级优秀教师情况表

表 4-90

姓　名	性别	荣誉称号	授予时间	授奖部门	所在单位
吴艳芬	女	全国优秀辅导员	1979	团中央	朱家尖庙根小学
吴艳芬	女	全国新长征突击手	1979	团中央	朱家尖庙根小学
吴维良	男	全国优秀体育教师	1983	国家教委、国家体委	普陀中学
张淑女	女	全国“五讲四美”为人师表优秀教育工作者、浙江省劳动模范	1983	教育部、省人民政府	朱家尖猫跳小学
楼新秋	女	全国“三八红旗手”	1983	全国总工会	沈家门小学
王素华	女	全国优秀班主任	1984	国家教委、人事部、中国教育工会	沈家门小学
陈平文	女	全国先进工作者	1989	国家教委、人事部、中国教育工会	沈家门小学
王素华	女	全国优秀教师	1989	国家教委、人事部、中国教育工会	沈家门小学
虞菊莲	女	全国优秀教师	1989	国家教委、人事部、中国教育工会	六横悬山小学
何明胜	男	全国优秀教育工作者	1989	国家教委、人事部、中国教育工会	沈家门职业学校
陈国辉	男	全国优秀教师	1990	国家教委、人事部、中国教育工会	普陀中学
陈国辉	男	全国教育系统劳动模范	1991	国家教委、中国教育工会	普陀中学
李启栋	男	全国优秀体育教师	1992	国家体委	普陀中学
蒋素亚	女	全国优秀教师	1993	中华人民共和国教育部	虾峙黄石小学
钱银星	男	全国优秀教师	2001	中华人民共和国教育部	沈家门小学
钱银星	男	全国模范教师	2004	中华人民共和国教育部	沈家门小学
袁洪洲	男	全国优秀青少年科技辅导员	1983	教育部全国科协	普陀中学
崔赛绒	女	全国工会先进工作者	1983	全国总工会	沈家门第二小学
王信乾	男	全国少年儿童校外教育先进工作者	1992	全国少年儿童教育委员会	台门初级中学
张士孟	男	全国第一次基本单位普查工作先进个人	1997	区基本单位普查协调小组	教育局机关
赵志平	男	全国体育优秀裁判员	1986	国家体委	沈家门小学
方咏菊	女	全国优秀外语教师	1999	教育部	普陀中学
竺和平	男	全国社区教育先进工作者	2008	中国成人教育协会	区成教中心

省级优秀教师情况表

表 4-91

姓　名	性别	荣誉称号	授予时间	授奖部门	所在单位
陈绮丽	女	省先进生产工作者	1959	省政府	沈家门小学
贺富钦	男	省文教方面社会主义建设先进工作者	1960	省人民政府	台门中心小学
楼新秋	女	省劳动模范	1979	省政府	沈家门小学
陈平文	女	省劳动模范	1988	省政府	沈家门小学
陈壬秋	女	省劳动模范	1994	省总工会	普陀中学

续表 4-91

姓　名	性别	荣誉称号	授予时间	授奖部门	所在单位
苗旭霞	女	省劳动模范	1999	省政府	沈家门小学
郑德伟	男	省劳动模范	2014	省教育厅	六横台门学校
应中锡	男	省优秀教师报晖奖	1989	省教育厅	沈家门小学
张淑女	女	省优秀教师	1983	省教育厅	朱家尖猫跳小学
周荷月	女	省优秀教师	1983	省教育厅	普陀中学
虞菊莲	女	省优秀教师	1983	省教育厅	六横悬山小学
王正言	女	省先进教师	1988	省教育厅	沈家门第二小学
苗旭霞	女	省优秀教师	1994	省教育厅	沈家门小学
张正民	男	省优秀教师	1994	省教育厅	展茅初级中学
刘惠娟	女	省优秀教师	1996	省教委	普陀中学
车秀珠	女	省优秀教师	1996	省教委	沈家门小学
方咏菊	女	省优秀教师	1999	省教委	普陀中学
程永清	男	省优秀教师	2002	省教育厅	普陀中学
何德清	男	省优秀教师	2004	省教育厅	普陀中学
刘习渊	男	省优秀教师	2007	省教育厅	普陀中学
叶松杰	男	省优秀教育工作者	1994	省教育厅	虾峙中心小学
唐汉成	男	省优秀教育工作者	1996	省教委	沈家门第一初级中学
徐铁骏	男	省优秀教育工作者	2000	省教委	普陀中学
周国岭	男	省优秀教育工作者	2000	省教委	普陀中学
李满成	男	省优秀教育工作者	2000	省教委	芦花初级中学
陈爱国	男	省优秀教育工作者	2000	省教委	沈家门第一小学
楼新秋	女	省“三八红旗手”	1983	省妇联	沈家门小学
陈壬秋	女	省“三八红旗手”	1994	省妇联	普陀中学
张飞霞	女	省三八红旗手	2008	省妇联	沈家门第一小学
苗旭霞	女	省师德楷模	1997	省教委	沈家门小学
蒋赛君	男	省师德楷模	2007	省教育厅	沈家门小学
江莲华	女	省师德楷模	2010	省教育厅	普陀中学
张玲娜	女	省师德楷模	2014	省教育厅	沈家门第四小学
苗旭霞	女	省师德楷模	1998	省教委	沈家门小学
蒋赛君	女	省师德楷模	2007	省教育工委省教育厅	沈家门小学
张飞霞	女	省师德楷模	2012	省教育厅	展茅小学
周善飞	女	省中小学优秀青年教师	1992	省教育厅	双塘初级中学
郭妙琴	女	省中小学优秀青年教师	1992	省教育厅	桃花中心小学
陈爱国	男	省中小学优秀青年教师	1992	省教育厅	芦花小学
刘惠娟	女	省中小学优秀青年教师	1996	省教委	普陀中学

省"春蚕奖"获得者情况表

表 4-92

姓　名	性别	荣誉称号	授予时间	授奖部门	所在单位
董菊清	女	省第二届春蚕奖	1989	省教育基金会	朱家尖西岙小学
吴用祥	男	省第二届春蚕奖	1989	省教育基金会	沈家门中学
邱承义	男	省第三届春蚕奖	1990	省教育基金会	双塘初级中学
张亚芬	男	省第三届春蚕奖	1990	省教育基金会	螺门中心小学
应志亚	男	省第三届春蚕奖	1990	省教育基金会	台门第四小学
蒋素亚	男	省第三届春蚕奖	1990	省教育基金会	虾峙黄石小学
徐惠珍	男	省第三届春蚕奖	1990	省教育基金会	沈家门第一初级中学
李云儿	女	省第四届春蚕奖	1991	省教育基金会	峧头中心小学
邬德范	男	省第四届春蚕奖	1991	省教育基金会	虾峙栅棚小学
贺伟莉	女	省第四届春蚕奖	1991	省教育基金会	桃花俺跟小学
徐正泰	男	省第四届春蚕奖	1991	省教育基金会	沈家门第五小学
颜忠利	男	省第四届春蚕奖	1991	省教育基金会	东极初级中学
何明胜	男	省第四届春蚕奖	1991	省教育基金会	沈家门职业学校
施月娟	男	省第五届春蚕奖	1992	省教育基金会	展茅中心小学
蒋忠连	男	省第五届春蚕奖	1992	省教育基金会	芦花中学
马秋松	男	省第五届春蚕奖	1992	省教育基金会	朱家尖中心小学
蒋荫康	男	省第六届春蚕奖	1993	省教育基金会	普陀中学
戴晓芬	女	省第六届春蚕奖	1993	省教育基金会	朱家尖中心小学
刘圣钦	男	省第六届春蚕奖	1993	省教育基金会	峧头中心小学
张正民	男	省第六届春蚕奖	1993	省教育基金会	展茅初中
陈茂法	男	省第七届春蚕奖	1994	省教育基金会	桃花中学
李赛飞	女	省第七届春蚕奖	1994	省教育基金会	六横中学
施剑影	男	省第七届春蚕奖	1994	省教育基金会	东极镇教办
应中锡	男	省第八届春蚕奖	1995	省教育基金会	沈家门小学
乐　波	男	省第八届春蚕奖	1995	省教育基金会	东极第二小学
林　蓓	男	省第八届春蚕奖	1995	省教育基金会	葫芦中心学校
车秀珠	女	省第九届春蚕奖	1996	省教育基金会	沈家门小学
郑伟丰	男	省第九届春蚕奖	1996	省教育基金会	普陀中学
刘汉娟	女	省第九届春蚕奖	1996	省教育基金会	六横双塘中心
张爱芬	女	省第十届春蚕奖	1997	省教育基金会	六横双塘中学
姜妙芬	女	省第十届春蚕奖	1997	省教育基金会	勾山中心小学
罗明谭	男	省第十届春蚕奖	1997	省教育基金会	沈家门职业中学
王志芬	女	省第十一届春蚕奖	1998	省教育基金会	朱家尖白沙中心
张永亨	男	省第十一届春蚕奖	1998	省教育基金会	峧头中心小学
袁久根	男	省第十二届春蚕奖	1999	省教育基金会	芦花中学
刘丽君	女	省第十二届春蚕奖	1999	省教育基金会	峧头中心小学
李静芬	女	省第十三届春蚕奖	2000	省教育基金会	蚂蚁岛中心学校

续表 4-92

姓　名	性别	荣誉称号	授予时间	授奖部门	所在单位
吴健康	男	省第十三届春蚕奖	2000	省教育基金会	厦林职中
应爱儿	女	省第十四届春蚕奖	2001	省教育基金会	双塘中心小学
庄爱国	男	省第十四届春蚕奖	2001	省教育基金会	六横中学
张忠骅	男	省第十五届春蚕奖	2002	省教育基金会	普陀中学
虞银珠	男	省第十五届春蚕奖	2002	省教育基金会	桃花小山头小学
顾大男	男	省第十六届春蚕奖	2003	省教育基金会	普陀中学
王春亚	女	省第十六届春蚕奖	2003	省教育基金会	普陀中学
余昌明	男	省第十七届春蚕奖	2004	省教育基金会	虾峙中心小学
陈爱南	女	省第十七届春蚕奖	2004	省教育基金会	桃花中心小学
张珠凤	女	省第十八届春蚕奖	2005	省教育基金会	蛟头石柱头小学
方咏菊	女	省第十九届春蚕奖	2006	省教育基金会	普陀中学
郑建国	男	省第二十届春蚕奖	2007	省教育基金会	台门中心小学
陆松儿	男	省二十一届春蚕奖	2008	省教育基金会	桃花中心小学
陈亚球	女	省二十一届春蚕奖	2008	省教育基金会	台门初级中学
王建军	男	省二十二届春蚕奖	2009	省教育基金会	蛟头初级中学
李英琴	女	省二十三届春蚕奖	2010	省教育基金会	沈家门第三小学
俞维杰	男	省二十四届春蚕奖	2012	省教育厅	蛟头初级中学
朱　敏	男	省二十四届春蚕奖	2012	省教育厅	普陀中学
徐婉霞	女	省二十五届春蚕奖	2014	省教育厅	沈家门小学
史旭波	女	省二十五届春蚕奖	2014	省教育厅	六横龙山小学

省“绿叶奖”获得者情况表

表 4-93

姓　名	性别	荣誉称号	授予时间	授奖部门	所在单位
乐玉龙	男	省第二届绿叶奖	1991	省教育基金会	六横双塘乡党委
王明堂	男	省第三届绿叶奖	1992	省教育基金会	六横台门镇政府
陈聪道	男	省第四届绿叶奖	1993	省教育基金会	普陀区委
张忠华	男	省第四届绿叶奖	1993	省教育基金会	区财税局
方　慧	男	省第四届绿叶奖	1993	省教育基金会	朱家尖开发有限公司
董志齐	男	省第五届绿叶奖	1994	省教育基金会	区公安分局
虞国民	男	省第五届绿叶奖	1994	省教育基金会	虾峙湖泥乡政府
朱国傲	男	省第六届绿叶奖	1995	省教育基金会	朱家尖镇政府
张孝康	男	省第七届绿叶奖	1996	省教育基金会	区关工委
应先锋	男	省第八届绿叶奖	1997	省教育基金会	区土管局
宋少祥	男	省第九届绿叶奖	1998	省教育基金会	东港开发有限公司
陶开明	男	省第十届绿叶奖	1999	省教育基金会	东港管委会
虞洁夫	男	省第十一届绿叶奖	2000	省教育基金会	普陀区政府
郑　珽	男	省二十二届绿叶奖	2012	省教育基金会	朱家尖街道办事处

省级其他荣誉获得者情况表

表 4−94

姓　名	性别	荣誉称号	授予时间	授奖部门	所在单位
钱银星	男	浙江省实验学校明星校长	1996	省教育学会、省教育研究会、省教育工会等 6 单位	沈家门小学
庄国平	男	省教育系统行风建设先进工作者	1998	省教委	教育局机关
王素华	女	省优秀少年儿童工作者	1983	省教育厅	沈家门小学
卓淑波	女	省中小学德育先进工作者	1991	省教育厅	沈家门第一小学
金国伟	男	省特殊教育先进个人	1996	省教委	教育局机关
江莲华	女	省中小学德育工作标兵	2000	省教育工委	普陀中学
邢仁招	男	省关心下一代先进个人	2000	省教育厅	省教委关工会
钱银星	男	省“星星火炬”事业功臣	2002	团省委、省教育厅、省少工委	沈家门小学
钱银星	男	省家庭教育先进工作者	1992	省教委、省妇联	沈家门小学
翁盈昌	男	省家庭教育先进个人	1993	省教委、省妇联	沈家门镇教办
钱银星	男	省家庭教育先进个人	1993	省教委、省妇联	沈家门小学
夏建军	男	省家庭教育先进工作者	1998	省妇联、省教委	台门中心小学
卓淑波	女	省优秀少先队辅导员	1989	省教育厅	沈家门小学
乐科亮	男	省少先队优秀辅导员	1996	团省委、省教委、省少工委	教育局机关
李朝颖	男	省少先队优秀辅导员	1996	团省委、省教委、省少工委	沈家门小学
邬丹维	女	省少先队优秀辅导员	1996	团省委、省教委、省少工委	舟渔子弟学校
毛华杰	男	省少先队优秀辅导员	1998	团省委、省教委	沈家门小学
刘立力	女	省少先队优秀辅导员	2002	团省委	沈家门小学
刘立力	女	省第四届“十佳少先队辅导员”	2007	团省委、省教厅	沈家门小学
徐婉霞	女	省少先队优秀辅导员	2013	团省委、省教厅	沈家门小学
陈　刚	男	省少先队优秀辅导员	2013	省少工委	沈家门第一小学
周水峰	男	省优秀班主任	1990	省教育厅	蛟头初级中学
苗旭霞	女	省优秀班主任	1992	省教育厅	沈家门小学
苗旭霞	女	省优秀班主任	1993	省教育厅	沈家门小学
江珊珊	女	浙江省智慧班主任	2014	省教育厅	沈家门第一小学
赖祖耀	男	省体育教学优秀工作者	1985	省教委、省体委	沈家门小学
李竹君	女	省优秀音乐教师	1994	省教育厅	沈家门小学
李　明	男	2005 年青少年科技、艺术教育先进工作者	2006	省教育厅	沈家门第三初级中学
丁科忠	男	省中小学实验工作、先进工作者	1994	省教育厅	桃花镇初级中学
陈秀富	男	省中小学实验工作先进工作者	1994	省教育厅	台门镇初级中学
梁辉清	男	省中小学实验室工作先进工作者	1996	省教委	沈家门第一初级中学
吕飞亚	女	省中小学实验室工作　先进工作者	1996	省教委	虾峙初级中学
刘全国	男	省中小学普陀实验教学工作先进个人	1998	省教委	教育局机关
郑德伟	男	省中小学普陀实验教学工作先进个人	1998	省教委	台门初级中学
史于琴	女	省教育考试工作先进个人	2016	省教育考试院	局考试中心

续表 4-94

姓　名	性别	荣誉称号	授予时间	授奖部门	所在单位
洪定龙	男	省教学仪器管理机构先进工作者	1991	省教育厅	教育局机关
邵志香	女	省教学仪器管理机构先进工作者	1991	省教育厅	六横峧头中心小学
应中锡	男	省电化教育先进工作者	1991	省教育厅	沈家门小学
周旭光	男	省电化教育先进工作者	1998	省教委	教育局机关
周旭光	男	省中小学图书馆(室)工作先进工作者	1998	省教委	虾峙镇中心小学
苗旭霞	女	省语言文字先进工作者	1992	省语委	沈家门小学
唐栽林	男	省语言文字工作先进个人	1997	省语委	教育局机关
刘建红	女	省语言文字工作先进个人	2010	省语委	沈家门第一小学
何明胜	男	省勤工俭学优秀工作者	1989	省教育厅	沈家门职业学校
张士孟	男	省教育统计先进工作者	1990	省教育厅	教育局机关
吴文兴	男	省勤工俭学先进工作者	1992	省教育厅	教育局校企
徐志平	男	省勤工俭学先进工作者	1994	省教育厅	沈家门中学印刷厂
李公章	男	省勤工俭学先进工作者	1994	省教育厅	桃花中心小学
沈志伦	男	省勤工俭学先进工作者	1998	省教委	教育局勤工俭学科
胡文兴	男	省勤工俭学先进工作者	1998	省教委	区教育印刷厂
刘优玲	女	省教育系统财会总务先进工作者	1989	省教育厅	教育局机关
孙　勉	男	省教育系统财会总务先进工作者	1989	省教育厅	教育局机关
陈国锋	男	省职工教育统计先进工作者	1997	省教委成教办	教育局机关
郑优珍	女	省教育系统档案先进工作者	1991	省教育厅	沈家门第一初级中学
鲁三多	男	省教育统计先进工作者	1997	省教委	区职教办
王优儿	女	省首届农村教师突出贡献奖	2009	省教育厅	六横中学
陈　君	女	省第二届农村教师突出贡献奖	2011	省教育厅	桃花中心小学
郑德伟	男	第三届省农村教师突出贡献奖	2013	省教育厅	六横台门学校
吴　斌	男	省高中会考先进工作者	1993	省教育厅	高中会考办公室
张志毅	女	省普通高校招生和研究生招生工作先进个人	1997	省高校招生委员会	教育局机关
宋瑞龙	男	省“普九”先进工作者	1997	省教委	双塘乡政府
余昌明	男	省“扫盲”先进工作者	1997	省教委	虾峙镇成校
张士孟	男	全国第三产业普查先进工作者	1994	省人民政府	教育局机关
胡　侃	男	省大中专学生志愿者暑期科技文化卫生“三下乡”社会实践实践活动先进个人	1999	团省委、省教委	普陀中学
方　维	女	大中专学生志愿者暑期科技文化卫生“三下乡”社会实践实践活动先进个人	2000	团省委、省教委	普陀中学
史学军	男	大中专学生志愿者暑期科技文化卫生“三下乡”社会实践实践活动先进个人	2000	团省委、省教委	普陀中学
王洲琼	男	省中学思想政治课优秀教师	1997	省委教工委、省教委	普陀中学
戚央娥	女	省教改优秀奖	2001	省教育学会、省教学科学研究院等四家单位	沈家门小学

市(地区)级优秀共产党员情况表

表 4-95

姓　名	性别	荣誉称号	授予时间	授奖部门	所在单位
楼新秋	女	优秀共产党员	1981	中共舟山地委	沈家门中心小学
楼新秋	女	优秀共产党员	1982	中共舟山地委	沈家门小学
楼新秋	女	优秀共产党员	1983	中共舟山地委	沈家门小学
周荷月	女	优秀共产党员	1983	中共舟山地委	普陀中学
楼新秋	女	市优秀共产党员	1985	中共舟山地委	沈家门小学
楼新秋	女	市优秀共产党员	1986	中共舟山地委	沈家门小学
杜忠发	男	市优秀共产党员	1987	中共舟山地委	鲁家峙学校
陈国辉	男	市优秀共产党员	1990	中共舟山地委	普陀中学
黄晴舟	女	市优秀共产党员	2003	中共舟山市委	普陀中学
朱　敏	男	市优秀共产党员	2005	中共舟山市委	普陀中学
童赛祎	女	市优秀共产党员	2011	中共舟山市委	普陀第二中学

市(地区)级先进(优秀)教师(工作者)情况表

表 4-96

姓　名	性别	荣誉称号	授予时间	授奖部门	所在单位
马秀峰	男	地级优秀教师	1952	宁波专署	沈家门第一小学
应中锡	男	地区教育战线先进工作者	1979	舟山地委行政公署	沈家门小学
李信芳	男	地区教育战线先进工作者	1979	舟山地委行政公署	普陀中学
应中锡	男	地区教育战线模范教育工作者	1980	舟山地委行政公署	沈家门小学
林优红	女	舟山地区新长征突击手	1985	共青团舟山地委	沈家门小学
陈军平	男	舟山市新长征突击手	1993	团市委	沈家门小学
应中锡	男	市第二届报晖奖	1989	市教育局	沈家门小学
张志毅	女	市“三八红旗手”	1997	市妇联	教育局机关
王素华	女	地区级先进教师	1984	地区教育局	沈家门小学
郑国昌	男	地区级先进教师	1984	地区教育局	沈家门第一小学
潘志飞	女	地区级先进教师	1984	地区教育局	桃花中心小学
王正言	女	地区级先进教师	1984	地区教育局	沈家门第二小学
刘生财	男	市基础教育先进工作者	1986	市人民政府	蚂蚁岛乡政府
王明堂	男	市基础教育先进工作者	1986	市人民政府	六横峧头镇政府
叶胜华	男	市基础教育先进工作者	1986	市人民政府	朱家尖区公所
徐莲娥	男	市基础教育先进工作者	1986	市人民政府	展茅乡政府
胡满龙	男	市基础教育先进工作者	1986	市人民政府	六横峧头镇政府
庄银昌	男	市基础教育先进工作者	1986	市人民政府	桃花区公所
刘胜程	男	市基础教育先进工作者	1986	市人民政府	朱家尖区公所
陈壬秋	女	市劳动模范	1993	市总工会	普陀中学
苗旭霞	女	市劳动模范	1998	市委市人民政府	沈家门小学
程永清	男	市劳动模范	2003	市委市人民政府	普陀中学
林　丽	女	市优秀教师	1989	市教育局	沈家门第五小学

续表 4-96-1

姓　名	性别	荣誉称号	授予时间	授奖部门	所在单位
周水峰	男	市优秀教师	1989	市教育局	蛟头初级中学
施月娟	女	市优秀教师	1989	市教育局	鲁家峙小学
吴信娣	女	市优秀教师	1989	市教育局	螺门中心小学
应志亚	女	市优秀教师	1989	市教育局	六横悬山小学
李启栋	男	市优秀教师	1989	市教育局	普陀中学
刘优芬	女	市优秀教师	1989	市教育局	东极黄兴中心小学
张裕良	男	市优秀教师	1989	市教育局	芦花中学
吕维芬	女	市优秀教师	1989	市教育局	虾峙中心小学
俞剑波	男	市优秀教师	1989	市教育局	六横中学
周纪全	男	市优秀教师	1994	市教育局	虾峙中心学校
张正民	男	市优秀教师	1994	市教育局	展茅初级中学
钱小海	男	市优秀教师	2000	市教委　市教育基金会	普陀第三中学
周水峰	男	市优秀教师	2000	市教委　市教育基金会	蛟头初级中学
程永清	男	市优秀教师	2000	市教委　市教育基金会	普陀中学
柳　飞	女	市优秀教师	2000	市教委　市教育基金会	朱家尖中心小学
郭妙琴	女	市优秀教师	2000	市教委　市教育基金会	沈家门小学
朱明文	女	市优秀教师	2002	市教育局	沈家门第一初级中学
何德清	男	市第二届优秀教师	2002	市教育局	普陀中学
范光亮	男	市第二届优秀教师	2002	市教育局	普陀中学
张　明	男	市第三届优秀教师	2004	市教育局市教育基金会	普陀中学
张海霞	女	市第三届优秀教师	2004	市教育局市教育基金会	普陀中学
刘海平	男	市第三届优秀教师	2004	市教育局市教育基金会	双塘小学
刘习渊	男	市第四届优秀教师	2006	市教育局市教育基金会	普陀中学
江莲华	女	市第四届优秀教师	2006	市教育局市教育基金会	普陀中学
张　默	男	市第四届优秀教师	2006	市教育局市教育基金会	普陀第三中学
张飞霞	女	市第四届优秀教师	2006	市教育局市教育基金会	沈家门第一小学
李舟君	女	市第五届优秀教师	2008	市教育局市教育基金会	普陀第二中学
金敏芝	女	市第五届优秀教师	2008	市教育局市教育基金会	普陀中学
王赛平	男	市第五届优秀教师	2008	市教育局市教育基金会	普陀中学
张鹏恩	男	市第五届优秀教师	2008	市教育局市教育基金会	沈家门第一初级中学
余海群	女	市第六届优秀教师	2010	市教育局市教育基金会	区职教中心
戚佩飞	女	市第六届优秀教师	2010	市教育局市教育基金会	六横中学
竺丽丽	女	市第六届优秀教师	2010	市教育局市教育基金会	舟渔学校
曹雷军	男	市第六届优秀教师	2010	市教育局市教育基金会	蛟头初级中学
徐婉霞	女	市第六届优秀教师	2010	市教育局市教育基金会	沈家门小学
刘建芬	女	市第七届优秀教师	2012	市教育局市教育基金会	普陀中学
杨　波	男	市第七届优秀教师	2012	市教育局市教育基金会	区职教中心
孙小红	女	市第七届优秀教师	2012	市教育局市教育基金会	沈家门第一初级中学
张玲燕	女	市第七届优秀教师	2012	市教育局市教育基金会	沈家门第三小学
缪　峰	男	市第七届优秀教师	2012	市教育局市教育基金会	沈家门第四小学

续表 4-96-2

姓　名	性别	荣誉称号	授予时间	授奖部门	所在单位
张成年	男	市第八届优秀教师	2014	市教育局市教育基金会	普陀中学
匡艳丽	女	市第八届优秀教师	2014	市教育局市教育基金会	普陀中学
陆权厅	女	市第八届优秀教师	2014	市教育局市教育基金会	普陀第三中学
李斌娜	女	市第八届优秀教师	2014	市教育局市教育基金会	普陀第二中学
王　凤	女	市第八届优秀教师	2014	市教育局市教育基金会	沈家门第一初级中学
缪俊荣	男	市第八届优秀教师	2014	市教育局市教育基金会	东港中学
周　峰	男	市第八届优秀教师	2014	市教育局市教育基金会	舟渔学校
李　娜	女	市模范教师	2014	市教育局市教育基金会	普陀中学
金燕娜	女	市模范教师	2014	市教育局市教育基金会	东港中学
丁艳红	女	市模范教师	2014	市教育局市教育基金会	沈家门小学
贺　苗	女	市模范教师	2014	市教育局市教育基金会	六横中心小学
夏信平	男	市优秀教育工作者	1989	市教育局	朱家尖中学
沈志伦	男	市优秀教育工作者	1989	市教育局	登步中心学校
张伟康	男	市优秀教育工作者	1989	市教育局	六横成教中心
余昌明	男	市优秀教育工作者	2000	市教委　市教育基金会	虾峙成校
张普明	男	市优秀教育工作者	2000	市教委　市教育基金会	蛟头中心小学
焦忠安	男	市优秀教育工作者	2002	市教育局	沈家门第一初级中学
徐铁骏	男	市优秀教育工作者	2002	市教育局	普陀中学
方咏菊	女	市优秀教育工作者	2006	市教育局市教育基金会	普陀中学
李诗芳	女	市优秀教育工作者	2006	市教育局市教育基金会	普陀第二中学
张　杰	男	市优秀教育工作者	2006	市教育局市教育基金会	普陀第二中学
袁海燕	女	市优秀教育工作者	2008	市教育局市教育基金会	沈家门第一小学
孙文波	男	市优秀教育工作者	2008	市教育局市教育基金会	沈家门第一小学
孙开雷	男	市优秀教育工作者	2010	市教育局市教育基金会	区职教中心
郭妙琴	女	市优秀教育工作者	2010	市教育局市教育基金会	沈家门小学
马丽雅	女	市优秀教育工作者	2012	市教育局市教育基金会	区中心幼儿园
周军海	男	市优秀教育工作者	2012	市教育局市教育基金会	朱家尖小学
詹为民	男	市优秀教育工作者	2014	市教育局市教育基金会	普陀中学
孙文波	男	市优秀教育工作者	2014	市教委　市教育基金会	沈家门第一小学
李　忠	男	市优秀教育工作者	2014	市教育局市教育基金会	展茅中心学校

市(地区)级“十佳”少先队辅导员情况表

表 4-97

姓　名	性别	荣誉称号	授予时间	授奖部门	所在单位
苗旭霞	女	市首届“十佳”少先队辅导员	1993	市教育局市少工委	沈家门小学
徐正泰	男	市首届“十佳”少先队辅导员	1993	市教育局市少工委	沈家门第五小学
夏　凤	女	市“十佳”少先队辅导员	1999	团市委、市教委、市少工委	沈家门第四小学
蒋赛君	女	市“十佳”少先队辅导员	1999	团市委、市教委、市少工委	沈家门小学
刘立力	女	市“十佳”少先队辅导员	2002	团市委、市教育局、市少工委	沈家门小学
徐　琼	女	市第四届“十佳”　少先队辅导员	2012	团市委、市教育局、市少工委	沈家门小学

市级其他先进情况表

表 4-98

姓　名	性别	荣誉称号	授予时间	授奖部门	所在单位
唐裁林	男	全民国防教育先进个人	1998	市委、市政府、市警备区	教育局机关
马永安	男	地区优秀团员	1959	舟山地区团委	朱家尖小学
刘幼玲	女	市优秀会计	1990	市政府	教育局机关
刘幼玲	女	舟山市先进会计工作者	1995	市政府	教育局机关
张惠康	男	市“十佳”成人教育　先进教师	1992	市教委	六横教育办公室
吴　彪	男	市“十佳”成人教育　先进教师	1992	市教委	六横职业技校
乐圣科	男	市“两基”工作先进个人	1996	市政府	六横峧头镇政府
王海伟	男	市“两基”工作先进个人	1996	市政府	蚂蚁岛中心学校
乐志道	男	市“两基”工作先进个人	1996	市政府	区财政局
陈飞跃	男	市“两基”工作先进个人	1996	市政府	桃花中心小学
郑建国	男	市“两基”工作先进个人	1996	市政府	台门中心小学
林　蕾	女	市参政议政先进个人	2012	市政协	沈家门第一初级中学

区（县）级优秀共产党员情况表

表 4-99

姓　名	性别	荣誉称号	授予时间	授奖部门	所在单位
郑加安	男	县优秀共产党员	1984	普陀县委	六横龙山乡中心学校
马永安	男	县优秀共产党员	1985	普陀县委	沈家门第一小学
杜忠法	男	县优秀共产党员	1986	普陀县委	六横悬山乡中心学校
李久香	女	区优秀共产党员	1988	区委	教育局机关
刘圣钦	男	区优秀共产党员	1988	区委	六横双塘中心小学
王健民	男	区优秀共产党员	1988	区委	六横教办
应景昌	男	区优秀共产党员	1988	区委	朱家尖顺母中心小学
应中锡	男	区优秀共产党员	1988	区委	沈家门小学
吴振达	男	区优秀共产党员	1988	区委	沈家门中学
刘云岳	男	区优秀共产党员	1989	区委	六横龙山小学
刘圣钦	男	区优秀共产党员	1991	区委	六横峧头小学
贺贤福	男	区优秀共产党员	1991	区委	六横台门中学
刘云岳	男	区优秀共产党员	1991	区委	六横龙山小学
虞万才	男	区优秀共产党员	1991	区委	六横双塘中心
顾定安	男	区优秀共产党员	1991	区委	朱家尖初级中学
冯友康	男	区优秀共产党员	1991	区委	沈家门第一小学
缪忠根	男	区优秀共产党员	1991	区委	芦花中学
张如成	男	区优秀共产党员	1991	区委	普陀中学
刘圣钦	男	区优秀共产党员	1992	区委	六横峧头小学
陆华仙	女	区优秀共产党员	1992	区委	六横双塘小学
冯友康	男	区优秀共产党员	1992	区委	沈家门第一小学
缪忠根	男	区优秀共产党员	1992	区委	芦花中学

续表 4-99-1

姓　名	性别	荣誉称号	授予时间	授奖部门	所在单位
应中锡	男	区优秀共产党员	1992	区委	沈家门小学
虞万才	男	区优秀共产党员	1993	区委	六横双塘中学
黄南阳	男	区优秀共产党员	1993	区委	六横峧头初级中学
李公章	男	区优秀共产党员	1993	区委	桃花中心小学
冯友康	男	区优秀共产党员	1993	区委	沈家门第一小学
张如成	男	区优秀共产党员	1993	区委	普陀中学
刘圣钦	男	区优秀共产党员	1994	区委	六横峧头中心小学
虞万才	男	区优秀共产党员	1994	区委	六横双塘小学
余本煦	男	区优秀共产党员	1994	区委	虾峙初级中学
水小存	男	区优秀共产党员	1994	区委	朱家尖初级中学
王共养	女	区优秀共产党员	1994	区委	沈家门第一小学
汪增范	男	区优秀共产党员	1994	区委	沈家门第三小学
应中锡	男	区优秀共产党员	1994	区委	沈家门小学
张忠骅	男	区优秀共产党员	1995	区委	普陀中学
黄廷禹	男	区优秀共产党员	1996	区委	沈家门第一小学
虞万才	男	区优秀共产党员	1996	区委	六横双塘小学
夏建军	男	区优秀共产党员	1996	区委	台门中心小学
水小存	男	区优秀共产党员	1996	区委	朱家尖初级中学
周国岭	男	区优秀共产党员	1996	区委	普陀中学
黄廷禹	男	区优秀共产党员	1997	区委	沈家门第一小学
蒋荫康	男	区优秀共产党员	1997	区委	普陀中学
夏建军	男	区优秀共产党员	1997	区委	台门中心小学
徐惠珍	女	区优秀共产党员	1997	区委	沈家门第一初级中学
虞姝霞	女	区优秀共产党员	1998	区委	沈家门第二小学
李　丹	女	区优秀共产党员	1998	区委	六横峧头中心小学
周水锋	男	区优秀共产党员	1998	区委	六横峧头初级中学
沃苏娣	女	区优秀共产党员	1998	区委	六横小湖小学
夏建军	男	区优秀共产党员	1998	区委	六横台门小学
周旭光	男	区优秀共产党员	1998	区委	虾峙中心小学
丁贤康	男	区优秀共产党员	1998	区委	蚂蚁岛中心学校
李志耷	男	区优秀共产党员	1998	区委	六横佛渡小学
钱银星	男	区优秀共产党员	1998	区委	沈家门小学
徐晓钟	男	区优秀共产党员	1998	区委	教研室仪器站
张忠骅	男	区优秀共产党员	1999	区委	普陀中学
车秀珠	女	区优秀共产党员	1999	区委	沈家门小学
王旭光	男	区优秀共产党员	1999	区委	朱家尖初级中学
叶松杰	男	区优秀共产党员	1999	区委	沈家门第四小学
周旭光	男	区优秀共产党员	1999	区委	教育局机关
王赛波	女	区优秀共产党员	2000	区委	沈家门第一小学
刘丽军	女	区优秀共产党员	2000	区委	朱家尖中心小学

续表 4-99-2

姓　名	性别	荣誉称号	授予时间	授奖部门	所在单位
陈　儿	女	区优秀共产党员	2000	区委	六横佛渡小学
李贤军	男	区优秀共产党员	2000	区委	展茅初级中学
庄爱国	男	区优秀共产党员	2000	区委	六横中学
顾银龙	男	区优秀共产党员	2000	区委	沈家门中学
王康珍	男	区优秀共产党员	2000	区委	虾峙初级中学
陆松儿	娜	区优秀共产党员	2000	区委	桃花中心小学
陈　虎	男	区优秀共产党员	2000	区委	普陀第二中学
刘勤飞	女	区优秀共产党员	2000	区委	东港小学
李满成	男	区优秀共产党员	2001	区委	芦花中学
陆华仙	女	区优秀共产党员	2001	区委	六横中心小学
张　明	男	区优秀共产党员	2002	区委	普陀中学
王　斌	男	区优秀共产党员	2002	区委	蛟头中学
刘萍珠	女	区优秀共产党员	2002	区委	沈家门第一初级中学
王康珍	男	区优秀共产党员	2002	区委	芦花中学
陈　君	女	区优秀共产党员	2002	区委	桃花中心小学
方咏菊	女	区优秀共产党员	2003	区委	普陀中学
刘忠灵	男	区优秀共产党员	2003	区委	芦花中学
陆华仙	女	区优秀共产党员	2003	区委	六横中心小学
张漫红	男	区优秀共产党员	2003	区委	普陀中学
卢金波	男	区优秀共产党员	2004	区委	普陀第三中学
刘勤飞	女	区优秀共产党员	2005	区委	东港小学
张海霞	女	区优秀共产党员	2006	区委	普陀中学
沃信科	男	区优秀共产党员	2006	区委	六横中学
李　斌	男	区优秀共产党员	2006	区委	区职教中心
陆松儿	男	区优秀共产党员	2006	区委	桃花中心小学
周磊斌	男	区优秀共产党员	2006	区委	沈家门第三小学
徐　岗	男	区优秀共产党员	2006	区委	展茅初级中学
姚海滨	男	区优秀共产党员	2006	区委	朱家尖小学
史久斌	男	区优秀共产党员	2006	区委	桃花中心小学
俞　红	女	区优秀共产党员	2006	区委	沈家门第一小学
钱小海	男	区优秀共产党员	2007	区委	普陀第三中学
周　燕	男	区优秀共产党员	2007	区委	区职教中心
乐　峰	男	区优秀共产党员	2007	区委	蛟头初级中学
陈飞飞	女	区优秀共产党员	2007	区委	普陀城建幼儿园
范秀女	女	区优秀共产党员	2007	区委	朱家尖中心小学
李凯新	男	区优秀共产党员	2007	区委	展茅初级中学
钱小海	男	区优秀共产党员	2007	区委	普陀第三中学
周　燕	女	区优秀共产党员	2007	区委	区职教中心
夏东旭	男	区优秀共产党员	2008	区委	六横台门小学
郭赛群	女	区优秀共产党员	2008	区委	普陀中学

续表 4-99-3

姓　名	性别	荣誉称号	授予时间	授奖部门	所在单位
邬学仕	男	区优秀共产党员	2008	区委	沈家门小学
刘建芬	女	区优秀共产党员	2011	区委	普陀中学
王　斌	男	区优秀共产党员	2011	区委	教育局机关
刘碧颖	女	区优秀共产党员	2012	区委	螺门小学
周岳全	男	区优秀共产党员	2012	区委	普陀中学
袁孝海	男	区先锋模范党员	2013	区委	普陀第三中学
虞建培	男	区优秀共产党员	2013	区委	东港街道成校
夏林海	男	区优秀共产党员	2014	区委	六横中学
黄伟宏	男	区优秀共产党员	2014	区委	东港中学

区(县)级劳动模范情况表

表 4-100

姓　名	性别	荣誉称号	授予时间	授奖部门	所在单位
李信芳	男	县劳动模范	1979	县委、县政府	普陀中学
吴维梁	男	县劳动模范	1981	县委、县政府	普陀中学
牟永朝	男	县劳动模范	1981	县委、县政府	朱家尖中心学校
陈平文	女	县劳动模范	1981	县委、县政府	沈家门小学
楼新秋	女	县劳动模范	1981	县委、县政府	沈家门小学
张淑女	女	县劳动模范	1982	县委、县政府	朱家尖猫跳小学
周荷月	女	县劳动模范	1982	县委、县政府	普陀中学
王素华	女	县劳动模范	1982	县委、县政府	沈家门小学
王正言	女	县劳动模范	1983	县委、县政府	沈家门第二小学
郑国昌	男	县劳动模范	1983	县委、县政府	沈家门第一小学
张如成	男	县劳动模范	1983	县委、县政府	普陀中学
郑仕根	男	县劳动模范	1983	县委、县政府	五星中心小学
楼新秋	女	县劳动模范	1984	县委、县政府	沈家门小学
陈平文	女	县劳动模范	1984	县委、县政府	沈家门小学
陈平文	女	县劳动模范	1986	县委、县政府	沈家门小学
王素华	女	区劳动模范	1989	区委、区政府	沈家门小学
陈壬秋	女	区劳动模范	1990	区委、区政府	普陀中学
徐惠珍	女	区劳动模范	1993	区委、区政府	沈家门第一初级中学
张正民	男	区劳动模范	1993	区委、区政府	展茅初级中学
蒋素雅	女	区劳动模范	1996	区委、区政府	虾峙黄石小学
张普明	男	区劳动模范	2007	区委、区政府	朱家尖小学
郑德伟	男	区劳动模范	2010	区委、区政府	台门初级中学

区(县)级先进工作者情况表

表 4-101

姓　名	性别	荣誉称号	授予时间	授奖部门	所在单位
蒋央彬	男	县先进工作者	1982	县委、县政府	沈家门第一初级中学
孟芸清	女	县先进工作者	1982	县委、县政府	沈家门第一初级中学

续表 4-101-1

姓　名	性别	荣誉称号	授予时间	授奖部门	所在单位
陈亦男	女	县先进工作者	1982	县委、县政府	朱家尖初级中学
蒋央彬	男	县先进工作者	1983	县委、县政府	沈家门第一初级中学
孟芸清	女	县先进工作者	1983	县委、县政府	沈家门第一初级中学
潘志飞	女	县先进工作者	1984	县委、县政府	朱家尖初级中学
丁悦文	男	县先进工作者	1985	县委、县政府	沈家门第一初级中学
郑晓棣	男	区先进工作者	1986	县委、县政府	沈家门中学
王素华	女	区先进工作者	1986	县委、县政府	沈家门小学
王正言	女	区先进工作者	1986	县委、县政府	沈家门第二小学
丁悦文	男	区先进工作者	1986	县委、县政府	教育局教研室、区教师进修学校
庄国平	男	区先进工作者	1986	县委、县政府	沈家门中学
何明胜	男	区先进工作者	1986	县委、县政府	沈家门职校
倪云飞	女	区先进工作者	1986	县委、县政府	区中心幼儿园
虞菊莲	女	区先进工作者	1986	县委、县政府	六横悬山小学
陈国平	男	区先进工作者	1986	县委、县政府	黄石中心学校
张淑女	女	区先进工作者	1986	县委、县政府	朱家尖小学
董菊清	女	区先进工作者	1986	县委、县政府	朱家尖西岙小学
沈志伦	男	区先进工作者	1986	县委、县政府	登步中心学校
翁信芬	女	区先进工作者	1986	县委、县政府	螺门初级中学
郑晓棣	男	区先进工作者	1988	区委、区政府	沈家门中学
何明星	男	区先进工作者	1988	区委、区政府	沈家门职校
王素华	女	区先进工作者	1988	区委、区政府	沈家门小学
陈建民	男	区先进工作者	1988	区委、区政府	沈家门第一初级中学
陈亦男	男	区先进工作者	1988	区委、区政府	朱家尖中学
王健民	男	区先进工作者	1988	区委、区政府	六横教办
虞菊莲	女	区先进工作者	1988	区委、区政府	六横悬山小学
徐正泰	男	区先进工作者	1988	区委、区政府	沈家门第五小学
沈志伦	男	区先进工作者	1988	区委、区政府	登步中心小学
陈富国	男	区先进工作者	1988	区委、区政府	勾山中心小学
林　丽	女	区先进工作者	1989	区委、区政府	沈家门小学
虞菊莲	女	区先进工作者	1989	区委、区政府	六横悬山小学
邱承义	男	区先进工作者	1989	区委、区政府	双塘初级中学
李启栋	男	区先进工作者	1989	区委、区政府	六横中学
张亚芬	女	区先进工作者	1989	区委、区政府	东极小学
倪云飞	女	区先进工作者	1989	区委、区政府	区中心幼儿园
吕湘潮	男	区先进工作者	1989	区委、区政府	朱家尖初级中学
李满成	男	区先进工作者	1989	区委、区政府	虾峙初级中学
沈志伦	男	区先进工作者	1989	区委、区政府	登步中心学校
焦忠安	男	区先进工作者	1989	区委、区政府	东极初级中学
乐加舜	男	区先进工作者	1989	区委、区政府	六横龙山中学
刘丽军	女	区先进工作者	1990	区委、区政府	六横峧头中心学校

续表 4-101-2

姓　名	性别	荣誉称号	授予时间	授奖部门	所在单位
李云儿	女	区先进工作者	1990	区委、区政府	六横峧头初级中心学校
顾永国	女	区先进工作者	1990	区委、区政府	朱家尖中学
梁莲珠	女	区先进工作者	1990	区委、区政府	东极中心小学
陈建国	男	区先进工作者	1990	区委、区政府	沈家门第四小学
沈志伦	男	区先进工作者	1990	区委、区政府	登步中心学校
徐惠珍	女	区先进工作者	1990	区委、区政府	沈家门第一初级中学
姜妙芬	女	区先进工作者	1990	区委、区政府	勾山中心小学
应富强	男	区先进工作者	1990	区委、区政府	六横职校
黄伟宏	男	区先进工作者	1990	区委、区政府	芦花中学
翁翠元	女	区先进工作者	1990	区委、区政府	勾山中心小学
沈美芬	女	区先进工作者	1990	区委、区政府	沈家门第二小学
施月娟	女	区先进工作者	1991	区委、区政府	展茅中心小学
徐惠珍	女	区先进工作者	1991	区委、区政府	沈家门第一初级中学
洪亚君	女	区先进工作者	1991	区委、区政府	沈家门小学
徐正泰	男	区先进工作者	1991	区委、区政府	沈家门第五小学
周善飞	女	区先进工作者	1991	区委、区政府	双塘初级中学
王玉兴	男	区先进工作者	1991	区委、区政府	双塘小学
叶松杰	男	区先进工作者	1991	区委、区政府	虾峙中心小学
焦忠安	男	区先进工作者	1991	区委、区政府	沈家门第三初级中学
张松珠	男	区先进工作者	1991	区委、区政府	蚂蚁岛中心小学
陈壬秋	女	区先进工作者	1992	区委、区政府	普陀中学
钱银星	男	区先进工作者	1992	区委、区政府	沈家门小学
王共养	女	区先进工作者	1992	区委、区政府	沈家门第一小学
徐正泰	男	区先进工作者	1992	区委、区政府	沈家门第五小学
董　鸥	男	区先进工作者	1992	区委、区政府	普陀中学
蒋素亚	女	区先进工作者	1992	区委、区政府	黄石小学
周善飞	女	区先进工作者	1992	区委、区政府	双塘初级中学
虞菊莲	女	区先进工作者	1992	区委、区政府	六横悬山小学
余昌明	男	区先进工作者	1992	区委区政府	虾峙成校
张满菊	女	区先进工作者	1993	区委、区政府	螺门小学
余昌明	男	区先进生产工作者	1993	区委、区政府	虾峙镇成人文化技术学校
李赛飞	女	区先进生产工作者	1993	区委、区政府	六横中学
周纪全	男	区先进生产工作者	1993	区委、区政府	虾峙镇中心小学
徐正泰	男	区先进生产工作者	1993	区委、区政府	沈家门第五小学
钱银星	男	区先进生产工作者	1993	区委、区政府	沈家门小学
徐惠珍	男	区先进生产工作者	1993	区委、区政府	沈家门第一小学
李胜利	男	区先进生产工作者	1993	区委、区政府	桃花初级中学
陈壬秋	女	区先进生产工作者	1993	区委、区政府	普陀中学
周旭光	男	区先进工作者	1994	区委、区政府	虾峙中心小学
翁佩君	女	区先进工作者	1994	区委、区政府	沈家门第五小学

续表 4-101-3

姓　名	性别	荣誉称号	授予时间	授奖部门	所在单位
史志舜	男	区先进工作者	1994	区委、区政府	螺门初级中学
余昌明	男	区先进工作者	1994	区委、区政府	虾峙成校
李静芬	女	区先进工作者	1994	区委、区政府	蚂蚁岛中心学校
冯友康	男	区先进工作者	1994	区委、区政府	沈家门第二小学
徐惠珍	女	区先进工作者	1994	区委、区政府	沈家门第一小学
钱银星	男	区先进工作者	1994	区委、区政府	沈家门小学
张正民	男	区先进工作者	1994	区委、区政府	展茅初级中学
李梅菊	女	区先进工作者	1994	区委、区政府	台门小学
王春亚	女	区先进工作者	1994	区委、区政府	台门初级中学
江莲华	女	区先进工作者	1995	区委、区政府	普陀中学
黄式君	女	区先进工作者	1995	区委、区政府	沈家门第二小学
杨桂芬	女	区先进工作者	1995	区委、区政府	朱家尖中学
陈美娜	女	区先进工作者	1995	区委、区政府	沈家门第一小学
杨亚珠	女	区先进工作者	1995	区委、区政府	六横五星小学
郑素娣	女	区先进工作者	1995	区委、区政府	区中心幼儿园
陆华仙	女	区先进工作者	1996	区委、区政府	蛟头中心小学
冯友康	男	区先进工作者	1996	区委、区政府	沈家门第二小学
苗文英	女	区先进工作者	1996	区委、区政府	沈家门小学
龚张安	男	区先进工作者	1996	区委、区政府	朱家尖初级中学
程永清	男	区先进工作者	1996	区委、区政府	普陀中学
黄忠良	男	区先进工作者	1996	区委、区政府	平阳中心小学
胡文兴	男	区先进工作者	1996	区委、区政府	教育局校企
周荷月	女	区先进生产工作者	1997	区委、区政府	普陀中学
刘　鑫	男	区先进生产工作者	1997	区委、区政府	沈家门第一初级中学
车秀珠	女	区先进生产工作者	1997	区委、区政府	沈家门小学
冯友康	男	区先进生产工作者	1997	区委、区政府	沈家门教办
王旭光	男	区先进生产工作者	1997	区委、区政府	虾峙初级中学
刘丽君	女	区先进生产工作者	1998	区委、区政府	蛟头中心小学
俞小萍	女	区先进生产工作者	1998	区委、区政府	普陀第二中学
王明忠	男	区先进生产工作者	1998	区委、区政府	螺门小学
王少领	男	区先进生产工作者	1998	区委、区政府	虾峙中学
方咏菊	女	区先进生产工作者	1998	区委、区政府	普陀中学
蔡彩球	女	区先进生产工作者	1998	区委、区政府	普陀第二中学
陈建明	男	区先进生产工作者	1998	区委、区政府	教育局机关
程永清	男	区先进工作者	1999	区委、区政府	普陀中学
李诗芳	女	区先进工作者	1999	区委、区政府	普陀第二中学
金信根	男	区先进工作者	1999	区委、区政府	普陀第三中学
李满成	男	区先进工作者	1999	区委、区政府	芦花中学
赵战江	男	区先进工作者	1999	区委、区政府	登步中心小学
何德清	男	区先进工作者	2000	区委、区政府	普陀第二中学

续表 4-101-4

姓　名	性别	荣誉称号	授予时间	授奖部门	所在单位
阮志康	男	区先进工作者	2000	区委、区政府	普陀第三中学
周宏儿	女	区先进工作者	2000	区委、区政府	普陀第二中学
陆林海	男	区先进工作者	2000	区委、区政府	教育局机关
金亚南	女	区先进工作者	2000	区委、区政府	六横中心小学
严文安	男	区先进工作者	2000	区委、区政府	沈家门第一初级中学
孙开雷	男	区先进工作者	2002	区委、区政府	区职教中心
刘　鑫	男	区先进工作者	2002	区委、区政府	东港中学
郭妙琴	女	区先进工作者	2002	区委、区政府	沈家门小学
陈军平	男	区先进工作者	2003	区委、区政府	沈家门小学
江莲华	女	区先进工作者	2004	区委、区政府	普陀中学
李胜利	男	区先进工作者	2004	区委、区政府	普陀第二中学
郑建国	男	区先进工作者	2004	区委、区政府	六横中心小学
朱　敏	男	区先进工作者	2005	区委、区政府	普陀中学
李诗芳	女	区先进工作者	2005	区委、区政府	普陀第二中学
孙开雷	男	区先进工作者	2005	区委、区政府	区职教中心
王优松	男	区先进工作者	2005	区委、区政府	沈家门第一初级中学
戚南凤	女	区先进工作者	2006	区委、区政府	沈家门小学
阮志康	男	区先进工作者	2006	区委、区政府	普陀三中
孙开雷	男	区先进工作者	2006	区委、区政府	区职教中心
郑　勇	男	区先进工作者	2006	区委、区政府	普陀第二中学
王优松	男	区先进工作者	2006	区委、区政府	沈家门第一初级中学
戚南凤	女	区先进工作者	2006	区委、区政府	沈家门小学
周　波	男	区先进工作者	2007	区委、区政府	普陀中学
竺和平	男	区先进工作者	2007	区委、区政府	区成教中心
詹为民	男	区先进工作者	2008	区委、区政府	普陀中学
刘忠灵	男	区先进工作者	2008	区委、区政府	普陀第二中学
张飞霞	女	区先进工作者	2008	区委、区政府	沈家门第一小学
顾银龙	男	区先进工作者	2009	区委、区政府	区职教中心
胡官道	男	区先进工作者	2009	区委、区政府	普陀第二中学
周磊斌	男	区先进工作者	2009	区委、区政府	沈家门第三小学
刘志平	男	区先进工作者	2010	区委、区政府	沈家门第一初级中学
王康珍	男	区先进工作者	2010	区委、区政府	芦花中学
朱　敏	男	区先进工作者	2010	区委、区政府	普陀中学
王方平	男	区先进工作者	2011	区委、区政府	普陀第三中学
乐明辉	女	区先进工作者	2011	区委、区政府	沈家门小学
胡迎红	女	区先进工作者	2011	区委、区政府	六横实验幼儿园
虞文学	男	区先进工作者	2012	区委、区政府	普陀中学
应土成	男	区先进工作者	2012	区委、区政府	朱家尖初级中学
唐莞芬	女	区先进工作者	2012	区委、区政府	沈家门小学

区(县)级育才奖获得者情况表

表 4-102

姓　名	性别	荣誉称号	授予时间	授奖部门	所在单位
娄最娣	女	区育才奖	1988	区委、区政府	对峙小学
刘芳菲	女	区育才奖	1988	区委、区政府	沈家门第三初级中学
李公章	男	区育才奖	1989	区委、区政府	桃花中心小学
刘勤飞	女	区 93 年度育才奖	1994	区委、区政府	登步中心小学
赵信昌	男	区 97 年度育才奖	1998	区委、区政府	普陀中学
戴自斌	男	区 97 年度育才奖	1998	区委、区政府	普陀中学
朱　敏	男	区 97 年度育才奖	1998	区委、区政府	普陀中学
黄晴舟	女	区 97 年度育才奖	1998	区委、区政府	普陀中学
蔡彩球	女	区 97 年度育才奖	1998	区委、区政府	普陀第二中学
阮志康	男	区 97 年度育才奖	1998	区委、区政府	芦花中学
黄伟宏	男	区 97 年度育才奖	1998	区委、区政府	芦花中学
陈种根	男	区 97 年度育才奖	1998	区委、区政府	沈家门中学
钟峰军	男	区 97 年度育才奖	1998	区委、区政府	六横中学
谢　真	男	区 97 年度育才奖	1998	区委、区政府	沈家门职业中学
周增斌	男	区 97 年度育才奖	1998	区委、区政府	校花中学
陈修德	男	区 97 年度育才奖	1998	区委、区政府	六横职业技校
宋勇敏	男	区 97 年度育才奖	1998	区委、区政府	沈家门第一初级中学
王优松	男	区 97 年度育才奖	1998	区委、区政府	沈家门第一初级中学
洪伟根	男	区 97 年度育才奖	1998	区委、区政府	沈家门第一初级中学
陈美娣	女	区 97 年度育才奖	1998	区委、区政府	沈家门小学
戚央滇	女	区 97 年度育才奖	1998	区委、区政府	沈家门小学
王赛波	女	区 97 年度育才奖	1998	区委、区政府	沈家门第一小学
虞姝霞	女	区 97 年度育才奖	1998	区委、区政府	沈家门第四小学
翁佩君	女	区 97 年度育才奖	1998	区委、区政府	沈家门第五小学
刘宝婷	女	区 97 年度育才奖	1998	区委、区政府	沈家门第五小学
芮旦娜	女	区 97 年度育才奖	1998	区委、区政府	平阳中心学校
刘勤飞	女	区 97 年度育才奖	1998	区委、区政府	鲁家峙小学
黄廷禹	男	区 96 年度育才奖	1996	区委、区政府	沈家门第一小学
车秀珠	女	区 97 年度育才奖	1998	区委、区政府	沈家门小学
林志龙	男	区 97 年度育才奖	1998	区委、区政府	展茅中心小学
史志舜	男	区 97 年度育才奖	1998	区委、区政府	螺门中心小学
姚幸儿	女	区 97 年度育才奖	1998	区委、区政府	朱家尖中学
邬爱萍	女	区 97 年度育才奖	1998	区委、区政府	朱家尖中心小学
陆松儿	男	区 97 年度育才奖	1998	区委、区政府	桃花中心小学
余安国	男	区 97 年度育才奖	1998	区委、区政府	登步初级中学
王素亚	男	区 97 年度育才奖	1998	区委、区政府	登步小学
颜松华	男	区 97 年度育才奖	1998	区委、区政府	蚂蚁岛乡中心
王少领	男	区 97 年度育才奖	1998	区委、区政府	虾峙中学
蒋韩艳	女	区 97 年度育才奖	1998	区委、区政府	虾峙中心小学
周水峰	男	区 97 年度育才奖	1998	区委、区政府	峧头中学

续表 4-102-1

姓　名	性别	荣誉称号	授予时间	授奖部门	所在单位
郑仕根	男	区 97 年度育才奖	1998	区委、区政府	六横五星小学
郑裕杰	男	区 97 年度育才奖	1998	区委、区政府	六横龙山小学
刘优雅	女	区 97 年度育才奖	1998	区委、区政府	双塘初级中学
张惠娟	女	区 97 年度育才奖	1998	区委、区政府	双塘小学
李红海	男	区 97 年度育才奖	1998	区委、区政府	台门初级中学
郑德伟	男	区 97 年度育才奖	1998	区委、区政府	台门初级中学
黄亚儿	女	区 97 年度育才奖	1998	区委、区政府	蛟头中心小学
贺林峰	男	区 97 年度育才奖	1998	区委、区政府	六横台门中心
俞全位	男	区 97 年度育才奖	1998	区委、区政府	佛渡中心小学
张家斌	男	区 97 年度育才奖	1998	区委、区政府	东极初级中学
陈全波	男	区 97 年度育才奖	1998	区委、区政府	东极中心小学
叶卓娜	女	区 97 年度育才奖	1998	区委、区政府	区中心幼儿园
胡迎红	女	区 97 年度育才奖	1998	区委、区政府	区实验幼儿园
周信土	男	区 97 年度育才奖	1998	区委、区政府	勾山中心小学
刘继昌	男	区 97 年度育才奖	1998	区委、区政府	朱家尖成校
徐晓钟	男	区 97 年度育才奖	1998	区委、区政府	教育局机关
张忠根	男	区 97 年度育才奖	1998	区委、区政府	教育局教研室、区教师进修学校
张亚芬	女	区 97 年度育才奖	1998	区委、区政府	东极小学
何春文	男	区 97 年度育才奖	1998	区委、区政府	葫芦中心小学
张信军	男	区育才奖	2000	区委、区政府	普陀中学
金晓红	男	区育才奖	2000	区委、区政府	沈家门中学
刘萍珠	女	区育才奖	2000	区委、区政府	沈家门第一初级中学
严飞君	女	区育才奖	2000	区委、区政府	双塘初级中学
王佳平	男	区育才奖	2000	区委、区政府	台门初级中学
吴荷娣	女	区育才奖	2000	区委、区政府	沈家门第六小学
胡夏君	女	区育才奖	2000	区委、区政府	沈家门第二小学
刘松军	男	区育才奖	2000	区委、区政府	鲁家峙小学
郑加安	男	区育才奖	2000	区委、区政府	教育局教研室、区教师进修学校
俞维杰	男	区育才奖	2002	区委、区政府	普陀第二中学
郭妙琴	女	区育才奖	2002	区委、区政府	沈家门小学
徐兴龙	男	区育才奖	2002	区委、区政府	展茅中心小学
马国民	男	区育才奖	2002	区委、区政府	朱家尖初级中学
史久斌	男	区育才奖	2002	区委、区政府	桃花中心小学
乐　峰	男	区育才奖	2002	区委、区政府	蛟头初级中学
陆华仙	女	区育才奖	2002	区委、区政府	六横中心小学
俞苏儿	女	区育才奖	2002	区委、区政府	双塘小学
丁碧芬	女	区育才奖	2002	区委、区政府	台门初级中学
马丽雅	女	区育才奖	2002	区委、区政府	区实验幼儿园
潘旭东	男	区育才奖	2002	区委、区政府	沈家门第五小学
陈种根	男	区育才奖	2002	区委、区政府	教育局教研室、区教师进修学校

续表 4-102-2

姓　名	性别	荣誉称号	授予时间	授奖部门	所在单位
李飞鸿	男	区育才奖	2002	区委、区政府	沈家门第一初级中学
李维儿	女	区育才奖	2003	区委、区政府	六横中心小学
陈建民	男	区育才奖	2004	区委、区政府	普陀第二中学
虞建培	男	区育才奖	2004	区委、区政府	普陀第二中学
刘忠灵	男	区育才奖	2004	区委、区政府	普陀第二中学
李满成	男	区育才奖	2004	区委、区政府	普陀第二中学
周剑挺	男	区育才奖	2004	区委、区政府	沈家门第一初级中学
朱明文	女	区育才奖	2004	区委、区政府	沈家门第一初级中学
龚燕波	女	区育才奖	2004	区委、区政府	沈家门第一初级中学
李德飞	男	区育才奖	2004	区委、区政府	台门小学
贺林峰	男	区育才奖	2004	区委、区政府	沈家门第一小学
张芝芬	女	区育才奖	2004	区委、区政府	沈家门第三小学
林海存	男	区育才奖	2004	区委、区政府	朱家尖初级中学
曹燕萍	女	区育才奖	2004	区委、区政府	六横中心小学
杨亚珠	女	区育才奖	2004	区委、区政府	六横中心小学
张亚珍	女	区育才奖	2004	区委、区政府	教育局教研室、区教师进修学校
金晓红	女	区育才奖	2006	区委、区政府	普陀第三中学
孙建平	男	区育才奖	2006	区委、区政府	普陀第三中学
陈　龙	男	区育才奖	2006	区委、区政府	区职教中心
叶泳泳	男	区育才奖	2006	区委、区政府	普陀第二中学
史文成	男	区育才奖	2006	区委、区政府	沈家门第一初级中学
虞海军	男	区育才奖	2006	区委、区政府	东港中学
赵后平	男	区育才奖	2006	区委、区政府	东港中学
田启录	男	区育才奖	2006	区委、区政府	东港中学
王康珍	男	区育才奖	2006	区委、区政府	芦花中学
胡海忠	男	区育才奖	2006	区委、区政府	芦花中学小学部
李　忠	男	区育才奖	2006	区委、区政府	展茅初级中学
余月素	女	区育才奖	2006	区委、区政府	朱家尖初级中学
王瑶娟	女	区育才奖	2006	区委、区政府	六横中心小学
俞苏儿	女	区育才奖	2006	区委、区政府	双塘小学
刘森林	男	区育才奖	2007	区委、区政府	普陀第三中学
单南华	男	区育才奖	2007	区委、区政府	普陀第三中学
庄爱国	男	区育才奖	2007	区委、区政府	六横中学
何德清	男	区育才奖	2007	区委、区政府	普陀第二中学
江翠戎	女	区育才奖	2007	区委、区政府	沈家门第一初级中学
唐莞芬	女	区育才奖	2007	区委、区政府	沈家门小学
陆苏珍	女	区育才奖	2007	区委、区政府	东港小学
陆松儿	女	区育才奖	2007	区委、区政府	沈家门第一小学
胡海忠	男	区育才奖	2007	区委、区政府	芦花中学小学部
王彩萍	女	区育才奖	2007	区委、区政府	螺门小学
屠文映	女	区育才奖	2007	区委、区政府	朱家尖初级中学

续表 4-102-3

姓　名	性别	荣誉称号	授予时间	授奖部门	所在单位
郑　辉	男	区育才奖	2007	区委、区政府	蛟头初级中学
余静君	女	区育才奖	2007	区委、区政府	区实验幼儿园
潘旭东	男	区育才奖	2007	区委、区政府	教育局教研室、区教师进修学校
周岳全	男	区育才奖	2009	区委、区政府	普陀中学
周亚君	女	区育才奖	2009	区委、区政府	普陀第三中学
郑　浩	男	区育才奖	2009	区委、区政府	区职教中心
朱成成	男	区育才奖	2009	区委、区政府	东港中学
张　英	女	区育才奖	2009	区委、区政府	沈家门小学
陆　芳	女	区育才奖	2009	区委、区政府	沈家门小学
陈　飞	女	区育才奖	2009	区委、区政府	东港小学
孙泽明	男	区育才奖	2009	区委、区政府	沈家门第一小学
王志芬	女	区育才奖	2009	区委、区政府	沈家门第一小学
张小飞	女	区育才奖	2009	区委、区政府	沈家门第四小学
王　萍	女	区育才奖	2009	区委、区政府	展茅中心小学
钟世国	男	区育才奖	2009	区委、区政府	朱家尖中心小学
张兵雷	男	区育才奖	2009	区委、区政府	桃花初级中学
胡苗飞	女	区育才奖	2009	区委、区政府	蛟头初级中学
吴汉荣	男	区育才奖	2009	区委、区政府	教育局教研室、区教师进修学校
张　明	男	区育才奖	2010	区委、区政府	普陀中学
洪　璆	女	区育才奖	2010	区委、区政府	普陀第三中学
庄存良	男	区育才奖	2010	区委、区政府	普陀第三中学
陈虞鸿	男	区育才奖	2010	区委、区政府	区职教中心
庄玲玲	女	区育才奖	2010	区委、区政府	区职教中心
袁　璇	女	区育才奖	2010	区委、区政府	沈家门第一初级中学
尤信国	男	区育才奖	2010	区委、区政府	沈家门第一初级中学
李立峰	男	区育才奖	2010	区委、区政府	东港中学
叶优娜	女	区育才奖	2010	区委、区政府	东港中学
丁　军	男	区育才奖	2010	区委、区政府	朱家尖初级中学
夏爱敏	女	区育才奖	2010	区委、区政府	沈家门第一小学
徐　琼	女	区育才奖	2010	区委、区政府	东港小学
施汗波	女	区育才奖	2010	区委、区政府	沈家门第四小学
杨君丽	女	区育才奖	2010	区委、区政府	鲁家峙小学
宋红芳	女	区育才奖	2010	区委、区政府	勾山中心小学
陈虞鸿	男	区育才奖	2011	区委、区政府	区职教中心
庄玲玲	女	区育才奖	2011	区委、区政府	区职教中心
袁　璇	女	区育才奖	2011	区委、区政府	沈家门第一初级中学
尤信国	男	区育才奖	2011	区委、区政府	沈家门第一初级中学
丁　军	男	区育才奖	2011	区委、区政府	朱家尖初级中学
李　琼	女	区育才奖	2013	区委、区政府	六横实验幼儿园
鲁秀儿	女	区育才奖	2013	区委、区政府	普陀中学
孙安成	男	区育才奖	2013	区委、区政府	普陀第二中学

续表 4-102-4

姓　名	性别	荣誉称号	授予时间	授奖部门	所在单位
袁　芳	女	区育才奖	2013	区委、区政府	沈家门第一初级中学
王梅红	女	区育才奖	2013	区委、区政府	东港中学
吕飞亚	女	区育才奖	2013	区委、区政府	舟渔学校
史瑞勇	男	区育才奖	2013	区委、区政府	蚂头初级中学
殷风雷	女	区育才奖	2013	区委、区政府	沈家门小学
张善娜	女	区育才奖	2013	区委、区政府	沈家门第一小学
翁优红	女	区育才奖	2013	区委、区政府	螺门小学
施书本	男	区育才奖	2013	区委、区政府	朱家尖小学
何定康	男	区育才奖	2013	区委、区政府	教育局教研室、区教师进修学校
杨　琼	女	区育才奖	2013	区委、区政府	区成教中心
史旭波	女	区育才奖	2013	区委、区政府	六横龙山小学
丁永清	男	区育才奖	2013	区委、区政府	希望小学
林岳平	男	区育才奖	2013	区委、区政府	勾山小学

区(县)优秀教育工作者、优秀(先进)教师情况表

表 4-103

姓　名	性别	荣誉称号	授予时间	授奖部门	所在单位
钟来琪	男	县级先进教育工作者	1982	县委、县政府	六横中学
黄爱国	男	区先进教师	1998	区委、区政府	沈家门第三初级中学
徐铁骏	男	区优秀教育工作者	2000	区委、区政府	普陀中学
周国岭	男	区优秀教育工作者	2000	区委、区政府	普陀中学
李满成	男	区优秀教育工作者	2000	区委、区政府	芦花中学
陈爱国	男	区优秀教育工作者	2000	区委、区政府	沈家门第一小学
王志刚	男	区优秀教育工作者	2002	区委、区政府	沈家门第一初级中学
汪增范	男	区优秀教育工作者	2002	区委、区政府	沈家门小学
王建军	男	区优秀教育工作者	2002	区委、区政府	蚂头初级中学
赵永根	男	区优秀教育工作者	2002	区委、区政府	沈家门第三初级中学
钱小海	男	区优秀教育工作者	2004	区委、区政府	普陀第三中学
赵赴东	男	区优秀教育工作者	2004	区委、区政府	区督导室
刘　鑫	男	区优秀教育工作者	2005	区委、区政府	沈家门第三初级中学
沃信科	男	区优秀教育工作者	2006	区委、区政府	六横中学
王　斌	男	区优秀教育工作者	2006	区委、区政府	蚂头初级中学
刘松军	男	区优秀教育工作者	2006	区委、区政府	沈家门第四小学
潘旭东	男	区优秀教育工作者	2006	区委、区政府	教育局教研室、区教师进修学校
汤志伟	男	区优秀教育工作者	2007	区委、区政府	区职教中心
王志刚	男	区优秀教育工作者	2007	区委、区政府	沈家门第一初级中学
陈种根	男	区优秀教育工作者	2007	区委、区政府	教育局教研室、区教师进修学校
应和军	男	区优秀教育工作者	2007	区委、区政府	区成教中心
史文成	男	区优秀教育工作者	2009	区委、区政府	沈家门第一初级中学
周丹娜	女	区优秀教育工作者	2009	区委、区政府	沈家门小学
李雷杰	男	区优秀教育工作者	2009	区委、区政府	沈家门第三小学

续表 4-103-1

姓　名	性别	荣誉称号	授予时间	授奖部门	所在单位
倪　菲	女	区优秀教育工作者	2009	区委、区政府	桃花中心小学
李　琼	女	区优秀教育工作者	2009	区委、区政府	中心幼儿园
顾银龙	男	区优秀教育工作者	2010	区委、区政府	区职教中心
孙安成	男	区优秀教育工作者	2010	区委、区政府	普陀第二中学
应土成	男	区优秀教育工作者	2010	区委、区政府	朱家尖初级中学
毛华杰	男	区优秀教育工作者	2010	区委、区政府	勾山中心小学
夏佩锋	女	区优秀教育工作者	2010	区委、区政府	六横中心小学
应土成	男	区优秀教育工作者	2011	区委、区政府	朱家尖初级中学
周亚君	女	区优秀教育工作者	2013	区委、区政府	普陀第三中学
吴　芳	女	区优秀教育工作者	2013	区委、区政府	东港中学
朱波娜	女	区优秀教育工作者	2013	区委、区政府	沈家门第四小学
李　琼	女	区优秀教育工作者	2013	区委、区政府	六横实验幼儿园
陈丹娜	女	区优秀教育工作者	2013	区委、区政府	虾峙小学
吴汉荣	男	县级先进教师	1983	县委、县政府	六横中学
缪惠忠	男	区级先进教师	1988	区委、区政府	沈家门第三初级中学
江莲华	女	区优秀教师	2000	区委、区政府	普陀中学
庄爱国	男	区优秀教师	2000	区委、区政府	六横中学
张光龙	男	区优秀教师	2000	区委、区政府	厦林职校
李凯新	男	区优秀教师	2000	区委、区政府	展茅初级中学
田启录	男	区优秀教师	2000	区委、区政府	黄石初级中学
郭学军	男	区优秀教师	2000	区委、区政府	台门初级中学
孙文波	男	区优秀教师	2000	区委、区政府	沈家门第一小学
张飞霞	女	区优秀教师	2000	区委、区政府	沈家门第一小学
童雪君	女	区优秀教师	2000	区委、区政府	螺门中心小学
叶卓娜	女	区优秀教师	2000	区委、区政府	区中心幼儿园
谢明海	男	区优秀教师	2002	区委、区政府	普陀中学
刘森林	男	区优秀教师	2002	区委、区政府	普陀第三中学
俞剑波	男	区优秀教师	2002	区委、区政府	普陀第二中学
薛黎明	男	区优秀教师	2002	区委、区政府	沈家门小学
李　薇	女	区优秀教师	2002	区委、区政府	沈家门小学
徐亚飞	女	区优秀教师	2002	区委、区政府	区中心幼儿园
潘最飞	女	区优秀教师	2004	区委、区政府	东港中学
汤志伟	男	区优秀教师	2004	区委、区政府	区职教中心
徐婉霞	女	区优秀教师	2004	区委、区政府	沈家门小学
邹飞波	女	区优秀教师	2004	区委、区政府	沈家门小学
杨　琼	女	区优秀教师	2004	区委、区政府	东港小学
王赛波	女	区优秀教师	2004	区委、区政府	沈家门第一小学
刘权永	女	区优秀教师	2004	区委、区政府	区实验幼儿园
唐盛际	男	区优秀教师	2004	区委、区政府	区成教中心
刘华波	男	区优秀教师	2004	区委、区政府	芦花中学
张红霞	女	区优秀教师	2006	区委、区政府	普陀中学

续表 4-103-2

姓　名	性别	荣誉称号	授予时间	授奖部门	所在单位
孙宏达	男	区优秀教师	2006	区委、区政府	普陀第三中学
史飞君	女	区优秀教师	2006	区委、区政府	普陀第三中学
翁素君	女	区优秀教师	2006	区委、区政府	普陀第二中学
孙小红	女	区优秀教师	2006	区委、区政府	沈家门第一初级中学
丁伟萍	女	区优秀教师	2006	区委、区政府	沈家门小学
孙泽明	男	区优秀教师	2006	区委、区政府	沈家门第一小学
刘春燕	女	区优秀教师	2006	区委、区政府	沈家门第一小学
林慧珍	女	区优秀教师	2006	区委、区政府	沈家门第三小学
江莲华	女	区优秀教师	2007	区委、区政府	普陀中学
谢明海	男	区优秀教师	2007	区委、区政府	普陀中学
刘洪波	男	区优秀教师	2007	区委、区政府	普陀中学
徐红辉	男	区优秀教师	2007	区委、区政府	普陀第三中学
张幼娜	女	区优秀教师	2007	区委、区政府	区职教中心
毛宏光	男	区优秀教师	2007	区委、区政府	普陀第二中学
林秀莲	女	区优秀教师	2007	区委、区政府	东港中学
丁曙霞	女	区优秀教师	2007	区委、区政府	沈家门第一小学
叶华女	女	区优秀教师	2007	区委、区政府	区中心幼儿园
胡建芬	女	区优秀教师	2007	区委、区政府	教育局教研室、区教师进修学校
曹悦舒	女	区优秀教师	2009	区委、区政府	普陀中学
张军朝	男	区优秀教师	2009	区委、区政府	普陀第三中学
朱玲娜	女	区优秀教师	2009	区委、区政府	普陀第二中学
孙小红	女	区优秀教师	2009	区委、区政府	沈家门第一初级中学
徐婉霞	女	区优秀教师	2009	区委、区政府	沈家门小学
谢燕红	女	区优秀教师	2009	区委、区政府	沈家门第一小学
俞　红	女	区优秀教师	2009	区委、区政府	沈家门第一小学
周　莹	女	区优秀教师	2009	区委、区政府	勾山中心小学
吴明锋	男	区优秀教师	2009	区委、区政府	展茅初级中学
余月素	女	区优秀教师	2009	区委、区政府	朱家尖初级中学
邵武兵	男	区优秀教师	2010	区委、区政府	普陀中学
陈　松	男	区优秀教师	2010	区委、区政府	普陀中学
阮志康	男	区优秀教师	2010	区委、区政府	普陀第三中学
陆权厅	女	区优秀教师	2010	区委、区政府	普陀第三中学
周祥华	男	区优秀教师	2010	区委、区政府	六横中学
洪水凤	女	区优秀教师	2010	区委、区政府	舟渔子弟学校
胡苗飞	女	区优秀教师	2010	区委、区政府	峧头初级中学
贺屈女	女	区优秀教师	2010	区委、区政府	沈家门第一小学
虞莉莉	女	区优秀教师	2010	区委、区政府	沈家门第四小学
胡建芬	女	区优秀教师	2010	区委、区政府	教育局教研室、区教师进修学校
周海燕	女	区优秀教师	2013	区委、区政府	普陀第三中学
虞燕芬	女	区优秀教师	2013	区委、区政府	区职教中心
陈羽中	女	区优秀教师	2013	区委、区政府	普陀第二中学

续表 4-103-3

姓　名	性别	荣誉称号	授予时间	授奖部门	所在单位
顾定安	男	区优秀教师	2013	区委、区政府	东港中学
刘安兵	男	区优秀教师	2013	区委、区政府	沈家门小学
乐婉珠	女	区优秀教师	2013	区委、区政府	勾山小学
李玲燕	女	区优秀教师	2013	区委、区政府	虾峙小学
贺　苗	女	区优秀教师	2013	区委、区政府	六横中心幼儿园
毛慧祎	女	区优秀教师	2013	区委、区政府	区中心幼儿园
杜佩珍	女	区优秀教师	2013	区委、区政府	区实验幼儿园

区级敬业奉献先进个人情况表

表 4-104

姓　名	性别	荣誉称号	授予时间	授奖部门	所在单位
张玲娜	女	最美普陀人	2013	区委、区政府	沈家门第四小学
洪显朝	男	普陀好人	2014	区委、区政府	普陀第三中学
来国祥	男	区道德模范	2014	区委、区政府	朱家尖小学

区级“十佳人民满意教师”（含特殊荣誉）情况表

表 4-105

姓　名	性别	荣　誉　称　号	授予时间	授奖部门	所在单位
洪显朝	男	区见义勇为先进个人	2003	教育局	普陀第三中学
郭赛群	女	区教育系统首届“十佳人民满意教师”（局级）	2011	区教育局	普陀中学
王娉娉	女	区教育系统首届“十佳人民满意教师”	2011	区教育局	普陀第三中学
陈恒波	男	区教育系统首届“十佳人民满意教师”	2011	区教育局	区职教中心
董珍飞	女	区教育系统首届“十佳人民满意教师”	2011	区教育局	沈家门第一初级中学
潘最飞	女	区教育系统首届“十佳人民满意教师”	2011	区教育局	东港中学
余月素	女	区教育系统首届“十佳人民满意教师”	2011	区教育局	朱家尖中学
钟亿文	女	区教育系统首届“十佳人民满意教师”	2011	区教育局	沈家门小学
张飞霞	女	区教育系统首届“十佳人民满意教师”	2011	区教育局	展茅中心小学
张玲娜	女	区教育系统首届“十佳人民满意教师”	2011	区教育局	沈家门第四小学
张珠凤	女	区教育系统首届“十佳人民满意教师”	2011	区教育局	六横中心小学
李　娜	女	区教育系统第二届“十佳人民满意教师”	2014	区教育局	普陀中学
邬舟燕	女	区教育系统第二届“十佳人民满意教师”	2014	区教育局	普陀第三中学
夏林海	男	区教育系统第二届“十佳人民满意教师”	2014	区教育局	六横中学
冯小平	男	区教育系统第二届“十佳人民满意教师”	2014	区教育局	普陀第二中学
金燕娜	女	区教育系统第二届“十佳人民满意教师”	2014	区教育局	东港中学
丁艳红	女	区教育系统第二届“十佳人民满意教师”	2014	区教育局	沈家门小学
戚巧燕	女	区教育系统第二届“十佳人民满意教师”	2014	区教育局	沈家门第一小学
姚碧君	女	区教育系统第二届“十佳人民满意教师”	2014	区教育局	沈家门第四小学
贺　苗	女	区教育系统第二届“十佳人民满意教师”	2014	区教育局	六横中心小学
刘燕飞	女	区教育系统第二届“十佳人民满意教师	2014	区教育局	虾峙学校

省级(含)教科研先进情况表

表 4-106

姓　名	性别	荣誉称号	授予时间	授奖部门	所在单位
钱银星	男	国家级教育科研积极分子	1994	中央教科所	沈家门小学
戴建明	男	省教科研先进个人	2000	省教委	教育局教科室
周旭光	男	省教科研先进个人	2000	省教委	教育局机关
陈军平	男	省教育科研先进工作者	2007	省教育科学规划领导小组、省教科院	沈家门小学
孙文波	男	省教育科研先进个人	2009	省教科院	沈家门第一小学
徐豪壮	男	省教科研先进个人	2013	省教科所	沈家门第一初级中学

第五节　中小学专业技术骨干教师

表 4-107

(一)省特级教师

姓　名	性别	出生年月	籍　贯	学科名称	评定批次与年份	评定时所在单位
陈平文	女	1934.6	浙江镇海	小学数学	第 2 批 /1981	沈家门小学
向联谊	男	1935.8	浙江宁波	高中地理	第 3 批 /1986	普陀中学
陈国辉	男	1935.9	上海	高中政治	第 4 批 /1990	普陀中学
钱银星	男	1944.12	浙江普陀	小学语文	第 6 批 /1998	沈家门小学
余展照	男	1962.8	浙江宁波	高中数学	第 6 批 /1998	沈家门职校
潘旭东	男	1962.4	浙江普陀	小学数学	第 7 批 /2000	沈家门第五小学
高慧娜	女	1960.6	浙江普陀	小学数学	第 7 批 /2000	沈家门第一小学
方咏菊	女	1956.10	浙江定海	高中英语	第 7 批 /2000	普陀中学
程永清	男	1964.1	浙江永康	高中物理	第 9 批 /2006	普陀中学
吴红伟	男	1973.8	浙江普陀	信息技术	第 11 批 /2014	普陀中学

表 4-108

(二)市级正高级教师

姓　名	性别	出生年月	籍　贯	学科名称	评定时间	评定时所在单位
张成年	男	1972.11	浙江普陀	高中英语	2013.6	普陀中学
江莲华	女	1968.11	福建泉州	高中语文	2013.6	普陀中学
张海霞	女	1967.1	浙江普陀	高中生物	2013.6	普陀中学
朱　敏	男	1962.9	浙江普陀	高中数学	2013.6	普陀中学
虞燕芬	女	1973.12	浙江岱山	职高旅游	2013.6	区职教中心
翁素君	女	1972.2	浙江普陀	初中英语	2013.6	普陀第二中学
薛黎明	男	1969.11	浙江普陀	中小学体育	2013.6	沈家门小学
孙文波	男	1968.11	浙江普陀	小学数学	2013.6	沈家门第一小学
潘旭东	男	1962.4	浙江普陀	小学数学	2013.6	区教研室(教师进修学校)
胡建芬	女	1964.5	浙江宁海	初中科学	2013.6	区教研室
童赛祎	女	1965.8	浙江岱山	初中历史与社会	2013.6	区教研室
金伟民	男	1972.9	浙江嵊泗	中小学美术	2013.6	区教研室

表 4-109

(三)省中小学名师

姓　名	性别	出生年月	籍　贯	学科名称	评定时间	评定时所在单位
何德清	男	1962.8	浙江兰溪	高中语文	2001	普陀中学
郭妙琴	女	1962.10	浙江普陀	小学语文	2001	沈家门小学

表 4-110

（四）省教坛新秀

姓　名	性别	出生年月	籍　贯	学科名称	评定时间	评定时所在单位
郑文燕	女	1965.1	浙江普陀	历史	1991	沈家门中学
潘旭东	男	1962.4	浙江普陀	数学	1991	桃花中心小学
周旭光	男	1965.7	浙江普陀	小学语文	1994	虾峙中心小学
刘旭军	男	1964.11	浙江普陀	小学科学	1998	沈家门小学
马秀珍	女	1966.1	浙江普陀	高中生化	2000	沈家门职业中学
江莲华	女	1968.11	福建泉州	初中语文	2003	普陀中学
邵武兵	男	1974.2	浙江普陀	高中物理	2006	普陀中学
余海群	女	1978.11	浙江普陀	初中语文	2011	区职教中心
娄月红	女	1980.3	浙江普陀	旅游	2013	区职教中心

表 4-111

（五）市、区专业技术人才

姓　名	性别	出生年月	人才类别	学科名称	评定时间	工作单位
刘森林	男	1960.4	市首届学科教学带头人	高中历史	1999	沈家门中学
周国岭	男	1969.9	市首届学科教学带头人	高中体育	1999	普陀中学
丁　曙	男	1968.8	市首届学科教学带头人	高中体育	1999	普陀中学
方咏菊	女	1956.10	市首届学科教学带头人	高中英语	1999	普陀中学
何德清	男	1962.8	市首届学科教学带头人	初中语文	1999	普陀第二中学
蔡彩球	女	1955.2	市首届学科教学带头人	初中英语	1999	普陀第二中学
卓松良	男	1947.7	市首届学科教学带头人	初中语文	1999	普陀第二中学
胡建芬	女	1964.5	市首届学科教学带头人	初中科学	1999	沈家门第一初级中学
朱明文	女	1961.5	市首届学科教学带头人	初中数学	1999	沈家门第一初级中学
孙文波	男	1968.11	市首届学科教学带头人	小学数学	1999	沈家门小学
高慧娜	女	1960.6	市首届学科教学带头人	小学数学	1999	沈家门第一小学
苗旭霞	女	1948.3	市首届学科教学带头人	小学语文	1999	沈家门小学
李竹君	女	1945.3	市首届学科教学带头人	小学音乐	1999	沈家门小学
郭妙琴	女	1962.10	市首届学科教学带头人	小学语文	1999	沈家门小学
陈国辉	男	1935.9	市首届学科教学带头人	高中政治	1999	教科室
余展昭	男	1962.8	市首届学科教学带头人	高中数学	1999	沈家门职业中学
钱银星	男	1944.12	市首届学科教学带头人	小学语文	1999	沈家门小学
翁舟梁	男	1972.2	市学科带头人	小学体育	2001	沈家门第四小学
徐铁骏	男	1961.10	市跨世纪学术和技术带头人后备人才	高中物理	1999	普陀中学
唐汉成	男	1962.5	市跨世纪学术和技术带头人后备人才	初中科学	1999	普陀第二中学
高慧娜	女	1960.6	市跨世纪学术和技术带头人后备人才	小学数学	1999	沈家门第一小学
何德清	男	1962.8	市跨世纪学术和技术带头人后备人才	高中语文	2001	普陀中学
潘旭东	男	1962.4	市跨世纪学术和技术带头人后备人才	小学数学	2001	教研室（教师进修学校）
俞　凯	男	1957.10	市跨世纪学术和技术带头人后备人才	初中数学	2001	教研室
戴建明	男	1965.11	市跨世纪学术和技术带头人后备人才	初中生物	2001	区教科室
程永清	男	1964.1	市新世纪学术和技术带头人后备人员	高中物理	2002	普陀中学

续表 4-111-1

姓　名	性别	出生年月	人才类别	学科名称	评定时间	工作单位
沈士军	男	1950.10	市新世纪学术和技术带头人后备人员	高中语文	2002	普陀中学
张信军	男	1957.7	市新世纪学术和技术带头人后备人员	高中物理	2002	普陀中学
李诗芳	女	1956.12	市新世纪学术和技术带头人后备人员	初中语文	2002	普陀中学
朱明文	女	1961.5	市新世纪学术和技术带头人后备人员	初中数学	2002	沈家门第一初级中学
孙文波	男	1968.11	市新世纪学术和技术带头人后备人员	小学数学	2002	沈家门第一小学
陈雪芬	女	1957.8	市新世纪学术和技术带头人后备人员	初中英语	2002	教研室
范光亮	男	1963.10	市新世纪学术和技术带头人后备人员	初中英语	2002	区成教中心
朱　敏	男	1962.9	市新世纪学术和技术带头人后备人员	高中数学	2004	普陀中学
刘习渊	男	1964.9	市新世纪学术和技术带头人、 市“111 人才工程”第二层次培养对象	高中地理	2004	普陀中学
张　杰	男	1965.11	市新世纪学术和技术带头人后备人员	初中数学	2004	普陀第二中学
胡建芬	女	1964.5	市新世纪学术和技术带头人后备人员	初中科学	2004	教研室
董　鸥	男	1967.12	市新世纪学术和技术、 市“111 人才工程”第三层次培养对象带头人后备人员	高中语文	2006	普陀中学
张红霞	女	1970.3	市新世纪学术和技术、 市“111 人才工程”第三层次培养对象带头人后备人员	高中英语	2006	普陀中学
曹信芬	女	1966.12	市新世纪学术和技术带头人后备人员、 市“111 人才工程”第三层次培养对象	高中历史	2006	普陀中学
丁　曙	男	1968.8	市新世纪学术和技术带头人后备人员、 市“111 人才工程”第三层次培养对象	高中体育	2006	普陀中学
吴红伟	男	1973.8	市新世纪学术和技术带头人后备人员、 市“111 人才工程”第三层次培养对象	高中信息技术	2006	普陀中学
何德清	男	1962.8	市新世纪学术和技术带头人、 市“111 人才工程”第二层次培养对象	初中语文	2006	普陀第二中学
孙文波	男	1968.11	市第三届中小学学科教学带头人	小学数学	2006	沈家门第一小学
程永清	男	1964.1	区优秀专业人才	高中物理	2006	普陀中学
方咏菊	女	1956.10	区优秀专业人才	高中英语	2006	普陀中学
孙开雷	男	1957.10	区优秀专业人才	烹　饪	2006	职教中心
潘旭东	男	1962.4	区优秀专业人才	小学数学	2006	教研室(教师进修学校)
戴建明	男	1965.11	区优秀专业人才	初中生物	2006	区教科室
程永清	男	1964.1	区第三届优秀专业人才	高中物理	2009	普陀中学
方咏菊	女	1956.10	区第三届优秀专业人才	高中英语	2009	普陀中学
孙开雷	男	1957.10	区第三届优秀专业人才	烹　饪	2009	区职教中心
何德清	男	1962.8	区第三届优秀专业人才	初中语文	2009	普陀第二中学
郭妙琴	女	1962.10	区第三届优秀专业人才	小学语文	2009	沈家门小学
潘旭东	男	1962.4	区第三届优秀专业人才	小学数学	2009	区教育局教研室 （教师进修学校）
戴建明	男	1965.11	区第三届优秀专业人才	初中生物	2009	教科室

表 4-112

（六）1987—2014 年县（区）中学高级教师

姓　名	性别	籍　贯	出生年月	所任学科	确认时间	所在单位
陈国辉	男	上海	1935.2	高中政治	1987.11	普陀中学
汪　涛	男	浙江余姚	1943.9	高中政治	1988.3	普陀中学
向联谊	男	浙江宁波	1935.8	高中地理	1988.3	普陀中学
戴自斌	男	浙江鄞县	1942.10	高中数学	1988.3	普陀中学
郑晓棣	女	浙江乐清	1936.7	高中语文	1988.3	普陀中学
赵信昌	男	浙江普陀	1940.10	高中英语	1988.3	普陀中学
吴桂龄	女	陕西西安	1938.7	高中化学	1988.3	普陀中学
蒋荫康	男	江苏无锡	1937.12	高中历史	1988.3	普陀中学
张　瑛	女	江苏	1933.12	高中化学	1988.3	普陀中学
顾柳松	男	浙江普陀	1937.6	高中生物	1988.3	普陀中学
吴维梁	男	浙江普陀	1924.11	高中体育	1988.3	普陀中学
陈钦琦	男	浙江东阳	1938.7	高中化学	1988.3	沈家门中学
汤晓耕	男	浙江普陀	1938.8	中学语文教研	1988.3	教研室
陈平文	女	浙江镇海	1934.6	小学数学教研	1988.4	教研室
李素琴	女	浙江鄞县	1936.11	高中语文	1988.4	普陀中学
王素华	女	浙江普陀	1940.10	小学语文	1988.5	沈家门小学
林　雄	男	福建福州	1930.2	高中语文	1988.6	普陀中学
殷德刚	男	江苏	1943.5	高中语文	1988.6	普陀中学
钱家宽	男	浙江宁波	1930.11	高中地理	1988.6	普陀中学
郭碧英	女	浙江惠安	1937.6	初中生物	1988.6	普陀中学
谢文吾	女	浙江绍兴	1933.4	初中语文	1988.6	普陀中学
李良骅	男	浙江镇海	1941.10	高中数学	1988.6	沈家门中学
吴振达	男	浙江象山	1930.8	高中历史	1988.6	沈家门中学
陈根棣	男	浙江金华	1937.11	职高语文	1988.6	沈家门职中
孙定芳	男	浙江奉化	1941.1	中学物理教研	1988.6	教研室
丁明信	男	浙江普陀	1942.5	中学英语	1988.6	市外事办
戴志康	男	浙江普陀	1943.4	初中语文	1988.6	市教委
严剑萍	女	浙江绍兴	1944.11	高中生物	1989.12	普陀中学
郭献明	男	浙江普陀	1939.10	中学语文教研	1989.12	教研室
李启栋	男	浙江温州	1941.12	高中体育	1990.12	普陀中学
林　沌	男	浙江普陀	1943.11	高中数学	1990.12	沈家门中学
苏元淞	男	上海	1946.10	高中物理	1991.12	普陀中学
李鼎康	男	天津	1943.12	高中语文	1991.12	普陀中学
魏秀娟	女	浙江普陀	1938.4	高中数学	1991.12	普陀中学
卢金波	男	吉林	1949.5	高中语文	1993.9	普陀中学
贝来宣	男	浙江奉化	1934.8	初中物理	1993.10	普陀中学
章瑞惠	女	浙江普陀	1946.11	高中英语	1993.10	沈家门中学
王文祥	男	浙江慈溪	1942.4	高中英语	1994.11	普陀中学
罗明潭	男	浙江台州	1940.10	职高语文	1994.11	沈家门职中
寿保夫	男	浙江诸暨	1937.10	初中社会	1994.11	沈家门第一初级中学

续表 4-112-1

姓　名	性别	籍　贯	出生年月	所任学科	确认时间	所在单位
袁洪洲	男	上海	1946.7	电化教研	1994.11	教研室
唐家胜	男	浙江普陀	1939.10	政治教研	1994.11	教研室
沈士军	男	安徽	1950.10	高中语文	1994.12	普陀中学
朱圣廉	男	上海	1946.1	中学美术	1995.11	普陀中学
余　锋	男	浙江长兴	1941.8	高中政治	1995.11	普陀中学
张忠骅	男	浙江普陀	1946.10	高中化学	1995.11	普陀中学
张裕良	男	浙江普陀	1954.3	高中政治	1995.11	普陀中学
周荷月	女	浙江普陀	1951.10	高中英语	1995.11	普陀中学
朱少苇	男	浙江普陀	1935.9	中学劳技	1995.11	沈家门中学
张勇卫	男	浙江普陀	1945.4	生物教研	1995.11	教研室
钱银星	男	浙江普陀	1944.12	小学语文	1995.12	沈家门小学
任　华	男	浙江普陀	1942.9	初中政治	1996.11	普陀中学
刘森林	男	浙江岱山	1960.4	高中历史	1996.11	普陀中学
张明安	男	浙江定海	1963.4	高中数学	1996.11	普陀中学
顾大男	男	浙江普陀	1949.3	高中物理	1996.11	普陀中学
余秋仙	女	浙江临海	1948.8	高中语文	1996.11	沈家门中学
谢安甫	男	上海	1938.10	高中体育	1996.11	沈家门中学
朱振远	男	山东	1946.2	职高数学	1996.11	沈家门职中
何再乐	男	浙江普陀	1958.7	数学教研	1996.11	教研室
陈雪芬	女	浙江普陀	1957.10	英语教研	1996.11	教研室
陈利伟	男	浙江普陀	1962.2	高中化学	1997.11	普陀中学
陈壬秋	女	上海	1950.8	初中数学	1997.11	普陀中学
方咏菊	女	浙江普陀	1956.10	高中英语	1997.11	普陀中学
卓松良	男	浙江普陀	1947.7	初中语文	1997.11	普陀中学
史国平	男	浙江普陀	1955.3	高中化学	1997.11	沈家门中学
张友良	男	浙江普陀	1941.6	高中体育	1997.11	沈家门中学
俞忠定	男	浙江普陀	1955.12	高中数学	1997.11	六横中学
余展昭	男	浙江宁波	1962.8	职高数学	1997.11	沈家门职中
金雄鹏	男	浙江普陀	1950.6	化学教研	1997.11	教研室
范光亮	男	浙江普陀	1963.10	高中英语	1998.11	普陀中学
王国平	男	浙江普陀	1961.6	高中化学	1998.11	普陀中学
徐铁骏	男	浙江普陀	1961.10	高中物理	1998.11	普陀中学
张信军	男	浙江普陀	1957.7	高中物理	1998.11	普陀中学
朱　敏	男	浙江普陀	1962.9	高中数学	1998.11	普陀中学
陈种根	男	浙江象山	1959.8	高中物理	1998.11	沈家门中学
史舟山	男	山东	1956.5	高中地理	1998.11	沈家门中学
徐谋正	男	浙江普陀	1941.11	高中语文	1998.11	沈家门中学
吴汉荣	男	浙江宁海	1960.6	高中语文	1998.11	六横中学
庄爱国	男	浙江普陀	1955.4	高中数学	1998.11	六横中学
蔡彩球	女	浙江岱山	1955.2	初中英语	1998.11	普陀第二中学

续表 4-112-2

姓　名	性别	籍　贯	出生年月	所任学科	确认时间	所在单位
龚佩渝	女	上海	1946.2	初中自然	1998.11	普陀第二中学
吕克煌	男	浙江宁波	1941.10	初中自然	1998.11	普陀第二中学
童秀兰	女	上海	1945.1	初中语文	1998.11	普陀第二中学
丁悦文	男	浙江普陀	1940.6	初中英语	1998.11	督导室
徐晓钟	男	浙江普陀	1948.5	电教教研	1998.11	教研室
严美芬	女	浙江宁波	1944.6	成教	1998.11	区成教中心
苗旭霞	女	浙江普陀	1948.3	小学语文	1998.12	沈家门小学
高慧娜	女	浙江普陀	1960.6	小学数学	1998.12	沈家门第一小学
戚央娥	女	浙江普陀	1955.5	小数教研	1998.12	教研室
李竹君	女	浙江普陀	1945.3	小学音乐	1999.11	沈家门小学
虞姝霞	女	浙江普陀	1956.11	小学数学	1999.11	沈家门第二小学
程永清	男	浙江永康	1964.1	高中物理	1999.12	普陀中学
方世跃	男	浙江镇海	1964.3	高中数学	1999.12	普陀中学
马志良	男	浙江普陀	1947.11	高中数学	1999.12	普陀中学
夏全岳	男	浙江普陀	1961.9	高中物理	1999.12	普陀中学
徐　虹	女	浙江嵊泗	1963.12	高中英语	1999.12	普陀中学
陈若澜	女	浙江临海	1946.11	高中物理	1999.12	沈家门中学
封伯堂	男	浙江慈溪	1962.6	高中数学	1999.12	沈家门中学
张舟军	男	浙江普陀	1959.3	高中物理	1999.12	沈家门中学
钱小海	男	浙江象山	1963.7	高中化学	1999.12	普陀第三中学
阮志康	男	浙江普陀	1961.11	高中物理	1999.12	普陀第三中学
李正伟	男	浙江定海	1955.6	职高商务	1999.12	沈家门职中
李诗芳	女	浙江岱山	1956.12	初中语文	1999.12	普陀第二中学
唐汉成	男	浙江普陀	1962.5	初中自然	1999.12	普陀第二中学
朱明文	女	浙江鄞县	1961.5	初中自然	1999.12	沈家门第一初级中学
何定康	男	浙江普陀	1953.11	体育教研	1999.12	教研室
李　军	男	浙江宁海	1961.2	电教教研	1999.12	教研室
刘善珠	女	浙江普陀	1954.2	小语教研	1999.12	教研室
陈行德	男	浙江普陀	1950.11	海洋捕捞	1999.12	区水产技术学校
车秀珠	女	浙江普陀	1946.12	小学数学	2000.12	沈家门小学
郭妙琴	女	浙江普陀	1962.10	小学语文	2000.12	沈家门小学
陈爱国	男	浙江普陀	1962.11	小学语文	2000.12	沈家门第一小学
何德清	男	浙江兰溪	1962.8	高中语文	2001.2	普陀中学
胡　巍	男	浙江普陀	1965.2	高中数学	2001.2	普陀中学
胡松国	男	浙江普陀	1956.9	高中政治	2001.2	普陀中学
黄晴舟	女	浙江象山	1962.2	高中语文	2001.2	普陀中学
刘惠国	男	浙江普陀	1961.2	高中英语	2001.2	普陀中学
鲁秀儿	女	浙江普陀	1962.8	高中英语	2001.2	普陀中学
翁才龙	男	浙江普陀	1963.3	高中数学	2001.2	普陀中学
翁志龙	男	浙江普陀	1964.4	高中化学	2001.2	普陀中学

续表 4-112-3

姓　名	性别	籍　贯	出生年月	所任学科	确认时间	所在单位
张　军	男	浙江普陀	1962.8	高中数学	2001.2	普陀中学
张漫红	男	浙江普陀	1965.4	高中生化	2001.2	普陀中学
缪　韬	男	浙江普陀	1963.10	高中语文	2001.2	普陀中学
金晓红	男	浙江东阳	1964.3	高中数学	2001.2	沈家门中学
刘优良	男	浙江普陀	1961.8	高中物理	2001.2	沈家门中学
罗　英	女	浙江岱山	1962.5	高中化学	2001.2	沈家门中学
唐雨鹤	男	浙江普陀	1961.4	高中写作	2001.2	沈家门中学
金信根	男	浙江普陀	1958.2	高中语文	2001.2	普陀第三中学
李赛飞	女	浙江普陀	1961.2	高中英语	2001.2	普陀第三中学
夏一平	女	浙江普陀	1961.10	高中政治	2001.2	普陀第三中学
沃信科	男	浙江普陀	1962.9	高中历史	2001.2	六横中学
陈　恒	男	浙江宁海	1959.11	高中物理	2001.2	六横中学
夏全忠	男	浙江普陀	1958.4	高中政治	2001.2	六横中学
李明胜	男	浙江普陀	1961.9	职高英语	2001.2	沈家门职中
严海萍	女	山东	1957.7	职高旅游	2001.2	沈家门职中
缪　毅	男	浙江普陀	1962.2	职高语文	2001.2	沈家门职中
胡建芬	女	浙江宁海	1964.5	初中自然	2001.2	普陀第二中学
焦忠安	男	浙江普陀	1960.1	初中数学	2001.2	沈家门第一初级中学
严文安	男	浙江普陀	1960.7	初中自然	2001.2	沈家门第一初级中学
顾银龙	男	浙江普陀	1963.5	初中数学	2001.2	六横镇台门初级中学
俞　凯	男	浙江普陀	1957.10	数学教研	2001.2	教研室
苗秀娟	女	浙江普陀	1954.10	小学数学	2001.12	沈家门小学
叶松杰	男	浙江普陀	1959.9	小学思品	2001.12	沈家门第五小学
夏建军	男	浙江普陀	1956.8	小学思品	2001.12	勾山中心小学
张启文	男	浙江普陀	1964.5	高中化学	2002.3	普陀中学
焦忠汉	男	浙江普陀	1964.11	高中数学	2002.3	普陀中学
王洲琼	男	浙江普陀	1965.1	高中政治	2002.3	普陀中学
陆祥伟	男	上海	1953.10	高中体育	2002.3	沈家门中学
孙行全	男	浙江普陀	1962.4	高中数学	2002.3	沈家门中学
张　杰	男	浙江普陀	1965.11	初中数学	2002.3	普陀第二中学
邵醉娣	女	浙江普陀	1957.10	初中数学	2002.3	普陀第二中学
蒋国君	男	浙江宁海	1959.3	初中自然	2002.3	普陀第二中学
汪善翔	男	浙江普陀	1963.2	初中社会	2002.3	沈家门第一初级中学
陆威力	男	浙江慈溪	1963.12	初中数学	2002.3	沈家门第一初级中学
洪伟根	男	浙江岱山	1955.1	初中社会	2002.3	沈家门第一初级中学
胡文珠	女	浙江普陀	1961.12	初中语文	2002.3	沈家门第一初级中学
黄　冀	女	浙江普陀	1963.5	初中英语	2002.3	沈家门第一初级中学
柴国定	男	浙江普陀	1944.2	初中美术	2002.3	展茅镇初级中学
郭晓春	男	浙江惠安	1954.5	思政社会教研	2002.3	教研室
洪显耀	男	浙江普陀	1946.1	高中物理	2002.3	水产技术学校

续表 4-112-4

姓　名	性别	籍　贯	出生年月	所任学科	确认时间	所在单位
丁　曙	男	浙江普陀	1968.8	高中体育	2002.12	普陀中学
史利金	男	浙江普陀	1964.9	高中英语	2002.12	普陀中学
刘习渊	男	浙江普陀	1964.9	高中地理	2002.12	普陀中学
江莲华	女	福建泉州	1968.11	高中语文	2002.12	普陀中学
詹为民	男	安徽	1967.11	高中化学	2002.12	普陀中学
马秀珍	女	浙江普陀	1966.1	高中计算机	2002.12	沈家门中学
田文虹	女	浙江岱山	1965.10	高中语文	2002.12	沈家门中学
张国良	男	浙江普陀	1956.12	高中语文	2002.12	沈家门中学
张惠芳	女	浙江普陀	1964.2	高中语文	2002.12	沈家门中学
董志春	男	浙江鄞县	1963.3	高中化学	2002.12	沈家门中学
孙建平	男	浙江宁波	1961.6	高中数学	2002.12	普陀第三中学
谢明海	男	浙江普陀	1965.5	高中数学	2002.12	普陀第三中学
王优儿	女	浙江普陀	1955.12	高中语文	2002.12	六横中学
张亚萍	女	浙江普陀	1955.8	初中思想政治	2002.12	普陀第二中学
陈继敏	男	浙江普陀	1959.9	初中数学	2002.12	普陀第二中学
郑　莉	女	浙江象山	1962.11	初中语文	2002.12	普陀第二中学
顾定安	男	浙江普陀	1964.4	初中数学	2002.12	普陀第二中学
童赛祎	女	浙江岱山	1965.8	初中社会	2002.12	普陀第二中学
孙安成	男	浙江普陀	1964.12	初中数学	2002.12	沈家门第一初级中学
袁久如	男	浙江普陀	1963.7	初中体育	2002.12	沈家门第一初级中学
蒋秀英	女	浙江岱山	1954.3	初中语文	2002.12	沈家门第一初级中学
丁永清	男	浙江普陀	1955.4	初中体育	2002.12	朱家尖初级中学
乐　锋	男	浙江普陀	1962.4	初中数学	2002.12	六横镇峧头初级中学
虞珠亚	女	浙江普陀	1956.12	初中数学	2002.12	六横镇台门初级中学
黄忠钦	男	浙江普陀	1962.4	电大英语	2002.12	区成教中心
周旭光	男	浙江普陀	1965.7	小学语文	2002.12	沈家门第四小学
马丽雅	女	浙江普陀	1957.9	幼教	2002.12	区实验幼儿园
潘旭东	男	浙江普陀	1962.5	小学数学	2002.12	教研室(教师进修学校)
王赛波	女	浙江普陀	1958.1	小学数学	2003.12	沈家门第一小学
孙文波	男	浙江普陀	1968.11	小学数学	2003.12	沈家门第一小学
刘丽娜	女	浙江普陀	1962.11	幼教教研	2003.12	教研室
缪海斌	男	浙江普陀	1965.7	职高旅游	2003.12	沈家门中学
朱品文	男	浙江普陀	1954.1	高中音乐	2003.12	普陀中学
张浩年	男	浙江普陀	1965.5	高中体育	2003.12	普陀中学
张海霞	女	浙江普陀	1967.1	高中生物	2003.12	普陀中学
曹信芬	女	浙江普陀	1966.12	高中历史	2003.12	普陀中学
曹悦舒	男	浙江普陀	1963.2	高中物理	2003.12	普陀中学
黄钱峰	男	浙江普陀	1964.9	高中化学	2003.12	普陀中学
王旭光	男	浙江浦江	1968.8	高中语文	2003.12	沈家门中学
周　燕	女	浙江象山	1961.8	高中语文	2003.12	沈家门中学

续表 4-112-5

姓　名	性别	籍　贯	出生年月	所任学科	确认时间	所在单位
施延维	女	浙江普陀	1965.1	高中数学	2003.12	沈家门中学
夏汉伟	男	浙江普陀	1965.5	高中化学	2003.12	沈家门中学
吴法祥	男	浙江普陀	1965.4	高中物理	2003.12	普陀第三中学
俞岳忠	男	浙江普陀	1962.1	高中地理	2003.12	六横中学
余国平	男	浙江普陀	1955.8	高中数学	2003.12	厦林旅游职业中学
叶泳泳	男	浙江上虞	1965.7	初中数学	2003.12	普陀第二中学
张丽娜	女	浙江普陀	1966.6	初中社会	2003.12	普陀第二中学
陈建民	男	浙江普陀	1953.8	初中综合实践	2003.12	普陀第二中学
陈　虎	男	浙江普陀	1964.7	初中体育	2003.12	普陀第二中学
周宏儿	女	浙江普陀	1959.1	初中语文	2003.12	普陀第二中学
黄伟宏	男	浙江普陀	1968.5	初中自然	2003.12	普陀第二中学
王优松	男	浙江普陀	1968.8	初中社会	2003.12	沈家门第一初级中学
乐丽娜	女	浙江普陀	1961.5	初中数学	2003.12	沈家门第一初级中学
陈树永	男	天津市	1949.2	初中音乐	2003.12	沈家门第一初级中学
周善飞	女	浙江普陀	1960.12	初中语文	2003.12	沈家门第一初级中学
竺　芬	女	浙江普陀	1961.12	初中科学	2003.12	沈家门第一初级中学
郑敏君	女	浙江普陀	1963.8	初中英语	2003.12	沈家门第一初级中学
王志刚	男	浙江普陀	1966.2	初中语文	2003.12	朱家尖初级中学
俞剑波	男	浙江普陀	1964.3	初中数学	2003.12	六横镇峧头初级中学
张丽萍	女	浙江普陀	1967.7	心理健康教育	2003.12	教科室
戴建明	男	浙江上虞	1965.11	教育科研	2003.12	教科室
龚晓华	男	浙江普陀	1965.12	教育管理	2003.12	区中小学教师管理中心
王雪清	女	浙江普陀	1957.2	高中语文	2003.12	区水产技术学校
丁　玲	女	浙江普陀	1968.1	高中数学	2004.12	普陀中学
张红萍	女	浙江普陀	1969.6	高中英语	2004.12	普陀中学
张红霞	女	浙江普陀	1970.3	高中英语	2004.12	普陀中学
李　娜	女	浙江普陀	1968.7	高中语文	2004.12	普陀中学
郭爱春	女	浙江普陀	1967.12	高中英语	2004.12	普陀中学
梅晓海	男	浙江普陀	1967.6	高中数学	2004.12	普陀中学
董　鸥	男	浙江普陀	1967.12	高中语文	2004.12	普陀中学
丁　波	男	浙江普陀	1963.9	高中物理	2004.12	沈家门中学
冯光军	男	浙江普陀	1966.3	高中语文	2004.12	沈家门中学
杨　黎	女	浙江普陀	1970.6	高中思想政治	2004.12	沈家门中学
柳君儿	女	浙江普陀	1961.1	高中历史	2004.12	沈家门中学
翁龙宇	男	浙江普陀	1967.2	高中数学	2004.12	沈家门中学
高晓芬	女	浙江上虞	1963.11	高中英语	2004.12	沈家门中学
张　明	男	浙江普陀	1969.1	高中数学	2004.12	普陀第三中学
缪朝阳	女	浙江普陀	1969.9	高中生物	2004.12	普陀第三中学
杨成锋	男	浙江普陀	1966.3	高中信息技术	2004.12	六横中学
邵秀珍	女	浙江普陀	1967.11	高中化学	2004.12	六横中学

续表 4-112-6

姓　名	性别	籍　贯	出生年月	所任学科	确认时间	所在单位
方飞芬	女	浙江普陀	1957.9	初中体育	2004.12	普陀第二中学
王苏益	女	浙江普陀	1962.3	初中语文	2004.12	普陀第二中学
李　莉	女	浙江普陀	1963.9	初中语文	2004.12	普陀第二中学
李满成	男	浙江普陀	1964.4	初中数学	2004.12	普陀第二中学
徐红南	男	浙江普陀	1962.2	初中语文	2004.12	普陀第二中学
郭追球	女	浙江普陀	1967.3	初中科学	2004.12	普陀第二中学
史文成	男	浙江宁波	1965.1	初中科学	2004.12	沈家门第一初级中学
江翠戎	女	浙江普陀	1965.3	初中科学	2004.12	沈家门第一初级中学
胡文雅	女	浙江普陀	1964.6	初中语文	2004.12	沈家门第一初级中学
龚燕波	女	浙江余姚	1962.1	初中英语	2004.12	沈家门第一初级中学
宋勇敏	男	浙江普陀	1969.3	初中语文	2004.12	沈家门第三初级中学
李贤军	男	浙江普陀	1966.9	初中数学	2004.12	沈家门第三初级中学
俞维杰	男	浙江普陀	1962.6	初中思品	2004.12	沈家门第三初级中学
李朝阳	男	浙江普陀	1964.8	初中数学	2004.12	芦花中学
史瑞勇	男	浙江普陀	1965.12	初中科学	2004.12	六横镇峧头初级中学
詹　平	男	浙江普陀	1966.4	初中数学	2004.12	六横镇台门初级中学
赵赴东	男	浙江东阳	1963.12	初中自然科学	2004.12	区教育督导室
陈军平	男	浙江普陀	1969.3	小学信息技术	2004.12	沈家门小学
刘松军	男	浙江普陀	1965.8	小学数学	2004.12	沈家门第三小学
贺海峰	男	浙江普陀	1963.12	小学数学	2004.12	沈家门第四小学
徐亚飞	女	浙江普陀	1957.11	幼教	2004.12	区中心幼儿园
陈恒波	男	浙江普陀	1968.6	职高机械制图	2004.12	沈家门中学
孙开雷	男	浙江普陀	1957.1	职高烹饪	2005.12	沈家门中学
翁佩君	女	浙江普陀	1955.4	小学语文	2005.12	沈家门小学
蒋赛君	女	浙江普陀	1960.1	小学思品	2005.12	沈家门小学
胡夏君	女	浙江普陀	1967.3	小学语文	2005.12	沈家门第二小学
岑惠君	女	浙江普陀	1964.11	小学语文	2005.12	沈家门第四小学
翁舟梁	男	浙江普陀	1972.2	小学体育	2005.12	沈家门第四小学
李德忠	男	浙江普陀	1965.7	小学数学	2005.12	沈家门第五小学
薛黎明	男	浙江普陀	1969.11	小学体育	2005.12	东港小学
刘海平	男	浙江普陀	1965.2	小学科学	2005.12	六横镇双塘中心学校
张亚珍	女	浙江普陀	1968.9	小学思品	2005.12	教师进修学校
王忠明	男	浙江普陀	1971.4	高中劳技	2005.12	普陀中学
吴红娴	女	浙江普陀	1971.3	高中地理	2005.12	普陀中学
陈　军	男	浙江普陀	1969.5	高中数学	2005.12	普陀中学
周伟伦	男	浙江普陀	1968.12	高中物理	2005.12	普陀中学
王　薇	女	浙江普陀	1968.1	高中体育	2005.12	沈家门中学
史飞君	女	浙江普陀	1962.3	高中英语	2005.12	沈家门中学
庄林林	女	浙江普陀	1971.5	高中信息技术	2005.12	沈家门中学
汤志伟	男	浙江普陀	1970.8	高中政治	2005.12	沈家门中学

续表 4-112-7

姓　名	性别	籍　贯	出生年月	所任学科	确认时间	所在单位
李永健	男	浙江普陀	1955.8	高中体育	2005.12	沈家门中学
杜国平	男	浙江东阳	1963.1	职高化学	2005.12	沈家门中学
单南华	女	浙江普陀	1969.2	高中语文	2005.12	沈家门中学
姜秋余	女	浙江金华	1965.9	高中数学	2005.12	沈家门中学
贺海红	女	浙江普陀	1970.7	高中语文	2005.12	沈家门中学
傅剑波	男	浙江定海	1969.3	高中体育	2005.12	沈家门中学
谢　真	女	浙江普陀	1967.7	高中数学	2005.12	沈家门中学
张成年	男	浙江普陀	1972.11	高中英语	2005.12	普陀第三中学
苏瑞清	男	内蒙古包头	1967.1	高中历史	2005.12	普陀第三中学
周岳全	男	浙江普陀	1966.4	高中数学	2005.12	普陀第三中学
唐友芬	女	浙江普陀	1968.1	高中化学	2005.12	普陀第三中学
夏林海	男	浙江普陀	1967.1	高中化学	2005.12	六横中学
丁忠阳	男	浙江普陀	1957.11	高中数学	2005.12	普陀旅游职业技术学校
王宗元	男	浙江普陀	1954.1	高中语文	2005.12	普陀旅游职业技术学校
吴建康	男	浙江普陀	1957.12	高中化学	2005.12	普陀旅游职业技术学校
王轶敏	女	浙江普陀	1968.8	初中英语	2005.12	普陀第二中学
应士成	男	浙江普陀	1963.2	初中科学	2005.12	普陀第二中学
杨海霞	女	浙江普陀	1970.3	初中英语	2005.12	普陀第二中学
陆海芬	女	浙江普陀	1969.1	初中语文	2005.12	普陀第二中学
俞中军	男	浙江普陀	1958.9	初中数学	2005.12	普陀第二中学
俞玲飞	女	浙江普陀	1971.6	初中英语	2005.12	普陀第二中学
袁春景	女	浙江象山	1970.2	初中科学	2005.12	普陀第二中学
缪俊荣	女	浙江普陀	1972.3	初中英语	2005.12	普陀第二中学
潘最飞	女	浙江普陀	1965.11	初中语文	2005.12	普陀第二中学
王叶锋	男	浙江普陀	1959.2	初中数学	2005.12	沈家门第一初级中学
石亚珍	女	浙江普陀	1968.1	初中社会	2005.12	沈家门第一初级中学
刘萍珠	女	浙江普陀	1963.1	初中英语	2005.12	沈家门第一初级中学
孙　忠	男	浙江普陀	1970.11	初中科学	2005.12	沈家门第一初级中学
张永国	男	浙江普陀	1971.5	初中语文	2005.12	沈家门第一初级中学
张鹏恩	男	浙江普陀	1966.9	初中科学	2005.12	沈家门第一初级中学
胡文军	男	浙江普陀	1963.11	初中美术	2005.12	沈家门第一初级中学
贺金珠	女	浙江普陀	1969.7	初中科学	2005.12	沈家门第一初级中学
张　萍	女	浙江普陀	1959.8	初中数学	2005.12	沈家门第三初级中学
刘忠灵	男	浙江普陀	1968.4	初中科学	2005.12	芦花中学
陈行苗	男	浙江普陀	1965.2	初中体育	2005.12	芦花中学
王康珍	男	浙江普陀	1968.6	初中思想政治	2005.12	展茅镇初级中学
王迪军	男	浙江普陀	1969.8	初中科学	2005.12	朱家尖镇初级中学
虞建培	男	浙江普陀	1966.4	初中数学	2005.12	蚂蚁岛乡中心学校
郑德伟	男	浙江鄞县	1963.8	初中科学	2005.12	六横镇台门初级中学
徐文儿	女	浙江普陀	1969.1	英语教研	2005.12	教研室

续表 4-112-8

姓　名	性别	籍　贯	出生年月	所任学科	确认时间	所在单位
徐朝挺	男	浙江普陀	1969.9	综合实践教研	2005.12	教研室
吴　昊	男	浙江普陀	1959.3	职高政治	2005.12	区校办企业服务中心
连红舟	男	福建	1969.1	职高烹饪	2006.12	沈家门中学
郭素琴	女	浙江定海	1956.4	职高餐饮、客房	2006.12	沈家门中学
蒲土年	男	浙江普陀	1960.11	职高机械、电工	2006.12	沈家门中学
傅梅英	女	浙江岱山	1957.6	小学音乐	2006.12	沈家门小学
张飞霞	女	浙江普陀	1966.1	小学语文	2006.12	沈家门第一小学
徐军跃	男	浙江普陀	1964.1	小学数学	2006.12	沈家门第四小学
胡迎红	女	浙江普陀	1971.9	幼教	2006.12	区实验幼儿园
杨亚芬	女	浙江普陀	1957.6	小学数学	2006.12	教研室
卢万成	男	黑龙江	1971.2	高中政治	2006.12	普陀中学
刘建芬	女	内蒙古	1971.5	高中历史	2006.12	普陀中学
刘洪波	男	浙江普陀	1967.11	高中政治	2006.12	普陀中学
吴红伟	男	浙江普陀	1973.8	高中信息技术	2006.12	普陀中学
陈志飞	女	浙江嵊泗	1970.8	高中语文	2006.12	普陀中学
陈　松	男	浙江诸暨	1967.12	高中英语	2006.12	普陀中学
郑斌杰	男	浙江普陀	1970.1	高中语文	2006.12	普陀中学
俞春娟	女	浙江普陀	1967.5	高中英语	2006.12	普陀中学
袁孝海	男	浙江普陀	1971.1	高中化学	2006.12	普陀中学
郭赛群	女	浙江普陀	1972.1	高中政治	2006.12	普陀中学
蔡晓峰	男	浙江定海	1969.11	高中数学	2006.12	普陀中学
王　伟	女	辽宁	1968.1	高中政治	2006.12	沈家门中学
王群峰	女	浙江普陀	1967.2	职高英语	2006.12	沈家门中学
励志英	女	浙江象山	1962.7	职高数学	2006.12	沈家门中学
周美波	女	浙江普陀	1969.11	高中语文	2006.12	沈家门中学
范建设	男	浙江普陀	1959.1	职高数学	2006.12	沈家门中学
郑　舟	男	浙江普陀	1968.11	高中数学	2006.12	沈家门中学
翁连君	男	浙江普陀	1970.1	职高计算机	2006.12	沈家门中学
颜忠利	男	浙江普陀	1956.6	职高语文	2006.12	沈家门中学
王娉娉	女	浙江普陀	1974.9	高中英语	2006.12	普陀第三中学
余存裕	男	浙江普陀	1971.12	高中语文	2006.12	普陀第三中学
李忠科	男	河南	1972.8	高中语文	2006.12	普陀第三中学
雷震中	男	内蒙古	1968.5	高中地理	2006.12	普陀第三中学
孙浩东	男	浙江普陀	1970.12	职高体育	2006.12	普陀旅游职业技术学校
杜金忠	男	浙江普陀	1964.7	职高化学、烹饪	2006.12	普陀旅游职业技术学校
马舟红	女	浙江普陀	1970.2	初中科学	2006.12	普陀第二中学
毛宏光	男	浙江普陀	1969.1	初中科学	2006.12	普陀第二中学
王　维	女	浙江普陀	1972.2	初中体育	2006.12	普陀第二中学
朱玲娜	女	浙江普陀	1967.4	初中数学	2006.12	普陀第二中学
张念椿	男	浙江普陀	1960.3	初中数学	2006.12	普陀第二中学
李东方	女	安徽	1968.1	初中语文	2006.12	普陀第二中学

续表 4-112-9

姓　名	性别	籍　贯	出生年月	所任学科	确认时间	所在单位
李舟君	女	浙江普陀	1969.1	初中数学	2006.12	普陀第二中学
陈　优	女	浙江普陀	1974.5	初中英语	2006.12	普陀第二中学
洪秀捷	女	浙江普陀	1972.4	初中数学	2006.12	普陀第二中学
徐　微	女	浙江普陀	1967.12	初中社会	2006.12	普陀第二中学
翁素君	女	浙江普陀	1972.2	初中英语	2006.12	普陀第二中学
顾文军	女	浙江普陀	1967.4	初中语文	2006.12	普陀第二中学
虞寒芬	女	浙江普陀	1967.2	初中数学	2006.12	普陀第二中学
蔡国华	男	浙江普陀	1965.1	初中语文	2006.12	普陀第二中学
蔡英娜	女	浙江普陀	1962.11	初中英语	2006.12	普陀第二中学
颜莉莉	女	浙江普陀	1972.2	初中语文	2006.12	普陀第二中学
刘国南	男	浙江普陀	1962.9	初中数学	2006.12	沈家门第一初级中学
孙春儿	女	浙江普陀	1968.11	初中社会	2006.12	沈家门第一初级中学
江国文	男	浙江普陀	1960.11	初中数学	2006.12	沈家门第一初级中学
张伟斌	男	浙江普陀	1969.4	初中数学	2006.12	沈家门第一初级中学
陈晓君	女	浙江普陀	1970.11	初中科学	2006.12	沈家门第一初级中学
金燕萍	女	浙江普陀	1968.2	初中科学	2006.12	沈家门第一初级中学
刘　鑫	男	浙江普陀	1971.8	初中语文	2006.12	沈家门第三初级中学
张飞定	男	浙江普陀	1960.6	初中数学	2006.12	沈家门第三初级中学
戴克勇	男	浙江普陀	1964.12	初中综合实践	2006.12	沈家门第三初级中学
郭学军	男	浙江普陀	1967.1	初中科学	2006.12	芦花中学
李　斌	男	浙江普陀	1966.9	初中数学	2006.12	展茅镇螺门初级中学
余祥春	男	浙江普陀	1971.2	初中科学	2006.12	朱家尖镇初级中学
柳景春	男	浙江普陀	1963.1	初中数学	2006.12	朱家尖镇初级中学
虞海军	男	浙江普陀	1965.2	初中语文	2006.12	桃花镇初级中学
王建军	男	浙江普陀	1962.8	初中科学	2006.12	六横镇双塘中心学校
周剑挺	男	浙江普陀	1971.1	初中科学	2006.12	六横镇台门初级中学
余昌明	男	浙江普陀	1950.6	职技教育	2006.12	虾峙镇成人文化技术学校
范　红	男	浙江普陀	1965.7	初中语文	2007.3	沈家门第三初级中学
周军海	男	浙江普陀	1970.12	小学综合实践	2007.12	沈家门第一小学
林慧珍	女	浙江普陀	1965.3	小学语文	2007.12	沈家门第三小学
贺林峰	男	浙江普陀	1967.1	小学语文	2007.12	勾山中心小学
陆松儿	男	浙江普陀	1957.12	小学数学	2007.12	桃花镇中心小学
庄平洋	男	浙江普陀	1973.12	高中化学	2007.12	普陀中学
徐剑锋	男	浙江普陀	1973.2	高中语文	2007.12	普陀中学
乐　艳	女	浙江普陀	1970.8	高中政治	2007.12	沈家门中学
张幼娜	女	浙江普陀	1972.11	职高餐饮	2007.12	沈家门中学
芮伟光	男	浙江普陀	1968.7	职高数学	2007.12	沈家门中学
陈布萍	男	浙江普陀	1970.8	职高计算机	2007.12	沈家门中学
徐秀君	女	浙江普陀	1972.11	职高语文	2007.12	沈家门中学
梁彬彬	女	浙江台州	1971.1	高中数学	2007.12	沈家门中学
虞燕芬	女	浙江岱山	1973.12	职高实地导游	2007.12	沈家门中学

续表 4-112-10

姓　名	性别	籍　贯	出生年月	所任学科	确认时间	所在单位
王赛平	男	浙江普陀	1972.11	高中物理	2007.12	普陀第三中学
刘晓燕	女	浙江普陀	1972.1	高中政治	2007.12	普陀第三中学
孙明俊	男	浙江普陀	1965.5	高中数学	2007.12	普陀第三中学
周亚君	女	浙江宁波	1966.11	高中英语	2007.12	普陀第三中学
周迪丰	男	浙江普陀	1966.1	高中物理	2007.12	普陀第三中学
胡　萍	女	浙江普陀	1970.1	高中英语	2007.12	普陀第三中学
蒋海东	男	浙江普陀	1968.8	高中体育	2007.12	六横中学
王志平	男	浙江普陀	1969.11	初中科学	2007.12	普陀第二中学
王佳平	男	浙江普陀	1966.11	初中数学	2007.12	普陀第二中学
刘　瑛	女	浙江普陀	1968.4	初中科学	2007.12	普陀第二中学
何意珍	女	浙江普陀	1969.1	初中科学	2007.12	普陀第二中学
张乐平	男	浙江普陀	1968.9	初中美术	2007.12	普陀第二中学
张建芬	女	浙江普陀	1972.5	初中英语	2007.12	普陀第二中学
李　珍	女	河南	1970.11	初中语文	2007.12	普陀第二中学
郑海群	女	浙江普陀	1968.7	初中数学	2007.12	普陀第二中学
郑　懿	女	浙江普陀	1970.4	初中英语	2007.12	普陀第二中学
胡官道	男	浙江普陀	1971.11	初中数学	2007.12	普陀第二中学
唐林枫	女	浙江普陀	1967.1	初中社会	2007.12	普陀第二中学
谢满飞	女	浙江普陀	1969.8	初中英语	2007.12	普陀第二中学
虞　蓉	女	浙江普陀	1971.7	初中科学	2007.12	普陀第二中学
缪玲玲	女	浙江普陀	1970.2	初中科学	2007.12	普陀第二中学
乐优君	女	浙江普陀	1968.4	初中体育	2007.12	沈家门第一初级中学
刘群娜	女	浙江普陀	1971.11	初中语文	2007.12	沈家门第一初级中学
孙敏君	女	浙江普陀	1969.8	初中语文	2007.12	沈家门第一初级中学
杨桂芬	女	浙江普陀	1972.9	初中语文	2007.12	沈家门第一初级中学
徐豪壮	男	浙江普陀	1972.9	初中社会	2007.12	沈家门第一初级中学
袁　芳	女	浙江普陀	1970.11	初中科学	2007.12	沈家门第一初级中学
黎春华	女	浙江上虞	1966.4	初中科学	2007.12	沈家门第一初级中学
王梅红	女	浙江普陀	1969.11	初中英语	2007.12	沈家门第三初级中学
朱九燕	女	浙江普陀	1969.4	初中数学	2007.12	沈家门第三初级中学
夏富林	男	浙江普陀	1967.2	初中信息技术	2007.12	沈家门第三初级中学
李　忠	男	浙江普陀	1968.1	初中数学	2007.12	芦花中学
林海存	男	浙江普陀	1969.1	初中社会	2007.12	朱家尖初级中学
屠文映	女	浙江普陀	1972.3	初中语文	2007.12	朱家尖初级中学
梁文雯	女	浙江普陀	1972.2	初中数学	2007.12	朱家尖初级中学
贺庆根	男	浙江普陀	1956.12	初中语文	2007.12	桃花镇初级中学
郑　辉	男	浙江普陀	1961.1	初中数学	2007.12	六横镇双塘中心学校
丁碧芬	女	浙江普陀	1961.9	初中语文	2007.12	六横镇台门初级中学
郑飞海	男	浙江普陀	1972.11	初中数学	2007.12	六横镇台门初级中学
何晓群	女	浙江普陀	1969.4	语文教研	2007.12	教研室
阎登科	男	河南	1973.5	信息技术教研	2007.12	教研室

续表 4-112-11

姓　名	性别	籍　贯	出生年月	所任学科	确认时间	所在单位
丁伟萍	女	浙江普陀	1968.11	小学语文	2008.12	沈家门小学
戚南凤	女	浙江普陀	1970.11	小学数学	2008.12	沈家门小学
杨　慧	女	浙江普陀	1974.1	小学数学	2008.12	沈家门小学
陈佩红	女	浙江定海	1971.4	小学科学	2008.12	沈家门第一小学
徐海兵	男	浙江普陀	1962.7	小学科学	2008.12	沈家门第四小学
刘勤飞	女	浙江普陀	1960.6	小学信息技术	2008.12	东港小学
马德成	男	浙江普陀	1958.1	小学数学	2008.12	朱家尖小学
郑建国	男	浙江普陀	1955.7	小学劳技	2008.12	六横镇中心小学
张海兵	男	浙江普陀	1975.4	高中物理	2008.12	普陀中学
杨金霞	女	浙江普陀	1972.7	高中体育	2008.12	普陀中学
邵武兵	男	浙江普陀	1974.2	高中物理	2008.12	普陀中学
鲁先达	男	浙江余姚	1974.9	高中化学	2008.12	普陀中学
王松平	男	浙江普陀	1973.5	高中历史	2008.12	普陀第三中学
邢向军	男	浙江金华	1975.8	高中地理	2008.12	普陀第三中学
何优芬	女	浙江定海	1969.4	高中物理	2008.12	普陀第三中学
张红飞	女	浙江普陀	1971.11	高中英语	2008.12	普陀第三中学
张　默	男	四川	1973.9	高中体育	2008.12	普陀第三中学
陈宏燕	女	浙江普陀	1974.5	高中生物	2008.12	普陀第三中学
周祥华	男	浙江普陀	1975.11	高中历史	2008.12	六横中学
王　飞	女	浙江普陀	1968.8	职高政治	2008.12	区职教中心
邬飞轮	男	浙江普陀	1968.2	职高音乐	2008.12	区职教中心
杨艳芬	女	浙江普陀	1972.11	职高体育	2008.12	区职教中心
詹海珍	女	江西	1974.1	职高旅游	2008.12	区职教中心
张富忠	男	浙江普陀	1966.11	职高模具钳工	2008.12	区职教中心
文登众	男	四川	1972.2	初中数学	2008.12	普陀第二中学
王　斌	男	浙江普陀	1969.7	初中语文	2008.12	普陀第二中学
史静红	女	浙江普陀	1973.3	初中数学	2008.12	普陀第二中学
朱山花	女	浙江金华	1968.12	初中语文	2008.12	普陀第二中学
张　婕	女	浙江普陀	1975.12	初中科学	2008.12	普陀第二中学
李婉燕	女	浙江普陀	1973.11	初中美术	2008.12	普陀第二中学
郑　勇	男	浙江普陀	1972.12	初中数学	2008.12	普陀第二中学
金英杰	男	河南	1973.1	初中社会	2008.12	普陀第二中学
姚卫娟	女	浙江岱山	1969.11	初中英语	2008.12	普陀第二中学
翁碧红	女	浙江普陀	1971.3	初中英语	2008.12	普陀第二中学
尤信国	男	浙江普陀	1973.1	初中数学	2008.12	沈家门第一初级中学
王　玲	女	浙江普陀	1971.4	初中语文	2008.12	沈家门第一初级中学
叶秀儿	女	浙江普陀	1967.6	初中数学	2008.12	沈家门第一初级中学
叶家明	男	浙江普陀	1967.1	初中体育	2008.12	沈家门第一初级中学
孙小红	女	浙江普陀	1973.1	初中科学	2008.12	沈家门第一初级中学
阮渊斐	女	浙江普陀	1966.4	初中社会	2008.12	沈家门第一初级中学
吴微珍	女	浙江普陀	1969.11	初中语文	2008.12	沈家门第一初级中学

续表 4-112-12

姓　名	性别	籍　贯	出生年月	所任学科	确认时间	所在单位
张依芬	女	浙江普陀	1968.3	初中语文	2008.12	沈家门第一初级中学
张霜梅	女	浙江普陀	1970.12	初中语文	2008.12	沈家门第一初级中学
姚幸儿	女	浙江普陀	1970.1	初中语文	2008.12	沈家门第一初级中学
赵优群	女	浙江普陀	1972.8	初中数学	2008.12	沈家门第一初级中学
徐来飞	女	浙江普陀	1969.11	初中语文	2008.12	沈家门第一初级中学
董珍飞	女	浙江普陀	1970.6	初中语文	2008.12	沈家门第一初级中学
缪朝霞	女	浙江普陀	1972.12	初中社会	2008.12	沈家门第一初级中学
叶萍霞	女	浙江普陀	1960.5	初中英语	2008.12	沈家门第三初级中学
赵后平	男	浙江普陀	1963.6	初中语文	2008.12	沈家门第三初级中学
史济光	男	浙江普陀	1973.9	初中科学	2008.12	芦花中学
陈满素	女	浙江普陀	1969.8	初中科学	2008.12	展茅镇初级中学
王亚萍	女	浙江普陀	1955.9	初中语文	2008.12	六横镇台门初级中学
李昌华	男	江西	1975.12	小学信息技术	2009.12	沈家门小学
汪增范	男	浙江普陀	1955.12	小学思品	2009.12	沈家门小学
刘春燕	女	浙江普陀	1974.4	小学音乐	2009.12	沈家门第二小学
李雷杰	男	浙江普陀	1965.1	小学数学	2009.12	沈家门第三小学
毛华杰	男	浙江普陀	1973.1	小学科学	2009.12	勾山中心小学
钟世国	男	浙江普陀	1958.2	小学综合实践	2009.12	朱家尖小学
余静君	女	浙江普陀	1966.7	幼教	2009.12	区实验幼儿园
史学军	男	浙江普陀	1973.4	高中语文	2009.12	普陀中学
匡艳丽	女	广东	1976.8	高中历史	2009.12	普陀中学
邬海儿	女	浙江普陀	1967.1	高中通用技术	2009.12	普陀中学
李春焕	女	河南	1973.1	高中地理	2009.12	普陀中学
周光容	女	重庆	1973.11	高中历史	2009.12	普陀中学
周　波	男	浙江普陀	1973.1	高中物理	2009.12	普陀中学
丁慧儿	女	浙江普陀	1972.6	高中体育	2009.12	普陀第三中学
孙宏达	男	浙江普陀	1972.1	高中数学	2009.12	普陀第三中学
江晓静	女	浙江普陀	1974.9	高中英语	2009.12	普陀第三中学
张军朝	男	浙江普陀	1974.11	高中数学	2009.12	普陀第三中学
沃常恩	男	浙江普陀	1975.8	高中化学	2009.12	普陀第三中学
贺海红	女	浙江普陀	1974.8	高中信息技术	2009.12	普陀第三中学
赵萍萍	女	浙江普陀	1969.12	高中体育	2009.12	普陀第三中学
傅凤妃	女	浙江普陀	1974.12	高中英语	2009.12	普陀第三中学
付国庆	男	江西	1972.8	职高体育	2009.12	区职教中心
朱亚月	女	浙江普陀	1970.12	职高语文	2009.12	区职教中心
应　玲	女	浙江普陀	1972.11	职高语文	2009.12	区职教中心
张春艳	女	浙江普陀	1974.4	职高英语	2009.12	区职教中心
夏雷杰	男	浙江普陀	1973.4	职高数学	2009.12	区职教中心
夏瑶英	女	浙江普陀	1975.11	职高旅游	2009.12	区职教中心
童碧艳	女	浙江普陀	1966.1	职高英语	2009.12	区职教中心
冯小平	男	四川	1971.5	初中语文	2009.12	普陀第二中学

续表 4-112-13

姓　名	性别	籍　贯	出生年月	所任学科	确认时间	所在单位
张丽君	女	浙江普陀	1966.6	初中体育	2009.12	普陀第二中学
张　维	女	浙江嵊泗	1976.2	初中数学	2009.12	普陀第二中学
李　娜	女	浙江普陀	1974.1	初中英语	2009.12	普陀第二中学
李洪锋	男	江西	1972.7	初中科学	2009.12	普陀第二中学
郑全国	男	浙江普陀	1956.11	初中语文	2009.12	普陀第二中学
翁舟滨	男	浙江普陀	1972.5	初中科学	2009.12	普陀第二中学
童海斌	男	浙江普陀	1971.4	初中社会	2009.12	普陀第二中学
虞依娜	女	浙江普陀	1974.6	初中英语	2009.12	普陀第二中学
缪文兵	男	浙江普陀	1975.3	初中科学	2009.12	普陀第二中学
方　飞	女	浙江岱山	1974.2	初中英语	2009.12	沈家门第一初级中学
王　霖	男	浙江普陀	1973.2	初中科学	2009.12	沈家门第一初级中学
付　珏	男	浙江普陀	1970.1	初中科学	2009.12	沈家门第一初级中学
庄　杰	男	浙江普陀	1971.4	初中数学	2009.12	沈家门第一初级中学
李红海	男	浙江普陀	1969.3	初中语文	2009.12	沈家门第一初级中学
李海红	女	浙江普陀	1971.12	初中科学	2009.12	沈家门第一初级中学
汪素君	女	浙江普陀	1969.1	初中英语	2009.12	沈家门第一初级中学
陈　儿	女	浙江普陀	1971.7	初中英语	2009.12	沈家门第一初级中学
郑　静	女	浙江普陀	1975.6	初中语文	2009.12	沈家门第一初级中学
俞海啸	男	浙江定海	1960.7	初中数学	2009.12	沈家门第一初级中学
姚　波	女	沈家门第一初级中学	1970.11	初中英语	2009.12	沈家门第一初级中学
洪海君	女	沈家门第一初级中学	1971.7	初中语文	2009.12	沈家门第一初级中学
谈　义	男	江西	1974.1	初中数学	2009.12	沈家门第一初级中学
田启录	男	河南	1973.8	初中社会	2009.12	沈家门第三初级中学
任　芬	女	浙江普陀	1966.9	初中数学	2009.12	沈家门第三初级中学
李最娜	女	浙江普陀	1971.1	初中英语	2009.12	沈家门第三初级中学
陈舟蓉	女	上海	1966.7	初中语文	2009.12	沈家门第三初级中学
曹雪玲	女	河南	1972.9	初中社会	2009.12	沈家门第三初级中学
张　毅	男	浙江普陀	1972.11	初中语文	2009.12	舟渔公司职工子弟学校
陈月艳	女	浙江象山	1978.11	初中数学	2009.12	舟渔公司职工子弟学校
倪　明	男	浙江定海	1969.11	初中体育	2009.12	舟渔公司职工子弟学校
王赛亚	女	浙江普陀	1970.6	初中语文	2009.12	芦花中学
蒋齐欢	女	浙江普陀	1972.8	初中数学	2009.12	芦花中学
虞赛红	女	浙江普陀	1974.12	初中数学	2009.12	展茅镇初级中学
刘幼波	女	浙江普陀	1972.1	初中语文	2009.12	朱家尖初级中学
余月素	女	浙江普陀	1966.11	初中英语	2009.12	朱家尖初级中学
余君芬	女	浙江普陀	1970.5	初中语文	2009.12	朱家尖初级中学
倪康波	男	浙江普陀	1970.11	初中科学	2009.12	朱家尖初级中学
刘万军	男	浙江普陀	1957.1	初中科学	2009.12	六横镇双塘中心学校
严君飞	女	浙江普陀	1968.2	初中语文	2009.12	六横镇双塘中心学校
俞恩波	男	浙江普陀	1966.1	初中科学	2009.12	六横镇双塘中心学校
吕湘潮	男	浙江上虞	1966.5	科学教研	2009.12	教研室

续表 4-112-14

姓 名	性别	籍 贯	出生年月	所任学科	确认时间	所在单位
刘志平	男	浙江普陀	1967.3	初中英语	2009.12	沈家门第一初级中学
阮水芬	女	浙江普陀	1969.8	小学语文	2010.12	沈家门小学
张 英	女	浙江普陀	1975.2	小学综合实践	2010.12	沈家门小学
陆凤儿	女	浙江普陀	1973.3	小学数学	2010.12	沈家门第五小学
王岳军	男	浙江普陀	1974.1	小学美术	2010.12	鲁家峙小学
方 艳	女	浙江普陀	1972.2	幼教	2010.12	教研室
庄静红	女	浙江普陀	1973.6	高中数学	2010.12	普陀中学
严生红	男	浙江浦江	1977.7	高中生物	2010.12	普陀中学
董国福	男	安徽	1973.7	高中地理	2010.12	普陀中学
虞文学	男	浙江普陀	1973.3	高中体育	2010.12	普陀中学
缪志波	女	浙江普陀	1975.12	高中英语	2010.12	普陀中学
乐飞群	女	浙江普陀	1976.1	高中政治	2010.12	普陀第三中学
叶奇勇	男	浙江普陀	1975.11	高中通用技术	2010.12	普陀第三中学
杨邓娟	女	浙江奉化	1975.8	高中化学	2010.12	普陀第三中学
郑赛娜	女	浙江普陀	1973.9	高中语文	2010.12	普陀第三中学
胡晓颖	女	浙江普陀	1971.2	高中音乐	2010.12	普陀第三中学
饶志敏	男	江西	1976.1	高中历史	2010.12	普陀第三中学
徐红辉	女	浙江普陀	1975.2	高中语文	2010.12	普陀第三中学
章德武	男	江苏	1969.6	高中体育	2010.12	普陀第三中学
潘海萍	女	浙江普陀	1973.4	高中英语	2010.12	普陀第三中学
张军凯	男	浙江普陀	1975.1	高中政治	2010.12	六横中学
姜继栋	男	浙江岱山	1976.11	高中美术	2010.12	六横中学
毛华迪	男	浙江普陀	1975.6	职高市场营销	2010.12	区职教中心
余幼娜	女	浙江普陀	1971.6	职高数学	2010.12	区职教中心
应富强	男	浙江普陀	1954.1	职高电子电工	2010.12	区职教中心
焦三清	男	江西	1975.1	职高财会	2010.12	区职教中心
王 达	男	浙江普陀	1970.3	初中数学	2010.12	普陀第二中学
王剑平	男	浙江普陀	1961.4	初中信息技术	2010.12	普陀第二中学
刘 伟	男	浙江普陀	1969.12	初中数学	2010.12	普陀第二中学
李 军	男	浙江普陀	1969.5	初中英语	2010.12	普陀第二中学
陈羽中	男	浙江普陀	1973.4	初中数学	2010.12	普陀第二中学
林大梁	男	浙江普陀	1975.4	初中英语	2010.12	普陀第二中学
夏红霞	女	浙江普陀	1974.1	初中科学	2010.12	普陀第二中学
袁 蓉	女	浙江普陀	1969.5	初中语文	2010.12	普陀第二中学
张家斌	男	浙江普陀	1971.3	初中数学	2010.12	沈家门第一初级中学
张素芬	女	浙江普陀	1968.1	初中语文	2010.12	沈家门第一初级中学
胡飞珍	女	浙江普陀	1969.12	初中英语	2010.12	沈家门第一初级中学
章立早	男	江西	1969.11	初中社会	2010.12	沈家门第一初级中学
胡永祥	男	浙江普陀	1966.4	初中数学	2010.12	沈家门第三初级中学
程满云	女	湖南	1966.12	初中社会	2010.12	沈家门第三初级中学
张 燕	女	浙江平阳	1969.5	初中科学	2010.12	芦花中学

续表 4-112-15

姓　名	性别	籍　贯	出生年月	所任学科	确认时间	所在单位
郑伟国	男	浙江普陀	1969.2	初中体育	2010.12	芦花中学
梁海舟	男	浙江普陀	1974.1	初中数学	2010.12	芦花中学
吴明峰	男	浙江普陀	1974.11	初中科学	2010.12	展茅镇初级中学
刘剑波	男	浙江普陀	1967.2	初中体育	2010.12	朱家尖初级中学
孙云华	男	浙江普陀	1963.7	初中语文	2010.12	朱家尖初级中学
吴爱芳	女	浙江普陀	1964.8	初中英语	2010.12	桃花镇中心学校
李学权	男	浙江普陀	1973.8	信息技术	2010.12	区教研室
邵群飞	女	浙江普陀	1977.3	信息技术	2010.12	区成人教育中心
王小平	男	浙江普陀	1962.4	美术	2010.12	区青少年宫
洪显朝	男	浙江普陀	1975.12	高中英语	2011.2	普陀第三中学
盛行波	男	浙江岱山	1975.2	高中数学	2011.2	普陀第三中学
孙军杰	男	浙江普陀	1968.2	小学语文教研	2011.8	教研室
乐明辉	女	浙江普陀	1970.1	小学语文	2011.12	沈家门小学
张　伊	女	浙江普陀	1975.1	小学音乐	2011.12	沈家门小学
唐莞芬	女	浙江普陀	1968.12	小学思品	2011.12	沈家门小学
柳凌斐	女	浙江普陀	1971.12	小学数学	2011.12	沈家门第一小学
张玲娜	女	浙江普陀	1970.11	小学语文	2011.12	沈家门第四小学
虞莉莉	女	浙江普陀	1976.2	小学美术	2011.12	沈家门第四小学
俞苏儿	女	浙江普陀	1962.6	小学数学	2011.12	六横镇双塘中心学校
王坤蓉	女	浙江普陀	1978.8	高中数学	2011.12	普陀中学
张志飞	女	浙江普陀	1977.9	高中政治	2011.12	普陀第三中学
汪　媚	女	江西	1979.12	高中历史	2011.12	普陀第三中学
方宏亮	男	浙江金华	1966.1	高中物理	2011.12	六横中学
唐海国	男	浙江普陀	1964.3	高中通用技术	2011.12	六横中学
叶华胜	男	江西	1972.11	职高导游	2011.12	区职教中心
张素娣	女	浙江普陀	1976.3	职高英语	2011.12	区职教中心
林　艳	女	浙江普陀	1974.3	职高语文	2011.12	区职教中心
郑　浩	男	浙江普陀	1973.1	职高机械	2011.12	区职教中心
孙汉波	男	浙江普陀	1970.11	初中信息技术	2011.12	普陀第二中学
赵　英	女	浙江普陀	1975.1	初中科学	2011.12	普陀第二中学
徐和郁	男	浙江余姚	1962.7	初中数学	2011.12	普陀第二中学
刘慈恩	男	浙江普陀	1974.1	初中数学	2011.12	沈家门第一初级中学
袁　璇	女	浙江嵊泗	1969.5	初中英语	2011.12	沈家门第一初级中学
林秀莲	女	浙江普陀	1968.5	初中语文	2011.12	东港中学
翁莲萍	女	浙江普陀	1968.4	初中科学	2011.12	东港中学
鲍珊瑛	女	浙江普陀	1973.1	初中美术	2011.12	东港中学
庄海红	女	浙江普陀	1972.9	初中语文	2011.12	芦花中学
张永杰	男	浙江普陀	1976.2	初中数学	2011.12	芦花中学
李乐波	女	浙江普陀	1967.3	初中英语	2011.12	芦花中学
张远鸿	男	浙江普陀	1961.7	劳动技术	2011.12	区青少年宫
李权海	男	山西	1972.9	高中数学	2012.8	普陀第三中学

续表 4-112-16

姓　名	性别	籍　贯	出生年月	所任学科	确认时间	所在单位
刘卫民	男	江西	1974.9	高中英语	2012.8	六横中学
张雷明	男	浙江普陀	1978.1	高中生物	2012.12	普陀中学
杨冠峰	男	浙江普陀	1973.7	高中数学	2012.12	普陀中学
缪伟峰	男	浙江普陀	1976.11	高中化学	2012.12	普陀中学
苏静斌	男	浙江普陀	1973.9	高中地理	2012.12	普陀第三中学
邵武红	女	浙江普陀	1977.2	高中化学	2012.12	普陀第三中学
戚佩飞	女	浙江普陀	1976.2	高中语文	2012.12	六横中学
余海群	女	浙江普陀	1978.11	职高语文	2012.12	区职教中心
刘　霞	女	浙江嵊泗	1973.12	初中语文	2012.12	展茅镇初级中学
李大鸿	男	浙江普陀	1969.3	初中美术	2012.12	六横镇峧头初级中学
俞浙普	男	浙江普陀	1976.1	初中科学	2012.12	六横镇台门初级中学
王波娜	女	浙江普陀	1968.5	小学体育	2012.12	沈家门小学
钟亿文	女	浙江普陀	1970.11	小学语文	2012.12	沈家门小学
周丽娜	女	浙江普陀	1976.11	小学数学	2012.12	沈家门第一小学
金　龙	男	浙江普陀	1977.1	高中化学	2013.12	普陀中学
邬舟艳	女	浙江普陀	1976.12	高中语文	2013.12	普陀第三中学
庄存良	男	浙江普陀	1978.2	高中美术	2013.12	普陀第三中学
陆权厅	男	浙江普陀	1978.4	高中地理	2013.12	普陀第三中学
范　蕾	女	浙江普陀	1978.11	职高英语	2013.12	区职教中心
徐莲莲	女	浙江普陀	1975.12	职高经贸	2013.12	区职教中心
曹伟玉	女	浙江丽水	1976.2	职高旅游	2013.12	区职教中心
刘　琼	女	浙江普陀	1975.9	初中英语	2013.12	普陀第二中学
马燕虹	女	浙江普陀	1975.5	初中英语	2013.12	舟渔学校
刘燕妍	女	浙江普陀	1974.1	初中英语	2013.12	朱家尖初级中学
缪方力	男	浙江普陀	1974.1	初中语文	2013.12	六横镇峧头初级中学
顾永国	男	浙江普陀	1957.4	成人教育	2013.12	朱家尖成人文化技术学校
翁飞萍	女	浙江普陀	1975.11	小学数学	2013.12	沈家门第一小学
邵基孟	男	浙江普陀	1966.2	职高生物	2014.2	区职教中心
翁舟英	女	浙江普陀	1967.8	初中科学	2014.8	东港中学
陈红辉	男	浙江普陀	1975.8	高中数学	2014.12	六横中学
王海优	女	浙江普陀	1974.10	高中历史	2014.12	六横中学
杨　波	女	浙江普陀	1978.2	职高语文	2014.12	区职教中心
陈海飞	女	浙江普陀	1978.10	职高英语	2014.12	区职教中心
董舟维	女	浙江普陀	1981.2	职高体育	2014.12	区职教中心
娄月红	女	浙江普陀	1980.3	职高旅游	2014.12	区职教中心
应　红	女	浙江普陀	1977.11	初中音乐	2014.12	普陀第二中学
俞信华	男	浙江普陀	1967.9	初中数学	2014.12	展茅中心学校
徐婉霞	女	浙江普陀	1972.4	小学语文	2014.12	沈家门小学
刘海燕	女	浙江普陀	1970.10	小学语文	2014.12	沈家门第一小学
梁　欢	女	浙江普陀	1976.4	小学语文	2014.12	朱家尖小学
李卓君	女	浙江普陀	1979.8	小学英语、	2014.12	朱家尖小学

注：1987 年起评审中学高级教师，至 2014 年域内有中学高级教师 689 名

第六节　历届区级以上党代会、人代会及政协会议出席人员名录(部分)

历届党代会代表名录表

表 4-113

级　别	届　别	代　表　姓　名
市　级	第一届	楼新秋
	第五届	周国岭　潘旭东
	第六届	唐汉成　潘旭东
县(区)级	第五届	马永安
	第六届	郑加安
	第十届	周红迅　方咏菊　汪增范　刘森林　刘勤飞　周宏儿　陆华仙　王志刚　张满菊　陈全波　赵战江　王康珍　冯　坚
	第十一届	周国岭　方咏菊　胡夏君　徐　岗　王　斌　丁碧芬　赵战江　田启录　刘森林　汪增范
	第十二届	唐汉成　黄伟宏　江莲华　童赛祎　谢燕红　陈丹娜　朱玲飞　范秀女　夏佩锋　王康珍　余昌明
	第十三届	唐汉成　郭赛群　竺　芳　刘权永　林优艳　严红飞

历届人代会代表名录表

表 4-114

级　别	届　别	代　表　姓　名
省　级	第二届	叶浩然
	第三届	叶浩然
	第七届	王正言
	第八届	陈壬秋
	第九届	马丽雅
	第十届	马丽雅
市级	第一届	郭妙琴　何明胜
	第二届	王共养
	第三届	马丽雅　王素琴
	第四届	马丽雅　胡建芬　周亚月
	第五届	李诗芳(教科文卫委员)　徐优波　马丽雅　周亚月
	第六届	徐优波　王志刚　程永清
县(区)级	第三届	叶浩然
	第四届	周德甫
	第六届	马永安
	第七届	马永安
	第八届	楼新秋　马永安
	第九届	王素华　王优儿　赵萍萍　吴菊清　向联谊
	第十届	杜仁根　向联谊(常委会副主席)
	第十一届	向联谊(常委会副主席)　陈建国　郑守德　李公章
	第十二届	张红红　向联谊
	第十三届	蒋素亚　冯友康　宋　跃　刘燕君　邬爱萍
	第十四届	卢敏铁　郑建国　赵萍萍　朱玲飞　任　飞　程永清　庄　杰　李诗芳(教科文卫委员)　陈爱国　竺红娜　王赛亚　严儿珍
	第十五届	周红迅　刘习渊　李诗芳(教科文卫委员)　黄忠钦　郭妙琴　刘　凤　郑建国　杨　波　沃蓓蕾　陆丹凤　严儿珍
	第十六届	郭妙琴　周剑挺　朱　敏　王科敏　王海优　邱丽君　沃蓓蕾　刘　凤
	第十七届	王海优　刘幼波　唐风楠　乐明辉　刘习渊　孙文波　王恩明

历届政协会议委员名录表

表 4-115

级别	届别	委员姓名
市级	第一届	向联谊(副主席)　张淑女
	第二届	苗旭霞
	第三届	苗旭霞
	第四届	俞　凯
	第五届：	邬大为　俞　凯
	第六届	邬大为　俞　凯
县(区)级	第二届	李赛飞　章德武　俞　凯
	第三届	雷震中　李赛飞　章德武　龚晓华　俞　凯
	第四届	李赛飞　雷震中　张志飞　黄廷禹　龚晓华　刘习渊　钱爱峰　俞　凯

第七节　历任教办主任、中小学(职业技术学校)校长书记、成人文化技术学校校长

一、历任教办主任

表 4-116

教办名	主任	任职时间	书记	任职时间
沈家门教育办公室	郑国昌	1985.6—1986.6	马永安	1985.8—1995.7
	缪宝根	1986.8—1987.8		
	张亚清	1987.8—1993.7		
	柳祖业	1993.8—1995.7		
	王共养	1995.8—1997.4	柳祖业	1995.8—2001.8
	冯友康	1997.4—2001.8		
六横教育办公室	王琛德	1970—1978	—	—
	王健民	1985.6—1988.8	郑加安	1985.6—1986.7
			王健民	1986.7—1988.8
	黄南阳	1988.8—1992.7	黄南阳	1988.8—1992.7
朱家尖教育办公室	沈贤卿	1985.6—1990.7	—	—
	顾永国	1990.8—1992.7	—	—
桃花教育办公室	竺惠君	1974—1976	—	—
	毛国荣	1976—1978	—	—
	沈天晃	1985.6—1988.8	—	—
	干维新	1988.8—1990.3	—	—
	李胜利	1990.4—1992.7	—	—
虾峙教育办公室	张亚清	1985.5—1987.7	张亚清	1985.5—1987.7
	周信世	1987.8—1991.1	—	—
	李满成(副主任主持工作)	1991.2—1992.3	—	—
东极教育办公室	陈苗法	1985.6—1989.11	—	—
	焦忠安	1989.11—1992.7	—	—

表 4-117

二、历任中小学(职业技术学校)校长、书记

<table>
<tr><th>学校</th><th>校长(负责人)</th><th>任职年限</th><th>书记</th><th>任职年限</th></tr>
<tr><td rowspan="20">普陀中学</td><td>毛善才</td><td>1949.8—1950.3</td><td>—</td><td>—</td></tr>
<tr><td>蔡继绚(主任委员)</td><td>1950.8—1953.9</td><td>—</td><td>—</td></tr>
<tr><td>蔡继绚</td><td>1953.9—1957.9</td><td rowspan="2">王孝玉</td><td rowspan="2">1954.5—1957.9</td></tr>
<tr><td>任梦熊</td><td>1956.6—1956.12
(兼职)</td></tr>
<tr><td>李　君</td><td>1957.10—1958.8</td><td>李　君</td><td>1957.9—1958 春</td></tr>
<tr><td>季金生</td><td>1958.8—1961.12</td><td>季金生</td><td>1958 秋—1959 春</td></tr>
<tr><td>周锡科(副校长主持工作)</td><td>1966.5—1967.3</td><td>田宝富</td><td>1959 秋—1966 秋</td></tr>
<tr><td>徐乐弟(革委会主任〈军〉)</td><td>1970.12—1972.11</td><td>—</td><td>—</td></tr>
<tr><td>乐裕植(革委会主任)</td><td>1973.2—1975.10</td><td>乐裕植</td><td>1972.9—1975.10</td></tr>
<tr><td>丁明信(革委会主任)</td><td>1976.10—1978.6</td><td>肖凤仙</td><td>1976.10—1978.11</td></tr>
<tr><td rowspan="2">张义彬</td><td rowspan="2">1981.8—1984.3</td><td>李信芳</td><td>1978.11—1981.8</td></tr>
<tr><td>丁明信</td><td>1981.8—1983.10</td></tr>
<tr><td>向联谊(常务副校长主持工作)</td><td>1984.3—1985.8</td><td>卓惠君</td><td>1984.3—1991</td></tr>
<tr><td>汪　涛</td><td>1985.8—1992.9</td><td>陈国辉</td><td>1992—1995.7</td></tr>
<tr><td>赵信昌</td><td>1992.9—1998.5</td><td>赵信昌</td><td>1995.7—1998.5</td></tr>
<tr><td rowspan="2">徐铁骏</td><td rowspan="2">1998.5—2004.8</td><td>张忠骅
(副书记主持工作)</td><td>1998.8—2002.10</td></tr>
<tr><td>方咏菊
(总支副书记主持工作)</td><td>2002.11—2004.10</td></tr>
<tr><td rowspan="2">程永清</td><td rowspan="2">2004.8—2012.8</td><td>方咏菊</td><td>2004.10—2012.8</td></tr>
<tr><td>江莲华
(总支副书记主持工作)</td><td>2012.8—2013.5</td></tr>
<tr><td>刘习渊</td><td>2012.8 至今</td><td>江莲华</td><td>2013.5 至今</td></tr>
<tr><td rowspan="19">沈家门中学
(2005.11 并入区职教中心)</td><td>金荣华(沈家门镇镇长兼任)</td><td>1956—1958</td><td>—</td><td>—</td></tr>
<tr><td>朱和(校内负责)</td><td>1956.8—1957.8</td><td>—</td><td>—</td></tr>
<tr><td>缪惠忠(校内负责)</td><td>1957.8—1958.4</td><td>—</td><td>—</td></tr>
<tr><td>刘圣洋
(教导主任主持校内工作)</td><td>1958.4—1958.9</td><td>—</td><td>—</td></tr>
<tr><td>许新孚(副校长主持日常工作)</td><td>1958.9—1965.8</td><td>—</td><td>—</td></tr>
<tr><td>单才铨</td><td>1966.9—1971.10</td><td>—</td><td>—</td></tr>
<tr><td>李伟军(革委会主任)</td><td>1971.10—1973.5</td><td rowspan="2">张如成</td><td rowspan="2">1972.9—1978.6</td></tr>
<tr><td>张如成(革委会主任)</td><td>1973.5—1978.6</td></tr>
<tr><td>单才铨</td><td>1976.6—1981.8</td><td>单才铨</td><td>1978.9—1979.12</td></tr>
<tr><td rowspan="3">马秀峰
(副校长主持日常工作)</td><td rowspan="3">1981.7—1984.8</td><td>冯志惠</td><td>1979.12—1983.6</td></tr>
<tr><td>章瑞惠</td><td>1997.4—2001.12</td></tr>
<tr><td>赵宝珍
(支部负责人)</td><td>1983.6—1984.1</td></tr>
<tr><td rowspan="2">李良骅</td><td rowspan="2">1984.8—1990.8</td><td>陈根棣</td><td>1984.8—1986.8</td></tr>
<tr><td>缪宝根</td><td>1986.8—1990.8</td></tr>
<tr><td rowspan="3">陈种根</td><td rowspan="3">1990.8—2001.12
(其中 1990.8—1993.8 副校长主持日常工作)</td><td>庄国平</td><td>1990.8—1996.1(其中 1990.8—1993.8 副书记主持日常工作)</td></tr>
<tr><td>何明胜</td><td>1996.1—1997.4</td></tr>
<tr><td>王旭光</td><td>2001.8—2001.12</td></tr>
<tr><td>王旭光</td><td>2001.12—2004.8</td><td>刘森林(副书记主持党总支工作)</td><td>2001.12—2003.8</td></tr>
<tr><td>顾银龙(副校长主持日常工作)</td><td>2004.8—2005.11</td><td>刘森林</td><td>2003.8—2005.11</td></tr>
</table>

续表 4-117-1

学校	校长（负责人）	任职年限	书记	任职年限
沈家门中学勾山分校	范安平（负责人）	2003.8—2005.11	—	—
	范安平	2005.11—2006.5	—	—
区职教中心勾山校区	李正伟	2006.5—2008.7	—	—
	顾银龙（兼）	2008.8—2009.7	—	—
	陈恒波	2009.8—2014.7	—	—
区职教中心朱家尖校区	陆承峰	2006.4—2010.7	吴建康	2006.7—2007.7
			—	—
普陀第三中学	周红迅（兼）	1998.8—2001.7	陈建明	1998.8—2000.7
	阮志康	2001.8—2011.7	卢金波	2000.8—2007.7
	刘习渊	2011.8—2012.7	刘森林	2007.8—2011.7
	袁孝海	2012.8 至今	阮志康	2011.8 至今
六横中学	李国星	1956.9—1958.8	—	—
	张　杰	1958.9—1961.8	张杰	1958.9—1961.8
	陈纵萍	1961.9—1962.8	陈纵萍	1961.9—1966.11
	单才铨	1962.9—1966.11		
	王琛德	1966.12—1978.8	王琛德	1966.12—1977.8
	卢志泉	1978.9—1982.2	俞家声	1978.9—1982.9
	钟来琪（副校长主持日常工作）	1982.3—1984.1	俞仁年	1982.10—1994.8
	俞忠定	1984.7—1998.8	俞忠定	1994.9—1999.8
	吴汉荣（副校长主持日常工作）	1998.9—2000.8	沃信科	1999.8—2000.8
	沃信科	2000.8—2007.8	庄爱国	2000.9—2011.8
	陈　恒	2007.9—2013.7	王建军	2011.9—2013.8
	夏林海	2013.7 至今	陈恒	2013.9 至今
区职教中心（2005 年 11 月成立）	陈爱国（主任兼）	2005.12—2007.5	—	2005.12—2007.12
	黄忠钦（主任兼）	2007.5—2011.2	沃信科（总支副书记主持工作）	2007.8—2011.8
	沃信科（常务副主任）	2007.8—2011.8		
	王志刚（主任兼）	2011.2—2014.4	刘森林（总支副书记主持工作）	2011.8 至今
	郑能波（主任兼）	2014.4 至今		
（原）区技工学校（2000.12 并入沈家门职业中学）	朱迎堤（书记主持学校工作）	1979.9—1984.8	朱迎堤	1979.9—1984.8
	唐光华（常务副校长主持学校工作）	1984.8—1986.8	魏爱娟	1984.8—1990.1
	唐光华	1986.8—1996.2	王宝康	1990.1—1993.10
	王宝康	1996.2—2000.3	张宝兴	1993.10—1999.3
			王宝康	1999.3—2000.3
	苏伟芬	2000.3—2000.12	孙开雷（负责人）	2000.3—2000.12
（原）沈家门职业中学（2001.11 并入沈家门中学，两块牌子一套班子）	邢仁招（常务副校长）	1984.9—1986.8	邢仁招	1986—1987.8
	何明胜	1986.8—1996.1	陈根棣	1987.9—1996.1
	余展昭（常务副校长）	1996.1—1997.12	郑勇（常务副书记）	1996.1—1997.1
	余展昭	1997.12—2001.10	郑　勇	1997.1—2000.12
	王旭光	2001.12—2004.8	苏伟芬（常务副书记）	2001.1—2001.12
	顾银龙（副校长主持日常工作）	2004.8—2005.11	刘森林（总支副书记主持工作）	2001.12—2003.8
			刘森林	2003.8—2005.11

续表 4-117-2

学校	校长(负责人)	任职年限	书记	任职年限
(原)普陀水产技校(2007.9 并入职教中心)	陈启梁	1980.9—1984.3	陈启梁	1980.11—1981.9
	稽美誉	1984.5—1986.11	稽美誉	1986.3—1986.10
	陆连夫	1986.11—1988.9	陆连夫	1986.10—1989.10
	陈行德(副校长主持工作)	1988.8—1993.10	李维年	1989.10—1992.9
	陈行德	1993.10—1995.9	黄文明	1992.9—1994.9
	李维年	1995.9—1997.9	李维年	1994.9—2002.5
	陈行德	1997.9—2002.5		
	冯　坚	2002.5—2004.4	陈行德	2002.5—2007.11
	徐　舟	2004.4—2007.11		
(原)厦林旅游职业中学(前身为普陀区农业技术学校)	罗明谭	1983.8—1985.8	—	—
	李文龙	1985.8—1993.3	—	—
	水小存(常务副校长)	1985.8—1987.8	—	—
	吴建康(常务副校长)	1987.8—1993.3	—	—
	吴建康	1993.3—2006.4	—	—
(原)六横职业技术学校 2001 年 9 月,并入沈家门职业中学	吴彪(副校长主持工作)	1983.6—1992.8	刘鹏法	1983.6—1984.8
			王健民(教办主任兼书记)	1984.9—1992.8
	刘云岳	1992.8—1996.8	刘云岳	1992.8—1997.1
	吴昊(常务副校长主持工作)	1996.8—1997.8	吴　昊	1997.1—2000.12
	吴　昊	1997.8—2000.12		
	陈修德(代理副校长主持工作)	2000.12—2002.9	陈修德(兼)	2000.12—2002.9
普陀第二中学	唐汉成	1998.8—2005.7	陈壬秋	1998.8—2006.7
	何德清	2005.8—2013.7	童赛祎(副书记主持工作)	2006.8—2010.8
			俞维杰	2010.8—2011.7
			童赛祎(副书记主持工作)	2011.8—2012.7
	周剑挺	2013.8 至今	陈　虎	2012.8 至今
沈家门第一初级中学	缪宝根	1980.8—1984.7	缪宝根	1980.8—1987.7
	丁悦文	1984.8—1995.7	缪宝根	1990.8—1992.7
	唐汉成	1995.8—1998.7	丁悦文	1992.8—1995.7
	焦忠安	1998.8—2006.7	赵永根	1995.8—2001.7
	王志刚	2006.8—2010.7	洪伟根	2001.8—2012.7
	周剑挺	2010.8—2013.7	严文安	2012.8 至今
	俞维杰	2013.8 至今		
东港中学(前身为沈家门第三初级中学)	陈亨锦	1981.8—1984.7	陈亨锦	1981.8—1989.7
	缪惠忠	1984.8—1992.7	柳祖业	1989.8—1992.7
	焦忠安	1992.8—1998.7	焦忠安	1992.8—1997.1
	龚晓华(副校长主持工作)	1998.7—1999.10	洪伟根	1997.2—2001.7
	洪伟根(书记主持工作)	1999.10—2000.7	赵永根	2001.8—2003.7
	俞维杰	2000.8—2010.7	俞忠定	2003.8—2004.7
	黄伟宏	2010.8 至今	李贤军	2004.8—2011.7
			黄伟宏	2011.8 至今

续表 4-117-3

学校	校长(负责人)	任职年限	书记	任职年限
(原)鲁家峙初级中学	郭修杰	1982.8—1984.7	—	—
	陈余礼	1984.8—1986.7		
	胡钦尧(副校长)	1986.8—1987.7		
	冯友康	1987.8—1990.7	冯友康	1987.8—1990.7
	赵赴东(兼学校负责人)	1990.8—1993.7	赵赴东	1990.8—1992.8(副书记) 1992.9—1998.8(书记)
	赵赴东	1993.7—1998.8		
	陈健鸿	1998.8—2001.7	陈健鸿	1998.8—2001.7
芦花中学	王琛德	1958—1966	王琛德	1958—1966
	李成水	1966—1978	李成水	1966—1971
	陈建国	1978—1984	夏传隆	1975—1984
	郭献镜(副校长主持工作)	1984—1991	蒋忠连	1984—1989
	徐铁骏	1991—1996	张裕良	1989—1991
	阮志康	1996—1998	郭献镜	1991—1998
	李满成	1998—2002	李满成	1998—2002
	刘忠灵	2002—2007	刘忠灵	2002—2007
	王康珍	2007—2012	王康珍	2007—2012
	史济光	2012 至今	李朝阳	2012 至今
(原)勾山初级中学	李法义	1968—1978	李法义	1968—1978
	缪开祥	1978—1983	李法义	1978—1985
	邬松年	1983—1990	周秀质	1985—1992
	郑　勇	1990—1993	陈爱国	1992—1993
	唐汉成	1993—1995	唐汉成	1993—1995
	李朝阳	1995—2001	李朝阳	1995—2001
(原)展茅初级中学	薛浩学(兼)	1958.2—1958.8	—	—
	杨祖庆	1960.1—1961.12	—	—
	汪善范(负责人)	1964.8—1968.7	—	—
	孙光平	1968.8—1978.7	—	—
	胡维琪	1978.8—1982.7	胡维琪	1978.9—1982.7
	徐国华(副校长)	1982.8—1984.7	张岳年	1982.8—1986.7
	汪善范(副校长)	1984.8—1986.7		
	汪善范	1986.8—1986.12	何国定(副书记)	1986.8—2001.7
	庄国平	1987.8—1990.7		
	洪伟根	1990.8—1994.7		
	龚晓华	1994.8—1998.7		
	李贤军(副校长主持工作)	1998.8—1999.8		
	李贤军	1999.9—2004.7	陈　虎	2001.8—2002.7
	王康珍	2004.8—2007.7	徐　岗(副书记)	2002.8—2008.4
	李　忠	2007.8 至今	徐　岗	2008.5—2012.1
			陈四军	2012.1—2013.7
			周静波	2013.8 至今

续表 4-117-4

学校	校长(负责人)	任职年限	书记	任职年限
(原螺门初级中学	徐信国	1986.3—1989.7	叶永年	1986.3—1991.7
	徐铁骏	1989.8—1991.7		
	张工业	1991.8—1992.7	张工业	1991.8—1996.10
	龚晓华	1992.8—1993.7		
	史志舜	1993.8—1996.10		
	王旭光	1996.11—1998.7	史志舜	1996.11—1998.7
	刘忠灵	1998.8—2002.7	刘忠灵	1998.8—2002.7
	李　斌	2002.8—2006.7	李　斌	2002.8—2006.7
	李凯新	2006.8—2009.7	李凯新	2006.8—2009.7
(原)东极初级中学	袁久根	1982.8—1984.7	—	—
	焦忠安	1984.8—1992.7	焦忠安	1984.8—1992.7
	周迪丰	1992.8—1993.7	周迪丰	1992.8—1993.7
	颜忠利	1993.8—1999.7	颜忠利	1993.8—1999.7
	徐　萍	1999.8—2002.7	张工业	1996.8—2001.7
(原)虾峙初级中学	沃连元	1958.8—1962.7	—	—
	吕存明	1964.8—1966.7	—	—
	周俊义(负责人)	1966.8—1968.12	—	—
	丁慧娟 (虾峙区委委员兼校革委会主任)	1972.2—1973.1	—	—
	阎受鹏(校革委会副主任)	1972.2—1973.1	—	—
	陆连夫(校革委会主任)	1973.8—1977.5	—	—
	阎受鹏(校革委会副主任)	1977.8—1979.3	—	—
	阎受鹏(副校长主持工作)	1979.2—1982.7	—	—
	—	—	王信乾 (并主持学校工作)	1982.8—1984.7
	陆连夫	1984.8—1986.7	—	—
	徐铁骏(副校长)	1986.8—1987.7	周信世	1986.8—1991.1
	唐汉成	1987.8—1993.7	—	—
	李满成	1993.8—1998.7	李满成	1993.8—1998.7
	王康珍	1998.8—2004.7	王康珍	1998.8—2004.7
	田启录	2004.8—2007.7	田启录	2004.8—2007.7
	周静波	2007.8—2013.7	周静波	2007.8—2013.7
	付恩忠(虾峙学校校长)	2013.8 至今	陈丹娜	2013.8 至今
(原)栅棚初级中学	邬亚娣	1983.3—1985.1	—	—
	刘建华	1985.1—1990.7	—	—
	龚晓华(副校长主持工作)	1990.8—1991.7	—	—
	郑伟丰	1991.8—1998.7	—	—
	孙安成	1998.8—2002.7	—	—
	田启录	2002.8—2003.7	—	—

续表 4-117-5

学校	校长(负责人)	任职年限	书记	任职年限
(原)黄石初级中学	李通华	1983.8—1984.7	—	—
	胡钦尧	1984.8—1986.8	—	—
	张鹏飞(副校长主持工作)	1986.9—1987.12	—	—
	薛文光	1988.1—1989.7	—	—
	郑伟丰	1989.8—1991.7	—	—
	夏瀚均	1991.8—1992.7	—	—
	严开成	1992.8—1997.7	—	—
	张最平	1997.8—2000.7	—	—
	庄　杰	2000.8—2001.7	—	—
蛟头初级中学	刘岳范	1985.1—1989.5	刘岳范	1985.1—1989.5
	郑永才	1989.7—1993.7	郑永才	1989.7—1992.7
	黄南阳	1993.8—1995.7	邱承义	1993.8—1994.7
			黄南阳	1994.8—1995.7
	郑加安	1995.8—1998.7	郑加安	1995.8—1998.7
	王志刚	1998.8—2001.7	王志刚	1998.8—2001.7
	王　斌	2001.8—2007.7	王　斌	2001.8—2007.7
	王建军	2007.8—2011.7	王建军	2007.8—2011.7
	俞维杰	2011.8—2013.7	俞维杰	2011.8—2013.7
	张鹏恩	2013.8 至今	张鹏恩	2013.8 至今
(原)五星初级中学	郑加安	1991.7—1995.7	顾银龙(副书记)	1991.9—1995.7
	顾银龙	1995.8—1998.1	顾银龙	1995.8—1998.1
	王　斌	1998.1—2000.1	王　斌	1998.1—2000.1
	范　红	2000.1—2001.7	—	—
(原)龙山初级中学(1997年7月小学撤销与中学合并,2006年7月龙山中学撤销)	周水峰	1990.8—1993.7	刘云岳	1991.8—1992.7
	应土成	1993.8—1995.7	乐汉义	1993.8—1996.7
	王志刚	1995.8—1998.7	郑裕杰	1997.8—2006.7
	周剑挺	1998.8—2001.7		
	范　红	2001.8—2004.7		
	郑裕杰	2004.8—2006.7		
(原)台门初级中学	陈　杰	1958.2—1959.8	—	—
	金祥顺	1959.9—1961.8	—	—
	俞福民	1963.9—1973.1	—	—
	马炳云	1973.2—1976.7	—	—
	刘圣学	1976.8—1978.7	—	—
	刘圣棠	1978—1979.7	刘圣棠	1978—1979.7
	王健民	1979.8—1984.2	王信乾	1979.8—1985.2
	贺贤福	1984.2—1998.2	王春亚	1985.3—1987.7
			刘明辉	1987.8—1991.7
			王信乾	1991.8—1996.5
			刘明辉	1996.6—1998.2
			贺贤福	1998.3—1999.7
	顾银龙	1998.3—2003.7	刘明辉	1999.8—2000.1
			俞中军	2000.2—2001.7
	周剑挺	2003.8—2006.7	丁碧芬	2001.8—2014.7
	郑德伟	2007.8—2014.7		
	郑飞海	2014.8 至今	郑德伟	2014.8 至今

续表 4-117-6

学校	校长(负责人)	任职年限	书记	任职年限
(原)双塘初级中学(1983年双塘农业中学改称为双塘中学)	李炳汉	1961—1968	—	—
	俞福明	1968—1971	—	—
	潘名忠	1978.8—1983.7	—	—
	王玉兴(副校长主持工作)	1983.8—1985.7	黄南阳	1983.8—1985.7
	郑永才	1985.8—1989.7	王信乾	1985.8—1991.7
	邱承义	1989.8—1993.7	虞万才	1991.8—1995.7
	郑永才	1993.8—1994.7		
	俞中军	1994.8—2000.1	俞中军	1995.8—2000.1
	王　斌	2000.2—2001.7	王　斌	2000.2—2001.7
	周剑挺	2001.8—2003.7	周剑挺	2001.8—2003.7
	王建军	2003.8—2007.7	王建军	2003.8—2004.7
	刘海平	2007.8—2009.7	刘海平	2004.8—2009.7
朱家尖中学	方忠信	1968.8—1971.9	牟永康(副书记)	1976.8—1978.8
	陈亨锦	1971.9—1973.2	牟永康	1978.9—1981.4
	牟永康	1973.2—1981.4	林纪浩	1981.8—1984.4
	方忠信	1981.8—1983.7	马秋松(副书记)	1984.9—1986.8
	马秋松(副校长)	1983.8—1984.7	顾永国(副书记)	1986.9—1988.8
	陈亦男	1984.8—1988.7	顾永国	1988.9—1992.8
	顾永国	1988.8—1992.7	水小存	1992.9—1995.8
	杨冠仲(副校长)	1992.8—1993.7	夏圣平(副书记)	1995.9—1996.8
	柳景春	1993.8—1998.7	夏圣平	1996.9—1998.8
	王旭光	1998.8—2000.12	柳景春	1998.8 至今
	王志刚	2001.8—2006.7		
	周剑挺	2006.8—2010.7		
	应土成	2010.8 至今		
(原)顺母初级中学	杨永兴	1964.10—1969.7	—	—
	应景昌	1969.8—1979.7	—	—
	柳祖业	1979—1984	—	—
	丁建军	1984.8—1989.7	—	—
	李朝阳	1989.8—1990.7	—	—
	水小存	1990.8—1992.7	—	—
	顾永国	1992.8—1995.7	—	—
	严文安	1995.8—1997.2	—	—
	马国民	1997.2—1998.7	—	—
	夏圣平	1998.8—2001.7	—	—
(原)桃花中学	王文祥	1968.9—1970.7	—	—
	胡科裕	1970.8—1974.7	—	—
	张友康	1974.8—1975.7	—	—
	胡维其	1975.8—1976.7	—	—
	胡科裕(副校长)	1976.8—1984.7	—	—
	李胜利(副校长)	1984.8—1985.7	李胜利	1984.8—1995.7
	陈茂法	1985.8—1994.7	—	—
	俞维杰	1994.8—2000.7	俞维杰	1995.8—2000.7
	周增斌	2000.8—2003.7	周增斌	2000.8—2003.7
	应土成	2007.8—2010.7	应土成	2007.8—2008.7

续表 4-117-7

学校	校长(负责人)	任职年限	书记	任职年限
(原)登步初级中学	沈志伦(借调)	1991.8—1992.7	沈志伦	1991.8—1992.7
	胡志明(副校长主持工作)	1991.11—1992.7		
	叶仕波	1992.8—1995.7	叶仕波	1992.8—1995.7
	张松珠	1995.8—2001.7	张松珠	1995.8—2001.7
	庄　杰	2001.8—2005.7	庄　杰	2001.8—2003.7
			赵战江	2003.7—2005.7
沈家门小学	毛国荣	1965.1—1972.7	沃连元	1965.1—1972.7
		1978.8—1980.7	周邦彦	1978.8—1980.7
	应中锡	1980.8—1984.7	应中锡	1980.8—1984.7
	钱银星	1984.8—2008.4	应中锡	1984.8—1996.1
			陈爱国(副书记,主持支部工作)	1996.8—1997.7
			徐海兵	1997.8—2001.7
			汪增范	2001.8—2008.7
	郭妙琴	2008.7 至今(其中 2008.4-2008.7 月副校长主持日常工作)	汪增范	2008.8—2013.7
			徐海兵	2013.8 至今
(原)东港小学(2011.07 并入沈小)	李　刚	1996.8—2001.7	李公章	1997.2—1999.12
	李朝颖	2001.8—2003.7	刘勤飞	2000.1—2011.7
	庄海杰	2003.8—2004.7		
	夏建军	2004.8—2009.1		
	胡夏君	2009.1—2011.7		
(原)塘头中心学校(2007.07 并入东港小学)	蔡显友、缪宝根、翁盈昌、孙光平、俞良根	1957—1981.8		
	李顺华	1981.8—1984.7	李顺华	1981.8—1984.7
	徐海兵	1984.8—1996.7	汪增范	1984.8—1993.7
			徐海兵	1993.8—1996.7
(原)塘头中心学校(2007.07 并入东港小学)	俞兴国	1996.8—1997.7	俞兴国	1996.8—1997.7
	李　明	1997.8—2000.1	翁菊芬(副书记主持日常工作)	1997.8—2001.7
	邬学仕	2000.2—2001.7		
	王岳军	2001.8—2004.1	刘勤飞(兼)	不设党支部,党员归属东港小学党支部管理
	虞　芬	2004.2—2004.7		
	毛华杰	2004.8—2005.7		
	毛华杰	2005.8—2007.7	毛华杰	2005.8—2007.7
(原)葫芦乡　中心学校(2003.7 并入东港小学)	孙国樑	1957—不详	—	不设党支部,党员归属当地乡党委管理
	潘阿宝	1966.2—1972.7		
	陈开骅	1972.8—1979.7		
	姚友芝	1979.8—1980.7		
	戴志平	1980.8—1983.7		
	吴文江	1983.8—1985.7		
	陆栢鑫	1985.8—1987.7		
	张丽君	1987.8—1989.1		
	李　忠	1989.2—2000.7		
	何春文	2000.8—2003.7	刘勤飞(兼)	2001.8 党员划归东港小学党支部管理

续表 4-117-8

学校	校长(负责人)	任职年限	书记	任职年限
(原)蚂蚁岛乡中心学校	俞锡年	1952.2—1954.7	—	—
	刘桐华	1954.8—1957.8	—	—
	邢仁招	1957.9—1979.7	—	—
	胡维琪	1979.8—1981.7	—	—
	毛国荣	1981.8—1983.7	—	—
	冯友康	1983.8—1986.07	冯友康(副书记主持党务工作)	1983.8—1986.7
	张松珠(副校长主持工作)	1986.8—1988.7	李胜利	1986.8—1988.7
	张松珠	1988.8—1993.7	张再珠	1988.8—1996.7
	王海伟	1993.8—2000.7	丁贤康	1997.8—2000.7
	虞建培	2000.8—2007.7	虞建培	2002.8—2007.7
沈家门第三小学(前身克昌小学,1953.7改称)	姚中元	1941.8—1947.7	—	不设党支部
	史济仁	1047.8—1948.7		
	姚行高	1949.8—1952.7		
	张荣昌	1952.8—1953.7		
沈家门第三小学(前身克昌小学,1953.7改称)	刘　蟾	1953.8—1954.7	—	不设党支部
	陈　杰	1954.8—1957.7		
	王英芳	1957.8—1959.1		
	黄廷禹	1959.2—1960.1		
	胡桐芳	1960.2—1960.7		
	朱　霞	1960.8—1961.7		
	崔赛绒	1961.8—1982.7		
	沈妙月	1982.8—1984.7		
	施菊花	1984.8—1990.7		
	贺法昌(副校长主持工作)	1990.8—1994.7	施菊花	1990.8—1994.7
	汪增范	1994.8—2001.7	汪增范	1994.8—2001.7
	刘松军	2001.8—2010.7	刘松军	2001.8—2010.7
	周磊斌	2010.8—2011.7	周磊斌	2010.8—2011.7
	毛华杰	2011.8—2012.7	毛华杰	2011.8—2012.7
	张　伊	2012.8 至今	林慧珍	2012.8 至今
(原)荷外小学(1984.8 并入沈家门第三小学)	方亚罗	1973.8—1974.7	—	不设党支部
	施菊萍	1974.8—1978.7		
	金建平	—		
	朱芝芬	1978.8—1979.7		
	唐栽林	1979.8—1983.7		
	施菊花	1983.8—1984.7		

续表 4-117-9

学校	校长(负责人)	任职年限	书记	任职年限
(原)庙子湖中心学校(1999.8改称东极小学)	陈君超	1954.8—1960.7	—	不设党支部,归属当地乡党委管理
	陈启梁	1960.8—1966.8		
	郭修杰	1966.9—1977.7		
	袁久根	1977.8—1984.7		
	陈苗法	1984.8—1985.10		
	李良耀	1985.11—1990.7		
	林亚雪	1990.8—1993.7		
	胡文钧	199.8—1993.7		
	叶晓森	1993.8—1999.7		
(原)青浜乡中心小学(2003.7并入东极小学)	李文安	1954—	—	不设党支部,党员归属当地乡党委管理
	陈启梁	—1958.7		
	陆永通	1963.8—1976.7		
	冯友康	1976.8—1981.7		
	焦忠安	1981.8—1983.7		
	王建军	1983.8—1986.7		
	张新平	1986.8—1990.7		
	叶晓森	1990.8—1993.7		
	刘海忠	1993.8—2000.7		
	吴　东	2000.7—2003.7		
(原)黄兴乡中心小学(2000.7并入东极小学)	陈启梁	1958.8—1960.7	—	不设党支部,党员归属当地乡党委管理
	潘阿宝	1960.7—1961.7	—	不设党支部,党员归属当地乡党委管理
	马岳林	1961.8—1963.1		
	陈余礼	1963.2—1972.7		
	袁久根	1972.8—1977.7		
	贺贤成	1977.8—1980.7		
	周大利	1980.8—1982.7		
	袁久华	1980.8—1982.7		
	孙松岳	1982.8—1985.1		
	周信北	1985.2—1987.7		
	李德忠	1987.8—1989.7		
	胡文钧	1989.8—1992.7		
	陈全波	1992.8—1994.7		
	林岳平	1994.8—2000.7		
(原)东福山乡中心小学(2000.7并入东极小学)	马岳林	1958.8—1961.7	—	不设党支部,党员归属当地乡党委管理
	吴胜详	1962—1965		
	任典武	1968.2—1973.1		
	洪显耀	1973.2—1977.7		
	任万全	1977.8—1978.7		
	刘伟国	1979.8—1980.7		
	周信北	1980.8—1985.1		
	孙松岳	1985.2—1985.7		
	方梅青	1985.8—1993.7		
	周岳英	1993.8—2000.7		

续表 4-117-10

学校	校长(负责人)	任职年限	书记	任职年限
登步中心学校	刘桐华	1952.2—1954.7		
	吕存明	1954.8—1955.7	—	不设党支部,党员归属公社党委管理
	叶益鸣	1955.8—1956.7		
	沈天晃	1956.8—1959.7		
	缪海明	1959.8—1962.7		
	周汝昌	1962,08—1963.12		
	刘鹏法	1964.2—1965.7		
	胡为杰	1965.8—1972.12		
	毛国荣	1973.1—1974.7		
	胡为杰	1974.8—1984.12	陈国苗	1978.8—1980.7
			李胜利	1980.8—1982.7
	王孟力	1985.1—1985.7	王志源(负责人)	1982.8—1984.7
	沈志伦	1985.8—1991.7	王志源(副书记)	1984.7—1987.7
			沈志伦	1987.8—1991.7
	叶仕波	1991.8—1992.7	叶仕波	1991.8—1995.7
	刘勤飞	1992.8—1995.7	—	—
	陈翠儿	1995.8—2000.4	张松珠(兼)	1995.8—2001.7
	赵战江(副校长主持工作)	2000.5—2001.7	—	—
	赵战江	2001.8—2003.7	庄　杰(兼)	2001.8—2003.7
	庄　杰	2003.8—2005.7	赵战江	2003.8—2005.7
	赵战江	2005.8—2007.7	赵战江	2005.8—2007.7
沈家门第一小学	张孝根(又名张晓耕,学校创始人)	民国 4 年(1915 年)	—	不设党支部
	楼谷仁	1928.2—1930.1		—
	毛善浩	1930.1—1941		—
	王启宇	1941—1942		—
	王弘暨	1942—1943		—
	孙雁飞	1943—1944		—
	金可辉	1944—1945		—
	王麟祥	1945—1946		—
	梁松华	1946—1947		—
	毛善才	1947—1950.5		—
	王贤煦	1950.5—1952		—
	何纪周	1952—1953		—
	刘圣洋	1953—1958		—
	刘觉林	1958—1960.1		—
	俞家声	1960.2—1961.7	王英芳	1960.2—1961.1
	沃连元	1961.8—1965.1	沃连元	1961.8—1965.1
	陈绮丽	1965.2—1975.7	—	—
	朱志芬	1975.8—1978.7	—	—
	邬烈忠	1978.8—1984.7	周邦彦	1978.8—1984.7
	郑国昌	1984.8—1985.7	马永安	1984.8—1985.7
	邬烈忠	1985.8—1990.7	—	—
	王共养	1990.8—1996.3	冯友康	1990.8—1993.7
	黄廷禹	1996.3—1997.7		
	陈爱国	1997.8—2003.7	黄廷禹(副书记)	1997.8—2001.7
			柳祖业	2001.8—2003.7
	孙文波	2003.8 至今	王赛波	2003.8—2012.7
			徐海兵	2012.8—2013.7
			唐莞芬	2013.8 至今
	陈晖农	1953—?	—	—

续表 4-117-11

学校	校长(负责人)	任职年限	书记	任职年限
(原)沈家门第二小学	叶浩然	1958—1975	—	—
	魏爱娟	1976—1980.7	—	—
	沈美芬	1980.8—1991.7	沈美芬	1990.8—1991.7
	郑素娣	1991.8—1993.7	汪增范	1991.8—1994.7
	冯友康	1993.8—1997.4	冯友康	1994.8—1997.4
	陈苗法	1997.4—1998.7	陈苗法	1997.4—1997.7
	虞姝霞	1998.7—2001.2	虞姝霞	1997.8—2001.2
	李　刚	2001.8—2004.7	李　刚	2001.8—2004.7
	胡夏君	2004.8—2009.7	胡夏君	2004.8—2009.7
	陈全波(负责人)	2009.8—2010.7	陈全波(兼)	2009.8—2010.7
(原)沈家门第五小学	陈　杰	1953—1954.7	—	不设党支部
	崔赛绒	1954.8—1957.7		
	应中锡	1960.8—1965.7		
	丁方意	1965.8—1973.1		
	缪汉令	1973.2—1980.7		
	朱芝芬	1980.8—1985.7		
	沈妙月	1985.8—1988.8		
	张亚清	1988.9—1989.2		
	刘松来	1989.3—1990.7	沈妙月	1989.9—1990.7
	卓淑波	1990.8—2000.7	刘松来	1990.8—1996.2
			卓淑波	1996.3—2000.7
	高慧娜	2000.8—2001.7	高慧娜	2000.8—2001.7
	叶松杰	2001.8—2004.7	叶松杰	2001.8—2004.7
	潘旭东	2004.8—2010.7	潘旭东	2004.8—2010.7
(原)沈家门第六小学(黄沙湾校址)	魏　琰	1956—1958	—	—
	朱　霞	1959—1960	—	—
(原)沈家门第六小学(现沈家门第一小学体育馆校址)	沃连元	1963.09—1964.12	—	—
	朱 霞	1965.01—1974.07		—
	徐金花(革委会副组长)	1974—1977	—	—
	陈依白	1978—1979	—	—
	陈绮丽	1979—1980	—	—
原沈家门第六小学(蒲湾校址)	贺法昌	1996.8—1999.7	贺法昌	1996.8—1999.7
	吴荷娣	1999.8—2002.7	李公章	1999.8—2002.7
(原)鲁家峙小学	朱　霞	1961.9—1964.1	—	—
	朱芝芬	1964.2—1978.7		
	郭修杰	1978.8—1984.7	—	—
	谢锦标(副校长主持工作)	1985.8—1986.7	冯友康	1986.8—1990.8
	吴亚珠	1986.8—1990.7	赵赴东(副书记主持党务工作)	1990.8—1992.7
	杜忠法	1990.8—1992.7		
	陈苗法	1992.8—1996.12	陈苗法	1992.8—1996.12
	刘勤飞	1997.1—2000.1	刘勤飞	1997.1—2000.1
	刘松军	2000.1—2001.7	刘松军	2000.1—2001.7
	贺海峰	2001.8—2003.7	贺海峰	2001.8—2003.7
	杨丽群	2003.8—2004.1	杨丽群	2003.8—2004.1
	王岳军	2004.2—2010.7	王岳军	2004.2—2010.7
	陈全波	2010.8—2013.7	陈全波	2010.8—2013.7

续表 4-117-12

学校	校长(负责人)	任职年限	书记	任职年限
沈家门第四小学	何仲仙	1953.12—1956.1	—	不设党支部
	谢向毅	1956.2—1958.1		
	黄廷禹	1958.2—1959.1		
	魏爱娟	1959.2—1971.1		
	章瑞仙	1971.2—1972.1		
	沈妙月	1972.2—1974.8		
	缪宝根	1974.9—1978.8		
	金建平	1978.8—1989.7		
	沈天晃	1989.8—1994.7		
	叶松杰	1994.8—2001.7	叶松杰	1994.8—2001.7
	周旭光	2001.8—2003.7	徐海兵	2001.8—2003.7
	贺海峰	2003.8—2011.7	徐海兵	2003.8—2010.7
	刘松军	2010.8 至今	徐海兵	2010.8—2012.7
			张朋军	2012.8 至今
(原)平阳中心小学(前身大干小学)	胡培清、周信土	在 1960—1970 年间担任过学校负责人	—	—
	黄忠良(负责人)	1972—1983	—	—
	王梅仙(负责人)	1983—1985	—	—
	黄忠良	1985—1998	黄忠良	1985—1998
	李朝颖	1998—2001.7	李朝颖	1998—2001.07
	林志龙	2001—2004.7	林志龙	2001—2004.7
	顾存波	2004.8—2007.7	顾存波	2004.8—2007.7
	何春文	2007.8—2009.7	何春文	2007.8—2009.7
展茅小学	周士琦	解放前	—	不设党支部
	丽沦泉	1952.2—1952.7		
	丰元成	1952.8—1953.7		
	杨良方	1953.8—1955.7		
	包于科	1955.8—1957.12		
	赵　明	1958.1—1960.12		
	胡维琪	1961.1—1969.12	胡维琪	1961.11—1969.12
	陈中秋	1970.1—1976.12	陈中秋	1970.1—1976.12
	胡维琪	1977.1—1982.12	胡维琪	1977.1—1982.12
	汪增范	1983.1—1984.7	汪增范	1983.1—1984.7
	张岳年	1984.8—1991.10	张岳年	1984.8—1991.10
	张国钧	1991.11—1995.7	张国钧	1991.11—1995.7
	林志龙	1995.8—2003.7	徐国华	1995.8—2003.7
	陈　波	2003.8—2007.7	徐国华	2003.8—2007.7
	周军海	2007.8—2010.7	周军海	2007.8—2010.7
	陈四军	2010.8—2013.1	陈四军	2010.8—2013.1
	李　忠	2013.1 至今	陈四军	2013.1—2013.9
			周静波	2013.9 至今
螺门小学	郑全斌	1919.2—不详	—	不设党支部
	郑聿耕	1953.8—不详		
	杨祖庆	1957—1961.7	—	不设党支部
	陈中秋	1961.8—1964.7		
	李守操	1964.8—1985.7	李守操	1964.8—1985.7
	张国均	1985.8—1992.7	戴慈平	1985.8—1992.7
	张满菊	1992.8—1998.7	徐国华	1992.8—1998.7
	王明忠	1998.8—2001.7	王明忠	1998.8—2001.7
	贺林峰	2001.8—2004.7	贺林峰	2001.8—2004.7
	童雪君	2004.8—2008.7	林岳平	2004.11—2008.7
	林岳平	2008.8—2011.7	林岳平	2004.11—2008.7
	唐风楠	2011.8 至今	刘碧颖(副)	2011.12 至今

续表 4-117-13

学校	校长(负责人)	任职年限	书记	任职年限
(原)芦花乡中心小学	牟永朝	"文化大革命"时期贫管会负责人	—	—
	刘觉林	"文化大革命"时期贫管会负责人	—	—
	方雪琴	1975—1980 的贫管会负责人	—	—
	张孝本	1980—1981	—	—
	沈如伦	1981—19084	—	—
	俞良根	1984—1988	俞良根	1984—1988
	陈爱国	1988—1991	缪忠根	1988—1991
	陈富国	1991—1994	陈富国	1991—1994
	陈其红	1994—1998	陈其红	1994—1998
	王春波	1998—2003	王春波	1998—2003
舟渔学校	胡佩卿	1963.9—1966.8	徐敏忠	1963.9—1967.8
	李发义	1966.9—1970.8	陈国其	1967.8—1972.7
	李永安	1970.9—1972.8		
	付保裕	1972.9—1974.8	陈　滨	1972.8—1979.9
	林兰芳	1974.9—1977.8		
	王恩荣	1977.9—1980.8		
	李强民	1980.8—1983.8	水祥华	1979.9—1983.8
	张家骅	1983.9—1994.8	张家骅	1983.9—1990.8
	沈　明	1994.9—2000.11	何雅珠	1990.9—1999.10
	张宇乔	2000.11—2008.8	张宇乔	1999.11—2008.8
	张鹏恩	2008.9—2013.8	金信根	2008.9 至今
	陈四军	2013.9 至今		
朱家尖小学	张锡卿	1950—1951	—	—
	杨良方	1951.2—1953.1	—	—
	张友康	1953.2—1957	—	—
	李柄汉	1958—1959	—	—
	陈亨锦	1959—1960	—	—
	张孝本	1961—1967	陈亨锦	1961—1967
	钟贵卿	1968—1970 年,设公社教革组,组长张孝本	—	党员归属公社党委管理
	张孝本(贫管会组长)	1971—1973 年,工农兵小学		
	张孝本(贫管会组长)	1974—1975		
	牟永朝	1975.8—1983.10	牟永朝	1978 — 1983.10
	胡瑞根	1983.10—1984.7	—	—
	沈贤卿	1984.8—1985.7	—	—
	李　刚	1985.8—1989.7	应国存	1988.8—1989.7
			陈　龙	1989.8—1990.7
	陈　龙	1990.8—1991.7	马秋松	1990.8—1991.7
	朱亚忠	1992.8—1994.7	张信康	1992.8—1994.7
	陈　龙	1995.8—1996.7	顾永国	1995.8—1996.7
	顾永国	1997.8—1999.7	夏圣平	1997.8—1999.7
	刘丽军	1999.8—2000.7	刘丽军	1999.8—2000.7
	张普明	2001.8—2010.7	张普明	2001.8—2013.7
	周军海	2010.8 至今	陈全波	2013.8 至今

续表 4-117-14

学校	校长(负责人)	任职年限	书记	任职年限
(原)西岙乡中心小学	钟贵卿	1955.8—1960.7	—	—
	不详	1961.0—1963.7 西岙公社成立,学校改为“西岙公社中心小学”	—	—
	刘继昌	1965.8—1974.7	刘继昌	1965.8—1974.7
	张惠云	1977.8—1977.7	张惠云	1977.8—1977.7
	翁佩君	1978.8—1982.7	—	—
	朱亚忠	1982.8—1991.7	朱亚忠	1982.8—1991.7
	钟世国	1992.8—1993.7	—	—
	马国成	1993.8—1994.7	马国成	1993.8—1994.7
	梁玉华	1995.8—1997.7	梁玉华	1995.8—1997.7
	胡忠益	1998.8—2001.7	胡忠益	1998.8—2001.7
	陈四军	2001.8—2003.7	陈四军	2001.8—2003.7
(原)顺母乡中心小学	方家仲	1948 年,原名为顺咸涂渔民小学	—	—
	不详	1950 年改名为“朱家尖乡第十六、十七村村校”	—	—
	不详	1953 年改名为“普陀区顺母涂小学”	—	—
	任华人	1956.8—1958.7	—	—
	胡维芳	1958.8—1960.7 学校更名为“顺母公社中心小学”	—	—
	贫管会管理学校	1961.8—1973.7	—	—
	林纪浩	1974.8—1975.7	—	—
	胡瑞根	1975.8—1977.7	—	—
	林纪浩	1977.8—1980	—	—
	柳祖业	1980.8—1981.7	—	—
	陈　龙	1984.8—1986.7	—	—
	胡忠益	1992.8—1994.7 学校更名为“朱家尖二小”	应景昌	1992.8—1994.7
	应国存	1995.8—1999.7	应景昌	1995.8—1997.7
			应国存	1998.8—1999.7
	顾存波	1999.8—2002.7	顾存波	1999.8—2002.7
	余朝波	2002.8—2005.7	余朝波	2002.8—2005.7
(原)白沙乡中心小学	不详	1953 年改名为普陀区大沙头小学	—	—
	不详	1953.8—1962.7	—	—
	不详	1962 年白沙公社成立,学校改名为“白沙公社中心小学”	—	—
	刘继昌	1963.8—1964.7	—	—
	马秋松	1964.8—-1968.7	—	—
	郑毛囡	1971.8—1972.7	—	—
	郑建庄	1973.8—1976.7	—	—
	张岳年	1978.8—1982.7	—	—
	周忠岳	1982.8—1987.7	—	—
	王志芬	1987.8—2001.7	—	—
	方慈平	2001.8—2003.7	—	—

续表 4-117-15

学校	校长（负责人）	任职年限	书记	任职年限
六横镇中心小学	应德鸿、沃信华、乐俊楚、陈志佳	1929—1951 年间先后任校长	—	—
	叶宗轼	1951.2—1955.1	—	—
	张良海	1955.2—1956.1	—	—
	胡为杰	1956.2—1958.1	何富钦	1958.1—1960.1
	周邦彦	1958.2—1966.1	李国民	1960.1—1961.8
			俞家声	1961.9—1966.1
	俞家声	1970.2—1978.8	刘宗理	1977.2—1978.8
	刘圣科	1978.9—1982.9	刘圣科	1978.9—1982.9
	俞家声	1982.9—1983.1	俞家声	1982.9—1983.1
	胡汉杰	1983.2—1984.7	刘圣科	1983.2—1984.7
	王健民	1984.8—1984.12	郑加安	1984.8—1984.12
	张普民	1985.1—2001.7	张普明	1985.1—
			刘圣钦	—
			张普民	—2001.7
	郑建国	2001.8—2008.7	陆华仙	2001.8-2008.7
	徐　波	2008.8—2012.7	陆华仙	2008.7—2012.12
	毛华杰	2012.8 至今	刘海平	2013.8 至今
（原）五星小学	俞品久、王朋年	50 年代间先后任校长	—	—
	崔淑教	1962—1968	—	—
	戴福仁	1968—1970	张益利	—
	张益利	1970.7—1973	—	—
	张信法	1973—1977	—	—
	刘圣章	1977.8—1981.7	刘圣章	1977.8—1981.7
	刘鹏法	1981.8—1984.12	刘鹏法	1981.8—1984.12
	郑仕根	1985.1—1986.7	张益利（副书记）	1985.1—1990.2
	郑建国	1986.8—1987.7		
	郑仕根	1987.8—2008.1	郑加安	1990.3—1991.7
（原）佛渡小学	李明德	1953—1955.8	—	—
	陈培德	1955.8—1960	—	—
	王圣夫	—1966	—	—
	王彭年	1966—1970	—	—
	乐加舜（负责人）	1970—1971	—	—
	马炳荣（负责人）	1971—1972	—	—
	李志耸（负责人）	1972—1976	—	—
	金长顺	1976.8—1979.7	金长顺	1972.08—1979.7
	王信乾	1979.8—1980.2	郭定安	1980—1982
	张益利	1980.3—1983.8	—	—
	付如国	1983.9—1986.2	郑建国	1984.8—1986.7
	俞全位	1986.3—1998.6	俞全位	1986.3—1998.6
	俞静锋	1998.8—2003.7	李志耸	1998.9—2002.9

续表 4-117-16

学校	校长(负责人)	任职年限	书记	任职年限
台门中心小学(2013年与台门中学合并)	邵国钧	1951.8—1955.7	—	—
	朱靖川	1955.8—1956.7	—	—
	俞维华	1956.8—1958.1	—	—
	陈　杰	1958.2—1959.7	—	—
	周邦彦	1959.8—1960.7	—	—
	李炳汉	1960.8—1963.7	—	—
	俞福民	1963.8—1970.7	—	—
	王健民	1970.9—1972.7	—	—
	刘圣棠	1972.8—1982.7	刘圣棠	1972.8—1985.7
	唐万里	1982.8—1985.7		
	杜方全	1993.10—1995.7	杜方全	1985.8—1996.7
	郑建国	1995.8—2001.7	夏建军	1996.8—1999.7
			刘国平	1999.8—2000.3
	胡海忠	2001.8—2008.7	刘汉康	2000.4—2011.7
	徐朝挺	2008.8—2011.7		
	刘海平	2011.8—2013.7	刘海平	2011.8—2013.7
	郑德伟	2013.8—2014.7	丁碧芬	2013.8—2014.7
	郑飞海	2014.8 至今	郑德伟	2014.8 至今
(原)平峧中心小学	俞锡年	1950.8—1952.7	—	—
	俞福民	1952.8—1963.7	—	—
	郭定安	1963.8—1976.7	—	—
	王圣富	1976.8—1982.7	虞万才	1980.8—1984.7
	刘圣钦	1982.8—1985.1	刘圣科	1984.8—1985.7
	刘国平	1985.1—1993.7	刘明辉	1985.7—1987.7
			刘国平	1987.8—1993.7
	郑建国	1993.8—1996.1	郑建国	1993.8—1996.1
	刘国平	1996.2—1999.7	刘国平	1996.2—1999.7
	王璋行	1999.8—2003.7	王璋行	1999.8—2003.7
(原)六横镇小湖小学	王圣富	1961.8—1964.7	—	—
	黄昌桁	1964.8—1965.7	—	—
	王圣富	1965.8—1971.7	—	—
	李金岳	1971.8—1978.7	—	—
	刘全安	1978.8—1980.7	刘赛娥	1978.8—1980.7
	刘鹏法	1978.8—1982.7	刘圣钦	1980-08—1982.7
	刘圣章	1982.8—1983.7		
	刘全安	1983.8—1984.7	刘圣章	1983.8—1984.7
	刘圣章	1984.8—1991.7	刘全安	1984.8—1991.7
	王璋行	1991.8—1994.7	刘汉康	1991.8—1994.7
	刘汉康	1994.8—1997.8	刘汉康	1994.8—1997.7
			刘圣章	1997.8—2001.7
	陈海红	1999.8—2003.7	—	2003 年 7 月党支部并入台门中心支部

续表 4-117-17

学校	校长(负责人)	任职年限	书记	任职年限
(原)悬山中心学校	葛伟其	1952.3—1956.7	—	—
	周邦彦	1957.8—1959.7	—	—
	张益利	1959.8—1964.7	—	—
	刘圣科	1964.8—1969.7	—	—
	金长顺	1969.8—1971.7	—	—
	傅圣祝	1975.8—1978.7	—	—
	谢态信	1974.8—1975.7	—	—
	傅圣祝	1975.8—1978.7	—	—
	杜方全	1978.8—1984.7	虞万才	1978.8—1981.7
			刘全安	1981.8—1984.7
	夏建军	1984.8—1987.7	夏建军	1984.8—1987.7
	王志刚(副校长主持日常工作)	1987.8—1989.7	王志刚	1987.8—1989.7
	郑建国	1989.8—1992.7	郑建国	1989.8—1992.7
	洪建丰	1992.8—1995.7	洪建丰	1992.8—1995.7
	应志雅	1995.8—1999.7	—	支部并入台门小学
龙山小学	叶宗轼、王志凡、丁方意、刘鹏法	1950—1974 年间先后担任校长	—	—
	卢志泉	1975.8—1978.7	卢志泉	1975.8—1978.7
	刘鹏法	1978.8—1982.7	刘鹏法	1978.8—1980.7
	郑加安	1980.8—1984.7	郑加安	1980.9—1984.8
	乐汉义	1984.7—1986.7	范建设	1984.9—1986.8
	郑加安	1986.8—1990.3	郑加安	1986.9—1990.3
	刘云岳(负责人)	1990.3—1990.7	刘云岳	1990.3—1993.7
	郑裕杰	1990.8—1997.7	张珠凤(副书记)	1993.8—1995.2
			郑裕杰	1995.2—2006.7
	郑裕杰	2004.8—2008.7	郑裕杰	2006.8—2008.7
	史旭波	2008.9—2014.8	史旭波	2008.9—2014.8
	柳　波	2014.9 至今	柳　波	2014.9 至今
双塘中心学校	俞祖安	1933—1939	—	—
	俞锡年	1951—1952	—	—
	俞福民	1953—1960	—	—
	李炳汉(农业中学)	1961—1968	—	—
	俞仁年(兼)	1968—1978	俞仁年	1978—1978
	黄南阳	1978—1984	黄南阳	1978—1984
	王玉兴	1985.1—1998.7	刘圣钦	1985.8—1987.7
			虞万才	1987.8—1990.7
			王玉兴	1990.8—1998.7
	陆华仙	1998.8—2001.7	王玉兴	1998.8—1999.7
			—	—
	刘海平	2001.8—2004.7	刘海平	2001.8—2004.7
	王建军	2004.8—2006.7	刘海平	2004.8—2006.7
	刘海平	2006.8—2011.7	刘海平	2006.8—2011.7
	夏佩锋	2011.8 至今	夏佩锋	2011.8 至今

续表 4-117-18

学校	校长(负责人)	任职年限	书记	任职年限
桃花中心学校	胡庆和创办	清光绪三十一年（1905 年 2 月）	—	—
	戴鸿年	民国 18 年(1929 年)	—	—
	—	民国 24 年(1935 年)	—	—
	周肇琨	民国 27 年(1938 年)	—	—
	—	民国 35 年(1946 年)	—	—
	安镇昌	1950.5—1953.10	—	—
	周尊仁	1953.11—1958	—	—
	张浩才	1958—1962	张浩才	1958—不详
	陆　稼	1962.5—1966.9	—	—
	陆　稼	1967.3—1968.1	陆　稼	1967.3—1968.1
	陆　稼	1968.2—1973.7	陆　稼	1968.2—1973.7
	郑国昌	1973.8—1975.7	—	—
	郑　勇	1975.7—1978.8	—	—
	陆　稼	1978.8—1979.7	陆　稼	1978.8—1979.7
	张友康	1979.8—1981.7	邢仁招	1979.8—1981.7
	沈天晃	1981.8—1984.7	邢仁招	1981.8—1984.7
	沈天晃	1984.7—1985.7	沈天晃	1984.7—1985.6
	干维新	1985.7—1988.12	干维新	1985.7—1988.12
	李公章	1988.8—1995.8	李公章	1988.8—1995.9
	陆松儿	1995.8—2008.8	陆松儿	1996.8—2013.8
	应土成	2008.8—2010.7		
	翁舟梁	2010.7—2012.1		
	翁舟梁	2012.1 至今	翁舟梁	2013.8 至今
(原)对峙乡中心学校	陈君超		—	—
	郭振宏	1964.2—1967.7		
	郭振宏(革委会主任)	1967.8—1978.8	—	—
	郭振宏	1978.8—1984.2	张秉芳	1978.8—1984.2
	李公章	1985.1—1987.9	李公章	1985.1—1987.9
	袁月娣(副校长)	1987.11—1988.10	—	—
	袁月娣	1988.10—1992.11	—	—
虾峙镇中心小学	周通儒	1937—1942	—	—
	张忠旋	1945—不详		
	周传金	1950.2—1950.12		
	胡颂慈	1951.2—1951.12		
	朱成川	1953.2—1953.12		
	张锡卿	1954.2—1955.7		
	胡汉杰	1955.8—1957.12		
	吕存明	1958.2—1966.12	夏传龙	1958—1975 年（文卫支部）
	“文化大革命”时贫管会管理学校			
	阎受鹏	1973.09—1976.9	庄念慈	1978.7—1980.8
	张亚清	1980.1—1985.5	张亚清	1980.1—1988.8
	李通华	1986.9—1987.7		
	叶松杰	1987.8—1994.7	周纪全	1988.9—1995.4
	周旭光	1995.8—2000.7	付存国	1995.8—2000.7
	庄海杰	2000.8—2003.7	庄海杰	2000.8—2003.7
	唐凤楠	2003.8—2005.7	周磊斌	2003.8—2005.7
	周磊斌	2005.8—2010.7	周磊斌	2005.8—2010.7
	刘红慈	2010.8—2012.1	刘红慈	2010.8—2012.1
	陈丹娜	2012.8—2013.7	陈丹娜	2012.8—2013.7
	付恩忠	2013.8—2014.7	陈丹娜	2013.8—2014.7
	付恩忠	2014.8 至今	付恩忠	2014.8 至今

续表 4-117-19

学校	校长(负责人)	任职年限	书记	任职年限
(原)栅棚乡中心小学	张彩忠	1950.1—12	—	党员归属虾峙中心党支部管理
	陈贵先	1951.1—12	—	—
	周纪全	1953.1—12	—	—
	李云贤	1954.1—1957.12	—	—
	陈　生	1958.2—1962.7	—	—
	张孝明	1962.9—1967.7	—	—
	陈　生	1967.8—1972.7	—	—
	乐根土	1972—1974	—	—
	陈　生	1976.8—1983.7	—	—
	任华人	1983.8—1986.7	—	—
	邬德范	1986.9—1991.7	—	—
	周旭光	1991.7—1995.7	—	—
	陈亚素	1998.8—2001.7	—	—
	王谷凤	2001.8—2004.7	—	—
(原)黄石乡中心小学	胡文兴	1950.2—12	—	党员归属虾峙中心党支部管理
	陈忠阜	1951.2—1952.12	—	—
	蒋光昌	1953.2—1954.7	—	—
	邬松年	1954.9—1957.12	—	—
	陈秀龙	1958.2—1962.8	—	—
	周伦乔	1962.9—1964.7	—	—
	孙光跃	1967.9—1974.7	—	—
	乐根土	1974.9—1976.7	—	—
	王连珠	1976.9—1978.7	—	—
	张登元(负责人)	1978.9—1979.7	—	—
	邬亚娣	1979.9—1982.7	—	—
	乐根土	1982.9—1988.7	—	—
	傅存国	1988.9—1995.7	—	—
	余和琴	1995.9—2003.7		—
(原)湖泥乡中心小学	严回春	1957—(不详)	—	党员归虾峙中心党支部管理
	元和川	1959.7—1962.7	—	—
	方桐华	1962—1966	—	—
	王志清	1966—1968	—	—
	陈　生	1968—1978	—	—
	庄念慈	1979—1982	—	—
	陆利国	1983—1990.7	—	—
	余本煦	1990.8—1995.7	—	—
	蒋海波	1995.8—2001.9	—	—

续表 4-117-20

学校	校长(负责人)	任职年限	书记	任职年限
勾山中心	李哲诚(延武小学创始人)	1921—1929	—	—
	冯　允	1929—1944	—	—
	李有生(负责人)	1944—1950	—	—
	李泉成(上和庙小学创始人)	1936—1946	—	—
	不详(2 校合并)	1946—1950	—	—
	刘觉林	1950—1953	—	—
	李文安	1953—1958	—	—
	朱　霞	1958—1961	—	—
	缪汉玲	1961.5—1978.7	—	—
	李法义	1978.8—1983.7	李法义	1978.8—1985.7
	戴秀娟	1983.8—1985.7		
	袁建才	1985.8—1987.7	李亚楚	1987.8—1990.7
	陈国平	1987.8—1990.7		
	李　刚	1990.9—1993.7	李永芳	1990.9—1993.7
			缪忠根	
	陈爱国	1993.8—1996.7	陈爱国	1993.8—1996.7
	陈富国	1996.8—1999.7	陈富国	1996.8—1999.7
	夏建军	1999.8—2004.7	夏建军	1999.8—2004.7
	贺林峰	2004.8—2007.7	贺林峰	2004.8—2007.7
	毛华杰	2007.8—2011.7	毛华杰	2007.8—2011.7
	林岳平	2011.8 至今	林岳平	2011.8 至今
普陀山学校	周仲南	1949.2—1959.7	—	—
	应增斌	1959.8—1964.7	—	—
	包永建	1964.8—1966.7	—	—
	赵守才	1966.8—1972.7	赵守才	1966.8—1972.7
	缪开祥	1972.8—1978.7	缪开祥	1972.8—1978.7
	翁德康	1978.8—1985.1	翁德康	1978.8—1985.1
	王忠志	1985.2—1986.8	翁德康	1985.2—1986.8
	王忠志	1986.9—1987.8	王忠志	1986.9—1987.8
	史久庆(副校长主持工作)	1987.9—1989.8	余宏朝(副书记主持工作)	1987.9—1989.8
	俞兴国	1989.9—1991.8	俞兴国	1989.9—1991.8
	周信书	1991.9—1999.7	周信书	1991.9—1999.7
	王　军	1999.8—2003.7	王军	1999.8—2003.7
	傅纪铭(副校长主持工作)	2003.8—2004.8	傅纪铭(副书记主持工作)	2003.8—2004.8
	傅纪铭	2004.9—2007.9	傅纪铭	2004.9—2007.9
	求大忠	2007.10—2012.6	陈祖锡	2007.10—2012.6
	求大忠	2012.6 至今	求大忠	2012.6 至今

表 4-118

三、成人文化技术学校历任校长

学　校	校　长	任职时间
沈家门街道成人文化技术学校	翁盈昌	1985.8—1999.8
	应和军	1999.8—2011.8
	杨　琼	2012.8 至今
(原)蚂蚁岛乡成人文化技术学校	胡吉祥	1994.7—2003.6
	胡安杰	2004.7—2013.10
(原)登步乡成人文化技术学校(2012.9 并入沈家门成校)	倪平飞	1997.9—2001.8
	余安国	2001.9—2012.8
	周日波	2012.8—2012.9
虾峙镇成人文化技术学校	余昌明	1992.5—2014.7
	杨海波(副校长主持工作)	2014.8 至今
朱家尖街道成人文化技术学校	刘继昌	1979.8—1985.9
	刘继昌	1987.9—2001.11
	陆承峰(负责人)	2001.12—2006.8
	顾永国	2006.9 至今
(原)蛟头镇成人文化技术学校	张惠康	1992.8—1993.7
	吴　昊	1993.8—1995.7
	郑永才	1995.8—1997.7
	刘爱燮	1997.8—2001.8
(原)台门镇成人文化技术学校	陆利国	1992.8—1997.7
	胡海年	1997.8—2001.8
(原)双塘乡成人文化技术学校	张忠道	1992.8—1998.7
	虞万财	1998.8—2001.8
(原)佛渡乡成人文化技术学校	周通和	1992.8—2001.7
	张松仕	2003.8—2007.10
六横镇成人文化技术学校	胡海年	2001.9 至今
桃花镇成人文化技术学校	陈飞跃	1995.5—2000.8
	何朝兵	2001.8—2003.5
	史久斌	2006.8 至今
勾山镇成人文化技术学校(2013.10 与东港街道成校合并)	缪中根	1993—1996 年
	周信土	1996.8—2004.7
	严伶俐(副校长主持工作)	2004.8—2006.7
	严伶俐	2006.8—2013.10
东港街道成人文化技术学校	王明忠	2004.2—2007.7
	虞建培	2007.8—2013.11(2013.11 起任东港街道成校书记)
	严伶俐	2013.10 至今
东极镇成人文化技术学校	施剑影	1980.9—1995.7
	钟友娣	1995.8—1997.7
	周日满	1997.8—2004.7
	孙恩波	2004.8—2009.7
	王飞波	2009.8—2013.7
	陈　刚	2013.8 至今
展茅街道成人文化技术学校	李国标	1995.8—2001.7
	徐兴龙	2001.8—2013.7
	范安平	2013.8 至今

附　录

附录一：

市级以上先进集体荣誉录

表 5-1

单位名称	年份	先进称号	级别	签署机关
沈家门小学	1979	学校体育卫生工作先进集体	国家	教育部、国家体委、卫生部、共青团中央
沈家门第一小学	1996	中国少年先锋队基础建设达标先进单位	国家	全国少工委
教育局少工委	1997	全国“少先队基础建设”达标先进单位	国家	全国少工委
沈家门第三小学	1997	全国雏鹰假日小队	国家	全国少工委
沈家门小学	1997	荣获“全国手拉手好少年”奖章	国家	全国少工委
沈家门第三初级中学	1998	推行《国家体育锻炼标准试行办法》先进集体	国家	国家体育总局、教育部
朱家尖成校	2000	第五届“中华扫盲奖”先进单位	国家	教育部
沈家门第一小学	2000	全国艺术教育先进单位	国家	教育部
沈家门小学	2001	全国少先队“创新杯”活动竞赛优秀活动奖	国家	全国少工委中国少年报社辅导员杂志社
沈家门小学	2001	“全国红旗大队”称号	国家	全国少工委
沈家门第一小学四(1)中队	2002	“全国红旗中队”称号	国家	全国少工委
沈家门小学	2003	2003年全民健身周先进单位	国家	国家体育总局
沈家门小学	2003	小公民道德建设先进单位	国家	教育部关心下一代工作委员会中国教育学会等
沈家门小学	2005	东西部学校结对帮扶工作先进单位	国家	中国高等教育学会中国教育学会中国教育报等
沈家门小学	2006	全国诵读活动先进集体	国家	中华文化经典诵读全国组委会
沈家门第一小学	2006	全国中小学思想道德建设先进集体	国家	教育部
普陀第三中学	2007	全国绿色学校创建活动先进学校。	国家	国家环境保护总局、教育部
普陀区教育局	2009	2009年全国农村成人教育先进单位	国家	中国成人教育协会
沈家门小学	2010	2008—2009学年度全国中小学图书馆先进单位	国家	中国图书馆学会中小学图书馆委员会
沈家门小学	2010	全国学校艺术教育工作先进单位	国家	中华人民共和国教育部艺术教育委员会
普陀区教育局	2011	第二届全国教育改革创新优秀奖	国家	中国教育报、中国教育新闻网

续表 5-1-1

单位名称	年份	先进称号	级别	签署机关
普陀区教育局	2011	第二届全国教育改革创新优秀奖	国家	中国教育报、中国教育新闻网
沈家门小学	2011	第四届和谐校园先进学校	国家	教育部基础教育一司
沈家门第一小学	2011	第十六届全国中小学生绘画、书法作品比赛中获组织工作先进集体	国家	教育部艺术教育委员会
普陀区教育局	2012	全国区域推进优秀班集体建设突出贡献奖	国家	《德育报》社、全国中小学班集体研究中心
沈家门小学	2013	2009—2012 年度全国群众体育先进单位	国家	国家体育总局
沈家门小学	2013	“全国优秀少先队集体”称号	国家	共青团中央、教育部、全国少工委
普陀区教育局	2014	2013 年全国义务教育发展基本均衡县(市、区)	国家	国务院教育督导委员会
普陀区教育局	2014	2013 年全民终身学习活动周成功组织奖	国家	全民终身学习活动工作小组、中国成人教育协会
区职教中心	2014	全国职业教育先进单位	国家	教育部、国家发展改革委、财政部等
沈家门小学	1984	省文明卫生单位	省级	浙江省爱国卫生运动委员会
沈家门小学	1985	省少先队活动先进集体	省级	浙江省教育委员会、共青团浙江省委
少体校蹼泳班	1987	省业余体育先进集体	省级	省教委、省体委
教研室仪器站	1988	省仪器工作先进集体	省级	省教委
普陀中学团委	1989	省“理想之光”活动组织奖	省级	省教委、团省委、省学生联合会
沈家门小学	1989	省学校体育卫生先进集体	省级	省教委、省体委、省卫生厅
沈家门第四小学	1989	《国家体育锻炼标准》先进单位	省级	省教育委员会和省体育委员会
沈家门职业中学团委	1990	省“理想之光”最佳实践活动奖	省级	团省委、省教委、省学生联合会
沈家门小学	1990	省九届运动会群体先进集体	省级	省教委、省体委
局教研室仪器站	1991	省教学仪器管理先进集体	省级	省教委
双塘初级中学	1991	省德育工作先进集体	省级	省教育厅
舟渔职工子弟学校	1991	省电化教育先进集体	省级	省教委
沈家门小学	1991	省电化教育先进集体	省级	省教委
沈家门第四小学	1991	实施《国家体育锻炼标准》先进学校	省级	省体委、省教育厅
区电大工作站	1992	省电大先进工作站	省级	省电大
沈家门小学	1992	省学雷锋先进集体	省级	省教育厅
沈家门小学	1992	1991—1992 年度省级先进全日制中小学	省级	省教育厅
双塘乡中心学校	1992	省家庭教育先进集体	省级	省教委、省妇联
普陀区教育局	1993	省体育达标先进单位	省级	省体委
区电大工作站	1993	省电大先进工作站	省级	省电大
区高中会考办公室	1993	省会考工作先进集体	省级	省教委
沈家门小学	1993	省体育达先进学校	省级	省体委
沈家门第四小学	1993	省体育达先进学校	省级	省体委
沈家门小学	1993	省先进全日制中小学校	省级	省教委
沈家门小学	1993	省学雷锋先进集体	省级	省少工委
双塘中心小学	1993	省家庭教育先进集体	省级	省妇联、省教委
普陀区教委	1994	1993 年度师生平安工作先进单位	省级	省人保公司、省教委

续表 5-1-2

单位名称	年份	先进称号	级别	签署机关
普陀区	1994	《国家体育锻炼标准》达标先进县区	省级	省体委、省教委
普陀中学	1994	省群众体育先进单位	省级	省体委
沈家门第一初级中学	1994	省中小学实验室工作先进集体	省级	省教委
沈家门小学	1994	1993—1994 年省教育科研先进集体	省级	省教委
沈家门小学	1994	省学校体育“达标”先进单位	省级	省教育厅、省体委
沈家门小学	1994	实施《国家体育锻炼标准》先进学校	省级	省体委、省教委
沈家门第四小学	1994	省学校体育“达标”先进单位	省级	省教育厅、省体委
普陀区教育局	1995	推广校园歌曲集体舞先进单位	省级	省文化厅、省教委等
普陀区教委	1995	被授予普及“两基”先进单位称号	省级	省政府
沈家门小学	1995	省教育科研工作先进单位	省级	省教委、省教科研规划组
普陀区教委	1996	“知香港、爱祖国”读书活动先进集体	省级	省教委
普陀区教委	1996	1996 年度全市行政事业单位国有资产产权登记工作先进单位	省级	省政府
普陀区教委	1996	1995—1996 年省重视教育科研先进集体	省级	省教委、省教育科学规划领导小组
区教育局教行科	1996	省基础教育行政管理创新三等奖	省级	省教委
区教委关工委	1996	省关心下一代工作先进集体	省级	省教委关工委、普陀区教委
区教委财基科	1996	省 1995—1996 年教育会计学会工作先进集体	省级	省教育会计学会
区电大工作站	1996	1996 年度省先进电大工作站	省级	省电大
沈家门第一初级中学	1996	“八五”期间省人民防空教育先进集体	省级	省人武部、省教委
台门初级中学	1996	省中小学实验室工作先进集体	省级	省教委
沈家门第四小学	1996	1995—1996 学年度省推行《国家体育锻炼标准》先进学校	省级	省教委、省体委
黄石初级中学	1996	“敬业奉献”先进集体	省级	省教委
峧头初级中学	1996	“敬业奉献”先进集体	省级	省教委
芦花中学	1996	“敬业奉献”先进集体	省级	省教委
沈家门第三初级中学	1996	“敬业奉献”先进集体	省级	省教委
沈家门小学	1996	“敬业奉献”先进集体	省级	省教委
沈家门镇教办	1996	“敬业奉献”先进集体	省级	省教委
沈家门第一小学	1996	“敬业奉献”先进集体	省级	省教委
沈家门第二小学	1996	“敬业奉献”先进集体	省级	省教委
双塘中心小学	1996	“敬业奉献”先进集体	省级	省教委
台门中心小学	1996	“敬业奉献”先进集体	省级	省教委
台门田岙小学	1996	“敬业奉献”先进集体	省级	省教委
区中心幼儿园	1996	“敬业奉献”先进集体	省级	省教委
桃花中学初一年级段	1996	“敬业奉献”先进集体	省级	省教委
台门中学初三年级段	1996	“敬业奉献”先进集体	省级	省教委
沈家门第一初级中学体育教研组	1996	“敬业奉献”先进集体	省级	省教委
六横中学英语教研组	1996	“敬业奉献”先进集体	省级	省教委
六横中学数学教研组	1996	“敬业奉献”先进集体	省级	省教委

续表 5-1-3

单位名称	年份	先进称号	级别	签署机关
沈家门第一小学	1996	省艺术教育先进单位	省级	省教委
沈家门第五小学少先队大队部	1996	省雏鹰红旗大队	省级	团省委、省教委、省少工委
普陀区教委	1997	省“知香港、爱祖国”先进集体	省级	省教委、省宣传部
普陀区教委	1997	省中小学实验教学普及奖	省级	省教委
普陀区教委	1997	首批素质教育实验县(区)	省级	省教委
普陀区教委	1997	1995—1996 年度省重视教育科研先进单位	省级	省教委科学规划院
普陀区教委	1997	省中小学实验普及县区	省级	省教委
区教育少工委	1997	全国“少先队基础建设”达标先进单位	省级	团浙联
普陀中学	1997	省中小学图书馆(室)工作先进集体	省级	省教委
沈家门小学	1997	省“知香港、爱祖国”先进集体	省级	省教委、省宣传部
沈家门第一小学少先队大队部	1997	省少先队红旗大队	省级	团省委、省教委、省少工委
虾峙中心小学	1997	省语言文字工作先进单位	省级	省语委会
普陀区教委	1998	省教育系统行风建设先进集体	省级	省纠风办、省教委
沈家门镇教办	1998	省教育系统行风建设先进集体	省级	省纠风办、省教委
区高中会考办公室	1998	1997—1998 年度省普通高中会考工作先进集体	省级	省教委教研室
沈家门第一小学家长学校	1998	省先进家长学校	省级	省妇联、省教委
沈家门第四小学	1998	1997—1998 学年度省推行《国家体育锻炼标准》先进集体	省级	省教委、省体委
沈家门第三小学	1998	浙江省体育达标先进学校	省级	省体委
台门中心家长学校	1998	省先进家长学校	省级	省妇联、省教委
普陀区教委	1999	先进县(市、区)教委	省级	省教委
普陀区教委	1999	1998—1999 年度重视教育科研先进单位	省级	省教育科学规划领导小组、省教育科学研究院
普陀区教委	1999	省教育系统第二届艺术节活动优秀组织奖	省级	省教委
区教学仪器站	1999	省推广使用义教音像教材先进集体	省级	省教委
沈家门镇	1999	省教育强镇	省级	省教委
沈家门第一初级中学	1999	省体育达标先进单位	省级	省教委
沈家门第一初级中学	1999	省整顿学校及周边地区治安秩序创建安全文明校园活动先进单位	省级	省综治委、省教育工委、省教委、省公安厅
沈家门第一初级中学	1999	浙江省治安安全先进单位	省级	省政府
普陀第二中学	1999	省现代技术实验学校	省级	省教委
虾峙中心小学	1999	省现代技术实验学校	省级	省教委
虾峙中心小学	1999	省农村示范小学	省级	省教委
桃花中心小学	1999	省农村示范小学	省级	省教委
双塘初级中学	1999	省农村示范初中	省级	省教委
朱家尖镇成校	1999	第四批省示范性乡镇成校	省级	省教委
普陀区自考办	1999	1998—1999 年度高等教育自学考试先进集体	省级	省自考委、省教委

续表 5-1-4

单位名称	年份	先进称号	级别	签署机关
沈家门第一初级中学	1999	1998 学年度“达标”先进学校	省级	省体委、省教委
沈家门小学	1999	1998 学年度“达标”先进学校	省级	省体委、省教委
沈家门第四小学	1999	1998 学年度“达标”先进学校	省级	省体委、省教委
沈家门小学	1999	省首届基础教育教学成果二等奖	省级	省政府
普陀区教委	2000	省先进县市区教委	省级	浙教办
双塘乡政府	2000	省教育强镇	省级	省教委
普陀区会考办	2000	1998—1999 年度自学考试先进集体	省级	省教委、省自考办
虾峙镇自考工作站	2000	1998—1999 年度自学考试先进工作站	省级	省教委、省自考办
普陀区教委关工委	2000	省教育系统关心下一代工作先进集体	省级	浙关工委
普陀区教委	2000	省 1998—1999 年度重视教育科研先进单位	省级	浙教科院
沈家门小学	2000	省 1998—1999 年度重视教育科研先进单位	省级	浙教科院
普陀区教委关工委	2000	省教育系统关心下一代工作先进集体	省级	省教育厅
普陀区教委关工委	2000	省中小学环保科普征文获奖组织工作优秀奖	省级	省教委关工委
虾峙镇成校	2000	浙江省自学考试优秀乡镇工作站	省级	省教育委员会
沈家门第一初级中学	2000	浙江省治安安全先进单位	省级	省政府
沈家门第一初级中学	2000	省体育达标先进单位	省级	省教委
沈家门第一小学	2000	浙江省师德群体创优先进	省级	省教委、省教育工会
普陀区教育局	2002	省创建“绿色学校”工作先进单位	省级	浙环发
普陀区教委关工委	2002	省教育系统关心下一代工作先进集体	省级	浙关工委
区教师进修学校	2001	省“九五”期间中小学校长培训工作先进单位	省级	浙教干训
沈家门第一初级中学	2001	省“创建安全文明校园”先进单位	省级	浙江省教育厅、省公安厅、省综合治理办公室
普陀第三中学	2002	省五四红旗团委	省级	共青团浙江省委
沈家门第一小学大队部	2002	省红旗大队	省级	省少工委
普陀区教育局	2005	普陀教育科研网被评为 2004 年度全省最佳教育网站	省级	浙江省教育厅电化教育办公室
普陀第三中学	2005	浙江省 2003—2004 年度普通高中证书会考工作先进集体	省级	浙江省教育厅教研室
普陀区教育局	2006	浙江省第五届中小学生艺术节优秀组织奖	省级	浙江省教育厅
普陀区教育局	2006	浙江省教育厅关心下一代工作先进集体	省级	浙江省教育厅关心下一代工作委员会
普陀区教育局	2006	浙江省第五届中小学生艺术节优秀组织奖	省级	浙江省教育厅
普陀第三中学	2006	省普通高中新课程实验工作样本学校	省级	浙江省教育厅
六横中学	2006	普通高中证书会考工作先进集体	省级	浙江省教育厅教研室、浙江省普通高中证书会考办公室
沈家门第三小学	2006	浙江省雏鹰红旗大队	省级	团省委、省少工委
沈家门第三小学	2006	浙江省科技先进集体	省级	省教委、省科协
沈家门第一小学	2007	浙江省陶行知研究会“实践陶行知思想”先进集体	省级	省陶研会
沈家门第一小学	2007	2005—2006 年度教科研先进集体	省级	省教科院
普陀区教育局	2008	浙江省义务教育课程改革第一阶段先进集体	省级	浙江省基础教育课程改革领导小组

续表 5-1-5

单位名称	年份	先进称号	级别	签署机关
普陀区教育局	2008	第二十二届浙江省青少年科技创新大赛科技创新项目二等奖	省级	浙江省科学技术协会、浙江省教育厅、浙江省科技厅、共青团浙江省委
普陀区教育工会	2008	2004—2008 年度工会工作先进集体	省级	浙江省教育工会
普陀区教育局	2008	浙江省首届中小学生舞蹈节优秀组织奖	省级	浙江省教育厅、浙江省文化厅、浙江省财政厅、浙江省广电集团
普陀第三中学语文教研组	2008	省“巾帼文明岗”	省级	省巾帼建功和双学双比活动协调小组
普陀区教育局	2009	2008 年度浙江省教育科学和谐发展业绩考核优秀单位	省级	浙江省教育厅
普陀区	2009	浙江省规范教育收费示范区	省级	浙江省治理教育乱收费厅际联席会议
区教育局教科室	2009	浙江省 2007—2008 年度重视教科研先进单位	省级	浙江省教育科学规划领导小组、浙江省教育科学研究院
沈家门第一小学	2009	浙江省 2007—2008 年度教育科研　先进集体	省级	浙江省教育科学规划领导小组、浙江省教育科学研究院
沈家门第五小学	2009	省级巾帼文明岗	省级	省总工会
普陀区教育局	2010	2009 年度浙江省教育科学和谐发展业绩考核优秀单位	省级	浙江省教育厅
普陀区教育局	2010	2006—2009 年度浙江省群众体育先进单位	省级	浙江省体育局
普陀区教育局	2010	2010 年度浙江省中小学生暑期“四个一”社会实践活动组织工作奖	省级	省教育厅、团省委
六横中学	2010	浙江省普通高中会考工作先进集体	省级	省普通高中会考办公室
沈家门第一小学	2010	浙江省创新型学校称号	省级	浙江省教育厅
普陀区教育局	2011	第二届全国教育改革创新优秀奖	省级	中国教育报、中国教育新闻网
普陀区教育局	2011	浙江省第二届中小学生校园足球　联赛优秀组织奖	省级	浙江省教育厅、浙江省体育局
普陀区教育局	2011	2011 年浙江省中小学生舞蹈节优秀组织奖	省级	省教育厅、省文化厅、省财政厅、省广电集团
普陀区教育局	2011	浙江省第二届中小学生校园足球　联赛优秀赛区	省级	省教育厅、省体育局
普陀区教育局	2011	浙江省第二届中小学生校园乒乓球联赛优秀赛区	省级	省教育厅、省体育局
朱家尖初级中学	2011	浙江省第二轮“农远工程”先进集体	省级	省教育厅
沈家门第一小学	2011	浙江省优秀少先队大队（浙江省红旗大队）	省级	团省委
普陀区教育局	2012	2011 年度浙江省教育科学和谐发展业绩考核优秀单位	省级	浙江省教育厅
普陀区教育局	2012	浙江省（2009—2010 年度）重视教育科学研究先进单位	省级	浙江省教育科学规划领导小组浙江省教育科学研究院
六横中心小学六（2）中队	2012	被评为浙江省优秀少先队中队（浙江省红旗中队）	省级	浙江省少工委
普陀区教育局	2013	省示范文明单位	省级	省委省政府
普陀区教育局	2013	省首批学校心理健康教育研究示范区	省级	省教育科学研究院、省中小学心理健康教育指导中心
普陀区教育局考试中心	2010	省教育考试工作先进集体	省级	省教育考试院
普陀区教育局考试中心	2012	省普通高校招生工作先进集体	省级	省教育考试院

续表 5-1-6

单位名称	年份	先进称号	级别	签署机关
区职教中心	2013	浙江省大中学校优秀学生社团标兵	省级	团省委、省教育厅
沈家门小学	2013	四星雏鹰奖章	省级	共青团浙江省委省教育厅少先队省少工委
沈家门小学	2013	浙江省红旗大队	省级	浙江省少工委
沈家门第一小学	2013	浙江省优秀传统文化教育普及活动先进集体	省级	省教育厅
普陀区教育局	2014	2013 年度浙江省教育科学和谐发展业绩考核	省级	省教育厅
普陀区教育局	2015	浙江省教育技术装备规范管理示范区	省级	浙江省教育技术中心
普陀区教育局	2014	浙江省教育系统关心下一代工作先进集体	省级	省教育厅关心下一代工作委员会
沈家门第一初级中学	1981	舟山地区教育战线先进集体	市级	舟山地区教育局
峧头镇政府	1986	市基础教育先进集体	市级	市人民政府
悬山乡政府	1986	市基础教育先进集体	市级	市人民政府
双塘乡政府	1986	市基础教育先进集体	市级	市人民政府
朱家尖乡政府	1986	市基础教育先进集体	市级	市人民政府
蚂蚁岛乡政府	1986	市基础教育先进集体	市级	市人民政府
悬山乡政府	1986	市成人教育先进集体	市级	市人民政府
蚂蚁岛乡政府	1986	市成人教育先进集体	市级	市人民政府
沈家门镇文化补习学校	1986	市成人教育先进集体	市级	市人民政府
沈家门第一初级中学	1989	市“三防”教育先进	市级	市政府
普陀中学	1991	区先进党支部	区级	区委
六横峧头初级中学	1993	先进全日制中小学	市级	市教委
六横峧头中心小学	1993	先进全日制中小学	市级	市教委
虾峙黄石小学	1993	先进全日制中小学	市级	市教委
虾峙镇长坑村	1993	市级义务教育先进村	市级	市教委
桃花镇乌石子村	1993	市级义务教育先进村	市级	市教委
桃花镇磨盘村	1993	市级义务教育先进村	市级	市教委
沈家门镇永兴村	1993	市级义务教育先进村	市级	市教委
沈家门镇大山村	1993	市级义务教育先进村	市级	市教委
沈家门小学	1993	先进全日制中小学	市级	市教委
普陀区教育局	1995	少儿工作先进集体	市级	舟山市人民政府
蚂蚁岛乡	1996	市“两基”工作先进集体	市级	市政府
朱家尖镇	1996	市“两基”工作先进集体	市级	市政府
沈家门镇	1996	市“两基”工作先进集体	市级	市政府
双塘乡	1996	市“两基”工作先进集体	市级	市政府
虾峙镇	1996	市“两基”工作先进集体	市级	市政府
普陀中学	1996	市体育卫生先进学校	市级	市教委、市体委、市卫生局
沈家门小学	1996	市体育卫生先进学校	市级	市教委、市体委、市卫生局
沈家门第一小学	1996	市体育卫生先进学校	市级	市教委、市体委、市卫生局
峧头中心小学	1996	市体育卫生先进学校	市级	市教委、市体委、市卫生局
区教育委员会	1998	国防教育先进集体	市级	市政府、舟山警备区
沈家门第二小学	1998	市“群体师德创优”先进集体	市级	市教委、市教育工会

续表 5-1-7

单位名称	年份	先进称号	级别	签署机关
六横双塘小学	1998	教育装备先进集体	市级	市教委
沈家门小学	1998	教育装备先进集体	市级	市教委
虾峙镇中心小学	1998	教育装备先进集体	市级	市教委
沈家门第一小学	1998	教育装备先进集体	市级	市教委
蚂蚁岛乡中心小学	1998	教育装备先进集体	市级	市教委
普陀区教委	1998	全民国防教育先进集体	市级	市委、市政府、市警备区
普陀区教委	1998	市级治安安全先进单位	市级	市综治办、市公安局等
六横中学	1998	市级治安安全先进单位	市级	市综治办、市公安局等
虾峙中心小学	1998	市级治安安全先进单位	市级	市综治办、市公安局等
鲁家峙小学	1998	市级治安安全先进单位	市级	市综治办、市公安局等
区水产技术学校	1998	市级治安安全先进单位	市级	市综治办、市公安局等
沈家门小学	1998	市级治安安全先进单位	市级	市综治办、市公安局等
沈家门镇第一小学	1998	市首批“群体师德创优”学校	市级	市教委、市教育工会
沈家门镇第二小学	1998	市首批“群体师德创优”学校	市级	市教委、市教育工会
沈家门小学	1998	市首批“群体师德创优”学校	市级	市教委、市教育工会
沈家门第一初级中学	1998	市教育系统行风建设先进集体	市级	市教委党委、市教委
沈家门小学	1998	市教育系统行风建设先进集体	市级	市教委党委、市教委
沈家门第一小学	1998	市教育系统行风建设先进集体	市级	市教委党委、市教委
双塘初级中学	1998	市“八五”以来学校教育条件装备工作先进集体	市级	市教委
沈家门小学	1998	市“八五”以来学校教育条件装备工作先进集体	市级	市教委
虾峙中心小学	1998	市“八五”以来学校教育条件装备工作先进集体	市级	市教委
沈家门第一小学	1998	市“八五”以来学校教育条件装备工作先进集体	市级	市教委
蚂蚁岛乡中心学校	1998	市“八五”以来学校教育条件装备工作先进集体	市级	市教委
沈家门第二小学	1998	市小学教师基本功全员培训先进集体	市级	市教委
沈家门第三小学	1998	市小学教师基本功全员培训先进集体	市级	市教委
桃花中心小学	1998	市小学教师基本功全员培训先进集体	市级	市教委
沈家门第一小学	1998	市少先队先进集体	市级	市教委、市教委团工委
台门中心小学	1998	市少先队先进集体	市级	市教委、市教委团工委
沈家门第二小学	1998	市“雏鹰红旗大队”	市级	市教委、团市委、市少工委
台门中心小学	1998	市“雏鹰红旗大队”	市级	市教委、团市委、市少工委
沈家门镇教办	1998	退休教师工作先进单位	市级	市教委
普陀中学	1998	退休教师工作先进单位	市级	市教委
六横峧头镇教育分会	1998	退休教师工作先进单位	市级	市教委
沈家门第一小学	1998	全民健身先进集体	市级	市体委
沈家门第四小学	1998	全民健身先进集体	市级	市体委
沈家门平阳小学	1998	全民健身先进集体	市级	市体委
沈家门第三小学	1998	舟山市体育达标先进单位	市级	市体委
沈家门第三小学	1998	舟山市教师基本功训练先进单位	市级	市师训中心
沈家门第三小学	1998	舟山市“手拉手”先进单位	市级	市教委
普陀区教委	1999	1998—1999 年度市综治先进集体	市级	市委、市政府

续表 5-1-8

单位名称	年份	先进称号	级别	签署机关
普陀区教委关工委	1999	市关心下一代工作先进集体	市级	市关工委
普陀区教委妇联会	1999	1999 年度市先进妇联组织	市级	市妇联
双塘初级中学	1999	1998 学年度“达标”先进学校	市级	市体委、市教委
展茅初级中学	1999	1998 学年度“达标”先进学校	市级	市体委、市教委
桃花少年军校	1999	市首批先进少年军校	市级	市人武部、市教委
沈家门第二小学少年军校	1999	市先进少年军校	市级	市人武部、市教委
普陀区教委	2000	维护社会政治稳定专项工作先进集体	市级	市委政法委
普陀区教委	2000	1998—2000 年市先进财会工作集体	市级	市财政局
普陀区教委	2000	2000 年巾帼竞赛活动先进协调单位	市级	市巾帼竞赛协调小组
普陀区教委	2000	市中小学生科技艺术节组织工作优秀奖	市级	市教委
普陀中学党支部	2000	市先进党支部	市级	市教委
沈家门第五小学	2000	第三批市素质教育示范学校	市级	市教委
台门中心小学	2000	第三批市素质教育示范学校	市级	市教委
蛟头中心小学	2000	第三批市素质教育示范学校	市级	市教委
沈家门第四小学	2000	第三批市素质教育示范学校	市级	市教委
沈家门第一小学	2000	市第一批群体师德创优学校	市级	市教委、市教育工会
沈家门小学	2000	市第一批群体师德创优学校	市级	市教委、市教育工会
沈家门第二小学	2000	市第一批群体师德创优学校	市级	市教委、市教育工会
普陀中学	2000	市第二批群体师德创优学校	市级	市教委、市教育工会
虾峙中心小学	2000	市第二批群体师德创优学校	市级	市教委、市教育工会
台门中心小学	2000	市第二批群体师德创优学校	市级	市教委、市教育工会
虾峙镇成校	2000	扫盲工作先进集体	市级	市教育委员会
沈家门第三小学	2002	舟山市群体师德创优学校	市级	市教育局
东港小学	2002	舟山市群体师德创优学校	市级	市教育局
普陀区教育局	2003	舟山市防范和处理邪教问题先进集体	市级	舟山市委、市人民政府
普陀区教育局	2003	拥军优属先进单位	市级	舟山市委、市人民政府、舟山警备区
普陀区教育局	2003	2002 年度全市二级治安安全单位	市级	舟山市“创安”领导小组
芦花中学	2003	市教育系统抗非典先进集体	市级	市教育局
沈家门第一初级中学	2003	市依法治校先进单位	市级	市综治办、市教委
普陀区教育局	2004	舟山市创建省级卫生城市先进集体	市级	舟山市爱国卫生运动委员会
沈家门第一初级中学	2004	舟山市艺术教育先进集体	市级	市教委
沈家门第一初级中学	2004	人民防空教育先进单位	市级	市人武部、市教育局
普陀区教育局	2005	2004 年度县(区)政府教育目标责任制考核合格单位	市级	舟山市人民政府
普陀区教育局	2005	“万名学生进社区”活动组织奖	市级	中共舟山市委宣传部、舟山市教育局、舟山市文明办、共青团舟山市委员会
普陀区教育局	2005	2004 年度市级治安安全单位		舟山市“创安”领导小组
沈家门第一小学	2005	2004 年度市教育科研优秀级基地学校	市级	市教育局
沈家门第一初级中学	2005	市治安安全单位	市级	市综治办

续表 5-1-9

单位名称	年份	先进称号	级别	签署机关
沈家门第一小学	2005	市中小学艺术教育先进集体	市级	市教育局
沈家门第一小学	2005	市“十五”前期中小学教师教育先进集体	市级	市教育局
沈家门第四小学	2005	舟山市基础教育课改先进集体	市级	市教育局
普陀区教育局	2006	2005 年度全市防范和处理邪教问题先进集体	市级	中共舟山市委、舟山市人民政府
普陀区教育局	2006	舟山市第五届教育科技艺术节优秀组织奖	市级	市教育局
普陀区教育局	2006	2005 年度市级治安安全单位	市级	舟山市“创安”领导小组
普陀区教育局	2006	2005 年度无偿献血工作促进奖单位	市级	舟山市献血工作领导小组
普陀区教育局	2006	统战工作先进集体	市级	中共舟山市委统战部
普陀区教育局	2006	舟山市妇女儿童工作先进集体	市级	舟山市妇女儿童工作委员会
普陀区教育局	2006	舟山市“三五”依法治市“四五”普法先进集体	市级	舟山市委、舟山市人民政府
普陀区教育局	2006	舟山市巾帼竞赛活动先进集体	市级	舟山市巾帼竞赛协调小组
普陀区教育局	2006	2005 年度县(区)人民政府教育发展目标责任制考核合格单位	市级	舟山市人民政府
普陀第三中学	2006	舟山市第二届社会最满意学校	市级	舟山日报社、市教育局
普陀第三中学	2006	市先进基层党组织	市级	舟山市委
沈家门第一初级中学	2006	市第二批学习型学校创建先进集体	市级	市教委
沈家门第一小学	2006	市基础教育课程改革先进集体	市级	市教委
沈家门第三小学	2006	舟山市巾帼竞赛先进集体	市级	市总工会
沈家门第四小学	2006	市中小学教师主题(专题)培训先进集体	市级	市教育局
虾峙镇成校	2006	舟山市第二届社会最满意学校	市级	市教育局
普陀区教育工会	2007	2006 年度“三级联创”示范产业工会	市级	舟山市委组织部、舟山市总工会
沈家门第一初级中学	2007	市国防教育先进单位	市级	市教委
沈家门第三小学	2007	舟山市优秀家长学校	市级	市教委
沈家门第四小学	2007	学习型学校创建先进集体	市级	市教育局
东港小学	2007	学习型学校创建先进集体	市级	市教育局
普陀区教育局	2008	2007 年度舟山市全民健身月活动　先进集体	市级	舟山市实施全民健身计划领导小组
沈家门第一小学	2008	2007 年市学习型学校创建先进集体	市级	市教育局
沈家门第四小学	2008	市雏鹰红旗大队	市级	市少工委、团市委、市教育局
普陀区教育局	2009	舟山市第二十六届中小学生田径运动会县(区)团体总分第二名	市级	舟山市教育局、舟山市体育局
普陀区教育局	2009	舟山市首届乡镇成校渔农民技能大比武团体第一名	市级	市委组织部、市教育局、市新农村建设委员会办公室、市人事劳动社会保障局
区职教中心	2009	舟山市校园风险保障管理先进集体	市级	市教育局
六横中学	2009	舟山市教育系统学习型学校创建先进集体	市级	舟山市教育局、舟山市教育工会
普陀区教育局	2010	全市机关效能建设先进典型	市级	舟山市机关效能建设工作办公室
普陀区教育局	2010	舟山市第二十七届中小学生田径运动会县区团体总分第二名	市级	舟山市教育局、舟山市体育局
普陀区教育局	2010	舟山市第二十七届中小学生田径运动会县区团体生均分第二名	市级	舟山市教育局、舟山市体育局

续表 5-1-10

单位名称	年份	先进称号	级别	签署机关
普陀区教育局	2010	全民国防教育先进单位	市级	舟山市国防教育委员会
普陀区教育局	2010	拥军优属先进单位	市级	舟山市委、市人民政府、舟山警备区
普陀区教育局	2011	舟山市关心下一代工作先进集体	市级	市关心下一代工作委员会
普陀区教育局	2011	舟山市实施“十一五”妇女儿童发展规划先进集体	市级	市妇女儿童工作委员会
普陀区教育局	2011	2010 年度舟山市全民健身活动优秀组织奖	市级	舟山市实施全民健身计划领导小组
普陀区教育局	2011	舟山市第十一届中小学生教育科技艺术节优秀组织奖	市级	市教育厅市文化广电新闻出版局市科学技术协会
普陀区教育局	2011	舟山市第二十八届中小学生田径运动会县区团体总分第二名	市级	舟山市教育局、舟山市体育局
区职教中心	2011	舟山市卫生先进单位	市级	市爱国卫生委员会
芦花中学	2011	市中小学教师执教能力全员培训先进集体	市级	市教委
东港中学	2011	“知荣辱、树新风、我行动”主题活动荣获先进集体	市级	市文明办
沈家门第一小学党总支	2011	区先进基层党组织	区级	普陀区委
桃花镇中心学校	2011	舟山市卫生先进单位	市级	舟山市爱卫会
普陀区教育局	2012	2011 年度舟山市全民健身活动优秀组织奖	市级	舟山市实施全民健身计划领导小组
普陀区教育局	2012	浙江舟山群岛新区首届运动会舟山市第十一届运动会(青少年部)田径比赛丁组团体总分第一名	市级	大会组委会
普陀区教育局	2012	浙江舟山群岛新区首届运动会舟山市第十一届运动会(青少年部)田径比赛丙组团体总分第一名	市级	大会组委会
普陀区教育局	2012	浙江舟山群岛新区首届运动会舟山市第十一届运动会(青少年部)田径比赛乙组团体总分第二名	市级	大会组委会
普陀区教育局	2012	2012 年舟山市第十二届中小学生教育科技艺术节优秀组织奖	市级	市教育局市文化广电出版局市科学技术协会
沈家门第一小学	2012	健康促进银奖学校	市级	市卫生局、市教育局
普陀区教育局	2013	舟山市先进妇联组织	市级	舟山市人力资源和社会保障局、舟山市妇女联合会
普陀区教育局	2013	荣获 2010—2013 年度舟山市无偿献血促进奖	市级	市献血工作领导小组
普陀区教育局	2013	2013 年度舟山市未成年人思想道德建设先进单位	市级	市精神文明建设委员会
普陀区教育局	2013	2012 年度舟山市全民健身活动优秀组织奖	市级	市实施全民健身计划领导小组
普陀区教育局	2013	舟山市第二十九届中小学生田径运动会县区团体总分第一名	市级	市教育局市体育局
沈家门第三小学	2013	舟山市工会工作先进集体	市级	市总工会
普陀区教育局	2014	2014 年舟山市首届中小学生阳光体育运动会(田径比赛)暨舟山市第三十届中小学生田径运动会县(区)团体总分第一名	市级	舟山市教育局、舟山市体育局
普陀区教育局	2014	2014 年舟山市首届中小学生阳光体育运动会(田径比赛)暨舟山市第三十届中小学生田径运动会初中组团体总分第一名	市级	舟山市教育局、舟山市体育局

续表 5-1-11

单位名称	年份	先进称号	级别	签署机关
普陀区教育局	2014	2014年舟山市首届中小学生阳光体育运动会（田径比赛）暨舟山市第三十届中小学生田径运动会小学乙组团体总分第二名	市级	舟山市教育局、舟山市体育局
普陀区教育局	2014	2014年舟山市首届中小学生阳光体育运动会（田径比赛）暨舟山市第三十届中小学生田径运动会县（区）团体生均分第二名	市级	舟山市教育局、舟山市体育局
普陀区教育局	2014	2014年舟山市首届中小学生阳光体育运动会（田径比赛）暨舟山市第三十届中小学生田径运动会小学甲组团体总分第二名	市级	舟山市教育局、舟山市体育局
桃花中心小学	2014	浙江省“健康促进学校”银奖学校	市级	市教育局
六横中学	1981	县教育工作先进集体	县级	县委、县政府
沈家门第一初级中学	1981	县教育工作先进集体	县级	县委、县政府
沈家门第一初级中学	1982	县教育工作先进集体	县级	县委、县政府
沈家门第一初级中学	1983	县教育工作先进集体	县级	县委、县政府
六横中学党支部	1985	县先进党支部	县级	县委
六横中学党支部	1986	县先进党支部	县级	县委
六横中学党支部	1987	县先进党支部	县级	县委
普陀中学党支部	1988	区先进党支部	区级	区委
沈家门中学党支部	1988	区先进党支部	区级	区委
芦花中学党支部	1988	区先进党支部	区级	区委
沈家门小学	1991	区先进党支部	区级	区委
沈家门第一小学	1991	区先进党支部	区级	区委
普陀中学	1992	区先进党支部	区级	区委
沈家门小学	1992	区先进党支部	区级	区委
沈家门第一小学	1992	区先进党支部	区级	区委
桃花中心小学	1992	区先进党支部	区级	区委
普陀中学党总支	1993	区先进党支部	区级	区委
沈家门小学党支部	1993	区先进党支部	区级	区委
沈家门第一小学党支部	1994	区先进党支部	区级	区委
普陀中学党总支	1994	区先进党支部	区级	区委
沈家门小学党总支	1994	区先进党支部	区级	区委
沈家门小学党支部	1995	区先进党支部	区级	区委
普陀中学党支部	1995	区先进党支部	区级	区委
沈家门小学	1996	区先进党支部	区级	区委
普陀区教委	1997	1996年度区精神文明建设先进集体	区级	区委
普陀区教委	1997	1996年度区宣传思想工作先进集体	区级	区委
普陀区教委	1997	1996年度统战工作先进集体	区级	区委
沈家门小学党支部	1997	区先进党支部	区级	区委
普陀区教委	1998	1997年度区精神文明建设先进集体	区级	区委
螺门初级中学党支部	1998	区先进党支部	区级	区委
沈家门小学党支部	1998	区先进党支部	区级	区委

续表 5-1-12

单位名称	年份	先进称号	级别	签署机关
峧头中心小学党支部	1998	区先进党支部	区级	区委
普陀中学党支部	1999	区先进党支部	区级	区委
登步中小学校党支部	1999	区先进党支部	区级	区委
蚂蚁中心学校党支部	1999	区先进党支部	区级	区委
普陀中学党总支	2000	区先进党支部	区级	区委
六横中学党支部	2002	先进党支部	区级	普陀区委
普陀第二中学党支部	2007	区先进基层党组织	区级	普陀区委
沈家门第一初级中学党支部	2008	区级先进党组织	区级	普陀区委
普陀区教育局	2011	2010 年度信访工作先进集体	区级	区委、区政府
普陀区教育局	2011	2010 年度社会治安综合治理先进集体	区级	区委、区政府
普陀区教育局	2011	建设社会主义新渔农村工作先进单位	区级	区委、区政府
普陀区教育局	2011	2010 年度全区网格工作先进单位	区级	区委、区政府
普陀区教育局	2011	2006—2010 年普陀区法制宣传教育先进集体	区级	区委、区政府
普陀区教育局	2012	2011 年度人口和计划生育目标管理优胜奖	区级	区政府
普陀区教育局	2012	2011 年度全区信访工作先进集体	区级	区委、区政府
普陀区教育局	2012	建设社会主义新渔农村工作先进集体	区级	区委、区政府
沈家门第一小学党总支	2012	区“创先争优”先进基层党组织	区级	普陀区委
普陀中学党总支	2014	2013 年度区先进基层党组织	区级	普陀区委
沈家门第一小学党总支	2015	2014 年度先进基层党组织	区级	普陀区委

附录二：

教育政策文件选录(1955—2014年)

普陀县教育事业规划简案

（1956—1957年）

一、小学教育

（一）基本情况

本县是岛屿地区，全县以渔业生产为主，全县共有八区一镇，十五万人口，其中学龄儿童28363人。在党和政府的领导下，渔农业互助合作发展较快；目前渔区已全部合作化，农区参加合作社的农户占总农户56%。全县共有合作化区一个，镇一个，合作化乡共有二十三个。

教育工作几年来，也有很大发展，据今年九月统计，小学生有15437人，教师477人，入学儿童占总人口10.26%，占学龄儿童54.4%，但因缺乏全面规划与全面部署，在发展上是不够平衡的；（1）入学儿童占学龄儿童比例最高是虾峙区，占63.5%，最低是下庄区，占39.9%，相差23.60。（2）师生比例全县是1:30.69，最高是沈家门为1:34.44，最低虾峙区为1:28.36，相差6.08。（3）高低级学生比例为1:4.9，(其中，最高沈家门，1:2.4，最低是虾峙，1:7.47)，虾峙是纯渔区，又是合作化区，因此更不适应。

（二）计划根据

（1）根据生产互助合作开展情况，在学生增加上，高低级比例增长上，首先照顾两个合作化区和二十三个合作化乡，作适当部署。（2）根据现有学生和学龄儿童比例、毕业生人数及校舍、群众经济情况，确定招生数。（3）根据以上三点根据现在师生比例，适当调整教师（人数与骨干）经费；（4）根据主观力量和群众需要而自愿，确定办二部制、民办等增加学生。

根据以上安排以后，五六年情况是这样：

1956年共有学生18900人，比1955年增加3463人，比1955年增加15.6%，入学儿童占总人口10.53%，占学龄儿童66.42%，其中高年级学生3988人，低年级学生14912人，高低年级比例由1955年1比4.9转变为1比3.71，全县教育部门学校学生16718人，公立学校教师477人，师生比例由55年1比30.69提高为1比35.04，1957年共有学生19855人，比1956年增加955人，增加27%，入学儿童占总人口13.24%，占学龄儿童70%，其中高年级学生4543人，低年级学生15312人，高低年级比例为1956年1:3.71，提高为1:2.96。全县教育部门公立学生17518人，师生比例由1956年1:35.04，提高为1:36.72。

（三）完成以上指标的措施

1. 根据群众需要和自愿原则，提倡渔农民群众办学，1956年计划民办28班，学生1328人(以上民办班大多数群众都有要求)。1957年计划民办3班，学生150人。

2.1956年计划举办二部制14班，学生2138人，1957年计划举办二部制五班250人，并加强对二部制学校教师的领导，交流经验，办好二部制。

3. 适当调整教师，根据1956年计划数字，虾峙区师生比例最低为1:31.1，而虾峙入学儿童占学龄儿童较高，为75.15%，朱蒲区师生比例为1:37.42，而入学学生与学龄儿童比例低于虾峙，因此无须适当调整。

4. 加强对教师和家长教育，做好留生、扩生工作，充实学额，保持学额。

（四）幼儿教育

幼儿教育本县是初办，没有经验，因此1956年只能搞公办一班，待以后取得经验后，再行搞民办。1957年计划举办民办班一班，计30人。

1956 年度小学及幼儿园教育事业计划表

表 5-2

指标	一九五五年预计完成					一九五六年预计完成					一九五七年预计完成				
	学校数(个)	班级数(个)	招生数(人)	毕业生(人)	学年初学生数(人)	学校数(个)	班级数(个)	招生数(人)	毕业生(人)	学年初学生数(人)	学校数(个)	班级数(个)	招生数(人)	毕业生(人)	学年初学生数(人)
甲	1	2	3	4	5	1	2	3	4	5	1	2	3	4	5
小学(统计)	105	344	5842	2814	15437	106	386	6874	3411	18900	107	389	5027	4072	19855
教育部门设立	104	328	5369	2814	14643	104	342	5486	3411	16718	—	342	4717	3917	17518
其他部门设立	—	—	—	—	—	—	—	—	—	—	—	—	—	—	—
民办	1	16	473	—	794	2	44	1388	—	2182	—	47	310	155	2337
私立	—	—	—	—	—	—	—	—	—	—	—	—	—	—	—
高小(小计)	—	69	1881	674	2922	—	82	2099	1033	3988	—	82	2591	2036	4543
教育部门设立	—	64	1726	674	2733	—	67	1667	1033	3347	—	67	2431	1881	3897
其他部门设立	—	—	—	—	—	—	—	—	—	—	—	—	—	—	—
民办	—	5	155	—	189	—	15	452	—	641	—	15	160	155	646
私立	—	—	—	—	—	—	—	—	—	—	—	—	—	—	—
初小(小计)	68	275	2961	2140	12515	—	304	4775	2378	14912	—	307	2436	2036	15312
教育部门设立	67	264	3643	2140	11910	—	275	3839	2378	13371	—	275	2286	2036	13621
其他部门设立	—	—	—	—	—	—	—	—	—	—	—	—	—	—	—
民办	1	11	318	—	605	—	29	936	—	541	—	32	150	—	—
私立	—	—	—	—	—	—	—	—	—	—	—	—	—	—	—
幼儿园(统计)	—	—	—	—	—	1	1	30	—	30	—	—	—	—	—
教育部门设立	—	—	—	—	—	1	1	30	—	30	—	—	—	—	—
其他部门设立	—	—	—	—	—	—	—	—	—	—	—	—	—	—	—
民办	—	—	—	—	—	—	—	—	—	—	—	—	—	—	—
私立	—	—	—	—	—	—	—	—	—	—	—	—	—	—	—

二、农(渔)民业余文化教育规划(1955—1957 年)

(一)规划根据

1. 互助合作基础和生产发展情况;

2. 群众原有文化水平,历年来民校基础的好坏,民师等条件;

3. 党政领导的重视和群众对学习要求等情况。具体规划如下;

(一)全县农区合作化基础好的(即在 1955 年秋季组织起来占农民的 40% 以上)的乡有十个;合作社基础一般(即在秋季组织起来占总农户 20% ~ 40%)的民校基础较好的有十一个乡,渔区岸上民校基础较好的有三个乡。这三种乡要求入学人数:1955 年,青年占总青年男 60%,女 50%,壮年占总壮年男 40%,女 20%。1956 年,青年男 75%,女 60%;壮年男 45%,女 30%。1957 年,青年男 90%,女 70%;壮年男 60%,女 40%。

(二)合作化基础一般(即 1955 年秋季组织

起来占总农户 20% ~ 40%）的民校基础一般有十二个乡，要求入学人数：1955 年，青年男 50%，女 40%；壮年男 30%，女 10%。1956 年，青年男 65%，女 55%，壮年男 35%，女 25%。1957 年，青年男 85%，女 70%，壮年男 55%，女 35%。

（三）其他共 34 个乡，要求入学人数：1955 年青年男35%，女25%；壮年男28%，女5%。1956年，青年男 35%，女 35%；壮年男 30%，女 20%。1957 年，青年男 80%，女 65%；壮年男 50%，女 30%。

全县综合：1955 年，青年入学占总青年 41%，其中男 45.1 %，女 35.5 %；壮年 20.6 %，其中男 28 %，女 12.5 %。1956 年，青年 55.1 %，其中男 63.1 %，女 46 %；壮年 30.29 %，其中男 35.8 %，女 24.4 %。1957 年，青年 76.7 %，其中男 84 %，女 68.2%；壮年 44.4%，其中男 54.2%，女 34%。

具体数字如下：

普陀县农（渔）民业余文化教育规划（1955—1957 年）表

表 5-3

基本情况						一九五五年									一九五六年									一九五七年									扫盲			
青年			壮年			青年			壮年			合计			青年			壮年			合计			青年			壮年			合计			五六年	五七年	合计	占入学总数
小计	男	女	小计	男	女	小计	男	女	小计	男	女	小计	男	女	小计	男	女	小计	男	女	小计	男	女	小计	男	女	小计	男	女	小计	男	女				
三一一三三	一六〇九九	一五〇七四	三八二三七	一九七八九	一八四四八	一二七八九	七三九八	五三八九	七八五九	五五四八	二三一一	二〇七〇八	一三〇〇八	七七〇〇	一七二五一	一〇二〇一	七〇五〇	一一五八二	七〇九一	四四九一	二八八三三	一七二九二	一一五四一	二三九〇一	一三五九一	一〇三一〇	一七〇〇三	一〇七三一	六二七二	三六八六三	二一九一〇	一四九五三	三五三一	一一八四九	一五三八一	42.3%

注：1. 计算年度以 1 月 1 日起至 12 月 30 日止

2. 扫盲任务要求是根据常年办学的一般要求；文化学习每年要求 250 ~ 300 小时，政治课（包括会议）100 小时左右，一年内读完两册，一年半至二年毕业，识字 1500 左右，能阅读通俗书报，能写简单的农村应用文

（二）主要措施

1. 层层作规划：县到区、乡、社都要有可行的规划，达到有计划的扫除文盲。

2. 根据全县合作社发展情况，大力推行以社办学，统一安排学习与生产时间，有效地解决学习与生产矛盾，达到常年办学，巩固教学成果。

3. 大力培养民师，不断提高民师质量，提高教学水平。各乡在党支部统一领导下，成立和发动民师组织，和民师教研小组，每年举办一次民师训练班，和一次扫盲积极分子大会，奖励办学、学习、教学、辅导的优秀分子。

4. 扫盲对象坚决以党团员、干部、社员、青年文盲为主体，同时吸收其他群众入学（特别要研究解决乡村主要干部的学习问题）。

三、机关干部文化教育规划

（一）规划的根据

1. 根据中央对干部文化教育的方针，中央指示干部文化教育应采取“积极发展，稳步前进”和以“业余学习为主”的方针。

2. 根据省对干部文化教育第一个五年计划的要求，省干部文化教育五年事业计划中规定 1956 年县级机关语文不及高小毕业的干部全部入学，高小以上语文不及初中的科长以上干部全部入学，区级机关基本上要求全部开展干部业余文化学习。

3. 根据本县干部文化程度：全县共有 1113 个干部，高中程度 121 人，初中程度的 304 人，高小程度的 402 人，初小程度的 206 人，文盲 7 人。其中，县级干部高中 1 人，初中 5 人，高小 6 人，初小 5 人；区级干部高中 7 人，初中 27 人，高小 36 人，初小 30 人，文盲 1 人；一般干部大学 11 人，高中 113 人，初中 272 人，高小 360 人，初小 233 人，文盲 6 人。

4. 根据本县干部文化教育的指标，本县干部文化教育五年事业计划是县级干部普遍要达到初

中毕业程度(指现未有初中程度者),区级干部普遍要达到高小毕业或相当于初中程度(指现未有高小程度者),一般干部普遍要达到初小毕业或相当于高小程度(指现未有初小毕业程度者)。

5. 根据本县干部业余文化教育的工作基础,本县机关学校开办才只有一个学期,对干部文化教育缺乏经验,特别对区级机关的文化学习更缺乏经验,因此重点是以办好县级机关学校;有计划地开办区级机关学校。

具体数字如下:

普陀县 1956—1957 年机关干部文化教育事业规划表

表 5-4

一九五五年			一九五六年			一九五七年		
扫盲班	高小班	初小班	扫盲班	高小班	初小班	扫盲班	高小班	初小班
要求人数	要求人数	要求人数	要求人数	要求人数	要求人数	要求人数	要求人数	要求人数
70	125	0	90	163	55	50	220	110

(二)实施规划的具体措施

1. 进一步争取党委的重视,这是搞好干部文化教育的主要关键,也是完成计划的保证,因此要定期地将干部文化学习的情况,主动地向党委汇报,争取党委进一步的重视。

2. 运用多种多样的教学形式,解决学员学习上的困难,特别对下乡的同志应特别加强指导,指导下乡干部学习也可以说是干部学校教学过程中的一项重要工作,指导下乡干部学习的基本方法我们将采取:领课、自学、补课三种(具体计划另订)。

3. 妥然地安排学习时间,解决工作与学习的矛盾,各单位的会议一般都在晚上,很容易与文化学习时间产生矛盾,因此准备请示党委,把文化学习时间调至早晨,这样就会减少缺课的现象。

4. 区机关学校我们准备先在沈家门镇搞重点。其原因:(1)区委对干部文化学习重视,曾几次向县机关学校提出要求帮助把沈家门镇干部文化学校建起来,(2)镇里干部要求学习很迫切,当县机关学校开办时,就纷纷向县委提出要求学文化(因他们晚上都要下选区,不能参加县机关学校学习,早晨较晚起床,也不能参加学习)。(3)镇与县在同一个地方,便于辅导。(4)有一个扫盲干部固定在镇里,能负责把镇里机关学校建起来。

5. 对领导干部采取包教包学(具体计划另订)。

一九五五年十一月

中共普陀县委文教部关于扫除文盲工作的规划

(1956—1958 年)

解放 6 年来,我县 16 万人民在中国共产党和人民政府正确的领导下,经过了土地改革、抗美援朝、镇压反革命,渔区民主改革的斗争等等一系列的社会主义政治运动,大大地提高了广大群众社会主义觉悟,尤其在总路线光辉照耀下,渔、农民群众都纷纷走上了合作化道路。目前,渔民加入初级形式渔业合作社的渔户,已达全县总渔户的 93%以上,实行了半社会主义合作化;农村中农民加入农业合作社的农户已占总农户的 72%以上,基本上完成了农业半社会主义改造的任务。但是,由于我们的认识落后于实际,领导落后于群众,在工作作风上不是雷厉风行,而是“小脚女人”似的严重的右倾保守主义,因此造成扫盲工作始终赶不上农业合作社的速度与农业生产发展的需要。6 年来,在全县青壮年中仅扫除了 1107 个文盲,占整个文盲、半文盲的 1.88%,照此推算,需 380 年才能扫除全县文盲。从以上极其缓慢的速度来看,教育工作远远落后于合作社发展的需要,它与合作化高速度之间存在着尖锐的矛盾。直到现在，全县青壮年有58863个文盲和半文盲，他们在工作中日益感到困难，迫切要求脱离文盲状态，要求不断提高自己的文化水平，这是完全符合事物本身客观规律的。因此，全体同志必须百倍努力，克服右倾保守思想，克服一切困难，动员和组织机关和社会力量，采取有效措施，加速扫盲工作的步伐，迎头赶上。县委要求：在四年内扫除青壮年中间的文盲半文盲，彻底改善我县历年来文化上落后的面貌。

从上述情况来看，要求在第一个五年计划的今后2年内—1957年完成现有的党、团员、乡村干部、合作社骨干的扫盲任务；青年和男性壮年的文盲最迟至58年完成扫盲任务，女性壮年文盲最迟至59年完成，为保证或提前完成这一战略性的任务，提出以下意见：

一、学校基础较好、有条件的乡（全县约24个）要求在1956年动员到70%以上青壮年入学；1957年入学青壮年达到100%，1957年完成青年文盲的教育任务；1958年第一学期完成男性壮年的文盲扫盲任务，同时在年内，女性壮年的扫盲任务也应该如数完成。

二、一般（不好、不坏）的乡（全县约有40个）要求在56年动员60%以上青壮年入学，并且要求创造学习小组、“包教包学”“送字”小组等各种教学形式的民校。

三、要求县1956年重点试验，1957年农区各乡重点发展业余学习班，到1958年各地都要开办高小班。57年县重点试办业余初中班以及更高程度，这样在教育基础上，既能巩固教育工作的成果，又能随之而提高其文化水平，来适应合作化速度与生产日益高度发展的需要。

为了完成上述艰巨而伟大的历史任务，必须坚决贯彻执行“全面规划”与“加强领导”的方针指导运动，大踏步前进。

四、健全组织，加强扫盲工作领导。

1. 建立县、区、乡的扫盲协会，负责加强对于扫盲工作的具体领导，这是完成全县扫盲任务的先决条件。

2. 组织力量，大力开展宣传。宣传内容：(1)简单讲明白内外形势。(2)为啥要加速扫盲。(3)怎样加速，在方法上除结合各种会议广泛宣传外，要充分利用黑板报、幻灯片、土广播、农村剧团宣传工具，并且在这方面必须充分发挥干部与群众性宣传队伍力量，务将这一宣传造成声势，发动有力，人人皆知。

我们认为检验这个运动的根据，主要是做到领导亲自动手，男女一齐发动，党团员带头上学，达到社社有民校，“学文化建设社会主义”造成社会舆论，群众学习文化情绪很高，入学人数超过原定指标，不识字的人虚心学习，识字的人耐心地教，掀起学习文化的高潮。

3. 充分发挥社会力量，组织一支强大的向文化进军的队伍。运用各种各样的形式，加快扫盲速度，把五个方面（从事渔农业生产的初中、高小毕业生，中、小学教师，机关下乡工作的干部，具有一定文化的复员军人，在校学生、社会上一切识字的人）的人，全面动员组织起来，投入扫盲运动，可根据下面情况，通过民校组织班级，记工识字组、包教包学送字小组，文化送上门，田间小组、夫妻子女互教互学组（见物识字）等形式，加速扫盲速度。为了保证教育工作的质量，防止“掉队”和“回生”的现象，必须采取下列措施来提高民师文化水平和理论水平。(1)以社或村建立教研组，定期研究教学解决疑难问题，交流经验，合作社应该适当给民师教学工分。(2)小学教师具体辅导采取三定（定人、定时、定班）的办法包干辅导，要求今后二年内把现有半数以上民师提高到高小毕业的水平（语文）三年内能够达到高小毕业的水平。(3)通过会议形式训练骨干的方法，要求每年训练二期。渔区、社内配一具有初中文化程度的文化教员；农村方面，随着高级合作社发展，要求高级社内普遍设一文化教员。(4)县每年召开一至二次扫盲积极分子大会和扫盲协会的会员代表会，总结推广先进经验。此外，要求各社对民师因教误工，给予适当报酬，以资鼓励积极教学。

4. 厂的自委会、乡支部、合作社都应该注意切实的统一安排工作和学习时间，认真解决生产上课、开会之间的矛盾，建立必要（开会、放假、上课点名、成绩验查、总结检查）的制度和学习规则。保证一年有300小时以上学习文化的时间，达到生产、学习两不误。

5. 会同有关部门，帮助解决学习中的困难，运用各种各样形式鼓舞学员学习的情绪。（1）做好图书展览、借阅和俱乐部设置，建立义务邮站，改善邮站书报下乡工作，发挥现有俱乐部、图书馆的作用，大力发展图书馆和俱乐部，解决学员书籍不够的困难。（2）建立光荣簿、壁报、流动红旗、问答栏、成绩升降表等有效形式，做到有表扬有批评。

6. 关于乡干部的学习情况：短期轮训、离职学习，要求最快的速度，每期三个月。计划1956年40名，1957年40名。其次在职学习，乡干部工作忙、会议多，学习时间少。因此主要采取领导布置，定期测验的方法来解决。同时已扫除文盲的乡干部，还需要继续提高，要求今后3年内达到高小水平。

7. 县机关干部文化学习从目前情况来看，除巩固现有高小班外，主要是筹划建立初中班，以便巩固现有的教学成果，继续提高文化水平，并且定期举行文化知识讲座，提高知识水平和工作能力，区级机关干部可通过区级学习来提高文化水平。

一九五五年十二月

普陀县开展渔民业余文化教育规划

（草案）

本县为舟山专区渔业重点之一，全县共有渔户10496户，渔业人口46589人（东极未计在内），占全县总人口30%以上。解放以来，在党和人民政府的正确领导以及总路线的光辉照耀下，通过一系列的政治改革运动，特别是通过渔改、互助合作运动，使广大的渔民都提高了政治认识和阶级觉悟，明确了组织起来走合作化道路的好处。在自愿互利的原则下，于一九五四年，全县就已组织了44个渔业生产合作社，入社的渔户达到8972户，占全县总渔户的83%。到1958年将完成全县高级合作社。同时，由于发挥了互助合作社的优越性，以及在各级党委和政府的扶植下，渔业生产有了显著的提高，使广大渔民的生活逐步得到了改善。可是在旧社会里他们长期受着反动政府的重重压迫和封建渔行主的残酷剥削，吃不饱，穿不暖，根本谈不上上学读书。解放以来农村里虽到处办起了冬学民校，并且都收到了一定的效果，可是渔民的文化学习，由于学习条件不同，还是一直没有得到解决。据六个重点社的调查统计（蚂蚁、苍洞、螺门、黄石、大岙、鲁家峙），文盲（识五百字以下）与半文盲（识五百字以上，一千字以下）占渔民总数的96%以上，这情况与当前迅速发展着的互助合作运动，已成了越来越尖锐的矛盾，这矛盾反映在广大的基层干部上更为突出。

根据国务院关于农民业余文化教育的指示和国家第一个五年计划的精神，解决渔民扫盲问题已是非常迫切的政治任务。同时为了适应当前互助和生产发展的需要，必须要进行全面规划，便能积极地健康地发展，达到有效地为渔区社会主义改造服务，其规划内容如下：

一、关于制定指标的根据说明

1. 由于渔区已基本上合作化，因此本规划完全是以社办学，并依照下列条件把现有各社划为四种类型，然后根据不同的类型提出不同的任务要求。其条件如下：（1）社的基础好坏；（2）社员对文化学习的要求是否迫切，以及现有办学的基础好坏；（3）社内现有民师对象人数的多少与文化程度的高低情况；（4）社内领导对社员文化学习是否关心；（5）生产作业种类多少（越少越好）。

2. 各类型社的任务要求具体安排

第一类型社：在一九五五年早冬汛前全面开办，要求入学人数约占全社青壮年渔民数的80%以上，其中青年渔民要求占全社青年总数的95%以上入学。入学总数约占全社渔民总数的66%左右，即每双大捕或大对船约有5至6人参加学习。

第二类型社：在一九五五年早冬汛中小型开办，要求入学人数占全社青壮年28%，其中青年要求占青年总数的50%以上入学。到一九五六年全面开展，达到全社青壮年渔民的80%以上入学。

第三类型社：分两步开展，一九五五年冬汛（第六汛）中大力培养民师和开展宣传，做好开学准备。在一九五六年上半年第一步开展，要求入学人数占全社青壮年的50%以上，其中青年要求占青年总数的60%至70%入学，到一九五七年全面开展，要求全社渔民青壮年有80%以上参加学习。

第四类型社：分三步开展，一九五五年冬汛，抓住培养民师等开展宣传教育，做好开学准备，要求在一九五六年上半年开办，入学人数约占全社青壮年的25%，其中青年约占青年总数的40%至50%入学。到一九五七年要求全社青壮年有60%左右入学，其中青年要求95%以上入学。到一九五八年全面开展，要求全社青壮年80%入学。

3. 扫盲任务的确定依据

（1）根据六个重点社的调查统计入学人数中第一册占37.9%，第二册占32.1%，第三册占21%，第四册占9%来推算。但第四类社文化较低，一般的都没有第四册程度，其中第三册约占28.6%，第一册占57.1%。

（2）学习时间除少数小对作业以外，其他各种作业，要求全年至少有二百五十以上小时可学习。依目前暂用教材《职工课本》作标本，平均每册一百二十五小时（一、二册一百二十小时，三四册一百三十小时）计算，基本上要求每年读完两册，以读完四册作扫除文盲阶段来说，一般的可在两年内完成扫盲任务。但由于目前民师质量不够高，各社作业复杂，渔民流动性大等原因，可能有部分学员要影响学习进度，因此估计各册留级率为2%。

4. 关于民师的发展，是根据各社入学人数的需要掌握。一般民师的原则，按比例发展，平均约五至六个学员一个民师。

5. 关于高小班的发展，主要是根据各社的扫盲数来决定。第一类社在1956年开办，占常年扫盲数的50%，其余50%扫盲人数并入下一年的50%扫盲数中入学，以后按此类推；第二、三类社1957年开办，五六年的扫盲数全部和五七年的扫盲数50%一起参加，以后逐年挨次入学；第四类社于1958年开办，1956年1957年的扫盲数一起入学，1957年的扫盲数到五八年入学，以后挨次类推。全年要求读完两本书（仍以职工课本四册读完为毕业标准），各级的留级率为20%计算。

二、完成指标的根据

1. 各级党政领导重视，除中央、省对扫盲工作都做了强调指示外，舟山专署在7月初就自动训练民师骨干，王专员亲自作了指示。本府也抽调了一定数量的扫盲人员，专门负责渔区扫盲工作，各区领导上也比较重视。如虾峙区委在今年秋汛中，对各乡支部书记就作了关于开展渔民业余文化学习的布置，在这次冬师训练中，特地通知该区渔业生产大队部派专人等候渔船拢洋，抽调渔民教师受训。黄石、蚂蚁等社的党支部书记亦都很强调渔民扫盲工作，因此使今年秋汛中开展的第一批社，虽在繁忙的中心工作中，都能顺利地办起来，替今后全面开展树立了榜样，成为今后大力开展的有力保证。

2. 全县渔民不但已基本上合作化，而且各地都已有了相当巩固和健康的合作化社，社里可根据不同的生产季节和不同的生产工作情况，统一领导，统一安排生产、工作和学习的时间，可以统一安排民师和解决经费等的困难，使今后开展渔民的扫盲工作在组织上和物质上都有了保证。

3. 广大渔民群众有了更迫切的要求。由于渔区合作化运动和生产的迅速发展特别是机帆化生产的前景，大大地促进了渔民对文化学习的迫切要求。从今年秋汛中开展的六个重点社来看，入学人数占全社渔民的30%以上，因此说对当前开展渔民业余文化教育已有了良好的思想基础。

4. 有一定的政治骨干：全县渔区有党员400余人，团员900余人，积极分子1900多人，他们在解放后受到党和人民政府的教育，提高了政治觉悟，在互助合作和各项运动中，都发挥了积极性和创造性。但由于缺乏文化和科学知识，在生产上、工作上经常碰到一定的困难，因此，他们不但迫切要求学习文化，而且在文化教育工作上，同样是一个有力的骨干。

5. 有渔场指挥部和各级团委等有关部门的大力支持和援助。如舟山渔场指挥部派专人来民师训练班中协助、领导工作。某团委在团代会上不但强调扫盲工作，而且各乡团支部都订出了扫盲规划，大大地鼓舞了青年投入扫盲运动和增加了开展扫盲工作的力量。

6. 有一定的学习时间。根据重点调查统计，各种作业平均每年有 250 ~ 300 小时的实际学习时间，以目前的代用课本（职工课本），120 ~ 130 小时学完一本书的话，全年可读完两本书，因此对指标上的要求是完全可以实现的。

三、当前开展渔民业余文化教育中的几个困难问题和今后工作措施

1. 当前渔民的中心工作比较繁忙，同时还有部分干部和群众对开展渔民业余文化教育的重要意义认识不足，存在着不同程度的"单打中心"和"怕麻烦"等思想，对目前开展渔民业余文化教育还有一定的影响。因此，今后除了积极地争取和依靠各级党委的重视和运用社会力量，配合有关部门共同努力外，还必须结合各项中心工作，广泛地宣传国务院关于加强农民业余文化教育的指示及其重要意义，大力贯彻扫盲方针任务，提高广大干部、群众对开展业余文化教育的认识。

2. 渔业生产面积既广而流动性又大，掌握比较困难，而目前负责渔区扫盲工作人员只有六、七人，要完成当前日益繁重的扫盲工作任务困难很多，因此要很好地统一安排运用外，同时还必须加强领导，加紧学习，积极地提高政治业务水平，使能有效地完成扫盲工作任务。

3. 由于是以船为单位开展学习，因此需要大量民师，而渔民中民师人才又极缺乏，因此除了正确掌握"以高带低、自学辅导"的原则外，必须根据"以民教民，就地取材"和长期地业余培养为主，短期集中训练为辅的方针，大力培养民师，提高民师的政治认识，以及文化和业务水平，树立工作信心，有效地为渔民业余文化教育事业服务。

4. 建立总结评比制度：每年夏汛结束后，由下而上地进行总结评比，除了交流办学、教学和学习等经验外，并对各种优秀人物进行表扬奖励，以提高他们的工作情绪。

5. 从 1956 年春汛开始，搞好高小班重点，到夏汛结束后，总结经验，训练高小教师，以后在开展扫盲工作的同时，把已经摆脱文盲状态的青壮年渔民，逐步转入高小班学习，继续提高他们的文化水平和逐步地贯彻科学知识。

一九五五年七月

普陀县实行九年制义务教育的规划

《中共中央关于教育体制改革的决定》提出，"现在，我们完全有必要也有可能把实行九年制义务教育当作关系民族素质提高和国家兴旺发达的一件大事，突出地提出来，动员全党和全国人民，用最大的努力，积极地有步骤地予以实施。"由省六届人大三次会议通过的《浙江省实行九年制义务教育条例》也提出，"小学和初级中学教育是国民的基础教育，普及基础教育是现代文明的一个标志。"《条例》还明确规定，"城市和经济发达地区，在 1990 年以前按质按量普及初中义务教育，其他地区在 1995 年左右普及初中阶段的普通教育或职业技术教育"。上述精神给我们实行九年制义务教育指明了具体的方向和步骤。

我县坐落在舟山群岛的东南端，全县总面积 387 平方公里，由 224 个大小岛屿组成。其中有人居住的岛屿 31 个（不包括舟山本岛部分）。住岛人口万人以上的有 4 个岛（六横、朱家尖、虾峙、桃花）；5000 人以上的有六个岛；1000 人以上的有 9 个岛；1000 人以下的有 10 个岛。居住分散，交通不便，文化教育基础差，是本县的一个显著特点。

全县总人口 307715 人，其中城镇（沈家门镇）63317，占总人口的 20.6%，农村人口 244398 占总

人口的79.4%。全县辖一镇五区32个乡(包括普陀山乡,塘头管理区仍作一个乡看待),其中15000人以上的乡有三个(展茅、芦花、朱家尖);10000至15000人的乡有5个(勾山、桃花、礁潭、双塘、五星);5000至10000的乡有10个;5000人以下的乡有14个。人口最少的东福山乡只有1160人。

全县人口密度平均每平方公里为795人,其中沈家门镇(全镇面积13平方公里)人口密度为每平方公里4871人。

我县原是一个以渔业生产为主渔农业结合的海岛县,解放前极端贫穷落后,解放后特别是十一届三中全会以来国民经济得到了迅速发展。1984年,全县工农业总产值达30.563万元,人均产值993元,其中工业产值13960万元(其中乡镇工业4793万元)占总产值的45.68%,渔业产值9272万元占30.33%,农业产值7331万元占23.99%,显然工业产值已占领先地位,从渔业为主开始转变为以工业为主。1985年工业产值又将上升到占总产值的52.5%,将超过渔农业产值的总和。1984年人均收入450元,1985年计划人均产值1300元,人均收入将达到550元。

在县委和县政府的领导下,我县小学和初中教育工作取得了很大成绩。近十年来,我县7~11足岁的学龄儿童入学率一直保持在97%以上。1984年全县小学学龄儿童的入学率已达98.48%,在校生的年巩固率达99%,毕业班学生的毕业率达到96.34%,初等教育普及率达93.75%,这"四率"已分别达到并超过了教育部关于普及初等教育的基本要求,去年12月份经省、地验收组的检查验收,已被验收合格,完成了普及初等教育的历史任务。小学毕业生升初中的比例也逐年提高。1984年已从前三年的76%上升到83.8%。1985年开始首先在沈家门镇基本普及初中教育。所有这些,为我县有步骤地实行九年制义务教育打下了良好的基础。

但是,小学和初中教育的现状与我县经济建设和社会发展的需要还很不适应。全县尚有栅棚、葫芦、白沙、庙子湖、青浜、黄兴六个乡未实现普及初等教育。适龄少年受初中教育的要求还不能满足,全县(12~14周岁少年的入学率还只有64.77%)。初中教育的教学质量还相当低落,根据1984年初中毕业生升高中的统一文化考试成绩统计,合格率只有22.6%,初中学生的流生现象十分严重,1981年全县招收初中一年级新生4588名,到1984年毕业时只剩下2791名,三年内流生率35.2%,加上岛屿分散,师资不足,办学条件差与教育事业发展的需要不相适应等客观原因,我们在实行九年制义务教育中确实也存在着不少困难。

为了有步骤地实行义务教育,我们拟作如下规划:

一、小学

由于小学已经普及,我们的任务是巩固普及初等教育的成果。"四率"尚未达到普及初等教育基本要求的庙子湖、青浜、栅棚、葫芦、白沙五乡要求85年入学率达到97%,黄兴乡要求85年达到92%,86年也能达到97%,使全县学龄儿童的入学率始终保持在98%以上。

全县流生率较高的黄兴、佛渡、青浜、黄石乡,重点做好留生工作,要求流生率不得超过3%,其他各乡不要超过1%,使全县在校生年巩固率保持99%。

严格控制留级生人数,留级生面总的要求1~4年级每年不超过5%,五、六年级不留级;逐步做到一年级留级面不超过5%,二年级不超过4%,三年级不超过3%,四年级不超过2%,五、六年级不留级。

根据0~6足岁儿童人数,每年大约要招生4500名左右。各年人数虽有起落,可以通过招收6足岁半儿童提前入学求得平衡。

1984年,全县的出生率已下降到千分之九点九,约3046人,可见90年以后每年7足岁儿童将不会超过4500名。1984年,全县有小学数166所,802个班级27526名学生。各学年毕业生也将是4500名左右,所以今后小学生在校总数将稳定在28000名左右,学校规模基本不变。

二、初中

1984年,全县有中学37所,其中初中229班,11064名学生。由于我县岛屿分散,学校分布得散,学校规模偏小，全县37所中学三个班级及其以下的就有12所之多，约占1/3。这些学校办学条件差，不合格的师资多，教学质量低，学生的流生数也大。形成实际上有数量而无质量，效益差的学校。为了有步骤地按质按量普及初中教育，根据各乡的经济发展情况，教育基础，对全县33个乡镇的初中教育分成四个类型进行规划。

1. 县镇：1985年开始实行普及初中教育。沈家门镇每年有小学生700名左右，每年招收15班就可基本普及，从86年开始，有稳定的初中在校生45班。

2. 经济较发达，教育基础较好，如六横和朱家尖区，除白沙、西岙和佛渡乡外，1988年开始基本普及，升入初中。朱家尖区每年招收8班，到90年在校生有24班，六横区每年招收20班，到1990年有60班在校生。

3. 经济和教育都属一般地区，如桃花区（除蚂蚁乡已普及初中教育外）和本岛，1990年前普及。桃花区每年招收8班，到1990年有24班在校生。本岛各乡90年在校生班数：勾山12班，芦花12班，展茅15班，螺门6班。塘头从1988年开始隔年招生一班或两班，到1990年在校生5班。

4. 比较偏僻地区。原基础差的地区如虾峙、东极区，六横区佛渡乡，朱家尖白沙、西岙乡、葫芦乡等，1992年普及初中。虾峙区1992年在校生24班，东极区1992年在校生6班。葫芦、青浜乡的小学毕业生，成绩好的送入包干学校就读初中，其余学生就地接受两年制初中阶段的职业技术教育。

此外，普陀山和舟渔公司子弟学校，每年各招收两班就可普及，到1990年两地共有12班。

综上规划，到1992年全县将有初中在校生245班，总计在校的学生约12700名，约占现在小学1～3年级（即1988—1990年小学毕业生）总数14727名的90.3%（即初中招生占小学毕业生的比例数）约占1990年13～15周岁少年数13346名的99.6%。

各地区在普及初中年限时，初中入学率应占小学毕业生总数的95%，年巩固率应是在校学生数的95%，合格率要求完中和基础较好的独立初中到90年毕业会考时达到90%，升学考时达到50%（以毕结业学生人数作为基础），其他附中的毕业会考时达到70%，升学考时达到20%。对办学条件确实很差，师资不足，通过努力达不到上述目标的学校，考虑予以调整。

三、高中

1984年，全县有完中4所，其中高中班27班，1300名学生。1985年毕业4班，181名学生，计划招12班608名学生，加上舟山中学招去15名，可招收623名。由于两年制改三年制，四所完中共有高中35班，预计在校生1699名，从1986年开始稳定每年招收12班共有在校生36班，约1800名学生，由于师资不足，在普及初中教育之前，高中只能保持现有规模。

为了实现上述规划，还应采取下列措施

1. 统一认识，了解现状，从县情、区情、乡情出发，按地区分阶段有步骤地实施。在普及九年制义务教育工作中，要吸取过去的经验教训，不搞一刀切，齐头并进，不搞形式主义，摆花架子。

2. 按办学规律办事。按照初中教育要求一般在1.5万～2万人口的地域内办一所初中学校为宜，按出生率千分之十计，这样的学校在校生可设6～12班，对教学、教研、设备添置、学校建设都有利。当前在人口不足4000人以下的乡办的附中，要逐步向联办的初中学校靠拢。

3. 逐步建设一支合格的稳定的初中教师队伍（详见教师进修学校规划），普及初中教育时，每所学校应有50%的教师是具有大专以上文化程度的。这些合格的教师除教育局分配外，当地政府也要采取措施招聘或委托培养等，尤其对优秀骨干教师采取特殊措施稳定在渔农村学校工作。

4. 定点、定场地、定设备、定经费，首先在渔农村要确定好联办初中学校的点、场地，一所12班级的初中的学校，应有10亩以上的土地。经费，除国拨外，当地政府必须筹足每年的教育经费，不断改善学校设备条件，建设成为符合国家规定标准的初中学校。

普陀区教育局

一九八五年七月三日

普陀县发展职业技术教育的规划

自八〇年来,我县职业技术教育逐步发展巩固,先后办起了普陀水产技校,普陀农技学校、六横区职业学校、六横中学职业班、沈家门中学职业班、虾峙中学职业班、螺门中学职业班、沈家门镇职业中学,先后毕业415名,已录用参加渔农商各业劳动251名,录用率62.1%。现有学校四所和附设职业班,共17班,在校学生731人。今年职业中学招生9班435人(包括水产技校冬训后招生1班40人),今年我县中技招生3班125人,中专招生161人,合计721人。普通高中招生12班698人,招生比例略高普高招生数(1.03:1),已完成了《决定》提出的"力争在五年左右使大多数地区的各类高中阶段的职业技术学校招生数相当于普通高中的招生数,扭转目前中等教育结构不合理的状况"的任务。

我县职业技术教育的发展,正在受到社会各方面的关注和重视,声誉逐年提高。根据今后几年高中招生稳定在12个班级640人左右及我县实际情况看,我县职业技术教育在1990年前招生数量上保持现状。近几年主要做好统一规划,调整布局,相对稳定专业,提高教育质量,使现有规模的职业技术教育如何更好地适应我县经济发展需要。为此,今后职业技术教育重点是集中力量办好普陀县水产技校、沈家门镇职业学校、六横区职业学校、普陀县农技学校。在1986—1987年间相继调整螺门中学、虾峙中学职业班,逐年扩大沈家门镇职业中学的规模(具体规模详见附表)。

按照中央的要求,造就千百万受过良好职业技术教育的中、初级技术人员、管理人员、技工和其他受过良好职业培训的城乡劳动者。同时,为使职业技术教育和我县的经济发展,做出贡献,根据我县实际情况,需采取下述有关措施:

一、明确指导思想,调动各方力量,采取联合办学,发展企业办学,以自成职业技术教育体系,巩固发展职业技术教育。

我县所在地的几个大型地属企业,各自办了技校或职业班,发展的趋势比较好。但县属厂矿企业比较小,各厂技术人员、管理人员、技工的需求量不大,校厂联办的道路有一定困难,为此要求县政府每年召开一次计经委、教育局等单位参加的研究,按系统联合办学任务会议,使职业技术教育兴旺、发达。

二、中等教育结构改革与劳动招工制度改革同步进行。

当前影响我县职业技术教育发展和巩固的突出问题就是劳动招工制度的改革和中等教育改革不能同步,现行的有关劳动制度,使很需要人才的单位无法接受,因为编制被那些没有受过职业技术教育的土地征用工、厂关系户、职工子女占满了,而把从职业学校中学有一技之长乃至专业对口的毕业生拒之门外,为此,要求县政府把中等教育结构改革与劳动招工制度改革同步进行,制订有关政策,实行"先招生、后招工;先培训,后就业"的方针。今后招工、专业对口或专业相近的工种,应要从职业中学的毕业生中择优录用。

三、加强职业教育师资队伍的建设。

要使职业技术教育在发展中不断巩固和提高,除需要上述因素外,还要不断提高教育质量,关键在于师资。因此,必须把师资队伍建设好。目前我县职业教育设置的专业门类较多,专业教师严重不足,就是连文化课教师也不足,如我县现有职业学校教师50人,只占实际需要的70%,但其中将近10人(占现有教师数的20%)没直接于教学工作。为此,在今后几年内,争取有关部门的支持,采取聘请、选调、改教、分配、留校、培训的措施加以解决。

四、多渠道解决职业教育经费。

几年来,县地方财政拨款50余万元。但因职业教育与普通教育不同,如专业设施的购置、聘请专业教师的费用开支、实习、实验基地、校基投资、教师培训费的增加，每年所拨的职业教育经费还是远远满足不了要求。如沈家门职业中学的校建费还缺少23万元。为此要求县政府每年拨出专项经费12万元（校建费另拨），区（镇）乡征收的教育事业费附加有一定比例用于职业技术教育。同时，各业务部门按联办职业班或预付录用毕业生培训费。再则，各校两三年内根据各自条件，办相应的工厂（场），开设门市部，开展勤工俭学，既可增加学校收入，以厂（场）养校，改善办学条件，又可作为实习基地，一举两得。

五、设置相对稳定的专业。

中等职业技术教育要同经济和社会发展需要密切地结合起来。在城镇要适应“提高企业的技术管理水平和发展第三产业的需要”。农村应适应产业结构调整的需要。根据我县海岛分散，人口少，工厂、企业小的情况及特有的“渔、港、景”的优势，因地制宜，从实际出发，做到二、三年内设置相对稳定的专业，要求计经委、区、乡政府做好人才预测，各校确定专业方向。办一特色出来，作为拳头专业，做到全县范围内招生，以利职业技术教育的发展和巩固。

六、长短结合，发展职业技术教育。

“无长不稳、无短不活”，我们打算除努力办好长期班外，在力所能及的情况下，挖掘潜力（与成人教育配合），在各校逐步开设短训班。今年下半年在沈职中开设为期二月的缝纫短训班。这样，即使受过培训的专业教师不应没开设专业而空闲，又使学校增加一些收益，更使一些闲散青年学到一技之长，为发展当地经济做出贡献。

一九八五年十一月

普陀县一九八五——一九九〇年职业技术教育事业规划表

表5-5

学校	1985年招生数		1985年度规模		1986年招生数		1986年度规模		1987年招生数		1987年度规模		1988年招生数		1988年度规模		1989年招生数		1989年度规模		1990年招生数		1990年度规模		备注
	班	人	班	人	班	人	班	人	班	人	班	人	班	人	班	人	班	人	班	人	班	人	班	人	
沈家门职中	2	120	4	226	4	200	6	320	4	200	8	400	4	200	8	400	4	200	8	400	4	200	8	400	
普水技校	1+1	54 +40	4	189	2	88	4	182	2	88	4	170	2	88	4	176	2	88	4	176	2	88	4	176	
普农技校	2	82	2	82	2	92	4	174	2	92	4	184	2	92	4	184	2	92	4	184	2	92	4	184	
六横职校	2	103	4	157	2	100	4	203	2	100	4	200	2	100	4	200	2	100	4	200	2	100	4	200	
虾峙中学	1	36	2	53			1	36																	1987年调整
螺门中学			1	28																					1986年调整
各类技校	3	125	5	195	2	70	7	265	2	70	7	250	3	110	7	250	2	70	7	250	2	70	7	250	未包括二渔、水产食技校
各类中专		161				160				160				160				160				160			
合计	11 +1	681 +40	22	930	12	710	26	1180	12	710	13	1210	13	750	27	1210	12	710	27	1210	12	710	27	1210	

注：1.1985年与普高招生数（678人）相比，已达1.063:1，1990年前，我县普高招生稳定在12个班级640人左右

2.水产技校85年捕捞班新生40人，将于冬训后招生

3.职业中学学制二年，普技校学制三年，每年招生，舟渔学制三年，每隔二年招生

4.各类中专只统计招生数

普陀县中小学教师进修规划

一、小学教师进修规划

（一）基本情况

全县一九八五年在校学生27985名，781个班级，教师1332名（包括民办教师352名，其中一类民办教师139名），其中专任教师1218名（到一九九〇年每年七足岁学龄儿童约在4500名，在校学生与现在比不会有多大变化，教师也不会有多大增减）。在专任教师中文化程度在中师、初师毕业的304名，占24.96%，高中毕业及以上的548名，占44.99%。不及中师（高中）文化程度的503名，占41.29%。

503名不及中师（高中）文化程度的教师中，目前正在参加中师《文选与写作》函授的265名，教研室语文、数学教材学习的260～270名，其中也有高中程度的教师参加函授或教材教法学习。

（二）到1990年的教师进修工作的初步规划

坚持"在职进修和脱产培训相结合"，采用多层次、多规格、多形式进修，"面向全体，因人制宜，分类指导，讲求实效"的原则，努力提高进修质量，为建立一支足够数量、合格而稳定的小学教师队伍而努力。

1. 函授教育。目前265名小学教师正在函授文选和写作，然后函授数学、自然等课，并利用暑期短期面授，争取1990年有中师函授毕业。

2. 培训班。1985年7月第一届中师即将毕业。然后吸收函授生40～50名，通过一年半的培训达到中师毕业，这样1990年连同第一届，争取有五届中师毕业，以每届45名计，将有210名中师毕业生充实全县小学教师队伍。

3. 中师预科与培训班。根据教研室计划，语、数教材教法学习到1986年年底止。我们从1987年，用一年时间对语、数教材教法学习的教师，通过函授形式补习初中语文、数学，然后从1988年起办两年制中师班两班90名。办2～3期。

通过以上三种形式到1990年将有300名小学在职教师可以获得中师函授毕业证书；今年8月对"文化大革命"毕业的学生进行函授补考，估计将有75～80名小学在职教师可以领到中师函授毕业证书，再加上每年从师范学校毕业分配，平均每年约25名。

这样，到1990年中师（初师）毕业程度的教师将从1984年下半年的304名，占24.96%提高到799～804名，占66.9%，连同高中毕业及以上，专任教师基本上都将是合格教师。

二、中学教师进修规划

（一）基本情况

全县普通中学37所，1985年共有学生12364名，256个班级，其中初中学生11064名，229个班级，高中学生1300名，27个班级。按照普及九年制义务教育要求，到1992年全县将有初中生12000多名，245班级。高中到1990年在校学生有1800名，36个班级。

（二）初中教师进修规划

全县目前在初中任教的教师中，大专毕业文化程度的共168名到1992年在校班级254班，按1:2.25计算，共需大专毕业文化程度的教师571名，还差403名。

1. 到1992年进修规划

（1）初中教师到成人高校专科进修，1985年毕业10名，1986年毕业4名，以后每年按4名毕业估算，到1992年约有30名左右。

（2）在职读电大全科，1985年毕业11名，1988年毕业7名。电大全科三年一届，到1992年约可毕业17名。

2. 每年分配到我县教育系统大专毕业25名（按今年分配数计）到1992年有175名。

这样到1992年还缺额181名教师。

（三）高中教师进修规划

全县目前在普通高中任教的教师中，大学本科毕业文化程度的54名，到1992年在校班级36班，按1:3计算，共需大学本科文化程度的教师108名，还差54名。

全县现有职业高中4所14个班级，到1992年有20个班，需要教师60名。还差24名。

1. 到1992年进修规划

（1）本科函授进修。

84级20名，87年毕业，按50%的人能毕业估算，有10名。由于各方面原因，读本科函授的人数将逐年减少，如按50%递减估算，即84级20名，85级10名，86级5名，87级3名，各年级都按50%能毕业计算，到1992年共有本科函授毕业生19名。

（2）独立大学专科毕业生去成人高校进修本科

1985年2名，1987年毕业，以后每年按2名估算，到1992年共有成人高校本科进修12名。

2. 每年分配到我县大学本科毕业生能任教的如数分配到学校，约3名，按此估算，到1992年共有27名。

3. 向社会招聘，对外引进。

4. 从现有教师中选拔有一定职业技能的去短期培训，作职业高中专职教师。

如此，到1992年基本上可达到事业规划的高中教师需要数。为了实现上述规划，实现《中共中央关于教育体制改革决定》的要求，建立一支合格稳定的中小学教师队伍，还须采取下列综合措施予以保证。

（一）进一步搞好定编定员，严格控制合格中小学教师出县调动，并在近5～7年内不得抽调合格教师改作其他工作。对不适宜作教育工作的教师，作分期分批的调整。请劳动人事、组织等部门大力支持。

（二）把文化业务进修规划落实到校、组、人，要他们限期实现"达标"要求（学历、业务能力）。

规定相应措施，鼓励、调动教师进修积极性，并把进修成效、实际教学效果计入教师业务档案。

（三）加强教师进修机构建设，争取在1986年报请省厅批准我县进修学校为列入计划的正式进修机构。

（四）要求各级政府采取特定措施逐年为改善中小学教师待遇办1～2件实事好事。对在海岛渔农村工作的骨干教师，更应予以特殊照顾，对有特殊困难的老教师和县级以上先进工作者，要采取些必要的特殊政策。

（五）端正办学指导思想，努力搞好中小学基础教育，使偏远海岛渔农村有更多的优秀初、高中毕业生报考中师和师范院校。当地政府对就读师范的学生予以奖励，中师的300元，大专的800元。并在大中专未上线的学生中，择优作计划外委托培养对象，培训费由当地政府和个人共同承担，毕业后，就地列入城乡企业职工编制，安排教育工作，这样才能较快地解决普及九年制教育师资不足问题。

（上述规划，只是在文化程度上考虑，而对实际业务能力培养提高在执行进修规划时同时布置。对七年后的自然减员数，现未列入规划数）

普陀县教育局

一九八五年七月四日

普陀城区教育发展规划

（1993—2000年）

普陀区的沈家门镇、勾山镇和朱家尖镇是市经济开发的重点地区，调整这些区域的中小学布局，加快各类教育设施的建设，形成与经济建设和社会发展相适应的教育结构体系，已成为十分紧迫的任务。修改这些区域的事业发展规划，是一项必不可少的基础工作。

修订这一规划的基本依据和基本原则是：

1. 在现有人口和学龄人口的基础上，充分考虑经济建设加快及其展开带来的人口机械增加和出生人口变化等因素，尽可能科学合理地预测学龄人口；

2. 按照义务教育法的要求，把小学入学起始年龄提前到六周岁，保证适龄儿童少年的充分入学；

3. 形成布局、规模、层次、结构合理的教育体系，使之适合经济建设和社会发展的需要；

4. 教育设施建设规划参数采用1982年国家《中等师范学校及城市一般中小学校舍规划面积定额》和1991年《浙江省农村初中、小学学校建筑规划面积定额》。

一、现状

（一）沈家门镇

1. 现有各类中等学校10所，94班，4670名学生。校地总面积67324平方米，校舍建筑总面积41640平方米，生均占有校地14.4平方米，生均占有建筑面积8.9平方米，其中重点中学1所，25班，1376名学生，校地总面积19610平方米，普通完中1所，示范初中1所，职业高中2所，技工学校1所。

2. 现有小学15所，162个班，8034名学生，校地总面积33130平方米，校舍建筑总面积23400平方米。生均占有校地4.1平方米，生均占有校舍建筑面积2.9平方米。12班以上规模小学8所，其中实验小学1所。

3. 现有幼儿园22所，69班，2500名幼儿。园地都很狭小。其中示范幼儿园等4所幼儿园规模较大。

4. 其他教育机构，主要有区教师进修学校1所，80名学员。电大工作站有107名学生。

（二）勾山镇

1. 现有中学2所，29班，1442名学生。校地总面积23725平方米，校舍建筑总面积4677平方米。生均占有校地16.5平方米，生均占有校舍建筑面积3.2平方米，其中1所为完中。

2. 现有小学6所，56班，2435名学生，校地总面积18753平方米，校舍建筑总面积7358平方米。生均占有校地7.7平方米，生均校舍建筑面积3.0平方米。

3. 幼儿园15所，18班，700名幼儿。其中中心幼儿园4班，163名幼儿，建筑面积500平方米。

（三）朱家尖镇

1. 现有中等学校3所，25班，1315名学生。校地总面积7053平方米，校舍建筑总面积5916平方米。生均占有校地面积5.3平方米，生均占有校舍建筑面积4.5平方米，其中职中1所。

2. 现有小学15所，75班，2533名学生。校地总面积22407平方米，校舍建筑总面积8369平方米。生均占有校地面积8.8平方米，生均占有校舍建筑面积3.3平方米。

3. 幼儿园19所，24班，780名幼儿。

二、存在问题

上述三个区域由于经济加速开发，人口剧增，学校设施标准化、规范化、现代化的要求以及保证适龄儿童少年就近充分地入学等所构成的日益增长的教育需求。同时有的学校布局、规模和设施等条件的欠缺已经存在着突出的矛盾，若不采取措施，这一矛盾将进一步加剧。

（一）沈家门镇

现有户籍人口86140人，第四次人口普查人口为93601人，分别比1992年的户籍人口和三次人口普查人口增加了38.8%和50.2%。沈家门镇区域的中小学在沉重的人口压力下，超负荷运行。小学生均占有校地面积4.1平方米，生均校舍建筑面积2.9平方米，老城区内的小学平均班额56.5人，最高达61人。沈二小无操场，生均占有校地1.4平方米。区属普通学生均占有校地12.9平方米，无一标准的400田径场，均远远低于国家82城市中小学定额。不仅如此，还必须充分考虑下列因素：

1. 随父母工作调动以及从商务工的来沈人员的子女不能及时转入本区域中小学；

2. 应按义务教育法要求尽快达到六周岁入学，将使入学儿童大增；

3. 旧城区改造、东港开发、平阳地区大企业的发展以及勾山工业区开发的影响，人口将比过去更快地增长，而且来沈人口以青壮年及学龄儿童少年为主。因此，教育负荷将是大幅度增加的。

（二）勾山镇

目前，中学生均校舍建筑面积3.2平方米，小学生均占地面积7.7平方米，生均建筑面积3.0平方米，均低于省91农村中小学定额。随着开发区建设的展开,外来人口流入以及该镇内人口自东向西流动是必然的,因此在开发区附近的学龄人口将大量增加,对中小学带来新的压力。

(三)朱家尖镇

中小学生均建筑面积、校地面积均不足标准,特别是中等学校生均校地仅5.3平方米,差距极大。今后几年,初中入学高峰到来,机场建设和旅游区开发,矛盾将集中在朱中、镇中心小学和厦林旅游职业高中。

三、今后的规划

(一)沈家门镇

1. 高中

(1)生源预测和学校总体规模

随着经济发展,初中毕业生增加以及人们对受教育程度的更高要求,保证城区和本岛渔农村初中毕业生升学率分别在72%和40%,需要普通高中36班,职业高中18班,分别比目前规模增加20%和80%。

(2)学校布局调整和建设项目

撤沈家门中学高中和芦花中学高中部,新建24班规模的东港高中;续建沈职中教学楼,扩展校地53000平方米,形成12班规模,普水技校也根据需要扩建。

2. 初中

(1)学龄人口预测和学校总体规模

初中学龄人口从1994年起进入持续的高峰期,年均入学人数1500人,超过现在三个年级平均数1375人。考虑到恢复合理班额,学校总体规模需92班。按1100人设1班计,为98班,取两者平均数为95班,4560名学生,班级数比目前增66.7%。

(2)学校布局调整和建设项目

沈家门中学改为初中,续建实验楼,规模达到18班;拆三初以西民房,扩建规模达12班;九·五初征地新建平阳初中,规模12班,加上原有中学设施,共可容纳96班。

3. 小学

(1)学龄人口预测和学校总体规模

从已有的出生数出发,综合人口机械增长,外来借读以及六周岁入学等因素,1993—2000年小学学龄人口仍维持上升趋势。中间年份1994—1998年年平均入学人数1450人,超过现有六个年级平均数1339人。据此推算,学校总体规模194班,在校生8700人。沈镇总人口,综合在籍数、暂住数以及未列入管理数(以后的蓝本户口数)共约98500人,按每年递增1700人(1992年在籍人口净增1010人)计算,到八·五末达到103600人,20世纪末达到112100人,取中间年份值为107850人。按500人口设1个班计算,为216班,取以上两种方法平均数,学校总规模为205班,比目前增26.5%。

(2)学校布局调整和建设项目

沈职中原校舍划给四小,规模达到18班;扩建五小,规模达到18班;在戚家湾或陈家塘重建沈六小,规模24班;扩建平阳中心小学为18班,加上原有布点教育设施。共可容纳204班。同时,沈小向南(粮食仓库)扩展操场2000平方米,使生均占有校地达到5.2平方米;拆民房扩展沈二小操场1100平方米,使之生均占有校地达到3.1平方米。

4. 幼儿园

在人口增长的同时,幼儿入园需求也进一步增加。分别在"八五"和"九五"初各建造标准化幼儿园1所。

(二)东港

东港开发区内现有小学7班,主要满足当地村民子女入学需要。根据东港开发规划,在九·五期间将形成30000人口聚居区。按500人设小学1班,1100设初中1班计,分别需60班小学和27班初中。因此,从"八五"末到"九五"初就应分别建24班小学、12班幼儿园和24班初中各1所。至九·五末再据情况扩建。

(三)勾山镇

1. 初中

初中学龄人口开始进入持续高峰期,加上人口流动,初中重心从芦花转向勾中,按新增1000人计,需增9班初中。扩建勾山中学,规模达到18班。

2. 小学、幼儿园

镇中心小学已饱和，需增20班小学，必须新建或扩建新塘小学，规模为12 ～ 18班。

扩建中心幼儿园至12班，或新建6班幼儿园1所。

（四）朱家尖镇

1. 职高

随着普陀山、朱家尖、桃花、东港等旅游区的开发，旅游宾馆业专门人才需求量必然大增。因此，厦林旅游职中生源会大量增加，预计在“八五”末到“九五”初有大发展，规模达到6班，增100%。扩建应从“八五”末开始。

2. 初中

在持续学龄人口高峰推动下，两所初中总规模在30班左右。其中1995—1997年达到32班。八·五末朱家尖中学扩建达到24班，“九五”初扩建顺母中学，规模6 ～ 9班。

3. 小学、幼儿园

综合出生人口减少和外地人口流入相抵，学龄总人口趋于稳定。但人口向大洞岙集中，中心小学应在“八五”内扩建，达到18 ～ 24班规模，同时调整完村小布局，减少小学所数。

必须建造1所标准化的中心幼儿园。

舟山市普陀区教育局

一九九三年三月十二日

舟山市普陀区教育委员会关于印发《舟山市普陀区教育事业“九·五”计划和2010年远景目标》的通知

（舟普教〔1996〕148号）

“九五”期间和21世纪初十年是我国社会主义现代化建设完成第二步战略目标，并开始实施第三步战略目标的重要历史阶段，是我区经济和社会发展进入新的阶段的重要时期。为了保证社会主义经济建设和社会主义精神文明建设有足够的人力资源支持，把我区建设成为现代化的海洋渔业基地、港口旅游城市，我区的教育事业必须有一个与之相适应的超前的发展。

一、“八五”期间教育事业主要成就和前进中的问题

（一）教育的普及面进一步扩大。到1995年，全区九年义务教育学龄人口的入学率已达到98.4%，17周岁人口中受完九年义务教育的占86.0%。初中生辍学率从1990年的4%下降到0.9%，基本普及了初级中等教育；初中毕业生升学率达到48.8%。职业高中教育发展迅速，职业技术教育类招生数与普通高中招生数的比保持在6:4特殊教育、学前教育也有了较快的发展。“三残”儿童入学率分别达到80%以上，学前三年入园率达到73.3%。通过了省人民政府对普陀区的“两基”评估验收。

（二）办学物质条件、师资队伍素质显著改善。教育投入不断增加；五年平均增长率12.1%，教育附加费五年总额为2486.9万元。学校布局更趋合理。校舍建设较快，到1992年，全区排除了全部危房，次年完成了破旧校舍的改造任务，新建了如台门中学、朱家尖寺岙小学、厦林职中、沈家门六小、沈家门职业中学等一批一流校舍，总投入3010万元的东港中学开始建设。1995年中小学教学仪器设备达标率分别达到96.4%和81.0%，建成一批计算机教学中心和校内闭路电视系统。所有乡镇都建立成校。师资数量不断增加，新增大中专毕业生611人，教师素质明显提高。1995年小学、初中专任教师合格学历比例分别达到84.6%和82.5%。

（三）教育质量不断提高。中小学的德育工作得到改进和加强，德育途径不断拓宽，初步形成了学校、家庭、社会齐抓共管的局面。采取有效的措施，切实减轻学生过重课业负担。体育和艺术教育得到加强。学校内部管理体制的改革、教育教学的改革都在不断深化，薄弱中小学的面貌有明

显改变。中小学毕业生的学科成绩和全面素质进一步提高。向大中专学校输送新生2709人。电大向社会输送大中专毕业生430人。教育督导制度在推动"两基"和推进学校管理中发挥了积极的作用。五年扫除青壮文盲2962人。1995年全区青壮年非盲率达到96.8%。6万余人参加了各类适用技术培训。

对照《中国教育改革和发展纲要》和《国务院关于〈中国教育改革和发展纲要〉的实施意见》，教育的战略地位在实际工作中有待进一步落实。教育体制的许多环节还不适应日益深化的经济体制改革的形式。全区教育基础仍显得比较薄弱，高中教育事业在经过若干年低谷徘徊后虽有了发展，但现有规模已远远适应不了社会对人才的需求和人民群众对子女受高层次高质量教育的期望与要求。

初中发展虽快，但教学质量、规模效益仍偏低。制止初中生辍学成果有待巩固。初中办学规模的扩大及高中入学高峰即将到来，需要补充大量师资，需要大力提高在职教师的全面素质，各种教学设施、设备和图书资料需要大量投入。"小岛迁，大岛建，城镇扩"，对我区城镇教育事业发展提出了更高的要求，教育经费短缺的矛盾十分突出。

二、"九五"计划和到2010年教育事业发展的指导思想、总体目标和基本任务

（一）指导思想：以邓小平同志关于建设有中国特色的社会主义理论为指导，以教育要面向现代化、面向世界、面向未来为指针，以《中国教育改革和发展纲要》为目标，实施科教兴区战略，依法治教，深化教育改革，加快事业发展，全面贯彻党和国家教育方针，全面提高教育质量，主动适应社会主义市场经济和社会全面进步对多种人才的需要，满足人民群众对提高自身及子女素质的需求，为把我区建设成为现代化的海洋渔业基地、港口旅游城市提供比较充分的人力、智力资源。

（二）总体目标：高标准普及九年义务教育和高质量扫除青壮年文盲。基本普及学前教育。"九五"期间城区基本普及高中，到2010年全区普及高中，建成一批各级各类示范性规模化学校和电大分校。社会新增劳动者和在职人员分别得到职前职后职业技术和岗位培训，优化教育结构，形成适应我区两个文明建设的教育体系，至2010年基本实现教育现代化。

（三）基本任务：

1. 高标准普及九年义务教育和高质量扫除青壮年文盲

到1997年正式通过省"两基"复评验收。1998年，78%乡镇，92%人口地区达到高标准"普九"任务，到2000年，全区全部乡镇完成高标准"普九"任务。积极发展特殊教育，"九五"末，创办一所弱智儿童学校。"三残"儿童少年及其他残疾儿童少年入学率，城镇达到95%以上，农村80%以上。青壮年非盲率达到98%以上。有计划地开展各类实用技术和岗位培训，鼓励自学成才，继续办好电大、自大、函授等各种形式的学历教育。

2. 分阶段普及高中段教育

积极发展高中段教育。20世纪末，全区初中升高中段比例达到65%以上，城镇85%、农村55%以上的初中毕业生升入各类高一级学校。到2010年，全区初中毕业生升高中段比例达到90%左右，全区建成普陀中学、沈家门中学、六横中学、平阳中学四大高中和沈职中、厦林职中两大职高为主干的高中段教育体系，提高规模效益。加强一般高中的职业技术教育，改革普通高中办学模式，提高普通高中办学效益。

3. 推进规范化、规模化办学，建设示范性学校

在世纪之交，全区形成以六大高中、十大初中18班以上规模初中；普陀中学初中、沈家门一初、勾山中学、朱家尖中学、桃花中学、虾峙中学、台门中学、蛟头中学、龙山中学、东港初中、城区小学和镇中心小学为骨干的中小学布局。建成区成人教育中心。到2000年，朱家尖镇等镇乡达到《浙江省基础教育现代化建设视点乡镇》的要求；二所高中、一所职中进入省级示范性高中行列；一所城镇初中、三所农村初中达到浙江省示范性学校建设要求；四所小学达到《浙江省示范性实验小学标准》；一所成人文化技术学校达到省示范性成校标准；三所幼儿园达到《浙江省示范性幼儿园标准》。

初小、完小抓规范化办学，中学、中心小学规范加特色，提高各级各类学校办学整体水平。

4. 大力发展学前三年教育

在基本普及学前一年教育的基础上，发展农村幼儿教育，规范办学。到20世纪末，使学前三年幼儿入园率城镇达到100%，农村达到80%。乡镇中心幼儿园达到市一级幼儿园标准，80%的村办、部门办、个人办幼儿园达到市二级幼儿园标准。

5. 建立一支与教育现代化相适应的师资队伍

以科学的教育观念武装教师的思想，大面积提高现有教师学历层次，全面提高青年教师、骨干教师、学科带头人的素质。建立一支与教育现代化相适应的数量充足的师资队伍。到20世纪末，小学、初中、高中教师具有合格学历的人数比例分别达到95%、90%、75%，小学教师大专以上学历的比例达到20%，初中教师本科以上学历的比例达到20%。

6. 努力实现教育思想、内容、手段的现代化

树立教育在现代化建设中处于优先发展的战略地位，为社会主义现代化建设服务和为提高全民素质服务的思想，树立素质教育、创造教育、开放教育、终身教育和综合教育等现代化观念。全面贯彻教育方针，深入教学领域的改革，全面提高教育质量，优化学科课程，探索服务于人的现代化所必需的现代教学体系。积极普及外语和计算机教育，大力加强中小学艺术教育、劳动教育，开设各种适应现代化社会需要的选修课程，使受教育者具有参与市场竞争和适应对外开放的现代化社会生活的心理素质、生理素质、文化素质和社会活动能力。

三、实现“九五”计划和2010年远景目标的主要措施

1. 切实加强领导，强化政府行为

实施普陀教育事业“九五”计划和2010年远景目标，各级政府有主要责任。要以建设中国特色社会主义理论为指导，以教育的三个面向为指针，以科教兴区为出发点，明确目标，落实责任。要有强烈的使命感、责任感和紧迫感，进一步贯彻落实区委、区政府《关于加快普陀教育发展的若干意见》。

各乡镇政府根据《中国教育改革汇入发展纲要》《浙江省高标准普及九年义务教育要求及实施办法》和《舟山市普陀区教育事业“九五”计划和到2010年远景目标》，从当地实际出发，制订本地区教育发展“九五”计划和2010年远景目标，并将其纳入当地经济和社会发展的总体计划，每年召开会议，专题研究，分阶段实施。区教委要具体组织，加强指导，积极推进。

2. 深化教育改革

为使更多的人受到更高更好的教育，必须坚持发展是硬道理，必须坚持教育改革，实现两个转变：即从单一的计划经济管理教育的轨道转到重视社会需求、运用某些社会主义市场经济的机制发展教育的轨道；从仅重视教育的外延发展转到外延发展与内涵发掘并重的发展方式。完善“政府统筹，三级办学，两级管理，社会参与”的体制，加强政府统筹的力度，扩大社会参与的广度。在城镇要积极支持社会力量办学。推进招生、收费、毕业就业制度改革。改革学校内部管理体制充分调动广大教职工的主动性、积极性，增强学校的生机和活力。加快实施农村中小学课程设置和教材改革，更好地适应农村经济和社会发展需要。改革教学方法，开发学生的发展潜能，减轻学生过重的课业负担，提高教学质量，提高教育投入的效益。

3. 大力增加对教育的投入，不断改善办学条件

按《中国教育改革和发展纲要》精神，提高各级财政支出中教育经费所占的比例，足额征收教育费附加、积极拓展教育集资等预算外资金来源，形成多渠道筹措教育经费的机制，使全区财政性教育经费支出占国民生产总值的比例在20世纪末达到4%，保证教育的发展有稳定足够的经费。顺应“小岛迁、大岛建、城区扩”的步伐和城乡生活一体化的趋势，进一步调整学校布局，加强城镇学校建设，扩大高中规模。不断消灭新产生危房及破旧校舍，加快校建步伐，“九五”期间校建面积达到80000平方米以上。校园建设走向科学化、规范

化，教学设备和资料进一步更新和齐全。

4. 加强学校管理，提高办学层次

要通过进一步调整学校布局，提高规模效益，提高办学质量，加强学校的领导班子建设，以提高学校管理水平；配备教学骨干力量，以提高教师业务水平；增加经费投入，以改善办学条件。要积极引导薄弱中小学重视科学研究，不断地深入进行教育教学改革，提高学校管理水平，逐步办成合格学校、特色学校。结合当地资源条件和产业优势，因地制宜办好职业学校，调整专业设置，优化专业结构，以增强适应性。有计划地实行初、高中二级分流，努力提高劳动者素质，使全区教育整体办学水平得到进一步提高。

5. 加强师资队伍建设

采取积极措施，通过增加委培、外地引进、公开招聘等办法，充实基础教育事业发展所需教师。认真贯彻实施教师法，提高教师待遇，稳定教师队伍，加强师德教育，提高教师思想素质。引进竞争机制，深化内部改革，调动教师的工作积极性。加强在职进修，提高教师文化业务素质。通过多种渠道解决义务教育阶段的音、体、美、劳师资、普通高中和职业师资严重不足的问题，逐步形成一支适应现代化教育需要，人员精干、素质优良、结构合理优化、相对稳定的师资队伍。

6. 健全基础教育事业发展评估督导制度

根据《中国教育改革和发展纲要》和《中华人民共和国教育法》，依法治教，加强教育法规的执法督导检查，加强教育督导机构建设，结合我区实际，进行高标准“普九”和“基础教育事业发展”的评估验收和中小学等级评估，开展创建基础教育现代化建设乡镇的活动，提高各乡镇政府办学积极性，确保2010年的奋斗目标实现。

附表一：1996年—2010年普陀区普通高中教育事业发展计划

附表二：1996年—2010年普陀区职业高中教育事业发展计划

附表三：舟山市普陀区“九五”初中教育事业发展计划

附表四：舟山市普陀区“九五”小学教育事业发展计划

附表五：舟山市普陀区乡（镇）高标准“普九”规划

附表六：舟山市普陀区省级示范性学校建设规划

附表七：舟山市普陀区四大高中、二大职高、十大初中规划

附表八：舟山市普陀区“九五”中小学师资需求规划

附表九：舟山市普陀区“九五”学校基本建设规划

附表十：舟山市普陀区“九五”学校设备添置规划

舟山市普陀区教育局

一九九六年七月二十九日

表一：1996—2010年普陀区普通高中教育事业发展计划

项目／数量／年份	预计初中毕业人数	普通高中招生		东港中学（普陀）		沈中		六中		平阳中学（芦花）		舟中
		人数	班数	招生	规模	招生	规模	招生	规模	招生	规模	招生
1996	4240	900	18	6	14	4	12	5	12	2	6	1
1997	5180	1100	22	8	18	6	15	5	13	2	6	1
1998	5190	1150	23	8	22	6	17	5	13	2	6	1
1999	5250	1300	26	9	25	6	18	5	15	5	9	1
2000	4900	1300	26	8	25	6	18	5	15	6	13	1
2001	4600	1300	26	8	25	6	18	5	15	6	17	1
2002	4830	1300	26	8	24	6	18	5	15	6	18	1

续表

项目 数量 年份	预计初中毕业人数	普通高中招生		东港中学(普陀)		沈中		六中		平阳中学(芦花)		舟中
		人数	班数	招生	规模	招生	规模	招生	规模	招生	规模	招生
2003	5220	1400	28	10	26	6	18	5	15	6	18	1
2004	4300	1350	27	9	27	6	18	5	15	6	18	1
2005	4200	1400	28	10	29	6	18	5	15	6	18	1
2006	3600	1400	28	10	29	6	18	5	15	6	18	1
2007	3200	1400	28	10	30	6	18	5	15	6	18	1
2008	3250	1400	28	10	30	6	18	5	15	6	18	1
2009	3250	1400	28	10	30	6	18	5	15	6	18	1
2010	2800	1400	28	10	30	6	18	5	15	6	18	1

表二:1996—2010年普陀区职业高中教育事业发展计划

数量 项目 年份	预计初中毕业人数	职业高中招生		沈职中		厦林职中		六横职中		普水技		外县人数	合计人数
		人数	班数	招生	规模	招生	规模	招生	规模	招生	规模		
1996	4240	560	13	5	14	4	7	2	5	2	4	230	790
1997	5180	700	17	7	17	6	11	2	5	2	4	300	1000
1998	5190	730	17	7	18	6	16	2	5	2	4	320	1050
1999	5250	780	18	7	18	7	18	2	5	2	4	320	1100
2000	4900	740	17	7	18	6	18	2	4	2	4	320	1060
2001	4600	710	17	7	18	6	18	2	4	2	4	350	1060
2002	4830	770	18	7	18	7	18	2	4	2	4	330	1100
2003	5220	840	20	8	18	7	18	2	5	2	4	360	1200
2004	4300	700	17	7	18	6	18	2	5	2	4	310	1010
2005	4200	690	16	6	18	6	18	2	5	2	4	390	980
2006	3600	590	14	5	17	5	15	2	4	2	4	250	840
2007	3200	520	12	4	16	4	14	2	4	2	4	230	150
2008	3250	530	13	5	16	4	13	2	4	2	4	230	760
2009	3250	530	13	4	15	5	14	2	4	2	4	230	760
2010	2800	480	12	5	15	3	13	2	4	2	4	200	680

注:1.1996年初中毕业生升学率为52%,以后逐年递增,至2000年为65%,至2010年达到90%

2. 普高招生数与职业技术类学校招生数按1.5:1确定。职业技术类学校招生数中中专、技校占40%,职业高中占60%。职业高中招生数中,本区各校为70%左右,外县在我区招生占30%左右

3. 普高平均班额为50人;职校平均班额为42人左右,有三年制和二年制

4. 普陀劳动技校每年招生3至4班,规模8班左右

表三:舟山市普陀区"九·五"初中教育事业发展计划

年份 招生 学校	1996年		1997年		1998年		1999年		2000年	
	招生班数	规模	招生班数	规模	招生班数	规模	招生班数	规模	招生班数	规模
合计	109	313	101	313	101	305	98	294	106	294
普陀中学	7	19	10	23	9	26	8	27	8	25
沈家门中学	0	6	0	2	0	0	0	0	0	0

续表

学校＼招生＼年份	1996年		1997年		1998年		1999年		2000年	
	招生班数	规模	招生班数	规模	招生班数	规模	招生班数	规模	招生班数	规模
沈家门第一初级中学	11	23	4	21	5	20	6	15	6	17
沈家门第三初级中学	3	9	3	9	3	9	3	9	3	9
鲁家峙初中	2	6	2	6	2	6	2	6	2	6
平阳初中	2	6	3	7	2	7	2	7	2	6
塘头初中	2	6	2	6	2	6	2	6	2	6
东港初中	—	—	2	2	3	5	4	9	4	13
舟渔学校	5	15	4	14	5	14	5	14	6	16
勾山中学	3	10	3	10	3	9	5	11	9	17
芦花中学	4	12	4	12	4	12	4	12	4	12
展茅中学	5	15	5	15	4	14	4	13	4	2
螺门中学	3	9	3	9	3	9	3	9	3	9
葫芦初中	1	3	1	3	1	3	1	3	1	3
朱家尖中学	8	24	7	23	6	21	7	20	9	26
顺母中学	2	6	2	6	2	6	1	5	—	—
桃花中学	8	23	7	23	6	21	5	16	6	17
虾峙中学	4	10	4	11	5	17	5	16	6	16
栅棚中学	2	6	2	6						
黄石中学	3	9	3	9	2	8	2	7	2	6
蛟头中学	4	11	3	10	6	19	6	18	6	18
五星中学	3	9	3	9						
龙山中学	4	12	4	12	4	12	4	12	4	12
蚂蚁初中	2	6+1	1	5+1	2	5+1	2	5	2	6
登步初中	3	7	2	7	2	7	2	6	2	6
双塘中学	4	13	40	13	1	12	3	11	4	11
台门中学	10	29	10	30	9	29	9	28	8	26
东港中学	4	8	3	9	3	10	3	9	3	9

表四：舟山市普陀区“九五”小学教育事业发展计划

乡镇	1996年			1997年			1998年			1999年			2000年		
	招生	毕业	规模	招生	毕业	规模	招生	毕业	规模	招生	毕业	规模	招生	毕业	规模
全区汇总	4730	5250	28491	4234	4863	27862	4108	4484	27487	3912	4657	26742	3393	5017	25118
东港	50	—	50	100	—	150	150	—	300	150	—	450	200	—	650
浦西	—	—	—	—	—	—	50	—	50	100	—	150	100	—	250
沈家门	1440	1289	8216	1250	1256	8210	1200	1222	8188	1200	1328	8060	1150	1525	7685
勾山	360	384	2203	340	352	2191	281	361	2111	288	360	2039	244	383	1900
展茅	226	257	1287	212	256	1243	181	197	1227	160	192	1195	154	211	1138
螺门	150	158	879	150	144	885	135	106	914	105	165	854	81	172	763
葫芦	40	35	254	40	38	256	41	40	257	47	40	264	26	48	242
朱家尖	380	467	2328	350	385	2293	322	359	2256	297	391	2162	271	429	2004
白沙	57	50	298	41	47	292	36	39	289	32	48	273	15	50	238
桃花	300	401	1909	227	363	1773	225	292	1706	210	282	1634	155	321	1468

续表

乡镇	1996年			1997年			1998年			1999年			2000年		
	招生	毕业	规模	招生	毕业	规模	招生	毕业	规模	招生	毕业	规模	招生	毕业	规模
登步	98	160	605	88	120	573	82	103	552	78	93	537	66	88	515
蚂蚁	52	76	392	52	46	398	64	76	386	68	81	373	37	86	324
湖泥	48	42	256	31	32	255	34	38	251	23	51	223	24	45	202
佛渡	29	60	268	24	43	249	25	54	220	31	65	186	18	47	157
虾峙	420	463	2432	400	452	2380	349	360	2369	344	336	2377	236	424	2189
峧头	350	488	2439	320	457	2302	313	440	2175	286	425	2036	203	402	1837
双塘	150	198	1036	117	200	953	114	171	896	109	165	840	84	182	742
台门	380	526	2657	312	530	2439	308	472	2275	238	470	2043	220	428	1835
东极	200	196	982	180	142	1020	199	154	1065	146	165	1046	109	176	979
人口出生数	1990年	3586	—	1991年	3016	—	1992年	3237	—	1993年	3240	—	1994年	2639	—

说明：1. 全区汇总数不含舟渔、普陀山

2. 达到六周岁入学的年份：1996年佛渡、湖泥，1997年白沙、桃花、登步、蚂蚁、双塘，1999年沈家门镇，其他乡镇均为98年

3. 总规模已适当考虑外省籍流入学龄人口入学因素

表五：舟山市普陀区乡（镇）高标准"普九"规划

年份	1996	1997	1998	1999—2000
累计乡（镇）级单位数	朱家尖、蚂蚁、沈家门	峧头、台门、双塘、虾峙、展茅、勾山	桃花、螺门、佛渡、葫芦、普陀山	白沙、登步、东极、湖泥
%	16.67	50.40	77.78	100
累计乡（镇）级人口数	12	25.8	30.1	32.5
%	36.92	79.38	92.62	100
全区高标准"普九"时间	1998年			

表六：舟山市普陀区省级示范性学校建设规划

学校 ＼ 项目 ＼ 年份		1996	1997	1998	1999	2000	2001
示范高中		沈家门中学	普陀中学（一级）	—	—	—	—
示范职中		—	沈职中	—	—	—	—
示范初中	城镇	—	—	—	—	—	—
	农（渔）村	—	双塘中学	朱家尖中学	台门中学	—	—
示范性实验小学		—	桃花中心	朱家尖中心	台门中心	东港小学	展茅中心
示范性幼儿园		—	第二幼儿园	舟渔幼儿园	螺门幼儿园	—	—

表七：普陀区四大高中、二大职中、十大初中规划

普通高中	规模（班）	职业高中	规模（班）	初中	规模（班）
普陀中学	30	沈家门职中	18	普陀中学初中	24
沈家门中学	18	厦林职中	18	沈家门一初	18
六横中学	15	—	—	勾山中学（浦西）	18
平阳中学（芦花）	18	—	—	朱家尖中学	21～24

续表

普通高中	规模(班)	职业高中	规模(班)	初中	规模(班)
—	—	—	—	桃花中学	21 ~ 24
—	—	—	—	虾峙中学	18
—	—	—	—	台门中学	27 ~ 30
—	—	—	—	峧头中学	18
—	—	—	—	龙山中学(九年制)	24
—	—	—	—	东港初中	18

表八:舟山市普陀区“九五”中小学师资需求规划

学年年份	普通高中						职业高中						初中						小学					
	教职工总需求数	其中专任教师					教职工总需求数	其中专任教师					教职工总需求数	其中专任教师					教职工总需求数	其中专任教师				
		需求数	上年拥有数	自然减员数	计划分配数	另需补充数		需求数	上年拥有数	自然减员数	计划分配数	另需补充数		需求数	上年拥有数	自然减员数	计划分配数	另需补充数		需求数	上年拥有数	自然减员数	计划分配数	另需补充数
1996	220	172	152	4	5	10	137	108	71	2	1	10	1049	868	688	13	40	30	1226	1074	1227	30	90	—
1997	258	196	163	2	3	15	151	120	80	1	4	15	1059	873	745	12	70	—	1194	1047	1287	42	122	—
1998	238	215	179	4	4	20	180	143	98	1	2	15	1034	852	803	14	38	—	1171	1024	1367	40	100	—
1999	308	243	199	1	19	20	190	151	114	1	10	20	958	806	827	22	30	—	1130	989	1426	51	—	—
2000	324	254	237	3	15	5	190	151	145	3	10	—	985	817	835	16	30	—	1051	918	1375	36	—	—

表九(1):舟山市普陀区“九五”学校基本建设规划

年份	工程名称	建筑面积(平方米)	征用土地(亩)	概算投资(万元)	备注
一九九六年	东港中学(一期)	9600	53.6	1680	—
	六横中学图书实验楼	2200	—	130	—
	沈家门中学操场扩建	—	8	240	—
	六横中学操场扩建	—	14	40	—
	沈家门职业中学场地扩建	—	6	180	—
	勾山中学综合教学楼	1200	6	200	—
	朱家尖中学田径场	—	18	132	—
	东港第一小学(一期)	2000	15	200	15班规模
	其他工程	1860	—	125	—
	合计	16800	120.6	2927	—
一九九七年	东港中学(二期)	10400	30	1320	—
	六横中学食堂	1400	2	95	—
	厦林职中综合教学楼	3700	10	350	—
	峧头中学教学楼	3000	10	270	—
	朱家尖中学图书实验楼	1800	—	125	—
	虾峙中学扩建工程	2800	—	200	—
	沈家门第三小学扩建工程	2000	3	260	—
	东港第一小学(二期)	2000	—	200	—
	区中心幼儿园迁建工程	2500	4	220	—
	其他工程	2000	—	140	—
	合计	31600	59	3180	—

表九(2):舟山市普陀区"九五"学校基本建设规划

年份	工程名称	建筑面积（平方米）	征用土地（亩）	概算投资（万元）	备注
一九九八年	平阳中学(一期)	7000	40	1580	规模为24班完中
	六横中学学生宿舍	1500	—	98	—
	沈家门中学综合教学楼	2000	—	140	—
	沈职中2号教学楼	2000	—	140	—
	东港第一初级中学(一期)	4000	—	312	规模为初中18班
	台门中学食堂及附属用房	1500	—	100	—
	朱家尖中学学生宿舍及食堂	2500	—	175	—
	其他工程	1500	—	105	—
	合计	22000	40	2630	—
一九九九年	平阳中学(二期)	6000	—	800	—
	厦林职中学生宿舍及食堂	2000	—	140	宿舍1000平方米 食堂1000平方米
	沈家门第七小学	3500	10	450	—
	东港第一初级中学(二期)	4000	—	320	—
	峧头中学图书实验楼	1800	—	126	—
	朱家尖中学体艺馆	1500	—	150	—
	桃花中学操场扩建	—	8	90	—
	虾峙中学操场扩建	—	6	70	—
	勾山中学操场扩建	—	6	70	—
	其他工程	2000	—	140	—
	合计	17300	30	2156	—
二〇〇〇年	台门中学体艺馆	1500	—	150	—
	桃花中学综合教学楼	1200	—	84	破旧校舍改造
	沈家门小学综合教学楼	4000	—	280	—
	蛟头第三小学教学楼	2400	—	190	破旧校舍改造及 田径场改造
	东港第一幼儿园	2500	6	400	规模6班
	其他工程	2000		140	—
	合计	13600	6	1244	—

注:"九五"期间规划校建建筑面积104800平方米,征用土地170400.9平方米,总概算投资12137万元

表十:舟山市普陀区"九五"学校教学装备规划

金额单位:万元

年度数据项目		一九九六年度			一九九七年度		一九九八年度		一九九九年度		二〇〇〇年度	
		原有数	净增数	合计数	净增数	合计数	净增数	合计数	净增数	合计数	净增数	合计数
仪器		118.02	15.00	133.02	15.00	148.02	15.00	163.02	20.00	183.02	20.00	203.02
电教		178.91	80.00	258.91	80.00	338.91	100.00	438.91	100.00	538.91	100.00	638.91
计算机	台数	113	45	158	50	208	60	268	80	348	100	448
	金额	108.47	30.00	138.47	30.00	168.47	50.00	218.47	60.00	278.43	80.00	358.43
图书	人均	9.9	2.1	12.0	2.0	14.0	2.0	16.0	2.0	18.0	2.0	20.0
	金额	125.00	30.00	155.00	40.00	195.00	40.00	235.00	50.00	285.00	50.00	335.00

续表

年度数据项目	一九九六年度			一九九七年度		一九九八年度		一九九九年度		二○○○年度	
	原有数	净增数	合计数	净增数	合计数	净增数	合计数	净增数	合计数	净增数	合计数
音体美	93.36	25.00	118.36	30.00	148.36	30.00	178.36	40.00	218.36	50.00	268.36
劳技	53.32	20.00	73.32	30.00	103.32	35.00	138.32	40.00	178.32	50.00	228.32
合计	677.08	200.00	877.08	225.00	1102.08	270.00	1372.08	310.00	1682.08	350.00	2032.08

注:1. 仪器经费每年投入 15 万～20 万,学校自筹 40%～60%,局补助 60%～40%。九六年年底达到实验教学普及县标准

2. 电教经费每年 3～5 万,以补助二机一幕的购置,其他经费以学校自筹为主

3. 图书生均每年增加 2.3 册,到二○○○年达到生均 20 册

中共舟山市普陀区委办公室　舟山市普陀区人民政府办公室
转发区教委关于《普陀区中小学内部管理体制改革意见(试行)》

区委办〔1996〕137 号

根据《中华人民共和国教育法》《中华人民共和国教师法》的有关规定和《中国教育改革和发展纲要》的精神,结合现行学校管理、人事劳动方面的制度,制定本意见。

一、改革的目的和原则

(一)实行校长负责制,逐步使学校成为相对自主的办学实体。实行教职工聘任制和校内结构工资制,形成内部良性竞争和合理的分配机制。通过上述"三制"改革,最终建立起与社会主义市场经济相适应的具有生机和活力的自我鼓励、自我约束、自我完善、自我发展的社会主义学校运行机制和管理模式。

(二)改革必须有利于全面提高教育质量,更好地为经济建设服务,为社会主义事业服务;改革必须有利于全面贯彻党和国家的教育方针,坚持正确的政治方向,培养社会主义事业建设者和接班人;改革必须有利于充分调动学校管理者和教职工的积极性,提高学校的整体办学效益。

二、关于校长负责制

(一)校长负责制是指在上级党委和政府领导下,校长全面负责行政工作,学校党组织为政治核心和保证监督,教职工民主管理、民主监督的体制。实行校长负责制的学校管理要充分体现民主集中制原则,防止和反对个人独断专行。

(二)校长的职权

1. 校长是学校最高行政负责人和学校法人的法定代表,对学校教学工作和行政管理拥有决策权和指挥权。

2. 学校副校长由校长提名,经上级考察任免,必要时上级可征求校长意见后直接任免;学校中层干部经校长提出,在学校党支部考察的基础上,经上级同意后,由校长任免。

3. 校长依照教职工聘任制的有关规定,行使对教职工聘任权。

4. 校长在不违反财政纪律和财务制度的前提下,行使学校经费的使用权。

5. 校长领导学校考核小组对教职工进行考评,根据考评结果,按有关规定行使奖惩权。

(三)校长的职责

1. 在各级党委政府和教育行政部门领导下主持学校的教学和行政工作,有效地完成上级布置的各项工作任务,依法接受上级教育行政部门和其他有关部门的检查、监督和指导,确保政令畅通。

2. 全面贯彻党和国家的方针、政策、法规,坚持社会主义办学方向。面向全体学生,全面提高教育质量,办出学校特色。

3. 主持制定学校近、中期和远景发展规划,提

出校长三年任期目标及年度工作计划。

4. 依靠党组织，切实加强思想政治工作和德育工作，建设学校的精神文明，形成良好的学风、教风、校风。

5. 坚持“教学为主”原则，按规定兼课，全面抓好教学常规、教学研究。

6. 自觉接受党组织监督。认真执行党的知识分子政策和干部政策，团结依靠教职工，支持他们民主参与管理，发挥教职工积极性、创造性。不断提高教师思想政治和业务水平，建设师资队伍。维护师生的合法权益。

7. 积极开展勤工俭学，严格管理校产和财产，努力改善办学条件，提高教职工福利待遇。

8. 配合党组织做好工、青、团、少工作，协调学校教育、家庭教育、社会教育，创造良好的育人环境。

（四）学校党组织在校长负责制的学校管理中起政治核心作用和保证监督作用，主要内容有：

1. 学校坚持社会主义的办学方向；

2. 校长执行党和国家的方针、政策、法令、法规，上级指示；

3. 学校维护、保障教职工和学生的政治权利、民主权利以及其他合法权益；

4. 学校正确处理国家、学校、教职工三者利益关系；

5. 学校干部队伍的建设；

6. 校长和教职工遵纪守法和师生道德建设；

7. 学校的其他重大事项。

主要途径有：

1. 学校党组织要切实担负起《党章》赋予的职责和任务，组织教职工的政治学习和思想教育，坚持正确的导向，充分发挥党员的先锋模范作用和党组织的政治核心作用。

2. 学校党组织应保证校长负责制的实施，支持校长行使学校行政管理和教育、教学工作的决策、指挥等职权，发挥工、青、少、妇等群众组织和民主党派的作用，同心协力、共同办好学校。

3. 参与学校管理，对学校发展规划、教育教学改革、经费预算安排、教职工管理等重大问题提出意见和建议。校长在作出重大决策前应提请学校党组织讨论，争取党组织的有力支持，以保证决策顺利实施。校长在处理学校重要事务时，也要主动征求党组织负责人的意见。

4. 按照党管干部的原则，负责对学校各级干部进行教育、培养、考察和监督，党支部要参与副校长及中层行政干部的推荐考察和任免过程。

5. 支持和引导教代会正确行使权利和义务，充分发挥教代会参与学校民主管理和民主监督作用。

6. 在学校行政决策中，党组织和校长意见暂达不到一致时，应将存在的重大异议提交党组织讨论，形成决议后，报上级党委裁决。党组织负责人参加校务委员会。

（五）教代会是学校教职工行使民主权利、参与学校民主管理与监督的基本制度和形式。必须保证一年至少召开一次教代会（教工大会）。教代会行使如下四项职权：

1. 审议建议权　听取校长工作报告，讨论审议学校的办学指导思想、发展规划、重大改革方案、教职工队伍建设及其他有关学校发展的重大问题等。

2. 审议通过权　审议通过校长提出的学校人事、分配制度方案和实施办法（聘任方案、岗位职责、机构工资规定、考勤制度、奖惩规定等）及其与教职工权益有关的重大规章制度，由校长颁布施行。

3. 审议决定权　审议决定工会提出的教职工住房条例及住房分配方案、福利费管理使用的原则和办法以及其他教职工生活福利的事项等。

4. 评议监督权　评议监督学校行政领导干部，可以提出奖惩和任免建议，评议结果和奖惩、任免建议以书面形式经校党组织签署意见上报教委党委和区教育工会备案。每一学年对校长作一次全面评议。

学校工会是教代会的工作机构，负责教代会闭会期间的日常工作，其民主参与、民主管理的形式是：

1. 对学校违反教代会制度和其他民主管理

制度提出意见,保障教职工依法行使民主管理的权利。

2. 对学校违反法律、法规、侵犯教职工合法权益的问题进行调查,要求上级教育行政部门和有关部门认真处理。

3. 学校对教职工试聘、待聘、不聘或对教职工的奖惩,应提前通知工会,工会认为不适当的,有权提出意见,要求重新研究。

4. 工会参加学校劳动争议调解工作。

5. 工会主席参加校务委员会。

(六)学校重要事项,校长应提交校务委员会讨论:

1. 教职工分岗聘任;

2. 教师职务晋升推荐;

3. 教职工奖惩;

4. 年度经费预算及年终决算的结果;

5. 单价 3000 元以上设备添置,校办厂、商店及维修发包;

6. 义务教育阶段非本学区、高(职)中计划外招生原则和收费标准,实行执行情况;

7. 学校工作中其他重要事项。

(七)校长实行任命任期制,按照干部管理权限任免,每届任期三年,可以连任。校长工作成绩突出的,予以表彰和奖励;校长工作不称职的,予以调整、免职,直至撤职。

三、关于教职工聘任制

(一)学校根据核定的内设机构和编制在定编、定岗、定员的基础上实行教职工聘任制。学校根据编制标准,确定学校的各个工作岗位和岗位职责,然后对教职工实施聘任。

(二)聘任教职工之前,校长应充分听取各方面意见,制订聘任方案。内容包括聘任原则和办法、聘用岗位职数、岗位职权、职责等,提交教代会审议通过。

(三)聘任应坚持公平竞争、双向选择、任人唯贤、人尽其才、择优上岗的原则。校长依据确定的聘任方案,经校务会议讨论,决定对教职工的聘任与否。

根据教职工考核结果,结合实际情况,可以聘任、试聘、缓聘、待聘等形式。试聘,适用于本人工作表现应聘要求有明显差距者;缓聘,适用于因病(产)、因事(脱产进修)脱离岗位一学期(六个月)以上者;待聘,适用于无合适岗位,或者不能履行岗位职责者。1996 年秋暂不搞待聘,不搞双向选择。学历不合格教师,未经教委批准,不能聘任教学岗位。可以根据学校教师实际,经批准高评低聘或低评高聘。不适宜聘任教育教学岗位的,可改聘校内其他岗位。上级任命或选举产生的学校党、政、工负责人自然聘任,但仍需履行聘任手续。

(四)聘任关系以合同书形式予以确定。合同书应明确规定学校和受聘人员的权利、义务和职责。聘期一般为一至三学年(组织调动例外),双方不得任意毁约。

(五)校长在聘任教职工时,要统筹安排。不仅要选拔、任用年富力强的骨干教师,而且要十分注意培养青年教师,保护老年教师,以发挥现有教师的整体效益。同时,要保证合格教师的适当储备和当年师范院校毕业生的分配。

由教委调入学校的教职工在一年内一般作试聘,按规定有试用期的教职工不实行聘任。

对男 55 周岁、女 50 周岁以上教职工实行保护政策:

1. 经本人申请,组织批准,允许离岗退养(内部退休),退养人员不占单位编制,不计教龄,只计工龄,不发年终奖考核奖,但仍可按国家政策标准增加档案工资,到法定年龄办理退休手续;身体差的,本人要求,县级以上医院证明,经区教委同意,报区劳动鉴定委员会批准,可以提前退休。

2. 受聘的可自愿选择校内结构工资制或原工资标准。

3. 待聘要经区教委批准。

(六)聘任程序

1. 校长在教职工会议上公布由教职工代表大会通过的聘任方案。

2. 教职工填写聘任意向书。

3. 校长审阅意向书,征求支部书记或支委会意见,形成分岗聘任名单。

4. 校务会议讨论确定分岗聘任名单。

5. 校长和教职工双方签订聘任合同。

6. 学校下发教职工任课(职)通知书。

(七)对因各种原因造成的待聘者,应采用多渠道、多形式予以妥善处置。

1. 校际交流。待聘人员经教委介绍可向偏远缺编学校流动受聘。

2. 组织进修、培训。待聘人员有培养前途的,创造条件给予在职或脱产进修。

3. 外调、外借。待聘人员经学校同意,报区教委批准,可以外调、外借,借用单位应支付其工资。

4. 自谋出路。经本人要求,学校同意,报区教委批准,可以自谋出路,保留公职,停发工资,不享受公费医疗,并按有关规定交纳费用;也可以按有关规定,经批准后辞职。

5. 在家待聘的,第一年扣除工资性津贴、职务岗位津贴及教龄津贴,第二年在第一年基础上增扣职务等级工资与10%浮动工资之和的40%。第三年起在第一年基础上增扣职务等级工资与10%浮动工资之和的70%。待聘期间不计教龄。

待聘人员在待聘期间应参加学校组织的有关政治、业务学习,服从学校的零星工作指派。

(八)关于拒聘

1. 校长下达的岗位,教师不愿填写意向书,视作拒聘。

2. 教师受聘后,如不愿满工作量工作,视作拒聘。

男55周岁,女50周岁以上要求照顾的教师,经本人申请,学校同意,学校可酌情减轻其课时的四分之一,但报酬按校内结构工资制相应减少。

3. 教师原则上承担专业对口的学科教学,聘任时,当个人意愿与学校需要相矛盾时,应当服从学校,否则视作拒聘。

4. 拒聘教职工,允许向偏远缺编农村学校流动,不然停发工资,停止享受一切福利待遇,不允许调动、外借。拒聘三个月后,作自动离职处理。

(九)受聘教职工有下列情形之一的,学校可以经区教委认可后,在聘用期内解聘:

1. 故意不完成教育教学任务给工作造成损失的;

2. 体罚学生,经教育不改的;

3. 品行不良,侮辱学生,影响恶劣的。

(十)教职工有下列情况之一,经教育无效的,由学校校长提出书面意见,说明辞退理由和事实依据,经校务会议集体讨论决定后,报区教委批准,予以辞退:

1. 连续两年岗位考核不能完成工作任务,又不服从组织另行安排或重新安排后在一年之内仍不能完成工作任务的;

2. 学校进行撤并或缩减编制需要减员,本人拒绝组织安排的;

3. 学校转移工作地点,本人无正当理由不愿随迁的;

4. 无正当理由连续旷工时间超过十五天,或一年内累计旷工时间超过三十天的;

5. 损害学校经济权益,造成严重后果以及严重违背职业道德,给单位造成极坏影响的;

6. 无理取闹、打架斗殴、恐吓威胁学校领导,严重影响工作秩序和社会秩序的;

7. 贪污、盗窃、赌博、营私舞弊;情节严重但不够刑事处分的;

8. 违犯工作规定或操作规程,发生责任事故,造成严重经济损失的;

9. 犯有其他严重错误的。

(十一)试行聘任制一年后,在某些地区双向选择,区域招聘。

(十二)教职工聘任工作,每年从六月中旬开始至八月下旬完成。各校应将未聘教职工名单及时报区教委备案。

四、关于校内结构工资制

(一)学校内部结构工资制必须贯彻按劳分配、多劳多得、效率优先、兼顾公平的原则,建立老酬挂钩机制,根据教职工工作量大小及工作效果的优劣,做到多劳多得、厚酬,并向教育教学岗位教师倾斜。

(二)校内结构工资由两部分组成。一部分由教职工本人工资总额减去工资性津贴的50%构成基础工资;另一部分由教职工工资性津贴的50%和学校预外收支结余提取的奖励基金构成出勤工资、课时岗位工资和奖励工资。具体办法由学校制订，教代会通过，报区教委批准后执行。一般按月发放，也可以按学期发放。

（三）下列人员不实行校内结构工资制

1. 试用期的教职工；

2. 缓聘、待聘教职工；

3. 自愿选择工资标准待遇的教职工。

五、其他

（一）为加强对这项改革的领导，建立由区委区政府领导为组长的中小学“三制”改革领导小组，负责改革的实施和具体指导。镇、乡中小学要在当地党委政府领导下开展这项工作。

（二）1996学年第一学期起，全区中小学全面试行校长负责制；沈家门、六横等地区中小学试行教职工聘任制；有经济能力的中小学试行校内结构工资制，以后逐步全面推开三制改革。

（三）各校应根据本意见精神，结合学校和镇乡的实际情况，制订具体的实施方案，经学校教代会通过，并报区教委审批后实施。

（四）教职工对学校侵犯其在职务聘任、考核奖惩、工资福利和退休等方面合法权益的，或者对学校做出的处理不服的，可以向区教委提出申诉。区教委应在接到申诉的三十天内进行全面的调查核实，根据不同情况，分别作出如下处理决定：

1. 学校或其他教育机构的管理行为符合法定权限和程序，适用法律法规正确，事实清楚，维持原处理结果；

2. 学校管理行为在程度上的不足，决定学习补正；

3. 学校不履行法律、法规和规章规定的职责的，决定限期改正；

4. 学校管理行为的一部分适用法律、法规和规章错误的，可以变更处理结果或不适用部分；

5. 学校管理行为所依据的内部规章制度与法律法规及其他规范性文件相抵触的，可撤销原处理决定。

（五）本意见由区教委负责解释。

一九九六年十二月

普陀区教育委员会关于开展中小学创建素质教育示范学校的工作意见

舟普教〔1998〕214号

党的十五大报告指出，要认真贯彻党的教育方针，重视受教育者素质的提高，培养德、智、体等方面全面发展的社会主义事业建设者和接班人。在20世纪末和下世纪初叶，我国要实行第二步战略目标，并向第三步战略目标迈进。这就是要实施科教兴国战略和可持续性发展战略，实行经济体制和经济增长方式的两个根本性转变。实现两个转变的关键取决于科技进步和劳动者素质的提高。基础教育是提高全民族素质，推进社会全面进步的一项基础工程。培养同现代化要求相适应的高素质劳动者，这对于充分发挥我国巨大的人力资源，达成有中国特色的社会主义发展战略目标具有十分重要的意义。

为全面推进我区中小学实施素质教育，加快我区基础教育改革与发展的步伐，贯彻落实国家教委《关于当前积极推进中小学实施素质教育的若干意见》文件精神，我委决定在全区中小学开展创建素质教育示范学校活动。现就创建素质教育示范学校工作提出以下意见：

一、指导思想

通过创建素质教育示范学校工作的开展，进一步贯彻党的教育方针，全面提高基础教育的教育质量，提高中小学办学水平和效益，促进中小学教育面向全体学生和学生的每一个方面，从而提高中小学生的思想道德、科学文化、身体心理、劳动技能各方面素质。

二、工作要求

（一）认真学习，提高认识。各中小学要认真学习国家教委教办〔1997〕29号《关于当前积极推进中小学实施素质教育的若干意见》、省人民政府浙政办〔1997〕167号《关于全面贯彻教育方针推进素质教育的通知》、省教委浙教基〔1997〕298号《关于全面推进中小学素质教育的若干意见》等一系列关于中小学全面实施素质教育的文件精神，进一步提高思想认识，端正办学思想，规范教育行为，实现中小学教育由“应试教育”向全面素质教育的转变。

（二）加强组织领导。中小学实施素质教育的关键在于领导，各级党政领导要把全面推进素质教育作为学校深化教育改革，贯彻党的教育方针，依法治教，依法施教的大事来抓。要建立创建素质教育示范学校工作的组织机构和活动网络，在区教委的统一部署下，根据学校实际和学生身心发展的特点，制订计划，落实措施，分工负责，切实搞好创建素质教育示范学校的工作。

（三）工作步骤。创建素质教育示范学校工作分三步进行。第一步：宣传发动阶段。主要做好学习有关文件，提高思想认识，根据评估验收标准和学校实际，做到组织落实，计划落实，措施落实，保证这一工作的顺利开展。第二步：贯彻实施阶段。要根据我委的要求和学校的计划，开展创建素质教育示范学校工作，要把这一工作落实到学校日常教育教学活动中，促进学生生动、活泼、主动地发展，从而全面推进学校的素质教育。第三步：评估验收阶段。凡符合申报条件的学校在12月底前准备好自查报告，向我委提出申报，由我委根据“素质教育示范学校评估验收标准”进行评估验收。

三、素质教育示范学校评估验收标准

素质教育示范学校评估验收标准共分三个部分，第一部分为必要条件，凡不符合必要条件之一者不能申报素质教育示范学校；第二部分为基本条件，基本条件根据不同的权重赋分；第三部分为奖励条件，凡符合规定奖励条件及我委认定的区以上团体先进均可加分（区级3分，市级4分，省级5分）。本标准可因我委素质教育主要工作重心不同，每年予以适当变动。

（一）必要条件

1. 认真贯彻党和国家的教育方针，面向全体学生，全面提高教育质量，严格执行省教委〔1996〕439号文件和我委〔1997〕16号文件。

2. 初中流生率城区控制在0.1%以下、渔农村0.5%以下，小学无流生。

3. 高考升学率在全市同类学校平均水平；初中升高中率在70%以上；小学升初中率达到100%。

4. 师生无严重违法犯罪现象。

5. 学生无重大伤亡事故。

6. 尊重学生人格，无体罚和变相体罚学生现象，无惩罚性作业。

7. 行为规范达标学校。

8. 通过区级以上合格督导评估。

（二）基本条件

1. 师资条件：

（1）校长学历：高中、初中和小学校长应分别具有本科和专科学历（含正在进修）。（3分）

（2）专任教师学历：高中专任教师80%以上本科学历（含正在进修）；初中专任教师95%以上大专学历，其中20%以上达到本科学历（含正在进修）；小学专任教师100%以上中师以上学历，其中20%以上达到大专学历（含正在进修）。（3分）

（3）兼任课程：专任教师能胜任1～2门选修课或活动课程的教学任务。（2分）

2. 办学条件：

（1）学校布局：

a. 校园整洁优美；（2分）

b. 生均占地面积、建筑面积、生均绿化面积均在全区平均数以上。（3分，每项1分）

（2）设备设施：

a. 有音乐、舞蹈、美术、书法、劳技、学生机房、语言实验室；（6分）

b. 学生图书、阅览室达到“两高”标准，生均图书不少于省定Ⅱ类标准；（4分，一、二项各1分，第三项2分）

c. 厕所男每35人、女每25人有一个坑位，水冲式，便泄槽瓷砖贴面；（3分，少一项扣1分）

d. 黑板无反光，使用无尘粉笔，教室灯光完好；

(3分,少一项扣1分)

e.三机一幕进教室;(4分,少一项扣1分)

f.生均拥有计算机每百人3台。(3分)

3.教育教学管理:

(1)有创建素质教育示范学校目标、计划、措施。(3分)

(2)教学质量:

a.毕业生合格率在全区前10名以上;(5分)

b.毕业考试平均分在全区前10名以上;(5分)

c.初中升高中率城市达到80%,渔农村达到70%;(5分)

d.体育达标在全区平均水平以上;(2分)

e.每年近视眼新发病率在5%以下(人);(5分)

f.初中毕业体育考试平均分在全区前10名。(3分)

(3)教学管理:

a.开设必修课、选修课和活动课;(2分)

b.建立社会实践活动和劳技教育制度;(2分)

c.有教学计划,备课、上课认真,批改规范;(3分)

d.有家长学校、社区教育组织;(4分)

e.规范使用小学生鼓励性评定评语;(3分)

f.班额不超过50人(经委批准的除外)。(3分)

(4)教育管理:

a.建立问题学生档案,有追踪记录;(2分)

b.全校有60%以上班级被评为校级以上优秀班集体;(2分)

c.开展心理健康教育,有计划、有专任或兼职教师,有心理辅导室,有6课时专题讲座或上课;(3分,少一项扣1分)

d.学生无因违法行为被公安部门传唤教育;(5分)

e.积极开办体育、艺术、环保、军校等业余学校;(3分)

f.学校有电视或广播站、宣传橱窗,并有宣传教育计划记录。(3分,少一项扣1分)

(三)奖励项

1.区级以上文明单位;

2.区级以上班集体建设先进学校;

3.心理健康教育先进学校;

4.区级以上教科研先进单位;

5.区级以上师德群体创优达标;

6.实验达标在90分以上;

7.实施多媒体辅助教学;

8.有全校性应用课题,并能解决教育教学实际问题;

9.区中小学文艺会演获团体优胜奖;

10.区中小学田径运动会获团体优胜奖。

舟山市普陀区教育委员会

一九九八年三月六日

普陀区人民政府关于普陀区中小学学校布局调整规划批转通知

舟普政发〔1999〕66号

各镇、乡人民政府,区政府直属各单位:

区教委《关于舟山市普陀区中小学学校布局调整规划的报告》已经区政府同意,现批转给你们,请认真贯彻执行。

近年来,在区政府重视下,教育等有关部门结合“撤区、扩镇、并乡”,捐集资改造危房和破旧校舍等工作,我区的中小学布局调整工作取得明显效果,小学学校校均规模已达全省平均水平,中小学布局渐趋合理。但由于住人岛屿分散、小学学龄儿童人数逐年下降、人口流向小集镇和沈家门城区等因素,我区中小学校均办学规模总体偏小,与省教委、省财政厅关于全省中小学规模的要求有一定差距,尤其是中学,校均办学规模小于省定一般原则标准规模,且镇乡间中小学布局调整工作尚不平衡。为进一步优化教育资源配置,提高九年义务教育水平,扩大高中段教育规模,满足我区社会、经济发展需要,根据上级有关文件要求,结合我区实际,现制订全区中小学学校布局调整规划。

一、现状

（一）普通高中：现有4所、68个教学班、在校学生3349人、校均学生数837.25人。

（二）职业高中：现有4所、41个教学班、在校学生1453人，校均学生数363.25人。

（三）初级中学：现有27所、其中九年一贯制学校7所、309个教学班、在校学生14767，校均学生数546.93人。

（四）小学：现有79所、645个教学班、在校学生26991人，校均学生数341.66人。

二、现状分析

（一）近几年来我区普通高中段教育事业发展较快，初中毕业生升入高中段率从1997年的57.1%上升到1998年的62.02%，普通高中布局已基本适应我区高中教育事业发展的需要，但职业高中发展相对缓慢。职业高中现有规模同国家对普职高比例要求，同当地社会经济发展对职高学生的需求还有一定差距。巩固我区高中教育事业成果，大力发展职业高中和综合高中是我区今后若干年高中教育事业发展的主要任务。

（二）初中段学校设置过多，规模偏小，导致办学水平和教育质量难以迅速提高，教育资源浪费难以得到优化配置，薄弱学校建设难以落到实处。1998年全区12班以下的初中有20所，占全区初中学校数的74%，所以初中布局调整是全区学校布局调整工作的重点。

（三）小学学校因人口分布疏散，300人以下的学校达到50所，占小学学校总数67.1%；200人以下的学校达32所，占小学学校总数41%；100人以下的学校达18所，占小学学校总数22.8%。当前小学学龄儿童人数减少，且减少量主要集中在村小，小学学校规模偏小的矛盾在今后几年将显得较为突出。为提高办学规模效益，尚须撤并部分村小，提高小学平均规模。

三、中小学布局调整的主要难点

（一）部分镇乡经济发展相对迟缓，致使教育发展滞后于人民群众日益增长的教育需求。在“两基”验收后，教育投入与教育事业发展的矛盾尤为突出，初中布局调整亟待进行，但目前实施十分缓慢。

（二）少数镇乡对中小学布局调整缺乏长远认识，工作上缺乏主动性和积极性。

（三）由于我区岛屿多而散，交通不便，因此群众在对子女跨岛或行远路就读带来的生活、交通问题上存有顾虑。

四、措施

（一）进一步提高思想认识。中小学校布局调整和薄弱学校建设是提高教育质量和办学效益、有利于广大人民群众的重要举措，全社会要形成共识。

（二）高中段学校布局调整在区政府领导下由教育行政部门直接实施，义务教育阶段学校布局调整在区政府领导下，由教育行政部门和乡镇政府共同实施。

（三）要正确处理好布局调整与提高教育质量和办学效益的关系，布局调整后，学校的办学条件、设施、教师配备、教育质量都应得到显著改善。

（四）为了消除学校家长的顾虑，要倡导试办寄宿制学校，利用调整后剩余师资，加强对学生学习和生活的管理，建立保育和护送制度，使学生安心、家长放心。对群众反响较大的交通又极其不便的岛屿村，可撤校建点，解决小学低年级学生入学问题。

（五）保证教育投入，为学校布局调整提供经费保障。当前主要是征足、用好教育费附加。镇乡政府要按省定征收比列下限，按计划征收。教育费附加必须专项用于改善学校办学条件，补充中小学公用经费，确保镇乡学校布局调整有一定的经济基础。

（六）跨镇乡联办学校的可由各镇乡法人代表共同组成董事会，研究解决学校的办学困难和问题，按学生数分担办学经费，包干承担控制流生工作。教育行政部门要做好联办学校的指导和协调工作。

五、中小学学校布局调整方案

（一）高中

1. 六横职业中学并入六横中学，六横中学年招生7个教学班,到高三时根据综合高中要求,实施分流教学,逐步形成有21个教学班的综合高中。

2. 迁建沈家门职业中学,使之年招生8个教学班,逐步建成有24个教学班的省示范性职业高中。

（二）初中

撤销13所初中,并入扩建的部分初中和在沈家门新建的一所沈家门镇、葫芦乡、蚂蚁岛乡、登步乡、东极镇等联办的24个教学班初中,使全区初中从27所减少到14所,校均学生数从现在的546.9人提高到1054.8人,达到省定初中规模一般原则标准。

（三）小学

全区小学通过撤销村小、撤校建点、试办寄宿制学校等方式,使小学从目前的79所减少到58所,校均学生数从现在的341.66人提高到465.36人,达到省定小学规模一般原则标准的要求。

通过逐年的分步实施,我区中小学学校布局调整到2002年基本完成,2005年全面完成。

附:1. 舟山市普陀区初中学校布局调整表

2. 舟山市普陀区小学学校布局调整表

舟山市普陀区初中学校布局调整情况表

乡　镇	撤销学校	并入学校	调整后学校设置
沈家门	沈三初、平阳中心附中 塘头中心附中	联办初中、沈一初 联办初中	普陀二中、联办初中 沈一初、沈鲁初、舟渔子弟学校
东极	东极中学	联办初中	—
葫芦	葫芦中心附中	联办初中	—
蚂蚁	蚂蚁中心附中	联办初中	—
登步	登步中学	联办初中	—
朱家尖	顺母中学	朱家尖中学	朱家尖中学
蛟头	五星中学	蛟头中学	蛟头中学
	龙山中学		
虾峙	栅棚中学	虾峙中学	虾峙中学
	黄石中学		
台门	—	—	台门中学
双塘	—	—	双塘中学
勾山	勾山中学(视发展情况定)	—	芦花中学
展茅	—	—	展茅中学
螺门	—	—	螺门中学
桃花	—	—	桃花中学

舟山市普陀区小学学校布局调整情况表

乡　镇	撤销学校	并入学校	调整后学校(所)
沈家门	1所待定	—	10所
桃花	鹁鸪门小学、久菜小学、乌石子小学	桃花中心	5所
朱家尖	乌石塘小学	寺岙小学	7所
	黄沙、里岙	朱家尖三小	—
登步	蛏子小学	登步中心	3所

续表

乡　镇	撤销学校	并入学校	调整后学校(所)
峧头	涨起港小学	峧头三小	3所
	双屿小学	峧头中心、三小	—
	石柱头小学	峧头中心	—
台门	马跳头、杜庄、大渔厂小学	台门中心	6所
东极	—	—	4所
白沙	港里小学	改白沙中心教学点	1所
双塘	青山小学	双塘中心	1所
	岑山小学	改双塘中心教学点	
葫芦	—	—	1所
蚂蚁	—	—	1所
佛渡	—	—	1所
虾峙	河泥槽、栅棚小学	虾峙三小、虾峙二小	7所
湖泥	—	—	1所
勾山	新塘小学、联办小学、芦东小学	红旗小学、勾山中心、勾山二小	3所
螺门	—	—	1所
展茅	—	—	2所
舟渔	—	—	1所

舟山市普陀区基础教育课程改革实施方案

舟普教发〔2002〕123号

2001年,《国务院关于基础教育改革与发展的决定》中指出:"加快构建符合素质教育的基础教育的新课程体系。"为此,教育部制订了《基础教育课程改革纲要(试行)》,省教育厅也相应制订了《实施教育部〈基础教育的课程改革纲要(试行)〉的意见》(以下简称《意见》)。为贯彻落实《意见》精神,大力推进有利于素质教育的课程改革,结合我区教育改革和发展的实际,特制订本实施方案。

一、指导思想和主要目标

(一)指导思想

以邓小平同志"三个面向"的教育思想、《浙江省政府关于加快基础教育改革与发展的决定》和《意见》为指导,从我区社会经济、文化和教育改革与发展的实际出发,构建符合素质教育方向的国家、地方、学校三级课程体系,促进学生的可持续发展。

(二)主要目标

1. 培养适应时代要求的一代新人。通过课程改革,培养学生具有爱国主义精神,具有社会主义的法制和道德意识,具有社会责任感,具有初步的创新精神、实践能力、科学和人文素养,具有适应终身学习知识、基本技能和方法,具有健康的体魄和良好心理素质,使之成为有理想、有道德、有文化、有纪律的一代新人。

2. 开发出一批校本课程和地方课程,建立新的课程管理体制。依据国家课程管理政策和本地实际,积极开发符合海岛特色的地方课程。同时,鼓励学校利用学校自身优势,开发或选用适合本校实际的校本课程。根据有关规定,构新中国成立家、地方、学校三级课程管理体系,明确区教育行政部门和学校的课程管理职责，做到课程开发的百家争鸣与课程管理规范化的有机统一。

3. 全面实施新课程计划。在我区已成功实施的义务教育阶段学校课程计划（实验性）和部分课程改革实验学校实施的课程计划基础上，从2003年秋季开始，全区所有初中和小学的起始年级实施新课程计划，然后逐年扩展到高年级。

4. 优化教学过程。在加强学生学习终身必备的基础知识和基本技能的同时，充分保障学生个性发展的机会和权利，转变学生的学习方式，通过学习内容、形式、手段、方法的丰富性和多元化，培养学生搜集和处理信息的能力，获取新知识的能力，分析和解决问题的能力以及交流与合作的能力。

5. 逐步建立符合素质教育的评价体系。在《普陀区中小学校工作年度考核办法》《普陀区中小学校长考核办法》《普陀区小学生学习成绩评定办法》等评价办法基础上，进一步充实新的教育理念，构建能促进学生发展、教师提高和教学方式转变的评价体系，保证课程改革的顺利进行。

6. 建立一支适应新课程体系的高素质的教师队伍。不断完善教师培训体系，建立由区级培训、校本培训为主的国家、省、市、区、校级培训体系，建立一支适应新课程体系的高素质的教师队伍，为实施新课程计划提供有力的保障。

二、课程设置

（一）义务教育阶段课程设置及课时比例

	年级									九年课时总计（比例）
	一	二	三	四	五	六	七	八	九	
课程门类	品德与生活	品德与生活	品德与社会	品德与社会	品德与社会	品德与社会	思想品德	思想品德	思想品德	7%～9%
	—	—	—	—	—	—	历史与社会	历史与社会	历史与社会	3%～4%
	—	—	科学	科学	科学	科学	科学	科学	科学	7%～9%
	语文	语文	语文	语文	语文	语文	语文	语文	语文	20%～22%
	数学	数学	数学	数学	数学	数学	数学	数学	数学	13%～15%
	—	—	外语	外语	外语	外语	外语	外语	外语	6%～8%
	—	—	信息技术	信息技术	信息技术	信息技术	信息技术	信息技术	信息技术	3%～4%
	体育	体育	体育	体育	体育	体育	体育与健康	体育与健康	体育与健康	10%～11%
	艺术	艺术	艺术	艺术	艺术	艺术	艺术	艺术	艺术	9%～11%
	—	—	综合实践活动	综合实践活动	综合实践活动	综合实践活动	综合实践活动	综合实践活动	综合实践活动	12%～17%
	地方与学校课程	地方与学校课程	地方与学校课程	地方与学校课程	地方与学校课程	地方与学校课程	地方与学校课程	地方与学校课程	地方与学校课程	
周总课时数（节）	26	26	30	30	30	30	34	34	34	274
学年总课时数（节）	910	910	1050	1050	1050	1050	1190	1190	1122	9522

注：1.9年总课时按每学年35周上课时间计算。学校机动时间2周，由学校视具体情况自行安排，如学校传统活动、文体节、科技节、运动会、远足等；复习考试时间2周（初中最后一年的第二学期毕业考试时间增加2周）；寒暑假、国家法定节假日共13周

2. 综合实践活动主要包括：研究性（或探究性）学习，社区服务与社会实践以及劳动与技术教育

（二）义务教育课程设置的有关说明

1.准确把握品德类课程的特点，改变单纯知识传授的倾向，从学生的学习和生活出发，联系社会实际，增强德育的针对性、实效性和主动性。

2.综合实践活动是小学三年级到高中阶段的必修课程，其具体内容由区教育行政部门和学校根据教育部和省教育厅的要求自主开发或选用。各中小学要对综合实践活动的各个领域进行统筹安排，根据学生不同年龄阶段的特点，提出不同的要求，引导学生进行自主、探究、合作和综合化的学习。

3.小学三年级以上开设英语课程。要改进中小学英语教学的方法、考试和评价方式，以培养学生的兴趣和听说能力为主，主要考查学生的听、说能力，逐步推行英语等级考试制度。

4.小学三年级以上开设信息技术课程。要注意培养学生实际操作计算机的能力和提高学生对计算机应用的兴趣，促进信息技术在各学科教学、个别化教育和综合实践活动中的普遍应用。

（三）根据《幼儿园教育指导纲要〈试行〉》，依据幼儿身心发展的特点和教育规律，以保教结合为基本原则、以游戏为基本活动形式，与家庭和社会密切配合，培养幼儿良好的行为习惯，保护幼儿的好奇心和求知欲，促进幼儿身心全面和谐发展。

（四）普通高中课程按照国家的要求，在开设必修课的同时，设置丰富多样的选修课。重视研究性学习课程的实施，为培养学生生存能力和发展能力打下良好的基础。

三、课程开发与管理

（一）明确课程开发与管理的职责

区教育行政部门负责贯彻落实国家课程和省、市两级地方课程计划，规划并组织开发本区的地方课程，选择全区统一的适合国家课程和地方课程设置的教材，宏观上管理学校校本课程的开发。

各中小学在落实各级教育行政部门有关的课程计划和政策的同时，应视当地社会、经济发展的具体情况，结合本校的传统和优势、学生的兴趣和需要，开发或选择适合本校的课程。

（一）合理选用教材

我区成立课程改革领导小组和指导小组成员组成的教材选用委员会，负责全区国家课程、地方课程的教材选用。国家课程的教材选用以区为主，有条件的学校可经我局审批后选择教材。

校本课程原则上不编教材，确须编写教材的，由学校向区教育行政部门申报立项，并由区教育行政部门报市教育行政部门组织有关专家审核，审核通过后方可在本校使用。

（三）着力开发校本课程

普陀教育已进行了以主体性教育等八大教育为主要内容的促进学生可持续发展的综合实验，取得了显著的成效，积累了丰富的经验，为开发校本课程教材打下了基础。

各职能部门和教育实验的核心学校在汇编教学材料的基础上，注重总结和提炼，着眼发展，与时俱进，大力开发校本课程。

四、教学过程

（一）确立学生的主体地位

强调培养学习积极主动的学习态度，倡导学生主动参与、乐于探究、勤于动手。在学习基础知识和基本技能的过程中，培养学生搜集和处理信息、获取新知识的能力，分析和解决问题的能力以及交流与合作的能力。培养学生的个性，保障每个学生获得公平发展与成长的机会。

（二）转变学生的学习方式和教师的教育方式，建立新型的师生关系。

学生的学习过程是教学活动的中心环节，教师的教学方式应适应学生的学习活动的需要。努力探索师生互动的教学模式，强调学生进行课内外的合作、讨论、交流，让学生有更多的机会进行实际操作、试验、探索和体验。教师要尊重学生的人格，创设能引导学生主动参与的教学环境，激发学生的学习积极性。

（三）推进信息技术在教学过程中的普遍应用

促进信息技术与学科课程的整合，实现教学内容的呈现方式、学生的学习方式、师生互动方式的多样化。

五、教师的培训与培养

广大中小学教师是实施新课程的主力军，基础教育课程改革的整个实施过程，都必须发挥教师的主观能动性，取得教师的支持、理解和积极参与，切实做好师资培训与培养工作。

（一）实施新课程应坚持“先培训，后上岗；不培训，不上岗”的原则，师资培训与培养工作必须贯穿新课程实验阶段和推广前期阶段的始终，并适度超前进行。

（二）区师训部门要做好新课程师资培训的规划工作，把区级培训与校本培训、参加国家、省、市级培训结合起来，统筹安排对教研员、学校校长、教导主任和教师的培训。校长培训计划也要把实施新课程的要求纳入到培训的核心内容。区级培训与校本培训纳入教师继续教育的学分。

（三）各校都应制订适应新课程实施的校本培训计划，可以采用以师为师、以组为师、借校训师、借才训师等培训形式，确保培训工作的实效性和可操作性。

（四）区师训部门和学校应开发资源来进行师资培训，强化理念性、讨论性、案例性培训，鼓励走出去进行区际、校际交流，促进培训与实践的结合，感性与理性结合，提高培训质量。建立培训、教学和教科研相结合的实验工作方式，探索与新课程相适应的教学方法，积累新经验。

六、评价

（一）探索并构建促进学生基础性和个性发展的评价体系

评价不但要关注学生的学业成绩，更要发现和发展学生多方面的潜能，帮助学生认识自我，建立自信，在关注学生成就的同时，关注学生情感、态度、行为方式的发展。评价不仅要进行终结性评价，更要进行过程性评价，要客观地记录学生的发展轨迹和成长过程，发挥学生的作品、作业活动记录等的评价功能。评价不仅是教师的单一评价，更是多元主体的评价，把教师评价、学生自我评价和互相评价以及其他社会成员评价结合起来。

（二）建立促进教师发展的评价体系

建立以教师自评为主，校长、教师、学生、家长共同参与的评价制度，使教师从多种渠道获得信息，不断提高组织教学的能力和水平。

（三）建立促进课程发展的评价体系

周期性地对学校课程执行的情况、课程实施中的问题进行分析评估，调整课程内容，改进教学管理，形成课程不断革新的机制。

（四）继续改革和完善考试制度

1. 坚持小学生就近入学，禁止小学进行区域性统考、统测。小学每学期只举行一次期末考试，考试和考查采用等级制或评语制。禁止任何初中通过文化课考试招收学生入学。

2. 改革和完善初中毕业生升高中的招生和考试制度。重视考查学生分析问题、解决问题的能力，部分学科实行开卷考试。鼓励高中学校进行免试招收学生的尝试。

3. 中小学的考试命题要依据课程标准，杜绝设置偏题、怪题。教师应对每位学生的考试情况进行具体分析指导，不得公布学生考试成绩和按考试成绩排列名次。

七、实施范围与步骤

（一）实施范围

2003 年秋季起，全区所有小学和初中的起始年级，均依据国家规定的课程设置，进行各科新课程标准及新教材的实验。小学三年级选择英语、综合实践活动（含信息技术）两门课程进行实验，其余各年级仍按原课程计划进行设置。

（二）实施步骤

这次基础教育课程改革的实施分三个阶段进行。

第一阶段—准备阶段（2002.9—2003.8）：主要任务是做好实施课程改革的各方面准备。

1. 成立区课程改革实验工作领导小组和具体实施工作机构，聘请有关专家担任课程改革指导工作。

2. 制订舟山市普陀区基础教育课程改革实施方案。制订课程改革通识培训和学科培训方案。

3. 进行课程改革通识培训。组织有关行政管理人员、教研员及部分校长到我省北仑、余杭及天津等国家级课程改革实验区考察学习，对全区中小学校长、学科骨干教师进行新课程体系的通识培训。

4. 由区教材选用委员会选定实验年级的各科新教材。

5. 做好课程改革的宣传发动工作。选编课程改革学习资料和宣传提纲，通过各种媒体和多种形式将新课程理念宣传至广大家长和社会各界，并召开全区基础教育课程改革实施动员大会，形成全社会认同、支持课程改革的良好氛围。

6. 组织学科培训。以教研室、区教师进修学校、骨干学校为基地，对2003年将参加新课程教学的教师进行学科培训，做到不培训不上岗。

7. 各校进行校本培训。各校按照新课程的理念，对全校教师进行校内通识培训和学科培训。

第二阶段—实施阶段（2003.9—2009.8）：实施阶段是课程改革实验的主体和核心工程，事关新一轮课程改革的成败。这一阶段周期较长，可分为三期具体组织实施。

1. 实施前期（2003.9—2004.8）：主要任务是组织实验教师认真落实《纲要》精神，研读新课程标准，组织新材料的试教工作，用新课程理念指导教学改革的实践和有关课程改革的课题研究，制订各科新课程教学评估办法，启动地方课程、校本课程的开发与管理工作。通过教研活动培训下一年执教新课程的教师。

2. 实施中期（2004.9—2006.8）：主要任务是对前期的实施情况进行阶段性总结，完成小学低段和初中阶段的新课程标准及选用教材的验证工作，修订和完善新课程评估办法，初步构建有我区特色的三级课程管理框架，初步形成与新课程改革相适应的教师培训机制和激励机制。

3. 实施后期（2006.8—2009.7）：主要任务是完成小学4～6年级新课程标准及新教材的实验验证工作，借鉴、推广前三年课程改革实践所积累的有益经验，逐步解决存在的主要问题，努力达到《纲要》提出的课程改革的各项目标。

第三阶段—总结阶段（2009.8—2009.12）：主要任务是全面总结新课程和新教材的试教情况，撰写课程改革实施情况总结，汇编成果集。

八、保障措施

（一）组织保障

为了更好地落实我区基础教育课程改革实施方案，区教育局在上级教育行政部门指导下，领导并规划和实施全区的基础教育课程改革工作。区教育局成立普陀区基础教育课程改革领导小组和普陀区基础教育课程改革指导小组，组织、指导全区的课改工作。区教育局有关职能科室根据本方案制订相应方案并分层落实。各校也应制订相应方案，成立相应的领导组织和指导组织，明确责任，稳步推进。

（二）制度保障

在深入调查研究的基础上，结合新课程改革工作和我区实际，制定系列的配套措施，加强行政调控，确保课程实施方案有序进行。紧紧围绕课改工作，逐渐建立和完善师训、课程管理、课题研究、教学研究、协作交流、评价等制度。

（三）物质保障

1. 每年拨出一定专项经费用于新课程改革的实施工作。各学校也要首先确保课程改革经费的落实，保证教师培训、教科研等所需经费。

2. 进一步改善办学条件，保证新课程实施所需的场地、设备和教学仪器、图书资料，加快现代教育技术应用的步伐，为新课程改革实施提供良好的物质条件。

3. 因地制宜建设和利用区域内的教育资源。区域内社会和自然资源是开展素质教育的重要基地，要充分重视这些资源的开发和利用，努力建设中小学生社会实践基地，丰富中小学生综合实践活动的内容。

（四）舆论保障

充分利用各种媒体和各种会议，宣传新课程改革的必要性和重要性，宣传新课程体系的教育理念，在普陀教科网、《普陀教科研》上开辟新课程改革专栏，介绍全区各校的课程改革进展情况及经验与课题的研究成果，印发新课程宣传手册和告家长书，使社会各界、学生家长、各级领导及相关职能部门认同、关心支持课程改革，营造课程改革的良好社会环境。

舟山市普陀区教育事业发展“十一五”规划

（2006—2010年）

舟普教〔2006〕19号

一、“十五”期间全区教育事业取得的主要成绩

“十五”期间，我区以“三个代表”思想为指导，认真贯彻党的十六大和《国务院关于基础教育改革与发展的决定》精神，努力深化教育改革，坚持教育优质均衡，全面推进素质教育，教育改革和发展取得较好的成绩。

（一）教育事业发展实现新的跨越

2001年，普陀区被省教育厅评为区域性推进素质教育先进县（区）。2002年被省委省政府授予“省教育强区”称号并与2005年通过复查评估，全区教育强镇人口覆盖率达96.2%。2002年普陀区被列为省级课程改革实验区。

基础教育普及水平全面提升。至2005年，全区3～5周岁幼儿入园率达到98.08，比2000年提高6.5个百分点；小学适龄儿童入学率为100%，初中入学率达99.67%，7～15周岁三残儿少入学率为98.27%；初中毕业生升高中段比例达98.60%，比2000年提高19.53个百分点，列全市之首；外来适龄儿童少年入学率达97.69%，高于全省96.8%的入学率。全区提前三年完成省政府确定的基本普及15年教育的目标。城乡教育的差异度为历史最低点，教育城市化率达到62.57%。高等教育毛入学率达到42.1%，比2000年提高27.5个百分点，超过全省教育事业发展的“十五”计划提出的到2005年，高学教育毛入学率达到20%以上的预期目标。

积极开展各级各类学校创等级示范工作，普陀中学、沈家门中学分别成为省一级重点普通高中和省一级重点综合高中，普陀三中、六横中学分别成为省二级、三级重点普通高中，普陀旅游职技校成为省二级重点职业高中，全区高中段学校全部成为省等级学校。沈家门小学等13所学校进入省标准化学校行列。全区有43%的学校成为省示范等级学校。

（二）教育体制改革取得实质性进展

管理体制改革步子扎实。“以县为主”教育管理体制得到较好落实，实行了区政府对乡镇（街道）教育目标责任制考核，区级政府承担了义务教育的主要财政责任，乡镇（街道）政府积极参与，努力改善义务教育阶段学校的办学条件。自2003年全区托儿教育划归教育行政部门主管后，学前教育管理体制进一步理顺，学前教育服务网络更加健全，为0～2岁儿童和家长提供了更为科学的早期保育和教育服务。

办学体制改革不断深化。依法制定一系列鼓励政策，初步形成了政府办学为主、社会力量参与的多元化办学格局。幼儿教育以公办幼儿园为骨干和示范，基本建立了公民办结合、灵活多样的服务网络。“国有民办”体制的沈家门小学、区中心幼儿园、区实验幼儿园运作良好，收到较好的社会效益。组建区职教中心、实行校校合作，整合了全区职教资源，提升了办学层次。

教育投入机制逐步完善。全区基本形成了以财政拨款为主、多渠道筹措教育经费的体制。区委、区政府坚持教育优先发展的思路，在我区经济总量较小、财政相对困难的情况下，为确保我区教育事业适度超前和均衡发展，在“十五”期间通过调整公共财政支出结构，始终保持对教育投入的“三个增长”和“两个提高”，财政对教育拨款从2000年的6242万元增加到2005年的14250万元，平均年增长18%，高于财政经常性收入的年均增长率。乡镇学校公用经费财政拨款安排标准：小学、初中从2000年的每生每年17元、32元提高到2005年的220元、260元，乡镇初中、小学公用经费定额标准分别从2000年的每生每年202元、127元分别提高到2005年的520元、420元；城区初中、小学公用经费定额标准分别从2000年的每生每年

320元、240元分别提高到2005年的410元、310元。

（三）教师队伍结构更加优化

全区各级各类学校专任教师学历合格率和高学历比例大幅度上升，2005年普通中小学、中等职业学校、幼儿园教师学历合格率分别达到99.15%、81.66%、96.51%，比2000年提高6.09、43.06和12.48个百分点，小学专科及以上，初中本科及以上学历比例分别达到74.86%和65.31%，比2000年提高59.36和54.39个百分点，大大超过省市平均。教师队伍职称结构更为合理，小学具有中级以上职称教师的比例为48.8%，较2000年提高了22.85个百分点；初中、普高、职高具有高级职称教师的比例为6.03%、17.47%、8.88%，分别较2000年提高了5.22、9.95和8.88个百分点。

骨干教师队伍不断壮大。制定了《普陀区中小学学科带头人评选管理暂行办法》、《普陀关于开展城乡教师轮岗交流、学校帮扶结对活动的实施意见》、《普陀区中小学骨干教师奖励办法》等，完善了学校领导干部选拔任用机制，建立了骨干教师和后备人才库，评选区第一、二届学科教学带头人102名，其中特级教师3名，市学科教学带头人15名，完成了教师、校长的继续教育工作。“十五”期间，被确定为省名师、名校长培养人选的9人，有1名教师被评为全国模范教师，1名教师被评为省劳动模范，2名教师评为省优秀教师，2名教师被评为省特级教师，4名教师被评为市学术和技术带头人，24名教师被评为市学术和技术带头人后备人才，4名教师被区政府命名为普陀区优秀专业人才。

（四）办学条件有了明显改善

学校布局结构进一步优化。通过加快实施中小学布局调整，全区义务教育阶段学校由2000年的84所调整到“十五”期末的39所，校均规模由437人提高到640人，幼儿园、高中段校（园）均规模分别由76人、765人提高到145人和1319人，极大地提高了办学规模和办学效益。随着布局调整减少了一批薄弱学校，农村教育的整体水平相应提高。

教育装备水平进一步提高。通过“教育创强”、标准化学校建设等抓手，全区各级各类学校的教育教学设施得到明显改善。到2005年年底，全区教育装备总量达到5025万元。学校音、体、美、劳、卫等教学仪器设备，按学校类型和规模进行配备，满足和适应新课程改革以及初中中考实验操作考查需要。加强图书馆室建设和管理，不断提高学校图书配备质量，改善馆藏结构，全区中小学图书装备总量达到103.6万册，生均图书31.52册，部分学校已建成电子阅览室，拓宽了学生的知识视野。信息技术装备水平进一步提高，全区中小学拥有计算机4098台，中小学生每8人拥有一台计算机。全区中小学（包括海岛学校）用光缆直接连接，宽带上网，高标准实现了“校校通”工程。全区38所中小学建立了校园网，配备多媒体设备364套，义务教育段一半教室有多媒体。开展课堂教学视频直播和点播的试点工作，城乡学校可以共享网上教育资源，实现教育信息化、办公无纸化、资源网络化。目前全区有国家级现代教育技术实验学校1所、省级现代教育技术实验学校7所。

学校建设力度进一步加大。区政府加大教育投入，“十五”期间，全区共投入教育基本建设经费达1.1亿元，实施了沈家门职中迁建、沈家门小学、区中心幼儿园迁建、普陀三中扩建一期、二期、普陀中学扩建一期工程及普陀二中综合教学楼等一批工程项目。

（五）教育科研和课程改革不断深化，学校创特内涵丰富

教育科研成为普陀教育改革和发展的鲜明特色。2001—2005年，全区有18项教科研成果在省政府、省教育厅评比中获奖。区教育局两次被评为省重视教育科研先进单位，沈家门小学、朱家尖中心小学、虾峙中心小学分别获全国现代教育技术实验学校、中国中小学绿色行动试点学校和全国中小学劳技教育特色学校，有10余所学校获得省绿色学校、省陶行知实验学校等称号。

在“一切为学生发展”理念的指导下，普陀区作为省首批基础教育课程改革实验区，2003年9月全面实施新课程，各校创造性地实施综合实践活动、地方课程和校本课程，积极推进生命教育，

进一步拓展素质教育的空间。

“十五”期间学生在各级各类竞赛中有4人次获国际金牌奖,42人次获全国一等奖,57人次获省二等奖,309人次获市一等奖。

(六)教育服务经济的贡献度得到有效提升

高考取得了突出成绩。全区高考质量连年保持省市较高水平,全区每万人口入高校率从2000年的25.1提高到2005年的52.2,“十五”期间共为高校输送9645名生源。

职业教育为经济社会发展服务的能力显著增强。“十五”期间全区职校开设近20类专业,共向社会输送3380名毕业生,就业率在98%以上。其中旅游、机械两个专业评上省重点示范专业。2003年创办了区机械培训中心。全区各类实用技术培训达到6.3万人次,推广渔农村科技项目35个,渔农民参加各类技能培训率占劳动力总数的35%左右,职工全员培训率保持在40%左右,为普陀经济社会发展提供了有力的人力资源保障。

成人教育、继续教育、远程教育等多种形式的终身教育加快发展。全区接受成人教育和参加高等自学考试的人数比例大大高于省、市水平,初步形成了覆盖全社会的终身教育体系,全民受教育水平和国民素质明显提高。扎实推进社会教育,努力推进学习型社会,成立了区社区教育委员会,在全区13个乡镇(街道)建立了社区教育学院(校),64个社区建立了社区教育教学点,形成了覆盖全区的三级社区教育网络。作为省首批社区教育实验区,各项实验工作深入开展。

构建帮困助学体系,促进和谐社会建设。全面关注贫困家庭子女入学,建立贫困家庭学生资助体系。切实做到不让一个孩子因贫困而失学。采取有效措施,保障外来适龄儿童少年入学,全区2000余名外来适龄儿童少年分别在全区公办学校和2所民办民工子弟学校就读。

二、“十一五”期间全区教育改革和发展的指导思想和主要目标

(一)指导思想

以邓小平理论和“三个代表”重要思想为指导,贯彻浙江省委“干在实处,走在前列”的新要求,坚持“巩固、深化、发展、提高”八字方针,以办“让人民满意的教育”为基本宗旨,以人为本,大力开展教育创新,努力推进教育优质均衡,全面实施素质教育,为普陀建设小康社会提供智力支持和人才保障。

(二)总体目标

推行义务教育免费制,高标准高质量普及十五年教育;建峰填谷,推进以渔农村为重点的教育优质均衡发展;深化课程改革,全面推进素质教育;拓展职成教资源,构建服务型教育体系,提升教育对经济社会的贡献度;打造名师工程,促进教师专业化发展;学校“增内涵、创特色、树品牌”工作有新突破;基本实现教育现代化,构建结构合理、现代开放的国民教育体系和终身教育体系,使普陀教育水平居省市前列。

(三)具体发展目标

1.普及目标

到2010年,全区各级各类教育规模和发展速度分别是:

幼儿教育:3～5周岁幼儿入园率在99%以上,在园幼儿数为0.7万人左右。

小学教育:入学率为100%,在校生数为1.3万人左右,巩固率100%。

初中教育:入学率为99.8%以上,在校生数为0.8万人左右,在校生年巩固率99.8%以上,全区平均班额控制在45人以下,优质学校班级学额不超过50人。

特殊教育:最大限度满足残疾少年儿童入学要求,7～15周岁残疾儿童、少年入学率到达98.6%以上。

高中教育:初升高率达到99%以上,普通高中在校生数为0.4万人左右,全区学生就读职高类学校(含中专技校)0.4万人左右,其中区内职业高中在校生数为0.25万人左右,年巩固率在98%以上,就业率为95%以上。

2.结构目标

“十一五”期间,全区各级各类教育在类型结构、层次梯度、学校布局等方面,初步形成上下衔接、相互沟通、发展协调的格局。至“十一五”末,

全区普通高中、职业中学、初中、小学数量分别为3、1、10、16所，教育城市化率达到78%以上。

3. 投入目标

——教育经费投入目标

全区教育经费确保达到法定增长的要求，做到“二个提高，三个增长”，财政性教育经费投入占GDP比例逐年提高，义务教育逐步过渡到免费教育，至“十一五”末，全区教育经费投入占GDP的比例达到4%，人均公共经费逐年提高。

——教育扶贫投入目标

“十一五”期间，全区每年安排渔农村教育基本建设等专项经费不少于200万元，完善贫困生资助体系，不让每一个孩子因家庭贫困而失学，保障渔农村适龄儿童少年免费接受义务教育，保障适龄残疾儿童少年免费接受15年基础教育。

——教育硬件投入目标

全面实施学校标准化建设，“十一五”末，全区义务教育标准化学校达标率在90%以上。教育信息化水平全省领先，中小学生拥有有效计算机数量为每8人一台，校园网覆盖率和班级多媒体教学率达到100%，使每个学生都能操作计算机并能利用网络进行自主学习。

4. 质量目标

——教育质量目标

以发展性教育督导评估为抓手，全面提高学校办学水平，“十一五”末，全区星级学校覆盖面达100%，四星级以上学校达40%，形成一批特色鲜明、省内外有影响的品牌学校。

全面推进素质教育。全区总体教育质量保持全市领先水平，学生个性特长发挥充分，义务教育阶段较差率逐年下降，中小学生违法犯罪率得到有效控制，教育的社会满意度明显提高。

全民受教育水平有较大提升。全区成人识字率达到95%以上，新增劳动力平均受教育年限14年左右，平均预期受教育年限15年以上。

——师资质量目标

教师专业水平明显提升，各级各类学校专业教师普遍具有现代教育理念、良好的师德、较高的教育教学水平和运用现代教育技术的能力。骨干教师队伍进一步壮大，全区拥有6名左右省特级教师、省级名校长，25名左右市学科带头人，200名左右区级以上骨干教师，其中80名左右区学科带头人，50名左右农村骨干教师。职业学校专业教师中“双师型”教师达到80%以上。

三、“十一五”期间普陀教育改革和发展的战略重点

（一）坚持教育均衡，推进以渔农村为重点的城乡教育一体化发展

把农村教育放在优先发展的战略地位，着力提高农村教育整体水平，为推进全区农村小康社会建设和城乡协调发展服务。“十一五”期间，以城乡教育一体化为目标，重点抓好农村中小学家庭经济困难学生资助体系、城乡学校共同体、农村寄宿制学校、职业教育人才培养基地、农村教师队伍等五大建设。

全面落实保障农村教育健康发展的政策和措施。进一步完善以县为主的农村义务教育管理体制，切实增加财政投入，设立农村教师业务培训和转岗培训、扶贫帮困及职幼教等专项资金，建立教育投入向渔村和薄弱学校倾斜机制，确保农村非标准化学校比例小于10%。

大力推进城乡教育共同体建设，组建普教、职教、成教、幼教四类集团，有计划地开展“城区支援农村，强校支援弱校”工作。

重视外来符合受教育条件的适龄人口的教育问题，以普陀经济发展为背景，从学校布局规划入手，适度超前考虑外来适龄人口受教育问题，加强现有民工子弟学校管理。

（二）“活二头保中间”，全面普及十五年基础教育

坚持“活两头（幼儿教育和高中教育），保中间（义务教育），促全局（基础教育）”的工作方针，高标准普及15年教育，促进基础教育各项事业的协调发展。

加快学前教育发展。强化政府办园责任，把学前教育纳入社会发展总体规划，理顺学前教育管理体制，适度扩大公办幼儿园的份额，逐步实行乡镇中心幼儿园和专业教师公办化，探索重点民

办幼儿园政府适度投入、举办者协议办学的发展路子。加强乡镇中心幼儿园建设，实施标准化幼儿园建设工程，促进幼儿园整体办园水平上等级、上层次。大力推进 0 ~ 2 岁早期教育，积极开展幼托一体化工作，逐步建立以社区为基础，以示范性幼儿园为中心，灵活多样的婴幼儿教育服务网络。到“十一五”末，3 ~ 5 周岁幼儿入园率达到 99%以上，全区星级提升幼儿园比例达到 70%以上，标准化幼儿园达到 75%以上，其中标准化乡镇幼儿园达 100%。

巩固义务教育各项指标。十一五期间，我区取消义务教育阶段学生的杂费，并视条件逐步取消书簿费，使义务教育真正成为全免费教育。实施初升高普及工程，加大扶贫力度，确保全区基础教育阶段没有一名学生因贫困而失学。小学入学率为 100%，在校生数为 1.3 万人左右，巩固率 100%。初中入学率为 99.8%以上，在校生数为 0.8 万人左右，在校生年巩固率 99.8%以上，全区平均班额控制在 45 人以下，优质学校班级学额不超过 50 人。最大限度满足残疾少年儿童入学要求，7 ~ 15 周岁残疾儿童、少年入学率达到 98.6%以上。

提升高中段教育质量。加快高中段教育的城市化进程，按“高中向城区集中”的布局原则，整合高中段教育资源，形成以普陀中学为龙头，普陀三中和六横中学组成的普通高中布局，加快示范性高中的建设步伐，进一步扩大优质教育资源。坚持普高、职高 1 ∶ 1 的合理比例，促进中等职业教育和普通高中教育协调发展。初升高率达到 99%以上。

（三）深化课程改革，全面推进素质教育

确立“以人为本”的教育理念。从着眼于培养适应现代文明社会、适应普陀未来经济建设的现代公民的目标出发，进一步解放思想，与时俱进，全面贯彻国家教育方针，全面实施素质教育，树立科学的教育观、质量观、人才观、学生观，着力提高学生的基础性学力、发展性学力和创造性学力，切实减轻学生过重的课业负担。

完善“德育为首”的育人机制。把青少年学生的思想道德建设放在学校教育的首位，以爱国主义教育为核心，以基本道德和行为规范养成为重点，大力弘扬中华民族优良文化传统，着力构建人本化、生活化、科学化的中小学德育工作新机制，重点实施和谐育人机制、校园文化建设机制、生命教育促进机制、成长导师机制、德育评价机制和中小学失范预警机制，努力形成具有时代特征和普陀特色的德育新体系。

促进学生身心健康发展。把学生生命安全和健康素质放到全面实施素质教育的重要位置，增强安全意识，培养安全素质，提高安全防范能力和应急逃生能力。全面实施体质健康标准，保证学生每天参加一小时体育活动，切实提高学生体质和健康水平。改进艺术教育，努力提高艺术教育教学质量。加强科技教育、劳动技能教育，积极引导学生参加多种形式的社会实践活动，重视培养学生的创新精神和实践能力，着力提高学生的动手能力和实验操作能力。重视心理健康教育，创设适合学生成长的和谐的校园人文环境。

深化基础教育新课程改革。进一步完善国家、地方、学校三级课程管理体系，加强课程整合，以开发校本课程为抓手，优化校内外教育资源。高质量完成高中课改工作，促进课改持续健康发展。推进义务教育阶段学校小班化教育。

建立有效的教育质量监控和评估体系。改革考试评价和高中招生办法，实施中小学生综合素质测试，促进学生自主、和谐和全面发展。关注后进生、关爱弱势群体，倡导分层评价，减少低分率，全面提高教学质量。

（四）构建服务体系，提升职成教育对海洋经济的贡献度

进一步创新办学体制，以区职教中心为龙头加强对全区职业教育的统筹，将普陀水产技术学校并入职教中心，实行人、财、物统一管理，基本形成“政府统筹调控，教育行政部门管理，学校自主办学，社会广泛参与”的运行机制。区职教中心争取在“十一五”期间创建成省一级重点职校和全国重点职校。

进一步创新办学模式，采用多种形式，使职业教育走出学校，与成人教育、社区学校及其他培训

机构联合，采取校企联合、产教结合等模式，建立起寓专业性、开放性、产业性于一体的职业教育新系统，着力打造海洋旅游文化、临港工业技能型人才的培养基地，逐步形成有普陀特色的职业教育专业品牌。

充分依托浙江海洋学院办学优势，结合普陀区社会经济发展需要，积极联合筹建高职院校，发展高等职业教育（高职、五年一贯制和“3+2”职业教育模式），使区职教中心与高职衔接，不断提升办学层次。

继续完善全区社区教育网络，推进我区省级社区教育实验（县）区的创新和发展，进一步发挥以电大为依托的区级社区教育学院的示范作用，建立起区级社区教育学院、乡镇街道社区教育学校和城乡各社区的社区教学点三位一体的全区社区教育体系，逐步沟通职成教育、普通教育、远程教育之间的联系，形成广覆盖、多层次的满足群众终身学习要求的社区教育网络。社区教育要积极承担社区职工岗位培训、下岗工人再就业培训、渔农民科技培训、外来人员适应生活、青少年校外素质教育等培训，为各类人群提供适时、有用、便利的职业技术等培训，有效、及时地为区域、行业提供对口人才。

各级各类学校要为社区教育开放学校办学资源，畅通学校与社会之间沟通渠道，实现各类教育资源共享，构建包括学前教育、义务教育、高中教育、家庭教育、职业教育、成人教育、老年教育在内的面向全体的大教育体系，利用多种方式和手段为社会不同成员提供各种内容和形式的终身教育。

加强渔农村成人教育。以服务三农（渔）为宗旨，加强新形势下的基础教育、职业教育和成人教育“三教统筹”，重点开展以渔农民实用技术和渔农村实用人才培养为主的各类培训。加强乡镇成人学校基础建设，开展省市示范性成校创建工作。积极推进渔农村中小学课程和教学改革，联系当地实际，对渔农村初、高中学生进行职业技能教育和劳动技能培训。

重视抓好新增无业劳动力培训工作。建立返乡初高中毕业生和未升学者的基础档案，实施以未升学者为主要对象的新增无业劳动力技能培训计划，至“十一五”末，全区未升学者就业前普遍受到一年左右的职业培训，并有机会接受成人学历教育。

（五）增内涵创特色，大力提升学校办学层次

坚持科研兴教、兴校的思想，加强教育科学发展规律研究。全区以生命教育研究为核心，以综合实践活动为载体，融合我区“八大教育”，关注教育管理者、教师和学生的成长与发展，构建生命课堂和生命德育，打造普陀教育新品牌。

积极开展教育交流合作。加大教育开放度，进一步推动区内名校、优质学校与国际名校的交流与合作。主动融入长三角，积极开展区域内教育合作，实现区域内优质资源共享，以教育开放促进教育发展。

以发展性督导评估为抓手，全面提高学校办学水平。在现有国家、省、市特色学校的基础上，因地制宜，挖掘潜力，准确定位，常抓不懈，增内涵、创特色、树品牌，形成校校创特色的良好氛围，走特色之路，求学校发展。积极争创省等级学校、示范学校、标准化学校、市星级学校，扩面提质，形成一批特色鲜明、省内外有影响的学校。

充分发挥名校优势，进一步拓展名校资源，启动实验幼儿园扩建、普陀中学扩建、城北学校等工程，让普陀的孩子更多地享受更优质的教育资源，增强为社会服务能力，努力开创教育工作新局面。

（六）打造名师工程，促进教师专业化发展

加强师德师风建设。强化教师理想信念教育和优良传统教育，倡导教师向优秀教师学习。把教师职业道德作为师资队伍素质提高的首要内容来抓，成为教师工作考核的必备内容和职务聘任的依据。根据教育形势变化和社会发展的要求，逐步建立健全师德评价机制，大力倡导爱岗敬业、为人师表的师德规范，加大对体罚和变相体罚、以教谋私等有悖于教师职业道德、有损于师德形象的行为的处罚力度。重视加强师德建设理论研究，促进建立师德师风建设的长效机制。开展师德师风建设年活动，结合党员先进性教育、教师继续教

育等,引导教师加强自查自省自纠,塑造新时期教师新形象。

抓实教师业务培训。逐步把教师继续教育的重点从学历教育转到教师专业发展上来。按照“面向全面、突出骨干、倾斜农村、注重校本”的原则,制定教师培训规划,通过多种途径,提高教师的精神品质和专业水平,建设一批校本培训示范校。大力改善承担教师培训任务的教师教育机构的办学条件,创新培训机制和方法,提高培训实效。继续推进学习型学校建设,促进教师自主学习、自主发展。积极探索网络条件下新教师培训模式,建立网上学习资源中心,开展网络教研活动,建设网络文化。健全师资培训经费保障机制,落实省政府的规定,财政按每年不少于当地教职工工资总额3%的比例安排专项资金,用于教师培训。

实施多层次的人才培养计划。加快中青年骨干教师的培养,在教师高级职务的评聘、特级教师等市级以上骨干教师的推荐中,提高中青年骨干教师的比例,同时结合农村素质提升工程,建立激励机制,引导中青年骨干教师到农村或薄弱学校支教。继续实施名师工程,通过推荐评选,培养一批骨干作用明显、示范作用突出的优秀教师、学科带头人及名校长。同时,积极发挥其示范作用,实施新一轮的名师带徒工程。继续完善骨干教师奖励制度,为留住人才、吸引人才、用足用好人才发挥激励作用。

加强教师队伍的科学管理。优化教师结构,拓宽师资来源渠道,适当补充因学科或结构性缺乏的新教师。严把教师入口关,落实区教育局对教师管理权,依法健全教师管理制度。稳步推进教育系统人事制度改革,完善校长选拔和任用制度,认真实施校长岗位培训和持证上岗制度,建立教师和校长定期流动轮岗制度,促进区域交流、城乡交流、校际交流。

实施教师关爱工程。大力宣传、贯彻教师法,营造尊重知识、尊师重教的社会氛围。积极争取提高教师待遇,保障教师平均工资不低于或高于当地国家公务员,享受当地政府出台的公务员津贴、补贴政策,逐步提高教师教龄津贴标准和班主任津贴标准,改善教师住房条件,建设(农村及困难家庭)教师经济适用房,按政策落实教师货币分房。关爱教师身心健康,减轻教师过重的压力和负担,改善教师工作条件,鼓励学校开展群众性体育活动,努力建设和谐的校园人际关系,保证教师参加一年一次的公费体检。关爱年老教师,倡导和弘扬中华民族尊师敬老的传统美德,落实离退休教师各项待遇,重视发挥老年人才资源作用。关爱青年教师,积极为青年教师成长创设平台。

(七)加大经费投入,基本实现教育现代化

全面实施学校标准化建设。根据浙江省万校标准化建设工程的建设标准,积极实施我区义务教育标准化学校建设规划,重点加快对渔农村薄弱学校的改造,新建中小学要按省标准化学校一类标准建设。到2007年,全区义务教育标准化学校达标率在60%以上,2010年达到90%以上。

加快教育信息化建设步伐,实现城乡、海岛教育资源的均衡和共享。中小学生拥有有效计算机数量为每8人一台,100%以上的学校实现班班多媒体教学。发展和规范校园网建设,中小学校园覆盖率达100%以上,使每个学生都能操作计算机并能利用网络进行自主学习。改善教育网运行环境,提高网络安全防范能力。积极开发和整合教育教学资源,依托浙江教育网,做好主要学科的教学资源开发,实现优质教学资源共建共享,成为本地区的教育信息数据中心。

(八)注重科学谋划,加大布局调整力度

大力推进新一轮中小学布局调整。根据加快城市化、城镇化建设的要求,进一步调整中小学布局,撤并6班以下小学和12班以下初中,加快建设寄宿制初中。

沈家门中学普高部于2006年起停止招生,全区形成普陀中学、普陀三中、六横中学三所普通高中局面。

沈家门中学职高部(沈家门职业中学)、普陀旅游职业学校并入区职教中心,并在原旅游职业学校的基础上进行征地扩建,把区职教中心搬迁到朱家尖,做强做大职业教育。

新建城北初中,将普陀二中、沈家门三初合并办成一所新初中(暂名普陀二中),迁沈家门一初至现沈家门中学校址,城区形成城北(城北中学)、城东(普陀二中)、城西(沈家门一初)三所初中。

整合沈家门一小、沈家门二小、沈家门五小资源,成立一所新小学(暂名沈家门一小),并塘头小学到东港小学,并平阳小学学区生源入沈家门四小,形成东港二所小学(沈家门小学、东港小学)、沈家门四所小学(城东沈三小、城中沈一小、城西沈四小、城南鲁家峙小学)布局。平阳小学成为全民工子弟小学。

展茅片通过扩建展茅中心学校,合并展茅中心小学、展茅中学、螺门中学为展茅中心学校,使展茅片学校布局形成一所中心学校、一所小学(螺门小学)布局。六横片通过新建蛟头中学,双塘中心初中部并入蛟头中学,撤五星小学并入六横中心小学,使六横片中小学形成六横中心小学、龙山小学、双塘小学、台门小学等四所小学,蛟头中学、台门中学二所初中的局面。

到2010年,全区普通高中、中等职业学校、初中、小学数量调整到3所、1所、10所和16所。

四、落实十一五目标的保障措施

(一)加强领导,依法治教,保障教育改革和发展

加强对教育工作的领导,保证教育优先发展。把教育作为先导性、全局性、基础性的知识产业和关键的基础工程,纳入战略重点和现代化建设的整体布局之中,采取有力措施,加快教育改革和发展。健全镇(乡)党政领导教育目标责任制年度考核机制。动员全社会关心、支持教育,提高教育发展的整体水平。

加强依法治教工作。加强行政执法,健全教育行政执法责任制、政务公开制和教育行政处罚制度。强化教育督导、监察、审计等行政内部监督。重视教育司法,维护学校、教师、学生的合法权益。依法维护学校正常的教育教学秩序。健全教育法律救济制度,重视教育行政诉讼、教育民事纠纷的处理。

加强教育督导。按照管教育、办教育、评教育"三分离"的原则,建立与普陀教育发展相适应的教育决策、教育执行、教育监督整体协调一致的教育管理体制。加强督导队伍建设,健全督导人员聘任制度。依法强化督学机制,深入开展学校教育发展性督导评估工作,形成具有普陀特点的科学的教育督导评价新机制。

(二)建立教育经费保障机制,多渠道加大教育投入

按照科学发展观和"五个统筹"的要求,把教育作为财政支持的重点。落实上级政府关于教育投入的政策。义务教育经费在财政预算中单列,依法确保政府对教育投入达到"三个增长"和"二个提高",对于财政预算执行过程中的超收部分,按照"预算内教育经费的增长高于财政正常收入的增长"的原则进行安排。"十一五"期间,继续增加政府财政中教育事业经费的支出比例,每年提高1.2个百分点,逐年增加预算内教育基本建设经费。

建立符合公共财政要求的教育经费投入和管理机制。积极实施和完善以学校为单位的部门预算制度。调整经费支出结构,重点为教学、科研服务。确保教师工资由县级以上财政统一发放,教师平均收入逐年增加,不低于或高于公务员平均水平并做到按时足额发放。建立扶困助学的协调机构,规范扶困助学机制和行为。

激活投融资,探索建立多元投资体制。通过置换、转让、拍卖等多种形式,盘活闲置校舍等存量资产,利用银行贷款,加快学校建设。积极鼓励和引导社会资本以独资、租赁、合资、合作、项目融资等方式,参与办学。

健全教育装备投入机制。提高教育装备投入使用效益,将资金投入逐步转向装备配置。切实加强学校教育装备的指导、管理和监督,努力改善办学条件。建立专项资金审计制度和学校装备投入的效益评估和监督体系。

(三)努力深化教育改革,不断增加办学活力

加大管理体制改革力度。落实各级政府发展教育的职责,加强全区教育发展的统筹规划。重视规划的科学性,合理调整布局,优化结构,合理配置资源,提高教育质量和办学效益。

深化人事分配制度改革。改革分配和奖励制度，分配上向做出贡献的优秀拔尖人才、学科带头人和中青年骨干教师倾斜。完善教师专业技术职务聘任制，全面推进教职工聘用制。公办中小学幼儿园采用编制定员和工资总额包干相结合的办法，完善“多劳多得、优教厚酬”的分配制度。结合事业单位用人制度改革，精简、压缩中小学非教学人员，同时做好超编教师的分流转岗工作。深化教师专业技术职务评聘分离，探索“评聘合一”制度。

继续推进办学体制改革。制定有关规章和优惠政策，开放教育市场，鼓励社会力量以多种形式办学，将社会力量办学纳入教育总体发展规划。依法加强指导、管理和监督，确保社会力量办学健康发展。

加快学校内部管理体制改革步伐。建立现代学校制度，逐步完善学校法人地位，推进依法治教，加强学校民主建设，发挥党组织保证监督作用和教代会民主管理作用，实行校务公开。严格教育审计，规范教育收费行为，制止各种乱收费。

二〇〇六年六月二十日

舟山市普陀区教育事业发展“十二五”规划

（2011—2015年）

舟普政发〔2011〕33号

为加快普陀教育改革发展，构建学习型社会，建设人力资源强区，推动普陀率先加快转型升级、率先实现全面小康社会，依据《国家中长期教育改革和发展规划纲要》《浙江省中长期教育改革和发展规划纲要》《舟山市教育事业发展“十二五”规划》和《舟山市普陀区国民经济和社会发展第十二个五年规划纲要》，制定本规划。

一、“十一五”时期教育事业发展的主要成绩

百年大计，教育为本。教育是促进经济社会转型升级、增强全区经济核心竞争力和发展后劲、推动社会文明进步的重要基础，是人民群众提升文化素质、改变人生命运的迫切需要。“十一五”期间，普陀教育紧紧围绕“均衡、优质、和谐”的发展目标，把握“幼儿教育抓规范，义务教育抓均衡，高中教育抓质量，职成教育抓贡献”的工作主线，大力推进“服务转型升级，提高育人质量”，全区教育呈现出快速发展、开拓创新的良好局面。2008和2009年度均被评为浙江省教育科学和谐发展业绩考核优秀单位，在市政府对县区教育发展目标责任考核中连续五年获得优秀。

（一）基础教育全面高质量普及

全区以发展性教育督导评估为载体，以品牌特色学校创建为目标，深入实施以提高全面质量为核心的素质教育。未成年人思想道德建设扎实有效，教育教学质量稳步提升，18所学校被评为省体育、艺术特色学校，学生综合素质得到极大拓展。2010年，全区十五年基础教育普及率达到99.8%，学前教育、义务教育、高中教育进入了全面高质量普及的新阶段，新居民子女和三残适龄少年儿童受教育权利得到较好保障；高等教育毛入学率从2005年的42.1%提高到60.0%。

（二）职业教育实现跨越式发展

围绕全区支柱产业发展步伐，全面落实省“六项行动计划”，整合全区优质职业教育资源，组建了普陀区职业技术教育中心，调整形成了文化与旅游、机电制造、船舶修造三个大类、16个专业方向，并与浙江海洋学院开展中高职联合办学。五年来，全区投入职业教育资金2.4亿元，职业教育基础能力不断提升，校企合作深入开展，毕业生就业率在98%以上，初步形成了适应普陀经济社会发展，中职高职相互衔接的职业教育体系。

（三）终身教育体系基本形成

成人教育贯彻区委区政府“市民素质大提升行动计划”，完善社区教育三级网络，扎实推进全

国社区教育实验区建设，大力开展渔农民就业培训，着力抓好成人双证制教育，积极组织“市民大课堂”活动，初步形成了具有海岛特色成人教育体系。普陀电大站成功升格为省广播电视大学普陀分校。全区逐步构建起了基础教育、职业教育、成人教育相互衔接，正规教育、非正规教育相互补充，职前教育与职后培训相互贯通，学校教育、家庭教育、社会教育相互配合的终身教育体系。

（四）教师队伍建设成效显著

全区以人事体制、机制改革为抓手，以校长、后备干部、骨干教师、班主任、职教“双师型”教师五支队伍建设为重点，制定和完善了各种奖励制度，加强了教师在职学习和培训，有力提升了教师队伍整体素质。五年来，共招聘教师219人。2010年，全区小学、初中、普高、职高专任教师学历合格率分别达100%、100%、99.0%、91.1%，小学、初中的高学历率分别达83.5%和86.5%，各级各类学校专任教师学历合格率和高学历比例大幅度上升；小学具有小学高级职称及以上和初中、普高、职高具有中学高级职称比例分别达76.4%、22.7%、36.6%、34.3%，分别比2005年提高了27.6、16.7、19.2、25.4个百分点，教师队伍结构得到优化，骨干教师队伍进一步壮大。

（五）办学基础条件显著改善

政府认真落实教育管理和保障责任。2010年预算内教育经费达3.1亿元，比2005年增长2.2倍，平均年增长达17%；义务教育基本经费全额纳入公共财政保障范围，小学、初中生均预算内公用经费分别达560元和740元；幼儿教育体制改革深入实施，万人以上乡镇都建有一所及以上公办中心幼儿园。五年来，全区投入基建资金7亿元，完成了普陀科技学院、普陀中学、普陀二中、蛟头中学、六横中心小学、普陀三中、沈家门四小、区实验幼儿园等迁扩建工程，顺利完成了城区学校“腾笼换鸟”式的布局调整；投入“农村中小学食宿改造”“一校一项目”等专项资金0.4亿元，维修改造渔农村中小学各类校舍11.5万平方米、田径场13个；撤并、整合了10所小规模薄弱学校，义务教育学校由2005年的39所调整到29所，校均规模由640人提高到759人。全区各级各类学校的教育教学设施得到明显改善，中小学省标准化学校比例达85.7%，计算机生机比达7.5∶1，多媒体进教室、校园网覆盖率达100%，生均图书拥有量达39.8册。

经过多年的改革发展，全区教育总体上进入了“读好书”的新阶段。但是，对照新形势新要求，我们也清醒地看到，全区优质教育资源供给仍然不足，城区幼儿教育办学水平低、规模小、布局分散的局面还未取得根本性的转变，与人民群众“入好园”的教育需求还有一定的差距；义务教育和高中教育部分薄弱学校发展不快，城乡、校际、群体间教育发展尚不平衡；特殊教育尚处于起步阶段；职成教育与经济社会发展的适切性和服务贡献度有待进一步加强，继续教育和终身教育体系还不够完善。实施素质教育尚未取得根本性突破，教育观念及内容方法还比较滞后，教师队伍的素质和水平需要进一步提高，人才培养模式需要进一步改进。教育投入还不能完全满足教育改革和发展的需要，一些关系人民群众切身利益的教育问题还没有得到很好解决。

二、“十二五”时期教育改革和发展的总体战略

“十二五”阶段是我国夺取全面建设小康社会新胜利的关键时期。党的十七大把教育作为改善民生的首要工作重点，《国家中长期教育改革和发展规划纲要（2010—2020年）》提出了“优先发展、育人为本、改革创新、促进公平、提高质量”的工作方针，确立了“基本实现教育现代化，基本形成学习型社会，进入人力资源强国行列”的战略目标。近期，国务院批准实施的《长江三角洲地区区域规划》将我市列为“浙江舟山海洋综合开发试验区”，普陀正处在加快推进“三大转型”、深入推进“五大基地”建设的关键时期。充分发挥教育的基础性、先导性、全局性作用，在全省率先实现教育现代化、建设人力资源强区，已成为“十二五”普陀教育事业的历史使命和时代责任。

（一）指导思想

高举中国特色社会主义伟大旗帜，以邓小平

理论、“三个代表”重要思想为指导，深入贯彻落实科学发展观，全面贯彻党和国家教育方针，以办人民满意教育为宗旨，坚持服务于国家和地方经济社会发展战略，坚持服务于人的全面发展，以“优先发展、立德树人、促进均衡、提高质量、强化服务”为工作主线，全面实施素质教育，全面提升教育品质，率先实现教育现代化，为促进普陀海洋经济、社会管理、全民素质三个转型升级，全面建设小康社会提供强有力的人才保证和智力支持。

（二）总体目标

到2015年，普陀在全省率先实现教育现代化，教育发展水平位居全省前列。

——实现更高水平的普及教育。到“十二五”末，3～5周岁幼儿入园率达99.9%，辖区内适龄儿童均能就近接受良好的学前教育；义务教育阶段入学率、巩固率达100%；高中段教育毛入学率达99.8%、巩固率达99.3%；高等教育毛入学率达85%以上。

——形成惠及全民的公平教育。家庭经济困难学生、新居民子女、三残适龄儿童少年等受教育权利和机会得到全面保障，中小学办学条件基本达到均衡化、现代化标准，城乡、校际教育差距不断缩小，实现基本教育公共服务均等化。到2015年，85%以上幼儿园达到省等级幼儿园标准，三残儿童义务教育入学率、巩固率达100%，省中小学标准化学校率达100%。

——提供更加丰富的优质教育。教师队伍结构合理、整体素质明显增强，优质教育资源总量不断扩大。教育质量整体提升，学生思想道德素质、科学文化素质和身心健康素质明显提高。人民群众就业创业能力普遍提升。

——构建更加完备的教育体系。教育的布局、结构、规模更加合理。各级各类教育明显增强，现代国民教育体系和终身教育体系更加完善。

——健全充满活力的教育体制。以政府办学为主体、社会各界积极参与、公办民办教育共同发展的格局进一步完善。政府依法管理、学校自主办学机制趋于健全。教育发展活力和为经济社会发展提供服务、支持的能力显著增强。

附：

普陀区教育事业发展主要预期目标

类别	指标	2010年	2015年
学前教育	在园人数	8243人	8600人
	学前三年入园率	99.6%	99.9%
	省等级园在园幼儿覆盖率	87%	95%
	公办园在园幼儿覆盖率	59%	80%
义务教育	在校生数	22000人	23000人
	入学率	100%	100%
	巩固率	100%	100%
	三残儿童入学率	100%	100%
	初升高率	99.6%	99.8%
高中教育	普通高中在校生	3457人	3200人
	中等职业教育在校生	2605人	2400
	巩固率	98.8%	99.3%
	高等教育毛入学率	60%	85%
继续教育	从业人员年参与率	30%	50%

三、“十二五”期间教育改革和发展的主要任务

（一）突出重点，全面提升教育品质

1. 实现学前教育全面提升

学前教育是基础教育的基础，对人的一生发展影响重大。“十二五”时期，把发展学前教育作为保障和改善民生的重要内容，继续巩固提高学前三年教育普及率，大力拓展优质学前教育资源，全面提升办园等级，基本解决“入好园难”的问题。

强化政府办园责任。按照教育公益性和普惠性的原则，落实区、乡镇（街道）两级政府的学前教育办园责任，健全城区幼儿园以教育部门管理为主、乡镇幼儿园实行“教育部门统筹，以镇为主，分级管理”的管理体制。大力发展公办幼儿教育，鼓励和规范社会力量办园，完善“以政府为主导、社会各界参与”的办园体制。加大学前教育投入，完善公办学前教育公共财政保障和民办学前教育补助机制。建立成本合理分担机制，切实规范收费行为。建立和完善家庭经济困难幼儿入学资助体系。

完善学前教育布局规划。科学规划与合理配置幼儿教育资源，在城中（原沈家门一初）、城西（墩头到平阳浦）、城北（城北开发区）、城南（鲁家峙岛）、城东（东港二期）等地新（改）建一批符合规划要求的现代化公办幼儿园，集约建设小区“公建配套”幼儿园，积极扶持办园规范、有一定规模和教育质量的民办幼儿园，逐渐淘汰一批规模小、条件差、师资弱的城区幼儿园，引进一所高质量的民办幼儿园，促使学前教育向“规模化、规范化”方向发展。加快乡镇中心幼儿园建设，深入推进市级学前教育达标、示范乡镇（街道）创建工作。到“十二五”末，普陀争创成为市级学前教育示范区，全区公办幼儿园在园幼儿覆盖率达80%以上，85%以上幼儿园达到省等级幼儿园标准，50%以上的幼儿园达到省二级以上标准，辖区内适龄儿童（含新居民子女）均能就近接受良好的学前教育。

不断提高学前教育保教质量。严格执行幼儿教师资格标准和保教人员持证上岗制度。争取将幼儿教师培训纳入全区中小学教师培训体系，制定并实施幼儿园专任教师、保育员全员培训计划。继续加大幼教专业教师的招聘力度，逐步实现公办幼儿园事业编制教师按标准配备。落实和提高非公办幼儿教师的地位和待遇，维护非公办幼儿教师的工资、职称评聘和社会保障等权益。加强学前教育督导，规范幼儿课程设置和教学行为，探索科学的保教方法，实施启蒙素质教育。推进“结对式、联盟式、网络式”的区域幼儿园共同体建设。推进0—3岁婴幼儿早期关心和发展工程。

2. 促进义务教育和普高教育均衡优质发展

义务教育和普通高中教育是国民教育工作的重中之重。“十二五”期间，全区中小学办学条件基本达到均衡化、现代化标准，困难群体受教育权利得到充分保障，义务教育公共服务均等化全面实现，普通高中的优质、特色明显增强。

加大管理和投入力度。优化中小学布局，根据城乡经济社会发展、人口集聚及流动趋势和人民群众的现实需要，在东港二期、城北开发区、鲁家峙岛三地分别新建（或扩建）一所省一类标准的小学，展茅中学与展茅小学、虾峙中学与虾峙小学分别合并迁扩建为标准的九年一贯制学校，优化本岛片学校布局。全面完成中小学校舍安全工程。加强现代教育技术装备，全面开展中小学实验室标准化和数字化校园建设，提升设备配备标准，提高应用水平。“十二五”期间，全区所有中小学达到省标准化学校建设要求，85%以上的中小学按Ⅰ类标准配备实验室、图书馆（室）、音、体、美等教育装备，教育基础设施、教育技术装备和信息化达到全省先进水平。

建立城乡一体化的发展机制。深入开展共同体学校之间的学校管理、教育教学、队伍建设、党团活动等多方位交流，提高实效。加大轮岗支教工作力度，加强支教队伍管理，探索实践“团队式支教”等有效帮扶方式。推进校长和教师定期交流。完善中小学招生政策，继续落实公办学校实行适龄儿童少年免试就近入学、电脑排班、控制班额等有效做法，落实优质高中生源合理分配到各初中的做法，刚性制止城区义务教育择校热。

推进品牌强校战略。以学校内涵建设为核心，以发展性教育督导评估为手段，以项目推进、课程

推进、服务推进为重点，充分挖掘利用学校的各种优势资源，打造特色、品牌，逐步形成“一校一特色”“校校有特色”的特色教育格局。支持普通高中优化课程设置，开展优质特色办学，争取到2015年2所高中创建成为省优质特色高中。

保障困难群体公平接受义务教育。坚持新居民子女教育以输入地为主、公办民办“两条腿”走路的政策，落实符合条件的新居民子女教育的同城待遇，合理调整新居民子弟学校布局，健全管理机制，加大政府扶持力度，改善新居民子女就学条件。完善家庭经济困难学生资助体系，完善家庭经济困难普通高中学生资助制度，确保无一名孩子因贫失学。关爱留守儿童和单亲家庭子女教育，特别关心在校的学困生、德困生和心理问题学生教育。

重视发展特殊教育。建立完善的特殊教育支持保障体系，落实经费、师资，注重潜能开发和缺陷补偿，全面提高义教阶段残疾人教育基础能力和整体水平。发展残疾儿童学前教育，鼓励残疾学生就读职业高中和普通高中。“十二五”期间，基本实现有一所特殊教育学校或者规模较大的启智教育点的目标。

3. 提升职业教育办学层次

职业教育对调整经济结构，促进产业升级，提高劳动者素质，拓宽就业渠道具有重要的作用。“十二五”期间，全面提升普陀科技学院办学水平和人才培养质量，创建一个适应普陀经济社会发展要求，中职高职教育有效衔接，校企合作、产教结合，基本现代化的职业教育体系。

提升职教办学水平。坚持以服务为宗旨、就业为导向、质量为核心，强化文化旅游、机电一体化、船舶修造三大专业的基础能力建设，研究设置海洋能源保洁、港口贸易等特色专业，建立结构合理、重点突出、特色鲜明的专业群体系。突出重点专业的实习实训基地、课程、双师型教师队伍等建设，完善并推行职业中学教师教学质量评估体系。完成勾山机械分校迁建工作。到2015年，中职教育的专业课教师占专任教师比达55%以上，“双师型”教师占专业课和实习指导教师比达70%以上，“双师型”教师中高级工占80%以上。

创新人才培养模式。培养具有良好职业道德、熟练职业技能和较高就业创业能力的高素质劳动者和技能型人才。深化职业教育课程改革，开展以“公共课程＋核心课程＋教学项目”为基本框架的专业课程建设，推行学分制。建立职教中心与行业、企业合作机制，深入推进校企合作、工学结合、顶岗实习，全面促进校企互动。重视学生现代职业素质教育和就业能力教育。坚持学历证书与多种职业资格证书并重，强化专业实践教学，开展职业技能竞赛。面向社会开放教育培训资源，年均培训各类社会人员2500人次左右。

实施大专教育普及工程。以普陀科技学院为平台，加速推进中高职教育一体化建设，开辟“3+2”大专或“2+2”、“2+3”大专自考助学、成人高考辅导等多样化通道，建立政府补助体系，逐年扩大高中毕业生接受高等教育比例。到“十二五”末，全区高等教育毛入学率达85%以上。

4. 加强终身教育体系建设

构建终身教育体系是实现党的十七大提出的使全体人民学有所教、建设学习型社会战略目标的必然要求。“十二五”期间，全区学历教育和非学历教育协调发展，职业教育和普通教育相互沟通，职前教育和职后教育有效衔接，基本形成全民学习、终身学习的学习型社会。

健全终身教育体制机制。重视人的终身发展和学习需求，利用多种方式和手段为社会不同成员提供各种内容和形式的终身教育。政府成立跨部门继续教育协调机构，逐步建立继续教育公共财政保障机制，统筹推进继续教育发展。行业主管部门或协会负责制定行业继续教育规划和组织实施办法，企业按照职工工资总额的1.5%～2.5%足额提取教育培训经费。在全社会广泛宣传终身教育理念，鼓励个人通过多种形式和渠道参与学习，倡导全民阅读，努力形成人人学习、处处学习、终身学习的制度环境。

加强学习型社会载体建设。围绕全民素质转型升级这个核心，全面推进全国社区教育实验区建设，完善社区教育三级网络，建立区级社区教育基地，大力推进普陀电大分校的软硬件建设，积极推进高教自考、家长学校、职工教育基地等学习网络和公共平台建设，开发、培育继续教育市场，策划并实施社会教育、岗位培训、资格认证等新项目，为社会成员继续学习提供便捷、低廉、高效的支持和服务。扎实开展市民素质提升工程，做精做强“市民大课堂”品牌。

加大渔农村成人教育力度。以服务三农（渔）为宗旨，加强新形势下的基础教育、职业教育和成人教育“三教统筹”，重点开展以渔农民实用技术和渔农村实用人才培养为主的各类培训，深入实施成人“双证制”教育，全面提高渔农村劳动者素质，促进富余劳动力有序转移。完善劳动就业保障站—成人文化技术学校—区职教中心三位一体的劳动就业培训网络。加强乡镇（街道）成人文化技术学校、社区学校基础能力建设，足额配备成教师资，开展省、市示范性成校创建工作。大力推进新居民培训，帮助新居民提高道德素质、劳动技能、就业质量，增加发展机会。

（二）育人为本，全面深化素质教育

坚持以人为本、全面实施素质教育是教育改革发展的战略主题。“十二五”期间，将坚定不移地推进素质教育，培养德智体美全面发展的社会主义建设者和接班人。

1. 加强和改进德育工作

坚持德育为先。把社会主义核心价值体系融入教育教学全过程，引导学生形成正确的世界观、人生观、价值观，坚定学生对中国特色社会主义的信念。加强以爱国主义为核心的民族精神和以改革创新为核心的时代精神教育，弘扬“开放、务实、创新、进取、公道、大气”的普陀人文精神。加强社会主义荣辱观、传统美德和文明礼仪教育，引导学生敬畏法律、崇尚社会主流价值、尊重优良文化传统。加强公民意识教育，培养社会主义合格公民。

创新德育内容、途径和方法。根据不同学段学生的认知特点和成长规律，完善分层递进、有机衔接的德育教育序列。坚持德育工作贴近实际、贴近生活、贴近学生，搭建一批以德育为主题的校内外活动和实践平台，突出行为养成、道德认知和情感体验，注重知行统一。重视班主任、学生成长导师等德育工作者的选拔、培养和管理，发挥共青团、学生会、少先队等学生社团组织作用，建立全员育人机制。重视德育科研和德育品牌活动开展。

2. 深入推进教育教学轻负优质

切实规范办学行为。严格执行课程标准和教学计划，制止随意加课、提高难度、集体补课、频繁考试、成绩公布等违规行为，严格控制作业量，严格确保学生休息和锻炼时间。依法规范社会补习机构和教辅市场，严禁学校举办面向在校学生的各种收费辅导班。规范教师有偿家教。

着力提升教学效益。标本兼治，把减负落实到中小学教育教学全过程。集中精力加强课堂教学有效性策略和方法研究，注重学思结合、知行统一、因材施教，积极培育轻负优质的教学典型。重视学生的学习动力和综合素质发展研究，关注学生个体人生目标培育，关注20%后进学生。加强地方课程和校本课程建设，做到合理配置、多样选择，满足不同学生多样化、个性化的学习需求。

健全减负督查机制。强化督学责任区责任，积极开展课程开设、阳光体育、教辅资料、学业负担等专项检查。建立和完善中小学生课业负担监测、举报、公告制度，落实加重学生课业负担的责任追究制度，坚决查处违规办学行为。引导家长合理安排子女的课余生活，保障休息时间，保护兴趣爱好。

3. 提高实践和创新能力

加强实践教学。坚持理论与实践教育相结合，学校与社会教育相结合，转变人才培养模式，着力提升学生的学习能力、实践能力、创新能力。大力推进科技教育，重视科技实践，培养学生科学精神。加强实践基地建设，利用布局调整空余校舍，建立一个综合性的中小学生素质教育实践实训基地，完善东港塘头麒麟山和展茅干施岙综合教育基地，统筹组织开展劳动、国防、可持续发展等各类实践教学活动。充分利用社会教育资源，广泛开展学生社会实践活动。

突出海洋教育。围绕“浙江舟山海洋综合开发试验区”建设，大力开展以海洋科普和实践为重点的校园海洋教育系列活动。重视海洋文化知识渗透，开发和应用《海洋教育》地方课程、校本课程，开展海洋综合实践活动课程，引导学生关注自然、关注生活、关注海洋文化，激发学生保护环境、保护海洋、爱护家园的意识。加强普陀科技学院海洋特色专业建设。

4. 加强身心健康教育

牢固树立健康第一的思想，加强体育与保健，提高体育教育教学质量，重视体育设施建设，确保学生体育课程和课余活动时间，深入实施“阳光体育”运动，确保学生每天锻炼一小时、至少掌握一项体育技能；加强心理健康教育，健全心理教育工作网络和工作机制，及时发现、解决心理危机，建立心理教育研究中心，提供心理健康专业帮扶，促进学生身心健康、体魄强健、意志坚强。加强美育工作，优化实施体育艺术“2+1”项目，将美育融入学校教育全过程，加强学生艺术社团建设，推进高雅艺术进校园，培养学生良好的审美情趣和人文素养。加强生命教育，引导学生关爱生命，提高生活品质。

5. 健全素质教育实施网络

培育优秀校园文化。加强校园文化环境建设，着力维护和打造具有时代特征和学校特色的物质文化、制度文化、精神文化。加强校风、教风、学风建设，着力营造良好的校园风气和育人氛围。加强校园文化载体建设，精心设计和组织开展内容丰富、形式新颖的校园文化活动，广泛组织各类兴趣小组和学生社团活动，着力打造书香校园、活力校园、绿色校园、文明校园。高度重视各种流行文化的影响，有效抵制不良现象。

推动学校、家庭、社会教育有效衔接。加强对家庭教育的指导和服务，办好家长学校，引导家长深入认识教育规律，正确评价孩子，掌握科学的教育方法，充分发挥家庭教育在育人过程中的基础作用。进一步发挥宣传、文化、新闻出版、广播影视、公安、工商等部门的作用，努力营造教育改革和发展、实施素质教育的良好环境。加大各类校外公益性教育设施、基地向学生的开放度，支持举办各类有益学生身心健康的活动。积极组织老教师等参与素质教育，营造全社会共同关心下一代成长的良好氛围。

（三）崇德尚能，全面提升队伍素质

教育大计，教师为本。“十二五”期间，将努力造就一支师德高尚、业务精湛、结构合理、充满活力的高素质专业化教师队伍。

1. 全面加强师德师风建设

把师德建设放在教师队伍建设的突出位置。加强教师职业理想、职业道德、职业心态教育，使教师乐于从教，善于从教，终身从教。更新教师教育观念，强化教师法制意识、服务意识，确立创造适合孩子发展的教育理念，对学生负责，对社会尽职。重塑教师形象，提升教师的人文素养和人格品位，培育志向高远、操守高尚、作风高雅的职业情操，充分发挥教师在学生思想品德成长中的楷模作用。建立和完善教师职业道德激励、监管、奖惩机制，加强学术诚信制度建设，引导教师严谨笃学，淡泊名利，自尊自律。引导教师密切联系社会，成为恪守公民道德，弘扬社会正气的模范。

2. 全面加强教师专业化建设

建立开放的教师教育体系。按照“面向全体、突出骨干、倾斜农村、注重校本”的原则，制定教师培训规划，创新培训机制和方法，通过多种途径，提高教师的精神品质和专业水平。拓展教师专业培训内容，引进专长教师，倡导教师一专多能。推行团队强师策略，重点加强教研组、学科组、年级段等建设，突破教学“短板”。积极探索网络条件下教师培训模式，建立网上学习资源中心，开展网络教研活动。加强教研员队伍建设，教师进修学校达到合格标准。健全师资培训经费保障机制，按每年不少于教职工工资总额的3%、各中小学校按不少于学校年度日常公用经费总额10%的比例，提取安排培训经费，专款专用，并实行培训经费收支公告制度。到2015年，幼儿园、小学、初中、高中专任教师的学历合格率分别达到100%、100%、100%和98%以上，幼儿教师的持证上岗率达95%以上，小学、初中的高学历均达90%以上。

实施多层次人才培养计划。突出校（园）长队伍建设，完善校（园）长选拔、任用和任期目标考评机制；加强校（园）长任期内培训，强化校（园）长的品牌创建能力与学习意识、领先意识、精品意识；发现一批、培养一批优秀青年干部；打造一支理念先进、学识渊博，善于引领教师、善于解决问题的教育专家和管理专家团队。加强骨干教师队伍建设，制订和实施骨干教师培养计划，实施名师工程，壮大骨干教师队伍，培养一批骨干作用明显、示范作用突出的优秀教师、学科带头人；进一步加大农村骨干教师培养力度。贯彻《中小学班主任工作规定》，立足校本，强化班主任岗前培训、任期培训和专业化培训；加快班主任后备人才培养，推进全员育人工作。

加强教师队伍的科学管理。深化人事制度改革，加强教职工编制管理，严格教师资格准入和岗位设置管理，积极推行评聘分离制度，建立健全教职工转岗、退出等机制。鼓励城区到渔农村支教、渔农村教师到城区学校挂职，建立起顺畅的教师柔性流动机制。改进并完善符合新课程改革要求和提高全面教育质量需要的教职工年度考核办法，完善中高级教师履职考核办法，强化对教师团队的评价。

3. 全面关心教师职业尊严

坚持“办学以人才为本，以教师为主体”的工作理念，以生活上关心、专业上支持、物质上帮助、精神上鼓励等为载体，努力提高教师的身心健康水平和幸福指数。大力宣传、贯彻《教师法》，营造尊重知识、尊师重教的社会氛围。推行教师的人性化管理和柔性管理，减轻教师过重的心理负担和工作压力。改善教师工作条件，鼓励学校开展群众性体育活动，努力建设和谐的校园人际关系。关爱老教师，倡导和弘扬中华民族尊师敬老的传统美德，落实离退休教师各项待遇，重视发挥老年人才资源作用。关爱青年教师，积极为青年教师成长创设平台。加大对困难教职工帮扶力度，关心女教职工特殊权益。

完善教师收入分配制度。加强教师工资与公务员工资政策衔接和跟踪，确保教师收入不低于当地公务员收入水平，落实并完善教师绩效工资制度，提高一线任课教师的收入。落实有关政策，完善教师住房、医疗、养老和失业等社会保障制度，保障教职工合法权益。

（四）加强保障，全面促进教育和谐

推进教育改革发展，率先实现教育现代化，是一项伟大而艰巨的历史任务。必须加强领导，落实责任，强化措施，凝聚师生员工和全社会的力量，为教育现代化建设提供强有力的保障。

1. 加强组织领导，凝聚教育发展力量

加强对教育工作的领导。把推进教育现代化建设作为党委和政府的重要职责，规划决策上优先部署教育工作，财政安排上优先保障教育投入，领导管理上优先解决教育问题。健全领导体制和决策机制，及时研究解决教育改革发展的重大问题和群众关心的热点问题。动员全社会关心、支持教育，提高教育发展的整体水平。

加强教育系统党的建设。坚持用马克思主义中国化成果武装党员干部、教育广大师生，牢牢把握党对学校意识形态工作的主导权。强化党的思想、组织、作风、制度建设，推进学习型党组织建设。加强教育系统党风廉政建设和行风建设，完善体现教育系统特点的惩治和预防腐败体系。

维护教育系统和谐稳定。建立和完善信访、安全工作责任制，强化风险评估，完善矛盾纠纷排查化解机制和学校突发事件应急管理机制。强化校园安全防范，完善人防、物防和技防措施。加强师生安全教育和管理，健全安全保障责任机制，提高预防灾害、应急避险和防范违法犯罪活动的能力。加强校园及周边环境治安综合治理。深入开展平安校园、和谐校园创建活动。

2. 加大教育投入，确保教育优先发展

增加公共财政对教育的投入。把教育作为财政支出的重点领域予以优先保障，地方年初预算和预算执行中的超收收入分配都要体现法定增长要求，确保教育经费依法实现“三个增长”；确保财政教育经费支出占一般预算支出比例到2012年达到21%以上；确保财政教育经费支出比例高于现有水平，并逐年提高；确保全社会教育投入增长比例高于同期地区生产总值增长比例。征足用好教育费附加，统筹安排相关政府性基金用于教育。

完善各类教育经费保障机制。义务教育全面

纳入、非义务教育基本纳入财政保障范围，核定生均办学成本并建立非义务教育办学成本分担机制，不断提高各类学校生均财政预算内拨款定额标准，进一步完善以学校、幼儿园为单位的部门预算制度。加大对薄弱领域的投入力度，新增教育投入向学前教育和职业教育倾斜，学前教育生均日常公用经费逐步达到本区小学水准，中职教育生均日常公用经费逐步提高到普通高中的1.5倍以上，逐步实行中等职业教育免费制度。落实人均3.5元以上的成人教育经费，在乡镇（街道）设立成人教育经费专项。进一步加大对新居民子女学校规范办学的奖励补助力度。鼓励行业、企业等捐资助学，鼓励社会资金以多种形式进入教育领域，建立完善多元化教育投入保障机制，确保教育优先发展。

健全教育经费管理制度。建立科学、规范的教育经费及资产管理制度，优化教育资源配置和教育支出结构。建立教育投入绩效考核、监督和责任追究机制，提高教育经费的使用效益。建立专项资金审计制度和学校装备投入的效益评估和监督体系，加强学校教育装备的指导、管理和监督，提高教育装备投入使用效益。开展节约型学校建设，倡导勤俭办学，严禁铺张浪费。

3. 推进改革创新，增强教育发展活力

深化教育教学综合改革。适应经济社会发展需要，遵循教育规律和人才成长规律，整合教研、科研、教育学会力量，深化教育内容、教学方法、评价机制的改革创新，提高人才培养质量。深化课程改革，探索和实践符合学校实际的分层式、走班制等教学模式，完善学分认定、综合素质评价、学生成长记录。尝试推进缩小班级规模计划，率先在渔农村义务教育和普通高中基本实现小班化教学。

深化教育体制改革。坚持教育公益性原则，巩固和完善“以县为主”的教育管理体制，落实政府发展教育职责，建立健全公共服务体系，维护教育公平和教育秩序。依法加强对民办教育的指导、管理和监督，健全政府主导、社会参与、办学主体多元、办学形式多样、充满生机活力的办学体制。进一步完善普陀科技学院办学体制和管理体制，推进中高职一体化办学。尝试推进集团化办学，借助名校（园）的资源优势改造、扶持薄弱学校（幼儿园），促进区域教育均衡优质发展。

建设现代学校制度。正确处理政府、学校、社会之间关系，建设依法办学、自主管理、民主监督、社会参与的现代学校制度，依法保障学校充分行使办学自主权和承担相应责任。健全中小学校管理制度，完善中小学校校长负责、党组织发挥政治核心作用、教职工代表大会和工会参与民主管理民主监督的制度。积极引导社区、学生及家长对学校管理的参与和监督，不断完善科学民主决策机制。

扩大教育开放。主动融入长三角，进一步推动区内学校与国内外名校的交流与合作，扩大交流的范围，提高交流的层次，以教育开放促进教育发展。

4. 坚持依法治教，推进教育科学发展

全面推进依法行政。加强行政执法，健全教育行政执法责任制、政务公开制和教育行政处罚制度，依法维护学校、学生、教师、校长和举办者权益。依法规范教育机构的审批、监督和管理，及时查处各类违法违规办学行为。加强教育纪检、监察、审计工作，杜绝教育违规收费行为。

大力推进依法治校。学校要建立符合法律规定、体现自身特色的规章制度，依法办学，从严治校。要加强和改进学校内部管理，深化学校民主制度建设，依法维护学校正常的教育教学秩序。深入开展普法教育，促进师生增强法律意识和公民意识。

完善教育督导制度。探索建立相对独立的教育督导机构，独立行使督导职能。加强督导队伍建设，逐步推行教育督导资格制度，促进教育督导工作和督学人员的专业化发展。坚持督政与督学、监督与指导并重，进一步完善对乡镇（街道）政府教育工作的督导考核制度。全面加强各级各类教育质量监督，健全基础教育质量监测和评价体系，建立督导通报制度。不断完善发展性评估工作机制，推进发展性教育评价的实践研究。

二〇一一年五月

舟山市普陀区教育局关于非义务教育学校(单位)绩效工资的实施指导意见

舟普教发〔2013〕16号

为加强教师队伍建设,调动教职工的工作积极性,深化学校(单位)人事分配制度改革,推进我局各级各类学校(单位)绩效工资制度顺利实施,根据《舟山市其他事业单位绩效工资实施办法》(舟人社发〔2011〕264号)精神,就做好我区非义务教育学校(单位)绩效工资的实施提出以下指导意见。

一、实施对象

区教育系统下属所有非义务教育学校、幼儿园和事业单位的正式在编教职工。

二、实施原则

绩效工资的实施,要以教职工绩效考核为前提。绩效考核要以促进学校(单位)发展水平的提高为目标,以教职工队伍素质提高为核心,以促进教职工绩效为导向,建立科学规范的收入分配机制。绩效考核和绩效工资的分配应坚持以下原则:

(一)师德为先,注重实绩;

(二)多劳多得,优绩厚酬;

(三)激励先进,促进发展;

(四)客观公正,科学合理。

三、分配办法

(一)绩效工资总量和组成

1. 绩效工资总量:由原国家规定的年终一次性奖金和规范后的津贴补贴构成。年终一次性奖金相当于单位工作人员上年度12月份基本工资的额度;规范后的津贴补贴,是指经清理规范后,纳入政府统一管理的津贴补贴项目和标准;教师规范后的津贴补贴,由区人劳社保局、区财政局按照教师平均工资水平不低于当地公务员平均工资水平的原则确定。绩效工资总量随基本工资和区属公务员规范后津贴补贴的调整相应调整。

2. 绩效工资组成:绩效工资由基础性绩效工资和奖励性绩效工资两部分组成。基础性绩效工资主要体现地区经济发展水平、物价水平、岗位职责等因素,约占绩效工资总量的70%;奖励性绩效工资主要体现工作量和实际贡献等因素,约占绩效工资总量的30%。

(二)基础性绩效工资分配办法:基础性绩效工资是教职工正常性全工作量工作报酬的体现,设立生活补贴、岗位津贴、工龄补贴、班主任补贴、农村教师任教补贴五个项目,各项目具体标准由区人劳社保局等相关部门确定,按月发放。其中:

1. 生活补贴主要体现经济发展水平和物价水平等因素,不同岗位执行统一标准。

2. 岗位津贴主要体现岗位职责等因素,适当拉开差距,实行一岗一薪。

3. 工龄补贴主要体现工作年限。

4. 班主任津贴主要体现对班主任的倾斜。原国家规定的班主任津贴与绩效工资中的班主任津贴项目归并,不再分设,纳入绩效工资管理。

5. 农村教师任教津贴主要体现对农村特别是条件艰苦学校教师的倾斜。根据原省人事厅、省财政厅、省教育厅《关于实行农村教师任教津贴的通知》(浙人发〔2008〕78号)规定发放的农村教师任教津贴予以保留,在此基础上,根据我区实际,对六横、虾峙、桃花三个乡镇的教职工加发外岛任教津贴。

(三)奖励性绩效工资分配办法:奖励性绩效工资分配时,各校(单位)要充分发挥奖励性绩效的作用,不得搞平均主义,要向教育教学一线老师倾斜,但非教学岗位人员平均应不低于学校人均额度的60%。

考虑到高中段学校教师教育教学的特殊性,高中段奖励性绩效工资另加学校绩效工资总额度的15%,用于教育教学一线教师的再分配。

根据上级文件精神结合我区实际,对于奖励性绩效工资的具体分配,要求各校(单位)设立:

1. 考勤考绩奖。主要考核教职工出勤情况、教育教学常规或学校(单位)规定的其他基本工作任务完成情况等。考核奖可以按月考核情况发放。

2. 超工作量津贴。主要体现多劳多得,以学校（单位）规定工作量为标准，实行超工作量津贴，其中班主任工作量要根据学校（单位）实际适当考虑。超工作量津贴可以按月考核情况发放。

3. 教育教学成果奖。主要体现对教师教育教学取得成绩的激励。可以包括学科质量奖、辅优补差成果、教学研究成果、业务竞赛获奖等。教育教学成果奖在学期末按考核结果发放。

4. 校务工作补贴。主要体现教研组长、年级段长、学校中层、副校级领导等在完成规定教学任务基础上所承担的校务工作的质量。根据考核结果发放。

5. 其他项目奖。可由学校（单位）自主设立，如学校（单位）认为无必要设立，可将本项考核奖加到上述相关考核内容中。

对于借用人员的奖励性绩效工资，由工作学校（单位）按照本校（单位）考核办法提出发放额度及进程，总额度在奖励性绩效工资范围内的（不含高中段上浮的15%部分），由编制所在学校（单位）发放；超过奖励性绩效工资基准数部分的，由借入学校（单位）自筹解决。

学校（单位）党政正职（或主持工作的副职）先参与校内绩效工资考核，在此基础上每年由区教育局根据考核结果发放考核奖，其奖励性绩效工资的总量不高于平均水平的两倍。

四、实施要求

（一）关注绩效：学校（单位）要把奖励性绩效工资的分配向教育教学一线、工作业绩显著、超工作量工作的教职工倾斜，对有突出表现或做出突出贡献的教职工予以重点倾斜。

（二）成立绩效工资实施领导小组。领导小组以校长为组长，负责本校（单位）教师绩效工资实施方案制订并组织实施。

（三）制定绩效工资实施方案。学校（单位）要在广泛征求教职工意见的基础上，科学、合理制定绩效考核办法和奖励性绩效工资实施的具体方案；方案要经校务会议通过，报区教育局批准后，在本校（单位）公布、实施。

（四）绩效工资方案实施后，各学校（单位）不得自行发放津贴补贴。

五、本实施指导意见从2013年1月1日起执行。

六、本实施指导意见由区教育局负责解释。

舟山市普陀区教育局
二〇一三年一月十八日

舟山市普陀区教育局关于规范实施现代海洋教育地方课程的指导意见

舟普教发〔2014〕25号

为进一步推进现代海洋教育，有效使用《现代海洋教育读本》地方教材，扎实推进现代海洋教育的课堂教学，特制定本指导意见。

一、课程性质及管理

（一）课程性质：现代海洋教育的课程性质为地方课程，在舟山市普陀区中小学范围内实施，具有地方课程相关权力。

（二）课程管理：现代海洋教育地方课程组织与实施管理权属舟山市普陀区教育局，由教育科负责日常管理，其他科室部门配合管理，具体分工如下：

1. 课程开发与研究：教科室；

2. 教学管理与教研活动：教研室，由地方课程教研员具体开展相关教学管理与教研活动；

3. 课程督导与监管：督导室。

二、课时设置

（一）总课时数：根据舟普教发〔2011〕55号《舟山市普陀区教育局关于印发全面推进现代海洋教育的指导意见的通知》文件精神，每学期课时总量在15课时及以上。

（二）课时来源：在省义务教育有关课时规定中的地方课程和综合实践课程课时内使用，不另增课时，高中课时由学校自行安排在校本课程中。

（三）课时运作：由学校自行决定，可以编入固定周课时，也可以整合综合实践活动或相关海洋教育类主题活动如海洋科艺节等开展长短课时实施。但学校要制定每学期至少15课时量的课时计划，并确保《现代海洋教育读本》达8课时。

三、课程实施年级

（一）《现代海洋教育读本三、四年级》：小学三、四年级两年学习使用；

（二）《现代海洋教育读本五、六年级》：小学五、六年级两年学习使用；

（三）《现代海洋教育读本初中年级》：初中七年级一年学习使用；

（四）《现代海洋教育读本高中年级》：高中高一年级学习使用。

四、学习评价

每学期学校对学生的现代海洋教育学习状况进行评价，并体现在学生素质报告单中，具体评价方式与评价等级由学校自行决定。

五、师资及培训

（一）师资安排：地方课程专职教师，兼职教师由班主任或科学教师组成。

（二）师资培训：由教研室具体负责，纳入地方课程教师培训体系，每学年不少于24学时。

舟山市普陀区教育局

二〇一四年四月

附录三：

教育文献选录

积极实施九年义务教育

一九八七年春在全区校长书记会议上的讲话

陈建国

同志们：

新春后，我们召开第一次教育工作会议非常重要，这次会议的主要议题是明确“九年义务教育普及问题”。各部门已就1987年如何实施九年制义务教育普及工作谈了很好的意见，并布置了任务。下面就各部门的工作，我再作几点补充和说明，就如何贯彻九年义务教育规划提出具体要求，供各校、各部门参考。

一、今年工作的指导思想

以实施九年制义务教育为重点，全面贯彻德智体美劳教育方针。加强政治思想工作，坚持四项基本原则。旗帜鲜明地反对资产阶级自由化，建设文明学校。培养各级各类“四有”人才。

二、认真落实工作任务

（一）积极地、有步骤地实施九年制义务教育。

时代的发展已经把普及九年义务教育的任务提到我们的面前。要使广大教职员工充分认识到它的伟大历史意义，树立历史责任感，为实行九年制义务教育，加强基础教育做出最大努力。

1. 首先应按质按量地完成初等教育任务。小学尚未普及的乡镇，首要任务是抓紧普及小学教育，为今后普及初中教育打好扎实的基础。

2. 向全社会进行广泛深入的宣传。增强人们对实现九年制义务教育的紧迫感和责任感，提高对义务教育法的认识，树立依法办教育的观念，以保证义务教育顺利实施。

3. 端正教育思想。认真贯彻德智体美劳全面发展方针。面向全体学生，提高大面积教育质量。克服抓智育只重视升大学、升中专学生的倾向。为此，一是要进一步开展教育思想大讨论，提高干部、教师、家长、学生的认识，统一思想。二是正确理解新时期的教育方针和培养目标。坚持教育必须为社会主义现代化建设服务方针，坚持德智体美劳全面发展，坚持面向全体学生，实行因材施教。三是要继续认真执行上级指示，停办各类升学复习班。采取有效措施，切实抓好中小学毕业班工作，努力提高教育质量。

4. 蚂蚁岛乡和岐头镇今年开始实行义务教育。要切实做好实施工作。

（1）制订和修改实施规划和乡规民约。提交乡镇代表大会讨论通过。

（2）控制中小学生流生。

（3）做好免费入学工作。教育学生和家长不要因为小学毕业生未面试升初中就放松学习。

（4）继续创造实行义务教育所应具备而未具备的条件。

5. 在八八年实行义务教育的乡（镇），要积极准备创造条件，要深入调查情况，分析情况，提出意见，做出规划。

6. 为更有利于实行九年制义务教育，提高教育质量，对初中布局要作适当调整。

7. 加强学校领导班子建设，对不善管理的学校领导，工作无多大起色的领导班子，经考核作适当调整。

（二）巩固和发展职业技术教育。

继续办好沈家门职业中学、县水产技校、六

横职业中学和朱家尖农业职业中学。重点办好前两所。

近一两年内使职业技术学校的招生数总体上达到与普通高中招生数大体相当。使职业技术教育在专业设置、人才培养上尽量适合我县经济建设的需要。为此,必须要抓好以下几点工作。

1. 提高人们对职业技术教育的认识,克服鄙薄职业技术教育的观念。改变对职业技术教育不关心,不支持的状况。

2. 继续走联合办学道路,同有关劳动生产和经济部门联系配合,积极培养各类有关专业人才。

3. 贯彻“先培训,后就业”“经过考核、择优录用”的原则,使教育体制与劳动人事制度改革相配套。

4. 注意教育质量,努力提高办学效益。要从两个文明建设的需要出发,坚持质量第一。正确处理文化课、专业课和劳动技能训练的关系。学用一致。培养应用型人才。克服和防止重理论轻实践的现象,建设相应实习场地,加强职业技术的训练,培养动手能力。重视职业道德和职业纪律的教育。

(三)认真抓好成人教育和幼儿教育。

1. 加强对青少年的初中文化补习。未实行九年制义务教育的区乡(镇),对不能升入初中学习的青少年,要给予文化补习和技术知识教育。使他们至少达到初中语文、数学两科结业,并有一技之长。

2. 加强乡(镇)企业职工文化技术补课。目前全县乡(镇)企业已成为渔农村经济的主要支柱。提高职工文化技术素质,将会进一步改善企业经营管理和提高劳动生产效率。各乡(镇)企业对此要制订计划,落实措施。

3. 大力发展包括农渔业、工副业、养殖业、加工业以及政治思想、法制等在内的各类短训班,培训各类急需人才,使这一形式的成人教育与上述两类成人教育互相依托,同步发展。

4. 提高全民族科学文化素质要从娃娃抓起。幼儿教育的重要性现已被越来越多的人所认识。各村、居委会,各工矿企业都应积极创造条件创办和发展幼儿教育事业,使全县有一个完整的幼儿教育体系。

5. 在抓好班子建设的同时,要抓紧抓好基地建设和建立各项制度,巩固和发展取得的教育成果。要理顺区、乡(镇)、村三级办学体系。

(四)继续加强学校政治思想工作和社会主义精神文明建设,积极开展文明学校、文明班级、文明学生评选活动。

1. 继续加强学校政治思想工作。要加强对师生社会主义民主法制教育。从理论和实践上让师生认清社会主义民主与资本主义的本质区别。反对资产阶级自由化,珍惜安定团结大好形势,努力学习,努力工作。

2. 全县文明学校由现在 14 所争取到 20 所。

3. 在全县各级各类学校中开展学习郭葆钫同志活动,评选优秀班主任。

4. 在学生中开展以普及法律常识为中心内容的纪律和道德教育,使学生遵纪守法,成为道德、情操高尚的人。

5. 三月和九月份分别召开学校政治思想工作会议和政治思想工作经验交流会议。

6. 大力表扬先进教育工作者、“三好生”和“优秀学生干部”,大力表扬在精神文明建设中和大面积提高教育质量的先进学校和个人。

(五)加强音体美劳教育。

1. 开设劳动技术课。完全中学 1987 年要全面开设。示范初中 1987—1988 年全面开设,其余中学 1987—1988 年开设二分之一年级。

2. “六一”举行小学生文艺会演,各校都要有节目。

3. 全县中小学体育达标率要由现在的 78.1% 提高到 85% 左右,并努力降低中小学生近视率。

(六)如期完成县人大常委会关于三年完成学校危房拆建计划。

1. 各区镇乡学校要把拆建学校危房作为一件

大事来抓。确实当好当地政府参谋。

2. 教育局将按规定在财力、物力上予以保证。

3. 进一步核实校舍危房，等级建档。

4. 继续督促有关部门和区镇乡政府征收教育事业费附加。

（七）下半年组织中小学学校管理工作视导，要在三个方面衡量：

1. 教育思想是否端正。

（1）贯彻全面发展方针情况。

（2）面向全体学生，提高大面积教学质量情况。

（3）重视学生智力发展和创造精神培养。

2. 提高学校工作效率及经济效率。

3. 加强学校的民主管理，调动师生积极性。

检查的范围：

1. 领导班子建设。

2. 教师队伍建设。

3. 义务教育方面。

4. 思想政治工作。

5. 教学工作。

6. 体育卫生。

7. 后勤工作。

（八）加强教研工作。

1. 继续坚持调研与指导相结合的教研工作原则，开展教育科学研究。

2. 开展评比最佳教师和教坛新秀活动。

3. 继续开展“四个一”活动（45周岁以下教师上好一堂优质课，全体教师备好一堂最佳教案，写一份教学经验总结，搞一次教学基本功训练）。

4. 在各科教研活动中要加强复式教学教研工作。

5. 仪器站要继续加强完中、实验初中的建设。开展“多中心”活动，基本配齐独立初中的理化实验仪器。改善管理情况，使一批乡镇中心小学的仪器能正常开展自然科学学科实验。重视实行九年制义务教育乡镇学校的仪器配备和管理。

6. 电教工作立足学校，面向教学，服务基层。积极探索现代化教学方式。搞好试点县的自身建设。完成试点学校的I类配备任务。抓紧电教教材建设。

（九）进一步加强师资队伍建设。建立一支数量足够、稳定合格、专业结构合理的教师队伍。根据省里规划，经过十五年的努力实现这一目标。实现这一目标，具体分三步走。第一步：用五年时间，通过各种途径使教师在数量上基本满足基础教育发展需要。首先解决教师数量不足的问题，并在质量上有较大的提高，绝大多数教师能基本胜任所担任的教育、教学工作。第二步，经过培训和补充，使各科教师的配备基本齐全，绝大多数教师能胜任教育、教学工作。第三步，经过努力，中小学教师的思想品德、文化业务素质向更高的要求过渡。

通过各种形式的在职培训和新分配补充，八七年中学（职业）教师的合格率从八六年的31.9%上升到35%左右，小学教师合格率从八六年的46.32%上升到50%左右。重点抓以下六项工作：

1. 与有关师范院校联系，从各区乡中选送20名左右立志从事教育事业的青年去代培学习。

2. 继续抓好38名小学教师的进修学习。争取到八九年都如期结业。

3. 对不具备合格学历的中小学教师进行教材教法考试和专业文化合格考试，考试合格者发给“教材教法考试合格证书”和“专业合格证书”。

4. 对在编二类民办教师进行文化业务考核。按“择优录用”原则，做好民办教师招收、转为公办教师的工作。

5. 争取提高教师的社会地位和经济待遇，促进教师队伍的稳定。

6. 督促有关乡镇尽快解决拖欠的民办教师工资，以稳定民办教师队伍。

结束语：齐心协力，为提早实现普及九年义务教育县而努力。

一九八七年二月

顺应时代进步要求　构建面向未来的素质教育框架

——促进学生可持续发展综合实验思考

唐栽林

地处东海之滨的普陀区作为浙江省首批素质教育实验县区,近年来不断地试图从社会发展和时代进步的趋势中,去寻找未来教育的特征,并由此来决定教育教学改革的方向。

我们正开始进入信息网络沟通与扩大,时空相对缩小,人类与自然依存关系明显凸显,国际化和多样化、冲突与合作交织在一起的以知识为基础的时代。作为社会和时代的主人,我们在走向新时代的过程中,需要更清楚地认识自己,更执着地探索未知世界,更敏捷地获得知识和经验,更自觉地把握自己的行为,更理智地处理个人与社会、人类与自然的关系,更富有创造性地迎接未来的不断挑战,从而使整个人类充满生机,并通向健康、和谐的未来。这种时代的需求必须及时地反映在当前的教育上,反映在对下一代素质的要求中。因此,我们必须把培养具有社会主义觉悟、主动精神、健全人格、科学思维、自我教育能力、善学习能创造的可持续发展的新一代作为素质教育的基本任务。

基于上述认识,我区以教育科研为先导,深化教育教学改革,近十年来逐步实施了以主体性教育、创新教育、绿色教育、心理健康教育、现代信息技术教育和国际理解教育为主要内容,促进学生可持续发展的综合实验,基本形成了面向未来的素质教育新框架。

一、实施主体性教育,培养自主能力,解放发展的潜能。

经济领域的改革解放了社会生产力,实质在于解放了劳动者;教育教学的改革也必须解放学生,充分开发他们的发展潜能。因此,必须重新认识学生,重新审视我们的教育教学行为;学生在教育教学活动中究竟应该处于什么地位?针对当前中小学存在的无视学生的主体性,忽视学生的情感需要,教师作用越位,学生被动,教学效率低下的种种弊端,我们实施了主体性教育,在教育教学活动尤其是在课堂教学中突出学生的主体地位,强调教学民主,强调自我激励,强调学会学习。

首先,我们在总结以往课堂教学改革成果和吸收外地经验的基础上,开展了历时十年的《主体学习,辩证指导》课堂教学模式的研究和实践。我们明确地提出了《主体学习,辩证指导》的教学思想、教学研究和评价标准,形成了以“五自五导”课堂教学结构和程序为中心的课堂教学模式。学生主体学习的“五自”指的是“自启入境”“自学探究”“自研交流”“自评完善”“自迁创造”;教师辩证指导的“五导”相应的是“激需导向”“察情导法”“调控导研”“强化导评”“拓思导迁”。这一教学模式从马克思主义的认识论出发,确认学生在课堂教学这一特定实践中的主体地位,强调学生主体性的发挥对完成教学目标的重要性和主体性发展本身的重要性,强调认知和情意的统一,强调教师的教服从于学生的学的具体需要,并从这种具体需要出发,辩证地运用教学手段、教学策略,使学生学会学习,发展个性,实现教与学的辩证统一。

其次,我们十分重视解放学习困难学生,开展分层次教学,推广成功教育。朱家尖中学根据学生学科成绩分化较严重的情况,采取了“保持原编班,学生自愿选择,部分学科(主要是数学和英语)分层教学”的方法,使课堂教学更接近学生的实际,在一定程度上避免了“一刀切”。成功教育辅以鼓励性成绩评价,使许多后进生有了成功的体验,“抬起头来走路”,获得了较好的发展。

二、实施创新教育,突出思维品质训练,培植创新精神。

创造活动是人类最本质的活动。知识经济时代的进步越来越取决于人的创新能力。创新精神和创新能力是一个现代人所不可缺少的优良品质、智慧和卓越才能的综合体现，也是促使人可持续发展的动力源泉。为此，必须抓住少年儿童时期这一形成创新基本品质的最佳时机，予以培养。

沈家门一小等一批学校在有关科研部门的指导下，实施了浙江省教科研课题《在小学课堂教学中培养学生思维品质实验》的研究。其目标是培养学生的创造意向（兴趣、动机、意志等）、创造思维（深刻性、灵活性、独创性、批判性和敏捷性）、创造技能（精细性、巧妙性、实用性等）、创造人格（进取性、挑战性、冒险性等），力争在全面完成教育教学大纲的同时，使学生的创新能力得到发展。学生创新能力的发展又促进学生的思想品德素质、科学文化素质、身体心理素质不断提高，达到全面育人的目的。课堂教学中，教师通过创设适当的教学情境，激发创新兴趣；设计启发思考的策略（提供变式、改变表征、进行比较、引导学生人人参与探索）；根据信息反馈，选择合理的策略；学生进行分类、概括及小结等操作步骤，不断强化思维品质的训练，塑造学生的创新精神。五年实验证明，学生的创造性思维品质明显优于对比班，学生的学习成绩大面积得到提高，个性特长也得到了发展。

为了进一步探索创新教育，普陀二中作为浙江省创新实验学校启动了实验，实施由基础性课程、发展性课程和研究性课程三个板块组成的课程体系。基础性课程由部分必修课和基本学习要素训练（语文文字能力、数学计算能力、批判性创造性思维、科技观念、地球社会价值观、自学自控能力）两部分组成；发展性课程由部分必修课（创造学、思维训练、电脑基础）、自选课（环境科学、科技—社会—文化、生物栽培、摄影、英语快速阅读、自然科学发展简史、音乐欣赏、科技英语、现代信息技术）、活动课（德育活动、文体活动、科技活动、劳技活动）三部分组成；研究性课程由专题讲座（如：克隆技术、人类基因排序工程、现代战争与高科技、朱家尖海峡大桥设计等）、研究方法课（社会调查技术、数学思想方法、自然科学方法论、探索性试验技术、科研报告、小论文写作等）、应用技能课（综合理科实验、软件制作、美术与创意设计、科技制作与创造）、社会实践课（参观、社会调查、自然考察）四部分组成。与此同时，通过操纵具有创新精神的教师、创新性的教学方法、现代信息技术的运用、激励性评价、创造型集体氛围、弹性管理制度等六大因子，努力达到：学科课程目标更好更快更全面地达成；学生创新品质得到培养；学生找到个性潜能发展的独特领域和生长点等三大目标。

三、实施绿色教育，让学生学会关爱自然，促进当地可持续发展。

自然的惩罚和时代的进步促成人类与自然的关系从征服、主宰转向相互依存、和谐相处。因此，基础教育迫切需要改革教育内容和方法，使每一个学生“学会关心”，不仅关心你、我、他，而且关心物种、生物圈、地球，既懂得先进的科学技术，又懂得协调人与人、人与自然的关系，从而在促进科技经济发展的同时，使他们成为维持和优化人类生存环境的积极参与者。

站在“可持续发展”的战略高度，面对近海渔业资源衰退、旅游业发达而人们环境意识又较淡薄的实际，我们于1997年以朱家尖岛的幼儿园、中小学和成人文化技术学校为中心，组织实施了《绿色意识与行动—朱家尖岛关爱大自然教育工程》课题，并以该课题带动了全区学校普遍开展了环境教育。成立了普陀区环境教育研究会并成为北京“自然之友”协会的团体会员；师生向社会进行大规模的“世界环境日”宣传活动；朱家尖中心小学被教育部、世界自然基金会、英国石油公司确定为“中国中小学绿色教育行动实验学校”，沈家门第六小学成立了少年环保学校，并成为全国环保网络学校。目前，普陀区已构建了环境教育的管理网络（环境教育工作领导小组、协调小组）、教育网络（纵向：幼教、普教、职教、成教“四教”兼顾；横向：学校、家庭、社会“三位一体”）、教学网络（必修课渗透、选修课强化、活动课参与、隐性课内化）、科研网络（环境教育研究会、课题组）、评估制度（绿色学校、无烟学校）。“中小学生环境意识的形成”“环境教育的层次性”“环境教育主题活动课设计”等子课题研究已出成果。生动活泼的渗透课、活动课、实践课和浓郁的生态环境氛围给学校带来了生气。广大中小学乃至成人在保护周围环境、垃圾分类、节能等方面的意识和行动明显加强。

四、实施心理健康教育，优化教育环境，塑造健全人格。

急剧变化、高速发展、日益明显的不平衡、充满刺激与竞争已经渗透到社会生活的各个领域，给人们带来了巨大的心理负荷。这就使学生心理问题剧增，也对未来人才的心理素质提出了更高的要求。这就迫切需要通过心理健康教育，优化下一代的心理品质，使他们能关注人的心理需要，充满人与人之间的理解、尊重和帮助。

1996年，我们以沈家门第一初级中学为中心，实施《中小学生心理健康教育的研究与实践》课题。本着遵循人的发展规律，从尊重人、帮助人到发展人的思想出发，通过提高校长、教师的认识，课程和教法的改革，适当的行政干预诸因子，承担心理健康教育的十大任务，以达到优化学生的心理环境，培养学生良好的心理素质，提高学生的社会适应能力，促进学生身心健康发展的目的。成立了普陀心理健康教育领导小组、心理咨询指导中心，指导全区各校开展心理健康教育教学和咨询工作。制订了《普陀区中小学心理健康教育实施方案》，对中小学心理健康教育专兼职教师的配备、学生每学期接受心理健康教育的课时、中小学心理咨询辅导室的设立及每周对学生个别辅导时间作出规定。开通了中小学生心理咨询热线电话和“319知心姐姐”信箱。咨询内容包括学习问题、人际关系、青春期问题、职业选择等，并据情采取必要的技术干预。成立了区中小学心理健康教育研究会，创办《普陀中小学心理健康教育通讯》，展开了“教师心理素质和学生心理健康相关性”“心理健康教育课程与教育对策”“综合高中学生心理问题”“职业中学学生就业心理”“问题行为和行为问题”等子课题的研究。编写的《初中生心理辅导读本》学生用书和教师用书发挥了很好的作用。心理课摒弃了说教，强调参与，强调体验，强调教给方法，生动活泼，深受学生欢迎。成立心理测量小组，在测量的基础上为2800余名学生建立了心理健康档案。许多学校还通过家访、家长会、家长学校、《家长报》、社区教育等渠道，构建了家庭、学校、社会“三位一体”的心理健康教育社会参与机制。随着工作的深入，学校领导、教师观念发生了转变，教学行为有了改善，学生整体的心理品质有了明显的优化，少数学生的不良心理得到了矫正，个别学生放弃了轻生的念头。其成果受到了省学校心理辅导研究会的专家和华东师大专家的高度评价。

五、实施现代信息技术教育，培养现代社会技能和信息时代意识。

积极开展以互联网为基础的现代信息技术教育。不仅可以极大地促进学校教育技术和学校管理的现代化，促进学生掌握计算机及其网络这一现代生活的基本技术，促进学生的思维训练，更重要的是可以促使师生开阔视野，转变观念，培养与信息时代相适应的意识。这是因为网络背景下大量的信息，可以使人提早感受到新时代的特征和氛围。

在完成“普及实验教学”和“三机一幕”配置的基础上，我们于1998年建设了普陀教育科研网，由中心网站及局域网、光缆连接的高速城域网和电话拨号连接的渔(农)村网所组成，并以2兆带宽的光缆与中国教育科研网连接。实现了全区中小学及其教育机构的全面联网(包括城区教师宿舍的光缆连接)，以计算机无纸化的信息传输完全代替了传统书面资料传送，区教委和20余所学校主页已上网，充分显示了计算机网络在海岛应用中的准确、可靠、及时、简便、经济等优越性，使我区教育信息管理的现代化步伐走在全省的前列。由此同时，学校计算机配备和计算机教学工作进展迅速．全区学校已拥有30个计算机教室，1200余台计算机．每天约有3200名师生在学习和使用计算机(网络)。开展教师计算机应用二级全员培训，许多学校80%以上的教师已能使用计算机网络。成立了现代信息技术教育研究会，一批学校开展“小学语文四结合教学”“新世纪计算机课程研究”“计算机网络作文”等研究，收到专家好评。目前我们正在筹建八大信息库，拟建远程教育和可视会议系统，进一步开展网络功能，加大计算机(多媒体)辅助教学研究的力度，提高对教育教学的介入度，为教师和学生创建良好的学习环境和学习资源，提供先进的学习与发展的手段，从整体上提高信息化教育的水平。

六、实施国际理解教育，开展对外交流，适应全球化趋势。

一个国家不学习世界各国的先进经验，一个民族不吸收世界上各民族的优秀文化，要自强于世界民族之林是不可想象的。民族交融文化并蓄创造了伟大的中华民族。无疑，坚持改革开放必将是我国的长期方针。随着全球一体化趋势和我国对外开放的不断扩大，国际交往和国际流动也将成为中国未来一代人生活的重要组成部分。事实上，普陀渔业和海运业已开始走向世界。因此，把未来一代培养成具有爱国主义精神和社会主义觉悟的全球人是素质教育的迫切任务。

今年我们启动了以政治、历史和地理教学为背景，以外语教学为基础，以国际交流和因特网交流为渠道的国际理解教育。改革死记硬背式的政治、世界历史和世界地理教学，开设相关的选修课和专题讲座；1993年起开始小学外语课程试点，改革教法；部分中学也与法国、英国的学校建立了交往关系。国际理解教育既对德育提出了新课题，也有利于开拓德育的新思路。如怎样解决在信息化、全球化时代，加强爱国主义、社会主义教育这个无法回避的难题。国际理解教育对外语教学既带来了活力又提高了要求，也牵动政治、历史和地理教学出现生动活泼的局面。

实践一定会证明，国际理解教育可以帮助学生在感受地球相对缩小的同时，逐步理解不同的文化背景，初步了解和熟悉国际生活基本规则，促进学生对计算机网络和外语等现代社会基本技能的学习，从而培养学生作为炎黄子孙的博大胸怀，地球村人的宽广视野，现代人的深邃的洞察力和感悟力，为他们今后在国际政治经济舞台上进行国际交流、合作与竞争奠定基础。

二〇〇〇年四月

注：此文于2000年在《人民教育》第四期发表

勇于担当　走在前列
让普陀率先迈进基本实现教育现代化区行列

——在基本实现教育现代化区汇报会上的发言

唐汉成

一、本区基本情况

普陀区是舟山市的一个市属区，面积6728平方公里，其中陆地面积458.6平方公里。下辖4镇4街道，2014年户籍人口32.29万元。2014年，全区实现生产总值328.52亿元，地方财政收入23.47亿元，城镇居民人均可支配收入40673元，渔农村居民人均纯收入23380元。

目前，全区有中等职业教育技术学校1所、普通高中学校3所、义务教育学校21所（含1所新居民子弟学校）、学前教育机构39所，在校中小学生、幼儿33354人，在编教职员工2519人。全区义务教育入学率、巩固率均为100%，初升高率达99.55%，高中教育阶段毛入学率为99.55%，完成率为97.15%。

普陀区历届党委、政府高度重视教育工作。1995年，全区通过省“两基”评估验收，1997年通过“两基”复评，至2000年年底，全区所有乡镇全部通过“两高”评估验收。进入21世纪，普陀区先后获得“浙江省教育强区”“浙江省区域性推进素质教育先进县区”“浙江省义务教育课程改革第一批先进集体”“全国社区教育实验区”“全国农村成人教育先进单位”“第二届全国教育改革创新优秀奖”“省中小学生课外文体工程示范区”“省成人双证制教育培训工作先进集体”“省教研工作先进集体”“省第二轮农远工程先进集体”“全国家长学校实验区”“省首批学校心理健康教育研究示范区”等荣誉称号。自2008年浙江省对各县区实施教育科学和谐发展业绩考核以来，五次荣获优秀单位称号；在舟山市政府对县区教育发展目标责任考核中多年保持全市第一。

二、创建省基本实现教育现代化区的主要做法与成绩

（一）强化保障，坚持教育优先发展

强化体制保障。区政府切实承担教育保障责任，制定出台《普陀区义务教育经费保障机制改革实施方案》等系列政策文件，形成了促进教育发展的长效机制。同时完善区镇两级教育投入承担机制，将乡镇教育投入纳入党政领导干部工作目标考核。各乡镇（街道）纷纷出台相关奖励优惠政策，积极营造推动教育科学发展的有利环境。区教育行政部门认真落实各项政策，推进改革创新，规范机关行政行为、学校办学行为和教师教育行为，强化监督检查，促进了全区教育既快又好发展。

强化经费保障。区财政对教育投入稳步增长，学校建设和维修等各类专项经费均列入财政预算，有力促进了教育均衡健康发展。统一渔农村与直属学校公用经费预算标准，将义务教育经费全额纳入公共财政保障范围，实现了义务教育“零收费”。2012—2014年，全区教育经费总支出达22.87亿元，其中预算内教育经费拨款17.09亿元，占总支出的74.73%。预算内教育经费拨款、中小学生均预算内教育经费支出和生均预算内公用经费支出逐年增长；财政教育经费支出占国民生产总值的比例和预算内教育经费占财政支出的比例逐年提高。全区按土地出让净收益的10%提取教育资金并用于教育，2012—2014年分别为1229万元、4063.8万元和3233.4万元。

强化教师保障。高度重视师资配备，每年用足教师编制，截至到2015年9月，实际配备中小学、幼儿园教师2519名，达到核定编制总数的125.76%。从2009年起按省规定落实义务教育学校绩效工资，2010年开始落实非义务教育学校绩效工资，教师平均工资水平不低于当地公务员平均工资水平，并随公务员规范后津补贴的调整作相应调整，各级各类学校教师社会保险政策全部落实到位。2015年起实施教师岗位津贴并全部发放到位。全面开展“十二五”教师专业发展培训工作，学校参与自主选课率等各项指标全省领先。认真举办“东海风·普陀教学文化节”，有机整合“潮涌普陀”主题研修与教师专业发展培训，顺利实施教师发展“比翼”计划，启动教育系统全员读书工程，有力提升了广大教师的专业素养和精神境界。认真实施名师培养工程，全区建成6个名师工作室，集聚区内同学科领军人才，共享资源、相互学习、共同提高。2015年12月，区教师进修学校获评浙江省“十二五”期间师干训先进集体。

强化资源保障。出台《舟山市普陀区学校布局调整规划（2013—2020年）》，建立学校（幼儿园）建设与居住区建设相配套的制度，统筹安排学前教育、普通教育、职业教育、继续教育等各类教育。高度重视义务教育标准化学校创建，加大投入，全面提高学校办学水平。2015年12月，随着区内最后两所公办义务教育学校通过省级验评，全区公办义务教育标准化校比例达到100%。认真做好全国义务教育发展基本均衡县（区）创建工作，并于2014年2月正式被国务院教育督导委员会授予“全国义务教育发展基本均衡县区”称号。

大手笔推进全区中小学校舍安全工程、学前教育提升改造工程、学校建设工程等政府实事项目实施。2009年以来，完成中小学校安工程项目42个，迁建拆建、加固改造中小学校舍面积28.94万平方米，总投资9.2亿元；新建沈家门幼儿园等9所公办幼儿园，总投资1.51亿元，其中7所已正式投入使用，展茅中心幼儿园、六横双屿港幼儿园（暂名）今年均可投入使用；总投资1.2亿的普陀小学2015年8月正式投入使用；总投资2.81亿的城北小学（暂名）、鲁家峙小学（暂名）、城北幼儿园（暂名）、区职教中心迁建工程已动工建设，极大改善了全区学校尤其是海岛学校的办学条件。

积极扶持民办教育。按《普陀区义务教育民办学校扶持专项资金使用管理暂行办法》设立扶持专项资金，设置公用经费补助等5个补助奖励

项目，通过以奖代补方式，强化新居民子弟学校管理。通过与公办学校组建教育、党建共同体，持续推动学校间教育管理、队伍建设等多方位交流，提升其办学水平；通过委派公办学校领导到民办学校担任党支部书记，帮助指导学校规范运作。将新居民子弟学校纳入区校安工程，投资500万元完成校舍加固改造，电脑房、实验室等专用教室得到保障，多媒体、学生电脑、实验器材等全部配足。

（二）育人为本，坚持教育规范发展

着力抓好学生德育工作。以全国文明城市及全国未成年人思想道德建设先进城市创建为契机，结合“中国梦”及社会主义核心价值观教育活动，通过课堂渗透、班集体建设、主题实践活动等各种德育途径，发挥各种校内外德育力量，深入推进未成年人思想道德建设。全区各校理顺了学校、家庭、社会“三位一体”的联系制度，逐步形成了以德育为首，体育、艺术、科技等各类教育协调发展的“大德育观”。普陀区少工委被省少工委授予“2013年度浙江省先进县级少工委”称号。

切实减轻学生过重课业负担。坚持开足开齐开好规定课程，严格按教学计划进度组织教学。作为省首批区域推进“轻负担高质量”联系县区，始终坚持素质教育办学方向，以规范办学夯实“减负”基础，扎实推进“轻负高质”，不断丰厚教育内涵。通过建立完善“减负”督查机制、落实督学责任、设置“减负”监督电话和电子信箱、强化“减负”工作考核等举措认真落实省厅“减负”各项规定。

努力提升学生综合素养。普及与提高并举，大力开展体育、科技、艺术教育。深入开展阳光体育运动，全面实施“体育艺术2+1”项目和国家学生体质健康标准。每年投入专项资金，组织开展中小学生田径、球类、“五小星”、科技运动会等体艺科技比赛以及暑期夏令营活动。全区各校都有区级以上教育行政部门认定的体育、艺术特色项目（其中省、市特色项目创建占比64%），75%的义教段学校被评为省艺术、体育特色学校。沈家门小学、沈家门第一小学被确定为省阳光体育后备人才基地学校，沈家门小学的“大课间活动”案例获全国中小学阳光体育运动优秀案例奖。我区每年均有多人次在省青少年科技创新大赛、省中小学生健美操比赛、省网球传统项目学校比赛、省中小学生艺术节现场展演等项目中获奖。我区代表队已连续四年在市中小学生田径运动会上以绝对优势获团体总分第一。

（三）促进公平，坚持教育协调发展

规范学前教育。认真贯彻落实学前教育三年行动计划，推进市级学前教育示范、达标乡镇创建工作，所有乡镇中心幼儿园列入事业编制单位，全区万人以上乡镇均办有1所及以上公办幼儿园，并均已获评市级学前教育示范乡镇。民办幼儿园发展规范有序，学前教育办园条件普遍改善，全区学前三年入园率达99.68%，普惠性幼儿园覆盖面达76.09%，等级幼儿园比例达82.05%。加大学前教育管理力度，实施学前教育机构督导考核，积极推进幼教共同体建设，各园办园行为规范。加强幼教队伍建设，近三年招聘幼教在编专任教师60名；实施幼教骨干教师培养计划，出台《普陀区幼儿园非在编骨干教师评选管理办法》，每年对骨干教师进行履职考核并给予一定的资金奖励，促进了幼儿教师整体素质提升。着力改造薄弱幼儿园，取缔无证幼儿园。2015年整合改造舟水联等薄弱幼儿园，取缔了2所无证幼儿园，新开办荷叶湾等3所普惠性幼儿园，公益普惠的学前教育体系基本形成。

抓实义务教育。着力加强仪器设备配置、图书馆（室）建设、学生实践基地建设等服务于素质教育深入实施的各项基础工作。全区中小学标准化实验室达96%，实验开出率达96.8%；多媒体进教室率达100%，学校校园网全部接入教育城域网，网络出口带宽达1G，提高了教育技术装备配备标准和使用效益。沈家门一小被教育部确定为国家级信息化试点学校。

不断加大对渔农村学校的扶持力度。深入推进轮岗支教和共同体建设，每年派出50名左右教师到渔农村学校轮岗支教。2014年起正式实施教师校长交流制度，当年交流教师校长99人，2015年交流126人。组织市区学科带头人、名师工作室成员、教坛新秀送教渔农村，实现优质资源共享。

坚决杜绝择校现象发生。通过多方论证，不断完善招生政策，及时制定并公布《普陀区2015年初中、小学招生实施办法》，同时做好宣传与解读工作，设立咨询与举报电话，主动接受群众咨询与监督。2015年全区义务教育阶段公办中小学坚持“阳光招生”，严格做到就近、免试入学，招生过程规范、有序、公开、公正、公平，实现了零择校。

改革高中教育。制定出台《深入推进普通高中学校课程改革实施方案》等系列政策文件，不定期组织专家、教研团队调研课改推进中的重点、难点问题，检查评估课改执行情况，及时研究解决困难和问题。各普通高中梳理学校办学定位和发展规划，深入推进课改，强化精品选修课程质量，成效明显。普陀中学六横中学联合办学，促进了六横中学办学质量、办学品位的提升。2014年，普陀中学和普陀三中分别被确认为省一、二级普通高中特色示范学校。

做强职业教育。以浙江舟山群岛新区、国家旅游综合改革试点城市和浙江省海洋旅游综合改革试验区建设为背景，加快普陀职教中心专业结构调整，形成了以海洋旅游专业为主体，船舶修造、机电制造和港口物流为辅助的四大类专业15个培养方向，结构合理，特色鲜明，并积极推进中高职一体化人才培养。做强做精省示范专业——旅游服务与管理专业，学生在国家、省、市各级各类比赛中屡获佳绩，连续三届荣获舟山市职业（技工）学校学生技能大比武服务类团体第一。区职教中心2010年2月被教育部批准为国家级重点中等职业学校；2012年成功入选省首批中等职业教育改革发展示范学校建设项目；2013年3月被省教育厅批准为省一级中等职业学校；2014年4月，被国家教育部等六部门授予“全国职业教育先进单位”称号。

提升成人教育。高度重视社区学院（成校）基地建设，积极做好省标准化成校和市星级成校创建工作。作为第四批全国社区教育实验区，已建立形成以社区教育学院为龙头、乡镇（街道）成校为骨干、社区学校为补充的三级社区教育网络。普陀区社区教育学院被评为省示范性社区学院；全区8所镇（街道）成校，均已建成省标准化成校，标准化乡镇成校建设达标率达到100%。扎实开展面向城乡居民的各类教育培训，着重抓好渔农民转产就业素质技能培训和以“市民大课堂”为主要形式的市民素质提升教育活动，推进渔农民成人“双证制”教育。普陀区教育局荣获省成人“双证制”教育先进集体。全面加强家长学校建设，并被教育部确定为“全国家长学校实验区”，家长学校经验在省家庭教育指导研讨会上交流。2014年1月，我区被中国成人教育协会授予“2013年全民终身学习活动周成功组织奖”。

帮扶弱势群体。一是完善中小学学生资助政策，各项减免、资助按有关规定执行到位，做到应助尽助；二是做好中等职业学校学生免学费工作，从2012年秋季学期起免除所有在校学生学费；三是制订并不断完善离岛就学资助政策，对来自全区无学校的海岛的义务教育学生，给予每生每年2500元的补助；四是实施学前教育特殊儿童入园资助工作，对低保家庭子女、孤儿、残疾幼儿和低保边缘户家庭子女入园资助保育费；五是做好普通高中和中职学校家庭经济困难学生资助工作，同时扩大省定中职资助范围，为低保家庭的中职学生免除代管费和住宿费；六是全面升级义务教育学生“爱心营养餐”，2012年起将省定资助对象从农村扩展到全区义务教育中小学家庭经济困难学生，资助餐次从“一周二餐”升级为“一日一餐”，资助标准从每生每年350元提高到1000元（比省标准提高250元）。区阳光助学基金坚持开展普惠性公益助学活动，免费为中小学学生订阅学生刊物，免费为全区所有义务教育阶段学生配发学生服。

重视特殊教育。制定出台《普陀区特殊教育发展规划》，专门在沈家门第四小学设立特殊教育教学点，建立资源教室，招聘特殊教育专业教师，接受全区中重度残疾少年儿童就读。制订出台《关于加强轻度残障少年儿童随班就读工作的实施意见》，鼓励接纳有随班就读能力的学生到区内普通学校随班就读，东港中学等4所学校被确定为市首批随班就读试点学校，4校的资源教室已全部投入使用。对无法适应集中教育的重度残疾儿童少年,安排责任学校教师实施送教上门。全区适龄三类残疾儿童少年义务教育入学率达到100%。

(四)提高质量,坚持教育健康发展

积极打造优质高效课堂。深入推进课程改革,提高课堂教学效益,探求适应我区的教学模式。组织了“课堂在转型”专题报告会、“东海风”普陀教学文化节;开展了“先学后教,以学定教”专题研讨、主题教研、教学评比、网上论坛等活动;坚持每学期召开一次全区学校教学工作现场会,目前已举行8次;创编了《普陀教学改革》通讯,建立了学校管理和教育质量监测评价体系与督导通报制度。教研员蹲点联系学校,加强“常态教学”管理和教研共同体、学科协作组建设。扎实做好初、高中学生综合素质评价测试工作,高度重视高中会考工作,2013—2015年度高中学业水平考试单科累计合格率分别为99.53%、98.50%和98.70%。

努力完善学校发展性评价制度。将学校发展性评价与学校年度考核紧密结合,不断完善《发展性评价工作推进方案》与《学校学年度工作考核评估方案》,注重发展性评价在学校管理、教育改革和重点工作推进中的理念引导,促进各校不断增强自我反思、自我调控、自我完善、自主发展能力,提高管理效益。2011年启用《学校工作考核评估系统》电子平台,进一步规范了考核流程,提高了工作效率。目前,全区学校发展性评价内容全面,板块结构清楚,导向作用明显。

坚决维护教育系统安全稳定。建立和完善信访、安全工作责任制,强化风险评估,完善矛盾纠纷排查化解机制和学校突发事件应急管理机制。加强网络舆情监测,及时处置和引导涉及普陀教育的敏感言论;做好信访维稳工作,对来信来电均做到及时受理,认真办结。全面开展“两排查一促进”专项活动,每月一次排查整治安全隐患。完善人防、物防和技防措施,加强师生安全教育和安全演练,有效整治校园周边环境。全区校园安全生产事故数、死亡人数、直接经济损失三项指标近几年均实现“零增长”。2012年、2013年,我局连续被评为市学校安全工作管理目标考核优秀单位。

(五)深化改革,坚持教育创新发展

全面开展现代海洋教育。一是以现代海洋教育引领素质教育实践。设计了以海洋为切入口的素质教育模块,形成了以沈家门小学“蓝海背景下的素质教育的新模式”为典型的学校素质教育模式。二是编写两套区域推进现代海洋教育的通用读本,全区近2万名学生接受海洋专题教育。《普陀海洋英语读本》于2013年1月进入课堂教学,《现代海洋教育读本》(全四册)于2014年3月进入课堂教学。三是促进各校在海洋教育中百花齐放。按照《区域推进现代海洋教育》方案,从多方面促进学校结合各自特色优势开展现代海洋教育,推进海洋科普和综合实践活动。沈家门小学被国家海洋局确定为全国首个小学海洋意识教育基地。2011年和2013年,我区现代海洋教育两次在青岛举行的海洋教育国际研讨会上作专题交流,并获好评。《区域推进现代海洋教育的实践研究》课题被全国教育科学规划领导小组办公室确立为全国教育科学“十二五”规划2014年度国家规划课题。

进一步扩大教育开放规模。主动融入“长三角”,积极推动区内学校与国内外名校的交流与合作。2005年起引进挪威奥斯陆大学合作项目,有效提升了我区师生的英语口语水平;沈家门一小等校以校际教育教学联谊为手段,开展与上海、宁波、杭州等名校的教学联谊;普陀职教中心与德国柏林职业教育集团合作开设“酒店管理”和“数控技术”专业,努力培养新区建设需要的国际化高技能人才;普陀二中等4所中小学分别与韩国、新加坡中小学结成友好学校,以教育开放促进教育发展。美国西巷中学、保护长江水学校项目联盟等还组团到东港中学、朱家尖小学等校交流访问。教育开放交流不仅开阔了师生视野,提升了学校教育教学理念,也打响了普陀的教育品牌。

成功研发中小学生实验工具包。针对当前儿童玩具少、动手实验不够等现状,我区着手研发中小学生手提式“动手学”实验包,编著配套使用的《趣味科学小实验精选》一书,建立实验基地和“动手学”网站,并取得成功。《“动手学”实验包让科普活动进家庭——中小学生实验工具包的研发、应用与推广》获评实施《全民科学素质纲要》全国优秀案例、省第三届教研课题成果评比一等奖，并在省第三届教研课题成果报告会暨2009年立项课题交流会上作成果展示报告。全区2009年至2014年一直免费向小学四年级、部分五六年级和初一学生发放“动手学”实验包。

三、存在问题与努力方向

在我区教育均衡、优质发展的同时，我们也清醒地看到，当前，全区教育发展依然面临一些问题。主要是教师的教育理念、专业素养有待进一步提升；教师的职业倦怠现象依然存在；流动人口子女教育也面临新的挑战。我们将以本次创建活动为契机，不断提升教育现代化保障水平和发展水平，努力推进现代海洋教育，促进教育均衡和教育公平，促进教育内涵发展，加强教育改革和创新，全面提升教育整体品质，为舟山群岛新区建设提供强有力的人才保证和智力支持。

附录四：

20世纪50年代大陆支援普陀教育教师名录(部分)

表5-6

序号	姓名	性别	出生年月	籍贯	学历	毕业学校	支教时间	始任教学校	任教学科
1	陈素卿	女	1925	温岭	简师		1950.7	沈家门第五小学	
2	郭伟武	男	1928	杭州	高中		1950.8	螺门小学	
3	陈平文	女	1934	镇海	初中		1950.9	沈家门第一小学	
4	戴行锵	男	1932	鄞县	初中		1950.9	马峙小学	
5	洪爱廉	女	1928	龙泉	初师		1950.9	勾山大干小学	
6	唐敏成	女	1931	宁波	初师		1950.9	泉水岙小学	
7	胡佩卿	女	1917	奉化	高小		1951.1	大干小学	
8	朱云莉	女	1928	仙居	简师		1951.2	沈家门第二小学	
9	秦素琴	女	1927	嵊县	初师	鄞县师范	1951.2	普陀山小学	
10	林樨梅	女	1933	象山	初师	鄞县师范	1951.2	朱家尖盐厂小学	
11	邬孔懋	男	1919	宁波	初中		1951.2	六横峧头小学	
12	郭修洁	女	1931	福建	初中		1951.3	沈家门第四小学	
13	朱芝芬	女	1935	浙江	初师		1951.3	鲁家峙小学	
14	李明衡	男	1923	镇海	初中		1951.3	六横区洋山邵家小学	
15	王安邦	男	1932	宁波	高师		1951.4	六横峧头小学	
16	何继根	男	1935	诸暨	高中		1951.5	登步蛏子港小学	
17	张慧琴	女	1936	天津	初中		1951.7	沈家门第二小学	
18	黄宝光	男		广东	中专		1951.7	鲁家峙小学	
19	王贤煦	男	1911	鄞县	师专	沪正风高师科	1951.8	普陀中学	语文
20	龚淑贤	女	1932	崇明	高中		1951.9	沈家门第一小学	
21	王爱国	男	1927	象山	初师		1951.9	桃花鹁鸪门小学	
22	朱旭莹	女	1934	慈溪	初师		1951.9	登步大岙小学	
23	王薇儿	女	1933	诸暨	初中		1951.9	六横峧头小学	
24	张娟华	女	1933	奉化	初师	奉化初师	1951.9	展茅张家小学	
25	张浩才	男	1932	鄞县	初师	鄞县师范	1951.11	桃花宫前小学	
26	邢仁招	男	1935	嵊县	初师	鄞县师范	1951.11	蚂蚁岛小学	
27	周时昌	男	1932	鄞县	初师	鄞县师范	1951.11	登步中心小学	
28	石兴玉	女	1932	鄞县	初师	鄞县师范	1951.11	桃花区校	
29	茅兴华	女	1933	宁波	初师	慈城初级师范	1951.12	沈家门第二小学	数学
30	陈亨茂	男	1928	奉化	普师	锦堂师范	1952	普陀中学	地理
31	黄庆甫	男	1923	义乌	高中		1952	普陀中学	语文
32	王贤煦	男	1914	鄞县	高中		1952	芦花中学	
33	张荣昌	男	1926	宁海	高中	奉化中学	1952	沈家门第一中心小学	
34	朱云彩	女	1927	仙居	简师	台州师范	1952	沈家门第一中心小学	
35	陈华曙	女	1916	诸暨	高中	绍兴第五中学	1952	沈家门第一中心小学	
36	忻企华	男	1932	鄞县			1952	沈家门第一中心小学	
37	忻文阑	女	1928	鄞县			1952	沈家门第一中心小学	

续表 5-6-1

序号	姓名	性别	出生年月	籍贯	学历	毕业学校	支教时间	始任教学校	任教学科
38	林 晞	女	1923	鄞县		宁波青年学校	1952	沈家门第一中心小学	
39	陈 杰	男	1927	宁海	简师	宁海师范	1952	沈家门第三小学	
40	乌志湘	女	1932	镇海	小学	上海统雄小学	1952	沈家门第三小学	
41	刘杏青	女	1923	福建	初中	上海徐汇中学	1952	沈家门第四小学	
42	周覆宇	男	1909	绍兴	小学	绍兴东头小学	1952	朱蒲区	
43	吴仲希	男	1922	乐清	高中	乐清淮南中学	1952	朱蒲区	
44	冯爱云	女	1936	镇海	高小		1952	桃花大石头小学	
45	陈贵先	男	1933	奉化	高中		1952	虾峙栅棚小学	小学各科
46	王秀娟	女	1936	奉化	初师	鄞县初师	1952	六横礁潭外湾小学	
47	谢向毅	男	1924	象山	高中	鄞县县立中学	1952.1	朱蒲区	副校长
48	於碧华	女	1924	镇海	初中		1952.2	六横邵家小学	
49	叶焕然	男	1933	青田	普师		1952.3	展茅中学	
50	郑启元	男	1929	金华	普师		1952.3	展茅张家小学	
51	竺文甫	男	1929	奉化	高中	奉化县立中学	1952.5	朱家尖寺岙小学	
52	陆 稼	男	1933	慈溪	普师	舟山师范	1952.5	桃花宫前小学	
53	胡稼轩	男	1922	镇海	高中	鄞县私立中学	1952.6	朱家尖	
54	洪 宁	男	1923	玉环	初中	瓯海中学	1952.7	沈家门第一中心小学	
55	李静梅	女	1924	镇海	小学	关外小学	1952.7	朱蒲区	
56	潘秀兰	女	1923	宁海	初中		1952.8	普陀中学	美术
57	盛善仙	女	1934	镇海	初师		1952.8	沈家门中心小学	
58	陈维忠	男	1933	象山	大学		1952.8	沈家门	数学
59	戴裕金	女	1929	镇海	初中		1952.9	展茅田公岙小学	
60	黄天乐	男	1926	新昌	初中		1952.10	虾峙南岙小学	
61	陈其瑞	男	1911	福建	高中	南洋高级中学	1952.10	沈家门第一中心小学	
62	汪闻权	男	1910	奉化	初中	奉化中学	1953	沈家门第一中心小学	
63	胡君虹	男	1921	宁波		杭州文法大学	1953	蚂蚁岛小学	
64	俞建生	男	1929	新昌	高中	新昌县立中学	1953.2	朱蒲区	
65	陈亨高	男	1929	奉化	大学	浙江师院	1952.2	普陀中学	生物
66	陈亚萍	女	1930	奉化	初中	甬江女中	1953.9	沈家门第一中心小学	
67	葛康强	男	1912	宁海	小学	宁海私塾	1953.9	朱家尖	
68	李竹轩	男	1931	镇海	初中	镇海县立中学	1953.9	朱家尖寺岙小学	
69	杨樟明	男	1934	义乌	普师	湘湖师范	1954.2 定海	1958 到普陀	行政
70	张乐生	男	1935	乐清	普师		1954.2	虾峙礁岙小学	
71	林云月	女	1938	象山	初中		1954.7	沈家门第一小学	
72	林素琴	女	1936	温岭	初中		1954.7	沈家门黄沙湾小学	
73	方雪琴	女	1935	宁海	初师		1954.8	芦花小蒲岙小学	
74	李以芬	女	1936	福州	初中		1954.9	沈家门第三小学	
75	张 旌	男	1933	浦江	普师		1954.9	蚂蚁岛小学	
76	江文吉	女			本科	华师大生物系	1955	普陀中学	生物
77	卢志泉	男	1934	东阳	普师		1955.1	六横中学	行政
78	俞宝娣	女	1937	宁海	初中		1955.1	桃花民办中学	
79	谢惠芳	女	1937	上海	中专	上海安宁师范	1955.8	区中心幼儿园	

续表 5-6-2

序号	姓名	性别	出生年月	籍贯	学历	毕业学校	支教时间	始任教学校	任教学科
80	刘正铭	女	1934	宁海	初师	宁海初师	1955.1	鲁家峙小学	
81	过伯祥	男	1935	嵊县	普师	湘湖师范	1955.2 舟山中学调入	普陀中学	数学
82	朱锦华	男	1933	鄞县	大学	浙江师院	1955.2	普陀中学	政治
83	毛国荣	男	1934	奉化	初师	奉化初师	1955.2	沈家门第二小学	
84	胡信爱	女	1937	奉化	初师	奉化初师	1955.2	沈家门第二小学	
85	阎受刚	男	1935	奉化	初师	奉化初师	1955.2	勾山小学	
86	毛妙琴	女	1935	奉化	初师	奉化初师	1955.2	芦花蒲岙小学	
87	夏曼罗	女	1935	奉化	初师	奉化初师	1955.2	螺门小学	
88	胡维琪	男	1934	奉化	初师	奉化初师	1955.2	展茅横街小学	
89	陈亨锦	男	1935	奉化	初师	奉化初师	1955.2	六横岑山小学	
90	沈妙月	女	1937	奉化	初师	奉化初师	1955.2	登步中心小学	
91	马秋松	男	1935	奉化	初师	奉化初师	1955.2	蚂蚁岛小学	
92	吴贤芬	男	1935	奉化	初师	奉化初师	1955.2	虾峙对岸小学	
93	夏传隆	男	1934	奉化	初师	奉化初师	1955.2	六横平峧小学	
94	阎友鹏	男	1936	奉化	初师	奉化初师	1955.2	六横嵩山小学	
95	周贤志	男	1936	奉化	初师	奉化初师	1955.2	六横杜庄小学	
96	胡维芳	男	1933	奉化	初师	奉化初师	1955.2	葫芦小学	
97	邬烈忠	男	1935	奉化	初师	奉化初师	1955.2	六横棕榈湾小学	
98	李国星	男	1936	奉化	初师	奉化初师	1955 年 六横区区校	1958.8 调入普陀中学	政治
99	邬烈华	男	1936	奉化	初师	奉化初师	1955.2	白沙港里小学	
100	陈启梁	男	1935	奉化	初师	奉化初师	1955.2	东极黄兴小学	
101	王忠翔	男		奉化	初中	奉化中学	1955.2	六横嵩山小学	小学各科
102	吕存明	男	1933	宁海	初师	宁海初师	1955.2	虾峙大岙小学	
103	陈中秋	男	1936	宁海	初师	宁海初师	1955.2	东极青浜小学	
104	陈官鑑	男	1929	宁海	普师	宁海初师	1955.2	六横区岑山小学	
105	应增彬	男	1934	宁海	初师	宁海初师	1955.2	朱家尖中心小学	
106	陈开骅	男	1935	奉化	初师	宁海初师	1955.2	勾山小学	
107	金祥顺	男	1925	宁海	初师	宁海初师	1955.2	六横中学	
108	胡科裕	男	1937	宁海	初师	宁海初师	1955.2	桃花民办中学	
109	王以定	男	1937	天台	初师	鄞县初师	1955.2	勾山小学	
110	缪汉玲	女	1934	鄞县	初师	鄞县初师	1955.2	勾山中心小学	
112	应中锡	男	1935	鄞县	初师	鄞县初师	1955.2	沈家门中心小学	
113	叶益鸣	男	1935	宁波	初师	鄞县初师	1955.2	登步中心小学	
114	汪华依	女	1936	鄞县	初师	鄞县初师	1955.2	沈家门第五小学	
115	朱　霞	女	1933	鄞县	初师	鄞县初师	1955.2	沈家门第六小学	
116	周珍珍	女	1936	苏州	初师	鄞县初师	1955.2	沈家门第六小学	
117	周智琴	女	1936	鄞县	初师	鄞县初师	1955.2	虾峙中心小学	
118	柯惠珍	女	1936	鄞县	初师	鄞县初师	1955.2	朱家尖寺岙小学	
119	陈　生	男	1935	鄞县	初中	鄞县初师	1955.2	湖泥小学	
120	杜英繁	男	1935	鄞县	初师	鄞县初师	1955.2	沈家门第一小学	

续表 5-6-3

序号	姓名	性别	出生年月	籍贯	学历	毕业学校	支教时间	始任教学校	任教学科
121	包永健	男	1935	象山	初师	鄞县初师	1955.2	普陀山小学	
122	周伦乔	男	1934	鄞县	初师	鄞县初师	1955.2	虾峙栅棚小学	
123	吴述华	女	1933	苏州	普师		1955.8	普陀山小学	
124	赵守才	男	1934	象山	初师	宁海初师	1955.8	普陀山小学	
125	魏慧娟	女	1936	苏州	初师	奉化初师	1955.8	桃花茅山小学	
126	钱家宽	男	1930	宁波	大专	华东师大地理科	1955.9	普陀中学	地理
127	曾小云	女	1936	福建	初中		1955.9	沈家门第四小学	
128	林桂香	女	1936	温岭	初师		1955.9	展茅张家小学	
129	赵吉善	男			普师	湘湖师范	1955.9	普陀中学	
130	施祖满	男			普师	湘湖师范	1955.9	？小学	
131	余志敏	女	1933	宁波	初中		1955.12	桃花茅山小学	
132	王衍庆	男	1931	象山	浙江师院	大专	1956	普陀中学	地理
133	詹作琛	男	1926	乐清	大专	浙江省教师进修学校	1956	六横中学	数学
134	王亚珍	女	1937	宁波	初中		1956	沈家门第四小学	
135	朱云亚	女	1936	仙居	初中		1956	湖泥西白莲小学	
136	刘白华	女	1914	临海	高中		1956.4	沈家门第一小学	
137	张亦峨	男	1928	鄞县	高中		1956.7	芦花学校	业余教育
138	顾珍梅	女	1935	鄞县	初中		1956.7	朱家尖卫东小学	
139	杨庆鹤	男	1926	诸暨	师范	教师进修学院	1956.8 志愿军专业	普陀中学	数学
140	李成水	男	1931	东阳	大专	浙江师院	1956.8	芦花中学	数学
141	陈秀娣	女	1921	台州	初中		1956.8	沈家门中心小学	
142	魏爱娟	女	1934	象山	初中		1956.8	沈家门第二小学	
143	鲍锦玲	女	1938	温州	初师		1956.8	沈家门第五小学	
144	徐仙梅	女	1938	江山	初师		1956.8	沈家门第五小学	
145	朱晓英	女	1935	宁波	高中		1956.8	勾山中弄小学	
146	陈均权	男	1932	诸暨	初中		1956.8	芦花施家岙小学	
147	王梅仙	女	1939	宁波	初中		1956.8	芦花南岙小学	
148	周亚卿	女	1936	宁波	初师		1956.8	展茅横街小学	
149	汪朴香	女	1937	余姚	初中		1956.8	桃花宫前小学	
150	张秉芳	女	1939	鄞县	初中		1956.8	桃花宫前小学	
151	徐寅娣	女	1937	宁波	初中		1956.8	桃花东海小学	
152	陈明琛	男	1938	奉化	初中		1956.9	沈家门第二小学	
153	王杏仙	女	1936	宁波	初中		1956.9	佛渡东岙小学	
154	张允芳	女	1938	上海	速师	定海师训	1956.9	沈家门第四小学	语文
155	竺士珍	女	1936	奉化	初中		1956.10	六横青山小学	
156	施 行	男	1926	上海	大学	浙师院数学系	1957 毕业在舟山中学，1961 年调入	普陀中学	数学
157	田梓恩	女	1941	萧山	普师		1957	沈家门第四小学	
158	杜忠法	男	1940	嵊县	普师	鄞县师范	1957	六横大鱼厂小学	
159	李夏湘	女	1936	温岭	高中		1957.1	沈家门渔光中学	语文

续表 5-6-4

序号	姓名	性别	出生年月	籍贯	学历	毕业学校	支教时间	始任教学校	任教学科
160	周再生	男	1924	象山	初中	象山私立中学	1957.7	六横中学	数学
161	孟芸清	女	1938	萧山	普师	湘湖师范	1957.7	对峙学校	语文
162	孙国联	男	1935	嵊县	大学	湘湖师范	1957.8	1958—1964 普陀中学	语文
163	倪兴华	男			本科	浙师院中文科	1957.8	六横中学	语文
164	罗时潮	男	1935		大专	浙江师院中文科	1957.8	六横中学	语文
165	裘载常	男	1931	慈溪	大学	浙江师院	1957.8 舟山师范	1980 年调入普陀师范	数学
166	马素芳	女	1933	上海	大学	浙江师院	1957.8	普陀中学	生物
167	陈国辉	男	1935	上海	大学	浙江师院历史系	1957.8	普陀中学	政治
168	周荣昌	男	1936	桐庐	大专	浙江师院	1957.8	六横中学	数学
169	吴维樑	男	1924	义乌	大专	锦堂师范 体育专科	1957.8	普陀中学	体育
170	谢安甫	男	1938	上海	中专	北京体院中专部	1957.8	普陀中学	体育
171	鲍淑仪	女	1921	安徽	大学		1957.8	沈家门渔光中学	
172	叶献康	男	1938	永嘉	高中		1957.8	沈家门渔光中学	
173	葛秀珍	女	1936	上虞	初师	宁海初师	1957.8	展茅中学	
174	骆玉珍	女	1936	绍兴	普师	绍兴师范	1957.8	沈家门中心小学	
175	阮文珠	女	1935	绍兴	普师	湘湖师范	1957.8	虾峙中心小学	语文
176	葛新祖	男	1935	宁海	普师		1957.8	虾峙凉湖小学	语文
177	张衣芬	女	1939	上海	简师	宁波师训班	1957.8	虾峙棕榈湾小学	小学各科
178	谢文吾	女	1933	安吉	大专	浙江师院	1957.9	普陀中学	语文
179	郑家驹	男	1932	江苏	大学	华东师大	1957.9	普陀中学	语文
180	郑晓棣	女	1936	乐清	大专	浙江师院	1957.9	1962 年调入普陀中学	语文
181	李开友	男	1926	温岭	大专	华东师大	1957.9	六横中学	历史
182	周俊义	男	1930	萧山	大学		1957.9	虾峙水产中学	
183	殷瑗珍	女	1934	嵊县	初师		1957.9	虾峙沙岐小学	
184	陈明德	男	1919	宁海	大学	上海法学院	1957.10	普陀中学	生物历史
185	张秀文	女	1935	杭州	大专	浙江师院	1957.10	普陀中学	化学
186	陆德贵	男	1935	遂安	大学	浙江师院中文科	1958	普陀中学	语文
187	王公益	男	1938	杭州	高中		1958	沈家门第四小学	
188	王才丁	女	1939	宁波	初中		1958	沈家门第四小学	
189	吴述华						1958	朱蒲区	
190	郭毓沈			嵊县(随军)			1958	朱蒲区	
191	何秀芝			山东(随军)			1958	朱蒲区	
192	黄昌桁	男	1936	义乌	普师		1958	六横礁潭下宅山小学	
193	董新篁	男	1933	玉环	高中	温州农业 技术学校	1958.10 普陀农林局调入	芦花中学	农牧
194	朱墨贞	女	1937	上虞	高小		1958.3	沈家门中心小学	
195	王琛德	男	1925	山东	初中	1946 参军	1958.4	芦花中学	政治
196	楼思荣	男	1937	宁海	初中		1958.5	普陀山中山小学	
197	王　懿	女	1935	南京	大学	浙江师院	1958.8	普陀中学	语文
198	张家骅	女	1936	江苏	大专	浙江师院	1958.8	六横中学	生物
199	孙雪琪	女	1941	鄞县	普师		1958.8	芦花小学	

续表 5-6-5

序号	姓名	性别	出生年月	籍贯	学历	毕业学校	支教时间	始任教学校	任教学科
200	杨月芬	女	1937	绍兴	普师	绍兴师范	1958.8	朱家尖中心小学	
201	鲍　珉	女		宁波	高中		1958.8	虾峙中学	语文
202	何继周	男		诸暨			1958.8	虾峙中学	语文
203	朱登高	男	1936	缙云	大专	杭州师专数学科	1958.9	普陀中学	数学
204	董其敬	男	1929	嘉兴	大学	厦门大学	1958.9	普陀中学	生物
205	陈钦琦	男	1937	东阳	大专	浙江师院	1958.9	普陀中学	化学
206	周传国	男	1933	天台	大学	浙江师院物理系	1958.9	普陀中学	物理
207	向联谊	男	1935	宁波	大学	浙江师院地理系	1958.9	普陀中学	地理
208	陈根棣	男	1937	金华	大专	浙江师院	1958.9	1961 年调入普陀中学	语文
209	胡忠斐	男	1935	余姚	大专	浙江师院	1958.9	勾山中学	数学
210	沈国全	男	1937		大专	萧山师范	1958.9	六横中学	数学
211	方亚罗	女	1934	诸暨	普师	萧山师范	1958.9	沈家门中心小学	
212	蒋荫康	男	1937	无锡	大专	杭州师专历史系	1958.9	普陀中学	历史
213	赵老晃	男	1934	诸暨	高中	湘湖师范	1958.9	芦花中学	历史
214	尤郁芬	女			本科	山东大学外语系	1959	普陀中学	俄语
215	魏可珍	女	1936		本科	浙江师院历史系	1959	普陀中学	历史
216	周惠芳	男	1937	镇海	高小		1959.7	芦花中学	炊事员
217	练吉林	男	1937	象山	普师	舟山师范	1959.8	虾峙黄石小学	
218	郭振洪	男	1937	象山	普师	舟山师范	1959.8	对峙中心学校	
219	吴用祥	男	1941	象山	普师	舟山师范	1959.8	佛渡东岙小学	
220	蒋忠连	男	1938	象山	普师	舟山师范	1959.8	勾山中学	
221	苏梅莉	女	1938	宁波	普师	舟山师范	1959.8	沈家门第一小学	
222	周玲玉	女	1938	诸暨	普师	舟山师范	1959.8	沈家门第三小学	
223	毛兰珍	女	1938	余姚	普师	舟山师范	1959.8	勾山中弄小学	
224	邱以达	男	1938	象山	普师	舟山师范	1959.8	勾山芦东小学	
225	吴菊青	女	1938	象山	普师	舟山师范	1959.8	展茅松山小学	
226	沈贤津	男	1937	象山	普师	舟山师范	1959.8	桃花鹁鸪门小学	
227	陆永通	男	1937	象山	普师	舟山师范	1959.8	东极青浜小学	
228	陈云显	男	1927	象山	普师	舟山师范	1959.8	佛渡捕南小学	
229	孙德花	女	1937	义乌	普师	舟山师范	1959.8	双塘沙头小学	
230	任　玫	女	1934	象山	普师	舟山师范	1959.8	双塘中心学校	
231	鲍美娥	女	1936	象山	普师	舟山师范	1959.8	平阳小学	
232	方桐华	男	1936	象山	普师	舟山师范	1959.8	佛渡石门小学	
233	姚善国	男	1937	象山	普师	舟山师范	1959.8	佛渡中心	
234	李雪芳	女	1938	象山	高中		1959.8	虾峙黄石小学	
235	贝来宣	男	1935	奉化	大学		1959.8	鲁家峙小学	
236	余济美	女	1939	杭州	普师		1959.9	勾山联办学校	
237	郑垠华	女	1936	嵊县	初师		1959.9	普陀山小学	
238	苏亚丽	女	1930	象山	大专		1959.9	普陀中学	物理

注：本名录录入的为20世纪50年代由组织派遣或毕业分配到普陀从事教育教学工作的非舟山籍教师

部分内容检索

为方便读者查阅，特设置本《内容检索》。

本《内容检索》分四大类列171条。“事业统计”为相关章的数据统计列表；“教育纪要”摘取各章节的主要内容、事件；“消失的团体机构与已撤学校”选取新中国成立前后消失的、撤并的团体或学校；“名录”含各团体组织机构负责人和个人荣誉录。各类条目顺序按章节先后编排。条目后的数字为该内容在本志中的页码。

事业统计

教育纪要

撤消的团体机构与撤并学校

名录

后　记

2014年12月8日，舟山市普陀区教育局下发成立《普陀教育志》编纂领导小组的通知。根据部署，领导小组下设办公室，落实编纂人员。2015年年初，《普陀教育志》编纂工作正式进入策划日程。历两年有半，经数易其稿，终成舟山市普陀区历史上第一部较为全面地反映教育历史和现状的志书。本志正文共4篇24章107节，志首冠以概述、大事记、资料图片，附录其后，共80余万字。期间，编纂人员在省、市、区博物馆、档案馆、图书室、资料室内查外调，翻阅各类档案、志书、书刊、报纸、信函、实物及图片资料，采访相关老领导、老教师、收录不可多得的资料和口碑，力求资料翔实，事出有源，数出有据，

据《定海县志》《普陀县志》记载，早在5000多年前普陀境内已有人类繁衍生息。域内曾发掘出土新石器时期的石锛、商代时期的石戈、战国时期的铜锛等文物。史载，自秦汉以来东南沿海一带经济活动频繁，文化教育踊跃。作为舟山群岛之重要组成部分的普陀亦在其列。然舟山群岛史上也多政权更迭、战乱频仍、兵燹连绵、荣辱多变之时；更由于明洪武、清康熙年间数次大规模破坏性的禁海迁民，致使岛内历史传承数度中断，文物毁损、史料散佚；同时由于古时海岛地理特征，舟楫代步，域内交通未必处处便利，诸事发展乃至教育演绎当有一定局限。这些都加大了志书编纂资料搜集的难度。近代西学东渐，普陀也有波及。实业救国，有识之士应势视为真理；商帮兴起，士绅富商便思报效桑梓。从商多有成功者，兴办学校、创办医院之善举风行，普陀教育始得复苏。中华人民共和国建立后，人民政府高度重视国民文化普及教育。20世纪50年代学校公有化，60年代大扫盲，70年代普及小学、兴办初中，80—90年代大力普及学前教育、推进“两基”“两高”，21世纪初期实施学前教育普惠化、普及高中教育、建设教育现代化区，利国利民教育行动高潮迭起；普通学校教育、渔农民教育、成人教育、职业教育、社区教育多角度全方位覆盖普陀，并向域外辐射，成绩斐然。尤其是近几年来，普陀教育界强化依法治校、以德育人，推行素质教育，实施课程、课堂改革，大力打造舟山群岛新区，现代化教育普陀强区，为特色社会主义建设培养了大量的人才。诚如此，本志中所反映的普陀教育历史现象呈现出古薄今厚、遐疏迩密的发展态势。尽管编纂人员都曾有过从事各项教育教学工作的经历，甚至是在教育战线上工作到退休，但在采集资料、编纂过程中还是时常被同仁们的创业精神、敬业气度所感动。

本志在编纂过程中，得到了教育局领导的高度重视，档案馆相关专家、教育界老领导老教师的大力支持，也得到了教育局各科室、各学校相关供稿人员的诚挚帮助。值此成书之际，谨向所有关心、支持、帮助过本志书编纂的单位、部门和个人表示由衷的谢意！

由于资料采集的难度、信息掌握的不全，以及其他各种原因，许多优秀的教育工作者和优秀学子没有出现在本志名录中，敬请谅解。

在编纂过程中，我们努力遵循辩证唯物主义和历史唯物主义史学观，实事求是、求实存真，务求资料性、思想性、科学性统一，以起到存史、资政、教化作用。但由于教育现象源远流长，内涵高深、外延散漫，类多面广、史料缺乏，有些口碑资料常有出入，也由于我们初次涉及志书编纂，更是由于治史理论水平贫乏、史料处理能力不足，写作水平欠缺等主客观原因，本志难免存在着诸如内容纰漏等各种各样的不足，敬请广大读者批评指正。

《普陀教育志》编者

二〇一七年七月

图书在版编目（CIP）数据

普陀教育志 / 舟山市普陀区教育局编. —北京：方志出版社，2017.6
ISBN 978-7-5144-2453-9

Ⅰ.①普… Ⅱ.①舟… Ⅲ.①区（城市）—教育史—普陀区 Ⅳ.①G 527.51

中国版本图书馆CIP数据核字（2017）第171382号

普陀教育志

编　　者：舟山市普陀区教育局
责任编辑：李志瑜
出 版 人：冀祥德
出 版 者：方志出版社
地址　北京市朝阳区潘家园东里9号（国家方志馆4层）
邮编　100021
网址　http://www.fzph.org
发　　行：方志出版社发行中心
电话（010）67110500
经　　销：各地新华书店
印　　刷：舟山市定海同润图文印刷中心
开　　本：889 × 1194　1/16
印　　张：47
字　　数：1273千字
版　　次：2017年6月第1版　2017年6月第1次印刷
印　　次：0001 ~ 2000册

ISBN 978-7-5144-2453-9　定价：220.00元

· 版权所有　翻印必究 ·